통계학으로 배우는 머신러닝 2/e

스탠퍼드대학교 통계학과 교수에게 배우는
머신러닝의 원리

통계학으로 배우는 머신러닝 2/e

스탠퍼드대학교 통계학과 교수에게 배우는
머신러닝의 원리

트레버 헤이스티 · 로버트 팁시라니 · 제롬 프리드먼 지음
이판호 옮김

i!i
에이콘

우리의 부모님에게,
발레리와 패트릭 헤이스터
베라와 새미 팁시라니
플로렌스와 해리 프리드먼

또한 우리의 가족에게,
사만다, 티모시, 린다
찰리, 라이언, 줄리, 셰릴
멜라니, 도라, 모니카 그리고 일디코

지은이 소개

트레버 헤이스티 Trevor Hastie

스탠퍼드대학교 통계학과 교수이며, 이 분야의 저명한 연구자다. 일반화 가법 모델을 개발했으며 이 제목으로 인기 있는 책을 저술했다. R/S-PLUS에서 상당한 통계적 모델링 소프트웨어 및 환경을 공동 개발했으며 주곡선과 주표면을 창안했다.

로버트 팁시라니 Robert Tibshirani

스탠퍼드대학교 통계학과 교수이며, 이 분야의 저명한 연구자다. 일반화 가법 모델을 개발했으며 이 제목으로 인기 있는 책을 저술했다. 라쏘를 제안했으며 이 분야의 매우 유명한 책인 『An introduction to the Bootstrap』(Chapman and Hall/CRC, 1993)의 공동 저자다.

제롬 프리드먼 Jerome Friedman

스탠퍼드대학교 통계학과 교수이며, 이 분야의 저명한 연구자다. CART, MART, 사영추적 및 경사부스팅 등 많은 데이터 마이닝 도구의 공동 개발자다.

옮긴이 소개

이판호(peno8050@gmail.com)

성균관대학교 통계학과를 졸업했다. 현재 싱가포르에서 구조화상품 전문 증권사의 개발자로 일하고 있다. 머신러닝과 프로그래밍을 활용한 금융 데이터 분석 및 트레이딩에 관심이 많다. 에이콘에서 펴낸 『스칼라와 머신러닝』(2018), 『Akka 쿡북』(2018), 『파이썬으로 배우는 데이터 과학 2/e』(2017), 『R 병렬 프로그래밍』(2017)을 번역했다.

옮긴이의 말

이 책은 Springer에서 출간된 『Elements of statistical learning, Second Edition』을 번역한 것입니다. 원서의 공동 저자 3인은 모두 스탠퍼드대학교 통계학과 교수들로 탁월한 학문적 성과로 명성이 높은 분들이며, 이 책 또한 여러 논문에서 많이 인용되고 있습니다.

이 책의 서문을 펴 볼 정도로 머신러닝에 관심이 많은 독자분이라면 통계학을 포장해 머신러닝이라고 부른다는 내용의 재미있는 밈meme을 보신 적이 있을 것입니다. 이러한 밈이 단순히 농담으로만 보이지 않는 것은 비단 저뿐만이 아닐 것입니다. 머신러닝을 더 잘 알기 위해서는 통계학을 피할 수 없다는 점이야 말로 제가 이 책의 번역을 맡기로 한 근본적인 이유가 아닐까 합니다.

요즘은 문제를 무조건 딥러닝으로 해결하려는 분위기가 강합니다. 하지만 저자들이 1장에서 언급한 바와 같이 저 또한 복잡한 방법을 시도하기 전에 단순한 방법을 이해하는 것이 중요합니다. 물론 통계적, 수학적 지식이 부족하더라도 데이터에 머신러닝 모델을 적용하는 것은 어려운 일이 아닙니다. 그러나 이 책은 더 나아가 모델의 밑바탕에 깔린 개념을 폭넓게 이해함으로써, 주어진 문제를 해결하고 데이터로부터 더욱 깊은 통찰을 얻을 수 있는 실질적인 힘을 기르도록 도와줄 것입니다. 이 책과 함께 통계적 이론 및 회귀와 분류, 커널과 기저, 정칙화, 가법적 모델 등 여러 주제에 대해 더 깊이 공부할 수 있다면 향후 다양한 주제를 학습하는 데 큰 도움이 되리라 생각합니다.

저자들은 적어도 독자들이 기본적인 통계학을 수강했기를 기대하고 있지만, 이 책을 잘 이해하는 데 그 정도로 충분하다고 하기에는 힘든 것이 사실입니다. 책과 함께하면서 미적분학, 선형대수학, 확률론, 통계학 등 부족하다고 생각하는 부분을 함께 학습하시기를 권해드립니다. 원서의 정오표(https://web.stanford.edu/~hastie/ElemStatLearn/)는 웹사이트의 'Errata for the 2nd Edition, after 12th printing (January 2017) and not yet reflected in online version'을 기준으로 반영돼 있습니다. 용어는 한국통계학회(http://www.kss.or.kr/) 및 대한수학회

(http://www.kms.or.kr/main.html)의 용어집을 표준으로 삼고자 했으며, 그 밖의 용어는 인터넷 검색을 통해 가장 빈번하게 쓰이는 용어를 사용하고자 노력했습니다.

훌륭한 책을 번역할 기회를 주신 에이콘출판사 권성준 대표님과 책이 멋있는 모습으로 세상에 나올 수 있게 도와주신 이지은·정재은 편집자님께 감사의 말씀을 드립니다. 마지막으로 항상 응원을 아끼지 않는 가족, 특히 어머니께 감사의 마음을 전합니다.

차례

지은이 소개 6

옮긴이 소개 7

옮긴이의 말 8

2판 서문 25

1판 서문 28

1장   소개   31

2장   지도 학습의 개요   41

2.1 소개 41

2.2 변수 타입과 용어 42

2.3 예측을 위한 단순한 두 접근법: 최소제곱과 최근접이웃 44

    2.3.1 선형 모델과 최소제곱 44

    2.3.2 최근접이웃 방법 47

    2.3.3 최소제곱에서 최근접이웃까지 49

2.4 통계적 결정 이론 51

2.5 고차원에서의 국소적 방법 56

2.6 통계적 모델, 지도 학습 및 함수 근사 62

    2.6.1 결합분포 $\Pr(X, Y)$를 위한 통계적 모델 63

    2.6.2 지도 학습 64

    2.6.3 함수 근사 64

2.7 구조화된 회귀모델 67

    2.7.1 문제의 어려움 67

2.8 제한된 추정량의 종류 69

    2.8.1 조도 벌점과 베이즈 방법 69

    2.8.2 커널법과 국소 회귀 70

2.8.3 기저함수와 딕셔너리 방법 71

2.9 모델 선택과 편향-분산 상반관계 72

참고문헌 75

연습 문제 75

3장   회귀를 위한 선형법   79

3.1 소개 79

3.2 선형회귀모델과 최소제곱 80

    3.2.1 예제: 전립선암 86

    3.2.2 가우스-마코프 정리 88

    3.2.3 단순 일변량 회귀로부터의 다중회귀 89

    3.2.4 다중 출력 93

3.3 부분집합 선택 95

    3.3.1 최량 부분집합 선택 95

    3.3.2 전진 및 후진 스텝별 선택 96

    3.3.3 전진-스테이지별 회귀 98

    3.3.4 전립선암 데이터 예제(계속) 99

3.4 수축법 101

    3.4.1 릿지회귀 101

    3.4.2 라쏘 106

    3.4.3 논의: 부분집합 선택, 릿지회귀 그리고 라쏘 108

    3.4.4 최소각회귀 112

3.5 유도된 입력 방향을 사용하는 방법들 118

    3.5.1 주성분회귀 118

    3.5.2 부분최소제곱 120

3.6 논의: 선택법과 수축법 비교 121

3.7 다중 결과 수축 및 선택 124

3.8 라쏘 및 관련된 경로 알고리즘에 관한 추가 내용 126

    3.8.1 증가적 전진 스테이지별 회귀 127

    3.8.2 조각별-선형 경로 알고리즘 130

    3.8.3 댄치그 선택자 130

    3.8.4 그룹화 라쏘 131

    3.8.5 라쏘의 추가적인 속성 132

3.8.6 경로별 좌표 최적화 134

3.9 연산적 고려 사항 135

참고문헌 136

연습 문제 136

4장   분류를 위한 선형법   **143**

4.1 소개 143

4.2 지시행렬의 선형회귀 145

4.3 선형판별분석 150

4.3.1 정칙판별분석 155

4.3.2 LDA를 위한 연산 156

4.3.3 축소된 랭크 선형판별분석 157

4.4 로지스틱회귀 163

4.4.1 로지스틱회귀모델 적합 164

4.4.2 예제: 남아프리카인 심장병 166

4.4.3 이차근사 및 추론 168

4.4.4 L_1 정칙화 로지스틱회귀 169

4.4.5 로지스틱회귀 아니면 LDA? 171

4.5 분리초평면 174

4.5.1 로젠블랫의 퍼셉트론 학습 알고리즘 175

4.5.2 최적 분리초평면 177

참고문헌 180

연습 문제 180

5장   기저전개와 정칙화   **183**

5.1 소개 183

5.2 조각별 다항식과 스플라인 185

5.2.1 자연 삼차 스플라인 190

5.2.2 예제: 남아프리카 심장 질환(계속) 191

5.2.3 예제: 음소 인식 194

5.3 필터링과 특성 추출 196

5.4 평활 스플라인 197

     5.4.1 자유도와 평활자 행렬 199

  5.5 **평활화 매개변수의 자동적 선택** 204

     5.5.1 자유도 고정하기 205

     5.5.2 편향 - 분산 상반관계 205

  5.6 **비모수적 로지스틱회귀** 208

  5.7 **다차원 스플라인** 210

  5.8 **정칙화 및 재생 커널 힐베르트 공간** 215

     5.8.1 커널에 의해 생성된 함수의 공간 216

     5.8.2 RKHS 예시 218

  5.9 **웨이블릿 평활화** 223

     5.9.1 웨이블릿 기저와 웨이블릿 변환 225

     5.9.2 적응적 웨이블릿 필터링 228

참고문헌 232

연습 문제 232

부록: 스플라인 연산 236

    B-스플라인 237

    평활 스플라인의 연산 240

6장 커널 평활법   241

  6.1 **1차원 커널 평활자** 242

     6.1.1 국소 선형회귀 245

     6.1.2 국소 다항회귀 248

  6.2 **커널의 너비 선택하기** 250

  6.3 **$\mathbb{R}^p$에서의 국소 회귀** 251

  6.4 **$\mathbb{R}^p$에서의 구조적 국소 회귀모델** 254

     6.4.1 구조화 커널 255

     6.4.2 구조화 회귀함수 255

  6.5 **국소 가능도 및 다른 모델** 257

  6.6 **커널 밀도 추정 및 분류** 261

     6.6.1 커널 밀도 추정 261

     6.6.2 커널 밀도 분류 263

     6.6.3 단순 베이즈 분류기 263

  6.7 **방사기저함수와 커널** 265

6.8 밀도 추정과 분류를 위한 혼합 모델 267

6.9 연산 고려 사항 269

참고문헌 270

연습 문제 270

7장 모델 평가 및 선택   273

7.1 소개 273

7.2 편향, 분산, 모델 복잡도 274

7.3 편향-분산 분해 278

     7.3.1 예제: 편향-분산 상반관계 281

7.4 훈련 오류율에 관한 낙관도 283

7.5 표본-내 예측오차의 추정값 285

7.6 매개변수의 유효 개수 288

7.7 베이즈 접근법과 BIC 289

7.8 최소 설명 길이 292

7.9 밥닉-체브넨키스 차원 294

     7.9.1 예제(계속) 297

7.10 교차 검증 299

     7.10.1 K-겹 교차 검증 299

     7.10.2 교차 검증을 하는 잘못된 그리고 옳은 방법 303

     7.10.3 교차 검증은 정말로 작동하는가? 305

7.11 부트스트랩법 308

     7.11.1 예제(계속) 312

7.12 조건부 혹은 기대 테스트오차 313

참고문헌 316

연습 문제 317

8장 모델 추론과 평균화   321

8.1 소개 321

8.2 부트스트랩과 최대가능도 방법 322

     8.2.1 평활화 예제 322

     8.2.2 최대가능도 추정 325

8.2.3 부트스트랩 대 최대가능도 328

8.3 베이즈 방법 328

8.4 부트스트랩과 베이즈 추정 사이의 관계 332

8.5 EM 알고리즘 333

    8.5.1 2-성분 혼합모델 334

    8.5.2 일반적인 EM 알고리즘 337

    8.5.3 최대화-최대화 과정으로서의 EM 339

8.6 사후분포로부터 표본 추출을 위한 MCMC 341

8.7 배깅 344

    8.7.1 예제: 시뮬레이션 데이터로 된 트리 346

8.8 모델 평균화와 스태킹 351

8.9 확률적 검색: 범핑 354

참고문헌 356

연습 문제 357

9장   가법 모델, 트리 및 관련 방법들   359

9.1 일반화 가법 모델 359

    9.1.1 가법 모델 적합시키기 362

    9.1.2 예제: 가법 로지스틱회귀 364

    9.1.3 요약 369

9.2 트리 기반 방법 370

    9.2.1 배경 370

    9.2.2 회귀 트리 372

    9.2.3 분류 트리 374

    9.2.4 다른 문제들 376

    9.2.5 스팸 예제(계속) 380

9.3 PRIM: 범프 헌팅 384

    9.3.1 스팸 예제(계속) 387

9.4 MARS: 다변량 적응적 회귀 스플라인 388

    9.4.1 스팸 데이터(계속) 393

    9.4.2 예제(시뮬레이션된 데이터) 394

    9.4.3 다른 문제들 395

9.5 전문가 계층 혼합 397

9.6 결측 데이터 400

9.7 연산 고려 사항 402

참고문헌 403

연습 문제 403

10장 부스팅과 가법 트리   407

10.1 부스팅법 407

   10.1.1 개요 411

10.2 부스팅 적합과 가법 모델 412

10.3 전진 스테이지별 가법 모델링 413

10.4 지수손실과 에이다부스트 414

10.5 왜 지수손실인가? 417

10.6 손실함수와 로버스트성 418

10.7 데이터 마이닝을 위한 "기성품" 같은 과정 422

10.8 예제: 스팸 데이터 425

10.9 부스팅 트리 428

10.10 경사 부스팅을 통한 수치적 최적화 431

   10.10.1 최급하강 432

   10.10.2 경사 부스팅 432

   10.10.3 경사 부스팅의 구현 434

10.11 부스팅을 위한 적절한 크기의 트리 435

10.12 정칙화 438

   10.12.1 수축 438

   10.12.2 부표집 439

10.13 해석 441

   10.13.1 예측변수의 상대 중요도 441

   10.13.2 부분 의존도 도표 443

10.14 삽화 445

   10.14.1 캘리포니아 주택 446

   10.14.2 뉴질랜드 물고기 450

   10.14.3 인구통계 데이터 455

참고문헌 458

연습 문제 459

11장   신경망   **463**

     11.1 소개 463

     11.2 사영추적회귀 463

     11.3 신경망 466

     11.4 신경망 적합시키기 469

     11.5 신경망을 훈련시킬 때의 문제 472

         11.5.1 시작값 473

         11.5.2 과적합 473

         11.5.3 입력변수의 척도화 475

         11.5.4 은닉 유닛과 층의 개수 475

         11.5.5 복수의 최솟값들 476

     11.6 예제: 시뮬레이션 데이터 476

     11.7 예제: 우편번호 데이터 479

     11.8 논의 484

     11.9 베이즈 신경망과 NIPS 2003 챌린지 485

         11.9.1 베이즈, 부스팅, 배깅 486

         11.9.2 성능 비교 488

     11.10 연산 고려 사항 491

     참고문헌 491

     연습 문제 492

12장   서포트벡터머신과 유연한 판별식   **495**

     12.1 도입 495

     12.2 서포트벡터분류기 496

         12.2.1 서포트벡터분류기 연산하기 498

         12.2.2 혼합 예제(계속) 500

     12.3 서포트벡터머신과 커널 502

         12.3.1 분류를 위한 SVM 연산 502

         12.3.2 벌점화 방법으로서의 SVM 505

         12.3.3 함수 추정과 재생 커널 507

         12.3.4 SVM과 차원성의 저주 510

         12.3.5 SVM 분류기를 위한 경로 알고리즘 512

         12.3.6 회귀를 위한 서포트벡터머신 514

12.3.7 회귀와 커널 516

12.3.8 논의 518

12.4 선형판별분석 일반화 519

12.5 유연한 판별분석 521

12.5.1 FDA 추정값 계산하기 525

12.6 벌점화 판별분석 527

12.7 혼합판별분석 530

12.7.1 예제: 파형 데이터 534

12.8 연산 고려 사항 536

참고문헌 537

연습 문제 537

13장 프로토타입 방법과 최근접이웃법   541

13.1 개요 541

13.2 프로토타입법 542

13.2.1 K- 평균 군집화 542

13.2.2 학습 벡터 양자화 544

13.2.3 가우스 혼합 545

13.3 K-최근접이웃 분류기 547

13.3.1 예제: 비교 연구 550

13.3.2 예제: K-최근접이웃과 이미지 장면 분류 552

13.3.3 불변 계량과 탄젠트 거리 554

13.4 적응적 최근접이웃법 557

13.4.1 예제 561

13.4.2 최근접이웃을 위한 전역 차원 축소 562

13.5 연산 고려 사항 563

참고문헌 564

연습 문제 564

14장 비지도 학습   567

14.1 개요 567

14.2 연관성 규칙 569

14.2.1 시장 바스켓 분석 570

14.2.2 아프리오리 알고리즘 572

14.2.3 예제: 시장 바스켓 분석 575

14.2.4 지도 학습 같은 비지도 578

14.2.5 일반화 연관성 규칙 581

14.2.6 지도 학습법의 선택 582

14.2.7 예제: 시장 바스켓 분석(계속) 583

14.3 군집분석 586

14.3.1 근접도 행렬 587

14.3.2 속성에 근거한 비유사도 588

14.3.3 개체 비유사도 589

14.3.4 군집화 알고리즘 592

14.3.5 조합적 알고리즘 592

14.3.6 K-평균 594

14.3.7 K-평균 연군집화로서의 가우스 혼합 597

14.3.8 예제: 인간 종양 미세 배열 데이터 598

14.3.9 벡터 양자화 600

14.3.10 K-중위점 602

14.3.11 실제적인 문제 604

14.3.12 계층적 군집화 607

14.4 자기 조직화 맵 616

14.5 주성분, 주곡선과 주표면 622

14.5.1 주성분 622

14.5.2 주곡선과 주표면 629

14.5.3 스펙트럼 군집화 632

14.5.4 커널 주성분 636

14.5.5 희박 주성분 639

14.6 비음수행렬 분해 642

14.6.1 원형분석 643

14.7 독립성분분석과 탐색적 사영추적 647

14.7.1 잠재변수와 인자분석 648

14.7.2 독립성분분석 650

14.7.3 탐색적 사영추적 655

14.7.4 ICA의 직접적 접근법 656

14.8 다차원 척도화 661

14.9 비선형 차원 축소와 국소 다차원 척도화 663

14.10 구글 페이지랭크 알고리즘 667

참고문헌 670

연습 문제 671

15장 랜덤 포레스트   679

15.1 개요 679

15.2 랜덤 포레스트의 정의 680

15.3 랜덤 포레스트의 세부 사항 685

    15.3.1 아웃오브백 표본 685

    15.3.2 변수 중요도 686

    15.3.3 근접도 도표 688

    15.3.4 랜덤 포레스트와 과적합 689

15.4 랜덤 포레스트의 분석 690

    15.4.1 분산 및 역상관 효과 690

    15.4.2 편향 694

    15.4.3 적응적 최근접이웃 694

참고문헌 695

연습 문제 696

16장 앙상블 학습   699

16.1 개요 699

16.2 부스팅과 정칙화 경로 701

    16.2.1 벌점화 회귀 701

    16.2.2 "희박성 베팅" 원칙 705

    16.2.3 정칙화 경로, 과적합 그리고 마진 709

16.3 학습 앙상블 712

    16.3.1 좋은 앙상블 학습하기 714

    16.3.2 규칙 앙상블 718

참고문헌 719

연습 문제 720

17장 무향 그래프 모델   **721**

17.1 개요 721

17.2 마코프 그래프 및 이들의 속성 723

17.3 연속형 변수를 위한 무향 그래프 모델 726

  17.3.1 그래프 구조가 알려져 있을 때 매개변수의 추정 728

  17.3.2 그래프 구조의 추정 732

17.4 이산변수를 위한 무향 그래프 모델 736

  17.4.1 그래프 구조가 알려져 있을 때 매개변수의 추정 737

  17.4.2 은닉 노드 739

  17.4.3 그래프 구조의 추정 740

  17.4.4 제약된 볼츠만 머신 742

참고문헌 744

연습 문제 744

18장 고차원 문제: $p \gg N$ **749**

18.1 p가 N보다 훨씬 클 때 749

18.2 대각 선형판별분석과 최근접 수축 중심점 751

18.3 이차 정칙화 선형 분류기 756

  18.3.1 정칙판별분석 757

  18.3.2 이차 정칙화로 된 로지스틱회귀 758

  18.3.3 서포트벡터분류기 758

  18.3.4 특성 선택 759

  18.3.5 $p \gg N$일 때 연산적인 지름길 760

18.4 L_1 정칙화 선형 분류기 762

  18.4.1 단백질 질량 분광분석의 라쏘 적용 766

  18.4.2 함수형 데이터를 위한 퓨즈화 라쏘 768

18.5 특성을 쓸 수 없을 때의 분류 770

  18.5.1 예제: 문자열 커널과 단백질 분류 771

  18.5.2 내적 커널과 쌍별 거리를 사용하는 분류 및 다른 모델 773

  18.5.3 예제: 초록 분류 775

18.6 고차원 회귀: 지도 주성분 777

  18.6.1 잠재변수 모델링과의 연결성 782

  18.6.2 부분최소제곱과의 관계 784

18.6.3 특성 선택을 위한 전제조건화 786

18.7 특성 평가와 다중검정 문제 788

18.7.1 오발견율 791

18.7.2 비대칭 절단점과 SAM 과정 794

18.7.3 FDR의 베이즈적 해석 796

18.8 참고문헌 797

연습 문제 798

참고문헌 805

찾아보기 831

에이콘출판의 기틀을 마련하신 故 성완재 선생님 (1935-2004)

2판 서문

우리는 신만을 믿는다. 나머지 사람들은 데이터를 가져오라.[1]
— 윌리엄 에드워드 데밍(William Edwards Deming), (1900-1993)[2]

우리는 『통계학으로 배우는 머신러닝 2/e』 첫 번째 판이 인기를 얻어서 기뻤다. 이를 비롯해 통계적 학습 분야에서의 연구가 빠르게 진행되고 있다는 점은 2판으로 개정하도록 북돋웠다.

우리는 네 개의 새로운 장을 추가하고 기존 장 가운데 일부를 개정했다. 많은 독자들이 첫 번째 판의 레이아웃에 익숙하기 때문에 최소한으로 바꾸고자 했다. 주요한 변경 사항을 다음과 같이 요약했다.

장	새로운 것
1. 소개	
2. 지도 학습의 개요	
3. 회귀를 위한 선형법	LAR 알고리즘과 라쏘의 일반화
4. 분류를 위한 선형법	로지스틱회귀를 위한 라쏘 경로
5. 기저 전개와 정칙화	RKHS의 추가적인 설명
6. 커널 평활법	
7. 모델 평가와 선택	교차 검증의 강점 및 함정
8. 모델 추론과 평균화	
9. 가법 모델, 트리 및 관련 방법	
10. 부스팅과 가법 트리	생태학에서 가져온 새로운 예제. 일부는 16장으로 나눠짐
11. 신경망	베이지안 신경망 및 2003년 NIPS 문제
12. 서포트벡터머신과 유연한 판별법	SVM 분류기를 위한 경로 알고리즘
13. 프로토타입 방법과 최근접-이웃	

---

1 원문은 'In God we trust, all others bring data'이다. – 옮긴이
2 웹에서 이 인용문은 윌리엄 데밍과 로버트 W. 헤이든 두 사람에 의해 널리 알려졌지만, 헤이든은 우리에게 이 인용문에 관해 기여한 바가 없다고 말했다. 또한 아이러니하게도 우리는 데밍이 실제로 이 말을 했다는 확실한 "데이터"를 찾지 못했다.

장	새로운 것
14. 비지도 학습	스펙트럼 군집화, 커널 PCA, 희박 PCA, 비음수 행렬 분해 원형 분석, 비선형 차원 축소, 구글 페이지 랭크 알고리즘, 직접적 ICA 접근법
15. 랜덤 포레스트	새로운 장
16. 앙상블 학습	새로운 장
17. 무방향 그래프 모델	새로운 장
18. 고차원 문제	새로운 장

추가적으로 다음과 같이 언급한다.

- 첫 번째 판은 색맹 독자에게 친화적이지 못했다. 특히 red/green 대비 constrast를 선호한 것이 문제였다. 2판에서는 orange/blue 대비로 바꾸는 것을 포함해 색상표를 상당 부분 바꿨다.
- 6장의 이름을 '커널 방법'에서 '커널 평활법'으로 바꿔 머신러닝 커널 방법과 혼동하지 않도록 했다. 머신러닝 커널법은 서포트벡터머신 측면에서 (11장) 논의할 것이며, 또한 5장과 14장에서 더 일반적으로 다룬다.
- 첫 번째 판에서 7장의 오류율에 관한 논의가 엉성했다. 조건부 오류율(훈련 집합에 조건적인)과 무조건부 오류율 개념을 분명하게 구분하지 않았기 때문이다. 2판에서는 이를 교정했다.
- 15장과 16장은 10장과 이어지는 게 자연스러우므로 이 순서대로 읽는 것이 가장 좋을 것이다.
- 17장에서 그래프 모델을 폭넓게 다루려고 하지 않고 비방향적 모델 및 이들의 추정을 위한 몇 가지 새로운 방법만을 논의한다. 특히 방향 있는 그래프 모델을 다루는 부분은 공간이 부족해 생략했다.
- 18장은 고차원 특성 공간에서의 학습의 "$p \gg N$" 문제를 살펴본다. 이는 유전체와 단백질체 연구 및 문서 분류를 포함해 많은 분야에서 나타나는 문제다.

첫 번째 장에서 (너무나도 많은) 오류를 발견한 많은 독자들에게 감사와 사과 인사를 보낸다. 새로운 판에서는 오류를 피하기 위해 최선을 다했다. 몇몇 새로운 장에 관해 의견을 준 마크 세갈Mark Segal, 바라 라자라남Bala Rajaratnam 그리고 래리 와설만Larry Wasserman에게 감사한다. 또한 의견을 준 또한 박사후 과정 학생들, 특히 모하메드 알쿠라시Mohammed AlQuraishi, 존 보이크John Boik, 홀저 호플링 Holger Hoefling, 아리안 말레키Arian Maleki, 도널 맥마흔Donal McMahon, 사하론 로셋Saharon Rosset, 바박 샤바바Babak Shababa, 다니엘라 위튼Daniela Witten, 지 슈Ji Zhu, 후이 저우Hui Zou에게 감사한다. 새로운 판으로 우리를 이끌어주고자 노력한 존 킴멜John Kimmel 에게 감사한다. 애나 맥피Anna McPhee를 기억하며 이 장을 바친다.

2008년 8월 캘리포니아 스탠퍼드에서
트레버 헤이스티, 로버트 팁시라니, 제롬 프리드먼

1판 서문

우리는 정보에 빠져 허우적대며 지식에 굶주려 있다.[1]

— 러더포드 D. 로저(Rutherford D. Roger)

통계학 분야는 과학과 산업계가 가져오는 문제로 인해 끊임없이 도전에 직면하고 있다. 초기에는 농업과 산업 관련 실험에서 이러한 문제가 도출됐으며, 상대적으로 범위가 좁았다. 컴퓨터와 정보 시대의 도래로 통계적 문제는 크기와 복잡도 모두에서 폭발적으로 증가했다. 데이터의 저장소, 조직화 그리고 검색 영역에의 문제는 '데이터 마이닝'이라는 새로운 분야로 이어졌다. 생물학과 약학에서의 통계적이고 연산적인 문제는 '생물정보학'을 만들어냈다. 많은 분야에서 막대한 양의 데이터가 만들어지고 있으며, 이 모든 것을 이해하는 것이 통계학자의 일이다. 중요한 패턴과 추세를 추출하고 '데이터가 무엇을 말하는지' 이해하는 것을 데이터로부터의 학습learning from data이라고 부른다.

데이터로부터의 학습에 관한 도전은 통계적 과학의 혁명으로 이어졌다. 연산이 핵심적인 역할을 맡음에 따라, 컴퓨터 과학이나 공학과 같은 다른 분야의 연구자들이 이러한 새로운 발전의 상당 부분을 해냈다는 것은 놀라운 일이 아니다.

우리가 고려하는 학습 문제는 간략하게 지도 학습과 비지도 학습으로 분류할 수 있다. 지도 학습에서의 목표는 입력 측정치의 숫자에 근거해 결과 측정치의 값을 예측하는 것이다. 비지도 학습에서는 결과 측정치가 없으며 입력 측정치 집합 사이의 연관성과 패턴을 나타내는 것이 목표다.

이 책의 의도는 학습에서의 많은 중요하고 새로운 생각들을 한데 모으고 통계적 체계 내에서 설명하는 것이다. 몇몇 수학적 세밀함이 필요하지만, 이들의 이론적 속성보다는 방법과 개념적 토대를 강조하고자 한다. 그에 따라 이 책이 통계학자뿐만 아니라 다양한 분야의 연구자와 실무자의 흥미를 이끌어내길 기대한다.

우리가 통계학 이외의 연구자에게 배운 것이 많은 만큼 통계적 시야가 독자들이 학습의 다른 면을 더 잘 이해하는 데 도움이 될 수 있을 것이다.

---

1 원문은 'We are drowning in information and starving for knowledge'이다. – 옮긴이

그 어떤 것에도 진실된 해석interpretation은 존재하지 않는다. 해석은 인간의 이해력을 돕는 수단이다. 해석의 가치는 다른 사람이 아이디어에 관해 유용하게 생각할 수 있도록 하는 것이다.

— 안드레아스 부자(Andreas Buja)

이 책을 구상하고 완성하는 데 많은 사람의 헌신이 있었음을 알리고 싶다. 데이비드 앤드류스David Andrews, 레오 브레이먼Leo Breiman, 안드레아스 부자Andreas Buja, 존 체임버스John Chambers, 브래들리 에프론Bradley Efron, 조프리 힌튼Geoffrey Hinton, 워너 스튀츨Werner Stuetzle, 존 투키John Tukey가 우리의 경력에 지대한 영향을 미쳤다. 발라수브라마니안 나라심한Balasubramanian Narasimhan이 많은 연산 문제에 관한 조언과 도움을 줬으며 훌륭한 연산 환경을 유지해줬다. 방신호Shin-Ho Bang는 수많은 수치를 만들어내는 데 도움을 줬다. 리 윌킨슨Lee Wilkinson은 색상을 생성하는 데 가치 있는 팁을 줬다. 일라나 벨리츠카야Ilana Belitskaya, 이바 칸토니Eva Cantoni, 마야 굽타Maya Gupta, 마이클 조던Michael Jordan, 샨티 고파탐Shanti Gopatam, 라드퍼드 닐Radford Neal, 조르주 피카조Jorge Picazo, 보그단 팝스크Bogdan Popescu, 올리비에 르노Olivier Renaud, 샤론 로셋Saharon Rosset, 존 스토리John Storey, 지 주Ji Zhu, 무 주Mu Zhu 두 명의 감수자와 많은 학생들이 원고의 일부를 읽고 도움이 되는 제안을 줬다. 마리앤 브리커MaryAnn Brickner와 프랭크 간츠Frank Ganz는 스프링거 출판사의 훌륭한 제작팀을 이끌었다. 트레버 헤이스티는 이 책을 마무리하는 동안 호의를 배풀어준 케이프타운대학교 통계학과에게 감사를 표한다. NSF와 NIH가 이 책을 지원해준 것에 크게 감사한다. 마지막으로 우리의 가족과 부모님이 준 사랑과 지원에 감사한다.

2001년 5월 캘리포니아 스탠퍼드에서
트레버 헤이스티, 로버트 팁시라니, 제롬 프리드먼

조용한 통계학자들이 세상을 바꿔왔다. 새로운 사실이나 기술적 발전을 발견한 것이 아닌, 우리가 의견을 추론하고, 실험하고, 구성하는 방법을 바꿈으로써….

— 이언 해킹(Ian Hacking)

1
소개

통계적 학습은 과학, 금융 및 산업계의 많은 분야에서 중요한 역할을 한다. 학습 문제에 관한 예는 다음과 같다.

- 심장마비로 입원한 환자에게 두 번째 심장마비가 올지 예측한다. 이는 그 환자의 인구통계, 식습관, 임상적 측정치에 근거해 예측한다.
- 기업 성과 척도와 경제 데이터에 기반해 지금으로부터 6개월 후의 주가를 예측한다.
- 디지털 이미지로부터 손으로 쓰여진 ZIP 코드 숫자를 인식한다.
- 당뇨가 있는 사람의 혈중 포도당을 혈액의 적외선 흡수 스펙트럼infrared absorption spectrum으로 추정한다.
- 전립선암의 위험 요소를 임상적이고 인구통계적인 변수에 근거해 식별한다.

학습 과학은 통계학, 데이터 마이닝 및 공학 영역과 다른 학문이 만나는 인공지능 분야에서 중요한 역할을 한다.

이 책은 데이터로부터의 학습에 관한 책이다. 일반적인 시나리오에서는 특성 feature[1](식습관 및 임상적 측정치와 같은)의 집합에 근거해 예측하고자 하는, 주로 (주가와 같은) 계량적이거나 (심장마비/심장마비가 아님과 같은) 범주형인 결과 측정치가 있다. 우리에게는 데이터의 훈련 집합training set이 있어 이로부터 (사람과 같은) 대상 집합의 결과 및 특성 측정치를 관찰한다. 이러한 데이터를 사용해 예측 모델이나 학습기learner를 구축한다. 이는 새로운 나타난 적 없는 대상의 결과를 예측할 수 있게 해준다. 좋은 학습기는 이와 같은 결과를 정확하게 예측한다.

표 1.1 이메일 내 단어나 문자 중 표시된 단어 혹은 문자와 동일한 것의 평균 비율. spam과 email 사이의 차이가 가장 큰 단어와 문자를 골랐다.

	george	you	your	hp	free	hpl	!	our	re	edu	remove
spam	0.00	2.26	1.38	0.02	0.52	0.01	0.51	0.51	0.13	0.01	0.28
email	1.27	1.27	0.44	0.90	0.07	0.43	0.11	0.18	0.42	0.29	0.01

위의 예제는 지도 학습supervised learning 문제라 부르는 것을 묘사한다. 학습 과정을 이끄는 결과 변수가 존재하기 때문에 "지도" 학습이라고 부른다. 비지도 학습 문제unsupervised learning problem에서는 특성만을 관측하며 결과의 관측치가 없다. 우리의 과제는 정확히 말하자면 데이터가 어떻게 조직화 혹은 군집화돼 있는지 나타내는 것이다. 이 책 대부분은 지도 학습에 집중한다. 비지도 문제는 논문들이 덜 발달돼 있으며 14장에서 집중적으로 다룬다.

이 책에서 다루는 실제 학습 문제의 예제는 다음과 같다.

예제 1: 이메일 스팸

이 예제의 데이터는 이는 이메일이 정크 메일이거나 "스팸"인지 예측하는 연구에서 4,601개 이메일 메시지로부터 가져온 정보로 구성돼 있다. 스팸이 사용자의 메일박스를 꽉 차게 하기 전에 이를 걸러낼 수 있는 자동 스팸 감지기를 디자인하는 것이 목표다. 모든 4,601개 이메일 메시지에 관해서, email이나 spam이라는 참인 결과(이메일 타입)와 함께 가장 일반적으로 나타나는 57개의 단어 및 구두점의 상대 빈도가 존재한다. 이는 클래스 변수 email/spam을 결과로 가지는 지도 학습 문제다. 또한 분류classification 문제라 부른다.

---

1 이 책에서 특히 자주 등장하는 단어의 번역은 다음과 같다. fit → (모델을) 적합시키다, feature → 특성, predict → 예측하다, estimate → 추정하다, class → 클래스, target → 목표, 목표변수, response → 반응, 반응변수, metric → 계량, random → 확률, 무작위, smoothing → 평활화, 매끄러운, regularization → 정칙화, normalization → 정규화, standardization → 표준화, shrink → 수축하다, reduce → 축소하다, penalty → 벌점 – 옮긴이

표 1.1에는 spam과 email 사이 가장 평균 차이가 큰 단어와 문자를 보여준다.

우리의 학습 방법은 어떠한 특성을 어떻게 사용할지 결정해야 한다. 예제로 다음과 같은 규칙을 사용할 수 있다.

만일 (%george < 0.6)이고 (%you > 1.5)이면 spam 아니면 email.

다른 형태의 규칙은 이와 같을 수도 있다.

만일 (0.2 · %you − 0.3 · %george) > 0이면 spam 아니면 email.

이 문제에서 모든 오류가 동일한 것은 아니다. 좋은 이메일이 걸러지는 것은 피하고자 하는 한편, 스팸 메일이 통과되도록 허용하는 것은 선호되는 것은 아니지만 중요성 면에서는 덜 심각하다. 이 책에서는 이와 같은 학습 문제를 다루는 몇 가지 방법을 논의한다.

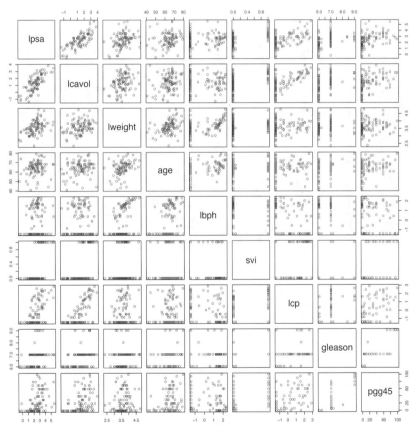

그림 1.1 전립선암 데이터의 산포도 행렬. 첫 번째 행은 각 예측변수에 관한 반응을 순서대로 보여준다. svi와 gleason 두 가지 예측변수가 범주형이다.

예제 2: 전립선암

그림 1.1[2]이 보여주는 이 예제의 데이터는 스태미 외(Stamey et al.,1989)의 연구에서 가져온 것으로, 근치전립선절제술을 받으려는 남성 97명의 전립선 특이항원 PSA, Prostate Specific Antigen 수준과 다수의 임상적 측정치 사이의 상관관계를 조사한다.

목적은 로그 암 부피cancer volume lcavol, 로그 전립선 무게prostate weight lweight, 나이, 로그 전립선 비대 양benign prostatic hyperplasia amount lbph, 정낭 침입seminal vesicle invasion svi, 캡슐 침입capsular penetration lcp, 그리슨 점수Greason score gleason, 그리슨 점수 4 혹은 5의 비율 pgg45를 포함하는 다수의 측정치부터 PSA(lpsa)의 로그 값을 예측하는 것이다. 그림 1.1은 변수들의 산포도 행렬이다. lpsa에 관한 몇몇 상관성이 분명해 보이지만, 눈으로 좋은 예측 모델을 구축하는 것은 어려운 일이다.

이는 회귀 문제라 부르는 지도 학습 문제로, 결과 측정치가 정량적이다.

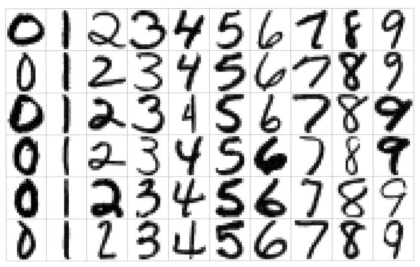

그림 1.2 미국 우편 봉투로부터 가져온 손글씨 숫자 예제

예제 3: 손글씨 숫자 인식

이 예제의 데이터는 미국의 우편물의 봉투에 손글씨로 써진 ZIP 코드에서 가져온 것이다. 각 이미지는 5자리 숫자 ZIP 코드의 부분으로, 하나의 숫자로 분리한 것이다. 이미지는 16×16의 8비트 회색조 맵으로, 각 픽셀의 채도 범위는 0부터

---

2 이 책의 첫 번째 판에서는 이 데이터에 문제가 있었다. 피험자 32는 6.1의 lweight 값을 가졌는데, 이것이 449gm 전립선으로 해석됐다! 올바른 값은 44.9gm이다. 이 오류를 경고해준 스티븐 W. 링크(Stephen W. Link) 교수에게 감사한다.

255이다. 그림 1.2는 몇몇 예제 이미지를 보여준다.

이미지는 근사적으로 같은 크기와 방향을 갖도록 정규화돼 있다. 16:16 행렬의 픽셀 채도로부터 각 이미지(0, 1, ..., 9)를 빠르고 정확하게 식별하는 것이 과제다. 정확도가 충분하다면 결과 알고리즘을 봉투를 위한 자동 분류 절차의 일부로 사용할 수도 있을 것이다. 이는 우편이 잘못된 곳으로 보내지지 않도록 매우 낮은 오류율을 필요로 하는 분류 문제다. 낮은 오류율을 달성하기 위해서는 몇몇 대상은 "모름don't know"으로 할당해 손으로 분류할 수 있다.

예제 4: DNA 발현 미세 배열

DNA는 디옥시리보핵산을 뜻하며 인간의 염색체를 구성하는 기본 물질이다. DNA 미세 배열은 세포 내 유전자의 발현expression을 측정하기 위해 그 유전자를 나타내는 mRNA의 양을 측정한다. 미세 배열은 생물학에서 획기적인 기술로 간주되며, 세포의 단일 표본으로부터 가져온 수천 개의 유전자를 동시에 연구하는 것을 용이하게 해준다.

DNA 미세 배열을 어떻게 사용하는지 보자. 수천 개 유전자의 염기서열을 유리 슬라이드에 인쇄한다. 목표[3] 표본과 참조 표본은 빨간색과 초록색 염료로 라벨링하며, 각각은 슬라이드에 DNA와 혼합돼hybridize 있다. 형광 투시법fluoroscopy을 통해 각 위치에서 혼합된 RNA의 채도(빨간색/초록색)의 로그 값을 측정한다. 결과는 목표변수 내 수천 개 각 유전자의 참조 표본에 관한 상대 발현 수준으로, 통상적으로 −6에서 6의 범위를 가진다. 양의 값은 목표 대 참조 내에서 높은 발현을 나타내며, 음의 값은 그 반대다.

유전자 발현 데이터셋은 일련의 DNA 미세 배열 실험으로부터 발현 값을 함께 수집하며, 각 열은 실험을 나타낸다. 따라서 개별 유전자를 나타내는 수천 개의 행과 표본을 나타내는 수십 개의 열이 있다. 그림 1.3에 있는 특정 예제에서는 6,830개의 유전자(행)과 64개의 표본(열)이 있지만, 명료함을 위해 단지 무작위로 선택된 100개 행의 표본만을 보여준다. 이 그림은 데이터셋을 초록색(음)에서 빨간색(양)으로 된 히트맵으로 보여준다. 표본은 서로 다른 환자의 64개 암 종양이다. 여기서 문제는 유전자와 표본이 어떻게 조직화돼 있는지 이해하는 것이다. 일반적으로 다음과 같은 질문을 포함한다.

3　이 책에서 자주 등장하는 'target'은 목표 혹은 목표변수로, 'response'는 반응 혹은 반응변수로, 'sample'은 표본, 'sampling'은 표집 혹은 샘플링으로 문맥에 맞게 번역했다. – 옮긴이

(a) 어떠한 표본이 유전자에 걸쳐 이들의 발현 프로파일 측면에서 다른 것과 가장 유사한가?

(b) 어떠한 유전자가 표본에 걸쳐 이들의 발현 프로파일 측면에서 다른 것과 가장 유사한가?

(c) 특정 유전자가 특정 암 표본에 관해 매우 높은(아니면 낮은) 발현을 보여주는가?

우리는 이러한 과제를 유전자 및 표본을 두 개의 범주형 예측변수로 그리고 발현 수준을 반응 변수로 가지는 회귀 문제로 볼 수 있다. 그러나 이를 비지도 학습 unsupervised learning 문제로 보는 것이 더 유용할 수도 있다. 예를 들면 문제 (a)에서 표본을 어떠한 방법으로 함께 군집화하고자 하는 6830-차원 공간의 지점으로 생각할 수 있다.

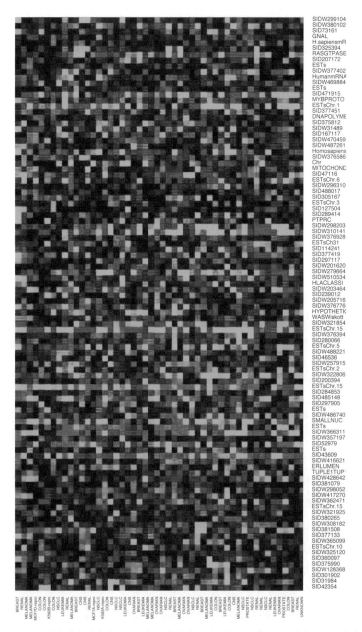

그림 1.3 DNA 미세 배열 데이터: 6830개 유전자(행)과 64개 표본(열)로 된 인간 종양 데이터의 발현 행렬. 100개 행의 무작위 표본만 보여주고 있다. 이 화면은 히트맵으로, 밝은 초록(음, 저발현)에서 밝은 빨강(양, 고발현)의 범위를 가진다. 결측값은 회색이다. 행과 열은 무작위로 선택한 순서로 보여준다.

이 책의 대상 독자

통계학, 인공지능, 공학, 금융 등 다양한 분야의 연구자와 학생을 위해 썼다. 이 책을 읽는 독자가 선형회귀를 포함한 기본 주제를 다루는 통계학의 기초 강의를 적어도 하나는 수강했기를 기대한다.

학습법의 포괄적인 안내서를 쓰기보다는 가장 중요한 기술 몇 가지를 설명하고자 했다. 또한 하부 개념과 고려 사항을 설명해 연구자가 학습법을 판단할 수 있게 했다. 수학적 세부 사항보다는 개념을 강조해 직관적인 방식으로 작성했다.

우리는 자연스럽게 통계학자로서의 배경과 전문 분야를 반영하게 될 것이다. 그러나 과거 8년 동안 신경망, 데이터 마이닝과 머신러닝에 관한 콘퍼런스에 참여했으며, 이러한 흥미진진한 분야에 크게 영향을 받았다.

이 책의 구성

복잡한 방법을 완전히 파악하려 하기 전에 반드시 간단한 방법부터 이해해야 한다. 따라서 2장에서 지도 학습 문제에 관한 개요를 제공한 다음 3장과 4장에서 회귀와 분류를 위한 선형 방법을 논의한다. 5장에서는 단일 예측변수를 위한 스플라인spline, 웨이블렛wavelet과 정칙화/벌점화법을 설명하며, 6장에서는 커널 방법과 국소 회귀local regression를 다룬다. 이들 방법 모두 고차원 학습 기법의 중요한 기본 토대가 된다. 모델 평가와 선택이 7장의 주제이며, 편향과 분산의 개념, 과적합 및 모형 선택을 위한 교차 검증과 같은 방법을 다룬다. 8장은 최대가능도, 베이지안 추론과 부트스트랩, EM 알고리즘, 깁스 샘플링, 배깅bagging의 개요를 포함해 모형 추론과 평균화에 관해 논의한다. 부스팅boosting이라 부르는 과정은 10장에서 집중적으로 다룬다.

9장부터 13장까지는 지도 학습을 위한 일련의 구조적 방법을 설명한다. 특히 9장과 11장에서는 회귀를 다루며 12장과 13장에서는 분류에 집중한다. 14장에서는 비지도 학습을 위한 방법에 관해 설명한다. 최근에 알려진 기법인 랜덤 포레스트와 앙상블 학습은 15장과 16장에서 논의한다. 무방향 그래프 모델은 17장에서 설명하며, 마지막으로 18장에서 고차원 문제를 공부한다.

각 장의 마지막에서는 관측치와 예측자의 개수에 따라 어떻게 연산이 확장되는지 등을 포함해 데이터 마이닝 응용법에 중요한 연산적 고려 사항에 관해 논의한다. 각 장은 자료를 위한 배경 참조를 제공하는 참고문헌으로 마무리된다.

먼저 1장부터 4장까지 순서대로 읽기를 추천한다. 7장 또한 모든 학습법에 관련된 핵심 개념을 다루므로 의무적으로 읽어야 한다. 책의 나머지는 독자의 흥미에 따라 순서대로 읽거나 혹은 선택해서 읽을 수 있다.

이 ![기호] 기호는 기술적으로 어려운 절을 나타내며 논의의 흐름에 방해받지 않고 건너뛸 수 있다.

웹사이트

이 책의 웹사이트는 다음과 같다.

http://www-stat.stanford.edu/ElemStatLearn

책에서 사용된 많은 데이터셋을 비롯해 다수의 자료가 수록돼 있다.

강사를 위한 노트

우리는 2학기 강의를 위한 기반으로 이 책의 첫 번째 판을, 두 번째 판의 부가 자료와 함께 성공적으로 사용했다. 이는 3개 학기 연속으로 사용할 수도 있을 것이다. 연습 문제는 각 장의 마지막에 있다. 학생들이 이들 주제를 위해 좋은 소프트웨어 도구에 접근할 수 있는 것이 중요하다. 강의에서는 R과 S-PLUS 프로그래밍 언어를 사용했다.

정오표

이 책의 정오표는 https://web.stanford.edu/~hastie/ElemStatLearn/에서 확인할 수 있다.

한국어판 정오표는 에이콘출판사의 도서정보 페이지 http://www.acornpub.co.kr/book/elements-statistical-2e에서 찾아볼 수 있다.

질문

한국어판에 관한 질문은 이 책의 옮긴이나 에이콘 출판사 편집 팀(editor@acornpub.co.kr)으로 문의해주길 바란다.

2
지도 학습의 개요

2.1 소개

1장에서 설명했던 첫 3개 예제에는 몇 개의 공통된 구성 요소가 있다. 각각마다 입력inputs이라고 표시할 수 있는 변수가 존재하며, 이들은 측정되거나 사전에 준비된다. 이들은 하나 혹은 그 이상의 출력outputs에 영향을 준다. 각 예제의 목표는 입력을 사용해 출력값을 예측하는 것이다. 이러한 실험을 지도 학습supervised learning이라 부른다.

우리는 머신러닝의 더 현대적인 언어를 사용해봤다. 통계학 논문에서 입력은 주로 예측변수predictors, 더 고전적으로는 독립변수independent variable라고 부른다. 예측변수란 용어는 입력과 바꿔가며 쓸 것이다. 패턴 인식 논문에서 특성features이란 용어를 선호하며 이 또한 사용할 것이다. 출력은 반응response 혹은 고전적으로 종속dependent변수라 부른다.

2.2 변수 타입과 용어

출력은 본질적으로 예제에 따라 달라진다. 포도당 예측 예제에서 출력은 계량적 변수quantitative 측정치이며, 일부 측정치는 다른 것보다 크고, 값이 비슷한 측정치는 본질적으로 비슷하다. R. A. 피셔R. A. Fisher의 유명한 붓꽃 판별 예제에서 출력은 질적 변수qualitative이었으며 (붓꽃의 종) 값이 유한 집합 $\mathcal{G} = \{Virginica, Setosa$ 그리고 $Versicolor\}$라고 가정한다. 손글씨 숫자 예제에서 출력은 10개의 서로 다른 숫자 클래스 $\mathcal{G} = \{0, 1, ..., 9\}$ 가운데 하나다. 이들 둘 다 클래스에서 명시적인 순서가 없으며, 실제로는 숫자보다는 기술적 라벨descriptive label이 클래스를 표시하는 데 더 자주 사용된다. 질적 변수는 범주형categorical 변수 혹은 이산discrete 변수 또는 요인factor이라고 부른다.

양 출력 타입 모두에서 입력을 사용해 출력을 예측하는 것을 생각해볼 수 있다. 오늘과 어제의 특정한 대기적 측정치가 주어졌을 때, 내일의 오존 수준을 예측하고자 한다고 해보자. 손글씨 숫자의 디지털 이미지의 픽셀을 위한 회색조 값이 주어졌을 때 클래스 라벨을 예측하길 원할 수도 있다.

이와 같은 출력 타입의 차이는 예측 과제의 명명 규칙을 야기시켰다. 계량적 출력을 예측할 때는 회귀regression, 질적 출력을 예측할 때는 분류classification라고 부른다. 이들 두 과제에서 비슷한 점이 많은 것을 볼 수 있을 것이다. 특히 이들 모두 함수 근사적 과제로 볼 수 있다는 점에서 그러하다.

입력 또한 측정치 타입에 따라 다르다. 질적 그리고 계량적 입력 변수 몇 개를 각각 가질 수 있다. 이 또한 예측에 사용되는 방법과 형태가 달라지도록 만들었다. 어떤 방법은 계량적 입력에 가장 자연스럽게 정의되며, 어떤 것은 질적 입력에, 어떤 것은 모두를 위해 가장 자연스럽게 정의된다.

세 번째 변수 타입은 작은small, 중간의medium, 큰large과 같이 순서 있는 범주형 ordered categorial으로, 값 사이에 순서가 있지만 적절한 측량적 개념(중간과 작음 사이의 차이가 큼과 중간 사이의 차이와 같을 필요가 없는)이 없다. 이에 관해서는 4장에서 더 논의한다.

질적 변수는 주로 코드에 의해 수치적으로 표현된다. "성공success"과 "실패 failure", "생존survived"과 "사망died"과 같이 오직 두 개의 클래스나 범주만이 있는 경우가 가장 단순하다. 이들은 자주 0이나 1 아니면 −1과 1과 같은 단일 이진 숫자나 비트로 표현된다. 이러한 수치적 코드는 분명함을 위해 때때로 목표targets라 부르기도 한다. 두 개 이상의 범주가 존재할 때, 몇 가지 대안이 존재한다. 가장 유용하고 주로 사용되는 코드화 방법은 더미변수dummy variables를 통한 것이다. K 수준의 질적 변수가 K개의 이진변수 혹은 비트의 벡터로 표현돼 있으며 이중 한 번에 오직 하나만이 "on"이라고 해보자. 더 간결한 코딩 체계도 가능하겠지만, 더미변수가 요인의 수준과 대칭적이다.

이 책에서는 일반적으로 입력변수를 기호 X로 표기할 것이다. X가 벡터라면 그 구성 요소는 첨자 X_j로 접근할 수 있다. 계량적인 출력은 Y로, 질적 출력은 G(그룹)로 표기한다. 변수의 포괄적인 면을 언급할 때는 X, Y, 혹은 G와 같은 대문자를 사용한다. 관측된 값은 소문자로 쓴다. 그러므로 X의 i번째로 관측된 값은 x_i로 쓴다(이때 x_i는 또다시 스칼라scalar 혹은 벡터). 행렬은 굵은 대문자로 나타낸다. 예를 들면 입력이 N개인 벡터 x_i, $i = 1, ..., N$은 $N \times p$ 행렬 $\mathbf{X}$로 나타낸다. 일반적으로 벡터는 N개 구성 요소를 가질 때가 아니라면 굵은 글자가 아니다. 이러한 관례는 i번째 관측치를 위한 입력 x_i의 p-벡터를, 변수 X_j의 모든 관측치를 구성하는 N-벡터 x_j와 구별하게 해준다. 모든 벡터가 열 벡터라 가정하므로 $\mathbf{X}$의 i번째 행은 x_i^T이며 이는 x_i의 전치 벡터다.

일단 다음과 같이 학습 과제를 느슨하게 선언할 수 있다. 입력 벡터 X의 값이 주어졌을 때, $\hat{Y}$이라 표기하는("Y 햇"이라 발음한다) 출력 Y의 좋은 예측을 하라. Y가 $\mathbb{R}$에서 값을 취하면 $\hat{Y}$ 또한 그래야 한다. 이와 동일하게 범주형 출력 $\hat{G}$ 또한 G와 연관된 같은 집합 G의 값을 취해야 한다.

2 클래스 G에 관한 한 가지 접근법은 이진으로 코드된 목표를 Y라고 표기하고, 이를 계량적인 출력으로 다루는 것이다. 예측 $\hat{Y}$은 일반적으로 [0, 1] 안에 포함될 것이며, $\hat{y} > 0.5$인지에 따라 $\hat{G}$ 클래스 라벨에 할당할 수 있다. 이러한 접근법은 K-수준의 질적 출력 또한 일반화할 수 있다.

예측 규칙을 구축하는 데 데이터가 필요하며, 많이 필요할 때가 자주 있다. 따라서 훈련 데이터training data라 부르는 사용 가능한 관측치 집합 (x_i, y_i) 혹은 (x_i, g_i), $i = 1, ..., N$이 있다고 가정하며, 이는 예측 규칙을 구축하는 데 사용한다.

2.3 예측을 위한 단순한 두 접근법: 최소제곱과 최근접이웃

이 절에서는 두 개의 단순하지만 강력한 예측법을 개발한다. 최소제곱을 통한 선형 모델과 k-최근접이웃k-nearest-neighbor 예측 규칙이 그것이다. 선형 모델은 구조에 관한 커다란 가정을 하므로 안정적이지만 부정확할 수도 있는 예측을 내놓는다. k-최근접이웃의 방법은 예측이 정확한 경우가 자주 있지만 불안정할 수 있다는 매우 가벼운 구조적 가정을 한다.

2.3.1 선형 모델과 최소제곱

선형 모델은 통계학에서 지난 30년 동안의 중추였으며 가장 중요한 도구 중 하나로 남아 있다. 입력 벡터 $X^T = (X_1, X_2, ..., X_p)$가 주어졌을 때 모델을 통해 출력 Y를 예측한다.

$$\hat{Y} = \hat{\beta}_0 + \sum_{j=1}^{p} X_j \hat{\beta}_j \qquad (2.1)$$

$\hat{\beta}_0$항은 절편intercept으로, 머신러닝에서는 또한 편향bias이라 부른다. X 안에 상수 변수 1을, 계수 $\hat{\beta}$의 벡터 안에 $\hat{\beta}_0$를 포함시킨 뒤 선형 모형을 벡터 형태로 내적과 같이 쓰는 것이 편리한 때가 자주 있다.

$$\hat{Y} = X^T \hat{\beta} \qquad (2.2)$$

이때 X^T는 벡터 혹은 행렬의 전치(X가 열 벡터가 되는)를 나타낸다. 여기서는 단일 출력을 모델링하므로 $\hat{Y}$은 스칼라다. 일반적으로 $\hat{Y}$은 K-벡터일 수 있으며, 이 경우 β는 계수의 $p \times K$ 행렬일 것이다. $(p+1)$-차원의 입력-출력 공간에서 $(X, \hat{Y})$는 초평면을 나타낸다. X가 상수를 포함한다면 초평면은 부분공간subspace인 원점origin을 포함하며, 그렇지 않다면 초평면은 Y축을 지점 $(0, \hat{\beta}_0)$에서 나누는 아핀 집합affine set이다. 지금은 $\hat{\beta}$이 절편을 포함한다고 가정한다.

이를 p 차원의 입력 공간에 대한 함수로 보고 있으므로, $f(X) = X^T \beta$는 선형이며 기울기 $f_0(X) = \beta$는 입력 공간 내 벡터로 이는 가장 가파르게 올라가는 방향 내 점이다. 어떻게 선형 모델을 훈련 데이터 집합에 적합fit시킬까? 많은 여러 방법이 있지만 최소제곱이 가장 인기 있는 방법이다. 이 접근법에서는 잔차제곱합^{residual}
_{sum of squares}을 최소화하는 계수 β를 고른다.

$$\text{RSS}(\beta) = \sum_{i=1}^{N}(y_i - x_i^T\beta)^2 \tag{2.3}$$

RSS(β)는 매개변수의 이차 함수이므로 최솟값이 언제나 존재하지만 유일하지 않을 수 있다. 해는 행렬 표기법으로 가장 쉽게 특징화할 수 있으며 다음과 같이 쓸 수 있다.

$$\text{RSS}(\beta) = (\mathbf{y} - \mathbf{X}\beta)^T(\mathbf{y} - \mathbf{X}\beta) \tag{2.4}$$

이때 $\mathbf{X}$는 각 행을 입력 벡터로 갖는 $N \times p$ 행렬이며, y는 훈련 집합 내 출력의 N 벡터다. β에 대해 미분하면 다음의 정규방정식^{normal equations}을 얻는다.

$$\mathbf{X}^T(\mathbf{y} - \mathbf{X}\beta) = 0 \tag{2.5}$$

$\mathbf{X}^T\mathbf{X}$이 정칙^{nonsingular}이라면 유일한 해는 다음과 같이 주어지며 i번째 입력 x_i에서 적합된 값은 $\hat{y}_i = \hat{y}(x_i) = x_i^T\hat{\beta}$이다.

$$\hat{\beta} = (\mathbf{X}^T\mathbf{X})^{-1}\mathbf{X}^T\mathbf{y} \tag{2.6}$$

임의의 입력 x_0에 관한 예측은 $\hat{y}(x_0) = x_0^T\hat{\beta}$이다. 적합된 전체 면은 p개 매개변수 $\hat{\beta}$로 특징을 나타낼 수 있다. 직관적으로 보면 이러한 모형을 적합시키는 데 매우 거대한 데이터셋이 필요한 것은 아니다.

분류 환경에서 선형 모형의 예를 보자. 그림 2.1은 훈련 데이터를 입력 X_1과 X_2의 쌍으로 산포도에 보여준다. 출력 클래스 변수 G는 값 BLUE나 ORANGE를 가지며 산포도에 이와 같이 나타나 있다. 각 클래스마다 100개의 지점이 있다. 선형 회귀 모형이 이들 데이터에 적합돼 있으며, 응답 Y는 BLUE가 0 그리고 ORANGE는 1로 코딩돼 있다. 적합된 값 $\hat{Y}$은 다음 규칙에 따라 적합시킨 클래스 변수 $\hat{G}$으로 변환된다.

$$\hat{G} = \begin{cases} \text{ORANGE} & \text{if } \hat{Y} > 0.5 \\ \text{BLUE} & \text{if } \hat{Y} \leq 0.5 \end{cases} \tag{2.7}$$

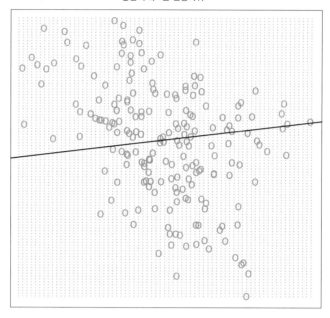

그림 2.1 2차원에서의 분류 예제. 클래스가 이진 값(BLUE = 0, ORANGE = 1)로 코딩돼 있으며 선형 회귀로 적합돼 있다. 선은 $x^T\hat{\beta} = 0.5$에 의해 정의된 결정 경계다. 주황색 음영 영역은 ORANGE라고 분류된 입력 공간의 부분을, 파란 영역은 BLUE로 분류된 부분을 표시한다.

ORANGE로 분류된 $\mathbb{R}^2$ 내 지점의 집합은 그림 2.1이 가리키는 것과 같이 $\{x :$ $x^T\hat{\beta} > 0.5\}$에 해당하며, 두 개의 예측된 클래스가 결정 경계decision boundary $\{x :$ $x^T\hat{\beta} = 0.5\}$에 의해 분리돼 있다. 이 경우에는 선형이다. 이들 데이터에서 결정 경계의 양쪽에 몇 개의 오분류가 있음을 볼 수 있다. 아마 선형 모형이 너무 경직 돼 있거나, 이러한 오류를 피할 수 없기 때문이지 않을까? 이들은 훈련 데이터 그 자체에 있는 오류이며 이 구축된 데이터가 어디로부터 왔는지 말하지 않았음을 기억하길 바란다.

- 시나리오 1: 각 클래스 내 훈련 데이터가 상관성이 없는 구성 요소 및 다른 평균을 가지는 이항 가우스 분포로부터 만들어졌다.
- 시나리오 2: 각 클래스 내 훈련 데이터가 10개의 저분산low variance 가우스 분포의 혼합으로부터 만들어졌으며, 개별 평균 자체는 가우스로 분포돼 있다.

가우스 혼합 분포$^{\text{mixture of Gaussians}}$는 생성 모형 측면에서 가장 잘 설명된다. 먼저 사용할 가우스 구성 요소를 정하는 이산변수를 생성하고, 그 뒤 선택한 밀도함수로부터 관측값을 생성한다. 클래스당 가우스 분포가 하나인 경우, 선형 결정 경계가 이를 가장 잘 해내며 우리의 추정이 거의 최적임을 4장에서 보일 것이다. 겹치는 영역은 불가피하기 때문에 예측될 미래 데이터 또한 이 겹치는 부분에 피해를 입을 것이다.

엄격하게 군집화된 가우스 조합의 경우 이야기가 달라진다. 선형 결정 경계가 최적이지 않을 가능성이 크며, 실제로 그러하다. 이 때의 최적 결정 경계는 비선형이며 서로소^{disjoint}이기 때문에 얻기가 훨씬 더 어렵다.

이제 다른 분류와 회귀 과정을 보자. 이는 어떤 의미에서 선형 모형의 반대편 끝 스펙트럼에 위치하며, 두 번째 시나리오에 더 적합하다.

2.3.2 최근접이웃 방법

최근접이웃 방법은 $\hat{Y}$를 구성하기 위해서 입력 공간에서 훈련 집합 T 내 x와 가장 가까운 관측치를 사용한다. 구체적으로 $\hat{Y}$를 위한 k-최근접이웃 적합은 다음과 같이 정의된다.

$$\hat{Y}(x) = \frac{1}{k} \sum_{x_i \in N_k(x)} y_i \qquad (2.8)$$

여기서 $N_k(x)$는 x의 이웃으로, 훈련 표본 내 k개의 가장 가까운 점 x_i에 의해 정의된다. 근접성^{closeness}이란 어떠한 지표를 뜻하며, 일단은 이를 유클리드 거리라고 가정한다. 따라서 말로 하자면 입력 공간에서 x와 가장 가까운 관측치 k개를 x_i를 통해 찾고 이들의 응답을 평균한다.

그림 2.2에서 그림 2.1과 같은 훈련 데이터를 사용하며 이진 코드 응답의 15개의 최근접이웃을 적합 방법으로 사용한다. 그러므로 $\hat{Y}$은 이웃 내 ORANGE의 비율이며, 따라서 $\hat{Y} > 0.5$일 때 클래스 ORANGE를 $\hat{G}$에 할당하는 것은 이웃 내 다수결을 따르는 것이 된다. 색깔이 있는 영역은 입력 공간 내 모든 점이 이러한 규칙에 의해 BLUE나 ORANGE로 분류됐음을 가리키며, 이 경우 입력 공간 내 세밀한 격자에 이 과정을 값매김해 이를 찾아냈다. ORANGE로부터 BLUE를 분리하는 결정 경계가 훨씬 불규칙적이며, 하나의 클래스가 우세하는 국소 군집에 반응함을 볼 수 있다.

그림 2.3은 1-최근접이웃 분류의 결과를 보여준다. $\hat{Y}$은 훈련 집합 내 x에 가장 가까운 x_ℓ의 y_ℓ 값으로 할당된다. 이 경우 분류의 영역이 상대적으로 쉽게 계산될 수 있으며, 이는 훈련 집합의 보로노이 테셀레이션^{Voronoi tessellation}에 해당한다. 각 지점 x_i는 가장 가까운 입력 지점의 영역에 바운딩되는 연관된 타일을 가진다. 조각 내 모든 지점 x에 대해 $\hat{G}(x) = g_i$이다. 결정 경계는 오히려 이전보다 더욱 불규칙하다.

k-최근접이웃의 평균 방법은 회귀에서 계량적 출력 Y를 구하는 것과 정확히 같은 방법으로 정의되지만, $k = 1$이 선택되지는 않을 것이다.

15개 최근접이웃 분류기

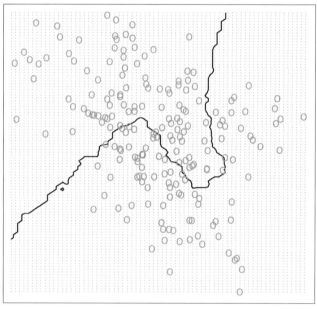

그림 2.2 그림 2.1과 같은 2차원에서의 분류 예제. 클래스가 이진변수(BLUE = 0, ORANGE = 1)로 코딩돼 있으며 (2.8)에서와 같이 15-최근접이웃 평균에 의해 적합된다. 따라서 예측된 클래스는 15개 최근접이웃의 다수결에 의해 결정된다.

그림 2.2에서는 그림 2.1에서보다 훨씬 적은 훈련 관측치가 오분류돼 있음을 볼 수 있다. 그러나 그림 2.3에서는 어떠한^{none} 훈련 데이터도 오분류되지 않았음을 볼 때 이에 너무 안심해서는 안 될 것이다. 생각해보면 K-최근접이웃 적합에서 훈련 데이터에 대한 오류가 근사적으로 k의 증가함수여야 하며, $k = 1$일 때는 0임을 시사한다. 독립된 데이터 집합이 서로 다른 방법을 비교하는 데 더 만족스러운 평균을 제공할 수 있을 것이다.

k-최근접이웃 적합은 최소제곱 적합에서의 p개 매개변수와 비교할 때, 이웃의 개수 k라는 하나의 매개변수를 가지는 것으로 보인다. 이 경우에는 그러하지만, k-최근접이웃의 유효effective 매개변수 개수가 N/k이며 일반적으로 p보다 크고, k 가 커질 때마다 작아진다는 사실을 볼 것이다. 왜 그런지에 관한 개념을 알려면, 이웃이 겹치지 않을 때 N/k개의 이웃이 있으며 각 이웃마다 하나의 매개변수(평균)를 적합시킬 것임을 주지하기 바란다.

K를 고르는 데 훈련 집합의 오차제곱합을 기준으로 사용할 수 없다는 것 또한 분명하다. 언제나 $K = 1$을 선택할 것이기 때문이다! k-최근접이웃 방법은 앞에서 설명한 시나리오 2의 혼합법에 적절한 것으로 보인다. 한편, 가우스 데이터에서 k-최근접이웃의 결정 경계는 불필요하게 잡음이 많을 것이다.

1-최근접이웃 분류기

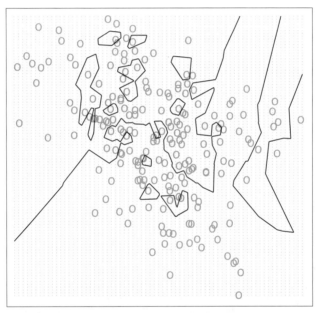

그림 2.3 그림 2.1과 같은 2차원에서의 분류 예제. 클래스가 이진변수(BLUE = 0, ORANGE = 1)로 코딩돼 있으며 1-최근접이웃 분류에 의해 예측된다.

2.3.3 최소제곱에서 최근접이웃까지

최소제곱으로부터의 선형 결정 경계는 매우 평탄하며, 분명히 안정적으로 적합된다. 선형 결정 경계가 적절하다는 가정에 크게 의존하는 것 같아 보인다. 곧 전개될 내용의 언어로 말하자면, 이는 저분산과 잠재적으로 고편향을 가진다.

반면 k-최근접이웃 과정은 해당 데이터에 관한 엄격한 가정에 의존하는 것 같아 보이지 않으며, 어떠한 상황에서든 적응할 수 있다. 그러나 결정 경계의 일부 특정 하위 영역은 몇 안되는 입력 지점 및 이들의 특정 위치에 의존적이며, 따라서 꾸불꾸불하고 불안정하기 때문에 고분산과 저편향을 가진다.

각 방법은 가장 잘 동작하는 그만의 상황이 있다. 특히 선형회귀는 시나리오 1에 더 적절하며 최근접이웃은 시나리오 2에 더 맞는다. 신탁을 드러낼 때가 왔다! 사실 데이터는 이 두 가지 사이의 어딘가, 하지만 시나리오 2에 더 가까운 모델로부터 시뮬레이션됐다. 먼저 이변량 가우스 분포 $N((1, 0)^T, \mathbf{I})$로부터 10개의 평균 m_k를 만들어내고 이 클래스를 BLUE라 라벨링한다. 이와 유사하게 $N((0, 1)^T, \mathbf{I})$로부터 10를 더 뽑아 클래스 ORANGE로 라벨링한다. 그 뒤 다음과 같이 각 클래스에 대해 100개의 관측치를 만들어낸다. 각 관측치에 대해 1/10의 확률로 m_k를 무작위로 고른 뒤, $N(m_k, \mathbf{I}/5)$를 만들어냈다. 따라서 이는 각 클래스를 위한 가우스 군집의 혼합이 된다. 그림 2.4는 이 모델로부터 만들어진 10,000개의 새로운 관측치를 분류한 결과다. 이제 최소제곱을 위한 결과와 k의 값의 범위에 관한 k-최근접이웃을 위한 결과를 비교한다.

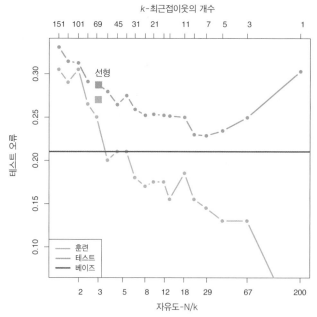

그림 2.4 그림 2.1, 2.2, 2.3에서 사용한 시뮬레이션 예제를 위한 오분류 곡선. 크기 200의 단일 훈련 표본을 사용했으며, 테스트 표본의 크기는 10,000이다. 오렌지 곡선은 k-최근접이웃 분류의 테스트 오류이며 파란색은 훈련 오류다. 선형회귀의 결과는 자유도가 3일 때 큰 오렌지 및 파란 사각형이다. 보라색 선은 최적 베이즈 오류율이다.

오늘날 인기 있는 기술의 상당수 하위 집합은 이들 두 단순한 절차의 변형이다. 사실 이 모든 것 중 가장 단순한 1-최근접이웃은 저차원 문제 시장에서 상당한 비율을 차지한다. 다음 리스트는 이러한 단순한 절차가 어떻게 향상돼 왔는지에 관한 일부 방법을 설명한다.

- 커널 방법Kernel methods은 k-최근접이웃에서 쓰인 유효한 0/1 가중치 대신에 목표 지점까지의 거리를 사용해 0으로 평활적으로 감소하는 가중치를 사용한다.
- 고차원 공간에서 어떠한 변수를 다른 것보다 강조하기 위해 거리distance 커널을 수정한다.
- 국소 회귀Local regression는 상수를 국소적으로 적합하는 대신에 국소적으로 가중된 최소제곱을 통해 선형 모형을 적합한다.
- 원본 입력의 기저 전개basis expansion에 대한 선형 모델 적합은 임의적인 복잡한 모델을 가능하게 해준다.
- 사영추적projection pursuit과 신경망 모델은 비선형적으로 변환된 선형 모델의 합으로 돼 있다.

2.4 통계적 결정 이론

이 절에서는 지금까지 비공식적으로 논의했던 모델을 개발하기 위한 체계를 제공하는 약간의 이론을 개발한다. 먼저 계량적 출력의 경우를 고려하고, 확률변수와 확률 공간의 세계에 노출시키자. $X \in \mathbb{R}^p$를 실수값 무작위 변수, $Y \in \mathbb{R}$를 실수값 무작위 출력변수 그리고 결합 분포가 $\Pr(X, Y)$라 하자. 입력 X의 값이 주어졌을 때 Y를 예측하는 함수 $f(X)$를 찾고자 한다. 이 이론은 예측에서의 오차에 제한을 가하기 위해 손실함수loss function $L(Y, f(X))$를 필요로 하며, 단연코 가장 일반적이고 편리한 것은 오차제곱손실squared error loss $L(Y, f(X)) = (Y - f(X))^2$이다.

이는 기대(제곱) 예측오차expected (squared) prediction error f를 선택하는 기준이 된다.

$$\text{EPE}(f) = \text{E}(Y - f(X))^2 \tag{2.9}$$

$$= \int [y - f(x)]^2 \Pr(dx, dy) \tag{2.10}$$

X에 관해 조건부화함으로[1] EPE를 다음과 같이 쓸 수 있다.

$$\text{EPE}(f) = \text{E}_X \text{E}_{Y|X} \left([Y - f(X)]^2 | X \right) \tag{2.11}$$

이는 지점별 EPE를 최소화하는 것을 만족한다.

$$f(x) = \text{argmin}_c \text{E}_{Y|X} \left([Y - c]^2 | X = x \right) \tag{2.12}$$

해는 다음과 같은 조건부 기댓값이며, 또한 회귀함수regression function라 부른다.

$$f(x) = \text{E}(Y | X = x) \tag{2.13}$$

따라서 어떠한 지점 $X = x$에 관한 Y의 최적 예측값은 조건부 평균이며, 이때 최적은 평균제곱오차로 측정한다.

최근접이웃법은 훈련 데이터를 사용해 이 레시피를 직접적으로 구현하려고 시도한다. 각 지점 x에 관해 입력이 $x_i = x$인 모든 y_i의 평균을 찾아볼 수 있을 것이다. 일반적으로 어떠한 지점 x에 관해 많아야 하나의 관측치가 있으므로 다음을 만족한다.

$$\hat{f}(x) = \text{Ave}(y_i | x_i \in N_k(x)) \tag{2.14}$$

여기서 "Ave"는 평균을 뜻하며, $N_k(x)$는 x에 가장 가까운 T 내 k개 지점을 갖는 이웃이다. 여기서 두 개의 가정이 발생한다.

- 표본 데이터를 평균해 기댓값이 근사된다.
- 이 시점에서 조건부화는 목표 지점에 "근접한" 일부 영역을 조건부화하는 것으로 완화된다.

크기 N의 커다란 훈련 표본에 관해서 이웃 내 지점은 x에 가까워지는 경향이 있으며, k가 커짐에 따라 평균은 더욱 안정될 것이다. 실제 결합확률분포 $\Pr(X, Y)$에 관한 가벼운 정칙성regularity 조건하에서 $N, k \to \infty$임에 따라 $k/N \to 0$ 그리고 $\hat{f}(x) \to \text{E}(Y | X = x)$임을 보일 수 있을 것이다. 이를 비추어 볼 때, 왜 더 들여다봐야 하는 것일까? 범용적인 근사자approximator를 가지는 것으로 보이기 때문에? 우리는 대체로 매우 큰 표본을 갖지 않는다. 만일 선형이나 무언가 더욱 구조적인

---

1 여기서의 조건부화는 결합밀도확률을 $\Pr(X, Y) = \Pr(Y|X)\Pr(X)$로 인수분해하고(factoring) 이변량 적분으로 적절하게 분리하는 것이 된다. 이때 $\Pr(Y|X) = \Pr(Y, X)/\Pr(X)$이다.

모델이 적절하다면, 대체로 k-최근접이웃보다 더 안정적인 추정을 얻을 수 있지만, 이러한 지식은 물론 데이터를 통해서 학습해야 한다. 그런데 때때로 재앙적일 수도 있는 다른 문제가 있다. 2.5절에서 차원 p가 커짐에 따라 k-최근접이웃의 계량metric 크기 또한 커짐을 볼 것이다. 따라서 조건부화를 대신해 최근접이웃을 선택하는 것은 끔찍히 실패하게 만들 것이다. 앞에서의 수렴은 여전히 유지되지만, 차원이 커짐에 따라 수렴의 속도rate는 낮아진다.

선형회귀가 왜 이러한 체계에 적합한가? 가장 간단한 설명은 회귀함수 $f(x)$가 그 인수 내에서 근사적으로 선형이라고 가정하는 것이다.

$$f(x) \approx x^T \beta \tag{2.15}$$

이는 모델 기반 접근법이며, 회귀함수를 위한 모델을 구체화한다. $f(x)$를 위한 선형 모델을 EPE(2.9)에 집어넣고 미분하면 이론적으로 β에 관해 풀 수가 있다.

$$\beta = [\mathrm{E}(XX^T)]^{-1}\mathrm{E}(XY) \tag{2.16}$$

X에 관해 조건화하지 않았다not는 것을 주지하라. 대신에 X의 값에 관해 모으기pool 위해 함수적인 관계에 관한 지식을 사용했다. 최소제곱 해 (2.6)은 훈련 데이터에 관한 평균을 통해 (2.16) 내 기댓값을 대체하게 된다. 따라서 k-최근접이웃과 최소제곱 모두 평균을 통해 조건부 기댓값을 근사하는 것으로 끝나게 된다. 그러나 모델의 가정 측면에서 매우 다르다.

- 최소제곱은 $f(x)$가 전역적인 선형함수에 의해 잘 근사된다고 가정한다.
- k-최근접이웃은 $f(x)$가 국소적으로 상수인 함수에 의해 잘 근사된다고 가정한다.

후자가 더 받아들일 만해 보이지만, 이미 이러한 유연성에 관한 대가를 지불할 수도 있음을 봤다.

이 책에서 설명한 더 현대적인 많은 기술들은 모델 기반이지만, 엄격한 선형 모델보다 훨씬 더 유연하다. 예를 들면 가법적인additive 모델은 다음을 가정한다.

$$f(X) = \sum_{j=1}^{p} f_j(X_j) \tag{2.17}$$

이는 선형 모델의 가법성을 유지하지만, 각 좌표함수coordinate function f_j는 임의적이다. 결국 가법적 모델을 위한 최적 추정은 각 좌표함수의 일변량univariate 조건부 기댓값을 동시에simultaneously 근사하기 위해 k-최근접이웃과 같은 기술을 사용하는 것으로 드러난다. 따라서 고차원에서 조건부 기댓값을 추정하는 문제는 이러한 경우 어떠한(주로 비현실적인) 모델 가정을 부과함으로써 사라져버린다. 이 경우 가법성이 그러했다.

기준 (2.11) 때문에 기쁜가? L_2 손실함수를 L_1: E$|Y - f(X)|$로 바꾸면 어떻게 되는가? 이 경우 해법은 조건부 중앙값이 된다.

$$\hat{f}(x) = \text{median}(Y|X = x) \tag{2.18}$$

이는 다른 위치 측정치이며 중앙값의 추정치는 조건부 평균보다 더 로버스트하다. L_1 기준은 이들의 미분값에서 불연속성을 가지며, 이는 널리 쓰이는 것을 방해했다. 더욱 저항적인 다른 손실함수는 다른 장에서 언급할 것이지만, 제곱오차는 분석적으로 편리하며 가장 인기 있다.

출력값이 범주형 변수 G라면 어떻게 해야 하는가? 예측오차에 벌점을 주기 위해 다른 손실함수가 필요한 것을 제외하고는 같은 패러다임이 여기서도 적용된다. 추정값 $\hat{G}$는 가능한 클래스의 집합 $\mathcal{G}$ 내 값을 가정할 것이다. 손실함수는 $K \times K$ 행렬 $\mathbf{L}$로 표현할 수 있다. 여기서 $K = \text{card}(\mathcal{G})$이다. $\mathbf{L}$은 대각에서 영(0)일 것이며 다른 곳은 비음수일 것이고, 이때 $L(k, \ell)$은 클래스 $\mathcal{G}_k$에 포함되는 관측치를 $\mathcal{G}_\ell$로 분류하는 데 지불하는 값이 된다. 주로 0-1 손실함수를 가장 많이 사용하며, 이때 모든 오분류는 하나의 유닛으로 부과된다. 기대예측오차는 다음과 같다.

$$\text{EPE} = \text{E}[L(G, \hat{G}(X))] \tag{2.19}$$

이때 또다시 예측값은 결합분포 $\Pr(G, X)$에 관해 취한다. 여기서 또 다시 조건부화하면 EPE를 다음과 같이 쓸 수 있다.

$$\text{EPE} = \text{E}_X \sum_{k=1}^{K} L[\mathcal{G}_k, \hat{G}(X)]\Pr(\mathcal{G}_k|X) \tag{2.20}$$

그리고 또다시 이는 EPE를 지점별로 최소화시키는 데 충분하다.

$$\hat{G}(x) = \text{argmin}_{g \in \mathcal{G}} \sum_{k=1}^{K} L(\mathcal{G}_k, g)\Pr(\mathcal{G}_k|X = x) \tag{2.21}$$

이는 0-1 손실함수로 단순화된다.

$$\hat{G}(x) = \text{argmin}_{g \in \mathcal{G}}[1 - \Pr(g|X = x)] \qquad (2.22)$$

아니면 단순히

$$\hat{G}(x) = \mathcal{G}_k \text{ if } \Pr(\mathcal{G}_k|X = x) = \max_{g \in \mathcal{G}} \Pr(g|X = x) \qquad (2.23)$$

와 같다. 이 적절한 해는 베이즈 분류기^{Bayes classifier}라 부르며, 조건부(이산) 분포 $\Pr(G|X)$를 사용해 가장 그럴듯한 클래스로 분류한다고 말한다. 그림 2.5는 시뮬레이션 예제를 위한 베이즈-최적 결정 경계를 보여준다. 베이즈 분류기의 오류율은 베이즈율^{Bayes rate}이라고 부른다.

베이즈 최적 분류기

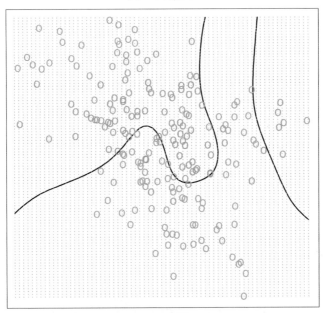

그림 2.5 그림 2.1, 2.2, 2.3의 시뮬레이션 예제를 위한 최적 베이즈 결정 경계. 생성 밀도가 각 클래스마다 알려져 있으므로, 이 경계는 정확하게 계산할 수 있다(예제 2.2).

k-최근접이웃 분류기가 이 해를 직접 근사함을 다시 한 번 볼 수 있으며, 최근접이웃 내 다수결이 정확히 이와 같다. 한 지점에서의 조건부확률이 이 시점에서 이 지점의 이웃 내 조건부확률로 완화되며, 확률이 훈련 표본 비율에 의해 추정된다는 것을 제외하면 말이다.

더미변수 접근법을 적용하고 이진 Y를 통해 G를 코딩한 뒤 제곱오차 손실 추정을 사용했던 2 클래스 문제를 가정해보자. 그러면 $\mathcal{G}_1$이 $Y = 1$에 해당한다면 $\hat{f}(X) = \mathrm{E}(Y|X) = \mathrm{Pr}(G = \mathcal{G}_1|X)$이다. 이와 같이 k-클래스 문제에서 $\mathrm{E}(Y_k|X) = \mathrm{Pr}(G = \mathcal{G}_k|X)$이다. 이는 더미변수 회귀 과정 다음에 이어지는 최댓값 적합 분류가 베이즈 분류기를 다르게 표현하는 방법임을 보여준다. 이 이론은 정확하지만, 사용한 회귀모델에 따라 실제에서 문제가 발생할 수 있다. 예를 들면, 선형회귀를 사용할 때 $\hat{f}(X)$가 양수일 필요는 없지만, 이를 확률의 추정치로 사용하는 것에 의구심을 가질 수 있다. 4장에서 $\mathrm{Pr}(G|X)$를 모델링하는 다양한 접근법을 논의할 것이다.

2.5 고차원에서의 국소적 방법

지금까지 예측을 위한 두 가지 기술을 살펴봤다. 안정적이지만 편향된 선형 모델과 덜 안정적이지만 분명히 덜 편향적인 k-최근접이웃 추정치의 클래스가 그것이다. 적절하게 큰 훈련 데이터 집합이 있으면 k-최근접이웃 평균법을 통해 언제나 이론적으로 최적의 조건부 기댓값을 근사할 수 있는 것으로 보인다. 어떠한 x든지 이에 가까운 관측치의 이웃을 꽤 많이 찾고 평균할 수 있기 때문이다. 이 접근법 그리고 직관은 고차원에서 무너지게 되며, 이러한 현상은 주로 차원의 저주 curse of dimensionality(Bellman, 1961)라고 부른다. 이 문제에 관한 많은 현상이 있으며 여기서 몇 가지 살펴볼 것이다.

그림 2.6과 같이 p차원 유닛의 초입방체hypercube내 균일하게 분포된 입력값에 관한 최근접이웃 과정을 고려해보자. 관측치의 부분 r을 포착하기 위해 목표 지점에 관한 초입방체로 된 이웃을 내보낸다고 가정해보자. 이는 유닛 부피의 r 부분에 해당하므로, 모서리의 기대 길이는 $e_p(r) = r^{1/p}$일 것이다. 10차원에서 $e_{10}(0.01) = 0.63$이고 $e_{10}(0.1) = 0.80$인 한편, 각 입력의 전체 범위는 겨우 1.0이다. 따라서 국소 평균을 구성하기 위해 데이터의 1%나 10%를 포착하려면, 각 입력 변수 범위의 63%나 80%를 다뤄야 한다. 이러한 이웃은 더 이상 "국소적"이 아니다. r을 크게 낮추는 것 또한 크게 도움이 되지 않는다. 적은 관측치를 평균하면 적합의 분산이 커지기 때문이다.

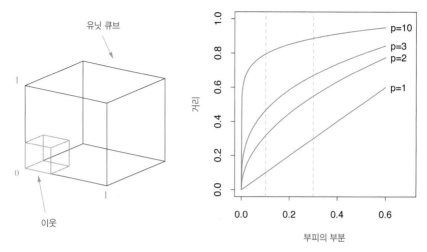

유닛 큐브

거리

이웃

부피의 부분

그림 2.6 차원의 저주가 유닛 큐브 내 균일 데이터를 위한 하위 큐브 이웃으로 잘 표현돼 있다. 오른쪽 그림은 각기 다른 차원 p에 관해 데이터의 부피의 부분 r을 포함하는 데 필요한 바위 큐브의 옆선 길이(side-length)를 보여준다. 10차원에서는 데이터의 10%를 잡아내기 위해 각 지점의 80%의 범위를 다뤄야 한다.

고차원에서 희박 표집의 다른 중요한 점은 모든 표본 지점들이 표본의 모서리와 가깝다는 것이다. 원점에 중심을 가지는 p차원 유닛 공ball 내 균일하게 분포된 N개 데이터 지점을 고려해보자. 그리고 원점에서 최근접이웃 추정을 생각해보자. 원점으로부터 가장 가까운 데이터 지점의 중앙값 거리는 다음 표현으로 주어진다(연습 2.3).

$$d(p, N) = \left(1 - \frac{1}{2}^{1/N}\right)^{1/p} \tag{2.24}$$

가장 가까운 점에 관한 평균 거리를 위한 더 복잡한 표현이 존재한다. $N = 500$, $p = 10$일 때 $d(p, N) \approx 0.52$이며 이는 경계의 절반 이상이다. 그러므로 대부분의 데이터 지점은 다른 데이터 점보다도 표본 공간의 경계에 더 가깝다. 이것이 문제가 되는 이유는 훈련 표본의 모서리 근처에서 예측하는 것이 훨씬 더 어렵기 때문이다. 이웃하는 표본 지점들 사이에서 보간법interpolate을 쓰는 대신 반드시 외삽법extrapolate을 써야 한다.

저주의 다른 현상은 표본 밀도가 $N^{1/p}$에 비례한다는 것이다. 여기서 p는 입력 공간의 차원이며 N은 표본 크기다. 따라서 $N_1 = 100$이 단일 입력 문제의 밀집된 표본을 나타낸다면, $N_{10} = 100^{10}$은 10개 입력을 가진 같은 표본 밀도에 관해 필요한 표본 크기가 된다. 그러므로 고차원에서 모든 가능한 훈련 표본은 입력 공간을 희박하게 채우게 된다.

또 다른 균일분포 예제를 구성해보자. $[-1, 1]^p$에 균일하게 생성된 1000개 훈련 예제 x_i를 가지고 있다고 해보자. X와 Y의 실제 관계가 어떠한 측정 오차도 없이 다음과 같다고 하자.

$$Y = f(X) = e^{-8||X||^2}$$

테스트 지점 $x_0 = 0$에서 y_0를 예측하기 위해 1-최근접이웃 규칙을 사용한다. 훈련 집합은 $\mathcal{T}$로 표시한다. 우리의 과정을 위해 x_0에서 기대예측오차를 계산하고 크기 1,000개의 이러한 모든 표본에 관해 평균할 수 있다. 문제가 결정적이므로 deterministic 이는 $f(0)$을 추정하는 평균제곱오차MSE다.

$$
\begin{aligned}
\text{MSE}(x_0) &= \mathrm{E}_{\mathcal{T}}[f(x_0) - \hat{y}_0]^2 \\
&= \mathrm{E}_{\mathcal{T}}[\hat{y}_0 - \mathrm{E}_{\mathcal{T}}(\hat{y}_0)]^2 + [\mathrm{E}_{\mathcal{T}}(\hat{y}_0) - f(x_0)]^2 \quad (2.25)\\
&= \mathrm{Var}_{\mathcal{T}}(\hat{y}_0) + \text{Bias}^2(\hat{y}_0)
\end{aligned}
$$

그림 2.7은 이러한 설정을 보여준다. MSE를 분산과 제곱 편향 두 구성 요소로 나누어 진행에 익숙하게끔 했다. 이러한 분해는 언제나 가능하며 자주 유용하고, 편향-분산 분해bias-variance decomposition라 부른다. 최근접이웃이 0에 있지 않은 한, $\hat{y}_0$은 이 표본에서 $f(0)$보다 작을 것이며, 따라서 평균 추정은 아래 방향으로 편향될 것이다. 분산은 1-최근접이웃의 표본 분산일 것이다. 저차원 내에서 $N = 1000$일 때 최근접이웃은 0에 매우 가까우며 따라서 편향과 분산 모두 작다. 차원이 커짐에 따라 최근접이웃은 목표 지점으로부터 더욱 흐트러지며 편향과 분산 모두 영향을 입을 것이다. $p = 10$일 때 99% 이상의 표본에서 최근접이웃이 원점으로부터 거리가 0.5 이상이다. 따라서 p가 커짐에 따라 추정치는 더욱 자주 0이 되는 경향이 있으며, 그러므로 MSE는 1.0에서 상승을 멈추게 되며 편향 또한 그러하게 된다. 그리고 분산은 하락하기 시작한다(이 예제에서 인공적으로).

이는 매우 인위적인 예제이지만, 유사한 현상들이 더 일반적으로 발생한다. 많은 변수로 된 함수의 복잡성은 차원과 함께 지수적으로 커질 수 있으며, 저차원에서의 함수와 같은 정확도로 이와 같은 함수를 추정할 수 있으려면, 훈련 집합의 크기 또한 지수적으로 증가돼야 한다. 이 예제에서 함수는 연계된 모든 p 변수의 복잡한 상호작용이었다.

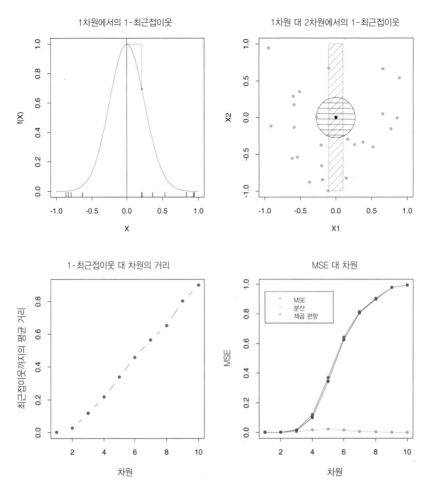

그림 2.7 차원의 저주 alc MSE, 편향, 분산에 관한 그 영향을 보여주는 시뮬레이션 예제. 입력 특성은 $p = 1, ..., 10$에 관해 $(-1, 1)^p$에 균일하게 분포돼 있다. 왼쪽 위쪽 패널은 $\mathbb{R}$: $f(X) = e^{-8\|X\|^2}$ 내 목표함수(잡음 없음)를 보여주며, $f(0)$을 추정할 때 1-최근접이웃이 만들어내는 오차를 나타낸다. 훈련 지점은 파란색 틱 표시로 나타낸다. 오른쪽 위쪽 패널은 왜 1-최근접이웃의 반지름이 차원 p에 따라 커지는지 보여준다. 왼쪽 아래 패널은 1-최근접이웃의 평균 반지름을 보여준다. 오른쪽 아래 패널은 MSE, 제곱 편향, 분산을 차원 p의 함수에 관한 곡선으로 보여준다.

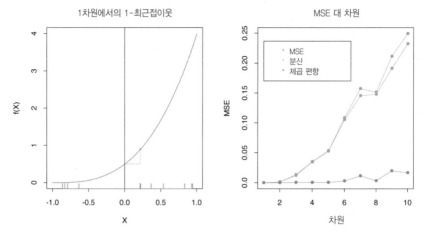

그림 2.8 그림 2.7과 같은 설정에서의 시뮬레이션 예제. 여기서 함수는 사실상 1차원 상수 $f(X) = \frac{1}{2}$ $(X_1 + 1)^3$이다. 분산이 우위를 차지한다.

편향항의 거리에 관한 의존성은 진실 여부에 달려 있으며, 1-최근접이웃에서 항상 우위를 차지할 필요는 없다. 예를 들면 그림 2.8과 같이 함수가 단지 몇 개의 차원만을 가진다면 대신 분산이 우위를 차지할 수 있다.

반면 Y와 X 사이의 관계가 선형임을 안다고 해보자.

$$Y = X^T \beta + \varepsilon \tag{2.26}$$

이때 $\varepsilon \sim N(0, \sigma^2)$이고 훈련 데이터의 최소제곱을 통해 모델을 적합시킨다. 임의적인 테스트 지점 x_0에 관해 $\hat{y}_0 = x_0^T \hat{\beta}$가 있으며 이는 $\hat{y}_0 = x_0^T \beta + \sum_{i=1}^{N} \ell_i(x_0)\varepsilon_i$로 쓸 수 있다. 이때 $\ell_i(x_0)$는 $\mathbf{X}(\mathbf{X}^T\mathbf{X})^{-1}x_0$의 i번째 요소다. 이 모델하에서 최소제곱 추정값은 불편^{unbiased}이므로 다음을 알 수 있다.

$$
\begin{aligned}
\text{EPE}(x_0) &= \mathrm{E}_{y_0|x_0}\mathrm{E}_{\mathcal{T}}(y_0 - \hat{y}_0)^2 \\
&= \mathrm{Var}(y_0|x_0) + \mathrm{E}_{\mathcal{T}}[\hat{y}_0 - \mathrm{E}_{\mathcal{T}}\hat{y}_0]^2 + [\mathrm{E}_{\mathcal{T}}\hat{y}_0 - x_0^T\beta]^2 \\
&= \mathrm{Var}(y_0|x_0) + \mathrm{Var}_{\mathcal{T}}(\hat{y}_0) + \mathrm{Bias}^2(\hat{y}_0) \\
&= \sigma^2 + \mathrm{E}_{\mathcal{T}}x_0^T(\mathbf{X}^T\mathbf{X})^{-1}x_0\sigma^2 + 0^2
\end{aligned} \tag{2.27}
$$

여기서 예측오차 내에서 추가적인 분산 σ^2를 발생시킨다. 목표가 결정적이지 않기 때문이다. 편향이 없으므로 분산은 x_0에 의존한다. 만일 N이 크고 $\mathcal{T}$가 무작위로 선택됐다면 그리고 $\mathrm{E}(X) = 0$이라 가정한다면 $\mathbf{X}^T\mathbf{X} \to N\mathrm{Cov}(X)$이고 다음과 같다.

$$\begin{aligned}
\mathrm{E}_{x_0}\mathrm{EPE}(x_0) &\sim \mathrm{E}_{x_0}x_0^T\mathrm{Cov}(X)^{-1}x_0\sigma^2/N + \sigma^2 \\
&= \mathrm{trace}[\mathrm{Cov}(X)^{-1}\mathrm{Cov}(x_0)]\sigma^2/N + \sigma^2 \\
&= \sigma^2(p/N) + \sigma^2 \quad\quad\quad\quad\quad (2.28)
\end{aligned}$$

여기서 기대 EPE가 p의 함수에 따라 선형적으로 σ^2/N 기울기로 증가함을 볼 수 있다. 만일 N이 크고 σ^2이 작다면, 아니면 N이 크거나 σ^2이 작다면 분산에서의 이러한 증가율은 미미하다(결정적인 경우 0). 우리는 적합시킬 모형의 클래스에 무거운 제한을 가함으로써 차원의 저주를 피했다. 2.27과 2.28에서의 자세한 기술적인 내용 일부는 연습 2.5에 유도돼 있다.

1-최근접이웃(1NN) 대 일반최소제곱(OLS)의 기대예측오차

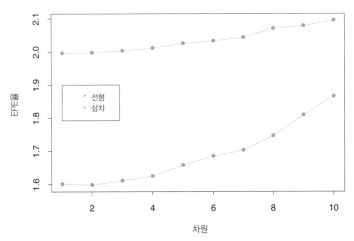

그림 2.9 곡선들이 1-최근접이웃의 기대예측오차(x0=0에서)를 최소제곱에 비례해 모델 $Y = f(X) + \varepsilon$에 대해 보여준다. 주황색 곡선에서 $f(x) = x_1$이며, 파란색 곡선은 $f(x) = \frac{1}{2}(x_1 + 1)^3$이다.

그림 2.9는 두 상황에서의 1-최근접이웃 대 최소제곱을 비교한다. 둘 다 $Y = f(X) + \varepsilon$ 형태를 가지며 이전과 같이 X는 균일분포이고 $\varepsilon \sim N(0, 1)$이다. 표본 크기는 $N = 500$이다. $f(x)$는 그림 2.8과 같이 주황색 곡선에 관해 첫 번째 좌표에서 선형이고, 파란 곡선에 관해서는 세제곱^{cubic}이다. 최소제곱에 관한 1-최근접이웃의 상대 EPE을 볼 수 있으며, 선형의 경우 약 2에서 시작한다. 최소제곱은 이 경우 불편이며 앞서 논의했듯이 EPE는 $\sigma^2 = 1$를 약간 넘어선다. 1-최근접이웃의 EPE는 항상 2보다 큰데, 그 이유는 이 경우 $\hat{f}(x_0)$의 분산이 최소한 σ^2이기 때문이다. 그리고 최근접이웃이 목표 지점으로부터 흩어져 있으므로 차원에 따라 비율이 커진다. 세제곱의 경우 최소제곱은 편향적이며 이는 비율을 완화시킨다.

최소제곱의 편향이 분산을 압도하고, 1-최근접이웃이 이기는 예제를 분명히 만들어낼 수 있다.

엄격한 가정에 의존함으로써 선형 모델은 편향이 전혀 없으며 미미한 분산을 갖게 되는 한편, 1-최근접이웃에서의 오차는 상당히 커진다. 그러나 가정이 틀린다면 이 모든 배팅은 무효가 되고 1-최근접이웃이 우위를 가질 수도 있다. 앞으로 엄격한 선형 모델과 극단적으로 유연한 1-최근접이웃 모델 사이의 모든 스펙트럼 대해서 보게 될 것이다. 이들 각각 그들만의 가정과 편향을 가지며, 특히 이들은 이러한 가정을 강하게 받아들임으로써 고차원에서의 함수의 복잡성이 지수적으로 증가하는 것을 피하기 위해서 제안됐다.

더 깊게 파고들기 전에 통계적 모형의 개념을 좀 더 자세히 설명하고 이들이 어떻게 예측 체계에 적합되는지 살펴보자.

2.6 통계적 모델, 지도 학습 및 함수 근사

앞으로의 목표는 입력과 출력 사이의 예측적 관계에 근거하는, 함수 $f(x)$의 유용한 근사 $\hat{f}(x)$를 찾는 것이다. 2.4절의 이론적인 설정에서 제곱오차손실이 우리를 계량적인 반응을 위한 회귀함수 $f(x) = E(Y|X = x)$로 향하게 한다는 것을 봤다. 최소제곱법의 클래스는 이러한 조건부 기댓값의 직접적인 추정값으로 볼 수도 있지만, 이들이 적어도 두 가지 방식에서 실패할 수 있음을 봤다.

- 입력 공간의 차원이 높다면, 최근접이웃은 목표 지점에 가까울 필요가 없게 되며, 이는 큰 오차를 야기할 수 있다.
- 특별한 구조가 존재하는 것으로 알려져 있다면, 이는 추정값의 편향과 분산 모두를 줄이는 데 사용할 수 있다.

우리는 $f(x)$를 위해 다른 종류의 모델을 사용하는 것을 기대한다. 많은 경우 이들 모델은 차원적 문제를 극복하기 위해 디자인돼 있으며, 여기선 이들 모델을 예측 문제에 통합시키기 위한 체계를 논의한다.

2.6.1 결합분포 Pr(X, Y)를 위한 통계적 모델

데이터가 실제 다음의 통계적 모델에서 나왔다고 가정하자.

$$Y = f(X) + \varepsilon \tag{2.29}$$

여기서 확률 오차 ε는 $\mathrm{E}(\varepsilon) = 0$이며 X에 독립적이다. 이 모델에서 $f(x) = \mathrm{E}(Y|X = x)$이며 실제로 조건부 분포 $\mathrm{Pr}(Y|X)$는 오직 조건부 평균 $f(x)$를 통해서만 X에 의존함을 주지하라.

가법적 오차 모델은 현실을 근사하는 데 유용하다. 대부분의 시스템에서 입력-출력 쌍 (X, Y)는 결정적 관계 $Y = f(X)$를 가지지 않을 것이다. 일반적으로 측정 오차를 포함해 Y에 기여하는 측정되지 않은 다른 변수가 존재할 것이다. 가법 모델은 오차 ε를 통해 결정적 관계로부터 이러한 모든 벗어남을 포착할 수 있다고 가정한다.

몇몇 문제에서는 결정적 관계가 유지된다. 머신러닝에서 연구된 많은 분류 문제가 이들 형태이며, 반응 표면response surface을 IRp에 정의된 색깔이 있는 맵으로 생각할 수 있다. 훈련 데이터는 맵 $\{x_i, g_i\}$로부터의 색깔이 있는 예제로 구성돼 있으며, 목표는 어떠한 지점의 색을 찾아내는 것이다. 여기서 함수는 결정적이며, 훈련 지점들의 위치 x를 통해 무작위성이 들어온다. 일단은 이러한 문제를 쫓지 않을 것이지만, 이들을 오차 기반 모델을 위한 적절한 기술적 접근법을 통해 다룰 수 있음을 볼 것이다.

(2.29)에서 오차가 독립적이고 동일하게 분포됐다는 가정은 엄밀히 말해 중요하진 않지만 EPE 기준 내에서 제곱오차를 균일하게 평균할 때를 생각하게 한다. 이러한 모델을 통해 (2.1)과 같은 모델 추정을 위한 데이터 기준으로 최소제곱을 사용하는 것이 자연스러워진다. 간단한 수정을 통해 독립성 가정을 피할 수 있다. 예를 들면, $\mathrm{Var}(Y|X = x) = \sigma(x)$를 가질 수 있으며 이제 평균과 분산 모두 X에 의존하게 된다. 일반적으로 조건부 분포 $\mathrm{Pr}(Y|X)$는 복잡한 방법으로 X에 의존할 수 있지만, 가법적 오차 모델은 이를 배제시킨다.

지금까지 계량적 반응에 집중해왔다. 가법적 오차 모델은 통상적으로 질적 출력 G에 사용되지 않는다. 이 경우 목표 함수 $p(X)$가 조건부 밀도 $\mathrm{Pr}(G|X)$이며, 이는 직접적으로 모델링된다. 예를 들면 2 클래스 데이터에서 데이터가 독립적인 이진적인 시도로부터 만들어진다고 가정하는 것이 합리적이다. 이때 하나의 특정 결과는 $p(X)$가 되고, 다른 하나는 $1 - p(X)$이다. 그러므로 Y가 G의 0-1로

코딩된 버전이라면, $E(Y|X=x)=p(x)$이지만 분산 또한 $Var(Y|X=x)=p(x)[1-p(x)]$와 같이 x에 의존한다.

2.6.2 지도 학습

통계학에서 유래된 은어에 관해 늘어놓기 전에, 머신러닝 관점에서 함수 적합 패러다임을 제시한다. 단순하게 오차가 가법적이고 모델 $Y=f(X)+\varepsilon$이 적정한 가정이라고 해보자. 지도 학습은 선생^{teacher}을 통해 예제로부터 f를 학습하려 시도한다. 연구할 시스템, 입력과 출력 모두를 관찰하고, 관측치 $T=(x_i, y_i)$, $i=1$, ..., N의 훈련 집합을 모은다. 시스템 x_i로 관측된 입력값 또한 학습 알고리즘이라 부르는(주로 컴퓨터 프로그램) 인공 시스템에 제공되며, 이는 또한 입력에 반응해 출력 $\hat{f}(x_i)$를 만들어낸다. 학습 알고리즘은 원본 및 만들어진 출력 사이의 차이 $y_i - \hat{f}(x_i)$에 반응해 입력/출력 관계 $\hat{f}$를 수정할 수 있는 속성을 가진다. 이 과정을 예제를 통한 학습^{learning by example}이라고 부른다. 학습 과정이 완료되면 인공 출력과 실제 출력이 실제에서 마주칠 수 있는 모든 입력 집합에 관해 유용할 정도로 비슷하기를 기대한다.

2.6.3 함수 근사

이전 절에서의 학습 패러다임은 (인간의 추론과 유사한) 머신러닝과 (인간의 뇌와 생물학적으로 유사한) 신경망 분야에서의 지도 학습 문제에 관한 연구의 동기가 돼 왔다. 응용 수학과 통계학에 적용된 접근법은 함수 근사 및 추정 관점으로부터 나왔다. 데이터 쌍 $\{x_i, y_i\}$을 $(p+1)$-차원의 유클리드 공간 내 지점으로 본다고 해보자. 함수 $f(x)$는 p차원 입력 부분공간과 같은 정의역을 가지며, $y_i = f(x_i) + \varepsilon_i$과 같은 모델을 통해 데이터과 관계를 가진다. 이 장에서는 편리함을 위해 정의역이 p차원 유클리드 공간인 $\mathbb{R}^p$이라 가정하지만, 일반적으로 입력은 복합적 형태일 수 있다. 목표는 T에서의 표현이 주어졌을 때, $\mathbb{R}^p$의 일부 영역 내 모든 x에 관해 $f(x)$를 위한 유용한 근사를 얻어내는 것이다. 지도 학습을 함수 근사 내 문제로 다루는 것은 학습 패러다임보다 무언가 덜 화려함에도 불구하고, 유클리드 공간의 기하학적 개념과 확률적 추론의 수학적 개념을 문제에 적용하는 것을 북돋운다. 이책이 싣는 것이 이러한 접근법이다. 앞으로 마주하게 될 많은 근사법은 가까이에 있는 데이터에 적합하도록 수정할 수 있는 매개변수 θ의 집합과 관련돼 있다. 예를 들면 선형 모델 $f(x) = x^T\beta$은 $\theta = \beta$를 가진다. 다른 종류의 유용한 근사자는 선형 기저 전개linear basis expansions로 표현할 수 있다.

$$f_\theta(x) = \sum_{k=1}^{K} h_k(x)\theta_k \tag{2.30}$$

이때 h_k는 입력 벡터 x의 적절한 함수나 변환 집합이다. 전통적인 예제로는 다항 그리고 삼각 전개가 있으며, 예를 들자면 h_k는 x_1^2, $x_1 x_2^2$, $\cos(x_1)$ 등일 수도 있다. 또한 신경망 모델에서 일반적인 시그모이드 변환과 같은 비선형 확장도 만난다.

$$h_k(x) = \frac{1}{1 + \exp(-x^T\beta_k)} \tag{2.31}$$

선형 모델에서 잔차제곱합을 최소화한 것과 같이 f_θ 내 θ 매개변수를 추정하는 데 최소제곱을 θ의 함수로서 사용할 수 있다.

$$\text{RSS}(\theta) = \sum_{i=1}^{N} (y_i - f_\theta(x_i))^2 \tag{2.32}$$

이는 가법적 오차 모델을 위한 합리적인 기준으로 보인다. 함수 근사 측면에서 매개변수화된 함수를 $p+1$ 공간 내 표면이며, 관측하는 것은 이로부터 실현된 잡음이라 상상해보자. 이는 $p = 2$일 때 쉽게 시각화할 수 있으며 수직 좌표는 그림 2.10과 같이 출력 y이다. 잡음은 출력 좌표 내에 있으며, 따라서 적합된 표면이 관측된 지점에 되도록 근접하도록 매개변수 집합을 찾는다. 이때 근접함은 RSS(θ) 내 제곱 수직 오차의 합으로 측정한다.

선형 모델에서는 최소화 문제로 단순한 닫힌 형식의 해를 얻는다. 기저함수 그 자체가 어떠한 숨겨진 매개변수도 가지지 않는다면, 이는 기저함수 방법에서도 참이다. 그렇지 않으면 해는 반복적 방법이나 수치적 최적화를 필요로 한다.

최소제곱은 일반적으로 매우 편리하지만, 유일하게 쓰이는 기준은 아니며 몇몇 경우 별로 말이 안 될 수 있다. 추정을 위한 더 일반적인 원칙은 최대가능도 추정maximum likelihood estimation이다. 몇몇 매개변수 θ로 인덱싱된 밀도 $\Pr_\theta(y)$로부터의 무작위 표본 y_i, $i = 1, ..., N$이 있다고 해보자.

$$L(\theta) = \sum_{i=1}^{N} \log \Pr_\theta(y_i) \tag{2.33}$$

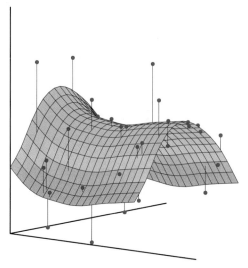

그림 2.10 입력이 두 개인 함수의 최소제곱 적합. $f_\theta(x)$의 매개변수는 수직축 오차의 제곱합을 최소화하도록 선택한다.

최대가능도의 원칙은 θ를 위한 가장 합리적인 값은 관측된 표본의 확률이 가장 큰 것이라고 가정한다. $\varepsilon \sim N(0, \sigma^2)$인 가법적 오차 모델 $Y = f_\theta(X) + \varepsilon$은 조건부 가능도를 사용한 최대가능도와 동일하다.

$$\Pr(Y|X, \theta) = N(f_\theta(X), \sigma^2) \qquad (2.34)$$

따라서 추가적인 정규성^{normality} 가정이 더 엄격해 보이더라도 결과는 같다. 데이터의 로그 가능도는 다음과 같으며

$$L(\theta) = -\frac{N}{2}\log(2\pi) - N\log\sigma - \frac{1}{2\sigma^2}\sum_{i=1}^{N}(y_i - f_\theta(x_i))^2 \qquad (2.35)$$

θ를 수반하는 유일한 항은 마지막 것으로, 이는 음의 스칼라 승수와 무관한 RSS(θ)이다.

더 흥미로운 예제는 질적 출력 G를 위한 회귀함수 $\Pr(G|X)$를 위한 다항 가능도다. 주어진 X에 관해 각 클래스의 조건부 확률에 관한 매개변수 벡터 θ로 인덱싱된 모델 $\Pr(G = G_k|X = x) = p_{k,\theta}(x)$, $k = 1, ..., K$가 있다고 해보자. 그러면 로그 가능도(또한 교차 엔트로피라 부른다)는 다음과 같다.

$$L(\theta) = \sum_{i=1}^{N} \log p_{g_i,\theta}(x_i) \qquad (2.36)$$

이는 최대화될 때 이와 같은 가능도의 의미에서 데이터에 가장 잘 순응하는 θ의 값을 내놓는다.

2.7 구조화된 회귀모델

최근접이웃 및 다른 국소적 방법들은 한 지점에서 함수를 추정하는 것에 직접적으로 집중함에도, 고차원 문제에 직면함을 봤다. 이들은 더욱 구조화된 접근법이 데이터를 더 효율적으로 활용하는 경우, 심지어 저차원에서도 부적절할 수 있다. 이 절은 이와 같은 구조화된 접근법의 종류에 관해 소개한다. 그렇지만 진행 전에 이러한 종류의 필요성에 관해 더 논의한다.

2.7.1 문제의 어려움

임의적인 함수 f를 위한 RSS 기준을 고려해보자.

$$\mathrm{RSS}(f) = \sum_{i=1}^{N} (y_i - f(x_i))^2 \qquad (2.37)$$

(2.37)을 최소화하는 데는 무한하게 많은 해가 있다. 훈련 지점 (x_i, y_i)를 통화하는 어떠한 함수 $\hat{f}$든지 해이다. 선택한 어떠한 특정 해든지 간에 훈련 지점과는 다른 테스트 지점에서는 좋지 못한 예측자일 수도 있다. x_i의 각 값마다 복수의 관측치 쌍 $y_{i\ell}$, $\ell = 1, ..., N_i$가 존재한다면, 위험은 제한된다. 이 경우 해는 각 x_i마다의 $y_{i\ell}$의 평균 값을 지나게 된다. 예제 2.6을 보라. 이 해는 2.4절에서 이미 본 것과 유사하다. 물론 (2.37)은 (2.11)의 유한한 표본 버전이다. 만일 표본 크기 N이 반복이 보장되고 밀도 있게 배열돼 있도록 충분히 컸다면, 이들 해가 모두 조건부 기댓값을 제한시키는 경향을 보일 수도 있다.

유한의 N에 관한 유용한 결과를 얻기 위해서는 (2.37)의 바람직한 해를 더 적은 함수의 집합으로 제한해야만 한다. 제한restriction이라는 성질을 어떻게 결정하느냐는 데이터의 외부 고려 사항에 근거한다. 이들 제한은 때때로 f_θ의 매개변수적인 표현을 통해 인코딩되며, 아니면 학습법 자체에서 암묵적으로 혹은 명시적으로 구축될 수 있다. 이 책의 주요한 주제가 이들 해의 제한된 클래스다. 그러나 한 가지 분명히 해야 할 것이 있다. (2.37)의 유일한 해를 갖도록 f에 가해지는 어떠한 제한이든지 해의 중복성으로 인한 모호함을 정말로 제거하지는 않는다. 많은 가능한 제한들이 무한하게 존재하고 각각은 유일한 해로 이어지므로 모호함은 단순히 어떤 제약을 선택하느냐로 바뀌어진다.

일반적으로 대부분의 학습법에 의해 부과된 제약은 한 종류 아니면 다른 종류의 복잡도complexity 제한으로 설명할 수 있다. 이는 주로 입력 공간의 작은 이웃 내 일종의 규칙적인 행위를 뜻한다. 즉, 어떠한 지표 내에서 서로 충분히 가까운 모든 입력 지점 x에 관해, f는 마치 거의 상수와 같이 선형이거나 낮은 정도의 다항식적인 움직임과 같은 특별한 구조를 보인다. 그 뒤 평균이나 그 이웃 내 다항적 적합을 통해 추정량을 얻는다.

제약의 힘은 이웃의 크기에 좌우된다. 이웃의 크기가 커질수록 제약이 강해지며 제약의 특정 선택에 해가 더 민감해진다. 예를 들면 무한소로 작은 이웃 내 적합되는 국소 상수는 제약이 전혀 아니다. 매우 큰 이웃 내 국소 선형 적합은 거의 전역적인 선형 모델이며, 따라서 매우 제한적이다.

제약의 성질은 사용하는 지표에 의존한다. 커널이나 국소 회귀와 트리 기반 방법과 같은 몇몇 방법은 지표와 이웃의 크기를 직접적으로 지정한다. 지금까지 논의한 최근접이웃법은 국소적으로 함수가 상수라는 가정에 기반한다. 즉 목표 입력 x_0에 가까우며 함수가 그다지 변하지 않고, 따라서 $\hat{f}(x_0)$를 만들어내기 위해 가까운 출력들을 평균할 수 있다. 스플라인, 신경망 그리고 기저함수법과 같은 다른 방법들은 국소적인 움직임의 이웃을 암묵적으로 정의한다. 5.4.1절에서 등가 커널equivalent kernel의 개념에 관해 논의하며(그림 5.8을 보라), 이 절에선 출력 내에서 선형인 임의의 방법을 위한 이와 같은 국소적 의존성을 설명한다. 이들 등가 커널은 많은 경우 단지 앞서 논의한 명시적으로 정의된, 목표 지점에서 최고점이고 이로부터 평활적으로 하락하는 가중 커널과 같이 보인다.

이제 한 가지 분명히 해야 할 사실이 있다. 작은 등방성의isotropic 이웃 내에서 국소적으로 변하는 함수를 만들고자 시도하는 방법은 고차원에서 문제가 되는 차원의 저주에 직면할 수 있다. 그리고 반대로 차원성 문제를 극복하는 모든 방법은 이웃성을 측정하는, 주로 암묵적이거나 적응적인 연관된 계량을 가진다. 이는 기본적으로 이웃이 동시에 모든 방향에서 작도록 허용하지 않는다.

2.8 제한된 추정량의 종류

비모수적 회귀 기술이나 학습법의 다양성은 가해진 제한의 성질에 따라 다수의 서로 다른 종류를 가지게 만든다. 이들 종류는 별개가 아니며, 물론 몇몇 방법은 몇 가지 종류에 속한다. 자세한 설명은 앞으로의 장에서 제공되므로 여기서는 간단한 요약을 제공한다. 각 종류는 하나나 그 이상의 매개변수와 관계를 가지며, 때때로 국소 이웃의 효과적인 크기를 적절하게 통제하는 평활화smoothing 매개변수라 부른다. 여기서는 세 가지 전반적인 종류를 설명한다.

2.8.1 조도 벌점과 베이즈 방법

여기서 함수의 종류는 조도roughness 벌점을 통해 RSS(f)에 명시적으로 벌점을 줌으로써 통제한다.

$$\mathrm{PRSS}(f; \lambda) = \mathrm{RSS}(f) + \lambda J(f) \tag{2.38}$$

사용자가 선택한 범함수 $J(f)$는 입력 공간의 작은 영역에 걸쳐 너무 빠르게 변화하는 함수 f에 관해 클 것이다. 예를 들면 1차원 입력을 위한 인기 있는 삼차 평활 스플라인cubic smoothing spline은 벌점이 가해진 최소제곱 기준을 위한 해이다.

$$\mathrm{PRSS}(f; \lambda) = \sum_{i=1}^{N} (y_i - f(x_i))^2 + \lambda \int [f''(x)]^2 dx \tag{2.39}$$

조도 벌점은 여기서 f의 이계도함수의 큰 값을 통제하며, 벌점의 크기는 $\lambda \geq 0$에 좌우된다. $\lambda = 0$일 때 벌점이 가해지지 않으며, 어떠한 보간 함수도 일을 하지 않을 것이다. 한편 $\lambda = \infty$일 때 x에 선형인 함수만이 허용된다.

벌점 범함수 J는 어떠한 자원의 함수에 관해서든지 구축될 수 있으며, 특별한 구조에 부과되기 위한 특별한 버전이 만들어질 수 있다. 예를 들어 가법적 벌점 $J(f) = \sum_{j=1}^{p} J(f_j)$은 가법적 함수 $f(X) = \sum_{j=1}^{p} f_j(X_j)$와 함께 평활 좌표 함수를 가지는 가법 모델을 만들어내기 위해 사용한다. 이와 유사하게 사영추적회귀projection pursuit regression 모델은 적응적으로 선택된 방향 α_m에 관해 $f(X) = \sum_{m=1}^{M} g_m(\alpha_m^T X)$를 가지며, 함수 g_m은 각각 연관된 조도 벌점을 가질 수 있다.

벌점 범함수, 혹은 정칙화regularization 방법은 우리가 찾는 함수의 형태가 특정 형태의 평활화 움직임을 보이며, 당연히 대개는 베이즈 체계로 캐스팅할 수 있다는 사전적인 믿음을 나타낸다. 벌점 J는 로그-사전log-prior에, PRSS(f; λ)는 로그-사후 분포에 해당하며, PRSS(f; λ)의 최소화는 사후 최빈값mode을 찾는 것에 해당한다. 조도 벌점 접근법은 5장에서, 베이즈 패러다임은 8장에서 논의한다.

2.8.2 커널법과 국소 회귀

이들 방법은 국소 이웃의 성질 및 국소적으로 적합된 정규 함수의 종류의 특성을 지정함으로써, 회귀함수나 조건부 기댓값의 추정값을 명시적으로 제공하는 것으로 생각할 수 있다. 국소 이웃은 커널 함수kernel function $K_\lambda(x_0, x)$에 의해 지정된다. 이는 x_0 근처 영역 내 지점 x에 가중치를 할당한다(그림 6.1을 보라). 예를 들면 가우스 커널은 가우스 밀도 함수에 근거한 가중치 함수를 가지며, x_0로부터 그들까지의 유클리드 거리의 제곱만큼 지수적으로 감퇴하는 가중치를 지점에 할당한다.

$$K_\lambda(x_0, x) = \frac{1}{\lambda} \exp\left[-\frac{||x - x_0||^2}{2\lambda}\right] \tag{2.40}$$

매개변수 λ는 가우스 밀도의 분산에 해당하며 이웃의 폭을 통제한다. 커널 추정의 가장 단순한 형태는 나다라야-왓슨Nadaraya-Watson 가중 평균이다.

$$\hat{f}(x_0) = \frac{\sum_{i=1}^{N} K_\lambda(x_0, x_i) y_i}{\sum_{i=1}^{N} K_\lambda(x_0, x_i)} \tag{2.41}$$

일반적으로 $f(x_0)$의 국소 회귀 추정을 $f_\theta(x_0)$와 같이 정의하며, 이때 $\hat{\theta}$는

$$\text{RSS}(f_\theta, x_0) = \sum_{i=1}^{N} K_\lambda(x_0, x_i)(y_i - f_\theta(x_i))^2 \tag{2.42}$$

를 최소화하고 f_θ는 저차수 다항식과 같은 어떠한 매개변수화된 함수다.

몇 가지 예제를 보자.

- 상수함수 $f_\theta(x) = \theta_0$. 이는 위 (2.41)의 나다라야-왓슨 추정값이 된다.
- $f_\theta(x) = \theta_0 + \theta_1 x$는 인기 있는 국소 선형회귀모델을 내놓는다.

최근접이웃법은 더욱 데이터 의존적인 계량을 가지는 커널법으로 생각할 수 있다. 물론 k-최근접이웃의 지표는 다음과 같다.

$$K_k(x, x_0) = I(||x - x_0|| \leq ||x_{(k)} - x_0||)$$

여기서 $x_{(k)}$는 x_0로부터의 거리 순으로 k번째인 훈련 관측치이며 $I(S)$는 집합 S의 지시자다.

이들 방법은 고차원에서 당연히 차원의 저주를 피하기 위해 수정돼야 한다. 6장에서 다양한 적응법을 논의한다.

2.8.3 기저함수와 딕셔너리 방법

이 방법의 종류는 익숙한 선형 및 다항 전개를 포함하지만, 더 중요하게는 다양한 더욱 유연한 모델을 포함한다. f를 위한 모델은 기저함수의 선형 전개다.

$$f_\theta(x) = \sum_{m=1}^{M} \theta_m h_m(x) \tag{2.43}$$

이때 각각의 h_m은 입력 x의 함수이며, 여기서 선형이라는 용어는 매개변수 θ의 행동을 뜻한다. 이 종류는 다양한 방법을 다룬다. 몇몇의 경우 전체 차수가 M인 x 내 다항식을 위한 기저와 같이 기저함수의 순서가 사전에 정해진다.

1차원 x에 관해 차수 K의 다항 스플라인은 $M - K - 1$ 매듭knots에 의해 순서대로 정해지는 일련의 적절한 M 스플라인 기저함수로 표현될 수 있다. 이들은 함수를 만들어내는데, 이 함수는 매듭 사이에서 차수 K의 조각별 다항식이며, 각 매듭에서 $K - 1$ 차수의 연속성으로 결합된다. 예제로 선형 스플라인 혹은 조각적 선형함수를 고려해보자. 한 가지 직관적으로 만족스러운 기저는 함수 $b_1(x) = 1$, $b_2(x) = x$ 그리고 $b_{m+2}(x) = (x - t_m)_+$, $m = 1, ..., M - 2$로 구성되며, 이때 t_m은 m번째 매듭이며 z_+는 양의 부분을 표시한다. 스플라인 기저들의 텐서곱Tensor products이 1차원보다 높은 차원을 가지는 입력으로 사용될 수 있다(5.2절과 9장의 CART 및 MARS 모델을 보라). 매개변수 θ는 다항식의 전체 차수 혹은 스플라인의 경우 매듭의 개수일 수 있다.

방사기저함수Radial basis functions는 특정 중심점centroid에 위치한 대칭적인 p차원 커널이다.

$$f_\theta(x) = \sum_{m=1}^{M} K_{\lambda_m}(\mu_m, x)\theta_m \tag{2.44}$$

예를 들면 가우스 커널 $K_\lambda(\mu, x) = e^{-\|x-\mu\|^2/2\lambda}$이 인기가 있다.

방사기저함수는 중심점 μ_m과 척도^{scale} λ_m를 가지며 이들은 반드시 정해져야한다. 스플라인 기저함수는 매듭을 가진다. 일반적으로는 데이터가 이들 또한 좌지우지하기를 바랄 것이다. 이들을 매개변수로 포함시키면 회귀 문제가 직관적인 선형 문제에서 조합적으로 어려운 비선형 문제로 바뀌게 된다. 실제로는 탐욕 알고리즘이나 2단계 과정과 같은 지름길이 사용된다. 6.7절에서 몇몇 접근법을 설명한다.

선형 출력 가중치를 가지는 단층 전진공급 신경망 모델은 적응적인 기저함수법으로 생각할 수 있다. 모델은 다음의 형태를 가진다.

$$f_\theta(x) = \sum_{m=1}^{M} \beta_m \sigma(\alpha_m^T x + b_m) \tag{2.45}$$

이때 $\sigma(x) = 1/(1 + e^{-x})$는 활성^{activation} 함수라고 부른다. 여기서는 사영추적 모델에서와 같이 방향 α_m와 편향 항 b_m을 반드시 정해야 하며, 이들의 추정은 연산의 몫이 된다. 자세한 것은 11장에서 주어진다.

이들 적응적으로 선택되는 기저함수법은 또한 딕셔너리^{dictionary} 방법이라고 부른다. 이때 선택할 기저함수 후보의 가능한 무한할 수 있는 집합 혹은 딕셔너리 $\mathcal{D}$를 가지며, 모델은 어떠한 검색 메커니즘 종류를 사용해 구축된다.

2.9 모델 선택과 편향 - 분산 상반관계

앞서 설명한 모든 모델 및 이후 장에서 논의할 많은 다른 것들은 정해야 할 평활화^{smoothing} 혹은 복잡도^{complexity} 매개변수를 가진다.

- 벌점 항의 승수
- 커널의 너비
- 아니면 기저함수의 개수

평활 스플라인의 경우 매개변수 λ가 직선 적합부터 보간interpolating 모델에 걸쳐 모델을 인덱싱한다. 유사하게 차수 m의 국소 다항 모델은 윈도우window 크기가 무한하게 클 때 차수-m의 전역 다항식으로부터 윈도우 크기가 0으로 수축할 때 보간 적합에 걸쳐져 있다. 이는 이들 매개변수를 정할 때도 훈련 데이터에 잔차제곱합을 사용할 수 없음을 뜻한다. 보간 적합을 내준 것을 항상 선택할 것이고, 따라서 잔차가 영이기 때문이다. 이러한 모델은 미래 데이터 또한 전혀 예측할 수가 없을 것이다.

k-최근접이웃 회귀 적합 $\hat{f}_k(x_0)$는 이러한 근사의 예측적 능력에 영향을 주는 경쟁력 있는 힘을 유용하게 보여준다. $E(\varepsilon) = 0$이고 $Var(\varepsilon) = \sigma^2$인 모델 $Y = f(X) + \varepsilon$로부터 데이터가 나온다고 해보자. 단순함을 위해 여기서 표본 내 x_i의 값이 미리 고정돼 있다고(비확률) 가정하자. x_0에서의 기대예측오차 또한 테스트오차test error, 혹은 일반화 오차generalization error라고 부르며, 다음으로 분해할 수 있다.

$$
\begin{aligned}
\text{EPE}_k(x_0) &= E[(Y - \hat{f}_k(x_0))^2 | X = x_0] \\
&= \sigma^2 + [\text{Bias}^2(\hat{f}_k(x_0)) + \text{Var}_\mathcal{T}(\hat{f}_k(x_0))] \quad (2.46) \\
&= \sigma^2 + \left[f(x_0) - \frac{1}{k}\sum_{\ell=1}^{k} f(x_{(\ell)}) \right]^2 + \frac{\sigma^2}{k} \quad (2.47)
\end{aligned}
$$

괄호 (ℓ) 내 첨자는 x_0의 최근접이웃의 시퀀스를 가리킨다.

이 표현에서는 세 가지 항이 존재한다. 첫 번째 항 σ^2은 새로운 테스트 목표의 분산인 기약irreducible 오차이며, 심지어 참인 $f(x_0)$를 안다고 하더라도 통제에서 벗어난다.

두 번째 및 세 번째 항은 통제 아래 있으며, $f(x_0)$를 추정할 때 $\hat{f}_k(x_0)$의 평균제곱오차mean squared error를 구성한다. 이는 편향 구성 요소와 분산 구성 요소로 쪼갤 수 있다. 편향 항은 실제 평균 $f(x_0)$와 추정의 기댓값 사이의 제곱차인 $[E_\mathcal{T}(\hat{f}_k(x_0)) - f(x_0)]^2$로, 이때 기댓값은 훈련 데이터의 무작위성을 평균시킨다. 이 항은 실제 함수가 적절하게 매끄럽다면 k에 따라 커질 가능성이 크다. 작은 k에 관해서 소수의 가장 가까운 이웃이 $f(x_0)$에 가까운 $f(x_{(\ell)})$ 값을 가질 것이므로, 이들의 평균은 $f(x_0)$에 가까워야 할 것이다. k가 커짐에 따라 이웃은 더 흩어지게 되며 그 뒤 어떤 일이든지 벌어질 수 있다.

분산 항은 여기에서 단순이 평균의 분산이며, k의 역수에 따라 감소한다. 따라서 k가 변함에 따라 편향-분산 상반관계bias-variance tradeoff가 존재한다. 더 일반적으로는 모델 복잡도^{model complexity}가 커짐에 따라 분산은 커지고 제곱 편향은 감소하는 경향이 있다. 모델 복잡도가 감소함에 따라 반대의 움직임이 발생한다. k-최근접이웃에서 모델 복잡도는 k에 의해 통제된다.

통상적으로 테스트오차를 줄이는 방향으로 편향을 분산과 거래하도록 모델 복잡도를 선택하려 할 것이다. 테스트오차의 추정값은 훈련오차^{training error} $\frac{1}{N}(y_i - \hat{y}_i)^2$임이 분명하다. 안타깝게도 훈련오차는 테스트오차의 좋은 추정값이 아니며, 따라서 모델 복잡도를 적절하게 감안하지 않는다.

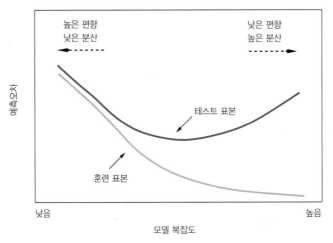

그림 2.11 모델 복잡도의 함수에 따른 테스트 및 훈련오차

그림 2.11은 모델 복잡도가 변함에 따라 테스트와 훈련오차의 통상적인 움직임을 보여준다. 훈련오차는 모델 복잡도가 커질 때마다, 즉 데이터를 더 심하게 적합시킬 때마다 감소하는 경향이 있다. 그러나 과도한 적합으로 모델 그 자체가 훈련 데이터에 너무 긴밀하게 적응하게 되며, 따라서 잘 일반화되지 못할 것이다(즉 많은 테스트오차를 가진다). 이 경우 (2.46)의 마지막 항을 반영해 $f(x_0)$의 예측이 높은 분산을 가질 것이다. 반대로 모델이 충분히 복잡하지 않다면, 과소적합^{underfit}될 것이며 높은 편향을 가질 수도 있고 또 다시 일반화가 나빠지는 결과를 만들어낼 것이다. 7장에서 예측 방법의 테스트오차를 추정하는 방법에 관해 논의하며, 따라서 주어진 추정 방법 및 훈련 집합을 위한 모델 복잡도의 최적의 양을 추정하는 방법에 관해 논의한다.

참고문헌

학습 문제에 관한 좋은 일반적인 책은 두다 외(Duda et al., 2000), 비숍(Bishop, 1995; Bishop, 2006), 리플리(Ripley, 1996), 처카스키와 뮬리어(Cherkassky and Mulier, 2007), 밥닉(Vapnik, 1996)이 있다. 2장의 일부분은 프리드먼(Friedman, 1994b)에 근거한다.

연습 문제

연습 2.1 K-클래스 각각이 관련된 목표 t_k를 가진다고 해보자. 이는 k번째 위치 하나를 제외하고 모두 0인 벡터다. $\hat{y}$ 요소의 합이 1이라면, $\hat{y}$의 가장 큰 요소로 분류하는 것이 가장 가까운 목표 $\min_k \|t_k - \hat{y}\|$를 선택하는 것이 됨을 보여라.

연습 2.2 그림 2.5의 시뮬레이션 예제를 위한 베이즈 결정 경계를 어떻게 계산하는지 보여라.

연습 2.3 식 (2.24)를 유도하라.

연습 2.4 앞서 논의한 모서리 효과 문제는 유계정의역에서의 균일 표본에서만 특유한 것이 아니다. 구체spherical의 다변수 정규분포multinormal distribution $X \sim N(0, \mathbf{I}_p)$로 부터 입력을 뽑는다고 해보자. 어떠한 표본 지점에서 원점까지의 제곱 거리는 평균이 p인 χ_p^2 분포를 가진다. 이 분포로부터 뽑은 예측 지점 x_0를 고려하고, $a = x_0/\|x_0\|$를 관련된 유닛 벡터라고 하자. $z_i = a^T x_i$를 이 방향에서 각 훈련 지점의 사영projection이라 하자.

z_i가 원점으로부터 기대 제곱 거리 1을 갖도록 $N(0, 1)$로 분포되는 한편, 목표 지점은 원점으로부터 p의 기대 제곱 거리를 가짐을 보여라.

따라서 $p = 10$에 관해 무작위로 뽑은 테스트 지점은 원점으로부터 약 3.1 표준 편차인 한편, 모든 훈련 지점은 방향 a에 따라 평균적으로 1 표준편차다. 그러므로 대부분 예측 지점은 그 스스로 훈련 집합의 모서리에 있음을 보게 된다.

연습 2.5
  (a) 방정식 (2.27)을 유도하라. 마지막 줄은 조건화 인자를 통해 (3.8)을 활용한다.

(b) 대각합 연산자 [trace$(AB) = $trace$(BA)$]의 순환^{cyclic} 속성 및 그 선형성(이는 대각합과 기댓값의 차수를 바꿀 수 있도록 해준다)을 **활용해** 식 (2.28)을 유도하라.

연습 2.6 입력 x_i와 출력 y_i 및 최소제곱으로 적합시킬 매개변수화 모델 $f_\theta(x)$을 고려해보자. x에 묶인^{tied} 혹은 동일한^{identical} 관측치가 있다면, 감소된 가중 최소제곱 문제로부터 적합을 얻어낼 수 있음을 보여라.

연습 2.7 다음과 같은 특징을 갖는 분포로부터 i.i.d로 (독립적이고 동등하게 분포된) 뽑힌 쌍 x_i, y_i의 N개 표본이 있다고 해보자.

$x_i \sim h(x)$, 디자인 밀도^{the design density}

$y_i = f(x_i) + \varepsilon_i$, f는 회귀함수임

$\varepsilon_i \sim (0, \sigma^2)$ (영 평균, σ^2 분산)

y_i에서 선형인 f를 위한 추정량을 구축한다.

$$\hat{f}(x_0) = \sum_{i=1}^{N} \ell_i(x_0; \mathcal{X}) y_i$$

이때 가중치 $\ell_i(x_0; \mathcal{X})$는 y_i에 의존하지 않지만, 여기서 $\mathcal{X}$로 표시된 x_i의 훈련 시퀀스 전체에 의존한다.

(a) 선형회귀와 k-최근접이웃 회귀가 이러한 종류의 추정량에 속함을 보여라. 이들 각 경우의 가중치 $\ell_i(x_0; \mathcal{X})$를 명시적으로 설명하라.

(b) 조건부 평균제곱오차

$$\mathrm{E}_{\mathcal{Y}|\mathcal{X}}(f(x_0) - \hat{f}(x_0))^2$$

를 조건부 제곱 편향과 조건부 분산 구성 요소로 분해하라. $\mathcal{Y}$는 $\mathcal{X}$와 같이 y_i의 전체 훈련 시퀀스를 나타낸다.

(c) (무조건부^{unconditional}) 평균제곱오차를 제곱 편향과 분산 구성 요소로 분해하라.

$$\mathrm{E}_{\mathcal{Y},\mathcal{X}}(f(x_0) - \hat{f}(x_0))^2$$

(d) 앞의 두 경우에서의 제곱 편향과 분산의 관계를 정립하라.

연습 2.8 우편번호 데이터에서의 선형회귀와 k-최근접이웃 분류의 분류 성능을 비교하라. 특히 오직 2와 3만 있을 경우와, $k = 1, 3, 5, 7, 15$일 경우를 고려하라. 각각의 선택에 관한 훈련오차와 테스트오차 모두를 보여라. 우편번호 데이터는 책의 웹사이트 https://web.stanford.edu/~hastie/ElemStatLearn/에서 얻을 수 있다.

연습 2.9 p개 매개변수를 가지며 모집단으로부터 무작위로 뽑힌 훈련 데이터 집합 (x_1, y_1), ..., (x_N, y_N)에 최소제곱으로 적합시키는 선형회귀를 고려해보자. $\hat{\beta}$를 최소제곱추정량이라 하자. 훈련 데이터와 같은 모집단으로부터 무작위로 뽑은 어떠한 테스트 데이터 $(\tilde{x}_1, \tilde{y}_1)$, ..., $(\tilde{x}_M, \tilde{y}_M)$이 있다고 하자. 만일 $R_{tr}(\beta) = \frac{1}{N}\sum_1^N (y_i - \beta^T x_i)^2$이고 $R_{te}(\beta) = \frac{1}{M}\sum_1^M (\tilde{y}_i - \beta^T \tilde{x}_i)^2$이라면 다음을 증명하라.

$$E[R_{tr}(\hat{\beta})] \leq E[R_{te}(\hat{\beta})]$$

이때 기댓값은 각 식에서 전체적으로 무작위다(이 연습 문제는 앤드류 응[Andrew Ng]이 내준 숙제에서 나온 것이며, 라이언 팁시라니 덕분에 관심을 갖게 됐다).

3
회귀를 위한 선형법

3.1 소개

선형회귀모델은 회귀함수 $E(Y|X)$가 입력 $X_1, ..., X_p$에서 선형이라 가정한다. 선명 모델은 통계학의 컴퓨터 이전 시절에 널리 개발됐지만, 오늘날의 컴퓨터 시대에서조차 이들을 공부하고 사용해야 할 좋은 이유가 여전히 있다. 이들은 단순하며 입력이 어떻게 출력에 영향을 주는지에 관한 충분하고 해석 가능한 설명을 자주 제공한다. 이들은 예측적 목적에서 때때로 멋진 비선형 모델보다 더 나은 성능을 보이기도 하며, 특히 훈련의 경우의 수가 작을 때, 신호-잡음 비율이 낮거나 희박 데이터인 상황에서 그러하다. 마지막으로 선형법은 입력의 변환에 적용할 수 있으며 이는 이들의 범위를 상당하게 넓혀준다. 이들 일반화는 때때로 기저함수법이라고 부르며, 5장에서 논의한다.

3장에서는 회귀를 위한 선형법에 관해 설명한다. 4장에서는 분류를 위한 선형법을 논의한다. 선형법을 이해하는 것이 비선형법을 이해하는 데 필수적이라 크게 믿고 있으므로, 몇몇 주제에서 상당히 자세하게 들어갈 것이다. 사실 많은 비선형 기술들은 여기서 논의하는 선형법의 직접적인 일반화다.

3.2 선형회귀모델과 최소제곱

2장에서 소개했듯이 입력 벡터 $X^T = (X_1, X_2, ..., X_p)$가 있으며 실수값 출력 Y를 예측하고자 한다. 선형회귀모델은 다음의 형태를 갖는다.

$$f(X) = \beta_0 + \sum_{j=1}^{p} X_j \beta_j \tag{3.1}$$

선형 모델은 선형함수 $E(Y|X)$가 선형이거나, 아니면 선형 모델이 적정한 근사라고 가정한다. 여기서 β_j들은 알려지지 않은 매개변수나 계수이며, 변수 X_j는 서로 다른 출처로부터 나올 수 있다.

- 계량적 입력
- 계량적 입력의 로그, 제곱근 혹은 제곱과 같은 변환
- $X_2 = X_1^2$, $X_3 = X_1^3$과 같이 다항식 표현이 되는 기저 전개
- 질적 입력을 수치나 "더미"로 코딩하는 것. 예를 들면 G가 5개 수준의 인자 입력이라면, X_j, $j = 1, ..., 5$가 $X_j = I(G = j)$이도록 만들 수도 있을 것이다. 이와 함께 $\sum_{j=1}^{5} X_j \beta_j$에서 X_j 중 하나는 1이고 다른 것은 0이므로, X_j의 이러한 그룹은 수준에 의존적인 상수의 집합을 통해 G의 효과를 나타낸다.
- 변수 사이의 상호작용. 예를 들면 $X_3 = X_1 \cdot X_2$.

X_j의 출처가 무엇이든 모델은 매개변수에서 선형이다.

통상적으로 매개변수 β를 추정하는 훈련 데이터 $(x_1, y_1) ... (x_N, y_N)$의 집합이 있다. 각 $x_i = (x_{i1}, x_{i2}, ..., x_{ip})^T$는 i번째 경우의 특성을 측정한 벡터다. 가장 인기 있는 추정법은 최소제곱^{least squares}으로, 여기서 잔차제곱합을 최소화하는 계수 $\beta = (\beta_0, \beta_1, ..., \beta_p)^T$를 고른다.

$$
\begin{aligned}
\mathrm{RSS}(\beta) &= \sum_{i=1}^{N}(y_i - f(x_i))^2 \\
&= \sum_{i=1}^{N}\left(y_i - \beta_0 - \sum_{j=1}^{p} x_{ij}\beta_j\right)^2
\end{aligned}
\tag{3.2}
$$

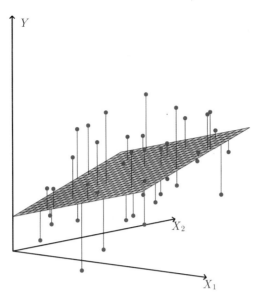

그림 3.1 $X \in \mathbb{R}^2$인 선형 최소제곱 적합. Y로부터 잔차제곱합을 최소화하는 X의 선형함수를 찾는다.

통계학적 시각에서 훈련 관측치 (x_i, y_i)가 이들의 모집단으로부터 독립적이고 무작위로 뽑힌 것을 나타낸다면 이러한 기준은 적절하다. x_i가 무작위로 뽑힌 것이 아니라 하더라도 y_i가 입력 x_i가 주어졌을 때 조건부 독립이라면 여전히 유효하다. 그림 3.1은 (X, Y) 쌍으로 채워진 $\mathbb{R}^{p+1}$차원 공간에서의 최소제곱 적합을 기하학적으로 보여준다. (3.2)는 모델 (3.1)의 유효성에 관해 어떠한 가정도 하지 않는다는 것을 주목하라. 이는 단순히 데이터에 최선의 선형 적합을 찾는다. 최소제곱 적합은 직관적으로 데이터가 어떻게 나오느냐에 상관없이 이를 만족한다. 이 기준은 적합이 평균적으로 얼마나 부족한지를 측정한다.

(3.2)는 어떻게 최소화하는가? 각 행이 입력 벡터(첫 번째 위치에 1을 갖는)인 $N \times (p+1)$ 행렬을 $\mathbf{X}$라고 표기하고, 이와 비슷하게 $\mathbf{y}$를 훈련 집합 내 출력의 N-벡터라 하자. 그러면 잔차제곱합을 다음과 같이 쓸 수 있다.

$$\text{RSS}(\beta) = (\mathbf{y} - \mathbf{X}\beta)^T (\mathbf{y} - \mathbf{X}\beta) \tag{3.3}$$

이는 $p+1$개 매개변수의 이차함수다. β에 관해 미분하면 다음을 얻는다.

$$\frac{\partial \text{RSS}}{\partial \beta} = -2\mathbf{X}^T(\mathbf{y} - \mathbf{X}\beta)$$

$$\frac{\partial^2 \text{RSS}}{\partial \beta \partial \beta^T} = 2\mathbf{X}^T\mathbf{X} \tag{3.4}$$

(일단) $\mathbf{X}$가 열 완전계수$^{\text{full column rank}}$를 가진다고 가정하면, 따라서 $\mathbf{X}^T\mathbf{X}$는 양의 정부호$^{\text{positive definite}}$이므로 일계도함수를 영으로 둔다.

$$\mathbf{X}^T(\mathbf{y} - \mathbf{X}\beta) = 0 \tag{3.5}$$

이는 유일한 해를 얻기 위해서다.

$$\hat{\beta} = (\mathbf{X}^T\mathbf{X})^{-1}\mathbf{X}^T\mathbf{y} \tag{3.6}$$

입력 벡터 x_0에서 예측된 값은 $\hat{f}(x_0) = (1:x_0)^T\hat{\beta}$로 주어진다. 훈련 입력들에 적합된 값들은 다음과 같다.

$$\hat{\mathbf{y}} = \mathbf{X}\hat{\beta} = \mathbf{X}(\mathbf{X}^T\mathbf{X})^{-1}\mathbf{X}^T\mathbf{y} \tag{3.7}$$

이때 $\hat{y}_i = \hat{f}(x_i)$이다. 방정식 (3.7)의 행렬 $\mathbf{H} = \mathbf{X}(\mathbf{X}^T\mathbf{X})^{-1}\mathbf{X}^T$은 때때로 햇행렬$^{\text{"hat" matrix}}$이라고 부르는데 $\mathbf{y}$에 햇$^{\text{hat, ^}}$을 씌우기 때문이다.

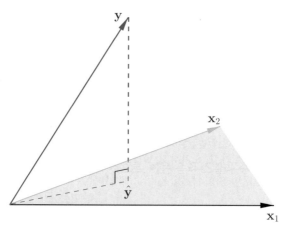

그림 3.2 두 예측변수를 갖는 최소제곱회귀의 *N*차원 기하적 구조. 출력 벡터 **y**는 입력벡터 $\mathbf{x}_1$과 $\mathbf{x}_2$에 의해 생성된(span) 초평면 위에 사영된다. 사영 $\hat{\mathbf{y}}$는 최소제곱추정량의 벡터를 나타낸다.

그림 3.2는 $\mathbb{R}^N$에서의 최소제곱추정량의 다른 기하학적 표현을 보여준다. $\mathbf{x}_0, \mathbf{x}_1,$ ..., $\mathbf{x}_p$로 된 $\mathbf{X}$의 열 벡터를 $\mathbf{x}_0 \equiv 1$로 표시한다. 이들 벡터는 $\mathbb{R}^N$의 부분공간을 생성하

므로 X의 열 공간이라고도 부른다. $\hat{\beta}$을 선택함으로써 RSS$(\beta) = \|\mathbf{y} - \mathbf{X}\beta\|^2$를 최소화하므로 잔차벡터 $\mathbf{y} - \hat{\mathbf{y}}$은 부분공간에 직교한다. 이 직교성은 (3.5)에 표현 돼 있으며, 결과 추정량 $\hat{\mathbf{y}}$은 따라서 이 부분공간에 관한 $\mathbf{y}$의 직교적 사영orthogonal projection이다. 햇행렬 $\mathbf{H}$는 직교적 사영을 계산하므로 이 또한 사영행렬이라 부른다.

$\mathbf{X}$의 열이 선형 독립이 아닐 수도 있으며, 그렇다면 $\mathbf{X}$는 완전계수full rank가 아 니다. 이는 예를 들면 입력 중 두 개가 완벽하게 상관돼 있다면 (예로 $x_2 = 3x_1$) 나 타날 수 있다. 그러면 $\mathbf{X}^T\mathbf{X}$는 특이해지며singular 최소제곱 계수 $\hat{\beta}$은 유일하게 정 의되지 않는다. 그러나 적합된 값 $\hat{\mathbf{y}} = \mathbf{X}\hat{\beta}$은 여전히 $\mathbf{X}$의 열 공간에 관한 $\mathbf{y}$의 사 영이다. 단지 $\mathbf{X}$의 열 벡터 측면에서 사영을 표현하는 방법이 한 개 이상일 뿐이 다. 비완전계수non-full-rank의 경우 하나나 그 이상의 질적 입력이 불필요한 방식으 로 코딩됐을 때 가장 자주 벌어진다. 유일하지 않은 표현을 해결하는 자연스러운 방법은 주로 디코딩을 하고 (혹은 하거나) $\mathbf{X}$에서 불필요한 열을 버리는 것이다. 대 부분의 회귀 소프트웨어 패키지는 이러한 불필요한 것들을 감지하며 이들을 제 거하기 위해 몇몇 전략들을 자동적으로 구현한다. 입력 p의 개수가 훈련 경우의 수 N을 넘어서는 계수 부족rank deficiencies 또한 신호 및 이미지 분석에서 나타날 수 있다. 이 경우 통상적으로 특성을 필터링으로 줄이거나 그렇지 않으면 적합시 킬 때 정칙화를 통해 통제한다(5.2.3절과 18장).

지금까지 데이터의 참된 분포에 관해 최소한의 가정을 해왔다. $\hat{\beta}$의 표본 추출 속성을 분명하게 하기 위해, 이제부터 관측치 y_i가 상관성이 없으며 상수 분산 σ^2 를 가지고 있고, x_i가 고정돼 있다고(무작위가 아님) 가정한다. 최소제곱 매개변수 추정량의 분산-공분산 행렬은 (3.6)으로부터 쉽게 유도할 수 있으며 다음과 같다.

$$\text{Var}(\hat{\beta}) = (\mathbf{X}^T\mathbf{X})^{-1}\sigma^2 \tag{3.8}$$

통상적으로 분산 σ^2는 다음으로 추정한다.

$$\text{Var}(\hat{\beta}) = (\mathbf{X}^T\mathbf{X})^{-1}\sigma^2$$

분모에 N 대신 $N - P - 1$을 쓰면 $\hat{\sigma}^2$를 σ^2의 불편 추정량, $\text{E}(\hat{\sigma}^2) = \sigma^2$이도록 만들 어준다.

매개변수와 모델에 관한 추론을 도출하려면 추가적인 가정이 필요하다. 이제 (3.1)이 평균을 위한 올바른 모델이라 가정한다. 즉 Y의 조건부 기댓값이 X_1, ..., X_p에서 선형이다. 또한 Y와 주변 기댓값의 편차deviations가 가법적이고 가우스라

가정한다. 따라서

$$
\begin{aligned}
Y &= \mathrm{E}(Y|X_1,\ldots,X_p) + \varepsilon \\
&= \beta_0 + \sum_{j=1}^{p} X_j \beta_j + \varepsilon
\end{aligned}
\tag{3.9}
$$

이며 이때 오차 ε는 기댓값이 0이며 분산이 σ^2인 가우스 확률변수로, $\varepsilon \sim N(0, \sigma^2)$라 쓴다.

(3.9)하에서 다음을 쉽게 보일 수 있다.

$$
\hat{\beta} \sim N(\beta, (\mathbf{X}^T\mathbf{X})^{-1}\sigma^2)
\tag{3.10}
$$

이는 보여준 바와 같이 평균 벡터와 분산-공분산 행렬을 가지는 다변량 정규분포다. 또한 $N - p - 1$의 자유도를 가지는 카이제곱 분포는 다음과 같다.

$$
(N - p - 1)\hat{\sigma}^2 \sim \sigma^2 \chi^2_{N-p-1}
\tag{3.11}
$$

추가로 $\hat{\beta}$와 $\hat{\sigma}^2$는 통계적으로 독립이다. 이러한 분포에 관한 속성을 사용해 매개변수 β_j를 위한 가설과 신뢰구간을 구성한다.

특정한 계수 $\beta_j = 0$의 가설을 검정하기 위해서 표준화된 계수나 Z-점수를 구성한다.

$$
z_j = \frac{\hat{\beta}_j}{\hat{\sigma}\sqrt{v_j}}
\tag{3.12}
$$

이때 v_j는 $(\mathbf{X}^T\mathbf{X})^{-1}$의 j번째 대각 요소다. $\beta_j = 0$인 귀무가설하에서 z_j는 $t_N - p - 1$로 분포되며($N-p-1$의 자유도를 가지는 t분포), 따라서 z_j의(절대) 값이 크면 이 귀무가설을 기각시킬 것이다. $\hat{\sigma}$이 알려진 값 σ으로 대체된다면, z_j는 표준정규분포를 가질 수 있을 것이다. t-분포와 표준정규분포의 꼬리 분위수quantile 사이의 차이는 표본 크기가 커지면 무시해도 될 정도이며, 따라서 통상적으로 정규분위수를 사용한다(그림 3.3을 보라).

84

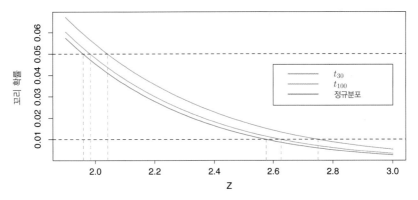

그림 3.3 세 분포 t_{30}, t_{100}, 표준정규분포의 꼬리 확률 $\Pr(|Z| > z)$. 유의수준 $p = 0.05$과 0.01에서의 테스트를 위한 적절한 분위수를 보여준다. t분포와 표준정규분포의 차이는 N이 대략 100보다 크면 무시할 수 있는 정도가 된다.

계수 그룹의 유의 수준을 위한 테스트를 동시에 할 필요가 자주 있다. 예를 들면 k 수준을 가지는 범주형 변수가 모델에서 제외될 수 있는 경우를 테스트할 때, 이러한 수준을 표현하는 데 사용된 더미변수의 계수를 모두 0으로 설정할 수 있는지 테스트해야 한다. 여기서 F 통계량을 사용한다.

$$F = \frac{(\text{RSS}_0 - \text{RSS}_1)/(p_1 - p_0)}{\text{RSS}_1/(N - p_1 - 1)} \tag{3.13}$$

이때 RSS_1은 $p_1 + 1$ 매개변수를 가지는 더 큰 모델의 최소제곱 적합을 위한 잔차제곱합이며, RSS_0은 $p_0 + 1$ 매개변수를 가지는 중첩된 더 작은 모델을 위한 같은 것으로, $p_1 - p_0$ 매개변수가 0이 되도록 제약시킨다. F 통계량은 더 큰 모델에서 추가적인 매개변수마다의 잔차제곱합의 변화를 측정하며, 이는 σ^2의 추정량으로 정규화된다. 가우스 가정 그리고 더 작은 모델이 옳다는 귀무가설하에서, F 통계량은 $F_{p_1 - p_0, N - p_1 - 1}$의 분포를 가질 것이다. (3.12) 안의 z_j가 모델에서 단일 계수 β_j를 제거한 F 통계량과 동일하다는 것을 보일 수 있다(연습 3.1). 큰 N에 관해서 $F_{p_1 - p_0, N - p_1 - 1}$의 분위수는 $\chi^2_{p_1 - p_0}/(p_1 - p_0)$에 근접한다.

이와 유사하게 β_j를 위한 $1 - 2\alpha$ 신뢰구간을 얻기 위해 (3.10)에서 β_j를 격리시킬 수 있다.

$$\left(\hat{\beta}_j - z^{(1-\alpha)} v_j^{\frac{1}{2}} \hat{\sigma}, \quad \hat{\beta}_j + z^{(1-\alpha)} v_j^{\frac{1}{2}} \hat{\sigma} \right) \tag{3.14}$$

여기서 $z^{(1-\alpha)}$는 정규분포의 $1 - \alpha$ 백분위수다.

$$z^{(1-0.025)} = 1.96$$
$$z^{(1-.05)} = 1.645 \text{ 등}$$

따라서 $\hat{\beta} \pm 2 \cdot \text{se}(\hat{\beta})$를 보여주는 표준적인 관례는 근사적인 95% 신뢰구간이 된다. 심지어 가우스 오차 가정이 유지되지 않는다 하더라도, 표본 크기가 $N \to \infty$ 이 됨에 따라 이것의 범위가 $1 - 2\alpha$에 접근하게 되면서 이 구간은 근사적으로 옳게 된다.

유사한 방식으로 전체 매개변수 벡터 β의 근사적 신뢰 집합을 얻을 수 있다.

$$C_\beta = \{\beta | (\hat{\beta} - \beta)^T \mathbf{X}^T \mathbf{X} (\hat{\beta} - \beta) \leq \hat{\sigma}^2 {\chi_{p+1}^2}^{(1-\alpha)}\} \tag{3.15}$$

이때 $\chi_\ell^{2(1-\alpha)}$는 ℓ 자유도에서의 카이제곱분포의 $1 - \alpha$ 백분위수다. 예를 들면 $\chi_5^{2(1-0.05)} = 11.1$, $\chi^{2(1-0.1)} = 9.2$이다. β를 위한 이 신뢰집합은 참 함수 $f(x) = x^T \beta$ 를 위한 신뢰집합, 즉 $\{x^T \beta | \beta \in C_\beta\}$을 만들어낸다(연습 3.2 함수를 위한 신뢰도 범위의 예제를 위해 그림 5.4와 5.2.2절을 보라).

3.2.1 예제: 전립선암

이 예제를 위한 데이터는 스테미 외(Stamey et al., 1989)의 연구에서 가져왔다. 이들은 전립선 특이 항원과 막 근치전립선절제술radical prostatectomy을 받으려 하는 남성을 위한 다수의 심상적 수치 사이의 상관관계를 조사했다. 변수는 로그 암 부피cancer volume lcavol, 로그 전립선 무게prostate weight lweight, 나이 age, 로그 전립선 비대 양benign prostatic hyperplasia amount lbph, 정낭 침입seminal vesicle invasion svi, 로그 캡슐 침입capsular penetration lcp, 그리슨 점수Greason score gleason, 그리슨 점수 4 혹은 5의 비율 pgg45이다. 표 3.1에 주어진 예측변수의 상관행렬은 강한 상관성이 많음을 보여준다. 1장의 그림 1.1은 변수 간 각 쌍별 도표를 보여주는 산포도 행렬이다. svi가 이진변수이며 gleason이 순서 있는 범주형 변수임을 볼 수 있다. 예를 들면 lcavol과 lcp 둘 다 반응변수 lpsa 그리고 서로 강한 관계를 가짐을 볼 수 있다. 예측변수와 반응 사이의 관계를 풀어내기 위해 효과들을 결합적으로 적합시켜야 한다.

표 3.1 전립선암 데이터에서의 예측변수의 상관성

	lcavol	lweight	age	lbph	svi	lcp	gleason
lweight	0.300						
age	0.286	0.317					
lbph	0.063	0.437	0.287				
svi	0.593	0.181	0.129	−0.139			
lcp	0.692	0.157	0.173	−0.089	0.671		
gleason	0.426	0.024	0.366	0.033	0.307	0.476	
pgg45	0.483	0.074	0.276	−0.030	0.481	0.663	0.757

표 3.2 전립선암 데이터의 선형 모델 적합. Z 점수는 계수를 표준오차로 나눈 것이다(3.12). 대략적으로 절댓값이 2보다 큰 Z 점수는 $p = 0.05$ 수준에서 유의하게 영이 아니다.

항	계수	표준오차	Z 점수
Intercept	2.46	0.09	27.60
lcavol	0.68	0.13	5.37
lweight	0.26	0.10	2.75
age	−0.14	0.10	−1.40
lbph	0.21	0.10	2.06
svi	0.31	0.12	2.47
lcp	−0.29	0.15	−1.87
gleason	−0.02	0.15	−0.15
pgg45	0.27	0.15	1.74

먼저 예측변수가 단위 분산을 갖도록 표준화한 뒤, 선형 모델을 로그 전립선 특이항원 lpsa에 적합시킨다. 데이터셋을 무작위로 크기 67의 훈련 집합과 크기 30의 테스트 집합으로 나눈다. 표 3.2가 보여주는 것과 같이 추정량, 표준오차 및 Z 점수를 만들어내는 최소제곱추정을 훈련 집합에 적용했다. Z 점수는 (3.12)에 정의돼 있으며, 모델로부터 변수를 제외하는 효과를 측정한다. 절댓값이 2보다 큰 Z 점수는 5% 수준에서 근사적으로 유의하다(예제에 9개의 매개변수가 있으며 t_{67-9} 분포의 0.025 꼬리 분위수는 ±2.002이다!). 예측변수 lcavol이 가장 강한 효과를 보여주며, lweight와 svi 또한 강하다. lcavol이 모델에 있으면 lcp가 유의하지 않음을 주목하라(lcavol 없이 모델에서 쓰일 때, lcp는 강하게 유의하다). 또한 F 통계량 (3.13)을 사용해 다수의 항을 한 번에 제외하는 테스트를 할 수 있다. 예를 들면 표 3.2에서 유의하지 않은 항, 즉 age, lcp, gleason 그리고 pgg45를 모두 제거하는 것을 고려해보자. 다음을 얻는다.

$$F = \frac{(32.81 - 29.43)/(9 - 5)}{29.43/(67 - 9)} = 1.67 \tag{3.16}$$

이는 p값으로 0.17을 가지며(Pr($F_{4,58} > 1.67$) = 0.17) 따라서 유의하지 않다.

테스트 데이터에서의 평균 예측오차는 0.521이다. 반대로 1psa를 사용한 예측에서는 테스트오차가 1.057로, 이는 "기저오류율base error rate"이라 부른다. 따라서 선형 모델은 기저오류율을 약 50% 줄인다. 나중에 이 예제로 다시 돌아와 다양한 선택과 수축법을 비교한다.

3.2.2 가우스-마코프 정리

통계학에서 가장 유명한 결실 중 하나에서는 매개변수 β의 최소제곱추정이 모든 선형 불편 추정 사이에서 가장 적은 분산을 가진다고 주장한다. 여기서 이를 명확히 할 것이며, 또한 불편 추정에 관한 제한이 반드시 현명한 것은 아님을 분명히 할 것이다. 이러한 관찰은 3장 후반부에 릿지회귀ridge regression와 같은 편향된 추정을 고려하게 할 것이다. 이제 매개변수 $\theta = a^T\beta$의 임의의 선형 조합의 추정에 집중한다. 예를 들면 $f(x_0) = x_0^T\beta$이 이 형태다. $a^T\beta$의 최소제곱추정량은 다음과 같다.

$$\hat{\theta} = a^T\hat{\beta} = a^T(\mathbf{X}^T\mathbf{X})^{-1}\mathbf{X}^T\mathbf{y} \tag{3.17}$$

$\mathbf{X}$가 고정돼 있다고 고려하면 이는 반응 벡터 $\mathbf{y}$의 선형함수 $\mathbf{c}_0^T\mathbf{y}$이다. 선형 모델이 옳다고 가정하면, 다음으로 인해 $a^T\hat{\beta}$는 불편이다.

$$\begin{aligned} \mathrm{E}(a^T\hat{\beta}) &= \mathrm{E}(a^T(\mathbf{X}^T\mathbf{X})^{-1}\mathbf{X}^T\mathbf{y}) \\ &= a^T(\mathbf{X}^T\mathbf{X})^{-1}\mathbf{X}^T\mathbf{X}\beta \\ &= a^T\beta \end{aligned} \tag{3.18}$$

가우스-마코프 정리는 $a^T\beta$에 불편인 임의의 선형 추정량 $\tilde{\theta} = \mathbf{c}^T\mathbf{y}$, 즉 $\mathrm{E}(\mathbf{c}^T\mathbf{y}) = a^T\beta$이 있다면, 다음과 같이 명시한다.

$$\mathrm{Var}(a^T\hat{\beta}) \leq \mathrm{Var}(\mathbf{c}^T\mathbf{y}) \tag{3.19}$$

증명(연습 3.3)은 삼각부등식triangle inequality을 사용한다. 단순함을 위해 단일 매개변수 $a^T\beta$의 추정 측면에서 결과를 명시했지만, 몇몇 정의를 통해 전체 매개변수 벡터 β의 측면에서 명시할 수 있다(연습 3.3).

θ을 추정할 때 추정량 $\tilde{\theta}$의 평균제곱오차를 고려하자.

$$
\begin{aligned}
\text{MSE}(\tilde{\theta}) &= \text{E}(\tilde{\theta} - \theta)^2 \\
&= \text{Var}(\tilde{\theta}) + [\text{E}(\tilde{\theta}) - \theta]^2
\end{aligned}
\tag{3.20}
$$

첫 번째 항은 분산, 두 번째는 제곱 편향이다. 가우스-마코프 정리는 최소제곱추정량이 편향이 없는 모든 선형 추정량 중에서 가장 작은 평균제곱오차를 갖는다는 것을 뜻한다. 그러나 더 작은 평균제곱오차를 가지는 편향 추정량 또한 존재할수 있다. 이러한 추정량은 약간의 편향을 써서 분산을 더 크게 줄이려고 할 것이다. 편향된 추정값은 일반적으로 쓰인다. 최소제곱 계수 일부를 수축하거나 0으로만들려는 어떠한 방법이든지 편향 추정을 야기할 수 있다. 3장 후반부에 변수 하위집합 선택과 릿지회귀를 포함해 많은 예제를 논의한다. 더 실제적인 시점에서대부분의 모델은 사실의 왜곡이며, 따라서 편향돼 있다. 편향과 분산 사이의 올바른 균형을 만들도록 올바른 모델을 고르는 것이다. 7장에서 이러한 문제를 더 자세히 살펴본다.

평균제곱오차는 2장에서 논의했듯이 예측 정확도와 밀접한 관련이 있다. 입력x_0에서 새로운 반응에 관한 예측을 고려해보자.

$$
Y_0 = f(x_0) + \varepsilon_0
\tag{3.21}
$$

그러면 추정값 $\tilde{f}(x_0) = x_0\tilde{\beta}$의 기대예측오차는 다음과 같다.

$$
\begin{aligned}
\text{E}(Y_0 - \tilde{f}(x_0))^2 &= \sigma^2 + \text{E}(x_0^T\tilde{\beta} - f(x_0))^2 \\
&= \sigma^2 + \text{MSE}(\tilde{f}(x_0))
\end{aligned}
\tag{3.22}
$$

그러므로 기대예측오차와 평균제곱오차는 새로운 관측치 y_0의 분산을 나타내는상수 σ^2 만큼 차이가 있을 뿐이다.

3.2.3 단순 일변량 회귀로부터의 다중회귀

입력이 $p > 1$인 선형 모델 (3.1)은 다중 선형회귀모델multiple linear regression model이라부른다. 이 모델의 최소제곱추정값 (3.6)은 이 절이 나타내는 것과 같이 일변량($p = 1$) 선형 모델의 추정 측면에서 가장 잘 이해가 된다.

먼저 절편이 없는 일변량 모델이 있다고 해보자. 즉,

$$Y = X\beta + \varepsilon \tag{3.23}$$

최소제곱추정값과 잔차는 다음과 같다.

$$\hat{\beta} = \frac{\sum_1^N x_i y_i}{\sum_1^N x_i^2} \tag{3.24}$$

$$r_i = y_i - x_i\hat{\beta}$$

벡터 표현으로 편리하게 $\mathbf{y} = (y_1, ..., y_N)^T$, $\mathbf{x} = (x_1, ..., x_N)^T$라 하고 $\mathbf{x}$와 $\mathbf{y}$[1]의 내적 inner product을 정의하자.

$$
\begin{aligned}
\langle \mathbf{x}, \mathbf{y} \rangle &= \sum_{i=1}^{N} x_i y_i \\
&= \mathbf{x}^T \mathbf{y}
\end{aligned}
\tag{3.25}
$$

그러면 다음과 같이 쓸 수 있다.

$$\hat{\beta} = \frac{\langle \mathbf{x}, \mathbf{y} \rangle}{\langle \mathbf{x}, \mathbf{x} \rangle} \tag{3.26}$$

$$\mathbf{r} = \mathbf{y} - \mathbf{x}\hat{\beta}$$

앞으로 보게 되겠지만 이러한 간단한 일변량 회귀는 다중 선형회귀의 기본토대를 제공한다. 다음으로 입력 $\mathbf{x}_1, \mathbf{x}_2, ..., \mathbf{x}_p$(데이터 행렬 $\mathbf{X}$의 열)가 직교한다고 해보자. 즉 모든 $j \neq k$에 관해 $\langle \mathbf{x}_j, \mathbf{x}_k \rangle = 0$이다. 그러면 다중 최소제곱추정 $\hat{\beta}_j$이 일변량 추정 $\langle \mathbf{x}_j, \mathbf{y} \rangle / \langle \mathbf{x}_j, \mathbf{x}_j \rangle$와 같음을 확인하기가 쉬워진다. 다른 말로 입력이 직교하면 모델 내에서 서로 다른 매개변수 추정끼리 영향이 없다.

직교 입력은 (직교성이 강제된) 균형되고 디자인된 실험에서 가장 자주 나타나지만, 관측된 데이터에서는 거의 절대로 나타나지 않는다. 따라서 이 개념을 더 이끌어내려면 이들을 직교화해야 한다. 다음으로 절편과 단일 입력 $\mathbf{x}$가 있다고 해보자. 그러면 $\mathbf{x}$의 최소제곱 계수는 다음의 형태를 띤다.

$$\hat{\beta}_1 = \frac{\langle \mathbf{x} - \bar{x}\mathbf{1}, \mathbf{y} \rangle}{\langle \mathbf{x} - \bar{x}\mathbf{1}, \mathbf{x} - \bar{x}\mathbf{1} \rangle} \tag{3.27}$$

---

1 내적(inner-product) 표기는 선형회귀를 확률 공간은 물론 다른 계량 공간으로의 일반화를 암시한다.

이때 $\bar{x} = \sum_i x_i / N$ 그리고 $1 = \mathbf{x}_0$으로 N개 1을 가지는 벡터다. 추정값 (3.27)을 단순 회귀 (3.26)의 두 가지 응용의 결과로 볼 수 있다.

1. $\mathbf{x}$를 1에 회귀시켜 잔차 $\mathbf{z} = \mathbf{x} - \bar{x}1$을 만들어냄
2. 잔차 $\mathbf{z}$에 $\mathbf{y}$를 회귀시켜 계수 $\hat{\beta}_1$를 내어줌

이 과정에서 "$\mathbf{a}$에 $\mathbf{b}$를 회귀시킨다"는 것은 $\mathbf{a}$에 관한 $\mathbf{b}$의 절편이 없는 단순 일변량 회귀을 뜻하며, 계수 $\hat{\gamma} = \langle \mathbf{a}, \mathbf{b} \rangle / \langle \mathbf{a}, \mathbf{a} \rangle$ 그리고 잔차 벡터 $\mathbf{b} - \hat{\gamma}\mathbf{a}$를 만들어낸다. 이는 $\mathbf{b}$가 $\mathbf{a}$에 관해 조정됐다, 혹은 $\mathbf{a}$에 관해 "직교됐다"고 말할 수 있다. 1단계는 $\mathbf{x}$를 $\mathbf{x}_0 = 1$에 관해 직교시킨다. 2단계는 단지 직교적 예측변수 1과 $\mathbf{z}$를 사용하는 단순한 일변량 회귀다. 그림 3.4는 두 개의 일반적인 변수 $\mathbf{x}_1$과 $\mathbf{x}_2$를 위한 이 과정을 보여준다. 직교화는 $\mathbf{x}_1$과 $\mathbf{x}_2$로 생성^{span}된 부분공간을 바꾸지 않으며, 단순히 이를 표현하기 위한 직교 기저를 만들어낸다.

이 레시피는 알고리즘 3.1에서 보여주는 것과 같이 p 입력의 경우로 일반화될 수 있다. 2단계에서의 입력 $\mathbf{z}_0, ..., \mathbf{z}_{j-1}$이 직교이므로 계산된 단순한 회귀계수는 사실 다중회귀계수다.

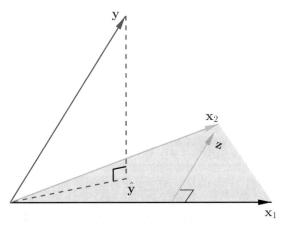

그림 3.4 입력의 직교화를 통한 최소제곱회귀. 벡터 $\mathbf{x}_2$가 벡터 $\mathbf{x}_1$에 회귀되고 잔차 벡터 $\mathbf{z}$를 남긴다. $\mathbf{z}$에 관한 $\mathbf{y}$의 회귀는 $\mathbf{x}_2$의 다중회귀계수를 내어준다. 모두 합하면 각각의 $\mathbf{x}_1$과 $\mathbf{z}$에 관한 $\mathbf{y}$의 사영은 최소제곱 적합 $\hat{\mathbf{y}}$을 내어준다.

1. $\mathbf{z}_0 = \mathbf{x}_0 = 1$로 초기화한다.

2. $j = 1, 2, ..., p$에 관해

   $\mathbf{z}_0, \mathbf{z}_1, ..., \mathbf{z}_{j-1}$에 $\mathbf{x}_j$를 회귀시켜 계수 $\hat{\gamma}_{\ell j} = \langle \mathbf{z}_\ell, \mathbf{x}_j \rangle / \langle \mathbf{z}_\ell, \mathbf{z}_\ell \rangle$, $\ell = 0, ..., j-1$ 그리고 잔차 벡터 $\mathbf{z}_j = \mathbf{x}_j - \sum_{k=0}^{j-1} \hat{\gamma}_{\ell j} \mathbf{z}_k$를 만들어낸다.

3. 잔차 $\mathbf{z}_p$에 $\mathbf{y}$를 회귀시켜 추정값 $\hat{\beta} p$를 내놓는다.

이 알고리즘의 결과는 다음과 같다.

$$\hat{\beta}_p = \frac{\langle \mathbf{z}_p, \mathbf{y} \rangle}{\langle \mathbf{z}_p, \mathbf{z}_p \rangle} \tag{3.28}$$

2단계에서의 잔차를 다시 정리하면, 각 $\mathbf{x}_j$가 $k \le j$인 $\mathbf{z}_k$의 선형 조합임을 볼 수 있다. $\mathbf{z}_j$가 모두 직교이므로 이들은 $\mathbf{X}$의 열공간에 관한 기저를 구성하며, 따라서 이 부분공간에 관한 최소제곱 사영은 $\hat{\mathbf{y}}$이다. $\mathbf{z}_p$ 혼자서 $\mathbf{x}_p$를 수반하므로(계수 1로), 계수 (3.28)은 당연히 $\mathbf{x}_p$에 관한 $\mathbf{y}$의 다중회귀계수임을 볼 수 있다. 이러한 핵심 결과는 다중회귀에서의 상관성이 있는 입력의 효과를 노출시킨다. 또한 $\mathbf{x}_j$를 재정렬함으로써 이 가운데 어떠한 것이든지 마지막 위치에 있을 수 있으며, 유사한 결과가 유지됨을 주지하라. 따라서 더 일반적으로 나타내자면, j번째 다중회귀계수는 $\mathbf{x}_0, \mathbf{x}_1, ..., \mathbf{x}_{j-1}, \mathbf{x}_{j+1}, ..., \mathbf{x}_p$에 $\mathbf{x}_j$를 회귀시킨 잔차 $\mathbf{x}_{j \cdot 012...(j-1)(j+1)..., p}$에 관한 $\mathbf{y}$의 일변량 회귀계수다.

> $\hat{\beta}_j$의 다중회귀계수는 $\mathbf{x}_j$가 $\mathbf{x}_0, \mathbf{x}_1, ..., \mathbf{x}_{j-1}, \mathbf{x}_{j-1}, ..., \mathbf{x}_p$에 관해 조정된 뒤 $\mathbf{y}$에 관한 $\mathbf{x}_j$의 추가적인 기여contribution를 나타낸다.

만일 $\mathbf{x}_p$가 일부 다른 $\mathbf{x}_k$과 높은 상관성을 가진다면, 잔차 벡터 $\mathbf{z}_p$는 0에 가까워질 것이며, (3.28)에 의해 계수 $\hat{\beta}_p$는 매우 불안정해질 것이다. 이는 상관성이 있는 집합 내 모든 변수에 관해 그러할 것이다. 이러한 상황에서 (표 3.2와 같이) 모든 Z 점수가 작을 수도 있으며, 이들 모두를 삭제할 수는 없을 것이다. 하지만 이러한 집합의 어떠한 하나는 지울 수 있다. 또한 (3.28)로부터 분산 추정 (3.8)을 위한 대리적인 공식을 얻을 수 있다.

$$\text{Var}(\hat{\beta}_p) = \frac{\sigma^2}{\langle \mathbf{z}_p, \mathbf{z}_p \rangle} = \frac{\sigma^2}{\|\mathbf{z}_p\|^2} \qquad (3.29)$$

다른 말로 $\hat{\beta}_p$를 추정할 수 있는지에 관한 정확도는 잔차 벡터 $\mathbf{z}_p$의 길이에 달려 있다. 이는 $\mathbf{x}_p$의 얼마만큼이 다른 $\mathbf{x}_k$로 설명되지 않는지를 나타낸다.

알고리즘 3.1은 다중회귀를 위한 그람-슈미트$^{\text{Gram-Schmidt}}$ 과정이라 부르며, 또한 추정값을 계산하는 데 유용한 수치적 전략이다. 이를 통해서 $\hat{\beta}_p$뿐만 아니라 연습 3.4에서 보여주는 바와 같이 전체 다중 최소제곱 적합을 얻어낼 수 있다.

알고리즘 3.1의 2단계는 행렬 형태로 나타낼 수 있다.

$$\mathbf{X} = \mathbf{Z}\boldsymbol{\Gamma} \qquad (3.30)$$

이때 $\mathbf{Z}$는 $\mathbf{z}_j$를 열로 가지며(순서대로), $\boldsymbol{\Gamma}$는 성분 $\hat{\gamma}_{kj}$을 가지는 상삼각행렬이다. j번째 대각 성분 $D_{jj} = \|\mathbf{z}_j\|$을 가지는 대각행렬 $\mathbf{D}$를 도입하면 $\mathbf{X}$의 $\mathbf{QR}$ 분해라고 부르는 것을 얻는다.

$$
\begin{aligned}
\mathbf{X} &= \mathbf{Z}\mathbf{D}^{-1}\mathbf{D}\boldsymbol{\Gamma} \\
&= \mathbf{QR}
\end{aligned}
\qquad (3.31)
$$

여기서 $\mathbf{Q}$는 $N \times (p+1)$ 직교행렬이며, $\mathbf{Q}^T\mathbf{Q} = \mathbf{I}$이고, $\mathbf{R}$은 $(p+1) \times (p+1)$ 상삼각행렬이다.

$\mathbf{QR}$ 분해는 $\mathbf{X}$의 열공간에 관한 편리한 직교 기저를 나타낸다. 예를 들면 최소제곱 해는 다음으로 주어짐을 쉽게 볼 수 있다.

$$
\begin{aligned}
\hat{\beta} &= \mathbf{R}^{-1}\mathbf{Q}^T\mathbf{y} \qquad (3.32) \\
\hat{\mathbf{y}} &= \mathbf{Q}\mathbf{Q}^T\mathbf{y} \qquad (3.33)
\end{aligned}
$$

$\mathbf{R}$이 상삼각행렬이므로 방정식 (3.32)는 쉽게 풀 수 있다(연습 3.4).

3.2.4 다중 출력

$X_0, X_1, X_2, ..., X_p$로부터 다중 출력 $Y_1, Y_2, ..., Y_K$를 예측하고 싶다고 하자. 각 출력에 관해 선형 모델을 가정하자.

$$Y_k = \beta_{0k} + \sum_{j=1}^{p} X_j \beta_{jk} + \varepsilon_k \qquad (3.34)$$

$$= f_k(X) + \varepsilon_k \qquad (3.35)$$

N개의 훈련 사례로 모델을 행렬 표기로 나타낼 수 있다.

$$\mathbf{Y} = \mathbf{XB} + \mathbf{E} \qquad (3.36)$$

여기서 $\mathbf{Y}$는 ik번째 성분 y_{ik}를 가지는 $N \times K$ 반응행렬이며, $\mathbf{X}$는 $N \times (p+1)$ 입력행렬, $\mathbf{B}$는 $(p+1) \times K$의 매개변수 행렬, $\mathbf{E}$는 $N \times K$의 오차행렬이다. 일변량 손실함수를 직관적으로 일반화하면 다음과 같다.

$$\mathrm{RSS}(\mathbf{B}) = \sum_{k=1}^{K} \sum_{i=1}^{N} (y_{ik} - f_k(x_i))^2 \qquad (3.37)$$

$$= \mathrm{tr}[(\mathbf{Y} - \mathbf{XB})^T (\mathbf{Y} - \mathbf{XB})] \qquad (3.38)$$

최소제곱추정값은 이전과 정확히 같은 형태를 가진다.

$$\hat{\mathbf{B}} = (\mathbf{X}^T \mathbf{X})^{-1} \mathbf{X}^T \mathbf{Y} \qquad (3.39)$$

따라서 k번째 결과의 계수는 단지 $\mathbf{x}_0, \mathbf{x}_1, ..., \mathbf{x}_p$에 관한 $\mathbf{y}_k$의 회귀에서의 최소제곱추정일 뿐이다. 다중 출력은 다른 것의 최소제곱추정에 영향을 미치지 않는다.

(3.34)에서 오차 $\varepsilon = (\varepsilon_1, ..., \varepsilon_K)$가 상관성이 있다면, (3.37)을 다변량 버전 측면에서 수정하는 것이 적절해보일 수도 있다. 특히 $\mathrm{Cov}(\varepsilon) = \Sigma$라 하면, 다변량 가중 기준

$$\mathrm{RSS}(\mathbf{B}; \Sigma) = \sum_{i=1}^{N} (y_i - f(x_i))^T \Sigma^{-1} (y_i - f(x_i)) \qquad (3.40)$$

이 다변량 가우스 이론으로부터 자연스레 도출된다.

여기서 $f(x)$는 벡터 함수 $(f_1(x), ..., f_K(x))^T$이며, y_i는 관측치 i에 관한 K개 반응의 벡터다. 그러나 해가 또 다시 (3.39)로부터 주어짐을 볼 수 있다. K는 상관성을 무시하는 회귀를 분리시킨다(연습 3.11). 만일 Σ_i가 관측치 사이에서 달라진다면, 더 이상 이러한 경우가 아니게 되며, $\mathbf{B}$를 위한 해는 더 이상 분리되지 않는다.

3.7절에서 다중 결과 문제에 집중하며, 회귀를 조합시키는 데 대가를 치르는 상황을 고려해본다.

3.3 부분집합 선택

최소제곱추정 (3.6)에 자주 만족하지 못하는 이유는 두 가지가 있다.

- 첫 번째는 예측 정확도prediction accuracy 때문이다. 최소제곱추정은 자주 편향이 작지만 큰 분산을 가진다. 예측 정확도는 때때로 몇몇 계수를 수축시키거나 0으로 만들어 개선시킬 수 있다. 이를 통해 예측된 값의 분산을 줄이기 위해 약간의 편향을 희생하고 따라서 전반적인 예측 정확도를 개선할 수도 있다.
- 두 번째는 해석interpretation이다. 우리는 자주 많은 수의 예측변수를 가지고 가장 강한 효과를 보이는 더 작은 부분집합을 정하려 한다. '큰 그림'을 얻으려면 약간의 작은 디테일은 희생해야 할 것이다.

이 절에서는 선형회귀로 변수 부분집합 선택을 하는 복수의 접근법을 설명한다. 나중의 절에서 분산을 통제하기 위한 수축shrinkage[2] 및 하이브리드 접근법은 물론, 차원축소dimension-reduction 전략에 관해 논의한다. 이들 모두 모델 선택model selection의 일반적인 표제에 해당한다. 모델 선택은 선형 모델에 제한되지 않으며, 7장에서는 이 주제를 어느 정도 자세히 다룬다.

부분집합 선택으로 단지 변수의 부분집합만을 남길 뿐이며, 나머지는 모델로부터 제거한다. 최소제곱회귀는 남겨진 입력의 계수를 추정하는 데 사용한다. 부분집합을 선택하는 데는 복수의 서로 다른 전략이 있다.

3.3.1 최량 부분집합 선택

최량 부분집합 회귀는 각 $k \in \{0, 1, 2, ..., p\}$에 관해 가장 작은 잔차제곱합(3.2)를 주는 크기 k의 부분집합을 찾는다. 껑충껑충 과정leaps and bounds procedure(푸니발과 윌슨(Furnival and Wilson, 1974))과 같은 효율적인 알고리즘은 p가 30이나 40개 정도로 클 때 이를 가능케 해준다. 그림 3.5는 전립선암 예제를 위한 모든 부분집합 모델을 보여준다. 경계가 낮을수록 최량 부분집합 접근법을 통한 선택에서 유효한 모델임을 보여준다. 예를 들면 크기가 2인 최량 부분집합은 크기 1인 최량 부분집합의 변수를 포함할 필요가 없음에 주지하라(이 예제에서는 모든 부분집합이

---

2 이 책에서 shrink는 '수축하다', shrinkage는 '수축', reduce는 '축소하다', reduction은 '축소'로 번역했다. - 옮긴이

중첩돼 있다). 최량 부분집합 곡선(그림 3.5에서 빨간색 아래 경계)는 필연적으로 감소하게 되므로, 부분집합 크기 k를 선택하는 데 사용할 수는 없다. 어떻게 k를 선택하느냐에 관한 질문은 편향과 분산 사이의 상반관계를 수반하며, 여기서 우리는 주관적으로 더욱 인색해지려는 욕구를 갖게 된다. 사용할 수 있는 기준은 다수로 존재하며, 통상적으로 기대예측오차의 기댓값을 최소화하는 가장 작은 모델을 선택한다.

3장에서 논의하는 많은 다른 접근법이 복잡도 측면에서 차이가 나는 일련의 모델을 만들어내기 위해 훈련 데이터를 사용하고 단일 매개변수로 인덱싱된다는 점에서 이와 유사하다. 다음 절에서는 예측오차를 추정하고 k를 선택하는 데 교차 검증을 사용한다. AIC 기준이 인기 있는 대안이다. 이에 관한 더 자세한 논의 및 다른 접근법은 7장에서 다룬다.

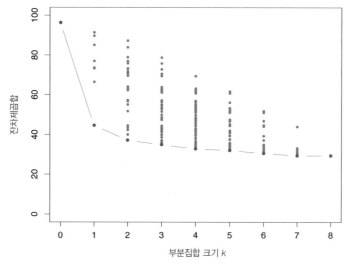

그림 3.5 전립선암 예제의 모든 가능한 부분집합 모델. 각 부분집합 크기에 관한 잔차제곱합을 보여준다.

3.3.2 전진 및 후진 스텝별 선택

가능한 모든 부분집합을 검색하는(p가 40보다 크면 실행 불가능한) 대신, 이들을 통해 좋은 경로를 찾아낼 수 있다. 전진-스텝별[3] 선택forward-stepwise selection은 절편에서

---

3 저자는 특히 변수 부분집합 선택이라는 주제에서 step과 stage를 구분해 쓰고 있다. 이 책에서는 step과 stage를 '단계'로 문맥에 맞게 번역했지만 부분집합 선택이라는 주제에서 stepwise는 '스텝별', stagewise는 '스테이지별'로 구분해 번역했다. - 옮긴이

부터 시작하며, 순차적으로 적합을 가장 개선시키는 예측변수를 모델에 추가한다. 이는 많은 후보 예측변수 때문에 많은 연산이 필요해 보일 수 있다. 그러나 영리한 갱신 알고리즘이 다음 후보를 빠르게 확정하도록 현재 적합을 위한 QR 분해를 활용할 수 있다(연습 3.9). 최량 부분집합 회귀처럼 전진 스텝별은 반드시 정해야 하는 부분집합 크기인 k로 인덱싱되는 일련의 모델을 만들어낸다.

전진-스텝별 선택은 중첩된 일련의 모델을 만들어내는 탐욕 알고리즘greedy algorithm이다. 이러한 측면에서 이는 최량 부분집합 선택과 비교해 부분-최적sub-optimal으로 보일 수도 있다. 그러나 이를 선호하는 이유가 몇 가지 있다.

- 연산적: 큰 p에서 최량 부분집합 시퀀스를 연산할 수는 없지만, 언제나 전진 스텝별 시퀀스를 연산할 수 있다($p \gg N$이라 하더라도).
- 통계적: 각 크기에 관해 최량 부분집합을 선택할 때 분산을 대가로 치르게 된다. 전진 스텝별은 더 제약적인 검색이며, 분산은 더 낮지만 어쩌면 더 높은 편향을 가질 것이다.

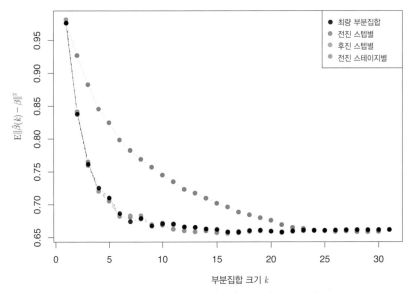

그림 3.6 시뮬레이션된 선형회귀 문제 $Y = X^T \beta + \varepsilon$에 관한 네 개의 부분집합 선택 기술의 비교. $p = 31$인 표준 가우스 변수에 $N = 300$개 관측치가 있으며, 쌍별 상관계수는 모두 0.85로 같다. 각 변수에서 10개에 관해 N(0,0.4) 분포로부터 무작위로 계수를 뽑는다. 나머지는 0이다. 잡음은 $\varepsilon \sim N(0, 6.25)$으로, 신호-잡음 비율이 0.64가 된다. 50번의 시뮬레이션에 관해 결과를 평균한다. 그림은 실제 β로부터 각 단에서 추정된 계수 $\hat{\beta}(k)$의 평균제곱오차를 보여준다.

후진-스텝별 선택은 완전 모델로부터 시작해 순차적으로 적합에서 가장 영향이 적은 예측변수를 삭제한다. 제거할 후보는 가장 작은 Z점수를 가지는 변수다(연습 3.10). 후진 선택은 $N > p$일 때만 사용할 수 있는 반면, 전진 스텝별은 언제나 사용 가능하다.

그림 3.6은 최적-집합 회귀를 더 단순한 대안인 전진 및 후진 선택으로 비교하는 작은 시뮬레이션 연구의 결과를 보여준다. 이들의 성능은 매우 유사한데, 이러한 경우가 대다수다. 그림에 전진-스테이지별 회귀forward stagewise regression(다음 절)가 포함돼 있는데, 이는 최소 오차로 도달하는 데 더 오래 걸린다.

전립선암 예제에서 최량 부분집합, 전진 및 후진 선택 모두 같은 순서의 항을 내놓았다.

몇몇 소프트웨어 패키지는 전진 및 후진적 움직임을 각 계단마다 모두 고려하고, 이들 중 "최적"의 것을 선택하는 혼합 스테이지별-선택 전략을 구현한다. 예를 들면 R 패키지에서 step 함수는 선택을 저울질하는 데 AIC 기준을 사용하는데, 이는 적합할 매개변수의 개수를 적절하게 감안한다. 각 단마다 AIC 점수를 최소화하도록 추가나 제거를 수행할 것이다.

다른 더 전통적인 패키지는 F-통계량에 근거해 선택하며, "유의한" 항을 추가하고 "유의하지 않은" 항을 버린다. 이들은 구식으로, 다중 테스트 문제를 적절하게 감안하지 않는다. 이들은 또한 모델을 검색한 후 표 3.2와 같이 선택한 모델을 요약해 보여주려 하지만, 검색 과정을 감안하지 않으므로 표준오차가 유효하지 않다. 부트스트랩(8.2절)이 이러한 설정에서 도움이 될 수 있다.

마지막으로 (다중 수준의 범주형 예측변수를 코딩하는 더미변수와 같은) 변수가 그룹인 경우가 자주 있음을 주지해야 한다. (R의 step과 같은) 영리한 스텝별 과정은 이들의 자유도를 적절하게 감안해 전체 그룹을 한 번에 추가하거나 버릴 것이다.

3.3.3 전진-스테이지별 회귀

전진-스테이지별 회귀FS는 전진-스텝별 회귀보다 더욱 제약적이다. 이는 절편을 $\bar{y}$으로, 계수를 초기에 모두 0으로 둬 중심화된 예측변수로 전진-스텝별 회귀처럼 시작한다. 각 단계마다 알고리즘은 현재 잔차와 가장 상관성이 있는 변수를 식별한다. 그 뒤 이렇게 선택된 변수에 잔차의 단순한 선형회귀계수를 계산한 뒤 이를 그 변수를 위한 현재 계수에 추가한다. 이는 잔차와 상관성이 있는 변수가 없을 때까지 계속된다. 즉 $N > p$일 때의 최소제곱 적합이다.

전신-계단 회귀와 다르게 항이 모델에 추가될 때 어떠한 다른 변수도 조정되지 않는다. 이에 따라 전진-스테이지별 회귀는 최소제곱 적합에 도달하는 데 p보다 더 많은 단계를 받아들일 수 있으며, 역사적으로는 비효율성 때문에 버려져 왔다. 그러나 이러한 "느린 적합"이 고차원 문제에서는 배당을 지불한다는 것이 밝혀졌다. 3.8.1절에서 전진 스테이지별 및 더욱 느려진 변형 둘 다 특히 고차원 문제에서 꽤 경쟁력이 있음을 보게 될 것이다.

전진-스테이지별 회귀는 그림 3.6에 포함돼 있다. 그림에서 이는 모든 상관계수가 10^{-4}보다 낮을 때까지 1000단계 이상 수행된다. 부분집합 크기 k에서 k개의 영이 아닌 계수가 있을 때 마지막 단계의 오차를 그렸다. 이는 최적의 적합을 포착하지만, 시간이 더 걸리게 된다.

3.3.4 전립선암 데이터 예제(계속)

표 3.3은 다수의 서로 다른 선택법과 수축법으로부터 나온 계수를 보여준다. 이들은 전체-부분집합 검색, 릿지회귀ridge regression, 라쏘회귀lasso regression, 주성분회귀 principal component regression 및 부분최소제곱partial least squares을 사용한 최량 부분집합 선택 best-subset selection이다. 각 방법은 복잡도 매개변수를 가지고 있으며, 10겹의 교차 검증을 기반으로 예측오차의 추정값을 최소화하도록 이들을 선택한다. 자세한 내용은 7.10절에서 제공한다. 간단하게 말하면 교차 검증CV, cross validation은 훈련 데이터를 10개의 동일한 부분으로 무작위로 나누어 동작한다. 학습법이 9/10의 데이터에 적합되고, 예측오차는 나머지 1/10으로 계산한다. 이것이 차례로 데이터의 1/10에 적용되고, 10개의 예측오차의 추정값이 평균된다. 이로부터 추정된 예측오차 곡선을 복잡도 매개변수의 함수로 얻는다.

이들 데이터를 크기 67개의 훈련 집합과 크기 30의 테스트 집합으로 이미 나누었음을 주지하라. 수축 매개변수를 선택하는 것이 훈련 과정의 일부이므로 교차 검증은 훈련 집합에 적용된다. 테스트 집합은 선택된 모델의 성능을 판단하기 위해 존재한다.

추정된 예측오차 곡선은 그림 3.7이 보여준다. 많은 곡선이 그들의 최솟값 근처 넓은 범위에서 매우 평평하다. 그림에 교차 검증에 의해 계산된 10개의 오차 추정값을 근거로 해, 각 추정된 오차율에 관한 표준오차 추정 밴드가 포함돼 있다. 우리는 최솟값의 1 표준오차 내에서 가장 인색한 모델을 고르는 "1-표준오차" 규칙을 사용했다(7.10절). 이러한 규칙은 상반관계 곡선이 오차로 추정되며 따라서 보수적 접근법을 취한다는 사실을 감안한다.

최량 부분집합 선택은 lcvol과 lweight 두 예측변수를 골랐다. 표의 마지막 두 줄은 테스트 집합에 관한 평균예측오차(및 그것의 추정된 표준오차)를 보여준다.

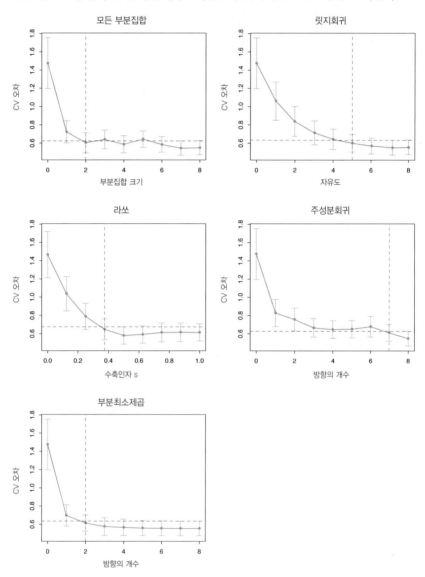

그림 3.7 다양한 선택법 및 수축법을 위해 추정된 예측오차 곡선과 이들의 표준오차. 각 곡선은 그 방법의 복잡도 매개변수에 해당하는 함수로 그려져 있다. 수평축은 왼쪽에서 오른쪽으로 갈수록 모델 복잡도가 높아지게 선택했다. 예측오차 및 이들의 표준오차의 추정값은 10겹 교차 검증으로 얻어냈다. 자세한 내용은 7.10절에서 볼 수 있다. 보라색 수직 점선이 가리키는 것과 같이 가장 우수한 모델의 1 표준오차 내에서 가장 덜 복잡한 모델이 선택된다.

표 3.3 전립선암 데이터에 적용된 서로 다른 부분집합 및 수축법에 관한 추정된 계수와 테스트오차 결과. 빈 칸은 생략된 변수에 해당한다.

항	LS	최량 부분집합	릿지	라쏘	PCR	PLS
Intercept	2.465	2.477	2.452	2.468	2.497	2.452
lcavol	0.680	0.740	0.420	0.533	0.543	0.419
lweight	0.263	0.316	0.238	0.169	0.289	0.344
age	−0.141		−0.046		−0.152	−0.026
lbph	0.210		0.162	0.002	0.214	0.220
svi	0.305		0.227	0.094	0.315	0.243
lcp	−0.288		0.000		−0.051	0.079
gleason	−0.021		0.040		0.232	0.011
pgg45	0.267		0.133		−0.056	0.084
테스트오차	0.521	0.492	0.492	0.479	0.449	0.528
표준오차	0.179	0.143	0.165	0.164	0.105	0.152

3.4 수축법

부분집합 선택은 예측변수의 부분집합을 남기고 나머지를 버림으로써 해석 가능하다. 어쩌면 완전 모델보다 예측오차가 낮은 모델을 만들어낸다. 그러나 이는 변수가 남겨지거나 버려지는 이산적인 과정이므로, 자주 고분산을 보이며 따라서 완전 모델의 예측오차를 줄이지 않는다. 수축법은 더 연속적이며, 고분산성으로부터 그리 많이 시달리지 않는다.

3.4.1 릿지회귀

릿지회귀ridge regression는 계수의 크기에 벌점을 가해 회귀계수를 수축시킨다. 릿지계수는 벌점 잔차제곱합을 최소화한다.

$$\hat{\beta}^{\text{ridge}} = \underset{\beta}{\text{argmin}}\left\{ \sum_{i=1}^{N}\left(y_i - \beta_0 - \sum_{j=1}^{p} x_{ij}\beta_j\right)^2 + \lambda \sum_{j=1}^{p} \beta_j^2 \right\} \qquad (3.41)$$

여기서 $\lambda \geq 0$은 수축의 양을 통제하는 복잡도 매개변수다. λ의 값이 클수록 수축되는 양이 커진다. 계수는 0을 향해 (그리고 서로) 수축된다. 매개변수의 제곱합을 통해 벌점을 준다는 개념은 신경망에서도 쓰이며, 가중치 감퇴[weight decay]라고 부른다(11장).

릿지 문제를 쓰는 다른 방법은 다음과 같다.

$$\hat{\beta}^{\text{ridge}} = \underset{\beta}{\text{argmin}} \sum_{i=1}^{N} \left(y_i - \beta_0 - \sum_{j=1}^{p} x_{ij}\beta_j \right)^2$$

$$\text{subject to } \sum_{j=1}^{p} \beta_j^2 \leq t \tag{3.42}$$

이는 매개변수에 명시적인 크기 제약을 건다. (3.41) 내 매개변수 λ와 (3.42) 내 t 사이에는 1대 1의 관련성이 있다. 선형회귀모델에 상관관계가 있는 변수가 많다면, 이들의 계수는 좋지 않게 정해지며 고분산을 나타낸다. 한 변수의 매우 큰 양의 계수는 이와 상관성이 있는 사촌의 매우 큰 음의 계수로 비슷하게 무효화할 수 있다. (3.42)에서와 같이 계수에 크기 제약을 부과함으로써 이 문제는 완화된다.

릿지 해는 입력의 척도화하에서 동일하지 않으므로 보통 (3.41)을 풀기 전에 입력을 표준화한다. 추가로 절편 β_0이 벌점항에서 빠져 있음을 주지하라. 절편의 벌점화는 과정이 Y를 위해 선택한 원점에 의존하게 만들 것이다. 즉 각 목표 y_i에 상수 c를 추가하는 것은 단순히 예측값을 c만큼 옮기는 결과를 낳지는 않을 것이다. (3.41)의 해는 각 x_{ij}가 $x_{ij} - \bar{x}_j$로 대체되는 중심화된[centered] 입력을 사용한 재매개변수화 이후에 두 부분으로 분리할 수 있음을 보이는 것이 가능하다(연습 3.5). β_0는 $\bar{y} = \frac{1}{N} \sum_1^N y_i$를 통해 추정한다. 나머지 계수는 절편 없는 릿지회귀를 통해 중심화된 x_{ij}를 사용해 추정된다. 이제부터 이러한 중심화가 됐다고 가정하며, 따라서 입력 행렬 $\mathbf{X}$는 (p+1개 대신에) p열을 가진다.

(3.41) 내 기준을 행렬 형태로 작성하면 다음과 같다.

$$\text{RSS}(\lambda) = (\mathbf{y} - \mathbf{X}\beta)^T (\mathbf{y} - \mathbf{X}\beta) + \lambda\beta^T\beta \tag{3.43}$$

릿지회귀의 해는 간단히 다음과 같이 볼 수 있다.

$$\hat{\beta}^{\text{ridge}} = (\mathbf{X}^T\mathbf{X} + \lambda\mathbf{I})^{-1}\mathbf{X}^T\mathbf{y} \tag{3.44}$$

이때 $\mathbf{I}$는 $p \times p$ 단위행렬이다. 이차방정식 벌점 $\beta^T\beta$을 선택함으로써 릿지회귀의 해는 또 다시 $\mathbf{y}$의 선형함수가 됨을 주지하라. 해는 역행렬화하기 전에 $\mathbf{X}^T\mathbf{X}$의 대각에 양의 상수를 추가한다. 이는 $\mathbf{X}^T\mathbf{X}$가 완전 계수가 아니더라도 문제를 정칙nonsingular으로 만들며, 이것이 통계학계에 릿지회귀가 소개된 주요한 동기였다 (Hoerl and Kennard, 1970). 릿지회귀의 전통적인 설명은 정의 (3.44)로 시작한다. 우리는 (3.41)과 (3.42)를 통해 동기를 주기로 선택했다. 이들이 릿지회귀가 어떻게 동작하는지에 관한 통찰을 제공하기 때문이다.

그림 3.8은 전립선암 예제의 릿지계수 추정값을 보여주고 있으며, 벌점 λ에 의해 나타나는 유효 자유도effective degrees of freedom $\mathrm{df}(\lambda)$의 함수로 그려져 있다((3.50)에 정의돼 있다). 입력이 직교하는 경우 릿지 추정은 최소제곱추정을 척도화한 버전일 뿐이다. 즉 $\hat{\beta}^{\mathrm{ridge}} = \hat{\beta}/(1+\lambda)$이다.

릿지회귀는 또한 적절하게 선택된 사전분포를 통해 사후 분포의 평균 혹은 최빈값으로 유도될 수 있다. 자세히 설명하자면 $y_i \sim N(\beta_0 + x_i^T\beta, \sigma^2)$가 있으며 매개변수 β^j는 서로서로 독립적으로 $N(0, \tau^2)$로 분포돼 있다고 가정하자. 그러면 τ^2과 σ^2이 알려져 있다고 가정하는 β의 (음의) 로그 사후 밀도는, (3.41)의 중괄호 내에서 $\lambda = \sigma^2/\tau^2$를 가지는 식과 동일하다(연습 3.6). 따라서 릿지 추정은 사후 분포의 최빈값이다. 분포가 가우스 분포이며 또한 사후 평균이기 때문이다.

중심화된 입력 행렬 $\mathbf{X}$의 특이값분해SVD, Singular Value Decomposition는 릿지회귀의 성질에 관한 일부 추가적인 통찰을 제공한다. 이 분해는 많은 통계적 방법의 분석에서 특히 유용하다. $N \times p$ 행렬 $\mathbf{X}$의 SVD는 다음의 형태를 가진다.

$$\mathbf{X} = \mathbf{U}\mathbf{D}\mathbf{V}^T \tag{3.45}$$

여기서 $\mathbf{U}$와 $\mathbf{V}$는 $N \times p$ 행렬 및 $p \times p$의 직교행렬이며, $\mathbf{U}$의 열이 $\mathbf{X}$의 열 공간을 생성하며 $\mathbf{V}$의 열은 행 공간을 생성한다. $\mathbf{D}$는 $\mathbf{X}$의 특이값이라 부르는 대각요소 $d_1 \geq d_2 \geq \cdots \geq d_p \geq 0$를 가지는 $p \times p$ 대각행렬이다. 만일 하나 그 이상의 값 $d_j = 0$이라면 $\mathbf{X}$는 특이이다singular.

일부 단순화 후에 특이값분해를 사용해 적합된 최소제곱 벡터를 다음과 같이 쓸 수 있다.

$$\begin{aligned} \mathbf{X}\hat{\beta}^{\mathrm{ls}} &= \mathbf{X}(\mathbf{X}^T\mathbf{X})^{-1}\mathbf{X}^T\mathbf{y} \\ &= \mathbf{U}\mathbf{U}^T\mathbf{y} \end{aligned} \tag{3.46}$$

$\mathbf{U}^T\mathbf{y}$는 직교 기저 $\mathbf{U}$에 관한 $\mathbf{y}$의 좌표임을 주지하라. 또한 (3.33)과와 유사성을 주지하라. $\mathbf{Q}$와 $\mathbf{U}$는 일반적으로 $\mathbf{X}$의 열 공간에 관한 다른 직교 기저다(연습 3.8).

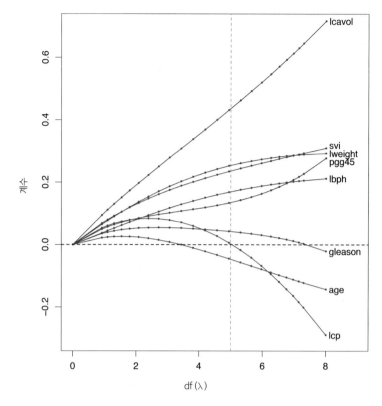

그림 3.8 전립선암 예제의 조정 매개변수 λ에 따른 릿지계수의 프로파일. 계수는 유효 자유도 df(λ)에 관해 그려져 있다. 수직선은 교차 검증에 의해 선택된 값인 df = 5.0에 그려져 있다.

이제 릿지회귀는 다음과 같다.

$$
\begin{aligned}
\mathbf{X}\hat{\beta}^{\mathrm{ridge}} &= \mathbf{X}(\mathbf{X}^T\mathbf{X} + \lambda\mathbf{I})^{-1}\mathbf{X}^T\mathbf{y} \\
&= \mathbf{U}\,\mathbf{D}(\mathbf{D}^2 + \lambda\mathbf{I})^{-1}\mathbf{D}\,\mathbf{U}^T\mathbf{y} \\
&= \sum_{j=1}^{p}\mathbf{u}_j\frac{d_j^2}{d_j^2 + \lambda}\mathbf{u}_j^T\mathbf{y}
\end{aligned}
\tag{3.47}
$$

이때 $\mathbf{u}_j$는 $\mathbf{U}$의 열이다. $\lambda \geq 0$이므로, $d_j^2/(d_j^2 + \lambda) \leq 1$임을 주지하라. 릿지회귀는 선형회귀와 같이 직교 기저 $\mathbf{U}$에 관한 $\mathbf{y}$의 좌표를 계산한다. 그 뒤 이는 이들 좌표를 인자 $d_j^2/(d_j^2 + \lambda)$만큼 수축시킨다. 이는 d_j^2가 작을수록 기저 벡터의 좌표에 적용되는 수축의 양이 더 커짐을 뜻한다.

d_j^2의 값이 작다는 것은 무슨 뜻인가? 중심화된 행렬 $\mathbf{X}$의 SVD는 $\mathbf{X}$ 내 변수의 주성분^{principal component}을 표현하는 다른 방법이다. 표본 공분산행렬은 $\mathbf{S} = \mathbf{X}^T\mathbf{X}/$

N으로 주어지며, (3.45)로부터 다음을 얻는다.

$$\mathbf{X}^T\mathbf{X} = \mathbf{V}\mathbf{D}^2\mathbf{V}^T \tag{3.48}$$

이는 $\mathbf{X}^T\mathbf{X}$의(그리고 인자 N과 무관하게 $\mathbf{S}$의) 고유 분해eigen decomposition다. 고유벡터 v_j($\mathbf{V}$의 열) 또한 $\mathbf{X}$의 주성분principal components(혹은 카루넨-뢰브Karhunen-Loeve) 방향이라 부른다. 첫 번째 주성분 방향 v_1는, $\mathbf{X}$의 열의 모든 정규화된 선형 조합 중에서 $\mathbf{z}_1 = \mathbf{X}v_1$이 가장 큰 표본 분산을 가진다는 성질이 있다. 이 표본 분산은 쉽게 다음과 같이 볼 수 있으며 사실 $\mathbf{z}_1 = \mathbf{X}v_1 = \mathbf{u}_1 d_1$이다.

$$\mathrm{Var}(\mathbf{z}_1) = \mathrm{Var}(\mathbf{X}v_1) = \frac{d_1^2}{N} \tag{3.49}$$

유도된 변수 $\mathbf{z}_1$은 $\mathbf{X}$의 첫 번째 주성분이라 부르며, 따라서 $\mathbf{u}_1$은 정규화된 첫 번째 주성분이다. 이에 뒤따르는 주성분 $\mathbf{z}_j$는 최대분산 d_j^2/N을 가지며, 그 앞의 것에 직교하게 된다. 반대로 마지막 주성분은 최소mininum 분산을 가진다. 그러므로 작은 특이값 d_j는 $\mathbf{X}$의 열 공간에서 작은 분산을 가지는 방향에 해당하며, 릿지회귀는 이들 방향으로 가장 크게 수축된다.

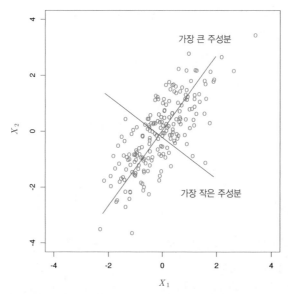

그림 3.9 몇몇 입력 데이터 지점의 주성분. 가장 큰 주성분은 예측된 데이터의 분산을 극대화하는 방향이며, 가장 작은 주성분은 분산을 최소화시킨다. 릿지회귀는 이들 성분에 y를 사영시키며, 그 뒤 저분산 성분의 계수를 고분산의 계수보다 더욱 수축시킨다.

그림 3.9는 2차원에서의 몇몇 데이터의 주성분을 보여준다. 이 정의역에 걸쳐 선형 표면을 적합시키는 것을 고려한다면(Y-축은 페이지를 튀어나오게 된다), 데이터의 설정을 통해 짧은 방향보다 더 긴 방향으로 더욱 정확하게 기울기를 정할 수 있게 해준다. 릿지회귀는 짧은 방향으로 추정된 기울기의 잠재적인 고분산을 막아준다. 반응이 입력의 분산이 높은 방향으로 가장 크게 변하는 경향이 있다는 것이 암묵적인 가정이다. 이는 대체로 이치에 맞는 가정인데, 그 이유는 예측변수는 응답변수에 따라 변하므로 연구를 위해 이를 선택하기 때문이다. 그러나 일반적으로는 이를 지킬 필요는 없다.

그림 3.7에서 추정 예측오차 대 양quantity의 그림을 그렸다.

$$
\begin{aligned}
\mathrm{df}(\lambda) &= \mathrm{tr}[\mathbf{X}(\mathbf{X}^T\mathbf{X} + \lambda\mathbf{I})^{-1}\mathbf{X}^T] \\
&= \mathrm{tr}(\mathbf{H}_\lambda) \\
&= \sum_{j=1}^{p} \frac{d_j^2}{d_j^2 + \lambda}
\end{aligned}
\tag{3.50}
$$

이 λ의 단조감소함수는 릿지회귀 적합의 유효 자유도effective degree of freedom이다. 주로 p개 변수를 가진 선형회귀 적합에서, 적합의 자유도는 자유 매개변수의 개수 p다. 이는 릿지적합에서의 모든 p 계수가 0이 아니라 하더라도, 이들은 λ에 의해 통제되는 제한적인 방식으로 적합된다는 개념이다. (정칙화 없이) $\lambda = 0$일 때 $\mathrm{df}(\lambda) = p$이며 as $\lambda \to \infty$임에 따라 $\mathrm{df}(\lambda) \to 0$임을 주지하라. 물론 절편을 위해 추가적인 자유도 1이 항상 존재하며, 이는 선험적으로apriori 제거됐다. 이 정의는 3.4.4절과 74-7.6절에서 더 자세히 설명하는 동기가 됐다. 그림 3.7에서 $\mathrm{df}(\lambda) = 5.0$일 때 최솟값이다. 표 3.3은 릿지회귀가 완전 최소제곱추정량의 테스트오차를 작은 양으로 줄였음을 보여준다.

3.4.2 라쏘

라쏘lasso는 릿지와 같은 수축법으로 미묘하지만 중요한 차이를 갖는다. 라쏘 추정량은 다음으로 정의된다.

$$\hat{\beta}^{\text{lasso}} = \underset{\beta}{\text{argmin}} \sum_{i=1}^{N} \left(y_i - \beta_0 - \sum_{j=1}^{p} x_{ij}\beta_j \right)^2$$
$$\text{subject to } \sum_{j=1}^{p} |\beta_j| \le t \tag{3.51}$$

바로 릿지회귀처럼 예측변수를 표준화해 상수 β_0를 재매개변수화할 수 있다. $\hat{\beta}_0$의 해는 $\bar{y}$이며, 따라서 모델을 절편 없이 적합시킨다(연습 3.5). 신호처리 학계에서 라쏘는 또한 기저 추적basis pursuit이라 부른다(Chen et al., 1998).

또한 라쏘 문제를 라그랑주 형태로 동등하게 작성할 수 있다.

$$\hat{\beta}^{\text{lasso}} = \underset{\beta}{\text{argmin}} \left\{ \frac{1}{2} \sum_{i=1}^{N} \left(y_i - \beta_0 - \sum_{j=1}^{p} x_{ij}\beta_j \right)^2 + \lambda \sum_{j=1}^{p} |\beta_j| \right\} \tag{3.52}$$

릿지회귀 문제 (3.42) 혹은 (3.41)과의 유사성에 주목하라. L_2 릿지 벌점 $\sum_1^p \beta_j^2$는 L_1 라쏘 벌점 $\sum_1^p |\beta_j|$으로 대체됐다. 후자의 제약조건은 y_i에서 해를 비선형으로 만들며, 릿지회귀에서와 같은 닫힌 형태의 표현이 없다. 라쏘의 해 계산은 이차 프로그래밍 문제다. 하지만 3.4.4절에서 λ가 변함에 따라 해의 전체 경로를 릿지회귀와 같은 연산 비용으로 계산하는 효율적인 알고리즘이 존재함을 볼 것이다. 제약의 특성으로 인해 t를 충분히 작게 만들면 몇몇 계수를 정확히 0이 되게한다. 따라서 라쏘는 연속적인 부분집합 선택 같은 일을 한다. t가 $t_0 = \sum_1^p |\hat{\beta}_j|$(이때 $\hat{\beta}_j = \hat{\beta}_j^{\text{ls}}$로, 최소제곱추정값임)보다 크게 선택되면, 라쏘 추정값은 $\hat{\beta}_j$가 된다. 반면 $t = t_0/2$라 하면, 최소제곱 계수는 평균적으로 약 50% 수축된다. 그러나 수축의 특성이 명백하지가 않으므로, 3.4.4절에서 이를 추가로 들여다볼 것이다. 변수 부분집합 선택에서의 부분집합 크기나 릿지회귀의 벌점 매개변수와 같이, t는 기대 예측오차의 추정값을 최소화하도록 적응적으로 선택해야 한다.

그림 3.7에서 해석을 쉽게 하기 위해 라쏘 예측오차 추정값 대 표준화된 매개 변수 $s = t/\sum_1^p |\hat{\beta}_j|$을 그렸다. 값 $\hat{s} \approx 0.36$은 10겹 교차 검증으로 선택했다. 이는 4개의 계수를 0으로 만들었다(표 3.3의 5번째 줄). 결과 모델은 두 번째로 낮은 테스트오차를 가지며 이는 완전 최소제곱 모델보다 약간 작지만, 테스트오차 추정의 표준오차(표 3.3의 마지막 줄)는 꽤 크다.

그림 3.10은 표준화된 조정 매개변수 $s = t/\sum_1^p |\hat{\beta}_j|$가 변함에 따른 라쏘 계수를 보여준다. $s = 1.0$일 때 이들은 최소제곱추정값을 가지며, $s \to 0$임에 따라 이들은

0으로 감소한다. 이러한 감소는 언제나 엄격하게 단조적은 아니지만, 이 예제에서는 그러하다. $s = 0.36$에 수직선이 그려져 있으며, 이 값은 교차 검증으로 선택됐다.

3.4.3 논의: 부분집합 선택, 릿지회귀 그리고 라쏘

이 절에서는 선형회귀모델을 제한하기 위해 지금까지 논의한 세 가지 접근법인 부분집합 선택, 릿지회귀, 라쏘를 비교해본다.

직교정규 입력 행렬 **X**의 경우 세 가지 과정은 명시적 해를 가진다. 각 방법은 표 3.4에 묘사돼 있는 대로 최소제곱추정값 $\hat{\beta}_j$에 단순한 변환을 적용한다.

릿지회귀는 비례적인 수축을 한다. 라쏘는 각 계수를 상수 인자 λ에 따라 0으로 줄이며 옮긴다. 이는 "연임계화soft thresholding"라 부르며 5.9절의 웨이블렛 기반 평활화 환경에서 사용된다. 최량 부분집합 선택은 M번째 큰 계수보다 작은 계수를 가지는 모든 변수를 버린다. 이는 "경임계화hard-thresholding"의 형태다.

직교가 아닌 경우로 돌아가면, 몇몇 그림은 이들의 관계를 이해하는 데 도움이 된다. 그림 3.11은 라쏘(왼쪽)와 릿지회귀(오른쪽)가 각각 오직 두 개의 매개변수뿐이 없을 때를 묘사한다. 잔차제곱합은 타원형의 윤곽을 가지며, 완전 최소제곱추정값에서 중심을 이룬다. 릿지회귀의 제약 구역은 원판의 $\beta_1^2 + \beta_2^2 \le t$이며, 라쏘는 다이아몬드 $|\beta_1| + |\beta_2| \le t$이다. 두 방법 모두 타원형 윤곽이 제약 구역에 닿는 첫 번째 지점을 찾는다. 다이아몬드는 원판과 다르게 모퉁이를 가진다. 해가 모퉁이에서 나타나면, 0과 같은 하나의 매개변수 β_j를 가진다. $p > 2$일 때, 다이아몬드는 장사방형rhomboid이 되며 많은 모퉁이, 평평한 모서리와 면을 가진다. 추정된 매개변수가 0일 기회가 더 많아지는 것이다.

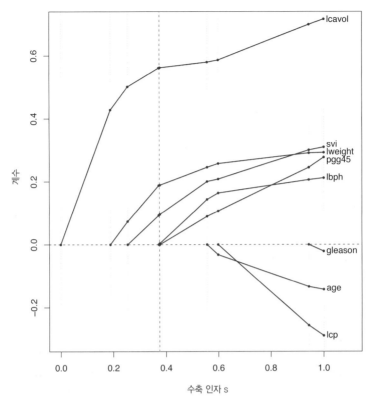

그림 3.10 조정 매개변수에 따른 라쏘 계수의 프로파일. 계수는 $s = t/\sum_1^p |\beta_j|$에 관해 그려져 있다. 수직선은 교차 검증에 의해 선택된 $s = 0.36$에 그려져 있다. 그림 3.8과 비교해보라. 라쏘 프로파일은 영에 닿지만, 릿지회귀의 것은 그렇지 않다. 프로파일은 조각별 선형(piecewise linear)이며, 따라서 나타나는 점에서만 계산된다. 자세한 내용은 3.4.4절을 보라.

표 3.4 $\mathbf{X}$의 직교정규열인 경우의 β_j의 추정값. M과 λ은 해당 기술이 선택한 상수다. sign은 인수(± 1)의 부호를, x_+는 x의 "양의 부분"을 나타낸다. 표 아래에서 추정량을 빨간 점선으로 볼 수 있다. 회색의 45도 선은 참고를 위해 제약 없는 추정값을 보여준다.

추정량	공식
최량 부분집합(크기 M)	$\hat{\beta}_j \cdot I(|\hat{\beta}_j| \geq |\hat{\beta}(M)|)$
릿지	$\hat{\beta}_j/(1+\lambda)$
라쏘	$\mathrm{sign}(\hat{\beta}_j)(|\hat{\beta}_j| - \lambda)_+$

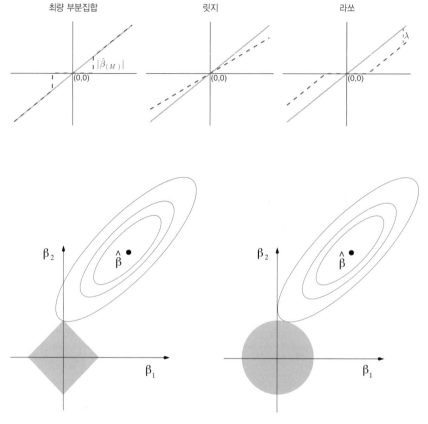

그림 3.11 라쏘(왼쪽)과 릿지회귀(오른쪽)의 추정량 그림. 오차와 제약함수의 윤곽을 보여준다. 진한 청색 영역은 각각 제약 구역 $|\beta_1| + |\beta_2| \leq t$와 $\beta_1^2 + \beta_2^2 \leq t^2$이며, 빨간 타원은 최소제곱오차함수의 윤곽이다.

릿지회귀와 라쏘를 일반화해 이들을 베이즈 추정값으로 볼 수 있다. $q \geq 0$을 위한 기준을 고려해보자.

$$\tilde{\beta} = \underset{\beta}{\text{argmin}} \left\{ \sum_{i=1}^{N} \left(y_i - \beta_0 - \sum_{j=1}^{p} x_{ij}\beta_j \right)^2 + \lambda \sum_{j=1}^{p} |\beta_j|^q \right\} \qquad (3.53)$$

입력이 2개인 경우 $\sum_j |\beta_j|$의 상수값을 위한 윤곽은 그림 3.12에서 볼 수 있다.

$|\beta_j|^q$를 β_j를 위한 로그 사전밀도라고 생각해보면, 이들 또한 매개변수의 사전분포의 등고선이다. $q = 0$ 값은 벌점이 단순히 0이 아닌 매개변수의 개수를 세는 변수 부분집합 선택에 해당한다. $q = 1$은 라쏘에, $q = 2$는 릿지회귀에 해당한다. $q \leq 1$에 관해 사전밀도는 방향적으로 균일하지 않지만, 좌표 방향으로 밀도가 더

집중돼 있음을 주지하라. $q = 1$인 경우에 해당하는 사전확률은 각 입력에 관해 독립인 이중 지수(혹은 라플라스) 분포로, 밀도는 $(1/2\tau) \exp(-|\beta|/\tau)$이며 $\tau = 1/\lambda$이다. $q = 1$(라쏘)의 경우 제약 영약을 볼록하게 만드는 가장 작은 q이다. 볼록하지 않은 제약영역은 최적화 문제를 더 어렵게 만든다.

이러한 시각에서 라쏘, 릿지회귀 그리고 최량 부분집합 선택은 서로 다른 사전확률을 가지는 베이즈 추정값이다. 그러나 이들은 사후 확률을 가장 크게 만드는 사후 최빈값으로부터 유도됨을 주지하라. 베이즈 추정값으로 사후확률의 평균을 사용하는 것이 더 일반적이다. 릿지회귀는 또한 사후 평균이지만, 라쏘와 최량 부분집합 선택은 그렇지 않다.

기준 (3.53)을 다시 보면, 0, 1, 혹은 2 외에 다른 값을 시도해볼 수도 있다. 데이터로부터 q를 추정하는 것을 고려해볼 수도 있겠지만, 경험으로 보면 이는 추가적인 분산이 발생하기 때문에 노력의 가치가 없다. $q \in (1, 2)$인 값은 라쏘와 릿지회귀 사이의 타협을 시사한다. 이러한 경우가 아니라면, $q > 1$일 때 $|\beta_j|^q$는 0에서 미분 가능하며, 따라서 계수를 정확하게 0으로 만드는 라쏘($q = 1$)의 능력을 공유하지 않게 된다. 부분적으로 이러한 이유 때문은 물론 연산적 용이성을 위해 저우와 헤이스티(Zou and Hastie, 2005)는 엘라스틱넷elastic-net 벌점을 소개했다.

$$\tilde{\beta} = \underset{\beta}{\mathrm{argmin}} \left\{ \sum_{i=1}^{N} \left(y_i - \beta_0 - \sum_{j=1}^{p} x_{ij}\beta_j \right)^2 + \lambda \sum_{j=1}^{p} |\beta_j|^q \right\} \tag{3.54}$$

이는 릿지과 라쏘 사이의 또다른 타협점이다. 그림 3.13은 $q = 1.2$인 L_q 벌점과 $\alpha = 0.2$인 엘라스틱넷 벌점을 비교한다. 눈으로 차이를 발견하는 것은 어렵다. 엘라스틱넷은 라쏘처럼 변수를 선택하며, 릿지처럼 관련된 예측변수의 계수를 함께 수축시킨다. 또한 L_q 벌점보다 상당한 연산적 이점을 가진다. 18.4절에서 엘라스틱넷에 관해 추가로 논의한다.

$q = 4$ $q = 2$ $q = 1$ $q = 0.5$ $q = 0.1$

그림 3.12 주어진 값 q에 관한 $\sum_j |\beta_j|^q$의 상수값의 윤곽선

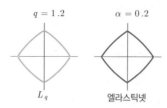

그림 3.13 $q = 1.2$(왼쪽 그림)일 때 $\sum_j |\beta_j|^q$, 그리고 $\alpha = 0.2$(오른쪽 그림)일 때 엘라스틱넷 벌점 $\sum_j (\alpha\beta_j^2 + (1-\alpha)|\beta_j|)$의 상수값 윤곽. 보기에는 매우 유사하지만 엘라스틱넷은 뾰족한(즉, 미분 불가능한) 모퉁이를 갖는 한편 $q = 1.2$ 벌점은 그렇지 않다.

3.4.4 최소각회귀

최소각회귀^{LAR, Least Angle Regression}는 상대적으로 새로운 것이며(Efron et al., 2004) 전진 스텝별 회귀(3.3.2절)의 "대중적인^{democratic}" 버전 같은 것으로 볼 수 있다. 앞으로 보겠지만 최소각회귀 즉, LAR은 라쏘와 밀접하게 연결돼 있으며, 실제로 그림 3.10과 같이 전체 라쏘 경로를 연산하는 데 극단적으로 효율적인 알고리즘을 제공한다.

전진 스텝별 회귀는 한 번에 변수 하나를 추가하며 모델을 순차적으로 구축한다. 각 단계에서 이는 활동 집합^{active set}에 포함시킬 최적 변수를 식별한 뒤, 모든 활동 변수를 포함하도록 최소제곱 적합을 갱신한다.

최소각회귀는 유사한 전략을 사용하지만, 자격이 있는 "만큼^{as much}"의 예측변수를 집어넣는다. 첫 번째 단계에서 반응과 가장 상관성이 높은 변수를 식별한다. LAR은 이 변수를 완벽하게 적합시키는 대신에 이 변수의 계수를 연속적으로 최소제곱 값을 향해 이동시킨다(발생하는 잔차와의 상관성이 절댓값으로 감소하도록 만든다). 잔차와의 상관관계 측면에서 다른 변수가 "따라잡게^{catch up}" 되자마자, 이 과정은 정지된다. 그 뒤 두 번째 변수가 활동집합에 합류하며, 이들 변수의 계수는 변수의 상관관계가 계속 묶여진 채로 감소되도록 하는 방식으로 함께 움직인다. 이 과정은 모델 내 모든 변수에까지 계속되며, 완전 최소제곱 적합으로 끝나게 된다. 알고리즘 3.2가 더 자세하게 설명한다. 5단계의 종료 조건은 약간의 설명이 필요하다. 만일 $p > N - 1$이라면 LAR 알고리즘은 $N - 1$단계 후에 잔차가 영인 해에 도달한다(-1인 이유는 데이터를 중심화시켰기 때문이다).

1. 예측변수를 평균이 0이고 단위 노름^{unit norm}을 가지도록 표준화한다. 잔차 $\mathbf{r} = \mathbf{y} - \bar{\mathbf{y}}$, β_1, β_2, ..., $\beta_p = 0$으로 시작한다.

2. $\mathbf{r}$과 가장 상관성이 높은 예측변수 $\mathbf{x}_j$를 찾는다.

3. 다른 경쟁자 $\mathbf{x}_k$가 현재의 잔차를 가지고 $\mathbf{x}_j$만큼 상관관계를 가질 때까지, β_j를 0으로부터 최소제곱 계수 $\langle \mathbf{x}_j, \mathbf{r} \rangle$을 향해 움직인다.

4. 다른 경쟁자 $\mathbf{x}_l$이 현재의 잔차를 가지고 같은 상관관계를 가질 때까지, β_j와 β_k를 $(\mathbf{x}_j, \mathbf{x}_k)$에 관한 현재 잔차의 결합 최소제곱 계수로 정의된 방향으로 움직인다.

5. p개 예측변수가 모두 포함될 때까지 이 방식으로 계속한다. $\min(N-1, p)$ 단계 후, 완전 최소제곱해에 도달한다.

$\mathcal{A}_k$를 k번째 단계 시작에서의 변수의 활동집합이라 하고, $\beta_{\mathcal{A}_k}$를 이 단계에서 이들 변수의 계수 벡터라고 하자. 여기에는 $k-1$개의 영이 아닌 값이 있을 것이며, 방금 포함된 것은 영일 것이다. $\mathbf{r}_k = \mathbf{y} - \mathbf{X}_{\mathcal{A}_k} \beta_{\mathcal{A}_k}$이 현재 잔차라면, 이 단계의 방향은 다음과 같다.

$$\delta_k = (\mathbf{X}_{\mathcal{A}_k}^T \mathbf{X}_{\mathcal{A}_k})^{-1} \mathbf{X}_{\mathcal{A}_k}^T \mathbf{r}_k \tag{3.55}$$

그러면 계수 프로파일은 $\beta_{\mathcal{A}_k}(\alpha) = \beta_{\mathcal{A}_k} + \alpha \cdot \delta_k$과 같이 나타난다. 연습 3.23은 이 방식으로 선택된 방향이 요구받는 것을 수행한다는 점, 즉 상관관계가 계속 묶인 채로 감소하도록 한다는 사실을 확인시켜준다. 이 단계가 시작할 때의 적합 벡터가 $\hat{\mathbf{f}}_k$라면, 이는 $\hat{\mathbf{f}}_k(\alpha) = \hat{\mathbf{f}}_k + \alpha \cdot \mathbf{u}_k$가 되며, 이때 $\mathbf{u}_k = \mathbf{X}_{\mathcal{A}_k} \delta_k$는 새로운 적합 방향이 된다. "최소각"이란 이름은 이 과정의 기하학적 표현으로부터 나왔다. $\mathbf{u}_k$는 $\mathcal{A}_k$에서의 각 예측변수를 가지고 최소 (그리고 동일한) 각을 만들어낸다. 그림 3.14는 모의 데이터를 사용해 LAR 알고리즘의 각 단계에서 상관계수의 절댓값 감소 및 합류 순위를 보여준다.

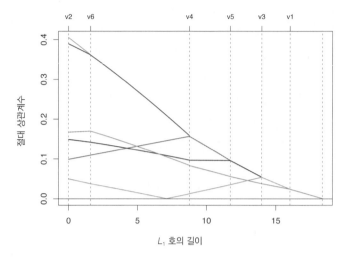

그림 3.14 6개의 예측변수로 된 모의 데이터를 사용한 LAR 과정의 각 단계 동안 상관계수 절댓값의 진행. 그림 위쪽의 라벨은 어떤 변수가 각 단계의 활성집합에 들어갔는지 나타낸다. 단계 길이는 L_1 호의 길이의 단위로 측정돼 있다.

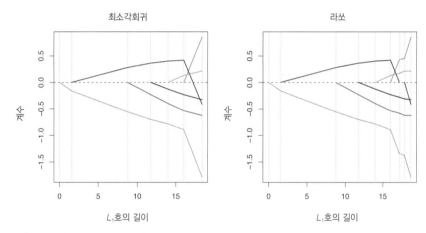

그림 3.15 왼쪽 패널은 모의 데이터에서의 LAR 계수 프로파일을 L_1호의 길이의 함수로 보여준다. 오른쪽 패널은 라쏘 프로파일을 보여준다. 이들은 호의 길이가 약 18일 때 흑청색 계수가 0을 지날 때까지 동일하다.

LAR에서의 계수는 구축을 통해 조각별 선형 방식으로 변한다. 그림 3.15[왼쪽 패널]은 LAR 계수 프로파일이 이들의 L_1의 호의 길이에 관한 함수가 된다는 것을 보여준다.[4] 작은 보폭을 취할 필요가 없음을, 그리고 3단계에서 상관계수를 다

---

4 $s \in [0, S]$에서 미분 가능한 곡선 $\beta(s)$ 의 L_1 호의 길이는 $TV(\beta, S) = \int_0^S \|\dot{\beta}(s)\|_1 ds$로 주어지며, 이때 $\dot{\beta}(s)=\partial\beta(s)/\partial s$ 이다. 조각별-선형 LAR 계수 프로파일에서 이는 단계에서 단계로 이동할 때 계수의 변화에 관한 L_1 노름을 합한 것이 된다.

시 확인할 필요가 없음을 주지하라. 예측변수의 공분산에 관한 지식과 알고리즘의 조각별 선형성을 사용해, 각 단계의 처음에 정확한 단계 길이로 작업할 수 있다(연습 3.25).

그림 3.15의 오른쪽 패널은 같은 데이터에서의 라쏘 계수 프로파일을 보여준다. 왼쪽 패널과 거의 비슷하며, 파란 계수가 0을 다시 통과할 때 처음으로 달라진다. 전립선 데이터에서 LAR 계수 프로파일은 그림 3.10에서 0을 절대 지나지 않는 라쏘 프로파일과 동일한 것으로 드러난다. 관찰한 것들을 보면 LAR 알고리즘을 간단히 수정하면 전체 라쏘 경로를 내주게 되는데, 이는 또한 조각별 선형이다.

알고리즘 3.2a 최소각회귀: 라쏘 수정

4a. 만일 0이 아닌 계수가 0에 닿으면, 이를 변수의 활성집합에서 버리고 현재 결합 최소제곱 방향을 재계산한다.

LAR(라쏘) 알고리즘은 극단적으로 효율적이며, p개 예측변수를 사용하는 단일 최소제곱 적합과 같은 순서의 연산을 필요로 한다. 최소각회귀 또한 완전 최소제곱추정값을 얻는 데 항상 p 단계를 밟는다. 라쏘 경로는 p 단계 이상을 가질 수 있지만, 이 둘은 자주 꽤 유사하다. 라쏘 수정 3.2a를 가지는 알고리즘 3.2는 어떠한 라쏘 문제든지 해를 계산하는 효율적인 방법이며, 특히 $p \gg N$일 경우 그러하다. 오스본 외(Osborne et al., 2000a)도 또한 라쏘 계산을 위한 조각별 선형 경로를 발견했으며, 이들은 이를 동위homotopy 알고리즘이라 불렀다.

이제 왜 이들 과정이 유사한지에 관한 휴리스틱한 논거를 제시한다. LAR 알고리즘은 상관계수 측면에서 명시되지만, 입력 특성이 표준화돼 있으면 내적과 동등하며 더 쉽게 작업할 수 있다. $\mathcal{A}$를 알고리즘에서의 어떠한 단계에서의 변수 활성집합이라 하고, 이들이 그들의 현재 잔차 $\mathbf{y} - \mathbf{X}\beta$로 절대 내적absolute inner product과 묶여 있다고 하자. 이를 다음과 같이 표현할 수 있다.

$$\mathbf{x}_j^T(\mathbf{y} - \mathbf{X}\beta) = \gamma \cdot s_j, \ \forall j \in \mathcal{A} \tag{3.56}$$

여기서 $s_j \in \{-1, 1\}$는 내적의 부호를 가리키며, γ는 공통값이다. 아울러 $|\mathbf{x}_k^T(\mathbf{y} - \mathbf{X}\beta)| \leq \gamma \ \forall k \notin \mathcal{A}$이다. 이제 라쏘 기준 (3.52)를 고려하면, 이를 벡터 형태로 쓸 수 있다.

$$R(\beta) = \tfrac{1}{2}\|\mathbf{y} - \mathbf{X}\beta\|_2^2 + \lambda\|\beta\|_1 \tag{3.57}$$

$\mathcal{B}$를 주어진 값 λ에 관한 해에서의 변수 활성집합이라 하자. 이들 변수에서 $R(\beta)$는 미분 가능하며, 정상성stationarity 조건은 다음을 내어준다.

$$\mathbf{x}_j^T(\mathbf{y} - \mathbf{X}\beta) = \lambda \cdot \mathrm{sign}(\beta_j), \ \forall j \in \mathcal{B} \tag{3.58}$$

(3.58)을 (3.56)과 비교해보면, β_j의 부호가 내적의 부호와 들어맞을 때만 이들이 동일함을 볼 수 있다. 이것이 바로 활성 계수가 0을 지날 때 LAR 알고리즘과 라쏘가 달라지기 시작하는 이유다. 이러한 변수가 조건 (3.58)을 위반하게 되며, 활성집합 B로부터 쫓겨나게 된다. 연습 3.23은 이들 방정식이 λ가 감소함에 따른 조각별 선형 계수 프로파일임을 뜻한다는 것을 보여준다. 비활동 변수를 위한 정상성 조건은 다음을 필요로 한다.

$$|\mathbf{x}_k^T(\mathbf{y} - \mathbf{X}\beta)| \le \lambda, \ \forall k \notin \mathcal{B} \tag{3.59}$$

이 또한 LAR에 부합한다.

그림 3.16은 LAR과 라쏘를 전진 스텝별 회귀 및 스테이지별 회귀와 비교한다. 이 설정은 $N = 300$이 아닌 $N = 100$이기 때문에 문제가 더 어렵다는 것을 제외하고 그림 3.6과 동일하다. 더 공격적인 전진 스텝별 방법이 (으레 10개의 실제 변수가 모델에 포함되기 전에) 꽤 초기에 과적합하기 시작하며, 궁극적으로는 더 느린 전진 스테이지별 회귀보다 성능이 나빠짐을 볼 수 있다. LAR과 라쏘의 움직임은 전진 스테이지별 회귀의 것과 유사하다. 증가적 전진 스테이지별은 LAR 및 라쏘와 유사하며, 3.8.1절에서 설명한다.

LAR와 라쏘의 자유도 공식

최소제곱회귀 과정을 통해 선형 모델을 적합시킨다고 해보자. 이는 어떠한 $k < p$ 단계인 단계 수에서 멈춰지거나, 아니면 이와 동등하게 완전 최소제곱 적합의 제약 버전을 만들어내는 t에 바운드된 라쏘를 사용해 멈춰진다. 얼마나 많은 매개변수, 혹은 "자유도degrees of freedom"를 사용할까?

k개 특성의 부분집합을 사용하는 선형회귀를 먼저 고려해보자. 이 부분집합이 훈련 데이터의 추론 없이 미리 사전에 정해져 있다면, 적합된 모델에서 사용된 자유도는 k로 정의된다. 물론 전통적 통계학에서는 선형적으로 비독립적인 매개변

수의 개수가 "자유도"를 뜻한다. 대신 k개 예측변수의 "최적^{optimal}" 집합을 정하도록 최량 부분집합 선택을 수행한다고 해보자. 그러면 결과 모델은 k개 매개변수를 갖지만, 어떤 의미에서 k 자유도 이상을 써 버리는 것이다.

우리는 적응적으로 적합된 모델의 유효 자유도를 위한 더 일반화된 정의를 필요로 한다. 적합된 벡터 $\hat{\mathbf{y}} = (\hat{y}_1, \hat{y}_2, ..., \hat{y}_N)$의 자유도는 다음과 같이 정의한다.

$$\text{df}(\hat{\mathbf{y}}) = \frac{1}{\sigma^2} \sum_{i=1}^{N} \text{Cov}(\hat{y}_i, y_i) \tag{3.60}$$

여기서 $\text{Cov}(\hat{y}_i, y_i)$는 예측된 값 $\hat{y}_i$와 이에 해당하는 결괏값 y_i 사이의 표집 공분산을 뜻한다. 이는 직관적으로 이해가 된다. 데이터를 적합시키기 어려울수록, 이러한 공분산 및 따라서 $\text{df}(\hat{\mathbf{y}})$가 커지기 때문이다. (3.60)은 자유도에 관한 유용한 개념이며, 어떠한 모델 예측 $\hat{\mathbf{y}}$에든지 적용할 수 있다. 이는 훈련 데이터에 적응적으로 적합되는 모델을 포함한다. 이 정의는 7.4~7.6절의 동기가 됐으며 거기서 더 논의할 것이다.

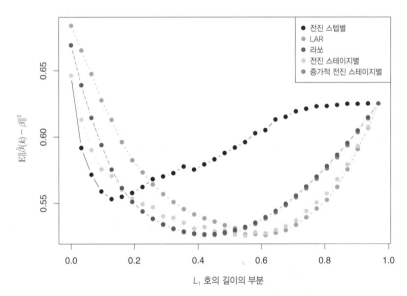

그림 3.16 LAR 및 라쏘와 전진 스텝별, 전진 스테이지별(FS) 그리고 증가적 전진 스테이지별(FS_0) 회귀와의 비교. 이 설정은 $N = 300$ 대신 $N = 100$을 사용한 것을 제외하고 그림 3.6과 동일하다. 여기서 더 느린 FS 회귀가 궁극적으로는 전진 스텝별보다 성능이 더 나음을 볼 수 있다. LAR과 라쏘는 FS 및 FS_0과 유사한 움직임을 보여준다. (시뮬레이션 반복 및 방법에 따라) 과정들이 서로 다른 단계 수를 밟으므로, MSE를 전체 L_1 호의 길이의 최소제곱 적합에 관한 분수의 함수로 그렸다.

이제 k개의 고정된 예측변수를 가진 선형회귀에서, $df(\hat{y}) = k$임을 보이는 것이 쉬워졌다. 이와 같이 릿지회귀에서, 이 정의는 닫힌 형태의 식 (3.50)인 $df(\hat{y}) = tr(\mathbf{S}_\lambda)$가 된다. 두 경우 모두 $\hat{y} = \mathbf{H}_\lambda \mathbf{y}$이 $\mathbf{y}$ 내에서 선형이므로 (3.60)은 간단하게 값매김할 수 있다. 크기 k의 최량 부분집합 선택 측면에서 정의 (3.60)을 생각해보면, $df(\hat{y})$가 k보다 크다는 것이 명백히 보이며, 이는 시뮬레이션을 통해 $Cov(\hat{y}_i, y_i)/\sigma^2$를 직접적으로 추정해 확인할 수 있다. 그러나 최량 부분집합 선택을 위해 $df(\hat{y})$을 추정하는 닫힌 형태의 방법은 존재하지 않는다.

LAR과 라쏘에 관해서는 무언가 마법 같은 일이 벌어진다. 이들 기술은 최량 부분집합 선택보다 더 평활적인 방법으로 적응적이며, 따라서 자유도의 추정을 다루기가 더 쉬워진다. 특히 LAR 과정의 k단계 이후, 적합된 벡터의 유효 자유도는 정확하게 k임을 쉽게 보일 수 있다. 이제 라쏘에 관해, (수정된) LAR 과정은 예측변수를 버릴 수 있으므로 p단계 이상 걸리는 일이 자주 있다. 그러므로 정의가 약간 달라진다. 라쏘에서는 어떠한 단계에서든지 $df(\hat{y})$는 근사적으로 모델에서의 예측변수의 개수와 같다. 이러한 근사가 라쏘 경로의 어디에서든지 적절하게 잘 작동하지만, 이는 각 k에 관해 시퀀스에서의 가장 마지막^last^인, k개 예측변수를 가지는 모델에서 가장 잘 동작한다. 라쏘의 자유도에 관한 자세한 연구는 저우 외 (Zou et al., 2007)에서 찾을 수 있다.

3.5 유도된 입력 방향을 사용하는 방법들

많은 상황에서 다수의 입력을 갖게 되며, 이들은 자주 상관관계가 매우 높다. 이 절의 방법에서는 원본 입력 X_j에 관한 적은 수의 선형 조합 Z_m, $m = 1, ..., M$을 만들고, 그 뒤 Z_m이 X_j 위치에서 회귀의 입력으로 사용된다. 방법은 선형조합이 어떻게 구축되느냐에 따라 달라진다.

3.5.1 주성분회귀

이 접근법에서는 앞의 3.4.1절에서 정의된 주성분이 선형조합 Z_m으로 사용된다.

주성분회귀^principal component resgression^는 유도된 입력 열 $\mathbf{z}_m = \mathbf{X}v_m$을 구성한 뒤, 일부 $M \le p$에 관해 $\mathbf{y}$를 $\mathbf{z}_1, \mathbf{z}_2, ..., \mathbf{z}_M$에 회귀시킨다. $\mathbf{z}_m$이 직교이므로, 이 회귀는

단지 일변량회귀의 합일 뿐이다.

$$\hat{\mathbf{y}}_{(M)}^{\mathrm{pcr}} = \bar{y}\mathbf{1} + \sum_{m=1}^{M} \hat{\theta}_m \mathbf{z}_m \tag{3.61}$$

이때 $\hat{\theta}_m = \langle \mathbf{z}_m, \mathbf{y} \rangle / \langle \mathbf{z}_m, \mathbf{z}_m \rangle$이다. $\mathbf{z}_m$이 원본 $\mathbf{x}_j$의 각각의 선형조합이므로, 해 (3.61)을 $\mathbf{x}_j$의 계수로 표현할 수 있다(연습 3.13).

$$\hat{\beta}^{\mathrm{pcr}}(M) = \sum_{m=1}^{M} \hat{\theta}_m v_m \tag{3.62}$$

릿지회귀에서처럼, 주성분은 입력의 척도화에 의존하므로 통상적으로 이들을 먼저 표준화한다. $\mathbf{Z} = \mathbf{UD}$의 열이 $\mathbf{X}$의 열 공간을 확장하므로, 만일 $M = p$이면 단지 일반적인 최소제곱추정을 얻게 됨을 주지하라. $M < p$에서는 축소된 회귀를 얻는다. 추성분회귀가 릿지회귀와 매우 유사하다는 것을 볼 것이며, 둘 다 입력 행렬의 주성분을 통해 동작한다. 릿지회귀는 주성분의 계수를 수축시키며(그림 3.17), 이 수축은 해당하는 고윳값의 크기에 더욱 의존적이다. 주성분회귀는 $p - M$개의 가장 작은 고윳값 성분을 버린다. 그림 3.17은 이를 보여준다.

그림 3.7에서 교차 검증이 7개 항을 제시함을 볼 수 있다. 표 3.3에서 결과 모델이 가장 작은 테스트오차를 가진다.

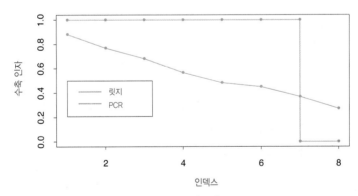

그림 3.17 릿지회귀는 (3.47)에서와 같이 수축인자 $d_j^2/(d_j^2 + \lambda)$를 사용해 주성분의 회귀계수를 수축시킨다. 주성분회귀는 이를 버린다. 그림 3.7에서 해당 수축 및 절단 패턴을 주성분 인덱스의 함수로 보여준다.

3.5.2 부분최소제곱

이 기술 또한 회귀를 위해 입력의 선형조합 집합을 구축하지만, 이는 주성분회귀와 다르게 구축을 위해 ($\mathbf{X}$뿐만 아니라) $\mathbf{y}$를 사용한다. 부분최소제곱^{PLS, Partial Least Squares}은 주성분회귀처럼 척도에 불변이 아니므로, 각 $\mathbf{x}_j$가 평균 0 분산 1로 표준화돼 있다고 가정한다. PLS는 각 j에 관해 $\hat{\varphi}_{1j} = \langle \mathbf{x}_j , \mathbf{y} \rangle$를 계산하며 시작한다. 이로부터 유도된 입력 $\mathbf{z}_1 = \sum_j \hat{\varphi}_{1j} \mathbf{x}_j$를 구축하며, 이는 첫 번째 부분최소제곱 방향이 된다. 그러므로 각 크을 구축할 때, 입력은 $\mathbf{y}$에 관한 이들의 일변량 효과의 강도^{strength}를 통해 가중된다.[5] 결과 $\mathbf{y}$는 $\mathbf{z}_1$에 회귀돼 계수 $\hat{\theta}_1$을 만들어내며, 그 뒤 $\mathbf{x}_1, ..., \mathbf{x}_p$를 $\mathbf{z}_1$에 관해 직교화한다. 이 과정을 $M \le p$ 방향이 얻어질 때까지 계속한다. 이 방식으로 부분최소제곱은 유도된 직교 입력 시퀀스, 아니면 방향 $\mathbf{z}_1$, $\mathbf{z}_2$, ..., $\mathbf{z}_M$을 만들어낸다. 주성분회귀처럼 모든 $M = p$ 방향을 구축하면, 통상적인 최소제곱추정값과 동일한 해를 얻을 것이다. $M < p$ 방향을 사용하면 축소된 회귀를 만들어낸다. 이 과정은 알고리즘 3.3에서 완전하게 설명돼 있다.

알고리즘 3.3 부분최소제곱

1. 각 $\mathbf{x}_j$를 평균 영과 분산 1로 표준화한다. $\hat{\mathbf{y}}^{(0)} = \bar{y}\mathbf{1}$ 그리고 $\mathbf{x}_j^{(0)} = \mathbf{x}_j$, $j = 1, ..., p$로 놓는다.

2. $m = 1, 2, ..., p$에 관해

   a. $\mathbf{z}_m = \sum_{j=1}^{p} \hat{\varphi} mj\, \mathbf{x}_j^{(m-1)}$, 이때 $\hat{\varphi} mj = \langle \mathbf{x}_j^{(m-1)}, \mathbf{y} \rangle$이다.

   b. $\hat{\theta}_m = \langle \mathbf{z}_m, \mathbf{y} \rangle / \langle \mathbf{z}_m, \mathbf{z}_m \rangle$

   c. $\hat{\mathbf{y}}^{(m)} = \hat{\mathbf{y}}^{(m-1)} + \hat{\theta}_m \mathbf{z}_m$

   d. 각 $\mathbf{x}_j^{(m-1)}$를 $\mathbf{z}_m$: $\mathbf{x}_j^{(m)} = \mathbf{x}_j^{(m-1)} - [\langle \mathbf{z}_m, \mathbf{x}_j^{(m-1)} \rangle / \langle \mathbf{z}_m, \mathbf{z}_m \rangle] \mathbf{z}_m$, $j = 1, 2, ..., p$에 관해 직교화한다.

3. 적합된 벡터 $\{\hat{\mathbf{y}}^{(m)}\}_1^p$의 시퀀스를 내놓는다. $\{\mathbf{z}_\ell\}_1^m$가 원본 $\mathbf{x}_j$ 내에서 선형이므로, $\hat{\mathbf{y}}^{(m)} = \mathbf{X}\hat{\beta}^{pls}(m)$ 또한 그러하다. 이들 선형계수는 PLS 변환의 시퀀스로부터 찾을 수 있다.

---

5 $\mathbf{x}_j$가 표준화돼 있으므로 (무의미한 상수와 무관하게) 첫 번째 방향 $\hat{\varphi}_{1j}$은 일변량 회귀계수다. 후속 방향의 경우 이렇지 않다.

전립선암 예제에서, 교차 검증은 그림 3.7에서 $M = 2$ PLS 방향을 선택했다. 이는 표 3.3의 가장 오른쪽에 주어진 열로 모델을 만들어낸다.

어떠한 최적화 문제가 부분최소제곱 해를 가질까? 이는 방향을 구축하는 데 반응 $\mathbf{y}$를 사용하므로, 이 해의 경로는 $\mathbf{y}$의 비선형함수다. 부분최소제곱은 고분산 그리고 반응변수와 높은 상관계수를 가지는 방향을 찾는다는 것을 보이는 것이 가능하다(연습 3.15). 반대로 주성분회귀는 오직 고분산만을 맞춘다(Stone and Brooks, 1990; Frank and Friedman, 1993). 특히 m번째 주성분방향 v_m은 다음을 푼다.

$$\max_\alpha \text{Var}(\mathbf{X}\alpha) \tag{3.63}$$
$$\text{subject to } ||\alpha|| = 1, \ \alpha^T \mathbf{S} v_\ell = 0, \ \ell = 1, \ldots, m-1$$

여기서 $\mathbf{S}$는 $\mathbf{x}_j$의 표본 공분산 행렬이다. 조건 $\alpha^T \mathbf{S} v_\ell = 0$는 $\mathbf{z}_m = \mathbf{X}\alpha$이 모든 이전의 선형 조합 $\mathbf{z}_\ell = \mathbf{X} v_\ell$과 무상관임을 보장한다. m번째 PLS 방향 $\hat{\varphi}_m$은 다음을 푼다.

$$\max_\alpha \text{Corr}^2(\mathbf{y}, \mathbf{X}\alpha)\text{Var}(\mathbf{X}\alpha) \tag{3.64}$$
$$\text{subject to } ||\alpha|| = 1, \ \alpha^T \mathbf{S}\hat{\varphi}_\ell = 0, \ \ell = 1, \ldots, m-1$$

추가적 분석을 통해 분산 측면이 압도하는 경향이 있으며, 따라서 부분최소제곱이 릿지회귀 및 주성분회귀와 같이 행동함을 드러낼 수 있다. 다음 절에서 이에 관해 추가로 논의한다.

만일 입력행렬 $\mathbf{X}$가 직교라면, 부분최소제곱은 $m = 1$단계 후에 최소제곱추정 값을 찾는다. 뒤따르는 단계는 $\hat{\varphi}_{mj}$가 $m > 1$에 관해 0이므로 영향이 없다. 이는 또한 $m = 1, 2, \ldots, p$에 관한 일련의 PLS 계수가 최소제곱 해를 계산하기 위한 일련의 켤레 기울기conjugate gradient sequence를 나타내는 것으로 볼 수 있다(연습 3.18).

3.6 논의: 선택법과 수축법 비교

위에서 설명한 서로 다른 방법 사이의 관계를 잘 이해할 수 있도록 해주는 더 단순한 설정이 있다. 상관관계가 있는 두 입력 X_1과 X_2이 있으며 상관계수가 ρ인 예제를 고려해보자. 실제 회귀계수는 $\beta_1 = 4$ 그리고 $\beta_2 = 2$라 가정하자. 그림 3.18은 서로 다른 방법의 매개변수가 변함에 따른 계수의 프로파일을 보여준다. 위쪽 패널은 $\rho = 0.5$이며, 아래쪽 패널은 $\rho = -0.5$이다. 릿지와 라쏘의 조정 매개변수는 연속적인 범위에 따라 달라지며, 최적 선택, PLS, PCR은 단지 두 번의 이산적인 단계로 최소제곱 해에 도달한다. 위쪽 패널에서 릿지회귀는 원점에서 시작해 최소제곱으로 수렴할 때까지 계수를 같이 수축시킨다. PLS와 PCR은 릿지와 유사한 움직임을 보이지만, 이산적이며 더 극단적이다. 최적선택은 해를 지나친 뒤 되돌아온다. 라쏘의 움직임은 다른 방법의 중간 정도다. 상관계수가 음수이면(아래 패널), PLS와 PCR은 또 다시 대략적으로 릿지 경로를 따르는 한편, 모든 방법이 서로 더 유사하다.

이들 각기 다른 방법의 수축 움직임을 비교하면 흥미롭다. 릿지회귀는 모든 방향으로 수축시키면, 저분산 방향으로 더욱 수축시킨다는 점을 상기하라. 주성분회귀는 M개의 고분산 방향을 남겨두고 나머지는 버린다. 흥미롭게도 부분최소제곱 또한 저분산 방향으로 수축하는 경향이 있지만, 실제로 고분산 방향의 일부를 부풀리는 것임을 보일 수 있다. 이는 PLS를 약간 불안정하게 만들며, 릿지회귀와 비교해 약간 더 높은 예측오차를 가지도록 만든다. 연구 전체는 프랭크와 프리드먼(Frank and Friedman, 1993)으로부터 얻을 수 있다. 이들 저자는 예측오차를 줄이는 데 릿지회귀가 일반적으로 부분집합 선택, 주성분회귀 및 부분최소제곱보다 선호된다고 결론을 내린다. 그러나 릿지가 후자의 두 방법보다는 약간 개선됐을 뿐이다.

요약하자면 PLS, PCR 및 릿지회귀는 유사하게 움직인다. 릿지회귀는 이산적인 단계보다는 부드럽게 수축시키기 때문에 더 선호될 수도 있다. 라쏘는 릿지회귀와 최량 부분집합 회귀 중간 어딘가에 속하며, 각각의 속성 일부를 향유한다.

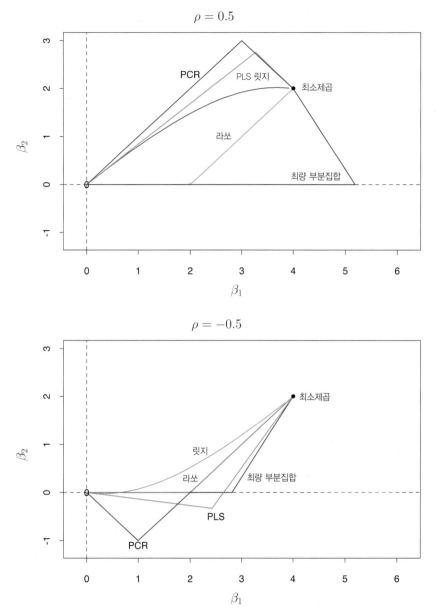

그림 3.18 간단한 문제를 위한 서로 다른 방법의 계수 프로파일. 두 입력은 상관계수 ±0.5를 가지며 실제 회귀계수는 $\beta = (4,2)$이다.

3.7 다중 결과 수축 및 선택

3.2.4절에서 언급했듯이 다중-출력 선형 모델의 최소제곱추정은 단순히 각 출력을 위한 개별적인 최소제곱추정일 뿐이다.

다중 출력의 경우에서 선택 및 수축법을 적용하려면, 각 결과에 일변량 기술을 개별적으로 적용하거나 모든 결과에 동시적으로 적용할 수 있다. 예를 들면 릿지 회귀로는 어쩌면 서로 다른 매개변수 λ를 사용하거나 아니면 모든 열에 같은 값 λ를 사용해 (3.44) 공식을 결과 행렬 Y의 각각의 K 행렬에 적용할 수 있다. 앞의 전략은 서로 다른 결과에 서로 다른 양의 정칙화가 적용되도록 할 수 있지만, k개의 개별적인 정칙화 매개변수 $\lambda_1, ..., \lambda_k$의 추정을 필요로 한다. 한편 후자는 유일한 정칙화 매개변수 λ를 추정하는 데 모든 K 출력이 사용되도록 허용할 것이다.

서로 다른 반응 내 상관관계를 활용하는 다른 더 정교한 수축 및 선택 전략이 다중 출력의 경우에 도움이 될 수도 있다. 예를 들어 출력 중에서 다음이 있다고 해보자.

$$Y_k = f(X) + \varepsilon_k \tag{3.65}$$

$$Y_\ell = f(X) + \varepsilon_\ell \tag{3.66}$$

즉 (3.65)와 (3.66)은 그들의 모델 내에서 동일한 구조적 부분 $f(X)$을 공유한다. 이 경우 공통된 f를 추정하는 데 Y_k와 Y_t에 있는 관측치를 모아야 한다는 것이 분명하다.

반응을 조합하는 것은 다중 출력 경우를 위해 개발된 데이터 축소 기술인 정준상관분석CCA, canonical correlation analysis의 핵심이다. CCA는 PCA와 유사하게 $\mathbf{x}_j$의 상관성이 없는 일련의 선형 조합 $\mathbf{X}v_m$, $m = 1, ..., M$을 찾은 뒤, 이에 해당하는 반응 $\mathbf{y}_k$의 상관성이 없는 일련의 선형 조합 Yum을 찾는다. 이때 다음의 상관계수가 연속적으로 최대화되도록 한다.

$$\text{Corr}^2(\mathbf{Y}u_m, \mathbf{X}v_m) \tag{3.67}$$

최대 $M = \min(K, p)$개 방향이 발견될 수 있음을 주지하라. 주된 정준반응변량canonical response variates은 $\mathbf{x}_j$으로 가장 잘 추정된 선형 조합(유도된 반응)이다. 반대로 뒤따르는 정준변량은 $\mathbf{x}_j$에 의해 나쁘게 추정될 수 있으며, 버려질 수 있는 후보가 된다. CCA 해는 표본 교차-공분산행렬 $\mathbf{Y}^T\mathbf{X}/N$($\mathbf{Y}$와 $\mathbf{X}$가 중심화돼 있다고 가정한다. 연습 3.20)의 일반 SVD를 사용해 계산한다. 축소된 랭크 회귀Reduced-rank regression(Izenman, 1975; van der Merwe and Zidek, 1980)은 명시적으로 정보를 모으는 회귀모델 측면에서 이러한 접근법을 형식화한다. 오차 공분산 $Cov(\varepsilon) = \Sigma$이 주어졌을 때 다음의 제약된 다변량 회귀문제를 푼다.

$$\hat{\mathbf{B}}^{\mathrm{rr}}(m) = \underset{\mathrm{rank}(\mathbf{B})=m}{\mathrm{argmin}} \sum_{i=1}^{N} (y_i - \mathbf{B}^T x_i)^T \mathbf{\Sigma}^{-1} (y_i - \mathbf{B}^T x_i) \tag{3.68}$$

Σ를 추정값 $\mathbf{Y}^T\mathbf{Y}/N$로 바꾸면, 해가 $\mathbf{Y}$와 $\mathbf{X}$의 CCA로 주어짐을 보일 수 있다(연습 3.21).

$$\hat{\mathbf{B}}^{\mathrm{rr}}(m) = \hat{\mathbf{B}}\mathbf{U}_m\mathbf{U}_m^{-} \tag{3.69}$$

이때 $\mathbf{U}_m$은 첫 번째 m개 열을 구성하는 $\mathbf{U}$의 $K \times m$ 부분행렬이며, $\mathbf{U}$는 왼쪽left 정준벡터 u_1, u_2, ..., u_M의 $K \times M$ 행렬이다. $\mathbf{U}_{\bar{m}}$은 일반화된 역행렬이다. 해는 다음과 같이 쓸 수 있다.

$$\hat{\mathbf{B}}^{\mathrm{rr}}(M) = (\mathbf{X}^T\mathbf{X})^{-1}\mathbf{X}^T(\mathbf{Y}\mathbf{U}_m)\mathbf{U}_m^{-} \tag{3.70}$$

축소된-랭크 행렬이 모아진 반응 행렬 $\mathbf{Y}\mathbf{U}_m$에 선형회귀를 수행하며, 계수를 (그리고 적합 또한) 원본 반응 공간으로 다시 매핑시킴을 볼 수 있다. 축소된 랭크 적합은 다음과 같이 주어진다.

$$\begin{aligned} \hat{\mathbf{Y}}^{\mathrm{rr}}(m) &= \mathbf{X}(\mathbf{X}^T\mathbf{X})^{-1}\mathbf{X}^T\mathbf{Y}\mathbf{U}_m\mathbf{U}_m^{-} \\ &= \mathbf{H}\mathbf{Y}\mathbf{P}_m \end{aligned} \tag{3.71}$$

여기서 $\mathbf{H}$는 보통의 선형회귀 사영 연산자이며, $\mathbf{P}_m$은 랭크-m CCA 반응 사영 연산자다. Σ의 더 나은 추정값은 $(\mathbf{Y} - \mathbf{X}\hat{\mathbf{B}})^T(\mathbf{Y} - \mathbf{X}\hat{\mathbf{B}})/(N - pK)$일 수 있겠지만, 해가 결국 같다는 것을 보일 수 있다(연습 3.22).

축소된-랭크 회귀는 CCA를 잘라내 반응 사이의 힘을 빌려온다. 브레이먼과 프리드먼(Breiman and Friedman, 1997)은 $\mathbf{X}$와 $\mathbf{Y}$ 사이의 정준변량을 일부 성공적으로 수축시키는 것을 탐구했으며, 이는 축소된 랭크 회귀reduced rank regression의 더 평활적인 버전이다. 이들의 제안은 다음의 형태를 띤다((3.69)와 비교해보라).

$$\hat{\mathbf{B}}^{\mathrm{c+w}} = \hat{\mathbf{B}}\mathbf{U}\mathbf{\Lambda}\mathbf{U}^{-1} \tag{3.72}$$

여기서 **Λ**는 대각 수축 행렬이다("c+w"는 "응유(凝乳)와 유장(乳漿)Curds and Whey"을 뜻하며, 이들이 과정에 붙인 이름이다). 이들은 모집단 설정 내 최적 예측에 기반해, **Λ**가 대각 요소를 가짐을 보인다.

$$\lambda_m = \frac{c_m^2}{c_m^2 + \frac{p}{N}(1 - c_m^2)}, \quad m = 1, \ldots, M \tag{3.73}$$

여기서 c_m은 m번째 정준 상관계수다. 입력변수의 개수 대 표본 수의 비율 p/N이 작아짐에 따라 수축 인자가 1에 접근함을 주지하라. 브레이먼과 프리드먼(1997)은 훈련 데이터 및 교차 검증에 기반한 수정된 버전의 **Λ**를 제안했지만, 일반적 형태는 같다. 여기서 적합된 반응은 다음의 형태를 가진다.

$$\hat{\mathbf{Y}}^{c+w} = \mathbf{HYS}^{c+w} \tag{3.74}$$

이때 $\mathbf{S}^{c+w} = \mathbf{U\Lambda U}^{-1}$이 반응 수축 연산자다.

브레이먼과 프리드먼(1997) 또한 Y 공간과 X 공간 모두 수축시키는 것을 제안했다. 이는 다음 형태의 하이브리드 수축 모델을 이끌어낸다.

$$\hat{\mathbf{Y}}^{\text{ridge},c+w} = \mathbf{A}_\lambda \mathbf{YS}^{c+w} \tag{3.75}$$

여기서 $\mathbf{A}_\lambda = \mathbf{X}(\mathbf{X}^T\mathbf{X} + \lambda\mathbf{I})^{-1}\mathbf{X}^T$는 (3.46)와 같은 릿지회귀 수축 연산자다. 이들의 논문과 논의는 더 많은 자세한 내용을 담고 있다.

3.8 라쏘 및 관련된 경로 알고리즘에 관한 추가 내용

LAR 알고리즘(Efron et al., 2004)의 발표 이후로 다양한 서로 다른 문제를 위한 정칙화 경로를 적합시키는 알고리즘을 개발하는 데 많은 활동이 있어 왔다. 게다가 L1 정칙화 그 자체가 걷잡을 수 없이 많아지면서, 신호-처리 학계에서 압축 센싱compressed sensing이라는 분야의 개발로 이어지고 있다(Donoho, 2006a; Candes, 2006). 이 절에서는 LAR 알고리즘의 전조에서 시작해 몇몇 관련된 제안과 또다른 경로 알고리즘을 논의한다.

3.8.1 증가적 전진 스테이지별 회귀

여기서는 또다른 LAR과 같은 알고리즘을 제시한다. 이번에는 전진 스테이지별 회귀에 집중한다. 흥미롭게도 유연한 비선형회귀 절차(부스팅)을 이해하려 노력하면 선형 모델을 위한 새로운 알고리즘^{LAR}으로 향하게 된다.

알고리즘 3.4 증가적 전신 스테이지별 회귀 - FSϵ.

1. $\mathbf{y}$와 같은 잔차 $\mathbf{r}$ 및 $\beta_1, \beta_2, ..., \beta_p = 0$로 시작한다 모든 예측변수는 평균이 1이고 유닛 노름으로 표준화한다.

2. $\mathbf{r}$과 가장 상관관계가 높은 예측변수 $\mathbf{x}_j$를 찾는다.

3. $\beta_j \leftarrow \beta_j + \beta_j$를 업데이트한다. 이때 $\delta_j = \epsilon \cdot \text{sign}[\langle \mathbf{x}_j, \mathbf{r} \rangle]$이고 $\epsilon > 0$는 작은 단계 크기이며, $\mathbf{r} \leftarrow \mathbf{r} - \delta_j \mathbf{x}_j$로 둔다.

4. 잔차가 모든 예측변수와 상관관계가 없을 때까지 2와 3단계를 여러 번 반복한다.

우리의 동료 브래드 에프론$^{Brad\ Efron}$은 이 책의 첫 번째 판과 16장[6]의 전진-스테이지별 알고리즘 16.1을 읽으면서, 선형 모델로 그림 3.10의 조각별-선형 라쏘 경로를 명시적으로 구축할 수 있음을 알게 됐다. 이는 그로 하여금 3.4.4절의 LAR 절차는 물론 여기서 보여주는 전진-스테이지별 회귀의 증가적 버전을 제안하도록 만들었다.

---

6 첫 번째 판에서 이는 10장 알고리즘 10.4였다.

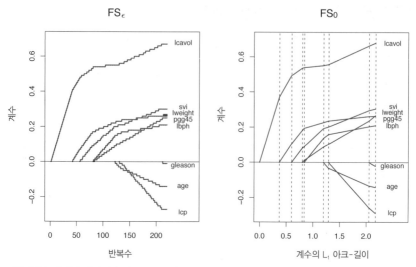

그림 3.19 전립선 데이터의 계수 프로파일. 왼쪽 패널은 단계 크기가 $\epsilon = 0.01$인 증가적 전진 스테이지별 회귀를 보여준다. 오른쪽 패널은 $\epsilon \to 0$로 만들어 얻은 무한소 버전이다. 이 프로파일은 LAR 알고리즘 3.2에 수정 3.2b를 적용해 적합시켰다. 이 예제에서 FS_0 프로파일이 단조이며, 따라서 라쏘 및 LAR의 것과 동일하다.

16.1절 내 전진-스테이지별 부스팅 알고리즘 16.1의 선형회귀 버전을 고려해보자. 이는 현재 잔차와 가장 상관성이 높은 변수의 계수를 반복적으로 갱신함으로써 (작은 양의 ϵ로) 계수 프로파일을 만들어낸다. 알고리즘 3.4가 자세한 내용을 전달해준다. 그림 3.19(왼쪽 패널)은 단계 크기 $\epsilon = 0.01$로 전립선 데이터에 관한 알고리즘의 경과를 보여준다. 만일 $\delta_j = \langle \mathbf{x}_j, \mathbf{r} \rangle$이면(j번째 예측변수에 관한 잔차의 최소제곱 계수) 이는 3.3.3절에서 개요를 보여준 보통의 전진 스테이지별 과정FS, forward stagewise procedure와 정확히 같다.

여기서는 ϵ의 작은 값에 주로 관심을 가지게 된다. $\epsilon \to 0$으로 두면 그림 3.19의 왼쪽 패널과 같은 그림을 만들어내며, 이 경우 그림 3.10에서의 라쏘 경로와 동일하다. 이러한 제한된 절차를 무한소 전진 스테이지별 회귀infinitesimal forward stagewise regression 혹은 FS_0라고 부른다. 이러한 과정은 부스팅과 같은 비선형의 적응적 방법에서 중요한 역할을 하며, 이론적 분석에서 가장 수용적인 증가적 전진 스테이지별 회귀의 버전이다. 뷜만과 호손(Bühlmann and Hothorn, 2007)은 "L2boost"란 동일한 과정을 언급하는데, 바로 부스팅과의 관련성 때문이다.

에프론은 본래 LAR 알고리즘 3.2가 각 묶여진 예측변수가 상관계수로 묶여진 채로 그들의 계수를 균형된 방식으로 업데이트할 수 있도록 하는 기회를 허용하는 FS$_0$의 구현이라고 생각했다. 그러나 그는 그 뒤 묶여진 예측변수에서의 LAR 최소제곱 적합이 계수로 하여금 그들의 상관계수와 반대opposite 방향으로 움직이는 결과를 야기할 수도 있음을 알아냈다. 이러한 결과는 알고리즘 3.4에서는 벌어지지 못한다. 다음 수정된 LAR 알고리즘은 FS$_0$를 구현한다.

알고리즘 3.2b 최소각회귀: FS$_0$ 수정

4. 제약된 최소제곱 문제를 풀어 새로운 방향을 찾는다.

$$\min_b \|\mathbf{r} - \mathbf{X}_A b\|_2^2 \text{ subject to } b_j \text{sj} \geq 0, j \in \mathcal{A}$$

이때 s_j는 $\langle \mathbf{x}_j, \mathbf{r} \rangle$의 부호다.

이 수정은 비음수 최소제곱 적합이 되며, 계수의 부호가 이들의 상관계수의 것과 같도록 한다. 이것이 극대maximal 상관계수에 묶인 변수를 위한 무한소 "갱신 순서update turns"의 최적 균형을 달성함을 보이는 것이 가능하다(Hastie et al., 2007). 전체 FS$_0$ 경로는 라쏘와 같이 LAR 알고리즘을 통해 매우 효율적으로 계산할 수 있다.

이러한 결과에 따라 LAR의 프로파일이 그림 3.19처럼 단조 비증가 혹은 비감소라면, LAR, 라쏘, FS$_0$ 세 가지 모든 방법이 동일한 프로파일을 내어준다. 만일 프로파일이 단조가 아니지만 0축을 지나지 않는다면, LAR과 라쏘는 같다.

FS$_0$이 라쏘와 다르므로, 이것이 기준을 최적화하는지 묻는 것이 자연스럽다. 답은 라쏘보다 더 복잡하다는 것이다. FS$_0$ 계수 프로파일은 미분 방정식의 해다. 라쏘는 계수 벡터의 L_1-노름이 한 단위 증가할 때마다 잔차제곱합이 감소하는지 측면에서 최적 경과를 만들어내는 한편, FS$_0$는 계수 경로를 따라 이동하는 L_1-호 길이의 한 단위 최적 증가량이다. 그러므로 FS$_0$의 계수 경로는 방향을 너무 자주 바꾸지 않도록 부추겨진다.

FS$_0$는 라쏘보다 더 제약적이며, 사실 라쏘의 단조 버전이라고 볼 수 있다. 극단적인 예로 그림 16.3을 보라. FS$_0$는 $p \gg N$인 상황에서 유용할 수도 있으며, 이때 계수의 모습이 더 매끄러우므로 라쏘보다 분산이 낮다. FS$_0$에 관한 더 자세한 내용은 16.2.3절과 헤이스티 외((2007)에서 주어진다. 그림 3.16은 FS$_0$를 포함하며 이는 라쏘와 성능이 매우 유사하다.

3.8.2 조각별-선형 경로 알고리즘

최소각회귀 과정은 라쏘 해 경로의 조각별 선형 특성을 활용한다. 이는 다른 정칙화 문제를 위한 유사한 "경로 알고리즘"을 이끌어낸다. 다음을 푼다고 해보자.

$$\hat{\beta}(\lambda) = \text{argmin}_\beta \left[R(\beta) + \lambda J(\beta) \right] \tag{3.76}$$

다음으로 푼다.

$$R(\beta) = \sum_{i=1}^{N} L(y_i, \beta_0 + \sum_{j=1}^{p} x_{ij}\beta_j) \tag{3.77}$$

이때 손실함수 L과 벌점함수 J 모두 볼록하다. 그러면 다음은 해 경로 $\hat{\beta}(\lambda)$가 조각별 선형이 되는 충분조건이다(Rosset and Zhu, 2007).

1. R이 β의 함수로, 이차함수이거나 조각별 이차함수이며,
2. J는 β에서 조각별 선형이다.

이는 또한 해 경로가 효율적으로 연산될 수 있음을 (원칙적으로) 뜻한다. 예시는 제곱오차손실과 절대오차손실, "후버화Huberized" 손실 그리고 β에 관한 L_1, L_∞ 벌점을 포함한다. 다른 예시로는 "힌지 손실hinge loss" 함수가 있으며 서포트벡터머신에서 쓰이고, 거기서 손실은 조각별 선형이며, 벌점은 이차함수다. 흥미롭게도 이는 쌍대공간dual space에서의 조각별-선형 경로 알고리즘이 된다. 더 자세한 내용은 12.3.5절에서 볼 수 있다.

3.8.3 댄치그 선택자

캉데와 타오(Candes & Tao, 2007)는 다음 기준을 제안했다.

$$\min_\beta ||\beta||_1 \text{ subject to } ||\mathbf{X}^T(\mathbf{y} - \mathbf{X}\beta)||_\infty \le s \tag{3.78}$$

이들은 해를 댄치그 선택자DS, Dantzig selector라 부른다. 이는 동등하게 다음과 같이 쓸 수 있다.

$$\min_\beta ||\mathbf{X}^T(\mathbf{y} - \mathbf{X}\beta)||_\infty \text{ subject to } ||\beta||_1 \le t \tag{3.79}$$

여기서 $\|\cdot\|_\infty$는 L_∞ 노름을 뜻하며, 이는 벡터의 성분의 최대 절댓값이다. 이러한 형식에서 이는 제곱오차손실을 이것의 기울기의 최대절댓값으로 바꾼 라쏘와 닮았다. t가 커짐에 따라, 만일 $N > p$라면 두 과정 모두 최소제곱 해를 내놓음을 주지하라. 만일 $p \geq N$이라면, 이들 둘 다 최소 L_1 노름으로 최소제곱해를 내놓는다. 그러나 t의 값이 작을수록 DS 과정은 라쏘와 다른 경로의 해를 만들어낸다.

캉데와 타오(2007)는 DS에 관한 해가 선형 프로그래밍 문제임을 보였다. 따라서 선형 프로그래밍을 위한 심플렉스법을 창안한 조지 댄치그[George Dantzig]를 기리기 위해 이름을 댄치그 선택자로 지었다. 이들은 또한 이 방법을 위한 몇 가지 흥미로운 하부의 회박 계수 벡터를 복구하는 능력과 관련된 수학적 속성을 증명한다. 이러한 동일한 속성은 나중에 비커 외(Bickel et al., 2008)에 의해 라쏘에서도 유지됨이 밝혀졌다.

안타깝게도 DS 방법의 동작 속성은 다소 불만족스럽다. 이 방법은 특히 라쏘의 정상성 조건 (3.58)을 보면 라쏘와 내재적으로 비슷해 보인다. 라쏘는 LAR 알고리즘처럼 활성 집합 내 모든 변수에 관한 현재 잔차와 동일한 내적(그리고 상관관계도)을 유지하며, 그리고 최적적으로 잔차제곱합을 줄이도록 그들의 계수를 이동시킨다. 이 과정에서 이러한 공통된 상관성이 단조적으로 감소하며(연습 3.23), 이 상관성은 언제나 비활성 변수의 것보다 크다. 댄치그 선택자는 대신에 모든 예측변수로 현재 잔차의 최대 내적을 최소화하려 한다. 따라서 라쏘보다 더 작은 최대화를 달성할 수 있지만, 이 과정에서는 희한한 현상이 발생할 수 있다. 활성집합의 크기가 m이라면, 최대 상관성과 묶인 변수들이 m개 있을 것이다. 하지만 이들이 활성집합과 일치할 필요는 없다! 그러므로 현재의 잔차와의 상관계수가 제외된 변수보다 더 작은 변수가 모델에 포함될 수 있다(Efron et al., 2007). 이는 이치에 맞지 않아 보이며 어쩌면 때때로 하등한 예측 정확도의 원인일 수 있다. 에프론 외(2007)는 또한 정칙화 매개변수 s가 변함에 따라 DS가 극단적으로 변덕스러운 계수 경로를 내놓을 수 있음을 보였다.

3.8.4 그룹화 라쏘

몇몇 문제에서는 예측변수가 사전 정의된 그룹에 포함된다. 예를 들면 동일한 생물학적 경로에 포함되는 유전자나 아니면 범주형 예측변수의 수준을 나타내기 위한 지시자(더미) 변수의 모음이 그렇다. 이러한 상황에서 그룹의 구성원을 함께 수축시키고 선택하는 것이 더 나을 수도 있다. 그룹화 라쏘The grouped lasso는 이러한 것을 달성하는 한 가지 방법이다. p개 예측변수가 L 그룹으로 나눠지며, 그룹 ℓ에 p_ℓ개가 있다고 해보자. 쉬운 표기법을 위해 ℓ번째 그룹에 해당하는 예측변수를 표현하기 위해 행렬 $\mathbf{X}_\ell$을 사용하며, 이에 관한 계수 벡터는 β_ℓ이다. 그룹화-라쏘는 볼록 기준을 최소화한다.

$$\min_{\beta \in \mathbb{R}^p} \left(||\mathbf{y} - \beta_0 \mathbf{1} - \sum_{\ell=1}^{L} \mathbf{X}_\ell \beta_\ell||_2^2 + \lambda \sum_{\ell=1}^{L} \sqrt{p_\ell} ||\beta_\ell||_2 \right) \tag{3.80}$$

이때 $\sqrt{p_\ell}$ 항은 변하는 그룹 크기에 해당하며, $||\cdot||_2$는 (제곱된 것이 아닌) 유클리드 노름이다. 벡터 β_ℓ의 유클리드 노름은 모든 구성 요소가 영일 때만 영이므로, 이 과정은 그룹 및 개별적 수준 모두에서 희박성을 조장한다. 즉 λ의 몇몇 값에 관해 예측변수의 한 그룹 전체가 모델에서 떨어져 나올 수 있다. 이 과정은 바킨(Bakin, 1999) 및 린과 장(Lin and Zhang, 2006)이 제안했으며, 유안과 린(2007)이 연구하고 일반화했다. 일반화에서는 더 일반적인 L_2 노름 $||\eta||_K = (\eta^T K \eta)^{1/2}$을 포함함은 물론, 예측변수 그룹의 중복을 허용한다(Zhao et al., 2008). 또한 희박 가법 모델 적합을 위한 방법과 관련성이 있다(Lin and Zhang, 2006; Ravikumar et al., 2008).

3.8.5 라쏘의 추가적인 속성

다수의 저자가 N과 p가 증가함에 따른 올바른 모델을 밝혀내기 위해 라쏘의 능력 및 관련된 과정을 연구해왔다. 이러한 작업의 예시로는 나이트와 후(Knight and Fu, 2000), 그린스테인과 리토브(Greenshtein and Ritov, 2004), 트롭(Tropp, 2004), 도노호(Donoho, 2006b), 마인스하우젠(Meinshausen, 2007), 마인스하우젠과 뷜만(Meinshausen and Bühlmann, 2006), 트롭(Tropp, 2006), 자오와 유(Zhao and Yu, 2006), 와인라이트(Wainwright, 2006), 버니아 외(Bunea et al., 2007) 등이 있다. 예를 들어 도노호(2006b)는 $p > N$ 경우에 집중하며 경계 t가 커짐에 따른 라쏘 해를 고려한다. 이는 한도 내에서 영 훈련오차를 가지는 모든 모델 사이에서 최소 L_1 노름을 가지는 해를 내어준다. 도노호는 모델 행렬 $\mathbf{X}$에 관한 특정 가정 하에서, 참인 모델이 희박하다면, 이 해가 높은 확률로 올바른 예측변수를 식별한다는 것을 보여준다.

이 분야의 많은 결과가 모델 행렬의 형태에 관한 조건을 가정한다.

$$\max_{j \in \mathcal{S}^c} ||\mathbf{x}_j^T \mathbf{X}_{\mathcal{S}} (\mathbf{X}_{\mathcal{S}}^T \mathbf{X}_{\mathcal{S}})^{-1}||_1 \leq (1 - \epsilon) \text{ for some } \epsilon \in (0, 1] \tag{3.81}$$

여기서 $\mathcal{S}$는 참인 잠재적 모델 내 영이 아닌 계수를 가지는 특성의 부분집합을 인덱싱하며, $\mathbf{X}_{\mathcal{S}}$는 이들 특성에 해당하는 $\mathbf{X}$의 열이다. 유사하게 $\mathcal{S}^c$는 값이 영인 참인 계수를 가지는 특성이며, $\mathbf{X}_{\mathcal{S}^c}$는 이에 해당하는 열이다. 이는 $\mathbf{X}_{\mathcal{S}}$에 관한 $\mathbf{X}_{\mathcal{S}^c}$의 열의 최소제곱 계수가 너무 크지 않다고, 즉 "좋은good" 변수들 $\mathcal{S}$는 장애 변수 nuisance variables $\mathcal{S}^c$와 너무 높은 상관성을 갖지 않음을 말해준다.

계수 자체를 고려하면, 라쏘 수축은 영이 아닌 계수의 추정값이 영의 편향성을 가지도록 야기하며, 일반적으로 이들은 일관적이지 못하다.[7] 이러한 편향을 줄이는 한 가지 접근법은 영이 아닌 계수를 식별하도록 라쏘를 실행한 뒤, 선택된 특성 집합에 비제약적인 선형 모형을 적합시키는 것이다. 이는 선택된 집합이 크다면 언제나 가능한 것은 아니다. 아니면 예측변수의 영이 아닌 집합을 선택하는 데 라쏘를 사용한 뒤, 첫 번째 단계에서부터 선택한 예측변수만을 사용해 라쏘를 다시 적용할 수도 있다. 이는 완화된 라쏘relaxed lasso라 부른다(Meinshausen, 2007). 이 개념은 라쏘를 위한 초기 벌점 매개변수를 추정하기 위해 교차 검증을 사용한 뒤, 선택된 예측변수에 적용된 두 번째 벌점 매개변수를 위해 또 다시 이를 적용하는 것이다. 두 번째 단계에서의 변수가 잡음 변수보다 덜 "경쟁적이므로" 교차 검증이 더 작은 λ를 고르는 경향이 있으며, 따라서 이들의 계수는 초기 예측값의 것보다 덜 수축될 것이다.

아니면, 라쏘 벌점 함수를 수정해 더 큰 계수가 덜 심하게 수축되도록 할 수도 있다. 판과 리(Fan and Li, 2005)의 평활적으로 잘려진 절대 편차SCAD, smoothly clipped absolute deviation는 $\lambda|\beta|$를 $J_a(\beta, \lambda)$로 바꿔 넣는데,

$$\frac{dJ_a(\beta, \lambda)}{d\beta} = \lambda \cdot \text{sign}(\beta) \left[I(|\beta| \leq \lambda) + \frac{(a\lambda - |\beta|)_+}{(a-1)\lambda} I(|\beta| > \lambda) \right] \tag{3.82}$$

이때 어떠한 a에 관해 $a \geq 2$이다. 각괄호 안의 두 번째 항은 더 큰 β에 관해 라쏘에서의 수축의 양을 줄이며, $a \to \infty$이면 궁극적으로 수축이 없게 된다. 다음에 나올 그림 3.20은 라쏘 및 $|\beta|^{1-\nu}$와 함께 SCAD 벌점을 보여준다. 그러나 이 기준은 비볼록이며, 연산을 훨씬 어렵게 하므로 약점이 된다. 적응적adaptive 라쏘(Zou, 2006)는 $\sum_{j=1}^p w_j |\beta_j|$ 형태의 가중 벌점을 사용하며, 이때 $w_j = 1/|\hat{\beta}_j|^\nu$이고, $\hat{\beta}_j$는 보

---

7 통계적 일관성은 표본 크기가 증가함에 따라 추정값이 참 값으로 수렴함을 뜻한다.

통의 최소제곱추정값이며 $\nu > 0$이다. 이는 3.4.3절에서 논의한 $\beta|^q$ 벌점(여기서는 $q = 1 - \nu$)에 관한 실제적인 근사다. 적응적 라쏘는 라쏘의 매력적인 볼록성 속성은 유지하면서 매개변수의 일관적인 추정값을 내놓는다.

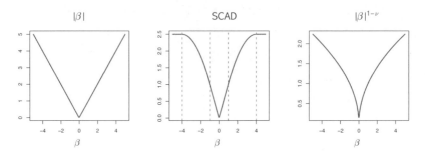

그림 3.20 라쏘 그리고 큰 계수에 벌점을 덜 주기위해 디자인된 대안적인 비볼록 벌점들. SCAD에서 $\lambda = 1$, $a = 4$, 그리고 마지막 패널에서는 $\nu = 1/2$를 사용했다.

3.8.6 경로별 좌표 최적화

라쏘 해를 계산하기 위한 LARS 알고리즘의 대안적 접근법으로는 단순한 좌표 하강coordinate descen이 있다. 이 개념은 푸(Fu, 1998) 그리고 도브시 외(Daubechies et al., 2004) 등이 제안했으며, 나중에 프리드먼 외(Friedman et al., 2007), 우와 랑에 (Wu and Lange, 2008) 등이 연구하고 일반화했다. 이 개념은 라그랑주 형식(3.52) 내의 벌점 매개변수 λ를 고정하고 각 매개변수에 걸쳐 연속적으로 최적화하면서 다른 매개변수들은 현재의 값으로 고정시키는 것이다.

모든 예측변수가 평균이 0이고 단위 노름으로 표준화돼 있다고 가정하자. 벌점 매개변수가 λ일 때 $\tilde{\beta}_k$의 현재 추정값을 $\tilde{\beta}_k(\lambda)$라 표기하자. β_j를 격리시키기 위해 (3.52)를 다시 정렬할 수 있다.

$$R(\tilde{\beta}(\lambda), \beta_j) = \frac{1}{2} \sum_{i=1}^{N} \left(y_i - \sum_{k \neq j} x_{ik} \tilde{\beta}_k(\lambda) - x_{ij} \beta_j \right)^2 + \lambda \sum_{k \neq j} |\tilde{\beta}_k(\lambda)| + \lambda |\beta_j|$$

(3.83)

이때 절편을 억누르고 있으며suppressed 편의를 위해 인자 $1/2$를 도입했다. 이는 반응 변수를 부분 잔차 $y_i - \tilde{y}_i^{(j)} = y_i - \sum_{k \neq j} x_{ik} \tilde{\beta}_k(\lambda)$로 가지는 일변량 라쏘 문제로 볼 수 있다. 이는 명시적인 해를 가지며, 업데이트할 때 다음의 결과가 된다.

$$\tilde{\beta}_j(\lambda) \leftarrow S\left(\sum_{i=1}^{N} x_{ij}(y_i - \tilde{y}_i^{(j)}), \lambda\right) \qquad (3.84)$$

여기서 $S(t, \lambda) = \text{sign}(t)(|t| - \lambda)_+$는 표 3.4에서의 연임계화soft-thresholding 연산자다. $S(\cdot)$의 첫 번째 인수는 표준화된 변수 x_{ij}에 관한 부분 잔차의 단순 최소제곱 계수다. 수렴할 때까지 각 변수를 순서대로 순환하면서 (3.84)를 반복하면 라쏘 추정값 $\hat{\beta}(\lambda)$를 내놓는다.

또한 이 단순한 알고리즘을 λ 값들의 격자에 관한 라쏘 해를 효율적으로 계산하는 데 사용할 수도 있다. $\hat{\beta}(\lambda_{max}) = 0$인 가장 작은 λ_{max}에서 시작하고, 이를 약간 줄이면서 수렴할 때까지 변수에 걸쳐 순환시킨다. 그러면 λ가 또다시 줄어들게 되며 이전 해를 λ의 새로운 값에 관한 "웜 스타트warm start"로 사용해 과정이 반복된다. 이는 LARS 알고리즘보다 빠를 수 있으며, 특히 큰 문제에서 그러하다. 이에 관한 속도의 핵심은 (3.84)에서의 양이 j가 변함에 따라 빠르게 갱신될 수 있으며, 갱신이 자주 될수록 $\tilde{\beta}_j = 0$로 만든다는 사실이다. 반면 이는 전체 해 경로보다는 λ 값의 격자에 관한 해를 가져다준다. 같은 종류의 알고리즘이 엘라스틱 넷, 그룹화 라쏘 및 벌점이 개별 매개변수의 함수의 합인 다른 많은 모델에 적용될 수 있다(Friedman et al., 2010). 이는 일부 상당한 수정을 거치면 퓨즈화fused 라쏘에도 적용할 수 있다(18.4.2절). 자세한 내용은 프리드먼 외(2007)가 다뤘다.

3.9 연산적 고려 사항

최소제곱 적합은 주로 $\mathbf{X}^T\mathbf{X}$의 촐레스키 분해나 $\mathbf{X}$의 QR 분해를 통해 해낸다. N개 관측치와 p개 변수에서 촐레스키 분해는 $p^3 + Np^2/2$의 연산을 필요로 하며, QR 분해는 Np^2 연산을 필요로 한다. N과 p의 상대적 크기에 따라 촐레스키가 때때로 더 빠를 수 있는 반면 수치적으로 덜 안정적일 수 있다(Lawson and Hansen, 1974). LAR 알고리즘을 통한 라쏘의 연산은 최소제곱 적합과 같은 순서의 계산을 한다.

참고문헌

선형회귀는 많은 통계학 책에서 다룬다. 예를 들면 세버(Seber, 1984), 웨이즈버그(Weisberg, 1980), 마르디아 외(Mardia et al., 1979)가 있다. 릿지회귀는 호어와 케너드(Hoerl and Kennard, 1970)가 소개했으며, 라쏘는 팁시라니(Tibshirani, 1996)가 제안했다. 같은 때쯤에 라쏘 형태 벌점이 신호 처리를 위한 기저 추적basis pursuit법에서 제안됐다(Chen et al., 1998). 최소각회귀 과정은 에프론 외(Efron et al., 2004)가 제안했다. 이와 관련한 과정으로는 오즈본 외(Osborne et al., 2000a) 그리고 오즈본 외(Osborne et al., 2000b)의 동위homotopy 과정이 더 앞선다. 이들의 알고리즘 또한 LAR/라쏘 알고리즘에서 쓰이는 조각별 선형성을 활용하지만, 투명성transparency이 없다. 전진 스테이지별 기준을 위한 기준은 헤이스티 외(Hastie et al., 2007)가 논의했다. 박과 헤이스티(Park and Hastie, 2007)는 일반화 회귀모델을 위한 최소각회귀와 유사한 경로 알고리즘을 개발한다. 부분최소제곱은 워드(Wold, 1975)가 소개했다. 수축법에 관한 비교는 코파스(Copas, 1983) 그리고 프랭크와 프리드먼(Frank and Friedman, 1993)에서 찾을 수 있다.

연습 문제

연습 3.1 모델로부터 하나의 계수를 버리기 위한 F 통계량(3.13)이 해당 z-점수(3.12)의 제곱과 같음을 보여라.

연습 3.2 두 변수 X와 Y의 데이터가 주어졌을 때, 삼차 다항회귀모델 $f(X) = \sum_{j=0}^{3} \beta_j X_j$를 고려해보라. 여러분은 적합된 곡선을 그리는 것에 더해서 곡선에 관해 95% 신뢰수준 범위를 선호한다. 다음 두 접근법을 고려해보라.

(a) 각 점 x_0에서 선형함수 $a^T \beta = \sum_{j=0}^{3} \beta_j x_0^j$을 위한 95% 신뢰구간을 구성하라.

(b) β를 위한 95% 신뢰 집합을 (3.15)와 같이 구성하라. 이는 이에 따라 $f(x_0)$를 위한 신뢰구간을 만들어낸다.

이들 접근법이 어떻게 다른가? 어떤 범위가 더 넓겠는가? 작은 시뮬레이션 실험을 수행해 이 두 방법을 비교하라.

연습 3.3 가우스-마코프 정리

(a) 가우스-마코프 정리를 증명하라: 매개변수 $a^T\beta$의 최소제곱추정값의 분산
은 $a^T\beta$의 다른 어떠한 선형 불편 추정값의 분산보다도 크지 않다(3.2.2절).

(b) 행렬 부등식 $\mathbf{B} \preceq \mathbf{A}$는 $\mathbf{A} - \mathbf{B}$가 양 반정치일 때 유지된다. $\hat{\mathbf{V}}$가 β의 최소
제곱추정값의 분산-공분산 행렬이고 $\tilde{\mathbf{V}}$는 어떠한 다른 선형 불편 추정값
의 분산-공분산 행렬일 때 $\hat{\mathbf{V}} \preceq \tilde{\mathbf{V}}$임을 보여라.

연습 3.4 최소제곱 계수의 벡터를 어떻게 그람-슈미트 과정의 단일 통과를 통해
얻을 수 있는지 보여라(알고리즘 3.1). 여러분의 해를 $\mathbf{X}$의 QR 분해 측면에서 나타
내라.

연습 3.5 릿지회귀 문제 (3.41)을 고려해보라. 이 문제가 다음 문제와 동등함을
보여라.

$$\hat{\beta}^c = \underset{\beta^c}{\operatorname{argmin}} \left\{ \sum_{i=1}^{N} \left[y_i - \beta_0^c - \sum_{j=1}^{p} (x_{ij} - \bar{x}_j)\beta_j^c \right]^2 + \lambda \sum_{j=1}^{p} \beta_j^{c\,2} \right\} \quad (3.85)$$

β^c와 (3.41) 내 원본 β와의 관련성을 보여라. 이러한 수정된 기준으로 해를 특징
화하라. 유사한 결과가 라쏘에서도 유지됨을 보여라.

연습 3.6 릿지회귀 추정값이 가우스 사전확률 $\beta \sim N(0, \tau\mathbf{I})$ 그리고 가우스 표집
모델 $\mathbf{y} \sim N(\mathbf{X}\beta, \sigma^2\mathbf{I})$하에서 사후 확률의 평균(그리고 최빈값)임을 보여라. 릿지
공식에서의 정칙화 매개변수 λ와 분산 τ 및 σ^2 사이의 관계를 찾아내라.

연습 3.7 $y_i \sim N(\beta_0 + x_i^T\beta, \sigma^2)$, $i = 1, 2, ..., N$와 매개변수 β_j, $j = 1, ..., p$가 각
각 서로 독립적으로 $N(0, \tau^2)$로 분포돼 있다고 가정하라. σ^2와 τ^2가 알려져 있
고, β_0가 사전확률에 의해 좌우되지 않는다고 (혹은 평탄한 부적절한 사전확률을 가진다
고) 가정했을 때, β의 (음의) 로그-사후 밀도가 $\lambda = \sigma^2/\tau^2$일 때 $\sum_{i=1}^{N}(y_i - \beta_0 - \sum_j$
$x_{ij}\beta_j)^2 + \lambda\sum_{j=1}^{p}\beta_j^2$에 비례함을 보여라.

연습 3.8 중심화되지 않은 $N \times (p + 1)$행렬 $\mathbf{X}$의 QR 분해 그리고 중심화된
$N \times p$ 행렬 $\tilde{\mathbf{X}}$의 SVD를 고려해보라. $\mathbf{Q}_2$가 첫 번째 열이 제거된 $\mathbf{Q}$의 부분 행렬
일 때, $\mathbf{Q}_2$와 $\mathbf{U}$가 같은 부분공간을 확장함을 보여라. 어떠한 상황에서, 부호의 바
뀜과 무관하게 이들이 같아지는가?

연습 3.9 전진 스텝별 회귀: 반응이 $\mathbf{y}$인 다중회귀 문제에서 $N \times q$ 행렬 $\mathbf{X}_1$에 관한 QR 분해가 있으며, 행렬 $\mathbf{X}_2$에 추가적인 $p - q$ 예측변수가 있다고 해보자. 현재의 잔차를 $\mathbf{r}$로 표기하라. 이들 추가적인 변수 중 무엇이 $\mathbf{X}_1$ 변수들에 추가됐을 때 잔차제곱합을 가장 크게 줄이는지 규명하고자 한다. 이를 위한 가장 효과적인 절차를 묘사하라.

연습 3.10 후진 스텝별 회귀: $\mathbf{X}$에 관한 $\mathbf{y}$의 다중회귀 적합과 함께 표준오차와 Z-점수가 표 3.2와 같이 있다고 해보자. 어떠한 변수가 버려졌을 때 잔차 최소제곱합을 가장 덜 증가하게 하는지 규명하고자 한다. 어떻게 하겠는가?

연습 3.11 다변량 선형회귀 문제 (3.40)의 해가 (3.39)로 주어짐을 보여라. 공분산 행렬 Σ_i가 각 관측치에 관해 다르다면 어떻게 되겠는가?

연습 3.12 릿지회귀 예측값을 덧붙여진 데이터 집합에 관한 일반 최소제곱회귀로 얻어낼 수 있음을 보여라. 중심화된 행렬 $\mathbf{X}$를 p개의 추가적인 행 $\sqrt{\lambda}\mathbf{I}$로, 그리고 $\mathbf{y}$를 p개의 영으로 덧붙인다. 반응 값이 영인 인공적인 데이터를 도입해, 적합 절차가 계수를 0으로 축소시키도록 강제한다. 이는 아부-모스타파(Abu-Mostafa, 1995)에 의한 힌트hint 개념과 관련이 있으며, 이때 모델 제약은 이들을 만족하는 인공 데이터 예제를 추가함으로써 구현한다.

연습 3.13 식 (3.62)를 유도하고 $\hat{\beta}^{\text{pcr}}(p) = \hat{\beta}^{\text{ls}}$임을 보여라.

연습 3.14 직교의 경우 PLS가 $m = 1$단계 후에 멈춤을 보여라. 이는 알고리즘 3.3의 2단계에서 뒤따르는 $\hat{\varphi}_{mj}$가 영이기 때문이다.

연습 3.15 식 (3.64)을 검증하고, 따라서 부분최소제곱 방향이 일반 회귀계수와 주성분 방향 사이의 타협점임을 보여라.

연습 3.16 직교인 경우의 추정량을 위한 명시적 형식을 표 3.4의 항목으로 유도하라.

연습 3.17 1장에서 논의한 스팸 데이터로 표 3.3의 분석을 반복하라.

연습 3.18 켤레기울기 알고리즘(예를 들면 머레이 외(1981))에 관해 읽고 이들 알고리즘과 부분 최소제곱 사이의 연관성에 관해 규명하라.

연습 3.19 조정 매개변수가 $\lambda \to 0$임에 따라 $\|\hat{\beta}^{\text{ridge}}\|$가 증가함을 보여라. 같은 속성이 라쏘와 부분최소제곱추정값에도 유지되는가? 후자의 경우 "조정 매개변수"

가 알고리즘 내에서의 연속적인 단계가 되도록 고려하라.

연습 3.20 정준-상관계수 문제 (3.67)을 고려하라. 정준 변량 u_1과 v_1의 선행 쌍[leading pair]이 일반 SVD 문제

$$\max_{\substack{u^T(\mathbf{Y}^T\mathbf{Y})u=1 \\ v_T(\mathbf{X}^T\mathbf{X})v=1}} u^T(\mathbf{Y}^T\mathbf{X})v \tag{3.86}$$

를 푼다는 것을 보여라. u_1^* 그리고 v_1^*가

$$(\mathbf{Y}^T\mathbf{Y})^{-\frac{1}{2}}(\mathbf{Y}^T\mathbf{X})(\mathbf{X}^T\mathbf{X})^{-\frac{1}{2}} = \mathbf{U}^*\mathbf{D}^*\mathbf{V}^{*T} \tag{3.87}$$

에서의 주된 왼쪽 그리고 오른쪽 비정칙 벡터일 때 해가 $u_1 = (\mathbf{Y}^T\mathbf{Y})^{-\frac{1}{2}}u_1^*$ 그리고 $v_1 = (\mathbf{X}^T\mathbf{X})^{-\frac{1}{2}}v_1^*$로 주어짐을 보여라.

전체 시퀀스 $u_m, v_m, m = 1, \ldots, \min(K, p)$ 또한 (3.97)에 의해 주어짐을 보여라.

연습 3.21 축소된 랭크 회귀 문제 (3.68)에서 Σ가 $\mathbf{Y}^T\mathbf{Y}/N$로 추정될 때 해가 (3.69)로 주어짐을 보여라. 힌트: $\mathbf{Y}$를 $\mathbf{Y}^* = \mathbf{Y}\Sigma^{-\frac{1}{2}}$로 변환하고, 정준 벡터 u_m^* 측면에서 풀었다. $\mathbf{U}_m = \Sigma^{-\frac{1}{2}}u_m^*$ 그리고 일반화된 역행렬이 $\mathbf{U}_{\bar{m}} = u_m^{*T}\Sigma^{\frac{1}{2}}$임을 보여라.

연습 3.22 연습 3.21에서 Σ가 더욱 자연적인 양 $(\mathbf{Y} - \mathbf{X}\hat{\mathbf{B}})^T(\mathbf{Y} - \mathbf{X}\hat{\mathbf{B}})/(N - pK)$를 통해 추정될 때, 연습 3.21의 해가 변하지 않음을 보여라.

연습 3.23 모든 변수와 반응이 평균이 0이고 표준편차가 1인 회귀 문제를 고려하라. 각 변수가 반응과 동일한 절대 상관관계를 가진다고 해보자.

$$\frac{1}{N}|\langle \mathbf{x}_j, \mathbf{y} \rangle| = \lambda, \; j = 1, \ldots, p$$

$\hat{\beta}$를 $\mathbf{X}$에 관한 $\mathbf{y}$의 최소제곱 계수라 하고, 모든 $\alpha \in [0, 1]$에 관해 $\mathbf{u}(\alpha) = \alpha\mathbf{X}\hat{\beta}$가 부분 α를 최소제곱 적합 $\mathbf{u}$를 향해 움직이는 벡터라 해보자. RSS는 완전최소제곱 적합으로부터의 잔차제곱합이라고 하자.

(a) 다음을 보여라.

$$\frac{1}{N}|\langle \mathbf{x}_j, \mathbf{y} - \mathbf{u}(\alpha) \rangle| = (1 - \alpha)\lambda, \; j = 1, \ldots, p$$

따라서 **u**를 향해 진행할 때마다 각 $\mathbf{x}_j$와 잔차의 상관계수가 규모 측면에서 같게 유지된다는 것을 보여라.

(b) 이들 상관계수 모두가

$$\lambda(\alpha) = \frac{(1-\alpha)}{\sqrt{(1-\alpha)^2 + \frac{\alpha(2-\alpha)}{N} \cdot RSS}} \cdot \lambda$$

과 같으며 따라서 이들이 단조적으로 0으로 감소함을 보여라.

(c) 이들 결과를 사용해 3.4.4절에서의 LAR 알고리즘이 (3.5.5)에서 주장하는 바와 같이 상관계수를 묶인 채로 단조적으로 감소하도록 유지한다는 것을 보여라.

연습 3.24 LAR 방향LAR directions. 식 (3.55)와 관련한 표기법을 사용해 LAR 방향이 $\mathcal{A}_k$에서의 각 예측변수로 같은 각을 만든다는 것을 보여라.

연습 3.25 LAR 미리보기LAR look-ahead(Efron et al., 2004, Sec. 2). LAR 알고리즘의 k번째 단계의 처음에서 시작해, $k+1$단계에서의 활성 집합에 들어갈 다음 변수 및 이것이 발생할 때 값 α를 식별하는 식을 유도하라(식 (3.55) 관련 표기를 사용하라).

연습 3.26 전진 스텝별 회귀는 각 단계에서 잔차제곱합을 가장 크게 줄이는 변수를 집어넣는다. LAR은 현재 잔차와 가장 (절댓값으로) 상관관계가 높은 변수를 조절한다. 이들 두 진입 기준이 반드시 같은 것은 아님을 보여라.

힌트: $\mathbf{x}_{j \cdot \mathcal{A}}$를 현재 모델 내 모든 변수에 관해 선형으로 조정된 j번째 변수라 하자. 첫 번째 기준은 $\mathrm{Cor}(\mathbf{x}_{j \cdot \mathcal{A}}, \mathbf{r})$이 규모magnitude 면에서 가장 클 때의 j를 식별하는 것이 된다는 점을 보여라.

연습 3.27 라쏘와 LAR Lasso and LAR: $L(\beta) = \frac{1}{2} \sum_i (y_i - \sum_j x_{ij} \beta_j)^2$인 라그랑주 승수 형태의 라쏘 문제를 고려해보자. 고정된 $\lambda > 0$에 관해 다음을 최소화한다.

$$L(\beta) + \lambda \sum_j |\beta_j| \tag{3.88}$$

(a) $\beta_j^+, \beta_j^- \geq 0$로 $\beta_j = \beta_j^+ - \beta_j^-$라 두면, 식 (3.88)은 $L(\beta) + \lambda \sum_j (\beta_j^+ + \beta_j^-)$가 된다. 라그랑주 쌍대함수가 다음과 같음을 보여라.

$$L(\beta) + \lambda \sum_j (\beta_j^+ + \beta_j^-) - \sum_j \lambda_j^+ \beta_j^+ - \sum_j \lambda_j^- \beta_j^- \qquad (3.89)$$

그리고 매개변수에 관한 비음수 조건 및 모든 라그랑주 승수와 함께 카루시-쿤-터커[Karush-Kuhn-Tucker] 최적성 조건이 다음과 같음을 보여라.

$$
\begin{aligned}
\nabla L(\beta)_j + \lambda - \lambda_j^+ &= 0 \\
-\nabla L(\beta)_j + \lambda - \lambda_j^- &= 0 \\
\lambda_j^+ \beta_j^+ &= 0 \\
\lambda_j^- \beta_j^- &= 0
\end{aligned}
$$

(b) $|\nabla L(\beta)_j| \le \lambda \,\forall j$임을 보이고, KKT 조건이 다음 세 가지 시나리오 중 하나를 뜻함을 보여라.

$$
\begin{aligned}
\lambda = 0 &\Rightarrow \nabla L(\beta)_j = 0 \,\forall j \\
\beta_j^+ > 0, \ \lambda > 0 &\Rightarrow \lambda_j^+ = 0, \ \nabla L(\beta)_j = -\lambda < 0, \ \beta_j^- = 0 \\
\beta_j^- > 0, \ \lambda > 0 &\Rightarrow \lambda_j^- = 0, \ \nabla L(\beta)_j = \lambda > 0, \ \beta_j^+ = 0
\end{aligned}
$$

따라서 $\beta_j \ne 0$인 임의의 "활성" 예측변수에 관해, 반드시 $\nabla L(\beta)_j = -\lambda$ if $\beta_j > 0$를 가져야 하며 만일 $\beta_j < 0$라면 $\nabla L(\beta)_j = \lambda$임을 보여라. 예측변수가 표준화돼 있으며, λ를 j번째 예측변수와 현재 잔차 사이의 상관계수로 결부시켜라.

(c) 활성 예측변수의 집합이 $\lambda_0 \ge \lambda \ge \lambda_1$에 관해 변하지 않는다고 가정하자. 다음과 같은 벡터 γ_0가 존재함을 보여라.

$$\hat{\beta}(\lambda) = \hat{\beta}(\lambda_0) - (\lambda - \lambda_0)\gamma_0 \qquad (3.90)$$

따라서 라쏘 해 경로는 λ의 범위가 λ_0에서 λ_1임에 따라 선형이다(Efron et al., 2004; Rosset and Zhu, 2007).

연습 3.28 식 (3.51) 내 주어진 t에 관해, 변수 X_j에서 적합된 라쏘 계수가 $\hat{\beta}_j = a$라 해보자. 변수 잡합을 동일한 복사본 $X_j^* = X_j$으로 덧붙인다고 가정하자. 동일한 t값을 사용해 $\hat{\beta}_j$ 및 $\hat{\beta}_j^*$에 관한 해의 집합을 묘사함으로, 이와 같은 정확한 공선성의 효과를 특징화시켜라.

연습 3.29 단일 변수 X에 매개변수 λ로 릿지회귀를 실행해 계수 a를 얻는다고 해보자. 이제 정확히 같은 복사본 $X^* = X$를 포함시키고, 릿지회귀를 재적합시킨다. 두 계수 모두 동일함을 보여라. 그리고 이들의 값을 유도하라. 일반적으로 X_j 변수의 m개 복사본이 릿지회귀에 포함되면, 이들의 계수가 모두 같음을 보여라.

연습 3.30 엘라스틱넷 최적화 문제를 고려해보자.

$$\min_{\beta} ||\mathbf{y} - \mathbf{X}\beta||^2 + \lambda \left[\alpha ||\beta||_2^2 + (1 - \alpha)||\beta||_1 \right] \tag{3.91}$$

어떻게 $\mathbf{X}$와 $\mathbf{y}$의 덧붙여진 버전을 사용해 이를 라쏘 문제로 바꿀 수 있는지 보여라.

4
분류를 위한 선형법

4.1 소개

4장에서는 분류 문제를 다시 본 뒤 분류를 위한 선형법에 집중한다. 예측변수 $G(x)$가 이산 집합 G 내 값을 취하므로, 입력 공간을 언제나 분류에 따라 라벨링된 영역의 모음으로 나눌 수 있다. 2장에서 이들 영역의 경계가 예측함수에 따라 거칠거나 매끄러울 수 있음을 봤다. 과정에서 중요한 클래스에서 이들 결정 경계 decision boundaries는 선형이다. 분류를 위한 선형법이란 의미는 이 때문이다.

선형 결정 경계를 찾을 수 있는 방법에는 몇 가지가 있다. 2장에서 선형회귀모델을 클래스 지시 변수에 적합시키고, 가장 적합이 큰 것으로 분류했다. K개의 클래스가 있으며, 편의를 위해 1, 2, ..., K로 라벨링돼 있고, k번째 지시 반응 변수에 관한 적합된 모델이 $\hat{f}_k(x) = \hat{\beta}_{k0} + \hat{\beta}_k^T x$라 하자. 클래스 k와 ℓ 사이의 결정 경계는 $\hat{f}_k(x) = \hat{f}_\ell(x)$인 지점의 집합이다. 즉 $\{x: (\hat{\beta}_{k0} - \hat{\beta}_{\ell0}) + (\hat{\beta}_k - \hat{\beta}_\ell)^T x = 0\}$인 아핀집합 affine set 혹은 초평면[1]이다. 어떠한 클래스의 쌍에 관해 이 또한 참이므로, 입력

---

1 엄밀하게 말하면 초평면은 원점을 지나지만 아핀집합은 그럴 필요가 없다. 때때로 이러한 구분을 무시하고 일반적으로 초평면이라 부른다.

공간은 조각적 초평면적인 결정 경계를 통해 일정한constant 분류의 영역으로 나눠진다. 이러한 회귀적 접근법은 각 클래스를 위한 판별함수discriminant functions $\delta_k(x)$를 모델링하고, x를 판별함수에서 가장 큰 값을 가지는 클래스로 분류하는 방법의 종류에 속한다. 사후확률 $\Pr(G=k|X=x)$를 모델링하는 방법 또한 이 클래스에 속한다. $\delta_k(x)$나 $\Pr(G=k|X=x)$가 x 내에서 선형이라면 결정 경계도 분명히 선형일 것이다.

선형이어야 하는 결정 경계를 위한 δ_k의 단조 변환 혹은 $\Pr(G=k|X=x)$가 선형이도록 하는 것이 실제로 필요로 하는 전부다. 예를 들면 클래스가 두 개일 때 사후확률을 위한 인기 있는 모델은 다음과 같다.

$$
\begin{aligned}
\Pr(G=1|X=x) &= \frac{\exp(\beta_0 + \beta^T x)}{1 + \exp(\beta_0 + \beta^T x)}\\
\Pr(G=2|X=x) &= \frac{1}{1 + \exp(\beta_0 + \beta^T x)}
\end{aligned}
\tag{4.1}
$$

여기서의 단조 변환은 로짓 변환: $\log[p/(1-p)]$이며, 실제로 다음을 볼 수 있다.

$$
\log \frac{\Pr(G=1|X=x)}{\Pr(G=2|X=x)} = \beta_0 + \beta^T x
\tag{4.2}
$$

결정 경계는 로그-오즈log-odds가 0인 지점의 집합이며, 이것이 $\{x|\beta_0 + \beta_x^T) = 0$으로 정의된 초평면이다. 우리는 로그-오즈나 로짓을 결과로 내놓은 서로 다른 그러나 매우 인기 있는 두 방법인 선형판별분석과 선형 로지스틱회귀에 관해 논의한다. 이들의 유도 과정이 다름에도, 이들 사이에 가장 핵심적으로 다른 점은 선형함수가 훈련 데이터에 적합되는 방식이다.

더 직접적인 접근법은 클래스 사이의 경계를 선형으로 명시적으로 모델링하는 것이다. p차원 입력 공간 내 2-클래스 문제에서, 이는 결정 경계를 초평면으로, 달리 말하면 법선벡터normal vector와 절단점cut-point으로 모델링하게 된다. 나중에 명시적으로 "분리초평면separating hyperplanes"을 찾는 두 가지 방법을 보게 될 것이다. 첫 번째는 알 잘려진 로젠블랫(Rosenblatt, 1958)의 퍼셉트론perceptron 모델로, 훈련 데이터에서 분리초평면이 존재한다면 찾는 알고리즘을 갖는다. 두 번째 방법은 밥닉(Vapnik, 1996)의 것으로, 최적적인 분리초평면optimally separating hyperplane이 존재한다면 이를 찾으며, 그렇지 않으면 훈련 데이터에서 중첩의 측정치를 최소화하는 초평면을 찾는다. 여기서는 분리 가능한 경우를 다루며, 분리가 불가능한 경우는 12장으로 미룬다.

4장 전체가 선형 결정 경계에 집중하지만, 일반화를 위한 범위도 상당히 있다. 예를 들면 변수 집합 $X_1, ..., X_p$에 이들의 제곱 및 외적 $X_1^2, X_2^2, ..., X_1 X_2, ...$을 포함시킴으로써 추가적인 $p(p+1)/2$개 변수를 넣어 확장시킬 수 있다. 덧붙여진 공간 내에서의 선형함수는 원본 공간 내 이차함수로, 즉 선형 결정 경계에서 이차 결정 경계로 매핑된다. 그림 4.1이 이러한 개념을 보여준다. 데이터는 같다. 왼쪽 그림은 보이는 2차원 공간 내 선형 결정 경계를 사용하며, 오른쪽 그림은 앞에서 설명한 덧붙여진 5차원 공간 내 선형 결정 경계를 사용한다. 이 접근법은 모든 기저 변환 $h(X)$과 함께 사용할 수 있으며 이때 $q > p$인 $h : \mathbb{R}^p \mapsto \mathbb{R}^q$이고 , 4장 후반에 살펴본다.

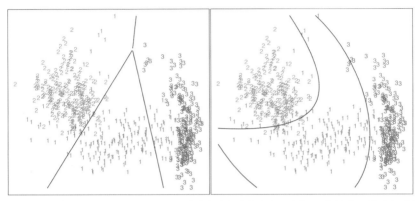

그림 4.1 왼쪽 그림은 선형판별분석을 통해 찾아낸 선형 결정 경계를 가지는 3개 클래스로부터의 일부 데이터를 보여준다. 오른쪽 그림은 이차 결정 경계를 보여준다. 이들은 5차원 공간 X_1, X_2, $X_1 X_2$, X_1^2, X_2^2 내 선형 경계를 찾음으로써 얻어낼 수 있었다. 이 공간에서의 선형 부등식들은 원본 공간에서의 이차 부등식이다.

4.2 지시행렬의 선형회귀

여기서 각 반응 범주는 지시변수를 통해 코딩된다. 따라서 G가 K개 클래스를 가진다면, K개의 지시자 Y_k가 있을 것이다. 이때 $k = 1, ..., K$이며 $G = k$이라면 $Y_k = 1$이며 아니면 0이다. 이들은 벡터 $Y = (Y_1, ..., Y_K)$에 한데 모이게 되며, 이들의 N개 훈련 인스턴스가 $N \times K$ 지시자 반응 행렬indicator response matrix Y를 구성한다. Y는 0과 1로 돼 있는 행렬이며, 각 행은 하나의 1을 가진다. Y의 각 열에 선형회귀모델을 동시에 적합시키게 되며, 적합은 다음과 같이 주어진다.

$$\hat{\mathbf{Y}} = \mathbf{X}(\mathbf{X}^T\mathbf{X})^{-1}\mathbf{X}^T\mathbf{Y} \tag{4.3}$$

3장에서 선형회귀에 관해 더 자세히 설명한다. 각 반응 열 $\mathbf{y}_k$에 관한 계수 벡터를 가지므로, 따라서 $(p+1) \times K$ 계수 행렬 $\hat{\mathbf{B}} = (\mathbf{X}^T\mathbf{X})^{-1}\mathbf{X}^T\mathbf{Y}$이 된다. 여기서 $\mathbf{X}$는 p 입력에 해당하는 $p+1$개 열을 가지는 모델 행렬이며, 1로 된 앞 열은 절편을 위한 것이다. 입력이 x인 새로운 관측치는 다음과 같이 분류된다.

- 적합된 출력 $\hat{f}(x)^T = (1, x^T)\hat{\mathbf{B}}$를 계산한다. 이는 K 벡터다.
- 가장 큰 성분을 식별하고 이에 따라 분류한다.

$$\hat{G}(x) = \operatorname{argmax}_{k \in \mathcal{G}} \hat{f}_k(x) \tag{4.4}$$

이 접근법의 근거는 무엇인가? 한 가지 다소 형식적인 정당화로는 회귀를 조건부 기댓값의 추정값으로 보는 것이 있다. 확률변수 Y_k에서, $E(Y_k|X=x) = \Pr(G=k|X=x)$이므로, Y_k의 각 조건부 기댓값은 합리적인 목표로 보인다. 진짜 문제는 조건부 기댓값의 근사가 어떻게 좋아야 다소 엄격한 선형회귀모델이 되는가이다. 아니면 $\hat{f}_k(x)$가 사후확률 $\Pr(G=k|X=x)$의 적정한 추정값인가? 그리고 더욱 중요한 것은, 이것이 문제가 되는가?

모델에 절편($\mathbf{X}$에 1로 돼 있는 열)이 있는 한 임의의 x에 관해 $\sum_{k \in \mathcal{G}} \hat{f}_k(x) = 1$이라는 것은 꽤 직관적으로 검증할 수 있다. 그러나 $\hat{f}_k(x)$는 음수이거나 1보다 클 수 있으며, 통상적으로 일부는 그러하다. 이는 선형회귀의 엄격한 특성에 따른 결과이며, 특히 훈련 데이터의 껍질hull의 바깥에서 추정을 만들어낼 때 그러하다. 이들 그 자체 안에서의 이러한 위반은 이러한 접근법이 통하지 않을 것이라는 것을 보장하지는 않으며, 실제 많은 문제에서 이는 분류를 위한 더욱 표준적인 선형 방법에게 유사한 결과를 내어준다. 입력의 기저 확장 $h(X)$를 위한 선형회귀를 허용한다면, 이러한 접근법은 확률의 일관된 추정값이 될 수 있다. 훈련 집합 N의 크기가 커짐에 따라, 적응적으로 더 많은 기저 요소를 추가함으로써 이들 기저함수에 관한 선형회귀가 조건부 기댓값에 도달하게 된다. 이러한 접근법은 5장에서 논의한다.

더 단순한 시점으로는 각 클래스에 관한 목표 t_x를 구축하는 것이다. 이때 t_k는 $K \times K$개 단위행렬의 k번째 행렬이다. 우리의 예측 문제는 관측치를 위한 적절한 목표를 시도하고 재현하는 것이다. 이전과 같은 코딩을 통해 관측치 i에 관한 반응 벡터 y_i(Y의 i번째 행)는 $g_i = k$라면 값 $y_i = t_k$를 가진다. 그러면 최소제곱을 통해 선형 모델을 적합시킬 수도 있을 것이다.

$$\min_{\mathbf{B}} \sum_{i=1}^{N} ||y_i - [(1, x_i^T)\mathbf{B}]^T||^2 \tag{4.5}$$

기준은 이들 목표로부터 적합된 벡터까지의 유클리드 거리의 제곱합이다. 새로운 관측치는 적합된 벡터 $\hat{f}(x)$를 계산하고 가장 가까운 목표로 분류함으로써 이뤄진다.

$$\hat{G}(x) = \underset{k}{\mathrm{argmin}} ||\hat{f}(x) - t_k||^2 \tag{4.6}$$

이는 이전 접근법과 정확히 동일하다.

- 노름제곱합^{sum-of-squared-norm} 기준은 바로 다중 반응 선형회귀를 위한 기준으로, 단지 약간 다르게 본 것일 뿐이다. 노름 제곱은 그 자체가 제곱합이므로, 성분이 분리되며 따라서 각 요소에 관한 개별적인 선형 모델로 재정렬할 수 있다. 모델 내에서 서로 다른 반응이 함께 묶이는 일이 없을 때만 가능함을 주지하라.
- 최근접 목표 분류 규칙 (4.6)은 최대 적합 구성 요소 기준 (4.4)와 정확히 같은 것으로 쉽게 볼 수 있다.

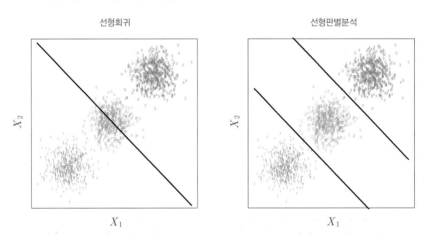

그림 4.2 데이터는 $\mathbb{R}^2$ 공간 내 세 가지 클래스로부터 나와 있으며 선형 결정 경계를 통해 쉽게 구분할 수 있다. 오른쪽 그림은 선형판별분석을 통해 발견한 경계를 보여준다. 왼쪽 그림은 지시자 반응 변수의 선형회귀를 통해 발견된 결정 경계를 보여준다. 중간 클래스가 완벽히 가려진다(절대로 우위를 가질 수 없다).

클래스의 수가 $K \geq 3$일 때 회귀 접근법에는 심각한 문제가 있으며, 특히 K가 크면 이러한 문제가 만연하게 된다. 회귀모델의 엄격한 특성으로 인해, 클래스가 다른 클래스에 의해 가려질 수 있다. 그림 4.2는 $K = 3$일 때 극단적인 상황을 보여준다. 세 가지 클래스가 선형 결정 경계에 의해 분리되지만, 선형회귀가 중간 클래스를 완벽하게 놓치게 된다.

그림 4.3에서는 세 개의 중심점이 만나는 선에 데이터를 사영시키며(이 경우에서는 직교 방향에 관한 정보가 없다), 세 개의 변수 Y_1, Y_2 그리고 Y_3를 포함시켜 코딩했다. 세 가지 회귀선(왼쪽)이 포함돼 있으며, 중간 클래스에 해당하는 선이 수평을 이루고 있고 이것의 적합된 값이 절대 우위를 차지하지 못함을 볼 수 있다! 그러므로 클래스 2로부터의 관측치는 클래스 1이나 클래스 3으로 분류된다. 오른쪽 패널은 선형회귀 대신에 이차 회귀를 사용한다. 이러한 단순한 예제에서 선형 적합 대신에 이차 회귀가 문제를 풀 수 있을 것이다(적어도 중간 클래스를 위해서). 그러나 이와 같이 세 개 클래스 대신에 네 개가 나열돼 있으면, 이차 회귀는 충분히 빠르게 도달할 수 없을 것이며, 따라서 삼차 회귀가 필요할 수 있을 것이다. 클래스가 $K \geq 3$개 나열돼 있다면, 이를 푸는 데 최대 차수 $K-1$의 다항식 항이 필요하다는 것이 느슨하지만 일반적인 규칙이다. 또한 이들은 유도된 방향을 따라서 중심점을 지나는 다항식으로, 임의적인 원점을 가질 수 있음을 주지하라. 따라서 p차원 입력 공간에서, 이러한 최악의 경우를 해결하기 위해 일반적인 다항식 항 및 전체 차수가 $K-1$인 내적이, 따라서 전체 $O(p^{K-1})$개 항이 필요할 것이다.

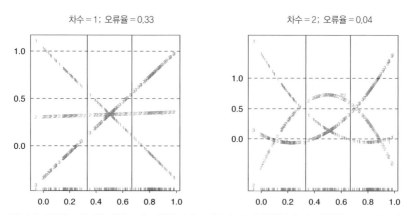

그림 4.3 3클래스 문제를 위한 $\mathbb{R}$ 내 선형회귀의 가리기 효과. 아래 부분의 러그 플롯(rug plot)은 각 관측치의 위치와 속하는 클래스를 보여준다. 각 패널의 세 가지 곡선은 3클래스 지시자 변수에 적합된 회귀이다. 예를 들면 파란 클래스 y_{blue}는 파란 관측치에 관해선 1이며 초록색과 주황색에 관해서는 0이다. 적합은 선형과 이차 다항식이다. 각 그림 위에는 훈련 오류율이 있다. 이 문제에서 베이즈 오류율은 LDA 오류율과 같이 0.025이다.

이 예제는 극단적이지만, K가 크고 p가 작으면 이러한 가리기가 자연스럽게 발생한다. 더 현실적인 묘사로, 그림 4.4는 모음 인식vowel recognition 문제를 위한 훈련 데이터를 정보적인 2차원 부분공간에 사영시킨다. 여기에는 $K = 11$ 클래스와 $p = 10$차원이 있다. 이는 어려운 분류 문제이며, 최선의 방법이 테스트 데이터에서 40%의 오류율을 달성한다. 여기서의 요점은 표 4.1에 요약돼 있다. 선형회귀는 67%의 오류율을 보이며, 이와 가까운 친척인 선형판별분석은 56%의 오류율을 보인다. 이 경우에서는 가리기가 피해를 주는 것으로 보인다. 4장에서의 다른 모든 방법 또한 x의 선형함수에 근거하지만, 이들은 이와 같은 가리기 문제를 피하는 방식으로 이들을 사용한다.

선형판별분석

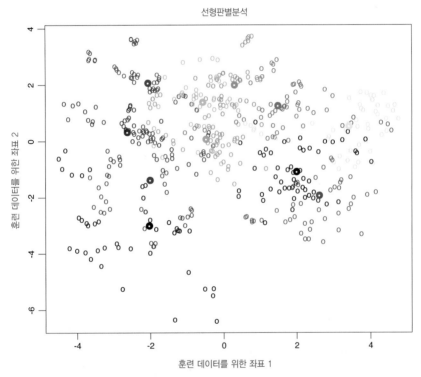

그림 4.4 모음 훈련 데이터의 2차원 그림. $X \in \mathbb{R}^{10}$인 11개 클래스가 있으며, LDA 모델(4.3.3절) 측면에서 최적의 시야를 보여준다. 두꺼운 원은 각 클래스를 위한 사영된 평균 벡터다. 클래스의 중첩이 상당하다.

표 4.1 모음 데이터에 다양한 선형 기술을 사용한 훈련 및 테스트 오류율. 10차원에 11개 클래스가 있으며, 이중 세 개가 90%의 분산을 차지한다(주성분분석을 통해). 선형회귀가 가리기에 피해를 입으며 테스트 및 훈련 오류율을 10% 이상 높임을 볼 수 있다.

기술	오류율	
	훈련	테스트
선형회귀	0.48	0.67
선형판별분석	0.32	0.56
이차판별분석	0.01	0.53
로지스틱회귀	0.22	0.51

4.3 선형판별분석

분류를 위한 결정 이론(2.4절)은 최적 분류를 위해 클래스 사후확률 $\Pr(G|X)$를 알 필요가 있음을 말해준다. $f_k(x)$가 클래스 $G = k$에서 X의 클래스 조건부 밀도라고 하고, π_k를 $\sum_{k=1}^{K} \pi_k = 1$인 k 클래스의 사전확률이라고 하자. 베이즈 정리를 단순하게 적용하면 다음을 내어준다.

$$\Pr(G = k|X = x) = \frac{f_k(x)\pi_k}{\sum_{\ell=1}^{K} f_\ell(x)\pi_\ell} \tag{4.7}$$

분류 능력 측면에서 $f_k(x)$을 가지는 것은 양quantity $\Pr(G = k|X = x)$를 가지는 것과 거의 동등함을 볼 수 있다.

많은 기술이 클래스 밀도를 위한 모델에 근거한다.

- 선형 및 이차판별분석은 가우스 밀도를 사용한다.
- 가우스의 더 유연한 혼합mixture은 비선형 결정 경계를 허용한다(6.8절).
- 각 클래스 밀도를 위한 일반 비모수 밀도 추정값은 가장 높은 유연성을 허용한다(6.6.2절).
- 단순 베이즈naive bayes 모델은 이전 경우의 변형이며, 각 클래스 밀도가 주변 밀도들marginal densities의 곱product이라 가정한다. 즉 이는 입력들이 각 클래스에서 조건부 독립이라 가정한다(6.6.3절).

각 클래스 밀도를 다변량 가우스로 모델링한다고 해보자.

$$f_k(x) = \frac{1}{(2\pi)^{p/2}|\mathbf{\Sigma}_k|^{1/2}} e^{-\frac{1}{2}(x-\mu_k)^T\mathbf{\Sigma}_k^{-1}(x-\mu_k)} \tag{4.8}$$

선형판별분석LDA, Linear Discriminant Analysis은 클래스가 공통된 공분산 행렬 $\Sigma_k = \Sigma$와를 가진다고 가정하는 특별한 경우다. 두 클래스 k와 ℓ을 비교할 때, 로그비율log-ratio을 보는 것으로 충분하며, 다음의 x에서 선형인 방정식을 보게 된다.

$$
\begin{aligned}
\log \frac{\Pr(G=k|X=x)}{\Pr(G=\ell|X=x)} &= \log \frac{f_k(x)}{f_\ell(x)} + \log \frac{\pi_k}{\pi_\ell} \\
&= \log \frac{\pi_k}{\pi_\ell} - \frac{1}{2}(\mu_k + \mu_\ell)^T\mathbf{\Sigma}^{-1}(\mu_k - \mu_\ell) \\
&\quad + x^T\mathbf{\Sigma}^{-1}(\mu_k - \mu_\ell)
\end{aligned}
\tag{4.9}
$$

공분산 행렬이 같으면 정규화 인자는 물론, 지수의 이차 부분을 무효화시킨다. 이러한 선형 로그-오즈log-odds 함수는 클래스 k와 ℓ 사이, $\Pr(G=k|X=x) = \Pr(G=\ell|X=x)$인 집합의 결정 경계가 p차원의 초평면 내에서 x에서 선형임을 암시한다. 이는 물론 모든 클래스 쌍에 관해 참이므로, 모든 결정 경계가 선형이다. 만일 $\mathbb{R}^p$를 클래스 1, 클래스 2 등으로 분류한 영역으로 나눈다면, 이들 영역은 초평면에 의해 분리될 것이다. 그림 4.5(왼쪽 패널)은 세 개의 클래스와 $p = 2$인 개념적인 예제를 보여준다. 여기서 데이터는 공통된 공분산행렬을 가지는 세 개의 가우스 분포로부터 나온다. 그림에 95%의 가장 높은 확률 밀도에 해당하는 윤곽은 물론 클래스 중심점을 포함시켰다. 결정 경계가 중심점을 지나는 선분line segments의 수직 이등분선perpendicular bisectors이 아님을 주지하라. 공분산 Σ이 구 모양의 $\sigma^2\mathbf{I}$이었고, 클래스 사전확률이 같았다면 이 경우가 될 것이다. (4.9)로부터 선형판별함수linear discriminant functions가 $G(x) = \mathrm{argmax}_k\, \delta_k(x)$인 결정 규칙을 동등하게 묘사함을 볼 수 있다. 다음 식을 보자.

$$\delta_k(x) = x^T\mathbf{\Sigma}^{-1}\mu_k - \frac{1}{2}\mu_k^T\mathbf{\Sigma}^{-1}\mu_k + \log \pi_k \tag{4.10}$$

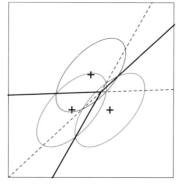
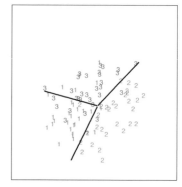

그림 4.5 왼쪽 패널은 같은 공분산과 다른 평균을 가지는 세 개의 가우스 분포를 보여준다. 그림은 각 경우의 95%의 확률을 포함하는 상수 밀도의 윤곽을 포함한다. 각 클래스 쌍 사이의 베이즈 결정 경계를 볼 수 있으며(곧은 점선), 모든 세 클래스를 분리시키는 베이즈 결정 경계는 더 두꺼운 실선(앞의 것의 부분 집합)으로 볼 수 있다. 오른쪽에서는 각 가우스 분포로부터 뽑아낸 30개의 표본 및 적합된 LDA 결정 경계를 볼 수 있다.

현실에서는 가우스 분포의 매개변수를 알지 못하며, 훈련 데이터를 사용해 이들을 추정해야 할 것이다.

- $\hat{\pi} = N_k/N$, 이때 N_k은 k 클래스 관측치의 개수다.
- $\hat{\mu}_k = \sum_{g_i=k} x_i/N_k$
- $\hat{\Sigma} = \sum_{k=1}^{K} \sum_{g_i=k} (x_i - \hat{\mu}_k)(x_i - \hat{\mu}_k)^T/(N-K)$

그림 4.5(오른쪽 패널)은 각 세 개의 가우스 분포로부터의 크기 30개의 표본에 근거해 추정된 결정 경계를 보여준다. 그림 4.1은 다른 예제이지만, 여기서 클래스는 가우스가 아니다.

클래스가 2개일 때는 선형판별분석과 (4.5)에서와 같은 선형회귀에 의한 분류 사이에 단순한 관련성이 있다. LDA규칙은 만일 다음을 만족한다면 클래스 2로 분류하며, 그렇지 않다면 클래스 1로 분류한다.

$$x^T \hat{\Sigma}^{-1}(\hat{\mu}_2 - \hat{\mu}_1) > \frac{1}{2}(\hat{\mu}_2 + \hat{\mu}_1)^T \hat{\Sigma}^{-1}(\hat{\mu}_2 - \hat{\mu}_1) - \log(N_2/N_1) \quad (4.11)$$

목표를 각각 +1과 -1과 같이 두 클래스로 코딩한다고 해보자. 최소제곱으로부터의 계수 벡터가 (4.11)에서 주어진 LDA 방향에 비례한다는 것을 쉽게 보일 수 있다(연습 4.2). [사실 이 연관성은 목표를 어떻게 (개별적으로) 코딩하든지 간에 나타난다. 연습 4.2를 보라]. 그러나 $N_1 = N_2$이 아니라면 절편이 달라지며 따라서 결과 결정 규칙도 달라진다.

최소제곱을 통한 LDA 방향의 이와 같은 유도는 특성을 위해 가우스 가정을 사용하지 않으며, 이것의 응용성은 가우스 데이터계를 넘어선다. 그러나 특정 절편이나 (4.11)로 주어진 절단점의 유도는 가우스 데이터를 꼭 필요로 한다. 그러므로 대신에 주어진 데이터 집합에 관해 훈련오차를 경험적으로 최소화하는 절단점을 선택하는 것이 이치에 맞다. 이는 실제로 작업하면서 찾은 것이지만 학계에서 언급된 것을 본 적은 없다.

2 클래스보다 많으면 LDA는 클래스 지시자행렬의 선형회귀와 같지 않으므로, 그러한 접근법과 연관된 가리기 문제를 피하게 된다(Hastie et al., 1994). 회귀와 LDA 사이의 관련성은 12.5절에서 논의하는 최적 점수화optimal scoring 개념을 통해 정립시킬 수 있다.

일반 판별 문제 (4.8)로 돌아가서, Σ_k가 같다고 가정하지 않으면, (4.9)에서 해주는 편리한 무효화가 나타나지 않게 된다. 특히 x 내에서 이차인 부분이 남아 있게 된다. 그러면 이차 판별함수QDA, Quadratic Discriminant Functions를 얻는다.

$$\delta_k(x) = -\frac{1}{2}\log|\Sigma_k| - \frac{1}{2}(x-\mu_k)^T\Sigma_k^{-1}(x-\mu_k) + \log\pi_k \qquad (4.12)$$

각 클래스 k와 ℓ 쌍 사이의 결정 경계는 이차방정식 $\{x: \delta_k(x) = \delta_\ell(x)\}$를 통해 서술된다.

그림 4.6은 세 클래스가 가우스 혼합(6.8절)이며 결정 경계가 x에서의 이차방정식에 의해 근사되는 예제(그림 4.1)을 보여준다. 여기서 이들 이차 경계를 적합시키는 두 가지 인기 있는 방법을 보여준다. 오른쪽 그림은 여기서 설명한 QDA를 사용하며, 왼쪽 그림은 확대된 5차원 이차 다항공간에서 LDA를 사용한다. 차이는 일반적으로 작다. QDA가 선호되는 접근법이며, LDA법은 편리한 대체제이다.[2]

QDA의 추정은 구분된 공분한 행렬이 각 클래스에 관해 반드시 추정돼야 한다는 것을 제외하고 LDA의 것들과 유사하다. p가 클 때 이는 매개변수의 극적인 증가를 뜻할 수 있다. 결정 경계가 밀도의 매개변수의 함수이므로, 매개변수의 개수를 셀 때는 조심해야 한다. LDA에서는 $(K-1)\times(p+1)$개의 매개변수가 있는 것으로 보이는데, 그 이유는 K가 일부 사전에 선택된 클래스일 때(여기선 마지막 것을 선택했다) 판별함수 사이 $\delta_k(x) - \delta_K(x)$의 차이만이 필요하며, 각 차

---

2 이 그림 및 이 책에서의 많은 유사한 그림을 위해 완전 윤곽법(exhaustive contouring method)을 통해 결정 경계를 계산한다. 섬세한 격자 지점에서 결정 규칙을 계산한 뒤, 윤곽 알고리즘을 사용해 경계를 계산한다.

이는 $p+1$개 매개변수를 필요로 하기 때문이다.[3] 이처럼 QDA에서는 $(K-1) \times$ $\{p(p+3)/2+1\}$개 매개변수가 있을 것이다. LDA와 QDA 둘 다 놀랍도록 크고 다양한 분류 과제 집합에서 잘 작동한다. 예를 들면, STATLOG 프로젝트(Michie et al., 1994)에서 LDA가 22개 데이터셋 중 7개에서 상위 세 개 분류기 안에 포함됐다. 두 기술 모두 널리 사용되고 있으며, 책들 전체가 LDA에 노력을 기울인다. 어떠한 특별한 도구가 대유행하든 간에, 이들 두 가지 단순한 도구를 항상 쓸 수 있도록 해야 할 것이다. 왜 LDA와 QDA가 이렇게 좋은 기록을 갖는지 궁금할 것이다. 그 이유가 데이터가 근사적으로 가우스이기 때문인 것이 아닌 것으로 보이며, 추가로 LDA에서 공분산이 근사적으로 같기 때문인 것도 아닌 것으로 보인다. 그보다는 데이터가 오직 선형이나 이차와 같은 단순한 결정 경계만을 지원할 수 있으며, 가우스 모델을 통해 제공된 추정값이 안정적이라는 이유가 더 가능성이 큰 듯하다. 이는 편향 분산 상반관계로, 선형 결정 경계의 편향을 감수할 수 있는 이유는 더 특이한 대안적 방법보다 훨씬 낮은 분산으로 추정할 수 있기 때문이다. 이러한 주장은 QDA에서는 덜 믿을 만해지는데, 그 자체로 많은 매개변수를 가질 수 있기 때문이며, 그러함에도 아마도 비모수적 대안보다는 매개변수가 적을 것이다.

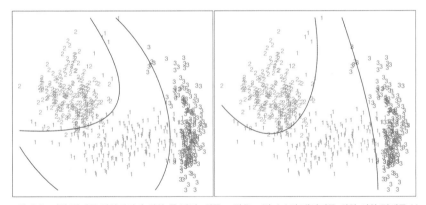

그림 4.6 이차 경계를 적합시키기 위한 두 방법. 왼쪽 그림은 그림 4.1의 데이터를 위한 이차 경계를 보여준다(5차원 공간 X_1, X_2, X_1X_2, X_1^2, X_2^2 내에서 LDA를 사용하여 얻어낸). 오른쪽 그림은 QDA를 통해 찾은 이차 결정 경계를 보여준다. 일반적인 경우와 같이 차이가 작다.

---

3 LDA 판별함수를 계산하기 위해 공분산 행렬 $\hat{\Sigma}$를 적합시킴에도, 이를 더욱 축소시킨 함수가 우리가 결정 경계를 계산하는 데 필요한 $O(p)$ 매개변수를 추정할 때 요구되는 전부다.

4.3.1 정칙판별분석

프리드먼(Friedman, 1989)은 LDA와 QDA 사이의 절충안을 제안했다. 이는 QDA
의 개별 공분산들이 LDA에서와 같은 공통된 공분산으로 수축될 수 있도록 한다.
이들 방법은 릿지회귀와 매우 유사한 특색을 가진다. 정칙화된 공분산행렬은 다
음의 형태를 가진다.

$$\hat{\Sigma}_k(\alpha) = \alpha\hat{\Sigma}_k + (1 - \alpha)\hat{\Sigma} \tag{4.13}$$

이때 $\hat{\Sigma}$는 LDA에서 쓰이는 것과 같은 합동 공분산 행렬이다. 여기서 $\alpha \in [0, 1]$
는 LDA와 QDA 사이 모델의 연속체^{continuum}를 가능케하며, 이는 지정돼야 한다.
실제로는 α를 검증 데이터나 교차 검증에 관한 모델의 성능에 근거해 선택할 수
있다.

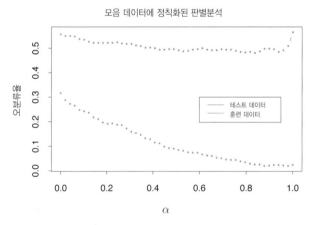

모음 데이터에 정칙화된 판별분석

그림 4.7 $\alpha \in [0, 1]$인 연속된 값으로 정칙판별분석을 사용한 모음 데이터의 테스트 및 훈련오차. 테스
트 데이터를 위한 최적점은 이차 판별분석의 것과 가까운 $\alpha = 0.9$ 근처이다.

그림 4.7은 모음 데이터에 적용된 정칙판별분석^{RDA, Regularized Discriminant Analysis}
의 결과를 보여준다. 훈련 및 테스트오차 모두 α이 증가함에 따라 개선되지만,
$\alpha = 0.9$ 이후 테스트오차가 크게 증가한다. 훈련 및 테스트오차 사이에 상당한 차
이가 나는 이유는 부분적으로는 서로 다른 훈련 및 테스트 집합에서, 작은 수의
개체에 관해 많은 중복된 측정치가 있다는 사실 때문이다.

비슷한 수정으로 $\gamma \in [0, 1]$에서 $\hat{\Sigma}$ 자체가 스칼라 공분산으로 수축되도록 허용
한다.

$$\hat{\Sigma}(\gamma) = \gamma\hat{\Sigma} + (1 - \gamma)\hat{\sigma}^2\mathbf{I} \tag{4.14}$$

(4.13)의 $\hat{\Sigma}$을 $\hat{\Sigma}(\gamma)$로 바꾸면 매개변수의 쌍으로 인덱싱된 공분산 $\hat{\Sigma}(\alpha, \gamma)$의 더욱 일반화된 계열을 만들어낸다.

12장에서 LDA의 다른 정칙화 버전을 논의한다. 이는 디지털화된 아날로그 신호와 이미지로부터 나온 데이터에 더 적합하다. 이 상황에서 특성들은 고차원이고 상관성이 있으며, LDA 계수를 신호의 원본 도메인 내에서 평활화되거나 희박해지도록 정칙화할 수 있다. 이는 더 나은 일반화로 이끌 수 있으며 계수를 더 쉽게 해석할 수 있도록 허용한다. 18장에서 차원이 매우 높은, 예를 들면 특성이 미세 배열 연구에서의 유전자 표현 측정치인 문제를 다룬다. 거기서의 방법들은 (4.14)에서 $\gamma = 0$인 경우 및 심하게 정칙화된 LDA의 다른 버전에 집중한다.

4.3.2 LDA를 위한 연산

다음 주제를 시작하기에 앞서, LDA 및 특히 QDA에 필요한 연산에 관한 다른 이야기를 잠시 하려 한다. 이들의 연산은 $\hat{\Sigma}$나 $\hat{\Sigma}_k$를 대각화해 단순화할 수 있다. 후자를 위해 각 $\hat{\Sigma}_k = \mathbf{U}_k\mathbf{D}_k\mathbf{U}_k^T$에 관해 고윳값 분해를 계산한다고 해보자. 이때 $\mathbf{U}_k$는 $p \times p$ 직교이며, $\mathbf{D}_k$는 양의 고윳값 $\delta_{k\ell}$의 대각행렬이다. 그러면 $\delta_k(x)$ (4.12)의 내용물은 다음과 같다.

- $(x - \hat{\mu}_k)^T\hat{\Sigma}_k^{-1}(x - \hat{\mu}_k) = [\mathbf{U}_k^T(x - \hat{\mu}_k)]^T\mathbf{D}_k^{-1}[\mathbf{U}_k^T(x - \hat{\mu}_k)]$
- $\log|\hat{\Sigma}_k| = \sum_\ell \log d_{k\ell}$

앞에서 개요를 설명한 연산 단계에 비춰 볼 때, LDA 분류기는 다음 단계의 쌍으로 구현할 수 있다.

- 공통 공분산 추정값 $\hat{\Sigma}$: $X^* \leftarrow \mathbf{D}^{-\frac{1}{2}}\mathbf{U}^T X$ 측면에서 데이터를 구형sphere으로 만든다. 이때 $\hat{\Sigma} = \mathbf{U}\mathbf{D}\mathbf{U}^T$이다. X^*의 공통 공분산 추정값은 이제 항등원identity이 된다.
- 클래스 사전 확률 π_k의 효과를 법modulo으로 해, 변환된 공간 내 가장 가까운 클래스 중심점으로 분류한다.

4.3.3 축소된 랭크 선형판별분석

지금까지 LDA를 제약된 가우스 분류기처럼 논의했다. 이것이 인기인 일부 이유는 추가적인 제약이 데이터의 정보적인 저차원 사영을 볼 수 있도록 해주는 데 기인한다.

p차원 입력 공간 내 K개 중심점이 $\leq K-1$인 아핀 부분공간에 놓이게 되며, p가 K보다 훨씬 크면 이는 차원을 상당히 하락하게 할 것이다. 게다가 가장 가까운 중심점의 위치를 찾을 때, 이 부분공간에 직교인 거리를 무시할 수 있다. 각 클래스에 관해 동일하게 기여할 것이기 때문이다. 따라서 단지 X^*를 이러한 중심점이 확장하는 부분공간 H_{K-1}에 사영시키고, 그곳에서 거리 비교를 할 수도 있을 것이다. 그러므로 LDA 내에서 근본적인 차원 축소가 있게 되며, 말하자면 단지 최대 $K-1$의 차원의 부분공간 내에서의 데이터만을 고려할 필요가 있게 된다. 가령 $K=3$이라면, 이는 데이터를 2차원 지점의, 색으로 코딩된 클래스로 데이터를 볼 수 있게 해준다. 이렇게 함으로써 LDA 분류에 필요한 정보의 어떠한 것도 포기하기 않게 될 것이다.

$K>3$이면 어떨까? 그러면 어떠한 의미에서 LDA에 최적인 $L<K-1$차원 부분공간 $H_L \subseteq H_{K-1}$를 찾아야 할 수도 있을 것이다. 피셔는 최적이라는 것을, 사영된 중심점이 분산 측면에서 가능한 최대한 퍼졌다는 것을 뜻하도록 정의했다. 이는 중심점 그들 자체의 주성분 부분공간을 찾는 것이 된다(주성분은 3.5.1절에 간단히 설명돼 있으며, 더 자세하게는 14.5.1절에 있다). 그림 4.4는 모음 데이터를 위한 최적 2차원 부분공간과 같은 것을 보여준다. 여기서는 10차원 입력 공간 내 11개 클래스가 있으며, 각각은 서로 다른 모음 소리를 가진다. 이 경우에 $K-1=p$이므로 중심점이 완전 공간을 필요로 하지만, 최적 2차원 부분공간을 보여주고 있다. 차원이 정렬돼 있으므로, 추가적인 차원을 순서대로 계산할 수 있다. 그림 4.8은 네 개의 추가적인 좌표의 쌍을 보여주며, 이는 또한 정준변수canonical variable 혹은 판별변수discriminant variable라 부른다. 요약하자면 LDA를 위한 최적 부분공간의 시퀀스를 찾는 것은 다음 단계를 필요로 한다.

- 클래스 중심점 $\mathbf{M}$의 $K \times p$ 행렬과 공통 공분산행렬 $\mathbf{W}$(클래스-내 공분산을 위해)를 계산한다.
- $\mathbf{W}$의 고윳값 분해를 사용해 $\mathbf{M}^* = \mathbf{M}\mathbf{W}^{-\frac{1}{2}}$을 계산한다.

- $\mathbf{M}^*$의 공분산 행렬 $\mathbf{B}^*$($\mathbf{B}$는 클래스간 공분산임) 및 이것의 고윳값 분해 $\mathbf{B}^* = \mathbf{V}^* \mathbf{D}_B \mathbf{V}^{*T}$를 계산한다. $\mathbf{V}^*$의 열 v_ℓ^*는 첫 번째로부터 마지막까지 순서대로 최적 부분공간의 좌표를 정의한다.

모든 연산을 합하면 ℓ번째 판별변수discriminant variable는 $Z_\ell = v_\ell^T X$로 주어지며 이때 $v_\ell = \mathbf{W}^{-\frac{1}{2}} v_\ell^*$이다.

피셔는 다른 경로를 통해 가우스 분포를 전혀 참조하지 않고 이러한 분해에 도달했다. 피셔는 다음의 문제를 제기했다.

> 클래스-간 분산between-class variance을 클래스-내 분산within-class variance과 비교해 상대적으로 최대가 되도록 선형 조합 $Z = a^T X$를 찾아라.

다시 말하자면 클래스-간 분산이라는 것은 Z의 클래스 평균의 분산이며 클래스-내 분산은 평균에 관해 합동된pooled 분산이다. 그림 4.9는 왜 이러한 기준이 이치에 맞는지 보여준다. 중심점을 지나는 방향이 평균을 가능한 한 최대로 분리하지만(즉 클래스-간 분산을 최대화한다), 공분산의 특성으로 인해 사영된 클래스 사이에 상당한 겹침이 있다. 공분산 또한 감안함으로써, 최소로 겹쳐지는 방향을 찾아낼 수 있다.

Z의 클래스-간 분산은 $a^T \mathbf{B} a$이고 클래스-내 분산은 $a^T \mathbf{W} a$이며, 이때 $\mathbf{W}$는 앞서 정의되며 $\mathbf{B}$는 클래스 중심점 행렬 $\mathbf{M}$의 공분산 행렬이다. $\mathbf{B} + \mathbf{W} = \mathbf{T}$이며 이때 $\mathbf{T}$는 X의 클래스 정보를 무시하는 전체 공분산행렬Total Covariance Matrix임을 주지하라.

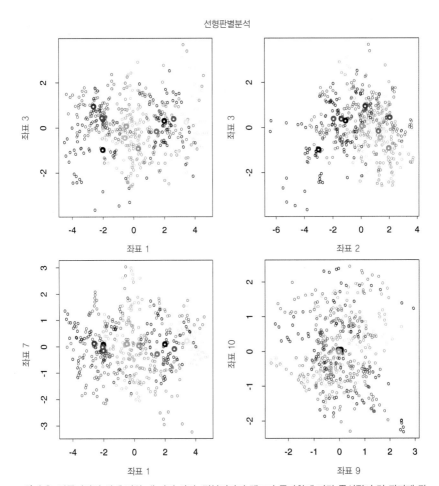

선형판별분석

그림 4.8 정준변량의 쌍에 관한 네 가지 사영. 정분변량의 랭크가 증가함에 따라 중심점이 덜 퍼지게 됨을 주지하라. 오른쪽 아래 패널에서 이들이 포개져 보이며, 클래스가 가장 혼란스러워 보인다.

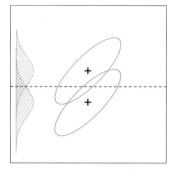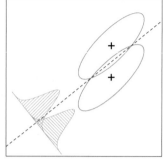

그림 4.9 중심점을 지나는 선이 중심점이 가장 크게 퍼지는 방향을 정의함에도, 사영된 데이터가 공분산으로 인해(왼쪽 패널) 겹쳐진다. 가우스 데이터에서 판별 방향이 이러한 겹침을 최소화한다(오른쪽 패널).

따라서 피셔의 문제는 레일리 몫$^{\text{Rayleigh quotient}}$의 최대화가 된다.

$$\max_{a} \frac{a^T \mathbf{B} a}{a^T \mathbf{W} a} \tag{4.15}$$

아니면 이와 동등하다.

$$\max_{a} a^T \mathbf{B} a \ \text{subject to} \ a^T \mathbf{W} a = 1 \tag{4.16}$$

이는 일반화된 고윳값 문제로, a는 $\mathbf{W}^{-1}\mathbf{B}$의 가장 큰 고윳값을 통해 주어진다. 최적의 a_1이 앞에서 정의된 v_1과 동일함을 보이는 것은(연습 4.1) 어렵지 않다. 이와 유사하게 $a_2^T \mathbf{B} a_2 / a_2^T \mathbf{W} a_2$가 최대화되도록, $\mathbf{W}$에서 a_1에 관해 직교인 다음 방향 a_2를 찾을 수 있다. 해는 $a_2 = v_2$이며, 이것이 계속 이어진다. a_ℓ은 판별함수와 혼동하지 않도록 판별좌표$^{\text{discriminant coordinates}}$라 부른다. 이들은 또한 정준변량$^{\text{canonical variates}}$이라고 부르는데, 이들 결과에 관한 대안적인 유도를 예측변수 행렬 X에 관한 지시자 반응 행렬 Y의 정준 상관분석을 통해 얻기 때문이다. 이 선^{line}에 관해서는 12.5절에서 계속 이어진다. 지금까지 전개된 것을 요약해보면 다음과 같다.

- 공통 공분산을 가지는 가우스 분류는 선형 결정 경계가 된다. 분류는 $\mathbf{W}$에 관해 데이터를 구체로 만들고^{sphering} ($\log \pi_k$를 법으로 해) 구체 공간 내에서 가장 가까운 중심점으로 분류해낼 수 있다.
- 중심점으로의 상대 거리만을 감안하므로, 데이터를 구체 공간 내 중심점에 의해 생성되는 부분공간으로 국한시킬 수 있다.

- 이 부분공간은 중심점 분할 측면에서 연속적인 최적 부분공간으로 더욱 분해될 수 있다. 이러한 분해는 피셔에 의한 분해와 동일하다.

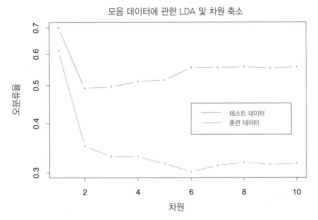

모음 데이터에 관한 LDA 및 차원 축소

그림 4.10 모음 데이터에 관한 훈련 및 테스트 오류율을 판별 부분공간의 차원에 관한 함수로 그린 것. 이 경우 이차원일 때 가장 좋은 오류율을 가진다. 그림 4.11은 이 공간 내 결정 경계를 보여준다.

축소된 부분공간은 (시각화를 위해) 데이터 축소 도구의 동기가 됐다. 이들을 분류를 위해 사용할 수 있을까? 근거는 무엇인가? 이들은 본래 유도한 것처럼 분명히 분류로 사용할 수 있다. 간단히 중심점까지의 거리 계산을 선택된 부분공간에서만으로 제한하는 것이다. 이는 가우스 분포의 중심점들이 $\mathbb{R}^p$의 L차원 부분공간에 놓인다는 추가적 제약을 가지는 가우스 분류 규칙임을 보일 수 있다. 최대가능도를 통해 이러한 모델을 적합시키고, 베이즈 정리를 사용해 사후 확률을 구축하면 앞서 묘사한 분류 규칙이 된다(연습 4.8).

가우스 분류는 거리 계산에서의 $\log\pi_k$ 수정 인자를 좌우한다. 이를 수정하는 이유는 그림 4.9에서 볼 수 있다. 오분류율은 두 밀도 사이의 겹치는 영역에 근거한다. 만일 π_k가 같다면 (그림에서 암묵적으로) 최적 절단점은 사영된 평균 사이의 중간이 된다. 만일 π_k가 같지 않으면, 절단점을 더 작은smaller 클래스로 옮기는 것이 오류율을 개선시킬 것이다. 두 클래스에 관해 앞서 언급했듯이, LDA(혹은 다른 어떠한 방법이든지)를 사용해 선형 규칙을 유도한 뒤, 훈련 데이터에 관해 오분류를 최소화하도록 절단점을 선택할 수 있다.

축소된 랭크 제약의 이점에 관한 예제를 위해 모음 데이터로 돌아가보자. 11개 클래스와 10개 변수가 있으므로, 분류기를 위해 쓸 수 있는 차원이 10차원이다. 이들 각각의 계층적인hierarchical 부분공간에서 훈련 및 테스트오차를 계산할 수 있다. 그림 4.10은 결과를 보여준다. 그림 4.11은 2차원 LDA 해에 근거한 분류기를 위한 결정 경계를 보여준다.

축소된 부분공간에서의 분류

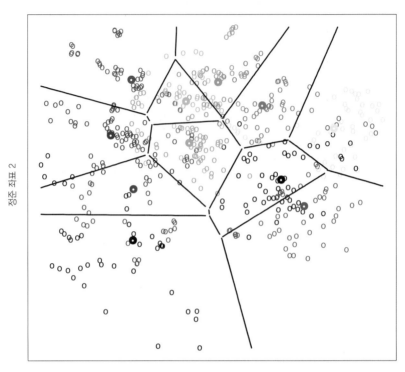

정준 좌표 1

그림 4.11 모음 훈련 데이터를 위한 첫 번째 두 정준변량에 의해 생성된 2차원 부분공간에서의 결정 경계. 더 고차원인 어떠한 부분공간에서든지 결정 경계는 고차원의 아핀 평면이며, 선으로 표현될 수 없음을 주지하라.

피셔의 축소된 랭크 판별분석과 지시자 반응행렬의 회귀 사이에는 밀접한 관계가 있다. 결국 LDA는 회귀임이 밝혀지게 되며, 이 회귀 다음에 $\hat{\mathbf{Y}}^T\mathbf{Y}$의 고윳값 분해가 뒤따른다. 2 클래스의 경우 단일 판별변수가 있으며 이는 $\hat{\mathbf{Y}}$의 열 중 하나에 관한 스칼라 곱과 무관하게 동일하다. 이들 관계는 12장에서 발전시킨다. 이와 연관된 사실로는 원본 예측변수 $\mathbf{X}$를 $\hat{\mathbf{Y}}$로 변환하면, $\hat{\mathbf{Y}}$를 사용하는 LDA는 원본 공간에서의 LDA와 동일하다.

4.4 로지스틱회귀

로지스틱회귀모델은 x에서의 선형함수를 통해 K 클래스의 사후확률을 모델링하는 동시에 이들의 합이 1이고 $[0, 1]$ 내에 남아 있도록 하려는 의도에서 나왔다. 모델은 다음의 형태를 가진다.

$$\log \frac{\Pr(G = 1|X = x)}{\Pr(G = K|X = x)} = \beta_{10} + \beta_1^T x$$

$$\log \frac{\Pr(G = 2|X = x)}{\Pr(G = K|X = x)} = \beta_{20} + \beta_2^T x \tag{4.17}$$

$$\vdots$$

$$\log \frac{\Pr(G = K - 1|X = x)}{\Pr(G = K|X = x)} = \beta_{(K-1)0} + \beta_{K-1}^T x$$

모델은 (확률의 합이 1이 되도록 하는 제약을 반영해) $K - 1$개 로그-오즈 혹은 로짓 변환 측면에서 구체화된다. 이 모델이 마지막 클래스를 오즈비에서의 분모로 사용하지만, 분모로 무엇을 선택하냐는 추정값이 이러한 선택하에서 등변^{equivariant} 이므로 임의적이다. 다음은 단순한 계산을 보여주며 이들을 합하면 분명히 1이 된다.

$$\Pr(G = k|X = x) = \frac{\exp(\beta_{k0} + \beta_k^T x)}{1 + \sum_{\ell=1}^{K-1} \exp(\beta_{\ell 0} + \beta_\ell^T x)}, \quad k = 1, \ldots, K - 1$$

$$\Pr(G = K|X = x) = \frac{1}{1 + \sum_{\ell=1}^{K-1} \exp(\beta_{\ell 0} + \beta_\ell^T x)} \tag{4.18}$$

전체 매개변수 집합 $\theta = \{\beta_{10}, \beta_1^T, \ldots, \beta_{(K-1)0}, \beta_{K-1}^T\}$에 관한 의존성을 강조하기 위해, 확률을 $\Pr(G = k|X = x) = p_k(x; \theta)$로 표기한다.

$K = 2$일 때, 오직 하나의 선형함수밖에 없으므로 이 모델은 특히 단순해진다. 이는 이진 반응(2 클래스)이 꽤 자주 발생하는 생물통계적 응용에서 널리 쓰인다. 예를 들면 환자의 생존과 사망, 심장 질환이 있는지 없는지, 아니면 조건이 존재하는지 없는지 등이 있다.

4.4.1 로지스틱회귀모델 적합

로지스틱회귀모델은 주로 X가 주어졌을 때 G의 조건부 가능도를 사용해 최대가능도를 통해 적합시킨다. $\Pr(G|X)$가 완벽히 조건부 분포를 구체화하므로, 다항multinomial 분포가 적절하다. N개 관측치에 관한 로그 가능도는 다음과 같다.

$$\ell(\theta) = \sum_{i=1}^{N} \log p_{g_i}(x_i; \theta) \tag{4.19}$$

이때 $p_k(x_i; \theta) = \Pr(G = k|X = x_i; \theta)$이다.

우리는 2 클래스의 경우 알고리즘이 상당히 단순해지므로 이를 자세히 논의한다. 2 클래스 g_i를 0/1 반응 y_i를 통해서 코딩하면 편리해진다. 이때 $g_i = 1$일 때 $y_i = 1$이고, $g_i = 2$일 때 $y_i = 0$이다. $p_1(x; \theta) = p(x; \theta)$, $p_2(x; \theta) = 1 - p(x; \theta)$라 하자. 로그 가능도는 다음으로 쓸 수 있다.

$$
\begin{aligned}
\ell(\beta) &= \sum_{i=1}^{N} \Big\{ y_i \log p(x_i; \beta) + (1 - y_i) \log(1 - p(x_i; \beta)) \Big\} \\
&= \sum_{i=1}^{N} \Big\{ y_i \beta^T x_i - \log(1 + e^{\beta^T x_i}) \Big\}
\end{aligned}
\tag{4.20}
$$

여기서 $\beta = \{\beta_{10}, \beta_1\}$이며, 입력 x_i의 벡터는 절편을 감안하도록 상수항을 포함한다고 가정한다.

로그 가능도를 최대화하기 위해 이것의 미분을 0으로 둔다. 이들 점수score 방정식은 다음과 같으며, 이는 β에서 비선형인nonlinear $p + 1$ 방정식이다.

$$\frac{\partial \ell(\beta)}{\partial \beta} = \sum_{i=1}^{N} x_i(y_i - p(x_i; \beta)) = 0 \tag{4.21}$$

x_i의 첫 번째 구성 요소가 1이므로, 첫 번째 점수 방정식은 $\sum_{i=1}^{N} y_i = \sum_{i=1}^{N} p(x_i; \beta)$를 구체화한다. 이는 관측된 숫자에 들어맞는 클래스의 기대 숫자값이다(그리고 따라서 클래스 2도 그러하다).

점수 방정식 (4.21)을 풀려면, 뉴턴-랩슨 알고리즘을 사용한다. 이는 이계도함수 혹은 헤세행렬Hessian matrix을 필요로 한다.

$$\frac{\partial^2 \ell(\beta)}{\partial \beta \partial \beta^T} = -\sum_{i=1}^{N} x_i x_i^T p(x_i; \beta)(1 - p(x_i; \beta)) \tag{4.22}$$

β^{old}로 시작해, 단일 뉴턴 업데이트는 다음과 같다.

$$\beta^{\text{new}} = \beta^{\text{old}} - \left(\frac{\partial^2 \ell(\beta)}{\partial\beta\partial\beta^T}\right)^{-1} \frac{\partial\ell(\beta)}{\partial\beta} \tag{4.23}$$

이때 도함수는 β^{old}에서 값매김된다.

점수 및 헤세 값을 행렬 표기로 쓰면 편리하다. $\mathbf{y}$를 y_i의 벡터로, $\mathbf{X}$를 x_i 값들의 $N \times (p+1)$ 행렬로, p를 i번째 요소가 $p(x_i; \beta^{\text{old}})$인 적합된 확률의 벡터로, $\mathbf{W}$를 i번째 대각 요소가 $p(x_i; \beta^{\text{old}})(1 - p(x_i; \beta^{\text{old}}))$인 가중치의 대각행렬이라 하자. 그러면 다음을 얻는다.

$$\frac{\partial\ell(\beta)}{\partial\beta} = \mathbf{X}^T(\mathbf{y} - \mathbf{p}) \tag{4.24}$$

$$\frac{\partial^2 \ell(\beta)}{\partial\beta\partial\beta^T} = -\mathbf{X}^T\mathbf{W}\mathbf{X} \tag{4.25}$$

그러므로 뉴턴 단계는 다음과 같다.

$$\begin{aligned}\beta^{\text{new}} &= \beta^{\text{old}} + (\mathbf{X}^T\mathbf{W}\mathbf{X})^{-1}\mathbf{X}^T(\mathbf{y} - \mathbf{p}) \\ &= (\mathbf{X}^T\mathbf{W}\mathbf{X})^{-1}\mathbf{X}^T\mathbf{W}\left(\mathbf{X}\beta^{\text{old}} + \mathbf{W}^{-1}(\mathbf{y} - \mathbf{p})\right) \\ &= (\mathbf{X}^T\mathbf{W}\mathbf{X})^{-1}\mathbf{X}^T\mathbf{W}\mathbf{z}\end{aligned} \tag{4.26}$$

두 번째 줄과 세 번째 줄에서 뉴턴 단계를 반응이 다음과 같은 가중 최소제곱단계로 다시 표현했다.

$$\mathbf{z} = \mathbf{X}\beta^{\text{old}} + \mathbf{W}^{-1}(\mathbf{y} - \mathbf{p}) \tag{4.27}$$

이 반응은 때때로 수정된 반응adjusted response이라고 부른다. 각 반복마다 p가 변하므로 이들 방정식이 반복적으로 풀어지며, 따라서 $\mathbf{W}$와 $\mathbf{z}$도 그러하다. 이 알고리즘은 각 반복마다 가중 최소제곱 문제를 푸므로 반복적 재가중 최소제곱iteratively reweighted least squares 혹은 IRLS가 부른다.

$$\beta^{\text{new}} \leftarrow \arg\min_{\beta}(\mathbf{z} - \mathbf{X}\beta)^T\mathbf{W}(\mathbf{z} - \mathbf{X}\beta) \tag{4.28}$$

$\beta = 0$이 반복 절차의 좋은 시작값으로 보이지만, 수렴이 반드시 보장되지는 않는다. 로그 가능도가 오목하므로 통상적으로 이 알고리즘은 수렴하지만, 오버슈팅이 발생할 수 있다. 로그 가능도가 감소하는 드문 경우, 단계 크기를 반감시키면 수렴을 보장할 것이다.

다중 클래스의 경우($K \geq 3$) 뉴턴 알고리즘 또한 반복적으로 재가중된 최소제곱 알고리즘으로 표현할 수 있지만, $K-1$개 반응의 벡터vector 및 관측치마다의 대각이 아닌 가중 행렬이 있게 된다. 후자는 어떠한 단순한 알고리즘이든지 배제시키므로, 이 경우 확장된 벡터 θ로 직접 작업하는 것이 수치적으로 더 편리하다(연습 4.4). 아니면 좌표-하강법coordinate-descent methods(3.8.6절)을 사용해 로그 가능도를 효율적으로 최대화할 수 있다. R 패키지 glmnet(Friedman et al., 2010)이 N과 p모두에서 매우 큰 로지스틱회귀 문제를 효율적으로 적합시킬 수 있다. 이는 정칙화된 모델을 적합시키기 위해 디자인됐음에도 비정칙화된 적합을 위한 옵션을 허용한다.

로지스틱회귀모델은 목표가 결과를 설명explaining하는 입력 변수의 역할을 이해하는 것일 때의 데이터 분석과 추론 도구로 대부분 사용된다. 통상적으로 많은 모델이 어쩌면 몇몇 상호작용 항을 가지는 변수의 부분집합을 수반하는 인색적인 모델을 탐색하는 데 잘 어울린다. 다음 예제는 이에 수반하는 몇몇 문제를 보여준다.

표 4.2 남아프리카 심장 질병 데이터를 적합시킨 로지스틱회귀로부터의 결과

	계수	표준오차	Z 점수
(Intercept)	−4.130	0.964	−4.285
sbp	0.006	0.006	1.023
tobacco	0.080	0.026	3.034
ldl	0.185	0.057	3.219
famhist	0.939	0.225	4.178
obesity	−0.035	0.029	−1.187
alcohol	0.001	0.004	0.136
age	0.043	0.010	4.184

4.4.2 예제: 남아프리카인 심장병

여기서 로지스틱회귀모델을 전통적인 통계적 사용 사례로 보여주기 위한 이진 데이터의 분석을 제시한다. 그림 4.12의 데이터는 관상동맥 위험 요인 연구CORIS, Coronary Risk-Factor Study 기본 조사의 일부로, 남아프리카공화국 웨스턴케이프의 세 곳의 전원 지역에서 수행됐다(Rousseauw et al., 1983). 연구의 목적은 고발병 지역에서의 허혈성 심장질환 위험 요소의 강도를 수립하는 것이다. 데이터는 15세에서 64세 사이의 백인을 나타내며, 응답 변수는 조사 기간에 심근경색MI, Myocardial Infarction의 유무다(MI의 전반적인 유병률은 이 지역에서 5.1%이다). 데이터셋에는 160개의 사례가 있으며, 302개의 대조군 표본이 있다. 이들 데이터는 헤이스티와 팁

시라니(1987)에 더 자세히 설명돼 있다.

우리는 최대가능도를 통해 로지스틱회귀를 적합시키며, 결과는 표 4.2에 있다. 이 요약은 모델 내 각 계수의 Z점수를 포함한다(계수를 이들의 표준오차로 나눈 것). 유의하지 않은 Z점수는 계수가 모델에서 버려질 수 있음을 의미한다. 이들 각각은 문제가 되는 계수가 영(0)인 한편, 나머지 모두는 영이 아닌 귀무가설의 검정 (또한 왈드 검정이라 부른다)에 형식적으로 해당한다. 절댓값으로 대략 2보다 큰 Z점수는 5% 수준으로 유의하다.

계수들의 표에서 몇 가지 놀라운 점이 있으며, 이들은 주의해 해석해야 할 것이다. 수축기 혈압(sbp)이 유의하지 않다! 비만도 또한 그러하며, 음의 부호를 가진다. 이러한 혼란의 이유는 예측변수 집합 사이의 상관성에 따른 결과다. sbp와 obesity 모두 그들 단독으로는 유의미하며, 양의 부호를 가진다. 그러나 많은 다른 상관관계가 있는 변수들이 있기 때문에, 이들은 더 이상 필요하지 않다(그리고 심지어 음의 부호를 가질 수도 있다).

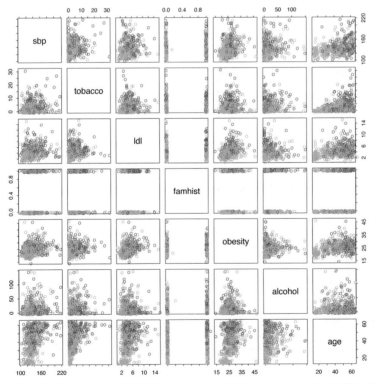

그림 4.12 남아프리카 심장 질환 데이터의 산포도 행렬. 각 그림은 위험 요소의 쌍을 보여주며, 사례군과 대조군은 색으로 코딩돼 있다(적색이 사례이다). 심장 질환의 가족력 변수(famhist)는 이진이다(예 혹은 아니요).

표 4.3 남아프리카인 심장 질환 데이터의 단계별 로지스틱회귀 적합 결과

	계수	표준오차	Z 점수
(절편)	−4.204	0.498	−8.45
tobacco	0.081	0.026	3.16
ldl	0.168	0.054	3.09
famhist	0.924	0.223	4.14
age	0.044	0.010	4.52

이 단계에서 분석가가 일부 모델 선택을 할 수도 있다. chd의 유병률에 관한 이들의 결합 효과를 설명하는 데 충분한 변수의 부분집합을 찾는 것이다. 이를 위한 한 가지 방법은 가장 덜 유의한 계수를 버리고, 모델을 다시 적합시키는 것이다. 이는 모델에서 다른 항이 더 이상 버려지지 않을 때까지 반복시켜 한다. 이는 표 4.3의 모델을 내준다.

더 낫지만 시간이 더 걸리는 전략은 하나의 변수를 제거하면서 모델을 다시 적합시키고, 이탈도 분석analysis of deviance을 수행해 어떤 변수를 제외시킬지 결정하는 것이다. 적합된 모델의 잔차 이탈도는 로그 가능도의 두 배의 음수이고, 두 모델 간 이탈도는 이들의 개별적인 잔차 이탈도의 차이이다(제곱합과 비슷하다). 이 전략은 앞에서와 동일한 최종 모델을 내줬다.

예를 들면 담배tobacco의 계수 0.081(표준오차 = 0.02)은 어떻게 해석할 수 있을까. 담배는 생애 전체 사용량을 킬로그램으로 측정하며, 대조군의 중앙값은 1.0kg이고 사례군은 4.1kg이다. 따라서 생애 담배 사용량의 1kg 증가는 허혈성 심장질환의 오즈비를 exp(0.081) = 1.084 혹은 8.4% 높인다. 표준오차를 포함시키면 exp(0.081 ± 2 × 0.026) = (1.03, 1.14)으로 대략적인 95% 신뢰구간을 얻는다.

5장에서 이 데이터로 다시 돌아가 몇몇 변수가 비선형적인 효과를 가지며, 적절하게 모델링됐을 때 이들이 모델로부터 제외되지 않음을 볼 것이다.

4.4.3 이차근사 및 추론

최대가능도 매개변수 추정값 $\hat{\beta}$는 자기 일관성self-consistency 관계를 만족한다. 이들은 가중 최소제곱 적합의 계수이며, 이때 반응은 다음과 같다.

$$z_i = x_i^T \hat{\beta} + \frac{(y_i - \hat{p}_i)}{\hat{p}_i(1 - \hat{p}_i)} \tag{4.29}$$

그리고 가중치는 $w_i = \hat{p}_i(1 - \hat{p}_i)$이며, 둘 다 그 스스로 $\hat{\beta}$에 의존한다. 이러한 최소제곱과의 관계는 편리한 알고리즘을 제공하는 것과 별개로 제공하는 것이 더 있다.

- 가중 잔차 제곱합은 익숙한 피어슨 카이스퀘어 통계량이며, 이는 이탈도의 이차근사다.

$$\sum_{i=1}^{N} \frac{(y_i - \hat{p}_i)^2}{\hat{p}_i(1 - \hat{p}_i)} \tag{4.30}$$

- 점근적 가능도 이론은 모델이 올바르다면 $\hat{\beta}$가 일관성이 있다고 말한다(즉 참된 β로 수렴한다).
- 그러면 중심극한정리는 $\hat{\beta}$의 분포가 $N(\beta, (\mathbf{X}^T\mathbf{W}\mathbf{X})^{-1})$로 수렴함을 보인다. 이것 및 다른 점근성들asymptotics은 정규 이론 추론normal theory inference을 흉내냄으로써 가중 최소제곱으로부터 직접 유도될 수 있다.
- 로지스틱회귀모델을 위한 모델 구축은 비용이 비쌀 수 있는데, 각 적합된 모델이 반복을 필요로 하기 때문이다. 인기 있는 지름길로는 라오 점수 검정Rao score test이 있는데 이는 항이 포함되는지 테스트하고, 항이 제외되는지 검사하는 데 쓰일 수 있는 왈드 검정을 테스트한다. 이들 모두 반복적 적합을 필요로 하지 않으며, 현재 모델의 최대가능도 적합에 근거한다. 결국 이들 둘 다 같은same 가중치를 사용해 가중된 최소제곱 적합으로부터 항을 추가하거나 버리는 것이 된다. 이러한 연산은 전체 가중 최소제곱 적합을 재계산하지 않고 효율적으로 할 수 있다.

소프트웨어 구현이 이들 연관성을 이용할 수 있다. 예를 들면 R에서의 일반화 선형 모델링 소프트웨어(이항 계열 모델의 일부로 로지스틱회귀를 포함한다)는 이들을 완전하게 사용한다. GLM(일반화 선형 모델) 개체는 선형 모델 개체로 다룰 수 있으며, 선형 모델을 위한 모든 도구를 자동으로 적용할 수 있다.

4.4.4 L_1 정칙화 로지스틱회귀

라쏘에서 쓰이는 L_1 벌점(3.4.2절)은 어떠한 선형회귀모델에서든지 변수 선택 및 수축에 쓰일 수 있다. 로지스틱회귀를 위해 (4.20)의 벌점화 버전을 최대화할 것이다.

$$\max_{\beta_0, \beta} \left\{ \sum_{i=1}^{N} \left[y_i(\beta_0 + \beta^T x_i) - \log(1 + e^{\beta_0 + \beta^T x_i}) \right] - \lambda \sum_{j=1}^{p} |\beta_j| \right\} \quad (4.31)$$

라쏘에서와 같이 통상적으로 절편 항을 벌점화하지 않으며, 벌점이 의미가 있도록 예측변수를 표준화한다. 기준 (4.31)은 오목하며 비선형 프로그래밍 방법(예를 들면 고 외(Koh et al., 2007))을 사용해 해를 찾을 수 있다. 그렇지 않으면 4.4.1절에서의 뉴턴 알고리즘에서 쓰인 같은 이차근사를 사용해, 가중 라쏘 알고리즘을 반복 적용해 (4.31)을 풀 수 있다. 흥미롭게도 영이 아닌 계수를 가지는 변수를 위한 점수 방정식[(4.24)를 보라]은 다음의 형식을 가진다.

$$\mathbf{x}_j^T(\mathbf{y} - \mathbf{p}) = \lambda \cdot \text{sign}(\beta_j) \quad (4.32)$$

이는 3.4.4절에서의 (3.58)을 일반화한다. 활성 변수가 잔차를 통해 이들의 일반화된generalized 상관계수와 묶이는 것이다.

라쏘를 위한 LAR과 같은 경로 알고리즘은 더 어려운데, 계수 프로파일이 선형이라기보다는 조각별로 평활하기 때문이다. 어쨌든 이차근사를 사용해 경과를 만들어낼 수 있다.

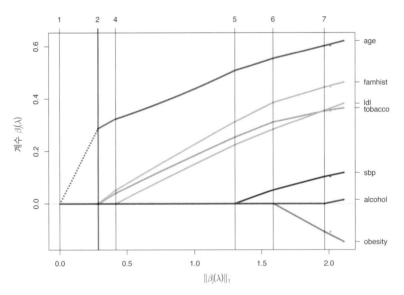

그림 4.13 남아프리카 심장 질환 데이터를 위한 L_1 정칙화 로지스틱회귀계수를 L_1 노름의 함수로 그린 것. 변수들은 같은 분산을 가지도록 모두 표준화돼 있다. 프로파일이 정확히 각 그려진 지점마다 계산돼 있다.

그림 4.13은 4.4.2절의 남아프리카 심장 질환 데이터를 위한 L_1 정칙화 경로를 보여준다. 이 그림은 R 패키지 glmpath를 사용해 만들어졌다(Park and Hastie, 2007). 이는 영이 아닌 계수의 활성집합이 변할 때의(그림에서 수직선) λ의 정확한 값을 식별하는데 볼록 최적화의 예측자-수정자predictor-corrector 방법을 사용한다. 여기서는 프로파일이 거의 선형으로 보인다. 다른 예제에서는 곡률이 더 잘 보일 것이다.

좌표 하강법Coordinate descent methods(3.8.6절)은 λ를 위한 값의 격자에서 계수를 계산하는 데 매우 효율적이다. R 패키지 glmnet(Friedman et al., 2010)은 매우 큰(N이나 p가 큰) 로지스틱회귀 문제를 위한 계수 경로를 효과적으로 적합시킬 수 있다. 이들의 알고리즘은 예측변수 행렬 $\mathbf{X}$에서의 희박성을 활용할 수 있으며, 심지어 더 큰 문제도 허용한다. 18.4절에서 더 자세한 내용 및 L_1 정칙화 다항 모델에 관한 논의를 보라.

4.4.5 로지스틱회귀 아니면 LDA?

4.3절에서 클래스 k와 K 사이의 로그-사후 오즈가 x의 선형함수임을 발견했다 (4.9).

$$
\begin{aligned}
\log \frac{\Pr(G=k|X=x)}{\Pr(G=K|X=x)} &= \log \frac{\pi_k}{\pi_K} - \frac{1}{2}(\mu_k + \mu_K)^T \Sigma^{-1}(\mu_k - \mu_K) \\
&\quad + x^T \Sigma^{-1}(\mu_k - \mu_K) \\
&= \alpha_{k0} + \alpha_k^T x
\end{aligned}
\tag{4.33}
$$

이 선형성은 클래스 밀도를 위한 가우스 가정은 물론 공통 공분산 행렬 가정의 결과다. 선형 로지스틱 모델(4.17)을 구축하면 선형 로짓logits을 가진다.

$$
\log \frac{\Pr(G=k|X=x)}{\Pr(G=K|X=x)} = \beta_{k0} + \beta_k^T x
\tag{4.34}
$$

두 모델이 같아 보인다. 이들은 정확히 같은 형식을 가지지만, 선형 계수가 추정되는 방법에서 차이가 있다. 로지스틱회귀모델은 가정이 덜하다는 점에서 더 일반적이다. X와 G의 결합밀도joint density는 다음과 같이 쓸 수 있다.

$$
\Pr(X, G=k) = \Pr(X)\Pr(G=k|X)
\tag{4.35}
$$

이때 $\Pr(X)$는 입력 X의 주변 밀도를 뜻한다. LDA 및 로지스틱회귀 모두에서, 오른쪽의 두 번째 항이 로짓-선형 형식을 가진다.

$$\Pr(G = k|X = x) = \frac{e^{\beta_{k0} + \beta_k^T x}}{1 + \sum_{\ell=1}^{K-1} e^{\beta_{\ell 0} + \beta_\ell^T x}} \tag{4.36}$$

이때 또 다시 마지막 클래스를 참조로써 임의적으로 선택한다.

로지스틱회귀모델은 X의 주변밀도를 임의적인 밀도함수 $\Pr(X)$로 놓고, 확률 $\Pr(G = k|X)$를 가지는 다항 가능도인 조건부 가능도conditional likelihood를 최대화함으로써 $\Pr(G|X)$의 매개변수를 적합시킨다. $\Pr(X)$가 완전히 무시됨에도, 이러한 주변 밀도를 각 관측치에 질량 $1/N$를 주는 경험적 분포함수를 사용해 완전히 비모수적이고 비제약적인 방식으로 추정되는 것으로 생각할 수 있다.

우리는 LDA를 통해 전체 로그 가능도를 최대화해 매개변수를 적합시킨다. 이는 결합밀도에 근거한다.

$$\Pr(X, G = k) = \phi(X; \mu_k, \boldsymbol{\Sigma})\pi_k \tag{4.37}$$

이때 ϕ는 가우스 밀도함수다. 표준 정규 이론은 쉽게 4.3절에서 주어진 $\hat{\mu}_k$, $\hat{\boldsymbol{\Sigma}}$ 그리고 $\hat{\pi}_k$의 추정값으로 이어진다. 로지스틱 형식(4.33)의 선형 매개변수가 가우스 매개변수의 함수이므로, 해당하는 추정값에 끼워 넣음으로써 이들의 최대가능도 추정값을 얻는다. 그러나 조건부인 경우와 다르게, 주변 밀도 $\Pr(X)$는 여기서 역할을 가진다. 이는 혼합 밀도이며 이 또한 매개변수를 포함한다.

$$\Pr(X) = \sum_{k=1}^{K} \pi_k \phi(X; \mu_k, \boldsymbol{\Sigma}) \tag{4.38}$$

이러한 추가적인 성분/제약이 무슨 역할을 할까? 추가적인 모델 가정에 의존함으로써, 매개변수에 관한 더 많은 정보를 가지게 되고 따라서 이들을 더 효율적으로 추정할 수 있다(낮은 분산). 실제로 참된 $f_k(x)$가 가우스라면, 가능도의 이러한 주변 부분을 무시하는 최악의 경우에서는 오류율의 효율성을 점근적으로 약 30%만큼 잃는 것이 된다(Efron, 1975). 의역하자면 30%의 더 많은 데이터가 있으면 조건부 가능도 또한 할 수 있을 것이라는 말이다.

예를 들면 결정 경계에서 한참 먼 관측치들은(이들은 로지스틱회귀에 의해 덜 가중된다) 공통 공분산행렬을 추정하는 데 역할을 한다. 이는 좋은 뉴스가 전혀 아니다. 이는 또한 LDA가 심한 특이값에 관해 로버스트하지 않다는 것을 뜻하기 때문이다.

혼합 형식화mixture formulation에서 보면, 클래스 라벨이 없는 관측치조차 매개변수에 관한 정보를 가지고 있음이 분명하다. 클래스 라벨을 생성하는 것은 값비싼 일인 경우가 자주 있지만, 미분류된 관측치는 값이 싸지게 된다. 여기에서와 같이 강한 모델 가정에 의존함으로써, 양쪽 형태의 정보 모두를 사용할 수 있다.

주변 가능도는 정칙자regularizer로 생각할 수 있다. 이는 이러한 주변적인 시점에서 클래스 밀도를 볼 수 있다visible는 어떠한 개념을 필요로 한다. 예를 들면 2 클래스 로지스틱회귀모델 내 데이터가 초평면에 의해 완벽하게 분리될 수 있다면, 매개변수의 최대가능도 추정값은 정의되지 않는다(즉 무한하다. 연습 4.5를 보라). 같은 데이터를 위한 LDA 계수는 잘 정의될 것이다. 주변 가능도가 이러한 퇴화degeneracies를 허용하지 않기 때문이다.

실제로 이들 가정은 절대 옳지 않으며, X의 일부 성분이 질적 변수인 일이 잦다. 일반적으로 로지스틱회귀가 더 적은 가정에 의존하는 LDA 모델보다 더 안전하며 로버스트한 베팅이라고 느껴진다. 경험에서 보면 심지어 LDA를 질적 예측 변수와 함께 쓰는 것과 같이 부적절하게 사용한다 하더라도 모델들이 매우 유사한 결과를 내준다.

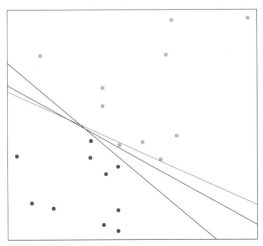

그림 4.14 초평면에 의해 분리된 두 클래스로 된 작은 예제. 주황색 선은 최소제곱 해로, 이는 훈련 지점 중 하나를 오분류한다. 또한 서로 다른 무작위 시작점을 가지는 퍼셉트론 학습 알고리즘에 의해 발견된 두 개의 파란색 분리초평면을 볼 수 있다.

4.5 분리초평면

지금까지 선형판별분석과 로지스틱회귀 모두 유사하지만 약간 다른 방법으로 선형 결정 경계를 추정한다는 것을 봤다. 4장의 나머지에서는 분리초평면 분류기를 설명한다. 이들 과정은 데이터를 가능한 서로 다른 클래스로 명시적으로 분리시키려 하는 선형 결정 경계를 구축한다. 이들은 12장에서 논의하는 서포트벡터분류기를 위한 기본을 제공한다. 이 절에서의 수학적 수준은 이전 절들보다 다소 높다.

그림 4.14는 $\mathbb{R}^2$에서의 두 클래스에서의 20개 데이터 지점을 보여준다. 이들 데이터는 선형 경계를 통해 분리할 수 있다. 그림에 포함된 것(파란 선)들은 무한히 많을 수 있는 **분리초평면**separating hyperplanes 중 두 가지다. 주황색 선은 문제에 관한 최소제곱 해로, $-1/1$ 반응 Y를 X에 회귀시켜 얻어냈다(절편과 함께). 선은 다음과 같이 주어진다.

$$\{x : \hat{\beta}_0 + \hat{\beta}_1 x_1 + \hat{\beta}_2 x_2 = 0\} \tag{4.39}$$

이 최소제곱 해는 점들을 완벽하게 분리하지 못하며, 하나의 오류를 만든다. 이는 2 클래스 경우의 선형회귀와와 동등성 측면에서 LDA에 의해 발견된 경계와 같다(4.3절 및 연습 4.2).

입력 특성의 선형 조합을 계산하고 부호를 반환하는 (4.39)와 같은 분류기는 1950년대 후반 공학 학계에서 **퍼셉트론**perceptrons이라 불려왔다(Rosenblatt, 1958). 퍼셉트론은 1980년대와 1990년대의 신경망 모델의 토대가 됐다.

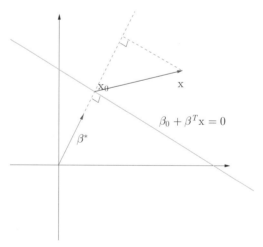

그림 4.15 초평면의 선형대수(아핀집합)

계속하기 전에 주제에서 벗어나 약간의 벡터 대수를 다시 보자. 그림 4.15는 방정식 $f(x) = \beta_0 + \beta^T x = 0$에 의해 정의된 초평면 혹은 아핀집합 L을 묘사하며 $\mathbb{R}^2$ 안에 있으므로 이는 선이다.

여기서 몇 가지 속성에 관해 나열해본다.

1. L에 놓인 임의의 두 점 x_1과 x_2에 관해 $\beta^T(x_1 - x_2) = 0$이며, 따라서 $\beta^* = \beta/\|\beta\|$는 L의 표면에 관해 법선인 벡터다.
2. L내 임의의 점 x_0에 관해 $\beta^T x_0 = -\beta_0$이다.
3. 임의의 점 x에서 L까지의 부호 있는 거리는 다음과 같이 주어진다.

$$
\begin{aligned}
\beta^{*T}(x - x_0) &= \frac{1}{\|\beta\|}(\beta^T x + \beta_0) \\
&= \frac{1}{\|f'(x)\|} f(x)
\end{aligned}
\tag{4.40}
$$

여기서 $f(x)$는 x로부터 $f(x) = 0$으로 정의된 초평면까지의 부호 있는 거리에 비례한다.

4.5.1 로젠블랫의 퍼셉트론 학습 알고리즘

퍼셉트론 학습 알고리즘perceptron learning algorithm은 오분류된 점에서 결정 경계까지의 거리를 최소화함으로써 분리초평면을 찾으려 시도한다. 반응 $y_i = 1$이 오분류돼 있다면, $x_i^T \beta + \beta_0 < 0$이며, $y_i = -1$인 오분류 응답과 반대가 된다. 목표는 다음을 최소화하는 것이다.

$$
D(\beta, \beta_0) = -\sum_{i \in \mathcal{M}} y_i(x_i^T \beta + \beta_0)
\tag{4.41}
$$

이때 $\mathcal{M}$은 오분류 지점의 집합을 인덱싱한다. 양quantity은 비음수이며 오분류된 점에서 $\beta^T x + \beta_0 = 0$로 정의된 결정 경계까지의 거리와 비례한다. ($\mathcal{M}$이 고정돼 있다고 가정하고) 기울기는 다음과 같이 주어진다.

$$
\partial\frac{D(\beta, \beta_0)}{\partial \beta} = -\sum_{i \in \mathcal{M}} y_i x_i
\tag{4.42}
$$

$$
\partial\frac{D(\beta, \beta_0)}{\partial \beta_0} = -\sum_{i \in \mathcal{M}} y_i
\tag{4.43}
$$

이 알고리즘은 실제 이러한 조각별 선형 기준을 최소화하기 위해 **확률적 경사 하강** stochastic gradient descent을 사용한다. 이는 음의 기울기 방향 단계 이전에 각 관측치의 기울기 공헌도의 합을 계산하기보다는, 각 관측치를 접근한 후에 단계를 밟게 된다. 그러므로 오분류된 관측치를 어떠한 순서에 따라 방문하게 되며, 매개변수 β는 다음을 통해 업데이트된다.

$$\begin{pmatrix} \beta \\ \beta_0 \end{pmatrix} \leftarrow \begin{pmatrix} \beta \\ \beta_0 \end{pmatrix} + \rho \begin{pmatrix} y_i x_i \\ y_i \end{pmatrix} \tag{4.44}$$

여기서 ρ는 학습율로, 이 경우 일반성generality하에서 손실 없이 1을 취할 수 있다. 클래스가 선형적으로 분리 가능하면, 알고리즘이 유한한 숫자의 단계로 분리초평면으로 수렴한다는 것을 보일 수 있다(연습 4.6). 그림 4.14는 작은 문제를 위한 두 개의 해를 보여주며, 각각은 서로 다른 무작위 추측에서 시작한다.

이 알고리즘에는 몇몇 문제가 있는데, 리플리(Ripley, 1996)가 이를 정리했다.

- 데이터가 분리 가능하면, 많은 해가 있으며 어떤 것이 발견될지는 시작 값에 따라 다르다.
- 단계의 "유한"한 개수가 매우 클 수 있다. 갭이 작아질수록, 찾는 데 시간이 더 걸린다.
- 데이터가 분리 가능하지 않을 때, 알고리즘이 수렴하지 않을 것이며 주기가 계속된다. 주기는 길어질 수 있으며 찾기가 어려워진다.

두 번째 문제는 주로 원본 공간에서가 아니라 원본 변수에 관한 다수의 기저함수 변환을 만들어 얻어낸 확대된 공간 내에서 초평면을 찾음으로써 없앨 수 있다. 이는 차수를 충분히 크게 만들어 다항 회귀 문제에서 잔차를 영으로 끌어내리도록 하는 것과 유사하다. 완벽한 분리를 항상 할 수 있는 것은 아니다. 예를 들면 만일 관측치가 같은 입력을 공유하는 두 개의 서로 다른 클래스로부터 나온 경우 그러하다. 어쩌면 완벽함이 선호되지 않을 수도 있는데, 결과 모델이 과적합돼 잘 일반화되지 못할 수도 있기 때문이다. 다음 절의 마지막에서 이 점에 관해 다시 볼 것이다.

첫 번째 문제에 관한 다소 우아한 해법은 분리초평면에 제약을 추가하는 것이다.

4.5.2 최적 분리초평면 🫨

최적 분리초평면^{optimal separating hyperplane}은 두 클래스를 분리하고 양쪽의 클래스로 부터 가장 가까운 점의 거리를 최대화한다(Vapnik, 1996). 이는 분리초평면 문제에 유일한 해를 제공하는 것뿐만 아니라, 훈련 데이터에서 두 클래스 사이의 마진^{margin}을 최대화해 테스트 데이터에서의 분류 성능을 더 낫게 만든다.

이제 (4.41) 기준을 일반화해야 한다. 다음 최적화 문제를 고려해보자.

$$\max_{\beta, \beta_0, \|\beta\|=1} M$$
$$\text{subject to } y_i(x_i^T \beta + \beta_0) \geq M, \ i = 1, \ldots, N \tag{4.45}$$

조건의 집합은 모든 지점이 적어도 β와 β_0로 정의된 결정 경계로부터의 부호 있는 거리임을 보장하며, 이러한 M의 최댓값과 관련된 매개변수를 찾는 것이 목표다. 조건을 다음으로 바꾸어 $\|\beta\| = 1$ 제약을 없앨 수 있다(이는 β_0를 재정의한다).

$$\frac{1}{\|\beta\|} y_i(x_i^T \beta + \beta_0) \geq M \tag{4.46}$$

아니면 동등하게 다음과 같다.

$$y_i(x_i^T \beta + \beta_0) \geq M\|\beta\| \tag{4.47}$$

이들 부등식을 만족하는 임의의 β와 β_0에 관해, 임의의 양의 부호로 척도화된 배수 또한 이들을 만족하므로, 대신에 $\|\beta\| = 1/M$로 둘 수 있다. 따라서 (4.45)는 다음과 같다.

$$\min_{\beta, \beta_0} \frac{1}{2}\|\beta\|^2$$
$$\text{subject to } y_i(x_i^T \beta + \beta_0) \geq 1, \ i = 1, \ldots, N \tag{4.48}$$

(4.40) 측면에서, 제약들이 두께 $1/\|\beta\|$의 선형 결정 경계 주변에 빈 널판^{slab} 혹은 마진을 정의하게 된다. 따라서 이러한 두께를 최대화하도록 β와 β_0를 선택한다. 이는 볼록 최적화 문제(선형 부등식 제약으로 된 이차 기준)다. β와 β_0에 관해 최소화돼야 하는 라그랑주(원, primal) 함수는 다음과 같다.

$$L_P = \frac{1}{2}\|\beta\|^2 - \sum_{i=1}^{N}\alpha_i[y_i(x_i^T\beta + \beta_0) - 1] \tag{4.49}$$

도함수를 0으로 두면 다음을 얻는다.

$$\beta = \sum_{i=1}^{N}\alpha_i y_i x_i \tag{4.50}$$

$$0 = \sum_{i=1}^{N}\alpha_i y_i \tag{4.51}$$

(4.49)에서 이들을 바꾸면 울페 쌍대Wolfe dual라 부르는 것을 얻는다.

$$L_D = \sum_{i=1}^{N}\alpha_i - \frac{1}{2}\sum_{i=1}^{N}\sum_{k=1}^{N}\alpha_i\alpha_k y_i y_k x_i^T x_k$$

$$\alpha_i \geq 0\text{와 } \sum_{i=1}^{N}\alpha_i y_i = 0\text{를 따르도록} \tag{4.52}$$

해는 양의 사문면orthant에서 L_D를 최대화해 얻는다. 이는 더 단순한 볼록 최적화 문제로, 표준 소프트웨어를 사용할 수 있다. 추가로 해는 카루시-쿤-터커 조건을 반드시 만족해야 하며, 이는 (4.50), (4.51), (4.52) 그리고 다음을 포함한다.

$$\alpha_i[y_i(x_i^T\beta + \beta_0) - 1] = 0 \ \forall i \tag{4.53}$$

이들로부터 다음을 볼 수 있다.

- 만일 $\alpha_i > 0$라면 $y_i(x_i^T\beta + \beta_0) = 1$이다. 아니면 다른 말로 x_i가 널판의 경계 위에 있다.
- 만일 $y_i(x_i^T\beta + \beta_0) > 1$이라면 x_i는 널판의 경계에 있지 않으며, $\alpha_i = 0$이다.

(4.50)으로부터 벡터 해 β가 지지 지점support points x_i의 선형 조합 측면에서 정의됨을 볼 수 있다. 이들 점은 $\alpha_i > 0$를 통해 널판의 경계 위에 있도록 정의된다. 그림 4.16은 작은 예제의 최적 분리초평면을 보여준다. 여기에는 세 개의 지지 지점이 있다. 이와 같이 β_0는 임의의 지지 지점에 관해 (4.53)을 풀어냄으로써 얻는다.

최적 분리초평면은 새로운 관측치를 분류하기 위해 $f(x) = x\beta + \beta_0$ 함수를 만들어낸다.

$$\hat{G}(x) = \text{sign}\hat{f}(x) \qquad (4.54)$$

어떠한 훈련 관측치도 (구조상) 마진에 속하지 않지만, 테스트 관측치의 경우 꼭 그렇지는 않을 것이다. 직관적으로 훈련 데이터에서 마진이 크면 테스트 데이터에서 분리가 더 잘된다.

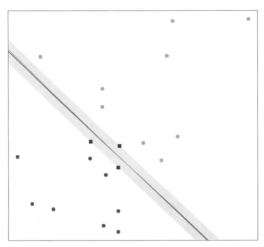

그림 4.16 그림 4.14와 같은 데이터. 음영 영역은 두 클래스를 분리하는 최대 마진의 윤곽을 보여준다. 세 개의 지지 지점이 표시돼 있으며, 이들은 마진의 경계 위에 있으며 최적 분리초평면(파란 선)이 널판을 이등분한다. 그림에 로지스틱회귀를 사용해 발견한 경계가 포함돼 있으며(빨간 선), 이는 최적 분리초평면과 매우 가깝다(12.3.3절을 보라).

지지 지점 측면에서 해를 설명하는 것은, 최적 초평면이 계산에 포함되는 지점에 더욱 집중하며, 모델의 잘못된 설정^{misspecification}에 더 로버스트하다는 것을 제시하는 것으로 보인다. 반면 LDA 해는 모든 데이터에, 심지어 결정 경계에서 한참 먼 지점에도 의존한다. 그러나 이들 지지 지점을 식별하는 데는 모든 데이터를 사용해야 한다는 것을 주지하라. 물론 클래스가 정말로 가우스라면 LDA가 최적적이며, 분리초명면은 클래스의 경계에 있는 (잡음이 더 심한) 데이터에 집중하는 대가를 치르게 될 것이다.

그림 4.16에는 최대가능도에 의해 적합된 로지스틱회귀 해가 포함돼 있다. 이 경우 두 해 모두 유사하다. 분리초평면이 존재할 때, 이 경우 로그 가능도가 영으로 향하게 될 수 있으므로 로지스틱회귀는 항상 해를 찾아낼 것이다(연습 4.5). 로지스틱회귀 해는 분리초평면 해와 일부 다른 질적 특성을 공유한다. 계수 벡터는 입력 특성에 영이 평균인 선형화된 반응의 가중최소제곱 적합을 통해 정의되며,

가중치는 결정 경계에 더 가까운 지점일수록 더욱 먼 지점보다 더 크다.

데이터가 분리 가능하지 않을 때, 이 문제에는 가능한 해가 없을 것이며, 대안적인 형식화가 필요하다. 또 다시 기저 변환을 사용해 공간을 확대할 수 있겠지만, 이는 과적합을 통한 인위적인 분리를 야기할 수 있다. 12장에서 서포트벡터머신이라고 부르는 더 매력적인 대안에 관해 논의한다. 이는 중복을 허용하지만, 이러한 중복의 정도에 관한 측정치를 최소화한다.

참고문헌

분류에 관한 좋은 일반적인 교과서는 두다 외(Duda et al., 2000), 핸드(Hand, 1981), 매클라클런(McLachlan, 1992) 그리고 리플리(Ripley, 1996) 등이 있다. 마르디아 외(Mardia et al., 1979)는 선형판별분석에 관해 간결하게 논의돼 있다. 미치 외(Michie et al., 1994)는 벤치마크 데이터셋에 관한 다수의 인기 있는 분류기를 비교한다. 선형 분리초평면은 밥닉(Vapnik, 1996)에 논의돼 있다. 퍼셉트론 학습 알고리즘 내용은 리플리(Ripley, 1996)를 따른다.

연습 문제

연습 4.1 $a^T \mathbf{W} a = 1$를 따르도록 $a^T \mathbf{B} a$를 최대화하는 일반화 고윳값 문제를 어떻게 표준 고윳값 문제로 변환해 푸는지 보여라.

연습 4.2 $x \in \mathbb{R}^p$인 특성, 클래스 크기가 N_1, N_2인 2 클래스 반응 그리고 N/N_1, N/N_2로 코딩된 목표가 있다고 해보자.

(a) LDA 규칙이 다음을 만족할 때

$$x^T \hat{\boldsymbol{\Sigma}}^{-1}(\hat{\mu}_2 - \hat{\mu}_1) > \frac{1}{2}(\hat{\mu}_2 + \hat{\mu}_1)^T \hat{\boldsymbol{\Sigma}}^{-1}(\hat{\mu}_2 - \hat{\mu}_1) - \log(N_2/N_1)$$

클래스 2로 분류하고 그렇지 않을 때 클래스 1으로 분류함을 보여라.

(b) 최소제곱 조건의 최소화를 고려해보자.

$$\sum_{i=1}^{N}(y_i - \beta_0 - x_i^T \beta)^2 \qquad (4.55)$$

해 $\hat{\beta}$가 (단순화 후에) 다음을 만족함을 보여라.

$$\left[(N-2)\hat{\mathbf{\Sigma}} + N\hat{\mathbf{\Sigma}}_B\right]\beta = N(\hat{\mu}_2 - \hat{\mu}_1) \qquad (4.56)$$

이때 $\hat{\mathbf{\Sigma}}_B = \frac{N_1 N_2}{N^2}(\hat{\mu}_2 - \hat{\mu}_1)(\hat{\mu}_2 - \hat{\mu}_1)^T$.이다.

(c) 따라서 $\hat{\mathbf{\Sigma}}_B \beta$가 방향 $(\hat{\mu}_2 - \hat{\mu}_1)$ 내에 있으며 그러므로 다음과 같음을 보여라.

$$\hat{\beta} \propto \hat{\mathbf{\Sigma}}^{-1}(\hat{\mu}_2 - \hat{\mu}_1) \qquad (4.57)$$

그러므로 최소제곱 회귀계수는 스칼라 배수와 무관하게 LDA 계수와 동일하다.

(d) 이 결과가 두 클래스에 관한 어떠한 (구별된) 코딩이든지 유지됨을 보여라.

(e) 해 $\hat{\beta}_0$를 찾아라((c)에서의 동일한 스칼라 배수와 무관하게, 그러므로 예측된 값은 $\hat{f}(x) = \hat{\beta}_0 + x^T\hat{\beta}$이다. $\hat{f}(x) > 0$이면 클래스 2이고 아니면 클래스 1이라는 규칙을 고려하려. 클래스의 관측치가 동일하지 않으면 이것이 LDA 규칙과 동일하지 않음을 보여라.

(Fisher, 1936; Ripley, 1996)

연습 4.3 선형회귀를 통해 원본 예측변수 $\mathbf{X}$를 $\hat{\mathbf{Y}}$로 변환한다고 해보자. 자세히는 $\hat{\mathbf{Y}} = \mathbf{X}(\mathbf{X}^T\hat{\mathbf{X}})^{-1}\mathbf{X}^T\mathbf{Y} = \mathbf{X}\hat{\mathbf{B}}$라 하자. 이때 Y는 지시자 반응행렬이다. 유사하게 어떠한 입력 $x \in \mathbb{R}^p$에 관해 변환된 벡터 $\hat{y} = \mathbf{B}^T x \in \mathbb{R}^K$를 얻게 된다. $\hat{\mathbf{Y}}$를 사용하는 LDA가 원본공간에서의 LDA와 동일함을 보여라.

연습 4.4 K 클래스를 가지는 다중로짓 모델을 고려해보자(4.17). β를 모든 계수를 구성하는 $(p+1)(K-1)$-벡터라 하자. 이와 같이 벡터화된 계수행렬을 만족시키도록 적절하게 확장된 버전의 입력벡터 x를 정의하라. 다항 로그 가능도를 최대화하기 위한 뉴턴-랩슨 알고리즘을 유도하고 이 알고리즘을 어떻게 구현할지 설명하라.

연습 4.5 $x \in \mathbb{R}$인 2 클래스 로지스틱회귀 문제를 고려해보자. 두 클래스에 관한 표본 x_i가 점 $x_0 \in \mathbb{R}$에 의해 분리될 때, 기울기와 절편 매개변수의 최대가능도 추정값을 특징화하라. 이 결과를 $x \in \mathbb{R}^p$인 (a)(그림 4.16을 보라) 그리고 클래스가 2개보다 많은 (b)로 일반화하라.

연습. 4.6 일반 위치에서의 $\mathbb{R}^p$ 내 N개 지점 x_i가 있으며, 클래스가 $y_i \in \{-1, 1\}$로 라벨링돼 있다고 해보자. 퍼셉트론 학습 알고리즘이 유한한 수의 단계에서 분리 초평면으로 수렴함을 증명하라.

(a) 초평면을 $f(x) = \beta_1^T x + \beta_0 = 0$로, 아니면 더 간결한 표기법인 $\beta^T x^* = 0$로 나타하라. 이때 $x^* = (x, 1)$이며 $\beta = (\beta_1, \beta_0)$. $z_i = x_i^*/\|x_i^*\|$라 하자. $y_i \beta_{sep}^T z_i \geq 1 \, \forall i$이도록 하는 β_{sep}의 존재가 분리성을 뜻함을 보여라.

(b) 현재 β_{old}가 주어졌을 때 퍼셉트론 알고리즘이 오분류된 지점 z_i을 식별하고, $\beta_{new} \leftarrow \beta_{old} + y_i z_i$을 업데이트한다. $\|\beta_{new} - \beta_{sep}\|^2 \leq \|\beta_{old} - \beta_{sep}\|^2 - 1$이며, 따라서 알고리즘이 $\|\beta_{start} - \beta_{sep}\|^2$개 단계 내에서 분리초평면으로 수렴함을 보여라(Ripley, 1996).

연습 4.7 다음 기준을 고려해보자.

$$D^*(\beta, \beta_0) = -\sum_{i=1}^{N} y_i(x_i^T \beta + \beta_0) \tag{4.58}$$

이는 (4.41)의 일반화로 이때 모든 관측치를 더한다. $\|\beta\| = $ 을 따르도록 D^*를 최소화한다고 해보자. 이 기준을 말로 설명해보라. 이것이 최적 분리초평면 문제를 풀어내는가?

연습. 4.8 $\mathrm{rank}\{\mu_k\}_1^K = L < \max(K-1, p)$라는 추가적인 제약을 가지는 다변량 가우스 모델 $X|G = k \sim N(\mu_k, \Sigma)$을 고려해보자. μ_k and Σ를 위한 제약된 MLE들을 유도하라. 베이즈 분류 규칙이 LDA에 의해 계산된 축소된 부분공간 내에서 분류하는 것과 동등함을 보여라(Hastie and Tibshirani, 1996b).

연습 4.9 클래스마다 개별적인 가우스 모델을 적합시키는 이차 판별분석을 수행하는 컴퓨터 프로그램을 작성하라. 모음 데이터에 이를 시도해보고 테스트 데이터의 오분류 오차를 계산하라. 데이터는 이 책의 웹사이트 www-stat.stanford.edu/ElemStatLearn에서 찾을 수 있다.

5
기저전개와 정칙화

5.1 소개

앞서 회귀와 분류 모두를 위해 입력 특성에서 선형인 모델을 사용했다. 선형회귀, 선형판별분석, 로지스틱회귀와 분리초평면 모두 선형 모델에 의존한다. 참된 함수 $f(X)$가 실제로 X에서 선형인 경우는 극히 드물다. 회귀문제에서 $f(X) = E(Y|X)$는 통상적으로 X에서 비선형이며 비가법적이다. 그리고 선형 모델로 $f(X)$를 나타내는 것은 주로 편리하고, 때때로는 필요한 근사법이다. 편리한 이유는 선형 모델이 해석하기 쉬우며, $f(X)$에 관한 일차 테일러 근사이기 때문이다. 때때로 필요한 이유는 N이 작고/작거나 p가 크면, 선형 모델이 과적합 없이 데이터를 적합시킬 수도 있는 것의 전부일 수도 있기 때문이다. 분류에서도 이와 같이 선형의 베이즈-최적 결정 경계는 $\Pr(Y=1|X)$가 X에서 어떠한 단조 변환임을 뜻한다. 이는 불가피한 근사다.

5장과 6장에서는 선형성을 넘어서기 위한 인기 있는 방법에 관해 논의한다. 5장에서의 핵심 개념은 입력 X의 벡터를 추가적인 변수로 덧붙이거나 바꿔 변환한 뒤, 이러한 유도된 입력 특성의 새로운 공간에 선형 모델을 사용하는 것이다.

X의 m번째 변환을 $h_m(X)$: $\mathbb{R}^p \mapsto \mathbb{R}$, $m = 1, ..., M$이라고 하자. 그 뒤 X에서의 선형 기저전개linear basis expansion를 모델링한다.

$$f(X) = \sum_{m=1}^{M} \beta_m h_m(X) \tag{5.1}$$

이 접근법의 아름다운 점은 기저함수 h_m이 정해지면, 모델이 이들 새로운 변수 및 적합 과정 내에서 이전과 같이 선형이라는 것이다.

간단하고 널리 사용되는 h_m의 몇몇 예제는 다음과 같다.

- $h_m(X) = X_m$, $m = 1, ..., p$는 원본 선형 모델을 복구한다.
- $h_m(X) = X_j^2$ 혹은 $h_m(X) = X_j X_k$는 고차 테일러 전개를 해낼 수 있도록 입력을 다항 항으로 덧붙인다. 그러나 변수의 개수가 다항 항의 차수에 따라 지수적으로 증가함을 주지하라. p변수에서의 완전 이차 모델은 $O(p^2)$개의 제곱 및 외적 항을 필요로 한다. 아니면 더 일반적으로는 차수 d의 다항식을 위해 $O(p^d)$을 필요로 한다.
- $h_m(X) = \log(X_j)$, $\sqrt{X_j},...$은 단일 입력의 다른 비선형 변환을 허용한다. 더 일반적으로는 $h_m(X) = \|X\|$와 같이 몇몇 입력변수를 수반하는 유사한 함수를 사용할 수 있다.
- $h_m(X) = I(L_m \leq X_k < U_m)$는 X_k의 영역을 위한 지시자다. X_k의 범위를 M_k로 나눔으로써, 이처럼 중첩되지 않은 영역이 X_k에 관해 조각별로 일정한 기여를 하는 모델을 결과로 내놓는다.

때때로 마주한 문제가 로그나 멱함수와 같은 특정 기저함수 h_m을 필요로 할 수도 있다. 그러나 $f(X)$를 위한 더 유연한 표현을 위해 기저 확장을 하나의 장치로 사용하는 경우가 자주 있다. 다항식은 후자의 경우이지만, 이들은 전역적인 특성의 제약을 받는다. 한 영역에서의 함수적 형식을 달성하기 위해 계수를 비틀면 함수가 동떨어진 영역에서 미친듯이 퍼덕거리도록 만드는 것이다. 5장에서는 더욱 유용한 조각별-다항식piecewise-polynomials 및 국소 다항 표현을 가능하게 하는 스플라인spline의 계열에 관해 고려해본다. 또한 신호와 이미지 모델링에 유용한 웨이블릿wavelet 기저에 관해 논의한다. 이들 방법은 통상적으로 데이터를 적합시키는 데 필요한 것보다 훨씬 많은 매우 큰 숫자 $|\mathcal{D}|$개의 기저함수로 된 딕셔너리 $\mathcal{D}$를 만들어낸다. 딕셔너리와 함께 이로부터 기저함수를 사용해 모델의 복잡도를 통제

하기 위한 방법을 필요로 한다. 이에 자주 쓰이는 접근법에는 세 가지가 있다.

- 사전에 함수의 종류를 제한할 지 결정하는 제약법. 예를 들어 모델이 다음의 형태를 가진다고 가정하는 가법성^{additivity}이 있다.

$$
\begin{aligned}
f(X) &= \sum_{j=1}^{p} f_j(X_j) \\
&= \sum_{j=1}^{p} \sum_{m=1}^{M_j} \beta_{jm} h_{jm}(X_j) \qquad (5.2)
\end{aligned}
$$

모델의 크기는 각 구성 요소 함수 f_j에 쓰이는 기저함수 M_j의 개수로 제한된다.
- 딕셔너리를 적응적으로 검색하고 함수의 적합에 크게 공헌하는 기저함수 h_m만 포함시키는 선택법. 여기에 3장에서 논의한 변수 선택 기술이 유용하다. CART, MARS 및 부스팅과 같은 스테이지별^{stagewise} 탐욕 접근법 또한 이 범주에 속한다.
- 딕셔너리 전체를 사용하지만 계수를 제약시키는 정칙화법. 릿지회귀는 정칙화 접근법의 단순한 예제다. 한편 라쏘는 정칙화 및 선택법 모두에 해당한다. 여기서 정칙화를 위한 더 정교한 방법을 논의한다.

5.2 조각별 다항식과 스플라인

5.7절까지는 X가 일차원이라 가정한다. 조각별 다항함수 $f(X)$는 X의 도메인을 연속적 구간으로 나누고, 각 구간에서 f를 분리된 다항식으로 나타내 얻어낸다. 그림 5.1은 두 개의 단순한 조각별 다항식을 보여준다. 첫 번째는 조각별 상수로, 세 개의 기저함수를 가진다.

$$
h_1(X) = I(X < \xi_1), \quad h_2(X) = I(\xi_1 \le X < \xi_2), \quad h_3(X) = I(\xi_2 \le X)
$$

이들은 분리된 영역에서 양수이므로, 모델 $f(X) = \sum_{m=1}^{3} \beta_m h_m(X)$의 최소제곱추정값은 m번째 영역 내 Y의 평균인 $\hat{\beta}m = \bar{Y}_m$이 된다.

다음에 나오는 그림의 위 오른쪽 패널은 조각별 선형 적합을 보여준다. 세 개의 추가적인 기저함수 $h_{m+3} = h_m(X)X$, $m = 1, \ldots, 3$이 필요하다. 특별한 경우를 제외하고 조각별 선형이지만 두 매듭에서 연속이라는 제약을 가지는 세 번째 패널이 통상적으로 선호될 것이다. 이들 연속성 제약은 매개변수에서의 선형 제약이 된다. 예를 들면 $f(\xi_1^-) = f(\xi_1^+)$는 $\beta_1 + \xi_1\beta_4 = \beta_2 + \xi_1\beta_5$임을 뜻한다. 이 경우 두 개의 제약이 있으므로, 네 개의 자유 매개변수를 놔두고 두 개의 매개변수를 되찾길get back 기대한다.

이 경우에서 더 직접적으로 진행하는 방법은 제약조건을 포함하는 기저를 사용하는 것이다.

$$h_1(X) = 1, \quad h_2(X) = X, \quad h_3(X) = (X - \xi_1)_+, \quad h_4(X) = (X - \xi_2)_+$$

이때 t_+는 양의 부분을 표기한다. h_3 함수는 그림 5.1의 아래쪽 오른쪽 패널을 보여준다. 더 평활한 함수가 자주 더 선호되며, 이들은 국소 다항식의 차수를 늘려 얻어낼 수 있다. 그림 5.2는 같은 데이터에 매듭에서 연속성의 차수를 늘린 조각별 삼차 다항 적합을 보여준다.

186

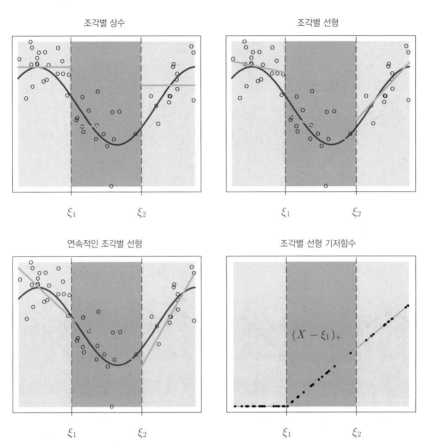

그림 5.1 위 왼쪽 패널은 어떠한 인공 데이터에 관한 조각별 상수함수를 보여준다. 꺾인 수직선은 두 매듭 ξ_1와 ξ_2의 위치를 가리킨다. 파란 곡선은 참 함수를 나타내며, 이로부터 가우스 잡음을 갖는 데이터가 만들어졌다. 나머지 두 패널은 같은 데이터에 조각별 선형함수 적합을 보여준다. 위 오른쪽 패널은 제약이 없는 것이며, 아래 왼쪽은 매듭에서 연속적이도록 제약이 있다. 아래 오른쪽 패널은 조각별 선형 기저함수 $h_3(X) = (X - \xi_1)_+$를 보여주며, ξ_1에서 연속이다. 검은색 점은 표본으로 $h_3(x_i)$, $i = 1, \dots, N$에서 값매김한 것을 가리킨다.

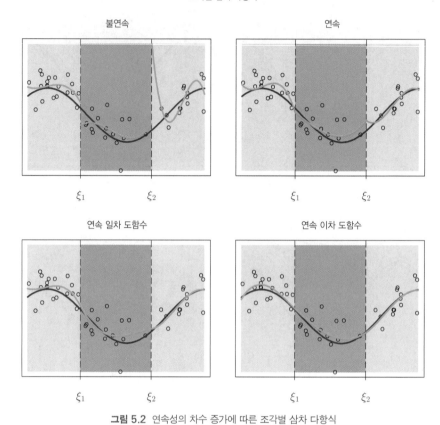

그림 5.2 연속성의 차수 증가에 따른 조각별 삼차 다항식

아래 오른쪽 패널의 함수는 연속이며, 매듭에서 연속적인 일차 및 이차 도함수를 가진다. 이는 삼차 스플라인^{cubic spline}이라고 부른다. 연속성에 차수를 하나 더 강제하면 전역 삼차 다항식이 될 것이다. 다음의 기저함수가 매듭 ξ_1과 ξ_2을 가지는 삼차 스플라인을 나타낸다는 것을 보이는 것은 어렵지 않다(연습 5.1).

$$h_1(X) = 1, \quad h_3(X) = X^2, \quad h_5(X) = (X - \xi_1)_+^3$$
$$h_2(X) = X, \quad h_4(X) = X^3, \quad h_6(X) = (X - \xi_2)_+^3 \tag{5.3}$$

함수들의 6차원 선형 공간에 해당하는 6개의 기저함수가 있다. 매개변수를 세어보면 빠르게 확인할 수 있다. (3 영역) × (영역마다 4개의 매개변수) − (2 매듭) × (매듭마다 3개의 제약) = 6이다.

더 일반적으로는 매듭 ξ_j, $j = 1, ..., K$를 가지는 M차 스플라인은 차수 M의 조
각별-다항식이며, $M - 2$차까지의 연속 도함수를 가진다. 삼차 스플라인은 $M = 4$
이다. 실제로 그림 5.1에서의 조각별 상수함수는 차수-1 스플라인이며, 연속 조
각별 선형함수는 차수-2 스플라인이다. 이와 같이 절단된truncated 거듭제곱 기저
집합을 위한 일반적인 형식은 다음과 같을 것이다.

$$
\begin{aligned}
h_j(X) &= X^{j-1}, \; j = 1, \ldots, M \\
h_{M+\ell}(X) &= (X - \xi_\ell)_+^{M-1}, \; \ell = 1, \ldots, K
\end{aligned}
$$

삼차 스플라인이 인간의 눈으로 매듭-불연속성을 볼 수 없는 가장 낮은 차수의
스플라인이라고 주장할 수 있다. 도함수를 평활화하는 데 관심이 있는 것이 아닌
이상, 삼차 스플라인을 넘어서는 좋은 이유는 거의 없다. 실제로 가장 널리 쓰이
는 차수는 $M = 1, 2$ 그리고 4이다.

이들 고정 매듭 스플라인은 또한 회귀 스플라인regression spline이라 부른다. 스플라
인의 차수와 매듭의 개수, 이들의 배치를 선택하는 것이 필요하다. 간단한 접근법
중 하나는 기저함수의 개수나 자유도를 통해 스플라인의 계열을 매개변수화하고,
관측치 x_i가 매듭의 위치를 결정하도록 하는 것이다. 예를 들면 R에서 bs(x,df=7)
표현은 x 내 N개 관측치에서 값매김된 삼차 스플라인 함수의 기저 행렬을 만들어
낸다. 함수는 x의 적절한 분위수(20, 40, 60 그리고 80번째)에서 $7 - 3 = 4^1$의 내부
매듭을 갖는다. 아니면 더 명시적일 수도 있다. bs(x, degree=1, knots = c(0.2,
0.4, 0.6))은 세 개의 내부 매듭을 가지는 선형 스플라인을 위한 기저함수 하나
를 만들어내고, $N \times 4$ 행렬을 반환한다.

특정 차수의 스플라인 함수의 공간 및 매듭 시퀀스가 벡터 공간이므로, (보통의
다항식에 있는 것처럼) 이들을 나타내는 동등한 기저들이 많이 있다. 절단된 거듭제
곱 기저는 개념적으로 단순한 한편, 수치적으로 크게 매력적인 것은 아니다. 큰
수의 거듭제곱이 심각한 반올림 문제를 야기할 수 있기 때문이다. 5장의 부록에
서 설명하는 B-스플라인 기저는 매듭의 개수 K가 크다 하더라도 효율적인 연산
을 허용한다.

---

1 네 개의 매듭을 가지는 삼차 스플라인은 8차원이다. bs() 함수는 기저 내 상수항을 기본적으로 생략한다. 통상 이와
같은 항은 모델 내 다른 항으로 포함돼 있기 때문이다.

5.2.1 자연 삼차 스플라인

우리는 데이터에 관한 다항식 적합의 움직임이 경계에서 불규칙하며 외삽extrapolation
이 위험할 수 있음을 알고 있다. 이들 문제는 스플라인에서 악화된다. 경계 매듭
을 넘어선 다항식 적합은 그 영역 내 전역 다항식에 해당하는 것보다 더욱 격렬
하게 움직인다. 이는 최소제곱을 통한 스플라인 함수 적합의 점별 분산 측면에서
편리하게 요약할 수 있다(이들 분산 계산에 관한 더 자세한 내용은 다음 절의 예제를 보
라). 그림 5.3은 서로 다른 다양한 모델의 점별 분산을 비교한다. 경계에서의 분산
이 폭발적으로 증가하는 것이 분명하다. 그리고 삼차 스플라인이 불가피하게 가
장 심하다.

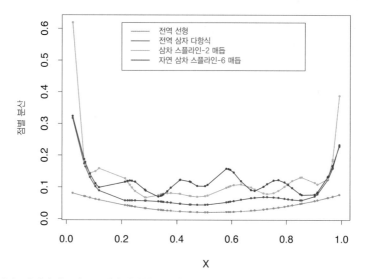

그림 5.3 네 개의 서로 다른 모델의 점별 분산 곡선. X는 $U(0, 1)$로부터 무작위로 뽑은 50개의 점으로 구
성돼 있으며, 상수 분산을 가지는 오차 모델을 가정한다. 선형 및 삼차 다항 적합은 각각 2차와 4차 자유도
를 가지며, 삼차 스플라인과 자연 삼차 스플라인은 각각 6차 자유도를 가진다. 삼차 스플라인은 0.33과
0.66에서 두 매듭을 가지며, 자연 스플라인은 0.1과 0.9에서 경계 매듭 및 이들 사이에 균일하게 공간을
가지는 내부 매듭을 가진다.

   자연 삼차 스플라인natural cubic spline은 경계 매듭 너머에서 함수가 선형이라는 추가
적인 제약을 추가한다. 이는 자유도를 4차수 자유롭게 만들며, 이는 내부 영역 내
더 많은 매듭을 흩뿌림으로써 더 유용하게 쓸 수 있다. 이 상반관계는 그림 5.3에
서 분산 측면에서 그려져 있다. 경계 근처에서 편향에 관한 대가를 지불하겠지만,
함수가 경계 근처에서 (어쨌든 정보를 덜 가지고 있는) 선형이라는 가정이 이치에 맞
다고 간주되는 경우가 자주 있다.

K개 매듭을 가지는 자연 삼차 스플라인은 K개 기저함수로 표현된다. 삼차 스플라인을 위한 기저로부터 시작해, 경계 제약을 부과함으로써 축소된 기저를 유도할 수 있다. 예를 들어 5.2절에서 설명한 절단된 거듭제곱 급수 기저에서 시작해 다음에 도달하게 된다(연습 5.4).

$$N_1(X) = 1, \quad N_2(X) = X, \quad N_{k+2}(X) = d_k(X) - d_{K-1}(X) \qquad (5.4)$$

이때 다음과 같다.

$$d_k(X) = \frac{(X - \xi_k)_+^3 - (X - \xi_K)_+^3}{\xi_K - \xi_k} \qquad (5.5)$$

이들 각 기저함수는 $X \geq \xi_K$에 관해 영인 2차 및 3차 도함수를 가지는 것으로 볼 수 있다.

5.2.2 예제: 남아프리카 심장 질환(계속)

4.4.2절에서 남아프리카 심장 질환 데이터에 선형 로지스틱회귀모델을 적합시켰다. 여기서 자연 스플라인을 사용해 함수에서의 비선형성에 관해 탐색한다. 모델의 함수적 형태는 다음과 같다.

$$\text{logit}[\Pr(\text{chd}|X)] = \theta_0 + h_1(X_1)^T\theta_1 + h_2(X_2)^T\theta_2 + \cdots + h_p(X_p)^T\theta_p \quad (5.6)$$

이때 각 θ_j는 이들과 연관된 자연 스플라인 기저함수 h_j의 벡터에 곱해지는 계수 벡터다.

모델에서 각 항을 위해 네 개의 자연 스플라인 기저를 사용한다. 예를 들어 $h_1(X_1)$은 sbp를 나타내는 X_1으로 된 기저로, 네 개의 기저함수를 구성한다. 이는 실제 2개라기보다는 세 개의 내부 매듭에 더해 데이터의 극단에 위치한 두 개의 경계 매듭을 의미한다. 각 h_j로부터 상수항을 제외시켰기 때문이다.

famhist가 2수준 인자이므로, 이는 단순한 이진이나 더미변수로 코딩되며, 모델 적합에서의 단일 계수와 연관된다.

더 간결하게는 기저함수의 모든 p벡터(그리고 상수항)를 하나의 커다란 벡터 $h(X)$로 결합하면, 모델은 단순하게 전체 매개변수 개수가 각 구성 요소 항 내 매개변수의 합 $df = 1 + \sum_{j=1}^{p} df_j$인 $h(X)^T\theta$가 된다. 각 기저함수는 각각의 N개 표본에 관해 값이 매겨지며, $N \times df$ 기저행렬 $\mathbf{H}$를 결과로 내놓는다. 이 시점에서 모델은 여타의 선형 로지스틱 모델과 같아지게 되며, 4.4.1절에서 설명한 알고리즘을 적용한다.

우리는 후진 스텝별backward stepwise 삭제 과정을 수행하며, 한 번에 계수 한 개를 버리기보다는 각 항의 그룹 구조를 유지하며 모델로부터 항을 버리게 된다. 항을 버리는 데 AIC 통계량(7.5절)이 사용되며, 마지막 모델에 남겨지는 모든 항은 만일 모델에서 삭제되면 AIC가 커지게 만들 것이다(표 5.1을 보라). 그림 5.4는 단계순 회귀를 통해 선택된 마지막 모델의 그림을 보여준다. 그림에서 보이는 함수는 각 변수 X_j에 관한 $\hat{f}_j(X_j) = h_j(X_j)^T \hat{\theta}_j$이다. 공분산행렬 $\mathrm{Cov}(\hat{\theta}) = \Sigma$는 $\hat{\Sigma} = (\mathbf{H}^T \mathbf{W} \mathbf{H})^{-1}$를 통해 추정되며, 이때 $\mathbf{W}$는 로지스틱회귀로부터 나온 대각 가중행렬이다. 그러므로 $v_j(X_j) = \mathrm{Var}[\hat{f}(X)] = h_j(X_j)^T \hat{\Sigma}_{jj} h_j(X_j)$는 $\hat{f}_j$의 점별 분산함수이며, 이때 $\mathrm{Cov}(\hat{\theta}_j) = \hat{\Sigma}_{jj}$는 $\hat{\Sigma}$의 적절한 부분행렬이다. 각 패널의 음영 영역은 $\hat{f}_j(X_j) \pm 2\sqrt{v_j(X_j)}$에 의해 정의된다.

AIC 통계량은 가능도비 테스트(이탈도 테스트)보다 약간 더 관대하다. sbp와 obesity 모두 모델에 포함되는 한편, 이들은 선형 모델에는 포함되지 않았다. 그림이 왜 그러한지 설명해주는데, 이들이 내재적으로 비선형으로 공헌하기 때문이다. 이들 효과는 처음에는 놀랍지만, 이에 관한 설명은 회고를 위한 데이터의 특성에 부합한다. 이들 측정치는 때때로 환자가 심장마비를 겪은 후에 만들어지며, 많은 경우 이들은 더 건강한 식단과 생활 방식으로부터 이득을 얻었으므로, obesity와 sbp의 값이 낮을 때의 위험이 분명히 증가increase한다. 표 5.1은 선택된 모델을 요약한다.

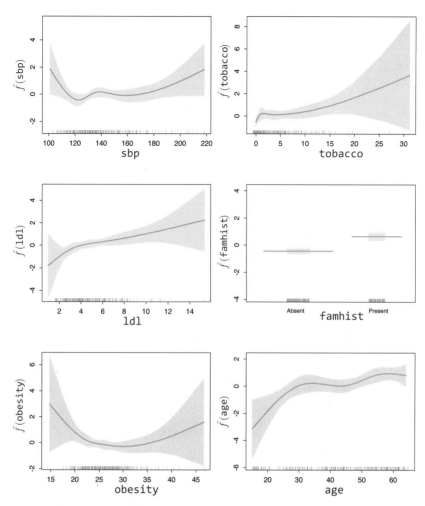

그림 5.4 단계별 절차에 의해 선택된 최종 모델에서의 각 항에 관해 적합된 자연 스플라인 함수. 점별 표준-오차 범위가 포함돼 있다. 각 그림의 바닥에 있는 러그 플롯은 변수에 관한 각 표본 값의 위치를 나타낸다(균형이 깨지도록 흩뿌려져 있다).

표 5.1 자연 스플라인 항의 스텝별 삭제 이후의 최종 로지스틱회귀모델. "LRT"라 붙은 열은 그 항이 모델에서 제거될 때의 가능도비 테스트 통계량(likelihood-ratio test statistic)으로, 완전 모델("none"이라고 라벨링된)로부터의 이탈도 변화를 나타낸다.

항	자유도	이탈도	AIC	LRT	P-값
none		458.09	502.09		
sbp	4	467.16	503.16	9.076	0.059
tobacco	4	470.48	506.48	12.387	0.015
ldl	4	472.39	508.39	14.307	0.006
famhist	1	479.44	521.44	21.356	0.000
obesity	4	466.24	502.24	8.147	0.086
age	4	481.86	517.86	23.768	0.000

5.2.3 예제: 음소 인식

이 예제에서는 유연성을 늘리기보다는 줄이기 위해 스플라인을 사용한다. 이러한 응용은 함수적functional 모델링의 부류에 포함된다. 그림 5.5의 위쪽 패널이 256 주파수로 측정된 각 두 음소phoneme "aa"와 "ao"의 15로그 주기도log-periodograms의 표본을 보여준다. 목표는 데이터를 사용해 음소의 음성을 분류하는 것이다. 이들 두 음소를 선택한 이유는 구별하기가 어렵기 때문이다.

입력 특성은 길이 256의 벡터 x로, 주파수 f의 격자에 걸쳐 함수 $X(f)$의 값을 매긴 벡터로 생각할 수 있다. 실제로 주파수의 함수인 연속적인 아날로그 신호가 있으며, 갖고 있는 것은 이들의 샘플링된 버전이다.

그림 5.5의 아래쪽 패널의 회색선은 전체 695개의 "aa"와 1,022개의 "ao"로부터 뽑아진 1,000개의 훈련 표본에 최대가능도를 통해 적합시킨 선형 로지스틱회귀모델의 계수를 보여준다. 계수 또한 주파수의 함수로 그려져 있으며, 실제 이에 관한 연속적인 대응물counterpart 측면으로 모델을 생각해볼 수 있다.

$$\log \frac{\Pr(\text{aa}|X)}{\Pr(\text{ao}|X)} = \int X(f)\beta(f)\,df \tag{5.7}$$

이는 다음을 통해 근사시킨다.

$$\sum_{j=1}^{256} X(f_j)\beta(f_j) = \sum_{j=1}^{256} x_j \beta_j \tag{5.8}$$

음소 예제

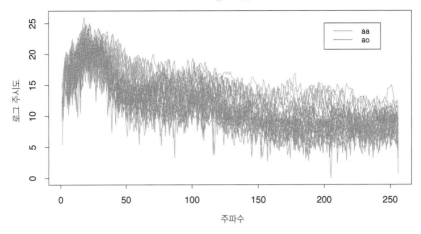

음소 분류: 본래의 그리고 제약 로지스틱회귀

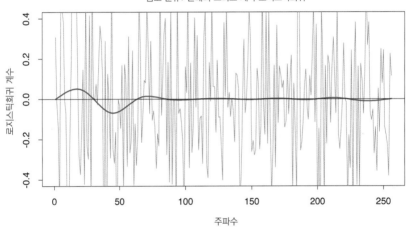

그림 5.5 위 패널은 전체 695개의 "aa"와 1022개의 "ao"로부터 샘플링된 각 음소 "aa"와 "ao"의 15개 예제에 관한 주파수의 함수를 로그 주기도로 보여준다. 각 로그 주기도는 256개의 균일한 공간을 가지는 주파수로 측정된다. 아래 패널은 256 로그 주기도 값을 입력으로 사용해 최대가능도를 통해 데이터에 로지스틱회귀를 적합시킨 계수를 (주파수의 함수로) 보여준다. 계수는 적색 곡선에서 평활화되도록 제약이 있으며, 들쭉날쭉한 회색 곡선에서는 제약이 없다.

계수는 대비 범함수^{contrast functional}를 계산하며, 주파수 영역 내에서 로그 주기도가 두 클래스 사이에 서로 다른 곳에서 뚜렷한 값을 갖게 될 것이다.

회색 곡선은 매우 거칠다. 입력 신호가 꽤 강한 양의 자기상관을 가지므로, 이는 계수에서 음의 자기상관을 야기시킨다. 게다가 표본 크기는 실질적으로 계수마다 오직 네 개의 관측치만을 제공할 뿐이다.

이와 같은 응용은 자연 정칙화를 허용하며 계수가 주파수의 함수에 따라 평활적으로 변화하도록 강제한다. 그림 5.5 아래에 있는 패널의 적색 곡선은 이들 데이터에 이러한 평활 계수 곡선 적합을 보여준다. 낮은 주파수가 가장 차별적인 힘을 제공함을 볼 수 있다. 평활화가 대비를 더 쉽게 해석할 수 있게 해줄 뿐만 아니라, 더욱 정확한 분류기를 만들어낸다.

	원본	정칙화
훈련오차	0.080	0.185
테스트오차	0.255	0.158

평활화된 적색 곡선은 자연 삼차 스플라인을 매우 간단하게 사용해 얻어냈다. 계수 함수를 스플라인의 전개 $\beta(f) = \sum_{m=1}^{M} h_m(f)\theta_m$로 다시 나타낼 수 있다. 실제로 이는 $\beta = \mathbf{H}\theta$를 뜻하며, 이때 $\mathbf{H}$는 주파수 집합에 정의된 자연삼차스플라인의 $p \times M$ 기저행렬이다. 여기서는 $M = 12$인 기저함수를 사용했으며, 매듭은 주파수를 나타내는 정수 1, 2, ..., 256에 걸쳐 균일하게 배치됐다. $x^T\beta = x^T\mathbf{H}\theta$이므로, 입력 특성 x를 간단히 필터링된 버전 $x^* = \mathbf{H}^T x$으로 바꾸고, x^*에 로지스틱회귀를 통해 θ를 적합시킬 수 있다. 따라서 적색 곡선은 $\hat{\beta}(f) = h(f)^T\hat{\theta}$이다.

5.3 필터링과 특성 추출

이전 예제에서는 $p \times M$ 기저행렬 $\mathbf{H}$를 구축한 뒤 특성 x를 새로운 특성 $x^* = \mathbf{H}^T x$로 변환시켰다. 그 뒤 이들 필터링된 버전의 특성은 학습 절차의 입력으로 쓰였다. 4장에서 이는 선형 로지스틱회귀였다.

고차원 특성의 전처리는 학습 알고리즘의 성능을 개선시키기 위한 매우 일반적이며 강력한 방법이다. 전처리는 이전과 같이 선형일 필요는 없지만, $x^* = g(x)$ 형태의 일반적인 (비선형) 함수일 수 있다. 그 뒤 유도된 특성 x^*은 어떠한 (선형 혹은 비선형) 학습 과정이든지 입력으로 쓰일 수 있다.

예를 들면 신호나 이미지 인식을 위한 인기 있는 접근법은 원본 특성을 웨이블릿 변환 $x* = \mathbf{H}^T x$(5.9절)을 통해 변환한 뒤 특성 $x*$를 신경망의 입력으로 사용하는 것이다(11장). 웨이블릿은 이산적인 점프나 모서리를 포착하는 데 효과적이며 신경망은 목표 변수 예측을 위해 이들 특성의 비선형함수를 구축하는 강력한 도구다. 적절한 특성을 구축하는 데 도메인 지식을 사용함으로써, 원본 특성 x만을 가지고 처리하는 학습법을 자주 개선할 수 있다.

5.4 평활 스플라인

여기서는 매듭 선택 문제를 최대한의 매듭 집합을 사용함으로써 완벽하게 피하는 스플라인 기저법을 논의한다. 적합의 복잡도는 정칙화를 통해 통제한다. 두 개의 연속적인 도함수를 가지는 모든 함수 $f(x)$ 중에서, 벌점화 잔차제곱합을 최소화하는 함수를 찾는 문제를 고려해보자.

$$\text{RSS}(f, \lambda) = \sum_{i=1}^{N} \{y_i - f(x_i)\}^2 + \lambda \int \{f''(t)\}^2 dt \tag{5.9}$$

이때 λ는 고정된 평활화 매개변수smoothing parameters다. 첫 번째 항은 데이터에 관한 접근성을 측정하며, 두 번째 항은 함수 내 곡률에 벌점을 가하고, λ는 이들 둘 사이의 상반관계를 확립한다. 다음과 같이 두 개의 특별한 경우가 있다.

- $\lambda = 0$: 데이터를 보간하는 어떠한 함수든지 f일 수 있다.
- $\lambda = \infty$: 이차 도함수가 허용되지 않으므로, 단순한 최소제곱 선 적합이다.

이들은 매우 거칠거나 매우 평활적인 것 사이에서 변화하며, $\lambda \in (0, \infty)$가 이 사이에서 흥미로운 종류의 함수를 인덱싱하는 것을 기대한다.

기준 (5.9)는 무한 차원 함수공간에서 정의된다. 이는 실제 두 번째 항이 정의되는, 함수의 쏘볼레프 공간Sobolev space이다. 놀랍게도 (5.9)가 x_i의 고유한 값 x_i, $i = 1, ..., N$에서 매듭을 가지는 명시적인, 유한 공간의, 고유한 최소화자를 가진다는 것을 보일 수 있다(연습 5.7). 액면으로 보면 이 계열은 여전히 과매개변수화돼 있는 것 같아 보인다. 매듭이 N개 만큼 있기 때문인데, 이는 자유도가 N임을 뜻한다. 그러나 벌점항은 스플라인 계수에서의 벌점으로 옮겨지는데, 이들 계수는 어떠한 방식에서 선형 적합을 향해 수축된다.

해가 자연 스플라인이므로, 이를 다음과 같이 쓸 수 있다.

$$f(x) = \sum_{j=1}^{N} N_j(x)\theta_j \tag{5.10}$$

이때 $N_j(x)$는 이들 자연 스플라인의 계열을 나타내기 위한 기저함수의 N차원 집합이다(5.2.1절 및 연습 5.4). 따라서 기준은 다음으로 축소된다.

$$\text{RSS}(\theta, \lambda) = (\mathbf{y} - \mathbf{N}\theta)^T(\mathbf{y} - \mathbf{N}\theta) + \lambda\theta^T\mathbf{\Omega}_N\theta \tag{5.11}$$

이때 $\{N\}_{ij} = N_j(x_i)$이며 $\{\Omega_N\}_{jk} = N_j''(t)N_k''(t)dt$이다. 해는 일반화 릿지회귀처럼 보일 수 있다.

$$\hat{\theta} = (\mathbf{N}^T\mathbf{N} + \lambda\mathbf{\Omega}_N)^{-1}\mathbf{N}^T\mathbf{y} \tag{5.12}$$

적합된 평활 스플라인은 다음과 같이 주어진다.

$$\hat{f}(x) = \sum_{j=1}^{N} N_j(x)\hat{\theta}_j \tag{5.13}$$

평활 스플라인을 위한 효율적인 연산 기술은 5장의 부록에서 논의한다.

그림 5.6은 청소년의 골밀도^{BMD, Bone Mineral Density} 데이터에 관한 평활 스플라인 적합을 보여준다. 반응은 연속적인 두 번의 방문에 따른 척추 BMD의 상대 차이로, 통상적으로 1년이 떨어져 있다. 데이터는 성별에 따라 색으로 코딩돼 있으며, 두 개의 개별적인 곡선이 적합됐다. 이 단순한 요약은 여성이 남성보다 약 2년 앞서 급성장한다는 데이터의 증거를 뒷받침한다. 두 경우 모두 평활 매개변수가 근사적으로 0.00022였다. 이를 어떻게 선택했는지는 다음 절에서 논의한다.

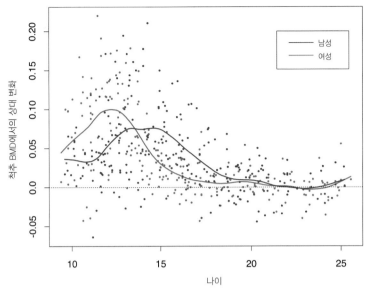

그림 5.6 청소년들의 척추에서 측정된 골밀도 측정치의 상대 변화를 나이에 관한 함수로 그린 것이다. 평활 스플라인을 $\lambda \approx 0.00022$로 남성과 여성에 따로 적합시켰다. 이러한 선택은 약 12의 자유도에 해당한다.

5.4.1 자유도와 평활자 행렬

평활 스플라인을 위해 선택한 λ가 어떻게 선택되는지는 아직 보여주지 않았다. 5장 후반에 교차 검색과 같은 기술을 사용하는 자동적인 방법을 설명한다. 이 절에서는 평활화하는 정도를 사전에 정하는 직관적인 방법에 관해 논의한다.

미리 선택한 λ을 가지는 평활 스플라인은 선형 평활자linear smoother(선형 연산자와 같은)의 한 예다. (5.12)에서 추정된 매개변수가 y_i의 선형조합이기 때문이다. 훈련 예측변수 x_i에서 적합된 N-벡터의 값 $\hat{f}(x_i)$을 $\hat{\mathbf{f}}$라 표기하자. 그러면

$$\begin{aligned} \hat{\mathbf{f}} &= \mathbf{N}(\mathbf{N}^T\mathbf{N} + \lambda\boldsymbol{\Omega}_N)^{-1}\mathbf{N}^T\mathbf{y} \\ &= \mathbf{S}_\lambda\mathbf{y} \end{aligned} \tag{5.14}$$

이번에도 $\mathbf{y}$에서 선형으로 적합되며, 유한 선형 연산자 $\mathbf{S}_\lambda$는 평활자 행렬smoother matrix이라 부른다. 이러한 선형성의 결과 중 하나는 $\mathbf{y}$로부터 $\hat{\mathbf{f}}$를 만들어내는 레시피가 $\mathbf{y}$에 의존하지 않는다는 점이다. $\mathbf{S}_\lambda$는 오직 x_i와 λ에만 의존한다.

선형 연산자는 더 전통적인 최소제곱 적합과도 친숙하다. $\mathbf{B}_\xi$를 N개 훈련 지점 x_i에서 값이 매겨진 M개의 삼차 스플라인 기저함수의 $N \times M$ 행렬이라고 해보자. 그러면 적합된 스플라인 값은 다음과 같이 주어진다.

$$\hat{\mathbf{f}} = \mathbf{B}_\xi (\mathbf{B}_\xi^T \mathbf{B}_\xi)^{-1} \mathbf{B}_\xi^T \mathbf{y}$$
$$= \mathbf{H}_\xi \mathbf{y} \tag{5.15}$$

여기서 선형 연산자 $\mathbf{H}_\xi$는 사영 연산자로, 통계학에서는 또한 햇행렬hat matrix이라 부른다. $\mathbf{H}_\xi$과 $\mathbf{S}_\lambda$ 사이에는 몇 가지 중요한 유사점과 차이점이 있다.

- 둘 다 대칭 양반정치행렬이다.
- $\mathbf{H}_\xi \mathbf{H}_\xi = \mathbf{H}_\xi$(멱등)이다. 한편 $\mathbf{S}_\lambda \mathbf{S}_\lambda \preceq \mathbf{S}_\lambda$이며, 이는 오른쪽이 양반정치행렬 만큼 왼쪽보다 크다는 것을 뜻한다. 이는 $\mathbf{S}_\lambda$의 수축 특성의 결과로, 이후 에 추가로 논의한다.
- $\mathbf{H}_\xi$는 랭크 M을, $\mathbf{S}_\lambda$은 랭크 N을 가진다.

식 $M = \mathrm{trace}(\mathbf{H}_\xi)$은 사영 공간의 차원이자 기저함수의 개수를 내준다. 그러므로 이는 적합에 포함되는 매개변수의 개수다. 이러한 유사점을 통해 평활 스플라인 의 유효 자유도effective degrees of freedom를 다음과 같이 $\mathbf{S}_\lambda$의 대각 요소의 합이 되도 록 정의한다.

$$\mathrm{df}_\lambda = \mathrm{trace}(\mathbf{S}_\lambda) \tag{5.16}$$

이는 매우 유용한 정의로, 평활 스플라인은 물론 다른 많은 평활자를 일관적인 방식으로 매개변수화하는 더욱 직관적인 방법을 가능케 해준다. 예를 들면 그 림 5.6에서 각 곡선에 관해 $\mathrm{df}_\lambda = 12$를 지정하고, 이에 해당하는 $\lambda \approx 0.00022$는 $\mathrm{trace}(\mathbf{S}_\lambda) = 12$를 수치적으로 풀어 유도했다. 자유도의 이러한 정의를 지지하는 많은 주장들이 있으며, 여기서 몇 가지를 다룬다.

$\mathbf{S}_\lambda$가 대칭(그리고 반양정치)이므로, 실제의 고윳값 분해를 가진다. 진행하기 전 에 $\mathbf{S}_\lambda$를 라인쉬Reinsch 형태로 다시 쓰는 것이 편리하다.

$$\mathbf{S}_\lambda = (\mathbf{I} + \lambda \mathbf{K})^{-1} \tag{5.17}$$

이때 $\mathbf{K}$는 λ에 의존하지 않는다(연습 5.9). $\hat{\mathbf{f}} = \mathbf{S}_\lambda \mathbf{y}$가 다음을 풀어내므로 $\mathbf{K}$는 벌 점행렬penalty matrix이라 부르며, $\mathbf{K}$에서의 이차 형식quadratic form 또한 당연히 가중제

곱합의 (나눠진) 이차 차분second differences의 측면에서 표현을 가진다.

$$\min_{\mathbf{f}}(\mathbf{y} - \mathbf{f})^T(\mathbf{y} - \mathbf{f}) + \lambda\mathbf{f}^T\mathbf{K}\mathbf{f} \tag{5.18}$$

$\mathbf{S}_\lambda$의 고윳값 분해는 다음과 같다.

$$\mathbf{S}_\lambda = \sum_{k=1}^{N} \rho_k(\lambda)\mathbf{u}_k\mathbf{u}_k^T \tag{5.19}$$

이때

$$\rho_k(\lambda) = \frac{1}{1 + \lambda d_k} \tag{5.20}$$

이며 d_k는 K의 고윳값에 해당한다. 그림 5.7(위쪽)은 삼차 평활 스플라인을 어떤 한 공기 오염 데이터(128개 관측치)에 적용한 결과를 보여준다. 그림에서 더 큰 벌점 λ에 해당하는 더 평활한smoother 적합 그리고 더 작은 벌점의 더 거친rougher 적합 이 두 개가 주어져 있다. 아래쪽 패널은 고윳값(아래 왼쪽) 그리고 해당 평활자 행렬 의 일부 고유벡터(아래 오른쪽)을 보여준다. 고유적 표현에 관해 몇 가지 강조할 것은 다음과 같다.

- 고유벡터는 λ의 변화에 영향을 받지 않으므로, λ로 인덱싱된 평활 스플라 인의 전체 계열(특정한 시퀀스 x에 관해)은 같은 고유벡터를 가진다.
- $\mathbf{S}\lambda\mathbf{y} = \sum_{k=1}^{N} \mathbf{u}_k\rho_k(\lambda)\langle\mathbf{u}_k, \mathbf{y}\rangle$이므로, 평활 스플라인은 $\mathbf{y}$를 (완전한) 기저 $\{\mathbf{u}_k\}$에 관해 분해하고, $\rho_k(\lambda)$를 사용해 공헌도를 차분적으로 수축시켜 동 작한다. 이는 성분이 홀로 남겨지거나 0으로 수축되는 기저-회귀법과 반 대된다. 즉 앞에서의 $\mathbf{H}_\xi$과 같은 사영행렬이 1과 같은 고윳값을 M개 가지 며, 나머지는 0인 것이다. 이러한 이유로 평활 스플라인은 수축shrinking 평 활자, 회귀 스플라인은 사영projection 평활자라 부른다(그림 3.17을 보라).

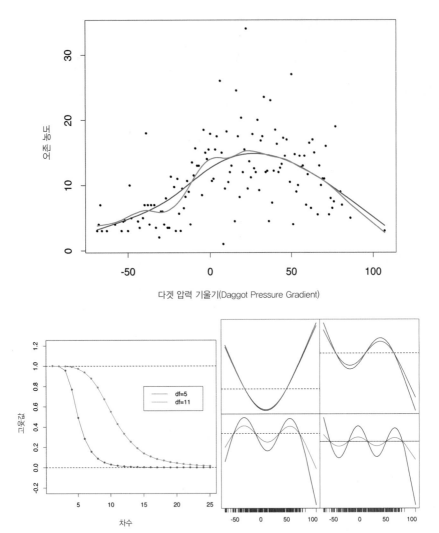

그림 5.7 위쪽: 오존 농도 대 다겟 압력 기울기의 평활 스플라인 적합. 두 적합은 5개 그리고 11개의 유효 자유도를 달성하기 위해 선택된 서로 다른 평활화 매개변수의 값에 따른다. 이들은 $df_\lambda = trace(S_\lambda)$에 의해 정의된다. 아래 왼쪽: 두 평활스플라인 행렬을 위한 첫 25개의 고윳값이 있다. 첫 번째 두 개는 정확히 1이며, 모두 0보다 크다. 아래 오른쪽: 스플라인 평활자 행렬의 세 번째에서 여섯 번째 고유벡터. 각각의 경우에서 u_k가 x에 관해 그려져 있으며, x의 함수로 보여주고 있다. 그림 아래의 러그는 데이터 지점의 발생을 나타낸다. 감쇠된(damped) 함수는 이들 함수의 (자유도 5의 평활자를 사용한) 평활화된 버전을 나타낸다.

- 감소하는 $\rho_k(\lambda)$에 따라 정렬된 $\mathbf{u}_k$의 시퀀스는 복잡도가 증가하는 것으로 보인다. 물론 차수가 증가하는 다항식의 영을 교차하는zero-crossing 움직임을 가진다. $\mathbf{S}_\lambda \mathbf{u}_k = \rho_k(\lambda)\mathbf{u}_k$이므로 각 고유벡터 그 스스로 어떻게 평활 스플라인에 의해 수축되는지 보게 된다. 복잡도가 높을수록 이들이 더 많이 수축된다. X의 정의역이 주기적이라면 $\mathbf{u}_k$는 다른 주파수에서 사인과 코사인이다.
- 첫 번째 두 고윳값은 언제나 0이며, 이들은 x에서 선형인 함수의 2차원 고유공간에 해당한다(연습 5.11). 이들은 절대로 수축되지 않는다.
- 고윳값 $\rho_k(\lambda) = 1/(1 + \lambda d_k)$은 λ에 의해 완화된 벌점 행렬 $\mathbf{K}$의 고윳값 d_k의 역함수다. λ는 $\rho_k(\lambda)$가 0으로 감소하는 비율을 통제한다. $d_1 = d_2 = 0$이며 선형함수는 또 다시 벌점을 받지 않는다.
- 기저 벡터 $\mathbf{u}_k$(뎀러-라인쉬Demmler-Reinsch 기저)를 사용해 평활 스플라인을 재매개변수화할 수 있다. 이 경우 평활 스플라인은 다음을 푼다.

$$\min_{\boldsymbol{\theta}} \|\mathbf{y} - \mathbf{U}\boldsymbol{\theta}\|^2 + \lambda \boldsymbol{\theta}^T \mathbf{D}\boldsymbol{\theta} \tag{5.21}$$

이때 $\mathbf{U}$는 $\mathbf{u}_k$의 열을 가지며 $\mathbf{D}$는 d_k가 요소인 대각행렬이다.
- $\mathrm{df}_\lambda = \mathrm{trace}(\mathbf{S}_\lambda) = \sum_{k=1}^{N} \rho_k(\lambda)$이다. 사영 평활자에 관해 모든 고윳값은 1이며 각각은 사영 부분공간의 차원에 해당한다.

그림 5.8은 행이 x로 정렬된 평활 스플라인 행렬을 묘사한다. 이것이 범위적인 특성을 보여주는 것을 보면 평활 스플라인이 6장에서의 국소적으로 가중된 회귀 과정과 비슷한 국소 적합 방법임을 시사한다. 오른쪽 패널은 $\mathbf{S}$의 선택된 행을 자세히 보여준다. 이를 등가 커널equivalent kernels이라고 부른다. $\lambda \to 0$이 됨에 따라 $\mathrm{df}_\lambda \to N$이 되고, N차원 단위행렬인 $\mathbf{S}_\lambda \to \mathbf{I}$가 된다. $\lambda \to \infty$이 됨에 따라 $\mathrm{df}_\lambda \to 2$이고, $\mathbf{x}$에 관한 선형회귀의 햇행렬인 $\mathbf{S}_\lambda \to \mathbf{H}$가 된다.

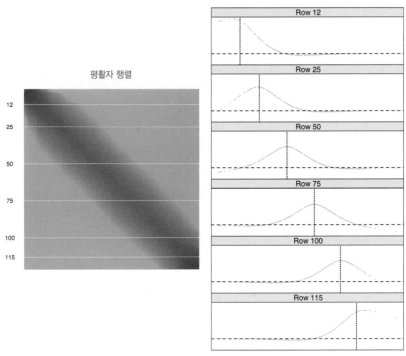

등가 커널

평활자 행렬

Row 12

Row 25

Row 50

Row 75

Row 100

Row 115

12
25
50
75
100
115

그림 5.8 평활 스플라인을 위한 평활자 행렬은 거의 밴드 모양으로, 이는 국소 지지(local support)를 가지는 등가 커널임을 가리킨다. 왼쪽 패널은 S의 요소를 이미지로 나타낸다. 오른쪽 패널은 표시된 행을 위한 등가 커널 혹은 가중함수를 자세히 보여준다.

5.5 평활화 매개변수의 자동적 선택

회귀 스플라인을 위한 평활화 매개변수는 스플라인의 차수 그리고 매듭의 개수와 배치를 포함한다. 평활 스플라인에 관해 오직 벌점 매개변수 λ만을 선택했다. 매듭이 모든 고유한 훈련 집합 X에 있으며, 실제로 삼차가 대부분 쓰이기 때문이다.

회귀 스플라인을 위해 배치 및 매듭의 개수를 선택하는 것은 일부 단순화를 강제하지 않는다면 조합적으로 복잡한 과제일 수 있다. 9장에서의 MARS 과정은 현실적인 타협을 위해 일부 추가적인 근사로 탐욕 알고리즘을 사용한다. 여기서는 이에 관해 더 이상 논의하지는 않는다.

5.5.1 자유도 고정하기

$df_\lambda = \text{trace}(\mathbf{S}_\lambda)$이 평활 스플라인에 관해 λ에서 단조이므로, 이 관계를 뒤집고 df를 고정해 λ를 지정할 수 있다. 실제로 이는 단순한 수치적 방법을 통해 해낼 수 있다. 그러므로 예를 들면 R에서 smooth.spline(x,y,df=6)를 사용해 평활화의 정도를 지정할 수 있다. 이는 모델 선택에서 더 전통적인 방식을 장려하게 되는데, 이때 몇 가지 서로 다른 값의 df를 시도하고, 근사 F-테스트에 근거해 하나를 선택할 수도 있다. 이러한 방식으로 df를 사용하면 많은 서로 다른 평활법을 비교할 수 있는 균일한 접근법을 제공한다. 이는 특히 일반화 가법 모델generalized additive model(9장)에서 유용하다. 한 모델에서 몇 가지 평활법을 동시에 사용할 수 있다.

5.5.2 편향-분산 상반관계

그림 5.9는 $X \sim U[0, 1]$과 $\varepsilon \sim N(0, 1)$으로 단순한 예제에서 평활 스플라인을 사용할 때 df_λ의 선택 효과를 보여준다.

$$Y = f(X) + \varepsilon$$
$$f(X) = \frac{\sin(12(X + 0.2))}{X + 0.2} \tag{5.22}$$

훈련 표본은 $N = 100$인 쌍으로 구성돼 있으며 x_i, y_i는 모델로부터 독립적으로 추출된다.

그림에서 세 개의 서로 다른 df_λ 값에 관한 적합된 스플라인을 볼 수 있다. 그림에서 노란색 음영 영역은 $\hat{f}_\lambda$의 점별 표준오차를 나타낸다. 즉 $\hat{f}_\lambda(x) \pm 2 \cdot \text{se}(\hat{f}_\lambda(x))$ 사이의 영역에 음영을 넣었다. $\hat{\mathbf{f}} = \mathbf{S}_\lambda \mathbf{y}$이므로

$$\begin{aligned} \text{Cov}(\hat{\mathbf{f}}) &= \mathbf{S}_\lambda \text{Cov}(\mathbf{y}) \mathbf{S}_\lambda^T \\ &= \mathbf{S}_\lambda \mathbf{S}_\lambda^T \end{aligned} \tag{5.23}$$

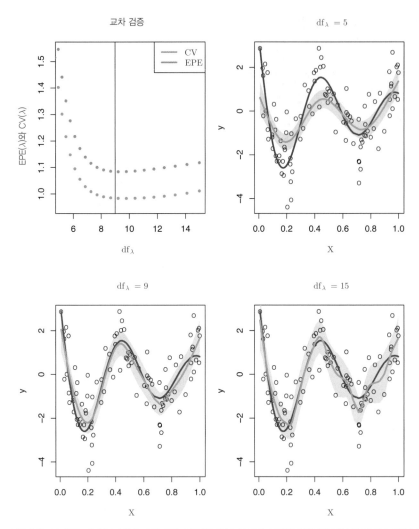

그림 5.9 위 왼쪽 패널은 비선형 가법 오차 모델(5.22)로부터의 실현을 위한 EPE(λ)와 CV(λ) 커브를 보여준다. 나머지 패널은 데이터, 참 함수(보라색), df$_\lambda$의 서로 다른 세 값에 관해 노란색 음영으로 ±2× 표준오차 밴드를 가지는 적합된 곡선(초록색)을 보여준다.

대각에서는 훈련 지점 x_i에서의 지점별 분산을 포함한다. 기저는 다음과 같이 주어진다.

$$
\begin{aligned}
\text{Bias}(\hat{\mathbf{f}}) &= \mathbf{f} - \text{E}(\hat{\mathbf{f}}) \\
&= \mathbf{f} - \mathbf{S}_\lambda \mathbf{f}
\end{aligned}
\tag{5.24}
$$

이때 **f**는 훈련 X에서 참인 f를 값매김한 (알려지지 않은) 벡터다. 기댓값과 분산은 모델 (5.22)로부터 크기 $N = 100$의 표본을 반복적으로 추출한 데 따른 것이다. 비슷한 방식으로 어떠한 점 x_0에서 $\mathrm{Var}(\hat{f}_\lambda(x_0))$와 $\mathrm{Bias}(\hat{f}_\lambda(x_0))$를 계산할 수 있다(연습 5.10). 그림에서 보여주는 세 가지 적합은 평활 매개변수의 선택과 관련된 편향-분산 상반관계를 시각적으로 보여준다.

- $\mathrm{df}_\lambda = 5$: 스플라인이 과소적합^{underfit}을 하며, 분명하게 언덕을 낮추고 골짜기를 채운다. 이는 곡률이 높은 영역에서의 가장 극단적인 편향을 야기한다. 표준오차 밴드가 매우 좁으므로, 대단한 신뢰성을 가지는 참 함수의 나쁘게 편향된 버전을 추정한다!
- $\mathrm{df}_\lambda = 9$: 여기서 적합된 함수는 참 함수와 가깝지만, 약간의 편향이 유의해 보인다. 분산은 뚜렷하게 증가하지 않았다.
- $\mathrm{df}_\lambda = 15$: 적합된 함수가 다소 꾸불꾸불하지만, 참 함수에 가깝다. 꾸불꾸불함 또한 표준오차 밴드의 폭이 늘어난 이유를 설명해준다. 곡선이 몇몇 개별 지점을 너무 밀접하게 따라다니기 시작한다.

이들 그림에서 데이터가 단일 실현된 것을 보고 있으며 따라서 적합된 스플라인 $\hat{f}$을 보고 있는 한편 편향은 기댓값 $\mathrm{E}(\hat{f})$를 수반함을 주지하라. 이를 연습(5.10)으로 남겨두어 편향 또한 이와 같이 보여주는 유사한 그림을 계산하도록 한다. 중간 곡선은 편향과 분산 사이의 좋은 타협점을 달성했다는 측면에서 "딱 적당해^{just} ^{right}" 보인다.

포함된 제곱예측오차^{EPE}는 편향과 분산을 하나의 요약으로 합친다.

$$
\begin{aligned}
\mathrm{EPE}(\hat{f}_\lambda) &= \mathrm{E}(Y - \hat{f}_\lambda(X))^2 \\
&= \mathrm{Var}(Y) + \mathrm{E}\left[\mathrm{Bias}^2(\hat{f}_\lambda(X)) + \mathrm{Var}(\hat{f}_\lambda(X))\right] \quad (5.25) \\
&= \sigma^2 + \mathrm{MSE}(\hat{f}_\lambda)
\end{aligned}
$$

이는 훈련 표본($\hat{f}_\lambda$가 생기게 하는) 그리고 (독립적으로 선택된) 예측 지점 (X, Y)의 값에 걸쳐 평균됐음을 주지하라. EPE는 관심에 관한 자연적인 양$^{\text{natural quantity of}}$ ^{interest}이며, 편향과 분산 사이의 상반관계를 만들어낸다. 그림 5.9의 위 왼쪽 패널에서의 파란 점은 $\mathrm{df}_\lambda = 9$가 딱 맞음을 시사한다!

참함수를 모르므로, EPE에 접근할 수 없으며 추정이 필요하다. 이 주제는 7장에서 약간 자세히 논의하며, K-겹 교차 검증, GCV 및 C_p와 같은 기술 모두 주로 쓰인다. 그림 5.9에서 N-폴드(하나를 빼는) 교차 검증 곡선을 포함시켰다. 이는 (놀랍게도) 각 λ의 값에 관해 원본의 적합된 값 그리고 $\mathbf{S}_\lambda$의 대각 요소 $S\lambda(i, i)$으로부터 계산할 수 있다(연습 5.13).

$$\text{CV}(\hat{f}_\lambda) = \frac{1}{N} \sum_{i=1}^{N} (y_i - \hat{f}_\lambda^{(-i)}(x_i))^2 \tag{5.26}$$

$$= \frac{1}{N} \sum_{i=1}^{N} \left(\frac{y_i - \hat{f}_\lambda(x_i)}{1 - S_\lambda(i, i)} \right)^2 \tag{5.27}$$

EPE와 CV 곡선은 유사한 형태를 갖지만, CV 곡선 전체가 EPE 곡선 아래에 있다. 일부 실현에서는 이것이 반대이며, 전반적으로 CV 곡선이 EPE 곡선의 추정값으로써 근사적으로 불편이다.

5.6 비모수적 로지스틱회귀

5.4절의 평활 스플라인 문제 (5.9)는 회귀 설정을 취한다. 통상적으로 이러한 기술을 다른 도메인으로 옮기는 것은 간단하다. 여기서 단일의 계량적인 입력 X를 갖는 로지스틱회귀를 고려해보자. 모델은 다음과 같다.

$$\log \frac{\Pr(Y = 1|X = x)}{\Pr(Y = 0|X = x)} = f(x) \tag{5.28}$$

이는 다음을 뜻한다.

$$\Pr(Y = 1|X = x) = \frac{e^{f(x)}}{1 + e^{f(x)}} \tag{5.29}$$

평활적인 방식으로 $f(x)$를 적합하는 것은 조건부 확률 $\Pr(Y = 1|x)$의 평활적인 추정을 야기한다. 이는 분류나 위험 점수화에 쓰일 수 있다.

벌점화 로그 가능도 기준을 구축한다.

$$
\begin{aligned}
\ell(f;\lambda) &= \sum_{i=1}^{N}\left[y_i \log p(x_i) + (1-y_i)\log(1-p(x_i))\right] - \frac{1}{2}\lambda\int\{f''(t)\}^2 dt \\
&= \sum_{i=1}^{N}\left[y_i f(x_i) - \log(1 + e^{f(x_i)})\right] - \frac{1}{2}\lambda\int\{f''(t)\}^2 dt \qquad (5.30)
\end{aligned}
$$

이때 $p(x) = \Pr(Y=1|x)$로 축약했다. 식의 첫 번째 항은 이항분포에 근거한 로그 가능도다. 5.4절에서 쓰인 이들과 유사한 논법은 최적의 f가 x의 고유한 값들에서 매듭을 가지는 유한 차원의 자연 스플라인임을 보여준다. 이는 $f(x) = \sum_{j=1}^{N} N_j(x)$ θ_j를 나타낼 수 있음을 뜻한다. 첫 번째와 두 번째 도함수를 계산한다.

$$
\frac{\partial\ell(\theta)}{\partial\theta} = \mathbf{N}^T(\mathbf{y}-\mathbf{p}) - \lambda\boldsymbol{\Omega}\theta \qquad (5.31)
$$

$$
\frac{\partial^2\ell(\theta)}{\partial\theta\partial\theta^T} = -\mathbf{N}^T\mathbf{W}\mathbf{N} - \lambda\boldsymbol{\Omega} \qquad (5.32)
$$

이때 $\mathbf{p}$는 요소 $p(x_i)$를 가지는 N 벡터이며, $\mathbf{W}$는 가중치 $p(x_i)(1-p(x_i))$의 대각 행렬이다. 일차 도함수 (5.31)은 θ에서 비선형이므로, 4.4.1절과 같은 반복 알고리즘을 사용해야 한다. (4.23)과 (4.26)에서의 선형 로지스틱회귀를 위한 같은 뉴턴-랩슨을 사용하면, 업데이트 방정식을 다음과 같이 쓸 수 있다.

$$
\begin{aligned}
\theta^{\text{new}} &= (\mathbf{N}^T\mathbf{W}\mathbf{N} + \lambda\boldsymbol{\Omega})^{-1}\mathbf{N}^T\mathbf{W}\left(\mathbf{N}\theta^{\text{old}} + \mathbf{W}^{-1}(\mathbf{y}-\mathbf{p})\right) \\
&= (\mathbf{N}^T\mathbf{W}\mathbf{N} + \lambda\boldsymbol{\Omega})^{-1}\mathbf{N}^T\mathbf{W}\mathbf{z}
\end{aligned} \qquad (5.33)
$$

또한 이러한 업데이트를 적합된 값 측면에서 표현할 수도 있다.

$$
\begin{aligned}
\mathbf{f}^{\text{new}} &= \mathbf{N}(\mathbf{N}^T\mathbf{W}\mathbf{N} + \lambda\boldsymbol{\Omega})^{-1}\mathbf{N}^T\mathbf{W}\left(\mathbf{f}^{\text{old}} + \mathbf{W}^{-1}(\mathbf{y}-\mathbf{p})\right) \\
&= \mathbf{S}_{\lambda,w}\mathbf{z}
\end{aligned} \qquad (5.34)
$$

(5.12)와 (5.14)를 다시 참조하면, 업데이트 적합이 가중 평활 스플라인을 가반응working response $\mathbf{z}$에 적합시킴을 볼 수 있다(연습 5.12).

5.34의 형식은 암시적이다. 이는 $\mathbf{S}_{\lambda,w}$를 임의의 비모수적인 (가중) 회귀 연산자로 바꾸고, 비모수적 로지스틱회귀모델의 일반적인 계열을 얻는 것을 솔깃하게 한다. 여기서 x는 1차원임에도, 이러한 과정은 고차원 x로 자연스럽게 일반화된다. 이러한 확장이 9장에서 계속되는 일반화 가법 모델generalized additive model의 핵심이다.

5.7 다차원 스플라인

지금까지 1차원 스플라인 모델에 집중해왔다. 각 접근법들은 다차원적 유사성을 가진다. $X \in \mathbb{R}^2$이며 좌표 X_1의 함수를 표현하기 위한 함수 $h_{1k}(X_1)$, $k = 1, ..., M_1$의 기저가 있다고 해보자. 이와 같이 좌표 X_2를 위한 M_2개의 함수집합 $h_{2k}(X_2)$가 있다. 그러면 $M_1 \times M_2$ 차원의 텐서곱 기저^{tensor product basis}가 다음에 의해 정의된다.

$$g_{jk}(X) = h_{1j}(X_1)h_{2k}(X_2), \ j = 1, \ldots, M_1, \ k = 1, \ldots, M_2 \qquad (5.35)$$

이는 2차원 함수를 표현하는 데 쓸 수 있다.

$$g(X) = \sum_{j=1}^{M_1} \sum_{k=1}^{M_2} \theta_{jk} g_{jk}(X) \qquad (5.36)$$

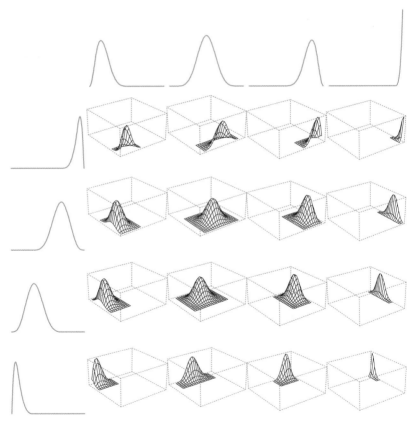

그림 5.10 일부 선택된 쌍을 보여주는 B–스플라인의 텐서곱 기저. 각 2차원 함수는 해당하는 1차원 주변의 곱이다.

그림 5.10은 B-스플라인을 사용하는 텐서곱 기저를 보여준다. 계수는 이전과 같이 최소제곱을 통해 적합시킬 수 있다. 이는 d차원으로 일반화할 수 있지만, 기저의 차원이 지수적으로 빠르게 증가함을 주지하라. 이는 또 다른 차원성의 저주 현상이다. 9장에서 논의하는 MARS 절차는 최소제곱에 의해 중요한 것으로 간주되는 텐서곱들만을 포함하기 위한 탐욕 전진 알고리즘이다.

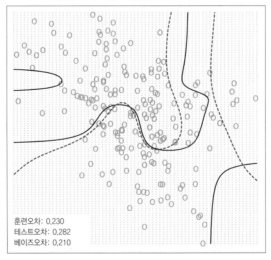

그림 5.11 그림 2.1의 시뮬레이션 예제. 위쪽 패널은 각 두 좌표(전체 자유도 = $1 + (4-1) + (4-1) = 7$)에서 자연 스플라인을 사용하는 가법적 로지스틱회귀모델의 결정 경계를 보여준다. 아래 패널은 각 좌표(전체 자유도 = $4 \times 4 = 16$)에서의 자연 스플라인 기저의 텐서곱을 사용하는 결과를 보여준다. 보라색 점선 경계는 이 문제의 베이즈 결정 경계다.

그림 5.11은 2장의 시뮬레이션 예제에 관한 가법 그리고 텐서곱 (자연) 스플라인 사이의 차이를 보여준다. 로지스틱회귀모델 $\text{logit}[\Pr(T|x)] = h(x)^T \theta$이 이진 반응에 적합되고, 추정된 결정 경계는 윤곽 $h(x)^T \hat{\theta} = 0$이다. 텐서곱 기저는 결정 경계에서 더 많은 유연함을 달성할 수 있지만, 그 과정에서 일부 비논리적인 구조를 가져온다.

(정칙화를 통한) 1차원 평활 스플라인은 또한 더 높은 차원으로 일반화된다. $x_i \in \mathbb{R}^d$인 y_i, x_i쌍이 있으며 d차원 회귀함수 $f(x)$를 찾는다고 해보자. 이 개념은 다음의 문제를 설정한다.

$$\min_f \sum_{i=1}^N \{y_i - f(x_i)\}^2 + \lambda J[f] \tag{5.37}$$

이때 J는 $\mathbb{R}^d$에서 함수 f를 안정화하기 위한 적절한 벌점 범함수다. 예를 들면 $\mathbb{R}^2$에서의 함수를 위한 1차원적인 조도 벌점(5.9)의 자연 일반화는 다음과 같다.

$$J[f] = \int\int_{\mathbb{R}^2} \left[\left(\frac{\partial^2 f(x)}{\partial x_1^2} \right)^2 + 2 \left(\frac{\partial^2 f(x)}{\partial x_1 \partial x_2} \right)^2 + \left(\frac{\partial^2 f(x)}{\partial x_2^2} \right)^2 \right] dx_1 dx_2 \tag{5.38}$$

이러한 벌점으로 (5.37)을 최적화하면 평활 2차원 표면이 되며, 이는 박판 스플라인thin-plate spline이라 부른다. 이는 1차원 삼차 평활 스플라인과 많은 속성을 공유한다.

- $\lambda \to 0$임에 따라, 해가 보간함수(가장 작은 벌점 (5.38)을 가지는 것)에 접근한다.
- $\lambda \to \infty$임에 따라, 해가 최소제곱 평면에 접근한다.
- λ의 중간적인 값에 관해, 해가 기저함수의 선형 확장으로 다시 표현될 수 있다. 이들의 계수는 일반화 릿지회귀의 형식으로 얻을 수 있다.

이 해는 다음의 형식을 갖는다.

$$f(x) = \beta_0 + \beta^T x + \sum_{j=1}^N \alpha_j h_j(x) \tag{5.39}$$

이때 $h_j(x) = \|x - x_j\|^2 \log\|x - x_j\|$이다. 이들 h_j는 방사기저함수radial basis functions의 예시로, 다음 절에서 더 자세히 논의한다. 계수는 (5.39)를 (5.37)에 집어넣어 찾아낸다. 이는 유한 차원의 벌점화 최소제곱문제로 축소된다. 벌점이 유한하도록 하

기 위해 계수 α_j는 몇몇의 선형 제약을 만족해야 한다. 연습 5.14를 보라.

박판 스플라인은 임의의 차원 d에 관해 더 일반적으로 정의되며, 이때 적절하게 더욱 일반적인 J가 쓰인다.

실제로는 연산적이고 개념적인 복잡도를 위해 다수의 혼합적인 접근법이 인기 있게 쓰인다. 1차원 평활 스플라인과 다르게, 박판 스플라인의 연산 복잡도는 $O(N^3)$이다. 일반적으로 활용 가능한 어떠한 희박 구조도 없기 때문이다. 그러나 일변량 평활 스플라인처럼 해 (5.39)에 의해 사전에 정해진 N개 매듭보다 상당히 적은 매듭으로 이를 모면할 수 있다.

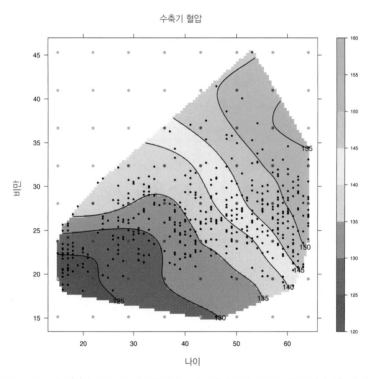

수축기 혈압

그림 5.12 심장질환 데이터에 관한 박판 스플라인 적합을 윤곽 그림으로 보여주고 있다. 반응은 수축기 혈압(systolic blood pressure)으로, 나이(age)와 비만(obesity)의 함수로 모델링된다. 데이터 지점 및 매듭으로 쓰인 지점의 격자가 표시돼 있다. 데이터의 볼록 껍질(convex hull) 내 격자(빨간색)로부터 매듭을 사용하면서 이들 바깥(초록색)은 무시하려면 주의가 필요하다.

실제로는 도메인을 감싸는 매듭의 격자로 작업하는 것으로 충분하다. 벌점은 이전과 같이 축소된 확장에 관해 계산된다. 그림 5.12는 일부 심장질환 위험 인자에 관한 박판 스플라인 적합의 결과를 보여주며, 표면을 윤곽 그림으로 나타내고 있다. 표시된 것은 입력 특성의 위치 및 적합에 쓰인 매듭이다. λ는 $\mathrm{df}_\lambda = \mathrm{trace}(S_\lambda) = 15$ 를 통해 지정했음을 주지하라.

더 일반적으로는 $f \in \mathbb{R}^d$를 기저함수의 임의의 커다란 모음 내 전개로 나타내고, (5.38)과 같은 정칙자^{regularizer}를 적용해 복잡도를 통제할 수 있다. 이를테면 5.9.2에서 성분으로 추천됐던 일변량 B-스플라인을 사용해 (5.35)에서와 같은 일변량 평활 스플라인 기저함수의 모든 쌍의 텐서곱을 구성해 기저를 구축할 수 있다. 이는 차원이 증가함에 따라 기저함수를 지수적으로 증가하게 하며, 통상적으로 좌표마다 함수의 개수를 그에 맞춰 축소시켜야 한다.

9장에서 논의하는 가법적 스플라인 모델은 다차원 스플라인의 제약된 종류이다. 이들 또한 이러한 일반적인 형식화로 나타낼 수 있다. 즉, 해가 $f(X) = \alpha + f_1(X_1) + \cdots + f_d(X_d)$ 형식을 가지도록 보장하는 벌점 $J[f]$가 존재하며, 각 함수 f_j는 일변량 스플라인이다. 이 경우 벌점은 다소 퇴화되며, f가 가법적이라고 가정^{assume}하는 것이 자연스럽다. 그러면 단순히 각 성분 함수에 추가적인 벌점을 부과하게 된다.

$$
\begin{aligned}
J[f] &= J(f_1 + f_2 + \cdots + f_d) \\
&= \sum_{j=1}^{d} \int f_j''(t_j)^2 dt_j
\end{aligned}
\tag{5.40}
$$

이들은 자연스럽게 ANOVA 스플라인 분해로 확장된다.

$$
f(X) = \alpha + \sum_j f_j(X_j) + \sum_{j<k} f_{jk}(X_j, X_k) + \cdots
\tag{5.41}
$$

이때 각 구성 요소는 필요한 차원의 스플라인이다. 여기에는 선택해야 할 것들이 많다.

- 교호작용의 최대 차수 − 앞에서 2차까지임을 보였다.
- 어떠한 항을 포함시키는가 − 모든 주효과 및 교호작용이 꼭 필요한 것은 아니다.
- 어떠한 표현을 사용할 것인가 − 다음 등을 선택할 수 있다.
  - 좌표마다 상대적으로 적은 수의 기저함수를 가지는 회귀 스플라인 및 이들의 교호작용을 위한 텐서곱

○ 평활 스플라인에서와 같은 완전한 기저. 그리고 전개에서 각 항을 위한 적절한 정칙자를 포함한다.

많은 경우 잠재적인 차원(특성)의 수가 많을 때, 자동적인 방법이 더 선호된다. MARS와 MART 절차(각각 9장, 10장) 모두 이러한 범주에 포함된다.

5.8 정칙화 및 재생 커널 힐베르트 공간

이 절에서는 스플라인을 정칙화 방법 및 재생 커널 힐베르트의 공간의 더 큰 맥락 측면으로 캐스팅한다. 이 절은 꽤 기술적이므로 흥미가 없거나 겁이 나는 독자는 지나가도 된다.

정칙화 문제의 일반적인 종류는 다음의 형식을 가진다.

$$\min_{f \in \mathcal{H}} \left[\sum_{i=1}^{N} L(y_i, f(x_i)) + \lambda J(f) \right] \tag{5.42}$$

이때 $L(y, f(x))$는 손실함수, $J(f)$는 벌점 범함수 그리고 $\mathcal{H}$는 $J(f)$가 정의된 공간이다. 기로시 외(Girosi et al., 1995)는 다음 형식의 꽤 일반적인 벌점 범함수를 설명한다.

$$J(f) = \int_{\mathbb{R}^d} \frac{|\tilde{f}(s)|^2}{\tilde{G}(s)} ds \tag{5.43}$$

이때 $\tilde{f}$는 f의 푸리에 변환을 나타내며, $\tilde{G}$는 $\|s\| \to \infty$임에 따라 영이 되는 어떠한 양의 함수다. 이 개념은 $1/\tilde{G}$가 f의 고주파수 성분에 관한 벌점을 증가시킨다는 것이다. 이들은 일부 추가적인 가정하에서 해가 다음의 형식을 가진다는 것을 보인다.

$$f(X) = \sum_{k=1}^{K} \alpha_k \phi_k(X) + \sum_{i=1}^{N} \theta_i G(X - x_i) \tag{5.44}$$

이때 ϕ_k는 벌점 범함수 J의 영공간을 생성하며, G는 $\tilde{G}$의 푸리에 역변환이다. 평활 스플라인과 박판 스플라인이 이러한 체계에 포함된다. 이 해의 놀랄만한 특성은 기준 (5.42)가 무한 차원의 공간에 걸쳐 정의돼 있는 한편, 해가 유한 공간이라는 점이다. 다음 절에서 몇몇 구체적인 예시를 보자.

5.8.1 커널에 의해 생성된 함수의 공간

식 (5.42)의 문제의 중요한 부분 클래스는 양정치 커널 $K(x, y)$에 의해 생성되며 이에 해당하는 함수 $\mathcal{H}_K$의 공간은 재생 커널 힐베르트 공간RKHS, Reproducing Kernel Hilbert Space이라고 부른다. 벌점함수 J 또한 커널 측면에서 정의된다. 우리는 이 모델의 종류에 관한 간단하고 단순한 개요를 제공한다. 이 모델은 와바(Wahba, 1990)와 기로시 외(Girosi et al., 1995)가 손봤으며, 이브제니우 외(Evgeniou et al., 2000)가 잘 요약했다.

$x, y \in \mathbb{R}^p$라 하자. $\{K(\cdot, y), y \in \mathbb{R}^p)\}$의 선형 생성span에 의해 생성된 함수 공간, 즉 $f(x) = \sum_m \alpha_m K(x, y_m)$ 형식의 임의적인 선형 조합을 고려하고 있다. 이때 각 커널 항은 첫 번째 인수의 함수로 볼 수 있으며, 두 번째 인수로 색인된다. K가 다음의 고윳값 전개eigen-expansion를 가지며, $\gamma_i \geq 0$, $\sum_{i=1}^{\infty} \gamma_i^2 < \infty$라 하자.

$$K(x, y) = \sum_{i=1}^{\infty} \gamma_i \phi_i(x) \phi_i(y) \tag{5.45}$$

$\mathcal{H}_K$의 요소는 이들 고윳값-함수 측면에서 전개를 가진다.

$$f(x) = \sum_{i=1}^{\infty} c_i \phi_i(x) \tag{5.46}$$

이는 다음의 제약을 가진다.

$$\|f\|_{\mathcal{H}_K}^2 \overset{\text{def}}{=} \sum_{i=1}^{\infty} c_i^2 / \gamma_i < \infty \tag{5.47}$$

이때 $\|f\|_{\mathcal{H}_K}$는 K에 의해 유도된 노름이다. 공간 $\mathcal{H}_K$를 위한 (5.42)에서의 벌점 범함수는 제곱된 노름 $J(f) = \|f\|_{\mathcal{H}_K}^2$이 되도록 정의된다. $J(f)$의 양은 일반화 릿지 벌점처럼 해석할 수 있으며, 이때 전개 (5.45)에서 큰 고윳값을 가지는 함수는 벌점을 덜 받고, 작은 고윳값을 가지는 함수는 그 반대가 된다.

식 (5.42)를 다시 쓰면 다음을 가진다.

$$\min_{f \in \mathcal{H}_K} \left[\sum_{i=1}^{N} L(y_i, f(x_i)) + \lambda \|f\|_{\mathcal{H}_K}^2 \right] \tag{5.48}$$

아니면 다음과 동등하다.

$$\min_{\{c_j\}_1^\infty} \left[\sum_{i=1}^{N} L(y_i, \sum_{j=1}^{\infty} c_j \phi_j(x_i)) + \lambda \sum_{j=1}^{\infty} c_j^2 / \gamma_j \right] \tag{5.49}$$

(5.48)의 해가 유한 차원이며, 다음의 형식을 가진다는 것을 보일 수 있다(Wahba, 1990: 또한 연습 5.15를 보라).

$$f(x) = \sum_{i=1}^{N} \alpha_i K(x, x_i) \tag{5.50}$$

(첫 번째 인수의 함수와 같은) 기저함수 $h_i(x) = K(x, x_i)$는 $\mathcal{H}_K$ 내 x_i에서의 값매김의 표현자representer of evaluation라 부른다. $f \in \mathcal{H}_K$에 관해 $\langle K(\cdot, x_i), f \rangle_{\mathcal{H}_K} = f(x_i)$임을 쉽게 보일 수 있기 때문이다. 이와 유사하게 $\langle K(\cdot, x_i), K(\cdot, x_j) \rangle_{\mathcal{H}_K} = K(x_i, x_j)$이며 ($\mathcal{H}_K$의 재생reproducing 속성), 따라서 $f(x) = \sum_{i=1}^{N} \alpha_i K(x, x_i)$에 관해 다음과 같다.

$$J(f) = \sum_{i=1}^{N} \sum_{j=1}^{N} K(x_i, x_j) \alpha_i \alpha_j \tag{5.51}$$

(5.50)과 (5.51) 측면에서, (5.48)은 유한 공간 기준으로 축소된다.

$$\min_{\alpha} L(\mathbf{y}, \mathbf{K}\alpha) + \lambda \alpha^T \mathbf{K} \alpha \tag{5.52}$$

벡터 표기법을 사용하고 있으며 이때 $\mathbf{K}$는 ij번째 성분을 가지는 $N \times N$ 행렬 $K(x_i, x_j)$이다. 간단한 수치적 알고리즘을 사용해 (5.52)를 최적화할 수 있다. 무한 차원 문제 (5.48)이나 (5.49)가 유한 차원 최적화 문제로 축소되는 이러한 현상은 서포트벡터머신에 관한 논문에서는 커널 속성kernel property이란 별명으로 부른다(12장을 보라).

이러한 모델의 종류에 관한 베이지안적인 해석이 존재한다. 여기서 f는 사전 공분산 함수 K를 가지는 평균이 0인 정상 가우스 과정stationary Gaussian process의 표현realization으로 해석된다. 고윳값 분해는 연관된 분산 γ_j를 가지는 일련의 직교적인 고유함수 $\phi_j(x)$를 만들어낸다. "평활smooth" 함수 ϕ_j가 큰 사전 분산prior variance 을 가지는 한편, "어림잡은rough" ϕ_j는 적은 사전 분산을 가진다는 것이 통상적인 시나리오다. (5.48)에서의 벌점은 결합 가능도에 관한 사전확률의 공헌이며, 더 적은 사전 분산을 가지는 구성 요소에 벌점을 더욱 준다((5.43)와 비교했을 때).

단순함을 위해 $\mathcal{H}$의 모든 구성원이 (5.48)에서와 같이 벌점을 받는 경우를 다뤘다. 더 일반적으로는 5.4절에서의 삼차 평활 스플라인의 선형함수와 같이, $\mathcal{H}$ 안에 혼자 남겨두고자 하는 어떠한 성분이 있을 수 있다. 5.7절의 다차원 박판 스플라인과 텐서곱 스플라인 또한 이 범주에 포함된다. 이들 경우 더욱 편리한 표현인 $\mathcal{H} = \mathcal{H}_0 \oplus \mathcal{H}_1$가 존재한다. 이는 예를 들어 벌점을 받지 않는 x 내 낮은 차수의 다항식으로 구성되는 영공간null space $\mathcal{H}_0$을 가진다. 벌점은 $J(f) = \|P_1 f\|$가 되며, 이때 P_1은 $\mathcal{H}_1$에 관한 f의 직교 사영이다. 해는 $f(x) = \sum_{j=1}^{M} \beta_j h_j(x) + \sum_{i=1}^{N} \alpha_i K(x, x_i)$의 형식을 가지며, 이때 첫 번째 항은 $\mathcal{H}_0$에서의 전개를 나타낸다. 베이지안적인 관점에서, $\mathcal{H}_0$ 내 성분의 계수는 분산이 무한인 부적절한 사전확률을 가진다.

5.8.2 RKHS 예시

앞의 장치는 커널 K와 손실함수 L의 선택에 좌우된다. 먼저 제곱오차 손실을 사용하는 회귀를 먼저 고려해보자. 이 경우 (5.48)은 벌점화 최소제곱으로 특화되며 해는 (5.49) 아니면 (5.52)에 해당하는 동등한 두 방법으로 특징화될 수 있다.

$$\min_{\{c_j\}_1^\infty} \sum_{i=1}^{N} \left(y_i - \sum_{j=1}^{\infty} c_j \phi_j(x_i) \right)^2 + \lambda \sum_{j=1}^{\infty} \frac{c_j^2}{\gamma_j} \tag{5.53}$$

이는 무한 차원의 일반 릿지회귀 문제이다. 아니면 다음과 같다.

$$\min_{\alpha} (\mathbf{y} - \mathbf{K}\alpha)^T (\mathbf{y} - \mathbf{K}\alpha) + \lambda \alpha^T \mathbf{K}\alpha \tag{5.54}$$

α의 해는 간단히 다음과 같이 얻을 수 있다.

$$\hat{\alpha} = (\mathbf{K} + \lambda \mathbf{I})^{-1} \mathbf{y} \tag{5.55}$$

그리고 다음과 같다.

$$\hat{f}(x) = \sum_{j=1}^{N} \hat{\alpha}_j K(x, x_j) \tag{5.56}$$

적합된 값 N개의 벡터는 다음에 의해 주어진다.

$$\begin{aligned}
\hat{\mathbf{f}} &= \mathbf{K}\hat{\alpha} \\
&= \mathbf{K}(\mathbf{K} + \lambda\mathbf{I})^{-1}\mathbf{y} \tag{5.57} \\
&= (\mathbf{I} + \lambda\mathbf{K}^{-1})^{-1}\mathbf{y} \tag{5.58}
\end{aligned}$$

추정값 (5.57) 또한 공간 통계에서의 가우스 확률장의 크리깅^{kriging} 추정값으로 나오게 된다(Cressie, 1993). (5.58)을 (5.17)의 평활 스플라인 적합과 비교해보라.

벌점 다항식 회귀

$x, y \in \mathbb{R}^p$에서 커널 $K(X, Y) = (\langle x, y \rangle + 1)^d$(Vapnik, 1996)는 전체 차수 d인 $\mathbb{R}^p$에서의 다항식의 공간을 생성하는 고유함수 $M = \binom{p+d}{d}$를 가진다. 예를 들어 $p = 2$, $d = 2$ 그리고 $M = 6$이면 다음과 같다.

$$\begin{aligned}
K(x, y) &= 1 + 2x_1 y_1 + 2x_2 y_2 + x_1^2 y_1^2 + x_2^2 y_2^2 + 2x_1 x_2 y_1 y_2 \tag{5.59} \\
&= \sum_{m=1}^{M} h_m(x) h_m(y) \tag{5.60}
\end{aligned}$$

이때 다음과 같다.

$$h(x)^T = (1, \sqrt{2}x_1, \sqrt{2}x_2, x_1^2, x_2^2, \sqrt{2}x_1 x_2) \tag{5.61}$$

M개의 직교 고유함수와 K의 고윳값으로 h를 나타낼수 있다.

$$h(x) = \mathbf{V}\mathbf{D}_\gamma^{\frac{1}{2}}\phi(x) \tag{5.62}$$

이때 $\mathbf{D}_\gamma = \text{diag}(\gamma_1, \gamma_2, ..., \gamma_M)$이며 $\mathbf{V}$는 $M \times M$이고 직교다.

벌점 다항식 회귀 문제를 풀고자 한다고 해보자.

$$\min_{\{\beta_m\}_1^M} \sum_{i=1}^{N} \left(y_i - \sum_{m=1}^{M} \beta_m h_m(x_i) \right)^2 + \lambda \sum_{m=1}^{M} \beta_m^2 \tag{5.63}$$

(5.62)를 (5.63)으로 바꾸면 최적화할 형(식 5.53)의 식을 얻는다(연습 5.16).

기저함수 $M = \binom{p+d}{d}$의 개수는 매우 클 수 있으며, N보다 훨씬 많은 경우가 잦다. 방정식 (5.55)는 해 함수를 위해 커널 표현을 사용하면, 커널을 오직 N^2번 값 매김해야만 하며, $O(N^3)$의 연산으로 해를 계산할 수 있음을 말해준다.

이러한 단순함의 영향이 없는 것은 아니다. (5.61) 내 각 다항식 h_m은 (5.63) 내 벌점의 영향을 감내해야 하는 K의 특정 형식으로부터의 척도 인자를 상속한다. 다음 절에서 이에 관해 자세히 설명한다.

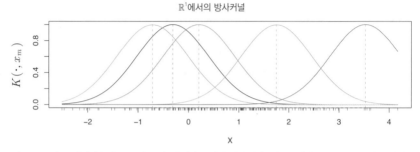

그림 5.13 척도 매개변수가 $\nu = 1$인 혼합 데이터를 위한 방사커널 $k_k(x)$. 커널은 200개로부터 무작위로 선택된 다섯 개의 점 x_m에서 중심을 가진다.

가우스 방사기저함수

앞의 예제에서 커널을 선택한 이유는 커널이 다항식의 전개를 나타내며 고차원의 내적을 편리하게 계산할 수 있기 때문이다. 이 예제에서 커널을 선택한 이유는 표현 (5.50)에서의 커널의 범함수 형식 때문이다.

예를 들면 제곱오차 손실을 가지는 가우스커널 $K(x, y) = e^{-\nu}\|x - y\|^2$은 가우스 방사기저함수에서의 전개인 회귀모델이 된다.

$$k_m(x) = e^{-\nu\|x-x_m\|^2}, \ m = 1, \ldots, N \qquad (5.64)$$

각각은 훈련 특성 벡터 x_m 중 하나에서 중심을 가진다. 계수는 (5.54)를 사용해 추정한다.

그림 5.13은 2장에서의 혼합 예제의 첫 번째 좌표를 사용해 $\mathbb{R}^1$에서의 방사커널을 보여준다. 200개 커널 기저함수 $k_m(x) = K(x, x_m)$ 중 5개를 보여준다.

그림 5.14는 $x \in \mathbb{R}^1$인 방사기저를 위한 암묵적 특성 공간을 나타낸다. 200×200개 커널행렬 $\mathbf{K}$ 및 그 고윳값 분해 $\mathbf{\Phi}\mathbf{D}_\gamma\mathbf{\Phi}^T$를 계산했다. $\mathbf{\Phi}$의 열 및 해

당하는 $\mathbf{D}_\gamma$ 내에서의 고윳값들을 고윳값 전개 (5.45)의 경험적empirical 추정이라 생각할 수 있다.[2] 고유벡터가 이산적임에도, 이들을 $\mathbb{R}^1$ 위의 함수로 표현할 수 있다(연습 5.17). 그림 5.15는 $\mathbf{K}$의 가장 큰 50개 고윳값들을 보여준다. 앞의 고유함수은 평활적이며, 이들은 차수가 증가함에 따라 더욱 꾸불꾸불해진다. 이는 (5.49) 내 벌점을 되살리게 되며, 이때 고차함수의 계수가 저차원의 것보다 더욱 벌점을 받음을 보게 된다. 그림 5.14 내 오른쪽 패널은 고유함수의 해당 특성 공간feature space 표현을 보여준다.

$$h_\ell(x) = \sqrt{\hat{\gamma}_\ell}\hat{\phi}_\ell(x), \; \ell = 1, \ldots, N \tag{5.65}$$

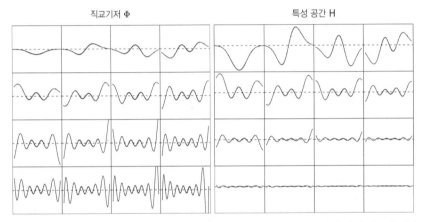

그림 5.14 왼쪽 패널: $\mathbf{K}$의 첫 16개 정규화 고유벡터. $\mathbf{K}$는 혼합 데이터의 첫 번째 좌표에 관한 200×200 커널행렬이다. 이들은 (5.45)에서의 고유함수의 추정 $\hat{\phi}_\ell$로 볼 수 있으며, 색으로 겹쳐져 보이는 관측된 값들을 가지는 $\mathbb{R}^1$에서의 함수로 표현된다. 이들은 위 왼쪽에서 시작해 열로 정렬돼 있다. 오른쪽 패널: 왼쪽 패널에서의 함수를 재척도화한 버전 $h_\ell = \sqrt{\hat{\gamma}_\ell}\hat{\phi}_\ell$으로, 커널이 "내적"을 계산한다.

---

2 Φ의 ℓ번째 열은 ϕ_ℓ의 추정값으로, N개 관측치 각각에서 값매김된다. 그렇지 않으면, Φ의 i번째 행은 기저함수 $\phi(x)$의 추정된 벡터로, 각 점 x_i에서 값매김된다. 그러함에도 원칙적으로는 ϕ 내에서 무한대로 많은 요소가 있을 수 있으며, 추정값은 최대 N개의 요소를 가진다.

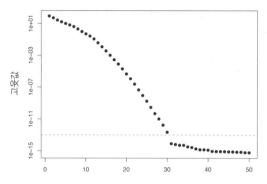

그림 5.15 K의 가장 큰 50개 고윳값. 30번째를 넘는 모든 것들은 사실상 영이다.

$\langle h(x_i), h(x_{i'}) \rangle = K(x_i, x_{i'})$임을 주지하라. 고윳값을 통한 척도화는 이 경우 대부분의 함수를 0으로 빠르게 수축시키고, 약 12의 유효 차원을 남긴다. 해당 최적화 문제는 (5.63)에서와 같은 표준 릿지회귀다. 따라서 원칙적으로 암묵적인 특성 공간은 차원이 무한임에도, 유효 차원은 각 기저함수마다 적용된 수축의 상대적인 양으로 인해 급격하게 낮아진다. 커널 척도 매개변수$^{\text{kernel scale parameter}}$ ν는 여기서도 한몫을 한다. ν가 클수록 더 많은 국소 k_m 함수를 뜻하며, 특성 공간의 유효 차원을 늘린다. 더 자세한 내용은 헤이스티와 주(Hastie and Zhu, 2006)를 보라.

또한 박판 스플라인(5.7절)은 다음의 커널에 의해 생성된

$$K(x, y) = \|x - y\|^2 \log(\|x - y\|) \tag{5.66}$$

방가기저함수에서의 전개임이 알려져 있다(Girosi et al., 1995).

방사기저함수는 6.7절에서 더 자세히 논의한다.

서포트벡터분류기

2 클래스 분류 문제를 위한 12장의 서포트벡터머신은 $f(x) = \alpha_0 + \sum_{i=1}^{N} \alpha_i K(x, x_i)$의 형태를 가지며, 이때 매개변수는 다음을 최소화하도록 선택한다.

$$\min_{\alpha_0, \boldsymbol{\alpha}} \left\{ \sum_{i=1}^{N} [1 - y_i f(x_i)]_+ + \frac{\lambda}{2} \boldsymbol{\alpha}^T \mathbf{K} \boldsymbol{\alpha} \right\} \tag{5.67}$$

이때 $y_i \in \{-1, 1\}$이며 $[z]_+$는 z의 양의 부분을 뜻한다. 이는 선형 제약으로 된 이차 최적화 문제로 볼 수 있으며, 해를 위해서는 이차 프로그래밍 알고리즘을 필요로 한다. 서포트벡터$^{\text{support vector}}$란 이름은 통상적으로 많은 $\hat{\alpha}_i = 0$((5.67)에서의 손실함수

의 조각별로 영^{piecewise-zero}인 특성으로 인한)으로부터 유래됐으며, 따라서 $\hat{f}$는 $K(\cdot, x_i)$의 부분집합 내에서의 전개다. 더 자세한 내용은 12.3.3절을 보라.

5.9 웨이블릿 평활화

앞서 기저함수의 딕셔너리를 가지는 두 개의 서로 다른 작동 방식을 살펴봤다. 회귀 스플라인으로는 주제에 따른 지식을 사용하거나 혹은 자동적으로 기저의 부분집합을 선택한다. MARS(9장)와 같은 더욱 적응적인 과정은 평활적 및 비평활적 움직임 모두를 포착할 수 있다. 평활 스플라인으로 완전 기저를 사용하지만 그 뒤 계수를 평활적으로 수축시킨다.

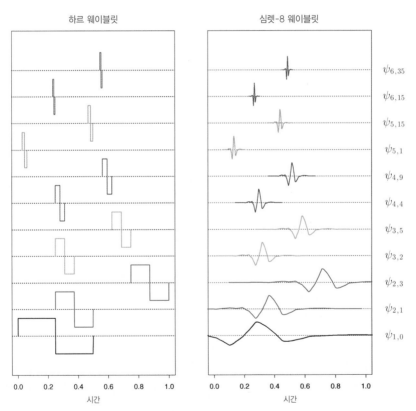

그림 5.16 하르 및 심렛 계열에 관한 서로 다른 변환 및 팽창으로 선택된 몇몇 웨이블릿. 함수는 보여주기에 적합하도록 척도화돼 있다.

웨이블릿은 통상적으로 완전한 직교 기저를 사용해 함수를 나타내지만, 그 뒤 계수가 희박적sparse 표현이 되도록 수축 및 선택을 한다. 평활함수가 몇몇의 스플라인 기저함수로 표현될 수 있는 것처럼, 몇몇의 고립된 튀어나온 부분을 가지는 거의 평평한 함수flat function가 몇몇의 (괄호 밖으로 튀어나온bumpy) 기저함수로 표현될 수 있다. 웨이블릿 기저는 신호 처리와 압축에서 매우 인기가 있는데, 이들은 평활적인 혹은 국소적으로 튀어나온 함수 모두를 효율적인 방법으로 나타낼 수 있기 때문이다. 이 방법은 시간 및 주파수 국소화time and frequency localization라고 부르는 현상이다. 반대로, 전통적인 푸리에 기저는 오직 주파수 국소화만을 허용한다.

더 자세한 내용을 설명하기 전에, 그림 5.16의 왼쪽 패널에서의 하르 웨이블릿 Haar wavelet을 보고, 어떻게 웨이블릿 평활화가 동작하는지 직관적인 개념을 얻도록 하자. 수직축은 웨이블릿의 척도(주파수)를 나타내며, 아래쪽은 낮은 척도이며 위쪽은 높은 척도로 돼 있다. 각 척도에서 웨이블릿은 시간 축을 완벽하게 채우도록 나란히 "모아져" 있다. 여기서는 선택된 웨이블릿만을 보여주고 있다. 웨이블릿 평활화는 이러한 기저를 위한 계수를 최소제곱을 통해 적합시킨 뒤, 더 작은 계수를 임계화threshold시킨다(버리거나 필터링함). 각 척도에서마다 많은 기저가 있으므로, 기저를 필요한 곳에서 사용하고 필요하지 않은 것은 버림으로써 시간과 주파수 국소화를 해낼 수 있다. 하르 웨이블릿은 이해하기 쉽지만, 대부분의 목적을 위해 충분히 평활하지는 않다. 그림 5.16 오른쪽 패널의 심렛symmlet 웨이블릿은 같은 직교적 속성을 가지지만, 더욱 평활적이다.

그림 5.17은 NMRNuclear Magnetic Resonance, 핵자기공명 신호를 보여준다. 이는 매끄러운 구성 요소와 고립된 솟구침 그리고 일부 잡음으로 구성돼 있는 것으로 보인다. 심렛 기저를 사용한 웨이블릿 변환은 아래 왼쪽 패널에서 볼 수 있다. 웨이블릿 계수는 행 방향으로 아래쪽은 가장 낮은 척도에서, 위쪽은 가장 높은 척도로 정렬돼 있다. 각 선분의 길이는 계수의 크기를 가리킨다. 아래쪽 오른쪽 패널은 임계화된 후의 웨이블릿 계수를 보여준다. 다음에 나올 방정식 (5.69)에서 주어진 임계화 절차는 선형회귀(3.4.2절)의 라쏘 과정에서 나온 경임계화 규칙과 같다. 많은 수의 작은 계수가 영이 됐음을 주지하라. 위쪽 패널의 초록색 곡선은 임계화된 계수의 역변환back-transform을 보여준다. 이는 원본 신호의 평활화된 버전이다. 다음 절에서 웨이블릿의 구축과 임계화 규칙을 포함해 이러한 과정을 자세히 설명한다.

5.9.1 웨이블릿 기저와 웨이블릿 변환

이 절에서 웨이블릿의 구축 및 필터링에 관해 자세히 전달한다. 웨이블릿 기저는 척도함수 $\phi(x)$(또한 부라 부른다)의 변형translation과 팽창dilation를 통해 만들어진다. 그림 5.18의 빨간 곡선은 하르와 심렛-8 척도함수다. 하르 기저는 특히 분산분석이나 트리분석에 경험이 있는 사람이라면 이해하기 쉽다. 이는 조각별 상수 표현을 만들어내기 때문이다. 그러므로 만일 $\phi(x) = I(x \in [0, 1])$라면 $\phi_{0,k}(x) = \phi(x - k)$이고, k는 정수이며, 함수를 위해 이 정수들에서 도약하는 직교 기저를 생성한다. 이를 참조reference 공간 V_0라 하자. 팽창 $\phi_{1,k}(x) = \sqrt{2}\phi(2x - k)$는 길이 1/2의 간격으로 조각별 상수인 함수의 공간 $V_1 \supset V_0$에 관한 직교 기저를 구성한다. 실제로 더 일반적으로는 $\cdots \supset V_1 \supset V_0 \supset V_{-1} \supset \cdots$가 있으며, 이때 $\phi_{j,k} = 2^{j/2}\phi(2^j x - k)$가 각 V_j를 생성한다.

이제 웨이블릿의 정의로 가보자. 분산분석에서 평균의 쌍 μ_1와 μ_2를 이들의 전체 평균 $\mu = \frac{1}{2}(\mu_1 + \mu_2)$로 나타내는 경우가 자주 있으며, 그러면 대비는 $\alpha = \frac{1}{2}(\mu_1 - \mu_2)$가 된다. 만일 대비 α가 매우 작으면 단순화가 일어나는데, 이를 0으로 둘 수 있기 때문이다. 비슷한 방식으로 V_j 내 구성 요소에 V_j의 직교 여공간 W_j를 더함으로써 V_{j+1}에서의 함수를 나타낼 수 있을 수 있다. 이는 $V_{j+1} = V_j \oplus W_j$로 쓴다. W_j에서의 성분은 디테일detail을 나타내며, 이들 성분의 일부 요소를 0으로 두고자 할 수도 있을 것이다. 모웨이블릿mother wavelet $\psi(x) = \phi(2x) - \phi(2x - 1)$에 의해 생성된 함수 $\psi(x - k)$가 하르 계열에 관한 W_0의 직교 기저를 구성한다는 것은 쉽게 볼 수 있다. 또한 이와 같이 $\psi_{j,k} = 2^{j/2}\psi(2^j x - k)$는 W_j를 위한 기저를 구성한다.

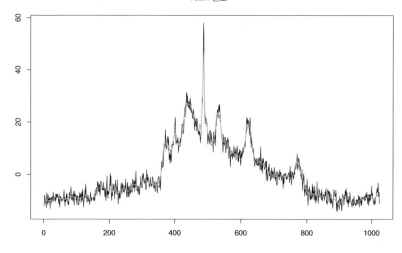

NMR 신호

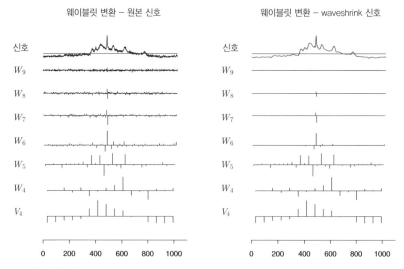

웨이블릿 변환 – 원본 신호

웨이블릿 변환 – waveshrink 신호

그림 5.17 위쪽 패널은 NMR 신호를 초록색으로 겹쳐져 그려진 웨이블릿-수축 버전과 함께 보여준다. 아래 왼쪽 패널은 원본 신호의, 심렛-8 기저를 사용해 V_4로 찾쳐진 웨이블릿 변환을 나타낸다. 각 계수는 수직 막대의 높이(양수 혹은 음수)로 나타난다. 아래쪽 오른쪽 패널은 S-PLUS의 waveshrink 함수를 사용해 수축된 후의 웨이블릿 계수를 보여준다. 이는 도노호와 존스턴(Donoho and Johnstone)의 웨이블릿 적응의 SureShrink 방법을 구현한다.

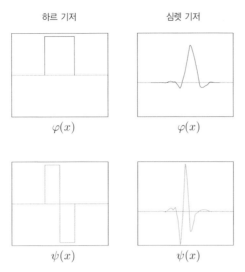

하르 기저   심렛 기저

$\varphi(x)$ $\varphi(x)$

$\psi(x)$ $\psi(x)$

그림 5.18 하르와 심렛 부웨이블릿(father wavelet) $\phi(x)$와 모웨이블릿 $\varphi(x)$

이제 $V_{j+1} = V_j \oplus W_j = V_{j-1} \oplus W_{j-1} \oplus W_j$이므로, 함수를 j-수준의 디테일 성분detail component과 j-수준의 어림 성분rough component으로 표현하는 것 외에, 후자는 $(j-1)$ 수준의 디테일 및 어림 성분으로 계속 쪼갤 수 있다. 마지막으로 $V_J = V_0 \oplus W_0 \oplus W_1 \cdots \oplus W_{J-1}$ 형식의 표현을 얻게 된다. 그림 5.16은 특정한 웨이블릿 $\psi_{j,k}(x)$을 보여준다.

이들 공간이 직교이므로 모든 기저함수가 직교하는 점을 주지하라. 실제로 정의역이 $N = 2^J$(회, time) 지점에서 이산적이면, 이만큼이 갈 수 있는 것이 된다. 수준 j에서 2^j개의 기저 요소가 존재하며, 이를 합하면, W_j 내에서 전체 $2^J - 1$개 요소를 가지며, 하나는 V_0에 속하게 된다. 이 구조화된 직교 기저는 다중해분석multiresolution analysis을 가능케 한다. 이는 다음 절에서 설명한다.

하르 기저는 앞에서의 구축을 이해하는 데 도움이 되지만, 실제 목적으로는 너무 투박하다. 다행히도 많은 영리한 웨이블릿 기저가 발명됐다. 그림 5.16과 5.18은 도브쉬 심렛-8Daubechies symmlet-8 기저를 포함한다. 이 기저는 하르 기저보다 더 평활적인 요소를 갖지만, 상반관계가 존재한다.

- 각 웨이블릿은 15번의 연속적인 시간 간격을 포함하는 지지를 갖지만, 하르 기저는 한 번 가진다. 더 일반적으로는 심렛-p 계열은 $2p-1$의 연속적인 간격의 지지를 가진다. 지지가 넓을수록 웨이블릿이 영으로 없어지

는 데 시간이 더 걸리므로 심렛 기저는 이를 더욱 평활적으로 달성할 수 있다. 유효 지지는 훨씬 좁아 보인다는 점을 주지하라.

- 심렛-p 웨이블릿 $\psi(x)$는 p개의 영이 되는 모멘트$^{\text{vanishing moment}}$를 가진다. 즉 다음과 같다.

$$\int \psi(x)x^j\,dx = 0,\ j = 0, \ldots, p-1$$

이는 $N = 2^j$회 지점에 관한 어떠한 p차의 다항식이든지 V_0 내에서 정확히 재생성된다는 것을 암시한다(연습 5.18). 이러한 의미에서 V_0은 평활-스플라인 벌점의 영공간과 동등하다. 하르 웨이블릿은 0이 되는 순간을 한 번 가지며, V_0은 어떠한 상수함수든지 재생성할 수 있다.

심렛-p 척도함수는 웨이블릿 생성자의 많은 계열 중 하나다. 연산은 하르 기저의 것들과 유사하다.

- V_0이 $\phi(x-k)$에 의해 생성된다면, $V_1 \supset V_0$은 $\phi_{1,k}(x) = \sqrt{2}\phi(2x-k)$에 의해 생성되며, 어떠한 필터 계수 $h(k)$에 관해 $\phi(x) = \sum_{k \in Z} h(k)\phi_{1,k}(x)$이다.
- W_0는 $\psi(x) = \sum_{k \in Z} g(k)\phi_{1,k}(x)$에 의해 생성되며, 이때 필터 계수는 $g(k) = (-1)^{1-k}h(1-k)$이다.

5.9.2 적응적 웨이블릿 필터링

웨이블릿은 특히 데이터가 이산화된 신호, 이미지 혹은 시계열과 같은 균일한 격자에서 측정됐을 때 유용하다. 이제 1차원의 경우에 관해 집중할 것이며, 이때 $N = 2^j$ 격자 지점을 가지는 것이 편리하다.

y가 반응 벡터, $\mathbf{W}$가 N개의 균일하게 공간을 가지는 관측치에서 값이 매겨진 $N \times N$ 직교 웨이블릿 기저행렬이라 하자. 그러면 $\mathbf{y}^* = \mathbf{W}^T\mathbf{y}$를 $\mathbf{y}$의 웨이블릿 변환$^{\text{wavelet transform}}$이라 부른다(그리고 이는 완전 최소제곱 회귀계수다). 적응적 웨이블릿 적합을 위한 인기 있는 방법은 SURE 수축^{shrinkage}(슈타인의 불편 위험 추정$^{\text{Stein Unbiased}}$ $^{\text{Risk Estimation}}$; Donoho and Johnstone, 1994)이 있다. 다음 기준으로 시작해보자.

$$\min_{\theta} \|\mathbf{y} - \mathbf{W}\theta\|_2^2 + 2\lambda\|\theta\|_1 \tag{5.68}$$

이는 3장에서의 라쏘 기준과 같다. $\mathbf{W}$가 직교이므로, 이는 해를 단순하게 만든다.

$$\hat{\theta}_j = \text{sign}(y_j^*)(|y_j^*| - \lambda)_+ \tag{5.69}$$

최소제곱 계수는 영을 향해 옮겨지며, 영에서 절단된다. 그러면 적합된 함수(백터)는 역웨이블릿 변환$^{\text{inverse wavelet transform}}$ $\hat{\mathbf{f}} = \mathbf{W}\hat{\theta}$에 의해 주어진다.

λ를 위해 단순히 $\lambda = \sigma\sqrt{2\log N}$를 선택할 수 있으며, 이때 σ는 잡음의 표준편차 추정값이다. 이렇게 선택하는 동기에 관해 일부 전해주고자 한다. $\mathbf{W}$가 직교 변환이므로, $\mathbf{y}$의 요소가 백색잡음(평균이 0이고 분산이 σ^2인 독립적인 가우스 변량)이라면, $\mathbf{y}^*$ 또한 그러하다. 게다가 확률변수 Z_1, Z_2, ..., Z_N가 백색 잡음이라면, $|Z_j|$, $j = 1$, ..., N의 기대 최댓값은 근사적으로 $\sigma\sqrt{2\log N}$이다. 따라서 $\sigma\sqrt{2\log N}$보다 작은 모든 계수는 잡음이 될 것이고 영이 된다.

공간 $\mathbf{W}$는 다항식, 자연 스플라인이나 코사인 곡선 등 직교 함수의 어떠한 기저든지 될 수 있다. 웨이블릿을 특별하게 만드는 것은 바로 사용되는 특정 기저함수의 형태 때문인데, 이는 시간과 주파수에서 국소화된$^{\text{localized in time and in frequency}}$ 표현을 허용한다.

그림 5.17의 NMR 신호를 다시 보자. 웨이블릿 변환은 심렛-8 기저를 사용해 연산했다. 계수가 내내 V_0으로 하강^{descend}하지 않은 대신에, 16개 기저함수를 가지는 V_4에서 멈춘다는 것을 주지하라. 디테일의 각 수준을 향해 상승^{ascend}함에 따라, 계수는 솟구치는 움직임이 나타나는 위치를 제외하고 작아진다. 웨이블릿 계수는 시간에서 국소화된(각 수준에서의 기저함수는 서로의 변형이다) 그리고 주파수에서 국소화된 신호의 특성을 나타낸다. 각 팽창은 디테일을 인자 2만큼 증가시키며, 이러한 방식은 전통적인 푸리에 표현에서 주파수를 두 배로 만드는 것에 해당한다. 실제 웨이블릿에 관해 수학적으로 더 이해하면, 특정 척도에서의 웨이블릿은 한정된 범위 혹은 주파수의 옥타브로 제약된 푸리에 변환을 가진다는 것이 드러난다.

오른쪽 패널에서의 수축/절단은 이번 절의 도입부에서 설명한 SURE 접근법을 사용해 달성한다. 직교적인 $N \times N$ 기저행렬 $\mathbf{W}$는 N번의 지점에서 값이 매겨진 웨이블릿 기저함수인 열을 가진다. 특히 이 경우 $\phi_{4,k}(x)$에 해당하는 16개 열이 있을 것이며, 나머지는 $\psi_{j,k}(x)$, $j = 4$, ..., 11이 된다. 실제로는 λ가 잡음 분산에 의존하며, (가장 높은 수준에서의 계수의 분산과도 같이) 데이터로부터 추정돼야 한다.

SURE 기준 (5.68)과 평활 스플라인 기준 (5.21)의 유사점을 주지하라.

- 둘 다 투박한 디테일에서 섬세한 디테일까지 계층적으로 구축되지만, 웨이블릿은 또한 각 분해resolution 수준 내에서 시간으로 국소화된다.
- 스플라인은 미분 수축 상수 d_k를 강제함으로써 편향이 평활함수가 되도록 한다. SURE 수축의 초기 버전은 모든 척도를 같게 취급했다. S+wavelets 함수 waveshrink()는 많은 옵션을 가지며, 몇몇은 미분 수축을 허용한다.
- 스플라인 L_2 벌점은 순수한 수축을 야기하는 한편, SURE L_1 벌점은 수축과 선택을 모두 한다.

더 일반적으로는 평활 스플라인은 평활화를 가함으로써 원본 신호를 압축시키는 한편, 웨이블릿은 희박성을 가한다. 그림 5.19는 특성상 서로 다른 두 예제에 (SURE 수축을 사용해) 웨이블릿 적합을 (교차 검색을 사용해) 평활 스플라인 적합과 비교한다. 위쪽 패널의 NMR 데이터에서 평활 스플라인은 고립된 솟구침에서의 디테일을 포착하기 위해 디테일을 모든 곳에 도입한다. 웨이블릿 적합은 솟구침을 잘 국소화시킨다. 아래쪽 패널에서 참 함수는 평활하며, 잡음이 상대적으로 높다. 웨이블릿 적합은 일부 추가적이고 불필요한 꾸불꾸불함을 허용한다. 이는 추가적인 적응성을 위해 분산으로 지불하는 대가다.

웨이블릿 변환은 $\mathbf{y}^* = \mathbf{W}^T \mathbf{y}$에서와 같은 행렬 곱에 의해 수행되지 않는다. 사실 영리한 피라미드적 체계를 사용하면 $\mathbf{y}^*$를 $O(N)$의 연산으로 얻을 수 있다. 이는 심지어 고속 푸리에 변환FFT, Fast Fourier Transform의 $N\log(N)$보다 빠르다. 일반적인 구축법은 이 책의 범위를 넘어서지만, 이는 하르 기저(연습 5.19)에서 쉽게 찾을 수 있다. 이와 같이 역웨이블릿 변환 $\mathbf{W}\hat{\theta}$ 또한 $O(N)$이다.

지금까지 방대하면서도 성장하고 있는 분야에 관해 매우 간단하게 살펴봤다. 웨이블릿을 바탕으로 만들어진 수학적 연산적 기저가 매우 많다. 현대의 이미지 압축은 2차원 웨이블릿 표현을 사용해 자주 수행된다.

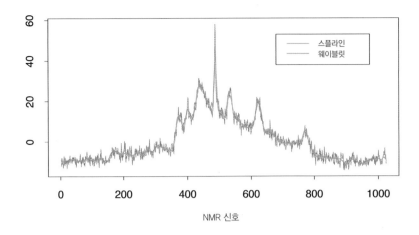

NMR 신호

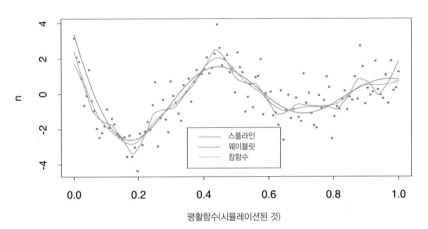

평활함수(시뮬레이션된 것)

그림 5.19 두 예제에 평활 스플라인과 비교한 웨이블릿 평활화. 각 패널은 SURE-수축 웨이블릿 적합을 교차 검증된 평활 스플라인 적합과 비교한다.

참고문헌

스플라인과 B-스플라인은 드보어(de Boor, 1978)에 자세히 논의돼 있다. 그린과 실버맨(Green and Silverman, 1994) 및 와바(Wahba, 1990)는 평활 스플라인과 박판 스플라인의 처치법을 샅샅이 제공한다. 후자는 또한 재생 커널 힐베르트 공간을 다룬다. 또한 RKHS 접근법을 사용하는 많은 비매개변수 회귀 기술 사이의 연결점들에 관해서는 기로시 외(Girosi et al., 1995) 및 이브제니우 외(Evgeniou et al., 2000)를 보라. 5.2.3절에서와 같은 범함수 데이터의 모델링은 램지와 실버맨(Ramsay and Silverman, 1997)이 자세히 다뤘다.

도브시(Daubechies, 1992)는 웨이블릿의 고전적이고 수학적인 처지법이다. 다른 유용한 자료로는 추이(Chui, 1992) 및 위커하우저(Wickerhauser, 1994)가 있다. 도노호와 존스턴(Donoho and Johnstone, 1994)은 통계적 예측 체계로부터 SURE 수축 및 선택 기술을 발전시켰다. 또한 비다코빅(Vidakovic, 1999)을 보라. 브루스와 가오(Bruce and Gao, 1996)는 유용한 적용법을 소개하며 S-PLUS에서의 웨이블릿 소프트웨어를 설명한다.

연습 문제

연습 5.1 (5.3)에서의 절단된 거듭제곱 기저함수가 표시된 것과 같이 두 개의 매듭을 가지는 삼차 스플라인의 기저를 나타냄을 보여라.

연습 5.2 $B_{i,M}(x)$가 부록의 시퀀스 (5.77)~(5.78)을 따라서 정의된 M차 B-스플라인이라 해보자.

  (a) 귀납법을 통해 $x \notin [\tau_i, \tau_{i+M}]$에서 $B_{i,M}(x) = 0$임을 보여라. 이는 예를 들면 삼차 B-스플라인의 지지는 최대 5 매듭임을 보여준다.

  (b) 귀납법을 통해 $x \in (\tau_i, \tau_{i+M})$에 관해 $B_{i,M}(x) > 0$임을 보여라. B-스플라인은 그들의 지지 내부에서 양수이다.

  (c) 귀납법을 통해 $\sum_{i=1}^{K+M} B_{i,M}(x) = 1 \forall x \in [\xi_0, \xi_{K+1}]$를 보여라.

  (d) $B_{i,M}$이 $[\xi_0, \xi_{K+1}]$에서 M차($M-1$ 차수) 조각별 다항식임을 보여라. 이는 매듭 $\xi_1, ..., \xi_K$에서만 중단점을 가진다.

(e) M차 B-스플라인 기저함수가 M개의 균일 확률변수의 합성곱^{convolution}의 밀도함수임을 보여라.

연습 5.3 그림 5.3을 재생성하기 위한 프로그램을 작성하라.

연습 5.4 K개의 내부 매듭이 있는 삼차 스플라인을 위한 절단된 거듭제곱 급수 표현을 고려해보자. $f(X)$가 다음과 같다고 하자.

$$f(X) = \sum_{j=0}^{3} \beta_j X^j + \sum_{k=1}^{K} \theta_k (X - \xi_k)_+^3 \qquad (5.70)$$

자연 삼차스플라인(5.2.1절)의 자연 경계조건이 계수에서 다음의 선형 제약을 의미함을 증명하라.

$$\begin{array}{ll} \beta_2 = 0, & \sum_{k=1}^{K} \theta_k = 0 \\ \beta_3 = 0, & \sum_{k=1}^{K} \xi_k \theta_k = 0 \end{array} \qquad (5.71)$$

따라서 기저 (5.4)와 (5.5)가 유도된다.

연습 5.5 이차 판별분석(4.3절)을 사용해 음소^{phoneme} 데이터를 분류하는 프로그램을 작성하라. 상관성이 있는 특성들이 많으므로, 자연 삼차 스플라인(5.2.3절)의 평활 기저를 사용해 이들을 필터링해야 한다. 일련의 5개의 서로 다른 숫자와 매듭의 위치를 사전에 결정하고, 최종적인 선택을 하기 위한 10겹의 교차 검색을 사용하라. phoneme 데이터는 책 웹사이트 www-stat.stanford.edu/ElemStatLearn에서 얻을 수 있다.

연습 5.6 주기가 T로 알려진 주기함수를 적합시키고자 한다고 해보자. 이를 달성하려면 절단된 멱급수 기저를 어떻게 수정할 수 있는지 설명하라.

연습 5.7 평활 스플라인의 유도^{Derivation of smoothing splines}(Green and Silverman, 1994). $N \geq 2$이고 g가 $a < x_1 < \cdots < x_N < b$에서 $\{x_i, z_i\}^N$ 1쌍의 자연 삼차 스플라인 보간자^{interpolant}라 하자. 이는 모든 x_i에서마다 매듭이 있는 자연 스플라인이다. 이는 함수의 N차원 공간이 되므로, z_i의 시퀀스를 정확하게 보간하도록 계수를 정할 수 있다. $\tilde{g}$가 N개의 쌍을 보간하는 $[a, b]$에서의 어떠한 미분 가능한 함수라 하자.

(a) $h(x) = \tilde{g}(x) - g(x)$라 하자. 부분적으로 적분을 적용하고 g가 자연 삼차 스플라인이라는 사실을 사용해 다음을 보여라.

$$\int_a^b g''(x)h''(x)dx = -\sum_{j=1}^{N-1} g'''(x_j^+)\{h(x_{j+1}) - h(x_j)\}$$
$$= 0$$
(5.72)

(b) 따라서 다음을 보이고

$$\int_a^b \tilde{g}''(t)^2 dt \geq \int_a^b g''(t)^2 dt$$

h가 $[a, b]$에서 항등적으로 0일 때만 상등성이 성립함을 보여라.

(c) 다음의 벌점 최소제곱 문제를 고려해보자.

$$\min_f \left[\sum_{i=1}^N (y_i - f(x_i))^2 + \lambda \int_a^b f''(t)^2 dt \right]$$

(b)를 사용해 최소화자^{minimizer}가 반드시 각 x_i에서 매듭을 가지는 삼차 스플라인이어야 함을 주장하라.

연습 5.8 5장의 부록에서 어떻게 B-스플라인의 $(N+4)$ 차원 기저를 사용해 평활 스플라인 연산이 더욱 효율적으로 수행될 수 있는지 보여준다. $N-2$개 내부 매듭에서 정의된 $(N+2)$ 차원 B-스플라인 기저를 사용해 이보다 약간 더 단순한 체계를 설명해보라.

연습 5.9 평활 스플라인을 위한 라인쉬 형식 $\mathbf{S}_\lambda = (\mathbf{I} + \lambda \mathbf{K})^{-1}$을 유도하라.

연습 5.10 $\text{Var}(\hat{f}_\lambda(x_0))$와 $\text{bias}(\hat{f}_\lambda(x_0))$를 위한 표현식을 유도하라. 연습 (5.22)를 사용해 평균 및 $\hat{f}_\lambda(x)$의 몇몇 (점별) 사분위 값이 보이도록 그림 5.9의 버전을 만들어라.

연습 5.11 평활 스플라인에 관해 $\mathbf{K}$의 영공간이 X에서 선형인 함수에 의해 생성됨을 보여라.

연습 5.12 다음 문제의 해를 특징화하라.

$$\min_f \mathrm{RSS}(f, \lambda) = \sum_{i=1}^{N} w_i \{ y_i - f(x_i) \}^2 + \lambda \int \{ f''(t) \}^2 dt \qquad (5.73)$$

이때 $w_i \geq 0$은 관측치 가중치이다.

훈련 데이터가 X에 묶여져 있을 때^{ties in X} 평활 스플라인 문제 (5.9)의 해를 특징화하라.

연습 5.13 여러분은 평활 스플라인 $\hat{f}_\lambda$을 N개 쌍 (x_i, y_i)의 표본에 적합시켰다. 원본 표본을 쌍 $x_0, \hat{f}_\lambda(x_0)$으로 덧붙여 재적합시킨다고 해보자. 결과를 설명하라. 이를 사용해 N겹 교차 검증 공식 (5.26)을 유도하라.

연습 5.14 박판 스플라인 전개 (5.39) 내 α_j에 관한 제약을 유도해 벌점 $J(f)$이 유한함을 보장하라. 아니면 벌점이 유한함을 어떻게 다르게 보장할 수 있는가?

연습 5.15 이 연습 문제는 5.8.1절 내 언급된 결과의 일부를 유도한다. $K(X, Y)$가 조건 (5.45)를 만족하고 $f(x) \in \mathcal{H}_K$이라 하자. 다음을 보여라.

(a) $\langle K(\cdot, x_i), f \rangle_{\mathcal{H}_K} = f(x_i)$.

(b) $\langle K(\cdot, x_i), K(\cdot, x_j) \rangle_{\mathcal{H}_K} = K(x_i, x_j)$

(c) 만일 $g(x) = \sum_{i=1}^{N} \alpha_i K(x, x_i)$라면

$$J(g) = \sum_{i=1}^{N} \sum_{j=1}^{N} K(x_i, x_j) \alpha_i \alpha_j$$

이다. $\tilde{g}(x) = g(x) + \rho(x)$이라 하자. 이때 $\rho(x) \in \mathcal{H}_K$이고 각 $K(x, x_i)$, $i = 1, ..., N$에 관해 $\mathcal{H}_K$에서 직교이다.

(d) 오직 $\rho(x) = 0$일 때만 같다는^{if and only if} 상등성을 통해 다음을 보여라.

$$\sum_{i=1}^{N} L(y_i, \tilde{g}(x_i)) + \lambda J(\tilde{g}) \geq \sum_{i=1}^{N} L(y_i, g(x_i)) + \lambda J(g) \qquad (5.74)$$

연습 5.16 릿지회귀 문제 (5.53)를 고려하고, $M \geq N$라 가정하자. 내적 $K(X, Y) = \sum_{m=1}^{M} h_m(x) h_m(y)$을 계산하는 커널 K가 있다고 해보자.

(a) 식 (5.62)를 글자로 유도해보라. $\mathbf{V}$와 $\mathbf{D}_\gamma$를 주어진 K로 어떻게 계산하겠는가? 따라서 (5.63)이 (5.53)과 동등함을 보여라.

(b) 다음을 보여라.

$$\begin{aligned}
\hat{\mathbf{f}} &= \mathbf{H}\hat{\boldsymbol{\beta}} \\
&= \mathbf{K}(\mathbf{K} + \lambda\mathbf{I})^{-1}\mathbf{y}
\end{aligned} \tag{5.75}$$

이때 $\mathbf{H}$는 $h_m(x_i)$를 값매김한 $N \times M$ 행렬이고, $\mathbf{K} = \mathbf{H}\mathbf{H}^T$는 내적 $h(x_i)$ $^T h(x_j)$의 $N \times N$ 행렬이다.

(c) 다음을 보여라.

$$\begin{aligned}
\hat{f}(x) &= h(x)^T\hat{\boldsymbol{\beta}} \\
&= \sum_{i=1}^{N} K(x, x_i)\hat{\boldsymbol{\alpha}}_i
\end{aligned} \tag{5.76}$$

그리고 $\hat{\alpha} = (\mathbf{K} = \lambda\mathbf{I})^{-1}\mathbf{y}$임을 보여라.

(d) 만일 $M < N$라면 어떻게 여러분의 해를 수정하겠는가?

연습 5.17 5.8.2절의 $\mathbf{K}$의 이산 고윳값 분해를 어떻게 K의 고유함수의 추정값으로 변환하겠는가?

연습 5.18 심렛-p 웨이블릿 기저의 웨이블릿 함수 $\psi(x)$는 p차까지 영이 되는 모멘트^{vanishing moment}를 가진다. 이는 p차의 다항식이 정의된 V_0에서 정확하게 표현됨을 뜻한다는 것을 보여라.

연습 5.19 길이 $N = 2^J$인 신호의 하르 웨이블릿 변환이 $O(N)$ 연산으로 계산될 수 있음을 보여라.

부록: 스플라인 연산

이번 부록에서는 다항 스플라인을 나타내기 위한 B-스플라인 기저를 설명한다. 또한 평활 스플라인의 연산에서 이들의 사용법에 관해 논의한다.

B-스플라인

시작하기 전에 5.2절에서 정의한 매듭 시퀀스를 보강해야 한다. $\xi_0 < \xi_1$와 $\xi_K < \xi_{K+1}$가 두 개의 경계^{boundary} 매듭이라 하자. 이는 통상적으로 스플라인을 무엇에 값매 김하고자 하는지에 관한 정의역을 정의한다. 이제 덧붙여진 매듭 시퀀스 τ를 다음과 같이 정의한다.

- $\tau_1 \leq \tau_2 \leq \cdots \leq \tau_M \leq \xi_0$
- $\tau_{j+M} = \xi_j, j = 1, \cdots, K$
- $\xi_{K+1} \leq \tau_{K+M+1} \leq \tau_{K+M+2} \leq \cdots \leq \tau_{K+2M}$

이들 경계를 넘어서는 추가적인 매듭의 실제 값은 임의적이며, 관례적으로 모두 각각 ξ_0 및 ξ_{K+1}와 같게 만든다.

매듭 시퀀스 τ에 관한 m차 B-스플라인 기저함수를 $B_{i,m}(x)$로 표기하자. 이들은 $i = 1, ..., K + 2M - 1$에 관해 다음과 같이 재귀적인 분할 차분$^{divided\ difference}$ 측면에서 정의된다.

$$B_{i,1}(x) = \begin{cases} 1 & \text{if } \tau_i \leq x < \tau_{i+1} \\ 0 & \text{otherwise} \end{cases} \tag{5.77}$$

이들은 또한 $i = 1, ..., K + 2M - m$에서 하르 기저함수라 부른다.

$$B_{i,m}(x) = \frac{x - \tau_i}{\tau_{i+m-1} - \tau_i} B_{i,m-1}(x) + \frac{\tau_{i+m} - x}{\tau_{i+m} - \tau_{i+1}} B_{i+1,m-1}(x) \tag{5.78}$$

그러므로 $M = 4$일 때, $B_{i,4}$, $i = 1, \cdots, K + 4$는 매듭 시퀀스 ξ에 관한 $K + 4$개의 삼차 B-스플라인 기저함수다. 이러한 재귀는 계속될 수 있으며 어떠한 차수의 스플라인을 위해서든지 B-스플라인 기저를 생성할 것이다. 그림 5.20은 지점 0.0, 0.1, ..., 1.0에서 매듭을 가지는 최대 사차$^{order\ four}$인 B-스플라인의 시퀀스를 보여준다. 몇몇 중복된 매듭을 만들어냈으므로, 영으로 나누는 일이 없도록 일부 주의가 필요하다. 만일 $\tau_i = \tau_{i+1}$라면 $B_{i,1} = 0$라는 관례를 받아들인다고 해보자. 그러면 귀납에 의해 $\tau_i = \tau_{i+1} = ... = \tau_{i+m}$라면 $B_{i,m} = 0$이다. 또한 앞의 구축에서 매듭 ξ을 가지는 차수 $m < M$의 B-스플라인 기저에 관해 부분집합 $B_{i,m}$, $i = M - m + 1, ..., M + K$만이 필요함을 주지하라.

이들 함수의 속성을 완전히 이해하고, 이들이 당연히 매듭 시퀀스에 관해 삼차 스플라인의 공간을 생성함을 보이기 위해서는, 분할 차분의 속성을 포함해 추가적인 수학적 장치를 필요로 한다. 연습 5.2는 이들 문제를 탐험한다.

B-스플라인의 범위는 사실 여기서 알려주는 것보다 크며 중복 매듭을 사용해야만 한다. 앞의 τ 시퀀스의 구축에서 내부 매듭을 중복으로 만들고 B-스플라인 시퀀스를 이전과 같이 생성하면 결과 기저는 중복된 매듭에서 한 차수 낮은 연속형 도함수를 갖는 조각별 다항식의 공간을 생성한다. 일반적으로 반복된 경계 매듭에 더해서 내부 매듭 ξ_j를 $1 \le r_j \le M$번 포함시키면, $x = \xi_j$에서 불연속이 되도록 하는 가장 낮은 차수의 도함수는 $M - r_j$차가 될 것이다. 따라서 반복이 없는 삼차 스플라인에 관해, $r_j = 1$, $j = 1$, ..., K이고, 각 내부 매듭에서 삼차 도함수 (4 - 1)는 불연속이 된다. j번째 매듭을 세 번 반복하면, 불연속 일차 도함수가 된다. 이를 네 번 반복하면 불연속 영차 도함수가 되며, 즉 함수가 $x = \xi_j$에서 불연속이다. 이것이 바로 경계 매듭에서 벌어지는 일이다. 매듭을 M번 반복하므로, 스플라인은 경계 매듭에서 불연속이 된다(즉 경계를 넘어서 정의되지 않는다^{undefined}).

B-스플라인의 국소 지지는 중요한 연산적 영향이 있다. 특히 매듭의 수 K가 클 때 그러하다. N개의 관측치와 $K + M$개 변수(기저함수)를 가지는 최소제곱 연산은 $O(N(K + M)^2 + (K + M)^3)$ 플롭(^{flop}, 부동소수점 연산)이 걸린다. 만일 K가 N의 상당한 부분을 차지한다면, 이는 $O(N^3)$의 알고리즘이 되며, 이는 큰 N에서 받아들일 수 없게 된다. 만일 N개 관측치가 정렬돼 있다면, 지점 N에서 값매김된 $K + M$개 B-스플라인 기저함수를 구성하는 $N \times (K + M)$ 회귀행렬은 많은 0을 가지게 되고, 이를 연산 복잡도가 $O(N)$으로 줄어들도록 활용할 수 있다. 다음 절에서 이에 관해 더 들어가본다.

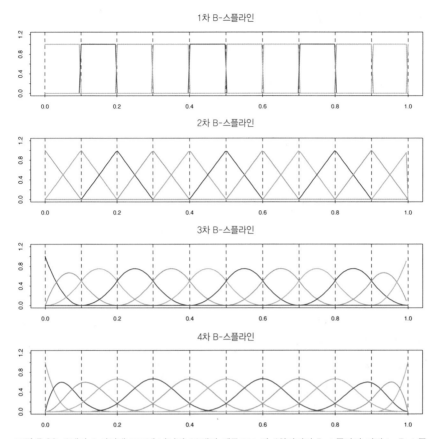

그림 5.20 0에서 1 사이에 고르게 나눠진 10개의 매듭으로 된 4차까지의 B-스플라인 시퀀스. B-스플라인은 국소 지지를 가지며 이들은 $M+1$ 매듭에 의해 생성된 간격에서 0이 아니다.

평활 스플라인의 연산

자연 스플라인(5.2.1절)이 평활 스플라인의 기저를 제공해줌에도, 제약 없는 B-스플라인의 더 큰 공간에서 연산을 하는 것이 연산적으로 더욱 편리하다. $f(x) = \sum_1^{N+4} \gamma_j B_j(x)$라 쓰면, 이때 γ_j는 계수이며 B_j는 삼차 B-스플라인 기저함수다. 해는 이제 $N \times N$ 행렬 N이 $N \times (N+4)$ 행렬 B로 그리고 유사하게 $N \times N$ 차원 Ω_N이 $(N+4) \times (N+4)$ 벌점 행렬 Ω_B로 교체된 것을 제외하고 이전과 같아 보인다.

$$\hat{\gamma} = (\mathbf{B}^T\mathbf{B} + \lambda\Omega_B)^{-1}\mathbf{B}^T\mathbf{y} \tag{5.79}$$

이는 액면 그대로 보면 경계 도함수 제약이 없는 것처럼 보이지만, 경계를 넘어서는 어떠한 영이 아닌 도함수이든지 사실상 무한한 가중치를 줌으로써 벌점항이 자동적으로 가해진다. 실제로는 $\hat{\gamma}$이 벌점이 언제나 유한한 선형 부분공간으로 제약된다.

$\mathbf{B}$의 열은 값매김된 B-스플라인이므로, 왼쪽에서 오른쪽 순서로 정렬돼 있으며 X의 정렬된 값에서 값매김된다. 그리고 삼차 B-스플라인은 국소 지지를 가지며, $\mathbf{B}$는 낮은 4-대역이다lower 4-banded. 그 결과 행렬 $\mathbf{M} = (\mathbf{B}^T\mathbf{B} + \lambda\Omega)$은 4-대역이며 따라서 이것의 촐레스키분해 $\mathbf{M} = \mathbf{L}\mathbf{L}^T$는 쉽게 계산할 수 있다. 그 뒤 역대입법back substitution을 통해 $\mathbf{L}\mathbf{L}^T\gamma = \mathbf{B}^T\mathbf{y}$를 풀고, $O(N)$ 연산으로 γ와 해 $\hat{f}$를 내어준다.

실제로 N이 크다면 모든 N개 내부 매듭을 사용할 필요가 없으며, 어떠한 적절한 희석thinning 전략이든지 연산을 절약하면서 적합에 미미한 영향을 준다. 예를 들면 S-PLUS의 smooth.spline 함수는 근사적으로 로그인 전략을 사용하며, 만일 $N < 50$라면 모든 매듭이 포함되지만, $N = 5000$이라면 오직 204개 매듭만 쓴다.

6
커널 평활법

6장에서는 각 질의 지점 x_0에서 개별적으로 서로 다르지만 단순한 모델을 적합시켜 정의역 $\mathbb{R}^p$에 걸쳐 회귀함수 $f(X)$를 추정하는 데 유연성을 달성하는 회귀 기술의 종류를 설명한다. 이는 단순한 모델을 적합하는 데 목표 지점 x_0와 가까운 관측치만을 사용해내고, 이러한 방식으로 결과 추정함수 $f(X)$가 $\mathbb{R}^p$에서 평활적이다. 이러한 국소화는 가중함수 혹은 x_0로부터의 거리에 근거해 가중치를 x_0에 할당하는 커널kernel $K_\lambda(x_0, x_i)$를 통해 해낸다. 커널 K_λ는 통상적으로 이웃의 너비width를 좌우하는 매개변수 λ에 의해 인덱싱된다. 이러한 기억-기반memory-based 방법은 원칙적으로 훈련이 거의 혹은 전혀 필요하지 않다. 모든 작업은 값매김 시간에 이뤄진다. 훈련 데이터로부터 정해져야 하는 매개변수는 λ뿐이다. 그러나 훈련 데이터 집합 전체가 모델이 된다.

또한 다른 장에서의 구조적 방법과 결부되며, 밀도 추정 및 분류에 유용한 더 일반적인 커널 기반 기술에 관해 논의한다.

6장에서의 기술은 더욱 최근에 사용되는 "커널법kernel methods"이라고 부르는 것들과 관련해 혼동해서는 안 된다. 6장에서 커널은 대부분 국소화를 위한 장치로 쓰인다. 5.8, 14.5.4, 18.5절 및 12장에서 커널법에 관해 논의한다. 이들 맥락에서 커널은 고차원(암묵적) 특성 공간에서의 내적을 계산하며, 정칙화된 비선형 모델을 위해 사용된다. 6장의 6.7절의 끝에서 이러한 방법론에 관한 관련성을 만들어본다.

6.1 1차원 커널 평활자

2장에서 k-최근접이웃 평균을 회귀함수 $E(Y|X=x)$의 추정값으로 동기를 부여했다.

$$\hat{f}(x) = \text{Ave}(y_i|x_i \in N_k(x)) \tag{6.1}$$

여기서 $N_k(x)$는 제곱거리이고 x와 가장 가까운 지점 k의 집합이며, Ave는 평균 mean을 가리킨다. 이 개념은 그림 6.1의 왼쪽 패널에서 보여주는 것과 같이 조건부 기댓값의 정의를 완화하기위한 것이며, 목표 지점의 이웃 내 평균을 계산한다. 이 경우 30개 최근접이웃을 사용했으며, x_0에서의 적합은 30개 쌍의 평균으로 x_i의 값들은 x_0와 가장 가까운 것들이다. 초록색 곡선은 이러한 정의를 서로 다른 값들 x_0에 적용하는 것을 추적한다. 초록색 곡선이 울퉁불퉁한데, $\hat{f}(x)$가 x에서 불연속이기 때문이다. x_0를 왼쪽에서 오른쪽으로 옮김에 따라, k-최근접이웃은 x_0 오른쪽의 점 x_i가 이웃 내에서 x_0의 왼쪽으로 가장 먼 점인 $x_{i'}$보다 가까워질 때까지 상수로 남아 있는다. 이때 x_i가 $x_{i'}$를 대신한다. (6.1)에서의 평균은 이산적 방식으로 바뀌며 $\hat{f}(x)$가 불연속이 되게 한다.

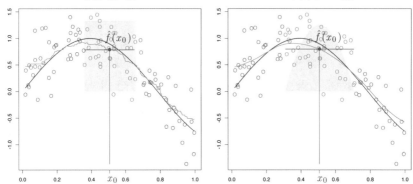

그림 6.1 각 패널에서 100개 쌍의 x_i, y_i가 가우스 오차: $Y = \sin(4X) + \varepsilon$, $X \sim U(0,1)$, $\varepsilon \sim N(0,1/3)$를 가지는 파란 곡선으로부터 무작위로 생성돼 있다. 왼쪽 패널에서 초록 곡선은 30 최근접이웃 이동 평균 평활자다. 빨간 점은 적합된 상수 $\hat{f}(x_0)$이며, 빨간 원은 x_0에서의 적합에 공헌하는 관측치를 가리킨다. 노란 영역의 입체는 관측치에 할당된 가중치를 가리킨다. 오른쪽 패널에서 초록 곡선은 (절반) 윈도우 너비 $\lambda = 0.2$로 된 이파네츠니코프(Epanechnikov) 커널을 사용하는 커널-가중 평균이다.

이러한 불연속성은 추잡하며 불필요하다. 이웃 내 모든 점에 같은 가중치를 주기보다는 목표 지점으로부터의 거리를 가지고 평활적으로 사라지는 가중치를 할당할 수 있다. 오른쪽 패널은 이의 예제를 보여준다. 나다라야-왓슨 커널-가중 평균Nadaraya–Watson kernel-weighted average이라고 부르는 것을 사용한다.

$$\hat{f}(x_0) = \frac{\sum_{i=1}^{N} K_\lambda(x_0, x_i) y_i}{\sum_{i=1}^{N} K_\lambda(x_0, x_i)} \tag{6.2}$$

이는 이파네츠니코프Epanechnikov 이차커널로 돼 있다.

$$K_\lambda(x_0, x) = D\left(\frac{|x - x_0|}{\lambda}\right) \tag{6.3}$$

$D(t)$는 다음과 같다.

$$D(t) = \begin{cases} \frac{3}{4}(1 - t^2) & \text{if } |t| \leq 1 \\ 0 & \text{otherwise} \end{cases} \tag{6.4}$$

적합된 함수는 이제 연속적이며, 그림 6.1의 오른쪽 패널에서 보면 꽤 평활적이다. 목표를 왼쪽에서 오른쪽으로 옮김에 따라, 점들이 초기에 영의 가중치로 이웃에 들어갔다가 이들의 공헌이 천천히 늘어난다(연습 6.1을 보라).

오른쪽 패널에서 커널 적합을 위해 계량metric 윈도우 크기 $\lambda = 0.2$를 사용했으며, 이는 목표 지점 x_0를 움직임에 따라 변하지 않는 한편, 30개 최근접이웃 평활 윈도우의 크기는 x_i의 국소 밀도에 적용된다. 또한 이러한 적응적인 이웃을 커널과 함께 사용할 수 있지만, 더 일반적인 표기법을 사용해야 한다. $h_\lambda(x_0)$를 x_0에서의 이웃의 너비를 정하는 (λ에 의해 인덱싱되는) 너비함수라 하자. 그러면 더 일반적으로 다음이 된다.

$$K_\lambda(x_0, x) = D\left(\frac{|x - x_0|}{h_\lambda(x_0)}\right) \tag{6.5}$$

(6.3)에서 $h_\lambda(x_0) = \lambda$는 상수다. k-최근접이웃에서 최근접이웃 크기 k는 λ로 바뀌며, $h_k(x_0) = |x_0 - x_{[k]}|$이다. 이때 $x_{[k]}$는 x_0와 k번째로 가까운 x_i다.

실제로 주의해야 할 몇 가지 세부 사항이 있다.

- 국소 이웃의 너비를 결정하는 평활 매개변수 λ를 정해야만 한다. λ이 크면 분산이 낮지만(더 많은 관측치에 걸쳐 평균되는) 높은 편향(본질적으로 윈도우 내에서 참함수가 상수라고 가정한다)이다.

- 계량 윈도우 너비(상수 $h_\lambda(x)$)는 추정 상수의 편향을 유지하는 경향이 있지만, 분산은 반대로 국소 밀도에 역비례한다. 최근접이웃 윈도우 너비는 반대의 움직임을 보인다. 분산이 고정돼 있으며 절대 편향은 국소 밀도에 따라 반대로 변한다.

- x_i에서 묶임ties이 있을 때 최근접이웃에 문제가 생긴다. 대부분의 평활 기술로 단순하게 y_i를 X의 묶여진 값에서 평균하고, x_i의 고유한 값에서 이들 새로운 관측치를 추가적인 가중치 w_i와 함께 추가해줌으로써(이는 커널 가중치를 곱해주는 것이다) 데이터셋을 줄일 수 있다.

- 이는 다뤄야 하는 더욱 일반적인 문제인 관측치 가중치 w_i를 남겨둔다. 연산적으로 보면, 가중 평균을 계산하기 전에 단순히 이들을 커널 가중치로 곱한다. 최근접이웃으로는 이제 ($\sum w_i$에 비례하는) 전체 가중 내용total weight content k를 가지는 이웃을 내세우는 것이 자연스럽다. 오버플로우가 발생하는 경우(이웃에서 필요한 마지막 관측치가 가중치 합이 예산budget k를 넘어서도록 만드는 가중치 w_j를 가지는) 일부분을 사용할 수 있다.

- 경계 문제가 나타난다. 계량 이웃이 경계에서 지점을 덜 갖는 경향이 있는 한편, 최근접이웃은 더 넓어진다.

- 이파네츠니코프 커널은 (최근접이웃 윈도우 크기와 함께 쓰일 때 필요한) 콤팩트 지지^{compact support}를 가진다. 다른 인기 있는 콤팩트 커널은 겹세제곱 함수에 근거한다.

$$D(t) = \begin{cases} (1 - |t|^3)^3 & \text{if } |t| \leq 1 \\ 0 & \text{otherwise} \end{cases} \tag{6.6}$$

이는 위쪽에서 (최근접이웃 상자와 같이) 더 평평하며 지지의 경계에서 미분 가능하다. 가우스 밀도함수 $D(t) = \phi(t)$는 인기 있는 비콤팩트 커널로, 윈도우 크기의 역할을 하는 표준편차를 가진다. 그림 6.2는 이들 세 가지를 비교한다.

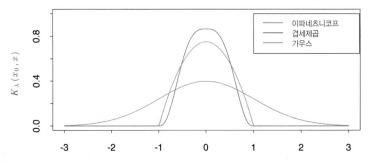

그림 6.2 국소 평활화를 위한 세 가지 인기 있는 커널의 비교. 각각은 적분이 1이 되도록 보정돼 있다. 겹세제곱 커널은 콤팩트이며 지지의 경계에서 두 개의 연속형 도함수를 갖는 한편 이파네츠니코프 커널은 이를 가지고 있지 않다. 가우스 커널은 연속적으로 미분 가능하지만 무한한 지지를 가진다.

6.1.1 국소 선형회귀

본래의 이동평균에서 커널 가중을 사용해 평활적으로 달라지는 국소 가중 평균으로 나아갔다. 그러나 평활 커널 적합은 그림 6.3에서 보여주는 것과 같이(왼쪽 패널) 여전히 문제가 있다. 국소적으로 가중된 평균은 정의역의 경계에서 심하게 편향될 수 있는데, 그 영역에서의 커널의 비대칭성 때문에 그러하다. 국소적으로 상수를 적합하는 대신에 직선을 적합함으로써, 이러한 편향을 정확히 일차^{first order}적으로 없앨 수 있다. 그림 6.3(왼쪽 패널)을 보라. 사실 이러한 편향은 X값들이 공간을 동일하게 차지하지 않는다면, 도메인의 안쪽에서도 (같은 이유로 그러나 보통 덜 심각하게) 나타날 수 있다. 또 다시 국소적으로 가중된 선형회귀가 일차 수정을 할 것이다.

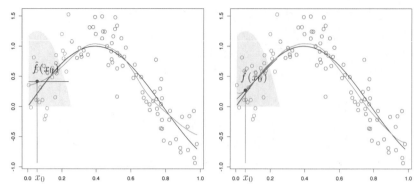

그림 6.3 국소가중평균은 정의역의 경계 혹은 경계 근처에서 편향 문제를 가진다. 여기서 참함수는 근사적으로 선형이지만, 이웃 내 대부분의 관측치는 목표 지점보다 높은 평균을 가지므로, 가중화에도 이들의 평균은 위로 편향될 것이다. 국소 가중 선형회귀로 적합함으로써(오른쪽 패널), 이러한 편향이 일차로 옮겨진다.

국소가중회귀는 각 목표지점 x_0에서 개별적인 가중최소제곱 문제를 푼다.

$$\min_{\alpha(x_0),\beta(x_0)} \sum_{i=1}^{N} K_\lambda(x_0, x_i) \left[y_i - \alpha(x_0) - \beta(x_0)x_i\right]^2 \tag{6.7}$$

그러면 추정값은 $\hat{f}(x_0) = \hat{\alpha}(x_0) + \hat{\beta}(x_0)x_0$이다. 전체 선형 모델을 영역 내 데이터에 적합시킴에도, 오직 단일 지점 x0에서 적합의 값을 매기는 데 이를 사용함을 주지하라.

벡터값 함수 $b(x)^T = (1, x)$를 정의하자. $\mathbf{B}$를 i번째 열이 $b(x_i)^T$인 $N \times 2$ 회귀행렬이고, $\mathbf{W}(x_0)$를 i번째 대각요소 $K_\lambda(x_0, x_i)$를 가지는 $N \times N$ 대각행렬이라 하자. 그러면 다음과 같다.

$$\hat{f}(x_0) = b(x_0)^T (\mathbf{B}^T \mathbf{W}(x_0)\mathbf{B})^{-1} \mathbf{B}^T \mathbf{W}(x_0)\mathbf{y} \tag{6.8}$$

$$= \sum_{i=1}^{N} l_i(x_0)y_i \tag{6.9}$$

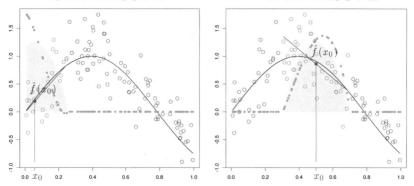

그림 6.4 초록색 점은 국소 회귀에 대한 등가 커널 $l_i(x_0)$를 보여준다. 이들은 $\hat{f}(x_0) = \sum_{i=1}^{N} l_i(x_0) y_i$ 내에서의 가중치이며, 이들에 해당하는 xi에 관해 그려져 있다. 이들은 실제 합이 1이므로, 표시 목적으로 다시 척도화됐다. 노란 음영 영역은 나다라야-왓슨 국소 평균에 관한 (재척도화된) 등가 커널이므로, 평활 윈도우에서의 비대칭으로 인한 편향을 수정하기 위해 어떻게 국소 회귀가 가중커널을 자동적으로 변경하는지 볼 수 있다.

방정식 (6.8)은 국소 선형회귀 추정에 관한 명시적인 식을 내주며, (6.9)는 추정 값이 $y_i(l_i(x_0)$는 **y**를 수반하지 않는다) 내에서 선형^{linear}이라는 사실을 강조한다. 이들 가중치 $l_i(x_0)$는 가중커널 $K_\lambda(x_0, \cdot)$와 최소제곱 연산자를 결합하며 때때로 등가 커널$^{equivalent\ kernel}$이라고 부른다. 그림 6.4는 등가 커널에 관한 국소 선형회귀의 영향을 보여준다. 역사적으로 나다라야-왓슨 및 다른 국소 평균커널 방법의 편향은 커널을 변경함으로써 수정됐다. 이들 변경은 이론적인 점근적 평균-제곱-오차를 고려하는 데 근거했으며 이는 구현이 지루한 것 외에 유한한 표본 크기에 관해서만 근사된다. 국소 선형회귀는 편향이 정확히 일차가 되도록 커널을 자동적으로^{automatically} 변경하며, 이러한 현상은 자동 커널 구성$^{automatic\ kernel\ carpentry}$이라는 별명으로 불렸다. 국소 회귀의 선형성과 x_0 근처에서의 참함수의 급수 전개를 사용해 다음의 전개 $\mathrm{E}\,\hat{f}(x_0)$를 고려해보자.

$$
\begin{aligned}
\mathrm{E}\hat{f}(x_0) &= \sum_{i=1}^{N} l_i(x_0) f(x_i) \\
&= f(x_0) \sum_{i=1}^{N} l_i(x_0) + f'(x_0) \sum_{i=1}^{N} (x_i - x_0) l_i(x_0) \\
&\quad + \frac{f''(x_0)}{2} \sum_{i=1}^{N} (x_i - x_0)^2 l_i(x_0) + R \qquad (6.10)
\end{aligned}
$$

이때 나머지 항 R은 f의 삼차 및 고차 도함수와 관련이 있으며, 적절한 평활성 가정하에서 통상적으로 작은 값이다. 국소 선형회귀에서 $\sum_{i=1}^{N} l_i(x_0) = 1$이고 $\sum_{i=1}^{N} (x_i - x_0) l_i(x_0) = 0$임을 보이는 것이 가능하다(연습 6.2). 따라서 중간의 항은 $f(x_0)$와 같고, 편향은 $\mathrm{E}\hat{f}(x_0) - f(x_0)$이므로, f의 전개 내에서 이차 및 고차 항에만 의존한다는 것을 볼 수 있다.

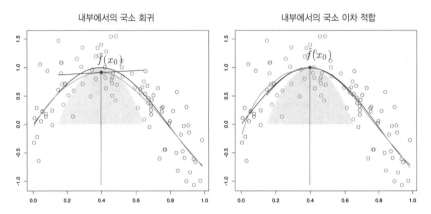

그림 6.5 국소 선형 적합이 참함수의 곡률 영역 내 편향을 나타낸다. 국소 이차 적합은 이러한 편향을 없애는 경향이 있다.

6.1.2 국소 다항회귀

왜 국소 선형 적합에서 멈추는가? 해 $\hat{f}(x_0) = \hat{\alpha}(x_0) + \sum_{j=1}^{d} \hat{\beta}_j(x_0) x_0^j$로 어떠한 차수 d 든지 국소 다항 적합을 할 수 있다.

$$\min_{\alpha(x_0), \beta_j(x_0),\, j=1,\ldots,d} \sum_{i=1}^{N} K_\lambda(x_0, x_i) \left[y_i - \alpha(x_0) - \sum_{j=1}^{d} \beta_j(x_0) x_i^j \right]^2 \quad (6.11)$$

사실 (6.10)과 같은 전개는 편향이 $d+1$ 및 더 높은 차수의 성분만을 가질 것이라는 사실을 말해줄 것이다(연습 6.2). 그림 6.5는 국소 이차회귀를 보여준다. 국소 선형 적합은 참함수의 곡률 영역에서 편향을 보이는 경향이 있으며, 이러한 현상을 언덕을 깎고 계곡을 메우기$^{\text{trimming the hills and filling the valleys}}$라 부른다. 국소 이차회귀는 일반적으로 이러한 편향을 수정할 수 있다.

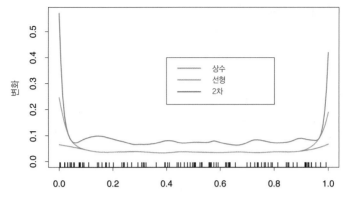

그림 6.6 계량 대역폭(metric bandwidth) ($\lambda = 0.2$) 겹세제곱 커널을 위한 국소 상수, 선형 및 이차회귀의 분산함수 $\|l(x)\|^2$

이러한 편향 축소를 위해서는 당연히 지불해야 할 대가가 있다. 바로 늘어난 분산이다. 그림 6.5의 오른쪽 패널은 약간 더 꾸불꾸불하며, 특히 꼬리에서 그러하다. 평균이 영이고 분산이 σ^2인 독립적이고 동일하게 분포된 ε_i를 가지는 모델 $y_i = f(x_i) + \varepsilon_i$을 가정해보자. $\mathrm{Var}(\hat{f}(x_0)) = \sigma^2 \|l(x_0)\|^2$이며 이때 $l(x_0)$는 x_0에서의 등가 커널의 벡터다. $\|l(x_0)\|$가 d에 따라 커진다는 것을 보일 수 있으며(연습 6.3), 따라서 다항식 차수를 선택하는 데 있어서 편향-분산 상반관계가 존재한다. 그림 6.6은 차수 0, 1, 2인 국소 다항식에 관한 이들 분산 곡선을 보여준다. 이러한 문제에 관해 모아진 지식을 요약해보면 다음과 같다.

- 국소 선형 적합은 분산에서의 보통의 비용으로 경계에서 편향을 급격하게 줄일 수 있다. 국소 이차 적합은 편향에 관해 경계에서 거의 도움이 되지 않지만, 분산을 크게 늘린다.
- 국소 이차 적합은 정의역의 내부에서의 곡률에 의한 편향을 줄이는 데 가장 도움이 되는 경향이 있다.
- 점근적 분석은 홀수 차수의 국소 다항식이 짝수 차수의 것을 압도한다는 것을 시사한다. 이는 대체로 MSE가 점근적으로 경계 효과에 압도된다는 사실 때문이다.

적당히 고치면서 경계에서의 국소 선형 적합에서 내부에서의 국소 이차 적합으로 옮기는 것이 도움이 될 수도 있지만, 이러한 전략을 추천하지 않는다. 대체로 응용법이 적합의 차수를 좌우할 것이다. 예를 들면 외삽법extrapolation에 관심이 있다면 경계에 더 관심이 있는 것이고, 국소 선형 적합이 아마도 더 유효할 것이다.

6.2 커널의 너비 선택하기

각 커널 K_λ에서 λ는 커널의 너비를 통제하는 매개변수다.

- 단위 너비를 가지는 이파네츠니코프 혹은 겹세제곱 커널에서, λ는 지지 영역의 반지름이다.
- 가우스 커널에서 λ는 표준편차다.
- k-최근접이웃에서 λ는 최근접이웃의 개수 k이며, 전체 훈련 표본의 부분 혹은 폭fraction or span[1] k/N으로 자주 표현된다.

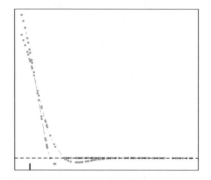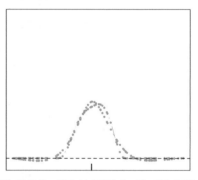

그림 6.7 국소 선형회귀 평활자(겹세제곱 커널, 주황색) 및 평활 스플라인(파란색)에 관한, 각각에 맞는 자유도를 가지는 등가 커널 그림. 수직으로 솟아나온 것은 목표 지점을 가리킨다.

평균화 윈도우의 너비를 바꾸는 데 따라 자연스러운 편향-분산 상반관계가 존재하며, 이는 국소 평균에서 가장 뚜렷하다.

- 윈도우가 좁으면 $\hat{f}(x_0)$는 x_0에 가까운 y_i의 적은 수의 평균이 되며, 분산은 상대적으로 커져 개별 y_i의 것에 가까워진다. 편향은 작아지는 경향이 있을 것이며, 이는 또 다시 $E(y_i) = f(x_i)$이 $f(x_0)$에 가까워져야 하기 때문이다.

---

1 이 책에서 span은 주로 선형대수에서 공간을 생성한다는 의미로 쓰이지만, 여기서는 '폭'이란 의미로 쓰이고 있다. – 옮긴이

- 윈도우가 넓으면, $\hat{f}(x_0)$의 분산은 임의의 y_i의 분산보다 상대적으로 작을 것이다. 평균화의 영향 때문이다. 편향은 커질 것인데 이제 x_0로부터 더 먼 관측치인 x_i를 사용하게 되며 $f(x_i)$가 $f(x_0)$와 가까울 것이라는 보장이 없기 때문이다.

유사한 논거를 국소 회귀 추정값, 예컨대 국소 선형에 적용한다고 해보자. 너비가 0이 됨에 따라, 추정값은 훈련 데이터를 보간하는 조각별 선형함수에 접근하게 된다.[2] 너비가 무한대로 커짐에 따라 적합은 데이터에 관한 전역 선형 최소제곱 적합으로 접근하게 된다.

5장에서 평활 스플라인을 위한 정칙화 매개변수를 선택하는 데 대한 논의가 여기서 적용되며, 이를 다시 설명하진 않을 것이다. 국소 회귀 평활자는 선형 주정량이다. $\hat{f} = \mathbf{S}_\lambda \mathbf{y}$ 내 평활자 행렬은 등가 커널 (6.8)로부터 구축되며, ij번째 성분 $\{\mathbf{S}_\lambda\}_{ij} = l_i(x_j)$을 가진다. 하나를 버리는 교차 검증은 특히 일반화 교차 검증, C_p(연습 6.10) 그리고 k겹 교차 검증과 같이 단순하다(연습 6.7). 유효 자유도는 또다시 $\mathrm{trace}(\mathbf{S}_\lambda)$로 정의되며, 평활화의 양을 보정하는 데 쓰일 수 있다. 그림 6.7은 평활 스플라인과 국소 선형회귀를 위한 등가 커널을 비교한다. 국소 회귀 평활자는 40%의 폭을 가지며 이는 $\mathrm{df} = \mathrm{trace}(\mathbf{S}_\lambda) = 5.86$이라는 결과가 된다. 평활 스플라인은 같은 자유도를 가지도록 보정됐으며 이들의 등가 커널은 질적으로 꽤 유사하다.

6.3 $\mathbb{R}^p$에서의 국소 회귀

커널 평활화와 국소회귀는 매우 자연스럽게 이차 혹은 그 이상의 차원으로 일반화된다. 나다라야-왓슨 커널 평활자는 p차원 커널을 통해 제공된 가중치로 상수를 국소적으로 적합시킨다. 국소 선형회귀는 p차원 커널을 통해 제공된 가중치를 가지는 가중 최소제곱을 통해 X 내에서 초평면을 국소적으로 적합할 것이다. 이는 구현이 간단하며 경계에서의 우수한 성능으로 인해 국소 상수 적합이 더 선호된다.

---

2 균일하게 공간을 가지는 x_i에서 그러하다. 불규칙하게 공간을 가지는 x_i로는 움직임이 저하될 수 있다.

$b(X)$를 최대 자유도 d의 X 내 다항식 항의 벡터라 하자. 예를 들면 $d=1$, $p=2$로 $b(X)=(1, X_1, X_2)$를 가지게 된다. $d=2$로 $b(X)=(1, X_1, X_2, X_1^2, X_2^2, X_1X_2)$를 가진다. 그리고 간단하게 $d=0$으로는 $b(X)=1$을 가진다. 각 $x_0 \in \mathbb{R}^p$에서 다음을 풀어 적합 $\hat{f}(x_0) = b(x_0)^T \hat{\beta}(x_0)$을 만들어낸다.

$$\min_{\beta(x_0)} \sum_{i=1}^{N} K_\lambda(x_0, x_i)(y_i - b(x_i)^T \beta(x_0))^2 \tag{6.12}$$

통상적으로 커널은 방사 이파네츠니코프 혹은 겹세제곱 커널과 같은 방사함수 radial function일 것이다.

$$K_\lambda(x_0, x) = D\left(\frac{||x - x_0||}{\lambda}\right) \tag{6.13}$$

이때 $||\cdot||$는 유클리드 노름Euclidean norm이다. 유클리드 노름은 각 좌표 내 단위에 의존적이므로, 평활화 전에 단위 표준편차로 각 예측변수를 표준화하는 것이 대부분 이치에 맞는다.

경계 효과가 일차원 평활화에서 문제인 한편, 이들은 이차 혹은 더 높은 차원에서는 더 큰 문제가 된다. 경계 위의 점의 부분이 더 커지기 때문이다. 실제로 차원의 저주의 현상 중 하나가 차원이 커짐에 따라 경계에 가까운 점의 부분이 1로 커진다는 점이다. 커널을 직접 조정해 이차원 경계에 부합하도록 하면 매우 지저분해진다. 특히 불균형한 경계에서 더욱 그러하다. 국소 다항식 회귀는 어떠한 차원에서든지 원하는 차수로 경계 수정을 매끄럽게 수행한다. 그림 6.8은 특이한 예측변수 디자인(별의 모양)에 관한 천문학 연구로부터 가져온 일부 측정치에 관한 국소 선형회귀를 보여준다. 여기서 경계가 극단적으로 불균형하며, 적합된 표면 또한 경계에 접근함에 따라 데이터의 희박성이 증가하는 영역에 걸쳐 반드시 보간해야 한다.

국소 회귀는 이차나 삼차보다 훨씬 높은 차원에서는 덜 유용해진다. 예를 들면 2장에서 차원성의 문제에 관해 더 자세하게 논의했다. 차원이 커짐에 따라 전체 표본 크기가 p에서 지수적으로 증가하지 않는 한, 국소성(저편향) 및 이웃 내 상당한 크기의 표본(저분산)을 동시에 유지하는 것은 불가능하다. 평활화의 주요 목적인 경우가 자주 있는 $\hat{f}(X)$의 시각화 또한 고차원에서 어려워진다.

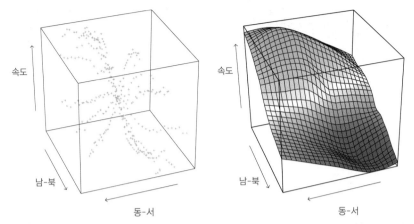

그림 6.8 왼쪽 패널은 반응이 은하에서의 속도 측정치이며 두 개의 예측변수가 천구에서의 위치를 기록하는 삼차원 데이터를 보여준다. 특이한 "별" 모양의 디자인은 측정치가 만들어진 방법을 가리키며, 극단적으로 일정하지 못한 경계를 야기한다. 오른쪽 패널은 15%의 데이터로 최근접이웃 윈도우를 사용해 $\mathbb{R}^2$에서의 국소 선형 평활화의 결과를 보여준다.

그림 6.8에서의 산란구름scatter-cloud과 와이어 프레임wire-frame 그림이 매력적으로 보임에도, 광역적인gross 수준 외에는 결과를 해석하기가 꽤 어렵다. 데이터 분석 관점에서, 조건부 그림이 훨씬 유용하다.

그림 6.9는 세 개의 예측변수로 된 일부 환경 데이터의 분석을 보여준다. 여기서 보여주는 격자trellis는 오존ozone을 두 개의 다른 변수인 온도와 풍속을 조건으로 하는 복사량radiation의 함수로 보여준다. 그러나 변수의 값을 조건부화하는 것은 정말로 그 값에서의 국소임을 뜻한다(국소 회귀에서처럼). 그림 6.9에서의 각 패널은 각 조건부 값에 관해 패널에서 나타내는 값의 범위를 가리킨다. 패널 자체 내에서 데이터 부분집합이 표시돼 있으며(반응 대 나머지 변수), 일차원 국소 선형 회귀가 데이터에 적합돼 있다. 이는 적합된 삼차원 표면의 조각을 보는 것과 상당히 다르지만, 데이터의 결합적 움직임을 이해한다는 측면에서 아마도 더 유용할 것이다.

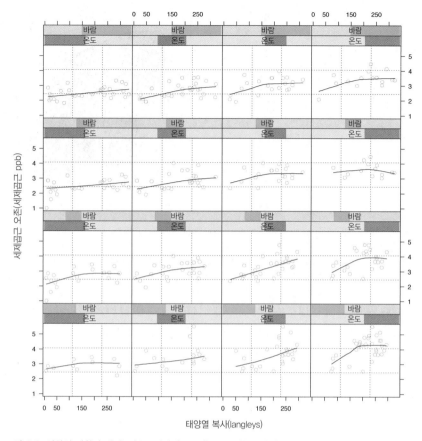

그림 6.9 삼차원 평활화 예제. 반응은 (세제곱근의) 오존 집중도이며, 세 개의 예측변수는 온도, 풍속 그리고 복사량이다. 격자가 오존을 온도와 풍속의 구간을 조건으로 하는(짙은 초록색 혹은 주황색 음영의 막대로 표시된) 복사량의 함수로 보여준다. 각 패널은 각 조건부 변수의 범위의 약 40%를 포함한다. 각 패널 내 곡선은 패널 내 데이터에 적합된 일변량 국소 선형회귀다.

6.4 ℝᵖ에서의 구조적 국소 회귀모델

차원 대 표본-크기 비율이 우호적이지 않을 때 국소 회귀는 모델에 관한 일부 구조적인 가정을 하려 하지 않는 한 그렇게 도움이 되지 않는다. 이 책의 상당 부분은 구조화 회귀 및 분류 모델에 관한 것이다. 여기서는 커널 방법과 직접적으로 관련된 몇 가지 접근법에 집중한다.

6.4.1 구조화 커널

한 줄로 하는 접근법은 커널을 조정하는 것이다. 구형 커널spherical kernel(6.13)의 디폴트는 각 좌표에 같은 가중치를 주며, 따라서 단위 표준편차로 각 변수를 표준화하는 것이 자연스런 기본 전략이다. 더 일반적인 접근법은 서로 다른 좌표에 가중을 하도록 양의 준정부호행렬 $\mathbf{A}$를 사용하는 것이다.

$$K_{\lambda,A}(x_0, x) = D\left(\frac{(x-x_0)^T \mathbf{A}(x-x_0)}{\lambda}\right) \tag{6.14}$$

$\mathbf{A}$에 적절한 제한을 가함으로써 전체 좌표나 방향을 격하시키거나 생략할 수 있다. 예를 들면 $\mathbf{A}$가 대각이라면, A_{jj}를 늘리거나 줄임으로써 개별 예측변수 X_j의 영향을 키우거나 줄일 수 있다. 디지털화된 아날로그 신호나 이미지에서 나온 것과 같이 많은 예측변수가 높은 상관성을 가지는 경우가 자주 있다. 예측변수의 공분산함수는 말하자면 고주파수 대비high-frequency contrasts에 덜 집중하는 행렬 A를 맞춤으로 만드는 데 쓰일 수 있다(연습 6.4). 다차원 커널을 위한 매개변수를 학습하는 데는 몇 가지 제안들이 만들어져왔다. 예를 들면 11장에서 논의하는 사영추적 회귀모델이 이러한 특색을 가지며, 이때 $\mathbf{A}$의 랭크가 낮은low-rank 버전은 $\hat{f}(X)$의 릿지회귀를 뜻한다. $\mathbf{A}$의 더 일반적인 모델은 번잡하므로, 대신에 다음에 논의하는 회귀함수를 위한 구조적 형식을 선호한다.

6.4.2 구조화 회귀함수

교호작용의 모든 수준이 잠재적으로 존재하는 $\mathbb{R}^p$ 내 회귀함수 $E(Y|X) = f(X_1, X_2, ..., X_p)$를 적합하려 하고 있다. 다음 형식의

$$f(X_1, X_2, \ldots, X_p) = \alpha + \sum_j g_j(X_j) + \sum_{k<\ell} g_{k\ell}(X_k, X_\ell) + \cdots \tag{6.15}$$

분산분석ANOVA, analysis-of-variance 분해를 고려하고 그 뒤 일부 고차 항을 없앰으로써 구조를 도입하는 것이 자연스럽다.

가법적 모델 $f(X) = \alpha + \sum_{j=1}^{p} g_j(X_j)$은 주효과항만을 가정한다. 이차 모델은 최대 2차수의 교호작용으로 된 항을 가질 것이며, 그 이상의 차수도 그러하다. 9장에서 이러한 저차수 교호작용 모델을 적합하기 위한 역적합backfitting 알고리즘을

설명한다. 예를 들어 가법적 모델에서는, k번째를 제외한 모든 항이 알려져 있다고 가정한다면, X_k에 관한 $Y - \sum_{j \neq k} g_j(X_j)$의 국소 회귀를 통해 g_k를 추정할 수 있다. 이는 수렴할 때까지 각 함수에 관해 순서대로 반복적으로 계속된다. 어떠한 단계에서든지 일차원 국소 회귀가 필요한 모든 것이라는 점이 중요한 세부 사항이다. 같은 개념이 저차원 ANOVA 분해를 적합하는 데 쓰일 수 있다.

변화계수 모델varying coeffcient model의 종류가 이들 구조적 모델의 중요한 특수한 경우다. 예를 들면 X 내 p개 예측변수를 $q < p$인 집합 $(X_1, X_2, ..., X_q)$로 나누고, 나머지 변수는 벡터 Z로 모은다고 해보자. 그 뒤 조건부적인 선형 모델을 가정한다.

$$f(X) = \alpha(Z) + \beta_1(Z)X_1 + \cdots + \beta_q(Z)X_q \tag{6.16}$$

주어진 Z에 관해 이는 선형 모델이지만, 각 계수는 Z와 함께 달라질 수 있다. 이러한 모델은 국소적으로 가중된 최소제곱을 통해 적합시키는 것이 자연스럽다.

$$\min_{\alpha(z_0), \beta(z_0)} \sum_{i=1}^{N} K_\lambda(z_0, z_i) \left(y_i - \alpha(z_0) - x_{1i}\beta_1(z_0) - \cdots - x_{qi}\beta_q(z_0)\right)^2 \tag{6.17}$$

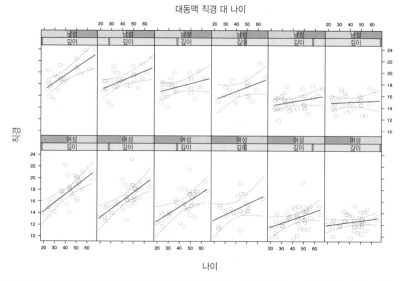

그림 6.10 각 패널에서 대동맥 직경이 나이의 선형함수로 모델링돼 있다. 모델의 계수는 성별과 대동맥 아래의 깊이(왼쪽은 높은 곳, 오른쪽은 낮은 곳)에 따라 다르다. 선형 모델의 계수에 분명한 추세가 존재한다.

그림 6.10은 인간 대동맥의 측정에 관한 개념을 보여준다. 나이에 따라 대동맥이 굵어진다는 것이 오랫동안의 주장이었다. 여기서 대동맥의 직경(diameter)을 나이(age)의 선형함수로 모델링하지만, 계수가 성별(gender)과 대동맥 아래로의 깊이(depth)에 따라 달라지도록 한다. 책에서는 남성과 여성에 개별적으로 국소 회귀모델을 사용했다. 대동맥의 높은 영역에서는 나이에 따라 대동맥이 굵어지는 것이 분명하지만, 대동맥 아래로의 거리에 따라 관계가 희미해진다. 그림 6.11은 절편과 기울기를 깊이의 함수로 보여준다.

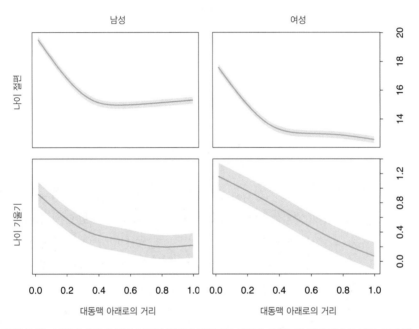

그림 6.11 남성과 여성에 관해 나이의 절편과 기울기를 대동맥 아래로의 거리 함수로 각각 그린 것. 노란 밴드는 1 표준편차를 가리킨다.

6.5 국소 가능도 및 다른 모델

국소 회귀와 변하는 계수 모델의 개념은 지극히 광범위하다. 적합 방법이 관측치 가중치를 수용한다면 어떠한 모수적 모델이든지 국소적으로 만들 수 있다. 몇몇 예제는 다음과 같다.

- 각 관측치 y_i와 연관된 매개변수가 공변(들)^{covariate(s)} x_i에서 선형인 $\theta_i = \theta(x_i) = x_i^T \beta$이며, β에 관한 추론은 가능도 $l(\beta) = \sum_{i=1}^N l(y_i, x_i^T \beta)$에 기반한다. $\theta(x_0) = x_0^T \beta(x_0)$의 추론을 위해 x_0에 국소적인 가능도를 사용해 $\theta(X)$를 더욱 유연하게 모델링할 수 있다.

$$l(\beta(x_0)) = \sum_{i=1}^N K_\lambda(x_0, x_i) l(y_i, x_i^T \beta(x_0))$$

많은 가능도 모델, 특히 로지스틱과 로그-선형 모델을 포함하는 일반 선형 모델 계열은 선형 방식에서 공변을 수반한다. 국소 가능도는 전역적으로 선형인 모델을 국소적인 선형으로의 완화를 허용한다.

- 국소 가능도를 정의하는 데 쓰인 변수와는 서로 다른 변수가 θ와 관련돼 있다는 점을 제외하고, 이전과 같은 경우.

$$l(\theta(z_0)) = \sum_{i=1}^N K_\lambda(z_0, z_i) l(y_i, \eta(x_i, \theta(z_0)))$$

예를 들면, $\eta(x, \theta) = x^T\theta$는 x에서 선형 모델일 수 있다. 이는 국소 가능도를 최대화함으로써 계수가 변하는 모델인 $\theta(z)$를 적합시킬 수 있을 것이다.

- 차수 k의 자기회귀적 시계열 모델^{Autoregressive time series models}은 $y_t = \beta_0 + \beta_1 y_{t-1} + \beta_2 y_{t-2} + \cdots + \beta_k y_{t-k} + \varepsilon_t$의 형식을 가진다. 시차 집합^{lag set}을 $z_t = (y_{t-1}, y_{t-2}, \dots, y_{t-k})$로 표기하면, 모델은 표준 선형 모델 $y_t = z_t^T \beta + \varepsilon_t$처럼 보이게 되고, 이는 통상적으로 최소제곱을 통해 적합된다. 커널 $K(z_0, z_t)$로 국소 최소제곱을 통해 적합시키면 모델이 계열의 단기적인 이력에 따라 변할 수 있도록 해준다. 이는 윈도우 시간에 따라 변하는 더욱 전통적인 동적 선형 모델과 구별하기 위함이다.

국소 가능도가 보여주는 것과 같이, 4장의 멀티클래스 선형 로지스틱회귀모델 (4.36)의 국소 버전을 고려해볼 수 있다. 특성 x_i 및 연관된 범주형 반응 $g_i \in \{1, 2, \dots, J\}$으로 구성된 데이터와 선형 모델은 다음의 형식을 가진다.

$$\Pr(G = j | X = x) = \frac{e^{\beta_{j0} + \beta_j^T x}}{1 + \sum_{k=1}^{J-1} e^{\beta_{k0} + \beta_k^T x}} \tag{6.18}$$

이러한 J 클래스 모델을 위한 국소 로그 가능도는 다음과 같이 쓸 수 있다.

$$
\sum_{i=1}^{N} K_\lambda(x_0, x_i) \Bigg\{ \beta_{g_i0}(x_0) + \beta_{g_i}(x_0)^T(x_i - x_0) \\
- \log \left[1 + \sum_{k=1}^{J-1} \exp\left(\beta_{k0}(x_0) + \beta_k(x_0)^T(x_i - x_0) \right) \right] \Bigg\}
$$
(6.19)

다음을 주지하라.

- 적절한 분자를 고르기 위해 첫 번째 줄에서 g_i를 첨자로 사용했다.
- 모델의 정의에 따라 $\beta_{J0} = 0$이고 $\beta_J = 0$이다.
- x_0에서 국소회귀를 중심화했으며, 이에 따라 x_0에서 적합된 사후확률은 다음과 같다.

$$
\hat{\Pr}(G = j | X = x_0) = \frac{e^{\hat{\beta}_{j0}(x_0)}}{1 + \sum_{k=1}^{J-1} e^{\hat{\beta}_{k0}(x_0)}}
$$
(6.20)

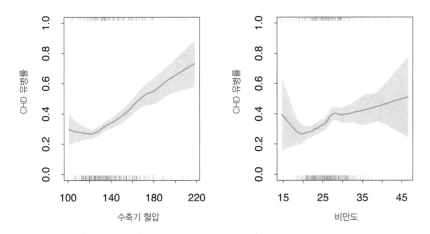

그림 6.12 각 그림은 남아프리카 심장 질환 데이터를 위한 이진 반응인 CHD(관상동맥 심장 질환)를 위험 인자의 함수로 보여준다. 각 그림에서 국소 선형 로지스틱회귀모델을 사용해 CHD의 적합된 유병률을 계산했다. 범위의 아래쪽 끝부분에서의 CHD 유병률이 예상치 못하게 높아지는 이유는 이들이 후행적인 데이터이고, 몇몇 대상이 그들의 혈압 및 몸무게를 줄이기 위해 이미 처치를 받았기 때문이다. 그림의 음영 영역은 추정된 점별 표준오차 범위를 가리킨다.

이 모델은 적당하게 낮은 차원에서의 유연한 멀티클래스 분류를 위해 사용될 수 있지만, 고차원의 우편번호 분류 문제에서의 성공이 보고되기도 했다. 이는 커널 평활법을 사용하는 일반 가법 모델(9장)이 깊이 연관돼 있으며, 회귀함수를 위한 가법적 구조를 가정함으로써 차원 문제를 피한다.

간단히 보여주기 위해 2 클래스 국소 선형회귀모델을 4장의 심장 질환 데이터에 적합시킨다. 그림 6.12는 두 개의 위험 인자에 관해 (개별적으로) 일변량 국소 회귀모델 적합을 보여준다. 이는 데이터 자체가 주는 시각적 정보가 적을 때 비선형성을 탐색하기 위한 유용한 스크리닝 장치다. 이 경우 예상치 못한 이상 현상이 데이터에서 드러나며, 이는 전통적인 방법으로 알아채지 못할 수도 있다.

CHD가 이진 지시자이므로, 조건부 유병률 $\Pr(G = j|x_0)$을 가능도 형식화에 의존하지 않고 이진 반응을 직접 평활화함으로써 추정할 수 있다. 이는 국소적으로 상수인 로지스틱회귀모델이 된다(연습 6.5). 국소-선형 평활화의 편향-수정을 향유하기 위해서 제약 없는 로짓 척도로 작업하는 것이 더 자연스럽다.

통상적으로는 로지스틱회귀로 매개변수 추정값은 물론 이들의 표준오차를 계산한다. 이 또한 국소적으로 할 수 있으며, 따라서 그림에서 보는 바와 같이 적합된 유병률에 관한 추정된 점별 표준-오차 범위를 만들어낼 수 있다.

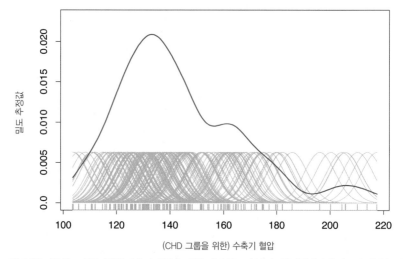

그림 6.13 (CHD 그룹을 위한) 수축기 혈압을 위한 커널 밀도 추정값. 각 지점에서의 밀도 추정값은 지점에서의 각 커널로부터의 평균 공헌도다. 커널의 척도를 인자 10만큼 낮춰 그래프를 읽을 수 있도록 했다.

6.6 커널 밀도 추정 및 분류

커널 밀도 추정은 비지도 학습 과정으로, 역사적으로 커널 회귀를 앞선다. 이는 또한 자연스럽게 비모수적 분류를 위한 과정의 단순한 계열로 이어진다.

6.6.1 커널 밀도 추정

확률 밀도 $f_X(x)$로부터 뽑은 확률표본 $x_1, ..., x_N$이 있으며, 점 x_0에서 f_X를 추정하고자 한다고 해보자. 단순함을 위해 이제부터 $X \in \mathbb{R}$라 가정한다. 앞서 주장과 같이 자연 국소 추정은 다음의 형태를 가진다.

$$\hat{f}_X(x_0) = \frac{\#x_i \in \mathcal{N}(x_0)}{N\lambda} \tag{6.21}$$

이때 $\mathcal{N}(x_0)$은 x_0 주변 너비 λ의 작은 계량 이웃^{metric neighborhood}이다. 이 추정값은 울퉁불퉁하며, 평활한 파첸^{Parzen} 추정값이 선호된다.

$$\hat{f}_X(x_0) = \frac{1}{N\lambda} \sum_{i=1}^{N} K_\lambda(x_0, x_i) \tag{6.22}$$

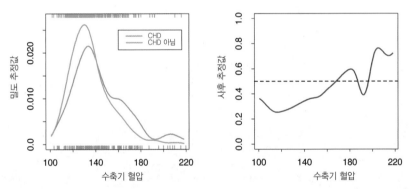

그림 6.14 왼쪽 패널은 CHD 대 CHD 그룹 내 수축기 혈압에 관해 각각의 가우스 커널 밀도 추정값을 사용해 두 개의 개별적인 밀도 추정값을 보여준다. 오른쪽 패널은 (6.25)를 사용해 추정된 사후 확률을 보여준다.

이는 x_0으로부터의 거리에 따라 감소하는 가중치로 x_0와 가까운 관측치를 셈하기 때문이다. 이 경우 가우스 커널 $K_\lambda(x_0, x) = \phi(|x - x_0|/\lambda)$이 K_λ를 위한 인기 있는 선택이다. 그림 6.13은 CHD 그룹을 위한 수축기 혈압의 표본값에 관한 가우스 커널 밀도 적합을 보여준다. ϕ_λ를 평균이 0이고 표준편차가 λ인 가우스 밀도함수 라고 하면 (6.22)는 다음의 형식을 가진다.

$$
\begin{aligned}
\hat{f}_X(x) &= \frac{1}{N} \sum_{i=1}^{N} \phi_\lambda(x - x_i) \\
&= (\hat{F} \star \phi_\lambda)(x)
\end{aligned}
\tag{6.23}
$$

이는 ϕ_λ를 가지는 표본 경험적 분포sample empirical distribution $\hat{F}$의 합성곱convolution이 다. 분포 $\hat{F}(x)$는 질량 $1/N$을 각 관측된 x_i에 부여하며, 이는 튀는 경향이 있다 jumpy. $\hat{f}_X(x)$에서 각 관측치 x_i에 독립적인 가우스 잡음을 추가함으로써 평활화된 $\hat{F}$ 를 갖게 된다.

파첸 밀도 추정값은 국소 평균과 동등하며, 국소 회귀와 비슷한 방식으로 개선 점이 제시돼 왔다(밀도를 위한 로그 척도에서. 로더(Loader, 1999)를 보라). 이들을 여 기서 계속 보지는 않을 것이다. $\mathbb{R}^p$에서 가우스 밀도 추정값을 자연스럽게 일반화 하면 (6.23)에서의 가우스 곱 커널Gaussian product kernel을 사용하게 된다.

$$
\hat{f}_X(x_0) = \frac{1}{N(2\lambda^2\pi)^{\frac{p}{2}}} \sum_{i=1}^{N} e^{-\frac{1}{2}(||x_i - x_0||/\lambda)^2}
\tag{6.24}
$$

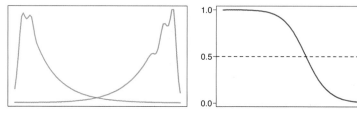

그림 6.15 모집단 클래스 밀도함수는 사후 확률이 구성될 때(오른쪽) 사라지는 흥미로운 구조(왼쪽)를 가질 수도 있다.

6.6.2 커널 밀도 분류

분류를 위해 베이즈 정리를 사용해 비모수적 밀도 추정값을 직관적인 방식으로 사용할 수 있다. J 클래스 문제에서 각 클래스에 개별적으로 비모수적 밀도 추정값 $\hat{f}_j(X)$, $j = 1, ..., J$을 적합하고, 또한 (대체로 표본 비율인) 클래스 사전 확률 $\hat{\pi}_j$의 추정값이 있다고 가정해보자. 그러면 다음과 같다.

$$\hat{\Pr}(G = j | X = x_0) = \frac{\hat{\pi}_j \hat{f}_j(x_0)}{\sum_{k=1}^{J} \hat{\pi}_k \hat{f}_k(x_0)} \tag{6.25}$$

그림 6.14는 이 방법을 사용해 심장 위험 인자 연구에 관한 CHD의 유병률을 추정하며, 이는 그림 6.12의 왼쪽 패널과 비교해야 한다. 그림 6.14의 오른쪽 패널 내 높은 SBP 영역에서 주요한 차이가 나타난다. 이 영역에서 데이터가 두 클래스 모두에 관해 희박해지고, 가우스 커널 밀도 추정값이 계량 커널metric kernels을 사용하므로, 밀도 추정값은 낮아지며 이들 영역에서 질이 나빠진다(높은 분산). 국소 로지스틱회귀 방법 (6.20)은 k-NN 대역폭으로 겹세제곱 커널을 사용한다. 이는 이 영역 내 커널을 유효하게 넓히며 국소 선형 가정을 활용해 추정값을 평활화시킨다(로짓 척도에서).

분류가 궁극적인 목표라면 개별적인 클래스 밀도함수를 잘 학습시키는 것은 불필요할 수도 있으며 사실 오독될 수 있다. 그림 6.15는 밀도가 둘 다 다봉분포multimodal인 예제를 보여주지만 사후비posterior ratio가 꽤 평활적이다. 데이터로부터 개별적인 밀도함수를 학습할 때 더 거친 고분산의 적합을 받아들이기로 결정함으로써, 사후 확률을 추정하는 목적과 무관하게 이들 특성을 포착할 수도 있다. 실제로 분류가 궁극적인 목표라면 결정 경계(두 클래스라면 이는 집합 $\{x | \Pr(G = 1 | X = x) = \frac{1}{2}\}$이다) 근처의 사후확률을 잘 추정하기만 하면 된다.

6.6.3 단순 베이즈 분류기

이 기술은 그 이름에도 불구하고 (또한 "멍청한 베이즈"라 부르기도 한다!) 수년 동안에 걸쳐 인기를 얻어왔다. 이는 특히 특성 공간의 차원 p가 높아 밀도 추정이 매력적이지 않을 때 적절하다. 단순 베이즈naive Bayes 모델은 주어진 클래스 $G = j$에 관해 특성 X_k가 독립이라고 가정한다.

$$f_j(X) = \prod_{k=1}^{p} f_{jk}(X_k) \tag{6.26}$$

이 가정은 일반적으로 옳지 않지만, 추정을 극적으로 단순하게 만든다.

- 1차원 커널 밀도 추정값을 사용해 개별 클래스-조건부 주변 밀도함수 f_{jk}를 각각 개별적으로 추정할 수 있다. 이는 사실상 주변확률marginals을 나타내는데 일변량 가우스 분포를 사용하는 본래의 단순 베이즈 과정을 일반화한 것이다.

- X의 구성 요소 X_j가 이산적이라면, 적절한 히스토그램 추정값을 쓸 수 있다. 이는 특성 벡터에서 변수 타입을 혼합하는 매끄러운 방법을 제공한다.

다소 낙관적인 가정에도, 단순 베이즈 분류기는 훨씬 더 정교한 대안보다 자주 성능이 좋다. 이유는 그림 6.15와 관련이 있다. 개별 클래스 밀도 추정값이 편향돼 있다 하더라도 이 편향은 사후 확률을, 특히 결정 경계 근처에서 그리 많이 손상시키지 않는다. 실제로 문제가 "단순한" 가정을 통해 분산을 아낌으로써 상당한 편향을 견딜 수도 있을 것이다.

(6.26)에서 시작해 (클래스 J를 기준으로 사용해) 로짓-변환을 유도할 수 있다.

$$
\begin{aligned}
\log \frac{\Pr(G = \ell|X)}{\Pr(G = J|X)} &= \log \frac{\pi_\ell f_\ell(X)}{\pi_J f_J(X)} \\
&= \log \frac{\pi_\ell \prod_{k=1}^{p} f_{\ell k}(X_k)}{\pi_J \prod_{k=1}^{p} f_{Jk}(X_k)} \\
&= \log \frac{\pi_\ell}{\pi_J} + \sum_{k=1}^{p} \log \frac{f_{\ell k}(X_k)}{f_{Jk}(X_k)} \\
&= \alpha_\ell + \sum_{k=1}^{p} g_{\ell k}(X_k)
\end{aligned}
\tag{6.27}
$$

이는 일반화 가법 모델generalized additive model 형식을 가지며, 9장에서 더 자세히 설명한다. 그러나 모델은 꽤 다른 방법으로 적합된다. 이들의 차이는 연습 6.9에서 살펴본다. 단순 베이즈와 일반 가법 모델 사이의 관계는 선형판별분석과 로지스틱 회귀(4.4.5절) 사이의 것과 유사하다.

6.7 방사기저함수와 커널

5장에서 함수가 기저함수의 전개 $f(x) = \sum_{j=1}^{M} \beta_j h_j(x)$로 표현됐다. 기저 전개를 사용하는 유연한 모델링의 기술은 적절한 기저함수 계열을 고르고 그 뒤 선택하기, 정칙화, 혹은 둘 다를 통해 표현의 복잡도를 통제하는 것으로 구성돼 있다. 기저함수의 몇몇 계열은 국소적으로 정의되는 요소를 가진다. 예를 들면, B-스플라인은 $\mathbb{R}$에서 국소적으로 정의된다. 만일 특정 영역에서 유연성이 더욱 요구된다면, 그 영역은 더 많은 기저함수를 통해 표현돼야 한다(B-스플라인의 경우 더 많은 매듭으로 변환된다). $\mathbb{R}$-국소기저함수의 텐서곱은 $\mathbb{R}^p$에서 국소적인 기저함수를 제공한다. 모든 기저함수가 국소적인 것은 아니다. 예를 들면 스플라인을 위한 절단된 거듭제곱 기저, 혹은 신경망에서 쓰이는 시그모이드 기저함수 $\sigma(\alpha_0 + \alpha x)$가 그러하다(11장을 보라). 그럼에도 합성된 함수 $f(x)$는 전역 효과를 무효화시키는 계수의 특정한 부호와 값으로 인해 국소적 움직임을 보일 수 있다. 예를 들면, 절단된 거듭제곱 기저는 함수의 같은 공간을 위한 동등한 B-스플라인을 가진다. 이 경우무효화가 정확하게 나타난다.

커널 방법은 목표 지점 x_0에서 국소적인 영역 내에서 단순한 모델을 적합시킴으로써 유연성을 달성한다. 국소화는 가중치 커널 K_λ을 통해 달성하며, 개별 관측치는 가중치 $K_\lambda(x_0, x_i)$를 받는다.

방사기저함수는 커널함수 $K_\lambda(\xi, x)$를 기저함수로 다룸으로써 이들 개념을 결합한다. 이는 다음의 모델이 된다.

$$
\begin{aligned}
f(x) &= \sum_{j=1}^{M} K_{\lambda_j}(\xi_j, x)\beta_j \\
&= \sum_{j=1}^{M} D\left(\frac{\|x - \xi_j\|}{\lambda_j}\right)\beta_j
\end{aligned}
\tag{6.28}
$$

이때 각 기저 요소는 위치 혹은 원형prototype 매개변수 ξ_j 그리고 척도 매개변수 λ_j를 통해 인덱싱된다. D에 관한 인기 있는 선택으로는 표준 가우스 밀도함수가 있다. 매개변수 $\{\lambda_j, \xi_j, \beta_j\}, j = 1, ..., M$을 학습시키는 데는 몇 가지 접근법이 있다. 단순함을 위해 회귀를 위한 최소제곱법에 집중하고, 가우스 커널을 사용한다.

- 모든 매개변수에 관해 제곱합을 최적화시킨다.

$$\min_{\{\lambda_j, \xi_j, \beta_j\}_1^M} \sum_{i=1}^{N} \left(y_i - \beta_0 - \sum_{j=1}^{M} \beta_j \exp\left\{ -\frac{(x_i - \xi_j)^T (x_i - \xi_j)}{\lambda_j^2} \right\} \right)^2$$

(6.29)

이 모델은 흔히 11장에서 논의하는 시그모이드 신경망의 대안인 RBF 네트워크라고 부른다. ξ_j와 λ_j가 가중치 역할을 한다. 복수의 국소 최솟값들을 가지는 비볼록이라는 것이 기준이며, 최적화를 위한 알고리즘은 신경망에서 쓰이는 것과 유사하다.

• β_j로부터 $\{\lambda_j, \xi_j\}$를 개별적으로 추정한다. 앞의 것이 주어졌을 때, 후자의 추정은 단순한 최소제곱 문제다. 커널 매개변수 λ_j와 ξ_j를 X 분포만을 사용해 비지도 학습적 방법으로 자주 선택하기도 한다. 한 가지 방법은 훈련 데이터 x_i에 가우스 혼합 밀도 모델을 적합하는 것이다. 이는 중심 ξ_j와 척도 λ_j를 모두 제공한다. 심지어 다른 즉석적인[adhoc] 접근법으로는 군집법을 사용해 원형 ξ_j의 위치를 찾고, $\lambda_j = \lambda$를 초매개변수와 같이 다루는 것이다. 이들 접근법의 명백한 결점으로는 조건부 분포 $\Pr(Y|X)$ 및 특히 $E(Y|X)$가 어디에서 움직임이 집중되는지 말해주지 못한다는 점이다. 긍정적인 면에서는 이들은 구현하기가 훨씬 간단하다.

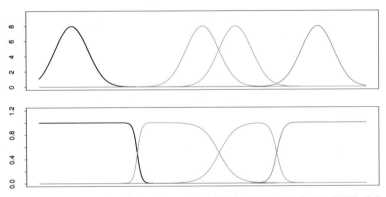

그림 6.16 R에서 고정된 너비를 가지는 가우스 방사기저함수는 구멍을 남길 수도 있다(위쪽 패널). 재정규화된 가우스 방사기저함수는 이러한 문제를 피하며, B-스플라인과 일부 측면에서 유사한 기저함수를 만들어낸다.

매개변수 집합을 줄이고 $\lambda_j = \lambda$에 관해 상수값을 가정하는 것이 매력적으로 보이지만, 이는 구멍을 만드는 원하지 않는 부외효과를 가질 수 있다. 그림 6.16에서와 같이 $\mathbb{R}^p$의 영역에서 어떠한 커널도 뚜렷한 지지를 갖지 못하는 것이다(위쪽 패널). 재정규화renormalized된 방사기저함수는 이 문제를 피한다(아래쪽 패널).

$$h_j(x) = \frac{D(||x - \xi_j||/\lambda)}{\sum_{k=1}^{M} D(||x - \xi_k||/\lambda)} \tag{6.30}$$

$\mathbb{R}^p$에서의 나다라야-왓슨 커널 회귀 추정량 (6.2)는 재정규화된 방사기저함수 내에서의 전개로 볼 수 있다.

$$
\begin{aligned}
\hat{f}(x_0) \quad &= \sum_{i=1}^{N} y_i \frac{K_\lambda(x_0, x_i)}{\sum_{k=1}^{N} K_\lambda(x_0, x_k)} \\
&= \sum_{i=1}^{N} y_i h_i(x_0)
\end{aligned}
\tag{6.31}
$$

이는 각 관측치에 위치하는 기저함수 h_i 및 계수 y_i, 즉 $\xi_i = x_i$, $\hat{\beta}_i = y_i$, $i = 1, ..., N$ 을 가진다.

전개 (6.31)와 커널 K로 유도된 정칙화 문제의 해 (5.50) 사이의 유사성에 관해 주지하길 바란다. 방사기저함수는 현대의 "커널 방법"과 국소 적합 기술 사이의 다리를 구성한다.

6.8 밀도 추정과 분류를 위한 혼합 모델

혼합 모델은 밀도 추정을 위한 유용한 도구이며, 커널 방법의 일종으로 볼 수 있다. 가우스 혼합 모델은 다음의 형식을 가진다.

$$f(x) = \sum_{m=1}^{M} \alpha_m \phi(x; \mu_m, \Sigma_m) \tag{6.32}$$

이는 혼합 부분 α_m을 가지며 $\sum_m \alpha_m = 1$이고, 각 가우스 밀도는 평균은 μ_m이며 공분산 행렬이 Σ_m이다. 일반적으로 혼합 모델은 (6.32)의 가우스 대신 어떠한 성분 밀도든지 사용할 수 있으며, 가우스 혼합 모델이 단연코 가장 인기가 있다.

매개변수는 대체로 8장에서 설명한 EM 알고리즘을 사용하는 최대가능도를 통해 적합시킨다. 몇몇 특별한 경우는 다음과 같다.

- 공분산행렬이 스칼라이도록 제약된 경우. $\Sigma_m = \sigma_m \mathbf{I}$이므로 (6.32)는 방사기저 전개의 형식을 가진다.

- 추가로 $\sigma_m = \sigma > 0$이 고정돼 있고, $M \uparrow N$이라면 (6.32)의 최대가능도 추정값은 커널 밀도 추정값 (6.22)로 접근하며 이때 $\hat{\alpha}_m = 1/N$이고 $\hat{\mu}_m = x_m$이다.

베이즈 정리를 사용하면 각 클래스 내 개별적인 혼합 밀도함수는 $\Pr(G|X)$를 위한 유연한 모델이 된다. 이는 12장에서 더 자세히 살펴본다.

그림 6.17은 심장질환 위험 인자 연구에 관한 혼합모델 응용을 보여준다. 위쪽 행은 no CHD와 CHD 각각을 위한 age의 히스토그램이며, 그 뒤 오른쪽에 결합돼 있다. 결합된 데이터를 사용해 동일해야 한다는 제약이 없는 Σ_1와 Σ_2(스칼라)으로 형식 (6.32)의 성분이 두 개인 혼합 모델을 적합시킨다. 적합은 EM 알고리즘(8장)을 통해 해낸다. 이 과정이 CHD 라벨에 관한 지식을 사용하지 않는다는 것을 주지하라. 결과 추정값은 다음과 같다.

$$\hat{\mu}_1 = 36.4 \qquad \hat{\Sigma}_1 = 157.7 \qquad \hat{\alpha}_1 = 0.7$$
$$\hat{\mu}_2 = 58.0 \qquad \hat{\Sigma}_2 = 15.6 \qquad \hat{\alpha}_2 = 0.3$$

성분 밀도 $\phi(\hat{\mu}_1, \hat{\Sigma}_1)$ and $\phi(\hat{\mu}_2, \hat{\Sigma}_2)$는 아래 왼쪽 및 가운데 패널에서 볼 수 있다. 아래쪽 오른쪽 패널은 이들 성분 밀도(주황색과 파란색)를 추정된 조합 밀도(초록색)와 함께 보여준다.

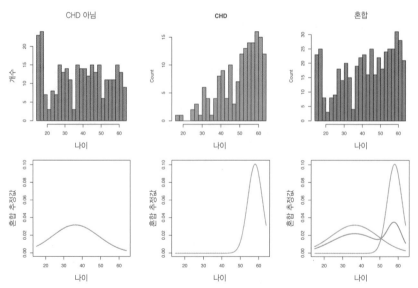

그림 6.17 심장 질환 위험 인자 연구에 관한 혼합 모델의 응용. 위쪽 행: CHD가 아닌 그룹과 CHD 그룹을 개별 그리고 조합에 관한 Age의 히스토그램. 아래쪽 행: 가우스 혼합 모델로부터 추정된 성분 밀도(아래 왼쪽, 아래쪽 중앙). 아래 오른쪽: 추정된 성분 밀도(파란색과 주황색)와 함께 추정된 혼합 밀도(초록색). 주황색 밀도는 매우 큰 표준편차를 가지며 균일 밀도를 근사한다.

또한 혼합 모델은 관측치 i가 성분 m에 속하는 확률의 추정값을 제공한다.

$$\hat{r}_{im} = \frac{\hat{\alpha}_m \phi(x_i; \hat{\mu}_m, \hat{\Sigma}_m)}{\sum_{k=1}^{M} \hat{\alpha}_k \phi(x_i; \hat{\mu}_k, \hat{\Sigma}_k)} \tag{6.33}$$

이때 x_i는 예제의 Age이다. 각 값 $\hat{r}_{i2}$를 임계화하고 따라서 $\hat{\delta}_i = I(\hat{r}_{i2} > 0.5)$를 정의한다고 해보자. 그러면 CHD와 혼합 모델을 통해 각 관측치의 분류를 비교할 수 있다.

		혼합 모델	
		$\hat{\delta} = 0$	$\hat{\delta} = 1$
CHD	No	232	70
	Yes	76	84

혼합 모델은 CHD 라벨을 사용하지 않았음에도, 두 개의 CHD 부분 모집단subpopulations을 발견하는 일을 꽤 잘한다. CHD를 반응으로 사용하는 선형 로지스틱회귀는 이들 데이터를 최대가능도(4.4절)를 사용해 적합할 때 같은 오류율(32%)을 달성한다.

6.9 연산 고려 사항

커널과 국소 회귀 그리고 밀도 추정은 메모리 기반memory-based 방법이다. 모델이 전체 훈련 데이터 집합이며, 적합은 값매김 혹은 예측 시간에 완료된다. 많은 실시간 응용에서 이 점은 이와 같은 종류의 방법을 불가능하게 만든다.

단일 관측치 x_0에서의 적합을 위한 연산 비용은 지나치게 단순화한 경우를 제외하고 (제곱 커널과 같은) $O(N)$ 플롭이다. 그에 비해 M 기저함수에서의 전개는 한 번의 값매김에 $O(M)$의 비용이 들며, 통상적으로 $M \sim O(\log N)$이다. 기저함수법은 최소 $O(NM^2 + M^3)$의 초기 비용이 든다.

커널 방법을 위한 평활 매개변수(들) λ는 통상적으로 오프라인off-line에서 정해진다. 예를 들면 교차 검증을 사용하면 $O(N^2)$ 플롭의 비용이 든다.

S-PLUS와 R에 있는 `loess` 함수와 `locgit` 과정(Loader, 1999)과 같은 국소 회귀의 인기 있는 구현은 연산을 줄이기 위해 삼각분할triangulation 체계를 사용한다. 이들은 정확하게 M개의 조심스럽게 선택된 위치에서 적합을 계산하며($O(NM)$), 그 뒤 다른 곳의 적합을 보간하기 위해 혼합blending 기술을 사용한다(값매김마다 $O(M)$).

참고문헌

커널 방법에 관해 방대한 문헌이 존재하며, 이들은 요약하지 않을 것이다. 그 대신 그 자체로 폭넓은 참고문헌을 가지는 몇몇 좋은 참조를 짚어볼 것이다. 로더(Loader, 1999)는 국소회귀와 가능도를 훌륭하게 다루며, 또한 이들 모델을 적합하기 위한 최신의 소프트웨어를 설명한다. 판과 지벨(Fan and Gijbels, 1996)은 이들 모델을 더욱 이론적인 면에서 다룬다. 헤이스티와 팁시라니(Hastie and Tibshirani, 1990)는 가법적 모델 측면에서의 국소 회귀를 논의한다. 실버맨(Silverman, 1986)은 밀도 추정의 좋은 개요를 제공하며, 스콧(Scott, 1992) 또한 그러하다.

연습 문제

연습 6.1 고정 계량 대역폭 λ와 가우스 커널로 된 나다라야-왓슨 커널 평활화가 미분 가능함을 보여라. 에파네츠니코프 커널에 관해서는 무엇이라 할 수 있겠는가? 적응적 최근접이웃 대역폭 $\lambda(x_0)$으로 된 에파네츠니코프 커널에 관해서는 무엇이라 할 수 있는가?

연습 6.2 국소 선형회귀에서 $\sum_{i=1}^{N}(x_i - x_0)l_i(x_0) = 0$임을 보여라. $b_j(x_0) = \sum_{i=1}^{N}(x_i - x_0)^j l_i(x_0)$를 정의하라. 임의의 차수의 (국소 상수를 포함하는) 국소 다항회귀에서 $b_0(x_0) = 1$임을 보여라. 차수 k의 국소 다항회귀에서 모든 $j \in \{1, 2, ..., k\}$에 관해 $b_j(x_0) = 0$임을 보여라. 이것이 편향에 주는 영향은 무엇인가?

연습 6.3 국소 다항식의 차수에 따라 $\|l(x)\|$(6.1.2절)가 증가함을 보여라.

연습 6.4 p개 예측변수 X가 상대적으로 평활한 아날로그 곡선의 p개의 균일하게 분포된 횡축abscissa 값에서의 표본 추출로부터 나온다고 해보자. 예측변수의 조건부 공분산행렬을 $\mathrm{Cov}(X|Y) = \Sigma$라 표기하고, 이것이 Y에 따라 그리 많이 변하지 않는다고 가정하자. (6.14)에서의 계량에 관한 마하라노비스 선택Mahalanobis choice $\mathbf{A} = \Sigma^{-1}$의 특성에 관해 논하라. 이를 어떻게 $\mathbf{A} = \mathbf{I}$와 비교할 수 있는가? (a) 거리 계량 내 고주파수 성분의 가중치를 낮추거나 (b) 이들을 완벽하게 무시하는 커널 $\mathbf{A}$를 어떻게 구축하겠는가?

연습 6.5 형식 (6.19)의 국소적으로 상수인 다항 로짓 모형을 적합하는 것이 커널 가중치 $K_\lambda(x_0, x_i)$로 나다라야-왓슨 커널 평활자를 사용해 각 클래스에 관해 개별적으로 이진 반응 지시자를 평활하는 것이 된다는 것을 보여라.

연습 6.6 여러분이 갖고 있는 것이 국소회귀 적합을 위한 소프트웨어뿐이지만, 정확히 어떤 단항식monomial이 적합에 포함되는지 지정할 수 있다고 해보자. 몇몇 변수에서 계수가 변하는 모델을 적합하는 데 이 소프트웨어를 어떻게 사용하겠는가?

연습 6.7 국소 다항회귀를 위해 단일값 제거leave-one-out로 교차 검증된 잔차제곱합에 관한 식을 유도하라.

연습 6.8 연속형 반응 Y와 예측변수 X에서 다변량 가우스 커널 추정량을 사용하는 결합밀도 X, Y를 모델링한다고 하자. 이 경우의 커널은 곱커널product kernel $\phi_\lambda(X)\phi_\lambda(Y)$일 것임을 주지하라. 이러한 추정으로부터 유도된 조건부 평균이 나다라야-왓슨 추정량임을 보여라. 연속형 X와 이산형 Y의 결합 분포의 추정을 위한 적절한 커널을 제공해 이 결과를 분류로 확장하라.

연습 6.9 단순 베이즈 모델 (6.27)과 일반 가법 회귀모델 사이의 차이를 (a) 모델 가정과 (b) 추정 측면에서 살펴보라. 모든 변수 X_k가 이산형이라면 해당 GAM에 관해서는 무엇이라 말할 수 있겠는가?

연습 6.10 모델 $y_i = f(x_i) + \varepsilon_i$로부터 생성된 N개 표본이 있다고 해보자. ε_i는 독립적이고 동등하게 분포돼 있고 평균 0과 분산 σ^2를 가지며 x_i는 고정돼 있다(무작위가 아닌). f는 평활 매개변수 λ로 선형 평활자(국소회귀, 평활 스플라인 등)을 사용해 추정한다. 그러므로 적합된 값의 벡터는 $\hat{\mathbf{f}} = \mathbf{S}_\lambda \mathbf{y}$로 주어진다. N개의 입력값에서 새로운 반응을 추정하는 데 다음의 표본 내in-sample 추정오차를 고려해보자.

$$\text{PE}(\lambda) = E\frac{1}{N}\sum_{i=1}^{N}(y_i^* - \hat{f}_\lambda(x_i))^2 \tag{6.34}$$

훈련 데이터에서의 평균제곱잔차average squared residual, ASR(λ)가 PE(λ)를 위한 (낙관적인) 편향 추정값인 한편, 다음 식이 불편임을 보여라.

$$C_\lambda = \text{ASR}(\lambda) + \frac{2\sigma^2}{N}\text{trace}(\mathbf{S}_\lambda) \tag{6.35}$$

연습 6.11 가우스 혼합 모델 (6.32)에서 가능도가 $+\infty$에서 최대화됨을 보이고, 어떻게 그러한지 설명하라.

연습 6.12 국소 선형판별분석을 수행하는 컴퓨터 프로그램을 작성하라. 각 질의 지점 x_0에서, 훈련 데이터가 가중커널으로부터 가중치 $K_\lambda(x_0, x_i)$를 받으며, 선형 결정 경계(4.3절을 보라)를 위한 소재는 가중평균을 통해 계산된다. 프로그램을 zipcode 데이터에 시도해보고 5개의 사전 선택된 λ의 값에 관한 훈련 및 테스트오차를 보여라. zipcode 데이터는 이 책의 웹사이트(https://web.stanford.edu/~hastie/ElemStatLearn/)에서 얻을 수 있다.

7
모델 평가 및 선택

7.1 소개

학습법의 일반화generalization 성능은 독립적인 테스트 데이터에 관한 예측 능력과 관련이 있다. 이러한 성능의 평가assessment는 학습법이나 모델을 선택할 수 있게 해주며 궁극적으로는 선택한 모델의 질에 관한 측정치를 제공해주기 때문에 실제로 중요하다.

7장에서는 성능 평가를 위한 핵심 방법을 설명하고 보여주며, 이들이 모델을 선택하는 데 어떻게 쓰이는지 보인다. 편향과 분산 그리고 모델 복잡도 사이의 상호작용을 논의하며 7장을 시작한다.

7.2 편향, 분산, 모델 복잡도

그림 7.1은 일반화를 위한 학습법의 능력을 평가하는 데 중요한 문제를 보여준다. 먼저 계량적 혹은 구간 척도 반응의 경우를 보자. 목표 변수 Y, 입력 X의 벡터 그리고 훈련 집합 $\mathcal{T}$로부터 추정된 예측모델 $\hat{f}(X)$가 있다. Y와 $\hat{f}(X)$ 사이의 오차를 측정하는 손실함수는 $L(Y, \hat{f}(X))$로 표기한다. 통상적으로 다음 중 선택한다.

$$L(Y, \hat{f}(X)) = \begin{cases} (Y - \hat{f}(X))^2 & \text{제곱오차} \\ |Y - \hat{f}(X)| & \text{절대오차} \end{cases} \tag{7.1}$$

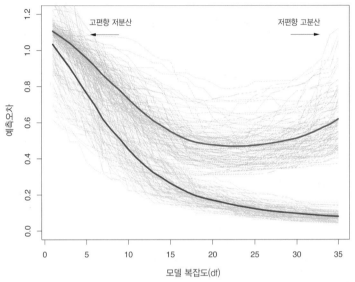

그림 7.1 모델 복잡도가 달라짐에 따른 테스트 표본과 훈련 표본 오차의 움직임. 밝은 파란색 곡선은 훈련오차 err을, 밝은 빨간색 곡선은 각각 크기 50인 100개 훈련 집합에 관한 조건부 테스트오차 $\text{Err}_{\mathcal{T}}$를 모델 복잡도가 커짐에 따라 보여준다. 굵은 곡선은 기대 테스트오차 Err 그리고 기대 훈련오차 $\text{E}(\overline{\text{err}})$를 보여준다.

테스트오차test error는 또한 일반화 오차generalization error라 부르며, 독립적인 테스트 표본에 걸쳐져 있는 예측오차다.

$$\text{Err}_{\mathcal{T}} = \text{E}[L(Y, \hat{f}(X))|\mathcal{T}] \tag{7.2}$$

이때 X와 Y 모두 이들의 결합분포(모집단)으로부터 확률적으로 뽑는다. 여기서 훈련 집합 $\mathcal{T}$는 고정돼 있으며, 테스트오차는 특정 훈련 집합에 관한 오차를 뜻한다. 관련된 양quantity으로는 기대예측오차(혹은 기대 테스트오차)가 있다.

$$\text{Err} = \text{E}[L(Y, \hat{f}(X))] = \text{E}[\text{Err}_{\mathcal{T}}] \tag{7.3}$$

이 기댓값은 $\hat{f}$를 만들어낸 훈련 집합 내 확률성을 포함해 확률적인 모든 것에 관한 평균이다.

그림 7.1은 각 크기가 50인 100개의 모의 훈련 집합에 관한 예측오차(밝은 빨간색 곡선)을 보여준다. 라쏘(3.4.2절)를 사용해 적합의 시퀀스를 만들어냈다. 굵은 빨간 곡선은 평균이며 따라서 Err의 추정값이다.

$\text{Err}_{\mathcal{T}}$의 추정이 목표지만, Err이 통계적 분석을 위해 더 다루기 쉽다는 것을 볼 것이며, 대부분의 방법은 기대 오차를 효과적으로 추정한다. 오직 같은 훈련 집합 내 정보만이 주어졌음을 볼 때, 조건부 오차를 효과적으로 추정할 수 있을 것 같아 보이지 않는다. 이러한 점은 7.12절에서 논의한다.

훈련오차training error는 훈련 표본에 걸쳐져 있는 평균 손실이다.

$$\overline{\text{err}} = \frac{1}{N} \sum_{i=1}^{N} L(y_i, \hat{f}(x_i)) \tag{7.4}$$

이제 추정된 모델 $\hat{f}$의 기대 테스트오차를 알고자 한다. 모델이 더더욱 복잡해짐에 따라, 훈련 데이터를 더욱 많이 사용하게 되며 더욱 복잡한 내부 구조를 받아들일 수 있게 된다. 따라서 편향은 감소하지만 분산은 커진다. 최소한의 기대 테스트오차를 제공하는 어떠한 중간적인 모델 복잡도가 존재한다.

안타깝게도 훈련오차는 모델 복잡도에 따라 지속적으로 감소하며, 통상적으로 모델 복잡도를 충분히 높이면 0으로 떨어진다. 그러나 훈련오차가 0인 모델은 훈련 데이터를 과적합하며 통상적으로 일반화가 나빠진다.

이러한 이야기는 집합 G에서의 값 K 중 하나를 받는, 편의상 1, 2, ..., K로 라벨링되는 질적인 혹은 범주형 반응 G에서도 유사하다. 통상적으로 확률 $p_k(X) = \text{Pr}(G = k|X)$(혹은 어떠한 단조 변환 $f_k(X)$)를 모델링하고, 그러면 $\hat{G}(X) = \text{argmax}_k \hat{p}_k(X)$가 된다. 1-최근접이웃 분류(2장과 13장)와 같은 몇몇의 경우 $\hat{G}(X)$를 직접 만들어낸다. 통상적으로 손실함수는 다음과 같다.

$$L(G, \hat{G}(X)) \quad = \quad I(G \neq \hat{G}(X)) \quad (0\text{–}1 \text{ loss}) \tag{7.5}$$

$$
\begin{aligned}
L(G, \hat{p}(X)) &= -2 \sum_{k=1}^{K} I(G = k) \log \hat{p}_k(X) \\
&= -2 \log \hat{p}_G(X) \quad (-2 \times \text{log-likelihood})
\end{aligned}
\tag{7.6}
$$

$-2 \times$ 로그 가능도의 양은 때때로 이탈도^{deviance}라 부른다.

여기서 테스트오차는 또 다시 T에서 훈련된 분류기의 모집단 오분류율^{population} $^{\text{mis-classiffcation error}}$ $\text{Err}_T = \text{E}[L(G, \hat{G}(X))|T]$이며, Err은 기대 오분류율이다.

훈련오차는 표본과 유사하며$^{\text{sample analogue}}$, 예를 들면 다음은 모델에 관한 표본 로그 가능도다.

$$
\overline{\text{err}} = -\frac{2}{N} \sum_{i=1}^{N} \log \hat{p}_{g_i}(x_i)
\tag{7.7}
$$

로그 가능도는 포아송, 감마, 지수, 로그정규분포과 같은 다른 일반 반응 밀도함수를 위한 손실함수로 사용할 수 있다. $\text{Pr}_{\theta(X)}(Y)$가 Y의 밀도함수이고 예측변수 X에 의존적인 매개변수 $\theta(X)$에 의해 인덱싱돼 있다면 다음과 같다.

$$
L(Y, \theta(X)) = -2 \cdot \log \text{Pr}_{\theta(X)}(Y)
\tag{7.8}
$$

정의에서 "-2"는 가우스 분포를 위한 로그 가능도 손실을 제곱오차 손실과 매칭되도록 한다.

쉬운 설명을 위해, 7장의 나머지에서는 Y와 $f(X)$를 사용해 모든 위의 상황을 나타낸다. 주로 계량적으로(제곱오차 손실) 설정돼 있는 반응에 집중하기 때문이다. 다른 상황에 관해서는 당연히 적절히 변형을 해야 한다.

7장에서는 모델을 위한 기대 테스트오차를 추정하는 여러 방법을 설명한다. 통상적으로 우리 모델은 조정 매개변수 혹은 매개변수 α가 있으며 따라서 예측을 $\hat{f}_\alpha(x)$로 쓴다. 조정 매개변수는 모델의 복잡도에 따라 달라지며, 오차를 최소화하는 값 α를 찾고자, 즉 그림 7.1에서의 평균 테스트오차 곡선의 최솟값을 만들어 내고자 한다. 말한 김에 간결함을 위해 $\hat{f}(x)$의 α에 관한 의존성을 표기하지 않는 경우가 자주 있을 것이다.

염두에 둬야 할 수도 있는 개별적인 목표가 사실상 두 개 있음을 주지하는 것이 중요하다.

- **모델 선택**: 서로 다른 모델의 성능을 추정해 최적의 것을 선택함
- **모델 평가**: 최종 모델을 선택했다면 새로운 데이터로 예측오차(일반화 오차)를 추정함

데이터가 풍부한 상황이라면, 이 두 가지 문제를 위한 최적의 접근법은 데이터 셋을 무작위로 훈련 집합, 검증 집합, 테스트 집합 세 부분으로 나누는 것이다. 훈련 집합은 모델을 적합하는 데 사용한다. 검증 집합은 모델 선택을 위한 예측오차를 추정하는 데 사용한다. 테스트 집합은 선택한 최종 모델의 일반화 오차의 평가에 사용한다. 이상적으로는 테스트 집합은 "금고"에 보관돼 있어야 하며, 오직 테스터 분석의 마지막에서만 가져와야 한다. 대신에 테스트 집합을 반복적으로 사용해 테스트 집합 오차가 가장 작은 것을 선택한다고 해보자. 그러면 최종으로 선택된 모델의 테스트 집합 오차는 참 테스트오차를 과소 추정할 것이며, 때로는 상당하게 그러할 것이다.

각 세 부분의 관측치 개수를 어떻게 선택할지에 관한 일반적인 규칙을 세우는 것은 어려운 일이다. 이는 데이터의 신호 잡음비signal-to-noise ratio와 훈련 표본 크기에 달려 있기 때문이다. 통상적으로는 50%를 훈련에, 25%를 각각 검증과 테스트로 나눈다.

7장의 방법은 세 부분으로 나누기에 부족한 데이터의 상황을 위해 디자인돼 있다. 다시 말하지만 훈련 데이터가 얼마나 많아야 충분한지에 관한 일반적인 규칙을 세우는 것은 매우 어렵다. 다른 것들 중에서 이는 해당하는 함수의 신호잡음비 그리고 데이터에 적합시킬 모델의 복잡도에 달려 있다.

7장의 방법들은 분석적인 방법(AIC, BIC, MDL, SRM) 혹은 효율적인 표본 재사용(교차 검증 및 부트스트랩) 중 하나를 통해 검증 단계를 근사시킨다. 모델 선택에서 이들을 사용하는 것 외에 이들 각 방법이 최종 선택한 모델의 테스트오차에 어느 정도로 적절한 추정값을 제공하는지 검토한다.

이들 주제에 뛰어들기 전에, 먼저 테스트오차와 편향-분산 상반관계의 특성을 더 자세히 살펴보자.

7.3 편향-분산 분해

2장에서와 같이 $Y = f(X) + \varepsilon$이고 이때 $\mathrm{E}(\varepsilon) = 0$이며 $\mathrm{Var}(\varepsilon) = \sigma_\varepsilon^2$이라면, 제곱오차 손실을 사용해 입력 지점 $X = x_0$에서 회귀 적합 $\hat{f}(X)$의 기대예측오차에 관한 식을 유도할 수 있다.

$$
\begin{aligned}
\mathrm{Err}(x_0) &= E[(Y - \hat{f}(x_0))^2 | X = x_0] \\
&= \sigma_\varepsilon^2 + [\mathrm{E}\hat{f}(x_0) - f(x_0)]^2 + E[\hat{f}(x_0) - \mathrm{E}\hat{f}(x_0)]^2 \\
&= \sigma_\varepsilon^2 + \mathrm{Bias}^2(\hat{f}(x_0)) + \mathrm{Var}(\hat{f}(x_0)) \\
&= \text{Irreducible Error(줄일 수 없는 오차)} + \mathrm{Bias}^2(\text{편향}) + \\
& \quad \text{Variance(분산)}
\end{aligned}
\tag{7.9}
$$

첫 번째 항은 참인 평균 $f(x_0)$ 근처 목표의 분산이며, $\sigma_\varepsilon^2 = 0$가 아닌 한 $f(x_0)$을 얼마나 잘 추정하든지 간에 피할 수 없다. 두 번째 항은 제곱 편향으로, 추정값의 평균과 참인 평균의 차이가 얼마만큼인지에 관한 양이다. 마지막 항은 분산으로, $\hat{f}(x_0)$의 평균 근처의 기대제곱편차다. 통상적으로 모델 $\hat{f}$의 복잡도가 커지면, (제곱) 편향은 낮아지지만 분산은 커진다.

k-최근접이웃에서 이들 식은 단순한 형식을 가진다.

$$
\begin{aligned}
\mathrm{Err}(x_0) &= E[(Y - \hat{f}_k(x_0))^2 | X = x_0] \\
&= \sigma_\varepsilon^2 + \left[f(x_0) - \frac{1}{k}\sum_{\ell=1}^{k} f(x_{(\ell)}) \right]^2 + \frac{\sigma_\varepsilon^2}{k}
\end{aligned}
\tag{7.10}
$$

여기서 단순함을 위해 훈련 입력값 x_i가 고정돼 있으며, 확률성은 y_i로부터 나온다고 가정한다. 이웃 k의 개수는 모델 복잡도와 역의 관계이다. k가 작으면, 추정값 $\hat{f}_k(x)$는 그 스스로 해당하는 $f(x)$에 잠재적으로 더욱 잘 적응하게 된다. k가 커지면 편향, 즉 $f(x_0)$와 k-최근접이웃에서의 $f(x)$의 평균의 차이는 통상적으로 커지는 한편, 분산은 작아진다.

선형 모델 적합 $\hat{f}_p(x) = x^T \hat{\beta}$는 다음과 같으며, 이때 p 성분으로 된 매개변수 벡터 β는 최소제곱으로 적합된다.

$$
\begin{aligned}
\mathrm{Err}(x_0) &= E[(Y - \hat{f}_p(x_0))^2 | X = x_0] \\
&= \sigma_\varepsilon^2 + [f(x_0) - \mathrm{E}\hat{f}_p(x_0)]^2 + \|\mathbf{h}(x_0)\|^2 \sigma_\varepsilon^2
\end{aligned}
\tag{7.11}
$$

여기서 $\mathbf{h}(x_0) = \mathbf{X}(\mathbf{X}^T\mathbf{X})^{-1}x_0$는 선형 가중치의 N차 벡터이고, 이는 $\hat{f}_p(x_0) = x_0^T$ $(\mathbf{X}^T\mathbf{X})^{-1}\mathbf{X}^T\mathbf{y}$를 적합시키며, 따라서 $\text{Var}[\hat{f}_p(x_0)] = \|\mathbf{h}(x_0)\|^2\sigma_\varepsilon^2$이다. 한편 분산은 x_0에 따라 변하며, 평균은(x_i는 각 표본 값 x_i이 되도록 취한) $(p/N)\sigma_\varepsilon^2$이므로, 따라서

$$\frac{1}{N}\sum_{i=1}^{N}\text{Err}(x_i) = \sigma_\varepsilon^2 + \frac{1}{N}\sum_{i=1}^{N}[f_p(x_i) - \text{E}\hat{f}_p(x_i)]^2 + \frac{p}{N}\sigma_\varepsilon^2 \tag{7.12}$$

는 표본내in-sample 오차가 된다.

여기서 모델 복잡도는 매개변수의 개수 p와 직접적인 관련이 있다.

릿지회귀 적합 $\hat{f}_\alpha(x_0)$을 위한 테스트오차 $\text{Err}(x_0)$는 분산 항에서의 선형 가중치가 $\mathbf{h}(x_0) = \mathbf{X}(\mathbf{X}^T\mathbf{X} + \alpha\mathbf{I})^{-1}x_0$로 다른 것을 제외하고 (7.11)의 형식과 동일하다. 편향 항 또한 다를 것이다.

릿지회귀와 같은 선형 모델 계열을 위해, 편향을 더욱 잘게 쪼갤 수 있다. β_*가 f의 최적 적합 선형 근사의 매개변수라 하자.

$$\beta_* = \arg\min_\beta \text{E}\left(f(X) - X^T\beta\right)^2 \tag{7.13}$$

여기서 기댓값은 입력 변수 X의 분포에 따라 취해진다. 그러면 평균 제곱 편향을 다음과 같이 쓸 수 있다.

$$
\begin{aligned}
\text{E}_{x_0}\left[f(x_0) - \text{E}\hat{f}_\alpha(x_0)\right]^2 &= \text{E}_{x_0}\left[f(x_0) - x_0^T\beta_*\right]^2 + \text{E}_{x_0}\left[x_0^T\beta_* - \text{E}x_0^T\hat{\beta}_\alpha\right]^2 \\
&= \text{Ave}[\text{모델 편향}]^2 + \text{Ave}[\text{추정 편향}]^2 \tag{7.14}
\end{aligned}
$$

오른편 첫 번째 항은 평균 제곱 모델 편향model bias으로, 최적 적합 선형 근사와 참함수 사이의 오차다. 두 번째 항은 평균제곱 추정오차estimation bias로, 평균 추정값 $\text{E}(x_0^T\hat{\beta})$와 최적 적합 선형 근사 사이의 오차다.

보통의 최소제곱을 통해 적합된 선형 모델에서, 추정 편향은 0이다. 릿지회귀와 같은 제약된 적합에서 이는 양의 값이며, 이를 줄어든 분산에 따른 이점과 교환하게 된다. 모델 편향은 모델 내 변수의 교호작용 및 변환을 포함시킴으로써 선형 모델의 종류를 모델의 더 풍부한 모음으로 늘림으로써만 줄일 수 있다.

그림 7.2는 편향-분산 상반관계를 도식적으로 보여준다. 선형 모델의 경우, 모델 공간은 p 입력으로부터의 모든 선형 예측의 집합이며, "최근접 적합"이라 라벨링된 검은 점은 $x^T\beta_*$이다. 파란 음영 영역은 오차 σ_ε를 가리키며 이를 가지고 훈

런 표본 내 참값truth을 볼 수 있다.

또한 최소제곱 적합의 분산을 볼 수 있으며, 이는 "모집단 내 최근접 적합"이라 라벨링된 검은 점을 중심으로 하는 커다란 노란 원으로 표시된다.

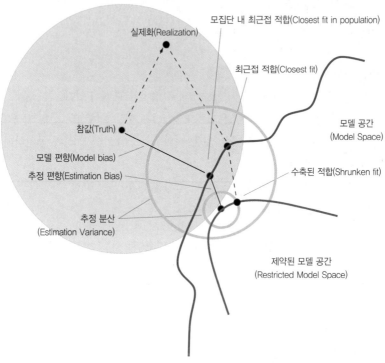

그림 7.2 편향과 분산의 움직임의 도식. 모델 공간은 모델로부터의 모든 가능한 예측의 집합이며, 검은 점으로 라벨링된 "최근접 적합"을 가진다. 참값으로부터의 모델 편향과 함께 "모집단 내 최근접 적합"이라 라벨링된 검은 점을 중심으로 하는 커다란 노란 원으로 표시된 분산을 볼 수 있다. 수축된 혹은 정칙화된 적합 또한 볼 수 있으며, 이는 추가적인 추정 편향을 갖지만 줄어든 분산으로 인해 더 작은 예측오차를 갖는다.

이제 몇몇의 예측변수로 모델을 적합하려 했거나, 아니면 계수를 0으로 축소시 켜 정칙화하려 했다면 그림에서 볼 수 있듯이 "축소된 적합"을 얻게 될 것이다. 이 적합은 모델 공간 내 가장 근접한 적합이 아니라는 사실로 인해 추가적인 추 정 편향을 가진다. 반면 이는 더 작은 분산을 가진다. 분산의 감소가 (제곱) 편향 의 증가분을 넘어선다면 이는 가치가 있다.

7.3.1 예제: 편향-분산 상반관계

그림 7.3은 두 개의 시뮬레이션 예제에 관한 편향-분산 상반관계를 보여준다. 여기에는 80개의 관측치와 20개의 예측변수가 있으며, $[0,1]^{20}$의 초입방체 내 균일하게 분포돼 있다. 상황은 다음과 같다.

- **왼쪽 패널:** $X_1 \leq 1/2$ 이면 y는 0이고 $X_1 > 1/2$이면 1이다. 그리고 k-최근접이웃을 적용한다.
- **오른쪽 패널:** $\sum_{j=1}^{10} X_j$가 5보다 크면 y는 1이고 아니라면 0이다. 그리고 크기 p의 최적 부분집합 선형회귀를 사용한다.

위쪽 행은 제곱오차 손실을 가지는 회귀다. 아래쪽 행은 0-1 손실을 가지는 분류이다. 그림은 예측오차(빨간색), 제곱편향(초록색) 그리고 분산(파란색)을 보여주며, 모두 커다란 테스트 표본에 관해 계산됐다.

회귀 문제에서 예측오차 곡선을 만들어내기 위해 편향과 분산이 추가돼 있다. k-최근접이웃에 관해서는 $k = 5$에서, 회귀모델에서는 $p \geq 10$에서 최솟값을 가진다. 분류 손실(아래쪽 그림)에서, 몇몇 흥미로운 현상을 볼 수 있다. 편향과 분산 곡선이 위쪽 그림과 같으며, 예측오차는 이제 오분류율을 뜻하게 된다. 예측오차가 더 이상 제곱편향 및 분산의 합이 아님을 볼 수 있다. k-최근접이웃 분류기에서, 이웃의 개수가 20으로 증가함에 따라 제곱 편향은 상승한다는 사실에도 예측오차는 감소하거나 유지된다. 선형 모델 분류기에서 최솟값은 회귀에서와 같이 $p \geq 10$일 때 최솟값이 나타나지만, $p = 1$인 모델에서는 더욱 극적으로 개선된다. 편향과 분산이 예측오차를 결정하는 데 상호작용하는 것으로 보임을 알 수 있다.

왜 이러한 일이 벌어지는가? 첫 번째 현상에 관해서는 간단하게 설명할 수 있다. 주어진 입력지점에서 클래스 1의 참 확률이 0.9라 하고 추정의 기댓값은 0.6이라 해보자. 그러면 제곱 편향, $(0.6 - 0.9)^2$의 값이 상당하지만 올바른 결정을 내리므로 예측오차는 0이 된다. 다른 말로 결정 경계의 올바른 편에 남아 있게 하는 추정오차는 피해를 주지 않는다. 연습 7.2는 이러한 현상을 분석적으로 보여주며, 또한 편향과 분산 사이의 상호작용 효과에 관해 보여준다.

전반적인 요점은 0-1 손실에서 편향-분산 상반관계가 제곱오차 손실에서와는 다르게 움직인다는 점이다. 이는 결국 조정 매개변수의 최적 선택은 두 가지 설정에 따라 상당하게 달라질 수도 있다는 것을 뜻한다. 다음 절에서 설명하는 바와 같이, 예측오차의 추정에 근거해 조정 매개변수를 선택해야 한다.

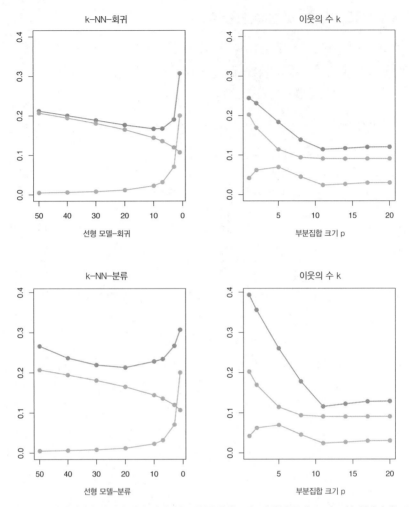

그림 7.3 시뮬레이션된 예제에 관한 기대예측오차(주황색), 제곱편향(초록색) 그리고 분산(파란색). 위쪽 행은 제곱오차손실로 된 회귀이다. 아래쪽 행은 0-1 손실로 된 분류다. 모델은 k-최근접이웃(왼쪽) 그리고 크기 p의 최적 부분집합 회귀(오른쪽)이다. 회귀와 분류에서 분산과 편향 곡선이 같지만, 예측오차 곡선은 다르다.

7.4 훈련 오류율에 관한 낙관도

오류율 예측에 관한 논의는 혼란스러울 수가 있는데, 어떤 양이 고정돼 있고 어떤 것이 확률적[1]인지 분명히 해야 하기 때문이다. 계속하기 전에, 7.2절의 내용을 자세히 설명하는 몇몇 정의가 필요하다. 훈련 집합 $\mathcal{T} = \{(x_1, y_1), (x_2, y_2), ...(x_N, y_N)\}$이 주어졌을 때 모델 $\hat{f}$의 일반화 오차는 다음과 같다.

$$\text{Err}_{\mathcal{T}} = \text{E}_{X^0, Y^0}[L(Y^0, \hat{f}(X^0))|\mathcal{T}] \tag{7.15}$$

훈련 집합 $\mathcal{T}$는 식 (7.15)에서 고정돼 있음을 주지하라. 점 (X_0, Y_0)는 데이터의 결합분포 F로부터 뽑은 새로운 테스트 데이터 지점이다. 훈련 집합 T를 평균하면 기대오차를 얻는다.

$$\text{Err} = \text{E}_{\mathcal{T}}\text{E}_{X^0, Y^0}[L(Y^0, \hat{f}(X^0))|\mathcal{T}] \tag{7.16}$$

이는 통계적 분석에서 더욱 다루기 쉽다. 앞서 언급했듯이 대부분의 방법들은 사실상 $\text{E}_{\mathcal{T}}$ 대신에 기대오차를 추정하는 것으로 드러난다. 이 점에 관해서는 추가적으로 7.12절을 보라.

이제 통상적으로 훈련오차

$$\overline{\text{err}} = \frac{1}{N}\sum_{i=1}^{N} L(y_i, \hat{f}(x_i)) \tag{7.17}$$

는 참된 오차 $\text{Err}_{\mathcal{T}}$보다 적을 것이다. 방법을 적합하고 오차를 평가하는 데 같은 데이터가 쓰이기 때문이다(연습 2.9를 보라). 적합 방법은 통상적으로 훈련 데이터에 순응되며, 따라서 훈련오차 $\overline{\text{err}}$은 일반화 오차 $\text{Err}_{\mathcal{T}}$의 과도하게 낙관적인 추정값이 될 것이 명백하다.

이러한 불일치의 일부는 값매김 지점이 나타나는 곳 때문이다. $\text{Err}_{\mathcal{T}}$의 양quantity은 여분-표본 오차extra-sample error로 생각할 수 있다. 테스트 입력 벡터가 훈련 입력 벡터와 일치할 필요가 없기 때문이다. $\overline{\text{err}}$에서의 낙관도optimism에 관한 특성은 대신에 표본-내in-sample 오차에 집중할 때 가장 이해하기 쉽다.

---

1 확실히 1판에서 이 절은 충분히 분명하지 못했다.

$$\mathrm{Err_{in}} = \frac{1}{N} \sum_{i=1}^{N} \mathrm{E}_{Y^0}[L(Y_i^0, \hat{f}(x_i))|\mathcal{T}] \tag{7.18}$$

Y^0 표기는 각 훈련 지점 x_i, $i = 1, 2, \ldots, N$에서 새로운 반응 값 N을 관측함을 가리킨다. 낙관도란 $\mathrm{Err_{in}}$과 훈련오차 $\overline{\mathrm{err}}$ 사이의 차이로 정의한다.

$$\mathrm{op} \equiv \mathrm{Err_{in}} - \overline{\mathrm{err}} \tag{7.19}$$

이는 통상적으로 양의 값인데 $\overline{\mathrm{err}}$이 주로 예측오차의 추정값과 같이 낮게 편향돼 있기 때문이다. 마지막으로 평균 낙관도는 훈련 집합에 관한 낙관도의 기댓값이다.

$$\omega \equiv \mathrm{E_y}(\mathrm{op}) \tag{7.20}$$

여기서 훈련 집합 내 예측변수는 고정돼 있으며, 기댓값은 훈련 집합 결괏값에 걸쳐 있다. 따라서 $\mathrm{E}_\mathcal{T}$ 표기 대신에 $\mathrm{E_y}$를 사용해왔다. 조건부 오차 $\mathrm{Err}_\mathcal{T}$ 대신에 기대 오차 Err을 추정할 수 있는 것과 같이, 주로 낙관도 op 대신에 기대 오차 ω만을 추정할 수 있다.

제곱오차, 0-1 그리고 다른 손실함수에서 다음을 꽤 일반적으로 볼 수 있다.

$$\omega = \frac{2}{N} \sum_{i=1}^{N} \mathrm{Cov}(\hat{y}_i, y_i) \tag{7.21}$$

이때 Cov는 공분산을 가리킨다. 따라서 $\overline{\mathrm{err}}$이 참 오차를 과소 추정하는 양amount 은 그 자신의 예측에 y_i가 얼마가 강하게 영향을 주는지에 달려 있다. 데이터를 적합시키기가 힘들수록, $\mathrm{Cov}(\hat{y}_i, y_i)$는 더 클 것이며, 이로써 낙관도를 더 키울 것이다. 예제 7.4는 $\hat{y}$이 회귀로부터 적합된 값일 때 제곱오차 손실에 관한 이러한 결과를 증명해준다. 0-1 손실에서 $\hat{y}_i \in \{0, 1\}$은 x_i에서의 분류이며, 엔트로피 손실에서 $\hat{y}_i \in [0, 1]$은 x_i에서 클래스 1의 적합된 확률이다.

요약하자면 중요한 관계가 존재한다.

$$\mathrm{E_y}(\mathrm{Err_{in}}) = \mathrm{E_y}(\overline{\mathrm{err}}) + \frac{2}{N} \sum_{i=1}^{N} \mathrm{Cov}(\hat{y}_i, y_i) \tag{7.22}$$

이 식은 $\hat{y}_i$를 d개 입력 혹은 기저함수로 된 선형 적합을 통해 얻을 때 단순화된다. 예를 들면 가법 오차 모델 $Y = f(X) + \varepsilon$에서 다음과 같다.

$$\sum_{i=1}^{N} \text{Cov}(\hat{y}_i, y_i) = d\sigma_\varepsilon^2 \qquad (7.23)$$

따라서 다음과 같다.

$$E_{\mathbf{y}}(\text{Err}_{\text{in}}) = E_{\mathbf{y}}(\overline{\text{err}}) + 2 \cdot \frac{d}{N}\sigma_\varepsilon^2 \qquad (7.24)$$

식 (7.23)은 7.6절에서 논의한 유효 매개변수 개수effective number of parameters의 정의에 관한 기본이 된다. 낙관도는 입력의 개수 d나 사용하는 기저함수에 따라 선형으로 증가하지만, 훈련 표본 크기가 증가함에 따라 감소한다. (7.24)의 버전은 이진 데이터 및 엔트로피 손실과 같은 다른 오차 모델에 관해 근사적으로 유지된다.

예측오차를 추정하기 위한 분명한 방법은 낙관도를 추정한 뒤 이를 훈련오차 $\overline{\text{err}}$에 추가하는 것이다. 다음 절에서 설명하는 C_p, AIC, BIC 및 다른 방법들은 매개변수에서 선형인 특별한 종류의 추정값에 대해 이와 같은 방식으로 동작한다.

반대로 나중의 장에서 설명하는 교차 검증과 부트스트랩 방법은 여분-표본 오차 Err의 직접적인 추정값이다. 이러한 일반적인 도구는 어떠한 손실함수든지 같이 사용할 수 있으며, 비선형의 적응적인 적합 기술과 사용할 수 있다.

표본-내 오차는 특성의 미래 값들이 그들의 훈련 집합 값들과 일치하지 않을 것이므로 대체로 직접적인 관심의 대상이 아니다. 그러나 모델 간 비교에서 표본-내 오차는 편리하며 자주 효과적인 모델 선택을 이끌어낸다. 이 때문에 오차의 상대적인 크기가 (절대적인 크기 대신에) 중요하다.

7.5 표본-내 예측오차의 추정값

표본-내 추정값의 일반적인 형식은 다음과 같다.

$$\widehat{\text{Err}_{\text{in}}} = \overline{\text{err}} + \hat{\omega} \qquad (7.25)$$

이때 $\hat{\omega}$은 평균 낙관도의 추정값이다.

식 (7.24)를 사용하면, d개 매개변수가 제곱오차 손실하에서의 적합일 때 적용 가능하며, 이는 C_p 통계량이라 부르는 버전이 된다.

$$C_p = \overline{\text{err}} + 2 \cdot \frac{d}{N} \hat{\sigma}_\varepsilon^2 \qquad (7.26)$$

여기서 $\hat{\sigma}_\varepsilon^2$은 잡음 분산의 추정값이며, 저편향 모델의 평균제곱오차로부터 얻어낸다. 이 기준을 사용해 사용하는 기저함수의 개수에 비례하는 인자를 통해 훈련오차를 수정한다.

아카이케 정보 기준Akaike information criterion은 로그 가능도 손실함수가 사용될 때 Err_{in}을 위한 유사하지만 더욱 일반적으로 적용 가능한 추정량이다. 이는 $N \to \infty$에 따라 점근적으로 유지되는 (7.24)와 유사한 관계에 의존한다.

$$-2 \cdot \text{E}[\log \text{Pr}_{\hat{\theta}}(Y)] \approx -\frac{2}{N} \cdot \text{E}[\text{loglik}] + 2 \cdot \frac{d}{N} \qquad (7.27)$$

여기서 $\text{Pr}_\theta(Y)$은 Y에 관한 ("참" 밀도함수를 포함하는) 밀도함수의 계열이며, $\hat{\theta}$는 θ의 최대-가능도 추정값이고, "loglik"은 최대화된 로그 가능도다.

$$\text{loglik} = \sum_{i=1}^{N} \log \text{Pr}_{\hat{\theta}}(y_i) \qquad (7.28)$$

예를 들면 이항 로그 가능도를 사용하는 로지스틱회귀모델에서는 다음을 얻는다.

$$\text{AIC} = -\frac{2}{N} \cdot \text{loglik} + 2 \cdot \frac{d}{N} \qquad (7.29)$$

(분산 $\sigma_\varepsilon^2 = \hat{\sigma}_\varepsilon^2$이 알려졌다고 가정하고) 가우스 모델에서 AIC 통계량은 C_p와 동등하며, 따라서 이들을 통틀어 AIC라고 부른다.

모델 선택에 AIC를 사용하려면 단순히 고려하는 모델 집합에 걸쳐 가장 작은 AIC를 주는 모델을 선택한다. 비선형이고 다른 복잡한 모델에 관해선 d를 모델 복잡도에 관한 어떠한 측정치로 바꿔야 한다. 이는 7.6절에서 논의한다.

조정 매개변수 α로 인덱싱된 모델 집합 $f_\alpha(x)$이 주어졌을 때, 각 모델의 훈련오차는 $\overline{\text{err}}(\alpha)$로 매개변수의 개수는 $d(\alpha)$로 표기한다. 그러면 이러한 모델 집합에 관해 다음을 정의한다.

$$\text{AIC}(\alpha) = \overline{\text{err}}(\alpha) + 2 \cdot \frac{d(\alpha)}{N} \hat{\sigma}_\varepsilon^2 \qquad (7.30)$$

함수 $\text{AIC}(\alpha)$는 테스트오차 곡선의 추정값을 제공하며, 이를 최소화하는 조정 매개변수 $\hat{\alpha}$를 찾는다. 최종적으로 선택한 모델은 $f_{\hat{\alpha}}(x)$이다. 만일 기저함수가 적응적으로 선택된다면 (7.23)은 더 이상 유지되지 못한다. 예를 들면 전체 p개의 입력을 가지고 $d < p$개 입력으로 최적 적합 선형 모델을 선택한다면 낙관도는 $(2d/N)\sigma_\varepsilon^2$를 넘어설 것이다. 바꿔 말하면 d개 입력으로 최적 적합 모델을 선택함으로써 매개변수의 유효 개수effective number of parameters 적합은 d개보다 많아진다.

그림 7.4는 148 페이지 5.2.3절 예제 음소 인식 예제에 관한 AIC의 움직임을 보여준다. 입력 벡터는 발성된 음소의 로그-주기도periodogram로, 256개의 균일하게 공간을 가지는 주파수로 정량화된다. 선형 로지스틱회귀모델을 사용해 음소 클래스를 추정하며, 이는 M개 스플라인 기저함수의 전개인 계수 함수 $\beta(f) = \sum_{m=1}^{M} h_m(f)\theta_m$를 가진다. 주어진 임의의 M에 관해 자연 삼차 스플라인의 기저가 h_m을 위해 쓰이며 이는 주파수 범위에 걸쳐 균일하게 선택된 매듭을 가진다(따라서 $d(\alpha) = d(M) = M$이다). 기저함수의 개수를 선택하는 데 AIC를 사용하면 엔트로피 손실 및 0-1 손실 모두에서 $\text{Err}(M)$을 근사적으로 최소화할 것이다.

다음의 간단한 공식은 가법적 오차 및 제곱오차 손실을 가지는 선형 모델에 관해선 정확하게, 선형 모델 및 로그 가능도에 관해서는 근사적으로 유지된다.

$$(2/N) \sum_{i=1}^{N} \text{Cov}(\hat{y}_i, y_i) = (2d/N)\sigma_\varepsilon^2$$

특히 이 공식은 0-1 손실에 관해서는 일반적으로 유지되지 않지만(Efron, 1986), 그러함에도 많은 저자들은 이를 그와 같은 측면에서 사용한다(그림 7.4의 오른쪽 패널).

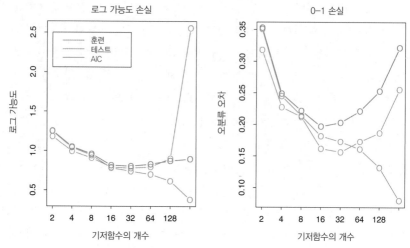

그림 7.4 5.2.3절 음소 인식 예제의 모델 선택을 위해 사용된 AIC. 로지스틱회귀계수 함수 $\beta(f) = \sum_{m=1}^{M} h_m(f)\theta_m$가 M 스플라인 기저함수에서의 전개로 모델링돼 있다. 왼쪽 패널에서 로그 가능도 손실을 사용해 Errin을 추정하는 데 사용된 AIC 통계량을 볼 수 있다. 독립적인 테스트 표본에 근거한 Err의 추정값이 포함돼 있다. 극단적으로 과매개변수화된 경우($N = 1000$개 관측치를 위한 $M = 256$개 매개변수)를 제외하고 잘 동작한다. 오른쪽 패널에서 0-1 손실에 관해 동일하게 돼 있다. AIC 공식을 여기서 엄격하게 적용하는 것은 아니지만, 이 경우 적절하게 일을 해주고 있다.

7.6 매개변수의 유효 개수

'매개변수의 개수'라는 개념은 일반화될 수 있으며, 특히 적합에서 정칙화가 사용되는 모델에서 그러하다. 결과 $y_1, y_2, ..., y_N$을 벡터 y에 쌓고 이와 비슷하게 예측에 관해서도 $\hat{y}$라 해보자. 그러면 선형 적합법은 다음과 같이 쓸 수 있는 것 중 하나가 된다.

$$\hat{y} = \mathbf{S}y \qquad (7.31)$$

이때 $\mathbf{S}$는 $M \times N$ 행렬로 입력 벡터 x_i에 의존적이지만 y_i에는 의존적이지 않다. 선형 적합 모델은 원본 특성이나 유도된 기저 집합에 선형회귀를, 릿지회귀와 삼차 평활 스플라인과 같은 이차 수축quadratic shrinkage을 사용하는 평활법을 포함한다. 그러면 매개변수의 유효 개수effective number of parameters는 다음과 같이 $\mathbf{S}$의 대각 요소의 합(또한 유효 자유도라 부른다)으로 정의된다.

$$\text{df}(\mathbf{S}) = \text{trace}(\mathbf{S}) \tag{7.32}$$

만일 $\mathbf{S}$가 M개 특성에 의해 생성되는 기저 집합에 관한 직교 사영 행렬이면, $\text{trace}(\mathbf{S}) = M$임을 주지하라. $\text{trace}(\mathbf{S})$는 C_p 통계량에서의 매개변수의 개수인 d를 대체할 수 있는 정확하게 올바른 양인 것이 드러난다. $\mathbf{y}$가 $\text{Var}(\varepsilon) = \sigma_\varepsilon^2$인 가법적 오차 모델 $Y = f(X) + \varepsilon$에서 나왔다면, $\varepsilon, \sum_{i=1}^{N} \text{Cov}(\hat{y}_i, y_i) = \text{trace}(\mathbf{S})\sigma_\varepsilon^2$을 보일 수 있으며 이는 다음 수식의 더 일반적인 정의의 동기가 된다(연습 7.4와 7.5).

$$\text{df}(\hat{\mathbf{y}}) = \frac{\sum_{i=1}^{N} \text{Cov}(\hat{y}_i, y_i)}{\sigma_\varepsilon^2} \tag{7.33}$$

5.4.1절은 평활 스플라인의 맥락에서 정의 $\text{df} = \text{trace}(\mathbf{S})$에 관해 더 직관적으로 보여준다.

신경망과 같이 가중 감퇴 벌점(정칙화) $\alpha\sum_m w_m^2$로 오차함수 $R(w)$를 최소화하는 모델에서, 매개변수의 유효 개수는 다음의 형식을 가진다.

$$\text{df}(\alpha) = \sum_{m=1}^{M} \frac{\theta_m}{\theta_m + \alpha} \tag{7.34}$$

이때 θ_m은 헤세행렬 $\partial^2 R(w)/\partial w \partial w^T$의 고윳값이다. 만일 해에서의 오차함수를 이차근사로 만든다면, 식 (7.34)는 (7.32)로부터 이어진다.

7.7 베이즈 접근법과 BIC

베이즈 정보 기준BIC, Bayesian Information Criterion은 AIC와 같으며, 적합이 로그 가능도의 최대화를 통해 수행되는 설정에서 적용 가능하다. BIC의 일반적인 형태는 다음과 같다.

$$\text{BIC} = -2 \cdot \text{loglik} + (\log N) \cdot d \tag{7.35}$$

BIC 통계량(1/2을 곱한)은 또한 슈바르츠 기준이라 부른다(Schwarz, 1978).

가우스 모델하에서 분산 σ_ε^2이 알려져 있다고 가정하면, $-2 \cdot \text{loglik}$는 $\sum_i (y_i - \hat{f}(x_i))^2/\sigma_\varepsilon^2$와 같으며(상수와 무관하게), 이는 제곱오차 손실에 관한 $N \cdot \overline{\text{err}}/\sigma_\varepsilon^2$이다.

따라서 다음과 같이 쓸 수 있다.

$$\text{BIC} = \frac{N}{\sigma_\varepsilon^2}\left[\overline{\text{err}} + (\log N) \cdot \frac{d}{N}\sigma_\varepsilon^2\right] \tag{7.36}$$

그러므로 BIC는 인자 2가 로그 N으로 바뀐 AIC(C_p)에 비례한다. $N > e^2 \approx 7.4$라 가정하면, BIC는 복잡한 모델에 더욱 무겁게 벌점을 주는 경향이 있으며, 선택에서 더 단순한 모델을 선호한다. AIC와 같이, σ_ε^2는 통상적으로 저편향 모델의 평균 제곱오차에 의해 추정된다. 분류 문제에서 다항 로그 가능도를 사용하는 것은 교차-엔트로피를 오차 측정치로 사용하는 AIC와의 유사한 관계를 야기시킨다.

그러나 오분류 오차 측정치는 BIC 측면에서 생기지 않는다는 것을 주지하기 바란다. 이는 임의의 확률 모델하에서의 데이터의 로그 가능도에 해당하지 않기 때문이다.

BIC는 AIC와의 유사성에도 꽤나 다른 방향으로 동기가 부여된다. 이는 모델 선택을 위한 베이즈 접근법에서 나타나며, 지금부터 설명한다.

후보 모델 집합 $\mathcal{M}_m$, $m = 1, ..., M$ 그리고 해당하는 모델 매개변수 θ_m이 있으며 이들로부터 가장 최적의 모델을 선택하고 싶다고 해보자. 각 모델 $\mathcal{M}_m$의 매개변수에 관해 사전확률 $\Pr(\theta_m|\mathcal{M}_m)$이 있다고 가정하면 주어진 모델의 사후확률은 다음과 같다.

$$\begin{aligned}
\Pr(\mathcal{M}_m|\mathbf{Z}) &\propto \Pr(\mathcal{M}_m) \cdot \Pr(\mathbf{Z}|\mathcal{M}_m) \\
&\propto \Pr(\mathcal{M}_m) \cdot \int \Pr(\mathbf{Z}|\theta_m, \mathcal{M}_m)\Pr(\theta_m|\mathcal{M}_m)\mathrm{d}\theta_m
\end{aligned} \tag{7.37}$$

이때 $\mathbf{Z}$는 훈련 데이터 $\{x_i, y_i\}_1^N$를 나타낸다. 두 모델 $\mathcal{M}_m$과 $\mathcal{M}_\ell$을 비교하기 위해 사후 오즈를 다음과 같이 구성한다.

$$\frac{\Pr(\mathcal{M}_m|\mathbf{Z})}{\Pr(\mathcal{M}_\ell|\mathbf{Z})} = \frac{\Pr(\mathcal{M}_m)}{\Pr(\mathcal{M}_\ell)} \cdot \frac{\Pr(\mathbf{Z}|\mathcal{M}_m)}{\Pr(\mathbf{Z}|\mathcal{M}_\ell)} \tag{7.38}$$

오즈가 ℓ보다 크다면 모델 m을, 그렇지 않으면 모델 ℓ을 선택한다. 가장 오른쪽의 양은 베이즈 인자Bayes factor라고 부르며, 이는 사후 오즈에 관한 데이터의 공헌도를 의미한다.

$$\text{BF}(\mathbf{Z}) = \frac{\Pr(\mathbf{Z}|\mathcal{M}_m)}{\Pr(\mathbf{Z}|\mathcal{M}_\ell)} \tag{7.39}$$

통상적으로 모델에 관한 사전 확률이 균일하다고 가정하므로, $\Pr(\mathcal{M}_m)$은 상수이다. $\Pr(\mathbf{Z}|\mathcal{M}_m)$를 근사하기 위한 방법이 무언가 필요하다. (7.37)의 적분에 라플라스 근사라 부르는 것을 적용하고 몇 가지 다른 단순화(Ripley, 1996)를 적용하면 다음을 얻는다.

$$\log \Pr(\mathbf{Z}|\mathcal{M}_m) = \log \Pr(\mathbf{Z}|\hat{\theta}_m, \mathcal{M}_m) - \frac{d_m}{2} \cdot \log N + O(1) \qquad (7.40)$$

여기서 $\hat{\theta}_m$은 최대가능도 추정값이며 d_m은 모델 $\mathcal{M}_m$ 내 자유 매개변수의 개수다. 손실함수를 다음과 같이 되도록 정의하면 이는 방정식 (7.35)의 BIC 기준과 동등하다.

$$-2 \log \Pr(\mathbf{Z}|\hat{\theta}_m, \mathcal{M}_m)$$

그러므로 BIC 최솟값으로 모델을 선택하는 것은 가장 큰 (근사적인) 사후 확률을 가지는 모델을 선택하는 것과 동등하다. 그러나 이 체계는 추가적인 것을 제공한다. M 집합에 관한 BIC 기준 BIC_m, $m = 1, 2, \ldots, M$을 계산하면, 각 모델 $\mathcal{M}_m$의 사후확률을 다음과 같이 추정할 수 있다.

$$\frac{e^{-\frac{1}{2} \cdot \text{BIC}_m}}{\sum_{\ell=1}^{M} e^{-\frac{1}{2} \cdot \text{BIC}_\ell}} \qquad (7.41)$$

그러므로 최적 모델을 추정할 수 있을 뿐만 아니라, 고려하는 모델의 상대적 이점을 평가할 수 있다.

모델 선택 목적에서는 AIC와 BIC 사이에서 분명한 선택지가 없다. BIC는 선택 기준에 따라 점근적으로 일관적이다. 이는 참 모델을 포함해 주어진 모델 계열에서, BIC가 올바른 모델을 선택할 확률이 표본 크기가 $N \to \infty$임에 따라 1로 접근한다는 것을 뜻한다. 이는 AIC의 경우 그렇지 않은데, $N \to \infty$에 따라 너무 복잡한 모델을 선택하는 경향이 있다. 다른 말로 하자면, 유한 표본에서 BIC는 복잡도에 관한 무거운 벌점으로 인해 지나치게 단순한 모델을 자주 선택한다.

7.8 최소 설명 길이

최소 설명 길이$^{\text{MDL, Minimum Description Length}}$ 접근법은 BIC 접근법과 형식적으로 동일한 선택 기준을 제공하지만 최적 코딩 관점$^{\text{optimal coding viewpoint}}$에서 동기가 됐다. 먼저 데이터 압축을 위한 코딩 이론을 보고 이를 모델 선택에 적용해보자.

데이텀 z를 인코딩한 뒤 누군가("수신자")에게 보내고자 하는 메시지로 생각해보자. 우리 모델은 데이텀을 인코딩하는 방법으로 생각할 수 있으며 가장 인색한 모델 즉, 전송하는 데 가장 코드가 짧은 모델을 선택할 것이다.

먼저 전송하고자 할 수도 있는 가능한 메시지가 z_1, z_2, ..., z_m이라 해보자. 우리의 코드는 길이 A의 유한 알파벳을 사용한다. 예를 들면 길이 $A = 2$의 이진 코드 {0, 1}을 사용할 수도 있을 것이다. 다음은 네 개의 가능한 메시지 및 이진 코딩을 위한 예제다.

$$
\begin{array}{c||c|c|c|c}
\text{Message} & z_1 & z_2 & z_3 & z_4 \\
\hline
\text{Code} & 0 & 10 & 110 & 111
\end{array}
\tag{7.42}
$$

이 코드는 순간 접두어 코드$^{\text{instantaneous prefix code}}$라 부른다. 어떠한 코드도 다른 코드의 접두어가 아니며, (가능한 코드를 모두 알고 있는) 수신자는 정확히 언제 메시지가 완전히 보내졌는지를 안다. 논의는 이러한 순간 접두어 코드로 제한한다.

누군가는 (7.42)에서의 코딩을 사용할 수도 있으며, 아니면 코드를 치환할 수도 있을 것이다. 예를 들면 z_1, z_2, z_3, z_4에 관해 110, 10, 111, 0를 사용하는 것이다. 무엇을 사용할지 어떻게 결정할 수 있을까? 이는 각 메시지를 얼마나 자주 보낼 것인지에 달려 있다. 만약 z_1을 가장 자주 보낸다면, z_1에 가장 짧은 코드 0을 사용하는 것이 이치에 맞다. 더 빈번한 메시지에 더 짧은 코드를 쓰는 이러한 전략을 사용하면, 평균 메시지 길이가 더 짧아질 것이다.

일반적으로 확률 $\Pr(z_i)$, $i = 1, 2, ..., 4$로 메시지가 보내진다면, 샤넌의 유명한 정리에서는 코드 길이를 $l_i = -\log_2 \Pr(z_i)$로 사용해야 하며 평균 메시지 길이는 다음을 만족한다.

$$
\text{E(length)} \geq -\sum \Pr(z_i) \log_2 (\Pr(z_i))
\tag{7.43}
$$

앞의 오른쪽은 또한 분포 $\Pr(z_i)$의 엔트로피라 부른다. 부등식은 확률이 $p_i = A^{-l_i}$를 만족할 때 등식이 된다. 예제에서 각각 $\Pr(z_i) = 1/2$, $1/4$, $1/8$, $1/8$이라면, (7.42)에서의 코딩은 최적적이며 엔트로피 하계$^{\text{lower bound}}$를 달성한다.

일반적으로 하계는 달성할 수 없지만, 허프만^{Huffman} 코딩 체계와 같은 과정은 경계에 가까워질 수 있다. 무한의 메시지 집합으로는 엔트로피가 $-\int \text{Pr}(z)\log_2 \text{Pr}(z)dz$로 바뀜을 주지하라.

이 결과로부터 다음을 얻을 수 있다.

확률밀도함수 $\text{Pr}(z)$를 가지는 확률변수 z를 전송하려면, 약 $-\log_2 \text{Pr}(z)$ 비트의 정보를 필요로 한다.

이제부터는 표기법을 $\log_2 \text{Pr}(z)$로부터 $\log \text{Pr}(z) = \log_e \text{Pr}(z)$로 바꾼다. 이는 편의를 위한 것이며 단지 중요치 않은 곱셈^{multiplicative} 상수를 도입하는 것일 뿐이다.

이제 이 결과를 모델 선택 문제에 적용하자. 매개변수 θ을 가지는 모델 M이 있으며, 입력과 출력 모두를 구성하는 데이터 $\mathbf{Z} = (\mathbf{X}, \mathbf{y})$가 있다. 모델 하에서 출력의 (조건부) 확률이 $\text{Pr}(\mathbf{y}|\theta, M, \mathbf{X})$가 되게 하고, 수신자는 모든 입력을 알고 있다고 가정하며, 출력을 전송하고자 한다고 해보자. 그러면 출력을 전송하는 데 필요한 메시지의 길이는

$$\text{length} = -\log \text{Pr}(\mathbf{y}|\theta, M, \mathbf{X}) - \log \text{Pr}(\theta|M) \tag{7.44}$$

입력이 주어졌을 때 목표 값의 로그 확률이다. 두 번째 항은 모델 매개변수 θ를 전송하기 위한 평균 코드 길이이며, 첫 번째 항은 모델과 실제 목표값 사이의 불일치를 전송하기 위한 평균 코드 길이이다. 예를 들면 $y \sim N(\theta, \sigma^2)$이고 매개변수는 $\theta \sim N(0, 1)$인 단일 목표가 있으며 입력이 없다고 해보자(단순함을 위해). 그러면 메시지 길이는 다음과 같다.

$$\text{length} = \text{constant} + \log \sigma + \frac{(y - \theta)^2}{2\sigma^2} + \frac{\theta^2}{2} \tag{7.45}$$

σ가 작으면 작을수록 y가 θ 주변으로 더 모이므로 메시지 길이의 평균이 짧아짐을 주지하라.

MDL 원칙은 (7.44)를 최소화하는 모델을 선택해야 한다고 말한다. (7.44)를 (음의) 로그-사후 분포로 인식하므로, 설명 길이를 최소화하는 것은 사후 확률을 최대화하는 것과 동등하다. 따라서 로그-사후 확률의 근사로 유도되는 BIC 기준은 또한 최소 설명 길이에 의한 (근사적인) 모델 선택의 장치로 볼 수도 있다.

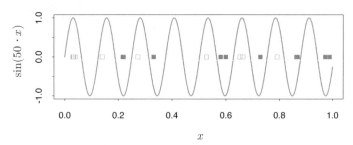

그림 7.5 실선 곡선은 $x \in [0,1]$인 $\sin(50x)$ 함수다. 초록색(채워진)과 파란색(비어 있는) 점은 어떻게 연관된 지시함수 $I(\sin(\alpha x) > 0)$가 임의의 많은 수의 지점을 적절하게 높은 주파수 α를 선택함으로써 떨어뜨려 놓을 수 있는지 (즉, 분리할 수 있는지) 보여준다.

확률변수 z가 코딩되는 정확도는 무시했음을 주지하기 바란다. 유한한 코드 길이로는 연속형 변수를 정확히 코딩할 수 없다. 그러나 z를 허용수준 δz으로 코딩한다면, 필요한 메시지 길이는 구간 $[z,\ z+\delta z]$ 내 확률의 로그값이며, 이는 δz가 작다면 $\delta z \Pr(z)$에 의해 잘 근사될 수 있다. $\log \delta z \Pr(z) = \log \delta z + \log \Pr(z)$이므로 이는 상수 $\log \delta z$는 단지 무시하고 $\log \Pr(z)$를 앞에서 한 것과 같이 메시지 길이의 측정치로 사용할 수 있음을 뜻한다.

앞에서와 같은 모델 선택을 위한 MDL의 시각은 가장 높은 사후 확률을 가지는 모델을 선택해야 함을 말해준다. 그러나 많은 베이즈주의자들은 대신에 사후 확률로부터의 표집을 통해 추론할 수도 있다.

7.9 밥닉-체브넨키스 차원

표본 내 오차의 추정값을 사용하는 데 대한 어려움은 적합에 사용된 매개변수의 개수 (혹은 복잡도) d를 지정해야 한다는 데 있다. 7.6절에서 소개한 매개변수의 유효 개수가 몇몇 비선형 모델에서 유용함에도, 이는 완전히 일반화된 것은 아니다. 밥닉-체브넨키스VC, Vapnik-Chervonenkis 이론은 복잡도에 관한 일반적인 측정치를 제공하며, 낙관도에 관한 연관된 경계bound를 내준다. 여기서는 이 이론을 간단히 살펴본다.

매개변수 벡터 α로 인덱싱돼 있는, $x \in \mathbb{R}^p$인 함수들 $\{f(x, \alpha)\}$의 클래스가 있다고 해보자. 일단은 f가 지시함수, 즉 값 0이나 1을 받는다고 가정하자. 만일 $\alpha = (\alpha_0,\ \alpha_1)$이고 f가 선형 지시함수 $I(\alpha_0 + \alpha_1^T x > 0)$라면, 클래스 f의 복잡도는

매개변수의 개수 $p+1$이라고 말하는 것이 적당해 보인다. 그러나 α가 어떠한 실수이며 $x \in \mathbb{R}$일 때 $f(x, \alpha) = I(\sin \alpha \cdot x)$는 어떠한가? 함수 $\sin(50 \cdot x)$는 그림 7.5에서 볼 수 있다. 이는 매우 꾸불꾸불한 함수로 주파수 α가 커지면 더욱 거칠어지지만, 오직 하나의 매개변수만을 가진다. 이러함에도 이것이 $p=1$ 차원에서의 선형 지시함수 $I(\alpha_0 + \alpha_1 x)$보다 복잡도가 덜하다고 결론내리는 것은 합리적이지 않아 보인다.

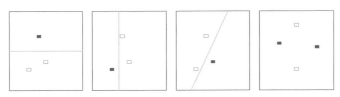

그림 7.6 앞의 세 개의 패널은 평면 내 선의 클래스가 세 점을 떨어뜨릴 수 있음을 보여준다. 마지막 패널은 이 계층이 네 개의 점을 떨어뜨릴 수 없음을 보여준다. 어떠한 선도 비어 있는 점을 한쪽에, 채워진 점을 다른 한쪽으로 둘 수 없기 때문이다. 따라서 평면 내 직선의 클래스의 VC 차원은 3이다. 비선형 곡선의 클래스는 네 점을 떨어뜨릴 수도 있으며, 따라서 3보다 큰 VC 차원을 가질 수도 있음을 주지하라.

밥닉-체브넨키스 차원은 구성원이 얼마나 들쑥날쑥할 수 있는지를 평가해 함수의 클래스의 복잡도를 측정하는 방법이다.

> 클래스 $\{f(x, \alpha)\}$의 VC 차원은 $\{f(x, \alpha)\}$의 구성원에 의해 떨어뜨려질 수 있는 가장 많은 점의 개수로 (일부 설정하에서) 정의한다.

각 점에 어떻게 이진 라벨을 할당하는지에 상관없이, 만일 클래스의 구성원 함수가 완벽하게 이들을 분리할 수 있다면, 점의 집합이 함수의 클래스에 의해 떨어뜨려진다고 말한다.

그림 7.6은 평면 내 선형 지시함수의 VC 차원이 4가 아니라 3임을 보여준다. 선의 집합으로 네 점을 떨어뜨릴 수 없기 때문이다. 일반적으로 p차원 내 선형 지시함수는 $p+1$의 VC 차원을 가진다. 이는 또한 자유 매개변수의 개수이기도 하다. 한편 $\sin(\alpha x)$ 계열은 그림 7.5가 제시하듯이 무한의 VC 차원을 가짐을 보일 수 있다. 적절하게 α를 선택함으로써, 어떠한 점의 집합이든지 이러한 클래스로 떨어뜨려 놓을 수 있다(연습 7.8).

지금까지 지시함수의 VC 차원에 관해서만 논의해왔지만, 이는 실수값 함수로 확장할 수 있다. 실수값 함수 $\{g(x, \alpha)\}$의 클래스의 VC 차원은 지시 클래스 $\{I(g(x, \alpha)\hat{\beta} > 0)\}$의 VC 차원으로 정의된다. 이때 β는 g의 범위에서 값을 취한다.

누군가는 VC 차원을 (여분-표본) 예측오차의 추정값을 만드는 데 사용할 수 있다. 이는 다른 형태의 결과를 가능케 한다. VC 차원의 개념을 사용하면 함수의 클래스를 사용할 때 훈련오차의 낙관도에 관한 결과를 입증할 수 있다. 이러한 결과에 관한 예제는 다음과 같다. VC 차원 h를 가지는 함수의 클래스 $s\{f(x, \alpha)\}$를 사용해 N개 훈련 지점을 적합시킨다면 훈련 집합에 관해 적어도 $1 - \eta$의 확률로 다음과 같다.

$$
\begin{aligned}
\text{Err}_{\mathcal{T}} &\leq \overline{\text{err}} + \frac{\epsilon}{2}\left(1 + \sqrt{1 + \frac{4 \cdot \overline{\text{err}}}{\epsilon}}\right) \quad \text{(이진 분류)} \\
\text{Err}_{\mathcal{T}} &\leq \frac{\overline{\text{err}}}{(1 - c\sqrt{\epsilon})_+} \quad \text{(회귀)} \\
&\text{where } \epsilon = a_1 \frac{h[\log(a_2 N/h) + 1] - \log(\eta/4)}{N} \\
&\text{and } 0 < a_1 \leq 4, \ 0 < a_2 \leq 2
\end{aligned}
\tag{7.46}
$$

이들 경계는 모든 구성원 $f(x, \alpha)$에 관해 동시에 유지되며, 처카스키와 밀러 (Cherkassky and Mulier, 2007, 116–118p)로부터 가져온 것이다. 이들은 값 $c = 1$을 추천한다. 회귀에 관해서 $a_1 = a_2 = 1$을 제안했으며 분류에 관해서는 어떠한 추천도 하지 않고 $a_1 = 4$, $a_2 = 2$가 최악의 시나리오에 해당한다고 했다. 처카스키와 밀러는 또한 회귀에 관한 대안적인 실제적practical 경계를 제안했다.

$$
\text{Err}_{\mathcal{T}} \leq \overline{\text{err}}\left(1 - \sqrt{\rho - \rho\log\rho + \frac{\log N}{2N}}\right)_+^{-1}
\tag{7.47}
$$

이는 자유 조정 상수free of tuning constants $\rho = \dfrac{h}{N}$를 가진다. 경계는 낙관도가 (7.24)에서 주어진 AIC 수정 d/N을 가지는 질적 합의 내에서 h에 따라 증가하며 N에 따라 감소함을 시사한다. 그러나 (7.46)의 결과는 더 강하다. 각각의 고정된 함수 $f(x, \alpha)$에 관해 기대 낙관도를 주는 대신에 이들은 모든 함수 $f(x, \alpha)$에 관한 확률적 상계를 내어주며, 따라서 클래스에 걸친 검색을 허용한다.

밥닉의 구조적 위험 최소화SRM, Structural Risk Minimization 접근법은 증가하는 VC 차원 $h_1 < h_2 < \cdots$의 내포된nested 모델의 시퀀스를 적합시킨 뒤, 가장 작은 값의 상계를 가지는 모델을 선택한다.

(7.46)에서와 같은 상계는 자주 상당히 느슨해지지만, 테스트오차의 (절대적이 아닌) 상대적 크기가 중요한 모델 선택에 관해서 이들을 좋은 기준에서 배제하지는 않음을 주지해야 한다. 이 접근법의 가장 큰 단점은 함수 클래스의 VC 차원을

계산하는 어려움이다. VC 차원에 관한 거칠은 위쪽 경계만을 주로 얻을 수 있으며, 이로는 충분하지 않을 수도 있다. 구조적 위험 최소화 프로그램이 성공적으로 수행될 수 있는 예제는 서포트벡터분류기로, 12.2절에서 다룬다.

7.9.1 예제(계속)

그림 7.7은 AIC, BIC와 SRM이 그림 7.3의 예제에 관한 모델 크기를 선택하는 데 사용된 결과를 보여준다. KNN이라 라벨링된 예제에서 모델 인덱스 α는 이웃 크기를 뜻하며 REG라고 라벨링된 것에서 α는 부분집합 크기를 뜻한다. 각 선택법(예를 들어 AIC)을 사용해 가장 최적의 모델 $\hat{\alpha}$를 추정하고 테스트 집합으로 참 예측오차 $\mathrm{Err}_\mathcal{T}(\hat{\alpha})$를 찾아냈다. 같은 훈련 집합으로 최적의 그리고 최악의 가능한 선택 모델의 예측오차, 즉 $\min_\alpha \mathrm{Err}_\mathcal{T}(\alpha)$ 및 $\max_\alpha \mathrm{Err}_\mathcal{T}(\alpha)$를 계산해냈다.

$$100 \times \frac{\mathrm{Err}_\mathcal{T}(\hat{\alpha}) - \min_\alpha \mathrm{Err}_\mathcal{T}(\alpha)}{\max_\alpha \mathrm{Err}_\mathcal{T}(\alpha) - \min_\alpha \mathrm{Err}_\mathcal{T}(\alpha)}$$

상자 그림은 선택한 모델을 사용했을 때의 오차를 최적 모델과 비교한 양의 분포를 보여준다. 선형회귀에서 모델 복잡도는 7.5절에서 언급한 바와 같이 특성의 개수로 측정돼 있다. 이는 그러한 크기의 최적 모델을 검색하는 데 따른 비용을 부과charge하지 않으므로 df를 과소 추정한다. 이는 또한 선형 분류기의 VC 차원에도 쓰였다. k-최근접이웃에 관해선 양 N/k를 사용했다. 가법적 오차 회귀모델하에서, 이는 바로 유효 자유도로 정당화될 수 있다(연습 7.6). 이것이 VC 차원에 해당하는지는 모른다. (7.56) 내 상수에는 $a_1 = a_2 = 1$를 사용했다. SRM의 결과는 서로 다른 상수에 따라 변하였으며, 이 선택이 가장 우호적인 결과를 내놓았다. 대안적인 실제적 경계 (7.47)을 사용해 SRM 선택을 반복했으며 거의 동일한 결과를 얻어냈다. 오분류율에 관해선 최소 제약 모델(KNN에서는 $k = 5$를 사용했다. $k = 1$에서는 훈련오차가 영인 결과를 내놓기 때문이다)을 위해 $\hat{\alpha}_\varepsilon^2 = [N/(N-d)] \cdot \overline{\mathrm{err}}(\alpha)$를 사용했다. AIC 기준은 0-1 손실에 관한 이론적인 기반이 없음에도 네 가지 모든 시나리오에서 잘 동작하는 것으로 보인다. BIC는 거의 비슷하게 해내는 한편 SRM의 성능은 엇갈린다.

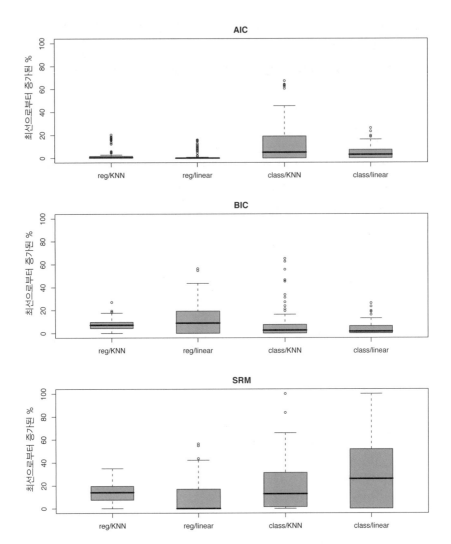

그림 7.7 박스플롯이 그림 7.3의 네 개 시나리오에 관한 상대 오차의 분포 $100 \times [\mathrm{Err}_T(\hat{\alpha}) - \min_\alpha \mathrm{Err}_T$ $(\alpha)] / [\max_\alpha \mathrm{Err}_T(\alpha) - \min_\alpha \mathrm{Err}_T(\alpha)]$를 보여주고 있다. 이는 최적 모델 대비 선택된 모델을 사용한 오차다. 각 상자 그림에는 각 크기 80개인 100개의 훈련 집합이 있으며, 오차는 크기 10,000개의 테스트 집합으로 계산돼 있다.

7.10 교차 검증

아마도 예측오차를 추정하는 데 가장 단순하면서도 널리 쓰는 방법은 교차 검증일 것이다. 이는 방법 $\hat{f}(X)$이 X와 Y의 결합 분포로부터 나온 독립적인 테스트 표본에 적용될 때의 평균 일반화 오차인 기대 추가-표본 오차 $\text{Err} = \text{E}[L(Y, \hat{f}(X))]$을 직접 추정한다. 앞서 언급했듯이 교차 검증이 훈련 집합 T가 고정돼 있는 조건부 오차를 추정하기를 기대한다. 그러나 7.12절에서 보겠지만 교차 검증은 통상적으로 오직 기대예측오차만을 잘 추정한다.

7.10.1 K-겹 교차 검증

이상적으로 충분한 데이터를 가지고 있었다면, 검증 집합을 확보하고 이를 예측 모델의 성능을 평가하는 데 사용할 것이다. 데이터가 부족한 경우가 자주 있으므로, 이는 대체로 가능하지 않다. 이 문제를 수월하게 다루려면 K-겹 교차 검증으로 쓸 수 있는 데이터의 일부를 모델 적합에 사용하며, 다른 부분은 테스트를 하는 데 사용한다. 데이터를 같은 크기의 K개 부분으로 나눈다. $K = 5$일 때 시나리오는 다음과 같이 볼 수 있다.

1	2	3	4	5
훈련	훈련	검증	훈련	훈련

k번째 부분에 관해서는(위에서는 세 번째), 데이터의 다른 $K - 1$ 부분으로 모델을 적합시키고, 데이터의 k번째 부분을 예측할 때는 적합된 모형의 예측오차를 계산한다. 이를 $k = 1, 2, ..., K$에 관해서 수행하며 예측오차의 K개 추정값을 취합한다.

더 자세한 내용은 다음과 같다. $\kappa : \{1, ..., N\} \mapsto \{1, ..., K\}$를 관측치 i가 확률화를 통해 어떠한 분할에 할당되는지를 가리키는 인덱스 함수라 하자. $\hat{f}-k(x)$를 적합된 함수라 표기하자. 이는 데이터의 k번째 데이터를 삭제해 계산한다. 그러면 예측오차의 교차 검증 추정값은 다음과 같다.

$$\text{CV}(\hat{f}) = \frac{1}{N} \sum_{i=1}^{N} L(y_i, \hat{f}^{-\kappa(i)}(x_i)) \tag{7.48}$$

K는 통상적으로 5나 10(아래를 보라)로 선택한다. $K = N$은 단일값 제거[leave-one-out] 교차 검증이라 부른다. 이 경우 $k(i) = i$이며, i번째 관측치에 관해 i번째를 제외하고 모든 데이터를 사용해 적합을 계산한다.

조정 매개변수 α로 인덱싱된 모델의 집합 $f(x, \alpha)$가 주어졌을 때, $\hat{f}^{-k}(x, \alpha)$를 데이터에서 k번째를 제거해 적합한 α번째 모델이라 표기하자. 그러면 이 집합의 모델은 다음과 같다.

$$\mathrm{CV}(\hat{f}, \alpha) = \frac{1}{N} \sum_{i=1}^{N} L(y_i, \hat{f}^{-\kappa(i)}(x_i, \alpha)) \tag{7.49}$$

함수 $\mathrm{CV}(\hat{f}, \alpha)$ 는 테스트오차 곡선의 추정값을 제공하며, 이를 최소화하는 조정 매개변수 $\hat{\alpha}$를 찾는다. 마지막으로 선택한 모델은 모든 데이터로 적합시킨 $f(x, \hat{\alpha})$다.

K-겹 교차 검증이 어떠한 양을 추정하는지 궁금할 것이다. 교차 검증이 $K = 5$나 10으로 기대 오차 Err을 추정한다고 추측할 수 있을 것이다. 각 겹에서 훈련 집합이 원본 훈련 집합과 꽤 다르기 때문이다. 반면, $K = N$이라면 교차 검증이 조건부 오차 Err_T를 추정한다고 추측할 수도 있다. 사실은 교차 검증은 7.12절에서 논의하는 평균 오차 Err을 유효하게 추정할 뿐이다.

K로 어떠한 값을 선택해야 하는가? $K = N$에서 교차 검증 추정량은 참(예상) 추정오차에 관해 근사적으로 불편이지만, N개 "훈련 집합"들이 서로 너무 유사하기 때문에 고분산을 가질 수 있다. 학습법을 N번 적용해야 하기 때문에 연산 비용 또한 고려해야 한다. 특별한 특정 문제에서는 이러한 연산을 빠르게 해낼 수 있다. 연습 7.3과 5.13을 보라.

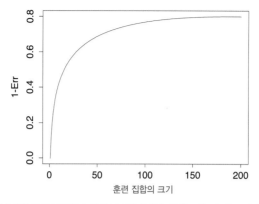

그림 7.8 주어진 과제에 관한 분류기를 위한 가설적인 학습 곡선. 이는 1-Err 대 훈련 집합 *N*의 크기의 도표를 보여주고 있다. 200개 관측치의 데이터셋으로는 5-겹 교차 검증이 훈련 집합 크기로 160개를 사용할 것이다. 이는 완전집합과 거의 비슷하게 움직인다. 그러나 50개의 관측치를 가진 데이터셋으로는 5겹 교차 검증이 크기 40개의 훈련 집합을 사용할 것이며, 이는 예측오차의 상당한 과대 예측을 야기할 것이다.

반면 $K = 5$라 말하자면 교차 검증은 낮은 분산을 가진다. 그러나 훈련 집합의 크기에 따라 학습법의 성능이 어떻게 달라지는지에 따라 편향이 문제가 될 수 있다. 그림 7.8은 주어진 과제에 관한 분류기를 위한 가설적인 "학습 곡선"을 보여준다. 이는 1-Err 대 훈련 집합 N의 크기 도표다. 훈련 집합의 크기가 100개 관측치로 증가함에 따라 분류기의 성능이 개선된다. 훈련 집합이 200개의 관측치를 가졌다면 5겹 교차 검증은 훈련 집합 크기 160개에 관해 분류기의 성능을 추정할 것이며, 이는 그림 7.8에 따르면 훈련 집합 크기 200개에 관한 성능과 시각적으로 같다. 그러나 훈련 집합이 50개의 관측치를 가졌다면 5겹 교차 검증이 훈련 집합 크기 40개에 관해서 분류기의 성능을 추정할 것이며, 그림에 따르면 이는 1-Err을 과소 추정할 것이다. 그러므로 Err의 추정값으로써 교차 검증은 상향으로 편향될 것이다.

요약하자면, 학습 곡선이 주어진 훈련 집합 크기에 관해 상당한 기울기를 가진다면, 5겹이나 10겹 교차 검증은 참 예측오차를 과대 추정할 것이다. 이 편향이 실제로 결점인지는 목적에 달려 있다. 반면 단일값 교차 검증은 낮은 편향을 가지지만 고분산일 수 있다. 전체적으로 5겹 혹은 10겹 교차 검증이 좋은 타협안으로 추천된다. 브레이먼과 스펙터(Breiman and Spector, 1992) 그리고 코하비(Kohavi, 1995)를 보라.

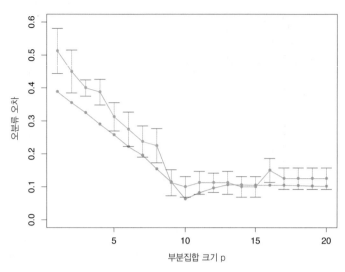

그림 7.9 그림 7.3의 아래쪽 오른쪽 패널의 시나리오로부터 나온 단일 훈련 집합으로부터 추정된 예측 오차(주황색) 및 10겹 교차 검증 곡선(파란색).

그림 7.9는 그림 7.3의 아래쪽 오른쪽 패널의 시나리오로부터 나온 단일 훈련 집합으로부터의 예측오차 및 추정된 10겹 교차 검증 곡선을 보여준다. 이는 2 클래스 분류 문제로, 부분집합 크기가 p인 최적 부분집합 회귀로 된 선형 모델을 사용한다. 표준오차 막대는 각 10개 부분에 관한 개별 오분류 오류율의 표준오차를 보여준다. 두 곡선 모두 $p = 10$에서 최솟값을 가지지만, 10 너머에서는 CV 곡선이 다소 평평하다. "1-표준오차" 규칙이 교차 검증에서 자주 사용되며, 이때는 최적 모델의 오차보다 1 표준오차를 넘지 않은 오차를 가지는 가장 인색한 모델을 선택한다. 여기서는 예측변수가 대략 $p = 9$인 모델이 선택될 것으로 보이는 한편, 참 모델은 $p = 10$을 사용한다.

일반화 교차 검증Generalized Cross-Validation은 제곱오차 손실하에서의 선형 적합에서 단일값 제거 교차 검증을 위한 편리한 근사법을 제공한다. 7.6절에서 정의했듯이, 다음과 같이 쓸 수 있는 것이 선형 적합법이다.

$$\hat{\mathbf{y}} = \mathbf{S}\mathbf{y} \tag{7.50}$$

이제 많은 선형 적합법에 관해 다음과 같다.

$$\frac{1}{N}\sum_{i=1}^{N}[y_i - \hat{f}^{-i}(x_i)]^2 \;=\; \frac{1}{N}\sum_{i=1}^{N}\Big[\frac{y_i - \hat{f}(x_i)}{1 - S_{ii}}\Big]^2 \tag{7.51}$$

이때 S_{ii}는 $\mathbf{S}$의 i번째 대각 요소다(연습 7.3을 보라). GCV 근사는 다음과 같다.

$$\text{GCV}(\hat{f}) = \frac{1}{N} \sum_{i=1}^{N} \left[\frac{y_i - \hat{f}(x_i)}{1 - \text{trace}(\mathbf{S})/N} \right]^2 \tag{7.52}$$

$\text{trace}(\mathbf{S})$의 양은 7.6절에서 정의된 바와 같이 매개변수의 유효개수다.

GCV는 $\mathbf{S}$의 대각합을 개별 요소 S_{ii}보다 더 쉽게 계산할 수 있는 일부 설정하에서 연산적 장점을 가진다. 평활화 문제에서 GCV는 또한 교차 검증의 저평활화undersmooth적인 경향을 완화시킬 수 있다. GCV와 AIC 사이의 유사성은 $1/(1-x)^2 \approx 1 + 2x$ 근사로부터 찾아볼 수 있다(연습 7.7).

7.10.2 교차 검증을 하는 잘못된 그리고 옳은 방법

다수의 예측변수를 갖는 분류 문제, 예를 들어 유전체 혹은 단백질 응용에서 나올 수 있는 문제를 고려해보자. 분석을 위한 통상적인 전략은 어쩌면 다음과 같을 수도 있을 것이다.

1. 예측변수를 선별한다: 클래스 라벨과 꽤나 강한 (일변량) 상관관계를 보이는 "좋은" 예측변수의 부분집합을 찾아낸다.
2. 예측변수의 오직 이 부분집합만을 사용해 다변량 분류기를 구축한다.
3. 교차 검증을 사용해 알려지지 않은 조정 매개변수를 추정하고 최종 모델의 예측오차를 추정한다.

이것이 교차 검증의 올바른 응용인가? 두 개의 동일한 크기의 클래스 내 $N = 50$개 표본, 클래스 라벨과 독립인 $p = 5000$인 계량적 예측변수(표준 가우스 분포)가 있는 시나리오를 고려해보자. 어떠한 분류기이든지 참인 (테스트) 오류율은 50%이다. 앞의 레시피를 수행해 1단계에서 클래스 라벨과 가장 높은 상관관계를 가지는 100개의 예측변수를 선택했으며, 그 뒤 2단계에서 방금 이들 100개 예측변수에 근거해 1-최근접이웃 분류기를 사용했다. 이러한 설정으로 50번이 넘는 시뮬레이션을 하면, 평균 CV 오류율은 3%였다. 이는 50%의 참 오류율보다 한참 낮다.

무슨 일이 벌어진 것인가? 문제는 1단계에서 예측변수를 모든 표본all of the samples에 근거해 선택함에 따라 이들 예측변수가 불평등한 이점을 가진다는 점이다. 변수를 선택한 뒤에after 표본을 버리는 것은 완벽하게 독립인 테스트 집합에 관해 분류기를 응용하는 것을 올바르게 흉내내지 못한다. 이들 예측변수는 버려진 표본을 "이미 봤기" 때문이다.

그림 7.10(위쪽 패널)은 이 문제를 보여준다. 모든 50개 표본에 관해 클래스 라벨과 가장 높은 상관관계를 가지는 100개의 예측변수를 선택했다. 그 뒤 5겹 교차 검증에서 하는 것과 같이 10개 표본의 확률집합을 선택했으며, 사전 선택된 100개 예측변수와 오직 이들 10개 표본에 관한 클래스 라벨과의 상관관계를 계산했다(위쪽 패널). 상관계수 평균이 0 대신 약 0.28로 예상과 다름을 볼 수 있다.

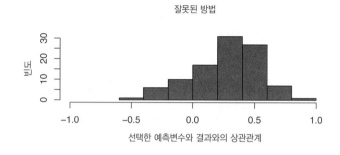

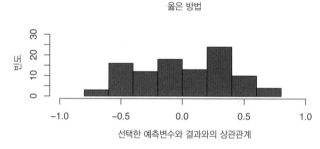

그림 7.10 잘못된 방법과 옳은 방법으로 된 교차 검증. 히스토그램이 10개의 확률적으로 선택된 표본에서의 클래스 라벨과 부정확한(위쪽 빨간색) 그리고 정확한(아래쪽 초록색) 버전의 교차 검증을 사용해 선택한 100개의 예측변수와의 상관계수를 보여준다.

이 예제에서 교차 검증을 수행하는 올바른 방법은 다음과 같다.

1. 표본을 무작위로 K개 교차 검증 겹(그룹)으로 나눈다.
2. 각 겹 $k = 1, 2, ..., K$에 관해
   (a) k겹에 있는 표본을 제외한 나머지를 사용해 클래스 라벨과 꽤 강한 (일변량) 상관관계를 보이는 "좋은" 예측변수의 부분집합을 찾는다.
   (b) 예측변수의 오직 이 부분집합만을 사용해 다변량 분류기를 구축한다. k겹 내 표본을 제외한 나머지 모두를 사용한다.

(c) 분류기를 사용해 k겹 내 표본에 관한 클래스 라벨을 예측한다.

그 뒤 2(c) 단계로부터의 오차 추정값이 모든 K개 겹에 관해 누적돼 예측오차의 교차 검증 추정값을 만들어낸다. 그림 7.10의 아래쪽 패널은 통상적인 k겹 내 표본에 관해서 2(a)의 올바른 과정으로 선택한 100개 예측변수와 클래스 라벨과의 상관계수를 보여준다. 평균이 그래야 하듯이 거의 영임을 볼 수 있다.

일반적으로 다단계의 모델링 과정에서, 교차 검증은 반드시 모델링 단계의 전체 시퀀스에 적용돼야 한다. 특히 표본은 어떠한 선택이나 필터링 단계를 적용하기 전에 반드시 "제외돼야" 한다. 초기의 비지도적인unsupervised 선별 단계는 표본이 제외되기 전에 할 수 있다는 한 가지 조건이 있다. 예를 들면 교차 검증을 시작하기 전에 모든 50개 표본에 걸쳐 가장 높은 분산을 가지는 1,000개의 예측변수를 선택할 수 있다. 이러한 필터링은 클래스 라벨을 수반하지 않으므로, 예측변수에 불평등한 이점을 주지 않는다. 이러한 점이 독자들에게는 명백해 보이겠지만, 이러한 실수는 상위권 학술지의 논문에서 많이 벌어져 왔다. 예측변수가 다수인 경우가 일반적인 유전체학 및 다른 분야에서는 이러한 오류의 잠재적 영향력 또한 급격하게 증가된다. 이러한 문제에 관해 자세히 논의한 앙브루아즈와 매클라클런(Ambroise and McLachlan, 2002)을 보라.

7.10.3 교차 검증은 정말로 작동하는가?

고차원 분류 문제에서 교차 검증의 움직임을 다시 자세히 보자. 두 개의 동일한 크기의 클래스 내 $N = 20$개 표본과 클래스 라벨에 관해 독립인 $p = 500$개의 계량적 예측변수가 있는 시나리오를 고려해보자. 어떠한 분류기든지 참 오류율은 또다시 50%이다. 오분류 오류를 최소화하는 단일 분열의 단순한 일변량 분류기("스텀프a stump")를 고려해보자. 스텀프는 단일 분열을 갖는 트리이며, 부스팅법에 쓰인다(10장). 교차 검증이 이러한 설정에서는 적절히 동작하지 않을 것이란 것을 다음의 단순한 주장이 시사해주고 있다.[2]

---

2 이는 단백질체학 연구 회의의 과학자들이 주장한 것이며, 이 절의 소재가 됐다.

전체 훈련 집합을 적합시킬 때, 데이터를 매우 잘 나누는 예측변수를 찾을 것이다. 5 겹 교차 검증을 한다면, 이러한 같은 예측변수는 데이터의 어떠한 4/5와 1/5 부분이 든지 잘 분리해야 할 것이며, 따라서 이러한 교차 검증 오류율은 작을 것이다(50%보다 훨씬 더 낮은). 그러므로 CV는 오차의 정확한 추정값을 주지 않는다.

이 주장이 올바른지 조사하기 위해 그림 7.11이 이러한 설정으로부터의 시뮬레이션 결과를 보여준다. 두 개의 같은 크기의 클래스 각각에 500개 예측변수와 20개 표본이 있으며 모든 예측변수가 표준 가우스 분포를 가진다. 위쪽 왼쪽 패널은 훈련 데이터에 관한 각 500개 스텀프 적합의 훈련오차의 개수를 보여준다. 가장 낮은 오차를 내놓은 여섯 개의 예측변수를 색으로 표시했다. 위 오른쪽 패널에서는 무작위로 분할된 4/5의 데이터(16개 표본)에 적합시킨 스텀프의 훈련오차와 나머지 1/5로(4개 표본) 테스트된 결과를 보여준다. 색이 있는 점은 위쪽 왼쪽 패널에 표시된 같은 예측변수를 가리킨다. 파란색 예측변수(위쪽 왼쪽 패널에서 가장 우수한 스텀프)가 4개 테스트오차 중 두 개(50%)를 차지함을 볼 수 있으며, 이는 무작위로 하는 것과 나을 것이 없다.

무슨 일이 벌어진 것인가? 앞의 주장은 교차 검증에서 모델이 과정의 각 겹에 관해서 완전히 다시 훈련돼야 한다는 사실을 무시했다. 현재 예제에서 이는 최적 예측변수와 이에 해당하는 분리 지점이 4/5의 데이터로부터 발견됐음을 뜻한다. 예측변수 선택의 효과는 오른쪽 패널에서 볼 수 있다. 클래스 라벨이 예측변수와 독립이므로, 4/5 부분 훈련 데이터에 관한 스텀프의 성능은 나머지 1/5 부분에서의 성능에 관한 정보를 가지고 있지 않다. 분리 지점의 선택 효과는 아래 왼쪽 패널에서 볼 수 있다. 여기서 예측변수 436에 관한 데이터를 볼 수 있으며, 이는 위 왼쪽 도표 내 파란점에 해당한다. 색을 가진 점은 1/5 부분 데이터를 가리키며, 나머지 점은 4/5 부분에 속한다. 전체 훈련 집합과 4/5 부분 데이터 모두에 근거한 이 예측변수의 최적 분리 지점이 표시돼 있다. 전체 데이터에 근거한 분리에서는 1/5 부분 데이터에서 오차를 만들지 않는다. 그러나 교차 검증은 분리를 반드시 4/5 부분 데이터에 근거해야 하며, 이는 네 개의 표본 중 두 개의 오차를 발생시킨다.

각 50개의 시뮬레이션된 데이터셋에 적용된 5겹 교차 검증 결과는 아래쪽 오른쪽 패널에서 볼 수 있다. 기대하듯이 평균 교차 검증 오차는 약 50%로, 이 분류기에 관한 참된 기대예측오차다. 따라서 교차 검증은 그래야 하는 것과 같이 움직였다. 반면 오차에 상당한 가변성이 존재하는데, 이는 CV 추정값의 추정된 표준오차를 보고하는 것이 중요하다는 점을 강조해준다.

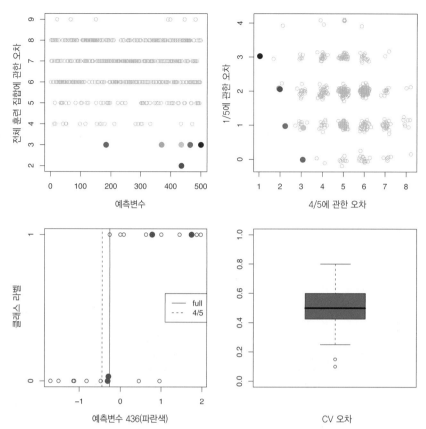

그림 7.11 예측변수가 클래스 라벨과 독립인 고차원 문제에서의 교차 검증의 성능을 조사하기 위한 시뮬레이션 연구. 위 왼쪽 패널은 전체 훈련 집합(20개 관측치)에 관한 개별 스텀프 분류기가 만들어낸 오차의 개수를 보여준다. 위 오른쪽 패널은 무작위로 4/5로 나눈(16개 관측치) 데이터셋에 훈련된, 그리고 나머지 1/5 부분에 의해 테스트된 개별 스텀프가 만들어낸 오차를 보여준다. 가장 성능이 우수한 것은 각 패널에서 점으로 표시돼 있다. 아래 왼쪽 패널은 각 겹에서 분리 지점(split point)을 다시 추정하는 데 따른 효과를 보여준다. 색으로 표시된 점은 1/5 부분의 검증 집합 내 네 개의 표본에 해당한다. 전체 데이터셋으로부터 유도된 분리 지점은 모든 네 개의 표본을 올바르게 분류하지만, 분리 지점이 4/5 부분의 데이터로 다시 추정되면(그래야 하는 것처럼), 이는 4개의 검증 표본에서 두 번의 오차를 범하게 된다. 아래 오른쪽 패널에서는 50개의 시뮬레이션된 데이터셋에 적용된 5겹 교차 검증의 전체적 결과를 볼 수 있다. 평균 오류율은 당연하게도 약 50%다.

7.11 부트스트랩법

부트스트랩은 통계적 정확도를 평가하는 일반적인 도구다. 먼저 부트스트랩에 관해 일반적으로 설명하고, 그 뒤 여분-표본 예측오차를 추정하는 데 어떻게 쓰이는지 본다. 교차 검증에서와 같이, 부트스트랩은 조건부 오차 Err_T를 추정하려 하지만, 통상적으로는 기대예측오차 Err만을 잘 추정한다.

훈련 데이터 집합에 관한 모델 적합이 있다고 해보자. 훈련 집합은 $\mathbf{Z} = (z_1, z_2, ..., z_N)$로 표기하며, 이때 $z_i = (x_i, y_i)$이다. 기본적인 개념은 복원을 통해 훈련 데이터에서 확률적으로 데이터셋을 뽑는 것이다. 각 표본은 원본 훈련 집합과 같은 크기를 가진다. 이는 B번($B = 100$이라 하자) 반복되며, 그림 7.12와 같이 B개 부트스트랩 데이터셋을 만들어낸다. 그 뒤 각 부트스트랩 데이터셋에 모델을 재적합하고, B개 복제에 걸쳐 적합의 움직임을 조사한다.

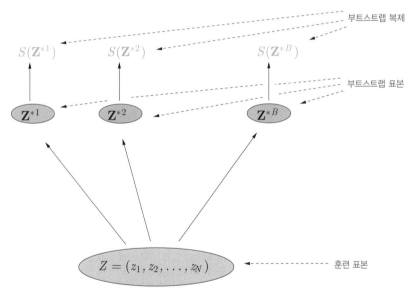

그림 7.12 부트스트랩 과정의 도식화. 이제 데이터셋으로부터 계산된 양 S(Z)의 통계적 정확도에 관해 평가하고자 한다. B개 훈련 집합 $\mathbf{Z}^{*b}$, $b = 1, ..., B$가 각각 크기 N개로 원본 데이터셋으로부터 복원을 통해 뽑힌다. 관심에 관한 양인 S(Z)가 각 부트스트랩 훈련 집합으로부터 계산되며, 값 $S(\mathbf{Z}^{*1})$, ..., $S(\mathbf{Z}^{*B})$이 S(Z)의 통계적 정확도를 평가하는 데 쓰인다.

이 그림에서, $S(\mathbf{Z})$는 데이터 $\mathbf{Z}$로부터 계산된 임의의 양으로, 예를 들면 일부 입력 지점에서의 예측이다. 부트스트랩 표집으로부터 $S(\mathbf{Z})$의 분포에 관한 임의의 측면, 이를테면 분산을 추정할 수 있다.

$$\widehat{\text{Var}}[S(\mathbf{Z})] = \frac{1}{B-1} \sum_{b=1}^{B} (S(\mathbf{Z}^{*b}) - \bar{S}^*)^2 \tag{7.53}$$

이때 $\bar{S}^* = \sum_b S(\mathbf{Z}^{*b})/B$이다. $\widehat{\text{Var}}[S(\mathbf{Z})]$는 데이터 $(z_1, z_2, ..., z_N)$에 관한 경험적 분포함수 $\hat{F}$로부터의 표집하에서 계산한 $S(\mathbf{Z})$의 분산의 몬테카를로 추정값으로 생각할 수 있음을 주지하라.

부트스트랩을 어떻게 예측오차를 추정하는 데 적용할 수 있을까? 한 가지 접근법은 알고자 하는 모델을 부트스트랩 표본 집합에 작용하고 원본 훈련 집합을 얼마나 잘 예측하는지 추적하는 것일 수 있다. $\hat{f}^{*b}(x_i)$이 x_i에서 b번째 부트스트랩 데이터셋에 적합된 모델로부터 예측된 값이라면, 예측값은 다음과 같다.

$$\widehat{\text{Err}}_{\text{boot}} = \frac{1}{B} \frac{1}{N} \sum_{b=1}^{B} \sum_{i=1}^{N} L(y_i, \hat{f}^{*b}(x_i)) \tag{7.54}$$

그러나 $\widehat{\text{Err}}_{\text{boot}}$이 일반적으로 좋은 추정값을 제공하지 않는다는 것을 쉽게 볼 수 있다. 그 이유는 부트스트랩 데이터셋이 훈련 표본의 역할을 하는 한편, 원본 훈련 집합은 테스트 표본 역할을 하고, 이들 두 표본은 관측치를 공통으로 갖기 때문이다. 이러한 중첩은 비현실적으로 좋아 보이는 과적합 예측변수를 만들어낼 수 있으며, 바로 이 때문에 교차 검증이 명시적으로 훈련 및 테스트 표본에 중첩되지 않는 데이터를 사용하는 것이다. 예를 들면 각 클래스에 같은 수의 관측치를 가지는 2 클래스 분류 문제에 적용된 1-최근접이웃 분류기 예제를 고려해보자. 이때 예측변수와 클래스 라벨은 실제 독립이다. 그러면 참 오류율은 0.5이다. 그러나 부트스트랩 추정값 $\widehat{\text{Err}}_{\text{boot}}$에 관한 공헌도는 관측치 i가 부트스트랩 표본 b에 존재하지 않는 한 영일 것이다. 후자의 경우 이는 정확한 기댓값으로 0.5를 가질 것이다. 이제 다음과 같다.

$$\begin{aligned} \text{PR}\{\text{관측치 } i \in \text{부트스트랩 표본 } b\} &= 1 - \left(1 - \frac{1}{N}\right)^N \\ &\approx 1 - e^{-1} \\ &= 0.632 \end{aligned} \tag{7.55}$$

따라서 $\widehat{\text{Err}}_{\text{boot}}$의 기댓값은 약 $0.5 \times 0.368 = 0.184$로, 정확한 오류율인 0.5보다 훨씬 낮다.

교차 검증을 흉내냄으로써, 더 나은 부트스트랩 추정값을 얻을 수 있다. 각 관측치에 관해 이 관측치를 포함하지 않는 부트스트랩 표본으로부터의 예측값만을 추적한다. 추정오차의 단일값 제거 부트스트랩 예측값은 다음과 같이 정의된다.

$$\widehat{\mathrm{Err}}^{(1)} = \frac{1}{N} \sum_{i=1}^{N} \frac{1}{|C^{-i}|} \sum_{b \in C^{-i}} L(y_i, \hat{f}^{*b}(x_i)) \tag{7.56}$$

여기서 C^{-i}는 관측치 i를 포함하지 않는not 부트스트랩 표본 b의 인덱스 집합이며, $|C^{-i}|$는 이러한 표본의 개수다. $\widehat{\mathrm{Err}}^{(1)}$을 계산할 때, 모든 $|C^{-i}|$가 영보다 크도록 보장하는 충분히 큰 B를 선택하거나, 아니면 단지 (7.56) 내에서 값이 영인 $|C^{-i}|$에 해당하는 항을 버릴 수 있다.

단일값 제거 부트스트랩은 $\widehat{\mathrm{Err}}_{\mathrm{boot}}$이 겪는 과적합 문제를 해결하지만, 교차 검증을 논의할 때 언급한 훈련 집합-크기 편향을 가진다. 각 부트스트랩 표본 내 개별 관측치의 평균 개수는 약 $0.632 \cdot N$이므로, 편향이 2겹 교차 검증의 것과 대략적으로 비슷하게 움직일 것이다. 그러므로 학습 곡선이 표본크기 $N/2$에서 상당한 기울기를 가진다면, 단일값 제거 부트스트랩은 참 오차의 추정값과 같이 상향으로 편향될 것이다.

"0.632 추정량"은 이러한 편향을 완화시키도록 디자인돼 있다. 이는 다음과 같이 정의된다.

$$\widehat{\mathrm{Err}}^{(.632)} = .368 \cdot \overline{\mathrm{err}} + .632 \cdot \widehat{\mathrm{Err}}^{(1)} \tag{7.57}$$

.632 추정량은 복잡하게 유도된다. 직관적으로는 단일값 제거 부트스트랩 추정량을 훈련 오류율이 되도록 끌어내리고, 따라서 상향 편향을 줄이게 된다. 상수 .632를 사용하는 것은 (7.55)와 관련이 있다. .632 추정량은 "가벼운 적합" 상황에서 잘 동작하지만, 과적합인 경우에는 무너질 수 있다. 다음은 브레이먼 외 (Breiman et al., 1984)의 예제다. 클래스 라벨과 독립인 목표를 가지는 두 개의 같은 크기의 클래스가 있다고 해보자. 그리고 1-최근접이웃 규칙을 적용한다. 그러면 $\overline{\mathrm{err}} = 0$이고 $\widehat{\mathrm{Err}}^{(1)} = 0.5$ 이며 따라서 $\widehat{\mathrm{Err}}^{(.632)} = .632 \times 0.5 = .316$이다. 그러나 참 오류율은 0.5다.

과적합의 양amount을 감안해 .632 추정량을 개선할 수도 있다. 먼저 γ을 정보가 없는 오류율no-information error rate로 정의한다. 이는 입력과 클래스 라벨이 독립일 경우의 예측 규칙의 오류율이다. γ의 추정값은 목표 y_i와 예측변수 $x_{i'}$의 모든 가능한 조합에 예측 규칙을 값매김함으로써 얻는다.

$$\hat{\gamma} = \frac{1}{N^2} \sum_{i=1}^{N} \sum_{i'=1}^{N} L(y_i, \hat{f}(x_{i'})) \tag{7.58}$$

예를 들어 이분적dichotomous 분류 문제를 고려해보자. $\hat{p}_1$를 반응 y_i가 1로 관측된 비율 그리고 $\hat{q}_1$을 예측 $\hat{f}(x_{i0})$이 1로 관측된 비율이라 하자. 그러면 다음과 같다.

$$\hat{\gamma} = \hat{p}_1(1 - \hat{q}_1) + (1 - \hat{p}_1)\hat{q}_1 \tag{7.59}$$

1-최근접이웃과 같은 규칙으로 $\hat{q}_1 = \hat{p}_1$일 때 $\hat{\gamma}$의 값은 $2\hat{p}_1(1 - \hat{p}_1)$이다. (7.59)의 다중범주 일반화multi-category generalization는 $\hat{\gamma} = \sum_{\ell} \hat{p}_\ell(1 - \hat{q})$이다. 이를 사용하면 상대 과적합율relative overfitting rate은 다음으로 정의된다.

$$\hat{R} = \frac{\widehat{\mathrm{Err}}^{(1)} - \overline{\mathrm{err}}}{\hat{\gamma} - \overline{\mathrm{err}}} \tag{7.60}$$

이는 과적합이 없을 경우($\widehat{\mathrm{Err}}^{(1)} = \overline{\mathrm{err}}$)인 0으로부터 과적합이 비정보 값 $\hat{\gamma} - \overline{\mathrm{err}}$과 같은 경우인 1까지의 범위를 가진다.

마지막으로 ".632+" 추정량을 다음을 통해 정의한다.

$$\begin{aligned}
\widehat{\mathrm{Err}}^{(.632+)} &= (1 - \hat{w}) \cdot \overline{\mathrm{err}} + \hat{w} \cdot \widehat{\mathrm{Err}}^{(1)} \\
\text{with } \hat{w} &= \frac{.632}{1 - .368\hat{R}}
\end{aligned} \tag{7.61}$$

가중치 w는 만일 $\hat{R} = 0$이라면 0.632에서 $\hat{R} = 1$이라면 1 사이의 범위를 가진다. 따라서 $\widehat{\mathrm{Err}}^{(.632+)}$는 $\widehat{\mathrm{Err}}^{(.632)}$에서 $\widehat{\mathrm{Err}}^{(1)}$의 범위를 가진다. (7.61)의 유도는 또다시 여기서도 복잡하다. 간단히 말하자면 이는 단일값 제거 부트스트랩과 훈련 오류율 사이의 타협점을 만들며, 이는 과적합의 양에 의존한다. 클래스 라벨이 입력과 독립인 1-최근접이웃 문제에서 $\hat{w} = \hat{R} = 1$이므로, $\widehat{\mathrm{Err}}^{(.632+)} = \widehat{\mathrm{Err}}^{(1)}$이며, 이는 올바른 기댓값 0.5를 가진다. 과적합이 덜한 다른 문제에서는 $\widehat{\mathrm{Err}}^{(.632+)}$이 $\overline{\mathrm{err}}$와 $\widehat{\mathrm{Err}}^{(1)}$ 사이의 어딘가에 놓일 것이다.

7.11.1 예제(계속)

그림 7.13은 그림 7.7의 네 개 문제에 관한 10겹 교차 검증과 .632+ 부트스트랩의 결과를 보여준다. 그림에서와 같이 그림 7.13은 $100 \cdot [\text{Err}_{\hat{\alpha}} - \min_\alpha \text{Err}(\alpha)]/[\max_\alpha \text{Err}(\alpha) - \min_\alpha \text{Err}(\alpha)]$의 상자그림을 보여준다. 이는 선택된 모델을 사용한 오차를 최적 모델과 비교해 보여준다. 각 상자그림에는 100개의 서로 다른 훈련 집합이 나타나 있다. 둘 다 전반적으로 좋은 성능을 보여주는데, 아마도 그림 7.7의 AIC와 같거나 약간 나쁠 것이다.

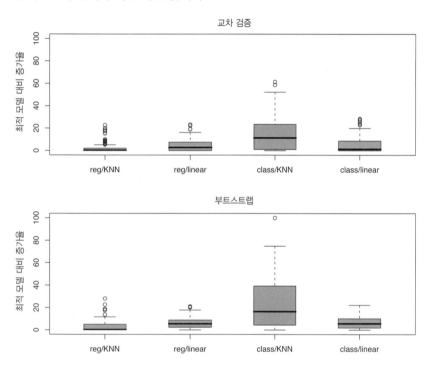

그림 7.13 상자그림이 그림 7.3의 네 개의 시나리오에 관한 상대 오차 $100 \cdot [\text{Err}_{\hat{\alpha}} - \min_\alpha \text{Err}(\alpha)]/[\max_\alpha \text{Err}(\alpha) - \min_\alpha \text{Err}(\alpha)]$의 분포를 보여준다. 이는 선택된 모델을 최적 모델과 비교한 오차다. 각 상자그림에는 100개의 훈련 집합이 나타나 있다.

이러한 특정 문제 및 적합 방법에서 AIC, 교차 검증 혹은 부트스트랩 중 하나를 최소화하는 것은 최적 변수와 꽤 가까운 모델을 내놓는다는 것이 결론이다. 모델의 선택이라는 목적에서 어떠한 측정치든지 편향될 수 있으며 편향성이 방법의 상대적인 성능을 변화시키지 않는 한 영향을 주지 않을 것임을 주지하기 바란다. 예를 들면 어떠한 측정치에 상수를 추가하더라도 선택한 모델의 결과를 바꾸지는 않을 것이다. 그러나 많은 적응적, (트리와 같은) 비선형 기법에 관해 매개변수의 유효 개수를 추정하는 것은 매우 어렵다. 이는 AIC와 같은 방법을 쓸 수 없게 만들며, 교차 검증이나 부트스트랩을 방법으로 선택하도록 한다.

각 방법이 테스트오차를 얼마나 잘 추정하는가 하는 다른 질문을 해보자. AIC 기준은 네 개 시나리오에 관해서 선택한 모델의 예측오차를 평균적으로 각각 38%, 37%, 51%, 30%로 과대 추정하며, BIC도 유사한 성능을 보인다. 반면 교차 검증은 오차를 1%, 4%, 0%, 4%로 과대 추정하며, 부트스트랩도 대략 비슷하다. 따라서 테스트오차의 정확한 추정값이 필요하다면 교차 검증이나 부트스트랩 방법을 연산하는 데 따르는 추가적인 작업은 가치가 있다. 트리와 같은 다른 적합법에 관해서 교차 검증과 부트스트랩은 10%만큼 참된 오차를 과소 추정할 수 있는데, 최적 트리를 검색할 때 검증 집합에 크게 영향을 받기 때문이다. 이러한 상황에서는 오직 분리된 테스트 집합만이 테스트오차의 불편 추정값을 제공할 것이다.

7.12 조건부 혹은 기대 테스트오차

그림 7.14와 7.15는 교차 검증이 Err_T를 추정하는 데 좋은지에 관한 질문을 조사해준다. Err_T는 기대 테스트오차와 반대로 주어진 테스트 집합 T(식 7.15)에 관해 조건부인 오차다. 그림 7.3의 위 오른쪽 패널의 "회귀/선형" 설정으로부터 만들어진 각각의 100개 훈련 집합에 관해, 그림 7.14는 조건부 오차 곡선 Err_T을 부분집합 크기(위 왼쪽)의 함수로 보여준다. 다음의 두 패널은 10겹 그리고 N-겹 교차 검증을 보여주며, 여기서 후자는 또한 단일값 제거법$^{\text{leave-one-out}}$이라 부른다. 각 패널의 굵은 빨간 곡선은 기대 오차 Err이고, 굵은 검은 곡선은 기대 교차 검증 곡선이다. 아래 오른쪽 패널은 교차 검증이 조건부 그리고 기대 오차를 얼마나 잘 근사하는지 보여준다.

어쩌면 N겹 CV가 Err_T를 잘 근사했을 것이라 기대하는 사람도 있을 것이다. 이는 새로운 테스트 지점을 적합시키는 데 거의 전체 훈련 표본을 사용하기 때문이다. 반면 10겹 CV는 무언가 다른 훈련 집합에 관해 평균을 하므로, Err을 잘 추정할 것이라 기대될 수도 있을 것이다. 그림에서 보면 Err_T를 추정하는데 10겹 교차 검증이 N겹보다 일을 더 잘하는 것으로 보이며, 심지어 Err을 더 잘 추정한

다. 물론 두 개의 검은색 곡선과 빨간 곡선의 유사성을 보면 두 CV 곡선 모두 Err
에 관해 근사적으로 불편이며, 10겹 교차 검증은 더 낮은 분산을 가진다. 에프론
(Efron, 1983) 또한 이와 유사한 추세에 관해 보고했다.

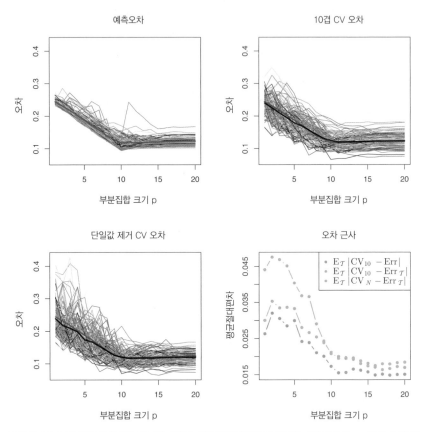

그림 7.14 그림 7.3 위 오른쪽 패널의 100회 시뮬레이션에 관한 조건부 예측오차 Err_T, 10겹 교차 검
증, 단일값 제거 교차 검증의 곡선. 굵은 빨간 곡선은 기대예측오차 err이고, 굵은 검은 곡선은 기대 CV
곡선 $E_T CV_{10}$과 $E_T CV_N$이다. 아래 오른쪽 패널은 $K = 10$(파란색)과 $K = N$(초록색)일 때의 조건부 오
차 $E_T|CV_K - Err_T|$는 물론, 기대 오차 $E_T|CV_{10} - Err|$(주황색)에 관한 CV 곡선의 평균절대편차를 보여
준다.

　그림 7.15는 시뮬레이션 100번에 관한 10겹과 N겹 교차 검증 오차 추정값 모
두를 참된 조건부 오차와 비교한 산포도이다. 산포도가 상관관계를 그리 많이 보
여주지는 않지만, 아래 오른쪽 패널은 대부분의 부분에서 상관관계가 음의 관계
임을 보여준다. 이는 이전에 관찰됐던 흥미로운 현상이다. 이러한 음의 상관관계
는 CV의 두 형태 모두 왜 Err_T를 잘 추정하지 못하는지를 설명해준다. 각 그림의

점선은 크기 p의 최적 부분집합에 관한 기대 오차 $\mathrm{Err}(p)$에 그려져 있다. 두 CV 형태 모두 기대오차에 관해 근사적으로 불편이지만, 서로 다른 훈련 집합에 관한 테스트오차의 변화가 상당하다는 것을 다시 보게 된다.

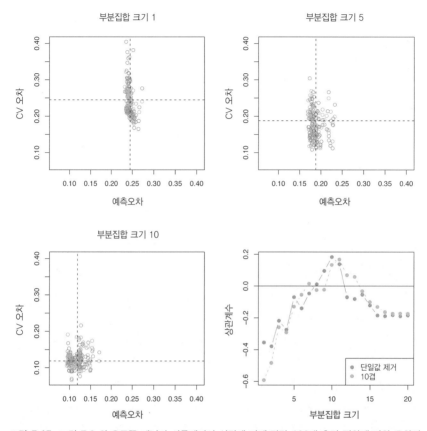

그림 7.15 그림 7.3 위 오른쪽 패널의 시뮬레이션 설정에 관해 각각 100개 훈련 집합에 관한 오차의 CV 추정값 대 참인 조건부 오차의 그림. 10겹 CV와 단일값 제거 CV 모두 서로 다른 색으로 묘사돼 있다. 처음의 세 개 패널은 서로 다른 부분집합 크기 p에 해당하며, 수직 그리고 수평선이 $\mathrm{Err}(p)$에 그려져 있다. 이들 그림에서 상관관계가 거의 보이지는 않지만 아래 오른쪽 패널에서 대부분의 상관관계가 음의 관계임을 볼 수 있다.

7.3절에서의 네 개의 실험적인 조건 중에서, 이 "회귀/선형" 시나리오가 실제 테스트오차와 예측된 테스트오차 사이에서 가장 큰 상관관계를 보인다. 이러한 현상은 또한 부트스트랩 오차의 추정에서도 나타나며, 다른 어떠한 조건부 예측오차의 기댓값에 관해 이러한 현상이 나타난다고 추측할 수 있을 것이다.

특정 훈련 집합에 관한 테스트오차의 추정은 오직 같은 훈련 집합으로부터의 데이터가 주어졌을 때에는 일반적으로 쉽지 않다고 결론 내릴 수 있다. 대신 교차 검증 및 이와 관련된 방법이 기대[expected] 오차 Err의 적절한 추정값을 제공할 수 도 있을 것이다.

참고문헌

교차 검증을 위해 핵심적으로 참조할 것은 스톤(Stone, 1974), 스톤(Stone, 1977) 및 앨런(Allen, 1974)이 있다. AIC는 아카이케(Akaike, 1973)가 제안했으며, BIC는 슈바르츠(Schwarz, 1978)가 소개했다. 매디건과 라프테리(Madigan and Raftery, 1994)는 베이즈 모델 선택에 관한 개요를 제공한다. MDL 기준은 리싸넨(Rissanen, 1983)에 의한 것이다. 코버와 토머스(Cover and Thomas, 1991)는 코딩 이론 및 복잡도에 관한 좋은 설명을 포함한다. VC 차원은 밥닉(Vapnik, 1996)이 설명했다. 스톤(Stone, 1977)은 AIC와 단일값 제거 교차 검증이 점근적으로 동등함을 보였다. 일반화 교차 검증은 골룹 외(Golub et al., 1979)와 와바(Wahba, 1980)가 설명했다. 이 주제에 관한 추가적인 논의는 와바(Wahba, 1990)의 논문에서 찾을 수 있다. 헤이스티와 팁시라니(Hastie and Tibshirani, 1990)의 3장 또한 보길 바란다. 부트스트랩은 에프론(Efron, 1979)에 의한 것이다. 개요로는 에프론과 팁시라니(Efron and Tibshirani, 1993)를 보라. 에프론(Efron, 1983)은 낙관도와 .632 추정값을 포함해 예측오차를 위한 부트스트랩 추정값을 제안했다. 에프론(Efron, 1986)은 오류율의 CV, GCV 및 부트스트랩 추정값을 비교했다. 모델 선택을 위한 교차 검증과 부트스트랩의 사용은 브레이먼과 스펙터(Breiman and Spector, 1992), 브레이먼(Breiman, 1992), 샤오(Shao, 1996), 장(Zhang, 1993) 그리고 코하비(Kohavi, 1995)가 연구했다. .632+ 추정량은 에프론과 팁시라니(Efron and Tibshirani, 1997)가 제안했다.

처카스키와 마(Cherkassky and Ma, 2003)는 7.9.1절에 관한 연구에 반응해 회귀에서의 모델 선택을 위한 SRM의 성능에 관한 연구를 발표했다. 이들은 우리가 SRM을 적절하게 적용하지 않았기 때문에 SRM에 관해 불공평했다고 불평했다. 우리의 응답은 저널의 같은 호에서 찾을 수 있다(Hastie et al., 2003).

연습 문제

연습 7.1 표본 내 오차의 추정량 (7.24)를 유도하라.

연습 7.2 $Y \in \{0, 1\}$이고 $\Pr(Y=1|x_0) = f(x_0)$인 0-1 손실에 관해, 다음을 보여라.

$$
\begin{aligned}
\mathrm{Err}(x_0) &= \Pr(Y \neq \hat{G}(x_0)|X = x_0) \\
&= \mathrm{Err}_{\mathrm{B}}(x_0) + |2f(x_0) - 1|\Pr(\hat{G}(x_0) \neq G(x_0)|X = x_0)
\end{aligned}
\tag{7.62}
$$

이때 $G(x) = I(\hat{f}(x) > \frac{1}{2})$이며, $G(x) = I(f(x) > \frac{1}{2})$는 베이즈 분류기이고, $\mathrm{Err}_{\mathrm{B}}(x_0) = \Pr(Y \neq G(x_0)|X = x_0)$는 x_0에서의 기약irreducible 베이즈오차Bayes error다.

$\hat{f}(x_0) \sim N(\mathrm{E}\hat{f}(x_0), \mathrm{Var}(\hat{f}(x_0)))$ 근사를 사용해 다음을 보여라.

$$
\Pr(\hat{G}(x_0) \neq G(x_0)|X = x_0) \approx \Phi\left(\frac{\mathrm{sign}(\frac{1}{2} - f(x_0))(\mathrm{E}\hat{f}(x_0) - \frac{1}{2})}{\sqrt{\mathrm{Var}(\hat{f}(x_0))}} \right)
\tag{7.63}
$$

위에서

$$
\Phi(t) = \frac{1}{\sqrt{2\pi}} \int_{-\infty}^{t} \exp(-t^2/2)dt
$$

는 누적 가우스 분포함수다. 이는 $t = -\infty$에서 값이 0이고 $t = +\infty$에서 값이 1인 증가함수다.

$\mathrm{sign}(\frac{1}{2} - f(x_0))(\mathrm{E}\hat{f}(x_0) - \frac{1}{2})$를 경계-편향boundary bias 항의 한 종류로 생각할 수 있다. 이는 오직 어떠한 쪽의 경계 ($\frac{1}{2}$)에 놓여 있는지를 통해서만 참된 $f(x_0)$에 의존하기 때문이다. 또한 편향과 분산이 가법적인 방식이 아니라 곱셈적으로 결합돼 있음을 주지하라. 만일 $\mathrm{E}\hat{f}(x_0)$가 $f(x_0)$과 같은 $\frac{1}{2}$의 측면에 놓여 있다면, 편향은 음수일 것이며, 분산의 감소가 오분류 오차를 줄일 것이다. 반면 $\mathrm{E}\hat{f}(x_0)$가 $f(x_0)$의 $\frac{1}{2}$의 반대편에 놓여 있다면, 편향은 양수일 것이며 분산이 증가하는 데 따른 값을 치르게 될 것이다! 이러한 증가는 $\hat{f}(x_0)$가 $\frac{1}{2}$의 올바른 쪽에 속하게 할 가능성을 높일 것이다(Friedman, 1997).

연습 7.3 $\hat{\mathbf{f}} = \mathbf{S}\mathbf{y}$가 $\mathbf{y}$의 선형 평활화라 하자.

(a) 만일 S_{ii}가 $\mathbf{S}$의 대각요소라면, 최소제곱 사영과 삼차 평활 스플라인으로부터 나온 $\mathbf{S}$에 관해, 교차 검증 잔차를 다음과 같이 쓸 수 있음을 보여라.

$$y_i - \hat{f}^{-i}(x_i) = \frac{y_i - \hat{f}(x_i)}{1 - S_{ii}} \tag{7.64}$$

(b) 이 결과를 사용해 $|y_i - \hat{f}^{-i}(x_i)| \geq |y_i - \hat{f}(x_i)|$를 보여라.

(c) 임의의 평활자 **S**에 관해 결과 (7.64)가 유지되도록 하는 일반적인 조건을 찾아라.

연습 7.4 제곱오차 손실인 경우의 표본 내 예측오차 (7.18)와 훈련오차 $\overline{\text{err}}$을 고려해보자.

$$
\begin{aligned}
\text{Err}_{\text{in}} &= \frac{1}{N} \sum_{i=1}^{N} \mathrm{E}_{Y^0} (Y_i^0 - \hat{f}(x_i))^2 \\
\overline{\text{err}} &= \frac{1}{N} \sum_{i=1}^{N} (y_i - \hat{f}(x_i))^2
\end{aligned}
$$

각 식에서 $f(x_i)$와 $\mathrm{E}\hat{f}(x_i)$를 더하고 뺀 뒤 전개하라. 따라서 훈련오차 내 평균 낙관도는 (7.21)에서 주어진 것과 같이 다음과 같음을 정립하라.

$$\frac{2}{N} \sum_{i=1}^{N} \text{Cov}(\hat{y}_i, y_i)$$

연습 7.5 선형 평활자 $\hat{\mathbf{y}} = \mathbf{S}\mathbf{y}$에 관해 다음을 보여라.

$$\sum_{i=1}^{N} \text{Cov}(\hat{y}_i, y_i) = \text{trace}(\mathbf{S})\sigma_\varepsilon^2 \tag{7.65}$$

이는 이를 매개변수의 유효 개수로 사용하는 것을 정당화해준다.

연습 7.6 가법적 오차 모델에 관해 k-최근접이웃 회귀 적합의 유효 자유도가 N/k임을 보여라.

연습 7.7 근사 $1/(1-x)^2 \approx 1 + 2x$를 사용해 C_p/AIC (7.26)와 GCV (7.52) 사이의 관계를 드러내라. 이는 잡음 분산 σ_ε^2을 추정하기 위해 사용된 모델의 가장 주요한 차이점이다.

연습 7.8 함수의 집합 $\{I(\sin(\alpha x) > 0)\}$이 임의의 값 ℓ에 관해 선 위에 다음의 점을 흩뿌릴 수 있음을 보여라.

$$z^1 = 10^{-1}, \ldots, z^\ell = 10^{-\ell} \qquad (7.66)$$

따라서 클래스 $\{I(\sin(\alpha x) > 0)\}$의 VC 차원은 무한대다.

연습 7.9 3장 전립선 데이터로 표 3.3(왼쪽으로부터 세 번째 열)에서와 같이 최적 부분집합 선형회귀 분석을 수행하라. 예측오차의 AIC, BIC, 5겹 및 10겹 교차 검증, 부트스트랩 .632 추정값을 계산하라. 결과를 논의해보라.

연습 7.10 7.10.3절 내 예제와 관련해, 대신에 모든 p 예측변수가 이항이라고 해보자. 따라서 분리 지점을 찾을 필요가 없다. 예측변수는 이전과 같이 클래스 라벨에 독립이다. 그러면 p가 매우 크다면 전체 훈련 데이터를 완벽하게 분리하는 예측변수를 아마도 찾을 수 있을 것이며, 따라서 검증 데이터(데이터의 1/5) 또한 완벽하게 분리할 수도 있을 것이다. 그러므로 이 예측변수는 교차 검증 오차가 0이다. 이는 교차 검증이 이러한 상황에서 테스트오차의 좋은 추정값을 제공하지 못함을 뜻하는가?(이 질문은 리 마Li Ma가 제안했다)

8

모델 추론과 평균화

8.1 소개

이 책의 대부분에서 모델의 적합(학습)은 회귀의 경우 제곱합을 최소화하거나, 분류의 경우 교차-엔트로피를 최소화해 달성했다. 사실 이들 최소화 모두 적합에 관한 최대가능도 접근법의 사례라 할 수 있다.

8장에서는 최대가능도 접근법은 물론, 추론을 위한 베이즈 방법의 일반적인 설명을 제공한다. 7장에서 소개한 부트스트랩을 이러한 측면에서 논의하며, 최대가능도와 베이즈와의 관계에 관해 설명한다. 마지막으로 위원회 방법committee method, 배깅bagging, 스태킹stacking, 범핑bumping을 포함한 모델 평균화와 개선을 위한 관련된 기술을 제시한다.

8.2 부트스트랩과 최대가능도 방법

8.2.1 평활화 예제

부트스트랩법은 훈련 데이터로부의 표본 추출을 통해 불확실성을 평가하는 연산적인 방법을 직접적으로 제공한다. 여기서는 단순한 1차원 평활화 문제에서 부트스트랩을 설명하고, 최대가능도와의 연결성을 보여준다.

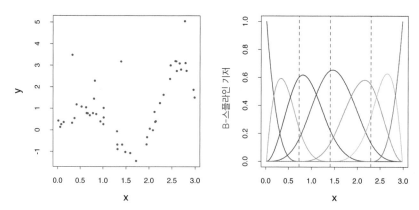

그림 8.1 왼쪽 패널: 평활화 예제를 위한 데이터. 오른쪽 패널: 7개 B-스플라인 기저함수 집합. 수직 점선은 3개의 매듭 배치를 보여준다.

$z_i = (x_i, y_i)$, $i = 1, 2, ..., N$일 때 훈련 데이터를 $\mathbf{Z} = \{z_1, z_2, ..., z_N\}$으로 표시하자. 여기서 x_i는 1차원 입력이며, y_i는 출력으로 연속형이거나 범주형 중 하나다. 그림 8.1의 왼쪽 패널에서와 같이 $N = 50$개 데이터 지점을 예제로 고려해보자.

데이터에 X 값의 사분위에 세 개의 매듭이 있는 삼차 스플라인을 적합시키기로 했다고 해보자. 이는 함수의 7차원의 선형 공간이며, 예를 들면 B-스플라인 기저함수의 선형 전개를 통해 표현할 수 있다(5.9.2절을 보라).

$$\mu(x) \;=\; \sum_{j=1}^{7} \beta_j h_j(x) \tag{8.1}$$

여기서 $h_j(x)$, $j = 1, 2, ..., 7$가 그림 8.1의 오른쪽 패널에 있는 7개의 함수다. $\mu(x)$를 조건부 확률 $E(Y|X = x)$를 나타내는 것으로 생각할 수 있다.

$\mathbf{H}$를 ij번째 요소는 $h_j(x_i)$인 $N \times 7$ 행렬이라 하자. β의 보통의 추정량은 훈련 집합에 걸쳐 제곱오차를 최소화해 얻어내며, 다음과 같이 주어진다.

$$\hat{\beta} = (\mathbf{H}^T \mathbf{H})^{-1} \mathbf{H}^T \mathbf{y} \qquad (8.2)$$

이에 해당하는 적합 $\mu(x) = \sum_{j=1}^{7} \hat{\beta}_j h_j(x)$는 그림 8.2의 위 왼쪽 패널에서 볼 수 있다.

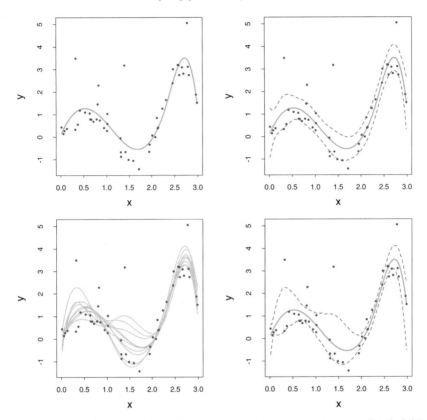

그림 8.2 (위 왼쪽) 데이터의 *B*-스플라인 평활 (위 오른쪽) *B*-스플라인 평활에 1.96× 표준오차 범위를 추가하고 뺀 것 (아래 왼쪽) *B*-스플라인 평활의 부트스트랩 복제 (아래 오른쪽) 부트스트랩 분포로부터 계산한 95% 표준오차 범위를 가지는 *B*-스플라인 평활

$\hat{\beta}$의 공분산 행렬은 다음과 같다.

$$\widehat{\mathrm{Var}}(\hat{\beta}) = (\mathbf{H}^T \mathbf{H})^{-1} \hat{\sigma}^2 \qquad (8.3)$$

이때 $\hat{\sigma}^2 = \sum_{i=1}^{N}(y_i - \hat{\mu}(x_i))^2/N$를 통해 잡음 분산을 추정한다. $h(x)^T = (h_1(x),$ $h_2(x), ..., h_7(x))$라 두면, 예측 $\hat{\mu}(x) = h(x)^T\hat{\beta}$의 표준오차는 다음과 같다.

$$\widehat{\mathrm{se}}[\hat{\mu}(x)] = [h(x)^T(\mathbf{H}^T\mathbf{H})^{-1}h(x)]^{\frac{1}{2}}\hat{\sigma} \qquad (8.4)$$

그림 8.2 위 오른쪽 패널에는 $\hat{\mu}(x) \pm 1.96 \cdot \hat{se}[\hat{\mu}(x)]$를 그렸다. 1.96이 표준 정 규분포의 97.5% 지점이므로, 이들은 $\mu(x)$의 지점별 근사적인 $100 - 2 \times 2.5\%$ 95%의 신뢰 범위를 나타낸다.

이 예제에서 부트스트랩을 어떻게 적용하는지는 다음과 같다. 훈련 데이로부 터 복원replacement을 통해 $N = 50$ 크기의 B개 데이터셋을 각각 뽑아낸다. 표집 단위는 $z_i = (x_i, y_i)$가 되도록 한다. 각 부트스트랩 데이터셋 $\mathbf{Z}^*$에 관해 삼차 스 플라인 $\hat{\mu}^*(x)$을 적합시킨다. 이러한 10개의 표본으로부터의 적합은 그림 8.2 의 아래 왼쪽 패널에서 볼 수 있다. $B = 200$ 부트스트랩 표본을 사용해 각 x에 서 95%의 지점별 신뢰 범위를 백분위수로부터 구성할 수 있다. 즉, 각 x에서 $2.5\% \times 200 = 5$번째로 가장 크고 가장 작은 값을 찾는다. 이들은 그림 8.2의 아 래쪽 오른쪽 패널에 그려져 있다. 이 범위는 위 오른쪽의 것과 유사해 보이며, 끝 점에서 약간 넓다.

실제로 최소제곱추정값 (8.2) 및 (8.3), 부트스트랩, 그리고 최대가능도 사이에 는 밀접한 관계가 존재한다. 추가로 모델 오차가 가우스라고 가정해보자.

$$
\begin{aligned}
Y &= \mu(X) + \varepsilon; \quad \varepsilon \sim N(0, \sigma^2) \\
\mu(x) &= \sum_{j=1}^{7} \beta_j h_j(x)
\end{aligned} \tag{8.5}
$$

위에서 설명한 훈련 데이터로부터의 복원을 통해 표본 추출한 부트스트랩법을 비모수적 부트스트랩nonparametric bootstrap이라 부른다. 이것이 정말로 뜻하는 바는, 새로운 데이터셋을 생성하는 데 특정 모수적 모델이 아닌 원본 데이터를 사용하 므로 "모델에서 자유롭다model-fee"는 것이다. 모수적 부트스트랩parametric bootstrap이 라 부르는 가우스 잡음을 예측된 값에 추가해 새로운 반응을 시뮬레이션하는 부 트스트랩의 변형을 고려해보자.

$$
y_i^* = \hat{\mu}(x_i) + \varepsilon_i^* \quad \varepsilon_i^* \sim N(0, \hat{\sigma}^2) \quad i = 1, 2, \ldots, N \tag{8.6}
$$

이 과정을 말하자면 $B = 200$이 될 때까지 B번 반복한다. 결과 부트스트랩 데이터 셋은 (x_1, y_1^*), ..., (x_N, y_N^*)의 형태를 가지게 되며, 각각에 B-스플라인 평활을 재 계산한다. 이 방법을 통한 신뢰 범위는 부트스트랩 표본의 수가 무한대가 됨에 따 라 위 오른쪽 패널의 최소제곱 범위와 정확히 같아진다. 부트스트랩 표본 $\mathbf{y}^*$로부터 추정한 함수는 $\hat{\mu}^*(x) = h(x)^T (\mathbf{H}^T \mathbf{H})^{-1} \mathbf{H}^T \mathbf{y}^*$로 주어지며, 다음의 분포를 가진다.

$$\hat{\mu}^*(x) \sim N(\hat{\mu}(x), h(x)^T (\mathbf{H}^T \mathbf{H})^{-1} h(x) \hat{\sigma}^2) \qquad (8.7)$$

이 분포의 평균은 최소제곱추정값이며, 표준편차는 근사 공식 (8.4)와 같음을 주지하라.

8.2.2 최대가능도 추정

이전 예제에서 모수적 부트스트랩이 최소제곱에 부합한다는 것이 드러난다. 모델 (8.5)가 가볍적 가우스 오차를 갖기 때문이다. 일반적으로 모수적 부트스트랩은 최소제곱에 부합하지 않지만, 우리가 지금 다시 보게 될 최대가능도에는 부합한다.

먼저 관측치의 확률 밀도 혹은 확률 질량함수를 구체화해 시작한다.

$$z_i \sim g_\theta(z) \qquad (8.8)$$

이 식에서 θ는 Z의 분포를 좌우하는 하나 혹은 그 이상의 알려지지 않은 매개변수를 나타낸다. 이는 Z의 모수적 모델parametric model이라 부른다. 예제와 같이 Z가 평균 μ와 분산 σ^2을 가지는 정규분포라면 다음과 같으며,

$$\theta = (\mu, \sigma^2) \qquad (8.9)$$

다음과 같다.

$$g_\theta(z) = \frac{1}{\sqrt{2\pi}\sigma} e^{-\frac{1}{2}(z-\mu)^2/\sigma^2} \qquad (8.10)$$

최대가능도는 가능도함수likelihood function에 근거하며, 다음과 같이

$$L(\theta; \mathbf{Z}) = \prod_{i=1}^{N} g_\theta(z_i) \qquad (8.11)$$

모델 g_θ하에서 관측된 데이터의 확률로 주어진다.

가능도는 오직 양의 승수까지만 정의되며, 우리는 이를 1이 되도록 취했다. $L(\theta; \mathbf{Z})$를 데이터 $\mathbf{Z}$가 고정돼 있을 때 θ에 관한 함수로 생각할 수 있다.

$L(\theta; \mathbf{Z})$의 로그는 다음으로 표기한다.

$$\ell(\theta; \mathbf{Z}) = \sum_{i=1}^{N} \ell(\theta; z_i)$$

$$= \sum_{i=1}^{N} \log g_\theta(z_i) \qquad (8.12)$$

이는 때때로 $\ell(\theta)$로 축약한다. 이 식은 로그 가능도라 부르며, 각 값 $\ell(\theta; z_i) = \log g_\theta(z_i)$은 로그 가능도 성분이라 부른다. 최대가능도의 방법이 $\ell(\theta; \mathbf{Z})$를 최대화하는 값 $\theta = \hat{\theta}$를 선택한다.

가능도함수는 $\hat{\theta}$의 정확도를 평가하는 데 쓰일 수 있다. 이를 위해 몇 가지 정의가 더 필요하다. 점수함수score function는 다음으로 정의된다.

$$\dot{\ell}(\theta; \mathbf{Z}) = \sum_{i=1}^{N} \dot{\ell}(\theta; z_i) \qquad (8.13)$$

이때 $\dot{\ell}(\theta; z_i) = \partial \ell(\theta; z_i)/\partial \theta$이다. 가능도가 매개변수 공간의 내부에서 최댓값을 취한다고 가정하면, $\dot{\ell}(\hat{\theta}; \mathbf{Z}) = 0$이다. 정보행렬information matrix은 다음과 같다.

$$\mathbf{I}(\theta) = -\sum_{i=1}^{N} \frac{\partial^2 \ell(\theta; z_i)}{\partial \theta \partial \theta^T} \qquad (8.14)$$

$\mathbf{I}(\theta)$이 $\theta = \hat{\theta}$에서 값이 매겨질 때, 이를 관측된 정보observed information라고 부른다. 피셔 정보Fisher information(혹은 기대 정보expected information)는 다음과 같다.

$$\mathbf{i}(\theta) = \mathrm{E}_\theta[\mathbf{I}(\theta)] \qquad (8.15)$$

마지막으로 θ_0를 θ의 참값이라 표기하자.

표준 결과는 최대가능도 추정량의 표집 분포가 $N \to \infty$임에 따라 제한된 정규분포를 가짐을 말해준다.

$$\hat{\theta} \to N(\theta_0, \mathbf{i}(\theta_0)^{-1}) \qquad (8.16)$$

여기서 $g_{\theta_0}(z)$로부터 독립적으로 표집을 한다. 이는 $\hat{\theta}$의 표집분포가 다음에 의해 근사될 수도 있음을 시사한다.

$$N(\hat{\theta}, \mathbf{i}(\hat{\theta})^{-1}) \text{ or } N(\hat{\theta}, \mathbf{I}(\hat{\theta})^{-1}) \qquad (8.17)$$

이때 $\hat{\theta}$는 관측된 데이터로부터의 최대가능도 추정값을 나타낸다.

$\hat{\theta}_j$의 표준오차를 위한 해당 추정값은 다음으로부터 얻어낸다.

$$\sqrt{\mathbf{i}(\hat{\theta})_{jj}^{-1}} \quad \text{그리고} \quad \sqrt{\mathbf{I}(\hat{\theta})_{jj}^{-1}} \tag{8.18}$$

θ_j를 위한 신뢰지점은 (8.17)의 근사 중 하나를 통해 구축할 수 있다. 이러한 신뢰지점은 각각 다음의 형태를 가진다.

$$\hat{\theta}_j - z^{(1-\alpha)} \cdot \sqrt{\mathbf{i}(\hat{\theta})_{jj}^{-1}} \quad \text{아니면} \quad \hat{\theta}_j - z^{(1-\alpha)} \cdot \sqrt{\mathbf{I}(\hat{\theta})_{jj}^{-1}}$$

이때 $z^{(1-\alpha)}$는 표준 정규분포의 $1 - \alpha$ 백분위수다.

더 정확한 신뢰구간은 카이스퀘어 근사를 사용해 가능도함수로부터 유도할 수 있다.

$$2[\ell(\hat{\theta}) - \ell(\theta_0)] \sim \chi_p^2 \tag{8.19}$$

이때 p는 θ 내 성분의 개수다. 결과 $1 - 2\alpha$ 신뢰구간은 $2[\ell(\hat{\theta}) - \ell(\theta_0)] \leq \chi_p^{2(1-2\alpha)}$ 인 모든 θ_0의 집합으로, 이때 $\chi_p^{2(1-2\alpha)}$는 자유도가 p인 카이스퀘어 분포의 $1 - 2\alpha$ 백분위수다.

이제 평활화 예제로 돌아가 최대가능도가 무엇을 반환하는지 보자. 매개변수는 $\theta = (\beta, \sigma^2)$이다. 로그 가능도는 다음과 같다.

$$\ell(\theta) = -\frac{N}{2} \log \sigma^2 2\pi - \frac{1}{2\sigma^2} \sum_{i=1}^{N} (y_i - h(x_i)^T \beta)^2 \tag{8.20}$$

최대가능도 추정값은 $\partial\ell/\partial\beta = 0$와 $\partial\ell/\partial\sigma^2 = 0$로 설정해 얻으며, 다음을 내놓는다.

$$\begin{aligned} \hat{\beta} &= (\mathbf{H}^T\mathbf{H})^{-1}\mathbf{H}^T\mathbf{y} \\ \hat{\sigma}^2 &= \frac{1}{N} \sum (y_i - \hat{\mu}(x_i))^2 \end{aligned} \tag{8.21}$$

이는 (8.2)와 (8.3)에서 주어지는 보통의 추정값과 같다.

$\theta = (\beta, \sigma^2)$의 정보 행렬은 블록-대각이며block-diagonal, β에 해당하는 블록은 다음과 같다.

$$\mathbf{I}(\beta) = (\mathbf{H}^T\mathbf{H})/\sigma^2 \tag{8.22}$$

따라서 추정된 분산 $(\mathbf{H}^T\mathbf{H})^{-1}\hat{\sigma}^2$은 최소제곱추정값 (8.3)에 부합한다.

8.2.3 부트스트랩 대 최대가능도

본질적으로 부트스트랩은 비모수 혹은 모수적 최대가능도의 연산적 구현이다. 최대가능도 공식에 관한 부스트스랩의 장점은, 어떠한 공식도 쓸 수 없는 설정하에서 표준오차 및 다른 양quantity의 최대가능도 추정값을 계산할 수 있게 해준다는 점이다.

예제에서 B-스플라인의 정의하는 매듭의 개수와 표지션을 미리 고정하는 대신 교차 검증으로 적응적으로 선택한다고 해보자. λ를 매듭과 그 위치의 모음이라 표시하자. 그러면 표준오차와 신뢰 범위가 λ의 적응적 선택을 감안해야 하지만 이를 분석적으로 할 수 있는 방법이 없다. 부트스트랩으로 각 부트스트랩 표본에 관해 적응적으로 선택한 매듭을 사용해 B-스플라인 평활을 계산한다. 결과 곡선의 백분위수가 목표 내 잡음으로부터의 가변성은 물론 $\hat{\lambda}$으로부터의 가변성을 포착한다. 이러한 특정 예제에서 신뢰 범위(예제에서 보여주지는 않음)는 고정된 λ 범위의 것과 크게 다르진 않아 보인다. 그러나 더 많은 적응성을 사용하는 다른 문제에서는 포착해야 할 중요한 효과일 수 있다.

8.3 베이즈 방법

추론을 위한 베이즈 접근법에서는 주어진 매개변수로 데이터를 위한 표집모델 $\Pr(\mathbf{Z}|\theta)$(밀도 혹은 확률질량함수) 그리고 데이터를 보기 전 θ에 관한 지식을 반영하는 매개변수의 사전분포 $\Pr(\theta)$를 지정한다. 그 뒤 사후분포를 계산한다.

$$\Pr(\theta|\mathbf{Z}) = \frac{\Pr(\mathbf{Z}|\theta) \cdot \Pr(\theta)}{\int \Pr(\mathbf{Z}|\theta) \cdot \Pr(\theta)d\theta} \tag{8.23}$$

이는 데이터를 본 후 θ에 관한 갱신된 지식을 나타낸다. 이러한 사후분포를 이해하려면 이로부터 표본을 뽑거나 아니면 평균이나 중앙값을 계산해 요약할 수 있다. 베이즈 접근법은 데이터를 보기 전 존재하는 불확실성을 표현하기 위해 그리고 데이터를 본 후 남아 있는 불확실성이 사후분포의 형태로 표현되도록 하기 위해 사전분포를 사용하는 방법에서 표준적인("빈도주의") 방법과 차이를 보인다.

사후분포는 또한 예측분포predictive distribution를 통해 미래 관측치의 값 z^{new}을 예측하기 위한 기반을 제공한다.

$$\Pr(z^{\text{new}}|\mathbf{Z}) = \int \Pr(z^{\text{new}}|\theta) \cdot \Pr(\theta|\mathbf{Z})d\theta \tag{8.24}$$

반대로 최대가능도 접근법은 미래 데이터를 예측하는 데 최대가능도 추정값에서 값이 매겨진 데이터 밀도 $\Pr(z_{\text{new}}|\hat{\theta})$를 사용할 것이다. 이는 예측분포 (8.24)와 다르게, θ를 추정하는 데 대한 불확실성을 감안하지 않는다.

우리의 평활화 예제에서 베이즈 접근법을 진행해보자. 방정식 (8.5)로 주어진 모수적 모델로 시작하고, 지금은 σ^2가 알려져 있다고 가정한다. 관측된 특성 값 x_1, x_2, ..., x_N이 고정돼 있다고 가정하므로, 데이터의 무작위성은 오직 평균 $\mu(x)$ 근처에서 달라지는 y에서 비롯하게 된다.

두 번째로 필요한 성분은 사전분포다. 함수에 관한 분포는 꽤 복잡한 개체다. 한 가지 접근법은 임의의 두 함수값 $\mu(x)$와 $\mu(x_0)$ 사이의 사전 공분산을 지정하는 가우스 과정을 사용하는 것이다(Wahba, 1990; Neal, 1996).

여기서는 더 단순한 경로를 취한다. $\mu(x)$에 관한 유한한 B-스플라인 기저를 고려함으로써 계수 β를 위한 사전분포를 제공할 수 있게 되며 이는 암묵적으로 $\mu(x)$를 위한 사전분포를 정의한다. 앞서 논의한 사전 공분산 행렬 Σ와 분산 τ를 선택해 중심이 0인 가우스 사전분포를 선택한다.

$$\beta \sim N(0, \tau\boldsymbol{\Sigma}) \tag{8.25}$$

$\mu(x)$를 위한 암묵적 과정 사전분포implicit process prior는 공분산 커널을 가지는 가우스 분포다.

$$\begin{aligned} K(x,x') &= \text{cov}[\mu(x), \mu(x')] \\ &= \tau \cdot h(x)^T \boldsymbol{\Sigma} h(x') \end{aligned} \tag{8.26}$$

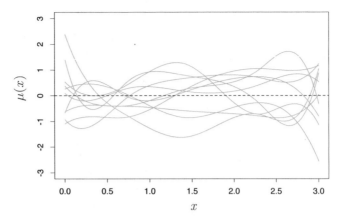

그림 8.3 평활화 예제: 함수 μ(x)를 위한 가우스 사전분포로부터 10개를 뽑은 것

β를 위한 사후분포 또한 다음의 평균과 공분산을 가지는 가우스다.

$$
\begin{aligned}
\mathrm{E}(\beta|\mathbf{Z}) &= \left(\mathbf{H}^T\mathbf{H} + \frac{\sigma^2}{\tau}\boldsymbol{\Sigma}^{-1}\right)^{-1}\mathbf{H}^T\mathbf{y} \\
\mathrm{cov}(\beta|\mathbf{Z}) &= \left(\mathbf{H}^T\mathbf{H} + \frac{\sigma^2}{\tau}\boldsymbol{\Sigma}^{-1}\right)^{-1}\sigma^2
\end{aligned}
\tag{8.27}
$$

$\mu(x)$를 위한 해당 사후 값을 가지면,

$$
\begin{aligned}
\mathrm{E}(\mu(x)|\mathbf{Z}) &= h(x)^T\left(\mathbf{H}^T\mathbf{H} + \frac{\sigma^2}{\tau}\boldsymbol{\Sigma}^{-1}\right)^{-1}\mathbf{H}^T\mathbf{y} \\
\mathrm{cov}[\mu(x),\mu(x')|\mathbf{Z}] &= h(x)^T\left(\mathbf{H}^T\mathbf{H} + \frac{\sigma^2}{\tau}\boldsymbol{\Sigma}^{-1}\right)^{-1}h(x')\sigma^2
\end{aligned}
\tag{8.28}
$$

사전 공분산행렬 $\boldsymbol{\Sigma}$는 어떻게 선택하는가? 일부 설정하에서는 사전분포를 매개변수에 관한 주제와 관련된 전문 지식으로부터 선택할 수 있다. 여기서 우리는 함수 $\mu(x)$가 평활적이어야 하며, 이는 B-스플라인의 평활적인 저차원 기저 내에서 μ를 표현함으로써 보장된다고 말하고자 할 것이다. 그러므로 사전 공분산 행렬을 단위 $\boldsymbol{\Sigma}=\mathbf{I}$가 되도록 취할 수 있다. 기저함수의 개수가 많아질 때, 이는 충분하지 않을 수도 있으며, $\boldsymbol{\Sigma}$에 제한을 가함으로써 추가적인 평활성을 강제할 수 있다. 평활화 스플라인이 바로 이 경우다(5.8.1절).

그림 8.3은 $\mu(x)$에 관한 해당 사전분포로부터 10개를 뽑은 것이다. 함수 $\mu(x)$의 사후확률 값을 생성하기 위해 해당 사후 값을 $\mu_0(x) = \sum_1^7 \beta'_j h_j(x)$로 줌으로써

그것의 사후분포 (8.27)로부터 값 β'를 생성한다. 이러한 10개의 사후 곡선은 그림 8.4에서 볼 수 있다. 사전 분산 τ를 위해 두 개의 서로 다른 값 1과 1000이 쓰였다. 오른쪽 패널이 그림 8.2 아래 왼쪽 패널의 부트스트랩 분포와 얼마나 유사한지를 보라. 이러한 유사성은 우연이 아니다. $\tau \to \infty$임에 따라, 사후분포 (8.27)과 부트스트랩 분포 (8.7)은 일치하게 된다. 반면 $\tau = 1$에서 그림 8.4 왼쪽 패널의 사후 곡선 $\mu(x)$는 부트스트랩 곡선보다 평활한데, 평활성에 더 많은 사전 가중치를 가했기 때문이다.

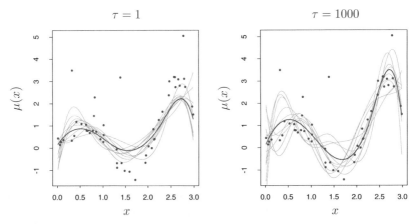

그림 8.4 평활화 예제: 서로 다른 두 개의 사전 분산 τ를 위해, 함수 $\mu(x)$의 사후분포로부터 10개를 뽑은 것. 보라색 곡선은 사후 평균이다.

$\tau \to \infty$인 분포 (8.25)는 θ에 관한 무정보 사전분포noninformative prior라 부른다. 가우스 모델에서 최대가능도와 모수적 부트스트랩 분석은 자유 매개변수를 위해 무정보 사전분포를 사용하는 베이즈 분석에 부합하게 되는 경향이 있다. 이들이 부합하는 경향이 있는 이유는 상수인 사전분포를 가지면 사후분포가 가능도에 관해 비례적이기 때문이다. 이러한 관련성은 또한 비모수적인 부트스트랩이 무정보 베이즈 분석에 근사하는 비모수적인 경우로 확장된다. 8.4절에서 자세히 설명한다.

그러나 우리는 베이즈적 관점에서 적절하지 못한 무언가를 해왔다. σ^2에 무정보 (상수) 사전분포를 사용했으며 이를 사후분포에서 최대가능도 추정값 $\hat{\sigma}^2$로 교체했다. 더 일반적인 베이즈 분석은 σ에 사전분포를 주고(통상적으로 $g(\sigma) \propto 1/\sigma$), $\mu(x)$와 σ에 관한 결합 사후분포를 계산한 뒤, 단순히 사후분포의 최댓값을 추출하기보다는 σ를 적분한다("MAP" 추정값).

8.4 부트스트랩과 베이즈 추정 사이의 관계

먼저 단일 관측치 z를 정규분포에서 관찰하는 매우 단순한 예제를 고려해보자.

$$z \sim N(\theta, 1) \tag{8.29}$$

θ를 위한 베이즈 분석을 수행하려면, 사전분포를 지정해야 한다. $\theta \sim N(0, \tau)$이 가장 편리하고 일반적인 선택일 것이다. 이는 다음의 사후분포를 만들어낸다.

$$\theta | z \sim N \left(\frac{z}{1 + 1/\tau}, \frac{1}{1 + 1/\tau} \right) \tag{8.30}$$

이제 더 큰 τ을 취할수록 사후분포는 최대가능도 추정량 $\hat{\theta} = z$ 주변으로 더욱 중심화된다.

$\tau \to \infty$으로 극한이 됨에 따라 비정보 (상수) 사전분포를 얻게 되며, 사후분포는 다음이 된다.

$$\theta | z \sim N(z, 1) \tag{8.31}$$

이는 표집 밀도 $N(z, 1)$의 최대가능도 추정값으로부터 부트스트랩 값 z^*을 생성할 때의 모수적 부트스트랩 분포와 같다.

이러한 관련된 것을 동작하게 만드는 재료에는 세 가지가 있다.

1. θ를 위한 비정보 사전분포의 선택
2. 로그 가능도 $\ell(\theta; \mathbf{Z})$가 데이터 $\mathbf{Z}$에 오직 최대가능도 추정값 $\hat{\theta}$을 통해서만 의존한다. 따라서 로그 가능도를 $\ell(\theta; \hat{\theta})$와 같이 쓸 수 있다.
3. θ와 $\hat{\theta}$ 내 로그 가능도의 대칭성. 즉 $\ell(\theta; \hat{\theta}) = \ell(\hat{\theta}; \theta) +$ 상수다.

속성 (2)과 (3)은 근본적으로 가우스 분포에서만 유지된다. 그러나 이들은 또한 다변량 분포에서도 근사적으로 유지된다. 이는 비모수 부트스트랩과 베이즈 추론 사이의 관련성으로 이어지며, 다음에서 개요를 설명한다.

L개 범주를 가지는 이산 표본공간이 있다고 해보자. w_j를 표본 지점이 범주 j에 속하는 확률이라 하고, $\hat{w}_j$를 범주 j에서 관찰된 비율이라 하자. $w = (w_1, w_2, ..., w_L)$, $\hat{w} = (\hat{w}_1, \hat{w}_2, ..., \hat{w}_L)$이라 하고, 추정량을 $S(\hat{w})$로 표기하자. 매개변수 a를 가지는 대칭 디리클레분포 w를 위해 이를 사전분포로 취한다.

$$w \sim \text{Di}_L(a1) \tag{8.32}$$

즉, 사전확률밀도함수가 $\prod_{\ell=1}^{L} w_{\ell}^{a-1}$에 비례한다. 그러면 w의 사후밀도는 다음과 같다.

$$w \sim \text{Di}_L(a1 + N\hat{w}) \tag{8.33}$$

이때 N은 표본 크기다. 무정보 사전분포를 얻기 위해 $a \to 0$으로 두면 다음을 얻는다.

$$w \sim \text{Di}_L(N\hat{w}) \tag{8.34}$$

이제 데이터의 복원을 통한 표집을 통해 얻은 부트스트랩분포는 다변량분포로부터 범주의 비율을 표집하는 것으로 표현할 수 있다. 특히 다음처럼 표현하며 이때 $\text{Mult}(N, \hat{w})$는 확률질량함수 $\binom{N}{N\hat{w}_1^*, \ldots, N\hat{w}_L^*} \prod \hat{w}_{\ell}^{N\hat{w}_{\ell}^*}$를 갖는 다변량 분포를 나타낸다.

$$N\hat{w}^* \sim \text{Mult}(N, \hat{w}) \tag{8.35}$$

이 분포는 앞의 사전분포와 유사하며, 같은 지지^{support}, 같은 평균 그리고 거의 같은 공분산행렬을 가진다. 그러므로 $S(\hat{w}^*)$의 부트스트랩분포는 $S(w)$의 사후분포를 가깝게 근사한다.

이러한 측면에서 부트스트랩분포는 우리의 매개변수에 관한 (근사적인) 비모수의 무정보 사후분포를 나타낸다. 그러나 이러한 부트스트랩분포는 고통 없이, 즉 사전분포를 형식적으로 지정하지 않으며 사후분포로부터 나온 표본을 갖지 않고 얻을 수 있다. 그러므로 부트스트랩분포를 "가난한 사람"의 베이즈 사후분포로 생각할 수도 있다. 데이터를 섭동[1]시킴으로써^{perturb} 부트스트랩이 매개변수 섭동의 베이즈 효과를 근사시키고, 이는 통상적으로 수행하기가 훨씬 간단하다.

8.5 EM 알고리즘

EM 알고리즘은 어려운 최대가능도 문제를 단순화하는 인기 있는 도구다. 먼저 이를 단순 혼합모델 측면에서 설명한다.

---

1 섭동이란 풀이가 불가능한 어떠한 문제를 풀이가 가능한 (즉, 섭동이 존재하지 않는) 부분과 풀이가 불가능한(섭동) 부분으로 나눠 문제를 근사적으로 푸는 것을 말한다. - 옮긴이

8.5.1 2-성분 혼합모델

이 절에서는 밀도 추정을 위한 단순 혼합모델과 최대가능도 추정을 수행하기 위한 관련된 EM 알고리즘을 설명한다. 이는 베이즈 추론을 위한 깁스 표본 추출법과 자연스럽게 연결된다. 혼합모델은 6.8절, 12.7절, 13.2.3절 등 이 책의 몇몇 다른 부분에서 논의하면서 보여주고 있다.

그림 8.5의 왼쪽 패널은 표 8.1의 20개의 가공된 데이터 지점의 히스토그램을 보여준다.

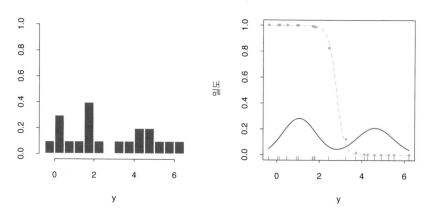

그림 8.5 혼합 예제. 왼쪽 패널: 데이터의 히스토그램. 오른쪽 패널: 가우스 밀도의 최대가능도 적합(빨간 실선) 및 관측치 y를 위한 왼쪽 성분 밀도의 신뢰도를 y의 함수로 그린 것(초록색 점선).

표 8.1 그림 8.5의 2속성 혼합 예제에서 사용된 가공된 데이터 지점

−0.39	0.12	0.94	1.67	1.76	2.44	3.72	4.28	4.92	5.53
0.06	0.48	1.01	1.68	1.80	3.25	4.12	4.60	5.28	6.22

우리는 데이터 지점의 밀도를 모델링하고자 하며, 명백한 쌍봉성bi-modality로 인해 가우스 분포는 적절하지 않을 것이다. 두 개의 구별된 하부 체제가 있는 것으로 보이므로, 대신에 두 개의 정규분포의 혼합으로 Y를 모델링한다.

$$
\begin{aligned}
Y_1 &\sim N(\mu_1, \sigma_1^2) \\
Y_2 &\sim N(\mu_2, \sigma_2^2) \\
Y &= (1 - \Delta) \cdot Y_1 + \Delta \cdot Y_2
\end{aligned}
\tag{8.36}
$$

이때 $\Pr(\Delta = 1) = \pi$이며 $\Delta \in \{0, 1\}$이다. 이러한 생성적generative 표현은 명시적이다. 확률 π로 $\Delta \in \{0, 1\}$ 하나를 생성하고, 그 뒤 결과에 따라 Y_1 혹은 Y_2를 전달

하는 것이다. $\phi_\theta(x)$를 매개변수 $\theta = (\mu, \sigma^2)$를 가지는 정규밀도로 표기하자. 그러면 Y의 밀도는 다음과 같다.

$$g_Y(y) = (1 - \pi)\phi_{\theta_1}(y) + \pi\phi_{\theta_2}(y) \tag{8.37}$$

이제 최대가능도를 통해 그림 8.5 내 데이터에 이 모델을 적합시키고자 한다고 해보자. 매개변수는 다음과 같다.

$$\theta = (\pi, \theta_1, \theta_2) = (\pi, \mu_1, \sigma_1^2, \mu_2, \sigma_2^2) \tag{8.38}$$

N개의 훈련 사례에 근거한 로그 가능도는 다음과 같다.

$$\ell(\theta; \mathbf{Z}) = \sum_{i=1}^{N} \log[(1 - \pi)\phi_{\theta_1}(y_i) + \pi\phi_{\theta_2}(y_i)] \tag{8.39}$$

$\ell(\theta; \mathbf{Z})$의 직접적인 최대화는 수치적으로 꽤 어려운데, 로그 내 항을 합하는 것 때문이다. 그러나 더 단순한 접근법이 있다. (8.36)에서 0 혹은 1을 값으로 취하는 관측되지 않은 잠재변수 Δ_i를 고려해보자. $\Delta_i = 1$이라면 Y_i는 모델 2로부터 가져오며, 그렇지 않으면 모델 1로부터 가져온다. Δ_i의 값을 알고 있었다고 해보자. 그러면 로그 가능도는 다음과 같으며

$$
\begin{aligned}
\ell_0(\theta; \mathbf{Z}, \boldsymbol{\Delta}) &= \sum_{i=1}^{N} [(1 - \Delta_i) \log \phi_{\theta_1}(y_i) + \Delta_i \log \phi_{\theta_2}(y_i)] \\
&\quad + \sum_{i=1}^{N} [(1 - \Delta_i) \log(1 - \pi) + \Delta_i \log \pi] \tag{8.40}
\end{aligned}
$$

μ_1와 σ_1^2의 최대가능도 추정값은 $\Delta_i = 0$인 데이터의 표본 평균과 분산이 될 것이며, 이와 유사하게 μ_2와 σ_2^2에 관해서는 $\Delta_i = 1$인 데이터의 표본 평균과 분산이 될 것이다. π의 추정값은 $\Delta_i = 1$의 비율이 될 것이다.

Δ_i의 값이 실제 알려져 있지 않으므로 반복적인 방식으로 진행해 (8.40) 내 각 Δ_i에 기댓값을 대입한다.

$$\gamma_i(\theta) = \mathrm{E}(\Delta_i | \theta, \mathbf{Z}) = \Pr(\Delta_i = 1 | \theta, \mathbf{Z}) \tag{8.41}$$

이는 관측치 i에 관한 모델 2의 책임도responsibility라고 부른다. 가우스 혼합의 특별한 경우를 위해 알고리즘 8.1에서 주어진 EM 알고리즘이라고 부르는 과정을 사용

한다. 기대expectation 단계에서는 각 모델에 각 관측치를 연할당soft assignment한다. 매개변수의 현재 추정값을 사용해 각 모델하에서의 훈련 지점의 상대 밀도에 따라 책임도를 할당한다. 최대화maximization 단계에서는 매개변수의 추정값을 갱신하기 위한 가중 최대가능도 적합에서 이들 책임도를 사용한다.

$\hat{\mu}_1$과 $\hat{\mu}_2$의 초기 추측값을 구축하는 좋은 방법은 단순히 y_i에서 두 값을 무작위로 선택하는 것이다. $\hat{\sigma}_1^2$와 $\hat{\sigma}_2^2$ 둘 다 전체 표본 분산 $\sum_{i=1}^{N}(y_i - \bar{y})^2/N$으로 동일하게 설정할 수 있다. 혼합 비율 $\hat{\pi}$은 값 0.5로 시작할 수 있다.

가능도의 실제 최대화자maximizer는 임의의 한 데이터 지점에서 무한한 높이의 솟구침spike을 집어넣으면, 즉 어떠한 i에서 $\hat{\mu}_1 = y_i$이며 $\hat{\sigma}_1^2 = 0$이면 나타나게 된다는 것을 주지하기 바란다. 이는 무한한 가능도를 만들어내지만, 유용한 해는 아니다. 그러므로 실제로는 가능도를 위한 $\hat{\sigma}_1^2$, $\hat{\sigma}_2^2 > 0$인 좋은 국소 최댓값을 찾는 것이다. 더욱 복잡한 문제에서는, $\hat{\sigma}_1^2$, $\hat{\sigma}_2^2 > 0$인 국소 최댓값이 하나 이상일 수 있다. 우리 예제에서는 매개변수 모두 $\hat{\sigma}_k^2 > 0.5$이도록 하는 몇 개의 서로 다른 초기 추측값으로 EM 알고리즘을 실행했으며, 가장 최대화된 가능도를 주는 것을 선택했다. 그림 8.6은 로그 가능도를 최대화하는 EM 알고리즘의 경과를 보여준다. 표 8.2는 클래스 2의 관측치의 비율의 최대가능도 추정값인 $\hat{\pi} = \sum_i \hat{\gamma}_i/N$을, 선택한 EM 과정 횟수에서 보여준다.

알고리즘 8.1 2성분 가우스 혼합을 위한 EM 알고리즘

1. 매개변수 $\hat{\mu}_1$, $\hat{\sigma}_1^2$, $\hat{\mu}_2$, $\hat{\sigma}_2^2$, $\hat{\pi}$를 위한 초기 추측값을 취한다(내용을 보라).
2. 기대 단계: 책임도를 계산한다.

$$\hat{\gamma}_i = \frac{\hat{\pi}\phi_{\hat{\theta}_2}(y_i)}{(1 - \hat{\pi})\phi_{\hat{\theta}_1}(y_i) + \hat{\pi}\phi_{\hat{\theta}_2}(y_i)}, \quad i = 1, 2, \dots, N \qquad (8.42)$$

3. 최대화 단계: 가중 평균과 분산을 계산한다.

$$\hat{\mu}_1 = \frac{\sum_{i=1}^{N}(1 - \hat{\gamma}_i)y_i}{\sum_{i=1}^{N}(1 - \hat{\gamma}_i)} \qquad \hat{\sigma}_1^2 = \frac{\sum_{i=1}^{N}(1 - \hat{\gamma}_i)(y_i - \hat{\mu}_1)^2}{\sum_{i=1}^{N}(1 - \hat{\gamma}_i)}$$

$$\hat{\mu}_2 = \frac{\sum_{i=1}^{N}\hat{\gamma}_i y_i}{\sum_{i=1}^{N}\hat{\gamma}_i} \qquad \hat{\sigma}_2^2 = \frac{\sum_{i=1}^{N}\hat{\gamma}_i(y_i - \hat{\mu}_2)^2}{\sum_{i=1}^{N}\hat{\gamma}_i}$$

그리고 혼합 확률 $\hat{\pi} = \sum_{i=1}^{N}\hat{\gamma}_i/N$을 계산한다.

4. 단계 2와 3을 수렴할 때까지 반복한다.

표 8.2 혼합 예제를 위한 EM 알고리즘의 선택 횟수

반복 횟수	$\hat{\pi}$
1	0.485
5	0.493
10	0.523
15	0.544
20	0.546

최종 최대가능도 추정값은 다음과 같다.

$$\hat{\mu}_1 = 4.62 \qquad\qquad \hat{\sigma}_1^2 = 0.87$$
$$\hat{\mu}_2 = 1.06 \qquad\qquad \hat{\sigma}_2^2 = 0.77$$
$$\hat{\pi} = 0.546$$

그림 8.5의 오른쪽 패널은 이 과정으로부터 추정된 가우스 혼합 밀도(빨간색 곡선)를 책임도(초록색 점선)와 함께 보여준다. 혼합법은 또한 지도 학습에서도 유용하다는 사실을 주지하라. 6.7절에서 어떻게 가우스 혼합모델이 방사 기반 함수radial basis function 버전이 되는지 보여준다.

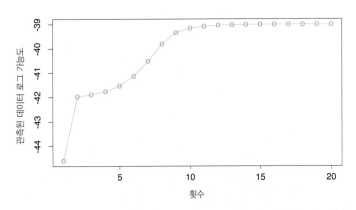

그림 8.6 EM 알고리즘: 관측된 데이터 로그 가능도를 반복 횟수의 함수로 보여준다.

8.5.2 일반적인 EM 알고리즘

앞의 과정은 문제의 특정 종류에서의 가능도를 최대화하기 위한 EM(혹은 바움-웰치Baum-Welch) 알고리즘의 예제다. 이들 문제는 가능도를 최대화하기가 어려운 것

들 중 하나이지만, 잠재 (관측되지 않은) 데이터로 표본 크기를 늘림으로써 이를 더 쉽게 만들 수 있다. 이는 데이터 덧붙임data augmentation이라 부른다. 여기서 잠재 데이터는 모델에서 Δ_i로 속한다. 다른 문제에서 잠재 데이터는 관측돼야 하지만 결측된 실제 데이터다.

알고리즘 8.2는 EM 알고리즘의 일반적인 형식을 보여준다. 관측된 데이터는 $\mathbf{Z}$이며, 이는 매개변수 θ에 따라 로그 가능도 $\ell(\theta; \mathbf{Z})$를 가진다. 잠재 데이터 혹은 결측 데이터는 $\mathbf{Z}_m$이므로 완전한 데이터는 $\mathbf{T} = (\mathbf{Z}, \mathbf{Z}^m)$이다. 이는 로그 가능도가 $\ell_0(\theta; \mathbf{T})$이며, ℓ_0는 완전 밀도complete에 기반한다. 혼합 문제에서 $(\mathbf{Z}, \mathbf{Z}^m) = (\mathbf{y}, \Delta)$와 $\ell_0(\theta; \mathbf{T})$는 (8.40)에 주어져 있다. 혼합 예제에서 $\mathrm{E}(\ell_0(\theta; \mathbf{T})|\mathbf{Z}, \hat{\theta}^{(j)})$는 단순히 Δ_i가 책임도 $\hat{\gamma}_i(\hat{\theta})$로 교체된 (8.40)이며, 단계 3의 최대화자는 단지 가중평균 및 분산이다.

이제 왜 EM 알고리즘이 일반적으로 작동하는지 설명한다.

$$\Pr(\mathbf{Z}^m|\mathbf{Z}, \theta') = \frac{\Pr(\mathbf{Z}^m, \mathbf{Z}|\theta')}{\Pr(\mathbf{Z}|\theta')} \tag{8.44}$$

이므로, 다음과 같이 쓸 수 있다.

$$\Pr(\mathbf{Z}|\theta') = \frac{\Pr(\mathbf{T}|\theta')}{\Pr(\mathbf{Z}^m|\mathbf{Z}, \theta')} \tag{8.45}$$

로그 가능도 측면에서 $\ell(\theta'; \mathbf{Z}) = \ell_0(\theta'; \mathbf{T}) - \ell_1(\theta'; \mathbf{Z}^m|\mathbf{Z})$이며, 이때 ℓ_1은 조건부 밀도 $\Pr(\mathbf{Z}^m|\mathbf{Z}, \theta')$에 근거한다. 매개변수 θ에 의해 통제되는 $\mathbf{T}|\mathbf{Z}$의 분포 측면에서 조건부 기댓값을 취하면 다음을 얻는다.

$$\begin{aligned} \ell(\theta'; \mathbf{Z}) &= \mathrm{E}[\ell_0(\theta'; \mathbf{T})|\mathbf{Z}, \theta] - \mathrm{E}[\ell_1(\theta'; \mathbf{Z}^m|\mathbf{Z})|\mathbf{Z}, \theta] \\ &\equiv Q(\theta', \theta) - R(\theta', \theta) \end{aligned} \tag{8.46}$$

1. 매개변수 $\hat{\theta}(0)$를 위한 초기 추측값으로 시작한다.
2. 기대 단계: j번째 단계에서 다음 식을 더미 인수 θ'의 함수로서 계산한다.

$$Q(\theta', \hat{\theta}^{(j)}) = \mathrm{E}(\ell_0(\theta'; \mathbf{T})|\mathbf{Z}, \hat{\theta}^{(j)}) \tag{8.43}$$

3. 최대화 단계: 새로운 추정값 $\hat{\theta}^{(j+1)}$을 θ'에 관한 $Q(\theta', \hat{\theta}^{(j)})$의 최대화자로서 결정한다.
4. 수렴할 때까지 2와 3단계를 반복한다.

M단계에서 EM 알고리즘은 실제 목적함수 $\ell(\theta'; \mathbf{Z})$ 대신에 $Q(\theta', \theta)$를 θ에 관해 최대화한다. 이것이 어떻게 $\ell(\theta'; \mathbf{Z})$를 최대화하는 데 성공할 수 있을까? $R(\theta^*, \theta)$가 밀도(θ^*로 인덱스된)의 로그 가능도의 기댓값이며, 이는 θ로 인덱스된 동일한 밀도 측면에서 그러함을 주지하라. 그러므로 이는 (젠센의 부등식에 의해) $\theta^* = \theta$일 때 θ'의 함수로써 최대화된다(연습 8.1을 보라). 따라서 θ'가 $Q(\theta', \theta)$를 최대화하면 다음과 같이 된다.

$$\begin{aligned} \ell(\theta'; \mathbf{Z}) - \ell(\theta; \mathbf{Z}) &= [Q(\theta', \theta) - Q(\theta, \theta)] - [R(\theta', \theta) - R(\theta, \theta)] \\ &\geq 0 \end{aligned} \tag{8.47}$$

그러므로 EM 반복은 로그 가능도를 절대로 감소시키지 않는다.

이 논거는 또한 M단계에서의 완전 최대화가 중요치 않다는 점을 분명히 한다. 우리는 $Q(\theta', \hat{\theta}^{(j)})$가 첫 번째 인수의 함수로서 증가하도록 하는 값 $\hat{\theta}^{(j+1)}$을 찾기만 하면, 즉 $Q(\hat{\theta}^{(j+1)}, \hat{\theta}^{(j)}) > Q(\hat{\theta}^{(j)}, \hat{\theta}^{(j)})$이면 된다. 이러한 과정은 GEM^{Generalized EM} 알고리즘이라 한다. EM 알고리즘은 또한 극소화 과정^{minorization procedure}으로도 볼 수 있다. 연습 8.7을 보라.

8.5.3 최대화-최대화 과정으로서의 EM

다음은 EM 과정을 결합 최대화 알고리즘이라는 다른 시각으로 본다. 다음 함수를 고려해보자.

$$F(\theta', \tilde{P}) = \mathrm{E}_{\tilde{P}}[\ell_0(\theta'; \mathbf{T})] - \mathrm{E}_{\tilde{P}}[\log \tilde{P}(\mathbf{Z}^m)] \tag{8.48}$$

여기서 $\tilde{P}(\mathbf{Z}^m)$는 잠재 데이터 $\mathbf{Z}^m$에 관한 임의의 분포다. 혼합 예제에서 $\tilde{P}(\mathbf{Z}^m)$는 확률의 집합 $\gamma_i = \Pr(\Delta_i = 1|\theta, \mathbf{Z})$으로 구성된다. F가 $\tilde{P}(\mathbf{Z}^m) = \Pr(\mathbf{Z}^m|\mathbf{Z}, \theta')$에서 값이 매겨진, $(8.46)^2$으로부터 나온 관측 데이터의 로그 가능도임을 주지하라. 함수 F는 로그 가능도의 정의역을 확장시켜 최대화를 용이하게 한다.

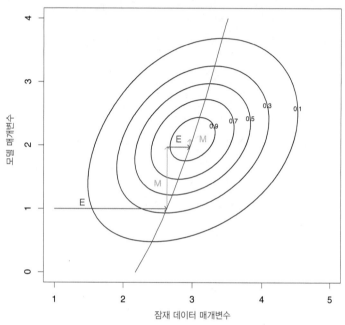

그림 8.7 EM 알고리즘의 최대화-최대화 시점. (덧붙여진) 관측 데이터 로그 가능도 $F(\theta', \tilde{P})$의 윤곽을 볼 수 있다. E단계는 잠재 데이터 분포의 매개변수에 관해 로그 가능도를 최대화하는 것과 동일하다. M 단계는 로그 가능도의 매개변수에 관해 이를 최대화한다. 빨간색 곡선은 관측된 데이터 로그 가능도에 해당하며, 이는 θ'의 각 값에 관해 $F(\theta', \tilde{P})$를 최대화해 얻어낸 프로파일이다.

EM 알고리즘은 θ'와 $\tilde{P}(\mathbf{Z}^m)$에 관해 인수 하나를 고정시키고 다른 쪽을 최대화함으로써 얻는 F의 결합 최대화 방법이라 볼 수 있다. 고정된 θ'에 관한 $\tilde{P}(\mathbf{Z}^m)$의 최대화자는 다음과 같음을 보일 수 있다(연습 8.2).

$$\tilde{P}(\mathbf{Z}^m) = \Pr(\mathbf{Z}^m|\mathbf{Z}, \theta') \tag{8.49}$$

이는 E단계에 의해 계산된 분포로, 예를 들어 혼합 예제에서의 (8.42)와 같다. M 단계에서 θ'에 관해 $\tilde{P}$이 고정된 채로 $F(\theta', \tilde{P})$를 최대화한다. 이는 첫 번째 항 $\mathrm{E}\tilde{P}$ $[\ell_0(\theta'; \mathbf{T})|\mathbf{Z}, \theta]$을 최대화하는 것과 같은데, 두 번째 항은 θ'와 관련이 없기 때문이다.

---

2 (8.46)은 $\theta = \theta'$를 포함해 모든 θ에 관해 유지된다.

마지막으로, $F(\theta', \tilde{P})$와 관측된 데이터 로그 가능도가 $\tilde{P}(\mathbf{Z}^m) = \text{Pr}(\mathbf{Z}^m|\mathbf{Z}, \theta')$일 때 일치하므로, 전자를 최대화하면 후자의 최대화를 달성하게 된다. 그림 8.7은 이 과정을 도식적으로 보여준다. EM 알고리즘의 이와 같은 시각은 대안적인 최대화 과정으로 이어진다. 예를 들면 모든 잠재 데이터 매개변수 측면에서 한 번에 최대화할 필요는 없지만, 대신에 M단계와 번갈아 가며 한 번에 이들 중 하나에 관해 최대화할 수 있다.

8.6 사후분포로부터 표본 추출을 위한 MCMC

베이즈 모델을 정의했다면, 매개변수에 관한 추론을 위해 결과 사후분포로부터 표본을 추출하고자 할 것이다. 이는 단순한 모델을 제외하고 자주 어려운 연산 문제를 야기한다. 이 절에서는 사후 표본 추출을 위한 마코프 체인 몬테카를로^{MCMC,} Markov chain Monte Carlo를 논의한다. 추후 MCMC 과정인 깁스 추출이 EM 알고리즘과 긴밀하게 관련이 있음을 보게 될 것이다. 가장 큰 차이점은 이는 조건부 분포를 최대화하기보다는 이로부터 표본을 추출한다는 데 있다.

먼저 다음의 추상적인 문제를 고려해보자. 확률변수 U_1, U_2, ..., U_K가 있으며 이들의 결합분포로부터 표본을 뽑고자 한다. 이는 어려운 일이지만, 조건부 분포 $\text{Pr}(U_j|U_1, U_2, ..., U_{j-1}, U_{j+1}, ..., U_K)$, $j = 1, 2, ..., K$로부터 시뮬레이션하는 것은 쉽다고 가정해보자. 깁스 추출 과정은 대안적으로 이들 각각의 분포로부터 시뮬레이션하며, 과정이 안정화되면 원하는 결합분포로부터 표본을 제공한다. 이 과정은 알고리즘 8.3에 정의돼 있다.

알고리즘 8.3 깁스 표집기

---

1. 어떠한 초깃값 $U_k^{(0)}$, $k = 1, 2, ..., K$를 취한다.
2. $t = 1, 2, ...,$ 동안 반복한다.

   $k = 1, 2, ..., K$에 관해 $\text{Pr}(U_k^{(t)}|U_1^{(t)}, ..., U_{k-1}^{(t)}, U_{k+1}^{(t-1)}, ..., U_K^{(t-1)})$로부터 $U_k^{(t)}$를 생성한다.

3. $(U_1^{(t)}, U_2^{(t)}, ..., U_K^{(t)})$의 결합분포가 변하지 않을 때까지 2단계를 계속한다.

정칙성 조건하에서 이 과정이 결국은 안정이 되며, 결과 확률변수가 당연히 $U_1, U_2, ..., U_K$의 결합분포로부터의 표본이라는 것을 보이는 것이 가능하다. 이는 표본 $(U_1^{(t)}, U_2^{(t)}, ..., U_K^{(t)})$가 서로 다른 t에 관해 분명하게 독립이 아니라는 사실에도 일어난다. 더욱 형식적으로 말하자면, 깁스 추출은 정상분포가 참인 결합분포인 마코프 체인을 만들어내기 때문에 "마코프 체인 몬테카를로"이다. 참인 결합분포가 이 과정하에서 정상stationary이라는 점은 놀라운 일이 아니다. 연속적인 단계가 계속됨에 따라 U_k의 주변분포가 변하지 않도록 하기 때문이다.

조건부 밀도의 명시적 형태를 알 필요가 없고, 이들로부터 표본을 추출할 수 있기만 하면 된다는 점을 주지하기 바란다. 과정이 정상성에 도달하면 변수의 어떠한 부분집합의 주변 밀도는 표본 값에 적용된 밀도 추정값을 통해 근사할 수 있다. 그러나 조건부 밀도 $\Pr(U_k, |U_\ell, \ell \neq k)$의 명시적 형태가 존재한다면, 말하자면 U_k의 주변밀도에 관한 더 나은 추정값을 다음으로부터 얻어낼 수 있다(연습 8.3).

$$\widehat{\Pr}_{U_k}(u) = \frac{1}{(M - m + 1)} \sum_{t=m}^{M} \Pr(u|U_\ell^{(t)}, \ell \neq k) \tag{8.50}$$

여기서 시퀀스의 마지막 $M - m + 1$ 구성원에 관해서 평균을 해 정상성에 도달하기 전에 초기 "번인burn-in[3]" 기간을 가지도록 했다.

이제 베이즈 추론으로 돌아가서, 우리의 목적은 데이터 $\mathbf{Z}$가 주어졌을 때 매개변수의 결합 사후분포로부터 표본을 뽑는 것이다. 다른 매개변수와 $\mathbf{Z}$가 주어졌을 때 각각의 매개변수의 조건부분포로부터 표집을 하는 것이 쉽다면, 깁스 추출이 도움이 될 것이다. 예제로 가우스 혼합 문제를 다음에 설명한다.

사후분포로부터의 깁스 추출과 지수족 모델에서의 EM 알고리즘 사이에는 긴밀한 관계가 있다. 핵심은 EM 과정으로부터의 잠재 데이터 $\mathbf{Z}^m$이 깁스 추출기를 위한 다른 매개변수가 되도록 하는 것이다. 가우스 혼합 문제에서 이를 명시적으로 하려면 매개변수가 $(\theta, \mathbf{Z}^m)$이 되도록 취한다. 단순함을 위해 분산 σ_1^2, σ_2^2와 혼합 비율 π을 이들의 최대가능도 값에서 고정해, θ에서의 알려지지 않은 매개변수가 오직 평균 μ_1과 μ_2이도록 한다. 혼합 문제에서의 깁스 추출기는 알고리즘 8.4에서 주어져 있다. 단계 2(a)와 2(b)가 EM 과정에서 최대화가 아니라 표본 추출

---

3 제품 등이 실제로 서비스에 쓰이기 전에 테스트를 거치는 것을 말한다. 자세한 내용은 위키피디아(https://en.wikipedia.org/wiki/Burn-in) 참고 – 옮긴이

이라는 점을 제외하고 E와 M단계와 같음을 볼 수 있다. 2(a) 단계에서 최대가 능도 책임도 $\gamma_i = \mathrm{E}(\Delta_i | \theta, \mathbf{Z})$를 계산하는 대신에, 깁스 추출 과정은 분포 $\Pr(\Delta_i | \theta, \mathbf{Z})$로부터 잠재 데이터 Δ_i를 시뮬레이션한다. 2(b) 단계에선 사후분포 $\Pr(\mu_1, \mu_2, \Delta | \mathbf{Z})$의 최대화자를 계산하는 대신에 조건부분포 $\Pr(\mu_1, \mu_2 | \Delta, \mathbf{Z})$로부터 시뮬레이션을 한다.

그림 8.8은 200회 반복한 깁스 추출을 보여준다. 평균 매개변수 μ_1(아래쪽)과 μ_2(위쪽)을 왼쪽 패널에서, 클래스 2 관측치의 비율 $\sum_i \Delta_i / N$를 오른쪽에서 볼 수 있다. 각 경우에 관한 $\hat{\mu}_1$, $\hat{\mu}_2$ 그리고 $\sum_i \hat{\gamma}_i / N$의 최대가능도 추정값이 수평 점선으로 그려져 있다. 값들이 꽤 빠르게 안정화되는 것으로 보이며, 최대가능도 값 근처에서 고르게 분포돼 있다.

앞의 혼합모델은 깁스 추출과 EM 알고리즘 사이의 관계를 분명히 하기 위해 단순화돼 있었다. 더 현실적으로는 분산 σ_1^2, σ_2^2와 혼합 비율 π에 사전분포를 사용하고, 별도의 깁스 추출 단계를 넣어 그 단계에서 다른 매개변수에 조건부인 사후분포로부터 표본 추출을 할 수 있을 것이다. 또한 평균 매개변수에 적절한 (정보적인) 사전분포를 포함시킬 수 있다. 이들 사전분포가 부적절하다면 하나의 성분이 모든 혼합 가중치를 가지는 퇴화 사후분포를 야기할 것이다.

알고리즘 8.4 혼합분포를 위한 깁스 추출

1. 일부 초깃값을 $\theta^{(0)} = (\mu_1^{(0)}, \mu_2^{(0)})$로부터 취한다.
2. $t = 1, 2, ..., N$에 관해 다음을 반복한다.

   (a) $i = 1, 2, ..., N$에 관해 방정식 (8.42)로부터 $\Pr(\Delta_i^{(t)} = 1) = \hat{\gamma}_i(\theta^{(t)})$로 $\Delta_i^{(t)} \in \{0, 1\}$를 생성한다.

   (b) 다음이라 두고 $\mu_1^{(t)} \sim N(\hat{\mu}_1, \hat{\sigma}_1^2)$와 $\mu_2^{(t)} \sim N(\hat{\mu}_2, \sigma_2^2)$을 생성한다.

$$
\hat{\mu}_1 = \frac{\sum_{i=1}^N (1 - \Delta_i^{(t)}) \cdot y_i}{\sum_{i=1}^N (1 - \Delta_i^{(t)})},
$$

$$
\hat{\mu}_2 = \frac{\sum_{i=1}^N \Delta_i^{(t)} \cdot y_i}{\sum_{i=1}^N \Delta_i^{(t)}},
$$

3. $(\Delta^{(t)}, \mu_1^{(t)}, \mu_2^{(t)})$의 결합분포가 변하지 않을 때까지 2단계를 계속한다.

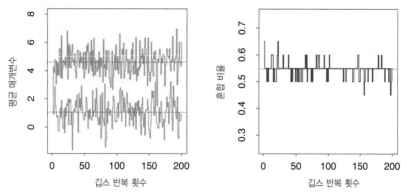

그림 8.8 혼합 예제. 왼쪽 패널: 깁스 추출로부터 나온 2 평균 매개변수의 200개 값. 최대가능도 추정값 $\hat{\mu}_1$, $\hat{\mu}_2$에 수평선이 그려져 있다. 오른쪽 패널: 각 200개 깁스 추출에 관한 $\Delta_i = 1$인 값들의 비율. 수평선 이 $\sum_i \hat{\gamma}_i / N$에서 그려져 있다.

깁스 추출은 단지 사후분포로부터의 표집을 위해 최근에 개발된 과정 중 하나일 뿐이다. 이는 각 매개변수에 관해 나머지가 주어졌을 때 조건부 추출을 사용하며, 문제의 구조가 이러한 추출을 하기 쉽도록 돼 있을 때 유용하다. 예를 들어 메트로폴리스-헤이스팅스Metropolis-Hastings 알고리즘은 이러한 구조를 필요로 하지 않는다. 이들 및 다른 연산적 베이즈 방법이 가우스 과정 모델과 신경망과 같은 정교한 학습 알고리즘에 적용돼 왔다. 8장 마지막의 참고문헌을 읽으면 자세한 내용을 알 수 있을 것이다.

8.7 배깅

앞서 매개변수 추정이나 예측의 정확도를 평가하는 방법으로 부트스트랩을 소개했다. 여기서는 추정이나 예측 자체를 개선하는 데 부트스트랩을 어떻게 사용하는지 보여준다. 8.4절에서 부트스트랩과 베이즈 접근법 사이의 관계를 조사했으며, 부트스트랩 평균이 근사적으로 사후평균임을 발견했다. 배깅bagging은 이러한 관계를 더욱 활용한다.

첫 번째로 회귀 문제를 고려해보자. 훈련 데이터 $\mathbf{Z} = \{(x_1, y_1), (x_2, y_2), ..., (x_N, y_N)\}$에 모델을 적합시켜 입력 x에서 예측값 $\hat{f}(x)$를 얻는다고 해보자. 부트스트랩 병합 혹은 배깅은 이들 추정값을 부트스트랩 표본의 모음에 관해 평균하고, 그렇게 함으로써 분산을 줄인다. 각 부트스트랩 표본 $\mathbf{Z}^{*b}$, $b = 1, 2, ..., B$에 관해 예측 값 $\hat{f}^{*b}(x)$을 내어주도록 모델을 적합시킨다. 배깅 추정값은 다음으로 정의된다.

$$\hat{f}_{\text{bag}}(x) = \frac{1}{B} \sum_{b=1}^{B} \hat{f}^{*b}(x) \tag{8.51}$$

각 데이터 지점 (x_i, y_i)에 동일한 확률 $1/N$을 주는 경험적 분포를 $\hat{\mathcal{P}}$라 표기하자. 실제 "참인" 배깅 추정값은 $\mathrm{E}_{\hat{\mathcal{P}}} \hat{f}^*(x)$로 정의되며, 이때 $\mathbf{Z}^* = \{(x_1^*, y_1^*), (x_2^*, y_2^*), ...,$ $(x_N^*, y_N^*)\}$ 이고 각각 $(x_i^*, y_i^*) \sim \hat{\mathcal{P}}$이다. 식 (8.51)은 참된 배깅 추정값의 몬테 카를로 추정값으로, $B \to \infty$임에 따라 이로 접근한다.

배깅된 추정값 (8.51)은 원본 추정값 $\hat{f}(x)$이 비선형이거나 데이터의 적응적 함수일 경우에만 이와 다를 것이다. 예를 들면 8.2.1절의 B-스플라인 평활을 배깅하려면, x의 각 값에서 그림 8.2의 왼쪽 패널 아래쪽 내 곡선을 평균한다. B-스플라인 평활자는 입력값을 고정한다면 데이터 내에서 선형이다. 그러므로 방정식 (8.6)에 모수적 부트스트랩을 사용해 표집한다면, $B \to \infty$임에 따라 $\hat{f}_{\text{bag}}(x) \to \hat{f}(x)$이 된다(연습 8.4). 그러므로 배깅은 단지 그림 8.2의 위 왼쪽 패널 내 원본 평활을 다시 만들어낼 뿐이다. 비모수적 부트스트랩을 사용해 배깅을 한다 하더라도 근사적으로 같다.

회귀 트리regression tree 예제는 더욱 흥미롭다. 여기서 $\hat{f}(x)$는 입력 벡터 x에서 트리의 예측을 표시한다(회귀 트리는 9장에서 설명한다). 각 부트스트랩 트리는 통상적으로 원본 보다는 다른 특성을 수반하며, 서로 다른 숫자의 종료 노드를 가질 수도 있다. 배깅된 예측값은 이들 B 트리로부터 평균된 x에서의 예측이다.

이제 트리가 K-클래스 반응의 분류기 $\hat{G}(x)$를 만들어낸다고 해보자. 여기서 $\hat{G}(x) = \text{argmax}_k \hat{f}(x)$이 되도록 1인 값을 하나 가지고 나머지 $K - 1$은 0인 값을 갖는 하부 지시-벡터 함수indicator-vector function $\hat{f}(x)$를 고려하는 것이 유용하다. 그러면 배깅된 추정값 $\hat{f}_{\text{bag}}(x)$ (8.51)은 x에서 클래스 k를 예측하는 트리의 비율과 같은 $p_k(x)$을 가지는 K-벡터 $[p_1(x), p_2(x), ..., p_K(x)]$이다. 배깅된 분류기는 B개 트리로부터 가장 "표가 많은" 클래스 $\hat{G}_{\text{bag}}(x) = \text{argmax}_k \hat{f}_{\text{bag}}(x)$를 선택한다.

x에서 분류 그 자체보다는 클래스-확률 추정값이 필요한 경우가 많다. 이는 투표 비율 $p_k(x)$를 이들 확률의 추정값으로 다루고 싶게 만든다. 단순한 2 클래스 예제는 이에 관해 실패할 것임을 보여준다. x에서 예측 1의 참 확률이 0.75이고, 배깅된 각 분류기가 정확하게 1을 예측한다고 해보자. 그러면 $p_1(x) = 1$이고, 이

는 틀리게 된다. 그러나 많은 분류기 $\hat{G}(x)$에 관해, x에서 클래스 확률을 추정하는 하부 함수(트리에서는 종료 노드에서의 클래스 비율) $\hat{f}(x)$가 이미 존재한다. 대안적인 배깅 전략으로는 지시벡터에 투표를 하는 대신에 이들을 평균하는 것이다. 이는 클래스 확률의 추정값을 개선할 뿐만 아니라 더 낮은 분산을 가지는 배깅된 분류기를 만들어내며, 특히 B가 작을 때 그러하다(다음 예제의 그림 8.10을 보라).

8.7.1 예제: 시뮬레이션 데이터로 된 트리

우리는 크기 $N = 30$인 두 개의 클래스와 $p = 5$ 특성을 가지는 표본을 생성하며, 각 특성은 쌍별로 상관계수가 0.95인 표준 가우스 분포를 가진다. 반응 Y는 $\Pr(Y = 1|x_1 \leq 0.5) = 0.2$, $\Pr(Y = 1|x_1 > 0.5) = 0.8$에 따라 생성했다. 베이즈오차는 0.2다. 크기 2000의 테스트 표본 또한 같은 모집단에서 생성했다. 훈련 표본과 각각의 200개 부트스트랩 표본에 분류 트리를 적합시킨다(분류 트리는 9장에서 설명한다). 가지치기pruning는 사용하지 않았다. 그림 8.9는 원본 트리와 11개 부트스트랩 트리를 보여준다. 트리가 서로 다른 분리 특성과 절단점을 가지며 어떻게 서로 다른지 보라. 원본 트리와 배깅된 트리의 테스트오차는 그림 8.10에 있다. 이 예제에서 트리가 예측변수의 상관성으로 인해 고분산을 가진다. 배깅은 계속해서 이러한 분산을 평활화하는 데 성공하며 그에 따라 테스트오차를 줄인다.

배깅은 트리와 같은 불안정한 과정의 분산을 극적으로 줄이며 예측을 개선시킨다. 이러한 단순한 논증이 왜 배깅이 제곱-오차 손실하에서 도움이 되는지 보여준다. 간단히 말하자면 평균화가 분산을 줄이고 편향은 남겨두기 때문이다.

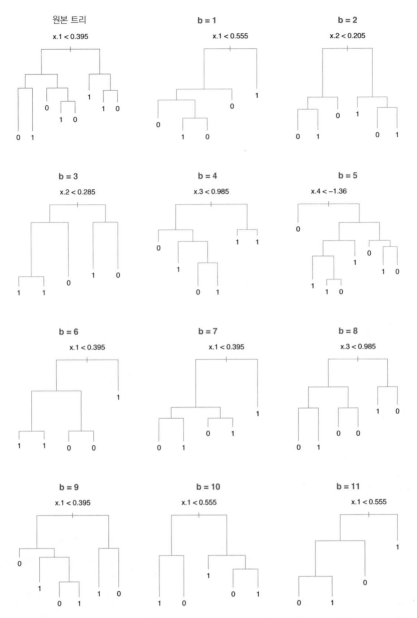

그림 8.9 시뮬레이션 데이터셋에서의 배깅 트리. 위 왼쪽 패널은 원본 트리를 보여준다. 부트스트랩 표본으로부터 자라난 11개 트리를 볼 수 있다. 각 트리에서 맨 위 분리점이 표시돼 있다.

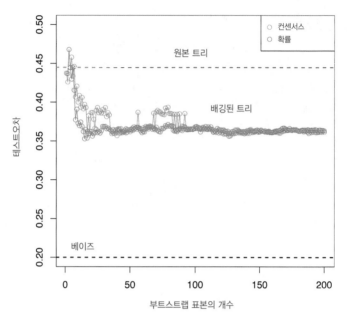

그림 8.10 그림 8.9의 배깅 예제의 오차 곡선. 원본 트리와 배깅된 트리의 테스트오차가 부트스트랩 표본 개수의 함수로 그려져 있다. 주황색 점은 컨센서스 투표에 해당하며, 초록색 점은 확률의 평균이다.

훈련 관측치 (x_i, y_i), $i = 1, ..., N$을 분포 $\mathcal{P}$로부터 독립적으로 뽑는다고 가정하고, 이상적인 병합 추정량 $f_{\mathrm{ag}}(x) = \mathrm{E}_{\mathcal{P}}\hat{f}^*(x)$를 고려해보자. 여기서 x는 고정돼 있으며 부트스트랩 데이터셋 $\mathbf{Z}^*$는 $\mathcal{P}$로부터 표집된 관측치 $x_i^*, y_i^*, i = 1, 2, ..., N$으로 돼 있다. $f_{\mathrm{ag}}(x)$는 부트스트랩 표본을 데이터가 아닌 실제 모집단 $\mathcal{P}$로부터 뽑는 배깅된 추정값임을 주지하라. 이는 실제로 사용할 수 있는 추정값이 아니지만, 분석에 편리하다. 다음을 쓸 수 있다.

$$
\begin{aligned}
\mathrm{E}_{\mathcal{P}}[Y - \hat{f}^*(x)]^2 &= \mathrm{E}_{\mathcal{P}}[Y - f_{\mathrm{ag}}(x) + f_{\mathrm{ag}}(x) - \hat{f}^*(x)]^2 \\
&= \mathrm{E}_{\mathcal{P}}[Y - f_{\mathrm{ag}}(x)]^2 + \mathrm{E}_{\mathcal{P}}[\hat{f}^*(x) - f_{\mathrm{ag}}(x)]^2 \\
&\geq \mathrm{E}_{\mathcal{P}}[Y - f_{\mathrm{ag}}(x)]^2
\end{aligned}
\tag{8.52}
$$

오른쪽의 추가적인 오차는 평균 $f_{\mathrm{ag}}(x)$ 주변 $\hat{f}^*(x)$의 분산으로부터 가져온다. 그러므로 참인 모집단 병합은 평균제곱오차를 절대 늘리지 않는다. 이는 훈련 데이터로부터 표본을 뽑는 배깅이 평균제곱오차를 줄이는 일이 자주 있음을 시사한다.

앞의 주장은 0-1 손실하에서의 분류에는 유지되지 않는다. 편향과 분산의 비가법성 때문이다. 이러한 설정에서 좋은 분류기를 배깅하는 것은 이를 더 낮게 만들지만, 나쁜 분류기를 배깅하면 문제가 더 나빠질 수 있다. 여기 무작위 규칙을 사용하는 단순한 예제가 있다. 모든 x에 관해 $Y = 1$이며, 분류기 $G(x)$가 0.4의 확률로 (모든 x에 관해) $Y = 1$을 예측하며 0.6의 확률로 (모든 x에 관해) $Y = 0$을 예측한다고 해보자. 그러면 $\hat{G}(x)$의 오분류율은 0.6이지만 배깅된 분류기의 것은 1.0이 된다. 분류에서 배깅 효과를 독립적인 약학습기$^{weak \ learners}$의 컨센서스 측면에서 이해할 수 있다(Dietterich, 2000a). x에서의 베이즈 최적 결정이 2 클래스 예제에서 $G(x) = 1$이라 하자. 각 약학습기 G_b^*가 오류율 $e_b = e < 0.5$을 가지며, $S_1(x) = \sum_{b=1}^{B} I(G_b^*(x) = 1)$을 클래스 1을 위한 컨센서스 투표라고 하자. 약학습기가 독립이라 가정하므로, B가 커짐에 따라 $S_1(x) \sim \text{Bin}(B, 1 - e)$이고 $\Pr(S_1 > B/2) \to 1$이다. 이 개념은 통계학 외부에서 "군중의 지혜"란 개념으로 대중화돼 왔다(Surowiecki, 2004). 이는 다양하고 독립적인 인간의 지혜의 모음이 통상적으로 어떠한 단일 개인의 지식을 뛰어넘으며, 투표를 통해 이를 활용할 수 있음을 뜻한다. 물론 여기서 크게 주의해야 할 점은 "독립"이며 배깅 트리는 그렇지 않다. 그림 8.11은 시뮬레이션 예제의 컨센서스 투표의 힘을 보여준다. 여기서 오직 30%의 투표자가 일부 지식을 가진다.

15장에서 랜덤 포레스트가 어떻게 추출된 트리 사이의 상관성을 줄여 배깅을 개선하는지 본다.

모델을 배깅할 때 모델 내 어떠한 단순한 구조든지 잃어버리게 됨을 주지하라. 예를 들자면 배깅된 트리는 더 이상 트리가 아니다. 모델을 해석할 때 이는 분명히 약점이다. 유사이웃과 같은 더욱 안정적인 과정은 통상적으로 배깅에 의해 그리 영향을 받지 않는다. 안타깝게도 배깅이 가장 도움이 되는 불안정한 모델들이 불안정한 이유는 해석력^{interpretability}을 강조하기 때문이며, 이는 배깅 과정에서 사라지게 된다.

그림 8.12는 배깅이 도움이 되지 않는 예제를 보여준다. 그림에서 보이는 100개 데이터 지점은 두 개의 특성과 두 개의 클래스을 가지며, 회색 선형 경계 $x_1 + x_2 = 1$로 분리된다. 분류기 $\hat{G}(x)$로 x_1나 x_2 중 훈련 오분류율을 가장 크게 감소시키는 분할을 선택하는 단일 축-기반 분할을 선택한다.

$B = 50$ 부트스트랩 표본에 관한 0-1 결정규칙을 배깅해 얻은 결정 경계를 왼쪽 패널 파란 곡선으로 볼 수 있다. 이는 참 경계를 포착하는 데 부진하다. 훈련 데이터로부터 유도된 단일 분할 규칙은 0에 가깝게(x_1 혹은 x_2의 범위의 중간) 분할하므로, 중심에서 멀어지면 공헌하는 것이 거의 없다. 분류 대신에 확률을 평균하

는 것은 여기선 도움이 되지 않는다. 배깅은 단일 분할 규칙, 즉 많은 복제에 걸쳐 평균된 것으로부터 기대 클래스 확률을 추정한다. 배깅에 의해 계산된 기대 클래스 확률은, 여성이 2.4명의 아이를 가질 수 없는 것과 같이 어떠한 단일 복제에서든지 실현화될 수가 없다. 이러한 측면에서 배깅은 개체 기반 분류기의 모델의 공간을 다소 늘린다. 그러나 이는 이 예제 그리고 모델 클래스를 더 크게 확장해야 하는 다른 많은 예제에서는 도움이 되지 않는다. "부스팅"이 이를 할 수 있는 방법이며 10장에서 설명한다. 오른쪽 패널의 결정 경계는 부스팅 과정의 결과이며, 대각적인 경계를 대략적으로 포착한다.

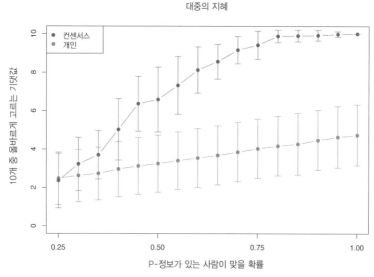

그림 8.11 시뮬레이션된 아카데미상 투표. 50명의 회원이 각 4개의 지명을 가지는 10개 범주에 투표를 한다. 어떠한 범주에서든지 오직 15명의 투표자가 일부 지식을 가지며, 그 범주에서 "올바른" 후보를 선택할 확률로 나타나 있다(따라서 P = 0.25는 그들이 아무 지식도 없음을 뜻한다). 각 범주에서 15명의 전문가가 50명 중에 무작위로 뽑힌다. 결과는 컨센서스에 관해 (50번의 시뮬레이션에 근거해) 올바르게 고르는 기댓값은 물론 개인에 관한 것을 보여준다. 오차 막대는 1 표준편차를 나타낸다. 예를 들면 한 범주에 관해 정보를 가진 15명이 50%로 올바른 후보를 선택할 기회를 가진다면, 컨센서스는 개인의 기대 성능을 두 배로 올리게 됨을 볼 수 있다.

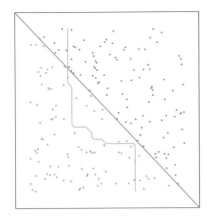
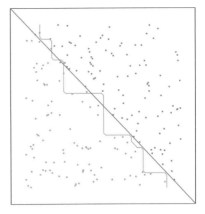

그림 8.12 두 개의 특성과 두 개의 클래스로 된 데이터가 선형경계로 나눠져 있다. 왼쪽 패널: 단일 분할, 축-기반 분류기로부터의 결정 규칙을 배깅해 추정된 결정 경계. 오른쪽 패널: 같은 분류기의 결정 규칙을 부스팅한 결정 경계. 테스트 오류율은 각각 0.166 그리고 0.65다. 부스팅은 10장에서 설명한다.

8.8 모델 평균화와 스태킹

8.4절에서 추정량의 부트스트랩 값을, 비모수적인 베이즈 분석 종류로부터 나온 해당 매개변수의 근사적인 사후확률값으로 봤다. 이러한 식으로 보면 배깅된 추정값 (8.51)은 근사적인 사후 베이즈 평균이다. 반대로, 훈련 표본 추정값 $\hat{f}(x)$은 사후분포의 최빈값^{mode}에 해당한다. (최빈값이 아닌) 사후 평균은 제곱오차 손실을 최소화하므로, 배깅이 평균제곱오차를 줄이는 일이 자주 있는 것은 놀랍지 않다.

여기선 베이즈 모델 평균화를 더욱 일반적으로 논의한다. 훈련 집합 **Z**에 관해 후보 모델의 집합 $\mathcal{M}_m$, $m = 1, ..., M$이 있다. 이들 모델은 서로 다른 매개변숫값(예를 들어 선형회귀의 하위집합)을 갖는 같은 형태이거나, 혹은 같은 과제에 관한 다른 모델(예를 들어 신경망과 회귀 트리)일 수 있다.

ζ를 관심 있는 어떠한 양, 예를 들어 어떠한 고정된 특성 값 x에서의 예측값 $f(x)$라 해보자. ζ의 사후분포는

$$\Pr(\zeta|\mathbf{Z}) = \sum_{m=1}^{M} \Pr(\zeta|\mathcal{M}_m, \mathbf{Z})\Pr(\mathcal{M}_m|\mathbf{Z}) \tag{8.53}$$

이고 사후평균은 다음과 같다.

$$E(\zeta|\mathbf{Z}) = \sum_{m=1}^{M} E(\zeta|\mathcal{M}_m, \mathbf{Z})\Pr(\mathcal{M}_m|\mathbf{Z}) \qquad (8.54)$$

이러한 베이즈 예측은 개별 예측의 가중평균이며, 가중치는 각 모델의 사후확률과 비례한다. 이 형식화는 여러 가지 서로 다른 모델 평균 전략들을 야기한다. 위원회 방법committee methods은 근본적으로 각 모델에 동일한 확률을 줌으로써, 각 모델로부터 예측값의 가중되지 않은 평균을 취한다. 더욱 적극적으로는, 7.7절의 전개에서 BIC 기준을 사후 모델 확률을 추정하는 데 쓸 수 있음을 보여준다. 이는 서로 다른 모델이 같은 모수적 모델로부터 다른 매개변숫값을 가지고 생겨날 경우 적용 가능하다. BIC는 각 모델에 적합이 얼마나 잘 됐는지 그리고 얼마나 많은 매개변수를 사용하는지에 따라 가중치를 준다. 또한 베이즈 처치법을 완전히 수행할 수 있다. 각 모델 $\mathcal{M}_m$이 매개변수 θ_m을 가지면, 다음과 같이 쓸 수 있다.

$$\begin{aligned} \Pr(\mathcal{M}_m|\mathbf{Z}) &\propto \Pr(\mathcal{M}_m) \cdot \Pr(\mathbf{Z}|\mathcal{M}_m) \\ &\propto \Pr(\mathcal{M}_m) \cdot \int \Pr(\mathbf{Z}|\theta_m, \mathcal{M}_m)\Pr(\theta_m|\mathcal{M}_m)d\theta_m \end{aligned} \qquad (8.55)$$

원칙적으로는 사전확률 $\Pr(\theta_m|\mathcal{M}_m)$을 구체화하고 (8.55)로부터 사후확률을 수치적으로 계산해 모델-평균화 가중치로 사용할 수 있다. 그러나 훨씬 단순한 BIC 근사와 비교해 이러한 노력이 가치가 있는지에 관한 실질적인 증거를 찾지 못했다.

빈도주의적 시점에서 어떻게 모델 평균화에 접근할 수 있을까? 제곱오차 손실 하에서 예측값 $\hat{f}_1(x), \hat{f}_2(x), ..., \hat{f}_M(x)$이 주어졌을 때, 가중치 $w = (w_1, w_2, ..., w_M)$을 다음이 되도록 찾을 수 있다.

$$\hat{w} = \underset{w}{\operatorname{argmin}} \, E_{\mathcal{P}}\left[Y - \sum_{m=1}^{M} w_m \hat{f}_m(x)\right]^2 \qquad (8.56)$$

여기서 입력값 x는 고정돼 있으며 데이터셋 $\mathbf{Z}$ 내 N개 관측치(그리고 목표 Y)가 $\mathcal{P}$에 따라 분포돼 있다. 해는 $\hat{f}(x)^T \equiv [\hat{f}_1(x), \hat{f}_2(x), ..., \hat{f}_M(x)]$에 관한 Y의 모선형회귀population linear regression이다.

$$\hat{w} = E_{\mathcal{P}}[\hat{F}(x)\hat{F}(x)^T]^{-1}E_{\mathcal{P}}[\hat{F}(x)Y] \qquad (8.57)$$

이제 완전회귀full regression는 어떠한 단일 모델보다도 더 적은 오차를 가진다.

$$\mathrm{E}_{\mathcal{P}}\left[Y - \sum_{m=1}^{M} \hat{w}_m \hat{f}_m(x)\right]^2 \leq \mathrm{E}_{\mathcal{P}}\left[Y - \hat{f}_m(x)\right]^2 \ \forall m \qquad (8.58)$$

그러므로 모델의 결합은 모집단 수준에서 절대로 무언가를 나쁘게 만들지 않는다.

물론 모선형회귀 (8.57)은 쓸 수가 없으며 훈련 집합에 관한 선형회귀로 교체하는 것이 자연스럽다. 그러나 이것이 잘 동작하지 않는 단순한 예제가 존재한다. 예를 들면 $f_m(x)$, $m = 1, 2, ..., M$이 M개의 전체 입력 중에서 크기 m의 최적 부분집합으로부터의 예측을 나타낸다면 선형회귀는 가장 큰 모델에 모든 가중치를 넣으려 할 것이다. 즉 $\hat{w}_M = 1$, $\hat{w}_m = 0$, $m < M$이다. 문제는 각 모델을 이들의 복잡도(이 예제에서는 입력의 개수 m)를 감안해 대등한 입장에 두지 않았다는 점이다.

스택된 일반화stacked generalization 혹은 스태킹stacking은 이를 위한 방법이다. $\hat{f}_m^{-i}(x)$를 x에서 모델 m을 사용해 데이터셋에 i번째 훈련 관측치가 제거된 채로 적용된 예측값이라 하자. 가중치의 스태킹 추정값은 $\hat{f}_m^{-i}(x_i)$, $m = 1, 2, ..., M$에 y_i의 최소제곱 선형회귀로부터 얻는다. 자세히는 스태킹 가중치는 다음과 같이 주어진다.

$$\hat{w}^{\mathrm{st}} = \underset{w}{\mathrm{argmin}} \sum_{i=1}^{N}\left[y_i - \sum_{m=1}^{M} w_m \hat{f}_m^{-i}(x_i)\right]^2 \qquad (8.59)$$

최종 예측값은 $\sum_m w_m^{\mathrm{st}} \hat{f}_m(x)$이다. 스태킹은 교차 검증된 예측값 $\hat{f}_m^{-i}(x)$을 사용해 높은 복잡도를 가진 모델에 불평등하게 높은 가중치를 주는 것을 피한다. 가중치를 비음수이도록 하고 합이 1이 되도록 제약시키면 더 나은 결과를 얻을 수 있다. 이는 가중치를 방정식 (8.54)에서와 같은 사후 모델 확률로 해석한다면 이치에 맞는 제약으로 보인다. 그리고 이는 다루기 쉬운 이차 프로그래밍 문제가 된다.

스태킹과 단일값 제거 교차 검증(7.10절)을 통한 모델 선택 사이에는 긴밀한 관계가 있다. (8.59)에서의 최소화를 하나의 단위 가중치와 나머지는 0인 가중치 벡터 w로 제한하면 이는 단일값 제거 교차 검증 오차가 가장 적은 모델 $\hat{m}$을 선택하는 것이 된다. 스태킹은 단일 모델을 선택하는 대신에 추정된 최적 가중치로 이들을 결합한다. 이는 주로 더 나은 추정을 만들어내지만 M 모델 중에서 오직 하나를 선택하는 것보다는 더 낮은 해석력을 갖게 된다.

스태킹 개념은 실제로 앞에서 설명한 것 보다 더욱 일반적이다. (8.59)에서와 같이 모델을 결합하는 데 선형회귀뿐만 아니라 어떠한 학습법이든지 사용할 수 있다. 가중치 또한 입력값의 위치 x에 따라 달라질 수 있다. 이러한 방법으로 학습법을 다른 하나의 위에 "쌓아stacked" 예측 성능을 개선할 수 있다.

8.9 확률적 검색: 범핑

8장에서 설명하는 마지막 방법은 평균이나 모델 결합을 필요로 하지 않지만, 대신에 더 나은 단일 모델을 찾는 기술이다. 범핑bumping은 모델 공간 사이를 무작위로 돌아다니도록 부트스트랩 표집을 사용한다. 모델을 적합하는 데 많은 국소 최솟값들을 찾아야 하는 문제에서, 범핑이 나쁜 해에 빠지는 것을 피하는 데 도움이 될 수 있다.

보통의 4-노드 트리   범핑된 4-노드 트리

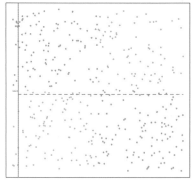
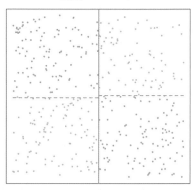

그림 8.13 두 개의 특성과 두 개의 클래스(파란색과 주황색)로 된 데이터가 순수한 상호작용(interaction)을 보여주고 있다. 왼쪽 패널은 표준의(standard), 탐욕적인(greedy), 트리 성장 알고리즘(tree-growing algorithm)으로부터 찾은 세 개의 분할로부터 찾은 것을 보여준다. 왼쪽 모서리 근처 수직 회색선은 첫 번째 분할이고, 점선은 이후 두 개의 분할이다. 이 알고리즘은 어디에서 좋은 초기 분할을 해야 하는지 알지 못하며, 나쁜 선택을 하게 된다. 오른쪽 패널은 트리-성장 알고리즘을 20번 범핑해 찾은 거의 최적화된 분할을 보여준다.

배깅에서와 같이 부트스트랩 표본을 표집하고 각각에 모델을 적합한다. 그러나 예측값을 평균하는 대신에, 부트스트랩 표본으로부터 추정된 모델 중 훈련 데이터를 가장 잘 적합시키는 것을 선택한다. 자세히는 부트스트랩 표본 $\mathbf{Z}^{*1}$, ..., $\mathbf{Z}^{*B}$을 뽑은 뒤 각각에 모델을 적합시키면, 모델은 입력 지점 x에서 예측값 $f^{*b}(x)$,

$b = 1, 2, ..., B$를 내어준다. 그러면 원본 훈련 집합에 관해 평균한, 가장 작은 예측 오차를 만들어내는 모델을 선택한다. 제곱오차를 예로 들면 부트스트랩 표본 $\hat{b}$로부터 얻은 모델을 다음과 같이 선택한다.

$$\hat{b} = \arg\min_b \sum_{i=1}^{N} [y_i - \hat{f}^{*b}(x_i)]^2 \tag{8.60}$$

해당 모델 예측값은 $\hat{f}^{*\hat{b}}(x)$이다. 관례상 부트스트랩 표본 집합 내 원본 훈련 표본 또한 포함시키는데, 이에 따라 원본 모델이 가장 낮은 훈련오차를 가진다면 범핑 방법은 자유롭게 원본 모델을 선택할 수 있다.

데이터를 섭동시킴으로써 범핑은 적합 과정을 모델 공간의 좋은 영역 주변으로 옮기기를 시도한다. 예를 들면 몇몇 데이터 지점이 과정으로 하여금 나쁜 해를 찾도록 야기시킨다면, 이들 데이터를 생략하는 어떠한 부트스트랩 샘플이든지 더 나은 해로 진행해야 한다.

다른 예제로 그림 8.13의 악명 높은 배타적 논리합$^{XOR,\ exclusive\ or}$ 문제의 분류 데이터를 고려해보자. 두 개의 클래스(파란색과 주황색) 그리고 두 개의 입력 특성이 있으며, 특성은 순수한 상호작용을 드러내고 있다. 데이터를 $x_1 = 0$으로 분리한 뒤 각 결과층을 $x_2 = 0$에서 분리함으로써 (아니면 그 반대로) 트리 기반 분류기가 완벽한 판별을 달성할 수 있게 된다. 그러나 탐욕의, 근시안적인 CART 알고리즘(9.2절)은 각 특성에 관해 최적의 분할을 찾으려 하며, 그 뒤 결과층을 분리한다. 데이터의 균형적인 특성으로 인해, x_1이나 x_2에 관한 모든 초기 분할이 효용성이 없어 보이게 되며, 과정은 근본적으로 최상위 수준에서 무작위 분할을 만들어낸다. 이들 데이터를 위해 찾은 실제 분할은 그림 8.13의 왼쪽 패널에서 볼 수 있다. 데이터로부터 부트스트랩 표집을 통해, 범핑은 클래스 내 균형을 무너뜨리며 적절한 수의 부트스트랩 표본(여기서는 20개)으로, 이는 $x_1 = 0$ 아니면 $x_2 = 0$ 근처에서 초기 분할을 가지는 적어도 하나의 트리를 우연하게 만들어낸다. 범핑은 단지 20개 부트스트랩 표본만으로 그림 8.13의 오른쪽 패널에서 볼 수 있는 거의 최적의 분할을 찾아냈다. 이러한 탐욕 트리-성장 알고리즘의 단점은 다수의 클래스 라벨과 독립적인 잡음 특성을 추가한다면 악화된다. 그러면 트리-성장 알고리즘은 x_1이나 x_2를 다른 것들로부터 구별할 수 없게 되고 심각하게 길을 잃게 된다.

범핑은 서로 다른 모델을 훈련 데이터에 관해 비교하므로, 모델이 반드시 대략적으로 같은 복잡도를 가지도록 해야 한다. 트리의 경우 각 부트스트랩 표본에 관해 같은 수의 종료 노드를 가지는 성장 트리를 뜻한다. 범핑은 또한 어쩌면 평활성이 없기 때문에 적합 기준을 최적화하기 힘든 문제에 도움이 될 수 있다. 이 기법은 부트스트랩 표본에 관해 다른 더욱 편리한 기준을 최적화하고 그 뒤 훈련 표본에서 원하는 기준에 관해 최적의 결과를 만들어내는 모델을 선택하려고 한다.

참고문헌

전통적인 통계적 추정에 관한 많은 책이 있다. 콕스와 힝클레이(Cox and Hinkley, 1974) 그리고 실비(Silvey, 1975)는 기술적이지 않은 설명을 해준다. 부트스트랩은 에프론(Efron, 1979)에 의한 것이며 에프론과 팁시라니(Efron and Tibshirani, 1993) 그리고 홀(Hall, 1992)이 더 완전하게 설명한다. 베이즈 추론에 관한 현대적인 좋은 책은 겔먼 외(Gelman et al., 1995)가 있다. 베이즈 방법을 신경망에 적용하는 명쾌한 설명은 닐(Neal, 1996)이 제공한다. 깁스 추출의 통계적 적용은 지먼과 지먼(Geman and Geman, 1984) 그리고 겔펀드와 스미스(Gelfand and Smith, 1990) 덕택이며, 관련된 작업으로는 태너와 웡(Tanner and Wong, 1987)이 있다. 깁스 추출과 메트로폴리스-헤이스팅스 알고리즘을 포함한 마코프 체인 몬테카를로 방법은 스피겔할터 외(Spiegelhalter et al., 1996)가 논의했다. EM 알고리즘은 뎀스터 외(Dempster et al., 1977) 덕분이다. 작성자들이 논문에서 분명하게 밝혔듯이 훨씬 더 관련된 앞선 논문이 있었다. EM을 벌점화 완전-데이터 로그 가능도penalized complete-data log-likelihood를 위한 결합 최대화 체계의 시각으로 본 것은 닐과 힌튼(Neal and Hinton, 1998)이 해명했다. 이들은 시저와 투스내디(Csiszar and Tusnády, 1984) 그리고 해서웨이(Hathaway, 1986)가 이러한 관계를 먼저 알아냈다고 밝혔다. 배깅은 브레이먼(Breiman, 1996a)이 제안했다. 스태킹은 울퍼트(Wolpert, 1992) 덕분이다. 브레이먼(Breiman, 1996b)은 통계학자가 접근 가능한 설명을 포함한다. 르블랑과 팁시라니(Leblanc and Tibshirani, 1996)는 부트스트랩에 근거한 스태킹의 변형을 설명한다. 베이즈 체계에서의 모델 평균화는 최근에 메디건과 라프테리(Madigan and Raftery, 1994)가 주장했다. 범핑은 팁시라니와 나이트(Tibshirani and Knight, 1999)가 제안했다.

연습 문제

연습 8.1 $r(y)$와 $q(y)$를 확률밀도함수라고 하자. 젠센의 부등식은 확률변수 X와 볼록함수 $\phi(x)$에 관해 $\mathrm{E}[\phi(X)] \geq \phi[\mathrm{E}(X)]$라고 명시한다. 젠센의 부등식을 사용해 $r(y) = q(y)$일 때 다음이 $r(y)$의 함수로서 최대화된다는 것을 보여라.

$$\mathrm{E}_q \log[r(Y)/q(Y)] \tag{8.61}$$

따라서 방정식 (8.46)에서 명시돼 있는 것과 같이 $R(\theta, \theta) \geq R(\theta', \theta)$임을 보여라.

연습 8.2 분포 $\tilde{P}(\mathbf{Z}^m)$에 관한 로그 가능도 (8.48)가 $\tilde{P}(\mathbf{Z}^m) \geq 0$이고 $\sum_{\mathbf{Z}^m} \tilde{P}(\mathbf{Z}^m) = 1$이도록 하는 최대화를 고려해보자. 라그랑주 승수를 사용해 해가 (8.49)에서와 같이 조건부 분포 $\tilde{P}(\mathbf{Z}^m) = \mathrm{Pr}(\mathbf{Z}^m|\mathbf{Z}, \theta')$임을 보여라.

연습 8.3 다음 관계를 사용해 추정값 (8.50)을 정당화하라.

$$\mathrm{Pr}(A) = \int \mathrm{Pr}(A|B)d(\mathrm{Pr}(B))$$

연습 8.4 8.7절의 배깅 방법을 고려해보자. 우리의 추정값 $\hat{f}(x)$이 8.2.1절의 B-스플라인 평활자 $\hat{\mu}(x)$라 하자. 이 추정량에 적용된 방정식 (8.6)의 모수적 부트스트랩을 고려해보자. 부트스트랩 표본을 생성하는 데 모수적 부트스트랩을 사용해 $\hat{f}(x)$을 배깅하면, $B \to \infty$임에 따라 배깅 추정값 $\hat{f}_{\mathrm{bag}}(x)$이 원본 추정값 $\hat{f}(x)$으로 수렴함을 보여라.

연습 8.5 그림 10.4의 각 손실함수에 관해 두 개 이상의 클래스를 위한 일반화를 제시하고, 이를 비교하기 위한 적절한 도표를 디자인하라.

연습 8.6 그림 5.6의 골밀도 데이터를 고려해보자.

  (a) 척추 BMD의 상대 변화에 삼차 평활 스플라인을 나이에 관한 함수로 적합시켜라. 교차 검증을 사용해 평활화의 최적 양을 추정하라. 하부 함수의 점별 90% 신뢰 범위를 구축하라.

  (b) (8.28)을 통해서 참 함수를 위한 사후 평균과 공분산을 계산하고, (a)로부터 얻은 사후 범위와 비교하라.

  (c) 그림 8.2의 아래 왼쪽 패널과 같이 적합된 곡선의 100개 부트스트랩 복제를 계산하라. 결과를 (a) 및 (b)에서 얻어낸 것과 비교하라.

연습 8.7 극소화 알고리즘^{minorization algorithm}으로써의 EM(Hunter and Lange, 2004; Wu and Lange, 2007). 정의역 내 모든 x, y에 관해 다음과 같다면,

$$g(x, y) \leq f(x), \quad g(x, x) = f(x) \tag{8.62}$$

함수 $g(x, y)$는 함수 $f(x)$를 극소화한다고 말한다. 이는 $f(x)$를 최대화하는 데 유용하다. 다음의 업데이트하에서 $f(x)$가 비감소라는 것을 보이는 것이 쉽기 때문이다.

$$x^{s+1} = \text{argmax}_x g(x, x^s) \tag{8.63}$$

함수 $f(x)$를 최소화하기 위한 극대화^{majorization}를 위한 유사한 정의가 존재한다. 결과 알고리즘은 "극소화-최대화" 혹은 "극대화-최소화"를 뜻하는 MM 알고리즘이라 부른다.

EM 알고리즘(8.5.2절)이 관측된 데이터의 로그 가능도 $\ell(\theta'; \mathbf{Z})$를 극소화하는데 $Q(\theta', \theta) + \log\text{Pr}(\mathbf{Z}|\theta) - Q(\theta, \theta)$을 사용하는 MM 알고리즘의 예시임을 보여라 (오직 첫 번째 항만이 유의한 매개변수 θ'와 관련돼 있음을 주지하라).

9
가법 모델, 트리 및 관련 방법들

9장에서는 지도 학습을 위한 몇 가지 특정 방법을 논의하며 시작한다. 이들 기술은 각각 알려지지 않은 회귀함수를 위한 (서로 다른) 구조화된 형태를 가정하며, 이를 통해 차원성의 저주를 기교 있게 처리한다. 물론 이것들은 모델을 잘못 구체화하는 데 따른 대가를 지불할 수도 있으며, 따라서 각 경우마다 받아들일 수밖에 없는 상반관계가 존재한다. 이들은 3~6장에서 그만둔 것에서부터 시작한다. 우리는 일반화 가법 모델, 트리, 다변량 적응적 회귀 스플라인, 인내심 규칙 추론법 patient rule induction method 그리고 전문가 계층 혼합법 등 다섯 가지 관련 기술을 설명한다.

9.1 일반화 가법 모델

회귀모델은 예측 및 분류 규칙을 제공하는 많은 데이터 분석과, 서로 다른 입력의 중요성을 이해하기 위한 데이터 분석적 도구에서 중요한 역할을 한다.

전통적 선형 모델은 단순함이 매력적이지만, 실생활에서 효과가 선형이 아닌 경우가 자주 있는 이러한 상황에서 실패하는 경우가 많다. 8장에서는 비선형성을 달성하기 위해 사전에 정의된 기저함수를 사용하는 기술을 설명했다. 이 절에서는 비선형회귀 효과를 식별하고 특징화하는 데 사용될 수도 있는 더욱 자동적이고 유연한 통계적 방법을 설명한다. 이들 방법은 일반화 가법 모델generalized additive models이라고 부른다.

회귀 설정에서 일반화 가법 모델은 다음의 형식을 가진다.

$$\mathrm{E}(Y|X_1, X_2, \ldots, X_p) = \alpha + f_1(X_1) + f_2(X_2) + \cdots + f_p(X_p) \qquad (9.1)$$

평소와 같이 X_1, X_2, ..., X_p는 예측변수를 그리고 Y는 결과를 나타낸다. f_j는 구체화되지 않은 평활("비모수") 함수다. 만일 우리가 각 함수를 기저함수의 전개를 사용해 모델링하려 했다면(5장처럼), 결과 모델은 단순한 최소제곱을 통해 적합시킬 수 있었을 것이다. 우리의 여기서의 접근법은 다르다. 산점도 평활자(scatterplot smoother, 이를테면 삼차 평활 스플라인이나 핵 평활자)를 사용해 각 모델을 적합시키고, 모든 p 함수를 동시에 추정하기 위한 알고리즘을 제공한다(9.1.1절).

2 클래스 분류를 위해 4.4절에서 논의했던 이진 데이터를 위한 로지스틱회귀 모델을 다시 보자. 선형회귀모델과 로짓logit 링크 함수를 통해 이진 반응의 평균 $\mu(X) = \mathrm{Pr}(Y = 1|X)$을 예측변수와 연관시킨다.

$$\log\left(\frac{\mu(X)}{1 - \mu(X)}\right) = \alpha + \beta_1 X_1 + \cdots + \beta_p X_p \qquad (9.2)$$

가법적additive 로지스틱회귀모델은 각 선형 항을 더 일반적인 함수적 형식으로 바꾼다.

$$\log\left(\frac{\mu(X)}{1 - \mu(X)}\right) = \alpha + f_1(X_1) + \cdots + f_p(X_p) \qquad (9.3)$$

이때 또 다시 각 f_j는 구체화되지 않은 평활함수다. 함수 f_j의 비모수 형식은 모델을 더욱 유연하게 만드는 한편, 가법성은 유지시키며 모델을 이전과 꽤 같은 방법으로 해석할 수 있도록 해준다. 가법 로지스틱회귀모델은 일반화 가법 모델의 한 예다. 일반적으로 반응 Y의 조건부 평균 $\mu(X)$은 링크link함수 g를 통해 예측변수의 가법적 함수와 관련돼 있다.

$$g[\mu(X)] = \alpha + f_1(X_1) + \cdots + f_p(X_p) \tag{9.4}$$

고전적인 연결함수는 다음과 같다.

- $g(\mu) = \mu$는 단위 링크로, 가우스 반응 데이터를 위한 선형 모델 및 가법 모델을 위해 쓰인다.
- 앞과 같은 $g(\mu) = \text{logit}(\mu)$, 아니면 이항 확률을 모델링하기 위한 프로빗probit 연결함수. 프로빗 함수는 역가우스누적분포함수로 $\text{probit}(\mu) = \Phi^{-1}(\mu)$이다.
- 로그-선형 모델을 위한 $g(\mu) = \log(\mu)$ 혹은 포아송 가산 데이터Poisson count data를 위한 로그-가법 모델

이들 세 가지 모두 지수족 표집 모델로부터 나왔으며, 추가로 감마와 음이항분포를 포함한다. 이들 족은 일반화 선형 모델의 잘 알려진 종류를 만들어내며, 모두 같은 방식으로 일반 가법 모델로 확장된다.

함수 f_j는 기본 바탕이 산점도 평활자인 알고리즘을 사용해 더욱 유연한 방식으로 추정된다. 추정된 함수 $\hat{f}_j$는 그 뒤 X_j의 영향 내에서 있을 수 있는 비선형성을 드러낼 수 있다. 모든 f_j 함수가 비선형일 필요는 없다. 선형 및 비선형 항을 가지는 다른 모수적 형식을 쉽게 추가할 수 있다. 이는 몇몇 입력변수가 질적 변수(인자)일 때 중요하다. 비선형 항 또한 주효과main effects로 제약되지 않는다. 두 개나 그 이상 변수 내에서 비선형 성분을 가지거나, 아니면 인자 X_k의 각 수준에 관해 X_j 내에서 개별적인 곡선을 가질 수 있다. 그러므로 다음을 각각 만족할 것이다.

- $g(\mu) = X^T\beta = \alpha_k + f(Z)$ —이는 준모수적semiparametric 모델로, X는 선형적으로 모델링돼야 하는 예측변수의 벡터이며, α_k는 질적 입력 V의 k번째 수준에 관한 영향이고, 예측변수 Z의 효과는 비모수적으로 모델링된다.
- $g(\mu) = f(X) + g_k(Z)$ —또다시 질적 입력 V의 수준이 k로 인덱스되며, 그러므로 V와 Z의 영향을 위해 교호작용 항 $g(V, Z) = g_k(Z)$을 만들어낸다.
- $g(\mu) = f(X) + g(Z, W)$로 이때 g는 두 개 특성 내 비모수적 함수다.

가법 모델은 매우 다양한 설정 내에서 선형 모델을 대신할 수 있다. 예를 들면 시계열의 가법적 분해는 다음과 같다.

$$Y_t = S_t + T_t + \varepsilon_t \tag{9.5}$$

이때 S_t는 계절적 성분이며, T_t는 추세trend이고 ε는 오차항이다.

9.1.1 가법 모델 적합시키기

이 절에서는 가법 모델의 적합 및 이들의 일반화를 위한 모듈러 알고리즘을 설명한다. 기본 토대는 비선형 효과를 더 유연한 방법으로 적합시키기 위한 산점도 평활자다. 견고함을 위해 5장에서 설명한 삼차 평활 스플라인을 산점도 평활자로 사용한다.

가법 모델은 다음의 형태를 가진다.

$$Y = \alpha + \sum_{j=1}^{p} f_j(X_j) + \varepsilon \qquad (9.6)$$

이때 오차항 ε는 평균이 0이다. 관측치 x_i, y_i가 주어졌을 때, 문제를 위해 5.4절의 벌점 제곱합 (5.9)와 같은 기준을 지정할 수 있다.

$$\text{PRSS}(\alpha, f_1, f_2, \ldots, f_p) = \sum_{i=1}^{N}\left(y_i - \alpha - \sum_{j=1}^{p} f_j(x_{ij})\right)^2 + \sum_{j=1}^{p} \lambda_j \int f_j''(t_j)^2 dt_j$$

$$(9.7)$$

이때 $\lambda_j \geq 0$는 조정 매개변수이다. (9.7)의 최소화자가 가법 삼차 스플라인 모델이라는 것을 보일 수 있다. 각 함수 f_j는 성분 X_j의 삼차 스플라인이며, 고유한 값 x_{ij}, $i = 1, \ldots, N$에서 매듭을 가진다.

그러나 모델에 관한 추가적인 제약 없이는 해가 고유하지 않다. 상수 α는 식별 가능하지가 않은데, 그 이유는 각 함수 f_j에 어떠한 상수든지 더하거나 뺄 수 있으며 이에 따라 α를 조정할 수가 있기 때문이다. $\sum_{1}^{N} f_j(x_{ij}) = 0 \;\forall_j$와 같이 데이터에 관해 함수의 평균이 0이라고 가정하는 것이 표준적인 관례다. 이 경우 $\hat{\alpha} = \text{ave}(y_i)$를 쉽게 보일 수 있다. 이러한 제약에 더해 만일 입력값의 행렬(ij번째 요소가 x_{ij}인)이 열 완전계수full column rank를 가지면 (9.7)은 엄격한 볼록 기준이며 최소화자가 고유하다. 이 행렬이 비정칙이라면 성분 f_j의 선형 부분linear part은 고유하게 정해질 수 없다(한편 비선형 부분은 가능하다!)(Buja et al, 1989).

1. 초기화: $\hat{\alpha} = \dfrac{1}{N}\sum_{1}^{N} y_i, \ \hat{f_j} \equiv 0, \ \forall i, j$

2. 순회: $j = 1, 2, ..., p, ..., 1, 2, ..., p, ...,$

$$\hat{f_j} \leftarrow \mathcal{S}_j \left[\{ y_i - \hat{\alpha} - \sum_{k \neq j} \hat{f_k}(x_{ik}) \}_1^N \right]$$

$$\hat{f_j} \leftarrow \hat{f_j} - \frac{1}{N} \sum_{i=1}^{N} \hat{f_j}(x_{ij})$$

함수 $\hat{f_j}$가 사전에 정의된 임계점보다 적게 변화할 때까지.

게다가 해를 찾기 위한 단순한 반복 과정이 존재한다. $\hat{\alpha} = \mathrm{ave}(y_i)$이라 설정하며, 이는 절대 변하지 않는다. 새로운 추정값 $\hat{f_j}$를 얻기 위해 삼차 평활 스플라인 S_j를 x_{ij}의 함수로써 목표 $\{y_i - \hat{\alpha} \sum_{k \neq j} \hat{f_k}(x_{ik})\}_1^N$에 적용한다. 이는 예측변수에 관해 순서대로 적용하며, $y_i - \hat{\alpha} \sum_{k \neq j} \hat{f_k}(x_{ik})$를 계산할 때 다른 함수들 $\hat{f_k}$의 현재 예측값을 사용한다. 추정값 $\hat{f_j}$이 안정될 때까지 과정이 계속된다. 알고리즘 9.1에 자세히 설명된 이 절차는 "역적합backfitting"이라 부르며 결과 적합은 선형 모델을 위한 다중회귀와 유사하다.

원칙적으로 알고리즘 9.1의 (2)의 두 번째 단계는 필요치 않다. 평균이 0인 반응에 평활 스플라인 적합을 하면 평균이 0이기 때문이다(연습 9.1). 실제로 기계에 의한 반올림은 슬리피지slippage를 야기할 수 있으며, 이를 조정하는 것을 조언한다.

적절한 평활 연산자 S_j를 지정함으로써, 이러한 같은 알고리즘을 다른 적합 방법에 정확하게 같은 방식으로 제공할 수 있다.

- 국소 다항 회귀와 핵 방법과 같은 다른 일변량 회귀 평활자
- 다항 적합을 만들어내는 선형회귀 연산자, 조각별 상수 적합, 모수적 스플라인 적합, 급수 및 푸리에 적합
- 이차 혹은 고차 교호작용을 위한 곡면 평활자surface smoother, 혹은 계절적 효과를 위한 주기적 평활자

평활자 S_j의 연산을 훈련 지점에서만 고려한다면, 이는 $N \times N$ 연산자 행렬 Sj로 표현될 수 있다(5.4.1절을 보라). 그러면 j번째 항의 자유도는 5장과 6장에서 논의

한 평활자를 위한 자유도와 유사하게 (근사적으로) $df_j = \text{trace}[S_j]^{-1}$로 계산된다.

선형 평활자 S^j의 클래스가 클 때, 역적합은 방정식의 특성 선형 시스템을 푸는 가우스-사이델Gauss-Seidel 알고리즘과 동일하다. 자세한 내용은 연습 9.2에서 주어진다.

로지스틱회귀모델 및 다른 일반 가법 모델에서, 벌점 로그 가능도가 적절한 기준이 된다. 이를 최대화하기 위해서, 역적합 과정이 가능도 최대화자와 함께 사용된다. 일반화 선형 모델에서의 로그 가능도 최대화를 위한 보통의 뉴턴-랩슨 루틴은 IRLSIteratively Reweighted Least Squares, 반복적 재가중 최소제곱 알고리즘으로 재구성될 수 있다. 이는 공변covariates에 관한 가반응변수working response variable의 반복적인 가중 선형회귀 적합을 수반한다. 각 회귀는 매개변수 추정값에 관한 새로운 값을 내놓으며, 이에 따라 새로운 가반응 및 가중치를 내놓게 되고, 과정이 반복된다(4.4.1절을 보라). 일반화 가법모델에서 가중 선형회귀는 간단히 가중 역적합 알고리즘으로 대체된다. 이 알고리즘은 아래 로지스틱회귀에서 자세히 설명하며, 더 일반적인 방법은 헤이스티와 팁시라니(Hastie and Tibshirani, 1990)의 6장에서 볼 수 있다.

9.1.2 예제: 가법 로지스틱회귀

아마도 의학 연구에서 가장 널리 쓰이는 모델은 이진 데이터를 위한 로지스틱 모델일 것이다. 이 모델에서 결과 Y는 0과 1로 코딩할 수 있으며, 1은 (사망 혹은 질병의 재발과 같은) 사건 그리고 0은 사건이 없음을 나타낸다. 우리는 예후 인자 $X^T = (X_1, ..., X_p)$의 값이 주어졌을 때 사건의 확률 $\Pr(Y = 1|X)$를 모델링하고자 한다. 목표는 주로 새로운 개체를 분류하는 것보다는 예후 요인의 역할을 이해하는 것이다. 로지스틱 모델은 위험 스크리닝에서 쓰기 위해 클래스 확률을 추정하는 데 관심이 있을 때의 응용에서도 쓰인다. 의학적 응용을 제외하면, 신용 위험 스크리닝이 인기 있는 응용이다.

일반화 가법 로지스틱회귀모델은 다음의 형식을 가진다.

$$\log \frac{\Pr(Y = 1|X)}{\Pr(Y = 0|X)} = \alpha + f_1(X_1) + \cdots + f_p(X_p) \tag{9.8}$$

함수 $f_1, f_2, ..., f_p$는 뉴턴-랩슨 과정 내 역적합 알고리즘을 통해 추정되며, 알고리즘 9.2에서 보여준다.

1. 시작 값을 계산한다. $\hat{\alpha} = \log[\bar{y}/(1-\bar{y})]$, 이때 $\bar{y} = \text{ave}(y_i)$은 사람의 표본 비율이며, $\hat{f}_j \equiv 0 \; \forall j$로 둔다.

2. $\hat{\eta}_i = \hat{\alpha} + \sum_j \hat{f}_j(x_{ij})$와 $\hat{p}_i = 1/[1 + \exp(-\hat{\eta}_i)]$를 정의하고 다음을 반복한다.

   (a) 가목표변수를 구축한다.

   $$z_i = \hat{\eta}_i + \frac{(y_i - \hat{p}_i)}{\hat{p}_i(1 - \hat{p}_i)}.$$

   (b) 가중치 $w_i = \hat{p}_i(1 - \hat{p}_i)$를 구축한다.

   (c) 가중 역적합 알고리즘을 사용해 목표 z_i에 가중치 w_i로 가법 모델을 적합한다. 이는 새로운 추정값 $\alpha, \hat{f}_j, \forall j$를 만들어낸다.

3. 함수의 변화가 사전 정의된 임계점보다 작을 때까지 2단계를 반복한다.

알고리즘 9.2의 단계 (2)에서의 가법 모델 적합은 가중 산점도 평활자를 필요로 한다. 대부분의 평활화 과정은 관측치 가중값을 받아들일 수 있다(연습 5.12). 더 자세한 내용은 헤이스티와 팁시라니(Hastie and Tibshirani, 1990)의 3장을 보라.

가법 로지스틱회귀모델은 2 클래스 이상을 다룰 때 4.4장에서 개요를 설명한 대로 다중로짓 형식화를 사용해 더욱 일반화할 수 있다. 이 형식화는 (9.8)을 직관적으로 확장한 것으로, 이러한 모델을 적합하는 알고리즘은 더욱 복잡하다. 자세한 내용은 이와 와일드(Yee and Wild, 1996)를 보고, 현재 http://www.stat.auckland.ac.nz/~yee에서 VGAM 소프트웨어를 얻을 수 있다.

예제: 스팸 이메일 예측

1장에서 소개한 스팸 데이터에 일반 가법모델을 적용한다. 데이터는 "스팸 이메일"(즉 정크 이메일)을 검사하는 연구에서의 4,601개 이메일 메시지의 정보로 구성돼 있다.

데이터는 ftp.ics.uci.edu에 공개돼 있으며, 캘리포니아 팔로알토 휴렛-패커드 연구소의 조지 포먼[George Forman]이 기증했다.

반응 변수는 email과 spam을 값으로 가지는 이진이며, 다음에 설명돼 있는 것과 같이 57개 예측변수가 존재한다.

- 48개 양적 예측변수−이메일에서 주어진 단어와 매치가 되는 단어의 비율. 예로 business, address, internet, fee, george가 있다. 이들이 개별 사용자를 위해 맞춤화돼 있을 수 있다는 것이 아이디어다.
- 6개의 양적 예측변수−이메일에서 주어진 단어와 매치가 되는 문자의 비율, 문자는 ch;, ch(, ch[, ch!, ch$, 그리고 ch#가 있다.
- 연속된 일련의 대문자의 평균 길이: CAPAVE
- 연속된 일련의 대문자 중 가장 긴 길이: CAPMAX
- 연속된 일련의 대문자의 길이의 합: CAPTOT

표 9.1 스팸 훈련 데이터에 관한 가법 로지스틱모델 적합을 위한 테스트 데이터 혼동율 행렬(confusion matrix). 전체 테스트 오류율은 5.5%다.

참 클래스	예측된 클래스	
	email (0)	spam (1)
email (0)	58.3%	2.5%
spam (1)	3.0%	36.3%

우리는 spam을 1로, email을 0으로 코딩했다. 크기 1,536개의 테스트 집합은 무작위로 선택했으며 나머지 3,065개 관측치는 훈련 집합에 남겨뒀다. 각 예측변수를 위한 명목적인 4차의 자유도를 가지는 삼차 평활 스플라인을 사용해 일반화 가법 모델을 적합시켰다. 이는 각 예측변수 X_j에 관해 평활-스플라인 매개변수 λ_j가 $\mathrm{trace}[\mathbf{S}_j(\lambda_j)] - 1 = 4$가 되도록 선택됐다는 것을 뜻한다. 이때 $\mathbf{S}_j(\lambda)$는 관측된 값 x_{ij}, $i = 1, ..., N$을 사용해 구축된 평활 스플라인 연산자 행렬이다. 이는 이러한 복잡한 모델에서 평활화의 양을 지정하는 편리한 방법이다.

대부분의 spam 예측변수는 꼬리가 매우 긴 분포를 가진다. GAM 모델을 적합하기 전에, 각 변수를 로그 변환(실제로는 $\log(x + 0.1)$)했지만, 그림 9.1은 원본 변수의 함수를 보여준다.

테스트 오류율은 표 9.1에 나와 있다. 전반적인 오류율은 5.5%이다. 비교를 위해 선형 로지스틱회귀는 7.6%의 테스트 오류율을 가진다. 표 9.2는 가법 모델에서 매우 유의미한 예측변수를 보여준다.

표 9.2 스팸 훈련 데이터에 가법 모델을 적합시켜 나온 유의한 예측변수. 계수는 $\hat{f}_j$의 선형 부분과 함께 이들의 표준오차 및 Z 점수를 나타낸다. 비선형 P값은 $\hat{f}_j$의 비선형성 테스트를 위한 것이다.

이름	개수	자유도	계수	표준오차	Z 점수	비선형 P값
			긍정적인 효과			
our	5	3.9	0.566	0.114	4.970	0.052
over	6	3.9	0.244	0.195	1.249	0.004
remove	7	4.0	0.949	0.183	5.201	0.093
internet	8	4.0	0.524	0.176	2.974	0.028
free	16	3.9	0.507	0.127	4.010	0.065
business	17	3.8	0.779	0.186	4.179	0.194
hpl	26	3.8	0.045	0.250	0.181	0.002
ch!	52	4.0	0.674	0.128	5.283	0.164
ch$	53	3.9	1.419	0.280	5.062	0.354
CAPMAX	56	3.8	0.247	0.228	1.080	0.000
CAPTOT	57	4.0	0.755	0.165	4.566	0.063
			부정적인 효과			
hp	25	3.9	-1.404	0.224	-6.262	0.140
george	27	3.7	-5.003	0.744	-6.722	0.045
1999	37	3.8	-0.672	0.191	-3.512	0.011
re	45	3.9	-0.620	0.133	-4.649	0.597
edu	46	4.0	-1.183	0.209	-5.647	0.000

해석을 쉽게할 수 있도록, 표 9.2에 각 변수에 관한 공헌도가 선형 성분과 남아 있는 비선형 성분으로 분해돼 있다. 예측변수의 위 블록은 스팸과 양의 상관관계 가 있으며, 아래 블록은 음의 상관관계가 있다. 선형 성분은 예측변수에 관한 적 합된 곡선의 가중 최소제곱 선형 적합이며, 비선형 부분은 잔차다. 추정된 함수의 선형 성분은 계수, 표준오차와 Z-점수로 요약돼 있다. 여기서 마지막 것은 계수 를 표준오차로 나눈 것이며, 표준 정규분포의 적절한 분위수를 넘어서면 유의한 것으로 간주한다. 비선형 P값$^{\text{nonlinear P-value}}$이라 라벨링된 열은 추정된 함수의 비 선형성을 테스트한다. 그러나 각 예측변수의 효과가 그들의 선형 부분만이 아닌, 다른 예측변수의 전체 영향에 관해서 완전하게 조정된 것임을 주지하라. 표 안의 예측변수는 적어도 테스트 중 하나가(선형이거나 비선형) $p = 0.01$ 수준(양쪽)에서 유의할 때 그러한 것으로 결정한다.

그림 9.1은 표 9.2에서 나타나 있는 유의한 예측변수에 관해 추정된 함수를 보 여준다. 많은 비선형 효과가 0에서 강한 불연속성을 나타낸다. 예를 들어 spam의 확률은 george의 빈도가 0으로부터 증가함에 따라 상당히 떨어지지만, 그 이후로 크게 변하지는 않는다. 이는 누군가는 각 빈도 예측변수를 영을 세는 지시변수로

바꾼 뒤, 선형 로지스틱 모델에 의지해 볼 수 있음을 시사한다. 이 방법은 7.4% 의 테스트 오류율을 내어주며, 빈도의 선형 효과 또한 포함하면 테스트 오류율이 6.6%으로 떨어진다. 가법 모델에서의 비선형성은 추가적인 예측력을 가지는 것 으로 보인다.

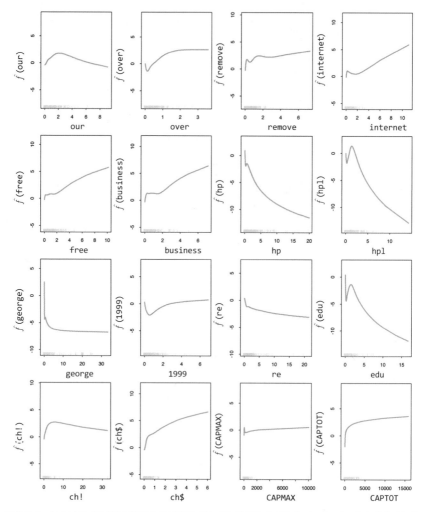

그림 9.1 스팸 분석: 유의한 예측변수에 추정된 함수. 각 아래쪽 프레임의 러그 도표는 해당 예측변수의 관측된 값을 나타낸다. 많은 예측변수에서 비선형성의 불연속성이 영에서 커진다.

진짜 email 메시지를 spam으로 분류하는 것은 더 심각한 문제인데, 올바른 이메일이 걸러져 사용자에게 전달되지 못할 수 있기 때문이다. 손실을 바꿈으로써 클래스 오류율 사이의 균형을 조절할 수 있다(2.4절을 보라). 참인 클래스 0을 클래스 1로 예측하는데 손실 L_{01}을 할당하고, 참인 클래스 1을 클래스 0으로 예측하는데 L_{10}을 할당한다면, 추정된 베이즈 규칙은 확률이 $L_{01}/(L_{01} + L_{10})$보다 크면 클래스 1로 분류한다. 예를 들면 $L_{01} = 10$, $L_{10} = 1$을 취하면, (참인) 클래스 0과 클래스 1 오류율은 0.8%와 8.7%로 바뀐다.

더 야심차게 해보면, 클래스 0에 가중치 L_{01}을 그리고 클래스 1 관측치에 L_{10}을 사용함으로써 모델로 하여금 클래스 0에서의 더 나은 데이터를 적합시키도록 할 수 있다. 그 뒤 앞에서와 같이, 추정된 베이즈 규칙을 사용해 예측을 한다. 이는 (참된) 클래스 0과 클래스 1에서 각각 1.2%와 8.0%의 오류율을 내어준다. 아래에서 트리 기반 모델 측면에서 불균등한 손실에 관한 문제를 추가로 논의한다.

가법 모델을 적합시키고 나서, 어떠한 교호작용을 포함시키면 적합을 크게 개선시킬 수 있는지를 확인해야 할 것이다. 이는 일부의 혹은 모든 유의한 입력변수 모두의 곱을 넣음으로써 "수동으로^{manually}" 하거나, 아니면 MARS 과정을 통해 자동으로 할 수 있다(9.4절). 이 예제는 가법 모델을 자동적인 방식에서 사용한다. 가법 모델은 데이터 분석 도구로써 더욱 상호적인^{interactive} 방식으로 사용된다. df_j 측면에서 평활화의 양을 보정함으로써, 누군가는 선형 모델($df_j = 1$)과 부분적인 선형 모델 사이를 매끄럽게 이동할 수 있으며 이때 몇몇 항은 더욱 유연하게 모델링된다. 더 자세한 내용은 헤이스티와 팁시라니(Hastie and Tibshirani, 1990)를 보라.

9.1.3 요약

가법 모델은 유용한 선형 모델 확장을 제공하며, 이들의 해석력의 상당 부분은 여전히 유지하면서도 더욱 유연하게 만든다. 표 9.2에서의 예제에서 본 바와 같이, 선형 모델에서의 모델링과 추론을 위한 익숙한 도구들은 가법 모델에서도 유효하다. 이들 모델을 적합하는 역적합 과정은 단순하고 모듈적이며, 각 입력 변수에 적합한 적합 방법을 선택할 수 있도록 해준다. 그 결과 이들은 통계학계에서 널리 쓰이게 됐다.

그러나 가법 모델은 대형의 데이터 마이닝 응용에서는 한계가 있을 수 있다. 역적합 알고리즘은 모든 예측변수를 적합시키며, 이는 변수의 개수가 많을 때

가능하지 않거나 선호되지 않을 수 있다. BRUTO 과정(Hastie and Tibshirani, 1990, 9장)은 입력변수의 선택과 역적합을 결합시키지만, 커다란 데이터 마이닝 문제를 위해서 디자인된 것은 아니다. 최근 연구 중에는 라쏘-타입의 벌점을 사용해 희박 가법 모델을 추정하는 것들이 있다. 예를 들어 린과 장(Lin and Zhang, 2006)의 COSSO 과정과 라비쿠마 외(Ravikumar et al., 2008)가 제안한 SpAM 등이 있다. 큰 문제에서는 부스팅(10장)과 같은 전진 스텝별 접근법이 더욱 효과적이며 모델에 교호작용이 포함될 수 있도록 허용한다.

9.2 트리 기반 방법

9.2.1 배경

트리 기반 방법은 특성 공간을 직사각형의 집합으로 분할한 뒤, 각각에 (상수와 같은) 단순한 모델을 적합시킨다. 이들은 개념적으로 단순하지만 강력하다. 먼저 CART라 부르는 트리 기반 회귀와 분류를 위한 인기 있는 방법을 본 뒤, 이후에 주요한 경쟁자인 C4.5와 비교해본다.

각각의 값을 단위 구간에서 취하는 연속형 반응변수 Y와 입력 X_1과 X_2으로 된 회귀 문제를 고려해보자. 그림 9.2의 위쪽 왼쪽 패널은 좌표축과 평행한 선으로 나눠진 특성 공간의 분할을 보여준다. 각 분할 요소에서 Y를 서로 다른 상수로 모델링할 수 있다. 그러나 문제가 있다. 각 분할선이 $X_1 = c$와 같이 단순하게 설명된다 하더라도, 몇몇 결과 영역은 설명하기가 복잡하다.

이 문제를 단순하게 하려면, 그림 9.2의 위 오른쪽 패널과 같이 우리의 관심을 재귀적 이진 분할로 제약한다. 먼저 공간을 두 영역으로 나누고, 각 영역에 Y의 평균으로 반응을 모델링한다. 우리는 최적의 적합을 달성하도록 변수와 분리 지점을 선택한다. 그 뒤 이들 영역의 하나 혹은 둘 다 두 개 이상의 영역으로 분할시키고, 이 과정을 어떠한 중단 규칙을 적용할 때까지 계속한다. 예를 들면 그림 9.2의 위 오른쪽 패널에서 먼저 $X_1 = t_1$에서 분리한다. 그 뒤 $X_1 \leq t_1$ 영역이 $X_2 = t_2$에서 분할되고 $X_1 > t_1$이 $X_1 = t_3$에서 분할된다. 마지막으로 영역 $X_1 > t_3$이 $X_2 = t_4$에서 분할된다. 이 과정의 결과는 그림에서와 같이 다섯 개 영역 $R_1, R_2, ..., R_5$으로 된 분할이다. 해당 회귀모델은 영역 R_m 내 상수 c_m으로 Y를 예측한다. 즉,

$$\hat{f}(X) = \sum_{m=1}^{5} c_m I\{(X_1, X_2) \in R_m\} \tag{9.9}$$

이와 같은 모델을 그림 9.2의 아래 왼쪽 패널의 이진 트리로 나타낼 수 있다. 전체 데이터셋이 트리의 위쪽에 놓인다. 각 분기점junction의 조건에 만족하는 관측치가 왼쪽 가지branch에 할당되며, 다른 것은 오른쪽 가지에 할당된다. 트리의 최종 노드 혹은 잎leave은 영역 R_1, R_2, ..., R_5에 해당한다. 그림 9.2의 아래 오른쪽 패널은 이 모델로부터의 회귀면에 관한 투시도를 보여준다. 도해를 위해 노드 평균을 $c_1 = -5$, $c_2 = -7$, $c_3 = 0$, $c_4 = 2$, $c_5 = 4$로 선택해 도표를 그렸다.

재귀적 이진 트리의 핵심적인 장점은 해석력이다. 특성 공간 분할이 단일 트리에 의해 설명된다. 두 개 이상의 입력 변수로 그림 9.2의 위 오른쪽 패널과 같은 분할은 그리기 어렵지만, 이진 트리 표현은 같은 방식으로 동작한다. 이러한 표현은 또한 의학자들에게 인기가 있는데, 아마도 의사들이 생각하는 방식을 흉내내기 때문일 것이다. 트리는 환자 특성을 기반으로, 모집단을 높고 낮은 결과값의 계층strata으로 계층화한다.

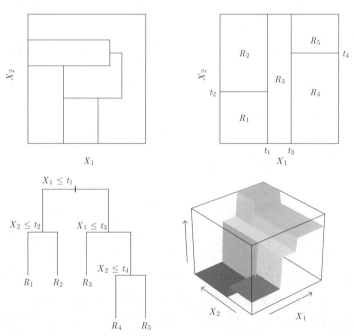

그림 9.2 분할과 CART. 위 오른쪽 패널은 CART에서 쓰이는 것과 같은 재귀적 이진 분리를 통해 어떠한 모조 데이터에 적용된 2차원 특성 공간 분할을 보여준다. 위 왼쪽 패널은 재귀적 이진 분리를 통해 얻을 수 없는 일반적인 분할을 보여준다. 아래 왼쪽 패널은 위 오른쪽 패널 내 분할에 해당하는 트리를 보여주며, 아래 오른쪽 패널에서 예측면의 투시도를 볼 수 있다.

9.2.2 회귀 트리

이제 어떻게 회귀 트리를 키우는지에 관한 질문으로 돌아가자. 우리의 데이터는 각 N개 관측치에 관한 p개의 입력과 반응으로 돼 있다. 즉 $i = 1, 2, ..., N$에 관해 (x_i, y_i)이며 $x_i = (x_{i1}, x_{i2}, ..., x_{ip})$이다. 알고리즘은 분리 변수와 분리 지점 그리고 또한 트리가 어떠한 토폴로지(모양)을 가져야 하는지 자동적으로 결정해야 한다. 먼저 M개 영역 $R_1, R_2, ..., R_M$인 분할이 있으며, 각 영역에 상수 c_m으로 반응을 모델링한다고 해보자.

$$f(x) = \sum_{m=1}^{M} c_m I(x \in R_m) \tag{9.10}$$

만일 기준으로 최소제곱 $\sum (y_i - f(x_i))^2$의 최소화를 도입한다면, 최적의 $\hat{c}_m$이 단지 영역 R_m 내 y_i의 평균임을 보이는 것은 쉬운 일이다.

$$\hat{c}_m = \text{ave}(y_i | x_i \in R_m) \tag{9.11}$$

이제 최소제곱합 측면에서 최적 이진 분할을 찾는 것은 일반적으로 연산적으로 가능하지 않게 된다. 그러므로 탐욕 알고리즘으로 진행한다. 모든 데이터로 시작해, 분리 변수 j와 분리 지점 s을 고려하고, 반평면$^{half-plane}$의 쌍을 정의하자.

$$R_1(j, s) = \{X | X_j \leq s\} \text{ 그리고 } R_2(j, s) = \{X | X_j > s\} \tag{9.12}$$

그러면 다음을 푸는 분리 변수 j와 분리 지점 s를 찾게 된다.

$$\min_{j,\, s} \left[\min_{c_1} \sum_{x_i \in R_1(j,s)} (y_i - c_1)^2 + \min_{c_2} \sum_{x_i \in R_2(j,s)} (y_i - c_2)^2 \right] \tag{9.13}$$

어떠한 j 및 s를 선택하는지 간에, 내측의 최소화는 다음으로 풀린다.

$$\hat{c}_1 = \text{ave}(y_i | x_i \in R_1(j, s)) \text{ 그리고 } \hat{c}_2 = \text{ave}(y_i | x_i \in R_2(j, s)) \tag{9.14}$$

각 분리 변수에 관해, 분리 지점 s의 결정은 매우 빠르게 할 수 있으며 따라서 모든 입력을 통해 스캔함으로써, 최적 쌍 (j, s)를 정하는 것이 가능해진다.

최적 분할을 찾았으면, 데이터를 두 결과 영역으로 분할하고 각 영역에 분리 과정을 반복한다. 그러면 이 과정은 모든 결과 영역에 반복된다.

얼마나 크게 트리를 키울 수 있을까? 분명히 매우 큰 트리는 데이터를 과적합하는 한편, 작은 트리는 중요한 구조를 포착하지 못할 수도 있을 것이다. 트리의 크기는 모델의 복잡도를 지배하는 조정 매개변수이며, 최적 트리 크기는 데이터로부터 적응적으로 선택해야 할 것이다. 한 가지 방법은 분리로 인한 제곱합의 감소가 어떠한 임계점을 넘어설 때만 트리 노드를 분리하는 것이다. 이 전략은 그러나 너무 근시안적일 수 있는데, 보기에 의미가 없어 보이는 분리가 그 아래의 매우 좋은 분리로 향할 수 있기 때문이다.

선호되는 전략은 분리 과정을 어떠한 최소 노드 크기(말하자면 5개)에 도달할 때만 중지하는 커다란 트리 T_0를 키우는 것이다. 그러면 이 커다란 트리를 비용-복잡도 가지치기cost-complexity pruning한다. 이는 이제 설명할 것이다.

우리는 T_0를 가지치기해 얻을 수 있는 어떠한 트리 $T \subset T_0$를 하위트리라 정의한다. 즉 이것의 내부(마지막이 아닌) 노드를 임의의 숫자만큼 접는collapsing 것이다. 우리는 종료 노드를 m으로 색인하며, 노드 m은 영역 R_m을 나타낸다. $|T|$를 T 내 종료 노드의 개수라 표기하자. 다음으로 두면

$$
\begin{aligned}
N_m &= \#\{x_i \in R_m\} \\
\hat{c}_m &= \frac{1}{N_m} \sum_{x_i \in R_m} y_i \\
Q_m(T) &= \frac{1}{N_m} \sum_{x_i \in R_m} (y_i - \hat{c}_m)^2
\end{aligned}
\tag{9.15}
$$

비용 복잡도 기준을 정의한다.

$$
C_\alpha(T) = \sum_{m=1}^{|T|} N_m Q_m(T) + \alpha |T|
\tag{9.16}
$$

이 개념은 각 α에 관해, $C_\alpha(T)$를 최소화하도록 하위 트리 $T_\alpha \subseteq T_0$를 찾는 것이다. 조정 매개변수 $\alpha \geq 0$는 트리의 크기와 데이터에 관한 적합의 좋은 정도 사이의 상반관계를 지배한다. α의 값이 크면 더 작은 트리 T_α가 되고, α의 값이 작아지면 반대가 된다. 표기법이 나타내듯이, $\alpha = 0$이면 완전한 트리 T_0가 해가 된다. 아래에서 어떻게 α를 적응적으로 선택하는지 논의한다.

각 α에 관해 $C_\alpha(T)$를 최소화하는 가장 작은 고유한 하위 트리 T_α가 있음을 보일 수 있다. T_α를 찾으려면 최약체 링크 가지치기weakest link pruning를 사용한다. $\sum_m N_m Q_m(T)$에서 가장 작은 노드당per-node 증가를 만들어내는 내부 노드를 연속적

으로 접고collapse, 단일 노드(뿌리) 트리를 만들어낼 때까지 계속한다. 이는 (유한의) 하위트리의 열을 만들어주며, 이 열이 반드시 T_α를 포함함을 보일 수 있다. 자세한 내용은 브레이먼 외(Breiman et al., 1984)와 리플리(Ripley, 1996)를 보라. α 추정은 5겹 혹은 10겹 교차 검증을 통해 할 수 있으며, 교차 검증의 제곱합을 최소화하는 값 $\hat{\alpha}$를 선택한다. 최종 트리는 $T_{\hat{\alpha}}$이다.

9.2.3 분류 트리

만일 목표가 값 1, 2, ..., K을 취하는 분류 결과라면, 트리 알고리즘에서 필요한 유일한 변화는 노드의 분리와 트리의 가지치기를 위한 기준과 관련이 있다. 회귀에서는 (9.15)에서 정의한 제곱오차 노드 불순도 측정치 $Q_m(T)$를 사용했지만, 이는 분류에 적합하지 않다. N_m개 관측치를 가지는 영역 R_m을 나타내는 노드 m에서, 다음을 노드 m에서 클래스 k 관측치의 비율이라 하자.

$$\hat{p}_{mk} = \frac{1}{N_m} \sum_{x_i \in R_m} I(y_i = k)$$

우리는 노드 m에 있는 관측치를 노드 m에서의 최다수 클래스 $k(m) = \text{argmax}_k$ $\hat{p}_{mk}$에 분류한다. 노드 불순도 $Q_m(T)$의 다른 측정치로는 다음을 포함한다.

오분류율: $\frac{1}{N_m} \sum_{i \in R_m} I(y_i \neq k(m)) = 1 - \hat{p}_{mk(m)}$

지니 지수: $\sum_{k \neq k'} \hat{p}_{mk} \hat{p}_{mk'} = \sum_{k=1}^{K} \hat{p}_{mk}(1 - \hat{p}_{mk})$ (9.17)

교차-엔트로피 혹은 이탈도: $- \sum_{k=1}^{K} \hat{p}_{mk} \log \hat{p}_{mk}$

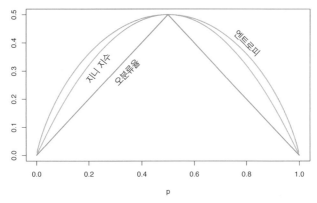

그림 9.3 2 클래스 분류를 위한 노드 불순도 측정치를 클래스 2에서 비율 p의 함수로 그린 것. 교차 엔트로피는 (0.5,0.5)를 지나도록 척도화시켰다.

2 클래스에서 만일 p가 두 번째 클래스의 비율이라면, 이들 세 측정치는 각각 $1 - \max(p, 1-p)$, $2p(1-p)$ 그리고 $-p\log p - (1-p)\log(1-p)$이다. 이들은 그림 9.3에서 볼 수 있다. 이들 세 가지 모두 유사하지만 교차-엔트로피와 지니 지수는 미분 가능하므로 수치 최적화에서 더 다루기 쉽다. (9.13)과 (9.15)를 비교하면 분리노드 m에 의해 만들어진 두 개의 자식 노드 내 관측치의 개수 N_{mL}와 N_{mR}로 노드불순도 측정치를 가중해야 한다.

추가로, 교차-엔트로피와 지니 지수는 오분류율보다는 노드 확률의 변화에 더민감하다. 예를 들면 각 클래스에서 관측치가 400개인 2 클래스 문제에서(이를 (400, 400)이라 표기하자), 한 분할이 노드 (300, 100)와 (100, 300)를, 다른 분할은 (200, 400)와 (200,0) 노드를 만든다고 해보자. 두 분할 모두 0.25의 오분류율을 만들어내지만 두 번째 분할은 더 순수한 노드를 만들어내며 아마도 더 선호될 것이다. 지니 지수와 교차 엔트로피 모두 두 번째 분할에서 더 낮다. 이러한 이유로 트리가 커질 때는 지니 지수나 교차 엔트로피 둘 중 하나를 사용해야 한다. 비용-복잡도 가지치기를 지도하기 위해서 이들 세 방법 중 어떠한 것이든지 사용할 수 있지만 통상적으로 오분류율을 쓴다.

지니 지수는 두 가지 흥미로운 방법으로 해석할 수 있다. 노드의 최다수 클래스로 관측치를 분류하는 대신에 클래스 k에 확률 $\hat{p}_{mk}$로 분류할 수 있다. 그러면노드 내에서 이 규칙의 기대 훈련 오류율은 $\sum k \ne k'\ \hat{p}_{mk}\hat{p}_{mk'}$로, 이는 지니 지수가된다. 유사하게, 각 관측치를 k 클래스에 관해선 1로 다른 것은 0으로 코딩하면이와 같은 0-1 반응의 노드에 관한 분산은 $\hat{p}_{mk}(1 - \hat{p}_{mk})$이다. 클래스 k들에 관해더하면 이는 또 다시 지니 지수가 된다.

9.2.4 다른 문제들

범주형 예측변수

q개의 가능한 순서 없는 값들을 가지는 하나의 예측변수를 분리할 때, q 값을 두 그룹으로 분할하는 가능한 방법은 $2^{q-1} - 1$개 있으며, q가 크다면 연산이 불가능할 정도로 많게 된다. 그러나 0-1 결과에서, 이 연산은 단순화된다. 예측변수 클래스를 결과 클래스 1에 속할 비율에 따라 정렬한다. 그 뒤 이 예측변수를 이것이 정렬된 예측변수였던 것과 같이 분할한다. 이렇게 하면 모든 가능한 $2^{q-1} - 1$ 분할 중에, 교차-엔트로피나 지니 지수 측면에서 최적의 분할을 내어준다는 사실을 보일 수도 있다. 이는 계량적 결과와 제곱오차손실에서도 유효하다. 이때 결과값의 증가하는 평균에 따라 범주를 정렬한다. 이러한 주장은 직관적이기는 하나, 이를 증명하는 것은 단순하지 않다. 이진 결과에 관한 증명은 브레이먼 외(Breiman et al., 1984)와 리플리(Ripley, 1996)가 제공한다. 계량적 결과에 관한 증명은 피셔(Fisher, 1958)에서 찾을 수 있다. 다범주 결과값에서 어떠한 단순화도 가능하지 않지만 여러 근사적 방법이 제안돼 왔다(Loh and Vanichsetakul, 1988).

분할 알고리즘은 많은 수준의 q를 가지는 범주형 예측변수를 선호하는 경향이 있다. q에서 분할의 개수가 지수적으로 증가하면 더 많은 선택을 할 수가 있고, 가진 데이터로 좋은 결과를 찾을 가능성이 더 높아진다. 이는 q가 크면 심각한 과적합을 야기할 수 있으며, 이러한 변수는 피해야 할 것이다.

손실 행렬

분류 문제에서 관측치를 오분류하는 데 따른 결과는 몇몇 종류에서 다른 것들보다 더 심각하다. 예를 들면 심장마비가 실제로 올 사람을 오지 않을 것이라 예측하는 것은 그 반대인 것보다 아마도 더 안 좋을 것이다. 이를 감안하려면, $K \times K$ 손실 행렬을 정의하고, $L_{kk'}$가 클래스 k 관측치를 클래스 k'로 분류하는 데 따라 받는 손실이라 한다. 통상적으로 올바른 분류에서는 손실이 발생하지 않는다. 즉, $L_{kk} = 0 \forall_k$이다. 손실들을 모델링 과정에 포함시키려면 지니 지수를 $\sum_{k \neq k'} L_{kk'} \hat{p}_{mk} \hat{p}_{mk'}$로 수정할 수 있다. 이는 무작위적인 규칙에 의해 발생한 기대 손실이 될 것이다. 이는 다클래스의 경우에서 작동하지만, 2 클래스에서는 효과가 없다. $\hat{p}_{mk} \hat{p}_{mk'}$의 계수가 $L_{kk'} + L_{k'k}$이기 때문이다. 2 클래스에서는 클래스 k의 관측치를 $L_{kk'}$로 가중하는 것이 더 적절한 방법이다. 이는 k의 함수로서의 $L_{kk'}$가 k'에 의존

376

하지 않을 때만 다클래스의 경우에서 사용할 수 있다. 관측치 가중은 또한 이탈도를 통해서도 사용할 수 있다. 가중치 가중의 효과는 클래스에 관한 사전확률을 바꾸기 위함이다. 종료 노드에서, 경험적 베이즈 규칙은 클래스 $k(m) = \arg\min_k \sum_\ell L_{\ell k}\,\hat{p}_{m\ell}$로 분류함을 뜻한다.

결측 예측변숫값

데이터에 몇몇 혹은 모든 변수에서 결측 예측변숫값이 있다고 해보자. 몇몇 결측값을 가지는 어떠한 관측치든지 버릴 수도 있겠지만, 이는 훈련 집합의 심각한 소모를 야기할 수 있다. 대신에 결측값을, 말하자면 비결측 관측치에 관한 예측변수의 평균으로 채우는 (다시 말해 귀속시키는) 것을 시도할 수도 있다. 트리 기반 모델에서는 두 가지 더 나은 방법이 있다. 첫 번째는 범주형 예측변수에 적용할 수 있다. 단순하게 "결측"을 위한 새로운 범주를 만드는 것이다. 이를 통해 어떠한 측정치에 관해서 결측값을 가지는 관측치가 비결측 값과 다르게 움직이는 것을 탐색해볼 수 있다. 더 일반적인 두 번째 접근법은 대리변수surrogate variable를 구축하는 것이다. 예측변수의 분리를 고려할 때, 그 예측변수에 결측이 없는 관측치만을 사용한다. 최적 (일차) 예측변수와 분리 지점을 선택했으면, 대리 예측변수와 분리 지점의 리스트를 구성한다. 첫 번째 대리자는 일차 분할에 의해 달성된 훈련 데이터의 분할을 가장 잘 흉내 내는 예측변수 및 이에 해당하는 분리 지점이다. 두 번째 대리자는 두 번째로 최적인 예측변수 및 해당하는 분리 지점이며, 이를 계속한다. 훈련 단계나 예측 과정에서 트리 아래로 관측치를 보낼 때, 일차 분리 예측변수가 없다면 대리 분할을 순서대로 사용한다. 대리 분할은 시도할 예측변수 사이의 상관관계를 활용하며 결측 데이터의 영향을 완화한다. 결측 예측변수와 다른 예측변수 사이의 상관관계가 높다면, 결측값으로 인한 정보의 손실이 더 적다. 결측 데이터의 일반적인 문제는 9.6절에서 논의한다.

왜 이진 분리인가?

각 단계에서 노드를 단지 두 그룹으로 분리하는 대신 (앞에서와 같이) 두 그룹 이상의 다원 분할multiway splits을 고려할 수도 있다. 이는 때때로 유용하지만, 일반적인 전략으로 좋은 것은 아니다. 문제는 다원 분할이 데이터를 너무 빠르게 파편화시키며, 그 다음 아래 수준에 충분하지 않은 데이터를 남긴다는 것이다. 따라서 이러한 분할은 필요할 때만 사용하고자 할 것이다. 다원 분할은 일련의 이진 분할을 통해서 할 수 있으며, 후자가 더 선호된다.

그 외 트리 구축 과정

앞의 논의에서는 트리를 CART[Classification And Regression Tree]로 구현하는 데 집중한다. 다른 인기 있는 방법론은 ID3 및 이후 버전인 C4.5, 그리고 C5.0이 있다 (Quinlan, 1993). 이 프로그램의 초기 버전은 범주형 예측변수에만 한정돼 있었으며, 가지치기 없이 하향식 규칙을 사용했다. 최근 개발에서는 C5.0이 CART와 꽤나 비슷해졌다. C5.0에서 고유하고도 가장 중요한 특성은 규칙 집합을 유도하는 체계다. 트리가 자라고 나면, 종료 노드를 정의하는 분할 규칙이 때때로 단순화될 수 있다. 즉 노드에 속하는 관측치의 부분집합을 바꾸지 않고 하나나 그 이상의 조건을 버릴 수 있다. 결국 각 종료 노드를 정의하는 단순화된 규칙 집합을 갖게 된다. 이들은 더 이상 트리 구조를 따르지 않지만, 이들의 단순함은 사용자에게 더 매력적일 수 있다.

선형 조합 분할

분할을 $X_j \leq s$와 같은 형태가 되도록 제한하는 대신에, $\sum a_j X_j \leq s$ 형태와 같은 선형 조합에 따른 분할을 허용할 수도 있다. 가중치 a_j와 분리 지점 s를 최적화해 유효한 기준을 (지니 지수와 같이) 최소화하도록 한다. 이는 트리의 예측력을 개선할 수 있지만 해석력을 다치게 할 수 있다. 연산적으로 분할 지점 탐색의 불연속성은 가중치를 위한 평활 최적화를 사용하지 못하도록 한다. 선형 조합 분할을 포함시키는 더 나은 방법은 9.5절의 주제인 전문가 계층 혼합모델[HME, Hierarchical Mixtures of Experts]이다.

트리의 불안정성

트리에서의 주요한 문제는 이들의 고분산성이다. 데이터를 약간 변경하면 매우 다른 일련의 분할을 결과로 만들어내는 경우가 자주 있으며, 해석을 다소 믿을 수 없게 만든다. 이러한 불안정성의 주요한 이유는 과정의 계층적 성질 때문이다. 맨 위 분할에서의 오차의 영향이 그 아래 모든 분할에 관해 아래로 전파된다. 이는 더욱 안정적인 분할 기준을 사용함으로써 어느 정도 완화할 수 있지만, 내재적인 불안정성은 없어지지 않는다. 이는 데이터로부터 단순한, 트리 기반의 구조를 추정하는 데 따른 값을 치르는 것이다. 배깅(8.7절)은 이러한 분산을 줄이기 위해 많은 트리를 평균화한다.

평활성의 부재

트리의 다른 한계점은 그림 9.2의 아래 오른쪽 패널에서 본 바와 같이 예측면에 평활성smoothness이 없다는 것이다. 0/1 손실로 된 분류에서 이는 크게 문제가 되지 않는다. 클래스 확률의 추정 내에서의 편향이 제한적인 영향을 갖기 때문이다. 그러나 이는 정상적으로는 하부함수가 평활화되길 기대하는 회귀 설정에서는 성능을 저하시킬 수 있다. 9.4절에서 설명하는 MARS 과정을 이러한 평활성의 부재를 완화하기 위해 디자인된 CART의 수정 버전이라고 볼 수 있을 것이다.

가법적 구조를 포착하는 어려움

트리의 다른 문제는 가법 구조를 모델링하는 어려움이다. 가령 회귀에서 예를 들어 $Y = c_1 I(X_1 < t_1) + c_2 I(X_2 < t_2) + \varepsilon$이고 ε가 0이 평균인 잡음이라 해보자. 그러면 이진 트리는 첫 번째 분할을 X_1에 관한 t_1 근처에서 만들게 될 것이다. 다음 아래 수준에서 이는 가법적 구조를 포착하기 위해, 두 노드를 X_2에 관해 t_2에서 분할해야만 할 것이다. 이는 데이터가 충분하다면 일어날 수도 있겠지만, 모델에게 이러한 구조를 찾아내도록 특별하게 북돋우진 못한다. 만일 가법 효과가 2개 대신에 10개가 있었다면, 많은 우현적인 분할을 취함으로써 구조를 재생성하려 할 것이며, 데이터 분석가는 추정된 트리에서 이를 인식하는 데 큰 압박을 받게 될 것이다. 여기서의 "비난"은 또 다시 장점과 약점 모두를 가진 이진 트리 구조의 몫이 될 수 있다. MARS 방법(9.4절)은 가법 구조를 포착하기 위해 또 다시 트리 구조를 포기한다.

표 9.3 스팸 데이터: 테스트 데이터에 관한 (교차 검증에 의해 선택된) 17개 노드 트리의 혼동률. 전체 오류율은 9.3%이다.

참	예측	
	email	spam
email	57.3%	4.0%
spam	5.3%	33.4%

9.2.5 스팸 예제(계속)

우리는 분류 트리 방법론을 앞서 소개한 스팸 예제에 적용했다. 트리를 키우는 데 이탈도 측정치를 사용했으며 오분류율을 사용해 가지치기를 했다. 그림 9.4는 10겹 교차 검증 오류율을 가지치기된 트리의 크기의 함수로 보여주며, 10개 복제로부터의 평균의 ±2 표준오차도 함께 볼 수 있다. 테스트오차 곡선은 주황색이다. 교차 검증 오류율은 트리의 크기가 아닌[not] α의 값의 시퀀스로 인덱스돼 있음을 주지하라. 서로 다른 겹에서 자란 트리에서, α의 값은 다른 크기를 뜻할 수도 있다. 도표의 바닥에서 보이는 크기는 가지치기된 원본 트리의 크기인 $|T_\alpha|$를 가리킨다.

오류율이 약 17개 종료 노드 근처에서 평평해지며, 그림 9.5의 가지치기된 트리를 만들어낸다. 트리에 의해 선택된 13개의 개별적인 특성 중에서, 11개가 가법 모델(표 9.2)의 16개의 유의한 특성과 겹친다. 표 9.3에의 전체 오류율은 표 9.1에서의 가법 모델보다 약 50% 높다.

트리의 가장 오른쪽 가지를 보자. 5.5% 이상의 문자가 $ 표시라면 spam 경고로 분기할 수 있다.

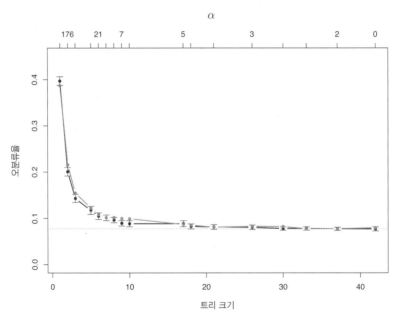

그림 9.4 spam 예제의 결과. 파란색 곡선은 오분류율의 10겹 교차 검증 추정값을 트리 크기의 함수로 그린 것으로, 표준오차 막대도 함께 있다. 최솟값이 약 17개 종료 노드를 가진 트리 크기에서 나타난다 ("1-표준-오차" 규칙을 사용해). 주황색 곡선은 테스트오차로, CV 오류율을 꽤 가깝게 따라간다. 교차 검증은 α의 값으로 색인돼 있다. 앞에서 보이는 트리 크기는 α로 색인된 원본 트리의 크기인 $|T_\alpha|$를 뜻한다.

그러나 그 다음 hp 구절이 빈번하게 나타나면, 이는 회사 업무일 수 있으며 email 로 분류한다. 테스트 집합에서 이들 기준을 만족하는 22개 경우 모두가 올바르게 분류됐다. 만일 두 번째 조건에 맞지 않고, 추가로 반복된 대문자의 평균 길이 CAPAVE가 2.9보다 크면, spam으로 분류한다. 227개 테스트 경우 중에서 오직 7개 만이 오분류됐다.

의학 분류 문제에서 민감도sensitivity 항 그리고 특이도specificity 항이 규칙을 특징화하는 데 쓰인다. 이들은 다음과 같이 정의한다.

- **민감도**: 주어진 참 상태가 질병일 때 질병을 예측할 확률
- **특이도**: 참 상태가 질병이 아닐 때 질병이 아님을 예측할 확률

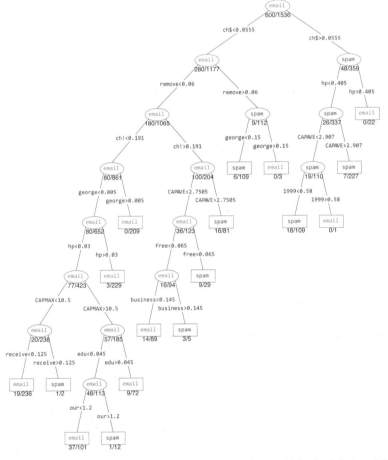

그림 9.5 spam 예제의 가지치기된 트리. 분리 변수를 가지에서 파란색으로 볼 수 있으며, 각 노드마다 분류가 어떻게 되는지 볼 수 있다. 종료 노드 아래의 숫자는 테스트 데이터의 오분류율을 가리킨다.

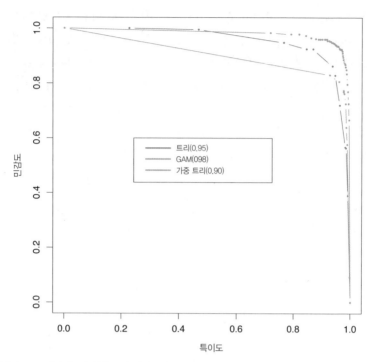

그림 9.6 spam 데이터로의 분류 규칙 적합을 위한 ROC 곡선. 곡선이 북동쪽 구석에 더 가까울수록 분류기가 더 낫다는 것을 나타낸다. 이 경우 GAM 분류기가 트리들 중에서 우세하다. 가중 트리는 특이도가 더 높을 때 비가중 트리보다 더 나은 민감도를 보인다. 범례의 숫자는 곡선하 면적을 나타낸다.

만일 spam과 email을 각각 질병의 유무로 생각한다면, 표 9.3으로부터 다음을 얻는다.

$$민감도 = 100 \times \frac{33.4}{33.4 + 5.3} = 86.3\%$$

$$특이도 = 100 \times \frac{57.3}{57.3 + 4.0} = 93.4\%$$

이 분석에서 동일한 손실을 사용했다. 이전과 같이 $L_{kk'}$가 클래스 k 대상을 클래스 k'로 예측할 때와 연관된 손실이라 하자. 손실 L_{01}과 L_{10}의 크기의 상대적 크기를 바꿈으로써, 규칙의 민감도는 높이고 특이도는 낮추거나, 그 반대로 한다. 이 예제에서는 좋은 email을 spam으로 표시하는 것을 피하고자 하며, 그러므로 특이도를 매우 높게 만들고 싶다. 이는 $L_{01} > 1$로 두어, 말하자면 $L_{10} = 1$을 통해 할 수 있다. 각 종료 노드에서의 베이즈 규칙은 spam의 비율이 $\geq L_{01}/(L_{10} + L_{01})$라면 클래스 1(spam)이라 분류하고, 아니면 클래스 0으로 분류한다. 통상적으로 수

신자 조작 특성ROC, Receiver Operating Characteristic 곡선이 민감도와 특이도 사이의 상반관계를 평가하는 데 요약으로 사용된다. 이는 분류 규칙의 매개변수가 변함에 따른 민감도 대 특이도에 관한 도표다. L_{01} 손실을 0.1과 1 사이에서 바꾸고, 그림 9.4 내에서 선택된 17개 노드 트리에 베이즈 규칙을 적용해 만들어낸 ROC 곡선을 그림 9.6에서 볼 수 있다. 0.9 근처 각 곡선의 표준오차가 근사적으로 $\sqrt{0.9(1-0.9)/1536} = 0.008$이므로 차이에 관한 표준오차는 약 0.01이다. 특이도를 100%에 가깝게 달성하려면 민감도가 약 50%로 떨어져야 한다는 것을 볼 수 있다. 곡선하 면적은 통상적으로 계량적 요약 통계로 사용된다. 곡선을 각 방향에 따라 선형으로 확장해 [0, 100]에 관해서 정의되도록 하면 면적이 근사적으로 0.95다. 비교를 위해 9.2절 내 이들 데이터에 관한 GAM 모델 적합의 ROC 곡선을 포함시켰다. 이는 어떠한 손실에서든지 더 나은 분류 규칙을 제공하며 면적은 0.98이다.

단지 노드의 베이즈 규칙만을 수정하는 대신에, 9.2절에서 한 것과 같이 트리를 키울 때 불균등한 손실을 완전하게 감안하는 것이 더 낫다. 클래스가 오직 0과 1일 때 클래스 k 내 관측치에 가중치 $L_{k,1-k}$를 사용함으로써 트리의 성장 과정에서 손실을 포함시킬 수도 있을 것이다. 여기서 $L_{01} = 5$, $L_{10} = 1$을 선택했고 이전과 같은 크기의 ($|T_\alpha| = 17$) 트리를 적합시켰다. 이 트리는 원본 트리보다 특이도가 높을 때 더 높은 민감도를 가지지만, 다른 극단에서는 좋지 않다. 위쪽의 몇 개 분할이 원본 트리와 같으며, 그 뒤 서로 달라진다. 이 응용에서 $L_{01} = 5$를 사용해 자란 트리는 분명히 원본 트리보다 낫다.

앞에서 사용된 ROC 곡선하 면적은 때때로 c-통계량c-statistic이라 부른다. 흥미롭게도 ROC 곡선하 면적이 두 그룹 내 예측 점수 사이의 중앙값 차이를 위한 만-휘트니 U 통계량Mann-Whitney U statistics(혹은 윌콕슨 순위합 검정, Wilcoxon rank-sum test)과 동등함을 보일 수 있다(Hanley and McNeil, 1982). 표준 모델에 추가적인 예측변수를 추가할 때의 공헌도를 평가할 때, c-통계량이 정보가 되는 측정치가 아닐 수도 있다. 새로운 예측변수는 모델의 이탈도의 변화 측면에서 매우 유의미할 수 있지만, c-통계량을 오직 적은 양만을 증가시킬 수 있다. 예를 들면, 표 9.2의 모델에서 매우 유의미한 항인 **george**를 제거하면 c-통계량이 0.01보다 덜 감소하게 된다. 대신에 추가적인 예측변수가 개별 표본 기준에서 분류가 어떻게 바뀌는지 조사하는 것이 도움이 된다. 쿡(Cook, 2007)에서 이 점에 관한 좋은 논의를 볼 수 있다.

9.3 PRIM: 범프 헌팅

(회귀를 위한) 트리 기반 방법은 특성 공간을 상자 모양의 영역으로 분할해 각 상자의 반응 평균이 가능한 다르게 만들려 시도한다. 상자를 정의하는 분리 규칙은 이들의 해석을 용이하게 하는 이진 트리를 통해 각각 연관이 된다.

인내심 규칙 유도법PRIM, Patient Rule Induction Method 또한 특성 공간 내에서 상자를 찾으려 하지만, 반응 평균이 높은 상자를 탐색한다. 그러므로 이는 범프 헌팅bump hunting 훈련이라 부르는, 목표 함수 내 최댓값을 찾는다(만일 최댓값 대신에 최솟값을 원하면 간단히 음의 반응값으로 작업하면 된다).

PRIM은 또한 상자의 정의가 이진 트리로 묘사되지 않는다는 점에서 트리 기반 분할법과 다르다. 이는 규칙 모음의 해석을 더 어렵게 만든다. 그러나 이진 트리 제약을 제거함으로써 개별 규칙이 더 단순해지는 경우가 자주 있다.

PRIM 내 주요한 상자 구축법은 하향식으로 이뤄지며, 모든 데이터를 가지는 상자에서 시작한다. 상자는 적은 양으로 한쪽 면을 따라 압축이 되며, 그 뒤 상자 밖으로 떨어지는 관측치는 벗겨낸다peel off. 압축을 위해 선택한 면은 압축이 수행된 뒤, 가장 큰 상자 평균을 만들어내는 면이다. 그 뒤 이 과정이 반복되며, 현재 상자가 어떠한 최소 숫자의 데이터 지점을 가질 때 정지된다.

이 과정은 그림 9.7에 그려져 있다. 단위 정사각형에 균일하게 분포된 200개 데이터 지점이 있다. 색으로 코딩된 그림은 $0.5 < X_1 < 0.8$이고 $0.4 < X_2 < 0.6$일 때 값 1(빨간색)을 취하며, 그렇지 않으면 0(파란색)인 반응 Y를 가리킨다. 패널이 하향식 벗겨내기 과정을 통해 발견한 연속적인 상자를 보여주며, 각 단계에서 남아 있는 데이터 지점의 $\alpha = 0.1$ 비율만큼 벗겨낸다.

그림 9.8은 상자가 압축됨에 따른 상자 내 반응 값들의 평균을 보여준다.

하향식 시퀀스가 계산되면 PRIM은 과정을 역으로 진행하며 이러한 임의의 경계로의 확장이 상자의 평균을 높이면 이를 확장시킨다. 이는 페이스팅pasting이라 부른다. 하향식 과정이 각 단계에서마다 탐욕적이므로 이러한 확장이 가능한 경우가 자주 있다.

이들 단계의 결과는 상자의 시퀀스로 각 상자에서 서로 다른 개수의 관측치를 가진다. 데이터 분석가의 판단과 함께 병행된 교차 검증이 최적 상자 크기를 선택하는 데 쓰인다.

단계 1에서 발견된 상자 내 관측치의 인덱스를 B_1이라고 표기하자. PRIM 과정은 그 뒤 훈련 집합으로부터 B_1 내 관측치를 제거하며 2단계 과정, 즉 하향식 벗겨내기 다음 상향식 페이스팅을 남아 있는 데이터셋에 반복한다. 이 전체 과정이 몇 번 반복돼 상자의 열 B_1, B_2, ..., B_k를 만들어낸다. 각 상자는 다음과 같은 예측변수의 부분집합을 수반하는 규칙 집합에 의해 정의된다.

$$(a_1 \leq X_1 \leq b_1) \text{ 그리고 } (b_1 \leq X_3 \leq b_2)$$

알고리즘 9.3에 PRIM 과정이 요약돼 있다.

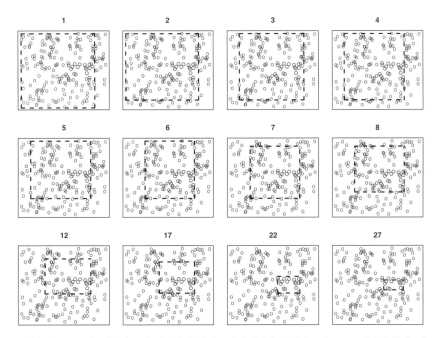

그림 9.7 PRIM 알고리즘의 그림. 파란색 점(클래스 0)과 빨간색 점(클래스 1)으로 표시된 두 클래스가 있다. 과정은 모든 데이터를 감싸는 직사각형(검은 점선)으로 시작하며, 상자에 남아 있는 점들의 평균을 최대화하도록 하기 위해 사전에 정의된 양만큼 경계를 따라 점들을 벗겨낸다. 위 왼쪽 패널부터 시작해 아래 오른쪽 패널에 순수한 빨간색 영역이 격리될 때까지 벗겨내기의 시퀀스를 볼 수 있다. 반복 횟수는 각 패널 위에 표시돼 있다.

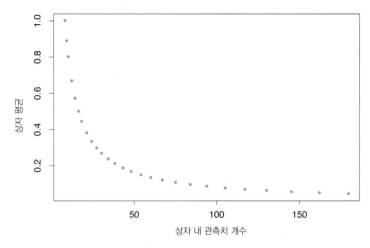

상자 내 관측치 개수

그림 9.8 상자 평균을 상자 내 관측치 개수에 관한 함수로 그린 것

알고리즘 9.3 인내심 규칙 유도법

1. 모든 훈련 데이터 및 모든 데이터를 포함하는 최대 상자로 시작한다.

2. 한 면으로의 압축을 통한 수축을 고려함으로써, 예측변수 X_j의 가장 높은 값 혹은 가장 낮은 값을 포함하도록 관측치의 α 비율만큼 벗겨낸다(통상적으로 $\alpha = 0.05$ 아니면 0.10).

3. 2단계를 상자에 어떠한 최소 개수의 관측치(말하자면 10개)가 남아 있을 때까지 반복한다.

4. 상자를 임의의 면을 따라, 결과 상장 평균이 증가하는 한 확장시킨다.

5. 1~4단계가 각 상자 내 서로 다른 개수의 관측치를 가지는 상자의 시퀀스를 내어준다. 교차 검증을 사용해 시퀀스의 개수를 선택한다. 이 상자를 B_1이라고 부른다.

6. 데이터셋에서 상자 B_1 내 데이터를 제거하고 2~5단계를 반복해 두 번째 상자를 얻는다. 그리고 원하는 만큼 많은 상자를 얻을 때까지 계속한다.

PRIM은 CART에서와 같이 예측변수의 모든 분할을 고려해 범주형 예측변수를 다룰 수 있다. 결측값 또한 CART와 같은 방식으로 다룬다. PRIM은 회귀를 위해 디자인됐다(계량적 반응 변수). 2 클래스 결과는 단순히 0과 1로 코딩해 다룰 수 있다. $K > 2$ 클래스를 동시에 다루는 단순한 방법은 존재하지 않는다. 한 가지 접

근법은 기준^{baseline} 클래스 대 각각의 클래스에 관해 독립적으로 PRIM을 실행하는 것이다.

PRIM이 CART보다 가지는 장점은 인내심이다. CART는 이진으로 분리하기 때문에 데이터를 꽤 빠르게 파편화한다. 각 분할이 같은 크기라 가정하면, 데이터가 다 떨어지기 전에 N개 관측치로 오직 $\log_2(N) - 1$의 분할만을 만들어낸다. PRIM이 각 단계에서 훈련 지점의 α 비율만큼 벗겨낸다면 데이터가 다 떨어지기 전에 근사적으로 $\log(N)/\log(1 - \alpha)$의 벗겨내기 단계를 수행한다. 예를 들어 $N = 128$이고 $\alpha = 0.10$이면 $\log_2(N) - 1 = 6$인 한편 $-\log(N)/\log(1 - \alpha) \approx 46$ 이다. 각 단계마다 정수 개수만큼의 관측치가 있어야 함을 감안하면 PRIM은 벗겨내기를 실제 오직 29번 할 수 있다. 어떠한 경우든지 더 인내심 있는 PRIM의 능력은 하향식 탐욕 알고리즘이 더 나은 해를 찾는 데 도움이 될 것이다.

9.3.1 스팸 예제(계속)

우리는 spam은 1로, email은 0으로 코딩한 반응으로 PRIM을 spam 데이터에 적용했다.

PRIM으로 찾은 첫 두 상자는 다음에 요약돼 있다.

규칙 1	전역 평균	상자 평균	상자 지지도
훈련	0.3931	0.9607	0.1413
테스트	0.3958	1.0000	0.1536

규칙 1
$$\begin{cases}
\text{ch!} & > & 0.029 \\
\text{CAPAVE} & > & 2.331 \\
\text{your} & > & 0.705 \\
\text{1999} & < & 0.040 \\
\text{CAPTOT} & > & 79.50 \\
\text{edu} & < & 0.070 \\
\text{re} & < & 0.535 \\
\text{ch;} & < & 0.030
\end{cases}$$

규칙 2	전역 평균	상자 평균	상자 지지도
훈련	0.2998	0.9560	0.1043
테스트	0.2862	0.9264	0.1061

규칙 2
$$\begin{cases}
\text{remove} & > & 0.010 \\
\text{george} & < & 0.110
\end{cases}$$

상자 지지도는 상자에 포함되는 관측치의 비율이다. 첫 번째 상자는 순수한 spam으로, 15%의 테스트 데이터를 포함한다. 두 번째 상자는 테스트 관측치의 10.6%를 가지며, 이들 중 92.6%가 spam이다. 두 상자를 합하면 26%의 관측치를 가지며 이는 약 97%가 spam이다. 그 다음의 몇몇 상자(여기서 보여주지는 않음)는 꽤 작으며, 오직 3%의 데이터를 가진다.

예측변수는 중요도에 따라 나열돼 있다. 흥미롭게도 CART 트리(그림 9.5)에서 가장 상위의 분리변수들이 PRIM의 첫 번째 상자에 등장하지 않는다.

9.4 MARS: 다변량 적응적 회귀 스플라인

MARS^{Multivariate Adaptive Regression Splines}는 회귀를 위한 적응적 과정이며, 고차원 문제(즉 입력변수가 많음)에 잘 맞는다. 이는 스텝별 선형회귀의 일반화, 혹은 회귀 설정에서 CART의 성능을 개선하기 위한 CART의 수정판으로 볼 수 있다. 먼저 첫 번째 시각에서 MAR를 소개하며, 나중에 CART와의 관계를 말한다.

MARS는 $(x-t)_+$과 $(t-x)_+$ 형태의 조각별^{piecewise} 선형 기저함수의 전개를 사용한다. "+"는 양의 부분을 뜻한다. 따라서

$$(x-t)_+ = \begin{cases} x-t, & \text{if } x > t \\ 0, & \text{otherwise} \end{cases} \quad \text{그리고} \quad (t-x)_+ = \begin{cases} t-x, & \text{if } x < t \\ 0, & \text{otherwise} \end{cases}$$

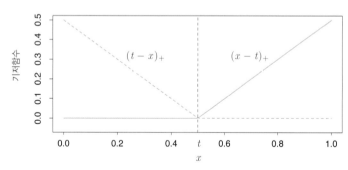

그림 9.9 MARS가 사용하는 기저함수 $(x-t)_+$(주황색 실선)와 $(t-x)_+$(파란 점선)

각 함수는 조각별 선형으로, 값 t에서 매듭^{knot}이 있다. 이들은 5장의 용어로는 선형 스플라인이다. 이하 논의에서는 두 함수를 반사쌍^{reflected pair}이라고 부른다. 이 개념은 각각의 입력변수의 X_j에 관해 그 입력변수의 각각의 관측된 값 x_{ij}에서 매듭을 가지는 반사쌍을 구성하는 것이다. 그러므로 기저함수의 모음은 다음과 같다.

$$\mathcal{C} = \{(X_j - t)_+, \ (t - X_j)_+\} \quad \begin{matrix} t \in \{x_{1j}, x_{2j}, \ldots, x_{Nj}\} \\ j = 1, 2, \ldots, p. \end{matrix} \tag{9.18}$$

만일 모든 입력값이 구별된다면 모두 $2Np$개의 기저함수가 존재한다. 각 기저함수가 오직 단일 X_j, 예를 들어 $h(X) = (X_j - t)_+$에만 의존함에도 전체 입력 공간 $\mathbb{R}^p$에 관한 함수로 고려됨을 주지하라.

모델 구축 전략은 전진 스텝별 선형회귀와 비슷하지만 원본 입력을 사용하는 대신 집합 $\mathcal{C}$ 및 이들의 곱으로부터의 함수를 사용하는 것이 허용된다. 그러므로 모델은 다음의 형식을 가진다.

$$f(X) = \beta_0 + \sum_{m=1}^{M} \beta_m h_m(X) \tag{9.19}$$

이때 각 $h_m(X)$는 $\mathcal{C}$ 내 함수 혹은 이러한 함수 둘 아니면 그 이상의 곱이다.

h_m을 선택했다면 계수 β_m이 잔차제곱합 최소화, 즉 표준 선형회귀를 통해 추정된다. 그러나 진짜 예술은 함수 $h_m(x)$의 구축에 있다. 우리 모델 내 오직 상수함수 $h_0(X) = 1$으로 시작하며, 집합 $\mathcal{C}$ 내 모든 함수가 후보 함수다. 이는 그림 9.10에서 묘사돼 있다.

각 단계에서 우리는 모델 집합 $\mathcal{M}$ 내 함수 h_m와 $\mathcal{C}$ 내 반사쌍 중 하나와의 모든 곱의 쌍을 새로운 기저함수로 고려한다. 우리는 훈련오차를 가장 감소시키는 다음 형식의 항을 모델 $\mathcal{M}$에 추가한다.

$$\hat{\beta}_{M+1} h_\ell(X) \cdot (X_j - t)_+ + \hat{\beta}_{M+2} h_\ell(X) \cdot (t - X_j)_+, \ h_\ell \in \mathcal{M}$$

여기서 $\hat{\beta}_{M+1}$과 $\hat{\beta}_{M+2}$는 모델 내 다른 모든 $M+1$ 계수와 함께 최소제곱을 통해 추정된 계수다. 그러면 우위에 있는 곱이 모델에 추가되고 모델 집합 $\mathcal{M}$이 사전에 정한 최대 개수의 항을 가질 때까지 과정이 계속된다.

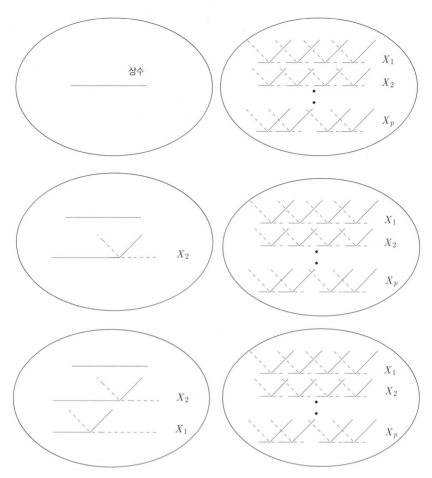

그림 9.10 MARS 전진 모델-구축 과정의 도식화. 왼쪽은 현재 모델 내 기저함수들이다. 초기에 이는 상수함수 $h(X) = 1$이다. 오른쪽은 모델 구축에 고려할 모든 기저함수 후보다. 이들은 그림 9.9에서와 같은 조각별 선형 기저함수의 쌍으로, 각 예측변수 X_j의 고유한 관측값 x_{ij}에서 매듭 t를 가진다. 각 단계에서 후보 쌍과 모델 내 기저함수와의 모든 곱을 고려한다. 잔차 오차를 가장 크게 줄이는 곱이 현재 모델에 추가된다. 앞에서는 첫 세 단계의 과정을 보여주며, 선택된 함수를 빨간색으로 볼 수 있다.

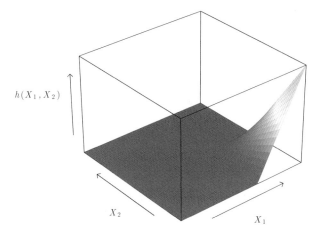

그림 9.11 두 개의 조각별 선형 MARS 기저함수의 곱을 통해 만들어진 함수 $h(X_1, X_2) = (X_1 - x_{51})_+ \cdot (x_{72} - X_2)_+$

예를 들면 첫 번째 단계에서 다음 형식 $\beta_1(X_j - t)_+ + \beta_2(t - X_j)_+$; $t \in \{x_{ij}\}$의 함수를 모델에 추가하는 것을 고려한다. 상수함수 자체를 곱하는 것은 함수 그 자체를 만들어내기 때문이다. 최적 선택이 $\hat{\beta}_1(X_2 - x_{72})_+ + \hat{\beta}_2(x_{72} - X_2)_+$라고 해보자. 그러면 이러한 기저함수의 쌍이 집합 $\mathcal{M}$에 추가되고, 다음 단계에서 다음 형식의 곱의 쌍을 포함시키는 것을 고려하게 된다.

$$h_m(X) \cdot (X_j - t)_+ \quad \text{그리고} \quad h_m(X) \cdot (t - X_j)_+$$

이때 h_m에 관해 다음을 선택한다.

$$
\begin{aligned}
h_0(X) &= 1 \\
h_1(X) &= (X_2 - x_{72})_+ \quad \text{아니면} \\
h_2(X) &= (x_{72} - X_2)_+
\end{aligned}
$$

세 번째 선택은 그림 9.11에 묘사된 $(X_1 - x_{51})_+ \cdot (x_{72} - X_2)_+$와 같은 함수를 만들어낸다.

과정 마지막에 (9.19) 형태의 커다란 모델을 갖게 된다. 이 모델은 통상적으로 데이터를 과적합하며, 따라서 후진 삭제 과정을 적용한다. 각 단계에서 잔차제곱 오차를 가장 적게 증가시키는 항을 모델에서 삭제해 각 크기(항의 개수) λ에 따른 추정된 최적 모델을 만들어낸다. 교차 검증을 사용해 최적 값 λ를 추정할 수도 있겠지만, MARS 과정은 연산을 아끼기 위해 대신에 일반화 교차 검증을 사용한다.

이 기준은 다음으로 정의된다.

$$\text{GCV}(\lambda) = \frac{\sum_{i=1}^{N}(y_i - \hat{f}_\lambda(x_i))^2}{(1 - M(\lambda)/N)^2} \tag{9.20}$$

값 $M(\lambda)$은 모델 내 매개변수의 유효 개수다. 이는 모델 내 항의 개수에 매듭의 최적 위치를 선택하는 데 사용하는 매개변수의 개수를 더한 것 모두를 감안한다. 일부 수학적 결과 및 시뮬레이션 결과에서는 조각별 선형회귀에서 하나의 매듭을 선택하는 데 세 개의 매개변수에 관한 값을 치러야 한다고 제시하고 있다.

그러므로 모델에 r개의 선형적으로 독립인 기저함수가 있다고 K개 매듭이 전진 과정에서 선택됐다면 공식은 $M(\lambda) = r + cK$이며 이때 $c = 3$이다(모델이 가법적인 것으로 제한된다면 $c = 2$가 벌점으로 사용된다. 자세한 내용은 아래에 있다). 이를 사용해 후진 순서를 따라 $\text{GCV}(\lambda)$를 최소화하는 모델을 선택한다.

왜 이들 조각별 선형 기저함수 그리고 이러한 특정 모델 전략이어야 하는가? 그림 9.9의 함수의 핵심 속성은 국소적으로 동작하는 능력이다. 이들은 그들의 범위 일부에서 값이 영이다. 그림 9.11과 같이 이들이 서로 곱해지면, 결과는 두 성분 함수 모두가 영이 아닌 특성 공간의 작은 일부에서만 영이 아니게 된다. 그 결과 영이 아닌 구성 요소를 국소적으로 사용해, 회귀면이 오직 필요한 곳에서만 인색하게 구축된다. 이것이 중요한 이유는, 고차원에서 매개변수가 빠르게 고갈될 수 있으므로 조심스럽게 매개변수를 "소비해야" 하기 때문이다. 다항식과 같은 다른 기저함수를 사용하면 영이 아닌 곱을 어디에서나 만들게 될 것이며, 잘 동작하지 않게 될 것이다.

두 번째로 중요한 조각별 선형 기저함수의 장점은 연산에 관한 것이다. $\mathcal{M}$ 내 함수의 곱을 고려해보자. 각 N은 입력 X_j의 반사쌍이다. 이는 N개의 단일 입력 선형회귀모델의 적합이 필요한 것으로 보인다. 이때 각각은 $O(N)$의 연산을 사용하며, 전체 $O(N^2)$의 연산이 된다. 그러나 조각별 선형함수의 단순한 형태를 활용할 수 있다. 먼저 최오른쪽 매듭으로 반사쌍을 적합시킨다. 매듭이 연속적으로 한 번에 왼쪽으로 한 위치씩 움직이므로, 기저함수는 정의역의 왼쪽 부분에 걸쳐 영만큼 그리고 오른쪽 부분에 걸쳐서는 상수만큼 달라지게 된다. 따라서 이러한 각각의 움직임 후에, 적합을 $O(1)$의 연산으로 업데이트할 수 있다. 이는 각 매듭에서 오직 $O(N)$으로만 시도할 수 있도록 해준다.

MARS의 전진 모델링 전략은, 이미 모델 안에 있는 항을 수반하는 곱으로부터 구축되는 다원적인 곱이라는 측면에서 계층적이다. 예를 들면 4원적인four-way 곱은 이것의 3원적인 구성 요소 중 하나가 이미 모델에 있을 때만 모델에 추가될 수 있다. 고차 교호작용은 저차원적인 "발자국footprints"이 있을 때만 존재할 것이라는 게 여기서의 철학이다. 이것이 참일 필요는 없지만, 이치에 맞는 작업적인 가정이며 지수적으로 증가하는 대안적인 공간에서 탐색하는 것을 피하게 해준다.

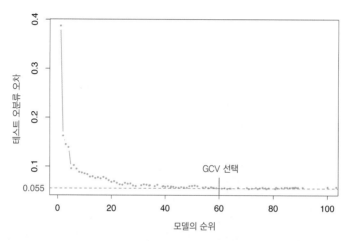

그림 9.12 스팸 데이터: MARS 과정에 관한 테스트오차 오분류율을 모델 내 랭크(독립적인 기저함수의 개수)에 관한 함수로 그린 것

모델 항을 형식화할 때 둬야 할 제약이 한 가지 있다. 각 입력은 곱에서 최대 한 번만 등장할 수 있다. 이는 특성 공간의 경계 근처에서 너무 급격하게 증가하거나 줄어드는 입력의 고차원적인 힘이 형식화되는 것을 막는다. 이러한 힘은 조각별 선형함수를 가지고 더욱 안정적인 방법으로 근사할 수 있다.

MARS 과정에서 유용한 옵션은 위쪽을 교호작용의 차수로 두는 것이다. 예를 들면 위쪽을 2로 두어 쌍별 곱에서 3원이나 더 높은 다원적인 곱이 아닌 조각별 선형함수를 허용할 수 있다. 이는 최종 모델을 해석하는데 도움이 된다. 위쪽을 1로 두면 가법 모델이 된다.

9.4.1 스팸 데이터(계속)

9장의 앞에서 분석했던 "스팸" 데이터에 MARS를 적용했다. 해석력을 키우기 위해 MARS를 2차 교호작용으로 제한했다. 목표가 2 클래스 변수임에도, 제곱오차

손실함수를 사용했다(9.4.3절을 보라). 그림 9.12는 테스트오차 오분류율을 모델 내 랭크(독립적인 기저함수의 개수)에 관한 함수로 보여준다. 오류율은 약 5.5%에서 안정을 유지하는데, 이는 앞에서 논의했던 일반 가법 모델(5.5%)보다 약간 높게 위치한다. GCV는 크기 60의 모델을 선택하는데, 이는 대략적으로 최적 성능을 주는 가장 작은 모델이다. MARS가 찾아낸 상위 교호작용 입력은 (ch$, remove), (ch$, free) 그리고 (hp, CAPTOT)이다. 그러나 이들 교호작용은 일반 가법 모델에서는 어떠한 성능 개선도 제공하지 않는다.

9.4.2 예제(시뮬레이션된 데이터)

여기서 MARS의 성능을 세 개의 대조적인 시나리오에서 조사해본다. $M = 100$개 관측치가 있으며, 예측변수는 $X_1, X_2, ..., X_p$이고 오차 ε는 독립 표준 정규 분포를 가진다.

- 시나리오 1: 데이터 생성 모델은

$$Y = (X_1 - 1)_+ + (X_1 - 1)_+ \cdot (X_2 - .8)_+ + 0.12 \cdot \varepsilon \quad (9.21)$$

신호대잡음비가 약 5가 되도록 잡음 표준 편차를 0.12로 선택했다. 이를 텐서곱$^{tensor-product}$ 시나리오라고 부른다. 곱의 항은 그림 9.11의 것과 같은 면을 만들어낸다.
- 시나리오 2: 전체 예측변수가 $p = 20$인 것을 제외하고 시나리오 1과 같다. 즉 반응과 독립인 입력변수가 18개 있다.
- 시나리오 3: 이는 신경망의 구조를 가진다.

$$\begin{aligned} \ell_1 &= X_1 + X_2 + X_3 + X_4 + X_5 \\ \ell_2 &= X_6 - X_7 + X_8 - X_9 + X_{10} \\ \sigma(t) &= 1/(1 + e^{-t}) \\ Y &= \sigma(\ell_1) + \sigma(\ell_2) + 0.12 \cdot \varepsilon \end{aligned} \quad (9.22)$$

시나리오 1과 2는 MARS에 이상적으로 잘 맞는 한편, 시나리오 3은 고차 교호작용을 가지며 MARS로 근사시키기가 어려울 수 있다. 각 모델에 관해 5번의 시뮬레이션을 실행하고, 결과를 기록했다.

시나리오 1에서 MARS는 통상적으로 거의 완벽하게 올바른 모델을 발견해낸다. 시나리오 2에서 이는 올바른 구조를 찾아내지만 또한 다른 예측변수를 수반하는 몇 가지 관련 없는 항을 찾아낸다.

$\mu(x)$를 Y의 참인 평균이라 하고, 다음과 같이 두자.

$$\begin{aligned} \text{MSE}_0 &= \text{ave}_{x \in \text{Test}}(\bar{y} - \mu(x))^2 \\ \text{MSE} &= \text{ave}_{x \in \text{Test}}(\hat{f}(x) - \mu(x))^2 \end{aligned} \qquad (9.23)$$

이들은 상수 모델 및 x에 관한 1,000개의 테스트값에서 평균해 추정된, 적합된 MARS 모델의 평균제곱오차를 나타낸다. 표 9.4는 각 시나리오에서 모델 오차 혹은 R^2의 비율적인 감소를 보여준다.

$$R^2 = \frac{\text{MSE}_0 - \text{MSE}}{\text{MSE}_0} \qquad (9.24)$$

보이는 값은 5번 시뮬레이션의 평균과 표준오차다. MARS의 성능은 시나리오 2에서 쓸모없는 입력변수를 포함함으로 인해 단지 약간만 저하된다. 시나리오 3에서는 성능이 상당하게 악화된다.

표 9.4 MARS가 세 가지 서로 다른 시나리오에 적용됐을 때 모델 오차(R^2)의 비율적인 감소

시나리오	평균(S.E.)
1: 텐서곱 $p=2$	0.97(0.01)
2: 텐서곱 $p=20$	0.96(0.01)
3: 신경망	0.79(0.01)

9.4.3 다른 문제들

분류를 위한 MARS

MARS 방법과 알고리즘은 분류 문제를 다루는 데 확장될 수 있다. 몇 가지 전략이 제시돼 왔다.

2 클래스에서 출력값을 0/1로 코딩하고 문제를 회귀처럼 다룰 수 있다. 우리는 이를 spam 예제에 적용했다. 2 클래스보다 많으면 4.2절에서 설명한 지시자 반응 접근법을 사용할 수 있다. K개 반응 클래스를 0/1 지시변수로 코딩할 수 있으며, 그 뒤 다중-반응 MARS 회귀를 수행한다. 후자에서 우리는 모든 반응 변수

에 관해 기저함수의 공통적인 집합을 사용한다. 가장 큰 예측된 반응 값을 가지는 클래스로 분류된다. 그러나 이 접근법에는 4.2절에서 설명한 바와 같이 잠재적인 감춤 효과가 존재한다. 일반적으로 더 우수한 접근법은 12.5절에서 논의하는 "최적 점수화optimal scoring"법이다.

스톤 외(Stone et al., 1997)는 분류 문제를 다루도록 특별히 고안된 PolyMARS라 부르는 MARS의 혼성을 개발했다. 이는 4.4절에서 설명한 다변량 로지스틱 체계를 사용한다. 이는 MARS와 같은 전진 단계순 방식으로 모델을 키우지만, 각 단계에서 다변량 로그 가능도에 이차근사를 사용해 다음 순서의 기저함수 쌍을 찾아낸다. 이를 발견하면 확장된 모델이 최대가능도에 의해 적합되며 과정이 반복된다.

MARS와 CART의 관계

MARS와 CART는 꽤 달라 보이지만, 이들 전략은 실제 강한 유사성을 가진다. MARS 과정을 취하고 다음과 같이 변화시킨다고 해보자.

- 조각별 선형 기저함수를 계단함수step functions $I(x - t > 0)$와 $I(x - t \leq 0)$로 교체한다.
- 모델 항이 후보 항에 의한 곱에 개입되면 이는 교호작용으로 교체되며, 따라서 나중의 교호작용에서는 쓸 수 없다.

이들 변화로 MARS 전진 과정은 CART 트리 성장 알고리즘과 같아진다. 계단함수를 반사된 계단함수의 쌍으로 곱하면, 이는 그 단계에서 노드를 분리하는 것과 동등하다. 두 번째 제약은 노드가 한 번을 초과해 분리되지 못할 수도 있음을 뜻하며, 이는 CART 모델의 매력적인 이진트리 표현이 된다. 반면, 이러한 제약은 CART가 가법적 구조를 모델링하는 것을 어렵게 만든다. MARS는 트리 구조를 포기하고 가법적 효과를 포착하는 능력을 얻는다.

혼합된 입력변수

MARS는 CART가 하는 것과 같이 자연스러운 방법으로 "혼합된mixed", 즉 계량적이면서 질적인 예측변수를 다룰 수 있다. MARS는 질적인 예측변수의 범주에 관한 모든 가능한 이진 분할을 두 개의 그룹으로 고려한다. 이와 같은 각 분할은 조각별 상수 기저함수의 쌍, 즉 범주의 두 집합에 관한 지시함수를 만들어낸다. 이

기저 쌍은 이제 다른 것들처럼 다뤄지며, 모델 내 이미 존재하는 다른 기저함수와 함께 텐서곱을 구성하는 데 쓰인다.

9.5 전문가 계층 혼합

전문가 계층 혼합HME, Hierarchical Mixtures of Experts 과정은 트리 기반 방법의 변형으로 볼 수 있다. 주요한 차이점은 트리 분할이 어려운 결정이라기보다는 부드러운 확률적 결정이라는 점이다. 각 노드에서 관측치가 입력값에 따른 확률을 가지고 왼쪽 혹은 오른쪽으로 이동한다. 이는 트리 기반 접근법에서의 이산적인 분리 지점 탐색과 다르게 결과 매개변수 최적화 문제가 평활적이므로 일부 연산적인 장점을 가진다. 연분할soft split은 또한 예측 정확도에 도움이 되며 데이터의 대안적인 설명을 제공한다.

트리를 구현하는 데 HME와 CART 사이에는 다른 차이점이 있다. HME에서는 CART에서의 상수 대신 선형(혹은 로지스틱회귀) 모델이 각 종료 노드에서 적합된다. 분할은 단지 이진뿐만이 아닌 다원적일 수 있다. 그리고 분할은 CART에서 표준적으로 사용하는 단일 입력변수 대신에 입력변수의 선형 조합에 관한 확률적 함수다. 그러나 이들의 선택 사이에 관한 상대적 장점은 분명치 않으며, 이에 관한 대부분은 9.2절의 끝에서 논의했다.

그림 9.13에서 단순한 2수준 HME 모델을 볼 수 있다. 이는 각 비종료 노드에서 연분할을 가지는 트리로 생각할 수 있다. 그러나 이 방법론을 고안한 사람은 다른 용어를 사용한다. 종료 노드는 전문가experts라고 부르며, 비종료 노드는 게이팅 네트워크gating networks라고 부른다. 각 전문가가 반응에 관한 의견(예측)을 제공하며, 이들을 게이팅망에 의해 한데 취합된다는 것이 개념이다. 앞으로 보겠지만 모델은 형식적으로 혼합 모델이며 그림의 2수준 모델은 다수준으로 확장될 수 있기 때문에 이름이 전문가 계층 혼합이다.

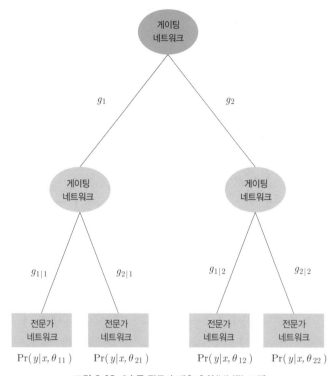

그림 9.13 2수준 전문가 계층 혼합(HME) 모델

9장 앞에서 설명했던 회귀나 분류 문제를 고려해보자. 데이터는 (x_i, y_i), $i = 1$, 2, ..., N이고 y_i는 연속형이거나 이진 값 반응일 수 있으며, x_i는 값이 벡터인 입력 변수다. 표기를 편리하게 하기 위해 x_i의 첫 번째 요소를 1이라고 가정해 절편을 감안하도록 한다.

HME를 정의하는지는 어떻게 다음과 같다. 위쪽 게이팅 네트워크는 다음의 출력을 갖는다.

$$g_j(x, \gamma_j) = \frac{e^{\gamma_j^T x}}{\sum_{k=1}^K e^{\gamma_k^T x}}, \; j = 1, 2, \ldots, K \tag{9.25}$$

이때 각 γ_j는 알려지지 않은 매개변수의 벡터다. 이는 K-원 연분할(그림 9.13에서 $K = 2$일 때)을 나타낸다. 각 $g_j(x, \gamma_j)$는 특성 벡터가 x인 관측치를 j번째 가지에 할당할 확률이다. $K = 2$인 그룹으로, 만일 x의 요소 중 하나의 계수를 $+\infty$가 되도록 취한다면, 무한한 기울기를 가지는 로지스틱 곡선을 얻음을 주지하기 바란다. 이 경우 게이팅 확률은 0이거나 1이며, 이는 입력에 관한 경분할^{hard split}에 해당한다.

두 번째 수준에서 게이팅 네트워크는 유사한 형태를 가진다.

$$g_{\ell|j}(x, \gamma_{j\ell}) = \frac{e^{\gamma_{j\ell}^T x}}{\sum_{k=1}^K e^{\gamma_{jk}^T x}}, \quad \ell = 1, 2, \ldots, K \tag{9.26}$$

이는 앞의 수준에서 j번째 가지에 할당됐을 때 ℓ번째 가지에 할당될 확률이다.

각 전문가(종료 노드)에서, 다음 형식의 반응 변수를 위한 모델을 가진다.

$$Y \sim \Pr(y|x, \theta_{j\ell}) \tag{9.27}$$

이는 문제에 따라 달라진다.

- **회귀**: 가우스 선형회귀모델이 쓰이며, $\theta_{j\ell} = (\beta_{j\ell}, \sigma_{j\ell}^2)$이다.

$$Y = \beta_{j\ell}^T x + \varepsilon \text{ and } \varepsilon \sim N(0, \sigma_{j\ell}^2) \tag{9.28}$$

- **분류**: 선형 로지스틱회귀모델이 쓰인다.

$$\Pr(Y = 1|x, \theta_{j\ell}) = \frac{1}{1 + e^{-\theta_{j\ell}^T x}} \tag{9.29}$$

모든 매개변수의 모음을 $\Psi = \{\gamma_j, \gamma_{j\ell}, \theta_{j\ell}\}$이라 표기하면, $Y = y$일 전체 확률은 다음과 같다.

$$\Pr(y|x, \Psi) = \sum_{j=1}^K g_j(x, \gamma_j) \sum_{\ell=1}^K g_{\ell|j}(x, \gamma_{j\ell})\Pr(y|x, \theta_{j\ell}) \tag{9.30}$$

이는 혼합 확률이 게이팅 네트워크 모델에 의해 정해지는 혼합 모델이다.

매개변수를 추정하려면 Ψ 내 매개변수에 관해 데이터의 로그 가능도 $\sum_i \log\Pr(y_i|x_i, \Psi)$를 최대화한다. 이를 위한 가장 편리한 방법은 EM 알고리즘으로, 8.5절에서 혼합을 위해 설명했다. 잠재변수 Δ_j를 정의하며, 하나를 제외한 이들 모두가 영이다. 이들을 맨 위 게이팅 네트워크에 의해 만들어지는 가지치기 결정으로 해석한다. 유사하게 잠재변수 $\Delta_{\ell|j}$를 정의해 두 번째 수준에서의 게이팅 결정을 설명한다.

E단계에서 EM 알고리즘은 매개변수의 현재 값이 주어졌을 때 Δ_j 및 $\Delta_{\ell|j}$의 기댓값을 계산한다. 그 뒤 이들 기댓값은 과정의 M단계에서 관측치 가중치로 사용해 전문가 네트워크에서 매개변수를 추정한다. 내부 노드에서의 매개변수는 복수

의 로지스틱회귀 버전을 통해 추정한다. Δ_j나 $\Delta_{\ell j}$의 기댓값은 확률 프로파일이며, 이들은 이러한 로지스틱회귀를 위한 반응 벡터로 쓰인다.

전문가 클래스 혼합 접근법은 CART 트리에 관한 유망한 경쟁자다. 딱딱한 결정 규칙 대신에 연분할soft splits을 사용함으로써 이는 낮은 반응에서 높은 반응으로 점진적으로 변할 때의 상황을 포착할 수 있다. 로그 가능도는 알려지지 않은 가중치의 평활함수이므로 수치 최적화로 다룰 수 있다. 이 모델은 선형 조합 분할 측면에서 CART와 유사하지만, 후자는 최적화가 어렵다. 반면 우리의 지식에서는 CART에 있는 것과 같은 HME 모델을 위한 좋은 트리 토폴로지를 찾을 방법이 없다. 통상적으로 CART 과정의 결과일 수 있는 일부 깊이를 가지고 고정된 트리를 사용한다. HME에 관한 연구에서는 최종 모델의 해석보다는 추정을 강조해왔다. HME와 친한 사촌으로는 잠재 클래스 모델latent class model(Lin et al., 2000)이 있으며 통상적으로 하나의 층만을 가진다. 여기서 노드 혹은 잠재 클래스는 유사한 반응 움직임을 보이는 주제의 그룹으로 해석한다.

9.6 결측 데이터

하나나 그 이상의 입력 특성에서 결측값이 있는 관측치를 가지는 것은 꽤 흔한 일이다. 일반적인 접근법은 결측값을 어떠한 방법을 통해 대체(채우기)시키는 것이다.

그러나 이 문제를 다루는데 있어서 첫 번째 이슈는 결측 데이터의 메커니즘이 관측된 데이터를 왜곡시키는지 아닌지를 정하는 것이다. 대략적으로 말하자면, 누락을 야기하는 메커니즘이 그 (미관측된) 값과 독립이라면 데이터는 무작위로 결측된 것이다. 리틀과 루빈(Little and Rubin, 2002)은 더 정확한 정의를 제공한다. $\mathbf{y}$가 반응 벡터이고 $\mathbf{X}$는 $N \times p$ 행렬의 입력(일부는 결측된)이라 하자. $\mathbf{X}$에서 관측된 항목을 $\mathbf{X}_{obs}$로 표기하고, $\mathbf{Z} = (\mathbf{y}, \mathbf{X})$, $\mathbf{Z}_{obs} = (\mathbf{y}, \mathbf{X}_{obs})$라 하자. 마지막으로 $\mathbf{R}$이 만일 x_i가 결측됐다면 1이고 아니면 0인 ij번째 성분으로 된 지시행렬일 때 만일 $\mathbf{R}$의 분포가 $\mathbf{Z}_{obs}$를 통해서만 데이터 $\mathbf{Z}$에 의존한다면 데이터는 무작위로 결측된 다고MAR, missing at random 말한다.

$$\Pr(\mathbf{R}|\mathbf{Z}, \theta) = \Pr(\mathbf{R}|\mathbf{Z}_{obs}, \theta) \tag{9.31}$$

여기서 θ은 $\mathbf{R}$의 분포에서의 임의의 매개변수다. 만일 $\mathbf{R}$의 분포가 관측된 혹은 결측된 데이터에 의존하지 않는다면 데이터는 완전히 무작위로 결측된다MCAR, missing completely at random고 말한다.

$$\Pr(\mathbf{R}|\mathbf{Z}, \theta) = \Pr(\mathbf{R}|\theta) \qquad (9.32)$$

MCAR은 MAR보다 강한 가정이다. 대부분의 대체법은 그들의 타당성을 위해 MCAR에 의존한다.

예를 들면 의사가 환자가 너무 아프다고 느껴서 환자의 측정치를 받지 못했다면, 그 관측치는 MAR이나 MCAR이 아닐 것이다. 이 경우 관측 데이터 메커니즘이 우리의 관측된 훈련 데이터가 참인 모집단에 관해 왜곡된 그림을 제공하도록 만들며, 이 사례에서 데이터를 대체하는 것은 위험하다. 특성이 MCAR인지 결정하려면 데이터 수집 과정에 관한 정보로부터 반드시 이루어져야 하는 것이 보통이다. 범주형 특성에서 이 문제를 진단하는 한 가지 방법은 "결측"을 추가적 클래스로 코딩하는 것이다. 그 뒤 훈련 데이터에 모델을 적합시키고 "결측" 클래스가 반응변수에 예측력이 있는지 본다.

특성이 완전히 무작위로 결측된다고 가정하면, 할 수 있는 몇 가지 방법이 있다.

1. 결측값이 있는 관측치를 버린다.
2. 훈련 과정에서 학습 알고리즘에 의존해 결측값을 다룬다.
3. 훈련 전에 모든 결측값을 대체시킨다.

접근법 (1)은 결측 데이터의 상대적인 크기가 작을 때 사용할 수 있지만, 그렇지 않으면 포기해야 할 것이다. (2)와 관련해서 CART는 대리 분할surrogate splits(9.2.4절)을 통해 결측값을 효과적으로 다루는 알고리즘 중 하나다. MARS와 PRIM은 유사한 접근법을 사용한다. 일반화 가법 모델링에서 주어진 특성이 결측돼 있는 모든 관측치는 역적합backfitting 알고리즘에서 부분 잔차가 그 특성에 관해 평활화될 때 생략되며, 이들의 적합된 값은 영으로 둔다. 적합된 곡선이 평균을 영으로 가지므로(모델이 절편을 포함할 때), 이는 적합된 값의 평균을 결측값으로 할당하는 것에 해당한다.

대부분의 학습법에서 대체법 (3)이 중요하다. 단순한 전략으로는 그 특성의 비결측 값들의 평균이나 중앙값으로 결측값을 대체하는 것이다(앞의 일반화 가법 모델을 위한 과정이 이와 유사함을 주지하라).

만일 특성이 적어도 어떠한 보통 정도의 의존성을 가진다면 다른 특성이 주어졌을 때 각 특성을 위한 예측 모델을 추정하고 모델로부터 예측을 통해 각 결측값을 대체시켜 이를 더 잘 할 수 있을 것이다. 특성의 대체를 위한 학습법을 선택할 때, 이 선택은 $\mathbf{X}$로부터 $\mathbf{y}$을 예측할 때 쓰이는 방법과 구별시켜야 함을 반드시 기억해야 한다. 그러므로 유연하고 적응적인 방법이 주로 선호될 것이며, 심지어 결국 목적이 $\mathbf{X}$에 관한 $\mathbf{y}$의 선형회귀를 수행하기 위함이라 하더라도 그러할 것이다. 추가로 만일 훈련 집합에 많은 결측 특성값이 존재한다면 학습 방법은 그 자체로 결측 특성값을 다룰 수 있어야 한다. 그러므로 CART가 이러한 대체화의 "엔진"을 위한 이상적인 선택이다.

대체화 후 결측값은 통상적으로 실제로 관측된 것처럼 다뤄진다. 이는 대체화로 인한 불확실성을 무시하며, 이는 그 자체로 반응 모델로부터의 추정과 예측에 추가적인 불확실성을 가져올 것이다. 대체화를 복수로 실행해 많은 다른 훈련 집합을 만듦으로써 추가적인 불확실성을 측정할 수 있다. $\mathbf{y}$를 위한 예측 모델을 각 훈련 집합에 적합시킬 수 있으며 훈련 집합 사이의 변화를 평가할 수 있다. 만일 CART가 대체화 엔진으로 사용됐다면, 해당하는 종료 노드의 값으로부터 표본을 추출해 대체화를 복수로 할 수 있다.

9.7 연산 고려 사항

관측치가 N개이고 예측변수가 p개이면, 가법 모델 적합은 어떠한 mp개의 1차원 평활자 혹은 회귀법이 필요하다. 역적합 알고리즘의 주기의 필요한 횟수 m은 보통 20회보다 작으며 주로 10보다 작고, 이는 입력의 상관관계의 양에 따라 다르다. 예를 들면 삼차 평활 스플라인으로는 초기 정렬에 $N \log N$ 연산이 필요하며 스플라인 적합에는 N회 연산이 필요하다. 그러므로 가법 모델 적합을 위한 전체 연산은 $pN \log N + mpN$이다.

트리는 각 예측변수를 위한 초기 정렬에 $pN \log N$ 연산을 필요로 하며, 분할 계산을 위해서는 통상적으로 또 다른 $pN \log N$ 연산이 필요하다. 분할이 예측변수 범위의 경계 근처에서 나타난다면, 이 숫자는 $N^2 p$로 늘어날 것이다.

MARS는 기저함수를 p개 예측변수의 풀에서 기저함수가 이미 m항 존재하는 모델에 추가하는데 $Nm^2 + pmN$ 연산을 필요로 한다. 그러므로 M항 모델의 구축은 $NM^3 + pM^2N$회 연산을 필요로 하며, 이는 M이 N의 상당한 부분을 차지한다면 꽤나 과중하다.

HME의 각 성분은 각 M단계에서 적합시키는 데 통상적으로 비싸지 않다. 회귀는 Np^2이며, K 클래스 로지스틱회귀는 Np^2K^2이다. 그러나 EM 알고리즘은 수렴하는 데 오랜 시간이 걸릴 수 있으며, 따라서 크기가 있는 HME 모델은 적합하는 데 비싼 것으로 고려된다.

참고문헌

일반화 가법 모델을 위한 가장 폭넓은 출처는 헤이스티와 팁시라니(Hastie and Tibshirani, 1990)가 같은 이름으로 쓴 교재다. 의학적 문제에서 이 작업을 다르게 응용한 것은 헤이스티 외(Hastie et al., 1989) 그리고 헤이스티와 허먼(Hastie and Herman, 1990)이 다뤘으며, Splus에서의 소프트웨어 구현은 챔버스와 헤이스티 (Chambers and Hastie, 1991)에 설명돼 있다. 그린과 실버맨(Green and Silverman, 1994)은 다양한 설정에서의 벌점화와 스플라인 모델을 논의한다. 에프론과 팁시라니(Efron and Tibshirani, 1991)는 수학에 무지한 독자를 위해 (일반화 가법 모델을 포함해) 통계학에서의 현대적 발전에 관한 설명을 제공한다. 분류와 회귀 트리는 최소한 모건과 송키스트(Morgan and Sonquist, 1963)까지 거슬러 올라간다. 우리는 브레이먼 외(Breiman et al., 1984)와 퀸란(Quinlan, 1993)의 현대적 접근법을 따랐다. PRIM 방법은 프리드먼과 피셔(Friedman and Fisher, 1999)에 의한 것이며 프리드먼(Friedman, 1991)은 MARS를 소개했고 가법성은 프리드먼과 실버맨 (Friedman and Silverman, 1989)이 선구적이다. 전문가 계층 혼합은 조던과 제이콥스(Jordan and Jacobs, 1994)가 제안했다. 제이콥스 외(Jacobs et al., 1991)도 살펴보기 바란다.

연습 문제

연습 9.1 y_i의 x_i에 관한 평활 스플라인 적합이 적합의 선형 부분linear part을 유지한다는 것을 보여라. 다르게 말하면 $y_i = \hat{y}_i + r_i$이고 이때 $\hat{y}_i$가 선형회귀 적합을 나타내면, $\mathbf{Sy} = \hat{\mathbf{y}} + \mathbf{Sr}$이다. 같은 것이 국소 선형회귀(6.1.1절)에서도 참임을 보여라. 따라서 알고리즘 9.1의 (2)의 두 번째 줄에서 조정 단계가 불필요함을 주장해보라.

연습 9.2 $\mathbf{A}$를 알려진 $k \times k$ 행렬이라 하고, $\mathbf{b}$를 알려진 k 벡터, $\mathbf{z}$를 알려지지 않은 k 벡터라고 하자. 방정식 $\mathbf{Az} = \mathbf{b}$의 선형 시스템을 풀기 위한 가우스-사이델 알고리즘은 다른 모든 z_j는 그들의 현재 추측값으로 고정하고 j번째 방정식의 z_j 요소에 관해서 연속적으로 풀음으로써 동작한다. 이들의 과정은 수렴할 때까지 $j = 1, 2, ..., k, 1, 2, ..., k, ...$에 관해 계속된다(Golub and Van Loan, 1983).

(a) N개 관측치와 p개 항이 있는 가법 모델을 고려하고, j번째 항이 선형 평활자 $\mathbf{S}_j$에 의해 적합돼야 한다고 하자. 다음의 방정식 시스템을 고려해보자.

$$
\begin{pmatrix}
\mathbf{I} & \mathbf{S}_1 & \mathbf{S}_1 & \cdots & \mathbf{S}_1 \\
\mathbf{S}_2 & \mathbf{I} & \mathbf{S}_2 & \cdots & \mathbf{S}_2 \\
\vdots & \vdots & \vdots & \ddots & \vdots \\
\mathbf{S}_p & \mathbf{S}_p & \mathbf{S}_p & \cdots & \mathbf{I}
\end{pmatrix}
\begin{pmatrix}
\mathbf{f}_1 \\
\mathbf{f}_2 \\
\vdots \\
\mathbf{f}_p
\end{pmatrix}
=
\begin{pmatrix}
\mathbf{S}_1\mathbf{y} \\
\mathbf{S}_2\mathbf{y} \\
\vdots \\
\mathbf{S}_p\mathbf{y}
\end{pmatrix}
\tag{9.33}
$$

(b) 여기서 각 $\mathbf{f}_j$는 데이터 지점에서 j번째 함수의 값매김으로 된 N 벡터이고, $\mathbf{y}$는 반응 값의 N 벡터다. 이때 역적합이 이 방정식 시스템의 블록별blockwise 가우스-사이델 알고리즘임을 보여라.

(c) $\mathbf{S}_1$과 $\mathbf{S}_2$가 $[0,1)$에서 고윳값을 가지는 대칭 평활 연산자(행렬들)라 하자. 반응 벡터 $\mathbf{y}$와 평활자 $\mathbf{S}_1, \mathbf{S}_2$가 있는 역적합 알고리즘을 고려해보자. 알고리즘이 임의의 시작 값으로 수렴을 하며, 최종 순회를 위한 공식을 내어준다는 것을 보여라.

연습 9.3 역적합 방정식Backfitting equations. 직교 사영인 역적합 과정을 고려하고 $\mathbf{D}$를 열이 $V = \mathcal{L}_{\text{col}}(\mathbf{S}_1) \oplus \mathcal{L}_{\text{col}}(\mathbf{S}2) \oplus \cdots \oplus \mathcal{L}\text{col}(\mathbf{S}_p)$를 생성하는 전체적인 회귀 행렬이라 하자. 이때 $\mathcal{L}_{\text{col}}(\mathbf{S})$는 행렬 S의 열 공간을 나타낸다. 다음에 나올 추정 방정식이 β가 계수의 벡터인 최소제곱 정규 방정식 $\mathbf{D}^T\mathbf{D}\beta = \mathbf{D}^T\mathbf{y}$과 동등함을 보여라.

$$
\begin{pmatrix}
\mathbf{I} & \mathbf{S}_1 & \mathbf{S}_1 & \cdots & \mathbf{S}_1 \\
\mathbf{S}_2 & \mathbf{I} & \mathbf{S}_2 & \cdots & \mathbf{S}_2 \\
\vdots & \vdots & \vdots & \ddots & \vdots \\
\mathbf{S}_p & \mathbf{S}_p & \mathbf{S}_p & \cdots & \mathbf{I}
\end{pmatrix}
\begin{pmatrix}
\mathbf{f}_1 \\
\mathbf{f}_2 \\
\vdots \\
\mathbf{f}_p
\end{pmatrix}
=
\begin{pmatrix}
\mathbf{S}_1\mathbf{y} \\
\mathbf{S}_2\mathbf{y} \\
\vdots \\
\mathbf{S}_p\mathbf{y}
\end{pmatrix}
$$

연습 9.4 2-항 가법 모델(즉 두 변수 모두 동일함) 내 두 항 모두 추정하는 데 같은 평활자 S가 쓰였다고 해보자. S가 $[0,1)$ 내 고윳값을 가지는 대칭이라 가정하자. 역적합 잔차가 $(I+S)^{-1}(I-S)y$으로 수렴하며 잔차제곱합이 상향^{upward}으로 수렴함을 보여라. 잔차제곱합이 덜 구조적인 상황에서 상향으로 수렴할 수 있을까? 이러한 적합을 S에 의한 단일항을 가지는 적합과 어떻게 비교할 수 있을까?(힌트: S의 고윳값 분해를 사용하면 이를 비교하는 데 도움이 된다.)

연습 9.5 트리의 자유도$^{Degrees\ of\ freedom\ of\ a\ tree}$. 평균이 $f(x_i)$이고 분산이 σ^2인 데이터 y_i와 적합 연산 $y \rightarrow \hat{y}$가 주어졌을 때 적합의 자유도를 $\sum_i \mathrm{cov}(y_i, \hat{y}_i)/\sigma$로 정의해보자. 회귀 트리를 통해 추정된 적합 $\hat{y}$를 고려해보자 이는 예측변수 $X_1, X_2, ...,$ X_p의 집합에 관한 적합이다.

(a) 종료 노드의 개수 m의 측면에서, 적합의 자유도를 위한 대략적인 공식을 내놓아라.

(b) 예측변수 $X_1, X_2, ..., X_{10}$를 독립적인 표준 가우스 변량으로 가지는 관측치 100개를 생성하고 이들 값을 고정하라.

(c) 반응 값들 또한 예측변수에 독립인 표준 가우스($\sigma^2 = 1$)로 생성하라. 회귀 트리를 데이터에 고정된 크기 1, 5, 10개의 종료 노드로 적합시키고 그에 따라 각 적합의 자유도를 추정하라(반응을 10번 시뮬레이션하고 결과를 평균해 자유도의 좋은 추정값을 얻어내라).

(d) (a)와 (c)에서의 여러분의 자유도를 비교하고 논의해보라.

(e) 회귀 트리 적합이 선형 연산이었다면, 어떠한 행렬 S에 관해 $\hat{y} = Sy$라 쓸 수 있다. 그러면 자유도는 $\mathrm{tr}(S)$가 될 것이다. 회귀 트리를 위한 근사적인 S 행렬을 계산하는 방법을 제안하고, 이를 계산한 뒤 자유도 결과를 (a)와 (c)에서의 것들과 비교해보라.

연습 9.6 그림 6.9의 오존 데이터를 고려해보자.

(a) 오존 집중도의 세제곱근에 가법 모델을 온도, 풍속, 방사선에 관한 함수로 적합시켜라. 여러분의 결과를 그림 6.9에서 보여주는 격자를 통해 얻어진 것과 비교해보라.

(b) 트리, MARS, PRIM을 같은 데이터에 적합시키고, 결과를 (a)를 통해 얻은 것 및 그림 6.9와 비교해보라.

10

부스팅과 가법 트리

10.1 부스팅법

부스팅은 최근 20년 내 도입된 가장 강력한 학습 개념 중 하나다. 이는 본래 분류 문제를 위해 디자인됐지만, 10장에서 보듯이 회귀로도 유익하게 확장될 수 있다. 부스팅의 동기는 많은 "약한" 분류기의 출력값을 결합해 강력한 "위원회^{committee}"를 만들어내는 과정이었다. 이러한 관점에서 부스팅은 배깅 및 다른 위원회 기반 접근법(8.8절)과 유사성을 지니게 된다. 그러나 이러한 연결점은 기껏해야 피상적일 뿐이며 부스팅은 근본적으로 다르다는 점을 보게 될 것이다.

먼저 프로인트와 샤파이어(Freund and Schapire, 1997)에 의한 "AdaBoost. M1(에이다부스트.M1)"이라 부르는 가장 인기 있는 부스팅 알고리즘을 설명하면서 시작한다. 출력변수가 $Y \in \{-1,1\}$로 코딩돼 있는 2 클래스 문제를 고려해보자. 예측변수 X의 벡터가 주어졌을 때, 분류기 $G(X)$는 두 값 $\{-1,1\}$ 중 하나를 받는 예측을 만든다. 훈련 표본에서의 오류율은 다음 식과 같으며 미래 예측에서의 기대예측오류율은 $E_{XY} I(Y \neq G(X))$이다.

$$\overline{\text{err}} = \frac{1}{N} \sum_{i=1}^{N} I(y_i \neq G(x_i))$$

약한 분류기는 무작위 추측보다 오직 약간 나은 오류율을 가지는 것을 말한다. 부스팅의 목적은 약한 분류 알고리즘을 반복적으로 수정된 버전의 데이터에 순차적으로 적용하고, 그럼으로 약한 분류기의 열 $G_m(x)$, $m = 1, 2, ..., M$을 만드는 것이다.

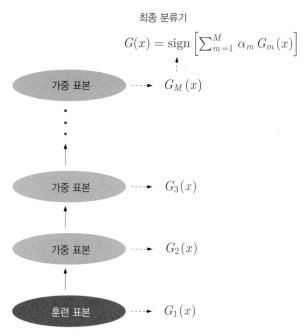

최종 분류기

$$G(x) = \text{sign} \left[\sum_{m=1}^{M} \alpha_m G_m(x) \right]$$

$G_M(x)$

$G_3(x)$

$G_2(x)$

$G_1(x)$

그림 10.1 에이다부스트의 도식화. 분류기는 데이터셋의 가중된 버전에 훈련시키며, 그 뒤 결합해 최종 예측을 만든다.

이들 모두로부터의 예측은 가중된 다수결 투표를 통해 결합되며 최종 예측을 만들어낸다.

$$G(x) = \text{sign} \left(\sum_{m=1}^{M} \alpha_m G_m(x) \right) \tag{10.1}$$

여기서 α_1, α_2, ..., α_M은 부스팅 알고리즘을 통해 계산되며, 그 뒤 각각의 $G_m(x)$의 공헌도를 가중시킨다. 이들의 효과는 시퀀스에서 정확도가 더 높은 분류기에 더 큰 영향력을 주는 것이다. 그림 10.1은 에이다부스트 과정의 도식화를 보여준다.

각 부스팅 단계에서의 데이터 수정은 가중치 w_1, w_2, ..., w_N를 각 훈련 관측치 (x_i, y_i), $i = 1, 2, ..., N$에 적용하는 것으로 돼 있다 초기에 모든 가중치는 $w_i = 1/N$로 두므로, 첫 번째 단계는 단순히 데이터에 분류기를 일반적인 방식으로 훈련시키는 것과 같다. 각 연속적인 반복 $m = 2, 3, ..., M$에서 관측치 가중치가 개별적으로 수정되며 분류 알고리즘이 가중된 관측치에 재적용된다. M단계에서 이전 단계로부터 유도된 분류기 $G_{m-1}(x)$에 의해 오분류된 관측치는 그들의 가중치가 높아지게 되는 한편, 올바르게 분류된 것들의 가중치는 낮아지게 된다. 그러므로 반복 과정에서 분류하기 어려운 관측치는 더욱 커진 영향력을 올바르게 받게 된다. 각 연속적인 분류기는 그럼으로써 이전 시퀀스에서 잘못 분류된 훈련 관측치에 강제적으로 더욱 집중한다.

알고리즘 10.1 에이다부스트.M1

1. 관측치 가중치 $w_i = 1/N$, $i = 1, 2, ..., N$을 초기화한다.
2. $m = 1$에서 M에 관해,
   (a) 분류기 $G_m(x)$를 가중치 w_i를 사용해 적합시킨다.
   (b) 다음을 계산한다.

   $$\text{err}_m = \frac{\sum_{i=1}^{N} w_i I(y_i \neq G_m(x_i))}{\sum_{i=1}^{N} w_i}$$

   (c) $\alpha_m = \log((1 - \text{err}_m)/\text{err}_m)$을 계산한다.
   (d) $w_i \leftarrow w_i \cdot \exp[\alpha_m \cdot I(y_i \neq \text{Gm}(x_i))]$, $i = 1, 2, ..., N$이라 둔다.
3. 출력값은 $G(x) = \text{sign}\left[\sum_{m=1}^{M} \alpha_m G_m(x)\right]$이다.

알고리즘 10.1은 에이다부스트.M1 알고리즘을 자세히 보여준다. 현재 분류기 $G_m(x)$가 줄 2a에서 가중된 관측치로부터 유도된다. 결과 가중 오류율이 줄 2b에서 계산된다. 줄 2c에서는 최종 분류기 $G(x)$를 만들 때(줄 3) $G_m(x)$에 주어지는 가중치 α_m을 계산한다. 관측치의 개별 가중치는 각 반복마다 줄 2d에서 갱신된다. $G_m(x)$에 의해 오분류된 관측치는 인자 $\exp(\alpha_m)$만큼 척도화된 가중치를 가지며, 시퀀스에서 다음 분류기 $G_{m+1}(x)$를 유도할 때 상대적인 영향력이 커지게 된다.

에이다부스트.M1은 프리드먼 외(Friedman et al., 2000)에서는 "이산 에이다부스트Discrete AdaBoost"로 알려져 있다. 기본 분류기 $G_m(x)$가 이산적인 클래스 라벨을 반환하기 때문이다. 기본 분류기가 대신에 실수값 예측을 반환한다면(예를 들어 구간 $[-1,1]$에 매핑된 확률), 에이다부스트는 적절하게 수정될 수 있다(Friedman et al., 2000)의 "실수 에이다부스트$^{Real\ AdaBoost}$"를 보라).

그림 10.2에서 매우 약한 분류기의 성능 조차도 극적으로 높이는 에이다부스트의 힘을 볼 수 있다. 특성 $X_1, ..., X_{10}$은 표준 독립 가우스이며, 결정적^{deterministic} 목표 Y는 다음으로 정의된다.

$$Y = \begin{cases} 1 & \text{if } \sum_{j=1}^{10} X_j^2 > \chi_{10}^2(0.5) \\ -1 & \text{otherwise} \end{cases} \tag{10.2}$$

여기서 $\chi_{10}^2(0.5) = 9.34$는 자유도가 10인 카이스퀘어 확률변수(10개 표준가우스의 제곱합)의 중앙값이다. 여기에는 2,000개의 훈련 사례가 있으며, 근사적으로 각 클래스에 1,000개 사례가 있고, 10,000개 테스트 관측치가 있다. 여기서 약한 관측치는 "그루터기^{stump}"로, 단지 두 개의 종료 노드 분류 트리일 뿐이다. 이 분류기만을 훈련 데이터셋에 적용하면 무작위 추측의 50%와 비교하면 매우 나쁜 오류율 45.8%의 테스트 집합 오류율을 내놓는다. 그러나 부스팅 반복이 진행됨에 따라 오류율이 점진적으로 감소하게 되고, 400회 반복 후 5.8%에 도달한다. 그러므로 이러한 단순하고 매우 약한 분류기를 부스팅하면 예측 오류율을 거의 4배만큼 줄이게 된다. 이는 또한 단일의 커다란 분류 트리(오류율 24.7%)의 성능을 앞지른다. 에이다부스트가 소개된 이후로 정확한 분류기를 만들어내는 데 있어서 에이다부스트가 성공한 이유를 설명하기 위해 많은 것들이 쓰여 왔다. 이에 관한 대부분의 작업이 분류 트리를 "기본 학습기$^{base\ learner}$" $G(x)$로 사용하는 것에 집중해왔으며, 이때 개선 정도가 주로 가장 극적이었다. 실제 브레이먼(Breiman, NIPS 워크숍, 1996)은 트리가 있는 에이다부스트를 "세계에서 가장 우수한 기성품 분류기다"라고 언급했다(또한 브레이먼(1998)을 보라). 이는 10.7절에서 충분하게 논의할 예정인 데이터 마이닝 적용에서 특히 그러하다.

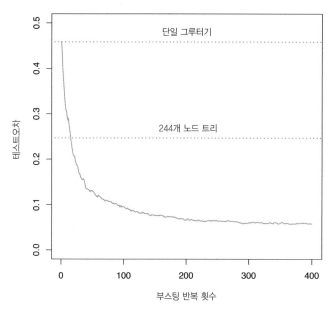

그림 10.2 시뮬레이션된 데이터(10.2): 그루터기로 된 부스팅의 테스트 오류율을 반복 횟수의 함수로 그린 것. 또한 단일 그루터기와 노드가 244개인 분류 트리의 테스트 오류율도 볼 수 있다.

10.1.1 개요

10장의 개요는 다음과 같다.

- 에이다부스트가 참신한 지수 손실함수를 최적화해 기본 학습기 내 가법 모델을 적합시키는 것을 보여준다. 이 손실함수는 (음) 이항 로그 가능도와 매우 유사하다(10.2~10.4절).
- 지수 손실함수의 모집단 최소화자가 클래스 확률의 로그 오즈가 됨을 보여준다(10.5절).
- 회귀화 분류를 위한, 오차제곱이나 지수 손실함수보다 더욱 로버스트한 손실함수를 설명한다(10.6절).
- 의사 결정트리가 부스팅의 데이터 마이닝 응용을 위한 이상적인 기본 학습기임을 논증한다(10.7절과 10.9절).
- 임의의 손실함수로 된 트리를 부스팅하기 위한 점진적 부스팅 모델GBMs, Gradient Boosted Models의 한 종류를 개발한다(10.10절).

- "느린 학습기"의 중요성을 강조하고, 모델에 포함되는 각각의 새로운 항의 수축은 물론 확률화를 통해 이를 구현한다(10.12.2).
- 적합된 모델의 해석을 위한 도구를 설명한다(10.13절).

10.2 부스팅 적합과 가법 모델

부스팅의 성공은 크게 신비로운 것이 전혀 아니다. 핵심은 식 (10.1)에 있다. 부스팅은 기본 "기저basis" 함수의 집합에서 가법적인 전개를 적합시키는 방법이다. 여기서 기저함수는 개별적인 분류기 $G_m(x) \in \{-1, 1\}$이다. 더 일반적으로는 기저함수 전개는 다음의 형태를 취한다.

$$f(x) = \sum_{m=1}^{M} \beta_m b(x; \gamma_m) \qquad (10.3)$$

이때 β_m, $m = 1, 2, ..., M$는 전개 계수이며, $b(x; \gamma) \in \mathbb{R}$는 주로 매개변수 γ의 집합으로 특징화되는 다변량 인수 x의 단순한 함수다. 5장에서 기저 전개에 관해 좀 더 자세하게 논의한다.

이와 같은 가법 전개는 이 책에서 다루는 많은 학습 기법의 심장과도 같다.

- 단일 은닉층single-hidden-layer 신경망(11장)에서 $b(x; \gamma) = \sigma(\gamma_0 + \gamma_1^T x)$이고, 이때 $\sigma(t) = 1/(1 + e^{-t})$는 시그모이드 함수이며, γ가 입력 변수의 선형 조합을 매개변수화한다.
- 신호 처리에서 웨이블릿(5.9.1절)이 인기 있는 선택이며, γ가 "모mother" 웨이블릿의 위치와 스케일의 이동을 매개변수화한다.
- 다변량 적응적 회귀 스플라인(9.4절)은 절단 거듭제곱 스플라인 기저함수 truncated power spline basis functions를 사용한다. 이때 γ가 변수와 매듭의 값을 매개변수화한다.
- 트리에서 γ는 내부 노드에서의 분리 변수와 분리 지점 그리고 종료 노드에서의 예측을 매개변수화한다.

1. $f_0(x) = 0$로 초기화한다.
2. $m = 1$에서 M에 관해,
   (a) 다음을 계산한다.

$$(\beta_m, \gamma_m) = \arg \min_{\beta, \gamma} \sum_{i=1}^{N} L(y_i, f_{m-1}(x_i) + \beta b(x_i; \gamma))$$

   (b) $f_m(x) = f_{m-1}(x) + \beta_m b(x; \gamma_m)$로 둔다.

통상적으로 이들 모델은 제곱오차나 가능도 기반 손실함수와 같이 훈련 데이터에 관해 평균된 손실함수를 최소화해 적합시킨다.

$$\min_{\{\beta_m, \gamma_m\}_1^M} \sum_{i=1}^{N} L\left(y_i, \sum_{m=1}^{M} \beta_m b(x_i; \gamma_m)\right) \tag{10.4}$$

많은 여러 가지 손실함수 $L(y, f(x))$ 혹은 기저함수 $b(x; \gamma)$에서, 이는 연산적으로 높은 강도의 수치 최적화 기술을 필요로 한다. 그러나 단지 다음 단일 기저함수만을 적합시키는 부분 문제를 빠르게 푸는 것이 가능하다면 간단한 대안을 찾을 수 있는 경우가 자주 있다.

$$\min_{\beta, \gamma} \sum_{i=1}^{N} L(y_i, \beta b(x_i; \gamma)) \tag{10.5}$$

10.3 전진 스테이지별 가법 모델링

전진 스테이지별 모델링은 이미 추가된 기저함수의 매개변수와 계수를 조정하지 않고 전개식에 새로운 기저함수를 순차적으로 추가함으로써 (10.4)의 해를 근사시킨다. 이는 알고리즘 10.2에 요약돼 있다. 각 반복 m에서 최적 기저함수 $b(x; \gamma_m)$과 해당 계수 β_m를 풀어 현재의 전개식 $f_{m-1}(x)$에 추가시킨다. 이는 $f_m(x)$를 만들어내며, 이 과정이 반복된다. 이전에 추가된 항은 수정되지 않는다.

제곱오차 손실에서

$$L(y, f(x)) = (y - f(x))^2 \tag{10.6}$$

다음이 된다.

$$
\begin{aligned}
L(y_i, f_{m-1}(x_i) + \beta b(x_i; \gamma)) &= (y_i - f_{m-1}(x_i) - \beta b(x_i; \gamma))^2 \\
&= (r_{im} - \beta b(x_i; \gamma))^2
\end{aligned} \tag{10.7}
$$

이때 $r_{im} = y_i - f_{m-1}(x_i)$은 단순히 현재 모델의 i번째 관측치에서의 잔차다. 그러므로 제곱오차손실을 위해, 현재 잔차를 가장 잘 적합하는 항 $\beta_m b(x; \gamma_m)$이 각 단계에서 전개에 추가된다. 이 개념은 10.10.2절에서 논의하는 "최소제곱" 회귀 부스팅의 기반이 된다. 그러나 이 절 마지막에 보여주겠지만 제곱오차 손실은 일반적으로 분류를 위한 좋은 선택이 아니다. 따라서 다른 기준을 고려할 필요가 있다.

10.4 지수손실과 에이다부스트

이제 에이다부스트.M1(알고리즘 10.1)이 손실함수

$$L(y, f(x)) = \exp(-y\, f(x)) \tag{10.8}$$

를 사용하는 전진 스테이지별 가법 모델링(알고리즘 10.2)과 동등하다는 것을 보이고자 한다.

이 기준의 적절성은 다음 절에 다룬다.

에이다부스트에서 기저함수는 개별적인 분류기 $G_m(x) \in \{-1, 1\}$이다. 지수손실함수를 사용하면 분류기 G_m과 각 단계에서 추가될 해당 계수 β_m에 관해 다음을 풀어야 한다.

$$(\beta_m, G_m) = \arg\min_{\beta, G} \sum_{i=1}^{N} \exp[-y_i(f_{m-1}(x_i) + \beta\, G(x_i))]$$

이는 $w_i^{(m)} = \exp(-y_i\, f_{m-1}(x_i))$로 다음과 같이 표현할 수 있다.

$$(\beta_m, G_m) = \arg\min_{\beta, G} \sum_{i=1}^{N} w_i^{(m)} \exp(-\beta\, y_i\, G(x_i)) \tag{10.9}$$

각 $w(m)$이 β나 $G(x)$에 의존하지 않으므로, 이는 각 관측치에 적용되는 가중치라고 간주할 수 있다. 이 가중치는 $f_{m-1}(x_i)$에 의존하며, 따라서 개별 가중치 값들은 각 반복 m에 따라 달라진다.

(10.9)의 해는 두 가지 단계로 얻을 수 있다. 먼저 임의의 값 $\beta > 0$에 관해, $G_m(x)$에 관한 (10.9)의 해는 다음과 같다.

$$G_m = \arg\min_G \sum_{i=1}^N w_i^{(m)} I(y_i \neq G(x_i)) \tag{10.10}$$

이는 y를 예측할 때 가중 오류율을 최소화하는 분류기이다. 이는 (10.9)의 기준을 다음과 같이 표현함으로써 쉽게 나타낼 수 있다.

$$e^{-\beta} \cdot \sum_{y_i = G(x_i)} w_i^{(m)} + e^{\beta} \cdot \sum_{y_i \neq G(x_i)} w_i^{(m)}$$

이는 따라서 다음과 같이 쓸 수 있다.

$$\left(e^{\beta} - e^{-\beta}\right) \cdot \sum_{i=1}^N w_i^{(m)} I(y_i \neq G(x_i)) + e^{-\beta} \cdot \sum_{i=1}^N w_i^{(m)} \tag{10.11}$$

이 G_m을 (10.9)에 집어넣고 β에 관해 풀면 다음을 얻을 수 있다.

$$\beta_m = \frac{1}{2} \log \frac{1 - \mathrm{err}_m}{\mathrm{err}_m} \tag{10.12}$$

이때 err_m은 최소화된 가중 오류율이다.

$$\mathrm{err}_m = \frac{\sum_{i=1}^N w_i^{(m)} I(y_i \neq G_m(x_i))}{\sum_{i=1}^N w_i^{(m)}} \tag{10.13}$$

그 뒤 근사값을 업데이트한다.

$$f_m(x) = f_{m-1}(x) + \beta_m G_m(x)$$

이는 다음 반복에서의 가중치가 다음과 같이 되도록 한다.

$$w_i^{(m+1)} = w_i^{(m)} \cdot e^{-\beta_m y_i G_m(x_i)} \tag{10.14}$$

$-y_i G_m(x_i) = 2 \cdot I(y_i \neq G_m(x_i)) - 1$이라는 사실을 사용하면 (10.14)는 다음이 된다.

$$w_i^{(m+1)} = w_i^{(m)} \cdot e^{\alpha_m I(y_i \neq G_m(x_i))} \cdot e^{-\beta_m} \qquad (10.15)$$

이때 $\alpha_m = 2\beta_m$는 에이다부스트.M1(알고리즘 10.1)의 2c 줄에 정의된 양이다. (10.15)의 인자 $e^{-\beta_m}$는 모든 가중치를 같은 값으로 곱하므로 영향이 없다. 그러므로 (10.15)는 알고리즘 10.1의 2(d)줄과 동등하다.

에이다부스트.M1 알고리즘의 줄 2(a)를, (10.11)의 최소화를 근사적으로 푸는 방법인 (10.10)로 볼 수도 있다. 그러므로 에이다부스트.M1은 전진 스테이지별 가법 모델링 접근법을 통해 지수손실 기준 (10.8)을 최소화한다고 결론내릴 수 있다.

그림 10.3은 그림 10.2의 시뮬레이션된 데이터 문제 (10.2)를 위한 훈련 집합 오분류율과 평균 지수손실을 보여준다. 훈련 집합 오분류율은 250회 반복에서 영으로 감소하지만(그리고 거기에 머문다), 지수손실은 계속 감소한다. 그림 10.2에서 테스트 집합 오분류율이 250회 이후에도 계속 개선됨을 주지하라. 에이다부스트는 분명히 훈련 집합 오분류율을 최적화하지 않는다. 지수손실이 추정된 클래스 확률의 변화에 더 민감하다.

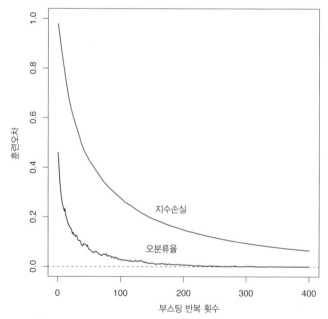

그림 10.3 그루터기로 부스팅하는 시뮬레이션 데이터: 훈련 집합에 관한 오분류율과 평균 지수손실: $(1/N)\sum_{i=1}^{N} \exp(-y_i f(x_i))$. 약 250회의 반복 후에 오분류율은 영이 되는 한편 지수손실은 계속 감소한다.

10.5 왜 지수손실인가?

에이다부스트.M1 알고리즘은 본래 이전 절에서 보여준 것과는 매우 다른 관점에서 동기가 됐다. 지수손실에 근거한 전진 스테이지별 가법 모델링과의 동등성은 이것이 처음으로 나온 후 겨우 5년 뒤에 밝혀졌다. 지수손실 기준의 속성을 연구함으로써, 이 과정에 관한 통찰을 얻고 이것이 도움이 될 수 있는 방법을 발견해낼 수 있었다.

가법 모델링 측면에서 지수손실의 주된 매력은 연산 가능성이다. 이는 단순한 모듈러 재가중 에이다부스트 알고리즘이 된다. 그러나 이는 통계적인 속성에 관한 의문을 품게 한다. 무엇이 이를 추정하고 얼마나 잘 추정되는가? 첫 번째 질문은 모최소화자population minimizer를 찾으면 해답을 얻을 수 있다.

다음을 보이는 것은 간단하다(Friedman et al., 2000).

$$f^*(x) = \arg\min_{f(x)} \mathrm{E}_{Y|x}(e^{-Yf(x)}) = \frac{1}{2}\log\frac{\Pr(Y=1|x)}{\Pr(Y=-1|x)} \qquad (10.16)$$

아니면 이와 동등하게 다음과 같다.

$$\Pr(Y=1|x) = \frac{1}{1+e^{-2f^*(x)}}$$

그러므로 에이다부스트에 의해 만들어진 가법 전개는 $P(Y=1|x)$의 로그 오즈의 절반을 추정한다. 이는 이 부호를 (10.1)에서 분류 규칙으로 사용하는 것을 정당화한다.

같은 모최소화자를 가지는 다른 손실 기준은 f를 로짓 변환으로 해석하는 이항 음 로그 가능도binomial negative log-likelihood 혹은 이탈도deviance(또한 교차 엔트로피cross-entropy라 알려져 있다)이다.

$$p(x) = \Pr(Y=1\,|\,x) = \frac{e^{f(x)}}{e^{-f(x)}+e^{f(x)}} = \frac{1}{1+e^{-2f(x)}} \qquad (10.17)$$

이라 하고 $Y' = (Y+1)/2 \in \{0, 1\}$를 정의하자. 그러면 이항 로그 가능도 손실함수는 다음과 같다.

$$l(Y,p(x)) = Y'\log p(x) + (1-Y')\log(1-p(x))$$

아니면 이와 동등하게 이탈도는 다음과 같다.

$$-l(Y, f(x)) = \log \left(1 + e^{-2Yf(x)} \right) \qquad (10.18)$$

로그 가능도의 모최소화자는 참 확률 $p(x) = \Pr(Y = 1|x)$에 있으므로, 이탈도 $E_{Y|x}[-l(Y, f(x))]$와 $E_{Y|x}[e^{-Yf(x)}]$의 모최소화자가 같음을 (10.17)로부터 볼 수 있다. 그러므로 둘 중 하나의 기준을 사용하면 모집단 수준에서 같은 해로 이어진다. e^{-Yf} 자체는 이진 확률변수 $Y \in \{-1, 1\}$를 위한 임의의 확률밀도함수의 로그가 아니므로, 적절한 로그 가능도가 아님을 주지하기 바란다.

10.6 손실함수와 로버스트성

이 절에서는 분류와 회귀를 위한 다른 손실함수를 더 자세히 검토하고, 극단 데이터에 관한 로버스트성 측면에서 이들을 특징화한다.

분류를 위한 로버스트 손실함수

지수적 (10.8) 그리고 이항 이탈도(10.18) 둘 다 모결합분포^{population joint distribution}에 적용될 때 같은 해를 내놓지만, 유한한 데이터 집합에서는 그렇지가 않다. 두 기준 모두 "마진" $yf(x)$의 단조 감소 함수다. 분류에서 ($-1/1$ 반응) 마진은 회귀에서의 $y - f(x)$ 잔차와 유사한 역할을 한다. 분류 규칙 $G(x) = \text{sign}[f(x)]$은 양의 마진 $y_i f(xi) > 0$을 가지는 관측치는 올바르게 분류되고 음의 마진 $y_i f(xi) < 0$을 가지는 관측치는 오분류됨을 뜻한다. 결정 경계는 $f(x) = 0$로 정의된다. 분류 알고리즘의 목표는 양의 마진을 가능한 빈번하게 만들어내는 것이다. 분류를 위해 사용된 어떠한 손실 기준이든지 음의 마진을 양의 것보다 더욱 무겁게 벌점을 주어야 한다. 양의 마진을 가진 관측치는 이미 올바르게 분류됐기 때문이다.

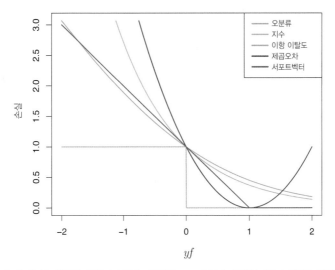

그림 10.4 2 클래스 분류를 위한 손실함수. 반응은 $y = \pm 1$이다. 예측은 f이며 클래스 예측은 $\text{sign}(f)$이다. 손실은 오분류: $I(\text{sign}(f) \neq y)$; 지수: $\exp(-yf)$; 이항 이탈도: $\log(1 + \exp(-2yf))$; 제곱오차: $(y - f)^2$; 그리고 서포트벡터: $(1 - yf)_+$ (12.3절을 보라)이다. 각 함수는 점 $(0,1)$을 지나도록 척도화돼 있다.

그림 10.4는 지수 (10.8)과 이항 이탈도 기준 둘 다 마진 $y \cdot f(x)$의 함수로 보여준다. 또한 오분류 손실 $L(y, f(x)) = I(y \cdot f(x) < 0)$를 보여준다. 이는 음의 마진값에는 단위 벌점을 주며 양의 값에는 벌점을 전혀 주지 않는다. 지수손실과 이탈도손실 모두 분류손실에 관한 단조 연속 근사로 볼 수 있다. 이들은 증가하는 음의 마진값에 양의 것에 보상을 하는 것보다 지속적으로 더욱 무겁게 벌점을 준다. 이들 사이의 차이는 차수에 있다. 이항 이탈도와 관련된 벌점은 크게 증가하는 음의 마진에 관해 선형으로 증가하는 한편 지수 기준은 이러한 관측치의 영향력을 지수적으로 증가시킨다.

지수 기준은 훈련 과정의 임의의 지점에서 큰 음의 마진이 있는 관측치에 영향력을 훨씬 더 집중시킨다. 이항 이탈도는 이러한 관측치에 영향력을 상대적으로 덜 집중시키고, 모든 데이터 사이에 영향력을 더욱 고르게 퍼트린다. 그러므로 이는 베이즈 오류율이 영과 가깝지 않은 잡음 설정에서 훨씬 더 로버스트하며, 특히 훈련 데이터에서 클래스 라벨이 잘못 지정된 것이 있는 상황에서 특히 그러하다. 에이다부스트의 성능은 이러한 상황에서 급격하게 저하되는 것으로 경험적으로 관찰됐다.

또한 그림에서 제곱오차 손실을 볼 수 있다. 모집단에 관한 해당 위험의 최소화자는 다음과 같다.

$$f^*(x) = \arg\min_{f(x)} \mathrm{E}_{Y|x}(Y - f(x))^2 = \mathrm{E}(Y\,|\,x) = 2 \cdot \Pr(Y = 1\,|\,x) - 1 \quad (10.19)$$

이전과 같이 분류 규칙은 $G(x) = \mathrm{sign}[f(x)]$이다. 제곱오차 손실은 오분류 오차를 위한 좋은 대용물이 아니다. 그림 10.4에서 보듯이 이는 증가하는 마진 $yf(x)$에 관한 단조 감소 함수가 아니다. 마진값 $y_i f(x_i) > 1$에서 이는 이차적으로 증가하므로, 올바르게 분류된 관측치에 영향력(오류)을 확실성과 함께 증가시키고, 그럼으로 잘못 분류된 $y_i f(x_i) < 0$에 관한 상대적 영향력을 줄이게 된다. 그러므로 클래스 할당이 목표라면, 단조 감소 기준은 손실함수의 더 나은 대용물 역할을 한다. 12장의 그림 12.4는 수정된 이차손실인 "후버화^{Huberized}" 제곱 힌지 손실(Rosset et al., 2004b)을 포함한다. 이는 이항 이탈도, 이차손실 및 SVM 힌지 손실의 유용한 속성들을 향유한다. 이는 $y \cdot f(x) > 1$에서 영인, 이차적인 (10.19)와 같은 동일한 모최소화자를 가지며, $y \cdot f(x) < -1$에서 선형이 된다. 이차함수는 지수보다 계산하기 쉬우므로, 우리의 경험을 바탕으로 이를 이항 이탈도의 유용한 대안으로 제시한다.

K 클래스 분류에서 반응 Y는 순서가 없는 집합 $\mathcal{G} = \{\mathcal{G}_1, \ldots, \mathcal{G}_k\}$의 값을 취한다 (2.4절과 4.4절을 보라). 이제 $\mathcal{G}$에서 값을 취하는 분류기 $\mathcal{G}(x)$를 찾는다. 클래스 조건부 확률 $p_k(x) = \Pr(Y = \mathcal{G}_k|x)$, $k = 1, 2, \ldots, K$를 아는 것으로 충분하므로, 베이즈 분류기는 다음과 같다.

$$G(x) = \mathcal{G}_k \text{ where } k = \arg\max_{\ell} p_\ell(x) \quad (10.20)$$

그럼에도 원칙적으로는 $p_k(x)$를 학습할 필요는 없지만, 단순히 어떤 것이 가장 큰지는 학습해야 한다. 그러나 데이터 마이닝 응용에서는 클래스 할당을 수행하기보다는 클래스 확률 $p_\ell(x)$, $\ell = 1, \ldots, K$ 그 자체에 주로 관심을 가진다. 4.4절에서와 같이 로지스틱 모델은 자연스럽게 K 클래스를 일반화한다.

$$p_k(x) = \frac{e^{f_k(x)}}{\sum_{l=1}^{K} e^{f_l(x)}} \quad (10.21)$$

이는 $0 \le p_k(x) \le 1$이며 합이 1임을 보장한다. 여기서 각 클래스마다 하나씩, K개의 서로 다른 함수가 있음을 주지하라. 임의적인 $h(x)$를 각각에 추가하는 것은 모델을 변화시키지 않으므로, 함수 $f_k(x)$에는 중복이 존재한다. 전통적으로 이들 중 하나를 0으로 둔다. 예를 들면 (4.17)에서와 같이 $f_K(x) = 0$로 둔다. 여기서 대칭성을 유지하고 제약 $\sum_{k=1}^{K} f_k(x) = 0$을 부과하는 것을 선호한다. 이항 이탈도는 자연스럽게 K 클래스 다항 이탈도multinomial deviance 손실함수로 확장된다.

$$
\begin{aligned}
L(y, p(x)) &= -\sum_{k=1}^{K} I(y = \mathcal{G}_k) \log p_k(x) \\
&= -\sum_{k=1}^{K} I(y = \mathcal{G}_k) f_k(x) + \log\left(\sum_{\ell=1}^{K} e^{f_\ell(x)}\right)
\end{aligned}
\tag{10.22}
$$

2 클래스의 경우와 같이 기준 (10.22)는 올바르지 않은 예측에 그들의 부정확한 incorrectness 정도에 관해서 선형적으로만 벌점을 준다.

주 외(Zhu et al., 2005)는 K 클래스 문제를 위한 지수손실을 일반화시킨다. 자세한 내용은 연습 10.5를 보라.

회귀를 위한 로버스트 손실함수

회귀 설정에서 지수손실과 이항 로그 가능도 사이의 관계와 제곱오차손실 $L(y, f(x)) = (y - f(x))^2$과 절대손실 $L(y, f(x)) = |y - f(x)|$ 사이의 관계는 유사하다. 모집단 해는 제곱오차손실에서는 $f(x) = E(Y|x)$이며, 절대손실에서는 $f(x) = \text{median}(Y|x)$이다. 오차 분포가 대칭적이면 이 둘은 동일하다. 그러나 표본이 유한하면 제곱오차손실은 적합 과정에서 절대 잔차 $|y_i - f(x_i)|$가 큰 관측치를 훨씬 더 강조한다. 그러므로 훨씬 덜 로버스트하며, 꼬리가 긴 오차 분포에서 성능이 심각하게 저하되고 특히 y값이 극도로 오분류돼 있을 때("특이값") 그러하다. 절대 손실과 같은 다른 더욱 로버스트한 기준은 이러한 상황에서 성능이 훨씬 낫다. 통계적인 로버스트성 논문에서 심한 특이값에 강한 저항성(절대적인 면역성 absolute immunity이 아닌 경우)을 제공하는 한편, 가우스 오차를 위한 최소제곱과 거의 같게 효율적인 다양한 회귀 손실 기준이 제안돼 왔다. 이들은 적당하게 꼬리가 두꺼운 오차 분포에서 이 둘보다 자주 더 우수하다. 이들 기준 중 하나는 M-회귀에서 쓰이는 후버손실 기준이다(Huber, 1964).

$$
L(y, f(x)) = \begin{cases} [y - f(x)]^2 & \text{for } |y - f(x)| \leq \delta \\ 2\delta|y - f(x)| - \delta^2 & \text{otherwise} \end{cases}
\tag{10.23}
$$

그림 10.5는 이들 세 손실함수를 비교한다.

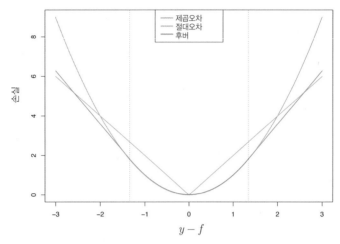

그림 10.5 마진 $y-f$의 함수로 그린, 회귀를 위한 세 가지 손실함수의 비교. 후버 손실함수는 영 근처에서 제곱오차손실의 좋은 속성을, $|y-f|$가 클 때는 절대오차손실의 좋은 속성을 조합한다.

특히 데이터 마이닝 응용(10.7절을 보라)의 경우에서와 같이 로버스트성이 우려스러울 때 이들을 고려해보면 회귀를 위한 제곱오차 손실과 분류를 위한 지수손실은 통계적 관점에서 최적의 기준이 아님을 시사한다. 그러나 둘 다 전진 스테이지별 가법 모델 측면에서 우아한 모듈러 부스팅 알고리즘이 된다. 제곱오차손실에서는 각 단계에서 현재 모델로부터 얻은 잔차 $y_i - f_{m-1}(x_i)$에 기본 학습기를 간단하게 적합시킬 수 있다. 지수손실에서 가중치 $w_i = \exp(-y_i f_{m-1}(x_i))$를 가지는 출력값 y_i에 기본 학습기의 가중 적합을 수행할 수 있다. 더욱 로버스트한 기준을 이들 위치에 직접 사용하면 이러한 단순한 실현 가능한 부스팅 알고리즘을 만들어내지 못한다. 그러나 10.10.2절에서 미분 가능한 어떠한 손실 기준이든지 이에 근거한 단순하고 우아한 부스팅 알고리즘을 유도해 이를 통해 데이터 마이닝을 위한 매우 로버스트한 부스팅 과정을 만들어낼 수 있음을 보여준다.

10.7 데이터 마이닝을 위한 "기성품" 같은 과정

예측적인 학습은 데이터 마이닝의 중요한 면이다. 이 책에서 보듯이 매우 다양한 방법이 데이터로부터 예측적인 학습을 위해 개발돼왔다. 각 특정 방법에서 이들이 특히 잘 맞는 상황이 존재하며, 다른 상황에서는 이들이 그 데이터로 할 수 있는 최적의 것과 비교했을 때 성능이 나빠진다. 우리는 각각의 해당하는 방법을 논의할 때 이들이 적절한 상황을 특징화하려 시도해왔다. 그러나 어떠한 과정이 가장 우수한 성능을 내는지 아니면 심지어는 주어진 임의의 문제에서 좋은지에 관해 미리 알려진 것이 거의 없다. 표 10.1은 몇 가지 학습법의 특징에 관해 요약한다.

표 10.1 서로 다른 학습법의 몇 가지 특성. 키값: ▲ = 좋은(good) ◆ =적당한(fair) ▼ = poor(나쁜)

특성	신경망	SVM	트리	MARS	k-NN, 커널
"혼합된" 타입의 데이터를 자연스럽게 다룸	▼	▼	▲	▲	▼
결측값을 다룸	▼	▼	▲	▲	▲
입력 공간 내 특이값에 대한 로버스트성	▼	▼	▲	▼	▲
입력의 단조 변환에 대한 비민감성	▼	▼	▲	▼	▼
연산적인 확장성(N이 클 때)	▼	▼	▲	▲	▼
부적절한 입력을 다루는 능력	▼	▼	▲	▲	▼
특성의 선형 조합을 추출하는 능력	▲	▲	▼	▼	◆
해석력	▼	▼	◆	▲	▼
예측력	▲	▲	▼	◆	▲

산업 및 상업적인 데이터 마이닝 응용에서는 학습 과정에 놓인 요구 사항 측면에서 특히 까다로운 경향이 있다. 데이터셋은 관측치의 개수 및 이들 각각에 관해 측정된 변수의 개수 측면에서 매우 큰 경우가 자주 있다. 그러므로 연산적인 고려가 중요한 역할을 한다. 또한 데이터가 주로 지저분하다^{messy}. 입력은 계량과 이진 그리고 범주형 변수의 혼합으로 돼 있으며 후자는 많은 수준을 갖는 것이 일반적이다. 일반적으로 많은 결측값이 있으며 반응 변수는 주로 꼬리가 길고 왜도가 높다. 스팸 데이터(9.1.2절)가 이러한 경우다. 일반화 가법 모델을 적합시킬 때 먼저 적절한 적합을 얻기 위해 각 특성을 로그 변환한다. 추가로 이들은 주로 극도로 잘못된 측정치(특이값)을 상당 부분 가지고 있다. 예측변수는 일반적으로 매우 다른 척도로 측정된다.

데이터 마이닝 응용에서 일반적으로 분석에 포함된 많은 수의 예측변수 중 오직 작은 부분만이 실제로 예측과 관련이 있다. 또한 패턴 인식과 같은 많은 응용에서와 다르게 특히 관련이 있는 특성을 만들어내고 관련이 없는, 다시 말해 포함이 되면 많은 방법의 성능을 급격하게 저하시키는 변수를 걸러내는 데 도움이 되는 도메인 지식이 거의 없다.

게다가 데이터 마이닝 응용은 일반적으로 해석이 가능한 모델을 필요로 한다. 단순히 예측을 만들어내는 것만으로는 충분하지 않다. 또한 입력 변수의 결합 값과 예측된 반응값의 결과 사이에 계량적인 이해를 제공하는 정보를 가지는 것이 선호된다. 그러므로 신경망과 같은 블랙박스black box 방법은 패턴 인식과 같은 순수하게 예측적인 설정에서는 꽤 유용하지만, 데이터 마이닝에서는 훨씬 덜 유용하다.

속도, 해석력 및 데이터의 지저분한 특성에 관한 이들 요구 사항은 데이터 마이닝을 위한 기성품off-the-shelf적인 방법으로써 대부분 학습 과정의 유용함을 크게 제한시킨다. "기성품" 방법이란 엄청난 시간을 소비하는 데이터 전처리나 학습 과정의 주의 깊은 미세 조정을 필요로 하지 않고 데이터에 바로 적용할 수 있는 것을 말한다.

잘 알려진 모든 학습법 중에서 의사 결정 트리는 데이터 마이닝을 위한 기성품 과정으로 쓰이는 데 필요한 요구 사항에 가장 가깝게 부합한다. 이들은 상대적으로 빠르게 구축할 수 있으며 (트리가 작다면) 해석이 가능한 모델을 만들어낸다. 9.2절에서 논의한 바와 같이 이들은 태생적으로 혼합된 수치적이고 범주형적인 예측변수 및 결측값을 취한다. 이들은 개별 예측변수의 (엄격한 단조) 변환하에서 불변이다invariant. 그 결과 척도화 또는 더욱 일반적인 변환은 문제가 되지 않으며, 이들은 예측변수 결측값의 영향에 면역돼 있다. 이들은 내부적인 특성 선택을 과정의 필수적인 일부로써 수행한다. 그렇게 함으로 많은 무관한 예측변수가 포함되는 것에, 완벽하게 면역적이지는 않지만 저항성을 가진다. 의사 결정 트리의 이러한 속성은 데이터 마이닝을 위한 가장 인기 있는 학습법으로 떠오르는 가장 큰 이유다.

트리는 이들을 예측적 학습의 이상적인 도구가 되게 하는 것을 막는 한 가지 측면이 있는데, 바로 부정확성이다. 이들은 주어진 데이터로 달성할 수 있는 최선의 정확도와 맞먹는 예측 정확도를 제공하는 경우가 거의 없다. 10.1절에서 보았듯이 부스팅 의사 결정 트리는 이들의 정확도를 자주 극적으로 개선시킨다. 동시에 이는 데이터마이닝을 위한 이들의 바람직한 속성을 대부분 유지한다. 부스팅으로 인해 희생되는 트리의 이점은 속도, 해석력 그리고 에이다부스트에서는 중첩된 클래스 분포와 특히 훈련 데이터의 잘못된 라벨링에 관한 로버스트성이다.

경사 부스팅 모델GBM, Gradient Boosted Model은 데이터 마이닝을 위한 정확하고 유효한 기성품 과정을 만들어내기 위해 이들 문제를 경감시키려고 시도하는 일반화된 트리 부스팅이다.

10.8 예제: 스팸 데이터

경사 부스팅에 관해 자세히 보기 전에 2 클래스 분류 문제에 관한 이것의 능력을 보여주고자 한다. 스팸 데이터는 1장에서 소개됐으며, 9장의 많은 과정에서 예제로 사용됐다(9.1.2, 9.2.5, 9.3.1 및 9.4.1절).

경사 부스팅을 이들 데이터에 적용하면 9.1.2절에서 사용된 같은 테스트 집합을 썼을 때 4.5%의 테스트 오류율을 내놓는다. 비교를 위해 보면, 가법 로지스틱 회귀는 5.5%를, CART의 완전히 성장한 트리와 교차 검증을 통해 가지치기된 트리는 8.7%를, MARS는 5.5%를 달성한다. 이들 추정값의 표준오차는 약 0.6%이지만, 맥니머McNemar 테스트를 사용하면 경사 부스팅은 이들 모두보다 상당히 우수하다(연습 10.6).

아래 10.13절에서 각 예측변수의 상대적 중요도 측정치 및 적합된 모델에 관한 예측변수의 공헌도를 설명하는 부분 의존도 도표를 개발한다. 이제 이들을 스팸 데이터로 설명한다.

그림 10.6은 모든 57개 예측변수의 상대 중요도 스펙트럼을 보여준다. 몇몇 예측변수가 spam을 email로부터 분리하는 데 더욱 중요하다는 것이 분명하다. 부호 문자열 !, $, hp와 remove가 가장 관련 있는 4개의 예측변수로 추정된다. 스펙트럼의 반대쪽 끝을 보면, 문자열 857, 415, table, 3d는 시각적으로 보면 의미가 없다.

여기서 모델링된 양은 spam 대 email의 로그 오즈이다(10.13절을 보라).

$$f(x) = \log \frac{\Pr(\text{spam}|x)}{\Pr(\text{email}|x)} \tag{10.24}$$

그림 10.7은 선택된 중요한 예측변수에 관한 로그 오즈의 부분 의존도를 보여준다. 선택된 예측변수는 spam과 양의 방향으로 연관된 두 개(!와 remove) 그리고 음의 방향으로 연관된 두 개(edu와 hp)다. 이들 특정 의존성은 근본적으로 단조로 보

인다. 가볍 로지스틱회귀모델로 찾아낸 해당 함수와 일반적으로 일치하는 것이 존재한다. 그림 9.1을 보라.

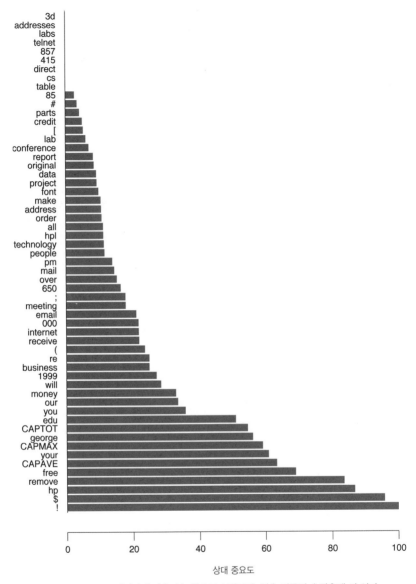

그림 10.6 spam 데이터의 예측변수 중요도 스펙트럼. 변수 이름이 수직축에 써 있다.

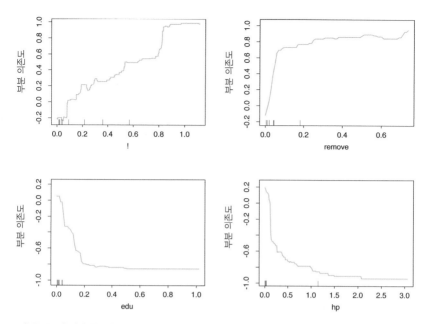

그림 10.7 네 개의 중요한 예측변수에 관한 spam의 로그 오즈의 부분 의존도. 그림의 바닥에 있는 빨간 틱은 입력 변수의 십분위수다.

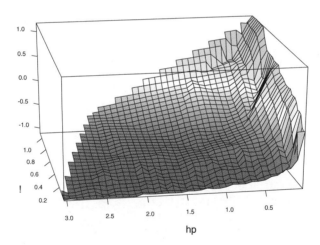

그림 10.8 spam 대 email의 로그 오즈의 부분 의존도를 hp와 문자 !의 결합 빈도에 관한 함수로 그린 그림

이들 데이터에 종료 노드 트리를 $J=2$로 두고 경사 부스팅 모델을 실행하면 로그 오즈를 위한 순수한 가법(주요 효과) 모델을 만들어내며, 완전 경사 부스팅 모델($J=5$인 종료 노드 트리)의 4.5%와 비교하면 해당 오류율은 4.7%다. 유효하지는 않지만, 이 약간 높은 오류율은 몇몇 중요한 예측변수 사이에 교호작용이 있을 수 있다는 것을 시사한다. 이는 2변수 부분 의존도 도표를 통해 진단할 수 있다. 그림 10.8은 강한 교호작용 효과를 보여주는 이들 그림 중 한 가지를 보여준다.

hp의 빈도수가 매우 낮으면 spam의 로그 오즈가 크게 증가하는 것을 볼 수 있다. hp의 빈도수가 높으면 spam의 로그 오즈는 훨씬 낮은 경향이 있으며 이때 !의 함수로 보면 거의 상수와 같다. hp의 빈도가 감소함에 따라 !와의 함수적 관계는 강해진다.

10.9 부스팅 트리

회귀와 분류 트리는 9.2절에서 자세히 논의한다. 이들은 모든 결합 예측변숫값들의 공간을 트리의 종료 노드에서 나타나는 것과 같이 서로소 영역 R_j, $j=1, 2, ...,$ J으로 분할한다. 상수 γ_j가 이러한 각 영역에 할당되며 예측 규칙은 다음과 같다.

$$x \in R_j \Rightarrow f(x) = \gamma_j$$

그러므로 트리는 매개변수 $\Theta = \{R_j, \gamma_j\}_1^J$로 다음과 같은 형식으로 표현할 수 있다.

$$T(x; \Theta) = \sum_{j=1}^{J} \gamma_j I(x \in R_j) \tag{10.25}$$

J는 주로 메타 매개변수meta-parameter로 다룬다. 매개변수는 경험적 위험을 최소화함으로써 찾아낸다.

$$\hat{\Theta} = \arg \min_{\Theta} \sum_{j=1}^{J} \sum_{x_i \in R_j} L(y_i, \gamma_j) \tag{10.26}$$

이는 엄청난 조합적인 최적화 문제이며, 주로 근사적인 준최적해로 만족하게 된다. 최적화 문제를 두 부분으로 나누는 것이 도움이 된다.

- R_j가 주어졌을 때 γ_j를 찾음: R_j가 주어졌을 때 γ_j를 추정하는 것은 대체로 단순한 일이며, 주로 영역 R_j에 속하는 y_i의 평균인 $\hat{\gamma}_j = \bar{y}_j$가 된다. 오분류 손실에서 $\hat{\gamma}_j$는 영역 R_j에 속하는 관측치의 최빈클래스^{modal class}이다.

- R_j를 찾음: 이는 근사해를 찾는 어려운 부분이다. 또한 R_j를 찾는 것은 γ_j의 추정 또한 수반한다는 것을 주지하라. 통상적인 전략은 하향식 재귀 분할 탐욕 알고리즘을 사용해 R_j를 찾는 것이다. 추가로 R_j를 최적하기 위한 더 평활적이고 편리한 기준으로 (10.26)을 근사하는 것이 때때로 필요하다.

$$\tilde{\Theta} = \arg\min_{\Theta} \sum_{i=1}^{N} \tilde{L}(y_i, T(x_i, \Theta)) \tag{10.27}$$

그러면 $\hat{R}_j = \tilde{R}_j$가 주어졌을 때, 본래의 기준을 사용해 γj를 더욱 정확하게 추정할 수 있다.

9.2절에서 분류 트리를 위한 이러한 전략을 설명했다. 지니 지수가 트리가 성장할 때 (R_j를 식별하는) 오분류 손실을 대체했다.

부스팅된 트리 모델은 전진 스테이지별 방식(알고리즘 10.2)으로 유도된 이러한 트리의 합이다.

$$f_M(x) = \sum_{m=1}^{M} T(x; \Theta_m) \tag{10.28}$$

전진 스테이지별 과정의 각 단계에서, 현재 모델 $f_{m-1}(x)$가 주어졌을 때 다음 트리의 영역 집합과 상수 $\Theta_m = \{R_{jm}, \gamma_{jm}\}_1^{J_m}$에 관해 다음을 반드시 풀어야 한다.

$$\hat{\Theta}_m = \arg\min_{\Theta_m} \sum_{i=1}^{N} L\left(y_i, f_{m-1}(x_i) + T(x_i; \Theta_m)\right) \tag{10.29}$$

영역 R_{jm}이 주어졌을 때 통상 직관적으로 각 영역에서 최적 상수 γ_{jm}을 찾을 수 있다.

$$\hat{\gamma}_{jm} = \arg\min_{\gamma_{jm}} \sum_{x_i \in R_{jm}} L\left(y_i, f_{m-1}(x_i) + \gamma_{jm}\right) \tag{10.30}$$

영역을 찾는 것은 어려운 일이며, 심지어는 단일 트리에서보다 더 어렵다. 몇몇 특수한 경우에는 문제가 단순해진다.

최소제곱 손실에서 (10.29)의 해는 단일 트리보다 어렵지 않다. 이는 단순히 현재 잔차 $y_i - f_{m-1}(x_i)$를 가장 잘 예측하는 회귀 트리이며, $\hat{\gamma}_{jm}$은 각 해당 영역에서 이들 잔차의 평균이다.

2 클래스 분류와 지수 손실에서 이러한 스테이지별 접근법은 부스팅 분류 트리(알고리즘 10.1)의 에이다부스트 방법이 생기도록 한다. 특히 트리 $T(x; \Theta_m)$가 척도화된 분류 트리로 제한된다면 10.4절에서 보였듯이 (10.29)의 해는 가중 오류율 $\sum_{i=1}^{N} w_i^{(m)} I(y_i \neq T(x_i; \Theta_m))$를 최소화하는, 가중치 $w_i^{(m)} = e^{-y_i f_{m-1}(x_i)}$를 가지는 트리다. 척도화된 분류 트리를 통해 제약 $\gamma_{jm} \in \{-1,1\}$)으로 $\beta_m T(x; \Theta_m)$을 평균한다.

이러한 제약이 없으면 (10.29)는 여전히 새로운 트리에 관해 가중 지수 기준으로 지수 손실을 단순화시킨다.

$$\hat{\Theta}_m = \arg\min_{\Theta_m} \sum_{i=1}^{N} w_i^{(m)} \exp[-y_i T(x_i; \Theta_m)] \tag{10.31}$$

직관적으로 이러한 가중 지수 손실을 분리 기준으로 사용해 탐욕 재귀-분할 알고리즘을 구현할 수 있다. R_{jm}이 주어졌을 때 (10.30)의 해가 각 해당 영역의 가중 로그 오즈임을 보이는 것이 가능하다(연습 10.7).

$$\hat{\gamma}_{jm} = \frac{1}{2} \log \frac{\sum_{x_i \in R_{jm}} w_i^{(m)} I(y_i = 1)}{\sum_{x_i \in R_{jm}} w_i^{(m)} I(y_i = -1)} \tag{10.32}$$

이는 특수한 트리 성장 알고리즘이 필요하다. 실제 아래에서 제시하는 가중 최소제곱 회귀 트리를 사용하는 근사법을 선호한다.

회귀를 위한 제곱오차 손실 대신에 절대 오차나 후버 손실(10.23)을, 분류를 위한 지수 손실 대신 이탈도(10.22)를 사용하는 손실 기준을 사용하는 것은 부스팅 트리를 로버스트화하도록 한다. 안타깝게도 이들 로버스트한 기준은 로버스트하지 않은 상대방과 다르게 단순하고 빠른 부스팅 알고리즘을 만들어내지 않는다.

더욱 일반적인 손실 기준에서 R_{jm}이 주어졌을 때 (10.30)의 해는 단순한 "위치" 추정값이므로 통상적으로 직관적이다. 절대 손실에서 이는 단지 각 영역에서의 잔차의 중앙값일 뿐이다. 다른 기준에 관해서는 (10.30)을 풀기 위한 빠른 반복 알고리즘이 존재하며, 이들의 더 빠른 "단일-단계" 근사이면 대체로 충분하다. 문제는 트리를 유도하는 것이다. 이러한 더욱 일반적인 손실 기준을 위해

(10.29)를 푸는 단순한 빠른 알고리즘은 존재하지 않으며, (10.27)과 같은 근사화가 필수적이다.

10.10 경사 부스팅을 통한 수치적 최적화

임의의 미분 가능한 손실 기준으로 된 (10.29)를 풀기 위한 빠른 근사 알고리즘은 수치적 최적화와 유사하게 유도할 수 있다. y를 추정하는 데 훈련 데이터에 $f(x)$를 사용하는 손실은 다음과 같다.

$$L(f) = \sum_{i=1}^{N} L(y_i, f(x_i)) \tag{10.33}$$

목표는 f에 관해 $L(f)$를 최소화하는 것이며 이때 여기서 $f(x)$가 트리의 합(10.28)이 되도록 제약시킨다. 이 제약을 무시하면 (10.33)을 최소화하는 것은 수치적 최적화로 볼 수 있다.

$$\hat{\mathbf{f}} = \arg\min_{\mathbf{f}} L(\mathbf{f}) \tag{10.34}$$

이때 "매개변수들" $f \in \mathbb{R}^N$는 각 N개 데이터 지점 xi에서 근사 함수 $f(x_i)$의 값이다.

$$\mathbf{f} = \{f(x_1), f(x_2), \dots, f(x_N)\}^T$$

수치 최적화 과정은 성분 벡터의 합으로 (10.34)를 푼다.

$$\mathbf{f}_M = \sum_{m=0}^{M} \mathbf{h}_m, \quad \mathbf{h}_m \in \mathbb{R}^N$$

이때 $\mathbf{f}_0 = \mathbf{h}_0$는 초기 추측값이며, 각 연속적인 $\mathbf{f}_m$은 이전에 유도된 갱신값의 합인 현재 매개변수 벡터 $\mathbf{f}_{m-1}$에 근거해 유도된다. 수치 최적화법은 각 증분 벡터 $\mathbf{h}_m$ ("단계")를 위한 이들의 처방 측면에서 다르다.

10.10.1 최급하강

최급하강Steepest descent은 $\mathbf{h}_m = -\rho_m \mathbf{g}_m$을 선택하며, 이때 ρ_m이 스칼라이고 $\mathbf{g}_m \in \mathbb{R}^N$이 $\mathbf{f} = \mathbf{f}_{m-1}$에서 값매김된 $L(\mathbf{f})$의 기울기다. 기울기 $\mathbf{g}_m$의 성분은

$$g_{im} = \left[\frac{\partial L(y_i, f(x_i))}{\partial f(x_i)} \right]_{f(x_i) = f_{m-1}(x_i)} \tag{10.35}$$

이다. 단계 길이step length ρ_m은 다음의 해다.

$$\rho_m = \arg \min_{\rho} L(\mathbf{f}_{m-1} - \rho \mathbf{g}_m) \tag{10.36}$$

그러면 현재 해는 다음으로 업데이트되며 다음 반복에서 이 과정이 되풀이된다.

$$\mathbf{f}_m = \mathbf{f}_{m-1} - \rho_m \mathbf{g}_m$$

최급하강은 매우 탐욕적인 전략이라 할 수 있다. $-\mathbf{g}_m$이 $\mathbb{R}^N$에서 국소적 방향이며 이때 $L(\mathbf{f})$가 $\mathbf{f} = \mathbf{f}_{m-1}$에서 가장 빠르게 감소하기 때문이다.

10.10.2 경사 부스팅

전진 스테이지별 부스팅(알고리즘 10.2) 또한 매우 탐욕적인 알고리즘이다. 각 단계에서 트리의 해는 현재 모델 f_{m-1}과 그 적합 $f_{m-1}(x_i)$이 주어졌을 때 (10.29)를 극대로 줄이는 것이 된다. 그러므로 트리의 예측값 $T(x_i; \Theta_m)$은 음의 기울기 (10.35)의 성분과 유사하다. 이들 사이의 주요한 차이점은 트리 성분 $\mathbf{t}_m = \{T(x_1; \Theta_m), \ldots, T(x_N; \Theta_m)\}^T$이 독립이 아니라는 데 있다. 이들은 J_m 종료 노드 의사 결정 트리의 예측이 되도록 제약되는 한편, 음의 기울기는 제약이 없는 극대 기울기 방향이다.

스테이지별 접근법에서의 (10.30)의 해는 최급하강에서의 라인 탐색line search (10.36)과 유사하다. 차이는 (10.30)이 각 개별적인 종료 영역 $\{T(x_i; \Theta_m)\}_{x_i \in R_{jm}}$에 해당하는 $\mathbf{t}_m$의 성분에 관해 개별적인 라인 탐색을 수행한다는 데 있다.

훈련 데이터 (10.33)에 관한 손실 최소화가 유일한 목표였다면, 최급하강이 선호되는 전략이었을 것이다. 임의의 미분 가능한 손실함수 $L(y, f(x))$에서 기울기 (10.35)를 계산하는 것은 아무것도 아니지만, 10.6절에서 논의한 로버스트 기준에서 (10.29)를 푸는 것은 어려운 일이다. 안타깝게도 기울기 (10.35)는 훈련 데

이터 지점 x_i에서만 정의가 되지만, 궁극적인 목표는 훈련 집합에 나타나지 않은 새로운 데이터에 $f_M(x)$를 일반화시키는 것이다.

이러한 딜레마를 위한 가능한 해법은 m번째 반복에서 예측값 $\mathbf{t}_m$이 음의 기울기와 가능한 한 가깝도록 트리 $T(x; \Theta_m)$를 유도하는 것이다. 제곱오차를 측정 근접도로 사용하면, 이는 다음이 된다.

$$\tilde{\Theta}_m = \arg\min_{\Theta} \sum_{i=1}^{N} \left(-g_{im} - T(x_i; \Theta)\right)^2 \tag{10.37}$$

즉, 최소제곱을 통해 음의 기울기 값 (10.35)에 트리 T를 적합시킬 수 있다. 10.9에서 언급했듯이 최소제곱 의사 결정 트리 유도를 위한 빠른 알고리즘이 존재한다. (10.37)의 해 영역 $\tilde{R}_{jm}$이 (10.29)를 푸는 영역 R_{jm}과 동일하지는 않겠지만 일반적으로 같은 목적을 달성하는 데 충분할 정도로 유사하다. 어떠한 경우든지 전진 스테이지별 부스팅 과정과 하향식 의사 결정 트리 유도는 그들 자체로 근사 과정이다. 트리 (10.37)를 구축한 후에 각 영역 내 해당 상수는 (10.30)으로 주어진다.

표 10.2 주로 쓰이는 손실함수의 기울기

설정	손실함수	$-\partial L(y_i, f(x_i))/\partial f(x_i)$
회귀	$\frac{1}{2}[y_i - f(x)]^2$	$y_i - f(x_i)$
회귀	$\lvert y_i - f(x) \rvert$	$\text{sign}[y_i - f(x_i)]$
회귀	후버	$\lvert y_i - f(x) \rvert \leq \delta_m$에는 $y_i - f(x)$ $\lvert y_i - f(x) \rvert > \delta_m$에는 $\delta_m \text{sign}[y_i - f(x)]$ 이때 $\delta_m = \alpha\text{th-quantile}\{\lvert y_i - f(x_i) \rvert\}$
분류	이탈도	k번째 성분: $I(y_i = \mathcal{G}_k) - p_k(x)$

표 10.2는 주로 쓰이는 손실함수의 기울기를 요약한다. 제곱오차 손실에서 음의 기울기는 단지 보통의 잔차 $-g_{im} = y_i - f_{m-1}(x_i)$이므로, (10.37) 자체는 표준 최소제곱 부스팅과 동등하다. 절대 오차 손실에서 음의 기울기는 잔차의 부호sign 이므로, 각 반복에서 (10.37)은 최소제곱을 통해 트리를 현재 잔차의 부호에 적합시킨다. 후버 M-회귀에서 음의 기울기는 이들 둘 사이의 타협점이 된다(표 10.2를 보라).

분류에서 손실함수는 다변량 이탈도 (10.22)이며, 각 반복에서 K개 최소제곱 트리가 구축된다. 각 트리 T_{km}은 (10.21)로 주어지는 $p_k(x)$를 가지는 각 음의 기울기 벡터 $\mathbf{g}_{km}$에 적합된다.

$$
\begin{aligned}
-g_{ikm} &= \left[\frac{\partial L\left(y_i, f_1(x_i), \ldots, f_K(x_i)\right)}{\partial f_k(x_i)}\right]_{\mathbf{f}(x_i)=\mathbf{f}_{m-1}(x_i)} \\
&= I(y_i = \mathcal{G}_k) - p_k(x_i),
\end{aligned}
\tag{10.38}
$$

각 반복에서 K개의 별도 트리가 만들어짐에도, 이들은 (10.21)을 통해 관계를 가진다. 이진 분류($K=2$)에서 오직 하나의 트리만이 필요하다(연습 10.10).

10.10.3 경사 부스팅의 구현

알고리즘 10.3은 회귀를 위한 제네릭한 기울기 트리-부스팅 알고리즘을 보여준다. 다른 손실 기준 $L(y, f(x))$를 집어넣으면 특정 알고리즘을 얻게 된다. 알고리즘의 첫 번째 줄은 최적 상수 모델로 초기화되며, 이는 단지 단일 종료 노드 트리일 뿐이다. 줄 2(a)에서 계산된 음의 기울기의 성분은 일반화된 혹은 유사pseudo 잔차 r을 뜻한다. 주로 쓰이는 손실함수를 위한 기울기는 표 10.2에 요약돼 있다.

알고리즘 10.3 기울기 트리 부스팅 알고리즘

1. $f_0(x) = \text{argmin}_\gamma \sum_{i=1}^{N} L(y_i, \gamma)$를 초기화한다.
2. $m=1$에서 M까지,

   (a) $i=1, 2, \ldots, N$에서 다음 식을 계산한다.

   $$
   r_{im} = -\left[\frac{\partial L(y_i, f(x_i))}{\partial f(x_i)}\right]_{f=f_{m-1}}
   $$

   (b) 목표 r_{im}에 회귀 트리를 적합시켜 종료 영역 R_{jm}, $j=1, 2, \ldots, J_m$을 내놓는다.

   (c) $j=1, 2, \ldots, J_m$에서 다음 식을 계산한다.

   $$
   \gamma_{jm} = \arg\min_\gamma \sum_{x_i \in R_{jm}} L\left(y_i, f_{m-1}(x_i) + \gamma\right)
   $$

   (d) $f_m(x) = f_{m-1}(x) + \sum_{j=1}^{J_m} \gamma_{jm} I(x \in R_{jm})$을 업데이트한다.
3. $\hat{f}(x) = f_M(x)$를 내놓는다.

분류를 위한 알고리즘은 이와 유사하다. 2(a) - (d) 줄은 각 반복 m에서 K번, 각 클래스마다 한 번씩 (10.38)을 사용해 반복된다. 줄 3에서의 결과는 K개의 서로 다른 (짝지어진) 트리 전개 $f_{kM}(x)$, $k = 1, 2, ..., K$이다. 이들은 (10.21)를 통해 확률을 만들어내거나 (10.20)에서와 같이 분류를 한다. 자세한 내용은 연습 10.9에서 주어진다. 두 개의 기본 조정 매개변수는 반복 횟수 M과 각 구성 트리의 크기 J_m, $m = 1, 2, ..., M$이다.

이 알고리즘의 원본 구현은 "다중 가법 회귀 트리"를 뜻하는 MART라 부르며 이 책의 첫 번째 판에서 참조됐다. 10장의 많은 수치들이 MART를 통해 만들어졌다. 여기서 설명하는 경사 부스팅은 R의 gbm 패키지(Ridgeway, 1999), "경사 부스팅 모델Gradient Boosted Models"로 구현돼 있으며, 무료로 쓸 수 있다. gbm 패키지는 10.14.2절에서 쓰이며 16장과 15장에서 폭넓게 사용된다. 부스팅의 다른 구현은 mboost(Hothorn and Bühlmann, 2006)이다. TreeNet®이라 부르는 경사 부스팅/MART의 상용 구현은 살포드 시스템사Salford Systems, Inc.로부터 구할 수 있다.

10.11 부스팅을 위한 적절한 크기의 트리

역사적으로 부스팅은 모델을 결합하기 위한 기술 중 하나로 고려됐으며, 여기서는 모델이 트리다. 이처럼 트리 구축 알고리즘은 부스팅 과정을 통해 결합될 만들어진 모델의 원형으로 간주됐다. 이러한 시나리오에서 각 트리의 최적 크기는 트리가 구축될 때 보통의 방식으로 개별적으로 추정된다(9.2절). 매우 큰(과대) 트리가 먼저 유도된 뒤 상향식 과정을 도입해 이를 추정된 종료 노드의 최적 크기로 가지치기한다. 이 접근법은 암묵적으로 각 트리가 전개 (10.28)에서 마지막 것이라는 것을 가정한다. 아마도 가장 마지막 트리는 제외하더라도 이는 분명히 매우 나쁜 가정이다. 결과적으로 트리가 매우 커지는 경향이 있으며, 특히 초기 반복에서 그러하다. 이는 성능을 상당히 저하시키며 연산을 증가시킨다.

이 문제를 피하는 가장 단순한 전략은 모든 트리가 같은 크기 $J_m = J \ \forall m$이도록 제한하는 것이다. 각 반복에서 J개 종료 노드 회귀 트리가 유도된다. 그러므로 J는 전체 부스팅 과정의 메타 매개변수가 되며, 주어진 데이터에서 추정된 성능을 최대화시키도록 조정된다.

"목표" 함수의 속성을 고려해 J의 유용한 값을 위한 아이디어를 얻을 수 있다.

$$\eta = \arg\min_{f} \mathrm{E}_{XY} L(Y, f(X)) \tag{10.39}$$

여기서 기댓값은 $(X,\ Y)$의 모결합분포$^{\text{population joint distribution}}$에 관한 것이다. 목표 함수 $\eta(x)$는 미래 데이터에서의 최소 예측 위험을 가지는 함수다. 이것이 우리가 근사시키고자 하는 함수다.

$\eta(X)$와 관련된 속성 중 하나는 좌표 변수 $X^T = (X_1,\ X_2,\ ...,\ X_p)$가 서로 교호작용하는 정도이다. 이는 ANOVA(분산분석) 전개를 통해 포착한다.

$$\eta(X) = \sum_{j} \eta_j(X_j) + \sum_{jk} \eta_{jk}(X_j, X_k) + \sum_{jkl} \eta_{jkl}(X_j, X_k, X_l) + \cdots \tag{10.40}$$

(10.40)에서의 첫 번째 합은 함수에 관해 오직 단일 예측변수 X_j에 관한 것이다. 특정 함수 $\eta_j(X_j)$는 사용하는 손실 기준 하에서 $\eta(X)$를 결합적으로 가장 잘 근사시키는 함수다. 이러한 각각의 $\eta_j(X_j)$는 X_j의 "주효과$^{\text{main effect}}$"라 부른다. 두 번째 합은 2변수 함수가 주효과 최적 적합 $\eta(X)$에 추가될 때에 관한 것이다. 이들은 각 변수 쌍 $(X_j,\ X_k)$의 2차 교호작용이라 부른다. 세 번째 합은 3차 교호작용을 나타내며, 이것이 되풀이된다. 실제로 부딪치는 많은 문제에서 저차원 교호작용 효과가 지배적인 경향이 있다. 이 경우 커다란 의사 결정 트리와 같은 강한 고차 교호작용 효과를 만들어내는 모델은 정확도가 악화된다.

트리 기반 근사의 교호작용 수준은 트리 크기 J로 제한된다. 말하자면 $J-1$보다 큰 수준의 교호작용 효과는 있을 수가 없다. 부스팅된 모델은 트리 (10.28)에서 가법적이므로, 이러한 제약은 이들에게도 확장된다. $J=2$라 두면(단일 분할 "의사 결정 그루터기") 오직 주효과만을 가지는 부스팅 모델을 만들어내며, 교호작용은 허용되지 않는다. $J=3$이면 2변수 교호작용 효과 또한 허용되며, 이처럼 계속된다. 이는 J를 위해 선택한 값이 $\eta(x)$의 지배적인 교호작용의 수준을 반영해야 함을 시사한다. 이는 물론 알려져 있지 않지만, 대부분의 상황에서 낮은 경향이 있다. 그림 10.9는 시뮬레이션 예제 (10.2)에 관한 교호작용 순서(J의 선택)의 효과를 보여준다. 생성 함수가 가법적이므로(이차 단항식의 합), $J>2$인 부스팅 모델은 불필요한 분산을 초래하므로 테스트 오류율이 높아진다. 그림 10.10은 참 함수로 된 부스팅된 그루터기로 찾은 좌표 함수를 비교한다.

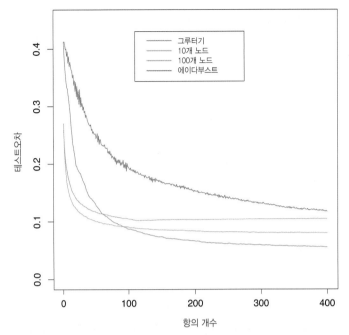

그림 10.9 그림 10.2에 사용된 예제 (10.2)에 적용한 서로 다른 크기의 트리로 된 부스팅. 생성 모델이 가법적이므로 그루터기의 성능이 가장 우수하다. 부스팅 알고리즘은 알고리즘 10.3에서의 이항 이탈도 손실을 사용했다. 비교로 에이다부스트 알고리즘 10.1을 보여주고 있다.

많은 응용에서 $J = 2$가 충분하지 않을지라도, $J > 10$가 필요하지는 않을 것이다. 지금까지의 경험을 보면 $4 \leq J \leq 8$이 부스팅 측면에서 잘 동작하며, 결과가 이 범위 내에서의 특정 선택에 그리 민감하지 않다. J를 위해 서로 다른 몇 가지 값을 시도해 값을 미세조정하고 검증 표본에서 가장 낮은 위험을 만들어내는 것을 선택할 수 있다. 그러나 이는 $J \simeq 6$를 사용하는 것보다 현저하게 개선시키는 경우가 거의 없다.

가법 로지스틱 트리를 위한 좌표 함수

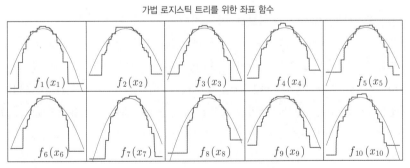

그림 10.10 그림 10.9에서 사용된 시뮬레이션된 예제를 위한 부스팅 그루터기로 추정된 좌표 함수. 참 이차 함수가 비교를 위해 그려져 있다.

10.12 정칙화

경사 부스팅의 구성 트리의 크기 외에 다른 메타 매개변수로는 부스팅 반복 횟수 M이 있다. 각 반복은 주로 훈련 위험 $L(f_M)$을 줄이므로, M이 충분히 크다면 위험이 임의적으로 작아질 수 있다. 그러나 훈련 데이터를 적합시키는 것은 과적합이 되는 경우가 너무 많으므로, 이는 미래 예측의 위험을 악화시킨다. 그러므로 응용에 의존적인, 미래 위험을 최소화하는 최적 횟수 M^*이 존재한다. 이 위험을 최소화하는 M의 값은 M^*의 추정값이 되도록 취한다. 이는 신경망으로 자주 사용하는 초기 중단 전략과 유사하다(11.4절).

10.12.1 수축

M의 값을 통제하는 것은 정칙화 전략으로만 가능한 것이 아니다. 릿지회귀와 신경망으로도 수축shrinkage 기술을 도입할 수 있다(3.4.1절과 11.5절을 보라). 부스팅 측면에서 수축을 구현하는 가장 단순한 방법은 각 트리의 공헌도를 이들이 현재 근사에 추가될 때 인자 $0 < \nu < 1$로 척도화하는 것이다. 즉 알고리즘 10.3의 줄 2(d)를 다음으로 바꾼다.

$$f_m(x) = f_{m-1}(x) + \nu \cdot \sum_{j=1}^{J} \gamma_{jm} I(x \in R_{jm}) \qquad (10.41)$$

매개변수 ν는 부스팅 과정의 학습률을 통제하는 것으로 간주할 수 있다. ν의 값이 작을수록(수축을 더 많이 시킴) 같은 반복 횟수 M에서 더 큰 훈련 위험을 결과로 내놓는다. 그러므로 ν과 M 둘 다 훈련 데이터에서의 예측 위험을 통제한다. 그러나 이들 매개변수는 독립적으로 작동하지 않는다. ν의 값이 작을수록 같은 훈련 위험에서 M의 값이 커지게 하므로, 이들 사이에는 상반 관계가 존재한다.

경험적으로 ν의 값이 작으면 더 나은 훈련오차에서 선호되며, 이에 상응하도록 더 큰 M값이 필요하다(Friedman, 2001). 사실 최적의 전략은 ν를 매우 작게($\nu < 0.1$) 두고 조기 중단을 통해 M을 선택하는 것이다. 이는 회귀 및 확률 추정에서 (축소가 없는 $\nu = 1$를 넘는) 극적인 개선을 보여준다. 오분류 위험에서의 (10.20)을 통한 해당 개선 정도는 덜 하지만, 여전히 상당하다. 개선에 지불하는 대가는 연산이다. ν의 값이 작으면 M의 값을 크게 만들며, 연산도 후자에 비례하게 된다.

그러나 앞에서 봤듯이 일반적으로 많은 반복은 매우 큰 데이터셋에서조차 연산적으로 가능하다. 부분적으로 이러한 이유는 가지치기 없는 작은 트리가 각 단계에서 유도된다는 사실 때문이다.

그림 10.11은 그림 10.2의 시뮬레이션 예제 (10.2)를 위한 테스트오차 곡선을 보여준다. 경사 부스팅 모델MART은 그루터기 아니면 6개 종료 노드 트리를 사용하는 이항 이탈도를 통해 수축과 함께 혹은 수축 없이 훈련시켰다. 수축의 이점은 분명하다. 특히 이항 이탈도를 추적했을 때 그러하다. 수축을 통해 각 테스트오차 곡선이 낮은 값이 되며 많은 반복 동안 그곳에 머문다.

16.2.1절은 부스팅에서의 전진 스테이지별 수축과 정칙화 모델 매개변수("라쏘")를 위해 L_1 벌점을 사용하는 것 사이의 연관성을 그려낸다. 우리는 서포트벡터머신과 같은 방법에서 L_1 벌점이 L_2 벌점보다 우수할 수 있다고 주장한다.

10.12.2 부표집

8.7절에서 부트스트랩 평균화(배깅)가 평균화를 통해 잡은 분류기의 성능을 개선시킨다는 것을 봤다. 15장에서 이러한 표본 추출 후 평균화의 분산 축소variance-reduction 메커니즘을 자세히 논의한다. 같은 장치를 경사 부스팅에 활용해 성능과 연산 효율성 둘 다 개선할 수 있다.

확률적 경사 부스팅 Stochastic Gradient Boosting(Friedman, 1999)으로 각 반복에서 훈련 관측치의 부분 η을 추출하고, 이 부표본을 사용해 다음 트리를 키운다. 알고리즘의 나머지는 동일하다. η를 위한 통상적인 값은 $\frac{1}{2}$이지만, N이 크면 η는 $\frac{1}{2}$보다 상당히 작을 수 있다.

표집이 동일한 부분 η를 통해 연산 시간을 줄일 뿐만 아니라, 많은 경우에서 실제로 더욱 정확한 모델을 만들어낸다.

그림 10.12는 시뮬레이션 예제 (10.2)를 사용한 분류 및 회귀 예제 모두에서 부표본 추출 효과를 보여준다. 두 경우 모두 표본 추출과 함께 수축을 같이 하면 나머지보다 성능이 약간 낮다. 여기서는 수축 없는 부표본 추출의 성능이 나쁜 것으로 나타난다.

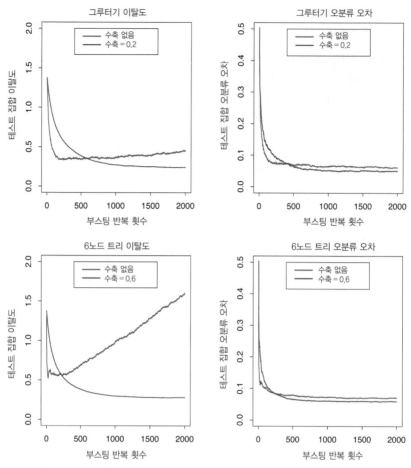

그림 10.11 경사 부스팅(MART)을 사용한 그림 10.9의 예제 (10.2) 시뮬레이션을 위한 테스트 오류율 곡선. 모델은 그루터기 혹은 6개 종료 노드로 된 이항 이탈도를 사용해 훈련시켰으며, 수축을 적용하거나 하지 않았다. 왼쪽 패널은 테스트 이탈도를, 오른쪽 패널은 오분류율을 보여준다. 모든 경우에서 수축의 유용한 효과를 볼 수 있으며 특히 왼쪽 패널의 이탈도에서 그러하다.

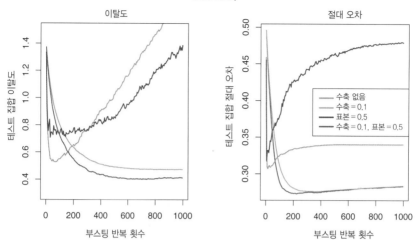

그림 10.12 시뮬레이션 예제 (10.2)의 테스트오차 곡선이 확률화(stochasticity)의 효과를 보여준다. "표본 = 0.5"이라 라벨링된 곡선은 매번 트리가 자랄 때 테스트 데이터에서 50%의 다른 부표본이 사용됐음을 뜻한다. 왼쪽 패널에서 모델이 이항 이탈도 손실함수를 사용한 gbm을 통해 적합됐다. 오른쪽 패널은 제곱오차 손실을 사용한다.

단점은 설정할 매개변수가 4개, J, M, ν 및 η가 있다는 점이다. 통상적으로 어떠한 초기 조사를 통해 J, ν와 η를 위한 적절한 값을 정하고 M은 주매개변수로 남겨둔다.

10.13 해석

단일 의사 결정 트리는 해석하기가 매우 좋다. 모델 전체를 시각화하기 쉬운 단순한 2차원 그래픽(이진 트리)으로 완벽하게 나타낼 수 있다. 트리의 선형 조합 (10.28)은 이러한 중요한 특성을 잃게 만든다. 그러므로 반드시 다른 방법으로 해석해야만 한다.

10.13.1 예측변수의 상대 중요도

데이터 마이닝 응용에서 입력 예측변수가 동일하게 적절한 경우는 거의 없다. 주로 이들 중 오직 몇 개 만이 반응에 관해 상당한 영향을 가진다. 대다수는 부적절하며 단지 포함시키지 않을 수도 있다. 반응을 예측할 때 각 입력 변수의 상대 중요도나 공헌도에 관해 학습하는 것은 자주 유용하다.

브레이먼 외(Breiman et al., 1984)는 단일 의사 결정 트리 T에서 다음 식을 각 예측변수 X_ℓ의 적절성 측정치로 제안했다.

$$\mathcal{I}_\ell^2(T) = \sum_{t=1}^{J-1} \hat{i}_t^2 \, I(v(t) = \ell) \qquad (10.42)$$

합은 트리의 $J-1$개 내부 노드에 관한 것이다. 이러한 각 노드 t에서 입력 변수들 중 하나인 $X_v(t)$가 그 노드와 관련된 영역을 두 개의 하부 영역으로 분할하는 데 사용된다. 각각 그 안에서 분리 상수가 반응 값에 관해 적합된다. 선택된 특정 변수는 전체 영역에 관한 상수 적합에 관해 제곱오차 위험에서 가장 극대의 추정된 개선 $\hat{i}_t^2$을 제공하는 변수다. 변수 X_ℓ의 제곱 상대 중요도는 모든 내부 노드에 걸쳐 이들이 분리 변수로 선택될 때 이러한 제곱 개선도를 합한 것이다.

이러한 중요도 측정치는 가법 트리 전개(10.28)로 쉽게 일반화할 수 있다. 단순히 트리에 걸쳐 평균하는 것이다.

$$\mathcal{I}_\ell^2 = \frac{1}{M} \sum_{m=1}^{M} \mathcal{I}_\ell^2(T_m) \qquad (10.43)$$

평균화의 안정화 효과로 인해 이 측정치는 단일 트리를 위한 대응물 (10.42)보다 더욱 신뢰성이 있다. 또한 축소(10.12.1절)로 인해 중요한 변수가 높은 상관관계가 있는 다른 변수들로 인해 감춰지는 일이 문제가 덜 된다. (10.42)와 (10.43)은 제곱 적절성을 뜻함을 주지하라. 실제 적절성은 이들 각각의 제곱근이다. 이들 측정치는 상대적이므로, 값이 가장 큰 것에 값 100을 할당하고 다른 것들은 이에 따라 척도화하는 것이 관례다. 그림 10.6은 spam과 email을 예측하는 57개 입력의 적절한 중요도를 보여준다.

K 클래스 분류에서 K개의 분리된 모델 $f_k(x)$, $k = 1, 2, ..., K$가 유도되고, 각각은 트리의 합을 구성한다.

$$f_k(x) = \sum_{m=1}^{M} T_{km}(x) \qquad (10.44)$$

이 경우 (10.43)은 다음으로 일반화된다.

$$\mathcal{I}_{\ell k}^2 = \frac{1}{M} \sum_{m=1}^{M} \mathcal{I}_\ell^2(T_{km}) \tag{10.45}$$

여기서 $\mathcal{I}_{\ell k}$는 클래스 k의 관측치를 다른 클래스으로부터 분리할 때 X_ℓ의 적절성을 나타낸다. X_ℓ의 전체 적절성은 모든 클래스에 관해 평균을 통해 얻는다.

$$\mathcal{I}_\ell^2 = \frac{1}{K} \sum_{k=1}^{K} \mathcal{I}_{\ell k}^2 \tag{10.46}$$

그림 10.23과 10.24는 이들 평균된 그리고 개별적인 상대 중요도를 어떻게 사용하는지 보여준다.

10.13.2 부분 의존도 도표

가장 중요한 변수가 식별된 후, 다음 단계는 이들의 결합값에 대한 $f(X)$ 근사의 의존성의 특성을 이해하는 것이다. $f(X)$를 인수에 관한 함수로 그래픽적으로 렌더링하면 입력 변수의 결합 값에 관한 이들의 의존도의 요약을 포괄적으로 제공한다.

안타깝게도 이러한 시각화는 저차원 시점으로 제한된다. 인수가 하나나 둘인 연속형이거나 이산(혹은 섞인)형인 함수를 다양한 다른 방법으로 쉽게 보여줄 수 있다. 이 책은 그러한 보여주기로 많이 채워져 있다. 약간 더 높은 차원의 함수는 하나나 두 개 인수를 제외한 모든 값의 특정 집합에 조건을 줘 그릴 수 있으며, 이는 도표의 격자들을 만들어낸다(Becker et al., 1996).[1]

두 개나 세 개 이상의 변수에 해당하는 고차원 인수를 가지는 함수를 보여주는 것은 더욱 어렵다. 때때로 각각이 입력 변수에서 선택된 작은 부분집합에 관한 $f(X)$의 근사의 부분 의존도를 나타내는 도표의 모음을 보여주는 것이 유용한 대안이 된다. 이러한 모음이 근사에 관한 포괄적인 묘사를 제공하는 경우는 거의 없음에도 이는 유용한 단서를 제공하는 경우가 많다. 특히 $f(x)$가 낮은 차수의 교호작용 (10.40)에 지배를 받을 때 그러하다.

입력 예측변수 $X^T = (X_1, X_2, ..., X_p)$가 $\mathcal{S} \subset \{1, 2, ..., p\}$로 인덱스돼 있으며, 이들의 $\ell < p$인 부분벡터 $X_\mathcal{S}$를 고려해보자. $\mathcal{C}$를 $\mathcal{S} \cup \mathcal{C} = \{1, 2, ..., p\}$인 여집합이라고

---

1 R에서는 lattice이다.

하자. 일반 함수 $f(X)$는 원칙적으로 모든 입력변수 $f(X) = f(X_S, X_C)$에 의존할 것이다. $f(X)$의 X_S에 관한 평균 혹은 부분partial 의존도를 정의하는 한 가지 방법은 다음과 같다.

$$f_S(X_S) = \mathrm{E}_{X_C} f(X_S, X_C) \tag{10.47}$$

이는 f의 주변 평균이며, 선택한 부분집합이 예를 들면 X_S 내 변수가 X_C의 것들과 강한 교호작용을 갖지 않을 때 $f(X)$에 미치는 영향을 설명하는 데 유용하게 쓰일 수 있다.

부분 의존도 함수는 어떠한 "블랙박스" 학습법의 결과를 해석하는 데 사용할 수 있다. 이들은 다음으로 추정할 수 있다.

$$\bar{f}_S(X_S) = \frac{1}{N} \sum_{i=1}^{N} f(X_S, x_{iC}) \tag{10.48}$$

이때 $\{x_{1C}, x_{2C}, ..., x_{NC}\}$는 훈련 데이터에서 나타나는 X_C의 값이다. 이는 $\bar{f}_S(X_S)$를 값 매김할 때 X_S의 결합 값의 각 집합을 위해 데이터를 전달하는 것이 필요하다. 이는 연산적으로 강도가 높을 수 있으며, 심지어 적절한 크기의 데이터셋에서도 그러하다. 다행스럽게도 의사 결정 트리로, $\bar{f}_S(X_S)$ (10.48)는 데이터를 참조하지 않고 트리 그 자체로부터 빠르게 계산할 수 있다(연습 10.11).

(10.47)에 정의된 부분 의존도 함수가 다른 변수들 X_C의 $f(X)$에 관한 (평균) 효과를 감안한 뒤의 $f(X)$에 관한 X_S의 효과를 나타냄을 주지하는 것이 중요하다. 이들은 X_C의 효과를 무시하는ignoring, $f(X)$에 관한 X_S의 효과가 아니not다. 후자는 조건부 기댓값에 의해 주어지며,

$$\tilde{f}_S(X_S) = \mathrm{E}(f(X_S, X_C)|X_S) \tag{10.49}$$

이는 X_S의 함수만을 통한 $f(X)$의 최적 최소제곱 근사다. $\bar{f}_S(X_S)$와 $\tilde{f}_S(X_S)$의 양은 X_S와 X_C가 독립인, 벌어지기 어려운 상황에서만 같을 것이다. 예를 들면 선택한 변수 집합의 효과가 순수하게 가법적으로 나타난다면,

$$f(X) = h_1(X_S) + h_2(X_C) \tag{10.50}$$

그러면 (10.47)은 $h_1(X_S)$을 가법적인 상수와 무관하게 만들어낸다. 효과가 순수하게 곱셈적이라면,

$$f(X) = h_1(X_\mathcal{S}) \cdot h_2(X_\mathcal{C}) \tag{10.51}$$

그러면 (10.47)은 $h_1(X_\mathcal{S})$을 곱셈적 상수 인자와 무관하게 만들어낸다. 반면 (10.49)는 $h_1(X_\mathcal{S})$를 두 경우 모두에서 만들어내지 않을 것이다. 실제 (10.49)는 $f(X)$가 전혀 의존적이지 않는 변수 부분집합에 관해 강한 효과를 만들어낼 수 있다.

선택한 변수 집합에 관해 부스팅된 트리 근사 (10.28)의 부분 의존도의 도표를 보여주는 것은 그 속성의 질적 설명을 제공하는 데 도움이 될 수 있다. 그림은 10.8절과 10.14절에서 보여준다. 컴퓨터 그래픽스와 인간 인식력의 한계로 인해 부분집합 $X_\mathcal{S}$의 크기는 반드시 작아야 한다($l \approx 1, 2, 3$). 물론 이러한 부분집합이 많은 수가 존재하지만, 높은 적절성을 가진 예측변수의 훨씬 작은 집합으로부터 선택한 것들만이 정보를 줄 것이다. 또한 $f(X)$에 관한 영향이 근사적으로 가법적 식 (10.50)이거나 곱셈적 식 (10.51)인 부분집합이 가장 잘 노출될 것이다.

K 클래스 분류에서 각 클래스에 하나씩 K개의 구분된 모델(10.44)이 존재할 것이다. 각각은 다음을 통해 해당 확률 (10.21)에 연관된다.

$$f_k(X) = \log p_k(X) - \frac{1}{K}\sum_{l=1}^{K}\log p_l(X) \tag{10.52}$$

그러므로 각 $f_k(X)$는 해당 확률의 로그 스케일 단조 증가함수다. 가장 유의미한 예측변수 (10.45)에 관한 해당 $f_k(X)$ (10.44)의 부분 의존도 도표는, 그 클래스를 실현시키는 로그 오즈가 해당 입력 변수에 어떻게 의존하는지를 드러내는 데 도움이 된다.

10.14 삽화

이 절에서는 서로 다른 손실함수를 적절하게 사용해 여러 가지 큰 데이터셋에 경사 부스팅을 보여준다.

10.14.1 캘리포니아 주택

이 데이터셋(Pace and Barry, 1997)은 카네기-멜론 StatLib 저장소[2]에서 구할 수 있다. 이는 캘리포니아의 각 20,460개 구역(1990 센서스 블록 그룹)으로부터 합쳐진 데이터로 구성돼 있다. 반응변수 Y는 $100,000 단위로 측정된 각 구역의 주택 가치 중앙값이다. 예측변수는 소득 중앙값 MedInc, 주택의 개수로 반영된 주택 밀도 House 그리고 각 주택의 평균 거주자 수 AveOccup와 같은 인구통계다. 또한 각 구역의 위치(longitude(경도)와 latitude(위도)), 방의 개수 평균 AveRooms와 침대 방의 개수 평균 AveBedrms 등 구역 내 주택의 속성을 반영하는 몇몇 양적 변수들이 포함돼 있다.

우리는 종료 노드 $J = 6$, 학습률(10.41) $\nu = 0.1$ 그리고 수치적 반응을 예측하기 위해 후버 손실 기준으로 MART 과정을 사용해 경사 부스팅 모델을 적합시킨다. 데이터는 무작위로 훈련 집합(80%)과 테스트 집합(20%)으로 나눈다.

그림 10.13은 평균절대오차^{AAE}를 훈련 데이터와 테스트 데이터 둘 다에 관한 반복 횟수 M에 관한 함수로 보여준다.

$$\text{AAE} = \text{E}\,|y - \hat{f}_M(x)| \tag{10.53}$$

테스트오차는 M이 증가함에 따라 단조적으로 감소하며, 초기 단계에는 더욱 빠르게 감소한 뒤 반복이 증가함에 따라 거의 상수로 안정되는 것으로 보인다. 그러므로 M의 특정 값을 선택하는 것은 너무 작지 않은 이상 중요하지 않다. 수축 전략 (10.41)은 과적합의 문제를 제거하는 경향을 보이며, 특히 데이터셋이 클수록 그러하다.

800회 반복 후 AAE의 값은 0.31이다. 이는 최적 상수 예측변수 중앙값^{optimal} $^{constant\ predictor\ median}$ $\{y_i\}$인 0.89와 비교할 수 있다. 더욱 친근한 양 측면에서, 이 모델의 제곱 다중 상관계수는 $R^2 = 0.84$이다. 페이스와 베리(Pace and Barry, 1997)는 정교한 공간 자기회귀 과정을 사용하며, 이때 각 구역의 예측은 다른 예측변수를 공변^{covariates}으로 사용하는 주변 구역 내 주택 값들의 중앙값을 기반으로 한다. 그들은 변환을 통해 실제로 $\log Y$를 예측하는데 $R^2 = 0.85$를 달성했다. $\log Y$를 반응으로 사용하면 경사 부스팅에서 해당 값은 $R^2 = 0.86$이었다.

---

2 http://lib.stat.cmu.edu

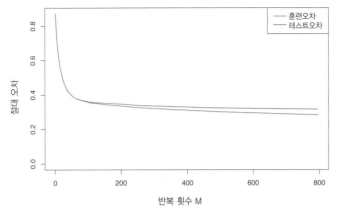

그림 10.13 캘리포니아 주택 데이터에서 평균-절대 오차를 반복 횟수의 함수로 그린 그림

그림 10.14는 각 8개 예측변수의 상대 변수 중요도를 보여준다. 당연히 구역 내 소득 중앙값이 가장 의미 있는 예측변수다. 위도, 경도 그리고 평균 거주자가 대략 소득의 절반에 해당하는 적절성을 가지며 다른 변수들은 다소 영향이 덜하다.

그림 10.15는 가장 유의미한 비위치 예측변수에 관한 단일 변수 부분 의존도를 보여준다. 도표가 엄격하게 평활하지 않은 점을 주지하라. 이는 트리 기반 모델을 사용한 결과다. 의사 결정 트리는 불연속 조각별 상수 모델 (10.25)를 만들어낸다. 이는 트리들의 합 (10.28)로 이어지며, 당연히 더 많은 조각을 가진다. 이 책에서 논의하는 대부분의 방법과 달리, 결과에 부과되는 평활성 제약이 없다. 임의적인 강한 불연속성은 모델링이 가능하다. 이들 곡선이 전반적으로 평활한 추세를 보이는 이유는 그것이 이 문제를 위한 반응을 가장 잘 예측하기 위해 추정된 것 때문이다. 이러한 경우가 자주 있다.

각 도표 바닥의 해시 표시는 해당 변수의 데이터 분포의 십분위수를 표시한다. 여기서 데이터 밀도가 경계 근처에서 낮으며, 특히 값이 클 때 그러함을 주지하라. 이는 곡선이 이들 영역에서 다소 잘 정해지지 못하도록 만든다. 도표의 수직 척도는 같으며, 서로 다른 변수의 상대 중요도를 시각적으로 비교할 수 있게 해준다.

소득 중앙값에 관한 주택 가치 중앙값의 부분 의존도는 단조 증가하며, 데이터의 주된 부분에서 거의 선형이다. 주택 가치는 대체로 평균 거주자수가 증가함에 따라 단조 감소하며, 어쩌면 평균 거주자율이 1보다 작을 때는 제외해야 할 것이다. 주택 가치 중앙값은 방의 평균 개수에 비단조적인 부분 의존도를 가진다. 이는 방 3개에서 근사적으로 최솟값을 가지며 값이 커지거나 작아지면 증가한다.

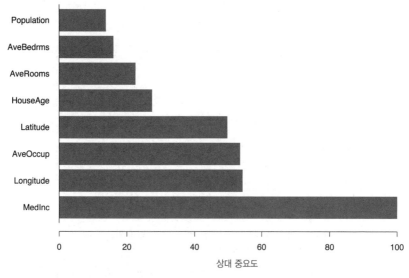

그림 10.14 캘리포니아 주택 데이터의 예측변수의 상대 중요도

주택 가치 중앙값은 주택 연령과 매우 약한 부분 의존도를 보인다. 이는 중요도 순위(그림 10.14)와 일치하지 않는다. 이는 이러한 약한 주효과가 다른 변수와의 더 강한 교호작용 효과에 가려질 수 있다는 점을 시사한다. 그림 10.16은 연령 중앙값과 평균 거주자수의 결합 값에 관한 주택 가치의 2변수 부분 의존도를 보여준다. 이들 두 변수의 교호작용이 명백하다. 평균 거주자수가 2보다 큰 값에서 주택 가치는 연령의 중앙값과 거의 독립인 한편, 값이 2보다 작으면 연령과 강한 의존도를 보였다.

그림 10.17는 위도와 경도의 결합 값에 관해 적합된 모델의 2변수 부분 의존도를 음영 윤곽 도표로 보여준다. 주택 가치 중앙값이 캘리포니아의 구역 위치에 매우 강한 의존도가 있는 것이 분명하다. 그림 10.17은 다른 예측변수의 효과를 무시하는 위치 대 주택 가치에 관한 그림이 아님을 주지하라(10.49). 모든 부분 의존도 그림처럼, 이는 다른 구역 및 주택 속성의 효과를 감안한 후의 위치의 효과를 보여준다. 이는 위치를 위해 지불하는 추가적인 프리미엄을 나타내는 것으로 볼 수 있다. 이 프리미엄은 태평양 연안, 특히 베이 지역이나 로스앤젤레스-샌디에이고 지역 근처에서 상대적으로 많아 보인다. 북부, 센트럴 밸리, 남동쪽 사막 지역은 주거 비용이 상당히 덜하다.

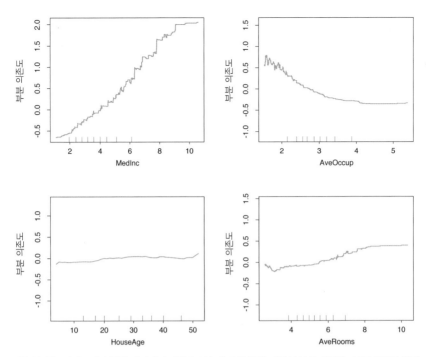

그림 10.15 캘리포니아 주택 데이터의 비위치 변수에 관한 주택 가치의 부분 의존도. 도표 바닥의 빨간 틱은 입력 변수의 10분위다.

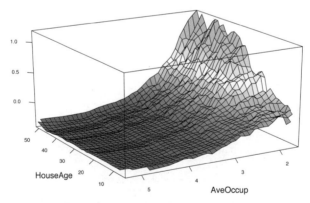

그림 10.16 연령 중앙값과 평균 거주자수에 관한 주택 가치의 부분 의존도. 이들 두 변수 사이에 강한 교호작용 효과가 있는 것으로 보인다.

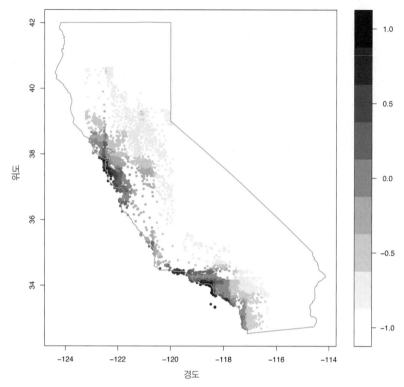

그림 10.17 캘리포니아 내 위치에 관한 주택 가치 중앙값의 부분 의존도. 1단위는 $100,000로 1990년 가격이며 $180,000인 전체 중앙값에 관해 상대적으로 표시돼 있다.

10.14.2 뉴질랜드 물고기

식물 및 동물 생태학자들은 종의 존재, 부재, 풍부함을 환경적 변수의 함수로 모델링해 예측한다. 수년 동안 단순한 선형 및 모수적 모델이 인기가 있어 왔지만, 최근 논문에서는 일반 가법 모델(9.1절, GAM), 다변량 적응적 회귀 스플라인(9.4절, MARS) 및 부스팅 회귀 트리(Leathwick et al., 2005; Leathwick et al., 2006)와 같은 더욱 정교한 모델에 관한 관심이 커져 왔음을 볼 수 있다. 여기서는 뉴질랜드 주변 대양 해역에서 발견된 바다물고기인 블랙 오레오 도리Black Oreo Dory의 존재와 부재를 모델링한다.[3]

---

3 여기서 보여주는 모델, 데이터 및 지도는 뉴질랜드 국립수중대기연구소의 존 리드윅 박사와 멜버른대학교 식물학부 제인 앨리스 박사가 기꺼이 제공해줬다. 연구를 위해 트롤 데이터를 모으는 것은 뉴질랜드 수산부의 지원으로 1979~2005년에 이뤄졌다.

그림 10.18은 17,000개 트롤(심해망 어업으로, 최대 깊이 2km)의 위치를 보여주며, 빨간 점은 블랙 오레오 도리가 존재했던 2,353개 트롤을 나타낸다. 이는 대체로 기록되는 100개가 넘는 종 가운데 하나다. 각 트롤에 관해 잡힌 각 어종의 어획량이 kg으로 기록됐다. 잡힌 어종과 함께 각 트롤에 관한 환경적 측정치가 존재한다. 이들은 트롤의 평균 깊이(AvgDepth), 온도와 염도를 포함한다. 후자두 개는 깊이와 강한 상관관계가 있으므로 리드윅 외(Leathwick et al., 2006)는 대신에 이들 두 측정치를 깊이로 조정해 (개별적인 비모수 회귀를 통해) 얻은 잔차인 TempResid와 SalResid를 유도했다. SSTGrad는 해수면 온도의 기울기를 측정한 것이며, Chla는 위성 이미지 측정을 통해 얻은 생태계 생산성에 관한 폭넓은 지표다. SusPartMatter는 특히 연안 해역에서의 부유 퇴적물의 측정치를 제공하며, 역시위성으로부터 가져온다.

이 분석의 목표는 트롤 내 블랙 오레오를 찾을 확률은 물론, 트롤 속도와 거리의 변화 효과와 함께 트롤망의 그물코 크기를 감안해 표준화된 기대 어획량을 추정하는 것이다. 저자들은 확률 추정을 위해 로지스틱회귀를 사용했다. 어획량을 위해서는 포아송 분포를 가정하고 평균 총계의 로그를 모델링하는 것이 자연스러워 보이지만, 이는 지나치게 많은 수의 0 때문에 적절하지 않은 경우가 많다. 영-과잉 포아송zero-inflated Poisson(Lambert, 1992)과 같은 특수화된 접근법이 개발돼 있지만, 이들은 더 단순한 접근법을 선택했다. Y가 (비음수) 어획량이라면 다음과 같다.

$$E(Y|X) = E(Y|Y > 0, X) \cdot \Pr(Y > 0|X) \qquad (10.54)$$

두 번째 항은 로지스틱회귀를 통해 추정하며, 첫 번째 항은 어획이 있는 2,353개 트롤만을 사용해 추정할 수 있다.

저자들은 로지스틱회귀에서 이항 이탈도 손실함수, 깊이 10의 트리 그리고 수축인자 $\nu = 0.025$로 경사 부스팅 모델GBM[4]을 사용했다. 어획이 있는 회귀를 위해이들은 제곱오차 손실(이 또한 깊이 10의 트리를 사용하지만, $\nu = 0.01$이다)로 된 GBM을 사용해 $\log(Y)$를 모델링하고, 예측값을 비로그화시켰다. 그들은 두 경우 모두항의 개수 및 수축 인자를 선택하기 위해 10겹 교차 검증을 사용했다.

---

4 버전 2.2.0 R의 gbm 패키지의 1.5-7 버전

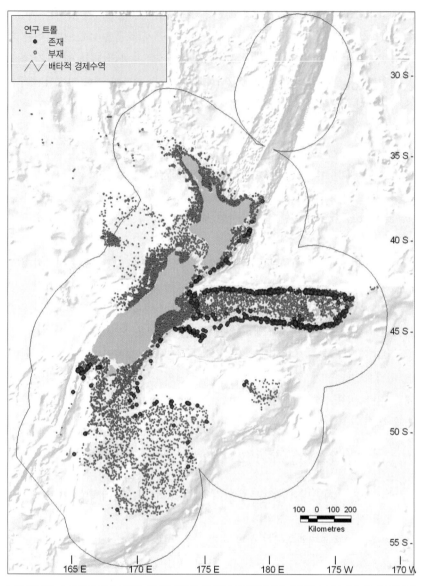

그림 10.18 뉴질랜드 및 그 주변 배타적 경제수역 지도가 1979년과 2005년 사이에 놓인 17,000개 트롤(작은 파란 점)의 위치를 보여준다. 빨간 점은 블랙 오레오 도리 종이 존재했던 트롤을 나타낸다.

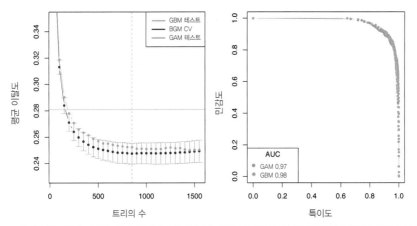

그림 10.19 왼쪽 패널은 평균 이탈도를 존재/부재 데이터에 적합시킨 GBM 로지스틱회귀모델을 위한 트리의 개수의 함수로 보여준다. 훈련 데이터(그리고 1×s.e. 막대)와 테스트 데이터에 관한 10겹 교차 검증된 테스트 이탈도를 볼 수 있다. 또한 비교를 위해 각 항에 자유도가 8인 GAM 모델을 사용한 테스트 이탈도를 보여준다. 오른쪽 패널은 선택된 GBM 모델(왼쪽 도표의 수직선)과 GAM 모델을 위한 테스트 데이터에서의 ROC 곡선을 보여준다.

그림 10.19(왼쪽 패널)은 일련의 GBM 모델의 평균 이항 이탈도를 10겹 CV 및 테스트 데이터 모두에 관해 보여준다. 각 항에 자유도df 8인 평활 스플라인을 사용해 적합시키는 GAM 모델이 약간 개선된 성능을 보여준다. 오른쪽 패널은 두 모델의 예측 성능을 측정하는 ROC 곡선(9.2.5절을 보라)을 보여준다. 이러한 시점에서 보면 성능이 매우 유사하며, AUC(곡선하면적) 측면에서 아마도 GBM이 약간의 우위를 가지는 것으로 보인다. 민감도/특이도가 동일한 지점에서 GBM은 91%를, GAM은 90%를 달성한다.

그림 10.20은 로지스틱 GBM 적합에서의 변수의 공헌도를 요약한다. 블랙 오레오가 잡히는 데 대한 심도 범위가 잘 정의돼 있으며, 더 차가운 물에서 더 자주 포획되는 것을 볼 수 있다. 계량적인 포획 모델에 관해 자세히 설명하지는 않는다. 중요한 변수 또한 이와 같았다.

이들 모델에 사용된 모든 예측변수는 세밀한 지리적 격자로 돼 있다. 실제 이들은 환경적 아틀라스, 위성 이미지 등으로부터 유도됐다. 자세한 내용은 리드윅 외(Leathwick et al., 2006)를 보라. 이는 또한 예측이 이러한 격자에서 이뤄질 수 있으며 GIS 매핑 시스템으로 불러올 수 있음을 뜻한다. 그림 10.21은 존재 및 포획량 모두에 관한 예측 지도를 보여주며 둘 다 트롤 조건의 공통된 집합으로 표준화돼 있다. 예측변수가 지리적 위치에 따라 연속적인 방식으로 변하므로 예측 또한 그러하다.

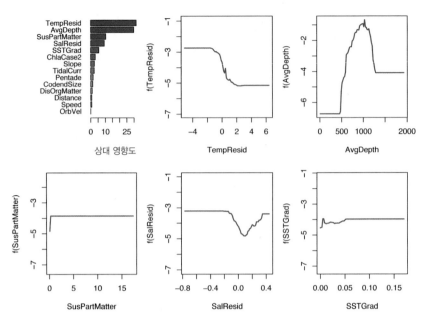

그림 10.20 위쪽 왼쪽 패널은 GBM 로지스틱회귀모델로부터 계산된 상대 영향도를 보여준다. 나머지 패널은 상위 다섯 개 변수의 부분 의존도 도표를 보여주며, 비교를 위해 모두 같은 척도로 그려져 있다.

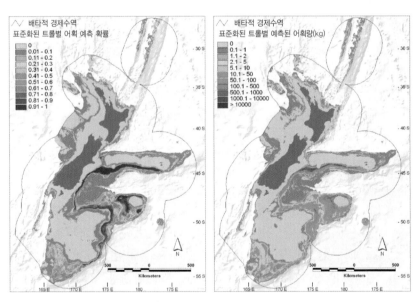

그림 10.21 경사 부스팅 모델로부터 얻은 존재 확률(왼쪽)과 어획량(오른쪽)의 지리적 예측 지도

GBM 모델은 교호작용을 모델링하고 자동적으로 변수를 선택하는 능력은 물론, 특이값 및 결측 데이터에 관한 이들의 로버스트성으로 인해, 이와 같은 데이터가 풍부하고 열정적인 커뮤니티로부터 빠르게 인기를 얻고 있다.

10.14.3 인구통계 데이터

이 절에서는 MART를 사용하는 멀티클래스 분류 문제에서의 경사 부스팅을 설명한다. 데이터는 샌프란시스코 베이 지역(Impact Resources, Inc., Columbus, OH)의 쇼핑몰 고객들이 응답한 9,232개 설문지로부터 나온 것이다. 질문들 중 14개가 인구통계에 관한 것이다. 보여주기를 위한 목표는 다른 13개 변수를 예측변수로 사용해 직업을 예측하고, 따라서 서로 다른 직업 범주 사이를 판별하는 인구통계적 변수를 식별하는 것이다. 데이터를 무작위로 훈련 집합(80%)과 테스트 집합(20%)으로 나눴으며 학습률이 $\nu = 0.1$인 노드가 $J = 6$인 트리를 사용했다.

그림 10.22는 $K = 9$개의 직업 클래스값을 해당 오류율과 함께 보여준다. 전체 오류율은 42.5%로, 이는 가장 숫자가 많은 클래스인 Prof/Man(전문/관리)으로 예측해 얻은 69%의 영률[null rate]과 비교할 수 있다. 가장 잘 예측되는 클래스는 Retired, Student, Prof/Man, Homemaker 네 개로 보인다.

그림 10.23은 모든 클래스에 관해 평균화된 상대 예측변수 중요도를 보여준다(10.46). 그림 10.24는 가장 잘 예측된 각 네 개의 클래스의 개별 상대 중요도 분포를 보여준다(10.45). 대체로 가장 유효한 예측변수가 각 클래스마다 다름을 볼 수 있다. age가 예외인데 이는 Retired, Student, Prof/Man를 예측하는 데 세 번째 안에 드는 가장 유효한 변수다.

그림 10.25는 이들 세 클래스에 관한 age의 로그 오즈(10.52)의 부분 의존도를 보여준다. 횡좌표 값은 각각 동일하게 공간을 차지하는 나이 구간에 따라 정렬된 코드이다. 다른 변수의 공헌도를 감안한 후에 나이가 많은 사람이 은퇴할 오즈가 더 높은 한편, 학생일 경우는 그 반대임을 볼 수 있다. 전문/관리직일 오즈는 중년이 가장 높다. 결과가 놀랍지 않은 것이 당연하다. 이들은 각 클래스에 관해 부분 의존도를 개별적으로 조사하는 것은 합리적인 결과를 야기함을 보여준다.

전체 오류율 = 0.425

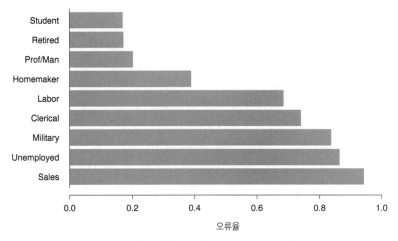

그림 10.22 인구통계적 데이터의 각 직업별 오류율

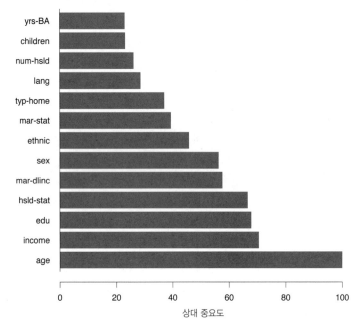

그림 10.23 인구통계적 데이터의 모든 클래스에 관해 평균한 예측변수의 상대 중요도

456

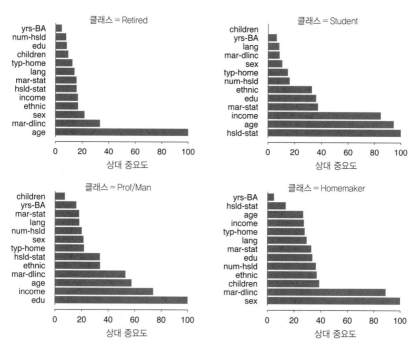

그림 10.24 인구통계적 데이터에서 가장 낮은 오류율을 가지는 각 네 개의 개별적인 클래스에 관한 예측변수 중요도

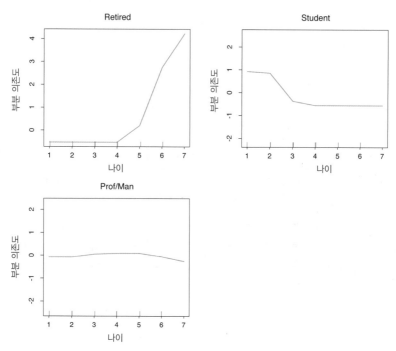

그림 10.25 인구통계 데이터에서의 세 개의 서로 다른 직업의 나이에 관한 오즈의 부분 의존도

참고문헌

샤파이어(Schapire, 1990)는 PAC 학습 프레임워크에서 첫 번째의 단순한 부스팅 과정을 개발했다(Valiant, 1984; Kearns and Vazirani, 1994). 샤파이어는 입력 데이터 스트림의 필터링된 버전에 두 개의 추가적인 분류기를 훈련시킴으로써 약학습기weak learner의 성능을 언제나 개선시킬 수 있음을 보였다. 약학습기는 동전 던지기보다 (높은 확률로) 상당히 나은 성능을 보장하는 2 클래스 분류기를 만들어내는 알고리즘이다. 처음 N개 훈련 지점에 초기 분류기 G_1을 훈련시킨 후,

- G_2가 G_1에 의해 오분류된 지점의 절반인 N개 지점의 새로운 표본에 학습된다.
- G_1과 G_2가 동의하지 않는 N개 지점에 관해 G_3가 학습된다.
- 부스팅된 분류기는 G_B = 다수결(G_1, G_2, G_3)이다.

샤파이어의 "약한 학습 가능성의 힘Strength of Weak Learnability" 정리는 G_B가 G_1보다 더 나은 성능을 가짐을 증명한다.

프로인트(Freund, 1995)는 많은 약학습기를 동시에 조합해 샤파이어의 단순한 부스팅 알고리즘의 성능을 개선한 "다수결에 의한 부스팅" 변형을 제안했다. 이들 알고리즘을 뒷받침하는 이론은 고정된 오류율로 분류기를 만들어내기 위해 약학습기를 필요로 한다. 이는 이러한 가정이 필요 없는 더욱 적응적이고 현실적인 에이다부스트(Freund and Schapire, 1996a) 및 그 자손을 야기시켰다.

프로인트와 샤파이어(Freund and Schapire, 1996a) 그리고 샤파이어와 싱어(Schapire and Singer, 1999)는 일반화 오차의 상한upper bound과 같은 형식으로 그들의 알고리즘을 뒷받침하는 일부 이론을 제공한다. 이 이론은 연산적 학습 커뮤니티에서 발전돼 왔으며, 초기에는 PAC 학습의 개념에 근거했다. 부스팅의 설명을 시도하는 다른 이론들은 게임이론(Freund and Schapire, 1996b; Breiman, 1998) 및 VC 이론(Schapire et al., 1998)이 있다. 에이다부스트 알고리즘과 관련된 한계bound와 이론은 흥미롭지만 실제적으로 중요시되기에는 너무 느슨하다. 실제로 부스팅은 그 한계가 암시하는 것보다 훨씬 더 인상적인 결과를 달성한다. 샤파이어(2002) 그리고 메이어와 랏치(Meir and Rätsch, 2003)는 이 책의 1판보다 더 최근의 유용한 개요를 제공한다.

프리드먼 외(Friedman et al., 2000)와 프리드먼(2001)은 10장의 설명에 관한 기본을 구성한다. 프리드먼 외(2000)는 에이다부스트를 통계적으로 분석하고 지수

적 기준을 유도하며, 이것이 클래스 확률의 로그 오즈를 추정함을 보인다. 이들은 가법적 트리 모델, 올바른 크기의 트리 및 10.11절의 ANOVA 표현과 다클래스 로짓 형식화를 제안한다. 프리드먼(2001)은 분류와 회귀를 위한 경사 부스팅과 축소를 개발한 한편, 프리드먼(1999)은 부스팅의 확률적 변형에 관해 탐구했다. 메이슨 외(Mason et al., 2000) 또한 부스팅의 기울기 접근법을 받아들였다. 프리드먼 외(2000)가 게재한 논의를 보면 부스팅이 어떻게, 왜 동작하는지에 관해 일부 논란이 있어 보인다.

이 책의 1판이 출간된 이후 이러한 논쟁은 계속됐고 부스팅의 일관성에 관한 일련의 논문을 통해 통계계로 확산됐다. 지앙(Jiang, 2004), 루거시와 바야티스(Lugosi and Vayatis, 2004), 장과 유(Zhang and Yu, 2005), 바틀렛과 트라스킨(Bartlett and Traskin, 2007)에 관한 일련의 논문으로 통계적 커뮤니티에서 확산돼왔다. 미즈와 와이너(Mease and Wyner, 2008)는 몇 가지 시뮬레이션 예제를 통해 부스팅에 관한 일부 해석에 관해 이의를 제기했다. 우리의 응답(Friedman et al., 2008a)은 이들 대부분의 반대 의견을 해결한다. 뷜만과 호손(Bühlmann and Hothorn, 2007)의 최근 조사는 부스팅에 관한 우리의 접근법을 지지한다.

연습 문제

연습 10.1 에이다부스트의 매개변수 업데이트를 위한 식 (10.12)를 유도하라.

연습 10.2 (10.16)을 증명하라. 즉 에이다부스트 기준의 모집단 버전의 최소화 자가 로그 오즈의 1/2임을 보여라.

연습 10.3 주변 평균 (10.47)이 가법적 및 곱셈적 함수 (10.50)과 (10.51)을 복구시키지만, 조건부 기댓값 (10.49)는 복구시키지 않는지 보여라.

연습 10.4
  (a) 에이다부스트를 트리로 구현하는 프로그램을 작성하라.
  (b) 그림 10.2의 예제를 다시 계산하라. 훈련오차와 테스트오차를 그리고 움 직임을 논의해보라.
  (c) 테스트오차가 마침내 증가하기 시작하는 반복 횟수를 조사하라.
  (d) 이 예제의 설정을 다음과 같이 바꾸어 보라: 두 개의 클래스을 정의하라.

클래스 1의 특성은 $X_1, X_2, ..., X_{10}$의 표준 독립 가우스 변량이 되도록 하라. 클래스 2에서 특성 또한 표준 독립 가우스이지만, 사건 $\sum_j X_j^2 > 12$에 조건부이도록 하라. 이제 클래스들이 특성 공간에서 상당히 중첩되게 된다. 그림 10.2에서와 같이 에이다부스트 실험을 반복하고 결과를 논의하라.

연습 10.5 멀티클래스 지수 손실$^{Multiclass\ Exponential\ Loss}$(Zhu et al., 2005). K 클래스 분류 문제에서 다음의 코딩 $Y = (Y_1, ..., Y_K)^T$을 고려해보자.

$$Y_k = \begin{cases} 1, & \text{if } G = \mathcal{G}_k \\ -\frac{1}{K-1}, & \text{otherwise} \end{cases} \tag{10.55}$$

$f = (f_1, ..., f_K)^T$이고 $\sum_{k=1}^K f_k = 0$이라 하고 다음을 정의하자.

$$L(Y, f) = \exp\left(-\frac{1}{K} Y^T f\right) \tag{10.56}$$

(a) 라그랑주 승수를 사용해 $L(Y, f)$의 모최소화자 f^*를 합이 0인 제약을 따르도록 유도하고, 이를 클래스 확률과 연관시켜라.

(b) 이 손실함수를 사용하는 멀티클래스 부스팅이 10.4절에서의 에이다부스트와 유사한 재가중 알고리즘이 됨을 보여라.

연습 10.6 맥니머 테스트$^{McNemar\ test}$(Agresti, 1996). 우리는 표본 크기 1536에서 일반화 가법 모델^{GAM}의 스팸 데이터에서의 오류율을 5.5%로, 경사 부스팅^{GBM}은 4.5%로 보고하고 있다.

(a) 이들 추정값의 표준오차가 약 0.6%임을 보여라.

두 방법에서 같은 테스트 데이터가 쓰였으므로 오류율이 상관관계를 가지며 2표본 t-테스트를 수행할 수 없다. 각 테스트 관측치에 이들 방법을 직접 비교할 수 있으며, 다음과 같이 요약된다.

GAM	GBM	
	옳음	틀림
옳음	1434	18
틀림	33	51

맥니머 테스트는 비일치 오차 33 : 18에 집중하는 테스트다.

(b) 0.036의 양측 p값에서 GAM이 경사 부스팅보다 월등히 많은 오차를 만듦을 보이는 테스트를 수행하라.

연습 10.7 식 (10.32)를 유도하라.

연습 10.8 목표 y_{ik}가 관측치 i가 클래스 k이면 1이고 아니면 0으로 코딩되는 K 클래스 문제를 고려해보자. $\sum_{k=1}^{K} f_k(x) = 0$인 모델 $f_k(x)$, $k = 1, ..., K$를 현재 갖고 있다고 해보자(10.6절 (10.21)을 보라). 우리는 $\gamma_K = 0$인 상수 $f_k(x) + \gamma_k$를 추가해 예측변수 공간 내 영역 R에서의 관측치를 위한 모델을 업데이트하고자 한다.

(a) 이 문제를 위한 다변량 로그 가능도 및 이것의 첫 번째와 두 번째 도함수를 써라.

(b) (1)에서의 헤세행렬의 대각만을 사용하고 $\gamma_k = 0 \ \forall_k$로부터 시작해 γ_k를 위한 원스텝 근사 뉴턴 업데이트가 다음과 같음을 보여라.

$$\gamma_k^1 = \frac{\sum_{x_i \in R}(y_{ik} - p_{ik})}{\sum_{x_i \in R} p_{ik}(1 - p_{ik})}, \ k = 1, \ldots, K - 1 \tag{10.57}$$

이때 $p_{ik} = \exp(f_k(x_i))/\exp(\sum_{\ell=1}^{K} f_\ell(x_i))$이다.

(c) 우리는 현재 모델과 같이 업데이트의 합이 0이기를 선호한다. 대칭 인수를 사용해 다음이 적절한 업데이트임을 보여라.

$$\hat{\gamma}_k = \frac{K-1}{K}\left(\gamma_k^1 - \frac{1}{K}\sum_{\ell=1}^{K} \gamma_\ell^1\right), \ k = 1, \ldots, K \tag{10.58}$$

이때 γ_k^1는 모든 $k = 1, ..., K$에 관해 (10.57)에서와 같이 정의된다.

연습 10.9 목표 y_{ik}가 관측치 i가 클래스 k이면 1이고 아니면 0으로 코딩되는 K 클래스 문제를 고려해보자. 다항 이탈도 손실함수(10.22)와 대칭 로지스틱 변환을 사용해 경사 부스팅 알고리즘 10.3이 되는 인수를 사용해 알고리즘 10.4를 유도하라. 힌트: 단계 2(b)iii를 위해 연습 10.8을 보라.

연습 10.10 $K = 2$ 클래스 분류에서, 각 경사 부스팅 반복마다 오직 하나의 트리만을 키울 필요가 있음을 보여라.

연습 10.11 (10.47)의 부분 의존도 함수 $f_S(X_S)$를 어떻게 효율적으로 계산하는지 보여라.

연습 10.12 (10.49)에 관해 $\mathcal{S} = \{1\}$이고 $\mathcal{C} = \{2\}$이며 $f(X_1, X_2) = X_1$이라 하자. X_1과 X_2가 이변량 가우스로, 각각 평균이 0이고 분산이 1이며 $E(X_1 X_2) = \rho$라 해보자. f가 X_2의 함수가 아니라 하더라도 $E(f(X_1, X_2)|X_2) = \rho X_2$임을 보여라.

알고리즘 10.4 K 클래스 분류를 위한 경사 부스팅

---

1. $f_{k0}(x) = 0$, $k = 1, 2, ..., K$를 초기화한다.

2. $m = 1$ to M에 관해,

    (a) 다음과 같이 둔다.

$$p_k(x) = \frac{e^{f_k(x)}}{\sum_{\ell=1}^{K} e^{f_\ell(x)}}, \quad k = 1, 2, \ldots, K$$

    (b) $k = 1$ to K에 관해,

        i. $r_{ikm} = y_{ik} - p_k(x_i)$, $i = 1, 2, ..., N$을 계산한다.

        ii. 종료 영역 R_{jkm}, $j = 1, 2, ..., J_m$을 주어 목표 r_{ikm}, $i = 1, 2, ..., N$에 회귀 트리를 적합시킨다.

        iii. 다음을 계산한다.

$$\gamma_{jkm} = \frac{K-1}{K} \frac{\sum_{x_i \in R_{jkm}} r_{ikm}}{\sum_{x_i \in R_{jkm}} |r_{ikm}|(1 - |r_{ikm}|)}, \quad j = 1, 2, \ldots, J_m$$

        iv. $f_{km}(x) = f_{k,m-1}(x) + \sum_{j=1}^{J_m} \gamma_{jkm} I(x \in R_{jkm})$을 업데이트한다.

3. $\hat{f}_k(x) = f_{kM}(x)$, $k = 1, 2, ..., K$를 출력한다.

11
신경망

11.1 소개

11장에서는 서로 다른 분야인 통계학과 인공지능에서 각기 개발된 학습법의 종류를 설명한다. 이들은 근본적으로는 동일한 모델에 근거한다. 중심 아이디어는 입력의 선형조합을 유도된 특성으로써 추출한 뒤, 이들 특성의 비선형함수로 목표를 모델링하는 것이다. 결과는 많은 분야에서 널리 응용되는 강력한 학습법이다. 먼저 준모수적 통계학 및 평활화의 도메인에서 발전된 사영추적 모델을 논의한다. 11장의 나머지는 신경망 모델에 집중한다.

11.2 사영추적회귀

우리의 제네릭한 지도 학습 문제와 같이 p개 성분을 가지는 입력 벡터 X와 목표 Y가 있다고 해보자. ω_m, $m = 1, 2, ..., M$을 알려지지 않은 매개변수의 단위 p 벡터라 하자. 사영추적회귀PPR, Projection Pursuit Regression 모델은 다음의 형식을 가진다.

$$f(X) = \sum_{m=1}^{M} g_m(\omega_m^T X) \tag{11.1}$$

이는 가법 모델이지만, 유도된 특성에서 입력변수 그 자체가 아닌 $V_m = \omega_m^T X$다. 함수 g_m은 불특정이며 어떠한 유연한 평활화 방법을 사용해 방향 ω_m을 따라 추정된다(아래를 보라).

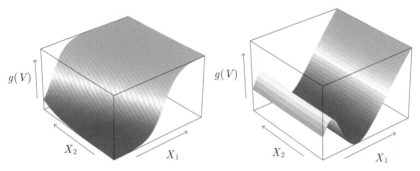

그림 11.1 두 릿지 함수의 투시도. 왼쪽: $g(V) = 1/(1 + \exp(-5(V - 0.5)))$로, 이때 $V = (X_1 + X_2)/\sqrt{2}$이다. 오른쪽: $g(V) = (V + 0.1)\sin(1/(V/3 + 0.1))$로, 이때 $V = X_1$이다.

함수 $g_m(\omega_m^T X)$는 $\mathbb{R}^P$에서의 릿지 함수ridge function라 부른다. 이는 오직 벡터 ω_m에 정의된 방향에 따라서만 달라진다. 스칼라 변수 $V_m = \omega_m^T X$는 단위 벡터 ω_m 위에서의 X의 사영이며 우리는 모델이 잘 적합되도록 ω_m를 찾으므로 이름이 '사영추적'이다. 그림 11.1은 릿지 함수의 몇몇 예제를 보여준다. 왼쪽 예제에서 $\omega = (1/\sqrt{2})(1,1)^T$이므로 함수가 오직 $X_1 + X_2$ 방향으로만 달라진다. 오른쪽 예제에서 $\omega = (1,0)$이다.

PPR 모델 (11.1)은 매우 일반화돼 있다. 선형 조합의 비선형함수를 구성하는 연산이 놀라울 정도로 큰 클래스를 생성하기 때문이다. 예를 들면 곱 $X_1 \cdot X_2$은 $[(X_1 + X_2)^2 - (X_1 - X_2)^2]/4$로 쓸 수 있으며 고차 곱higher-order products도 유사하게 표현할 수 있다.

실제 M을 임의적으로 큰 값을 취하면, PPR 모델은 g_m을 적절하게 선택하기 위해 $\mathbb{R}^P$ 내 어떠한 연속적인 함수든지 임의적으로 잘 근사할 수 있다. 이러한 모델의 종류를 보편 근사자universal approximator라 부른다. 그러나 이러한 일반성은 대가가 따른다. 적합된 모델의 해석이 대체로 어려운데, 각 입력변수가 모델에 복잡하고 다면적인 방법으로 입력되기 때문이다. 그 결과 PPR 모델은 예측을 위해서 가장 유용하며, 데이터를 위한 이해할 수 있는 모델을 만드는 데는 크게 유용하지 못하다. 계량경제학에서 단일 지수 모델single index model이라 알려진 $M = 1$ 모델은 예외다. 이는 선형회귀모델보다 약간 더 일반적이며, 유사한 해석력을 제공한다.

훈련 데이터 (x_i, y_i), $i = 1, 2, ..., N$이 주어졌을 때 PPR 모델을 어떻게 적합시키는가? 함수 g_m과 방향 벡터 ω_m, $m = 1, 2, ..., M$에 관한 오차함수의 근사적인 최소화자를 찾는다.

$$\sum_{i=1}^{N} \left[y_i - \sum_{m=1}^{M} g_m(\omega_m^T x_i) \right]^2 \tag{11.2}$$

다른 평활화 문제와 같이 과적합 해를 피하기 위해 g_m에 관해 복잡도 제약을 명시적 혹은 암묵적으로 가해야 한다.

단일 항($M = 1$ 그리고 첨자를 버린다)만을 고려해보자. 방향 벡터 ω가 주어졌을 때, 유도된 변수 $v_i = \omega^T x_i$를 구성한다. 그 뒤 1차원 평활화 문제를 가지게 되며, g의 추정값을 얻기 위해 평활 스플라인과 같은 어떠한 산포도 평활자든지 적용할 수 있다.

반면 g가 주어졌을 때 ω에 관해 (11.2)를 최소화하고자 한다. 가우스-뉴턴 검색은 이러한 과제에서 편리하다. 이는 준뉴턴 방법으로, g의 이차 도함수를 수반하는 헤시안의 일부가 버려진다. 이는 다음과 같이 쉽게 유도할 수 있다. ω_{old}를 ω의 현재 추정값이라 하자. 다음과 같이 쓰면

$$g(\omega^T x_i) \approx g(\omega_{\text{old}}^T x_i) + g'(\omega_{\text{old}}^T x_i)(\omega - \omega_{\text{old}})^T x_i \tag{11.3}$$

다음을 내어준다.

$$\sum_{i=1}^{N} \left[y_i - g(\omega^T x_i) \right]^2 \approx \sum_{i=1}^{N} g'(\omega_{\text{old}}^T x_i)^2 \left[\left(\omega_{\text{old}}^T x_i + \frac{y_i - g(\omega_{\text{old}}^T x_i)}{g'(\omega_{\text{old}}^T x_i)} \right) - \omega^T x_i \right]$$

$$\tag{11.4}$$

오른쪽을 최소화하기 위해 입력 x_i에 목표 $\omega_{\text{old}}^T x i + (y i - g(\omega_{\text{old}}^T x_i))/g_0(\omega_{\text{old}}^T x_i)$로 최소제곱 회귀를 가중치 $g_0(\omega_{\text{old}}^T x_i)^2$ 및 절편(편향) 항 없이 수행한다. 이는 업데이트된 계수 벡터 ω_{new}를 만들어낸다.

g와 ω를 추정하는 이들 두 단계는 수렴할 때까지 반복시킨다. PPR 모델에서 하나보다 많은 항으로, 모델은 전진 스테이지순 방식으로 각 스테이지마다 (ω_m, g_m) 쌍을 추가하며 구축된다.

구현에 관한 몇 가지 세부 내용은 다음과 같다.

- 어떠한 병활법이든지 원칙적으로 사용 가능하지만, 방법이 도함수를 제공하면 편리해진다. 국소 회귀와 평활 스플라인이 편리하다.
- 각 단계 후에 이전 단계의 g_m을 9장에서 설명한 역적합 과정을 사용해 재조정할 수 있다. 이는 궁극적으로 더 적은 항의 개수를 야기할 수도 있지만, 예측 성능을 개선하는지는 분명하지가 않다.
- 대체로 w_m는 재조정되지 않지만 (부분적으로는 과도한 계산을 피하기 위해) 원칙적으로 가능하다.
- 항의 개수 M은 주로 전진 스테이지별 전략의 일부로 추정된다. 모델 구축은 그 다음 항이 모델의 적합을 적절하게 개선하지 못할 때 중지된다. 교차 검증 또한 M을 정하는 데 쓸 수 있다.

밀도 추정(Friedman et al., 1984: Friedman, 1987)과 같은 사영추적 개념을 쓸 수 있는 다른 많은 응용법이 있다. 특히 14.7절의 ICA의 논의 및 탐색적 사영추적과의 관계에 관해 보기 바란다. 그러나 사영추적회귀모델은 통계학 분야에서 널리 쓰이지 않았다. 그 이유는 아마도 소개가 됐을 때(1981), 연산적 요구가 쉽게 쓸 수 있는 대부분의 컴퓨터의 능력을 넘어서기 때문일 것이다. 그러나 이는 당연히 중요한 지능적 진보를 나타내며, 11장의 나머지 주제인 신경망 분야가 되살아나면서 꽃을 피웠다.

11.3 신경망

신경망neural network이란 용어는 많은 종류의 모델과 학습법을 아우르면서 발전돼 왔다. 여기서는 가장 널리 사용되는 혹은 단일 은닉층 역전파 네트워크hidden layer back-propagation network 혹은 단일층 퍼셉트론single layer perceptron이라 부르는 "바닐라" 신경망에 관해 설명한다. 신경망과 관련해 이들을 마술과 같이 신비롭게 보이게 만드는 수많은 선전이 있어 왔다. 11장에서 분명히 하겠지만 이들은 단지 앞서 논의한 사영추적회귀모델과 같은 비선형 통계적 모델일 뿐이다.

신경망은 2-단계 회귀 혹은 분류 모델로, 통상적으로 그림 11.2에서와 같은 네트워크 다이어그램network diagram으로 표현한다. 이 네트워크는 회귀나 분류 모두에 적용된다. 회귀에서 통상적으로 $K = 1$이며 위쪽에 오직 하나의 출력 유닛 Y_1이 있을 뿐이다. 그러나 이들 네트워크는 매끄러운 방식으로 복수의 계량적 반응을 처리할 수가 있으므로, 일반적인 경우를 다룰 것이다.

K 클래스 분류에서 위쪽에 클래스 k의 확률을 모델링하는 k번째 유닛으로 된 K개의 유닛이 존재한다. K개의 목표 측정치 Y_k, $k = 1, ..., K$가 있으며, 각각 k번째 클래스에 관해 $0 - 1$ 변수로 코딩된다.

유도된 특성 Z_m은 입력의 선형 조합으로부터 만들어지며, 그 뒤 목표 Y_k가 Z_m의 선형 조합의 함수로 모델링된다.

$$Z_m = \sigma(\alpha_{0m} + \alpha_m^T X), \ m = 1, \dots, M$$
$$T_k = \beta_{0k} + \beta_k^T Z, \ k = 1, \dots, K \qquad (11.5)$$
$$f_k(X) = g_k(T), \ k = 1, \dots, K$$

이때 $Z = (Z_1, Z_2, ..., Z_M)$ 그리고 $T = (T_1, T_2, ..., T_K)$이다.

활성함수 $\sigma(v)$는 주로 시그모이드^{sigmoid} $\sigma(v) = 1/(1 + e^{-v})$를 선택한다. $1/(1 + e^{-v})$의 도표를 그림 11.3에서 보라. 때때로 가우스 방사기저함수(6장)가 $\sigma(v)$를 위해 쓰이며, 이는 방사기저함수 네트워크$^{\text{radial basis function network}}$라 부르는 것을 만든다.

그림 11.2과 같은 신경망 다이어그램은 때때로 은닉층과 출력층 내 각 유닛에 공급되는 추가적인 편향^{bias} 유닛과 함께 그리기도 한다.

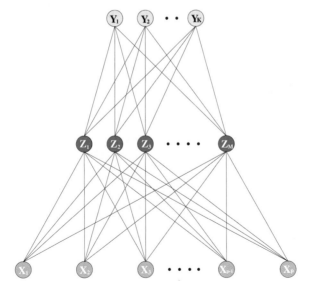

그림 11.2 단일 은닉층, 전진-공급 신경망의 도식

상수 "1"을 추가적인 입력 특성으로 생각하면, 이 편향 유닛은 모델의 절편 α_{0m} 및 β_{0k}을 포착한다.

출력함수 $g_k(T)$는 출력 T의 벡터의 최종 변환을 허용한다. 회귀에서 주로 항등함수 $g_k(T) = T_k$를 선택한다. K 클래스 분류의 초기 작업 또한 항등함수를 사용했지만, 나중에 다음의 소프트맥스^{softmax} 함수가 선호되며 버려졌다.

$$g_k(T) = \frac{e^{T_k}}{\sum_{\ell=1}^{K} e^{T_\ell}} \tag{11.6}$$

이는 물론 다중로짓 모델에서 쓰인(4.4절) 바로 그 변환이며, 합이 1인 양의 추정값을 만들어낸다. 4.2절에서 선형 활성함수의 다른 문제, 특히 잠재적인 심각한 가리기 문제에 관해 논의한다.

유도된 특성 Z_m을 계산하는 네트워크의 중간 유닛은 은닉층$^{\text{hidden units}}$이라 부른다. 값 Z_m이 직접 관측되지 않기 때문이다. 일반적으로 11장의 마지막 예제에서 보여주는 것과 같이 1개보다 더 많은 은닉층이 있을 수 있다. 그러면 신경망은 이들 변환을 입력으로 사용하는 표준 선형 모델 혹은 선형 로짓 모델이 된다. 그러나 5장에서 논의한 기저확장 기술에 관한 중요한 개선점이 있다. 여기서 기저함수의 매개변수가 데이터로부터 학습되는 것이다.

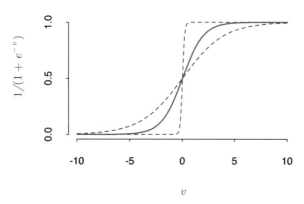

그림 11.3 신경망의 은닉층에서 주로 쓰이는 시그모이드 함수 $\sigma(v) = 1/(1 + \exp(-v))$(빨간 곡선)의 도표. $s = \frac{1}{2}$(파란색 곡선)과 $s = 10$(보라색 곡선)인 $\sigma(sv)$가 포함돼 있다. 척도 매개변수 s는 활성화율을 통제하며, s가 클수록 $v = 0$에서 활성화되기 힘들다는 것을 볼 수 있다. $\sigma(s(v - v_0))$는 활성 임계치를 0에서 v_0로 옮긴다는 점을 주지하라.

만일 σ가 항등함수라면 전체 모델이 입력에서 선형 모델로 뭉그러지게 됨을 주지하라. 따라서 신경망은 회귀 및 분류 모두를 위한 선형 모델의 비선형 일반화

로 생각할 수 있다. 비선형 변환 σ을 도입함으로써, 이는 선형 모델의 종류를 크게 확대시킨다. 그림 11.3에서 시그모이드의 활성화율이 α_m의 노름에 의존함을 불 수 있으며, 만일 $|\alpha_m|$이 매우 작다면 유닛은 당연히 활성함수의 선형^{linear} 부분에서 동작할 것이다.

또한 하나의 은닉층으로 된 신경망 모델이 앞서 설명한 사영추적 모델과 정확히 같은 형식을 가진다는 것을 주지하라. 차이점은 PPR 모델은 비모수적 함수 $g_m(v)$를 사용하는 한편, 신경망은 $\sigma(v)$에 근거한, 인수에서 자유 매개변수가 세 개인 훨씬 단순한 함수를 사용한다. 자세히는 신경망을 PPR 모델로 보면 다음을 식별할 수 있다.

$$
\begin{aligned}
g_m(\omega_m^T X) &= \beta_m \sigma(\alpha_{0m} + \alpha_m^T X) \\
&= \beta_m \sigma(\alpha_{0m} + \|\alpha_m\|(\omega_m^T X))
\end{aligned}
\tag{11.7}
$$

이때 $\omega_m = \alpha_m/\|\alpha_m\|$은 m번째 유닛 벡터다. $\sigma_{\beta,\alpha_0,s}(v) = \beta\sigma(\alpha_0 + sv)$는 더욱 일반적인 비모수적 $g(v)$보다 복잡도가 낮으므로, 신경망이 이러한 함수를 20개나 100개를 사용할 수도 있다는 점은 놀라운 일이 아니다. 한편 PPR 모델은 통상적으로 훨씬 작은 항(예를 들어 $M = 5$ 혹은 10)을 사용한다.

마지막으로 "신경망"이란 이름이 인간의 뇌를 위한 모델로 먼저 개발됐다는 사실로부터 유도된다는 점을 언급한다. 각 유닛은 뉴런을 나타내며 연결(그림 11.2의 링크)은 시냅스를 나타낸다. 초기 모델에서 뉴런은 전달된 전체 신호가 특정 임계점을 넘어서면 발동됐다. 앞의 모델에서 이는 $\sigma(Z)$와 $g_m(T)$에 계단함수$^{step\ function}$를 사용하는 것에 해당한다. 나중에 신경망은 비선형 통계 모델링을 위한 유용한 도구로 인식됐으며, 이러한 목적에서 계단함수는 최적화에 충분할 정도로 평활적이지 않다. 따라서 계단함수는 더 평활한 임계함수인 그림 11.3의 시그모이드로 바뀌었다.

11.4 신경망 적합시키기

신경망 모델은 주로 가중치^{weights}라고 부르는 알려지지 않은 매개변수를 가지며 모델이 훈련 데이터를 잘 적합시키도록 이들 값을 찾는다. 가중치의 전체 집합은 θ라고 표기하며, 다음으로 구성돼 있다.

$$\{\alpha_{0m}, \alpha_m; \ m = 1, 2, \ldots, M\} \quad M(p+1) \quad \text{가중치}$$
$$\{\beta_{0k}, \beta_k; \ k = 1, 2, \ldots, K\} \quad K(M+1) \quad \text{가중치}$$
(11.8)

회귀에서 적합의 측정치로 오차제곱합을 사용한다(오차함수).

$$R(\theta) = \sum_{k=1}^{K} \sum_{i=1}^{N} (y_{ik} - f_k(x_i))^2$$
(11.9)

분류에서 오차제곱이나 교차 엔트로피(이탈도)를 사용하며 이에 해당하는 분류기는 $G(x) = \text{argmax}_k f_k(\text{x})$이다.

$$R(\theta) = -\sum_{i=1}^{N} \sum_{k=1}^{K} y_{ik} \log f_k(x_i)$$
(11.10)

소프트맥스 활성함수와 교차 엔트로피 오차함수로, 신경망 모델은 은닉층에서 정확히 선형 로지스틱회귀모델이 되며 모든 매개변수가 최대가능도를 통해 추정된다.

통상적으로 $R(\theta)$의 전역 최소화자를 원하지 않는다. 이는 해가 과적합되도록 할 것이기 때문이다. 대신 일부 정칙화가 필요하다. 이는 벌점항을 통해 직접적으로, 아니면 조기에 중지시켜 비직접적으로 달성한다. 자세한 내용은 다음 절에 있다.

$R(\theta)$를 최소화하는 포괄적인 접근법은 이러한 설정에서 역전파back-propagation라 부르는 경사 하강gradient descent을 통하는 것이다. 모델의 합성적인 형태로 인해, 미분을 위한 기울기를 연쇄 규칙chain rule을 사용해 쉽게 유도할 수 있다. 이는 전방 및 후방으로 네트워크를 쓸어내리면서sweep 계산할 수 있으며, 각 유닛의 국소적인 양quantities만을 추적한다.

다음은 제곱오차 손실을 위한 역전파에 관한 자세한 내용이다. (11.5)에서 $z_{mi} = \sigma(\alpha_{0m} + \alpha_m^T x_i)$라 하고 $z_i = (z_{1i}, z_{2i}, \ldots, z_{Mi})$라 하자. 그러면

$$R(\theta) \equiv \sum_{i=1}^{N} R_i$$
$$= \sum_{i=1}^{N} \sum_{k=1}^{K} (y_{ik} - f_k(x_i))^2$$
(11.11)

이고, 도함수로

$$\frac{\partial R_i}{\partial \beta_{km}} = -2(y_{ik} - f_k(x_i))g'_k(\beta_k^T z_i)z_{mi}$$

$$\frac{\partial R_i}{\partial \alpha_{m\ell}} = -\sum_{k=1}^{K} 2(y_{ik} - f_k(x_i))g'_k(\beta_k^T z_i)\beta_{km}\sigma'(\alpha_m^T x_i)x_{i\ell} \qquad (11.12)$$

가 된다. 이들 도함수가 주어지면, $(r+1)$번째 반복에서의 경사 하강 업데이트는 다음의 형식을 가진다.

$$\beta_{km}^{(r+1)} = \beta_{km}^{(r)} - \gamma_r \sum_{i=1}^{N} \frac{\partial R_i}{\partial \beta_{km}^{(r)}}$$

$$\alpha_{m\ell}^{(r+1)} = \alpha_{m\ell}^{(r)} - \gamma_r \sum_{i=1}^{N} \frac{\partial R_i}{\partial \alpha_{m\ell}^{(r)}} \qquad (11.13)$$

이때 γ_r는 **학습률**learning rate이며, 뒤에서 논의한다.

이제 (11.12)를 다음과 같이 쓴다.

$$\frac{\partial R_i}{\partial \beta_{km}} = \delta_{ki} z_{mi}$$

$$\frac{\partial R_i}{\partial \alpha_{m\ell}} = s_{mi} x_{i\ell} \qquad (11.14)$$

양 δ_{ki}과 s_{mi}는 각각 현재 모델의 출력층과 은닉층에서의 "오차"다. 이들 오차는 정의에 따라 다음을 만족한다.

$$s_{mi} = \sigma'(\alpha_m^T x_i) \sum_{k=1}^{K} \beta_{km} \delta_{ki} \qquad (11.15)$$

이는 **역전파 방정식**back-propagation equations이라 알려져 있다. 이를 사용하면 (11.13)에서의 업데이트는 2-경로 알고리즘을 통해 구현할 수 있다. 전방 전달forward pass에서 현재 가중치는 고정돼 있으며 예측값 $\hat{f}_k(x_i)$은 공식 (11.5)로부터 계산된다. 후방 전달backward pass에서 오차 δ_{ki}가 계산되며, (11.15)를 통해 역전파돼 오차 s_{mi}를 내어준다. 그 뒤 두 오차 집합 모두 (11.13)에서의 업데이트를 위해 (11.14)를 통해 기울기를 계산하는 데 쓰인다.

이 2-경로 과정이 바로 역전파라고 알려진 것이다. 또한 델타 규칙delta rule(Widrow and Hoff, 1960)이라고 부른다. 교차 엔트로피의 연산적 구성 요소는 오차제곱합의 것과 같은 형태를 띠며, 연습 11.3에 유도돼 있다.

역전파의 장점은 단순함과 국소적 성질에 있다. 역전파 알고리즘에서 각 은닉 층은 연결을 공유하는 유닛으로부터만 정보를 주고받는다. 따라서 병렬 아키텍처 컴퓨터에서 효율적으로 구현할 수 있다.

(11.13)의 업데이트는 매개변수 업데이트가 모든 학습 경우의 합이 되는 배치 학습batch learning의 한 종류다. 학습은 온라인으로 수행 가능하며 한 번에 하나의 관측치를 처리하고 각 훈련 사례 다음에 기울기를 업데이트하며 훈련 사례를 따라 많은 횟수로 순환시킨다. 이 경우 (11.3)에서의 합은 단일 합인자summand로 대체된다. 훈련 회차training epoch는 전체 훈련 집합을 한 번 쓸어내리는 것을 뜻한다. 온라인 학습은 네트워크가 대량의 데이터셋을 다루고, 새로운 관측치가 들어옴에 따라 가중치를 갱신하도록 할 수 있다.

배치 학습의 학습률 γ_r은 주로 상수를 취하며, 각 업데이트마다 오차함수를 최소화하는 라인 검색line search을 통해 최적화할 수 있다. 온라인 학습에서 반복이 $r \to \infty$임에 따라 γ_r은 0으로 감소돼야 한다. 이러한 학습은 확률적 근사stochastic approximation 형식이다(Robbins and Monro, 1951). 이 필드에서의 결과는 $\gamma_r \to 0$, $\sum_r \gamma_r = \infty$ 그리고 $\sum_r \gamma_r^2 < \infty$(예를 들면, $\gamma_r = 1/r$를 통해 만족한다)라면 수렴을 보장한다. 역전파는 매우 느릴 수 있으며, 이러한 이유 때문에 잘 선택되지 않는 방법이다. 뉴턴법과 같은 이차second-order 기술은 여기서 매력적이지 않다. R의 2차 도함수행렬(헤시안)이 매우 클 수 있기 때문이다. 적합을 위한 더 나은 접근법으로는 켤레 기울기와 변수거리법variable metric이 포함된다. 이들은 이차 도함수 행렬의 명시적 연산을 피하는 한편 여전히 더 빠른 수렴을 제공한다.

11.5 신경망을 훈련시킬 때의 문제

신경망을 훈련시키는 것은 실로 예술과 같다. 모델은 일반적으로 과매개변수화되며, 최적화 문제는 특정 지침을 따르지 않는 한 비볼록하며 불안정하다. 이 절에서는 중요한 문제들 중 일부를 요약해본다.

11.5.1 시작값

가중치가 거의 0이면 시그모이드의 동작 부분(그림 11.3)이 거의 선형이며, 따라서 신경망이 근사적으로 선형 모델로 뭉그러진다(연습 11.2). 가중치를 위한 시작값은 영 근처의 무작위 값을 선택한다. 따라서 모델은 거의 선형에서 시작하며, 가중치가 커짐에 따라 비선형이 된다. 개별 유닛은 방향에 따라 국소화되며 필요한 곳에 비선형성을 가져온다. 가중치를 정확히 영으로 사용하면 도함수가 영이 되게 해 완벽히 대칭이 되고, 알고리즘이 절대 움직이지 않는다. 대신 가중치를 큰 값으로 시작하면 해가 좋지 못한 경우가 자주 있다.

11.5.2 과적합

신경망은 자주 너무 많은 가중치를 가지며 R의 전역 최솟값에서 데이터를 과적합하게 될 것이다. 신경망의 초기 개발에서는 과적합을 피하기 위채 조기 종료 규칙을 디자인을 통해서나 아니면 우연함을 통해 사용했다. 여기서는 모델을 잠시 동안만 훈련시키고, 전역 최솟값에 접근하기 전에 잘 종료한다. 가중치가 고도로 정칙화된(선형) 해로부터 시작되므로, 이는 최종 모델을 선형 모델로 수축시키는 효과가 있다. 검증 데이터셋이 언제 종료시킬지 정하는 데 도움이 된다. 검증 오차가 증가하기 시작하는 것을 예상할 수 있기 때문이다.

정칙화를 위한 더 명시적인 방법은 가중치 감퇴^weight decay로, 선형 모델을 위해 사용된 릿지회귀와 유사하다(3.4.1절). 오차함수 $R(\theta) + \lambda J(\theta)$에 벌점을 추가하는데, 이때 식은 다음과 같으며 $\lambda \geq 0$은 조정 매개변수다.

$$J(\theta) = \sum_{k,m} \beta_{km}^2 + \sum_{m,\ell} \alpha_{m\ell}^2 \tag{11.16}$$

λ의 값이 클수록 가중치가 0으로 축소되는 경향이 있다. 통상적으로 λ를 추정하는 데 교차 검증이 쓰인다. 벌점의 효과는 단순히 각 기울기 식 (11.13)에 항 $2\beta_{km}$와 $2\alpha_{m\ell}$를 추가하는 것이다. 벌점을 위해 제안된 다른 형식은 예를 들면 다음과 같다.

$$J(\theta) = \sum_{k,m} \frac{\beta_{km}^2}{1 + \beta_{km}^2} + \sum_{m,\ell} \frac{\alpha_{m\ell}^2}{1 + \alpha_{m\ell}^2} \tag{11.17}$$

이는 가중치 제거weight elimination 벌점이라 부른다. 작은 가중치를 (11.16)이 하는 것보다 더 하는 효과가 있다.

그림 11.4는 10개의 은닉 유닛으로 된 신경망을 가중치 감퇴(위쪽 패널) 없이 그리고 가중치 감퇴와 함께(아래쪽 패널) 2장의 조합 예제에 훈련시킨 결과를 보여준다. 가중치 감퇴는 분명히 예측을 개선한다. 그림 11.5는 훈련으로부터 추정된 가중치의 히트맵을 보여준다(이들의 회색조 버전은 힌튼 다이어그램Hinton diagram이라 부른다). 가중치 감퇴가 두 층 모두에서 가중치를 약화시키는 것을 볼 수 있다. 결과 가중치가 10개의 은닉 유닛에 관해 꽤 고르게 퍼져 있다.

신경망 − 10개 유닛, 가중치 감퇴 없음

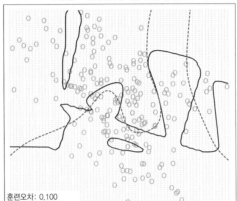

신경망 − 10개 유닛, 가중치 감퇴 = 0.02

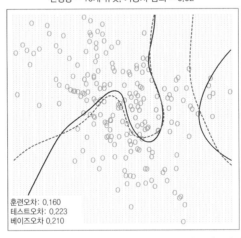

그림 11.4 2장 혼합 예제에서의 신경망. 위쪽 패널은 가중치 감퇴를 사용하지 않으며 훈련 데이터를 과적합한다. 아래쪽 패널은 가중치 감퇴를 사용하며, 베이즈 오류율에 근접하는 오류율을 달성한다(보라색 점선 경계). 둘 다 소프트맥스 활성함수와 교차 엔트로피 오차를 사용한다.

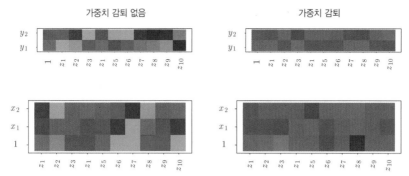

그림 11.5 그림 11.4의 신경망의 훈련으로부터 추정된 가중치의 히트맵. 표현의 범위는 밝은 초록색(음수)에서 밝은 빨간색(양수)이다.

11.5.3 입력변수의 척도화

입력변수의 척도화가 바닥층에서의 가중치의 유효한 척도화를 결정하므로, 최종 해의 품질에 많은 영향을 미친다. 처음부터 모든 입력이 평균이 0이고 표준편차가 1이도록 표준화하는 것이 최선이다. 이는 모든 입력이 정칙화 과정에서 동일하게 다뤄지도록 함을 보장하며, 무작위 시작 가중치를 위한 의미 있는 범위를 선택할 수 있도록 한다. 표준화된 입력으로 범위 $[-0.7, +0.7]$에서 무작위 균일 가중치를 취하는 것이 통상적이다.

11.5.4. 은닉 유닛과 층의 개수

일반적으로 말하자면 너무 많은 은닉 유닛을 가지는 것이 너무 적은 유닛을 가지는 것보다 낫다. 은닉층이 너무 적으면, 모델이 데이터에서의 비선형을 포착하는 데 충분한 유연성을 가지지 못할 수도 있다. 은닉층이 너무 많으면, 적절한 정칙화가 사용됐다면 여분의 가중치가 0으로 수축될 수 있다. 통상적으로 은닉 유닛의 개수는 5에서 100 사이의 어딘가이며, 입력의 개수와 훈련 사례의 개수에 따라 유닛의 개수도 증가한다. 적절한 큰 수의 유닛을 놓고 정칙화로 훈련시키는 것이 가장 일반적이다. 몇몇 연구자들은 최적 개수를 추정하는 데 교차 검증을 사용하지만, 이는 교차 검증을 정칙화 매개변수를 추정하는 데 사용한다면 중요하지 않은 것으로 보인다. 은닉층의 개수를 선택할 때는 배경지식과 실험을 따른다. 각 층은 회귀나 분류를 위한 입력의 특성을 추출한다. 복수의 은닉층을 사용하면

서로 다른 분해 수준에서의 계층적 특성을 구축할 수 있도록 해준다. 11.6절에서 복수의 층을 효과적으로 사용하는 예제가 제공된다.

11.5.5 복수의 최솟값들

오차함수 $R(\theta)$는 비볼록으로, 많은 국소 최솟값들을 처리한다. 그 결과 얻어낸 최종 해는 시작 가중치의 선택에 꽤나 의존적이다. 적어도 여러 개의 임의의 시작 설정을 시도하고, 가장 낮은 (벌점화) 오차를 주는 해를 선택해야 한다. 아마도 네트워크의 모음에 관한 평균 예측값을 최종 예측값으로 사용하는 것이 더 나은 접근법일 것이다(Ripley, 1996). 이는 가중치를 평균하는 것을 선호하는데, 모델의 비선형성이 이러한 평균된 해가 꽤 좋지 못할 수도 있다는 것을 뜻하기 때문이다. 다른 접근법은 배깅^{bagging}을 통한 것으로, 훈련 데이터의 무작위로 섭동된 버전으로부터 훈련된 네트워크의 예측값을 평균한다. 8.7절에 설명돼 있다.

11.6 예제: 시뮬레이션 데이터

두 개의 가법 오차 모델 $Y = f(X) + \varepsilon$로부터 데이터를 생성했다.

$$\text{시그모이드의 합: } Y = \sigma(a_1^T X) + \sigma(a_2^T X) + \varepsilon_1$$

$$\text{방사}^{\text{radial}}: Y = \prod_{m=1}^{10} \phi(X_m) + \varepsilon_2$$

여기서 $X^T = (X_1, X_2, ..., X_p)$이며 각 X_j는 표준 가우스 변량이고, 첫 번째 모델은 $p = 2$이며 두 번째는 $p = 10$이다.

시그모이드 모델에서 $a_1 = (3, 3)$, $a_2 = (3, -3)$이다. 방사 모델에서 $\phi(t) = (1/2\pi)^{1/2} \exp(-t^2/2)$. ε_1와 ε_2는 모두 가우스 오차로, 신호대 잡음비가 4가 되도록 선택한다.

$$\frac{\text{Var}(\text{E}(Y|X))}{\text{Var}(Y - \text{E}(Y|X))} = \frac{\text{Var}(f(X))}{\text{Var}(\varepsilon)} \tag{11.18}$$

크기 100의 훈련 표본과 크기 10,000의 테스트 표본을 추출했다. 가중치 감퇴와 다양한 은닉층 개수로 신경망을 적합시키고 각각의 10개의 임의의 시작 가중치에 관한 평균 테스트오차 $E_{Test}(Y - \hat{f}(X))^2$를 기록했다. 오직 하나의 훈련 집합만을 생성했지만, 결과는 전형적인 "평균" 훈련 집합이다. 테스트오차는 그림 11.6에 나와 있다. 은닉 유닛이 영인 모델은 선형 최소제곱 회귀임을 뜻함을 주지하라. 신경망은 시그모이드의 합 모델에 완벽하게 들어맞으며, 2유닛 모델의 성능이 가장 우수해 베이즈율에 근접한 오류율을 달성한다(회귀를 위한 제곱오차로 된 베이즈율은 오차 분산error variance임을 상기하라. 그림에서 베이즈율에 비례한 테스트 오류율을 보여준다). 그러나 은닉 유닛이 더 많으면, 과적합이 빠르게 생기기 시작하며, 몇 가지 시작 가중치로 된 모델이 선형 모델(은닉 유닛이 0개)보다 더 나빠진다. 2개 은닉 유닛으로 돼 있다 하더라도, 10개 중 2개의 시작 가중치 설정이 선형 모델보다 더 나을 것이 없는 결과를 만들어냈으며, 복수의 시작값의 중요성을 확인시켜준다.

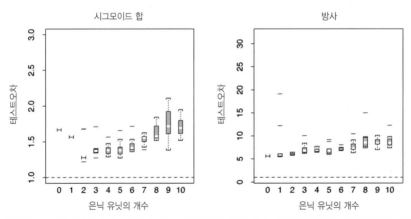

그림 11.6 시뮬레이션 데이터 예제의 테스트오차 상자그림을 베이즈오차와 비례해 그린 것(수평 점선). 참 함수는 왼쪽에서 두 시그모이드의 합이며, 오른쪽은 방사함수다. 테스트오차를 10개의 서로 다른 시작 가중치에 관해 볼 수 있다. 이들은 단일 은닉층 신경망으로 돼 있으며 유닛의 개수가 표시돼 있다.

방사 함수는 어떤 의미에서는 신경망에게 가장 어렵다. 구형적으로spherically 대칭이며 선호하는 방향이 없기 때문이다. 그림 11.6의 오른쪽 패널에서 성능이 좋지 못하며, 테스트 오류율이 베이즈율보다 훨씬 높음을 볼 수 있다(왼쪽 패널과 수직 척도가 다름을 주지하라). 실제로 (표본 평균과 같은) 상수 적합이 5의 상대 오류율을 달성하므로(이때 신호대 잡음비는 4이다), 신경망이 평균보다 성능이 증가적으로 부진함을 볼 수 있다.

이 예제에서는 고정된 가중치 감퇴 매개변수를 0.0005로 사용했다. 이는 가벼운 양의 정칙화를 나타낸다. 그림 11.6 왼쪽 패널의 결과는 은닉 유닛의 개수가 클수록 정칙화가 더 필요함을 시사한다.

그림 11.7의 왼쪽 패널에서는 시그모이드 합 모델에서 가중치 감퇴 없이 실험을 반복했다. 그리고 오른쪽 패널에서는 더 강한 가중치 감퇴($\lambda = 0.1$)를 사용했다. 가중치 감퇴가 없으면 은닉 유닛의 개수가 더 많을 때 과적합이 더욱 심해진다. 가중치 감퇴 값 $\lambda = 0.1$은 모든 은닉 유닛 개수에서 좋은 결과를 만들어내며, 유닛의 개수가 증가함에 따라 과적합이 나타나지 않는 것으로 보인다. 마지막으로 그림 11.8은 10개 은닉 유닛 네트워크에서 가중치 감퇴 매개변수가 넓은 범위에서 변함에 따른 테스트오차를 보여준다. 값 0.1이 근사적으로 최적치다.

정리하자면 선택할 자유 매개변수가 두 개 있다. 가중치 감퇴 λ와 은닉층의 개수 M이 그것이다. 학습 전략으로 이들 매개변수 중 하나를 가장 제약이 덜한 모델에 해당하는 값으로 고정해 모델이 충분히 풍부해지도록 하고 교차 검증을 사용해 다른 매개변수를 선택할 수 있을 것이다. 여기서의 가장 제약이 덜한 값은 가중치 감퇴가 영이고 은닉 유닛이 10개일 때다. 그림 11.7의 왼쪽 패널을 그림 11.8과 비교해보면 테스트오차가 가중치 감퇴 값에 덜 민감하다. 따라서 이 매개변수에 교차 검증을 하는 것이 선호됨을 볼 수 있다.

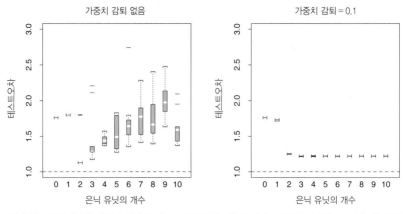

그림 11.7 시뮬레이션 데이터 예제의 테스트오차 상자그림을 베이즈오차와 비례해 그린 것. 참 함수는 두 시그모이드의 합이다. 테스트오차를 10개의 서로 다른 시작 가중치에 관해 볼 수 있다. 이들은 단일 은닉층 신경망으로 돼 있으며 유닛의 개수가 표시돼 있다. 두 패널은 가중치 감퇴가 없을 때(왼쪽) 그리고 가중치 감퇴가 강한 $\lambda = 0.1$(오른쪽)일 때를 나타낸다.

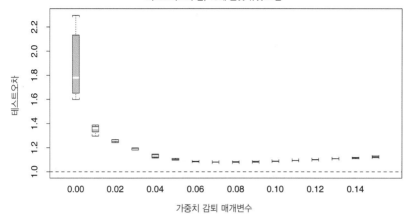

시그모이드의 합, 10개 은닛 유닛 모델

그림 11.8 시뮬레이션 데이터 예제의 테스트오차 상자그림. 참 함수는 두 시그모이드의 합이다. 테스트 오차를 10개의 서로 다른 시작 가중치에 관해 볼 수 있다. 이들은 10개의 은닉 유닛을 가지는 단일 은닉 층으로 돼 있으며, 가중치 감퇴 매개변숫값이 표시돼 있다.

11.7 예제: 우편번호 데이터

이 예제는 손글씨 숫자를 분류하는 문자 인식 과제다. 이 문제는 수년 동안 머신 러닝과 신경망 커뮤니티의 관심을 끌었으며, 이 분야에서 벤치마크 문제로 남아 있다. 그림 11.9는 미국 우체국에 의해 봉투에서 자동으로 스캔된, 정규화된 손글 씨 숫자의 일부 예제를 보여준다. 원본 스캔 숫자는 이진이며 크기와 방향이 다르 다. 여기서 보여주는 이미지는 비스듬하지 않도록 돼 있으며 크기가 정규화돼 있 고, 16×16 회색조 이미지가 결과물이다(Le Cun et al., 1990). 이들 256개 픽셀 값이 신경망 분류기의 입력으로 쓰인다.

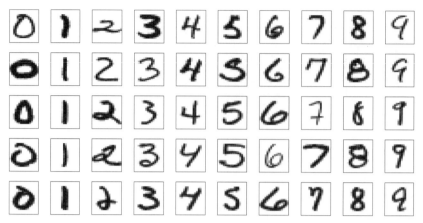

그림 11.9 우편번호 데이터로부터 나온 훈련 사례 예제. 각 이미지는 손글씨 숫자의 16×16의 8비트 회색조 표현이다.

블랙박스 신경망은 패턴 인식 과제에 이상적으로 적합한 것은 아니다. 부분적으로 이미지의 픽셀 표현에 (이미지의 회전과 같은) 특정한 불변성이 없기 때문이다. 이에 따라 신경망을 통한 초기 시도는 문제의 다양한 예제에 관해 약 4.5%의 오분류율을 기록했다. 이 절에서는 이들 결함을 극복하기 위해 신경망을 수작업하는 선구적인 노력을 보여준다(Le Cun, 1989). 이는 궁극적으로 신경망의 성능에서 최첨단이 됐다(Le Cun et al., 1998).[1] 현재 숫자 데이터셋이 수천 개의 훈련 및 테스트 예제를 가지고 있지만, 여기서는 효과를 강조하기 위해 표본 크기를 의도적으로 보통의 크기를 사용한다. 예제는 일부 실제 손글씨 숫자를 스캔해 얻었으며, 그 뒤 무작위 수평 변환을 통해 추가적 이미지를 생성했다. 자세한 내용은 르쿤(1989)에서 찾을 수 있을 것이다. 훈련 집합으로 320개 숫자가, 테스트 집합으로 160개가 있다.

5개의 서로 다른 네트워크가 데이터에 적합됐다.

- Net-1: 은닉층 없음, 다항 로지스틱회귀와 동일함
- Net-2: 은닉층 하나, 12개의 은닉 유닛이 완전히 연결돼 있음
- Net-3: 두 개의 은닉층이 국소적으로 연결돼 있음
- Net-4: 두 개의 은닉층이 가중치 공유로 국소적으로 연결돼 있음

---

1 이 예제의 그림과 표는 르 쿤(1989)으로부터 재현했다.

- Net-5: 두 개의 은닉층이 국소적으로 연결돼 있으며, 가중치 공유의 수준이 2이다.

이들은 그림 11.10에 자세히 묘사돼 있다. 예를 들어 Net-1은 256개의 입력 변수를 가지며, 이는 16×16 입력 픽셀 각각에 해당하고, 숫자 0-9 각각에 관해 10개의 출력 유닛이 있다. 예측된 값 $\hat{f}_k(x)$은 이미지 x가 $k=0, 1, 2, ..., 9$인 숫자 클래스 k를 가질 때 추정된 확률을 나타낸다.

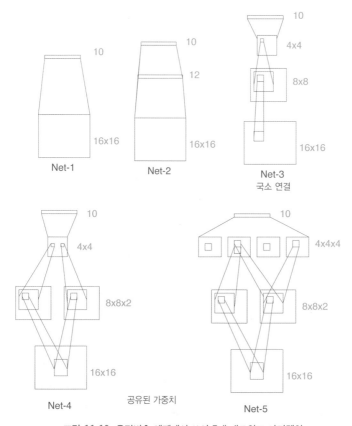

그림 11.10 우편번호 예제에서 쓰인 5개 네트워크 아키텍처

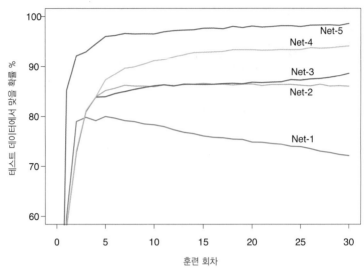

그림 11.11 우편번호 데이터에 적용된 표 11.1의 5개 네트워크에 관한 테스트 성능 곡선을 훈련 회차의 수의 함수로 그린 것(르 쿤, 1989)

모든 네트워크는 시그모이드 출력 유닛을 가지며, 모두 오차제곱합 함수로 적합시켰다. 첫 번째 네트워크는 은닉층이 없으며, 따라서 선형 다변량 회귀모델과 거의 동등하다(연습 11.4). Net-2는 앞서 설명한 종류의 12개의 은닉 유닛으로 된 단일 은닉층 네트워크다.

모든 네트워크의 훈련 집합 오차는 0%이다. 모든 경우에서 훈련 관측치보다 매개변수가 더 많기 때문이다. 훈련 회차 동안의 테스트오차가 발달된 것은 그림 11.11에서 볼 수 있다. 선형 네트워크(Net-1)는 꽤 빠르게 과적합되기 시작하는 한편 다른 것들은 잇따라 우수한 값들에서 안정된다.

다른 세 가지 네트워크는 신경망 패러다임의 힘과 유연성을 보여주는 추가적인 특성을 지닌다. 이들은 네트워크에 주어진 문제에 자연스러운 제약을 도입한다. 이는 더욱 복잡한 연결성을 허용하지만 매개변수는 더 적다.

Net-3는 국소 연결성을 사용한다. 이는 각 은닉 유닛이 그 아래층의 유닛의 오직 작은 조각에만 연결됨을 뜻한다. 첫 번째 은닉층(8×8 배열)에서 각 유닛은 입력층의 3×3 조각으로부터 입력을 받는다. 첫 번째 은닉층의 한 유닛 떨어져 있는 유닛의 경우, 이들의 수용 필드receptive field는 1행 혹은 1열 중첩되므로, 두 픽셀이 떨어진다. 두 번째 은닉층에서 입력은 5×5 조각이며, 또 다시 1유닛 떨어진 유닛들은 2유닛 떨어진 수용 필드를 가진다. 다른 모든 연결들의 가중치는

0으로 설정된다. 국소 연결성은 각 유닛이 이전 층으로부터 국소적 특성을 추출하는 책임을 지도록 한다. 그리고 가중치의 전체 개수를 상당히 줄인다. Net-3는 Net-2보다 더 많은 은닉층으로 더 적은 연결, 따라서 가중치(1226:3214)를 가지면서 유사한 성능을 달성한다.

Net-4와 Net-5는 공유 가중치로 국소 연결성을 가진다. 국소 특성 맵 내 모든 유닛은 같은 가중치를 공유함으로써, 이미지의 다른 부분에 같은same 연산을 수행한다. Net-4의 첫 번째 은닉층은 두 개의 8×8 배열을 가지며, 각 유닛은 Net-3에서와 같은 3×3 조각으로부터 입력을 취한다. 그러나 단일 8×8 특성 맵 내 각 유닛은 9개 가중치의 같은 집합을 공유한다(그러나 그들만의 편향 매개변수를 가진다). 이는 이미지의 서로 다른 부분에서 추출한 특성이 같은 선형 범함수로부터 계산되도록 강제하며, 따라서 이들 네트워크는 때때로 나선 신경망convolutional network이라 부른다. Net-4의 두 번째 은닉층은 가중치 공유가 없으며, Net-3와 동일하다. 공유 가중치에 관한 오차함수 R의 기울기는 의문이 되는 가중치에 의해 통제되는 각 연결에 관한 R의 기울기의 합이다.

표 11.1 손글씨 숫자 분류 예제(Le Cun, 1989)에서 서로 다른 5개 신경망의 테스트 집합 성능

네트워크 아키텍처	링크	가중치	올바른 %
Net-1: 단일층 네트워크	2570	2570	80.0%
Net-2: 2개층 네트워크	3214	3214	87.0%
Net-3: 국소적으로 연결됨	1226	1226	88.5%
Net-4: 제한된 네트워크 1	2266	1132	94.0%
Net-5: 제한된 네트워크 2	5194	1060	98.4%

표 11.1은 연결의 개수, 가중치의 개수와 각 네트워크의 최적 테스트 성능을 보여준다. Net-4가 Net-3보다 연결이 더 많지만 가중치가 더 적으면서 더 우수한 테스트 성능을 보인다. Net-5는 두 번째 은닉층에서 네 개의 4×4 특성 맵을 가지며, 각 유닛은 이전 층의 5×5 국소 조각에 연결된다. 가중치는 이들 각 특성 맵과 공유된다. Net-5가 "바닐라" 네트워크 Net-2의 13%와 비교해 단지 1.6%의 오류율을 가지며 가장 우수하다. 네트워크 Net-5의 영리한 디자인은 손글씨 스타일의 특성이 숫자의 한 부분을 초과해 나타나야 한다는 사실로부터 동기가 됐으며, 수많은 사람들이 수 년 동안 실험한 결과다. 그 당시(초기 1990년대) 이것 그리고 유사한 네트워크는 우편번호 문제에서 다른 어떠한 학습법보다도

더 나은 성능을 주었다. 이 예제는 또한 신경망이 때때로 광고되는 것처럼 완전히 자동화된 도구가 아님을 보여준다. 다른 모든 통계적 모델과 같이, 주제 전문 지식이 성능을 개선하는 데 쓰일 수 있으며, 반드시 그래야 한다.

나중에 13.3.3절에서 설명하는 탄젠트 거리 접근법(Simard et al., 1993)이 이 네트워크보다 더 나은 성능을 보였다. 이는 자연 아핀 불변성을 명시적으로 포함시킨다. 이 시점에 숫자 인식 데이터셋이 모든 새로운 학습 과정의 테스트 베드가 됐으며, 연구자들은 오류율을 낮추기 위해 열심히 연구했다. 이 글을 쓴 이후로, 표준 NIST[2]로부터 유도된 대형 데이터셋(60,000개 훈련 관측치, 10,000개 테스트 관측치)에 대한 가장 우수한 오류율은 다음과 같이 보고됐다(Le Cun et al., 1998).

- 1-유사이웃 분류기로 된 탄젠트 거리는 1.1%(13.3.3절)
- 9차 다항 SVM은 0.8%(12.3절)
- LeNet-5는 0.8%, 이는 여기서 설명한 나선 신경망보다 더욱 복잡한 버전이다.
- 부스팅 LeNet-4는 0.7%. 부스팅은 9장에서 설명한다. LeNet-4는 LeNet-5의 이전 버전이다.

르 쿤 외(1998)는 훨씬 더 큰 성능 결과표를 보고했으며, 이는 많은 그룹이 이러한 테스트 오류율을 낮추기 위해 매우 열심히 노력한 증거라고 할 수 있다. 이들은 오류율 추정값에 관해 0.1%의 표준오차를 보고했으며, 이는 $N = 10,000$이고 $p \approx 0.01$인 이항 평균에 근거한다. 이는 서로 오류율이 0.1%~0.2% 내에 있는 것들은 통계적으로 동등함을 뜻한다. 실제적으로 표준오차는 더욱 높을 수 있다. 테스트 데이터가 다양한 과정을 조정하는 데 암묵적으로 쓰였기 때문이다.

11.8 논의

사영추적 회귀와 신경망 모두 입력변수의 선형 조합("유도된 특성")의 비선형함수를 취한다. 이는 강력하면서도 회귀와 분류를 위한 매우 일반적인 접근법이며, 많은 문제에서 최적의 학습법들과 잘 경쟁해온 것으로 보인다.

---

2 국립표준기술연구소(The National Institute of Standards and Technology)가 손글씨 문자 데이터셋을 포함해 대량의 데이터셋을 유지하고 있다. 웹사이트는 http://www.nist.gov/srd/이다.

이들 도구는 특히 신호-잡음율이 높고 해석이 필요 없는 예측이 목표인 설정을 가지는 문제에서 효과적이다. 이들은 데이터를 생성한 물리적 과정 및 개별 입력변수의 역할을 설명하는 것이 목표인 문제에서는 덜 효과적이다. 각 입력은 많은 곳에서 모델에 비선형적인 방식으로 입력된다. 몇몇 저자들(Hinton, 1989)은 추정된 가중치의 다이어그램을 각 은닉 유닛에 그려 넣어 이러한 각 유닛이 추출하는 특성을 이해하려 시도했다. 이는 그러나 매개변수 벡터 α_m, $m = 1, ..., M$을 식별할 수 없어 제한적이었다. 훈련 동안 찾아낸 것과 같은 선형 공간을 확장하는 α_m으로 된, 거의 같은 예측값을 제공하는 해가 존재하는 경우가 자주 있다. 몇몇 저자들은 이들 가중치에 주성분분석을 수행해 해석 가능한 해를 찾도록 시도하는 것을 제안한다. 일반적으로 이들 모델은 해석하기가 어렵다는 점은 모델의 해석이 매우 중요한 약학과 같은 분야에서의 사용을 제한해왔다.

신경망 훈련에 관한 연구에서 많은 노력이 있어 왔다. CART 및 MARS와 같은 방법과 다르게, 신경망은 값이 실수인 매개변수의 평활함수다. 이는 이들 모델에 베이즈 추론을 용이하게 개발하도록 해준다. 다음 절은 신경망의 성공적인 베이즈적 해석에 관해 논의한다.

11.9 베이즈 신경망과 NIPS 2003 챌린지

2003년에 열린 분류 대회에서 참여자에게 라벨이 5개인 훈련 데이터셋이 주어졌다. 이는 신경정보처리시스템학회NIPS, Neural Information Processing Systems에서 주관했다. 각 데이터셋은 2 클래스 분류 문제를 구성했으며, 크기가 서로 달랐고 다양한 도메인으로부터 나왔다(표 11.2를 보라). 검증 데이터셋을 위한 특성 측정치 또한 제공됐다.

참여자들은 데이터셋에 예측을 만들기 위해 통계적 학습 과정을 적용했으며 12주 동안 검증 집합에 관한 예측값을 웹사이트에 접수할 수 있었다. 이에 관한 피드백으로 참여자들은 따로 테스트 집합에 관한 예측값을 접수하도록 요구받았으며, 결과를 받았다. 마지막으로 검증 집합을 위한 클래스 라벨이 배포되고 참여자들은 1주 동안 취합된 훈련 및 검증 집합에 그들의 알고리즘을 훈련시키고, 그들의 최종 예측값을 대회 웹사이트에 접수할 수 있었다. 전체 75개 그룹이 참여했으며, 결국 검증과 훈련 집합에 각각 20개와 16개 그룹이 접수했다.

대회에서는 특성 추출을 강조했다. 인공적인 "프로브probes"가 데이터에 추가됐다. 이들은 잡음 특성으로 실제 특성을 닮은 분포를 가지지만 클래스 라벨에 독립이다. 각 데이터셋에 추가된, 전체 특성 집합에 비례한 프로브의 비율은 표 11.2에 나와 있다. 따라서 각 학습 알고리즘은 증거들을 식별하고 가중치를 낮추거나 제거하는 방법을 찾아내야 했다.

참가작들을 평가하기 위해 테스트 집합에서의 올바른 비율, ROC 곡선하면적, 그리고 각 분류기 쌍을 직접적으로head-to-head 비교하는 결합 점수 등을 포함해 다수의 수치들이 쓰였다. 대회의 결과는 매우 흥미로웠으며 귀용 외(Guyon et al., 2006)가 자세히 설명했다. 가장 유명한 결과는 닐과 장(Neal and Zhang, 2006)의 참가작이 분명한 전체 우승자였다는 것이다. 최종 대회에서 리와 장은 5개의 데이터셋 중 3개에서 1위를, 나머지 두 개에서 5번째와 7번째를 차지했다.

표 11.2 NIPS 2003 대회 데이터셋. p라 라벨링된 열은 특성의 개수다. Dorothea 데이터셋에서 특성은 이진이다. N_{tr}, N_{val}, N_{te}는 각각 훈련 사례, 검증 사례, 테스트 사례 개수다.

데이터셋	도메인	특성 타입	P	프로브 비율	N_{tr}	N_{val}	N_{te}
Arcene	질량 분석	Dense	10,000	30	100	100	700
Dexter	텍스트 분류	Sparse	20,000	50	300	300	2000
Dorothea	신약 개발	Sparse	100,000	50	800	350	800
Gisette	문자 인식	Dense	5000	30	6000	1000	6500
Madelon	인공	Dense	500	96	2000	600	1800

우승한 참가작 중에 닐과 장(2006)은 일련의 전처리 특성 선택 과정 및 그 다음으로 베이즈 신경망, 디리클레 확산 트리 그리고 이들 방법들의 조합을 사용했다. 여기서는 베이즈 신경망 접근법만을 집중하며, 이러한 접근법 중 어떠한 면이 성공하는 데 중요했는지 알아본다. 이들의 프로그램을 다시 실행해보고 결과를 부스팅 신경망 및 부스팅 트리 그리고 다른 관련 방법들과 비교해본다.

11.9.1 베이즈, 부스팅, 배깅

먼저 추론을 위한 베이즈 접근법을 간단히 다시 보고 이를 신경망에 어떻게 응용하는지 보자. 훈련 데이터 $\mathbf{X}_{tr}$, $\mathbf{Y}_{tr}$이 주어졌을 때 매개변수 θ를 가지는 표본 추출 모델을 가정한다. 닐과 장(2006)은 출력 노드가 이진 결과를 위한 클래스 확률 $\Pr(Y|X, \theta)$인 2-은닉층 신경망을 사용한다. 사전분포 $\Pr(\theta)$가 주어졌을 때, 매개변수를 위한 사후분포는 다음과 같다.

$$\Pr(\theta|\mathbf{X}_{\mathrm{tr}}, \mathbf{y}_{\mathrm{tr}}) = \frac{\Pr(\theta)\Pr(\mathbf{y}_{\mathrm{tr}}|\mathbf{X}_{\mathrm{tr}}, \theta)}{\int \Pr(\theta)\Pr(\mathbf{y}_{\mathrm{tr}}|\mathbf{X}_{\mathrm{tr}}, \theta)d\theta} \tag{11.19}$$

특성이 X_{new}인 테스트 사례에서, 라벨 Y_{new}를 위한 예측 분포는 다음과 같다(방정식 (8.24) 참조).

$$\Pr(Y_{\mathrm{new}}|X_{\mathrm{new}}, \mathbf{X}_{\mathrm{tr}}, \mathbf{y}_{\mathrm{tr}}) = \int \Pr(Y_{\mathrm{new}}|X_{\mathrm{new}}, \theta)\Pr(\theta|\mathbf{X}_{\mathrm{tr}}, \mathbf{y}_{\mathrm{tr}})d\theta \tag{11.20}$$

(11.20) 내 적분이 다루기 힘드므로, 정교한 마코프 체인 몬테카를로MCMC 방법을 사용해 사후분포 $\Pr(Y_{\mathrm{new}}|X_{\mathrm{new}}, \mathbf{X}_{\mathrm{tr}}, \mathbf{y}_{\mathrm{tr}})$로부터 표본을 추출한다. 수백 개의 값 θ가 생성된 뒤 이들 값의 단순한 평균으로 적분값을 추정한다. 닐과 장(2006)은 모든 매개변수에 확산 가우스 사전분포를 사용한다. 사용된 특정 MCMC 접근법은 하이브리드 몬테카를로hybrid Monte Carlo라 부르며 아마 방법의 성공을 위해서 중요할 것이다. 이는 보조 모멘텀 벡터를 포함하며, 잠재함수potential function가 목표 밀도 함수인 해밀턴 역학Hamiltonian dynamics을 구현한다. 이는 랜덤워크 움직임을 피하기 위해서이며, 연속적인 후보들이 더 큰 보폭으로 표본 공간을 옮겨 다닌다. 이들은 상관관계가 덜한 경향이 있으므로 목표 분포로 더욱 빠르게 수렴한다.

닐과 장(2006)은 또한 다른 형태의 특성 전처리를 시도했다.

1. t-테스트를 사용한 일변량 스크리닝
2. 자동적인 적절성 결정ARD, Automatic Relevance Determination

후자의 방법(ARD)에서 각 첫 번째 은닉층 유닛에 관한 j번째 특성을 위한 가중치(계수)는 모두 공통 사전 분산 σ_j^2 및 사전 평균값 영을 공유한다. 각 분산 σ_j^2에 관한 사후분포를 계산하고 사후 분산이 작은 값에 집중되는 특성은 버려진다.

그러므로 이 접근법에는 성공을 위해 중요할 수 있는 세 가지 주요한 특성이 있다.

(a) 특성 선택과 전처리
(b) 신경망 모델
(c) MCMC를 사용하는 모델을 위한 베이즈 추론

닐과 장(2006)에 따르면 (a)에서의 특성 스크리닝은 순수하게 연산 효율성을 위해 수행한다. MCMC 과정은 특성이 많을 때 느리다. 과적합을 위한 특성 선택은 필요치 않다. 사후 평균 (11.20)이 이를 자동으로 처리한다.

우리는 베이즈 방법의 성공적인 이유를 이해하고자 한다. 우리의 시각에서 보면 현대적인 베이즈 방법의 힘은 형식적인 추론 과정에 있지 않은 것 같다. 대부분은 고차원적인 복잡한 신경망 모델에서의 사전분포가 실제로 맞다는 것을 믿으려 하지 않을 것이다. 대신에 베이즈/MCMC 접근법은 모델 공간의 적절한 부분을 표본 추출하고, 그 뒤 높은 확률 모델을 위한 예측값을 평균하는 효율적인 방법을 제공한다.

배깅과 부스팅은 베이즈적이지 않은 접근법으로 베이즈 모델에서의 MCMC와 유사한 점이 있다. 베이즈 접근법은 데이터를 고정하고 사후분포의 현재의 추정값에 따라 매개변수를 섭동시킨다. 배깅은 독립적이고 동등하게 분포된(i.i.d) 방식으로 데이터를 섭동한 뒤 모델을 다시 추정해 모델 매개변수의 새로운 집합을 내놓는다. 마지막에 서로 다른 배깅된 표본으로부터 나온 모델 추정값의 단순한 평균을 계산한다. 부스팅은 배깅과 유사하지만, 각 개별 기본 학습기의 모델들에서 가법적인 모델을 적합시킨다. 기본 학습기는 i.i.d.가 아닌 표본을 사용해 학습시킨다. 이들 모델 모두를 다음 형식에 쓸 수 있다.

$$\hat{f}(\mathbf{x}_{\text{new}}) = \sum_{\ell=1}^{L} w_\ell \text{E}(Y_{\text{new}}|\mathbf{x}_{\text{new}}, \hat{\theta}_\ell) \qquad (11.21)$$

모든 사례에서 $\hat{\theta}_\ell$는 모델 매개변수의 커다란 모음이다. 베이즈 모델에서 $w_\ell = 1/L$이며, 평균이 사후분포로부터 θ_ℓ를 추출함으로써 사후 평균 (11.21)을 추정한다. 배깅에서도 $w_\ell = 1/L$이며, $\hat{\theta}_\ell$은 훈련 데이터의 부트스트랩 리샘플에 다시 적합되는 매개변수다. 부스팅에서 가중치는 모두 1로 같지만, $\hat{\theta}_\ell$은 적합을 지속적으로 개선시키기 위해 통상적으로 무작위가 아닌 순차적 방식으로 선택한다.

11.9.2 성능 비교

앞에서의 유사점에 근거해 표 11.2의 5개 데이터셋에 베이즈 신경망을 부스팅 트리, 부스팅 신경망, 랜덤 포레스트 그리고 배깅 신경망과 비교하기로 결정했다. 신경망의 배깅과 부스팅은 이전에 우리의 작업에서 사용한 방법이 아니다. 우리가 이들을 시도하기로 결정한 이유는 이 대회에서의 베이즈 신경망의 성공과 트리로 된 배깅과 부스팅의 좋은 성능 때문이다. 또한 배깅과 부스팅 신경망을 통해 모델의 선택은 물론 모델 검색 전략을 평가할 수 있다고 생각했다.

비교한 학습법의 자세한 내용은 다음과 같다.

- **베이즈 신경망:** 여기서의 결과는 신경망 적합에 베이즈 접근법을 사용하는 닐과 장(2006)으로부터 가져왔다. 모델은 각각 20개, 8개의 유닛으로 된 두 개의 은닉층을 가진다. 우리는 일부 네트워크를 타이밍 목적으로만 재실행했다.

- **부스팅 트리:** R 언어의 gbm 패키지(버전 1.5-7)를 사용했다. 트리 깊이와 축소 인자는 데이터셋마다 다르다. 우리는 각 부스팅 반복마다 데이터의 80%를 지속적으로 배깅했다(기본값은 50%). 수축은 0.001과 0.1 사이였다. 깊이는 2와 9 사이였다.

- **부스팅 신경망:** 부스팅이 통상적으로 "약한" 학습기에 가장 효과적이므로, 2개 혹은 4개 유닛을 가지는 단일 은닉층 신경망을 R의 nnet 패키지(버전 7.2-36)로 적합시켰다.

- **랜덤 포레스트:** R 패키지 randomForest(버전 4.5-16)를 기본 매개변수 설정과 사용했다.

- **배깅 신경망:** 앞의 베이즈 신경망과 같은 아키텍처를 사용했으며(20개와 8개 유닛을 가진 2개 은닉층), 닐의 C 언어 패키지 "유연한 베이즈 모델링"(2004-11-10 배포판)과 매트랩 신경망 툴박스(버전 5.1)를 사용해 적합시켰다.

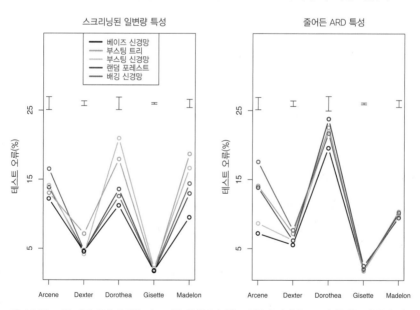

그림 11.12 다섯 개의 문제에 관한 서로 다른 학습법의 성능. 특성의 일변량 스크리닝(위쪽 패널)과 자동 적절성 결정을 통해 줄어든 특성 집합 둘 다 사용했다. 각 도표의 위쪽 오차 막대는 두 오류율 사이의 차이의 1 표준오차와 같은 너비를 가진다. 대부분의 문제에서 몇몇 경쟁자들은 이 오차 범위 내에 존재한다.

표 11.3 서로 다른 방법의 성능. 값들은 다섯 문제에 걸친 테스트오차의 평균 순위(낮을수록 좋다) 그리고 분으로 표기된 평균 연산 시간 및 평균의 표준오차다.

방법	스크리닝된 특성		줄어든 ARD 특성	
	평균 순위	평균 시간	평균 순위	평균 시간
베이즈 신경망	1.5	384(138)	1.6	600(186)
부스팅 트리	3.4	3.03(2.5)	4.0	34.1(32.4)
부스팅 신경망	3.8	9.4(8.6)	2.2	35.6(33.5)
랜덤 포레스트	2.7	1.9(1.7)	3.2	11.2(9.3)
배깅 신경망	3.6	3.5(1.1)	4.0	6.4(4.4)

이 분석은 니콜라스 존슨이 수행했으며, 전체 내용은 존슨(2008)[3]에서 찾을 수 있다. 결과는 그림 11.12와 표 11.3에서 볼 수 있다.

그림과 표는 베이즈, 부스팅 그리고 배깅 신경망, 부스팅 트리, 랜덤 포레스트를 스크리닝되고 축소된 특성 집합 둘 다를 사용해 보여준다. 각 도표 위쪽의 오차 막대는 두 오류율 사이의 차이의 1 표준오차를 나타낸다. 베이즈 신경망이 또 다시 승자로 올라서는 반면 몇몇 데이터셋에서 테스트 오류율 사이의 차이가 통계적으로 유의하지 못하다. 랜덤 포레스트가 선택된 특성 집합을 사용할 때 경쟁자들 사이에서 가장 성능이 좋았으며 부스팅 신경망이 줄어든 특성 집합에서 가장 성능이 나았고 베이즈 신경망과 거의 비슷했다.

부스팅 트리에 관한 부스팅 신경망의 우월성은 신경망 모델이 이러한 특정 문제에서 더 잘 맞음을 시사한다. 특히 여기서는 개별 특성이 좋은 예측변수가 아닐 수도 있으며 특성의 선형 조합이 더 잘 동작한다. 그러나 랜덤 포레스트의 인상적인 성능은 이러한 설명에 부합하지 않으며, 우리에게 놀라움으로 다가왔다.

줄어든 특성 집합은 베이즈 신경망 접근법으로부터 도출되므로, 스크리닝된 특성을 사용하는 방법만이 정당하며 자기 충족적인self-contained 과정이 된다. 그러나 이는 내부적인 특성 선택을 위한 더 나은 방법이 부스팅 신경망의 전반적인 성능에 도움이 될 수도 있음을 시사한다.

표는 또한 각 방법에 필요한 훈련 시간을 근사적으로 보여준다. 여기서 베이즈가 아닌 방법이 분명한 장점을 보여준다.

전체적으로 여기서의 베이즈 신경망의 우월한 성능은 다음의 사실 때문일 수도 있을 것이다.

---

3 또한 이 절의 결과를 준비하는 데 도움을 준 이사벨 귀용(Isabelle Guyon)에게도 감사를 표한다.

1. 신경망 모델이 이들 다섯 문제에 잘 맞는다.
2. MCMC 접근법이 매개변수 공간의 중요한 부분을 탐색하고 모델 결과의 질에 따라 이들을 평균하는 데 효율적인 방법을 제공한다.

베이즈 접근법은 신경망과 같은 평활적으로 매개변수화된 모델에 잘 동작한다. 트리와 같은 평활적이지 않은 모델에서도 잘 동작하는지는 아직 분명하지 않다.

11.10 연산 고려 사항

N개 관측치, p개 예측변수, M개 은닉 유닛과 L개 훈련 회차에서, 신경망은 통상적으로 $O(NpML)$ 연산을 필요로 한다. 신경망을 적합시키는 많은 패키지가 존재하며, 아마도 주류적인 통계적 방법보다 훨씬 많이 존재할 것이다. 사용 가능한 소프트웨어에 질적인 차이가 있으며 신경망을 위한 학습 문제가 입력변수 척도화와 같은 문제에 민감하므로, 이러한 소프트웨어는 주의 깊게 선택하고 테스트해야 한다.

참고문헌

사영추적은 프리드먼과 투키(Friedman and Tukey, 1974)가 제안했으며, 프리드먼과 스튀츨(Friedman and Stuetzle, 1981)이 회귀에 특수화되도록 했다. 학문적인 개요는 후버(Huber, 1985)가 제공하며, 평활 스플라인을 사용한 형식화는 루센과 헤이스티(Roosen and Hastie, 1994)가 보여준다. 신경망의 동기는 맥쿨로흐와 피츠(McCulloch and Pitts, 1943), 위드로우와 호프(Widrow and Hoff, 1960), 앤더슨과 로젠필드(Anderson and Rosenfeld, 1988)에서 전재됐다. 그리고 로젠블라트(Rosenblatt, 1962)로 거슬러 올라간다. 학습 알고리즘의 개발에는 헵(Hebb, 1949)이 크게 영향을 끼쳤다. 1980년대 중반 신경망이 다시 유행한 이유는 웨어보스(Werbos, 1974), 파커(Parker, 1985) 그리고 역전파 알고리즘을 제안한 루멜하트 외(Rumelhart et al., 1986) 때문이다. 오늘날에는 이 주제에 관해 다양한 범위의 독자를 위해 많은 책이 쓰였다. 이 책의 독자를 위해서는 허츠 외(Hertz et al., 1991),

비숍(Bishop, 1995), 리플리(Ripley, 1996)가 가장 정보를 얻는 데 도움이 될 것이다. 신경망을 위한 베이즈 학습은 닐(Neal, 1996)이 설명을 제공한다. 우편번호 예제는 르 쿤(Le Cun, 1989)으로부터 가져왔다. 르 쿤 외(Le Cun et al., 1990) 그리고 르 쿤 외(Le Cun et al., 1998)도 참고하라. 배런(Barron, 1993), 기로시 외(Girosi et al., 1995) 그리고 존스(Jones, 1992)와 같은 신경망에서의 근사의 속성 같은 이론적 논의는 다루지 않는다. 이들 결과에 관한 일부는 리플리(Ripley, 1996)가 정리했다.

연습 문제

연습 11.1 사영추적회귀모델 (11.1)과 신경망 (11.5) 사이의 정확한 연관성을 수립하라. 특히 단일층 회귀 네트워크가 ω_m가 m번째 유닛 벡터일 때, $g_m(\omega_m^T x) = \beta_m \sigma(\alpha_{0m} + s_m(\omega_m^T x))$인 PPR 모델과 동등함을 보여라. 분류 네트워크에서도 유사한 동등성을 수립하라.

연습 11.2 오차제곱 손실과 항등 출력함수 $g_k(t) = t$를 사용해 (11.5)에서의 양적 결과를 위한 신경망을 고려해보자. 입력에서 은닉층으로의 가중치 α_m가 거의 0이라 해보자. 결과 모델이 입력에서 거의 선형임을 보여라.

연습 11.3 교차 엔트로피 손실함수를 위한 전방 및 후방 전파 방정식을 유도하라.

연습 11.4 K 클래스 결과를 위해 교차 엔트로피 손실을 사용하는 신경망을 고려해보자. 만일 네트워크에 은닉층이 없다면 모델이 4장에서 설명한 다항 로지스틱 모델과 동등함을 보여라.

연습 11.5
  (a) 역전파와 가중치 감퇴를 통한 단일 은닉층 신경망(은닉 유닛 10개)을 적합시키는 프로그램을 작성하라.
  (b) 프로그램을 다음 모델에서 나온 100개 관측치에 적합시켜라.

  $$Y = \sigma(a_1^T X) + (a_2^T X)^2 + 0.30 \cdot Z$$

이때 σ는 시그모이드 함수이며 Z는 표준 정규분포이다. $X^T = (X_1, X_2)$이며 각 X_j는 독립 정규분포이고 $a_1 = (3, 3)$, $a_2 = (3, -3)$이다. 크기 1,000개의 테스트 표본을 생성하고 훈련 및 테스트오차 곡선을 서로 다른 가중치 감퇴 매개변숫값에 따른 훈련 회차 수에 관한 함수로 그려라. 이 경우에서의 과적합 움직임에 관해 논하라.

(c) 네트워크에서의 은닉 유닛의 개수를 1에서 10까지로 바꾸고, 이 과제에서 성능이 잘 나오도록 하는 최소 개수를 정하라.

연습 11.6 사영추적회귀를 수행하는 프로그램을 고정 자유도를 가지는 삼차 평활 스플라인을 사용해 작성하라. 이를 이전 연습 문제의 데이터에 다양한 평활 매개변숫값 및 모델 항의 개수로 적합시켜라. 모델의 성능이 좋도록 하는 모델 항의 최소 개수를 찾아낸 뒤 이를 이전 연습 문제의 은닉 유닛 개수와 비교해보라.

연습 11.7 9.1.2절의 spam 데이터에 신경망을 적합시키고 결과를 해당 장에서 제공하는 가법 모델의 것과 비교하라. 분류 성능 및 최종 모델의 해석력 모두에 관해 비교해보라.

12
서포트벡터머신과
유연한 판별식

12.1 도입

12장에서는 분류를 위한 선형 결정 경계의 일반화에 관해 설명한다. 4장에서 두 개 클래스가 선형으로 분리 가능한 경우를 위한 최적 분리초평면을 설명한 바 있다. 여기서는 클래스가 겹치는 분리가 불가능한 경우로 확장한다. 그 뒤 이들 기술은 서포트벡터머신Support Vector Machine이라 알려진 것으로 일반화된다. 이는 특성 공간의 커다란, 변환된 버전에 선형 경계를 구축함으로써 비선형 경계들을 만들어낸다. 방법의 두 번째 집합은 피셔의 선형판별분석LDA, Linear Discriminant Analysis 을 일반화한다. 이 일반화는 서포트벡터머신과 매우 유사한 방식으로 비선형 경계 구축을 활용하는 유연한 판별분석Flexible Discriminant Analysis, 다수의 특성의 상관관계가 높은 신호 및 이미지 분류와 같은 문제를 위한 벌점판별분석Penalized Discriminant Analysis, 또한 모양이 일정하지 않은 클래스를 위한 혼합판별분석Mixture Discriminant Analysis을 포함한다.

12.2 서포트벡터분류기

4장에서 두 개의 완벽하게 분리된 클래스 사이에 최적^{optimal} 분리초평면을 구축하는 기술을 논의했다. 이를 리뷰하고 클래스가 선형 경계로 분리되지 않을 수도 있는 분리가 불가능한 경우로 일반화한다.

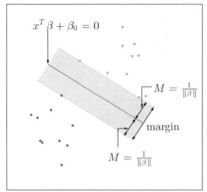 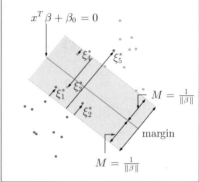

그림 12.1 서포트벡터분류기(Support Vector Classifier). 왼쪽 패널은 분리 가능한 경우를 보여준다. 결정 경계가 직선이며, 점선은 너비가 $2M = 2/\|\beta\|$인 음영의 극대 마진으로 경계를 이룬다. 오른쪽 패널은 분리가 불가능한(겹치는) 경우를 보여준다. ξ_j^*로 라벨링된 점들은 그들의 마진에서 $\xi_j^* = M\xi_j$ 양만큼 잘못된 편에 위치한다. 올바른 편의 점들은 $\xi_j^* = 0$이다. 마진은 전체 예산 $\sum \xi_i \le$ 상수를 따르도록 최대화한다. 따라서 $\sum \xi_j^*$는 마진에서 잘못된 편에 있는 점들의 전체 거리다.

우리의 훈련 데이터는 $x_i \in \mathbb{R}^p$이고 $y_i \in \{-1, 1\}$인 N개 쌍 (x_1, y_1), (x_2, y_2), ..., (x_N, y_N)으로 구성돼 있다. 초평면을 다음과 같이 정의하자.

$$\{x : f(x) = x^T \beta + \beta_0 = 0\} \tag{12.1}$$

이때 β는 단위 벡터 $\|\beta\| = 1$이다. $f(x)$에 의해 유도된 분류 규칙은

$$G(x) = \text{sign}[x^T \beta + \beta_0] \tag{12.2}$$

이다. 초평면의 기하학은 4.5절에서 리뷰하며, (12.1)의 $f(x)$가 점 x로부터 초평면 $f(x) = x^T \beta + \beta_0 = 0$까지의 부호가 있는 거리를 내준다는 것을 보여준다. 클래스가 분리 가능하므로, $y_i f(x_i) > 0$ $\forall i$인 함수 $f(x) = x^T \beta + \beta_0$를 찾을 수 있다. 따라서 클래스 1과 -1의 훈련 지점 사이의 최대 마진을 만들어내는 초평면을 찾는 것이 가능하다(그림 12.1을 보라). 최적화 문제는

$$\max_{\beta,\beta_0,\|\beta\|=1} M$$

다음을 따르도록 $y_i(x_i^T\beta + \beta_0) \geq M, \; i = 1,\ldots,N$ 　　(12.3)

이며, 이 개념을 반영한다. 그림 내 범위는 양 측면에서 초평면으로부터 M 유닛만큼 떨어져 있으며, 따라서 $2M$ 유닛만큼 넓다. 이를 마진margin이라 부른다.

우리는 이 문제를 다음과 같이 편리하게 바꿔 쓸 수 있음을 보였다.

$$\min_{\beta,\beta_0} \|\beta\|$$

다음을 따르도록 $y_i(x_i^T\beta + \beta_0) \geq 1, \; i = 1,\ldots,N$ 　　(12.4)

이때 β에 관한 노름 제약조건을 버린다. $M = 1/\|\beta\|$임을 주지하라. 식 (12.4)은 분리된 데이터를 위한 서포트벡터 기준을 작성하는 일반적인 방법이다. 이는 볼록 최적화 문제(이차 기준, 선형 부등식 제약조건)이며, 해는 4.5.2절에 묘사돼 있다.

이제 클래스가 특성 공간에서 중첩돼 있다고 해보자. 중첩을 다루는 한 가지 방법은 여전히 M을 최대화하지만, 몇몇 점들은 마진의 잘못된 편에 위치하는 것을 허용하는 것이다. 부가변수slack variables $\xi = (\xi_1, \xi_2, ..., \xi_N)$를 정의하자. (12.3)의 제약조건을 자연스럽게 수정하는 방법은 두 가지가 있다.

$$y_i(x_i^T\beta + \beta_0) \quad \geq \quad M - \xi_i \qquad (12.5)$$

아니면

$$y_i(x_i^T\beta + \beta_0) \quad \geq \quad M(1 - \xi_i) \qquad (12.6)$$

이때 $\forall i, \; \xi_i \geq 0, \; \sum_{i=1}^{N} \xi_i \leq 0$이다. 각 두 가지 선택은 서로 다른 해가 된다. 첫 번째 선택은 마진으로부터 실제 거리를 측정하므로 더 자연스러워 보인다. 두 번째 선택은 상대 거리로 중첩을 측정하며, 이는 마진 M의 폭에 따라 변한다. 그러나 첫 번째 선택은 결과가 비볼록한 최적화 문제가 되는 한편, 두 번째는 볼록이다. 따라서 (12.6)이 "표준" 서포트벡터분류기가 되며, 여기서 우리가 사용하는 것이다.

형식화를 위한 아이디어는 다음과 같다. 제약조건 $y_i(x_i^T\beta + \beta_0) \geq M(1 - \xi_i)$ 내 값 ξ_i은 예측값 $f(x_i) = x_i^T\beta + \beta_0$이 마진의 잘못된 편에 있는 만큼 비례하는 양이다. 따라서 합 $\sum \xi_i$에서 한계를 둠으로써, 예측값이 마진의 잘못된 편에 있는 만큼 비례해 전체 양에 한계를 둔다. 오분류는 $\xi_i > 1$일 때 나타나므로, $\sum \xi_i$의 한계를 값 K로 지정하는 것은 말하자면 훈련 오분류의 전체 개수의 한계가 K가 된다.

4.5.2절의 (4.48)에서와 같이, β에서의 노름 제약조건을 버릴 수 있으며, $M = 1/\|\beta\|$를 정의하고, (12.4)를 동일한 형식으로 쓸 수 있다.

$$\min \|\beta\| \quad \text{subject to} \quad \begin{cases} y_i(x_i^T \beta + \beta_0) \geq 1 - \xi_i \ \forall i \\ \xi_i \geq 0, \ \sum \xi_i \leq \text{constant(상수)} \end{cases} \tag{12.7}$$

이는 비분리적인 경우에서 서포트벡터분류기를 정의하는 일반적인 방법이다. 그러나 제약조건 $y_i(x_i^T \beta + \beta_0) \geq 1 - \xi_i$ 내 고정된 척도 "1"의 존재가 혼란스러워 보일 수 있으므로, (12.6)에서부터 시작하는 것을 선호한다. 그림 12.1의 오른쪽 패널은 이러한 중첩의 경우를 보여준다.

기준 (12.7)의 성질상 클래스 경계 내에 존재하는 점들은 경계를 만드는 데 중요한 역할을 하지 않음을 볼 수 있다. 이는 매력적인 속성으로 보이며 선형판별분석(4.3절)과 차별화되는 특성이다. LDA에서 결정 경계는 클래스 분포 및 클래스 중심점의 위치에 의해 결정된다. 12.3.3절에서 로지스틱회귀가 이러한 측면에서 서포트벡터분류기와 더 유사하다는 것을 보게 될 것이다.

12.2.1 서포트벡터분류기 연산하기

문제 (12.7)은 선형 부등식 제약조건을 가지는 이차식이므로, 이는 볼록 최적화 문제다. 이제 라그랑주 승수를 사용하는 이차적 프로그래밍 해를 설명한다. (12.7)을 동등한 형태로 다시 표현하는 것이 연산적으로 편리하다.

$$\min_{\beta,\beta_0} \frac{1}{2}\|\beta\|^2 + C \sum_{i=1}^{N} \xi_i \tag{12.8}$$
$$\text{다음을 따르도록} \quad \xi_i \geq 0, \ y_i(x_i^T \beta + \beta_0) \geq 1 - \xi_i \ \forall i$$

이때 "비용" 매개변수 C가 (12.7)의 제약조건을 대체한다. 분리가 가능한 경우는 $C = \infty$에 해당한다.

라그랑주(원, primal) 함수는

$$L_P = \frac{1}{2}\|\beta\|^2 + C\sum_{i=1}^{N}\xi_i - \sum_{i=1}^{N}\alpha_i[y_i(x_i^T\beta + \beta_0) - (1-\xi_i)] - \sum_{i=1}^{N}\mu_i\xi_i \tag{12.9}$$

이며, 이를 β, β_0 그리고 ξ_i에 관해 최소화한다. 해당 도함수를 0으로 두면,

$$\beta = \sum_{i=1}^{N} \alpha_i y_i x_i \qquad (12.10)$$

$$0 = \sum_{i=1}^{N} \alpha_i y_i \qquad (12.11)$$

$$\alpha_i = C - \mu_i, \ \forall i \qquad (12.12)$$

는 물론 양의 부호 제약조건 $\alpha_i, \mu_i, \xi_i \geq 0$ $\forall i$을 얻는다. (12.10)-(12.12)를 (12.9)에 치환하면, 라그랑주(울페, Wolfe) 쌍대 목적함수를 얻는다.

$$L_D = \sum_{i=1}^{N} \alpha_i - \frac{1}{2} \sum_{i=1}^{N} \sum_{i'=1}^{N} \alpha_i \alpha_{i'} y_i y_{i'} x_i^T x_{i'} \qquad (12.13)$$

이는 임의의 가능한 지점에 관한 목적함수 (12.8)의 하계를 제공한다. $0 \leq \alpha_i \leq C$와 $\sum_{i=1}^{N} \alpha_i y_i = 0$를 따르도록 LD를 최대화한다. (12.10) – (12.12)에 더해 카루쉬-쿤-터커^{KKT, Karush-Kuhn-Tucker} 조건이 $i = 1, ..., N$에 관해 제약조건

$$\alpha_i [y_i(x_i^T \beta + \beta_0) - (1 - \xi_i)] = 0 \qquad (12.14)$$

$$\mu_i \xi_i = 0 \qquad (12.15)$$

$$y_i(x_i^T \beta + \beta_0) - (1 - \xi_i) \geq 0 \qquad (12.16)$$

에 포함된다. 이들과 함께 방정식 (12.10) – (12.16)은 원문제^{primal problem} 및 쌍대문제의 유일한 해를 특징화시킨다.

(12.10)으로부터 β의 해가 다음의 형식을 가진다는 것을 볼 수 있다.

$$\hat{\beta} = \sum_{i=1}^{N} \hat{\alpha}_i y_i x_i \qquad (12.17)$$

이는 (12.16)에서의 제약조건이 정확히 들어맞는 관측치 i에 관해서만 영이 아닌 계수 $\hat{\alpha}_i$를 가진다. $\hat{\beta}$가 이들 관측치 측면에서만 나타나므로, 이들은 서포트벡터^{support vectors}라 부른다. 이들 지지점 중에서 일부는 마진의 가장자리($\xi_i = 0$)에 위치할 것이므로, (12.15)와 (12.12)는 $0 < \hat{\alpha}_i < C$에 의해 특징화된다. 나머지($\xi_i > 0$)는 $\hat{\alpha}_i = C$를 가진다. (12.14)로부터 임의의 마진 지점($0 < \hat{\alpha}_i, \xi_i = 0$)이든지 β_0를 푸는 데 사용할 수 있음을 볼 수 있으며, 통상적으로 수치적 안정성을 위해 모든 해의 평균을 사용한다.

쌍대함수 (12.13)을 최대화하는 것은 원함수(12.9)보다 더 단순한 볼록 이차 프로그래밍 문제이며, 표준적인 기술로 풀 수 있다(예를 들면 머레이 외, 1981).

해 $\hat{\beta}_0$와 $\hat{\beta}$가 주어졌을 때, 결정함수는 다음과 같이 쓸 수 있다.

$$
\begin{aligned}
\hat{G}(x) &= \text{sign}[\hat{f}(x)] \\
&= \text{sign}[x^T\hat{\beta} + \hat{\beta}_0]
\end{aligned}
\tag{12.18}
$$

이 과정의 조정 매개변수는 비용 매개변수 C다.

12.2.2 혼합 예제(계속)

그림 12.2는 2장의 그림 2.5의 혼합 예제를 위한 서포트벡터 경계를 보여준다. 이는 2개의 비용 매개변수 C에 관해 두 개의 중첩 클래스를 가진다. 분류기들이 성능 측면에서 다소 유사하다. 경계의 잘못된 편에 있는 점들이 서포트벡터다. 추가로 경계의 올바른 편에 있지만 경계에서 가까운 (마진 내) 점들 또한 서포트벡터다. $C = 0.01$의 마진이 $C = 10,000$보다 크다. 따라서 c의 값이 클수록 (올바르게 분류된) 결정 경계에 가까운 점에 더욱 주의를 기울이며, 작은 값들은 데이터가 더욱 떨어지도록 한다. 어쨌든 오분류된 점들은 얼마나 떨어져 있든지 간에 가중치가 주어진다. 이 예제에서 과정이 C의 선택에 매우 민감하지 않은 이유는 선형 경계의 경직성rigidity 때문이다.

C의 최적값은 7장에서 논의한 바와 같이 교차 검증을 통해 추정할 수 있다. 흥미롭게도 단일값 제거leave-one-out 교차 검증 오차는 데이터 내 서포트 지점의 비율을 통해 위쪽에 한계를 둘 수 있다. 이럴 수 있는 이유는 서포트 벡터가 아닌 관측치 하나를 버린다 하더라도 해를 바꾸지 않기 때문이다. 따라서 원본 경계에 의해 올바르게 분류된 이들 관측치는 교차 검증 과정에서 올바르게 분류될 것이다. 그러나 이러한 경계는 너무 높은(예제에서는 각각 62%와 85%) 경향이 있으며, C를 선택하는 데 유용하지 못하다.

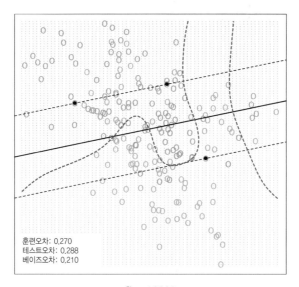

$$C = 10000$$

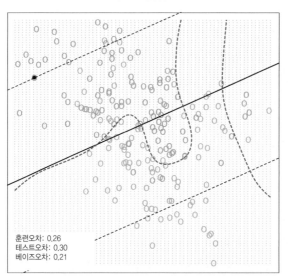

$$C = 0.01$$

그림 12.2 두 개의 중첩 경계, 두 개의 서로 다른 C값을 가지는 혼합 데이터 예제를 위한 선형 서포트벡터 경계. 점선은 마진을 나타내며 $f(x) = \pm 1$이다. 서포트 지점($\alpha_i > 0$)은 이들 마진의 잘못된 편에 있는 모든 점이다. 검은 실선은 정확히 마진($\xi_i = 0$, $\alpha_i > 0$) 위에 속하는 서포트 지점을 가리킨다. 위쪽 패널에서 62%의 관측치가 서포트 지점이며, 아래쪽 패널은 85%가 그러하다. 배경의 보라색 점선은 베이즈 결정 경계다.

12.3 서포트벡터머신과 커널

지금까지 설명한 서포트벡터분류기는 입력 특성 공간 내에서 선형 경계를 찾는다. 우리는 다른 선형 방법처럼 다항식이나 스플라인(5장)과 같은 기저 확장을 사용해 특성 공간을 확대시킴으로써 더욱 유연한 과정을 만들 수 있다. 일반적으로 확대된 공간에서의 선형 경계는 더 나은 훈련 클래스 분리를 달성하며, 원본 공간 내 비선형 경계를 변환시킨다. 일단 기저함수 $h_m(x)$, $m = 1, ..., M$을 선택하면, 과정은 이전과 같다. 입력 특성 $h(x_i) = (h_1(x_i), h_2(x_i), ..., h_M(x_i))$, $i = 1, ..., N$을 사용해 SV 분류기를 적합시키고, (비선형) 함수 $\hat{f}(x) = h(x)^T \hat{\beta} + \hat{\beta}_0$를 만들어낸다. 분류기는 이전과 같이 $\hat{G}(x) = \text{sign}(\hat{f}(x))$이다.

서포트벡터머신 분류기는 이러한 개념을 확장하는 것으로, 확대된 공간의 차원이 매우 커지는 것을 허용하며 어떠한 경우에는 무한대가 되기도 한다. 이는 연산이 불가능해 보일 수도 있다. 또한 충분한 기저함수를 통해 데이터를 분리하면 과적합이 나타날 수도 있어 보인다. 먼저 어떻게 SVM 기술이 이러한 문제를 다루는지 보여준다. 그 뒤 SVM 분류기가 실제로는 특정 기준과 정칙화 형식을 사용하는 함수 적합 문제를 푸는 것이며 5장, '평활 스플라인'을 포함하는 더욱 큰 종류의 문제의 일부라는 것을 볼 것이다. 독자들은 배경 자료 및 다음의 두 절과 일부 내용이 겹치는 5.8절을 보기를 원할 수도 있다.

12.3.1 분류를 위한 SVM 연산

최적화 문제 (12.9) 및 그 해를 내적을 통해 입력 특성만을 수반하는 특수한 방법으로 나타낼 수 있다. 이는 변환된 특성 벡터 $h(x_i)$에 직접 수행시킨다. 그 뒤 특정한 h를 선택하면, 이들 내적을 매우 저렴한 비용으로 계산할 수 있음을 볼 수 있다.

라그랑주 쌍대함수 (12.13)은 다음의 형식을 가진다.

$$L_D = \sum_{i=1}^{N} \alpha_i - \frac{1}{2} \sum_{i=1}^{N} \sum_{i'=1}^{N} \alpha_i \alpha_{i'} y_i y_{i'} \langle h(x_i), h(x_{i'}) \rangle \tag{12.19}$$

(12.10)으로부터 해 함수 $f(x)$를 다음과 같이 쓸 수 있음을 볼 수 있다.

$$f(x) = h(x)^T \beta + \beta_0$$

$$= \sum_{i=1}^{N} \alpha_i y_i \langle h(x), h(x_i) \rangle + \beta_0 \qquad (12.20)$$

이전과 같이 α_i가 주어졌을 때, β_0는 $0 < \alpha_i < C$인 임의의(혹은 모든) x_i에 관해, (12.20) 내에서 $y_i f(x_i) = 1$를 풀음으로써 결정할 수 있다.

따라서 (12.19)와 (12.20) 둘 다 내적을 통해서만 $h(x)$를 수반한다. 실제 변환 $h(x)$를 구체화할 필요가 전혀 없지만, 변환된 공간 내에서 내적을 계산하는 커널 함수에 관한 지식만은 필요로 한다.

$$K(x, x') = \langle h(x), h(x') \rangle \qquad (12.21)$$

K는 대칭 양 (반) 정치positive (semi-) definite 함수여야만 한다. 5.8.1절을 보기 바란다. SVM 논문에서 인기 있는 K의 세 가지 종류는 다음과 같다.

$$\begin{aligned}
d\text{-차 다항식: } & K(x, x') = (1 + \langle x, x' \rangle)^d \\
\text{방사기저: } & K(x, x') = \exp(-\gamma \|x - x'\|^2) \\
\text{신경망: } & K(x, x') = \tanh(\kappa_1 \langle x, x' \rangle + \kappa_2)
\end{aligned} \qquad (12.22)$$

두 개의 입력 X_1과 X_2로 된 특성 공간과 차수가 2인 다항 커널을 고려해보자. 그러면 다음과 같다.

$$\begin{aligned}
K(X, X') &= (1 + \langle X, X' \rangle)^2 \\
&= (1 + X_1 X_1' + X_2 X_2')^2 \\
&= 1 + 2X_1 X_1' + 2X_2 X_2' + (X_1 X_1')^2 + (X_2 X_2')^2 + 2X_1 X_1' X_2 X_2'
\end{aligned} \qquad (12.23)$$

이제 $M = 6$이며 만일 $h_1(X) = 1$, $h_2(X) = \sqrt{2}X_1$, $h_3(X) = \sqrt{2}X_2$, $h_4(X) = X_1^2$, $h_5(X) = X_2^2$, $h_6(X) = \sqrt{2}X_1 X_2$을 선택한다면 $K(X, X_0) = \langle h(X), h(X') \rangle$이다. (12.20)으로부터 해는 다음과 같이 쓸 수 있음을 볼 수 있다.

$$\hat{f}(x) = \sum_{i=1}^{N} \hat{\alpha}_i y_i K(x, x_i) + \hat{\beta}_0 \qquad (12.24)$$

확대된 특성 공간 내에서는 완벽한 분리를 더 자주 달성할 수 있게 되므로 매 개변수 C의 역할이 더욱 분명해진다. C의 값이 크면 어떠한 양의 ξ_i든지 억제하려 할 것이며, 원본 특성 공간 내 울퉁불퉁한 경계를 과적합하게 만들 것이다. C의 값이 작으면 $\|\beta\|$의 값이 작은 것에 힘을 실어줄 것이며, 이는 결국 $f(x)$를 야기하

고 따라서 경계가 더욱 평활해진다. 그림 12.3은 2장의 혼합 예제에 적용된 비선형 서포트벡터머신을 보여준다. 두 경우 모두 좋은 테스트오차를 달성하도록 정칙화 매개변수를 선택했다. 이 예제에서 방사기저 커널은 베이즈 최적 경계와 꽤 유사한 경계를 만들어낸다. 그림 2.5와 비교해보라.

서포트벡터의 초기 논문에서는 서포트벡터머신의 커널 속성이 이에 관해 고유하며 차원성의 저주를 기교 있게 처리할 수 있도록 해준다는 주장이 있었다. 이들 주장 모두 옳지 않으며, 다음의 세 개 절에서 이들 문제 모두를 보도록 한다.

SVM – 특성 공간 내 4차 다항식

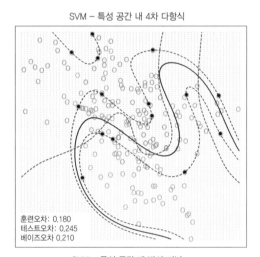

훈련오차: 0.180
테스트오차: 0.245
베이즈오차 0.210

SVM – 특성 공간 내 방사 커널

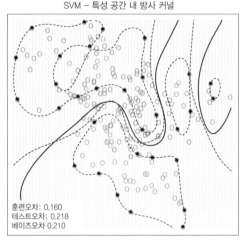

훈련오차: 0.160
테스트오차: 0.218
베이즈오차 0.210

그림 12.3 혼합 데이터를 위한 두 개의 비선형 SVM. 위 도표는 4차 다항식 커널을 사용하며, 아래는 방사기저 커널($\gamma = 1$로)을 사용한다. 각각의 경우 최적의 테스트오차 성능을 근사적으로 달성하도록 C를 조정했으며, 두 경우 모두 $C = 1$이 잘 동작했다. 방사기저 커널이 가장 우수하다(베이즈 최적화와 가장 유사하다). 이는 데이터가 가우스 혼합으로부터 나왔음을 감안하면 예상했던 바다. 배경의 보라색 점선은 베이즈 결정 경계다.

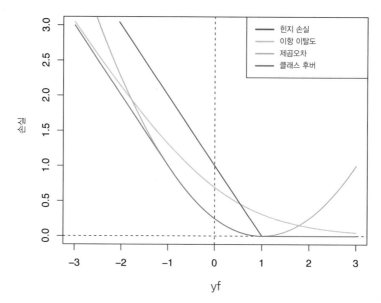

그림 12.4 서포트벡터 손실함수(힌지 손실)를 로지스틱회귀를 위한 음의 로그 가능도 손실(이항 이탈도), 제곱오차 손실 및 제곱 힌지 손실의 "후버화" 버전과 비교한 것. $y = +1$ 인 경우와 $y = -1$인 경우 사이의 대칭성을 위해 모두 f 대신 yf의 함수로 보여주고 있다. 이탈도와 후버는 SVM 손실과 같은 점근선을 가지지만, 안쪽으로 둥글게 돼 있다. 모두 왼쪽 꼬리 기울기를 -1로 제한하도록 척도화돼 있다.

12.3.2 벌점화 방법으로서의 SVM

$f(x) = h(x)^T \beta + \beta_0$으로 다음의 최적화 문제를 고려해보자.

$$\min_{\beta_0, \, \beta} \sum_{i=1}^{N} [1 - y_i f(x_i)]_+ + \frac{\lambda}{2} \|\beta\|^2 \qquad (12.25)$$

이때 첨자 "+"는 양의 부분을 가리킨다. 이는 손실^{loss} + 벌점이라는 형식을 가지며, 함수 추정에서 익숙한 패러다임이다. $\lambda = 1/C$인 (12.25)의 해가 (12.8)의 것과 같다는 것은 쉽게 보일 수 있다(연습 12.1).

"힌지" 손실함수 $L(y, f) = [1 - yf]_+$를 조사해보면, 2 클래스 분류에서 이것이 다른 더욱 전통적인 손실함수와 비교했을 때 적절하다는 사실을 보여준다. 그림 12.4에서는 이를 로지스틱회귀를 위한 로그 가능도 손실 및 제곱오차 손실 그리고 힌지 손실의 변형과 비교한다. (음의) 로그 가능도 혹은 이항 이탈도는 마진 내에 잘 위치해 있는 점들에게 벌점을 0만큼 주고, 잘못된 편에 위치하면 더 멀리 떨어진 점에게 선형적인 벌점을 주는 SVM 손실과 유사한 꼬리를 가진다. 반면 제곱오차는 이차적인 벌점을 주며, 또한 마진 내에 잘 위치하는 점들이 모델에 강한 영향을 미친다. 제곱 힌지 손실 $L(y, f) = [1 - yf]_+^2$은 이차 벌점과 비슷하지만, 마진 내에 있는 점에 관해서는 0이다. 이는 왼쪽 꼬리에서 여전히 이차적으로 증가하며, 오분류 관측치에 관해 힌지나 이탈도보다 덜 로버스트할 것이다. 최근에 로셋과 주(Rosset and Zhu, 2007)는 $yf = -1$에서 선형 손실로 평활적으로 변환시키는 제곱 힌지 손실의 "후버화" 버전을 제안했다.

표 12.1 그림 12.4에서의 서로 다른 손실함수에 관한 모집단 최소화자. 로지스틱회귀는 이항 로그 가능도 혹은 이탈도를 사용한다. 선형판별분석(연습 4.2)은 제곱오차 손실을 사용한다. SVM 힌지 손실은 사후 클래스 확률의 최빈값(mode)을 추정하는 한편, 다른 것들은 이들 확률의 선형 변환을 추정한다.

손실함수	$L[y, f(x)]$	최소화 함수
이항 이탈도	$\log[1 + e^{-yf(x)}]$	$f(x) = \log \dfrac{\Pr(Y = +1\|x)}{\Pr(Y = -1\|x)}$
SVM 힌지 손실	$[1 - yf(x)]_+$	$f(x) = \text{sign}[\Pr(Y = +1\|x) - \frac{1}{2}]$
제곱오차	$[y - f(x)]^2 = [1 - yf(x)]^2$	$f(x) = 2\Pr(Y = +1\|x) - 1$
"후버화" 제곱 힌지 손실	$-4yf(x), \qquad yf(x) < -1$ $[1 - yf(x)]_+^2 \quad$ otherwise	$f(x) = 2\Pr(Y = +1\|x) - 1$

이들 손실함수는 모집단 수준에서 이들이 무엇을 추정하는지의 측면에서 특징화시킬 수 있다. $EL(Y, f(X))$의 최소화를 고려해보자. 표 12.1은 결과를 요약해 준다. 힌지 손실이 분류기 $G(x)$ 자체를 추정하는 가운데 다른 모든 것들은 클래스 사후확률의 변환을 추정한다. "후버화" 제곱 힌지 손실은 로지스틱회귀의 매력적인 속성(평활한 손실함수, 확률을 추정함)은 물론 SVM 힌지 손실의 것(서포트 지점)을 공유한다.

형식화 (12.25)는 SVM을 정칙화된 함수 추정 문제가 되도록 한다. 이때 선형 전개 $f(x) = \beta_0 + h(x)^T \beta$의 계수는 0으로 수축된다(상수는 제외). 만일 $h(x)$가 어떠한 순서가 있는 구조(순서가 있는 조도^{roughness}와 같은)를 가지는 계층적인 기저를 나타낸다면 벡터 h 내 더 조도가 더 높은 요소 h_j가 더 작은 노름을 가진다면 균일 수축이 더 이치에 맞는다.

표 12.1에서 제곱오차를 제외한 모든 손실함수는 "마진 최대화 손실함수"라 부른다(Rosset et al., 2004b). 이는 만일 데이터가 분리 가능하다면 $\lambda \rightarrow 0$임에 따라 (12.25) 내 $\hat\beta\lambda$의 극한이 최적 분리초평면을 정의한다는 것을 뜻한다.[1]

12.3.3 함수 추정과 재생 커널

여기서는 커널의 속성이 풍부한 재생 커널 힐베르트 공간 내 함수 추정 측면에서 SVM을 설명한다. 이 내용은 5.8절에서 일부 자세하게 논의돼 있다. 이는 서포트 벡터분류기에 관한 다른 시각을 제공하며, 어떻게 동작하는지 분명히 하는 데 도움을 준다.

기저 h가 (아마도 유한인) 양정치 커널 K의 고유전개eigen-expansion로부터 생겨난다고 하자.

$$K(x, x') = \sum_{m=1}^{\infty} \phi_m(x)\phi_m(x')\delta_m \tag{12.26}$$

그리고 $h_m(x) = \sqrt{\delta_m}\phi_m(x)$이다. 그러면 $\theta_m = \sqrt{\delta_m}\beta_m$으로 (12.25)를 다음과 같이 쓸 수 있다.

$$\min_{\beta_0, \theta} \sum_{i=1}^{N} \left[1 - y_i(\beta_0 + \sum_{m=1}^{\infty} \theta_m \phi_m(x_i))\right]_+ + \frac{\lambda}{2} \sum_{m=1}^{\infty} \frac{\theta_m^2}{\delta_m} \tag{12.27}$$

이제 (12.27)은 5.8절의 (5.49)와 동일한 형식을 가지며, 거기서 설명한 재생 커널 힐베르트 공간 이론이 이 형식의 유한 차원 해를 보증한다.

$$f(x) = \beta_0 + \sum_{i=1}^{N} \alpha_i K(x, x_i) \tag{12.28}$$

특히 최적화 기준 (12.19)와 동일한 버전이 있음을 볼 수 있다(5.8.2절의 방정식 (5.67). 또한 와바 외(Wahba et al., 2000)를 보라).

---

1 분리 가능한 데이터에서 로지스틱회귀는 $\hat\beta_\lambda$가 발산하지만, $\hat\beta_\lambda/\|\hat\beta_\lambda\|$은 최적 분리 방향으로 수렴한다.

$$\min_{\beta_0, \alpha} \sum_{i=1}^{N} (1 - y_i f(x_i))_+ + \frac{\lambda}{2} \alpha^T \mathbf{K} \alpha \tag{12.29}$$

이때 K는 훈련 특성의 모든 쌍에 관해 커널 값매김을 한 $N \times N$ 행렬이다(연습 12.2).

이들 모델은 꽤 일반적이다. 예를 들어 5장과 9장에서 논의한 평활 스플라인, 가법 및 교호 스플라인 모델의 전체 족을 포함한다. 더 자세한 내용은 와바(Wahba, 1990) 및 헤이스티와 팁시라니(Hastie and Tibshirani, 1990)에 있다. 이들은 더 일반적으로 다음과 같이 표현할 수 있다.

$$\min_{f \in \mathcal{H}} \sum_{i=1}^{N} [1 - y_i f(x_i)]_+ + \lambda J(f) \tag{12.30}$$

이때 $\mathcal{H}$는 함수의 구조적 공간이며, $J(f)$는 그 공간에 관한 적절한 정칙자regularizer다. $\mathcal{H}$가 가법 함수 $f(x) = \sum_{j=1}^{P} f_j(x_j)$ 및 $J(f) = \sum_j \int \{f''_j(x_j)\}^2 dx_j$의 공간이라 해 보자. 그러면 (12.30)의 해는 가법 삼차 스플라인이며, $K(x, x') = \sum_{j=1}^{P} K_j(x_j, x'_j)$인 커널 표현 (12.28)을 가진다. 각 K_j는 xk 내 일변량 평활 스플라인을 위한 적절한 커널이다(Wahba, 1990). 반대로 이러한 논의는 또한 예를 들면 앞에서 설명한 (12.22) 내 임의의any 커널은, 임의의 볼록 손실함수와 함께 사용할 수 있으며, (12.28) 형식의 유한 차원 표현이 될 것이라는 것을 보여준다. 그림 12.5는 이항 로그 가능도를 손실함수로 사용하는 것을 제외하고 그림 12.3에서와 같은 커널 함수를 사용한다.[2] 따라서 적합된 함수는 로그-오즈의 추정값이다.

$$\begin{aligned}
\hat{f}(x) &= \log \frac{\hat{\Pr}(Y = +1 | x)}{\hat{\Pr}(Y = -1 | x)} \\
&= \hat{\beta}_0 + \sum_{i=1}^{N} \hat{\alpha}_i K(x, x_i)
\end{aligned} \tag{12.31}$$

아니면 반대로 클래스 확률의 추정값을 얻을 수 있다.

$$\hat{\Pr}(Y = +1 | x) = \frac{1}{1 + e^{-\hat{\beta}_0 - \sum_{i=1}^{N} \hat{\alpha}_i K(x, x_i)}} \tag{12.32}$$

적합시킨 모델은 모양과 성능 면에서 꽤 유사하다. 5.8절에서 예제와 더 자세한 내용을 제공한다.

---

2 지 주(Ji Zhu)가 이들 예제를 준비하는 데 도움을 줬다.

이는 α_i의 상당한 부분의 N값들이 0이 될 수 있는 SVM에서도 나타난다(서포트 점들이 아닌). 그림 12.3의 두 예제에서 이들 부분은 각각 42%와 45%였다. 이는 기준 (12.25)의 첫 번째 부분의 조각별 선형 특성의 결과다. 클래스 중첩이 (훈련 데이터에서) 덜할수록 이 부분이 더 커진다. λ을 낮추면 일반적으로 중첩을 줄이게 된다(더욱 유연한 f를 허용해). 서포트 지점의 개수가 더 적다는 것은 $\hat{f}(x)$를 더욱 빠르게 값매김할 수 있으며, 이는 탐색 시간에서 중요하다. 물론 중첩을 너무 줄이면 일반화가 나빠지게 된다.

LR – 특성 공간 내 4차 다항식

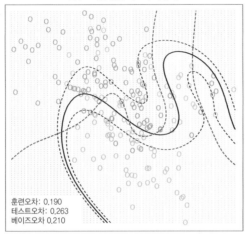

LR– 특성 공간 내 방사커널

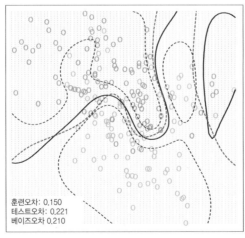

그림 12.5 그림 12.3의 SVM 모델의 로지스틱회귀 버전으로 동일한 커널, 따라서 동일한 벌점을 사용했지만 SVM 손실함수대신 로그 가능도 손실을 사용했다. 두 개의 윤곽 점선은 +1 클래스에 관한 0.75와 0.25 사후확률에 해당한다(혹은 그 반대). 배경의 보라색 점선은 베이즈 결정 경계다.

표 12.2 오렌지의 껍질: 50회 시뮬레이션에 관한 테스트오차의 평균(평균의 표준오차)를 보여준다. BRUTO는 가법 스플라인 모델을 적응적으로 적합시키며, MARS는 저차수 교호 모델을 적응적으로 적합시킨다.

방법	테스트 오류율	
	잡음 특성이 없음	잡음 특성이 6개
1. SV 분류기	0.450(0.003)	0.472(0.003)
2. SVM/poly 2	0.078(0.003)	0.152(0.004)
3. SVM/poly 5	0.180(0.004)	0.370(0.004)
4. SVM/poly 10	0.230(0.003)	0.434(0.002)
5. BRUTO	0.084(0.003)	0.090(0.003)
6. MARS	0.156(0.004)	0.173(0.005)
Bayes	0.029	0.029

12.3.4 SVM과 차원성의 저주

이 절에서는 SVM이 차원성의 저주에 관해 일부 우위를 가지는지에 관한 질문을 다룰 것이다. 식 (12.23)에서 거듭제곱 및 곱의 공간 내에서 완전히 일반화된 내적을 허용하지 않았음을 주지하라. 예를 들어 $2X_j X_j'$ 형식의 모든 항에 같은 가중치를 주었으며, 커널은 부분공간에 집중하도록 그 자신을 적응시키지 못했다. 만일 특성의 개수 p가 컸지만 클래스 분리가 말하자면 X_1과 X_2를 확장하는 선형 부분공간 내에서만 이뤄졌다면 이 커널은 구조를 찾기 쉽지가 않을 것이며 탐색마다 많은 수의 차원을 가지는 어려움을 겪을 것이다. 부분공간에 관한 지식을 커널 속에 구축해야 했을 수도 있을 것이다. 즉, 첫 번째 두 입력변수 외에 나머지는 모두 무시하라고 말하는 것이다. 만일 이러한 지식을 사전에 쓸 수 있었다면 상당한 통계적 학습이 훨씬 쉽게 만들어졌을 것이다. 적응적 방법들의 주요한 목표가 이러한 구조를 밝혀내는 것이다.

우리는 이러한 표현을 묘사적인 예제를 갖고 지지한다. 각 두 클래스 내에 100개의 관측치를 생성했다. 첫 번째 클래스는 네 개의 표준 정규 독립 특성 X_1, X_2, X_3, X_4을 가진다. 두 번째 클래스 또한 네 개의 표준 정규 독립 특성을 가지지만, $9 \leq \sum X_j^2 \leq 16$이라는 조건을 따른다. 이는 상대적으로 쉬운 문제다. 두 번째로 어려운 문제로서, 특성에 추가적인 6개의 표준 가우스 잡음 특성을 덧붙였다. 따라서 두 번째 클래스는 첫 번째를 마치 오렌지를 감싸는 껍질처럼 4차원 부분공간에서 거의 완전하게 감싸게 된다. 이 문제의 베이즈 오류율은 0.029이다(차원을 불문하고). 우리는 1,000개의 테스트 관측치를 생성해 서로 다른 과정을 비교했다.

잡음 특성의 유무에 따른 50회 시뮬레이션의 평균 테스트 오류율은 표 12.2에서 보여준다.

줄 1은 서포트벡터분류기를 원본 특성 공간에 사용했다. 줄 2-4는 2차, 5차, 10차 다항커널을 가지는 서포트벡터머신을 뜻한다. 모든 서포트벡터 과정에서 방법에 최대한 공정하도록 테스트오차를 줄이기 위해 매개변수 C를 선택했다. 줄 5는 최소제곱을 통해 $(-1, +1)$ 반응에 가법 스플라인 모델을 적합시킨다. 이는 헤이스티와 팁시라니(Hastie and Tibshirani, 1990)에서 설명한 가법적 모델을 위한 BRUTO 알고리즘을 사용한다. 줄 6은 SVM/poly 10과 비교할 수 있도록 9장에서 설명한 대로 모든 차수에 관한 교호작용을 허용하는 MARS^Multivariate Adaptive Regression Splines, 다변량 적응적 회귀 스플라인를 사용한다. BRUTO와 MARS 둘 다 쓸모없는 변수를 무시하는 능력이 있다. 줄 5나 6에서 평활 매개변수를 선택하는 데 테스트오차를 사용하지 않았다.

원본 특성 공간에서 초평면은 클래스를 분리할 수 없으며 서포트벡터분류기(줄 1)는 좋지 못하다. 다항 서포트벡터머신은 테스트 오류율에서 상당한 개선을 보여주지만 6개의 잡음 특성으로부터 악영향을 받는다. 또한 커널의 선택에 매우 민감하다. 이차 다항커널(줄 2)이 가장 우수한데, 참 결정 경계가 이차 다항식이기 때문이다. 그러나 고차 다항커널(줄 3과 4)은 더 부진하다. 경계가 가법적이므로 BRUTO는 성능이 좋다. BRUTO와 MARS의 성능은 잡음의 존재에 크게 악화되지 않는 것을 볼 때 적응을 잘 한다.

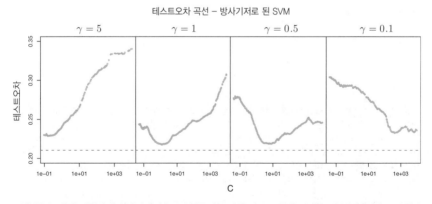

그림 12.6 혼합 데이터에서 방사커널 SVM 분류기를 위한 테스트-오차 곡선을 비용 매개변수 C의 함수로 그린 것. 각 그림의 위쪽에 방사 기저: $K_\gamma(x, y) = \exp\left(-\gamma\|x - y\|^2\right)$의 척도 매개변수 γ가 있다. 베이즈 오류율이 수평 점선으로 표시돼 있다.

12.3.5 SVM 분류기를 위한 경로 알고리즘

SVM 분류기를 위한 정칙화 매개변수는 비용 매개변수 C, 아니면 (12.25)에서 이의 역수인 λ이다. 일반적으로 C를 높게 설정해 사용하며 이는 다소 과적합된 분류기를 자주 만들어낸다.

그림 12.6은 서로 다른 방사커널 매개변수 γ을 사용해 혼합 데이터에 관한 테스트오차를 C의 함수로 보여준다. $\gamma = 5$(좁고 뾰족한 커널)일 때, 가장 무거운 정칙화(작은 C)가 요구된다. $\gamma = 1$(그림 12.3에서 사용한 값)이면 C의 중간적인 값이 필요하다. 분명히 이들과 같은 상황에서, 아마도 교차 검증을 통해서 C를 잘 선택할 필요가 있다. 여기서 우리는 여러 가지 C값을 통해 얻은 일련의 전체 SVM 모델들을 효율적으로 적합시키기 위한 경로 알고리즘(3.8절에서와 같은 의미로)을 설명한다.

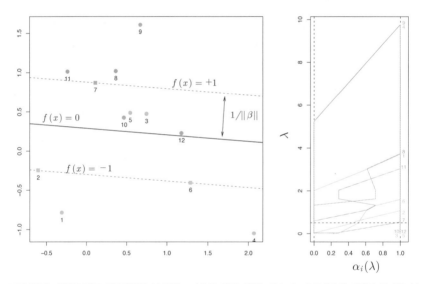

그림 12.7 SVM 경로 알고리즘을 보여주는 단순한 예제. 왼쪽 패널: $\lambda = 0.5$에서의 모델의 상태를 보여준다. "+1" 점들은 주황색, "−1"은 파란색이다. $\lambda = \frac{1}{2}$과 연마진(soft margin)의 너비는 $2/\|\beta\| = 2 \times 0.587$이다. 두 개의 파란 점 $\{3,5\}$가 오분류돼 있으며, 두 개의 주황색 점 $\{10,12\}$가 올바르게 분류돼 있지만 마진 $f(x) = +1$의 잘못된 편에 위치한다. 이들 각각은 $y_i f(x_i) < 1$이다. 세 개의 사각형 점 $\{2,6,7\}$은 정확히 마진 위에 있다. 오른쪽 패널: $\alpha_i(\lambda)$의 조각별 선형 프로파일을 보여준다. 수평 점선 $\lambda = 1/2$은 왼쪽 도표의 모델을 위한 α_i의 상태를 표시한다.

그림 12.4를 따라 손실 + 벌점 형식화 (12.25)를 사용하는 것이 편리하다. 이는 주어진 값 λ에서 β에 관한 해가 된다.

$$\beta_\lambda = \frac{1}{\lambda} \sum_{i=1}^{N} \alpha_i y_i x_i \qquad (12.33)$$

α_i는 또다시 라그랑주 승수이지만, 이 경우 이들 모든 값이 [0,1] 내에 위치한다. 그림 12.7은 이러한 설정을 보여준다. 이는 라벨링된 점 (x_i, y_i)이 세 개의 개별적인 그룹에 속함을 KKT 최적화 조건이 암시하는 것으로 볼 수 있다.

- 관측치가 올바르게 분류됐으며 마진 바깥에 위치한다. 이들은 $y_i f(xi) > 1$ 이며 라그랑주 승수는 $\alpha_i = 0$이다. 예제에서는 주황색 점 8, 9, 11이며 파란색 점 1과 4이다.
- $y_i f(xi) = 1$이며 라그랑주 승수 $\alpha_i \in [0,1]$인 마진 위에 위치하는 관측치. 예제에서는 주황색 점 7과 파란색 점 2와 8이다.
- $y_i f(xi) < 1$이며 $\alpha_i = 1$인 마진 안에 위치하는 관측치. 예제에서는 파란색 3, 5, 그리고 주황색 10과 12이다.

경로 알고리즘의 개념은 다음과 같다. 초기에 λ 값이 크며 마진 $1/\|\beta_\lambda\|$가 넓고 모든 점이 마진 내에 있으며 $\alpha_i = 1$이다. λ가 감소함에 따라 $1/\|\beta_\lambda\|$도 감소하며 마진이 좁아진다. 몇몇 점들은 그들의 마진 내에서 마진 바깥으로 이동하며 α_i는 1에서 0으로 변할 것이다. $\alpha_i(\lambda)$의 연속성으로 인해, 이들 점들은 전이되는 동안 마진 위에서 머물게 된다. (12.33)으로부터 $\alpha_i = 1$인 점들이 $\beta(\lambda)$에 고정된 공헌도를 가지게 되며, $\alpha_i = 0$인 것들은 공헌도가 없음을 보게 된다. 따라서 λ가 감소함에 따른 모든 변화는 마진 위 이들 (작은 수의) 점들의 $\alpha_i \in [0,1]$이다. 이들 모든 점이 $y_i f(x_i) = 1$이므로, $\alpha_i(\lambda)$ 및 따라서 β_λ가 이러한 전이 동안 어떻게 변화하는지 규정하는 선형 방정식의 작은 집합을 결과로 만들어낸다. 이는 각 $\alpha_i(\lambda)$의 조각별 선형 경로를 결과로 만들어낸다. 중단점은 점들이 마진을 건널 때 발생한다. 그림 12.7(오른쪽 패널)은 왼쪽 패널 내 적은 수의 예제에 관한 $\alpha_i(\lambda)$의 프로파일을 보여준다.

우리가 이를 선형 SVM에 관해 설명했지만, (12.33)을 다음으로 바꿈으로써 정확히 같은 개념이 비선형 모델에서도 동작한다.

$$f_\lambda(x) = \frac{1}{\lambda} \sum_{i=1}^{N} \alpha_i y_i K(x, x_i) \qquad (12.34)$$

자세한 내용은 헤이스티 외(Hastie et al., 2004)에서 찾을 수 있다. 이들 모델을 적합시키는 데는 R 패키지 svmpath를 CRAN에서 얻을 수 있다.

12.3.6 회귀를 위한 서포트벡터머신

이 절에서는 어떻게 SVM이 SVM 분류기의 속성 일부를 상속하는 방식으로 계량적 반응을 가지는 회귀에 적용될 수 있는지 보여준다. 먼저 다음 선형회귀모델에 관해 논의한 뒤 비선형 일반화를 다룬다.

$$f(x) = x^T \beta + \beta_0 \tag{12.35}$$

β를 추정하기 위해 다음의 최소화를 고려한다.

$$H(\beta, \beta_0) = \sum_{i=1}^{N} V(y_i - f(x_i)) + \frac{\lambda}{2} \|\beta\|^2 \tag{12.36}$$

이때 다음과 같다.

$$V_\epsilon(r) = \begin{cases} 0 & \text{if } |r| < \epsilon \\ |r| - \epsilon, & \text{otherwise} \end{cases} \tag{12.37}$$

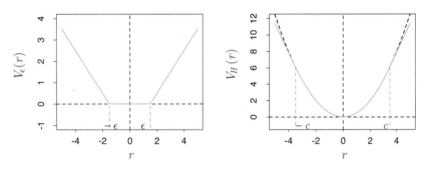

그림 12.8 왼쪽 패널은 서포트벡터 회귀 머신에 쓰이는, ϵ에 둔감한 오차함수를 보여준다. 오른쪽 패널은 후버의 로버스트 회귀(파란색 곡선)에 쓰이는 오차함수를 보여준다. $|c|$를 넘어서면 함수가 이차에서 선형으로 바뀐다.

이는 "ϵ에 둔감한$^{\epsilon\text{-insensitive}}$" 오차 측정치로, ϵ보다 크기가 작은 오차는 무시한다 (그림 12.8의 왼쪽 패널). 이는 서포트벡터분류 설정과 대략적인 유사점이 있는데, 이때 결정 경계의 올바른 편에 있으며 이로부터 멀리 떨어진 점들이 최적화에서 무시된다. 회귀에서 이들 "오차가 낮은^{low error}" 점들은 잔차가 작다.

이를 통계학에서의 로버스트 회귀에서 쓰이는 오차 측정치와 대비해보면 흥미로운 점이 있다. 그림 12.8의 오른쪽 패널은 후버(1964)에 의한, 가장 인기가 있는 형태를 보여준다.

$$V_H(r) = \begin{cases} r^2/2 & \text{if } |r| \leq c \\ c|r| - c^2/2, & |r| > c \end{cases} \tag{12.38}$$

이 함수는 사전에 선택된 c보다 더 큰 잔차의 절댓값을 가지는 관측치의 공헌도를 이차에서 선형으로 줄인다. 이는 적합을 특이값에 덜 민감하게 한다. 서포트벡터 오차 측정치 (12.37) 또한 (ϵ를 넘어서는) 선형적인 꼬리를 갖지만 추가로 이는 작은 잔차를 가지는 이들 사례들의 공헌도를 평탄화시킨다.

$\hat{\beta}$, $\hat{\beta}_0$가 H의 최소화자라면, 함수해는 다음의 형태를 가진다고 보여줄 수 있다.

$$\hat{\beta} = \sum_{i=1}^{N} (\hat{\alpha}_i^* - \hat{\alpha}_i) x_i \tag{12.39}$$

$$\hat{f}(x) = \sum_{i=1}^{N} (\hat{\alpha}_i^* - \hat{\alpha}_i)\langle x, x_i \rangle + \beta_0 \tag{12.40}$$

이때 $\hat{\alpha}_i$, $\hat{\alpha}_i^*$는 양수이며 다음의 이차 프로그래밍 문제를 푼다.

$$\min_{\alpha_i, \alpha_i^*} \epsilon \sum_{i=1}^{N} (\alpha_i^* + \alpha_i) - \sum_{i=1}^{N} y_i(\alpha_i^* - \alpha_i) + \frac{1}{2} \sum_{i,i'=1}^{N} (\alpha_i^* - \alpha_i)(\alpha_{i'}^* - \alpha_{i'})\langle x_i, x_{i'} \rangle$$

이때 다음의 제약조건을 따른다.

$$\begin{aligned} & 0 \leq \alpha_i, \alpha_i^* \leq 1/\lambda \\ & \sum_{i=1}^{N} (\alpha_i^* - \alpha_i) = 0 \\ & \alpha_i \alpha_i^* = 0 \end{aligned} \tag{12.41}$$

이들 제약조건의 특성으로 인해, 통상적으로 해의 값들 $(\hat{\alpha}_i^* - \hat{\alpha}_i)$의 부분집합만이 영이 아니며, 연관된 데이터 값들은 서포트벡터라고 부른다. 분류 설정의 경우와 같이 해는 내적 $\langle x_i, x_i' \rangle$를 통해서만 입력값에 의존한다. 그러므로 적절한 내적을, 예를 들면 (12.22)에 정의된 것 중 하나와 같이 정의함으로써 이 방법을 더 풍부한 공간에 일반화시킬 수 있다.

기준 (12.36)과 관련된 매개변수 ϵ와 λ가 있음을 주지하라. 이들은 다른 역할을 하는 것으로 보인다. ϵ는 손실함수 V_ϵ의 매개변수이며, c는 단지 이와 같이 V_H를 위한 것이다. V_ϵ와 V_H 모두 y의 척도, 따라서 r에 의존함을 주지하라. 만일 우리가 반응을 척도화시키면(따라서 $V_H(r/\sigma)$과 $V(r/\sigma)$을 사용하면), c와 ϵ를 위한 사전에 설정한 값을 사용하는 것을 고려해볼 수도 있다($c = 1.345$는 가우스에 관해 95%의 효율성을 달성한다). 양 λ는 더욱 전통적인 정칙화 매개변수이며, 교차 검증을 통해 추정할 수 있다.

12.3.7 회귀와 커널

12.3.3절에서 논의했듯이 이러한 커널 속성은 SVM에만 고유한 것이 아니다. 기저함수의 집합 $\{h_m(x)\}$, $m = 1, 2, ..., M$ 측면에서 회귀함수의 근사를 고려한다고 해보자.

$$f(x) = \sum_{m=1}^{M} \beta_m h_m(x) + \beta_0 \tag{12.42}$$

β와 β_0를 추정하기 위해 어떠한 일반 오차 측정치 $V(r)$에 관해 다음을 최소화한다.

$$H(\beta, \beta_0) = \sum_{i=1}^{N} V(y_i - f(x_i)) + \frac{\lambda}{2} \sum \beta_m^2 \tag{12.43}$$

$V(r)$에 어떠한 선택을 하든지, 해 $\hat{f}(x) = \sum \hat{\beta}_m h_m(x) + \hat{\beta}_0$는 다음의 형식을 가지며, $K(x, y) = \sum_{m=1}^{M} h_m(x) h_m(y)$이다.

$$\hat{f}(x) = \sum_{i=1}^{N} \hat{a}_i K(x, x_i) \tag{12.44}$$

이는 5장과 6장에서 논의한 방사기저함수 전개 및 정칙화 추정치 모두와 같은 형식을 가진다는 것을 주지하라.

견고함을 위해 $V(r) = r^2$의 경우로 해보자. $\mathbf{H}$를 im번째 요소가 $h_m(x_i)$인 $N \times M$ 기저행렬이며, $M < N$이 크다고 해보자. 단순함을 위해 $\beta_0 = 0$, 혹은 상수가 h에 흡수돼 있다고 가정해보자. 연습 12.3을 대신에 보라.

β은 벌점화된 최소제곱 기준을 최소화함으로써 추정한다.

$$H(\beta) = (\mathbf{y} - \mathbf{H}\beta)^T(\mathbf{y} - \mathbf{H}\beta) + \lambda\|\beta\|^2 \qquad (12.45)$$

해는

$$\hat{\mathbf{y}} = \mathbf{H}\hat{\beta} \qquad (12.46)$$

이며 $\hat{\beta}$는 다음으로 정해진다.

$$-\mathbf{H}^T(\mathbf{y} - \mathbf{H}\hat{\beta}) + \lambda\hat{\beta} = 0 \qquad (12.47)$$

이로부터 변환된 공간 내에서 내적의 $M \times M$ 행렬을 값매김할 필요가 있는 것으로 보인다. 그러나 우리는 $\mathbf{H}$를 사전에 곱해 다음을 줄 수 있다.

$$\mathbf{H}\hat{\beta} = (\mathbf{H}\mathbf{H}^T + \lambda\mathbf{I})^{-1}\mathbf{H}\mathbf{H}^T\mathbf{y} \qquad (12.48)$$

$N \times N$ 행렬 $\mathbf{H}\mathbf{H}^T$는 관측치 i, i'쌍 사이의 내적으로 돼 있다. 즉, 내적 커널 $\{\mathbf{H}\mathbf{H}^T\}_{i,i'} = K(x_i, x_{i'})$을 값매김한 것이다. 임의의 x에서 예측된 값이 다음을 만족하는 경우 (12.44)를 쉽게 직접 보일 수 있다.

$$\begin{aligned} \hat{f}(x) &= h(x)^T\hat{\beta} \\ &= \sum_{i=1}^{N} \hat{\alpha}_i K(x, x_i) \end{aligned} \qquad (12.49)$$

이때 $\hat{\alpha} = (\mathbf{H}\mathbf{H}^T + \lambda\mathbf{I})^{-1}\mathbf{y}$이다. SVM에서와 같이 많은 함수의 집합 $h_1(x)$, $h_2(x)$, ..., $h_M(x)$를 구체화하거나 값매김할 필요가 없다. 각 i, i'에 관한 N개 관측 지점 및 예측을 위한 지점 x에서, 오직 내적 커널 $K(x_i, x_{i'})$만을 값매김하면 된다. h_m을 조심스럽게 선택한다는 것은 (특정한, 값매김하기 쉬운 커널 K의 고유함수와 같은) $\mathbf{H}\mathbf{H}^T$를 직접적인 N^2M 비용 대신 $N^2/2$ 비용의 값매김으로 계산할 수 있음을 뜻한다.

그러나 이러한 속성은 벌점에서 제곱된 노름 $\|\beta\|^2$을 무엇으로 선택하느냐에 달려 있음을 주지하라. 이는 더 우월한 모델superior model을 야기할 수도 있는 L_1 노름 $|\beta|$에서는 지켜지지 않는다.

12.3.8 논의

SVM은 특히 다수의 2 클래스 문제를 풀음으로써 다클래스 문제로 확장될 수 있다. 각 클래스의 쌍을 위해 분류기를 구축하며, 최종 분류기는 가장 우위를 차지하는 것이 된다(Kressel, 1999; Friedman, 1996; Hastie and Tibshirani, 1998). 아니면 12.3.3절에서와 같이 다변량 손실함수를 적절한 커널과 함께 사용할 수 있다. SVM은 다른 많은 지도 학습 및 비지도 학습 문제에 응용된다. 이를 쓰는 시점에서, 경험적 증거들이 많은 학습 문제에 이들이 잘 동작함을 시사해주고 있다.

마지막으로 서포트벡터머신과 구조적 위험 최소화 (7.9)와의 관계에 관해 언급하고자 한다. 훈련 지점(혹은 그들의 기저 전개)이 반지름 R의 구에 포함돼 있으며, (12.2)에서와 같이 $G(x) = \text{sign}[f(x)] = \text{sign}[\beta^T x + \beta_0]$라 하자. 그러면 함수의 클래스 $\{G(x), \|\beta\| \leq A\}$가 다음을 만족하는 VC-차원 h를 가진다는 것을 보일수 있다.

$$h \leq R^2 A^2 \tag{12.50}$$

만일 $f(x)$가 $\|\beta\| \leq A$에 관해 최적으로 훈련 데이터를 분리한다면 훈련 집합에 관해 적어도 $1-\eta$의 확률로 다음이 된다(Vapnik, 1996, 139).

$$\text{Error}_{\text{Test}} \leq 4\frac{h[\log{(2N/h)} + 1] - \log{(\eta/4)}}{N} \tag{12.51}$$

서포트벡터분류기는 VC 차원 위에서 유용한 경계bounds를 얻을 수 있는, 따라서 SRM 프로그램을 수행할 수 있는 때를 위한 첫 번째의 실제적인 학습 과정 중 하나였다. 그러나 유도 과정에서 공ball들이 데이터 지점을 둘러가게 되며, 이는 특성의 관측된 값에 의존적인 과정이다. 따라서 엄격한 의미에서, 클래스의 VC 복잡도는 특성을 보기 전에는 아프리오리apriori가 아니다.

정칙화 매개변수 C는 분류기의 VC 차원의 상계를 통제한다. SRM 패러다임에 따라, (12.51)에서 주어진 테스트오차에 관한 상계를 최소화하는 C를 선택할 수 있다. 그러나 이것이 C를 선택하기 위해 교차 검증을 사용하는 것보다 어떠한 장점이 있는지 분명하지 않다.

12.4 선형판별분석 일반화

4.3절에서 분류를 위한 근본적인 도구인 선형판별분석^{LDA, Linear Discriminant Analysis}을 논의했다. 12장의 나머지에서는 직접적으로 LDA를 일반화함으로써 LDA보다 더 나은 분류기를 만들어내는 기술 종류에 관해 논의한다.

LDA는 다음의 몇몇 장점이 있다.

- 이는 단순한 프로토타입 분류기다. 새로운 관측치는 가장 가까운 중심점을 가지는 클래스로 분류된다. 이를 약간 뒤틀면, 거리를 합동 공분산 추정값을 사용하는 마할라노비스^{Mahalanobis} 지표로 측정하는 것이 된다.
- 관측치가 각 클래스 내에서 공통 공분산 행렬을 가지는 다변량 가우스인 경우, LDA는 추정된 베이즈 분류기다. 이 가정은 참일 가능성이 낮으므로, 장점이라 볼 수는 없을 것이다.
- LDA에 의해 만들어진 결정 경계는 선형이며, 결정 규칙을 설명하고 구현하기 쉽게 만든다.
- LDA는 데이터의 자연적인 저차원적 시야를 제공한다. 이를테면 그림 12.12는 10개의 클래스가 있는 256 차원의 데이터를 위해 2차원 시야로 정보를 제공한다.
- LDA는 그 단순함과 저분산으로 인해 최적의 분류 결과를 만들어내는 경우가 잦다. LDA는 STATLOG 프로젝트에서 연구된, 22개 데이터셋 중 7개에서 가장 우수한 3개의 분류기 중 하나였다(Michie et al., 1994).[3]

안타깝게도 LDA의 단순함은 다음과 같은 몇 가지 상황에 빠지게 만든다.

- 선형 결정 경계가 클래스를 충분히 분리하지 않는 경우가 자주 있다. N이 클 때는 더욱 복잡한 결정 경계를 추정할 수 있다. 이차판별분석^{QDA, Quadratic Discriminant Analysis}이 여기서 자주 유용하며, 이차 결정 경계를 허용한다. 더 일반적으로는 불규칙적인 결정 경계를 모델링할 수 있기를 선호한다.
- 앞서 언급한 LDA의 단점은 1 클래스당 하나의 프로토타입이 충분하지 않다고 바꿔 말할 수 있다. LDA는 단일 프로토타입(클래스 중심점)에 공통 공분산 행렬을 추가로 사용해 각 클래스 내 데이터의 스프레드^{spread}를 설명

---

3 이 연구는 SVM이 출현한 때보다 앞선다.

한다. 많은 경우 몇 가지 프로토타입이 더 적절하다.

- 스펙트럼의 다른 쪽 끝에는, (상관관계가 있는) 너무 많은 예측변수가 있을 수도 있다. 예를 들면 디지털화된 아날로그 신호 및 이미지의 경우가 그러하다. LDA의 경우 고분산으로 추정된 너무 많은 매개변수를 사용하며, 성능에 피해를 입힌다. 이와 같은 경우 LDA를 제약시키거나 심지어 더욱 정칙화시켜야 한다.

12장의 나머지에서 LDA 모델을 일반화해 이들 문제 모두에 주의를 기울이는 기술의 종류를 설명한다. 이는 대부분 세 가지 서로 다른 개념을 통해 해낸다.

첫 번째 개념은 LDA 문제를 선형회귀 문제로 재구성하는 것이다. 많은 기술들이 선형회귀를 더욱 유연하고 비모수적인 형태의 회귀로 일반화시키기 위해 존재한다. 이는 따라서 더욱 유연한 형태의 판별분석을 만들어내며, 이를 FDA^{Flexible Discriminant Analysis}라 부른다. 관심의 대부분의 경우, 회귀 과정은 기저 전개를 통해 예측변수의 확대된 집합을 식별하는 것으로 볼 수 있다. FDA는 이러한 확대된 공간에서의 LDA가 되며, 이는 SVM에서 쓰인 것과 같은 패러다임이다.

디지털화된 이미지의 픽셀과 같이 예측변수가 너무 많은 경우, 집합을 팽창시키고 싶어 하지 않는다. 이미 너무 크기 때문이다. 두 번째 개념은 LDA 모델을 적합시키되 계수가 평활화되도록, 아니면 바로 이미지와 같이 공간 도메인^{spatial domain} 내에서 응집^{coherent}되도록 벌점을 주는 것이다. 이 과정을 벌점판별분석^{Penalized Discriminant Analysis} 혹은 PDA라 부른다. FDA 그 자체로는 팽창된 기저집합이 너무 큰 경우가 자주 있기 때문에 정칙화가 요구된다(또 다시 SVM에서와 같이). 이들 둘 다 FDA 모델의 측면에서 적절하게 정칙화된 회귀를 통해 해낼 수 있다.

세 번째 개념은 각 클래스를 두 개 혹은 그 이상의 서로 다른 중심점으로 된 가우스의 혼합을 통해 각 클래스를 모델링하되, 클래스 내 그리고 클래스 사이 모두에 관한 모든 가우스 성분마다 같은 공분산행렬을 공유하도록 하는 것이다. 이는 더욱 복잡한 클래스 경계를 허용하며 LDA에서와 같은 부분공간 축소를 허용한다. 이러한 확장을 혼합판별분석^{Mixture Discriminant Analysis} 혹은 MDA라 부른다.

이들 세 가지 일반화 모두 LDA와의 연결점을 활용함으로써 공통적인 프레임워크를 사용한다.

12.5 유연한 판별분석

이 절에서는 유도된 반응에 선형회귀를 사용해 LDA를 수행하는 방법을 설명한
다. 이는 따라서 LDA의 비모수적이고 유연한 대안을 만들어낸다. 4장에서와 같
이 K 클래스 $\mathcal{G} = \{1, ..., K\}$ 중 하나에 속하는 계량적인 반응 G로 된 관측치를 가
진다고 가정한다. $\theta: \mathcal{G} \mapsto \mathbb{R}^1$를 X에 관한 선형회귀를 통해 변환된 클래스 라벨을
최적으로 추정하도록 점수를 클래스에 할당하는 함수라고 해보자. 만일 우리의
훈련 표본이 (g_i, x_i), $i = 1, 2, ..., N$ 형태를 가진다면, 중요하지 않은trivial (훈련 데
이터에 관해 평균이 0이고 단위 분산을 가지는) 해를 피하도록 θ에 제약조건을 줘 다음
을 푼다.

$$\min_{\beta, \theta} \sum_{i=1}^{N} \left(\theta(g_i) - x_i^T \beta \right)^2 \tag{12.52}$$

이는 클래스 간 1차원적인 분리를 만들어낸다.

더 일반적으로는, 클래스 라벨 θ_1, θ_2, ..., θ_L을 위한 독립적 점수화 집합을
$L \le K - 1$까지 만큼 찾을 수 있다. 그리고 L은 $\mathbb{R}^p$에서의 다중회귀에 최적화되도
록 선택된 선형 매핑 $\eta_\ell(X) = X^T \beta_\ell$, $\ell = 1, ..., L$에 해당한다. 점수 $\theta_\ell(g)$와 매핑 β_ℓ
은 평균제곱잔차를 최소화하도록 선택한다.

$$ASR = \frac{1}{N} \sum_{\ell=1}^{L} \left[\sum_{i=1}^{N} \left(\theta_\ell(g_i) - x_i^T \beta_\ell \right)^2 \right] \tag{12.53}$$

점수의 집합은 상호 직교한다고 가정하며, 값이 0인 중요하지 않는 해를 피하도
록 적절한 내적에 관해 정규화시킨다.

이러한 길로 가는 이유는 무엇인가? 4.3.3절에서 유도된 판별(식 정준) 벡터
discriminant (canonical) vectors ν_ℓ의 시퀀스가 β_ℓ의 시퀀스와 상수와 무관하게 동일하다
는 것을 보일 수 있다(Mardia et al., 1979; Hastie et al., 1995). 게다가 테스트 지점
x에서 k번째 클래스 중심점 $\hat{\mu}_k$까지의 마할라노비스 거리는 다음으로 주어진다.

$$\delta_J(x, \hat{\mu}_k) = \sum_{\ell=1}^{K-1} w_\ell (\hat{\eta}_\ell(x) - \bar{\eta}_\ell^k)^2 + D(x) \tag{12.54}$$

이때 $\hat{\eta}_\ell^k$는 k번째 클래스 내 $\hat{\eta}_\ell^k(x_i)$의 평균이며, $D(x)$는 k에 의존하지 않는다. 여기서 w_ℓ는 ℓ번째로 최적적으로 점수화된 적합의 잔차제곱합 r_ℓ^2 측면에서 정의되는 좌표 가중치다.

$$w_\ell = \frac{1}{r_\ell^2(1 - r_\ell^2)} \tag{12.55}$$

4.3.2절에서 이들 정준 거리가 각 클래스 내 같은 공분산으로 된 가우스적 설정 내에서 분류를 위해 필요한 모든 것이라는 것을 보였다. 요약하자면,

> LDA는 일련의 선형회귀 및 그 다음으로 적합의 공간 내 가장 가까운 클래스 중 심점으로의 분류를 통해 수행할 수 있다. 이러한 유사점은 축소된 계수 버전, 혹은 $L = K - 1$인 완전 랭크의 경우 둘 다 적용된다.

이 결과의 실제 힘은 이것이 가져온 일반화 내에 있다. 선형회귀 적합 $\eta_\ell(x) = x^T \beta_\ell$을 훨씬 더 유연한 비모수 적합으로 바꾸고, 유사성을 통해 LDA보다 더욱 유연한 분류기를 만들어낼 수 있다. 이 책에서는 일반화 가법 적합, 스플라인 함수, MARS 모델 같은 것을 염두에 두고 있다. 더 일반적인 형식 내에서 회귀 문제는 다음의 기준을 통해 정의된다.

$$ASR(\{\theta_\ell, \eta_\ell\}_{\ell=1}^L) = \frac{1}{N} \sum_{\ell=1}^L \left[\sum_{i=1}^N (\theta_\ell(g_i) - \eta_\ell(x_i))^2 + \lambda J(\eta_\ell) \right] \tag{12.56}$$

이때 J는 평활 스플라인, 가법 스플라인 및 저차원 ANOVA 스플라인 모델과 같은 비모수적 회귀의 일부 형식에 적절한 정칙자다. 또한 이는 12.3.3절에서와 같은 함수의 종류 및 커널에 의해 생성된 관련 벌점을 포함한다.

이러한 일반화 내 수반된 연산에 관해 설명하기 전에, 매우 간단한 예제를 고려해보자. 각 η_ℓ에 차수가 2인 다항회귀를 사용한다고 해보자. (12.54)가 암시하는 결정 경계는 이차 표면surfaces일 것이다. 각각의 적합된 함수가 이차이며, LDA에서와 같이 이들의 제곱이 거리를 비교할 때 상쇄되기 때문이다. 원본 예측변수를 이들의 제곱 및 외적으로 덧붙임으로써 더욱 관례적인 방법으로 동일한identical 이차 경계를 달성할 수 있었다. 확대된 공간 내에서 LDA를 수행하고, 그러면 확대된 공간의 선형 경계는 원본 공간 내 이차 경계로 매핑된다. 원점에서 중심을 이루는 다변량 가우스의 쌍이 전통적인 예제로 이는 공분산행렬 I 및 $c > 1$를

위한 다른 cI를 가진다. 그림 12.9가 이를 보여주고 있다. 베이즈 결정 경계는 구 sphere $\|x\| = \frac{pc \log c}{2(c-1)}$로, 이는 확대된 공간 내에서 선형 경계다.

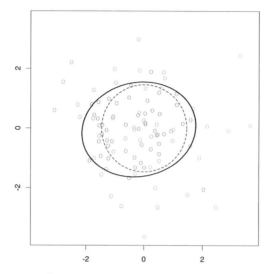

그림 12.9 $N(0, I)$과 $N(0, \frac{9}{4}I)$ 각각으로부터 생성된 50개 점으로 이뤄진 데이터. 검은 실선 타원은 2차 다항 회귀를 사용한 FDA를 통해 찾아낸 것이다. 보라색 점선 원은 베이즈 결정 경계다.

많은 비모수 회귀 과정이 유도된 변수의 기저 전개를 생성하고, 그 뒤 확대된 공간 내 선형회귀를 수행해 동작한다. MARS 과정(9장)이 바로 이러한 형태다. 평활 스플라인 및 가법 스플라인 모델은 극단적으로 큰 기저 집합(가법 스플라인을 위한 $N \times p$ 기저함수)을 생성하지만, 그 뒤 확대된 공간 내에서 벌점 회귀 적합을 수행한다. SVM도 마찬가지다. 또한 12.3.7절의 커널-기반 회귀 예제를 보라. FDA는 이 경우 확대된 공간 내에서 벌점화 선형판별분석Penalized Linear Discriminant Analysis을 수행하는 것으로 볼 수 있다. 이는 12.6절에서 자세히 설명한다. 확대된 공간 내 선형 경계는 축소된 공간 내에서 비선형 경계로 매핑된다. 이는 서포트벡터머신으로 사용했던 바로 그 패러다임이다(12.3절). 4장에서 사용된 음성 인식 예제로 FDA를 클래스 $K = 11$과 예측변수 $p = 10$개로 보여준다. 클래스들은 11개의 모음에 해당하며, 각 11개의 서로 다른 단어를 포함한다. 다음은 그 단어들로, 이들을 나타내는 기호가 앞에 나온다.

선형판별분석   유연한 판별분석 – Bruto

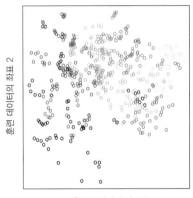 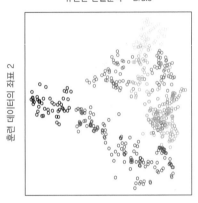

훈련 데이터의 좌표 1   훈련 데이터의 좌표 1

그림 12.10 왼쪽 그림은 음소 훈련 데이터의 첫 번째 두 LDA 정준 변량을 보여준다. 오른쪽 그림은 모델을 적합하는 데 FDA/BRUTO를 사용할 때 해당 사영을 보여준다. 적합된 회귀함수 $\hat{\eta}_1(x_i)$, $\hat{\eta}_2(x_i)$가 그려져 있다. 분리가 개선됐음을 주지하라. 색은 11개의 서로 다른 음소 소리를 나타낸다.

음소	단어	음소	단어	음소	단어	음소	단어
i:	heed	O	hod	I	hid	C:	hoard
E	head	U	hood	A	had	u:	who'd
a:	hard	3:	heard	Y	hud		

훈련 집합에서 각 8명의 화자가 각 단어를 여섯 번 말했으며, 이와 같이 7명의 화자가 테스트 집합에 있다. 10개의 예측변수가 다소 복잡한, 그러나 음성 인식 세계에서는 표준인 방법으로 디지털화된 음성으로부터 유도돼 있다. 따라서 528개의 훈련 관측치, 그리고 462개의 테스트 관측치가 있다. 그림 12.10은 LDA와 FDA를 통해 만든 2차원 사영을 보여준다. FDA 모델은 적응적 가법-스플라인 회귀함수를 사용해 $\eta_\ell(x)$을 모델링했으며, 오른쪽 도표에 그려진 점들은 좌표가 $\hat{\eta}_1(x_i)$와 $\hat{\eta}_2(x_i)$이다. S-PLUS에서 쓰인 루틴은 bruto라 부르며, 도표와 표 12.3의 표제에 표시돼 있다. 이 경우 유연한 모델링이 클래스를 분리하는 데 도움이 되는 것을 볼 수 있다. 표 12.3은 몇 가지 분류 기술에 관한 훈련 및 테스트 오류율을 보여준다. FDA/MARS는 프리드먼의 다변량 적응적 회귀 스플라인을 뜻한다. 차수 = 2라는 것은 쌍별 곱이 허용됨을 뜻한다. FDA/MARS에서, 축소된 랭크 부분공간에서 얻은 분류 결과가 가장 우수함을 보라.

524

표 12.3 음소 인식 데이터 성능 결과. 신경망 아카이브로부터 가져온 훨씬 더 큰 집합에서 신경망의 결과가 가장 우수했다. FDA/BRUTO 표시는 FDA를 사용한 회귀법을 뜻한다.

	기술	오류율	
		훈련	테스트
(1)	LDA	0.32	0.56
	소프트맥스	0.48	0.67
(2)	QDA	0.01	0.53
(3)	CART	0.05	0.56
(4)	CART(선형 조합 분할)	0.05	0.54
(5)	단일층 퍼셉트론		0.67
(6)	다층 퍼셉트론(88 은닉 유닛)		0.49
(7)	가우스 노드 네트워크(528 은닉 유닛)		0.45
(8)	최근접이웃		0.44
(9)	FDA/BRUTO	0.06	0.44
	소프트맥스	0.11	0.50
(10)	FDA/MARS(차수=1)	0.09	0.45
	최적으로 축소된 차원(=2)	0.18	0.42
	소프트맥스	0.14	0.48
(11)	FDA/MARS(차수=2)	0.02	0.42
	최적으로 축소된 차원(=6)	0.13	0.39
	소프트맥스	0.10	0.50

12.5.1 FDA 추정값 계산하기

FDA 좌표를 위한 계산은 많은 중요한 경우에서 단순화시킬 수 있으며, 특히 비모수 회귀 과정을 선형 연산자로 나타낼 수 있을 때 그러하다. 이 연산자를 S_λ라 표기할 것이다. 즉 $\hat{y} = S_\lambda y$이며, 이때 y는 반응의 벡터이고 $\hat{y}$는 적합된 벡터다. 가법 스플라인이 이러한 속성을 가지며 만일 평활 매개변수가 고정돼 있다면 MARS 또한 기저함수가 선택되면 그러하다. 첨자 λ는 평활 매개변수의 전체 집합을 표시한다. 이 경우 최적 점수화는 정준상관canonical correlation 문제와 동등해지며, 해는 단일 고윳값 분해를 통해 계산할 수 있다. 이는 연습 12.6에서 계속되며, 결과 알고리즘은 여기서 보여준다.

$N \times K$ 지시자 반응 행렬indicator response matrix Y를 반응 g_i로부터, $g_i = k$이면 $y_{ik} = 1$이고 그렇지 않으면 $y_{ik} = 0$이 되도록 만든다. 5클래스 문제에서 Y는 다음과 같이 보일 수 있다.

$$\begin{array}{c} \\ g_1 = 2 \\ g_2 = 1 \\ g_3 = 1 \\ g_4 = 5 \\ g_5 = 4 \\ \vdots \\ g_N = 3 \end{array} \begin{array}{ccccc} C_1 & C_2 & C_3 & C_4 & C_5 \\ \left(\begin{array}{ccccc} 0 & 1 & 0 & 0 & 0 \\ 1 & 0 & 0 & 0 & 0 \\ 1 & 0 & 0 & 0 & 0 \\ 0 & 0 & 0 & 0 & 1 \\ 0 & 0 & 0 & 1 & 0 \\ & & \vdots & & \\ 0 & 0 & 1 & 0 & 0 \end{array} \right) \end{array}$$

연산 단계는 다음과 같다.

1. **다변량 비모수 회귀**Multivariate Nonparametric Regression. 적합된 값 $\hat{\mathbf{Y}}$를 제공하는 $\mathbf{Y}$의 다중반응의, 적응적 비모수회귀를 $\mathbf{X}$에 적합시킨다. $\mathbf{S}_\lambda$를 최종으로 선택된 모델을 적합시키는 선형 연산자라 하고, $\eta^*(x)$를 적합된 회귀함수의 벡터라 하자.

2. **최적 점수.** $\mathbf{Y}^T \mathbf{Y} = \mathbf{Y}^T \mathbf{S}_\lambda \mathbf{Y}$의 고윳값 분해를 계산한다. 이때 고유벡터 Θ는 정규화돼 있으며 $\Theta^T \mathbf{D}_\pi \Theta = \mathbf{I}$이다. 여기서 $\mathbf{D}_\pi = \mathbf{Y}^T \mathbf{Y}/N$은 추정된 클래스 사전확률의 대각행렬이다.

3. **최적 점수** $\eta(x) = \Theta^T \eta^*(x)$를 사용해 1단계로부터의 모델을 업데이트Update 시킨다.

$\eta(x)$ 내 K개 함수의 첫 번째는 상수함수, 즉 중요하지 않은 해다. 나머지 $K-1$개 함수는 판별함수다. 상수함수는 정규화와 함께 나머지 모든 함수가 중심화되도록 한다.

$\mathbf{S}_\lambda$는 또다시 임의의 회귀법에 해당할 수 있다. $\mathbf{S}_\lambda = \mathbf{H}_X$, 즉 선형회귀 사영 연산자라면, FDA는 선형판별분석이다. '연산 고려 사항' 절에서 참조하는 소프트웨어는 이러한 모듈성modularity을 잘 이용한다. fda 함수는 몇몇 자연스러운 관례를 따른다면, 임의의 회귀함수를 줄 수 있는 method= 인수를 가진다. 우리가 제공하는 회귀함수는 다항회귀, 적응적 가법 모델 그리고 MARS를 감안한다. 이들은 모두 다중 반응을 효율적으로 다루므로, (1)단계는 회귀 루틴을 한 번 호출하는 것이 된다. (2)단계의 고윳값 분해에서는 모든 최적 점수화 함수를 동시에 계산한다.

4.2절에서 분류를 위한 방법으로 지시자 반응 행렬에 선형회귀를 사용하는 데 따른 위험에 관해 논의했다. 특히 클래스가 셋이나 이보다 많은 경우 심각한 감추기 문제가 발생할 수 있다. FDA는 (1)단계에서 이러한 회귀로부터 적합을 시키지만, 그 뒤 이들을 추가로 변환해 이러한 위험이 전혀 없는 유용한 판별함수를

만들어낸다. 연습 12.9는 이러한 현상에 관해 다른 시각을 취한다.

12.6 벌점화 판별분석

최적 점수화의 일반화가 FDA의 동기가 됐지만, 이는 또한 정칙판별분석의 한 형태로 직접적으로 볼 수도 있다. FDA에서 쓰인 회귀 과정이 계수에 이차 벌점이 있는 기저 전개 $h(X)$ 위의 선형회귀가 된다고 하자.

$$ASR(\{\theta_\ell, \beta_\ell\}_{\ell=1}^{L}) = \frac{1}{N} \sum_{\ell=1}^{L} \left[\sum_{i=1}^{N} (\theta_\ell(g_i) - h^T(x_i)\beta_\ell)^2 + \lambda\beta_\ell^T \mathbf{\Omega}\beta_\ell \right] \quad (12.57)$$

Ω은 문제에 따라 선택한다. 만일 $\eta_\ell(x) = h(x)\beta_\ell$가 스플라인 기저함수의 전개라면, Ω는 η_ℓ를 $\mathbb{R}^p$에 관해 평활적이도록 제약시킬 수도 있을 것이다. 가법 스플라인의 경우, 각 좌표 마다 N개의 스플라인 기저함수가 존재하며, 결과적으로 $h(x)$ 내 전체 Np개 기저함수가 된다. Ω는 이 경우 $Np \times Np$이며 블록 대각block diagonal이다.

FDA에서의 단계는 LDA의 일반화된 형식으로 볼 수 있으며, 이는 **벌점화 판별분석** 혹은 PDA라고 부른다.

- 예측변수의 집합 X를 기저 전개 $h(X)$를 통해 확대시킨다.
- 확대된 공간 내에서 (벌점화) LDA를 사용한다. 이때 벌점화 마할라노비스 거리는 다음과 같다.

$$D(x, \mu) = (h(x) - h(\mu))^T (\mathbf{\Sigma}_W + \lambda\mathbf{\Omega})^{-1}(h(x) - h(\mu)) \quad (12.58)$$

이때 Σ_W는 유도된 변수 $h(x_i)$의 클래스-내 공분산행렬이다.
- 벌점화 지표를 사용해 분류 부분공간을 분해한다.
$u^T(\Sigma_W + \lambda\Omega)u = 1$을 따르도록 $u^T \Sigma_{\text{Bet}} u$을 최대화한다.

대략적으로 말하자면 벌점 마할라노비스 거리는 "거친rough" 좌표에 가중치를 덜 주며 "매끄러운smooth" 것에는 가중치를 더욱 주는 경향이 있다. 벌점이 대각이 아니므로, 같은 것이 거칠거나 매끄러운 선형 조합에도 적용된다.

몇몇 문제 종류에서는 기저 전개를 수반하는 첫 번째 단계가 필요치 않다. 우리는 이미 지나치게 많은 (상관관계가 있는) 계측변수를 가지고 있다. 주된 예제는 분류할 목표가 디지털화된 아날로그 신호일 때다.

- 256개 주파수 집합에서 추출된, 발화된 음성의 조각의 로그-주기도. 그림 5.5를 보라.
- 손글씨 숫자의 디지털화된 이미지 내 회색조 픽셀 값

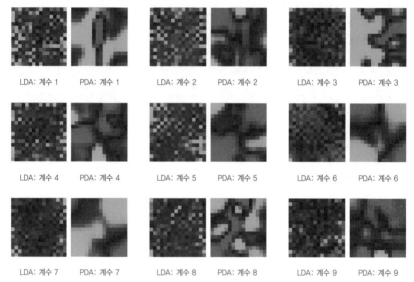

그림 12.11 이미지가 쌍으로 나타나 있으며, 숫자 인식 문제를 위한 9개의 판별 계수 함수를 보여준다. 각 쌍의 왼쪽 멤버는 LDA 계수이며, 오른쪽 멤버는 PDA 계수로 공간적인 매끄러움을 위해 정칙화돼 있다.

또한 이러한 경우 왜 정칙화가 필요한지가 직관적으로 분명하다. 디지털화된 이미지를 예제로 보자. 이웃하는 픽셀 값은 상관되는 경향이 있을 것이며, 자주 거의 같을 것이다. 이는 이들 픽셀을 위한 해당 LDA 계수의 쌍이 극심하게 다르면서 부호가 반대일 수 있다. 따라서 유사한 픽셀 값에 적용될 때는 무효화됨을 암시한다. 양의 방향으로 상관관계가 있는 예측변수는 잡음이 있는, 음의 방향으로 상관관계가 있는 계수 추정값이 되며, 이러한 잡음은 원치 않는 표집 분산을 낳는다. 계수coefficients를 이미지에서와 같이 공간 도메인에 관해 매끄럽도록 정칙화하는 것이 이치에 맞는 전략이다. 이것이 PDA가 하는 것이다. 연산은 적절한 벌점 회귀법이 사용된다는 것을 제외하고, 단지 FDA처럼 진행된다. 여기서 $h^T(X)\beta_\ell = X\beta_\ell$이며, Ω는 이미지로 볼 때 $\beta_\ell^T \Omega_\ell \beta_\ell$가 β_ℓ 내에서 조도roughness에 벌점

을 주도록 선택한다. 그림 1.2는 숫자 손글씨의 예제를 보여준다. 그림 12.11은 LDA와 PDA를 사용한 판별 변량을 보여준다. LDA를 통해 만들어진 것들은 마치 희끗희끗salt-and-pepper한 이미지처럼 보이는 한편, PDA가 만들어낸 것은 평활적인 이미지로 보인다. 첫 번째 평활한 이미지는 어두운 중심의 수직으로 긴 조각 (1들, 어쩌면 7)을 가진 이미지를 가운데가 비어 있는 이미지(0들, 몇몇의 4)와 구별하기 위한 선형 대비 범함수linear contrast functional의 계수로 볼 수 있다. 그림 12.12 는 이러한 해석을 지지하며, 더 어렵지만서도 두 번째 좌표의 해석을 허용한다. 이것과 다른 예제들은 헤이스티 외(Hastie et al., 1995)에서 더 자세히 논의한다. 또한 정칙화가 독립적인 테스트 데이터에서의 LDA의 분류 성능을 그들이 시도한 경우에서 약 25%만큼 개선시킨다는 것을 보여준다.

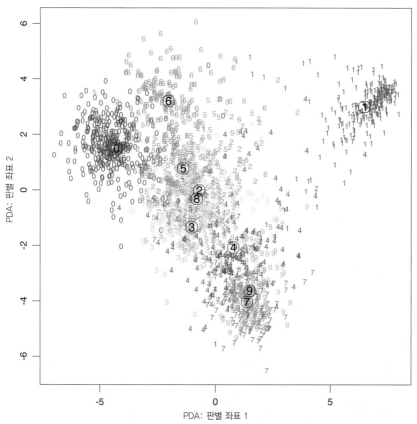

그림 12.12 테스트 데이터에 관해 값을 매긴 첫 번째 두 개의 벌점화 정준변량. 동그라미는 클래스 중심점을 나타낸다. 첫 번째 좌표는 주로 0과 1을 대비시키는 한편, 두 번째 좌표는 6과 7/9을 대비시킨다.

12.7 혼합판별분석

선형판별분석은 프로토타입prototype 분류기로 볼 수 있다. 각 클래스는 그 중심점을 통해 나타나지며, 적절한 지표를 사용해 가장 가까운 것으로 분류한다. 많은 상황에서 단일 프로토타입은 비동질적인 클래스를 나타내는데 충분치 않으며, 혼합모델이 더 적절하다. 이 절에서는 가우스 혼합모델을 리뷰하고 어떻게 이전에 논의했던 FDA와 PDA를 통해 이들을 일반화시킬 수 있는지 본다.

k번째 클래스를 위한 가우스 혼합모델은 다음의 밀도를 가진다.

$$P(X|G = k) = \sum_{r=1}^{R_k} \pi_{kr}\phi(X; \mu_{kr}, \mathbf{\Sigma}) \tag{12.59}$$

이때 혼합 비율mixing proportions π_{kr}의 합은 1이다. 이는 k번째 클래스에 관해 R_k 프로토타입을 가지며, 우리의 스펙 하에서 동일한 공분산행렬 $\mathbf{\Sigma}$이 지표로써 내내 쓰인다. 각 클래스에 관해 이러한 모델이 주어졌을 때, 클래스 사후확률은 다음과 같이 주어진다.

$$P(G = k|X = x) = \frac{\sum_{r=1}^{R_k} \pi_{kr}\phi(X; \mu_{kr}, \mathbf{\Sigma})\Pi_k}{\sum_{\ell=1}^{K}\sum_{r=1}^{R_\ell} \pi_{\ell r}\phi(X; \mu_{\ell r}, \mathbf{\Sigma})\Pi_\ell} \tag{12.60}$$

이때 Π_k는 클래스 사전 확률이다.

이러한 계산은 8장의 두 개의 성분에 관한 특별한 경우에서 본 적이 있다. LDA에서처럼 $P(G, X)$에 기반한 결합 로그 가능도를 사용해 최대가능도를 통해 매개변수를 추정한다.

$$\sum_{k=1}^{K}\sum_{g_i=k} \log\left[\sum_{r=1}^{R_k} \pi_{kr}\phi(x_i; \mu_{kr}, \mathbf{\Sigma})\Pi_k\right] \tag{12.61}$$

로그 안의 합은 직접 다룬다면, 이를 다소 지저분한 최적화 문제로 만든다. 혼합분포를 위한 최대가능도 추정값MLEs, Maximum-Likelihood Estimates를 계산하는 전통적이고 자연스러운 방법은 EM 알고리즘이다(Dempster et al., 1977). 이는 좋은 수렴 속성을 가지는 것으로 알려져 있다. EM은 다음의 두 단계 사이를 번갈아 한다.

- E-단계: 현재 매개변수가 주어졌을 때, 각 클래스 k의 관측치에 관해 $(g_i = k)$ 클래스 k 내 부분 클래스 c_{kr}의 책임도responsibility를 계산한다.

$$W(c_{kr}|x_i, g_i) = \frac{\pi_{kr}\phi(x_i; \mu_{kr}, \boldsymbol{\Sigma})}{\sum_{\ell=1}^{R_k} \pi_{k\ell}\phi(x_i; \mu_{k\ell}, \boldsymbol{\Sigma})} \qquad (12.62)$$

- M-단계: E단계로부터의 가중치를 사용해, 각 클래스 내 각 가우스 성분의 매개변수를 위한 가중 MLE를 계산한다.

E-단계에서 알고리즘이 k 클래스 내 관측치 하나의 단위 가중치를 그 클래스에 할당된 다양한 부분 클래스에 배분한다. 만일 이것이 특성 부분 클래스의 중심점에 가까우면서 다른 것들과는 멀다면, 그 부분클래스에서 가까운 것의 질량^{mass}을 받을 것이다. 반면 두 부분클래스 사이의 중간에 있는 관측치는 양쪽에 관해 대략적으로 같은 가중치를 받을 것이다.

M-단계에서 k 클래스 내 관측치는 각 R_k 성분 밀도의 매개변수를 추정하기 위해 각기 다른 가중치를 사용해 R_k번 쓰인다. EM 알고리즘은 8장에서 자세히 학습한다. 이 알고리즘은 초기화를 필요로하며, 이는 결과에 영향을 미친다. 혼합 가능도가 일반적으로 다봉^{multimodal}이기 때문이다. ('연산 고려 사항' 절에서 언급된) 소프트웨어는 몇 가지 전략을 허용한다. 여기서는 기본값에 관해 설명한다. 사용자가 클래스마다 부분 클래스의 개수 R_k을 제공한다. 클래스 k 내에서, 하나의 k-평균 군집화모델이 복수의 무작위 시작값으로 데이터에 적합된다. 이는 관측치를 R_k개의 서로소인 그룹으로 분할하며, 이로부터 0들과 1들로 돼 있는 초기 가중치 행렬이 만들어진다.

전체에 걸쳐 동일 성분 공분산행렬 $\boldsymbol{\Sigma}$이 있다는 가정은 추가적인 단순함을 가져온다. 우리는 바로 LDA에서와 같은 혼합 형식화에서의 랭크 제약 조건을 포함시킬 수 있다. 랭크-L LDA 적합(4.3.3절)은 가우스 모델의 최대가능도 적합과 동일하며, 이때 각 클래스 내 서로 다른 평균 벡터는 $\mathbb{R}^p$의 랭크-L 부분공간으로 국한된다(연습 4.8). 우리는 혼합모델을 위해 이러한 속성을 상속하고, 모든^{all} $\sum_k R_k$ 중심점에 관한 랭크 제약 조건 rank$\{\mu_{k\ell}\} = L$을 따르도록 로그 가능도 (12.61)을 최대화시킬 수 있다.

다시 한 번 EM 알고리즘이 가능해지며, M단계는 $R = \sum_{k=1}^{K} R_k$ "클래스"로 된 LDA의 가중 버전임이 드러난다. 게다가 가중 LDA 문제를 푸는 데 이전과 같은 최적 점수화를 사용할 수 있으며, 이 단계에서 FDA 혹은 PDA의 가중 버전을 사용할 수 있도록 해준다. "클래스"의 개수가 증가하는 것에 더해서, k번째 클래스 내 "관측치"의 개수가 R_k배 만큼 유사하게 증가한다고 예상할 수 있다. 이는 최적 점수화 회귀에 선형 연산자가 사용된다면, 그러하지 않게 된다. 이 경우 확대된 지시자 $\mathbf{Y}$ 행렬은 희미한[blurred] 반응 행렬 $\mathbf{Z}$로 뭉그러지게 되며, 이는 직관적으로 보면 좋은 것이다. 예를 들면 $K = 3$ 클래스 그리고 클래스마다 $R_k = 3$의 부분클래스에 있다고 해보자. 그러면 $\mathbf{Z}$는 다음과 같을 것이다.

$$
\begin{array}{c}
\\
g_1 = 2 \\
g_2 = 1 \\
g_3 = 1 \\
g_4 = 3 \\
g_5 = 2 \\
\vdots \\
g_N = 3
\end{array}
\begin{array}{ccccccccc}
c_{11} & c_{12} & c_{13} & c_{21} & c_{22} & c_{23} & c_{31} & c_{32} & c_{33} \\
\left(\begin{array}{ccccccccc}
0 & 0 & 0 & 0.3 & 0.5 & 0.2 & 0 & 0 & 0 \\
0.9 & 0.1 & 0.0 & 0 & 0 & 0 & 0 & 0 & 0 \\
0.1 & 0.8 & 0.1 & 0 & 0 & 0 & 0 & 0 & 0 \\
0 & 0 & 0 & 0 & 0 & 0 & 0.5 & 0.4 & 0.1 \\
0 & 0 & 0 & 0.7 & 0.1 & 0.2 & 0 & 0 & 0 \\
& & & & \vdots & & & & \\
0 & 0 & 0 & 0 & 0 & 0 & 0.1 & 0.1 & 0.8
\end{array}\right)
\end{array}
\tag{12.63}
$$

이때 클래스-k 행 내 요소는 $W(c_{kr}|x, g_i)$에 해당한다.

나머지 단계는 동일하다.

$$
\left.
\begin{aligned}
&\hat{\mathbf{Z}} = \mathbf{SZ} \\
&\mathbf{Z}^T \hat{\mathbf{Z}} = \mathbf{\Theta D \Theta}^T \\
&\pi\text{s와 } \Pi\text{s를 업데이트한다}
\end{aligned}
\right\} \text{MDA의 M단계}
$$

이러한 단순한 수정으로 혼합모델에 상당한 유연성을 추가하게 된다.

- LDA, FDA, 혹은 PDA에서의 차원 축소 단계가 클래스의 수로 제한된다. 특히 $K = 2$ 클래스에서 축소가 불가능하다. MDA[Mixture Discriminant Analysis]는 클래스를 위해 부분 클래스를 치환한 뒤, 이들 부분클래스 중심점을 생성하는 부분공간의 저차원적인 시야를 찾도록 해준다. 이러한 부분공간은 판별할 때 자주 중요한 것 중 하나일 것이다.

- M단계에서 FDA나 PDA를 사용해, 특정 상황에 더욱 적응적일 수 있다. 예를 들면 디지털화된 아날로그 신호 및 이미지에 MDA 모델을 내장된 평활성 제약 조건으로 적합시킬 수 있다.

그림 12.13은 혼합 예제로 FDA와 MDA를 비교한다.

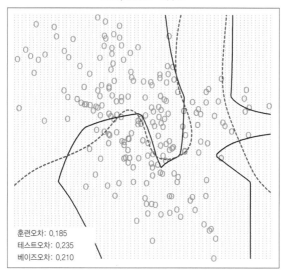

FDA / MARS - 차수 2

훈련오차: 0.185
테스트오차: 0.235
베이즈오차: 0.210

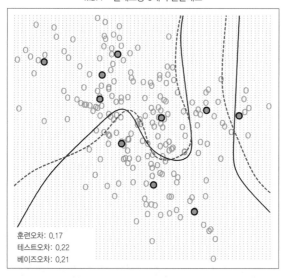

MDA - 클래스당 5개 부분클래스

훈련오차: 0.17
테스트오차: 0.22
베이즈오차: 0.21

그림 12.13 혼합 데이터에서의 FDA와 MDA. 위쪽 도표는 MARS를 회귀 과정으로 하는 FDA를 사용한다. 아래쪽 도표는 클래스마다 (표시된) 5개의 혼합 중심점을 가지는 MDA를 사용한다. MDA 해는 베이즈 최적과 비슷하다. 이는 데이터가 가우스 혼합에서 나왔다는 점에서 예상할 만하다. 배경의 보라색 점선은 베이즈 결정 경계다.

12.7.1 예제: 파형 데이터

이제 이들 개념의 일부를 인기 있는 시뮬레이션 예제에서 보여주도록 한다. 예제는 브레이먼 외(Breiman et al., 1984, 49 - 55)에서 가져왔으며, 헤이스티와 팁시라니(Hastie and Tibshirani, 1996b) 및 다른 곳에서 쓰였다. 이는 21개 변수가 있는 3클래스 문제이며, 어려운 패턴 인식 문제로 고려된다. 예측변수는 다음에 의해 정의된다.

$$
\begin{aligned}
X_j &= U h_1(j) + (1-U) h_2(j) + \epsilon_j & \text{Class 1} \\
X_j &= U h_1(j) + (1-U) h_3(j) + \epsilon_j & \text{Class 2} \\
X_j &= U h_2(j) + (1-U) h_3(j) + \epsilon_j & \text{Class 3}
\end{aligned}
\tag{12.64}
$$

이때 $j = 1, 2, ..., 21$이고, U는 $(0, 1)$에서 균일하며, ϵ_j 표준 정규 변량이고, h_ℓ는 이동 삼각 파형shifted triangular waveform으로, $h_1(j) = \max(6 - |j - 11|, 0)$, $h_2(j) = h_1(j-4)$ 그리고 $h_3(j) = h_1(j+4)$이다. 그림 12.14는 각 클래스의 몇몇 파형 예제를 보여준다.

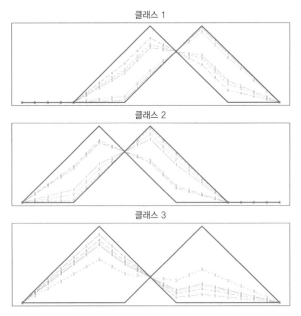

그림 12.14 모델(12.64)로부터 생성된 파형의 가우스 잡음이 추가되기 전 몇 가지 예제

표 12.4는 파형 데이터에 적용한 MDA의 결과 및 12장에서와 다른 장에서의 다른 방법의 결과를 보여준다. 각 훈련 표본은 300개의 관측치를 가지며 동일한 사전확률이 사용됐으므로 클래스마다 대략 100개의 관측치가 존재한다. 테스트

표본의 크기는 500으로 사용했다. 두 개의 MDA 모델이 범례에 설명돼 있다.

그림 12.15는 벌점 MDA 모델을 위한 주요한 정준 변량을 보여주며, 테스트 데이터에 값매김돼 있다. 클래스가 삼각형의 모서리에 누워 있다. 이는 $h_j(i)$가 21개 공간 내 세 개의 점에 의해 표현됨으로써 삼각형의 꼭지점을 구성하고, 각 클래스가 꼭지점의 쌍의 볼록 결합convex combination으로 표현되기 때문이다. 따라서 모서리에 놓이게 된다. 또한 모든 정보가 첫 번째 두 차원에 놓인다는 것이 시각적으로 분명하다. 첫 번째 두 좌표에 의해 설명되는 분산의 비율이 99.8%이며, 거기에서 해를 잘라낸다 하더라도 아무 것도 잃지 않을 것이다. 이 문제의 베이즈 위험은 약 0.14가 되도록 추정돼 있다(Breiman et al., 1984). MDA는 최적 비율에 근접하며, 이는 MDA 모델의 구조가 생성 모델과 유사하다는 점에서 놀랍지가 않다.

표 12.4 파형 데이터의 결과. 값은 10번의 시뮬레이션을 평균했으며, 평균의 표준오차가 괄호에 표시돼 있다. 줄 위의 다섯 개 항목은 헤이스티 외(Hastie et al., 1994)에서 가져왔다. 줄 아래 첫 번째 모델은 클래스마다 세 개의 부분클래스가 있는 MDA다. 다음 줄은 판별계수가 조도 벌점을 통해 4차수만큼 유효하게 벌점화된 것을 제외하면 같다. 세 번째는 벌점화 LDA 혹은 PDA에 해당한다.

기술	오류율	
	훈련	테스트
LDA	0.121(0.006)	0.191(0.006)
QDA	0.039(0.004)	0.205(0.006)
CART	0.072(0.003)	0.289(0.004)
FDA/MARS(차수=1)	0.100(0.006)	0.191(0.006)
FDA/MARS(차수=2)	0.068(0.004)	0.215(0.002)
MDA(부분클래스 3개)	0.087(0.005)	0.169(0.006)
MDA(부분클래스 3개, 4df로 벌점화됨)	0.137(0.006)	0.157(0.005)
PDA(4df로 벌점화됨)	0.150(0.005)	0.171(0.005)
베이즈		0.140

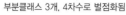

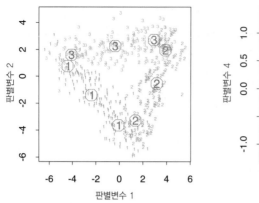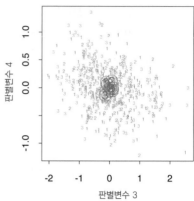

그림 12.15 파형 모델의 표본에 적합시킨 MDA 모델의 2차원 시점 일부. 점들은 독립적인 테스트 데이터로, 두 개의 주요한 정준 좌표(왼쪽 패널) 및 세 번째와 네 번째(오른쪽 패널) 좌표에 사영돼 있다. 부분클래스 중심이 표시돼 있다.

12.8 연산 고려 사항

N개의 훈련 사례, p개 예측변수, m개 서포트벡터로, 서포트벡터머신은 $m \approx N$라 가정하면 $m^3 + mN + mpN$번의 연산을 필요로 한다. 이들은 N을 따라 잘 스케일되는 것은 아니지만, 연산적인 지름길이 존재한다(Platt, 1999). 이들은 빠르게 발전하므로 독자들에게 최근의 기술을 웹에서 검색해볼 것을 강하게 권한다.

LDA는 PDA와 같이 $Np^2 + p^3$번의 연산을 필요로 한다. FDA의 복잡도는 사용하는 회귀에 따라 다르다. 많은 기술들이 가법 모델 및 MARS 같이 N에 관해 선형이다. 일반 스플라인과 커널 기반 회귀법은 통상적으로 N^3번의 연산이 필요하다.

FDA, PDA 그리고 MDA를 적합시킬 수 있는 소프트웨어는 R 패키지 mda에 있으며, 이는 S-PLUS에서도 쓸 수 있다.

참고문헌

서포트벡터머신의 배경 이론은 밥닉 덕분이다. 밥닉(Vapnik, 1996)에 설명돼 있다. SVM에 관한 놀라운 문헌이 있다. 알렉스 스몰라[Alex Smola]와 베른하르트 슐코프[Bernhard Schölkopf]가 만들고 유지하고 있으며, 다음 주소에서 찾을 수 있다.

http://www.kernel-machines.org

책 속 처치법은 와바 외(Wahba et al., 2000)와 에브게니우 외(Evgeniou et al., 2000)에, 튜토리얼은 버지스(Burges, 1998)에 기반한다.

선형판별분석은 피셔(Fisher, 1936)와 라오(Rao, 1973) 덕분이다. 최적 점수화와의 관계는 브레이먼과 이하카(Breiman and Ihaka, 1984)로 거슬러 올라가며, 단순한 형식으로는 피셔(Fisher, 1936)가 있다. 관련성 분석과는 강한 연결점이 존재한다(Greenacre, 1984). 유연하고 벌점화된 혼합판별분석에 관한 설명은 헤이스티 외(Hastie et al., 1994), 헤이스티 외(Hastie et al., 1995) 그리고 헤이스티와 팁시라니(Hastie and Tibshirani, 1996b)에서 가져왔으며, 이 세 가지 모두 헤이스티 외(Hastie et al., 2000)에 요약돼 있다. 리플리(Ripley, 1996) 또한 살펴보기를 바란다.

연습 문제

연습 12.1 기준 (12.25)와 (12.8)이 동등함을 보여라.

연습 12.2 (12.29)의 해가 특정한 커널에서 (12.25)의 해와 같음을 보여라.

연습 12.3 (12.43)을 수정한다고 해보자. 이때 상수는 벌점화하지 않는다. 문제를 형식화하고 해의 특징을 나타내라.

연습 12.4 K 그룹 문제에 축소된-부분공간 선형판별분석을 수행한다고 해보자. $z = \mathbf{U}^T x$로 주어진 $L \leq K - 1$ 차원의 정준 변수를 계산하며, 이때 $\mathbf{U}$는 판별계수의 $p \times L$행렬이며, $p > K$는 x의 차원이다.

(a) $L = K - 1$라면 다음을 보여라.

$$\|z - \bar{z}_k\|^2 - \|z - \bar{z}_{k'}\|^2 = \|x - \bar{x}_k\|_W^2 - \|x - \bar{x}_{k'}\|_W^2$$

이때 $\|\cdot\|_W$는 공분산 **W**에 관한 마할라노비스 거리를 나타낸다.

(b) $L < K - 1$라면, 왼쪽의 같은 식이 **U**가 생성하는 부분공간에 사영된 분포를 위한 마할라노비스 제곱 거리에서의 차이를 측정함을 보여라.

연습 12.5 이 책의 웹사이트 http://www-stat.stanford.edu/ElemStatLearn 에서 얻을 수 있는 phoneme.subset의 데이터는 60명의 화자가 발음한 음소의 디지털화된 로그 주기도로 돼 있으며 각 화자는 각 5개 클래스로부터 만들어진 음소를 가진다. 256개 "특성"의 각 벡터를 주파수 0-255에 관해 그리는 것이 적절하다.

(a) 모든 음소 곡선의 개별적인 그림을 각 클래스의 주파수에 관해 만들어라.

(b) 여러분은 곡선을 음소 클래스로 분류하기 위해 최근접 프로토타입 분류체계를 사용하는 것을 계획하고 있다. 특히 각 클래스에서 K-평균 군집 알고리즘을 사용한 뒤(R에서 kmeans()), 관측치를 가장 가까운 군집 중심의 클래스에 분류할 것이다. 곡선은 고차원이며 다소 작은 표본 크기 대 변수sample-size-to-variables 비율을 가진다. 이제 모든 프로토타입이 주파수의 평활함수가 되도록 제약을 가하기로 결정한다. 특히, 각 프로토타입 m을 $m = B\theta$로 나타내기로 결정한다. 이때 B는 (0, 255)에서 균일하게 선택한 J개 매듭 및 0과 255에서 경계 매듭이 있는 자연 스플라인 기저함수로 된 $256 \times J$ 행렬이다. 어떻게 분석적으로 진행할지, 특히 어떻게 비용적으로 차원이 높은 적합 과정을 피하는지에 관해 설명하라(힌트: B가 직교가 되도록 제약을 시키는 것이 도움이 될 수도 있다).

(c) 음소 데이터에 여러분의 과정을 구현하고, 시도해보라. 데이터를 훈련 집합과 테스트 집합으로 나누고(50-50), 화자가 양 집합으로 분리되지 않도록 하라(왜?). 각 클래스마다 $K = 1, 3, 5, 7$개 중심을 사용하고, (K-평균 과정이 각 J의 값에 관해 같은 시작값으로 시작하도록 하기 위해) 각각 $J = 5, 10, 15$개 매듭을 사용하며 결과를 비교하라.

연습 12.6 FDA(12.5.1절)에서 사용한 회귀 과정이 기저함수 $h_m(x)$, $m = 1, ..., M$의 선형 전개라고 해보자. $\mathbf{D}_\pi = \mathbf{Y}^T \mathbf{Y}/N$를 클래스 비율의 대각행렬이라 하자.

(a) 최적 점수화 문제 (12.52)를 다음과 같은 벡터 표기법으로 쓸 수 있음을 보여라.

$$\min_{\theta,\beta} \| \mathbf{Y}\theta - \mathbf{H}\beta \|^2 \tag{12.65}$$

이때 θ는 K개 실수의 벡터이며, $\mathbf{H}$는 값매김 $h_j(x_i)$의 $N \times M$ 행렬이다.

(b) θ에 관한 정규화가 $\theta^T \mathbf{D}_\pi 1 = 0$이며 $\theta^T \mathbf{D}_\pi \theta = 1$라 하자. 이들 정규화를 본리 점수화된 $\theta(g_i)$ 측면에서 해석해보라.

(c) 이러한 정규화로 (12.65)가 β에 관해 부분적으로 최적화될 수 있으며, 정규화 제약조건을 따르는 다음이 됨을 보여라.

$$\max_\theta \theta^T \mathbf{Y}^T \mathbf{S} \mathbf{Y} \theta \qquad (12.66)$$

이때 $\mathbf{S}$는 기저행렬 $\mathbf{G}$에 해당하는 사영 연산자다.

(d) h_j가 상수함수를 포함한다고 하자. $\mathbf{S}$의 가장 큰 고윳값이 1임을 보여라.

(e) Θ가 점수의 $K \times K$행렬이며(열 방향으로), 정규화가 $\Theta^T \mathbf{D}_\pi \Theta = \mathbf{I}$라 해보자. (12.53)의 해가 $\mathbf{S}$의 고유벡터의 완전한 집합으로 주어짐을 보여라. 첫 번째 고유벡터는 중요하지 않으며, 점수의 중심화를 다룬다. 나머지는 최적 점수화 해를 특징화한다.

연습 12.7 벌점화 최적 점수화 문제 (12.57)의 해를 유도하라.

연습 12.8 최적 점수화로 찾은 계수 β_ℓ가 선형판별분석으로 찾은 판별 방향 ν_ℓ에 비례함을 보여라.

연습 12.9 $\hat{\mathbf{Y}} = \mathbf{X}\hat{\mathbf{B}}$가 $N \times p$ 행렬 $\mathbf{X}$에 관한 선형회귀 다음 적합된 $N \times K$ 지시자 반응 행렬이라 하자. 이때 $p > K$다. 축소된 특성 $x_i^* = \hat{\mathbf{B}}^T x_i$을 고려해보자. xi* 를 사용하는 LDA가 원본 공간에서의 LDA와 동일함을 보여라.

연습 12.10 커널과 선형판별분석. 여러분이 입력변수의 변환벡터 $h(x)$를 사용해 선형판별분석(두 개 클래스)을 수행한다고 하자. $h(x)$가 고차원이므로 정칙화된 클래스 내 공분산 행렬 $\mathbf{W}_h + \gamma \mathbf{I}$이 필요할 것이다. 오직 내적 $K(x_i, x_{i'}) = \langle h(x_i), h(x_{i'}) \rangle$을 통해서만 모델을 추정할 수 있음을 보여라. 따라서 서포트벡터머신의 커널 속성 또한 정칙화된 선형판별분석이 공유할 것이다.

연습 12.11 MDA 과정은 각 클래스를 가우스의 혼합으로 모델링한다. 따라서 각 혼합 중심은 하나이며 오직 한 클래스에만 속한다. 더욱 일반적인 모델은 각 혼합 중심이 모든 클래스에 의해 공유될 수 있도록 한다. 우리는 라벨과 특성의 결합밀도가 다음의 결합밀도의 혼합이 되도록 취한다.

$$P(G, X) = \sum_{r=1}^{R} \pi_r P_r(G, X) \tag{12.67}$$

추가로 다음을 가정한다.

$$P_r(G, X) = P_r(G)\phi(X; \mu_r, \mathbf{\Sigma}) \tag{12.68}$$

이 모델은 μ_r에 중심을 가진 영역으로 돼 있으며, 각각에 관해 클래스 프로파일 $P_r(G)$가 존재한다. 사후 클래스 분포는 다음으로 주어진다.

$$P(G = k | X = x) = \frac{\sum_{r=1}^{R} \pi_r P_r(G = k)\phi(x; \mu_r, \mathbf{\Sigma})}{\sum_{r=1}^{R} \pi_r \phi(x; \mu_r, \mathbf{\Sigma})} \tag{12.69}$$

이때 분모는 한계분포 $P(X)$이다.

(a) 이 모델(MDA2라 부른다)을 MDA의 일반화로 볼 수 있음을 보여라. 그 이유
는 다음과 같기 때문이다.

$$P(X | G = k) = \frac{\sum_{r=1}^{R} \pi_r P_r(G = k)\phi(x; \mu_r, \mathbf{\Sigma})}{\sum_{r=1}^{R} \pi_r P_r(G = k)} \tag{12.70}$$

이때 $\pi_{rk} = \pi_r P_r(G = k) / \sum_{r=1}^{R} \pi_r P_r(G = k)$는 k번째 클래스의 혼합 비율에
해당한다.

(b) MDA2를 위한 EM 알고리즘을 유도하라.

(c) 만일 초기 가중치행렬이, 각 클래스 내에서 개별적인 K-평균 군집화를
수반하며 MDA에서와 같이 구축된다면, MDA2를 위한 알고리즘이 원본
MDA 과정과 동일함을 보여라.

13
프로토타입 방법과 최근접이웃법

13.1 개요

13장에서는 분류와 패턴 인식을 위한 몇 가지 단순하면서 근본적으로 모델에서 자유로운 방법들을 논의한다. 이들은 고도로 비구조적이기 때문에, 통상적으로 특성과 클래스 결과 사이의 관계의 성질을 이해하는 데 유용하지 않다. 그러나 이들은 블랙박스black box 예측 엔진처럼 매우 효율적일 수 있으며, 실제 데이터 문제에서 가장 성능이 우수한 것들 중 하나다. 최근접이웃 기술 또한 회귀처럼 사용될 수 있다. 이에 관해선 2장에서 다뤘으며 저차원 문제에서 적당하게 잘 동작한다. 그러나 고차원 특성에서 편향-분산 상반관계가 최근접이웃 회귀에서 분류와 같이 우호적으로 동작하지 않는다.

13.2 프로토타입법

13장을 통틀어 우리의 훈련 데이터는 N개의 쌍 $(x_1, g_1), ..., (x_n, g_N)$으로 돼 있으며, 이때 g_i는 {1, 2, ..., K}에서 값을 취하는 클래스 라벨이다. 프로토타입법은 특성 공간 내 점의 집합으로 훈련 데이터를 나타낸다. 이들 프로토타입은 통상적으로 나중에 논의하는 1-최근접이웃 분류의 경우를 제외하고, 훈련 표본으로부터의 예시가 아니다.

각 프로토타입은 연관된 클래스 라벨을 가지며, 질의 지점 x의 분류는 가장 가까운 프로토타입의 클래스로 만들어진다. "가장 가까운"이란 것은 주로 훈련표본에서 각 특성 공간을 전체적으로 평균이 0이고 분산이 1이 되도록 표준화한 뒤, 특성 공간 내 유클리드거리를 통해 정의한다. 유클리드 거리는 양적 특성에 적절하다. 14장에서 질적 및 다른 종류의 특성값 사이의 거리 측정치에 관해 논의한다.

이들 방법은 프로토타입이 각 클래스의 분포를 포착하도록 위치를 잘 잡는다면 매우 효과적일 수 있다. 특성 공간 내 올바른 위치에 충분한 프로토타입이 있어도 불규칙적인 클래스 경계가 함께 나타날 수 있다. 얼마나 많은 프로토타입을 사용하고 어디에 이들을 두는지가 주요한 도전 과제다. 방법은 개수 및 프로토타입을 선택하는 방법에 따라 다르다.

13.2.1 K-평균 군집화

K-평균 군집화는 라벨이 없는 데이터의 집합에서 군집 및 군집 중심을 찾는 방법이다. 원하는 개수의 군집 중심 R을 선택한 뒤 K-평균 과정이 전체 군집 내 분산을 최소화하도록 중심을 반복적으로 옮긴다.[1] 중심의 초기 집합이 주어지면 K-평균 알고리즘이 두 단계를 번갈아 한다.

- 각 중심에 관해서 다른 중심보다 그 중심에 가까운 훈련 지점의 부분집합 (그것의 군집)을 식별한다.
- 각 군집 내 훈련 지점에 관해 각 특성의 평균을 계산하고, 이 평균 벡터가 그 군집의 새로운 중심이 된다.

---

1   K-평균의 "K"는 군집 중심의 개수를 나타낸다. 클래스의 개수를 표기하기 위해 K를 이미 남겨뒀으므로, 군집의 개수는 R이라 표기한다.

이들 두 단계는 수렴 때까지 반복된다. 통상적으로 초기 중심은 훈련 데이터로부터 무작위로 선택된 R개 관측치다. K-평균 과정의 자세한 내용은 물론 다른 변수 타입 및 더욱 일반적인 거리 측정치를 허용하는 일반화에 관한 것은 14장에서 주어진다. K-평균 군집화를 라벨 데이터의 분류에 사용하는 단계는 다음과 같다.

- K-평균 군집화를 각 클래스마다 R 프로토타입을 사용해 각 클래스 내 훈련 데이터에 개별적으로 적용한다.
- 클래스 라벨을 각 $K \times R$ 프로토타입에 할당한다.
- 새로운 특성 x를 가장 가까운 프로토타입의 클래스로 분류한다.

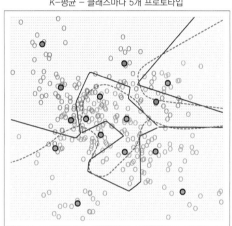

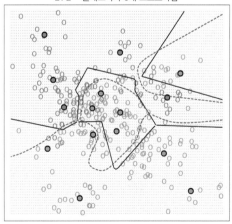

그림 13.1 세 개의 클래스 및 클래스별 5개의 프로토타입이 있는 시뮬레이션 예제. 각 클래스 내 데이터 는 가우스 혼합으로부터 생성돼 있다. 위쪽 패널에서 프로토타입은 각 클래스마다 K-평균 군집화 알고리 즘을 개별적으로 적용해 찾아냈다. 아래쪽 패널에서 (K-평균 해에서 시작하는) LVQ 알고리즘이 프로토 타입을 결정 경계로부터 밀어낸다. 배경의 보라색 점선은 베이즈 결정 경계다.

그림 13.1(위쪽 패널)은 세 개의 클래스와 두 개의 특성으로 된 시뮬레이션 예제를 보여준다. 클래스마다 $R = 5$ 프로토타입을 사용했으며, 분류 영역과 결정 경계를 보여준다. 다수의 프로토타입이 클래스 경계에 가까이 있음을 주지하라. 이는 이들 경계에 가까운 점들의 잠재적인 오분류 오차를 야기한다. 이는 각 클래스에 관해, 다른 클래스들은 그 클래스를 위한 프로토타입의 위치를 잡는 데 아무런 것도 하지 않는다는 이 방법의 명백한 약점에 기인한다. 다음에 다루는 더 나은 접근법은 모든 프로토타입의 위치를 잡는 데 모든 데이터를 사용한다.

알고리즘 13.1 학습 벡터 양자화(Learning Vector Quantization) - LVQ

---

1. 각 클래스에 관해 R개의 초기 프로토타입 $m_1(k)$, $m_2(k)$, ..., $m_R(k)$, $k = 1$, 2, ..., K를 선택한다. 예를 들어 각 클래스로부터 무작위로 훈련 지점을 R개 표본 추출한다.

2. 훈련 지점 x_i를 무작위로 추출하고(교체 있음), (j, k) 인덱스를 x_i에서 가장 가까운 프로토타입 $m_j(k)$라 둔다.

   (a) 만일 $g_i = k$라면(즉, 이들이 같은 클래스에 속한다면) 프로토타입을 훈련 지점으로 이동시킨다.

   $$m_j(k) \leftarrow m_j(k) + \epsilon(x_i - m_j(k))$$

   이때 ϵ는 학습률learning rate이다.

   (b) 만일 $g_i \neq k$라면(즉, 이들이 다른 클래스에 속한다면) 프로토타입을 훈련 지점으로부터 떨어뜨린다.

   $$m_j(k) \leftarrow m_j(k) - \epsilon(x_i - m_j(k))$$

3. 학습률 ϵ가 0으로 감소할 때까지 2단계를 반복한다.

13.2.2 학습 벡터 양자화

코호넨(Kohonen, 1989)에 의한 이 기술로 인해 프로토타입은 결정 경계에 관해 애드혹ad-hoc적인 방식으로 전략적으로 위치를 잡는다. LVQ는 관측치가 한 번에 하나씩 처리되는 온라인 알고리즘이다.

이 개념은 훈련 지점들이 올바른 클래스의 프로토타입을 끌어들이고, 다른 프로토타입은 멀리한다. 반복이 안정될 때 프로토타입은 그 클래스 내 훈련 지점에 가까워야 한다. 학습률 ϵ는 각 반복마다 확률적 근사 학습률(11.4절)을 위한 가이드라인을 따라 영으로 감소한다.

그림 13.1(아래쪽 패널)은 초깃값을 K-평균 해로 사용하는 LVQ의 결과를 보여준다. 프로토타입이 결정 경계에서, 또 경합 클래스의 프로토타입으로부터 떨어져 있는 경향이 있다.

방금 설명한 이 과정은 사실 LVQ1이라 부른다. 때때로 성능을 개선할 수 있는 수정(LVQ2, LVQ3 등)이 제안돼왔다. 학습 벡터 양자화법의 약점은 이들이 어떠한 고정된 기준의 최적화가 아닌 알고리즘에 의해 정의된다는 사실이다. 이는 이들의 속성을 이해하기 어렵게 만든다.

13.2.3 가우스 혼합

가우스 혼합모델Gaussian mixture model 또한 K-평균 및 LVQ와 유사한 프로토타입법과 내재적으로 같은 것으로 생각할 수 있다. 가우스 혼합은 6.8, 8.5 그리고 12.7절에서 일부 자세하게 논의한다. 각 군집은 가우스 밀도 측면에서 묘사되며 이는 (K-평균과 같이) 중심점과 공분산행렬을 가진다. 가우스 성분이 스칼라 공분산행렬을 가지도록 제약을 가하면 비교가 더욱 깔끔해진다(연습 13.1). EM 알고리즘의 반복적인 두 단계는 K-평균의 두 단계와 매우 유사하다.

- E-단계에서, 각 관측치에 각 군집에 관한 책임도responsibility 혹은 가중치를 각각의 해당 가우스의 가능도에 기반해 할당한다. 군집의 중심에 가까운 관측치는 그 군집에 관해 가중치 1을 받게 될 것이며, 다른 모든 군집에 관해서는 가중치 0을 받게 될 것이다. 두 군집 사이의 중간에 있는 관측치는 이들 가중치를 적당하게 나눈다.
- M-단계에서, 각 관측치가 모든every 군집에 관해 가중된 평균(그리고 공분산)에 기여하게 된다.

그 결과 가우스 혼합모델은 연soft 군집법, K-평균은 강hard 군집법이라 부른다.

이와 유사하게 가우스 혼합모델이 각 클래스 내 특성 밀도를 나타내는 데 사용될 때, 이는 x를 분류하기 위한 평활한 사후확률 $p(x) = \{\hat{p}_1(x), ..., \hat{p}_K(x)\}$을 만들어낸다(12.60을 보라). 이는 연 분류로 자주 해석되는 한편, 실제 분류 규칙은 $\hat{G}(x) = \text{argmax}^k\,\hat{p}(x)$이다. 그림 13.2는 2장의 시뮬레이션 혼합 문제에 관한 K-평균과 가우스 혼합의 결과를 비교한다. 결정 경계가 대략적으로 유사하지만, 혼합모델의 것이 더욱 매끈함을 볼 수 있다(그렇지만 프로토타입들은 근사적으로 같은 위치에 있다). 또한 두 과정 모두 파란색 프로토타입 하나를 북서쪽 영역에 내놓는 한편(틀리게) 가우스 혼합 분류기는 이 영역을 궁극적으로 무시할 수 있지만, K-평균은 그럴 수가 없음을 볼 수 있다. LVQ는 이 예제에서 K-평균과 매우 유사한 결과를 내놓으며 여기서 보여주진 않는다.

K-평균 – 클래스당 5개 프로토타입

훈련오차: 0.170
테스트오차: 0.243
베이즈오차: 0.210

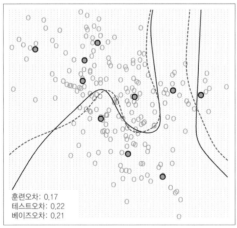

가우스 혼합 – 클래스당 5개 부분클래스

훈련오차: 0.17
테스트오차: 0.22
베이즈오차: 0.21

그림 13.2 위쪽 패널은 혼합 데이터 예제에 적용한 K-평균 분류기를 보여준다. 결정 경계가 조각별 선형이다. 아래쪽 패널은 모든 가우스 성분에 관해 공통 공분산을 가지는 가우스 혼합모델을 보여준다. 이 혼합모델을 위한 EM 알고리즘은 K-평균의 해로부터 시작한다. 배경의 보라색 점선은 베이즈 결정 경계다.

13.3 K-최근접이웃 분류기

이들 분류기는 메모리 기반memory-based이며 적합시킬 모델이 필요 없다. 질의 지점 x_0가 주어졌을 때, x_0와 거리상 가장 가까운 k개 훈련 지점 $x(r)$, $r = 1, ..., k$를 찾은 뒤, k개 이웃 중에서 다수결을 사용해 분류한다.

동점이면 무작위로 쪼개진다. 단순함을 위해 특성이 실수값이며, 특성 공간 내 유클리드 거리를 사용한다고 가정한다.

$$d_{(i)} = ||x_{(i)} - x_0|| \tag{13.1}$$

통상적으로 먼저 각 특성을 평균이 0이고 분산이 1이 되도록 표준화시킨다. 서로 다른 단위로 측정됐을 가능성이 있기 때문이다. 14장에서 양적이고 순서가 있는 특성을 위한 적절한 거리 측정치와 혼합된 데이터에 이들을 어떻게 결합시키는지 논의한다. 13장 후반부에서 적응적으로 선택되는 거리 지표에 관해 논의한다.

k-최근접이웃은 그 단순함에도 손글씨 숫자, 위성 이미지 장면 및 EKG 패턴을 포함해 다수의 분류 문제에서 성공적으로 사용됐다. 이는 각 클래스가 가능한 한 많은 프로토타입을 가지며, 결정 경계가 매우 불규칙할 때 유용한 경우가 자주 있다. 그림 13.3(위쪽 패널)은 시뮬레이션된 3-클래스 데이터에 적용된 15-최근접이웃 분류기의 결정 경계를 보여준다. 결정 경계가 1-최근접이웃 분류기가 사용된 아래쪽 패널과 비교해 꽤 매끈하다. 최근접이웃과 프로토타입법 사이에는 밀접한 관계가 존재하는데, 1-최근접이웃 분류에서 각 훈련 지점이 프로토타입이다.

그림 13.4는 훈련, 테스트 그리고 10겹 교차 검증CV 오류율을 2-클래스 혼합 문제에 관한 이웃 크기의 함수로 보여준다. 10겹 CV 오류율은 숫자 10개의 평균이므로, 표준오차를 추정할 수 있다.

이는 질의 지점에 가장 가까운 훈련 지점만을 사용하므로, 1-최근접이웃 추정값의 편향은 낮지만 분산은 높은 경우가 자주 있다. 커버와 하트(Cover and Hart, 1967)의 유명한 결과는 점근적으로 1-최근접이웃 분류기의 오류율이 베이즈율의 두 배 이상이 절대로 되지 않음을 보여준다. 이 증명의 대략적인 개념은 다음과 같다(제곱오차 손실을 사용해서). 질의 지점이 훈련 지점의 하나와 일치하며, 따라서 편향이 0이라고 가정한다. 이는 특성 공간의 차원이 고정돼 있고 훈련 데이터가 조밀한 방식으로 공간을 채운다면 점근적으로 참이다. 그러면 베이즈 규칙의 오류율은 베르누이 확률변량random variate(질의 지점에서의 목표)의 분산일 뿐이며, 1-최근접이웃 규칙의 오류율은 베르누이 확률변량의 분산의 두 배twice가 돼

1이 훈련 및 질의 목표 각각에 공헌을 한다.

15-최근접이웃

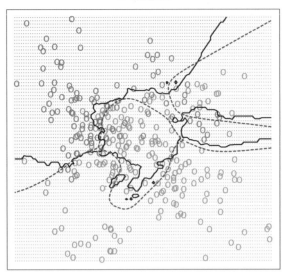

1-최근접이웃

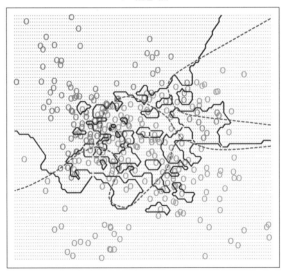

그림 13.3 그림 13.1의 시뮬레이션 데이터에 적용한 *k*-최근접이웃 분류기. 배경의 보라색 점선은 베이즈 결정 경계다.

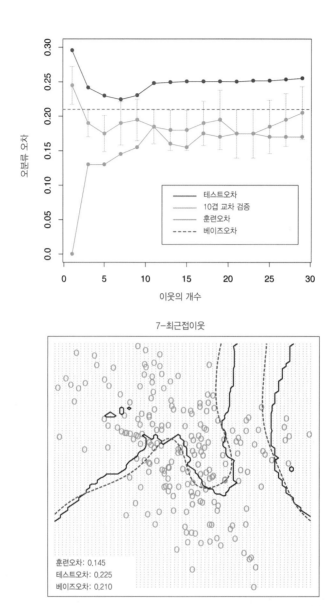

7-최근접이웃

훈련오차: 0.145
테스트오차: 0.225
베이즈오차: 0.210

그림 13.4 2-클래스 혼합 데이터에서의 K-최근접이웃. 위쪽 패널은 오분류 오차를 이웃 크기의 함수로 보여준다. 10겹 교차 검증을 위한 표준오차 막대가 포함돼 있다. 아래쪽 패널은 테스트 오류율을 최소화하는 데 가장 최적인 것으로 보이는 7-최근접이웃의 결정 경계를 보여준다. 배경의 보라색 점선은 베이즈 결정 경계다.

이제 오분류 손실을 자세하게 설명한다. x에서 k^*가 우위 클래스 그리고 $p_k(x)$가 클래스 k의 참인 조건부 확률이라고 하자. 그러면

$$\text{베이즈오차} = 1 - p_{k^*}(x) \tag{13.2}$$

$$\text{1-최근접이웃 오차} = \sum_{k=1}^{K} p_k(x)(1 - p_k(x)) \tag{13.3}$$

$$\geq 1 - p_{k^*}(x) \tag{13.4}$$

이다. 점근적인 1-최근접이웃 오류율은 무작위 규칙의 것이 된다. 분류 및 테스트 지점 둘 다 확률 $p_k(x)$, $k = 1, \dots, K$로 무작위로 고른다. $K = 2$일 때 1-최근접이웃 오류율은 $2p_{k^*}(x)(1 - p_{k^*}(x)) \leq 2(1 - p_{k^*}(x))$이다(베이즈 오류율의 두 배). 더 일반적으로 다음을 보일 수 있다(연습 13.3).

$$\sum_{k=1}^{K} p_k(x)(1 - p_k(x)) \leq 2(1 - p_{k^*}(x)) - \frac{K}{K-1}(1 - p_{k^*}(x))^2 \tag{13.5}$$

이러한 종류의 많은 추가적인 결과들이 유도돼 왔다. 리플리(Ripley, 1996)가 이들 중 몇 가지를 요약했다.

이 결과는 주어진 문제에서 달성할 수 있는 최고의 성능에 대한 대략적인 개념을 제공할 수 있다. 예를 들면 만일 1-최근접이웃 규칙이 10%의 오류율을 가진다면, 베이즈 오류율은 점근적으로 적어도 5%다. 여기서의 함정은 최근접이웃 규칙의 편향이 0이라고 가정하는 점근적인 부분이다. 실제 문제에서 편향은 상당할 수 있다. 13장 후반부에 설명하는 적응적 최근접이웃 규칙은 이러한 편향의 완화를 시도한다. 단순한 최근접이웃에서 편향과 분산의 특성은 주어진 문제에 관한 주변 이웃의 최적 개수를 좌우한다. 이는 다음 예제에서 설명한다.

13.3.1 예제: 비교 연구

앞서 최근접이웃, K-평균과 LVQ 분류기를 두 개의 시뮬레이션 문제에 테스트했다. 10개의 독립적인 특성 X_j가 있으며, 각각 [0, 1]에서 균일분포를 가진다. 2 클래스 0-1 목표변수는 다음과 같이 정의돼 있다.

$$Y = I\left(X_1 > \frac{1}{2}\right) ; \text{문제 1: "쉬움"}$$

$$Y = I\left(\text{sign}\left\{\prod_{j=1}^{3}\left(X_j - \frac{1}{2}\right)\right\} > 0\right) ; \text{문제 2: "어려움"}$$

(13.6)

따라서 첫 번째 문제에서 두 클래스는 초평면 $X_1 = 1/2$로 분리된다. 두 번째 문제에서 두 클래스는 첫 번째 세 개 특성에 의해 정의된 초입방체 안의 체커판 형태를 가진다. 베이즈 오류율은 두 문제 모두 0이다. 100개의 훈련 및 1,000개의 테스트 관측치가 있다.

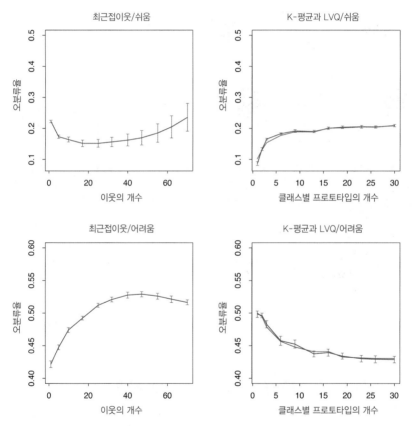

그림 13.5 두 개의 시뮬레이션 문제의 10회 실현에 관한 최근접이웃, K-평균(파란색)과 LVQ(빨간색)의 오분류율의 평균 ±1 표준오차. "쉬움"과 "어려움"이 글자로 표시돼 있다.

그림 13.5는 최근접이웃, K-평균, LVQ에 관해 10번 실현시킨 오분류율의 평균과 표준오차를 각기 다른 조정 매개변수에 따라 보여준다. K-평균과 LVQ가 거의 동일한 결과를 내어줌을 볼 수 있다. 가장 잘 선택된 조정 매개변수에 관해서는 첫 번째 문제에서 K-평균과 LVQ이 최근접이웃보다 성능이 좋으며 두 번째 문제에서는 비슷하다. 각 조정 매개변수의 최적값은 분명히 상황마다 다름을 주지하라. 예를 들면 25-최근접이웃은 1-최근접이웃보다 70%만큼 우수하지만 두 번째 문제에서 1-최근접이웃이 18%만큼 가장 우수하다. 이들 결과는 조정 매개변수의 최적값을 추정하는 데 교차 검증과 같은 객관적인 데이터 기반 방법의 중요성을 강조한다(7장과 그림 13.4를 보라).

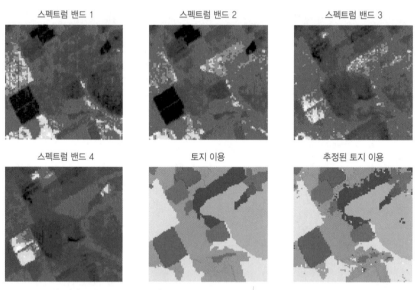

스펙트럼 밴드 1   스펙트럼 밴드 2   스펙트럼 밴드 3

스펙트럼 밴드 4   토지 이용   추정된 토지 이용

그림 13.6 첫 번째 4개 패널은 농업 지역을 위한 LANDSAT 이미지가 4개의 스펙트럼 밴드에 히트맵 음영으로 묘사돼 있다. 나머지 2개 패널은 (색으로 코딩된) 실제 토지 사용과 5-최근접이웃 규칙을 사용한 추정된 토지 사용을 보여준다.

13.3.2 예제: K-최근접이웃과 이미지 장면 분류

STATLOG 프로젝트(Michie et al., 1994)는 LANDSAT 이미지의 일부를 분류를 위한 벤치마크(82×100픽셀)로 사용했다. 그림 13.6은 호주의 농업 토지 지역을 위한 네 개의 히트맵 이미지를 두 개는 가시적 스펙트럼 그리고 두 개는 적외선으로 보여준다. 각 픽셀은 7개 요소 집합 G = {적색토[red soil], 목화[cotton], 초목 그루터기vegetation stubble, 혼합mixture, 회색토gray soil, 축축한 회색토damp gray soil, 매우 축축한 회색토very damp gray soil)로부터 클래스 라벨을 가진다. 이들은 지역을 조사하는 리서치 보조원에 의해 직접 정해진다. 아래쪽 중간 패널은 실제 토지 사용을 보여주며 클래스를 표시하기 위해 다른 색깔로 음영을 가진다. 목표는 네 개의 스펙트럼 밴드 내 정보에 기반해 한 픽셀에서의 토지 사용을 분류하는 것이다.

5-최근접이웃은 아래 오른쪽 패널의 예측된 맵을 만들었으며, 다음과 같이 계산했다. 각 픽셀에 관해 픽셀 자신 및 바로 옆 이웃으로 된 8-이웃 특성 맵을 추출했다(그림 13.7을 보라). 이는 네 개의 스펙트럼 밴드에서 개별적으로 이뤄지며, 픽셀당 $(1+8) \times 4 = 36$개의 입력 특성을 내어준다. 그 뒤 5-최근접이웃 분류가 이 36차원 특성 공간 내에서 수행된다. 결과 테스트 오류율은 약 9.5%였다 (그림 13.8을 보라). LVQ, CART, 신경망, 선형판별분석 및 수많은 것들을 포함해 STATLOG 프로젝트에 쓰인 모든 방법들 중에서, K-최근접이웃이 이 과제에서 성능이 가장 우수했다. 따라서 $\mathbb{R}^{36}$ 내 결정 경계가 꽤 불균형할 가능성이 크다.

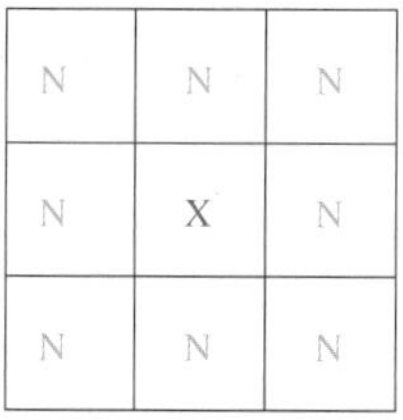

N	N	N
N	X	N
N	N	N

그림 13.7 한 픽셀과 그 8-이웃 특성맵

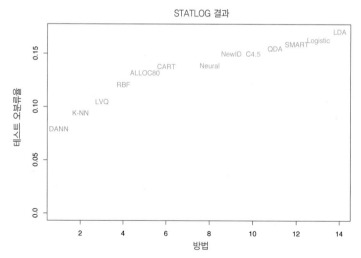

STATLOG 결과

그림 13.8 STATLOG 프로젝트에서 보고된 다수의 분류기의 테스트 오류 성능. DANN 항목은 K-최근접이웃의 변형으로, 적응적 수치를 사용한다(13.4.2절).

13.3.3 불변 계량과 탄젠트 거리

몇몇 문제에서는 훈련 특성이 특정한 자연스러운 변환하에서 불변이다. 최근접이웃 분류기는 이러한 불변성을 개체 사이의 거리를 측정하는 데 쓰이는 수치에 포함시킴으로써 이들을 활용할 수 있다. 여기서는 이 개념이 매우 성공적이었으며, 결과 분류기의 개발 당시 다른 모든 분류기들의 성능보다 우수했던 예제를 제공한다(Simard et al., 1993).

문제는 1장과 11.7절에서 논의했던 손글씨 숫자 인식이다. 입력은 $16 \times 16 = 256$ 픽셀로 된 회색조 이미지다. 몇몇 예제는 그림 13.9에서 볼 수 있다. 그림 13.10의 위쪽에서, "3"을 실제 방위(중간) 및 각 방향으로 7.5° 그리고 15° 회전시킨 그림을 볼 수 있다. 각 회전은 실제 손글씨에서 자주 나타나며, 약간의 회전 후에 "3"이 여전히 "3"임을 분명하게 볼 수 있다. 따라서 최근접이웃 분류기가 이들 두 "3"을 서로 가까운 것으로(즉 비슷한 것으로) 고려하기를 원한다. 그러나 회전된 "3"의 256 회색조 픽셀 값은 원본 이미지에서보다 꽤 다르게 보일 것이며, 따라서 두 개체는 R256의 유클리드 거리에서 제법 멀리 떨어져 있을 수 있다.

우리는 같은 클래스의 두 숫자 사이에서 거리를 측정할 때 회전 효과를 제거하기를 원한다. 원본 "3"과 그 회전된 버전으로 구성된 픽셀 값의 집합을 고려해보자. 이는 $\mathbb{R}^{256}$에서의 1차원 곡선으로, 그림 13.10에서 "3"을 통과하는 초록색 곡선으로 그려져 있다. 그림 11은 $\mathbb{R}^{256}$의 스타일화된stylized 버전을 보여주며, 두 개의 이미지가 x_i과 $x_{i'}$으로 표시돼 있다. 이들은 예를 들면 두 개의 서로 다른 "3"일 수 있다. 각 이미지에 걸쳐 이미지의 회전된 버전의 곡선을 그렸으며, 이는 이러한 환경에서 불변 다양체invariance manifolds라 부른다. 이제 두 이미지 사이에 보통의 유클리드 거리를 사용하는 대신 두 곡선 사이의 최단거리를 사용한다. 다른 말로 두 이미지 사이의 거리는 첫 번째 이미지의 어떠한 회전된 버전과, 두 번째 이미지의 어떠한 회전된 버전 사이의 최단 유클리드 거리로 취한다. 이 거리는 불변 계량invariant metric이라 부른다.

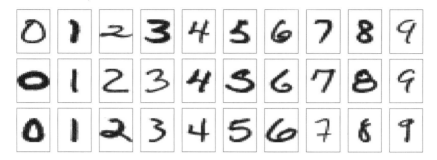

그림. 13.9 손글씨 숫자의 회색조 이미지 예제

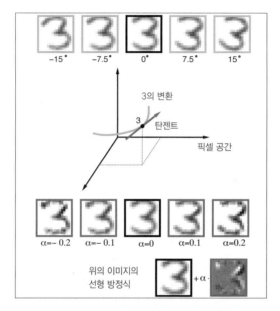

그림 13.10 위쪽 행은 "3"의 원본 방위(중간) 및 회전된 버전을 보여준다. 그림 중간의 초록색 곡선은 256차원 공간 내 이러한 회전된 "3"의 집합을 묘사하고 있다. 빨간 선은 곡선에 관한 원본 이미지에서의 탄젠트 선으로, 몇몇 "3"이 이 탄젠트 위에 있으며, 이에 관한 방정식을 그림의 아래쪽에서 볼 수 있다.

원칙적으로 불변 계량을 사용해 1-최근접이웃 분류를 수행하는 것이 가능하다. 그러나 이에는 두 가지 문제가 있다. 첫 번째는 실제 이미지에서 계산하기가 매우 어렵다는 것이다. 두 번째는 나쁜 성능을 야기하는 대량의 변환을 허용하게 된다. 예를 들면 "6"은 180° 변환 후 "9"와 가까운 것으로 고려될 수 있다. 작은 회전으로 관심을 제한할 필요가 있다.

탄젠트 거리tangent distance의 사용은 이들 문제 모두를 해결한다. 13.10에서 보듯이, 이미지 "3"의 불변 다양체를 원본 이미지에서의 탄젠트를 통해 근사할 수 있다. 이 탄젠트는 이미지의 작은 회전으로부터 방향 벡터를 추정하거나 아니면 더욱 정교한 공간 평활법을 통해 계산할 수 있다(연습 13.4). 회전이 크면 탄젠트 이미지가 더 이상 "3"으로 보이지 않으므로, 큰 변환으로 인한 문제가 완화된다.

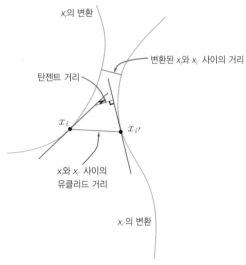

그림 13.11 두 이미지 x_i와 $x_{i'}$의 탄젠트 거리 계산. x_i과 $x_{i'}$ 사이의 유클리드 거리나 두 곡선 간 최단거리를 사용하는 대신에, 두 탄젠트선 사이의 최단거리를 사용한다.

그러면 이 개념은 각 훈련 이미지에 관한 불변 탄젠트선을 계산하는 것이 된다. 분류할 질의 이미지를 위해 불변 탄젠트선을 계산하고 훈련 집합 내 선들 사이에서 이와 가장 가까운 선을 찾는다. 이 가장 가까운 선에 해당하는 클래스(숫자)가 질의 이미지를 위한 예측된 클래스가 된다. 그림 13.11에서 두 탄젠트선이 교차하지만 이는 실제 256차원 상황을 2차원적 표현으로 강제로 그렸기 때문일 뿐이다.

이제 이러한 불변성을 달성하는 더 단순한 방법은 훈련 집합에 각 훈련 이미지의 다수의 회전된 버전을 추가하고, 그 뒤 단지 표준 최근접이웃 분류기를 사용하면 될 것이다. 이 개념은 아부-모스타파(Abu-Mostafa, 1995)가 "힌트hints"라 불렀으며, 불변성의 공간이 작으면 잘 동작한다. 지금까지 문제의 단순한 버전을 보여주었다. 회전에 더해, 우리의 분류기가 불변이길 원하는 변환의 타입이 6가지가 더 있다. 이에는 변형translation(두 방향), 척도화(두 방향), 기울이기sheer 그리고 문자

굵기가 있다. 따라서 그림 13.10과 13.11의 곡선과 탄젠트선은 실제 7차원 다양체 및 초평면이다. 각 훈련 이미지의 변환된 버전을 추가해 이 모든 가능성들을 포착하는 것은 불가능하다. 탄젠트 다양체는 이러한 불변성들을 우아하게 다루는 방법을 제공한다.

표 13.1은 7,291개 훈련 이미지와 2,007개 테스트 숫자(미국 우편국 데이터베이스)로 된 문제를 위해 사려 깊게 구축된 신경망과 단순한 1-최근접이웃 그리고 탄젠트거리 1-최근접이웃 규칙의 테스트 오분류율을 보여준다. 탄젠트거리 최근접이웃 분류기가 눈에 띄게 잘 동작하며, 테스트 오류율은 인간의 눈과 거의 같다(이는 악명 높게 어려운 테스트 집합이다). 실제로는 최근접이웃 분류기들은 이러한 응용에서의 온라인 분류에서 너무 느린 것으로 밝혀졌으며, 이를 따라 하는 신경망 분류기가 순차적으로 개발됐다.

표 13.1 손글씨 우편번호 코드 문제의 테스트 오류율

방법	오류율
신경망	0.049
1-최근접이웃/유클리드 거리	0.055
1-최근접이웃/탄젠트 거리	0.026

13.4 적응적 최근접이웃법

최근접이웃 분류가 고차원 특성 공간에서 수행될 때, 한 지점의 최근접이웃들은 매우 멀리 떨어져 있을 수 있으며, 이는 편향 및 규칙 성능을 저하시키는 원인이 된다.

이를 정량화quantify하기 위해, N 데이터 지점이 단위 입방체 $[-\frac{1}{2}, \frac{1}{2}]^p$ 내에서 균일하게 분포돼 있다고 하자. R을 원점에 중심을 가지는 1-최근접이웃의 반지름이라 하자. 그러면 다음과 같다.

$$\text{median}(R) = v_p^{-1/p} \left(1 - \frac{1}{2}^{1/N}\right)^{1/p} \tag{13.7}$$

이때 $v_p r^p$는 p차원 내 반지름 r인 구의 부피다. 그림 13.12는 다양한 훈련 표본 크기 및 차원에 관한 반지름 중앙값을 보여준다. 반지름 중앙값이 입방체의 모서

리의 거리인 0.5로 빠르게 접근함을 볼 수 있다.

이 문제에 관해 무엇을 할 수 있을까? 그림 13.13의 2 클래스 상황을 고려해보자. 두 개의 특성이 있으며, 질의 지점에서의 최근접이웃은 원으로 된 영역으로 나타낸다. 근접 이웃 분류에서는 클래스 확률이 대략적으로 이웃 내에서 상수라고 가정하는 것이 암묵적이며, 따라서 단순한 평균이 좋은 추정값을 내준다. 그러나 이 예제에서 클래스 확률은 수평 방향으로만 달라진다. 우리가 이를 알고 있었다면, 보이는 바와 같이 이웃을 기다란 직사각 영역으로 수직 방향으로 늘릴 수 있었을 것이다. 이는 우리의 추정값의 편향을 낮추면서 분산은 같도록 둘 것이다.

일반적으로 이는 최근접이웃 분류에서 쓰이는 계량을 적응시켜adapting, 결과 이웃을 클래스 확률이 그리 많이 변하지 않도록 하는 방향에 따라 늘리는 것을 필요로 한다. 고차원 특성 공간에서 클래스 확률들은 오직 저차원의 부분 공간만을 변화시킬 수도 있으므로, 따라서 계량을 적응시키면 상당한 이점이 있을 수 있다.

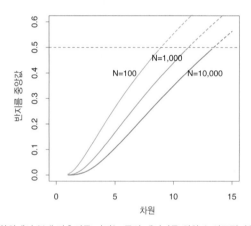

그림 13.12 p차원에서 N개 관측치를 가지는 균일 데이터를 위한 1-최근접이웃의 반지름 중앙값

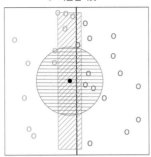

5-최근접이웃

그림 13.13 점들이 입방체 내에서 균일분포를 따르며, 수직선은 클래스를 빨간색과 초록색으로 나눈다. 수직의 띠는 목표 지점(굵은 점)을 위해 최근접이웃을 찾는데 오직 수평 좌표만을 사용하는 5-최근접이웃 영역을 나타낸다. 구는 두 좌표 모두를 사용하는 5-최근접이웃을 보여주며, 이 경우 빨간 클래스 영역까지 넓혀짐을 볼 수 있다(그리고 이 사례에서 이는 잘못된 클래스의 지배를 받는다).

프리드먼(1994a)은 훈련 데이터를 가지는 상자의 모서리를 연속적으로 깎아내림으로 직사각 이웃을 찾아내는 방법을 제안했다. 여기서 헤이스티와 팁시라니(Hastie and Tibshirani, 1996a)의 적응적 판별식 최근접이웃^DANN, Discriminant Adaptive Nearest-Neighbor 규칙을 설명한다. 앞서 쇼츠와 후쿠나가(Short and Fukunaga, 1981) 그리고 마일스와 핸드(Myles and Hand, 1990)가 관련된 제안을 했다.

각 질의 지점에서, 말하자면 50개 지점의 이웃이 구성되고 이들 지점 사이의 클래스 분포는 이웃을 어떻게 기형화^deform하는지 즉, 계량을 적응시키는지 결정하는 데 쓰인다. 적응된 계량은 그 뒤 질의 지점에서의 최근접이웃 규칙에 쓰인다. 그러므로 각 질의 지점에서 다른 계량이 잠재적으로 쓰일 수 있다.

그림 13.13에서 보면 이웃이 클래스 중심점에서 만나는 선에서 직교인 방향으로 이웃이 뻗어져야 한다는 것이 분명하다. 또한 이 방향은 선형 결정 경계와 일치하며, 클래스 확률이 최소한으로 변하는 방향이다. 일반적으로 최대한으로 변할 때의 이 방향은 클래스 중심점에서 만나는 선과 직교하지 않을 것이다(그림 4.9를 보라). 국소 판별식 모델 가정하에서는 국소 클래스-내 그리고 클래스-간 공분산 행렬 내 포함된 정보가 이웃의 최적 형태를 결정하는 데 필요한 모든 것이다.

질의 지점 x_0에서의 적응적 판별식 최근접이웃 계량은 다음으로 정의된다.

$$D(x, x_0) = (x - x_0)^T \mathbf{\Sigma} (x - x_0) \tag{13.8}$$

이때

$$\Sigma = \mathbf{W}^{-1/2}[\mathbf{W}^{-1/2}\mathbf{B}\mathbf{W}^{-1/2} + \epsilon\mathbf{I}]\mathbf{W}^{-1/2}$$
$$= \mathbf{W}^{-1/2}[\mathbf{B}^* + \epsilon\mathbf{I}]\mathbf{W}^{-1/2} \tag{13.9}$$

여기서 $\mathbf{W}$는 합동 클래스-내 공분산행렬 $\sum_{k=1}^{K} \pi_k \mathbf{W}_k$이며 $\mathbf{B}$는 클래스 간 공분행렬 $\sum_{k=1}^{K} \pi_k (\bar{x}_k - \bar{x})(\bar{x}_k - \bar{x})^T$이고, $\mathbf{W}$와 $\mathbf{B}$는 오직 x_0 근처 50개 최근접이웃만을 사용해 계산된다. 계량을 계산한 이후 이는 x_0에서의 최근접이웃 규칙에서 쓰인다.

이 복잡한 공식은 실제로 연산이 꽤 단순하다. 먼저 $\mathbf{W}$에 관해 데이터를 구로 만들고, 그 뒤 $\mathbf{B}^*$(구로 된 데이터를 위한 사이행렬between-matrix)의 영-고윳값 방향으로 이웃을 늘린다. 이것이 이치에 맞는 이유는 관측된 클래스 평균은 국소적으로 이들 방향에서 다르지 않다는 것을 뜻하기 때문이다. ϵ 매개변수는 이웃을 무한한 띠에서 타원체로 둥글게 만들어 질의 지점으로부터 멀리 떨어진 지점을 사용하는 것을 피하도록 한다. 그림 13.14는 클래스들이 두 개의 동심원 형태를 취하는 문제를 위한 결과 이웃을 보여준다. 이웃 내 두 클래스가 모두 존재할 때 이웃들이 어떻게 결정 경계를 향해 직교적으로 늘려지는지 보라. 클래스가 오직 하나인 순수한 영역 내에서 이웃은 원으로 남아 있다. 이들의 경우 사이행렬은 $\mathbf{B} = 0$이고, (13.8) 내 Σ는 항등행렬이다.

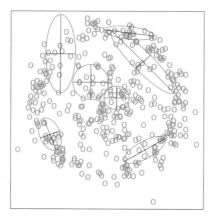

그림 13.14 DANN 과정으로 찾아낸 다양한 질의 지점(십자의 중심)에서의 이웃들. 데이터에는 두 클래스가 있으며, 한 클래스가 다른 것을 둘러싸고 있다. 50개 최근접이웃이 국소 계량을 추정하는 데 쓰였다. 15개-최근접이웃을 구성하기 위해 쓰인 결과 계량을 볼 수 있다.

13.4.1 예제

여기서는 2 클래스 데이터를 10차원에서, 그림 13.14의 2차원 예제와 비슷하게 생성한다. 클래스 1 내 모든 10개 예측변수는 독립적인 표준 정규분포로, 반지름 이 22.4보다 크고 40보다 작게 조건을 부여하며, 클래스 2의 예측변수는 제약조 건이 없는 독립적인 표준 정규분포다. 각 클래스에는 250개 관측치가 존재한다. 따라서 첫 번째 클래스는 완전한 10차원 공간 내에서 거의 완벽하게 두 번째 클 래스를 둘러싼다.

이 예제에서는 최근접이웃 부분집합 선택 규칙을 없애버릴 수도 있는 종류의 순수한 잡음 변수가 없다. 특성 공간 내 주어진 어떠한 지점에서든지 클래스 판별 은 오직 한 방향을 따라서 벌어진다. 그러나 이 방향은 특성 공간을 옮겨 다님에 따라 바뀌며 모든 변수가 공간 내 어딘가에서 중요하다.

그림 13.15는 표준 5-최근접이웃, LVQ, 적응적 판별 5-최근접이웃을 위한 10번의 실현에 관한 테스트 오류율의 상자그림을 보여준다. LVQ를 위해서는 클 래스마다 50개의 프로토타입을 사용해 5-최근접이웃과 비교 가능하도록 했다 (250/5 = 50이므로). 적응적 계량이 LVQ나 표준 최근접이웃과 비교해 오류율을 상 당히 낮춘다.

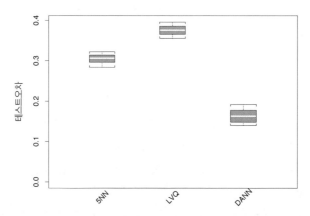

그림 13.15 10차원 시뮬레이션 예제: 표준 5-최근접이웃, 50개 중심으로 된 LVQ, 적응적 판별 5-최 근접이웃을 위한 10회 실현에 관한 테스트 오류율의 상자그림

13.4.2 최근접이웃을 위한 전역 차원 축소

적응적 판별 최근접이웃법은 국소적인 차원 축소, 즉 각 질의 지점에서 개별적으로 차원 축소를 수행한다. 많은 문제에서 또한 전역 차원 축소를 통해 이득을 볼 수 있다. 즉, 원본 특성 공간의 최적으로 선택된 어떠한 부분공간에서 최근접이웃을 적용하는 것이다. 2 클래스의 4차원 특성 공간 내에서 두 개의 중첩된 구의 형태를 가진다고 해보자. 그리고 추가적인 6개의 잡음 특성이 존재하며 이들의 분포는 클래스에 독립적이다. 그러면 우리는 중요한 4차원 부분공간을 찾고, 그 축소된 부분공간 내에서 최근접이웃 분류를 수행하고자 할 것이다. 헤이스티와 팁시라니(Hastie and Tibshirani, 1996a)에서는 이러한 목적으로 적응적 판별 최근접이웃법의 변형을 논의한다. 각 훈련 지점 x_i에서, 중심점-사이 제곱합 행렬 $\mathbf{B}_i$를 계산하고, 그 뒤 이들 행렬을 모든 훈련 지점에 관해 평균한다.

$$\bar{\mathbf{B}} = \frac{1}{N} \sum_{i=1}^{N} \mathbf{B}_i \qquad (13.10)$$

e_1, e_2, ..., e_p를 행렬 $\bar{\mathbf{B}}$의 고유벡터라 하고, 가장 큰 고윳값에서 가장 작은 고윳값 θ_k로 정렬돼 있다고 하자. 그러면 이들 고유벡터는 전역 부분공간 축소를 위한 최적 부분공간을 확장한다. 미분은 $\bar{\mathbf{B}}$에 관한 최적 랭크-L 근사 $\bar{\mathbf{B}}_{[L]} = \sum_{\ell=1}^{L} \theta_\ell e_\ell e_\ell^T$가 최소제곱 문제를 푼다는 사실에 기인한다.

$$\min_{\text{rank}(\mathbf{M})=L} \sum_{i=1}^{N} \text{trace}[(\mathbf{B}_i - \mathbf{M})^2] \qquad (13.11)$$

각 $\mathbf{B}_i$가 (a) 국소 판별 부분공간 및 (b) 그 부분공간 내 판별의 힘에 관한 정보를 가지고 있으므로, (13.11)은 L차원의 최적의 근사적인 부분공간을 가중 최소제곱을 통해서 일련의 N개 부분공간으로 찾는 방법으로 볼 수 있다(연습 13.5).

앞에서 언급한, 그리고 헤이스티와 팁시라니(Hastie and Tibshirani, 1996a)에서 연구한 4차원 구 예제에서, 고윳값 θ_ℓ 중 4개가 큰 것으로 밝혀졌으며(관심이 있는 부분공간을 거의 확장하는 고유벡터를 가지는), 그리고 나머지 6개는 거의 0이었다. 연산적으로는 데이터를 주된 4차원 부분공간에 사영하고, 그 뒤 최근접이웃 분류를 수행한다. 13.3.2절의 위성 이미지 분류 예제에서, 그림 13.8에 DANN이라 라벨링된 기술은 전역적으로 축소된 부분공간 내에서 5-최근접이웃을 사용했다. 또한 이 기술 그리고 두안과 리(Duan and Li, 1991)가 제안한 역분할 회귀sliced inverse regression와는 연결점이 존재한다. 이들 저자는 회귀 설정에서 유사한 개념을 사용하지만, 국소 연산 대신에 전역 연산을 한다. 이들은 특성 분포의 구형 대칭성 spherical symmetry을 가정하고 활용해 관심 있는 부분공간을 추정한다.

13.5 연산 고려 사항

최근접이웃 규칙의 일반적인 한 가지 단점은 이웃을 찾고 전체 훈련 집합을 저장하는 모두에 관한 연산적인 부담이다. N개 관측치와 p개 예측변수로된 최근접이웃 분류는 질의 지점마다 이웃을 찾는 데 Np회 연산을 필요로 한다. 이러한 부하를 다소 줄일 수 있는 최근접이웃을 찾는 빠른 알고리즘이 존재한다(Friedman et al., 1975; Friedman et al., 1977). 헤이스티와 시마드(Hastie and Simard, 1998)는 이러한 불변 계량 측면에서 K-평균 군집화와 유사하게 개발해 탄젠트 거리를 위한 연산을 줄인다.

저장 요구 사항을 줄이는 것은 더욱 어려우며, 다양한 편집editing 및 응집condensing 과정이 제안돼 왔다. 훈련 집합의 부분집합을 최근접이웃 예측을 위해 충분하게 격리시키고, 나머지 훈련 데이터를 버리는 것이 개념이다. 직관적으로 결정 경계에 가까우면서 이들 경계의 올바른 편에 있는 관측 지점은 남기고, 경계에서 먼 일부 지점들은 버릴 수 있도록 하는 것이 중요해 보인다.

데비버와 키틀러(Devijver and Kittler, 1982)의 다중-편집multi-edit 알고리즘은 데이터를 순환적으로 훈련 및 테스트 집합으로 나누면서, 훈련 집합에서 최근접이웃 규칙을 계산하고 오분류된 테스트 지점은 삭제한다. 이 개념은 훈련 관측치의 동질적인 군집을 유지하는 것이다.

하트(Hart, 1968)의 응집 과정은 더 나아가서 이들 군집의 중요한 외부 지점들만을 남기려 시도한다. 단일의 무작위로 선택된 관측치를 훈련 집합으로 시작해, 각 추가적 데이터 항목이 현재의 훈련 집합에서 계산된 최근접이웃 규칙에 의해 오분류될 때만 이를 훈련 집합에 추가하며 한 번에 하나씩 처리한다.

이들 과정은 다사라티(Dasarathy, 1991)와 리플리(Ripley, 1996)가 조사했다. 이들은 또한 최근접이웃 외에 다른 학습 과정에도 적용할 수 있다. 이러한 방법은 때때로 유용하지만 이들에 관한 실제적인 경험이 그리 많지 않을 뿐만 아니라 이들의 성능에 관해 체계적으로 비교한 것을 논문에서 발견하지도 못했다.

참고문헌

최근접이웃법은 적어도 픽스와 헛지(Fix and Hodges, 1951)로 거슬러 올라간다. 이 주제에 관한 포괄적인 문헌은 다사라티(Dasarathy, 1991)가 리뷰했다. 리플리(Ripley, 1996)의 6장에는 요약이 잘 돼 있다. K-평균 군집화는 로이드(Lloyd, 1957)와 맥퀸(MacQueen, 1967) 덕분이다. 코호넨(Kohonen, 1989)은 학습 벡터 양자화를 소개했다. 탄젠트 거리법은 시마드 외(Simard et al., 1993)에 의한 것이다. 헤이스티와 팁시라니(Hastie and Tibshirani, 1996a)는 적응적 판별 최근접이웃 기술을 제안했다.

연습 문제

연습 13.1 공분산행렬을 스칼라: $\Sigma_r = \sigma\mathbf{I}$ $\forall r = 1, ..., R$로 가정하고, σ는 고정된 매개변수인 가우스 혼합모델을 고려하자. K-평균 군집화 알고리즘과 이 혼합모델을 적합하기 위한 EM 알고리즘의 유사점을 자세히 논의해보라. $\sigma \to 0$라고 제한하면 두 방법이 일치함을 보여라.

연습 13.2 1-최근접이웃의 반지름 중앙값을 위한 공식 (13.7)을 유도하라.

연습 13.3 E^*를 K-클래스 문제에서의 베이즈 규칙의 오류율이라고 하자. 이때 참인 클래스 확률은 $p_k(x)$, $k = 1, ..., K$로 주어진다. 테스트 지점과 훈련 지점이 동일한 특성 x를 가진다고 가정해, (13.5)를 증명하라.

$$\sum_{k=1}^{K} p_k(x)(1 - p_k(x)) \leq 2(1 - p_{k^*}(x)) - \frac{K}{K-1}(1 - p_{k^*}(x))^2$$

이때 $k^* = \arg\max_k p_k(x)$이다. 이에 따라 훈련 집합의 크기가 커지면 1-최근접이웃 규칙의 오류율이 L_1에서 값 E_1으로 수렴하며, 다음을 상한으로 가짐을 주장해보라.

$$E^*\left(2 - E^*\frac{K}{K-1}\right) \tag{13.12}$$

[커버와 하트(Cover and Hart, 1967)의 정리에서의 이 명제는 리플리(Ripley, 1996)로부터 가져온 것이며, 짧은 증명 또한 주어져 있다.]

연습 13.4 이미지가 2차원 공간 정의역(종이 좌표)에서 함수 $F(x): \mathbb{R}^2 \mapsto \mathbb{R}^1$가 되도록 고려해보자. 그러면 $F(c + x_0 + \mathbf{A}(x - x_0))$는 이미지 F의 아핀 변환을 나타내며, 이때 $\mathbf{A}$는 2×2 행렬이다.

(a) 4개의 아핀 변환(두 개의 척도화, 꺾기, 회전)을 식별하는 매개변수가 분명하게 인식되도록 하는 방식으로 $\mathbf{A}$를 분해하라(Q-R을 통해).

(b) 연쇄 규칙을 사용해 이들 각각의 매개변수에 관한 $F(c + x_0 + \mathbf{A}(x - x_0))$의 도함수를, F에 관한 두 개의 공간적인 도함수로 나타낼 수 있음을 보여라.

(c) 2차원 커널 평활자(6장)를 사용해 이미지를 16×16픽셀로 양자화할 수 있을 때 이 과정을 어떻게 구현하는지 설명하라.

연습 13.5 $\mathbf{B}_i$, $i = 1, 2, ..., N$를 정방 $p \times p$ 양반정치행렬이라 하고, $\bar{\mathbf{B}} = (1/N)$ $\sum \mathbf{B}_i$라 하자. $\bar{\mathbf{B}}$의 고윳값 분해를 $\theta_\ell \geq \theta_{\ell-1} \geq \cdots \geq \theta_1$인 $\sum_{\ell=1}^{p} \theta_\ell e_\ell e_\ell^T$로 쓰자. $\mathbf{B}_i$에 관한 최적 랭크-L 근사

$$\min_{\text{rank}(\mathbf{M})=L} \sum_{i=1}^{N} \text{trace}[(\mathbf{B}_i - \mathbf{M})^2]$$

가 $\bar{\mathbf{B}}_{[L]} = \sum_{\ell=1}^{L} \theta_\ell e_\ell e_\ell^T$로 주어진다는 것을 보여라(힌트: $\sum_{i=1}^{N} \text{trace}[(\mathbf{B}_i - M)^2]$를 $\sum_{i=1}^{N} \text{trace}[(\mathbf{B}_i - \bar{\mathbf{B}})^2] + \sum_{i=1}^{N} \text{trace}[(\mathbf{M} - \bar{\mathbf{B}})^2])$와 같이 써라).

연습 13.6 여기서 형태 평균화shape averaging의 문제를 고려해본다. 특히 $\mathbf{L}_i$, $i = 1, ..., M$은 $\mathbb{R}^2$ 내 지점의 $N \times 2$ 행렬이며, 각각은 손글씨(필기체) 글자의 해당 위치로부터 추출한다. 여기서 M개 글자 $\mathbf{L}_i$의 아핀 불변 평균affine invariant average $\mathbf{V}$을 찾고자 하며, 이 또한 $N \times 2$이고 $\mathbf{V}^T \mathbf{V} = I$이며, $\mathbf{V}$는 다음을 최소화한다는 속성을 갖는다.

$$\sum_{j=1}^{M} \min_{\mathbf{A}_j} \|\mathbf{L}_j - \mathbf{V}\mathbf{A}_j\|^2$$

이 해를 특징화하라.

이 해는 몇몇 글자가 크면서^{big} 평균보다 우위를 차지한다면 나빠질 수 있다. 대안적인 접근법은 대신 다음을 최소화하는 것이다.

$$\sum_{j=1}^{M} \min_{\mathbf{A}_j} \left\| \mathbf{L}_j \mathbf{A}_j^* - \mathbf{V} \right\|^2$$

이 문제의 해를 유도하라. 두 기준이 어떻게 다른가? $\mathbf{L}_j$의 SVD를 사용해 두 접근법의 비교를 단순화해보라.

연습 13.7 그림 13.5의 왼쪽 패널의 "쉬운" 문제와 "어려운" 문제에 관한 최근접이웃 응용을 고려해보자.

 (a) 그림 13.5의 왼쪽 패널 내 결과를 재현해보라.

 (b) 5겹 교차 검증을 사용해 오분류 오류를 추정하고, 1에서의 오류율 곡선과 비교해보라.

 (c) 훈련 집합 오분류 오차의 "AIC-같은" 벌점화를 고려해보자. 특히 훈련 집합 오분류 오차에 $2t/N$를 추가하자. 이때 t는 매개변수의 근사적 개수 N/r이며, r은 최근접이웃의 개수가 된다. 벌점화 오분류 오차의 결과 그림을 1 및 2와 비교해보라. 교차 검증과 AIC 중 어떤 방법이 최근접이웃의 최적 개수를 위한 더 나은 추정값을 제공하는가?

연습 13.8 2 클래스 내 2개의 특성을 가지는 데이터를 생성해보자. 이들 특성은 표준편차 1을 가지는 독립적인 가우스 변량이다. 이들의 평균 벡터는 클래스 1에서는 $(-1, -1)$이고 클래스 2에서는 $(1, 1)$이다. 각 특성 벡터에 0에서 2π 사이에 균일하게 무작위로 선택된 각도 θ의 회전을 적용하라. 각 클래스로부터 50개 관측치를 생성해 훈련 집합을, 각 클래스에서 500은 테스트 집합으로 구성하라. 네 개의 서로 다른 분류기를 적용하라.

 (a) 최근접이웃

 (b) 힌트가 있는 최근접이웃: 최근접이웃을 적용하기 전에 10개의 무작위로 회전된 버전의 각 데이터 지점을 훈련 집합에 추가한다.

 (c) 원점에 관한 회전에 유클리드 거리 불변을 사용하는 불변 계량 최근접이웃

 (d) 탄젠트 거리 최근접이웃

각각의 경우에서 10겹 교차 검증을 통해 이웃의 개수를 선택하고, 결과를 비교하라.

14
비지도 학습

14.1 개요

이전 장들에서는 주어진 입력 혹은 예측변수 $X^T = (X_1, ..., X_p)$에 관해 하나 혹은 그 이상의 출력 혹은 반응 변수 $Y = (Y_1, ..., Y_m)$의 값을 예측하는 데 관심을 뒀다. i번째 훈련 사례의 입력변수를 $x_i^T = (x_{i1}, ..., x_{ip})$로 표기하고, y_i를 반응 측정치라 하자. 예측값은 이전에 푼 사례의 훈련 표본 $(x_1, y_1), ..., (x_N, y_N)$에 근거하며, 이때 모든 변수의 결합값은 알려져 있다. 이는 지도 학습supervised learning 혹은 "선생으로부터의 학습learning with a teacher"이라 부른다. 이러한 비유하에서 "학생student"은 훈련 표본 내 각 x_i에 관한 응답 $\hat{y}_i$를 나타내며, 감독자 혹은 "선생"은 올바른 응답 그리고 학생의 응답과 관련된 오차를 제공한다. 이는 주로 어떠한 손실함수 $L(y, \hat{y})$, 예를 들면 $L(y, \hat{y}) = (y - \hat{y})^2$를 통해 특징화된다.

만일 (X, Y)가 어떠한 결합확률밀도 $\Pr(X, Y)$로 나타나는 확률변수라 가정하면, 지도 학습은 형식적으로 조건부밀도 $\Pr(Y|X)$의 속성을 결정하는 데 관심을 가지는 밀도 추정 문제로 특징화될 수 있다. 주로 관심의 속성은 각 x에서의 기대오차를 최소화하는 "위치location" 매개변수다.

$$\mu(x) = \operatorname*{argmin}_{\theta} E_{Y|X} L(Y, \theta) \tag{14.1}$$

조건부화한 것은

$$\Pr(X, Y) = \Pr(Y|X) \cdot \Pr(X)$$

이때 $\Pr(X)$는 X값 홀로의 결합 주변 밀도다. 지도 학습에서 $\Pr(X)$는 통상적으로 방향에 관심이 없다. 주된 관심은 조건부 밀도 $\Pr(Y|X)$의 속성이다. Y가 저차원 (주로 1차원)인 경우가 대부분이므로, 그리고 위치 $\mu(x)$만이 관심사이므로, 문제는 크게 단순화된다. 이전 장들에서 논의했듯이 지도 학습을 다양한 측면에서 성공적으로 다루는 접근법들이 매우 많다.

14장에서는 비지도 학습unsupervised learning 혹은 "선생 없는 학습learning without a teacher"을 다룬다. 이 경우 결합밀도 $\Pr(X)$를 가지는 무작위 p 벡터 X의 N개 관측치 $(x_1, x_2, ..., x_N)$의 집합을 가진다. 목표는 올바른 응답이나 각 관측치에 관한 오류도degree-of-error를 제공하는 감독자 혹은 선생의 도움 없이 이 확률 밀도의 속성을 직접 추론하는 것이다. X의 차원은 때로 지도 학습에서보다 훨씬 높으며, 관심사의 속성은 단순한 위치 추정보다 훨씬 복잡한 경우가 자주 있다. 이들 요인은 때때로 X가 다음의 고려 사항 아래에서 모든 변수를 나타낸다는 사실을 통해 완화되기도 한다. 그 고려 사항이란 다른 변수 집합의 값 변화에 조건부인 $\Pr(X)$의 속성이 어떻게 변하는지 추론할 필요는 없다는 것이다.

저차원($p \leq 3$라 하자) 문제에서 모든 X값에서 밀도 $\Pr(X)$ 자체를 직접 추정하고, 이를 시각적으로 표현하기 위한 다양한 효과적인 비모수적인 방법이 존재한다 (Silverman, 1986). 이들 방법은 차원성의 저주로 인해 고차원에서 실패하게 된다. 가우스 혼합 혹은 $\Pr(X)$를 특징화하는 다양한 단순 기술 통계량과 같은, 다소 거친 전역 모델에 만족해야만 한다.

일반적으로 이들 기술 통계량은 X 값들을, 혹은 $\Pr(X)$가 상대적으로 클 때 이러한 값들의 모음을 특징화하려 한다. 예를 들면 주성분principal components, 다차원 척도화multidimensional scaling, 자기조직화 지도self-organizing maps, 주곡선principal curves은 고밀도의 데이터를 나타내는 X 공간 내에서 저차원 다양체를 식별하려 시도한다. 이는 변수 사이의 연관성 그리고 이들이 "잠재"변수의 더 작은 집합의 함수로 고려될 수 있는지에 관한 정보를 제공한다. 군집분석은 $\Pr(X)$의 최빈값을 포함하는 X 공간의 복수의 볼록 영역을 찾으려 시도한다. 이는 $\Pr(X)$가 관측치의 개별

타입 혹은 클래스를 나타내는 더 단순한 밀도의 혼합으로 표현될 수 있는지에 관한 여부에 관해 말해줄 수 있다. 혼합 모델링은 유사한 목표를 가진다. 연관성 규칙은 매우 고차원인 이진값 데이터의 특별한 경우에서 고밀도의 영역을 설명하는 단순한 묘사(결합^{conjunctive} 규칙)를 구축하려 시도한다.

지도 학습에는 특정 상황에서 타당성을 판단하고 다양한 상황에 걸쳐 서로 다른 방법들의 유효성을 비교하는 데 사용할 수 있는, 성공 혹은 성공의 부재에 관한 명확한 수치가 존재한다. 성공의 부재는 결합 분포 $Pr(X, Y)$에 관한 기대 손실을 통해 직접 측정한다. 이는 교차 검증을 포함해 다양한 방법으로 추정할 수 있다. 비지도 학습 측면에서는 성공에 관한 직접적인 수치같은 것이 없다. 대부분의 비지도 학습 알고리즘 결과로부터 뽑아낸 추론의 타당성을 규명하기는 어렵다. 지도 학습 경우와 마찬가지로 알고리즘에 동기를 부여하기 위해서 뿐만 아니라, 결과의 품질을 판단하기 위해서라도 휴리스틱한 논증에 의지해야만 한다. 이러한 불편한 상황은 상당히 왕성한 방법들이 제안되도록 했다. 유효성은 의견의 문제이며 직접적으로 검증할 수 없기 때문이다.

14장에서는 실제로 가장 일반적으로 쓰이면서도 저자들이 선호하는 몇 가지 다른 비지도 학습 기술을 보여준다.

14.2 연관성 규칙

연관성 규칙$^{association\ rule}$ 분석은 상용 데이터베이스를 마이닝하기 위한 인기 있는 도구로 부각돼 왔다. 목표는 데이터베이스 내에서 가장 빈번하게 나타나는 변수 $X = (X_1, X_2, ..., X_p)$의 결합값을 찾는 것이다. 이는 이진값 데이터 $X_j \in \{0, 1\}$에 가장 자주 적용되며, 이때 이는 "시장 바스켓$^{market\ basket}$" 분석이라 부른다. 이러한 측면에서 관측치는 상점의 결제 카운터에서 나타나는 것과 같은 판매 거래가 된다. 변수들은 상점에서 팔린 모든 항목을 나타낸다. 관측치 i에서, 각 변수 X_j에 두 값 중 하나가 할당되는데, 만일 j번째 항목이 거래의 일부로 구매된다면 $x_{ij} = 1$이며, 구매되지 않았다면 $x_{ij} = 0$이다. 1의 결합값을 자주 가지는 변수는 함께 빈번하게 구매되는 항목을 나타낸다. 이 정보는 선반을 채우거나 판매 프로모션에서의 교차 마케팅, 카탈로그 디자인, 구매 패턴에 기반한 소비자 세분화에 꽤 유용하게 쓰일 수 있다.

더 일반적으로 연관성 규칙 분석의 기본적인 목표는 특성 벡터 X를 위한 프로토타입 X 값들의 컬렉션 $v_1, ..., v_L$, 이들 각 값에서 값매김된 확률 밀도 $\Pr(v_l)$가 상대적으로 크도록 찾는 것이다. 이러한 일반적인 체계에서 이 문제는 "최빈값 찾기" 혹은 "범프 헌팅bump hunting"으로 볼 수 있다. 이 문제는 형식화한 것과 같이 거의 불가능할 정도로 어렵다. 각 $\Pr(v_l)$에 관한 자연스러운 추정량은 $X = v_l$인 관측치의 부분이다. 어떤 문제가 적은 수보다는 더 많은 수의 변수를 수반한다고 해보자. 각 변수는 적은 수보다는 더 많은 값들을 가진다고 가정할 수 있다. 그러면 $X = v_l$일때 관측치의 개수는 신뢰할 수 있는 추정에 필요한 것보다 거의 항상 너무 적을 것이다. 다루기 쉬운 문제를 만들려면 분석의 목표와 적용될 데이터의 일반성 모두 반드시 크게 단순화돼야만 할 것이다.

첫 번째 단순화는 목표를 수정하는 것이다. $\Pr(x)$가 큰 값values x를 찾는 대신에, 이들의 크기나 지지도와 비교해 상대적으로 확률이 높은 콘텐츠를 가지는 X-공간의 영역regions을 찾는다. $\mathcal{S}_j$가 j번째 변수의 모든 가능한 값들의 집합(그것의 지지도support)을 나타내고, $s_j \subseteq \mathcal{S}_j$가 이들 값의 부분집합이라 해보자.

수정된 목표는 변숫값 $s_1, ..., s_p$의 부분집합을 찾되 동시에 변수의 해당 부분집합 내 값을 가정하는 각 변수의 확률이 상대적으로 크도록 하는 것이다.

$$\Pr \left[\bigcap_{j=1}^{p} (X_j \in s_j) \right] \qquad (14.2)$$

부분집합 $\bigcap_{j=1}^{p} (X_j \in s_j)$의 교집합은 결합 규칙conjunctive rule이라고 부른다. 양적 변수에서 부분집합 s_j는 인접한 구간이 된다. 범주형 변수에서 부분집합은 명시적으로 기술된다. 만일 일반적인 경우와 같이 부분집합 s_j가 사실은 값의 전체 집합 $s_j = \mathcal{S}_j$이라면, 변수 X_j는 이 규칙에서 나타나지 않는다not to appear고 말한다.

14.2.1 시장 바스켓 분석

(14.2)를 푸는 일반적인 접근법은 14.2.5절에서 논의한다. 이들은 많은 응용에서 꽤 유용할 수 있다. 그러나 이들은 매우 큰($p \approx 10^4$, $N \approx 10^8$) 상용 데이터 베이스에서는 달성이 불가능하며 이때 시장 바스켓 분석을 자주 응용한다. (14.2)에 몇 가지 추가적인 단순화가 요구된다. 먼저 오직 두 개 타입의 부분집합만이 고려된다. s_j가 X_j의 단일 값으로만 구성돼 $s_j = v_{0j}$가 되거나, 혹은 X_j가 가정할 수 있는 값

들의 전체 집합으로 구성돼 $s_j = S_j$가 된다. 이는 문제 (14.2)를 정수의 부분집합 $\mathcal{J} \subset \{1, ..., p\}$, 그리고 해당하는 값 $v_{0j}, j \in \mathcal{J}$를 다음이 크도록 찾는 것으로 단순화한다.

$$\Pr \left[\bigcap_{j \in \mathcal{J}} (X_j = v_{0j}) \right] \tag{14.3}$$

그림 14.1은 이러한 가정을 보여준다.

더미변수dummy variables 기술을 적용해 (14.3)을 오직 이진값으로 된 변수를 수반하는 문제로 바꿀 수 있다. 여기서 지지도 S_j는 각 변수 X_j에 관해 유한하다고 가정한다. 구체적으로는 각각 원본 변수 $X_1, ..., X_p$를 통해 얻을 수 있는 각각의 값 v_{lj}에 관해 하나의 변수가 만들어져, 변수의 새로운 집합 $Z_1, ..., Z_K$가 생긴다. 더미변수의 개수 K는 다음과 같다.

$$K = \sum_{j=1}^{p} |S_j|$$

이때 $|S_j|$는 X_j로부터 얻을 수 있는 구별된 값의 개수다.

각 더미변수에는 그 더미변수와 연관된 변수가 Z_k에 할당된 해당 값을 취하면 $Z_k = 1$가 할당되고, 그렇지 않으면 $Z_k = 0$이다. 이는 (14.3)을 다음이 최대가 되도록, 정수의 부분집합 $\mathcal{K} \subset \{1, ..., K\}$를 찾는 것으로 변환시킨다.

$$\Pr \left[\bigcap_{k \in \mathcal{K}} (Z_k = 1) \right] = \Pr \left[\prod_{k \in \mathcal{K}} Z_k = 1 \right] \tag{14.4}$$

이는 시장 바스켓 문제의 표준적인 형식화다. 집합 $\mathcal{K}$는 "항목 집합item set"이라 부른다. 항목 집합 내 변수 Z_k의 개수는 "크기size"라 부른다(크기는 p보다 크지 않음을 주지하라). (14.4)의 추정된 값은 (14.4) 내 논리곱이 참이 되도록 데이터베이스 내 관측치 부분을 취한다.

$$\widehat{\Pr} \left[\prod_{k \in \mathcal{K}} (Z_k = 1) \right] = \frac{1}{N} \sum_{i=1}^{N} \prod_{k \in \mathcal{K}} z_{ik} \tag{14.5}$$

여기서 z_{ik}는 이러한 i번째 경우에 관한 Z_k의 값이다. 이는 항목 집합 $\mathcal{K}$의 "지지도" 혹은 "발생률prevalence" $T(\mathcal{K})$이라 부른다. $\prod_{k \in \mathcal{K}} z_{ik} = 1$인 관측치 i는 항목 집합 $\mathcal{K}$

를 "포함한다contain"고 말한다.

연관성 규칙 마이닝에서는 지지도 하계 t가 구체화되고, 모든all 항목 집합 $\mathcal{K}_l$은 데이터베이스 내에서 이러한 하계 t보다 큰 지지도를 가지는 것으로 변수 Z_1, ..., Z_K로부터 구성할 수 있다.

$$\{\mathcal{K}_l \mid T(\mathcal{K}_l) > t\} \tag{14.6}$$

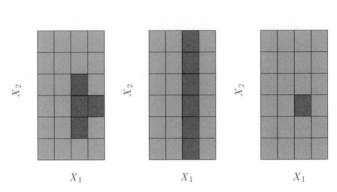

그림 14.1 연관성 규칙을 단순화시킨 것. 여기서는 4개와 6개의 개별 값들을 취하는 2개의 입력 X_1과 X_2가 있다. 빨간 정사각형은 고밀도 영역을 가리킨다. 연산을 단순화시키기 위해 유도된 부분집합이 입력 하나의 단일 값 아니면 모든 값에 해당한다고 가정한다. 이러한 가정으로 왼쪽의 것이 아닌 중간 혹은 오른쪽의 패턴 중 하나를 찾을 수 있다.

14.2.2 아프리오리 알고리즘

문제 (14.6)의 해는 매우 큰 데이터베이스에 (14.6)이 오직 2^K의 모든 가능한 항목 집합의 매우 작은 부분만을 구성하도록 임계점 t를 조정함으로써 실현 가능한 연산을 통해 얻을 수 있다. "아프리오리Apriori" 알고리즘(Agrawal et al., 1995)은 차원성의 저주의 몇 가지 면을 활용해 (14.6)을 데이터에 관한 적은 수의 경로를 통해 푼다. 구체적으로는 주어진 지지도 임계점 t에 관해,

- 기수성 $|\{\mathcal{K} \mid T(\mathcal{K}) > t\}|$이 상대적으로 작다.
- $\mathcal{K}$ 내 항목의 부분집합을 구성하는 어떠한 항목 집합 $\mathcal{L}$이든지 $\mathcal{K}$의 것보다 더 크거나 같은 지지도를 가져야만 한다. $\mathcal{L} \subseteq \mathcal{K} \Rightarrow T(\mathcal{L}) \geq T(\mathcal{K})$

데이터에 관한 첫 번째 경로는 모든 단일-항목 집합의 지지도를 계산한다. 이들 지지도 중 임계점보다 적은 모든 것들은 버린다. 두 번째 경로는 첫 번째 경로

에서 살아남은 단일 항목의 쌍으로 구성할 수 있는 크기 2의 모든 항목 집합의 지지도를 계산한다. 다른 말로 $|\mathcal{K}| = m$인 모든 빈도가 높은 항목 집합을 생성하기 위해 후보들의 크기 $m - 1$인 모든all m개 조상 항목 집합이 빈도가 높도록 후보를 고려해야 한다. 이들 크기 2의 항목 집합 중 지지도가 임계점보다 낮은 것들은 버린다. 데이터에 관한 각 연속적인 경로는 첫 번째 경로로부터 남겨진 것들로 된 이전 경로에서 살아남은 항목 집합만을 조합함으로써 구성될 수 있다. 데이터에 관한 경로들은 이전 경로부터 나온 모든 후보 규칙들이 특정 임계점보다 낮은 지지도를 가질 때까지 계속된다. 아프리오리 알고리즘은 각 $|\mathcal{K}|$ 값에 관해 데이터에 걸쳐 오직 하나의 경로만을 필요로 한다. 이는 데이터가 컴퓨터의 주메모리에 들어맞지 않는다는 가정하에서 매우 중요하다. 만일 데이터가 충분히 희박하다면 (아니면 임계점 t가 충분히 높다면), 이 과정은 데이터셋이 매우 거대하더라도 합리적인 시간에 종료될 것이다.

이러한 전략의 일부로 사용돼 속도와 수렴도를 높일 수 있는 많은 추가적인 기법이 존재한다(Agrawal et al., 1995). 아프리오리 알고리즘은 데이터 마이닝 기술에서 주요한 발전 중 하나를 나타낸다.

아프리오리 알고리즘이 반환하는 각 높은 지지도의 항목 집합 $\mathcal{K}$ (14.6)은 "연관성 규칙"의 집합의 역할을 한다. 항목 Zk, $k \in \mathcal{K}$는 두 개의 서로소인 부분집합 $A \cup B = \mathcal{K}$로 분할되며, 다음과 같이 쓴다.

$$A \Rightarrow B \tag{14.7}$$

첫 번째 항목 부분집합 A는 "전항antecedent" 두 번째 B는 "후항consequent"이라고 부른다. 연관성 규칙은 데이터베이스 내 전항 및 후항 항목 집합의 발생률에 근거하는 몇 가지 속성을 갖도록 정의된다. 규칙 $T(A \Rightarrow B)$의 "지지도"는 전항과 후항의 합집합 내 관측치의 부분으로, 이는 단지 유도된 항목 집합 $\mathcal{K}$의 지지도일 뿐이다. 이는 무작위로 선택된 시장 바스켓에서 동시에 관측되는 두 아이템 집합의 확률 $\Pr(A \text{ and } B)$의 추정값 (14.5)로 볼 수 있다. 규칙의 "신뢰도confidence" 혹은 "가측도predictability" $C(A \Rightarrow B)$는 전항의 지지도로 나눈 지지도이다.

$$C(A \Rightarrow B) = \frac{T(A \Rightarrow B)}{T(A)} \tag{14.8}$$

이는 $\Pr(B|A)$의 추정값으로 볼 수 있다. $\Pr(A)$ 표기는 바스켓 내에서 발생하는 항목 집합 A의 확률이며, $\Pr(\prod_{k \in A} Z_k = 1)$의 축약이다. "기대 신뢰도"는 후항

$T(B)$의 지지도로 정의되며, 이는 무조건부 확률 $\Pr(B)$의 추정값이다. 마지막으로 규칙의 "리프트[lift]"는 신뢰도를 기대 신뢰도로 나눈 것으로 정의한다.

$$L(A \Rightarrow B) = \frac{C(A \Rightarrow B)}{T(B)}$$

이는 연관성 측정치 $\Pr(A \text{ and } B)/\Pr(A)\Pr(B)$의 추정값이다.

예제로 항목 집합 $\mathcal{K} = \{$땅콩버터, 젤리, 빵$\}$을 가정하고 규칙 $\{$땅콩버터, 젤리$\} \Rightarrow \{$빵$\}$을 고려해보자. 이 규칙의 지지도 값이 0.03이란 것은 땅콩버터, 젤리, 그리고 빵이 시장 바스켓에서 3%로 같이 나타난다는 것을 뜻한다. 이 규칙의 신뢰도가 0.82라는 것은 땅콩버터 및 젤리를 구매했을 때 빵이 82%만큼 같이 구매됐다는 것을 암시한다. 만일 빵이 모든 시장 바스켓의 43%만큼 나타난다면, 규칙 $\{$땅콩버터, 젤리$\} \Rightarrow \{$빵$\}$은 1.95의 리프트를 가질 것이다.

이 분석의 목표는 높은 값의 지지도와 신뢰도 (14.8)을 가지는 연관성 규칙 (14.7)을 만들어내는 것이다. 아프리오리 알고리즘은 지지도 임계치 t(14.6)으로 정의된 높은 지지도를 가진 모든 항목 집합을 반환한다. 신뢰도 임계치 c가 정해지고, 이 값보다 높은 신뢰도를 가지는 이들 항목 집합 (14.6)으로부터 구성할 수 있는 모든 규칙이 보고된다.

$$\{A \Rightarrow B \mid C(A \Rightarrow B) > c\} \tag{14.9}$$

크기 $|\mathcal{K}|$의 각 항목 집합에 관해 $A \Rightarrow (\mathcal{K} - A)$, $A \subset \mathcal{K}$의 형식을 가지는 규칙이 $2|\mathcal{K}|^{-1} - 1$만큼 존재한다. 아그라왈 외(Agrawal et al., 1995)는 항목 해 집합 (14.6)으로부터 구성될 수 있는 가능한 모든 규칙으로부터, 어떠한 규칙이 신뢰도 임계치 (14.9)에서 살아남을 수 있는지 빠르게 결정할 수 있는 아프리오리 알고리즘의 변형을 제시한다.

전체 분석의 출력은 다음 제약조건을 만족하는 연관성 규칙 (14.7)의 컬렉션이다.

$$T(A \Rightarrow B) > t \quad \text{그리고} \quad C(A \Rightarrow B) > c$$

이들은 일반적으로 사용자에 의해 질의될 수 있는 데이터베이스에 저장된다. 통상적인 요청은 신뢰도, 리프트, 혹은 지지도 순으로 정렬된 규칙을 보여주는 것일 수 있다. 더 구체적로는 전항 혹은 특히 후항 내 특정 항목에 조건부인 리스트를 요청할 수도 있을 것이다. 예를 들면 요청은 다음과 같을 수 있다.

아이스 스케이트가 후항인, 신뢰도가 80%를 넘고 지지도가 2% 초과인 모든 거래를 보여준다.

이는 아이스 스케이트의 판매를 서술하는 이들 항목(전항)의 정보를 제공할 수 있다. 특정 후항에 집중하면 문제를 지도 학습의 체계로 캐스팅한다.

연관성 규칙은 시장 바스켓이 적합한 설정에서 매우 큰 상용 데이터베이스를 분석하는 데 인기 있는 도구가 돼 왔다. 이는 데이터를 다차원 분할표의 형태로 캐스팅할 수 있을 때 그러하다. 출력은 쉽게 이해할 수 있고 해석할 수 있는 결합 규칙 (14.4)의 형태다. 아프리오리 알고리즘은 이러한 분석을 다른 타입의 분석에 적합한 훨씬 더 큰 데이터베이스에 적용할 수 있도록 해준다. 연관성 규칙은 데이터 마이닝에서 가장 큰 성공이라 할 수 있다.

연관성 규칙은 이들을 적용할 수 있는 데이터의 제한적 형태 외에 다른 한계를 가진다. 지지도 임계치 (14.6)이 연산 가능성에 결정적이다. 하한의 크기가 감소하면 항목 해 집합의 개수, 이들의 크기 그리고 데이터에 필요한 경로의 개수가 지수적으로 증가할 수 있다. 그러므로 신뢰도나 리프트가 높지만 낮은 지지도를 가지는 규칙은 발견되지 말아야 한다. 예를 들면 보드카 ⇒ 캐비어와 같은 높은 신뢰도는 후항인 캐비어의 낮은 판매량에서 볼 때 발견되지 말아야 할 것이다.

14.2.3 예제: 시장 바스켓 분석

우리는 적절한 크기를 가지는 인구통계적 데이터베이스에 아프리오리 알고리즘을 사용하는 것을 보여준다. 이 데이터는 샌프란시스코 베이 지역에서 쇼핑몰 고객이 채운 $N = 9409$개의 설문지(Impact Resources, Inc., Columbus OH, 1987)로 돼 있다. 여기서는 보여주기를 위해 인구통계와 관련된 첫 번째 14개 응답을 사용한다. 이들 질문은 표 14.1에 정리돼 있다. 데이터는 서수 및 (순서가 없는) 범주형 변수의 혼합으로 돼 있으며, 많은 후자 변수들이 몇 개 이상의 값을 가지는 것으로 보인다. 그리고 많은 결측값이 존재한다.

우리는 크리스티안 보겔트Christian Borgelt[1]의 프리웨어 구현을 사용했다. 결측값을 가지는 관측치를 제거한 후 각 서수 예측변수를 중앙값에서 자르고 두 개의 더미변수로 코딩했다. k개의 범주를 가지는 각 범주형 예측변수는 k개 더미변수로 코

---

1 http://fuzzy.cs.uni-magdeburg.de/~borgelt

딩했다. 그 결과는 50개 더미변수에 6,876개 관측치의 6876 × 50 행렬이다.

알고리즘은 ≤5개의 예측변수를 수반하는, 지지도가 적어도 10%인 전체 6,288개의 연관성 규칙을 찾았다. 이 거대한 규칙 집합을 이해하는 것은 그 자체로 도전적인 데이터 분석 과제다. 우리는 여기서 이를 시도하지 않는 대신에 그림 14.2에서 각 더미변수의 상대 빈도를 데이터(위쪽) 및 연관성 규칙(아래쪽)을 보여준다. 예를 들어 언어에서의 첫 번째 범주(영어)와 같이 많이 발생하는 범주는 규칙에서 더 자주 나타나는 경향이 있다. 그러나 직업과 같은 다른 것들은 첫 번째와 다섯 번째 수준을 제외하고 덜 나타난다.

다음은 아프리오리 알고리즘에 의해 찾은 세 개의 연관성 규칙 예시다.

- **연관성 규칙 1**: 지지도 25%, 신뢰도 99.7%, 리프트 1.03

$$\begin{bmatrix} 세대수 = 1 \\ 자녀수 = 0 \end{bmatrix}$$
$$\Downarrow$$
$$집 \ 내 \ 언어 = 영어$$

- **연관성 규칙 2**: 지지도 13.4%, 신뢰도 80.8%, 리프트 2.13

$$\begin{bmatrix} 집 \ 내 \ 언어 = 영어 \\ 세대 \ 상태 = 자가 \\ 직업 = \{전문직/관리직\} \end{bmatrix}$$
$$\Downarrow$$
$$소득 \geq \$40,000$$

- **연관성 규칙 3**: 지지도 26.5%, 신뢰도 82.8%, 리프트 2.15.

$$\begin{bmatrix} 집 \ 내 \ 언어 = 영어 \\ 소득 < \$40,000 \\ 혼인 \ 상태 = 미혼 \\ 자녀 \ 수 = 0 \end{bmatrix}$$
$$\Downarrow$$
$$교육 \notin \{대졸, 대학원 \ 진학\}$$

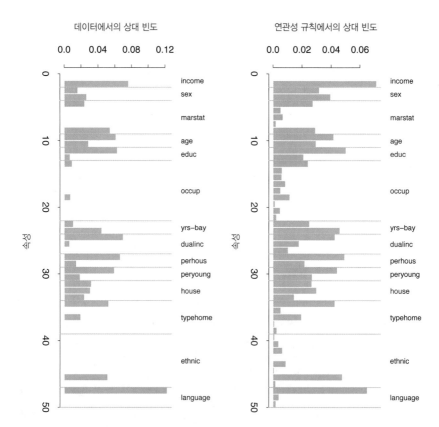

데이터에서의 상대 빈도   연관성 규칙에서의 상대 빈도

그림 14.2 시장 바스켓 분석: 데이터(위쪽) 내 (입력 범주를 코딩한) 각 더미변수의 상대 빈도와 아프리오리 알고리즘에 의해 발견한 연관성 규칙(아래쪽)

표 14.1 인구통계적 데이터의 입력변수

특성	인구통계	값의 개수	타입
1	성별	2	범주형
2	혼인 여부	5	범주형
3	연령	7	서수
4	교육	6	서수
5	직업	9	범주형
6	소득	9	서수
7	베이 지역에서의 연수	5	서수
8	이중 수입	3	범주형
9	세대 수	9	서수
10	자녀 수	9	서수
11	세대주 상태	3	범주형
12	집 형태	5	범주형
13	인종 분류	8	범주형
14	집 내 언어	3	범주형

우리는 첫 번째와 세 번째 규칙을 이들의 높은 지지도에 근거해 선택했다. 두 번째 규칙은 고소득 후항을 가지는 연관성 규칙이며, 고소득자를 목표로 하는 데 사용할 수 있을 것이다.

앞서 언급했듯이 입력 예측변수의 각 범주에 더미변수를 만들었다. 예를 들면 중위소득 미만 및 이상은 $Z_1 = I$(소득 $<$ $40,000)이고 $Z_2 = I$(소득 $\geq$ $40,000)이다. 만일 오직 고소득 범주와의 연관성을 찾는 데만 관심이 있었다면, Z_1은 제외하고 Z_2만을 포함시켰을 것이다. 이는 실제 시장 바스켓 문제에서 자주 있는 경우로, 항목의 부재와의 연관성이 아닌, 상대적으로 드문 항목의 존재와의 연관성을 찾는 데 관심이 있을 때 그러하다.

14.2.4 지도 학습 같은 비지도

여기서는 밀도 추정 문제를 지도 함수 근사의 하나로 변환하는 기술에 관해 논의한다. 이는 다음 절에서 설명하는 일반화 연관성 규칙의 기본이 된다.

$g(x)$를 추정할 알려지지 않은 데이터 확률 밀도로 두고, $g_0(x)$를 참조를 위해 사용하는 지정된 확률 밀도 함수로 두자. 예를 들면 $g_0(x)$는 변수의 범위에 관한 균일 밀도일 수도 있다. 다른 가능성들은 아래에서 논의한다. 데이터셋 $x_1, x_2, ..., x_N$은 $g(x)$로부터 뽑은 독립적이고 동등하게 분포된 확률표본이라 가정한다. 크기 N_0의 표본을 몬테카를로 방법을 사용해 $g_0(x)$로부터 뽑을 수 있다. 이들 두 데이터셋을 모으고 질량 $w = N_0/(N + N_0)$를 $g(x)$로부터 뽑은 것들에게, $w_0 = N/(N + N_0)$을 $g_0(x)$에서 뽑은 것들에게 할당하면 결과로 혼합 밀도 $(g(x) + g_0(x))/2$로부터 뽑은 확률표본이 된다. 만일 $g(x)$에서 뽑은 각 표본 지점에 값 $Y = 1$을 할당하고 $Y = 0$를 $g_0(x)$에서 뽑은 것에 할당하면, 다음을 지도 학습을 통해 추정할 수 있다.

$$\mu(x) = E(Y \mid x) = \frac{g(x)}{g(x) + g_0(x)}$$
$$= \frac{g(x)/g_0(x)}{1 + g(x)/g_0(x)} \qquad (14.10)$$

이는 다음 결합된 표본을 훈련 데이터로 사용한다.

$$(y_1, x_1), (y_2, x_2), \ldots, (y_{N+N_0}, x_{N+N_0}) \qquad (14.11)$$

결과 추정값 $\hat{\mu}(x)$은 $g(x)$를 위한 추정값을 제공하기 위해 가역invert시킬 수 있다.

$$\hat{g}(x) = g_0(x)\frac{\hat{\mu}(x)}{1 - \hat{\mu}(x)} \tag{14.12}$$

로지스틱회귀의 일반화된 버전(4.4절)이 특히 이러한 응용에 잘 어울리는데, 그이유는 로그-오즈가 직접 추정되기 때문이다.

$$f(x) = \log\frac{g(x)}{g_0(x)} \tag{14.13}$$

이 경우 다음과 같이 된다.

$$\hat{g}(x) = g_0(x)\,e^{\hat{f}(x)} \tag{14.14}$$

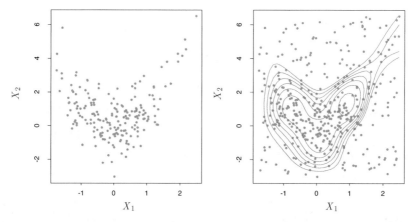

그림 14.3 분류를 통한 밀도 추정. 왼쪽 패널: 200개 데이터 지점의 훈련 집합. 오른쪽 패널: 훈련 집합 및 훈련 데이터를 포함하는 직사각형에서 균일하게 생성한 참조 데이터 지점 200개를 더한 것. 훈련 표본은 클래스 1로 라벨링돼 있으며 참조 표본은 클래스 0이고 준모수적 로지스틱회귀모델을 데이터에 적합시켰다. $\hat{g}(x)$를 위한 일부 윤곽을 볼 수 있다.

그림 14.3에서 예제를 볼 수 있다. 왼쪽 패널에서 크기 200개의 훈련 집합을 생성했다. 오른쪽 패널은 훈련 데이터를 포함하는 직사각형에서 균일하게 생성된 참조 데이터(파란색)를 보여준다. 훈련 표본은 클래스 1로, 참조 표본은 클래스 0으로 라벨링돼 있으며, 자연 스플라인(5.2.1절)의 텐서곱을 사용하는 로지스틱회귀모델을 데이터에 적합시켰다. 오른쪽 패널에는 $\hat{\mu}(x)$의 일부 확률 윤곽을 보여준다. 이들은 또한 밀도 추정값 $\hat{g}(x)$의 윤곽이기도 하다. $\hat{g}(x) = \hat{\mu}(x)/(1 - \hat{\mu}(x))$이 단조함수이기 때문이다. 윤곽들은 데이터의 밀도를 대략적으로 포착한다.

원칙적으로 어떠한 참조 밀도든지 (14.14)의 $g_0(x)$에 쓸 수 있다. 실제로는 추정값 $\hat{g}(x)$의 정확도는 특정한 선택에 따라 크게 달라질 수 있다. 좋은 선택은 데이터 밀도 $g(x)$ 및 (14.10)이나 (14.13)를 추정하는 데 쓰인 과정에 의존할 것이다. 정확도가 목표라면 $g_0(x)$는 사용하는 방법에 의해 결과함수 $\mu(x)$나 $f(x)$가 쉽게 근사될 수 있도록 선택해야 한다. 그러나 정확도가 항상 제일의 목표는 아니다. $\mu(x)$와 $f(x)$ 모두 밀도 비density ratio $g(x)/g_0(x)$의 단조함수다. 이들은 따라서 선택한 참조 밀도 $g_0(x)$로부터 데이터 밀도 $g(x)$의 이탈에 관한 정보를 제공하는 "대비contrast" 통계량으로 볼 수 있다. 그러므로 데이터 분석 설정에서 $g_0(x)$의 선택은 닥친 특정 문제 측면에서 가장 흥미롭다고 간주되는 벗어남departures의 형태에 좌우된다. 예를 들면 균일성uniformity으로부터의 벗어남에 관심이 있다면, $g_0(x)$는 아마도 변수 범위의 균일밀도일 수 있다. 결합 정규성normality이 관심이라면 데이터와 같은 평균 벡터와 공분산 행렬을 가우스 분포가 $g_0(x)$의 좋은 선택일 것이다. 독립성의 벗어남은 다음을 사용해서 조사할 수 있다.

$$g_0(x) = \prod_{j=1}^{p} g_j(x_j) \tag{14.15}$$

이때 $g_j(x_j)$는 X의 j번째 좌표인 X_j의 한계 데이터 밀도다. 이러한 독립 밀도 (14.15)로부터의 표본은 각 변수의 데이터값에 서로 다른 무작위 치환을 적용해 데이터 자체로부터 쉽게 생성할 수 있다.

앞서 논의했듯이 비지도 학습은 데이터 밀도 $g(x)$의 속성을 드러내는 데 관심을 가진다. 각 기술은 특정 속성 혹은 속성의 집합에 집중한다. 문제를 지도 학습의 한 가지로 전환하는 이러한 접근법 (14.10)~(14.14)는 때로는 통계학적 전통folklore의 일부였던 것으로 보이지만, 비지도 학습 문제에 잘 개발된 지도 학습 방법론을 가져다줄 수 있는 잠재력에도 큰 영향력은 없는 것으로 보인다. 몬테카를로 기술을 통해 생성된 시뮬레이션된 데이터셋으로 문제를 확대시켜야 한다는 것이 한 가지 이유일 수 있다. 이러한 데이터셋의 크기는 적어도 데이터 표본 $N_0 \geq N$ 만큼 커야 하기 때문에, 추정 과정의 연산 및 메모리 요구가 적어도 두 배가 된다. 또한 몬테카를로 표본 그 자체를 생성하는 데 상당한 연산을 필요로 할 수도 있다. 과거에는 제지가 필요했겠지만, 자원의 증가가 일상적으로 가능해지면서 이러한 증가된 연산적 요구 사항의 부담이 훨씬 덜해지고 있다. 다음 절에서 비지도 학습을 위한 지도 학습법을 어떻게 사용하는지 보여준다.

14.2.5 일반화 연관성 규칙

데이터 공간에서 고밀도 영역을 찾는 더욱 일반적인 문제 (14.2)는 앞서 설명한 지도 학습 접근법을 사용해 다룰 수 있다. 이는 시장 바스켓 분석이 가능한 거대한 데이터베이스에는 적용가능하지 않지만, 적절하게 크기를 조절한 데이터셋으로부터 유용한 정보를 얻을 수 있다. 문제 (14.2)는 정수 $\mathcal{J} \subset \{1, 2, ..., p\}$의 부분집합 및 해당하는 값 부분집합 s_j을, 해당 변수 X_k를 위한 $j \in \mathcal{J}$에 관해 다음이 크도록 찾는 것으로 형식화할 수 있다.

$$\widehat{\Pr}\left(\bigcap_{j \in \mathcal{J}}(X_j \in s_j)\right) = \frac{1}{N}\sum_{i=1}^{N} I\left(\bigcap_{j \in \mathcal{J}}(x_{ij} \in s_j)\right) \tag{14.16}$$

연관성 규칙 분석의 명칭을 따라, $\{(X_j \in s_j)\}_{j \in \mathcal{J}}$는 "일반화generalized" 항목 집합이라 부른다. 양적 변수에 해당하는 부분집합 s_j는 값의 범위 내 연속적인 구간을 가지도록 취하며, 범주형 변수의 부분집합은 단일값 이상을 수반할 수 있다. 형식화의 이러한 모호한 성질은 시장 바스켓 분석의 더욱 제한적인 설정에서는 가능했던, 지정된 최소 임계치보다 큰 지지도 (14.16)을 가지는 모든 일반화된 항목 집합에 대한 철저한 검색을 하지 못하게 한다. 이는 휴리스틱 검색 방법을 반드시 써야만 하며, 가장 기대할 수 있는 것 중에 하나는 이러한 일반화된 항목 집합의 유용한 컬렉션을 찾는 것이다.

시장 바스켓 분석 (14.5)와 일반화 형식화 (14.16) 모두 암묵적으로 균일 확률 분포를 참조한다. 모든 결합 데이터 값 $(x_1, x_2, ..., x_N)$이 균일하게 분포됐을 때 기대되는 것보다 더욱 빈도가 높은 항목 집합을 찾는다. 이는 한계 구성 요소 $(X_j \in s_j)$가 개별적으로individually 빈도가 높은, 즉 다음의 양이 큰 항목 집합을 발견하는 것을 선호한다.

$$\frac{1}{N}\sum_{i=1}^{N} I(x_{ij} \in s_j) \tag{14.17}$$

빈도가 높은 부분집합 (14.17)의 논리곱이 한계적으로 빈도가 더 낮은 부분집합의 논리곱보다는 지지도가 높은 항목 집합 사이에서 더 자주 나타나는 경향이 있다. 이는 왜 규칙 vodka ⇒ caviar가 높은 연관성(리프트)에도 발견될 가능성이 낮은지에 관한 이유가 된다. 두 항목 모두 높은 한계 지지도를 가지지 않으므로, 이들의 결합 지지도가 특히 작게 된다. 균일 분포를 참조하게 되면 논리곱 사이에서 낮은 연관성을 가지는 고빈도 항목 집합이 가장 높은 지지도를 가지는 항목 집합의 모음을 지배하도록 한다.

빈도가 높은 부분집합 s_j는 가장 빈도가 높은 X_j값들의 논리합으로 구성된다. 변수 한계 데이터 밀도 (14.15)의 곱을 참조 분포로 사용하면, 발견된 항목 집합 내 개별 변수의 가장 빈도가 높은 값에 관한 선호를 제거한다. 이는 개별 변숫값의 빈도 분포에 상관없이, 변수 사이에 연관성이 없다면(완전 독립) 밀도 비 $g(x)/g_0(x)$가 균일하기 때문이다. 이는 vodka ⇒ caviar와 같은 규칙을 드러낼 가능성이 있다. 그러나 균일 분포 대신에 참조 분포를 어떻게 아프리오리 알고리즘에 포함시키는지는 분명치 않다. 14.2.4절에서 설명했듯이 원본 데이터셋이 주어졌을 때 밀도곱 (14.15)로부터 표본을 생성하는 것이 직관적이다.

참조분포를 선택하고 (14.11)에서와 같이 이로부터 표본을 추출하면, 이진값 출력변수 $Y \in \{0, 1\}$를 가지는 지도 학습 문제를 가지게 된다. 목표는 훈련 데이터를 사용해 목표함수 $\mu(x) = E(Y|x)$가 상대적으로 큰 영역

$$R = \bigcap_{j \in \mathcal{J}} (X_j \in s_j) \tag{14.18}$$

을 찾는 것이다. 추가로 이들 영역의 데이터data 지지도

$$T(R) = \int_{x \in R} g(x)\, dx \tag{14.19}$$

가 너무 작지 않도록 요구하는 것을 원할 수도 있을 것이다.

14.2.6 지도 학습법의 선택

영역 (14.18)은 결합 규칙을 통해 정의된다. 따라서 이와 같은 규칙을 배우는 지도법이 이러한 측면에서 가장 적절할 것이다. CART 의사 결정 트리의 종료 노드는 정확히 (14.18) 형태의 규칙으로 정의된다. CART를 모아진 데이터 (14.11)에 적용하면, 영역의 서로소 집합(종료 노드)을 통해 전체 데이터 공간에 관한 목표 (14.10)을 모델링하려는 의사 결정 트리를 만들어낼 것이다. 평균이 높은 y값

$$\bar{y}_t = \text{ave}(y_i \mid x_i \in t)$$

들을 가지는 이들 종료노드 t가 지지도가 높은 일반 항목 집합 (14.16)의 후보다.
실제 (데이터) 지지도는 다음으로 주어진다.

$$T(R) = \bar{y}_t \cdot \frac{N_t}{N + N_0}$$

이때 N_t는 종료노드에 의해 표현되는 영역 내 (모아진) 관측치의 개수다. 결과 의
사 결정 트리를 조사하면, 상대적으로 지지도가 높은 흥미로운 일반 항목 집합을
발견할 수도 있다. 그러면 이들은 높은 신뢰도 혹은 리프트를 가지는 일반 연관성
규칙을 찾을 때의 전항과 후항으로 나눌 수 있다.

이러한 목적을 위한 다른 자연스러운 학습법은 9.3절에서 설명한 인내심 규칙
유도법PRIM이다. PRIM 또한 정확히 (14.18) 형태의 규칙을 만들지만, 이는 전체
데이터 공간에 관한 목표 함수를 모델링하려 하기보다는 특히 이들 사이에서 평
균 목표값 (14.10)을 최대화하는 고지지도 영역을 찾기 위해 디자인돼 있다. 이
는 또한 지지도/평균-목표값 상반관계를 더욱 통제할 수 있도록 해준다.

연습 14.3은 주변분포의 곱으로부터 무작위 데이터를 생성할 때 이들 방법으
로부터 생길 수 있는 문제를 다룬다.

14.2.7 예제: 시장 바스켓 분석(계속)

표 14.1의 인구통계 데이터에 PRIM을 사용하는 법을 보여준다. PRIM 분석을 통
해 얻은 세 개의 고지지도 일반 항목 집합은 다음과 같다.

- **항목 집합 1**: 지지도 = 24%

$$\begin{bmatrix} \text{혼인 상태} = \text{기혼} \\ \text{세대 상태} = \text{자가} \\ \text{집의 형태} \neq \text{아파트} \end{bmatrix}$$

- **항목 집합 2**: 지지도 = 24%

$$\begin{bmatrix} \text{연령} \leq 24 \\ \text{혼인 상태} \in \{\text{동거-미혼, 독신}\} \\ \text{직업} \notin \{\text{전문직, 주부, 은퇴}\} \\ \text{세대 상태} \in \{\text{임대, 가족과 동거}\} \end{bmatrix}$$

- 항목 집합 3: 지지도 = 15%

$$
\begin{bmatrix}
\text{세대 상태} & = & \text{임대} \\
\text{집의 형태} & = & \text{주택} \\
\text{세대 수} & \leq & 2 \\
\text{자녀 수} & = & 0 \\
\text{직업} & \in & \{/\text{주부, 학생, 실직}\} \\
\text{소득} & \in & [\$20,000, \$150,000]
\end{bmatrix}
$$

이들 항목 집합으로부터 유도한, 신뢰도 (14.8)이 95%보다 높은 일반 연관성 규칙은 다음과 같다.

- 연관성 규칙 1: 지지도 25%, 신뢰도 99.7%, 리프트 1.35

$$
\begin{bmatrix}
\text{혼인 상태} = \text{기혼} \\
\text{세대 상태} = \text{자가}
\end{bmatrix}
$$
$$\Downarrow$$
집의 형태 ≠ 아파트

- 연관성 규칙 2: 지지도 25%, 신뢰도 98.7%, 리프트 1.97

$$
\begin{bmatrix}
\text{연령} \leq 24 \\
\text{직업} \in \{/\text{전문직, 주부, 은퇴}\} \\
\text{세대 상태} \in \{\text{임대, 가족과 동거}\}
\end{bmatrix}
$$
$$\Downarrow$$
혼인 상태 ∈ {독신, 동거-미혼}

- 연관성 규칙 3: 지지도 25%, 신뢰도 95.9%, 리프트 2.61

$$
\begin{bmatrix}
\text{세대 상태} = \text{자가} \\
\text{집의 형태} \neq \text{아파트}
\end{bmatrix}
$$
$$\Downarrow$$
혼인 상태 = 기혼

- 연관성 규칙 4: 지지도 15%, 신뢰도 95.4%, 리프트 1.50

$$
\left[
\begin{array}{l}
\text{세대 상태 = 임대} \\
\text{집의 형태} \neq \text{주택} \\
\text{세대 수} \leq 2 \\
\text{직업} \notin \{\text{/주부, 학생, 실직}\} \\
\text{소득} \in [\$20{,}000, \$150{,}000]
\end{array}
\right]
$$

$$\Downarrow$$

$$\text{자녀 수} = 0$$

이들 특정 규칙 사이에는 크게 놀라운 점이 없다. 이들 대부분은 직관을 검증시켜준다. 사전적 정보가 더 적은 다른 측면하에서는, 예상 못한 결과가 나타날 가능성이 더 크다. 이들 결과는 바로 일반 연관성 규칙이 제공할 수 있는 형태의 정보를 제공하며, CART나 PRIM과 같이 규칙이 있는 유도법과 결부된 지도 학습 접근법이 이들 구성 요소 사이에서 높은 연관성을 보이는 항목 집합을 드러낼 있다.

이들 일반 연관성 규칙을 앞서 아프리오리 알고리즘으로 찾은 것들과 어떻게 비교할 수 있을까? 아프리오리 과정은 수천 개의 규칙을 내주므로 이들을 비교하는 것이 어렵다. 하지만 몇몇 일반적인 요소를 짚어낼 수 있다. 아프리오리 알고리즘은 완전^{exhaustive}하다. 이는 특정 양보다 지지도가 큰 모든 규칙을 찾아낸다. 반대로 PRIM은 탐욕 알고리즘이며 규칙의 "최적" 집합을 준다는 보장이 없다. 반면 아프리오리 알고리즘은 더미변수로만 다룰 수가 있으므로 앞의 규칙 중 일부를 찾지 못할 수 있다. 예를 들면 집의 형태는 범주형 입력으로 각 수준마다 더미변수가 있으므로, 아프리오리는 다음의 집합을 수반하는 규칙을 찾지 못한다.

$$\text{집의 형태} \neq \text{아파트}$$

이 집합을 찾으려면, 아파트를 위한 더미변수를 집의 형태에 관한 다른 범주에 관해 코딩해야 할 것이다. 일반적으로 이러한 모든 잠재적으로 관심이 있는 비교를 사전에 코딩하는 것은 가능하지 않다.

14.3 군집분석

군집분석cluster analysis은 또한 데이터 세분화라 부르며 다양한 목적을 가진다. 이들 모두 개체의 모음을 각 클러스터 내에서는 다른 군집에 할당된 개체보다 서로 더욱 긴밀하게 연관돼 있도록 그룹화하거나 세분화하는 것과 관련된다. 개체는 측정치의 집합. 혹은 다른 개체와의 관계를 통해 묘사할 수 있다. 추가로 목표는 때때로 군집을 자연스러운 서열로 정렬하는 것일 수 있다. 이는 연속적으로 군집 그 자체를 그룹화해, 서열의 각 수준에서 같은 그룹 내 군집들이 다른 그룹의 군집보다 더욱 유사하도록 하는 것을 포함한다.

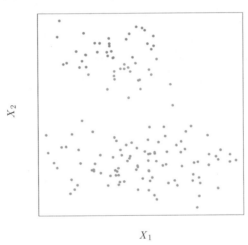

그림 14.4 평면에 시뮬레이션된 데이터. K-평균 군집화 알고리즘을 통해 세 개의 클래스로 군집돼 있다 (주황색, 파란색, 초록색으로 나타냈다).

군집분석은 또한 데이터가 별개의, 각각 상당히 다른 속성을 가지는 개체를 나타내는 하위그룹 집합을 구성하는지 확인하기 위해서 설명적 통계량을 구성하는 데 쓰일 수 있다. 이러한 후자인 목표는 해당 군집에 할당된 개체 사이의 차이의 정도에 관한 평가를 필요로 한다.

군집분석의 모든 목표의 중심이 되는 것은 군집되는 개별 개체 사이의 유사도 similarity(혹은 비유사도)에 관한 개념이다. 군집 방법은 적용하는 유사도의 정의에 근거해 개체를 그룹화하려 시도한다. 이는 주제와 관련된 고려를 통해서만 얻을 수 있다. 이러한 상황은 예측 문제(지도 학습)에서의 손실이나 비용 함수의 사양을 정하는 것과 다소 유사하다. 부정확한 계측과 관련이 있는 비용이 있는지는 데이터 외부의 고려 사항에 따라 다르다.

그림 14.4는 인기 있는 K-평균 알고리즘을 통해 세 개의 그룹으로 군집화한 일부 시뮬레이션 데이터를 보여준다. 이 경우 두 개의 군집이 잘 분리돼 있지 않으므로, "군집화clustering"보다는 "세분화segmentation"가 이 과정을 더 정확하게 묘사한다. K-평균 군집화는 세 개의 군집 중심을 추측하는 것으로 시작한다. 그 뒤 이는 수렴할 때까지 다음의 단계를 반복한다.

- 각 데이터 지점에 관해 최근접 군집 중심(유클리드 거리)를 식별한다.
- 각 군집 중심을 가장 가까운 모든 데이터 지점의 좌표별 평균으로 대체시킨다.

K-평균 군집화는 군집의 개수(이 예제에서는 3개다)를 어떻게 선택하는지에 관한 문제를 포함해 나중에 더 자세히 설명한다. K-평균 군집하는 하향식top-down 과정인 한편, 우리가 논의하는 다른 군집법은 상향식bottom-up이다. 모든 군집 기술의 근본은 두 개체 간의 거리나 비유사도 측정치를 선택하는 것이다. 먼저 군집화를 위한 다양한 알고리즘을 설명하기 전에 거리 측정치를 논의한다.

14.3.1 근접도 행렬

때때로 데이터가 개체 쌍 사이의 근접도Proximity(동일성alikeness 혹은 친밀성affinity) 측면에서 직접 표현되기도 한다. 이들은 유사도나 비유사도(차이 혹은 친밀성의 부재)가 될 수 있다. 예를 들면 사회과학 실험에서 참여자들에게 특정 개체가 다른 하나로부터 얼마나 다른지 결정하라고 물어볼 수 있다. 그러면 비유사도는 이러한 결정의 모음에 관한 평균으로 계산할 수 있다. 이러한 형태의 데이터는 $N \times N$ 행렬 $\mathbf{D}$로 나타낼 수 있다. 이때 N은 개체의 개수이며, 각 요소 $d_{ii'}$는 i번째와 i'번째 개체 사이의 유사도를 기록한 것이다. 그러면 이 행렬은 군집화 알고리즘의 입력으로 제공된다.

대부분 알고리즘은 비음수 성분과 영인 대각 요소 $d_{ii} = 0$, $i = 1, 2, ..., N$을 간주한다. 만일 원본 데이터가 유사도로 모아져 있다면, 적절한 단조-감소 함수를 사용해 이들을 비유사도로 변환할 수 있다. 또한 대부분의 알고리즘은 대칭 비유사도 행렬을 가정하므로, 원본 행렬 $\mathbf{D}$가 대칭이 아니라면 반드시 $(\mathbf{D} + \mathbf{D}^T)/2$로 바꿔야 한다. 주관적으로 결정된 비유사도는 엄격한 의미에서 거리distance라고 거의 할 수 없다. 모든 $k \in \{1, ..., N\}$에 관해 삼각 부등식 $d_{ii'} \le d_{ik} + d_{i'k}$이 지켜지지 않기 때문이다. 그러므로 거리를 가정하는 몇몇 알고리즘은 이러한 데이터에 쓸 수 없다.

14.3.2 속성에 근거한 비유사도

변수 $j = 1, 2, ..., p$에서 $i = 1, 2, ..., N$에 관해 측정치 x_{ij}를 가지는 경우가 거의 대부분이다(또한 속성attributes이라 부른다). 대부분의 인기 있는 군집 알고리즘은 비유사도 행렬을 입력으로 받으므로, 먼저 반드시 관측치 간 쌍별 비유사도를 구축해야만 한다. 가장 공통적인 경우 j번째 속성의 값 사이에 관한 비유사도 $d_j(x_{ij}, x_{i'j})$를 정의한 뒤,

$$D(x_i, x_{i'}) = \sum_{j=1}^{p} d_j(x_{ij}, x_{i'j}) \tag{14.20}$$

을 개체 i와 i' 간 비유사도로 정의한다. 제곱 거리가 단연 가장 일반적으로 선택된다.

$$d_j(x_{ij}, x_{i'j}) = (x_{ij} - x_{i'j})^2. \tag{14.21}$$

그러나 다른 선택도 가능하며, 이는 잠재적으로 다른 결과를 야기할 것이다. 양적이지 않은 속성(예를 들어 범주형 데이터)에는 제곱 거리가 적절하지 않을 수도 있다. 추가로 때때로 (14.20)에서와 같이 동일한 가중치를 주기보다는, 속성마다 다르게 가중을 주는 것을 선호할 수도 있다.

먼저 속성 형태 측면에서 대안을 논의한다.

- **양적 변수**: 이 형태의 변수나 속성의 측정치는 연속형 실수값 숫자로 나타낸다. 이들 사이의 "오차error"는 이들의 절대absolute 차이의 단조 증가함수로 나타내는 것이 자연스럽다.

$$d(x_i, x_{i'}) = l(|x_i - x_{i'}|)$$

제곱오차 손실 $(x_i - x_{i'})^2$ 외에, 항등식identity이 일반적으로 선택된다. 전자는 큰 차이를 작은 것보다 더 크게 강조한다. 아니면 군집화가 상관성에 근거할 수 있으며,

$$\rho(x_i, x_{i'}) = \frac{\sum_j (x_{ij} - \bar{x}_i)(x_{i'j} - \bar{x}_{i'})}{\sqrt{\sum_j (x_{ij} - \bar{x}_i)^2 \sum_j (x_{i'j} - \bar{x}_{i'})^2}} \qquad (14.22)$$

$\bar{x}_i = \sum_j x_{ij}/p$이다. 이는 관측치가 아닌 변수^{variables}에 관해 평균한다는 점을 주지히라. 관측치^{observations}가 먼저 표준화돼 있으면 $\sum_j (x_{ij} - x_{i'j})^2 \propto 2(1 - \rho(x_i, x_{i'}))$이다. 따라서 상관성(유사도)에 근거한 군집화는 제곱 거리(비유사도)에 근거한 것과 동등하다.

- **순서 변수:** 이 형태의 변숫값은 주로 인접한 정수로 나타내며 실현 가능한 값은 정렬된 집합으로 여겨진다. 예제로는 학업 성적(A, B, C, D, F), 선호도의 정도(참을 수 없음, 싫음, OK, 좋음, 끝내줌). 순위 데이터는 순서 데이터의 특별한 종류다. 순서 변수의 오차 측정치는 일반적으로 M개 원본값을 이들 원본값의 사전에 정의된 순서로 다음과 같이 바꿔 정의한다.

$$\frac{i - 1/2}{M}, \; i = 1, \dots, M \qquad (14.23)$$

이들은 그러면 이러한 척도의 양적 변수로 다룬다.

- **범주형 변수:** 순서가 없는 범주형(또한 명목이라 부른다) 변수에서는 값들의 쌍 사이의 차이 정도$^{\text{degree-of-difference}}$를 반드시 명시적으로 기술해야 한다. 변수가 M개의 개별 값을 가정하면 이들은 요소가 $L_{rr'} = L_{r'r}$, $L_{rr} = 0$, $L_{rr'} \geq 0$인 $M \times M$ 대칭행렬로 정렬할 수 있다. 모든 $r \neq r'$에 관해 $L_{rr'} = 1$로 두는 것이 가장 일반적인 선택이며, 같지 않은 손실을 사용해 몇몇 오차를 다른 것들보다 더 강조할 수 있다.

14.3.3 개체 비유사도

다음으로 두 개체 혹은 해당 속성 값을 가지는 관측치 $(x_i, x_{i'})$ 사이의 p개의 개별 속성 비유사도를 단일의 전체 측정치 비유사도 $D(x_i, x_{i'})$로 결합하는 과정을 정의한다. 이는 거의 항상 가중평균(볼록 조합$^{\text{convex combination}}$)이라는 수단으로 해낸다.

$$D(x_i, x_{i'}) = \sum_{j=1}^{p} w_j \cdot d_j(x_{ij}, x_{i'j}); \quad \sum_{j=1}^{p} w_j = 1 \qquad (14.24)$$

여기서 w_j는 개체 간 전체적인 비유사도를 결정할 때 변수의 상태 영향력을 규정하는 j번째 속성에 할당되는 가중치다. 이는 주제를 고려해 선택해야 한다.

가중치 w_j를 각 변수에 관해 같은 값으로 설정하는 것이(말하자면 $w_j = 1 \, \forall j$) 반드시 모든 속성에 동일한 영향력을 주지는 않는다는 것을 인식하는 것이 중요하다. 개체 비유사도 $D(x_i, x_{i'})$ (14.24)에 관한 j번째 속성 X_j의 영향력은, 데이터셋 내 모든 관측치 쌍에 관한 개체 비유사도 측정치 평균에 관한 상대 기여도에 의존한다.

$$\bar{D} = \frac{1}{N^2} \sum_{i=1}^{N} \sum_{i'=1}^{N} D(x_i, x_{i'}) = \sum_{j=1}^{p} w_j \cdot \bar{d}_j$$

이는 다음을 j번째 속성에 관한 평균 비유사도로 가진다.

$$\bar{d}_j = \frac{1}{N^2} \sum_{i=1}^{N} \sum_{i'=1}^{N} d_j(x_{ij}, x_{i'j}) \tag{14.25}$$

따라서 j번째 변수의 상대 영향력은 $w_j \cdot \bar{d}_j$이고, $w_j \sim 1/\bar{d}_j$로 설정하면 개체 간 전체적인 비유사도를 특징화에서, 모든 속성에 같은 영향력을 주게 될 것이다. 예를 들면 각 좌표에 대해 p개의 양적변수와 제곱오차 거리가 사용됐다면, (14.24)는 양적변수를 축으로 하는 $\mathbb{R}^p$ 내에서의 점의 쌍들 사이의 (가중) 제곱 유클리드 거리

$$D_I(x_i, x_{i'}) = \sum_{j=1}^{p} w_j \cdot (x_{ij} - x_{i'j})^2 \tag{14.26}$$

가 된다.

이 경우 (14.25)는

$$\bar{d}_j = \frac{1}{N^2} \sum_{i=1}^{N} \sum_{i'=1}^{N} (x_{ij} - x_{i'j})^2 = 2 \cdot \text{var}_j \tag{14.27}$$

이 되며, 이때 var_j는 $\text{Var}(X_j)$의 표본 추정값이다. 따라서 이러한 각 변수의 상대 중요도는 데이터셋에 관한 이들의 분산에 비례한다. 일반적으로 모든 속성에 관해 형태에 상관없이 $w_j = 1/\bar{d}_j$로 설정하면, 이들 각각이 개체의 쌍 $(x_i, x_{i'})$ 사이의 전체적인 비유사도에 동일하게 영향력을 미치도록 한다. 이는 이치에 맞아 보이면서 자주 추천되지만, 역효과가 클 수 있다. 목적이 데이터를 유사한 개체의 그

룹으로 세분화하는 것이라면 모든 속성들이 개체간 비유사도라는 (문제에 의존적인) 개념에 동일하게 공헌하지 않을 수도 있다. 몇몇 속성값 차이가 문제 도메인 측면에서 더 커다란 실제 개체 유사도를 반영할 수도 있다.

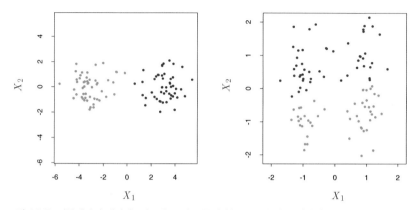

그림 14.5 시뮬레이션 데이터: 왼쪽에 K-평균 군집화($K = 2$)가 원본 데이터에 적용돼 있다. 두 색이 군집 소속을 표시하고 있다. 오른쪽에서는 군집화 전에 먼저 특성이 표준화됐다. 이는 특성 가중치를 $1/(2 \cdot \text{var}(X_j))$로 사용하는 것과 동일하다. 표준화는 두 개로 잘 분리된 그룹을 불분명하게 만들었다. 각 그림이 수평 및 수직축에서 같은 유닛을 사용한다는 것을 주지하라.

만일 목적이 데이터의 자연스러운 그룹화를 발견하는 것이라면, 몇몇 속성이 다른 것들보다 더욱 그룹화 경향을 드러낼 수 있다. 그룹을 분리하는 데 더욱 유의미한 변수들에는 개체 비유사도를 정의할 때 더 높은 영향력을 할당해야 할 것이다. 이 경우와 같이 모든 속성에 같은 영향력을 주게 되면, 그룹을 불분명하게 만들어 군집화 알고리즘이 그룹을 드러낼 수 없도록 하는 경향이 있을 것이다. 그림 14.5는 예제를 보여준다.

개별 속성 비유사도 $d_j(x_{ij}, x_{i'j})$ 및 이들의 가중치 w_j를 선택할 때 단순한 포괄적인 처방을 사용하면 안심이 될 수 되겠지만, 각 개별 문제 측면에서 사려 깊게 생각하는 것을 대체할 만한 것은 없다. 적절한 비유사성 측정치를 구체화하는 것은 군집화로 성공을 이루고자 할 때 군집화 알고리즘을 선택하는 것보다 훨씬 중요하다. 이러한 측면의 문제는 군집화 논문에서 알고리즘 그 자체보다 덜 강조된다. 이는 도메인 지식의 구체 사항에 달려 있으며 일반적인 연구에는 덜 적합하기 때문이다.

마지막으로 관측치가 하나 혹은 그 이상의 속성에서 결측값^{missing values}을 갖는 경우가 자주 있다. 비유사도 계산 (14.24)에서 결측값을 포함시키는 가장 주된 방법은 관측치 x_i와 x_i' 사이의 비유사도를 계산할 때 적어도 하나의 값이 결측된 각 관측치 쌍 x_{ij}, $x_{i'j}$를 생략하는 것이다. 이 방법은 두 관측치 모두 공통으로 측정된 값이 없는 상황에서 실패할 수 있다. 이 경우 두 관측치 모두 분석에서 제거할 수 있다. 대신에 비결측 데이터에 관한 각 속성의 평균이나 중앙값을 사용해 결측값을 대체시킬 수 있다. 범주형 변수에서는 만일 두 개체가 같은 변수에서 결측값을 갖기 때문에 유사한 것으로 간주하는 것이 이치에 맞다면 값 "결측"을 단지 다른 범주형 값으로 고려할 수 있다.

14.3.4 군집화 알고리즘

군집분석의 목적은 같은 관측치를 그룹("군집")으로 분할해 군집에 할당된 이들 관측치 사이의 쌍별 비유사도가 다른 군집에서보다 작도록 하는 것이다. 군집화 알고리즘은 세 개의 개별 형태 즉 조합적 알고리즘, 혼합모델링, 최빈값 탐색으로 나뉜다.

조합적 알고리즘Combinatorial algorithms은 기본이 되는 확률 모델을 직접적으로 참조하지 않고 관측된 데이터에 직접 동작한다. 혼합모델링Mixture modeling은 데이터가 확률밀도함수로 묘사되는 어떠한 모집단으로부터의 $i.i.d$인 표본이라 가정한다. 이 밀도함수는 성분 밀도함수의 혼합이 되도록 취한 매개변수화된 모델을 통해 특징화된다. 이 모델은 그 뒤 최대가능도 혹은 해당 베이즈 접근법을 통해 데이터에 적합시킨다. 최빈값 탐색Mode seekers("범프 헌터bump hunters")는 확률밀도함수의 개별 최빈값을 직접 추정하려 시도하는 비모수적 관점을 취한다. 그 뒤 각 최빈값에 "가장 가까운closest" 관측치들이 개별 군집으로 정의된다.

혼합모델링은 6.8절에서 설명한다. 9.3절과 14.2.5절에서 논의한 PRIM 알고리즘은 최빈값 탐색 혹은 "범프 헌팅"의 예제다. 조합 알고리즘은 다음에서 논의한다.

14.3.5 조합적 알고리즘

가장 인기 있는 군집화 알고리즘은 각 관측치를 데이터를 설명하는 확률 모델을 고려하지 않고 그룹이나 군집에 직접 할당한다. 각 관측치는 정수 $i \in \{1, ..., N\}$으로 고유하게 라벨링된다. 사전에 지정된 군집의 개수 $K < N$를 상정postulate하고, 각각을 정수 $k \in \{1, ..., K\}$를 통해 라벨링한다. 각 관측치가 오직 하나의 군집에만

할당된다. 이들 할당은 다대일^{many-to-one} 매핑 혹은 i번째 관측치를 k번째 군집에 할당하는 인코더^{encoder} $k = C(i)$로 특징화할 수 있다. 요구되는 목적(아래에 자세한 내용이 있다)을 달성하는 특정 인코더 $C^*(i)$는, 관측치의 모든 쌍 사이의 비유사도 $d(x_i, x_{i'})$에 근거해 찾는다. 이들은 앞서 설명한 대로 사용자에 의해 구체화된다. 일반적으로 인코더 $C(i)$는 각 관측치 i에 관한 값(군집 할당)을 줌으로써 명시적으로 기술한다. 그러므로 과정의 "매개변수^{parameters}"는 각각의 N개 관측치를 위한 개별 군집 할당이다. 이들은 군집화 목적에 부합하지 않는지^{not}에 관한 정도를 특징화하는 "손실"함수를 최소화하도록 조정된다.

한 가지 접근법은 수학적인 손실함수를 직접 지정하고 어떠한 조합적 최적화 알고리즘을 통해 이를 최소화하려고 시도하는 것이다. 가까운 점들을 같은 군집에 할당하는 것이 목적이므로, 자연스러운 손실(혹은 "에너지^{energy}")함수는 다음과 같을 것이다.

$$W(C) = \frac{1}{2} \sum_{k=1}^{K} \sum_{C(i)=k} \sum_{C(i')=k} d(x_i, x_{i'}) \tag{14.28}$$

이 기준은 같은 군집에 할당된 관측치가 서로 가까운 경향을 갖는지에 관한 정도를 특징화한다. 이는 때때로 "군집-내^{within cluster}" 지점 산포^{scatter}라 부른다. 그 이유는

$$T = \frac{1}{2} \sum_{i=1}^{N} \sum_{i'=1}^{N} d_{ii'} = \frac{1}{2} \sum_{k=1}^{K} \sum_{C(i)=k} \left(\sum_{C(i')=k} d_{ii'} + \sum_{C(i') \neq k} d_{ii'} \right)$$

혹은

$$T = W(C) + B(C)$$

이고, 이때 $d_{ii'} = d(x_i, x_{i'})$이기 때문이다. 여기서 T는 전체 지점 산포이며, 이는 주어진 데이터에 관한 상수로 군집 할당에 독립적이다. 양^{quantity}

$$B(C) = \frac{1}{2} \sum_{k=1}^{K} \sum_{C(i)=k} \sum_{C(i') \neq k} d_{ii'} \tag{14.29}$$

는 군집-간^{between-cluster} 지점 산포다. 이는 다른 군집에 할당된 관측치가 멀리 떨어져 있으면 커지는 경향이 있을 것이다. 따라서 다음이 되며

$$W(C) = T - B(C)$$

$W(C)$를 최소화하는 것은 $B(C)$를 최대화^{maximize}하는 것과 동일하다.

조합적 최적화를 통한 군집분석은 원칙적으로 직관적이다. N개 데이터 지점의 K 군집에 관한 모든 가능한 할당에 관해 단순히 W를 최소화하거나 동등하게 B를 최대화한다. 안타깝게도 이러한 완전 열거를 통한 최적화는 데이터셋이 매우 작을 때만 가능하다. 별개의 할당의 개수(Jain and Dubes, 1988)는 다음과 같다.

$$S(N, K) = \frac{1}{K!} \sum_{k=1}^{K} (-1)^{K-k} \binom{K}{k} k^N \tag{14.30}$$

예를 들면 $S(10, 4) = 34,105$로 꽤 가능해 보인다. 그러나 인수의 값이 커짐에 따라 $S(N, K)$가 매우 빠르게 증가한다.

$S(19, 4)$는 이미 $\simeq 10^{10}$이며, 대부분의 군집화 문제는 $N = 19$보다 훨씬 큰 데이터셋을 수반한다. 이러한 이유로 실제적인 군집화 알고리즘은 모든 가능한 인코더 $k = C(i)$의 매우 작은 부분만을 조사할 수 있다. 목적은 최적적인, 아니면 적어도 좋은 준최적^{suboptimal} 분할을 포함할 가능성이 있는 작은 부분집합을 식별하는 것이다.

이러한 가능한 전략은 반복적인 탐욕 하강^{iterative greedy descent}에 기반한다. 초기 분할이 지정된다. 각 반복 단계에서 기준의 값이 이전 값보다 개선되도록 하는 방식으로 군집 할당을 변경한다. 이러한 형태의 군집화 알고리즘들은 각 반복에서의 군집 할당을 수정하기 위한 처방 측면에서 서로 다르다. 처방이 개선을 제공하지 못한다면, 알고리즘은 현재 할당을 해로 가지며 종료된다. 어떠한 반복에서든지 군집에 관한 관측치의 할당은 이전 반복에 관한 관측치의 섭동이므로, 모든 가능한 할당 (14.30) 중 오직 매우 작은 부분만을 조사한다. 그러나 이들 알고리즘은 전역 최적점과 비교할 때 상당히 준최적적일 수 있는 국소 최적점들^{local optima}로 수렴한다.

14.3.6 K-평균

K-평균 알고리즘은 가장 인기 있는 반복 하강 군집법 중 하나다. 이는 모든 변수가 양적 형태이며, 제곱 유클리드 거리

$$d(x_i, x_{i'}) = \sum_{j=1}^{p} (x_{ij} - x_{i'j})^2 = ||x_i - x_{i'}||^2$$

가 비유사도 측정치로 선택된 상황을 목적으로 한 것이다.

가중 유클리드 거리 또한 x_{ij} 값을 재정의 함으로써 사용될 수 있음을 주지하라 (연습 14.1).

지점 내 산포 (14.28)은 다음과 같이 쓸 수 있다.

$$
\begin{aligned}
W(C) &= \frac{1}{2} \sum_{k=1}^{K} \sum_{C(i)=k} \sum_{C(i')=k} ||x_i - x_{i'}||^2 \\
&= \sum_{k=1}^{K} N_k \sum_{C(i)=k} ||x_i - \bar{x}_k||^2
\end{aligned}
\tag{14.31}
$$

이때 $\bar{x}_k = (\bar{x}_{1k}, ..., \bar{x}_{pk})$는 k번째 군집과 연관된 평균 벡터이며, $N_k = \sum_{i=1}^{N} I(C(i) = k)$이다. 따라서 이 기준은 각 군집 내 지점을 통해 정의되는 군집 평균 으로부터 관측치의 평균 비유사도를 최소화하는 방식으로, N개 관측치를 K개 군 집에 할당함으로써 최소화된다.

다음

$$C^* = \min_C \sum_{k=1}^{K} N_k \sum_{C(i)=k} ||x_i - \bar{x}_k||^2$$

을 풀기 위한 반복 하강 알고리즘은 임의의 관측치 집합 S에 관해 다음으로 표기 해 얻을 수 있다.

$$\bar{x}_S = \operatorname*{argmin}_m \sum_{i \in S} ||x_i - m||^2 \tag{14.32}$$

따라서 확대된 최적화 문제를 풀어 C^*를 얻을 수 있다.

$$\min_{C, \{m_k\}_1^K} \sum_{k=1}^{K} N_k \sum_{C(i)=k} ||x_i - m_k||^2 \tag{14.33}$$

이는 알고리즘 14.1에 주어진 최적화 과정을 반복해 최소화할 수 있다.

1. 주어진 군집 할당 C에서, 전체 군집 분산 (14.33)은 현재 할당된 군집 (14.32)의 평균을 내놓은 $\{m_1, ..., m_K\}$ 측면에서 최소화할 수 있다.

2. 현재 평균의 집합 $\{m_1, ..., m_K\}$가 주어졌을 때, (14.33)은 각 관측치를 가장 가까운 (현재) 군집 평균에 할당함으로써 최소화할 수 있다. 즉 다음과 같다.

$$C(i) = \underset{1 \le k \le K}{\operatorname{argmin}} \|x_i - m_k\|^2 \qquad (14.34)$$

3. 할당이 바뀌지 않을 때까지 1단계와 2단계를 반복한다.

각 1단계와 2단계는 기준 (14.33)의 값을 감소시키므로, 수렴을 보장한다. 그러나 결과는 준최적 국소 최솟값을 나타낼 수도 있다. 하티건과 웡(Hartigan and Wong, 1979)의 알고리즘은 더욱 깊이 들어가서 목적값을 줄이는, 한 그룹에서 다른 그룹으로의 관측치 전환이 하나도 없음을 보장한다. 추가로 알고리즘은 초기 평균을 다수의 서로 다른 무작위 선택값으로 시작하고, 목적함수가 가장 최솟값을 가지는 해를 선택해야 한다.

그림 14.6은 그림 14.4의 시뮬레이션 데이터를 위한 K-평균 반복의 일부를 보여준다. 중심점이 "O"로 표기돼 있다. 직선은 점들의 분할을 보여주며, 각 부채꼴은 각 중심점에서 가장 가까운 점들이 된다. 이 분할은 보로노이 테셀레이션Voronoi tessellation이라 부른다. 20회의 반복 후에 과정이 수렴한다.

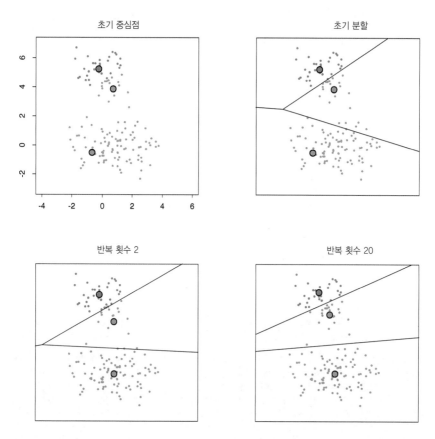

그림 14.6 그림 14.4의 시뮬레이션 데이터를 위해 K-평균 군집화 알고리즘을 연속적으로 반복시킨 것

14.3.7 K-평균 연군집화로서의 가우스 혼합

K-평균 군집화 과정은 특정한 가우스 혼합모델을 추정하기 위한 EM 알고리즘과 긴밀한 관계를 가진다(6.8절과 8.5.1절). EM 알고리즘의 E-단계는 각 데이터 지점에 관해 각각의 혼합 성분하에서의 이들의 상대 밀도에 근거해 "책임도 responsibilities"를 할당하는 한편, M-단계는 현재 신뢰도에 근거해 성분 밀도 매개변수를 재계산한다. K개 혼합 성분을 지정하고, 각각이 스칼라 공분산 행렬 $\sigma^2 \mathbf{I}$을 가지는 가우스 밀도를 가진다고 해보자. 그러면 각 혼합 성분하에서의 상대 밀도는 데이터 지점과 혼합 중심 사이의 유클리드 거리의 단조 함수다. 따라서 이러한 설정에서 EM은 K-평균 군집화의 "부드러운soft" 버전으로, 지점을 군집 중심

에 확률적으로 할당한다. 분산이 $\sigma^2 \to 0$가 됨에 따라, 이들 확률은 0이나 1이 되며, 두 개의 방법이 일치하게 된다. 자세한 내용은 연습 14.2에서 주어진다. 그림 14.7은 실직선 위의 두 개의 군집에 관한 결과를 보여준다.

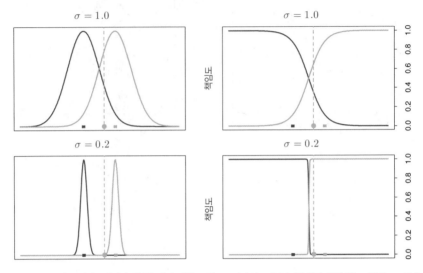

그림 14.7 왼쪽 패널: 실직선 위 두 개의 가우스 밀도 $g_0(x)$와 $g_1(x)$(파란색과 주황색) 그리고 $x = 0.5$에서의 단일 데이터 지점(초록색 점). 색이 있는 사각형이 각각 밀도의 평균인 $x = -1.0$과 $x = 1.0$에 그려져 있다. 오른쪽 패널: 각 군집의 "책임도"라 부르는 상대 밀도 $g_0(x)/(g_0(x) + g_1(x))$와 $g_1(x)/(g_0(x) + g_1(x))$가 이 데이터 지점을 위해 그려져 있다. 위쪽 패널에서 가우스 표준편차가 $\sigma = 1.0$이다. 아래쪽 패널에서는 $\sigma = 0.2$이다. EM 알고리즘은 이들 신뢰도를 사용해 각 데이터 지점을 각각의 두 군집에 "부드럽게" 할당한다. σ가 꽤 클 때, 신뢰도는 거의 0.5가 될 수 있다(오른쪽 위 패널에서 이들은 0.36과 0.64이다). $\sigma \to 0$이 됨에 따라 목표 지점에서 가장 가까운 군집 중심에 관한 신뢰도는 $\to 1$이 되고, 다른 모든 군집에는 0이 된다. 이러한 "강한(hard)" 할당은 오른쪽 아래 패널에서 볼 수 있다.

14.3.8 예제: 인간 종양 미세 배열 데이터

1장에서 설명한 인간 종양 미세 배열 데이터에 K-평균 군집화를 적용한다. 이는 고차원 군집화 예제다. 데이터는 실수의 6830×64 행렬로, 각각은 유전자(행)와 표본(열)에 관한 표현 측정치를 나타낸다. 여기서 표본을 군집화하며, 각각은 길이 6830의 벡터로, 6,830개 유전자의 표현값에 해당한다. 각 표본은 breast(유방암), melanoma(흑색종) 등의 라벨이 있다. 이들 라벨은 군집화에 사용하지는 않지만, 어떠한 라벨이 어떠한 군집에 속하는지 포스트혹posthoc으로 조사한다.

K-평균 군집화를 K가 1부터 10으로 적용하였으며, 그림 14.8에서와 같이 각 군집에 관해 제곱의 전체 내부-합$^{within-sum}$을 계산했다. 통상적으로 군집의 최적 개수를 찾기 위해 제곱합 곡선의 뒤틀림^{kink}을 찾으려 할 것이다(14.3.11절을 보라). 여기서는 분명하게 나타나지 않는다. 보여주기 위해 $K = 3$을 선택해 표 14.2에 세 개의 군집을 내주고 있다.

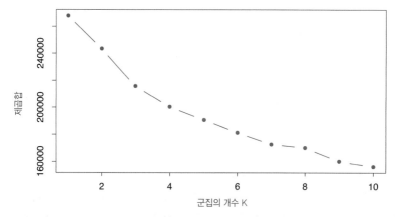

그림 14.8 인간 종용 미세 배열 데이터에 적용한 K-평균 군집화의 전체 군집-내 제곱합

표 14.2 인간 종양 데이터: K-평균 군집화로부터 나온 세 개의 각 군집에서의, 암의 각 형태에 관한 사례의 수

Cluster	Breast	CNS	Colon	K562	Leukemia	MCF7
1	3	5	0	0	0	0
2	2	0	0	2	6	2
3	2	0	7	0	0	0
Cluster	Melanoma	NSCLC	Ovarian	Prostate	Renal	Unknown
1	1	7	6	2	9	1
2	7	2	0	0	0	0
3	0	0	0	0	0	0

과정이 성공적으로 같은 암의 표본들을 같이 그룹화함을 볼 수 있다. 사실 두 번째 군집에서 두 개의 유방암이 나중에 잘못 진단됐으며 흑색종이 전이된 것으로 밝혀졌다. 그러나 K-평균 군집화는 이러한 응용에서 약점을 가진다. 군집 내에서 개체의 선형적인 순서를 제공하지 않는다. 우리는 앞에서 단순히 알파벳 순으로 이들을 정렬했다. 두 번째로, 군집의 개수 K가 변함에 따라, 군집 소속이 임의적인 방식으로 변할 수 있다. 즉 군집이 네 개라면, 앞의 세 개의 군집 내에서

군집이 중첩될 필요가 없다. 이러한 이유로 계층적 군집화(나중에 설명한다)가 아마도 이러한 응용에서 선호될 것이다.

14.3.9 벡터 양자화

K-평균 군집화 알고리즘은 명백한 관련이 없는 분야인 이미지와 신호 압축, 특히 벡터 양자화vector quantization, VQ에서 핵심적인 도구를 나타낸다(Gersho and Gray, 1992). 그림 14.9^2의 왼쪽 이미지는 유명 통계학자 로널드 피셔 경(Sir Ronald Fisher)의 디지털화된 사진이다. 이는 1024×1024픽셀로 돼 있으며, 각 픽셀은 0부터 255의 범위를 가지는 회색조 값이므로, 각 픽셀당 8비트의 용량이 필요하다. 전체 이미지는 1 메가바이트의 용량을 차지한다. 가운데 이미지는 왼쪽 패널의 VQ-압축 버전이며, 용량의 0.239를 필요로 한다(일부 질의 저하로). 오른쪽 이미지는 심지어 더욱 압축됐으며, 용량의 오직 0.0625만을 필요로 한다(질이 상당히 저하됨).

그림 14.9 로널드 A 피셔 경(Sir Ronald A. Fisher, 1890~1962)은 현대 통계학의 창시자 중 한 명으로 최대가능도, 충분성 및 다른 많은 근본적인 개념들이 그의 덕분이다. 왼쪽의 이미지는 픽셀당 8비트인 1024×1024 회색조 이미지다. 가운데 이미지는 2×2 블록 VQ의 결과로, 1.9비트/픽셀의 압축률로 200개 코드 벡터를 사용한다. 오른쪽 이미지는 오직 네 개의 코드 벡터를 사용하며, 압축률은 0.50 비트/픽셀이다.

여기서 구현한 VQ 버전은 이미지를 작은 블록으로, 이 경우에는 픽셀의 2×2 블록으로 쪼갠다. 각 네 개 숫자의 512×512 블록은 $\mathbb{R}^4$에서의 벡터로 간주한다. (또한 이러한 측면에서 로이드 알고리즘이라고 알려진) K-평균 군집화 알고리즘이 이 공간에서 실행된다. 가운데 이미지는 $K = 200$를, 오른쪽 이미지는 $K = 4$를 사용한다. 각 512×512픽셀 블록(혹은 지점)은 코드 워드code word라고 알려진 가장 가까

---

2 이 예제는 마야 굽타(Maya Gupta)가 준비했다.

운 군집 중심점에 의해 근사된다. 군집화 과정은 인코딩^{encoding} 단계라 부르며, 중심점의 모음은 코드북^{codebook}이라 부른다.

근사된 이미지를 나타내기 위해서는 각각의 블록에 관해 이를 근사시키는 코드북 항목의 식별값^{identity}을 제공해야 한다. 이는 블록마다 $\log_2(K)$ 비트를 필요로 할 것이다. 또한 $K \times 4$의 실수인 (통상적으로 무시할 만한) 코드북 자체를 제공해야 한다. 전반적으로 압축된 이미지의 용량은 원본의 $\log_2(K)/(4 \cdot 8)$가 된다 ($K = 200$은 0.239, $K = 4$는 0.063). 이는 통상적으로 픽셀당 비트율^{rate}로 표현한다. $\log_2(K)/4$는 각각 1.91과 0.50이다. 중심점으로부터 근사 이미지를 구축하는 과정은 디코딩^{decoding} 단계라 부른다.

도대체 왜 VQ가 동작한다고 기대할 수 있는 걸까? 사진과 같은 통상적인 일상의 이미지에서, 많은 블록이 같아 보이기 때문이다. 이 경우 거의 순수한 많은 하얀 블록이 존재하며 유사하게 순수한 회색 블록이 다양한 음영으로 존재한다. 이들을 나타내기 위해서는 오직 하나의 블록만을 필요로 하며 그런 다음 그 블록에 다수의 포인터를 필요로 한다.

우리가 설명한 것은 손실적인^{lossy} 압축이라 알려져 있다. 우리 이미지가 원본의 저하된 버전이기 때문이다. 저하 혹은 왜곡^{distortion}은 주로 평균제곱오차 측면에서 측정한다. 이 경우 $K = 200$은 $D = 0.89$이고 $K = 4$는 $D = 16.95$이다. 더 일반적으로는 비율/왜곡 곡선을 사용해 상반관계를 평가할 수 있다. 또한 블록 군집화를 사용해 반복된 패턴을 이용하면서 무손실^{lossless} 압축을 수행할 수도 있다. 원본 이미지를 가져와 무손실적으로 압축을 하면, 최대 픽셀당 4.48을 달성할 수 있을 것이다.

앞서 우리는 코드북에서 각각의 K개의 코드워드를 식별하는 데 $\log_2(K)$ 비트가 필요하다고 주장했다. 이는 고정 길이의 코드를 사용하며, 몇몇 코드가 이미지에서 다른 것들보다 더 많이 나타난다면 충분하지 않다. 셰넌 코딩 이론^{Shannon} $^{coding\ theory}$을 사용하면 일반적으로 가변적인 길이의 코드가 더 낫다는 것을 알 수 있으며, 그러면 비율은 $-\sum_{\ell=1}^{K} p_\ell \log_2(p_\ell)/4$가 된다. 분자의 항은 이미지 내 코드워드의 분포 p_ℓ의 엔트로피다. 가변 길이 코딩을 사용하면 우리의 비율은 각각 1.42와 0.39에 도달한다. 마지막으로 VQ의 일반화가 많이 개발돼 왔다. 예를 들면 트리-구조 VQ는 14.3.12절에 언급된 것과 같이 하향식의, 2-평균 스타일 알고리즘으로 중심점을 찾는다. 이는 압축이 연속적으로 개선되도록 해준다. 더 자세한 내용은 거쇼와 그레이(Gersho and Gray, 1992)에서 찾을 수 있다.

14.3.10 K-중위점

앞서 논의했듯이 K-평균 알고리즘은 비유사도 측정치를 제곱 유클리드 거리 $D(x_i, x_{i'})$ (14.112)로 취할 때 적절하다. 이를 위해서는 모든 변수가 양적 형식이어야 한다. 추가로 제곱squared 유클리드 거리는 가장 긴 거리에 가장 높은 영향력을 배치한다. 이는 과정이 매우 긴 거리를 만들어내는 특이값에 관한 로버스트성을 없앤다. 이러한 제약 사항은 높은 연산 비용으로 제거할 수 있다.

K-평균 알고리즘에서 제곱 유클리드 거리를 가정하는 유일한 부분은 최소화 단계 (14.32)다. (14.33)에서의 군집 대표값 $\{m_1, ..., m_K\}$는 현재 할당된 군집의 평균으로 취할 수 있다. 알고리즘은 (14.33)에서의 $\{m_1, ..., m_K\}$에 관한 명시적 최적화를 통해 이 단계를 바꿈으로써 임의로 정의된 비유사도 $D(x_i, x_{i'})$를 사용하도록 일반화시킬 수 있다. 가장 공통적인 형식에서 각 군집을 위한 중심은 알고리즘 14.2에서 요약한 바와 같이 군집에 할당된 관측치 중 하나가 되도록 제한된다. 이 알고리즘은 속성 데이터를 가정하지만 그 접근법은 오직only 근접도 행렬 (14.3.1절)에 의해서만 묘사되는 데이터에도 적용될 수 있다. 군집 중심을 명시적으로 계산할 필요는 없다. 대신에 인덱스 i_k^*만을 추적할 뿐이다.

알고리즘 14.2 K-중위점 군집화

1. 주어진 군집 할당 C에 관해 그 군집 내 다른 점들로의 전체 거리를 최소화하는 관측치를 찾는다.

$$i_k^* = \operatorname*{argmin}_{\{i:C(i)=k\}} \sum_{C(i')=k} D(x_i, x_{i'}) \tag{14.35}$$

그러면 $m_k = x_{i_k^*}$, $k = 1, 2, ..., K$는 군집 중심의 현재 추정값이다.

2. 군집 중심 $\{m_1, ..., m_K\}$의 현재 집합이 주어졌을 때, 각 관측치를 가장 가까운 (현재) 군집 중심에 할당해 전체 오차를 최소화시킨다.

$$C(i) = \operatorname*{argmin}_{1 \le k \le K} D(x_i, m_k) \tag{14.36}$$

3. 할당이 더 이상 바뀌지 않을 때까지 1단계와 2단계를 반복한다.

각 잠정적인 군집 k에 관해 (14.32)를 푸는 것은 이에 할당된 관측치의 개수에 비례하는 연산을 필요로 한다. 한편 (14.35)를 풀 때는 연산이 $O(N_k^2)$로 늘어난

다. 군집 "중심^{centers}"의 집합이 주어졌을 때, 새로운 할당

$$C(i) = \underset{1 \le k \le K}{\operatorname{argmin}}\, d_{ii_k^*} \tag{14.37}$$

을 얻으려면 이전과 같이 $K \cdot N$에 비례하는 연산을 필요로 한다. 따라서 K-중위점^{medoid}은 K-평균보다 연산적으로 훨씬 더 강도가 높다.

(15.35)와 (14.37)을 번갈아 실행하는 것은 다음을 푸는 것을 시도하는 특정한 휴리스틱 검색 전략을 나타낸다.

$$\min_{C,\, \{i_k\}_1^K} \sum_{k=1}^{K} \sum_{C(i)=k} d_{ii_k} \tag{14.38}$$

카우프만과 로씨우(Kaufman and Rousseeuw, 1990)는 (14.38)을 직접 푸는 다른 전략을 제안한다. 이는 각 중심 i_k를 현재 중심이 아닌 관측치로 잠정적으로 교환하며, 이러한 교환은 기준 (14.38)의 값을 가장 크게 줄이도록 선택한다. 이는 도움이 되는 교환을 찾을 수 없을 때까지 반복된다. 마싸르트 외(Massart et al., 1983)는 매우 작은 데이터셋에만 쓸 수 있는, 전역 최솟값을 찾는 가지-경계$^{branch-and-bound}$ 조합법을 유도한다.

표 14.3 정치과학 조사 데이터: 값들은 정치과학 학생들에게 주어진 설문지로부터 나온 쌍별 비유사도의 평균이다.

	BEL	BRA	CHI	CUB	EGY	FRA	IND	ISR	USA	USS	YUG
BRA	5.58										
CHI	7.00	6.50									
CUB	7.08	7.00	3.83								
EGY	4.83	5.08	8.17	5.83							
FRA	2.17	5.75	6.67	6.92	4.92						
IND	6.42	5.00	5.58	6.00	4.67	6.42					
ISR	3.42	5.50	6.42	6.42	5.00	3.92	6.17				
USA	2.50	4.92	6.25	7.33	4.50	2.25	6.33	2.75			
USS	6.08	6.67	4.25	2.67	6.00	6.17	6.17	6.92	6.17		
YUG	5.25	6.83	4.50	3.75	5.75	5.42	6.08	5.83	6.67	3.67	
ZAI	4.75	3.00	6.08	6.67	5.00	5.58	4.83	6.17	5.67	6.50	6.92

예제: 국가 비유사도

카우프만과 로씨우(1990)에서 가져온 이 예제는 12국가를 위한 쌍별 비유사도 측정치를 제공하기 위해 정치과학 학생들에게 질문을 한 연구에서 나온다. 국가

종류로는 벨기에, 브라질, 칠레, 쿠바, 이집트, 프랑스, 인도, 이스라엘, 미국, 소비에트연방공화국, 유고슬라비아, 자이르가 있다. 평균 비유사도 점수는 표 14.3에 주어져 있다. 우리는 이 유사도에 3-중위점 군집화를 적용했다. 관측치 대신 거리만 있기 때문에 K-평균 군집화는 적용할 수 없음을 주지하라. 그림 14.10의 왼쪽 패널은 3-중위점 군집화에 따라 재정렬되고 블록화된 비유사도를 보여준다. 오른쪽 패널은 2차원의 다차원 척도화 도표로, 3-중위점 군집 할당이 색으로 표시돼 있다(다차원 척도화는 14.8절에서 논의한다). 두 그림 모두 세 개의 잘 분리된 군집을 보여주지만, MDS 화면은 "이집트"가 두 군집 사이의 중간에 속함을 나타내고 있다.

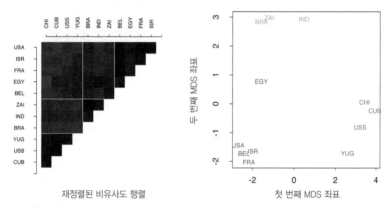

그림 14.10 국가 비유사도 조사. 왼쪽 패널: 3-중위점 군집화에 따라 재정렬되고 블록화된 비유사도. 히트맵이 가장 유사한 것(진한 빨간색)에서 가장 덜 유사한 것(밝은 빨간색)으로 코딩돼 있다. 오른쪽 패널: 2차원의 다차원 척도화 도표에 3-중위점 군집이 다른 색으로 표시돼 있다.

14.3.11 실제적인 문제

K-평균이나 K-중위점을 적용하려면 군집의 개수 K^*와 초기 지점을 선택해야만 한다. 후자는 중심의 초기 집합 $\{m_1, ..., m_K\}$나 $\{i_1, ..., i_K\}$ 혹은 초기 인코더 $C(i)$를 지정해 정의할 수 있다. 중심을 지정하는 것이 주로 더 편리하다. 이를 위한 제안의 범위에는 단순한 무작위 선택에서 전진 단계별 할당에 근거한 계획적인 전략이 있다. 이전 단계에서 선택된 중심점 $i_1, ..., i_{k-1}$이 주어졌을 때, 각 단계에서 기준 (14.33)이나 (14.38)을 최소화하도록 새로운 중심 i_k를 선택한다. 이는 K 단계에 관해 계속되며, 이에 따라 K개의 초기 중심을 만들어 최적화 알고리즘을 시작한다.

군집의 개수 K의 선택은 목적에 따라 다르다. 데이터 분할에서는 K가 주로 문제의 일부로 정의된다. 예를 들면 한 회사가 K명의 판매원을 고용할 수 있고 목적은 고객 데이터베이스를 K개 분절로 분할하되 각각에 할당된 고객들이 가능한 비슷하도록 하나에 한 판매원씩 할당하는 것이다. 그러나 군집분석은 데이터베이스를 포함하는 관측치가 어느 정도로 자연스러운 개별 그룹화로 나뉘는지 확인하기 위해 기술 통계량을 제공하는 데 자주 쓰인다. 여기서 이러한 그룹 K^*의 개수는 알려져 있지 않으며, 이를 그룹화 그 자체는 물론 데이터로부터 추정해야 할 것이 된다.

K^*를 추정하기 위한 데이터-베이스화된 방법은 통상적으로 군집내 비유사도 W_K를 군집의 개수 K의 함수로 조사하는 것이다. $K \in \{1, 2, ..., K_{max}\}$에 관해 개별적인 해를 얻게 된다. 이에 해당하는 값 $\{W_1, W_2, ..., W_{K_{max}}\}$는 일반적으로 K가 증가하면 감소한다. 이는 기준을 독립적인 테스트 집합에서 평가할 때라도 그러할 것이다. 다수의 군집 중심이 특성 공간을 빽빽하게 채우는 경향을 보일 것이며 따라서 모든 데이터 지점과 가까울 것이기 때문이다. 따라서 지도 학습에서의 모델 선택에 매우 유용한 교차 검증 기술은 이러한 측면에서 활용될 수 없다.

이 접근법 하부에는 직관적으로 (비유사도 측정치에 의해 정의된) 실제 관측치의 K^*개의 개별 그룹이 존재한다면, $K < K^*$에 관해 알고리즘이 반환한 각각의 군집이 참인 하부 그룹의 부분집합을 가지고 있다. 즉 해는 자연스럽게 발생하는 동일한 그룹 내 관측치를 다른 추정된 군집에 할당하지 않을 것이다. 이러한 경우인 한, 지정된 군집의 개수가 연속적으로 증가할 때마다, 해 기준값은 $W_{K+1} \ll W_K$로 상당하게 감소하는 경향을 보일 것이다. 자연 그룹이 연속적으로 개별 군집에 할당되기 때문이다. $K > K^*$에 관해, 추정된 군집 중 하나는 반드시 자연 그룹 중 적어도 하나를 두 개의 부분그룹으로 분할해야 한다. 이는 K가 더욱 증가함에 따라 기준이 더 적게 감소하도록 하는 경향을 보이게 할 것이다. 관측치가 모두 꽤 서로 가까이 있는 자연 그룹을 나누는 것은, 두 개의 잘 분리된 그룹의 합집합을 적절한 구성 요소로 분할하는 것보다 기준을 덜 감소시킨다.

이 시나리오가 현실화되는 한, $K = K^*$에서 기준값의 연속적인 차이 $W_K - W_{K+1}$에 상당한 감소가 있을 것이다. 즉, $\{W_K - W_{K+1} | K < K^*\} \gg \{W_K - W_{K+1} | K \geq K^*\}$이다. 그러면 K^*를 위한 $\hat{K}^*$의 추정값은 W_K을 K의 함수로 그린 도표에서 "뒤틀림"을 식별해 얻어낸다. 군집 과정의 다른 측면에서처럼 이러한 접근법은 다소 휴리스틱하다.

최근에 제안된 갭 통계량(Tibshirani et al., 2001b)은 $\log W_K$ 곡선을 데이터를 가지는 직사각형에 균일하게 분포된 데이터로부터 얻어낸 곡선과 비교한다. 이는 군집의 최적 개수를 두 곡선의 갭 차이가 가장 큰 곳에 두도록 한다. 본질적으로 이는 앞서 언급한 "뒤틀림"의 위치를 찾는 자동적인 방법이다. 이는 또한 데이터가 단일 군집에 속할 때 적절하게 잘 동작하며, 이 경우 최적 군집의 개수를 1로 추정하는 경향이 있다. 이는 대부분의 다른 경쟁적인 방법이 실패할 때의 시나리오다.

그림 14.11은 그림 14.4의 시뮬레이션 데이터에 갭 통계량을 적용한 결과를 보여준다. 왼쪽 패널은 $K = 1, 2, ..., 8$ 군집에 관한 $\log W_K$(초록색 곡선)과 균일 데이터로부터의 20회 시뮬레이션에 관한 $\log W_K$의 기댓값(파란색 곡선)을 보여준다. 오른쪽 패널은 기대 곡선에서 관측된 곡선을 뺀 갭 곡선을 보여준다. 또한 이는 폭의 절반 $s'_K = s_K\sqrt{1 + 1/20}$의 오차 막대를 보여주며, 이때 s_K는 20회 시뮬레이션에 관한 $\log W_K$의 표준 편차다. 갭 곡선은 $K = 2$ 군집에서 최대화된다. $G(K)$가 K 군집에서의 갭 곡선이라면, K^*를 추정하는 형식화된 규칙은

$$K^* = \underset{K}{\text{argmin}}\{K | G(K) \geq G(K+1) - s'_{K+1}\} \qquad (14.39)$$

이다. 이는 $K^* = 2$를 내주며, 그림 14.4에서 볼 때 적당해 보인다.

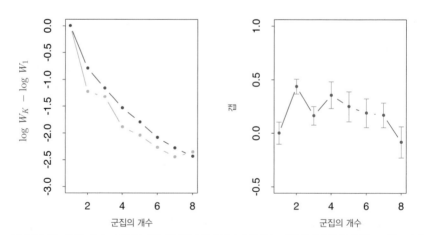

그림 14.11 왼쪽 패널: 그림 14.4의 시뮬레이션 데이터에 관한 $\log W_K$의 관측된(초록색) 그리고 기대 (파란색) 값. 두 곡선 모두 군집 1개에서 0이 되도록 바뀌어 있다. 오른쪽 패널: $\log W_K$의 관측값과 기댓값 사이의 차이와 같은 갭 곡선. 갭 추정값 K^*은 $K + 1$에서의 갭의 1 표준편차 내에서의 갭을 만들어내는 가장 작은 K다. 여기서는 $K^* = 2$이다.

14.3.12 계층적 군집화

K-평균이나 K-중심점 군집화 알고리즘을 적용하는 결과는 검색할 군집의 개수 선택과 설정 할당의 시작점에 따른다. 반대로 계층적 군집화Hierarchical Clustering법은 이러한 명세를 필요로 하지 않는다. 대신 이들은 사용자가 두 그룹 내 관측치 사이의 쌍별 비유사도에 근거한, 관측치의 (서로소인) 그룹 간 비유사도의 측정치를 지정하도록 요구한다. 이름이 시사하듯이 이들은 계층의 각 수준에서의 군집이 다음 저수준에서의 군집을 합침으로써 계층적인 표현을 만들어낸다. 가장 낮은 수준에서 각 군집은 단일 관측치를 가진다. 가장 높은 수준에서는 모든 데이터를 포함하는 오직 하나의 군집이 존재한다.

계층적 군집화의 전략은 응집agglomerative(상향식)과 분열divisive(하향식) 두 개의 패러다임으로 나뉜다. 응집적 전략은 바닥에서 시작하며 각 수준에서 선택된 군집의 쌍을 재귀적으로 단일 군집으로 합친다. 이는 다음으로 높은 수준에서 군집이 하나 적은 그룹화를 만들어낸다. 병합을 위해 선택한 쌍은 가장 적은 그룹 간 intergroup 비유사도를 가지는 두 그룹으로 돼 있다. 분열법은 맨 위에서 시작해 각 수준에서 기존 군집의 하나를 두 개의 새로운 군집으로 재귀적으로 분리한다. 분리할 때 새로운 두 개의 그룹이 가장 큰 그룹 사이between-group 비유사도를 가지도록 선택한다. 두 패러다임 모두 계층 내에서 $N-1$개 수준이 있다.

계층의 각 수준은 데이터의 관측치에 관한 서로소인 군집으로의 특정 그룹화를 나타낸다. 전체 계층은 이러한 그룹화의 정렬된 열을 나타낸다. 어떠한 수준(존재한다면)이 실제로 각 그룹 내 관측치가 그 수준에서 다른 그룹에 할당된 관측치보다 충분히 서로 더욱 유사한지에 관한 측면에서 "자연스러운" 군집화를 나타내는지 결정하는 것은 사용자에게 달렸다. 앞서 설명한 갭 통계량을 이러한 목적으로 사용할 수 있다.

재귀적 이진 분열/응집은 뿌리가 있는 이진 트리로 나타낼 수 있다. 트리의 노드는 그룹을 나타낸다. 뿌리 노드는 전체 데이터셋을 나타낸다. M개 종료 노드 각각은 개별 관측치 중 하나를 나타낸다(싱글턴 군집). 각 비종료 노드("부모")는 두 개의 자손 노드를 가진다. 분열 군집화에서 두 개의 자손은 부모로부터의 분할로부터 나온 두 그룹을 나타낸다. 응집 군집화에서 자손은 부모를 이루기 위해 합쳐진 두 그룹을 나타낸다.

모든 응집 그리고 일부 분열 방법(상향식으로 봤을 때)은 단조성 속성을 가진다. 즉 병합된 군집 사이의 비유사도는 합병의 수준에 관한 단조 증가다. 따라서 이진 트리는 각 노드의 높이가 두 자손 사이의 그룹 간 비유사도의 값에 비례하도록 그릴 수 있다. 개별 관측치를 나타내는 종료 노드는 모두 높이를 0으로 그린다. 이러한 형태의 그래픽적 표현은 덴드로그램dendrogram이라고 부른다.

덴드로그램은 그래픽적 형식으로 계층적 군집화에 관한 해석력이 높은 완전한 서술화를 제공한다. 계층적 군집법이 인기 있는 주요한 이유 중 하나다.

미세 배열 데이터에 관해 그림 14.12는 평균 연결법average linkage으로 된 응집 군집화로부터의 덴드로그램을 보여준다. 응집 군집화 및 이 예제는 14장 후반부에서 더 자세히 논의한다. 특정 높이에서 덴드로그램을 수평으로 자르면 데이터를 이를 가로지르는 수직선으로 표현되는 서로소 군집으로 나누게 된다. 이들은 최적 그룹 간 비유사도가 임계점 절단값을 넘어설 때 과정을 종료시킴으로써 만들어지는 군집이다. 트리의 낮은 곳에서의 부분 그룹 내에서 가지는 합병 값과 비교해 높은 값에서 합쳐지는 그룹은 자연 군집의 후보가 된다. 군집화 계층, 즉 군집 내 중첩된 군집을 가리키는 몇 가지 다른 수준에서 나타날 수 있음을 주지하라.

이러한 덴드로그램은 자주 알고리즘의 결과에 관한 서술보다는 데이터 그 자체의 그래픽적 요약으로 볼 수 있다. 그러나 이러한 해석은 조심해서 다뤄야 한다. 먼저 서로 다른 계층적 방법은 물론 데이터에서의 작은 변화가 꽤 다른 덴드로그램을 야기할 수 있다. 또한 이러한 요약은 쌍별 관측치observation 비유사도가, 알고리즘에 의해 만들어진 계층적 구조를 지니는 한에서만 유효할 것이다. 계층적 방법은 계층적 구조가 데이터에 존재하든지 하지 않든지 이를 강제한다.

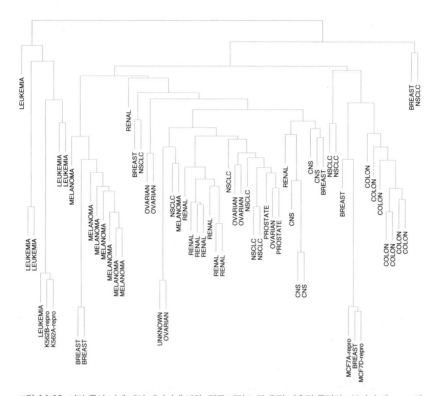

그림 14.12 인간 종양 미세 배열 데이터에 관한, 평균 연결로 된 응집 계층적 군집화로부터의 덴드로그램

덴드로그램에 의해 만들어진 계층적 구조가 실제로 데이터 자체를 어느 정도 나타내는지는 공표형 상관계수$^{cophenetic\ correlation\ coefficient}$로 정해진다. 이는 알고리즘으로의 입력인 $N(N-1)/2$개 쌍별 관측치 비유사도 $d_{ii'}$와 덴드로그램으로부터 유도한 이들의 공표형 비유사도 $C_{ii'}$ 사이의 상관관계다. 두 관측치 (i, i') 사이의 공표형 비유사도 $C_{ii'}$는 관측치 i와 i'가 같은 군집에서 처음으로 합쳐질 때의 그룹간 비유사도다.

공표형 비유사도는 매우 제한적인 비유사도 측정치다. 먼저 관측치에 관한 $C_{ii'}$는 반드시 많은 묶음^{tie}을 가져야 한다. 전체 $N(N-1)/2$에서 $N-1$개 값만이 구별될 수 있기 때문이다. 또한 이들 비유사도는 임의의 세 관측치 (i, i', k)에 관해 다음 초거리 부등식$^{ultrametric\ inequality}$을 따라야만 한다.

$$C_{ii'} \leq \max\{C_{ik}, C_{i'k}\} \tag{14.40}$$

기하적 예제에서와 같이, 데이터가 유클리드 좌표 시스템 내 점으로 표현된다고 하자. 데이터의 지점간 거리의 집합이 (14.40)을 따르도록 하기 위해서는, 점들의 모든 세쌍에 의해 만들어진 삼각형이 반드시 같지 않은 편의 길이가 두 개의 같은 편의 길이보다 길지 않은 이등변 삼각형이어야 한다(Jain and Dubes, 1988). 그러므로 임의적인 데이터 집합에 관한 일반적인 비유사도가, 덴드로그램에 의해 계산된 해당 공표형 비유사도를 상당히 닮는다고 기대하는 것은 비현실적이다. 이는 특히 값의 묶음이 많지 않을 때 더욱 그러하다. 따라서 덴드로그램은 주로 특정 알고리즘을 이용함으로써 강제된 데이터의 군집화clustering 구조에 관한 설명으로 봐야 한다.

응집 군집화

응집 군집화 알고리즘은 싱글턴 군집을 나타내는 모든 관측치로 시작한다. 각 $N-1$단계에서 최근접하는 (혹은 가장 덜 닮은) 두 군집이 하나의 군집으로 병합되고, 다음으로 높은 수준에서 하나가 적은 군집을 만들어낸다. 그러므로 두 군집 (관측치의 그룹) 간 비유사도가 반드시 정의돼야 한다.

G와 H가 이러한 두 그룹을 나타낸다고 하자. G와 H 사이의 비유사도 $d(G, H)$는 쌍별 관측치 비유사도 $d_{ii'}$의 집합으로부터 계산되며, 이때 쌍 i의 한 구성원은 G에 그리고 다른 하나 i'는 H 안에 있다. 단일 연결SL, Single Linkage 응집 군집화는 그룹 간 비유사도를 (가장 덜 닮은) 최근접 쌍이 되도록 취한다.

$$d_{SL}(G, H) = \min_{\substack{i \in G \\ i' \in H}} d_{ii'} \tag{14.41}$$

이는 또한 최근접-이웃 기술이라 자주 부른다. 완전 연결CL, Complete Linkage 응집 군집화(최원-이웃furthest-neighbor 기술)는 그룹간 비유사도를 가장 먼(가장 덜 닮은) 쌍으로 취한다.

$$d_{CL}(G, H) = \max_{\substack{i \in G \\ i' \in H}} d_{ii'} \tag{14.42}$$

그룹 평균GA, Group average 군집화는 그룹 사이 평균 비유사도를 사용한다.

$$d_{GA}(G, H) = \frac{1}{N_G N_H} \sum_{i \in G} \sum_{i' \in H} d_{ii'} \tag{14.43}$$

이때 N_G와 N_H는 각 그룹 내 해당 관측치의 개수다. 응집 군집화 측면에서 그룹간 비유사도를 정의하는 다른 많은 제안들이 있어 왔지만, 앞의 세 가지가 가장 일반적으로 쓰이는 것들이다. 그림 14.13은 이들 세 가지의 예제를 보여준다.

만일 각각의 군집이 컴팩트compact하면서 다른 것들로부터 잘 떨어져 있어서 데이터 비유사도 $\{d_{ii'}\}$가 강한 군집화 경향을 보인다면, 세 가지 방법 모두 비슷한 결과를 만들어낸다. 만일 군집 내 관측치가 다른 군집 내 관측치와 비교해 상대적으로 서로 가깝다면(작은 비유사도), 군집이 컴팩트한 것이다. 이러한 경우가 아닌 한, 결과는 달라질 것이다.

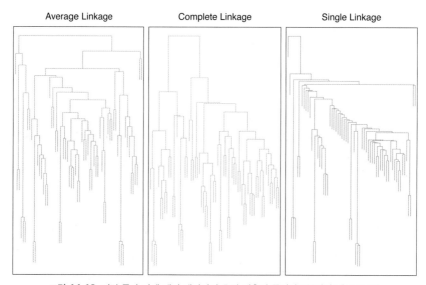

그림 14.13 인간 종양 미세 배열 데이터의 응집 계층적 군집화로부터의 덴드로그램

단일 연결 (14.41)은 $i \in G$이고 $i' \in H$일 때 단일 비유사도 $d_{ii'}$가, 그룹간 다른 관측치의 비유사도에 상관없이 서로 가까운 것으로 고려되려면, 두 그룹 G와 H에 관해 작기만 하면 된다. 이는 따라서 일련의 가까운 인접한 관측치에 의해 연결된 관측치를, 상대적으로 낮은 임계점에서 조합시키는 경향을 가질 것이다. 연쇄화chaining라 부르는 이러한 현상은 방법의 결함으로 자주 고려된다. 단일 연결에 의해 만들어진 군집은 각 군집 내 모든 관측치가 주어진 관측치 비유사도 $\{d_{ii'}\}$에 근거해 서로 유사한 경향을 보인다는 "컴팩트성compactness" 속성을 위반할 수 있다. 만일 관측치 그룹의 지름 DG를 이들 구성원 사이의 가장 큰 비유사도로 정의한다면, 단일 연결은 매우 큰 지름을 가지는 군집을 만들어낼 수 있다.

$$D_G = \max_{\substack{i \in G \\ i' \in G}} d_{ii'} \qquad (14.44)$$

완전 연결 (14.42)는 반대의 극단을 보여준다. 두 그룹 G와 H는 이들의 합집합 내 모든 관측치가 상대적으로 비슷할 때만 가까운 것으로 고려된다. 이는 작은 지름 (14.44)로 된 컴팩트한 군집을 만들어내는 경향을 보일 것이다. 그러나 "근접성^{closeness}" 속성을 위반하는 군집을 만들어낼 수 있다. 즉 한 군집에 할당된 관측치가 그들의 군집 내 몇몇 구성원보다도 다른 군집들의 구성원들과 훨씬 가까울 수 있다.

그룹 평균 군집화 (14.43)은 단일 연결과 완전 연결 두 극단 사이의 타협을 나타낸다. 이는 상대적으로 컴팩트한 군집을 만들려 시도한다. 그리고 이들 군집은 상대적으로 떨어져 있을 것이다. 그러나 그 결과는 관측치 비유사도 $d_{ii'}$가 측정되는 수치적인 척도에 달려 있다. 단조로 엄격하게 증가하는 변환 $h(\cdot)$을 $d_{ii'}$, $h_{ii'} = h(d_{ii'})$에 적용하면, (14.43)에 의해 만들어진 결과를 바꿀 수 있다. 반대로 (14.41)와 (14.42)는 오직 $d_{ii'}$의 순서에만 의존하며 따라서 이러한 단조 변환에 불변이다. 이러한 불변성은 그룹 평균법 보다 단일 혹은 완전 연결을 선호하는 것을 주장하는 데 쓰인다.

그룹 평균 군집화가 단일 및 완전 연결에 의해 위반된 통계적인 일관성 속성을 가진다고 주장할 수 있다. 속성-값 데이터 $X^T = (X_1, ..., X_p)$가 있으며 각 군집 k가 어떠한 모집단 결합밀도 $p_k(x)$로부터의 확률표본이라 해보자. 완전 데이터 셋은 이러한 K개 밀도의 혼합으로부터 나온 확률 표본이다. 그룹 평균 비유사도 $d_{GA}(G, H)$ (14.43)는

$$\iint d(x, x')\, p_G(x)\, p_H(x')\, dx\, dx' \qquad (14.45)$$

의 추정값이며 이때 $d(x, x')$는 속성값 공간 내 점 x와 x' 사이의 비유사도다. 표본 크기 N이 무한대로 접근함에 따라 $d_{GA}(G, H)$ (14.43)이 (14.45)로 접근하며, 이는 두 밀도 $p_G(x)$와 $p_H(x)$ 사이의 관계의 특성을 나타낸다. 단일 연결에서 $d_{SL}(G, H)$ (14.41)은 $N \rightarrow \infty$가 됨에 따라 $p_G(x)$ 및 $p_H(x)$와는 독립적으로 0으로 접근한다. 완전 연결에서 $d_{CL}(G, H)$ (14.42)는 $N \rightarrow \infty$가 됨에 따라 무한대가 되며, 이 또한 두 밀도와는 독립이다. 따라서 모집단 분포의 어떠한 면이 $d_{SL}(G, H)$ 및 $d_{CL}(G, H)$에 의해 추정되는지 불분명하다.

예제: 인간 암 미세 배열 데이터(계속)

그림 14.13의 왼쪽 패널은 미세 배열 데이터의 표본(열)의 평균 연결 응집 군집화로부터 나온 덴드로그램을 보여준다. 가운데 및 오른쪽 패널은 완전 및 단일 연결을 사용한 결과를 보여준다. 평균 및 완전 연결은 유사한 결과를 내준 한편, 단일 연결은 길고 얇은 군집으로 된 불균형한 그룹을 만들어낸다. 우리는 평균 연결 군집화에 집중한다.

K-평균 군집화와 같이, 계층적 군집화는 단순한 암 종양들을 같이 군집화하는 데 성공한다. 그러나 이는 다른 좋은 특성을 가진다. 다양한 높이에서 덴드로그램을 잘라냄으로써, 다른 숫자의 군집이 나타나며, 군집의 집합들이 서로 중첩된다. 두 번째로 이는 표본에 관한 일부 부분적인 순서 정보를 제공한다. 그림 14.14에서 표현 행렬의 유전자(행)와 표본(열)을 계층적 군집화로부터 유도된 순서에 따라 배열했다.

만일 임의의 병합에서 덴드로그램의 가지의 방향을 뒤집으면, 결과 덴드로그램이 여전히 일련의 계층적 군집 연산과 일치함을 주지하라. 따라서 잎의 순서를 결정하려면, 제약사항을 추가해야만 한다. 그림 14.14의 행 순서를 만들어내기 위해서 S-PLUS에서의 기본 규칙을 사용했다. 각 병합에서, 더 빽빽한 군집을 가지는 부분트리는 왼쪽에 배치했다(그림 내 회전된 덴드로그램의 아래를 향해). 개별 유전자는 가능한 가장 빽빽한 군집이며, 두 개의 개별 유전자를 수반하는 병합은 관측치 숫자 순서로 배치한다. 같은 규칙을 열에도 사용했다. 다른 많은 규칙, 예를 들면 유전자의 다차원 척도에 따른 정렬 등이 가능하며 이에 관해서는 14.8절을 보라.

그림 14.14의 이원 재배열은 유전자와 표본의 정보적인 그림을 제공한다. 이 그림은 1장의 그림 1.3의 무작위로 정렬된 행과 열보다 더 정보가 많다. 게다가 예를 들어 생물학자가 생물학적 과정 측면에서 유전자 군집을 해석할 수 있기 때문에, 덴드로그램 그 자체가 유용하다.

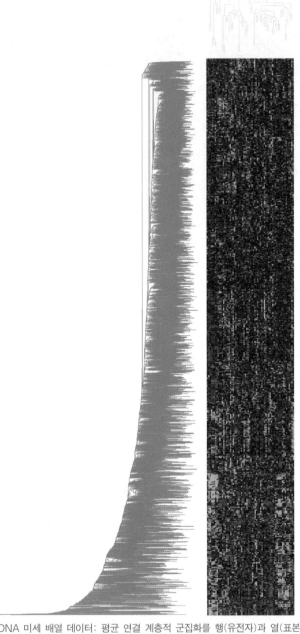

그림 14.14 DNA 미세 배열 데이터: 평균 연결 계층적 군집화를 행(유전자)과 열(표본)에 독립적으로 적용해 행과 열의 순서를 결정한다(본문을 보라). 색의 범위는 밝은 초록(음수, 과소 표현된(under-expressed))에서 밝은 빨강(양수, 과대 표현된(over-expressed))이다.

분열 군집화

분열 군집화$^{\text{divisive clustering}}$ 알고리즘은 전체 데이터셋을 단일 군집으로 시작하며, 하향식 방식으로 각 반복에서 기존의 군집 중 하나를 재귀적으로 두 개의 자식 군집으로 나눈다. 이 접근법은 군집화 논문들에서 응집적 방법만큼 거의 폭넓게 연구되지 못했다. 이에 관해서는 압축 측면에 관한 공학 논문(Gersho and Gray, 1992)이 일부 다뤘다. 군집화 설정에서, 분열법의 응집법에 관한 잠재적인 장점 은 데이터를 상대적으로 작은^{small} 수의 군집으로 분할하는 데 관심의 초점을 맞 출 때 나타날 수 있다.

분열 패러다임은 각 반복에서 분할을 수행하는데 $K = 2$인 K-평균(14.3.6절)이 나 K-중위점(14.3.10절)과 같은 어떠한 조합적인 방법을 재귀적으로 적용함으로 써 활용될 수 있다. 그러나 이러한 접근법은 각 단계에서 지정된 시작 설정에 의 존적일 수 있다. 추가로 이는 덴드로그램 표현이 필요로 하는 단조성 속성을 가지 는 분할 서열을 반드시 만들어내지는 않을 것이다.

이러한 문제를 피하는 분열 알고리즘은 맥너톤 스미스 외(Macnaughton Smith et al., 1965)가 제안했다. 이는 모든 관측치를 단일 군집 G에 배치함으로써 시작 한다. 그 뒤 이는 평균 비유사도가 다른 모든 관측치보다 가장 큰 관측치를 선택 한다. 이 관측치는 두 번째 군집 H의 구성원이 된다. 각 연속적인 단계에서 G 안 의 관측치 중 H 안의 것들과의 평균 거리에서 G 안의 나머지 관측치들과의 평균 거리를 뺀 결과가 가장 큰 것을 H로 옮긴다. 이는 해당 차이가 평균적으로 음수 가 될 때까지 계속된다. 즉 G 안의 관측치 중에서 H 안의 관측치들과 평균적으로 더 가까운 관측치가 없게 된다. 결과는 원본 군집을 두 개의 자식 군집으로, H로 옮겨진 관측치와 G 안의 나머지로 분할한 것이 된다. 이들 두 군집은 계층의 두 번째 수준을 나타낸다. 각 연속적인 수준은 이러한 분리 과정을 이전 수준에서의 군집 중 하나에 적용해 만들어낸다. 카우프만과 로씨우(Kaufman and Rousseeuw, 1990)는 분리를 위해 각 수준에서 지름이 가장 큰 군집을 선택하는 것을 제안했 다. 대안으로는 구성원 사이의 평균 비유사도가 가장 큰 것을 선택하는 것이다.

$$\bar{d}_G = \frac{1}{N_G^2} \sum_{i \in G} \sum_{i' \in G} d_{ii'}$$

재귀적인 분리는 모든 군집이 싱글턴이거나 각 군집의 모든 구성원이 서로 0의 유사도를 가질 때까지 계속된다.

14.4 자기 조직화 맵

이 방법은 K-평균 군집화의 제약이 있는 버전으로 볼 수 있으며, 여기서 프로토 타입이 특성 공간 내 1차원 혹은 2차원 다양체 내에 놓이도록 부추긴다. 결과 다 양체는 또한 제약된 토폴로지 맵constrained topological map이라 부르는데, 원본 고차원 관 측치가 2차원 좌표 시스템에 매핑될 수 있기 때문이다. 본래의 SOMSelf-Organizing Maps 알고리즘은 관측치가 한 번에 하나씩 처리되는 온라인이었으며, 나중에 배 치 버전이 제안됐다. 이 기술은 또한 주곡선과 주표면principal curves and surfaces과 깊 은 관계를 가지는데, 이는 다음 절에서 논의한다.

우리는 K개 프로토타입 2차원 직사각 격자(육각형 격자 등 다른 선택을 사용할 수 있다) $m_j \in \mathbb{R}^p$를 가지는 SOM을 고려한다. 각 K 프로토타입은 정수 좌표 쌍 $\ell_j \in Q_1 \times Q_2$에 관해 매개변수화된다. 여기서 $Q_1 = \{1, 2, ..., q_1\}$이고, Q_2도 이와 유사하며, $K = q_1 \cdot q_2$이다. m_j는 예를 들어 데이터의 2차원 주표면에 놓이도록 초기화된다(다음 절). 프로토타입은 주표면 위에 보통의 패턴으로 "바느질된sewn" "단추buttons"로 생각할 수 있다. SOM 과정은 단추가 데이터 지점들을 가능한 잘 근사시키도록 평면을 구부리는 것을 시도한다. 모델이 적합되면, 관측치가 2차원 격자 위에 매핑될 수 있다.

관측치 x_i는 한 번에 하나 처리된다. $\mathbb{R}^p$에서 유클리드 거리로 x_i와 가장 가까운 프로토타입 m_j를 찾은 뒤, m_j의 모든 이웃 m_k에 관해, 다음 업데이트를 통해 m_k 를 x_i로 향해 움직인다.

$$m_k \leftarrow m_k + \alpha(x_i - m_k) \tag{14.46}$$

m_j의 "이웃"은 모든 m_k에 관해 ℓ_j와 ℓ_k 사이의 거리가 작아지도록 정의한다. 가장 단순한 접근법은 유클리드 거리를 사용하는 것이며, "작다"는 것은 임계치 r을 통 해 정해진다. 이 이웃은 언제나 가장 가까운 프로토타입 m_j 자체를 포함한다.

거리는 특성 공간 $\mathbb{R}^p$ 대신에 프로토타입의 정수 토폴로지 좌표의 공간 $Q_1 \times Q_2$ 내에서 정의됨을 주지하라. 업데이트 (14.46)의 효과는 프로토타입을 데이터에 더 가까이 움직이는 것이지만, 또한 프로토타입 사이의 2차원적인 공간 관계를 부드럽게 유지하기 위한 것이기도 하다.

SOM 알고리즘의 성능은 학습률 α와 거리 임계치 r에 달렸다. 통상적으로 α는 말하자면 수천 번(관측치마다 한 번)의 반복에 걸쳐 1.0에서 0.0으로 감소한다. 이 와 유사하게 r은 수천 번에 걸쳐 시작값 R에서 1로 선형으로 감소한다. R을 선택하는 방법은 다음 예제에서 보여준다.

우리는 가장 단순한 버전의 SOM을 설명한다. 더 정교한 버전은 업데이트 단계를 거리에 따라 수정한다.

$$m_k \leftarrow m_k + \alpha h(\|\ell_j - \ell_k\|)(x_i - m_k) \tag{14.47}$$

이때 이웃함수^{neighborhood function} h는 ℓ_j와 더 가까운 인덱스 ℓ_k를 가지는 프로토타입 m_k에 멀리 있는 것보다 더 큰 가중치를 부여한다.

거리 r을 각 이웃이 오직 하나의 점만 가지도록 충분히 작게 취한다면, 프로토타입 사이의 공간적인 연결이 사라진다. 이 경우 SOM 알고리즘이 K-평균의 온라인 버전이며, 결국 K-평균에 의해 발견한 국소 최솟값들 중 하나로 안정화된다는 것을 보일 수 있다. SOM은 K-평균의 제한된 버전이므로, 주어진 어떠한 문제든지 제약조건이 적절한지 확인하는 것이 중요하다. 이는 두 방법 모두에 관해 재구축 오차^{reconstruction error} $\|x - m_j\|^2$를 계산하고, 관측치에 걸쳐 더함으로써 확인할 수 있다. 이는 K-평균에서 필연적으로 더 작을 것이지만 SOM이 적절하게 근사돼 있다면 크게 작지는 않아야 할 것이다.

보여주기를 위해, 3차원 내 반지름 1의 반구의 표면 근처에 90개의 데이터 지점을 생성했다. 점들은 각 (0, 1, 0), (0, 0, 1), (1, 0, 0) 근처에 위치한 빨강, 초록, 파란색 세 군집에 있다. 데이터는 그림 14.15에서 볼 수 있다.

디자인적으로 빨간 군집은 초록색이나 파란색보다 훨씬 더 밀집돼 있었다(데이터 생성에 관한 자세한 내용은 연습 14.5에 있다). 5 × 5 격자의 프로토타입을 초기 격자 크기 $R = 2$로 사용했다. 이는 1/3의 프로토타입이 초기에 각 이웃 내에 있었음을 뜻한다. 우리는 90개 관측치의 데이터셋에 걸쳐 전체 40회를 통과시켰으며, r과 α가 3,600번에 걸쳐 선형으로 감소하도록 했다.

그림 14.16에서 프로토타입이 원으로 표시돼 있으며, 각 프로토타입에 투영돼 있는 점들이 해당하는 원 내에 무작위로 그려져 있다. 왼쪽 패널은 초기 설정을, 오른쪽 패널은 최종의 것을 보여준다. 알고리즘이 군집을 성공적으로 분할시켰다. 그러나 빨간색 군집의 분할은 다양체가 그 자체로 접혀졌음을 가리킨다. 2차원 표시 내에서 거리가 사용되지 않으므로, SOM 투영에서 빨간색 군집이 다른 것들보다 더 밀집돼 있다는 표시가 거의 없다.

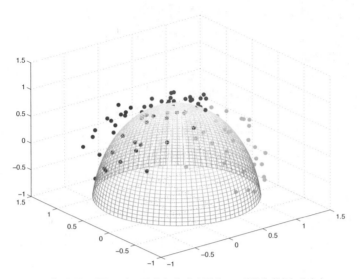

그림 14.15 반구 표면 근처에서 세 개의 클래스로 시뮬레이션된 데이터

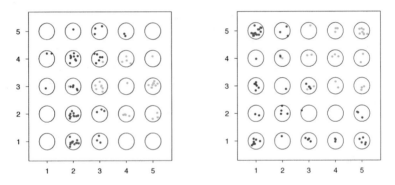

그림 14.16 반구 데이터 예제에 적용된 자기-조직화 맵. 왼쪽 패널은 초기 설정을, 오른쪽 패널은 마지막을 보여준다. 프로토타입의 5×5 격자가 원으로 표시돼 있으며, 각 프로토타입에 투영된 점들이 해당 원 내에 무작위로 그려져 있다.

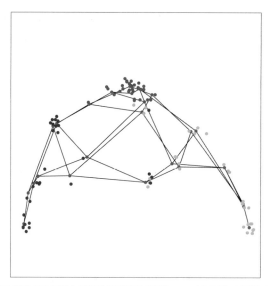

그림 14.17 $\mathbb{R}^3$에서 적합시킨 SOM 모델의 와이어메쉬(Wiremesh) 표현. 선들은 토폴로지 격자의 수평 및 수직 경계를 나타낸다. 이중선(double line)은 빨간색 점을 모델링하기 위해 표면이 그 스스로 대각적으로 접혔음을 가리킨다. 군집 구성원은 그들의 색을 가리키기 위해 흩뿌려져 있으며, 보라색 점은 노드 중심이다.

그림 14.18은 프로토타입 근처의 각 데이터 지점의 전체 제곱합과 같은 재구축 오차를 보여준다. 비교를 위해 25개 중심점으로 K-평균 군집화를 수행했으며, 그래프에 수평선을 통해 재구축 오차를 표시했다. SOM이 거의 K-평균의 해의 수준으로 상당히 오차를 줄인다는 것을 볼 수 있다. 이는 SOM이 사용하는 2차원 제약조건이 이러한 특정 데이터셋에 적절하다는 증거를 제공한다.

SOM의 배치 버전에서는 다음을 통해 각 m_j를 업데이트한다.

$$m_j = \frac{\sum w_k x_k}{\sum w_k} \tag{14.48}$$

합은 m_j의 매핑된 (즉 가장 가까웠던) 이웃인 m_k의 지점 x_k에 관해 더해진다. 가중함수는 어쩌면 직사각형일 수도 있다. 즉 m_k의 이웃에 관해서는 1과 같거나, 아니면 이전과 같이 $\|\ell_k - \ell_j\|$의 거리로 평활적으로 감소될 수 있다. 이웃 크기를 m_k로만 구성되도록 충분히 작게 선택한다면, 이는 앞서 설명한 K-평균 군집화 과정으로 줄어든다. 이는 또한 14.5절에서 설명한 주곡선과 주표면의 이산 버전으로 생각할 수도 있다.

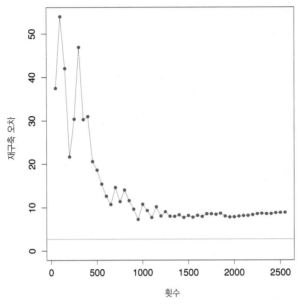

그림 14.18 반구 데이터: SOM을 위한 재구축 오차를 반복 횟수의 함수로 그렸다. *K*-평균 군집화의 오차가 수평선으로 표시돼 있다.

예제: 문서 조직화와 회수

문서 회수는 인터넷과 웹이 빠르게 개발되면서 중요성이 커져왔으며, SOM이 커다란 말뭉치를 조직화하고 인덱싱하는 데 유용한 것으로 증명됐다. 이 예제는 WEBSOM 홈페이지 http://websom.hut.fi/[3](Kohonen et al., 2000)로부터 가져왔다. 그림 14.19는 12,088개 뉴스그룹 `comp.ai.neural-nets` 글에 SOM을 적합한 것을 나타낸다. 라벨은 WEBSOM 홈페이지를 통해 자동으로 생성됐으며 노드의 대표적인 내용으로 가이드를 제공한다.

이러한 응용에서 문서는 특성 벡터를 만들기 위해 재처리돼야 한다. 용어-문서 행렬이 만들어지며, 이때 각 행은 단일 문서를 나타낸다. 각 행 내 항목은 용어에 관해 사전에 정의된 각 집합의 상대 빈도다. 이들 용어는 사전 항목(50,000단어)의 커다란 집합일 수 있거나, 아니면 심지어는 바이그램(단어 쌍)의 더욱 큰 집합 혹은 이들의 부분집합일 수 있다. 이들 행렬은 통상적으로 매우 희박하며, 따라서 특성의 개수를 줄이기 위해 일부 전처리를 수행한다. 때때로 SVD(다음 절)를

---

3 현재 이 링크는 깨져 있다. http://users.ics.aalto.fi/tho/stes/step96/lagus/를 참고하기 바란다 – 옮긴이

사용해 행렬을 축소시킨다. 코호넨 외(Kohonen et al., 2000)는 이것의 무작위화된 변형을 사용한다. 그 뒤 축소된 이들 벡터는 SOM에 입력된다.

이러한 응용에서 저자들은 더 자세한 내용을 얻을 수 있도록 맵과 상호작용할 수 있게 해주는 "확대ᶻᵒᵒᵐ" 특성을 개발했다. 마지막 수준까지 확대하면 실제 뉴스 기사를 가져와 읽을 수 있다.

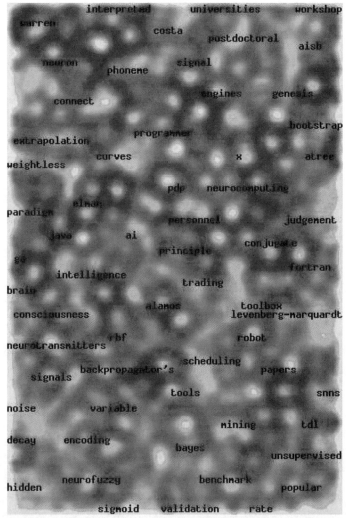

그림 14.19 뉴스그룹 comp.ai.neural-nets에 제공된 12,088개 글(무료인 WEBSOM 홈페이지)의 말뭉치에 적합시킨 SOM 모델의 히트맵 표현. 밝은 영역은 높은 밀도 영역을 가리킨다. 생성된 노드는 대표적인 내용에 따라 자동으로 라벨링된다.

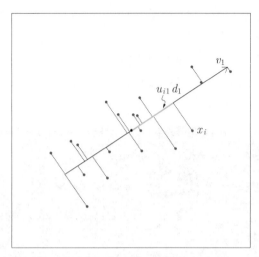

그림 14.20 데이터 집합의 첫 번째 선형 주성분. 선이 각 점에서 선 위로 직교 사영한 전체 제곱 거리를 최소화한다.

14.5 주성분, 주곡선과 주표면

주성분은 3.4.1절에서 논의했으며, 여기서 이들이 릿지회귀의 수축 매커니즘을 드러냈다. 주성분은 데이터의 사영의 시퀀스로 상호적으로 상관관계가 없으며 분산 순서로 정렬된다. 다음 절에서 주성분을 N개 점 $x_i \in \mathbb{R}^p$의 집합을 근사하는 선형 다양체로써 보여준다. 그 뒤 14.5.2절에서 일부 비선형 일반화를 보여준다. 비선형 근사 다양체의 다른 최근 제안들은 14.9절에서 논의한다.

14.5.1 주성분

$\mathbb{R}^p$ 내 데이터 집합의 주성분은 이 데이터에 관한 모든 랭크가 $q \leq p$인 최적 선형 근사의 시퀀스를 제공한다.

관측치를 $x_1, x_2, ..., x_N$로 표기하고, 이들을 나타내기 위한 랭크-q 선형 모델을 고려해보자.

$$f(\lambda) = \mu + \mathbf{V}_q \lambda \tag{14.49}$$

이때 μ는 $\mathbb{R}^p$에서의 위치 벡터이며, $\mathbf{V}_q$는 q개 직교 단위벡터를 열로 가지는 $p \times q$ 행렬이고, λ는 매개변수의 q 벡터다. 이는 랭크 q의 아핀 초평면의 모수적 표현이다. 그림 14.20과 14.21은 각각 $q = 1$이고 $q = 2$일 때를 보여준다. 최소제곱을 통해 이러한 모델을 데이터에 적합하는 것은 재구축 오차$^{reconstruction\ error}$를 최소화하는 것이 된다.

$$\min_{\mu, \{\lambda_i\}, \mathbf{V}_q} \sum_{i=1}^{N} \|x_i - \mu - \mathbf{V}_q \lambda_i\|^2 \tag{14.50}$$

μ와 λ_i에 관해 부분적으로 최적화해(연습 14.7) 다음을 얻을 수 있다.

$$\hat{\mu} = \bar{x}, \tag{14.51}$$

$$\hat{\lambda}_i = \mathbf{V}_q^T (x_i - \bar{x}) \tag{14.52}$$

이는 직교행렬 $\mathbf{V}_q$를 찾도록 만든다.

$$\min_{\mathbf{V}_q} \sum_{i=1}^{N} \|(x_i - \bar{x}) - \mathbf{V}_q \mathbf{V}_q^T (x_i - \bar{x})\|^2 \tag{14.53}$$

편의를 위해 $\bar{x} = 0$라 가정한다(그렇지 않으면 단순히 관측치를 중심화된 버전 $\tilde{x}_i = x_i - \bar{x}$로 바꾼다). $p \times p$ 행렬 $\mathbf{H}_q = \mathbf{V}_q \mathbf{V}_q^T$는 사영행렬$^{projection\ matrix}$이며, 각 점 x_i를 그것의 랭크 q인 재구축 $\mathbf{H}_q x_i$에 매핑한다. x_i를 $\mathbf{V}_q$의 열에 의해 확장된 부분공간 위에 직교 사영한다. 해는 다음과 같이 나타낼 수 있다. (중심화된) 관측치를 $N \times p$ 행렬 $\mathbf{X}$의 행에 채운다. $\mathbf{X}$의 특이값분해를 구축한다.

$$\mathbf{X} = \mathbf{U} \mathbf{D} \mathbf{V}^T \tag{14.54}$$

이는 수치 해석에서의 표준적인 분해이며, 이러한 연산을 위한 많은 알고리즘이 존재한다(예를 들면 골룹과 반 로언(Golub and Van Loan, 1983)). 여기서 $\mathbf{U}$는 $N \times p$ 직교행렬($\mathbf{U}^T\mathbf{U} = \mathbf{I}_p$)로 이것의 열 $\mathbf{u}_j$는 왼쪽 특이벡터$^{left\ singular\ vectors}$라 부른다. $\mathbf{V}$는 오른쪽 특이벡터라 부르는 열 v_j를 가지는 $p \times p$ 직교행렬($\mathbf{V}^T\mathbf{V} = \mathbf{I}_p$)이며, $\mathbf{D}$는 특이값$^{singular\ values}$이라 알려진 대각요소 $d_1 \geq d_2 \geq \cdots \geq d_p \geq 0$를 가지는 $p \times p$ 대각행렬이다. 각 랭크 q에 관해, (14.53)에 관한 해 $\mathbf{V}_q$는 $\mathbf{V}$의 처음 q개 열로 돼 있다. $\mathbf{U}\mathbf{D}$의 열은 $\mathbf{X}$의 주성분이라 부른다(3.5.1절을 보라). (14.52)에서의 N개 최적값 $\hat{\lambda}_i$는 처음 q개 주성분으로 주어진다($N \times q$ 행렬 $\mathbf{U}_q \mathbf{D}_q$의 N개 행).

$\mathbb{R}^2$ 내 1차원 주성분선은 그림 14.20에서 보여준다. 각 데이터 지점 x_i에 관해, 선 위에 가장 가까운 점이 $u_{i1}d_1v_1$로 주어진다. 여기서 v_1은 선의 방향이며 $\hat{\lambda}_i = u_{i1}d_1$는 원점으로부터 선을 따라 거리를 측정한다. 이와 유사하게 그림 14.21은 반구 데이터에 관한 2차원 주표면 적합을 보여준다(왼쪽 패널). 오른쪽 패널은 첫 번째 두 주성분 위에 관한 데이터의 사영을 보여준다. 이 사영은 앞서 보여준 SOM 방법을 위한 초기 설정의 기저였다. 이 과정은 꽤 성공적으로 군집을 분리한다. 반구가 비선형이므로, 다음 절의 주제인 비선형 사영이 일을 더 잘할 것이다.

주성분은 다른 많은 좋은 속성을 가진다. 예를 들면 선형 조합 $\mathbf{X}v_1$은 특성의 모든 선형 조합 사이에서 가장 높은 분산을 가진다. $\mathbf{X}v_2$는 v_1과 직교하는 v_2를 만족하는 모든 선형 조합 중에서 가장 높은 분산을 가지며, 나머지도 그러하다.

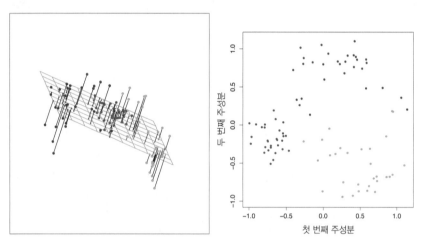

그림 14.21 반구 데이터에 관한 최적 랭크-2 선형 근사. 오른쪽 패널은 U_2D_2로 주어지는, 데이터의 첫 번째 두 주성분 좌표로 된 사영 지점을 보여준다.

예제: 손글씨 숫자

주성분은 차원 축소와 압축을 위한 유용한 도구다. 이 특성을 1장에서 설명한 손글씨 숫자 데이터로 보여준다. 그림 14.22는 3의 130개 손글씨 예제를 보여준다. 각각은 디지털화된 16×16 회색조 이미지로, 전체 658개의 3으로부터 가져왔다. 글쓰기 스타일, 글자 굵기와 방향에서 상당한 변화가 있음을 볼 수 있다. 이들 이미지는 $\mathbb{R}^{256}$에서의 점 x_i로 간주하며, SVD (14.54)를 통해 이들의 주성분을 계산한다.

그림 14.23은 데이터의 첫 번째 두 주성분을 보여준다. 이들 각각의 첫 번째 두 주성분 $u_{i1}d_1$과 $u_{i2}d_2$에 관해, 5%, 25%, 50%, 75%, 95% 분위수 지점을 계산하고 이들을 사용해 도표 위에 겹쳐진 직사각 격자를 정의했다.

동그라미 점은 격자의 교점과 가까운 이미지를 가리키며, 이때 거리 측정치는 이들 사영된 좌표에 초점을 맞추지만, 직교 부분공간 내 성분에 일부 가중치를 준다. 오른쪽 도표는 이들 동그라미 점에 해당하는 이미지를 보여준다. 이는 첫 번째 두 주성분의 특성을 시각화할 수 있도록 해준다. v_1(수평 움직임)이 3의 아래 꼬리의 길이, v_2(수직 움직임)은 글자 굵기를 설명함을 볼 수 있다. 모수적 모델 (14.49) 측면에서, 이들 2-성분 모델은 다음의 꼴을 가진다.

$$\hat{f}(\lambda) = \bar{x} + \lambda_1 v_1 + \lambda_2 v_2$$

$$= \ \mathbf{3} \ + \lambda_1 \cdot \mathbf{3} \ + \lambda_2 \cdot \mathbf{3} \tag{14.55}$$

여기서 첫 번째 두 주성분 방향 v_1과 v_2를 이미지로 보여주고 있다. 256개의 가능한 주성분이 존재하지만, 대략 50개가 3의 90%의 변형을 설명하며, 12개가 63%를 설명한다. 그림 14.24는 특이값을 $\mathbf{X}$의 각 열을 무작위로 섞어서 얻은, 동등한 무상관 데이터의 것과 비교한다. 디지털화된 이미지의 픽셀들은 내재적으로 상관돼 있으며, 이들 모두 같은 숫자이므로 상관성은 심지어 더욱 강하다. 주성분의 상대적으로 작은 부분집합이 고차원 데이터를 나타내는 데 훌륭한 저차원 특성을 제공한다.

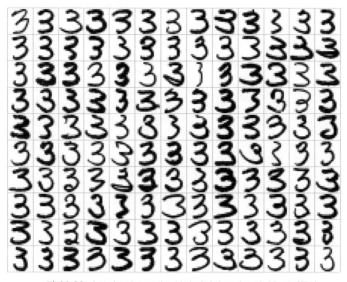

그림 14.22 손글씨 3의 130개 표본이 다양한 쓰기 스타일을 보여준다.

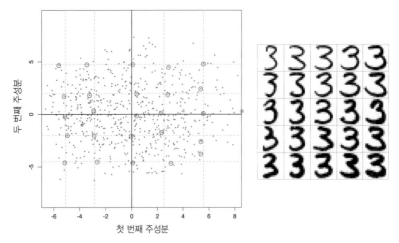

그림 14.23 왼쪽 패널: 손글씨 숫자 3의 첫 번째 두 주성분. 동그라미 점은 주성분의 한계 분위수로 정의된 격자의 교점과 가장 가까운 사영 이미지다. 오른쪽 패널: 각 동그라미 점에 해당하는 이미지. 이들은 첫 번째 두 주성분의 특성을 보여준다.

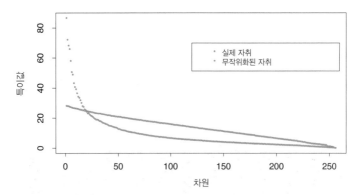

그림 14.24 디지털화된 3에 관한 256개 특이값을 데이터의 무작위 버전(X의 각 열이 섞여 있다)과 비교한 것

626

예제: 프로크루스테스 변환과 형상 평균화

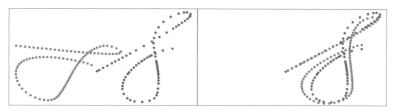

그림 14.25 왼쪽 패널: 두 개의 서로 다른 디지털화된 손글씨 S 각각을 $\mathbb{R}^2$에서 96개의 해당하는 점으로 표현시켰다. 초록색 S는 시각적 효과를 위해 의도적으로 회전 및 변형시켰다. 오른쪽 패널: 프로크루스테스 변환이 변형과 회전을 적용해 점들의 두 집합이 가장 잘 맞도록 했다.

그림 14.25는 점들의 두 집합 주황색과 초록색을 같은 도표에 나타내고 있다. 이러한 경우 이들 점은 "수레쉬^{Suresh}"란 제목의 서명으로부터 추출한 손글씨 S의 두 개의 디지털화된 버전을 나타낸다. 그림 14.26은 이들이 추출된 전체 서명을 보여준다(세 번째와 네 번째 패널). 서명은 현대 슈퍼마켓에서 익숙한 광경과 같이 터치-스크린 장치를 사용에 동적으로 기록했다. 각 S를 나타내는 $N = 96$개 점이 있으며, 이는 $N \times 2$ 행렬 $\mathbf{X}_1$과 $\mathbf{X}_2$로 표기한다. 점들 사이에는 대응성이 존재한다. $\mathbf{X}_1$과 $\mathbf{X}_2$의 i번째 행은 두 S를 따라 같은 위치를 나타낸다. 형태학의 언어에서, 이들 점은 두 개체 위의 랜드마크^{landmark}를 나타낸다. 이러한 해당 랜드마크를 어떻게 찾는지는 일반적으로 어려우며 주제에 따라 다르다. 이러한 특정한 경우 각 서명을 따라 서명의 속도의 동적 시간 와핑$^{dynamic\,time\,warping}$을 사용했지만 (Hastie et al., 1992), 여기서 자세히 들어가지는 않는다.

오른쪽 패널에서는 초록색 점에 변형과 회전을 주황색에 가장 잘 들어맞도록 적용시켰다. 이는 프로크루스테스^{Procrustes}[4] 변환이라 부른다(예를 들면 마르디아 외 (Mardia et al., 1979)).

다음 문제를 고려해보자.

$$\min_{\mu, \mathbf{R}} ||\mathbf{X}_2 - (\mathbf{X}_1 \mathbf{R} + \mathbf{1}\mu^T)||_F \qquad (14.56)$$

$\mathbf{X}_1$과 $\mathbf{X}_2$는 둘 다 해당 점들의 $N \times p$ 행렬이며, $\mathbf{R}$은 $p \times p$ 직교정규행렬[5]이고, μ는 p 벡터의 위치 좌표다. 여기서 $||\mathbf{X}||_F^2 = \text{trace}(\mathbf{X}^T \mathbf{X})$는 제곱 프로베니우스

---

4 그리스 신화에서 나오는 아프리카인 산적이었으며, 그의 철제 침대에 맞도록 방문자를 늘리거나 짓눌렀다(결국 죽였다).

5 단순함을 위해 반사 및 회전[$O(p)$ 그룹]을 포함하는 직교행렬만을 고려한다. 여기서는 반사가 거의 없지만, 이들 방법은 회전 [$SO(p)$ 그룹]만을 허용하도록 추가로 제약시킬 수 있다.

Frobenius 행렬 노름이다.

$\bar{x}_1$와 $\bar{x}_2$가 행렬의 평균 열 벡터, $\tilde{\mathbf{X}}_1$와 $\tilde{\mathbf{X}}_2$는 이들 행렬에서 평균이 제거된 버전이라 하자. SVD $\tilde{\mathbf{X}}_1^T \tilde{\mathbf{X}}_2 = \mathbf{U}\mathbf{D}\mathbf{V}^T$를 고려하면, (14.56)의 해는 다음으로 주어지며(연습 14.8)

$$\begin{aligned} \hat{\mathbf{R}} &= \mathbf{U}\mathbf{V}^T \\ \hat{\mu} &= \bar{x}_2 - \hat{\mathbf{R}}\bar{x}_1 \end{aligned} \qquad (14.57)$$

최소 거리는 프로크루스테스 거리Procrustes distance라 부른다. 해의 형식으로부터, 각 행렬을 열 중심점에서 중심화하고, 위치를 완벽히 무시할 수 있다. 여기서부터 이러한 경우라 가정한다.

척도를 갖는 프로크루스테스 거리Procrustes distance with scaling는 약간 더 일반적인 문제를 푼다.

$$\min_{\beta, \mathbf{R}} \|\mathbf{X}_2 - \beta\mathbf{X}_1\mathbf{R}\|_F \qquad (14.58)$$

이때 $\beta > 0$는 양의 스칼라다. $\mathbf{R}$의 해는 이전과 같으며, $\hat{\beta} = \mathrm{trace}(D)/\|\mathbf{X}_1\|_F^2$를 가진다.

프로크루스테스 거리와 관련된 것으로는 L개 모양의 모음의 프로크루스테스 평균Procrustes average으로, 다음 문제를 푼다.

$$\min_{\{\mathbf{R}_\ell\}_1^L, \mathbf{M}} \sum_{\ell=1}^{L} \|\mathbf{X}_\ell \mathbf{R}_\ell - \mathbf{M}\|_F^2 \qquad (14.59)$$

즉 모든 형상과의 프로크루스테스 거리 제곱평균이 가장 가까운 형상 $\mathbf{M}$을 찾는다.

0. $\mathbf{M} = \mathbf{X}_1$로 초기화한다(예를 들면).
1. $\mathbf{M}$을 고정시키고 L 프로크루스테스 회전 문제를 풀면 $\mathbf{X}_\ell' \leftarrow \mathbf{X}\hat{\mathbf{R}}_\ell$이 주어진다.
2. $\mathbf{M} \leftarrow \frac{1}{L}\sum_{\ell=1}^{L} \mathbf{X}_\ell'$라 둔다.

   기준 (14.59)가 수렴할 때까지 1단계와 2단계를 반복한다.

그림 14.26 세 개 형상의 단순한 예제를 보여준다. 오직 회전까지만 해를 기대할 수 있음을 주지하라. 아니면 고유성을 강제하기 위해 M이 상삼각이라는 식으로 제약조건을 강제할 수 있다. 정의 (14.59)에는 척도화를 쉽게 포함시킬 수 있으며, 연습 14.9를 보라.

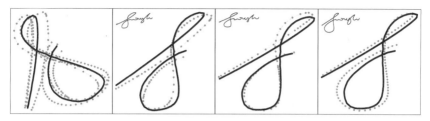

그림 14.26 수레쉬의 서명에서 주요한 S의 세 가지 버전의 프로크루스테스 평균. 왼쪽 패널은 사전형상 (preshape) 평균을 보여주며, 사전형상 공간에 겹쳐진 각각의 형상 X'_ℓ로 돼 있다. 오른쪽 세 개의 패널은 사전형상 M을 개별적으로 매핑해 각각의 원본 S에 매칭시킨다.

가장 일반적으로는 다음을 통해 형상 집합의 아핀–불변affine-invariant 평균을 정의할 수 있다.

$$\min_{\{\mathbf{A}_\ell\}_1^L, \mathbf{M}} \sum_{\ell=1}^{L} \|\mathbf{X}_\ell \mathbf{A}_\ell - \mathbf{M}\|_F^2 \tag{14.60}$$

이때 $\mathbf{A}_\ell$는 어떠한 $p \times p$ 정칙행렬이다. 여기서는 의미 없는 해를 피하기 위해 $\mathbf{M}^T \mathbf{M} = \mathbf{I}$와 같은 표준화가 필요하다. 이 해는 매력적이며, 반복 없이 계산할 수 있다(연습 14.10).

1. $\mathbf{H}_\ell = \mathbf{X}_\ell (\mathbf{X}_\ell^T \mathbf{X}_\ell)^{-1} \mathbf{X}_\ell^T$가 $\mathbf{X}_\ell$에 의해 정의된 랭크-p 사영행렬이라 둔다.
2. $\mathbf{M}$은 $\bar{\mathbf{H}} = \frac{1}{L} \sum_{\ell=1}^{L} \mathbf{H}_\ell$의 가장 큰 p개 고유벡터로부터 구성된 $N \times p$ 행렬이다.

14.5.2 주곡선과 주표면

주곡선principal curves은 주성분 선을 일반화하며, $\mathbb{R}^p$ 내 데이터 지점 집합에 평활한 1차원 곡선 근사를 제공한다. 주표면은 더욱 일반적이며, 2차원 이상의 휜 다면체 근사를 제공한다.

먼저 확률변수 $X \in \mathbb{R}$를 위한 주곡선을 정의하고, 유한한 데이터의 경우로 이동한다. $f(\lambda)$를 $\mathbb{R}^p$ 내 매개변수화된 평활 곡선이라 하자. 따라서 $f(\lambda)$는 p개 좌표를 가지는 벡터 함수로, 각각은 단일 매개변수 λ의 평활함수다. 매개변수 λ는 선택이 가능하며, 예를 들면 어떠한 고정된 원점으로부터 곡선을 따라 생기는 아크-길이가 될 수 있다. 각 데이터 값 x에 관해, $\lambda f(x)$가 곡선 위에서 x로의 가장 가까운 점을 정의한다고 하자. 그러면 $f(x)$는 만일 다음 식과 같다면 확률벡터 X의 분포에 관한 주곡선이라 부른다.

$$f(\lambda) = E(X|\lambda_f(X) = \lambda) \tag{14.61}$$

위 식은 $f(\lambda)$가 사영시키는 모든 데이터 지점, 즉 "책임이 있는" 지점들의 평균이라는 것을 말해준다. 이는 또한 자기-일관성self-consistency 속성이라 알려져 있다. 그러나 실제로는 연속적인 다변량 분포가 무한하게 많은 주곡선을 가지므로 (Duchamp and Stuetzle, 1996), 우리는 주로 평활한 것에 관심을 갖는다. 주곡선은 그림 14.27에서 보여준다.

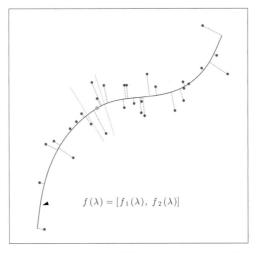

그림 14.27 데이터 집합의 주곡선. 곡선 위 각 점은 그곳에 사영되는 모든 데이터 지점의 평균이다.

주지점Principal points은 흥미로운 관련된 개념이다. k개 프로토타입의 집합을 고려하자. 그리고 분포의 지지 내 각 x점에 관한 최근접 프로토타입, 즉 책임을 지는 프로토타입을 식별한다고 해보자. 이는 특성 공간을 보로노이 영역이라 부르는 것으로의 분할을 유도한다. X로부터 프로토타입으로의 기대 거리를 최소화하는 k개 지점의 집합은 분포의 주지점이라 부른다. 각 주지점은 보로노이 영역 내에서 X의 평균과 같다는 점에서 자기 일관적self-consistent이다. 예를 들어, $k = 1$이면, 원형circular 정규분포의 주지점은 평균 벡터다. $k = 2$이면 이들은 평균 벡터를 통과하는 사선 위에 대칭적으로 놓이는 점들의 쌍이다. 주지점은 K-평균 군집화로 발견한 중심점의 분포적 상사형distributional analogs이다. 주곡선은 $k = \infty$인 주지점으로 볼 수 있지만 평활 곡선 위에 놓인다는 제약이 있다. 이는 SOM이 K-평균 군집화 중심을 평활 다양체 위에 놓이도록 제약하는 것과 유사하다.

분포의 주곡선 $f(\lambda)$을 찾기 위해 이들의 좌표 함수 $f(\lambda) = [f_1(\lambda), f_2(\lambda), ..., f_p(\lambda)]$를 고려하고 $X^T = (X_1, X_2, ..., X_p)$라 두자. 다음의 반복적인 단계를 고려해 보자.

(a) $\hat{f}_j(\lambda) \;\leftarrow\; \mathrm{E}(X_j | \lambda(X) = \lambda); \; j = 1, 2, \ldots, p$

(b) $\hat{\lambda}_f(x) \;\leftarrow\; \mathrm{argmin}_{\lambda'} \| x - \hat{f}(\lambda') \|^2$ (14.62)

첫 번째 방정식은 λ를 고정하고 자기 일관성 요구 사항 (14.61)을 강제한다. 두 번째 방정식은 곡선을 고정하고 곡선 위에서 각 데이터 지점과 가장 가까운 점을 찾는다. 데이터가 유한하면, 주곡선 알고리즘이 선형 주성분으로 시작해 수렴할 때까지 (14.62)의 두 단계를 반복한다. (a) 단계에서 각 X_j를 아크-길이 $\hat{\lambda}(X)$의 함수로 평활화함으로써, 산포도 평활자를 사용해 조건부 기댓값을 추정한다. 그리고 (b) 단계에서 각 관측된 데이터 지점에 관해 사영을 시킨다. 수렴을 일반적으로 증명하는 것은 어렵지만, 만일 산포도 평활화를 위해 선형 최소제곱 적합을 사용했다면, 이 과정은 첫 번째 선형 주성분으로 수렴하며, 이는 행렬의 가장 큰 고유벡터를 찾기 위한 거듭제곱법power method과 동등함을 보일 수 있다.

주표면은 주곡선과 정확하게 같은 형식을 갖지만 차원이 더 높다. 주로 가장 많이 사용되는 방법은 2차원 주표면으로 좌표 함수는 다음과 같다.

$$f(\lambda_1, \lambda_2) = [f_1(\lambda_1, \lambda_2), \ldots, f_p(\lambda_1, \lambda_2)]$$

앞의 (a)단계의 추정은 2차원 표면 평활자로부터 얻어낸다. 2차원보다 높은 주표면은 드물게 사용된다. 고차원에서의 평활화와 같이 시각화 면에서 덜 매력적이기 때문이다.

그림 14.28은 반구 데이터의 주표면 적합 결과를 보여준다. 데이터 지점이 추정된 비선형 좌표 $\hat{\lambda}_1(x_i)$, $\hat{\lambda}_2(x_i)$의 함수로 그려져 있다. 클래스가 유의하게 분리돼 있다.

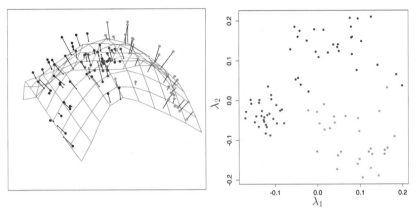

그림 14.28 반구 데이터의 주표면 적합. 왼쪽 패널: 적합된 2차원 면. 오른쪽 패널: 데이터 지점을 표면에 사영한 것으로, 결과가 좌표 $\hat{\lambda}_1$, $\hat{\lambda}_2$이다.

주표면은 자기조직화 맵과 매우 유사하다. 만일 커널 표면 평활자를 사용해 각 좌표 함수 $f_j(\lambda_1, \lambda_2)$를 추정한다면, 이는 SOM의 배치 버전 (14.48)과 같은 형식을 가진다. SOM 가중치 w_k는 단지 커널 내 가중치일 뿐이다. 그러나 차이가 있는데, 주표면은 각 데이터 지점 x_i에 관해 개별적인 프로토타입 $f(\lambda_1(x_i), \lambda_2(x_i))$을 추정하는 한편, SOM은 모든 데이터 지점에 관해 적은 수의 프로토타입을 공유한다. 그 결과, SOM과 주표면은 SOM 프로토타입의 개수가 매우 크게 증가할 때만 일치할 것이다.

이 둘 사이에는 또한 개념적인 차이가 존재한다. 주표면은 좌표 함수 측면에서 전체 다양체의 평활한 매개변수화를 제공하는 한편, SOM은 이산적이며 데이터 근사를 위해 오직 추정된 프로토타입만을 만들어낸다. 주표면에서의 평활 매개변수화는 거리를 국소적으로 유지한다. 그림 14.28에서 이는 빨간 군집이 초록색이나 파란색 군집보다 더 조밀하다는 것을 드러내고 있다. 단순한 예제에서는 추정 좌표 함수 그 자체가 유익한 정보를 줄 수 있다. 연습 14.13을 보라.

14.5.3 스펙트럼 군집화

K-평균과 같은 전통적인 군집화 방법은 구나 타원형 계량을 사용해 데이터 지점을 그룹화한다. 따라서 이들은 그림 14.29의 위쪽 왼쪽 패널에서의 동심원과 같은 비볼록한 군집에서는 잘 동작하지 않는다. 스펙트럼 군집화^{spectral clustering}는 표준 군집법의 일반화로, 이러한 상황을 위해 디자인됐다. 이는 MDS를 일반화하

는 국소 다차원 척도화 기술(14.9절)과 깊은 관계를 가진다.

시작점은 모든 관측치 쌍 사이의 쌍별 유사도 $s_{ii'} \geq 0$의 $N \times N$ 행렬이다. 이는 비방향 유사도similarity 그래프 $G = \langle V, E \rangle$ 내 관측치를 나타낸다. N개 정점vertex v_i는 관측치를 나타내며, 정점들의 쌍은 유사도가 양수라면 (아니면 어떠한 임계치를 넘어서면) 간선에 의해 연결된다. 간선edge은 $s_{ii'}$를 가중치로 가진다. 이제 군집화는 군집으로 연결된 성분을 식별하는 그래프-분할 문제로 다시 표현된다. 우리는 간선이 서로 다른 그룹 사이에서는 낮은 가중치를 가지면서, 그룹 내에서는 높은 가중치를 갖도록 그래프를 분할하기를 원한다. 스펙트럼 군집화의 개념은 관측치 사이의 국소적 이웃 관계를 나타내는 유사도 그래프를 구축하는 것이다.

이들을 더 견고히 만들기 위해, N개 지점 $x_i \in \mathbb{R}^p$의 집합을 고려하고 $d_{ii'}$가 x_i와 $x_{i'}$ 사이의 유클리드 거리라고 해보자. 유사도 행렬로 방사-커널 그램 행렬radial-kernel gram matrix을 사용할 것이다. 즉 $s_{ii'} = \exp(-d_{ii'}^2/c)$이며, 이때 $c > 0$는 척도 매개변수다.

유사도 행렬을 정의하고 이와 관련된 국소적 움직임을 반영하는 유사도 그래프를 정의하는 방법에는 여러 가지가 있다. 가장 인기 있는 것은 상호 K-최근접이웃 그래프mutual K-nearest-neighbor graph다. $\mathcal{N}_K$를 주변 점들의 쌍의 대칭적인 집합이라고 정의하자. 특히 쌍 (i, i')은 만일 점 i가 i'의 K-최근접이웃 중 하나에 속하면 $\mathcal{N}_K$에 있으며, 아니면 그 반대다. 그 뒤 모든 대칭 최근접이웃들을 연결시키고, 이들에게 간선 가중치 $w_{ii'} = s_{ii'}$를 주며, 그렇지 않으면 간선 가중치가 영이다. 이와 동등하게 $\mathcal{N}_K$에 없는 모든 쌍별 유사도를 영으로 두고, 수정된 유사도 행렬을 위한 그래프를 그린다.

아니면 완전히 연결된 그래프가 가중치가 $w_{ii'} = s_{ii'}$인 모든 쌍별 간선을 포함하고, 국소 움직임이 척도 매개변수 c에 의해 통제된다.

유사도 그래프로부터의 간선 가중치 $\mathbf{W} = w_{ii'}\}$의 행렬은 인접행렬adjacency matrix라 부른다. 정점 i의 차수degree는 이에 연결된 간선의 가중치의 합인 $g_i = \sum_{i'} w_{ii'}$이다. $\mathbf{G}$를 대각요소가 g_i인 대각행렬이라 하자.

마지막으로 그래프 라플라시안graph Laplacian은

$$\mathbf{L} = \mathbf{G} - \mathbf{W} \tag{14.63}$$

으로 정의된다. 이는 반정규화된 그래프 라플라시안unnormalized graph Laplacian이라 부른다. 정규화된 버전이 다수 제안돼왔는데, 이들은 예를 들면 $\tilde{\mathbf{L}} = \mathbf{I} - \mathbf{G}^{-1}\mathbf{W}$와 같이 라플라시안을 노드 차수 g_i에 관해 표준화한다.

스펙트럼 군집화는 **L**의 가장 작은 고윳값 m개에 해당하는 고유벡터 $\mathbf{Z}_{N \times m}$를 찾는다(사소한 상수 고유벡터는 무시한다). 그 뒤 K-평균과 같은 표준 방법을 사용해, Z의 행을 군집화해 원본 데이터 지점의 군집화를 내놓는다.

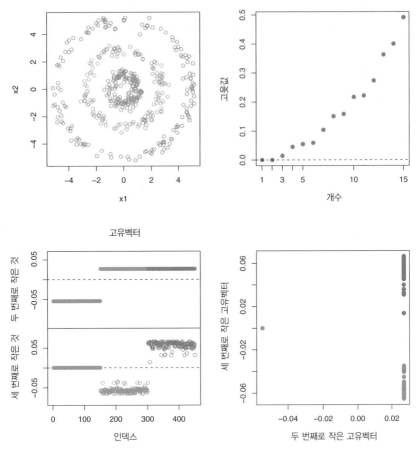

그림 14.29 스펙트럼 군집화를 보여주는 토이 예제. 위 왼쪽 데이터는 각 150개 점의 동심원 세 개에 속하는 450개 점들을 보여준다. 점들은 각도에서 균일하게 분포돼 있으며, 세 그룹이 1, 2.8, 5의 반지름을 가지고 있고, 각 점에 표준편차 0.25의 가우스 잡음이 추가돼 있다. $k = 10$ 최근접 유사도 그래프를 사용해, **L**의 두 번째와 세 번째로 작은 고윳값에 해당하는 고유벡터를 아래 왼쪽에서 볼 수 있다. 가장 작은 고유벡터는 상수다. 데이터 지점들은 위 왼쪽과 같은 방식으로 색이 입혀져 있다. 15개의 가장 작은 고윳값을 위 오른쪽 패널에서 볼 수 있다. 두 번째와 세 번째 고유벡터의 좌표(Z의 450개 행) 아래 오른쪽 패널에 그려져 있다. 스펙트럼 군집화는 이들 점들에 표준(예를 들어 K-평균) 군집화를 적용해 세 개의 원본 군집을 쉽게 발견할 것이다.

그림 14.29에 예제가 나타나 있다. 위쪽 왼쪽 패널은 450개의 시뮬레이션된 데이터 지점을 색으로 표시된 세 개의 원형 군집으로 보여준다. K-평균 군집화는 분명히 바깥의 군집들을 식별하는 데 어려움을 겪을 것이다. 우리는 10-최근접 이웃 유사도 그래프를 사용해 스펙트럼 군집화를 적용했으며, 아래 왼쪽에서는 그래프 라플라시안의 두 번째와 세 번째로 가장 작은 고윳값에 해당하는 고유벡터를 보여준다. 15개의 가장 작은 고윳값들은 위 오른쪽 패널에서 보여준다. 보이는 두 개의 고유벡터가 세 개의 군집을 식별했으며, 아래 오른쪽의 고유벡터행렬 $\mathbf{Y}$의 행의 산포도가 군집을 분명하게 분리하고 있다. 이러한 변환된 점들에 적용된 K-평균 군집화와 같은 과정은 이 세 개의 그룹을 쉽게 식별할 것이다.

왜 스펙트럼 군집화가 되는 것일까? 임의의 벡터 $\mathbf{f}$에 관해

$$
\begin{aligned}
\mathbf{f}^T \mathbf{L} \mathbf{f} &= \sum_{i=1}^{N} g_i f_i^2 - \sum_{i=1}^{N} \sum_{i'=1}^{N} f_i f_{i'} w_{ii'} \\
&= \frac{1}{2} \sum_{i=1}^{N} \sum_{i'=1}^{N} w_{ii'} (f_i - f_{i'})^2 \qquad (14.64)
\end{aligned}
$$

를 가진다. 공식 (14.64)는 인접성이 큰 점들의 쌍이 서로 가까운 좌표 f_i와 $f_{i'}$를 가진다면, 작은 $\mathbf{f}^T \mathbf{L} \mathbf{f}$ 값을 얻게 됨을 시사한다.

어떠한 그래프든지 $\mathbf{1}^T \mathbf{L} \mathbf{1} = 0$이므로, 상수 벡터는 고윳값이 0인 의미 없는 고유벡터다. 만일 그래프가 연결돼[6]있는 경우, 이는 유일한only 영인 고유벡터라는 사실은 분명하지 않다(연습 14.21). 이 주장을 일반화하면 m개의 연결된 성분을 가지는 그래프에 관해 $\mathbf{L}$이 각 연결된 성분을 위한 블록을 가지는 블록 대각이 되도록 노드를 재정렬할 수 있다는 것을 쉽게 보일 수 있다. 그러면 $\mathbf{L}$은 고윳값이 영인 고유벡터를 m개 가지며, 고윳값 영의 고유공간은 연결된 성분의 지시벡터에 의해 확장된다. 실제로는 강한 연결과 약한 연결이 있으므로, 영인 고윳값은 작은 고윳값들에 의해 근사된다.

스펙트럼 군집화는 비볼록 군집을 찾는 흥미로운 접근법이다. 정규화된 그래프 라플라스가 사용될 때는, 이 방법을 다른 방식으로 볼 수 있다. $\mathbf{P} = \mathbf{G}^{-1} \mathbf{W}$를 정의함으로써, 그래프를 전이 확률 행렬 $\mathbf{P}$로의 임의 행보를 고려한다. 그러면 스펙트럼 군집화는 임의 행보가 한 그룹에서 다른 그룹으로 거의 전이되지 않도록 노드의 그룹을 내놓는다.

6　어떠한 두 노드가 연결된 노드의 경로를 통해 닿을 수 있다면 이 그래프는 연결된 것이다.

스펙트럼 군집화를 실제로 적용할 때 반드시 다뤄야 할 문제가 몇 가지 있다. 예를 들면 완전 연결이나 최근접이웃과 같은 유사도 그래프의 형태, 그리고 최근접이웃 개수 k나 커널 c의 척도 매개변수 등 연관된 매개변수를 반드시 선택해야 한다. 또한 $\mathbf{L}$로부터 추출할 고유벡터의 개수는 물론, 마지막으로 다른 군집화 방법과 같이 군집의 개수를 반드시 선택해야 한다. 그림 14.29의 토이 예제에서는 $k \in [5, 200]$라는 좋은 결과를 얻었으며, 값 200은 완전 연결 그래프에 해당한다. $k < 5$이면 결과가 나빠진다. 그림 14.29의 위 오른쪽 패널을 보면, 가장 작은 세 개의 고윳값과 그 나머지 사이가 강하게 분리되지 않음을 볼 수 있다. 따라서 얼마나 많은 고유벡터를 선택할지는 분명하지 않다.

14.5.4 커널 주성분

스펙트럼 군집화는 선형 주성분의 비선형 버전인 커널 주성분kernel principal components과 관련이 있다. 표준 선형 주성분PCA는 공분산행렬의 고유벡터로부터 얻어내며, 데이터가 최대 분산을 가지는 방향을 제공한다. 커널 PCA(Schölkopf et al., 1999)는 특성을 비선형 변환을 통해 확장했다면 얻을 수 있는 것을 모방하도록 PCA의 범위를 확장하고, PCA를 변환된 특성 공간에 적용한다.

18.5.2절에서 데이터 행렬 $\mathbf{X}$의 주성분 변수 $\mathbf{Z}$는 내적(그램gram) 행렬 $\mathbf{K} = \mathbf{X}\mathbf{X}^T$을 통해 계산할 수 있음을 보여준다. 자세히는 $\mathbf{M} = \mathbf{1}\mathbf{1}^T/N$로 그램행렬

$$\tilde{\mathbf{K}} = (\mathbf{I} - \mathbf{M})\mathbf{K}(\mathbf{I} - \mathbf{M}) = \mathbf{U}\mathbf{D}^2\mathbf{U}^T \tag{14.65}$$

의 이중 중심 버전의 고윳값 분해를 계산하며, 그러면 $\mathbf{Z} = \mathbf{U}\mathbf{D}$가 된다. 연습 18.15는 이러한 공간 내에서 어떻게 새로운 관측치의 사영을 계산하는지 보여준다.

커널 PCA는 단순하게 이 과정을 모방하며, 커널행렬 $\mathbf{K} = \{K(x_i, x_{i'})\}$를 암묵적인 특성 $\langle \phi(x_i), \phi(x_{i'}) \rangle$의 내적 행렬로 해석하고, 고유벡터를 찾는다. m번째 성분 $\mathbf{z}_m$($\mathbf{Z}$의 m번째 열)의 요소는 $z_{im} = \sum_{j=1}^{N} \alpha_{jm}K(x_i, x_j)$로 쓸 수 있으며(중심화와 무관하게), 이때 $\alpha_{jm} = u_{jm}/d_m$이다(연습 14.16).

$\mathbf{z}_m$을 주성분 함수 $g_m \in \mathcal{H}_K$을 표본으로 값매김한 것으로 봄으로써 커널 PCA에 관한 더 많은 인사이트를 얻을 수 있다. 이때 $\mathcal{H}_K$는 K에 의해 생성된 재생 커널 힐베르트 공간이다(5.8.1절을 보라). 첫 번째 주성분함수 g_1은

$$\max_{g_1 \in \mathcal{H}_K} \text{Var}_{\mathcal{T}} g_1(X) \text{ subject to } \|g_1\|_{\mathcal{H}_K} = 1 \tag{14.66}$$

을 푼다. 여기서 Var_T는 훈련 데이터 T에 관한 표본 분산을 뜻한다. 노름 제약조건 $\|g_1\|_{\mathcal{H}_K} = 1$는 커널 K에 의해 좌우되는 대로 함수 g_1의 크기와 조도^{roughness}를 통제한다. 회귀의 경우처럼 (14.66)의 해가 $g_1(x) = \sum_{j=1}^{N} c_j K(x, x_j)$의 표현을 가지는 유한한 차원임을 보이는 것이 가능하다. 연습 14.17은 해가 앞의 $\hat{c}_j = \alpha_{j1}$, $j = 1, ..., N$에 의해 정의됨을 보여준다. 두 번째 주성분 함수는 $\langle g_1, g_2\rangle_{\mathcal{H}_K} = 0$인 추가적인 제약조건을 가지고 유사한 방식으로 정의되며, 이렇게 계속된다.[7]

숄코프 외(Schölkopf et al., 1999)는 커널 주성분을 사용하는 것을 손글씨 숫자 분류를 위한 특성으로 시험해주며, 선형 주성분 대신에 이들을 사용하면 분류기의 성능을 개선시킬 수 있음을 보였다.

만일 방사커널

$$K(x, x') \quad = \exp(-\|x - x'\|^2/c) \tag{14.67}$$

을 사용한다면, 커널행렬 $\mathbf{K}$는 스펙트럼 군집화에서의 유사도 행렬 $\mathbf{S}$와 같은 형식을 가진다는 것을 주지하라. 간선 가중치의 행렬 $\mathbf{W}$는 $\mathbf{K}$의 국소화된 버전이며, 최근접이웃이 아닌 점들의 쌍에 관한 모든 유사도를 0으로 할당한다.

커널 PCA는 $\tilde{\mathbf{K}}$의 가장 큰 고윳값에 해당하는 고유벡터를 찾는다. 이는

$$\mathbf{I} - \tilde{\mathbf{K}} \tag{14.68}$$

의 가장 작은 고윳값에 해당하는 고유벡터를 찾는 것과 동등하다.

이는 라플라스 (14.63)와 거의 같으며, 차이점은 $\tilde{\mathbf{K}}$의 중심화 그리고 $\mathbf{G}$가 대각을 따라 노드의 차수를 가진다는 사실이다.

그림 14.30은 그림 14.29의 토이 예제에서 커널 주성분의 성능을 실험한다. 위 왼쪽 패널에서 $c = 2$인 방사커널을 사용했으며, 같은 값을 스펙트럼 군집화에도 사용했다. 이는 그룹을 분리하지는 않지만, $c = 10$이면(위 오른쪽 패널) 첫 번째 성분이 그룹을 잘 분리한다. 아래 왼쪽 패널에서는 스펙트럼 군집화로부터 최근접-이웃 방사커널 $\mathbf{W}$를 사용해 커널 PCA를 적용했다. 아래 오른쪽 패널에서 커널행렬 그 자체를 스펙트럼 군집화에서의 라플라스 (14.63)을 구축하기 위한 유사도 행렬로 사용한다. 두 경우 모두 사영이 두 그룹을 분리하지 못한다. c를 조절하더라도 도움이 되지 않았다.

---

7 이 절은 조나단 테일러(Jonathan Taylor)와의 논의로부터 도움을 받았다.

이 토이 예제에서 커널 PCA가 커널의 척도 및 특성에 꽤 민감함을 볼 수 있다. 또한 커널의 최근접이웃 절단이 스펙트럼 군집화의 성공에 중요함을 볼 수 있다.

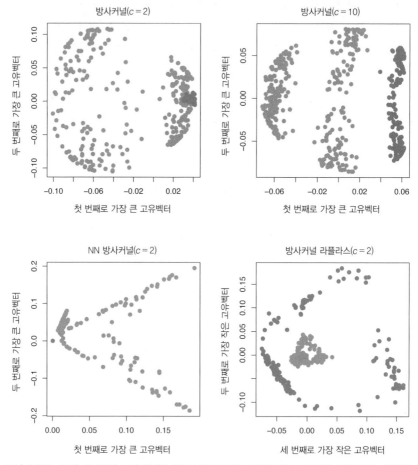

그림 14.30 그림 14.29의 토이 예제에 서로 다른 커널을 사용해 커널 주성분을 적용한 것. 위 왼쪽: $c = 2$인 방사커널(14.67). 위 오른쪽: $c = 10$인 방사커널. 아래 왼쪽: 스펙트럼 군집화로부터의 최근접 이웃 방사커널 W. 아래 오른쪽: 방사커널로부터 구축한 라플라스 스펙트럼 커널

14.5.5 희박 주성분

어떠한 변수가 역할을 하는지 보기 위해서는 또한 로딩^{loading}이라고 알려진 방향 벡터 v_j를 조사해 주성분을 해석한다. 이는 (14.55)에서의 이미지 로딩을 통해 해 봤다. 이러한 해석은 로딩이 희박하다면 더 쉬워지는 경우가 많다. 이 절에서는 희박 로딩을 가지는 주성분을 유도하는 몇 가지 방법에 관해 간단히 논의한다. 이들은 모두 라쏘(L_1) 벌점에 근거한다.

시작은 중심화된 열을 가지는 $N \times p$ 데이터 행렬 $\mathbf{X}$로 한다. 제안된 방법들은 주성분의 최대-분산 속성 혹은 최소 재구축 오차에 집중한다. 졸리프 외(Joliffe et al., 2003)의 SCoTLASS 과정은 다음 식을 풀음으로써 첫 번째 접근법을 취한다.

$$\max v^T(\mathbf{X}^T\mathbf{X})v, \text{ subject to } \sum_{j=1}^{p}|v_j| \leq t, \ v^Tv = 1 \qquad (14.69)$$

절댓값 제약조건은 몇몇 로딩이 영이 되도록 하며, 따라서 v가 희박해지도록 한다. 추가적인 희박 주성분은 같은 방식으로, k번째 주성분이 첫 $k-1$개 주성분에 직교하도록 강제함으로써 찾아낸다. 안타깝게도 이 문제는 볼록이 아니므로 연산이 어렵다.

저우 외(Zou et al., 2006)는 대신에, 14.5.1절에서의 접근법과 유사한 PCA의 회귀/재구축 속성으로 시작한다. x_i를 $\mathbf{X}$의 i번째 열이라 하자. 단일 성분에 관해, 이들의 희박 주성분^{sparse principal component} 기술은

$$\min_{\theta,v} \sum_{i=1}^{N} ||x_i - \theta v^T x_i||_2^2 + \lambda||v||_2^2 + \lambda_1||v||_1 \qquad (14.70)$$
$$\text{subject to } ||\theta||_2 = 1$$

을 푼다.

이러한 형식화를 더 자세히 보자.

- 만일 λ와 λ_1 모두 영이고 $N > p$라면, $v = \theta$이며 이것이 가장 큰 주성분 방향임을 쉽게 보일 수 있다.
- $p \gg N$일 때 해는 $\lambda > 0$가 아닌 한 꼭 유일한 것은 아니다. 임의의 $\lambda > 0$에 관해 그리고 $\lambda_1 = 0$일 때 v의 해는 가장 큰 주성분 방향에 비례한다.
- v에 관한 두 번째 벌점은 로딩의 희박성을 부추긴다.

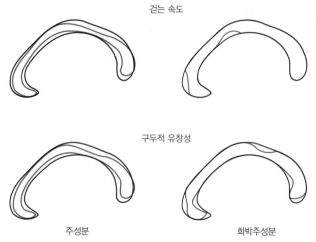

걷는 속도

구두적 유창성

주성분   희박주성분

그림 14.31 뇌량(corpus callosum) 변화 연구로부터 가져온 표준 그리고 희박 주성분. 유의한 주성분 (빨간 곡선)에 해당하는 형태 변화가 평균 뇌량 형태(검은색 곡선)에 덧붙여 있다.

복수의 성분에서, 희박 주성분 과정은 $\Theta^T \Theta = \mathbf{I}_K$가 되도록

$$\sum_{i=1}^{N} ||x_i - \Theta \mathbf{V}^T x_i||^2 + \lambda \sum_{k=1}^{K} ||v_k||_2^2 + \sum_{k=1}^{K} \lambda_{1k} ||v_k||_1 \qquad (14.71)$$

을 최소화한다. 여기서 $\mathbf{V}$는 열이 v_k인 $p \times K$ 행렬이며 Θ 또한 $p \times K$이다.

기준 (14.71)은 $\mathbf{V}$과 Θ에서 결합적으로 볼록하지 않지만, 각각의 매개변수에 관해 다른 매개변수가 고정돼 있으면 볼록이다.[8] Θ를 고정해 $\mathbf{V}$를 최소화하는 것은 K 엘라스틱넷elastic net 문제(18.4절)와 동일하며 효율적으로 해낼 수 있다. 반면, $\mathbf{V}$를 고정해 Θ를 최소화하는 것은 프로크루스테스 문제 (14.56)의 버전이며, 단순한 SVD 계산을 통해 푼다(연습 14.12). 이들 단계는 수렴할 때까지 반복한다.

그림 14.31은 (14.71)을 사용해 희박 주성분분석을 보여주며, 죠스트란드 외 (Sjöstrand et al., 2007)로부터 가져왔다. 여기서 뇌량CC, Corpus Callosum의 정중시상 mid-sagittal 횡단면의 형태가 569명의 노인들을 포함하는 연구에서의 다양한 임상적 매개변수와 관련돼 있다.[9] 이 예제에서는 형태측정학morphometrics에서 인기 있는 도구인 PCA를 형상shape 데이터에 적용했다. 이러한 응용에서, 다수의 랜드마

---

8 예를 들면 (14.50)과 같은 보통의 주성분 기준도 매개변수에서 결합적으로 볼록하지 않음을 주지하라. 어쨌든 해는 잘 정의되며 효율적인 알고리즘을 쓸 수 있다.

9 이러한 응용을 제안해주고 여기서 재현한 포스트스크립트 특성을 제공해준 라스무스 라르센(Rasmus Larsen)과 칼 죠스트란드(Karl Sjöstrand)에게 감사한다.

크^{landmark}가 형태의 둘레를 따라 식별됐다. 그림 14.32에 예제가 주어져 있다. 이들은 회전을 허용하기 위해 프로크루스테스 분석에 의해 정렬되며, 이 경우 척도화 또한 이뤄진다(14.5.1절을 보라). PCA를 위해 사용된 특성은 단일 벡터로 풀어진, 각 랜드마크에 관한 일련의 좌표 쌍이다.

이 분석에서 표준적인 주성분과 희박 주성분 모두 계산하고, 다양한 임상적 매개변수와 상당히 관련이 있는 성분들을 식별했다. 그림에서 유의미한 주성분에 해당하는 형태 변화(빨간 곡선)이 평균 CC 형태(검은색 곡선)에 덧붙여져 있다. 낮은 보행 속도는 운동 제어와 뇌의 인지 중심을 연결하는 영역이 더 얇은(수축을 보여주는) CC와 관련이 있다. 낮은 구두적 유창성은 청각/시각/인지 중심과 연결된 영역이 더 얇은 CC와 관련이 있다. 희박 주성분 과정은 더 엄격한 그리고 잠재적으로는 중요한 차이에 관한 좀 더 정보적인 그림을 내준다.

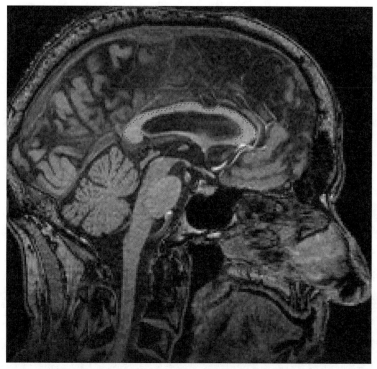

그림 14.32 랜드마크가 주석으로 달린 뇌량이 있는 정중시상 뇌 단면

14.6 비음수행렬 분해

비음수행렬 분해Non-negative Matrix Factorization(Lee and Seung, 1999)는 주성분에 관한 최근의 대안적인 접근법으로, 데이터와 성분이 비음수라고 가정된다. 이는 이미지와 같은 비음수 데이터를 모델링하는 데 유용하다.

$N \times p$ 데이터 행렬 $\mathbf{X}$는 다음 식에 의해 근사된다.

$$\mathbf{X} \approx \mathbf{WH} \tag{14.72}$$

이때 $\mathbf{W}$는 $N \times r$이고 $\mathbf{H}$는 $r \times p$이며, $r \leq \max(N, p)$이다. x_{ij}, w_{ik}, $h_{kj} \geq 0$라고 가정한다.

행렬 $\mathbf{W}$와 $\mathbf{H}$는 다음을 최대화해 찾는다.

$$L(\mathbf{W}, \mathbf{H}) = \sum_{i=1}^{N} \sum_{j=1}^{p} [x_{ij} \log(\mathbf{WH})_{ij} - (\mathbf{WH})_{ij}] \tag{14.73}$$

이는 x_{ij}가 평균이 $(\mathbf{WH})_{ij}$인 포아송분포를 가지는 모델로부터 나온 로그 가능도다. 이는 양수 데이터에서 꽤 이치에 맞는 가정이다.

다음의 반복적인 알고리즘(Lee and Seung, 2001)은 $L(\mathbf{W}, \mathbf{H})$의 국소 최댓값으로 수렴한다.

$$\begin{aligned}
w_{ik} &\leftarrow w_{ik} \frac{\sum_{j=1}^{p} h_{kj} x_{ij}/(\mathbf{WH})_{ij}}{\sum_{j=1}^{p} h_{kj}} \\
h_{kj} &\leftarrow h_{kj} \frac{\sum_{i=1}^{N} w_{ik} x_{ij}/(\mathbf{WH})_{ij}}{\sum_{i=1}^{N} w_{ik}}
\end{aligned} \tag{14.74}$$

이 알고리즘은 $L(\mathbf{W}, \mathbf{H})$를 최대화하기 위한 극소화 과정으로 유도될 수 있으며, 이는 또한 로그선형log-linear 모델을 위한 반복적인 비례적 척도화iterative-proportional-scaling 알고리즘과 관련이 있다(연습 14.24).

그림 14.33은 리와 승(1999)[10]으로부터 가져온 예제를 보여준다. 이는 비음수 행렬 분해, 벡터 양자화VQ, Vector Quantization(k-평균 군집화와 동일함) 그리고 주성분석PCA을 비교한다. 이 세 가지 학습법은 $N = 2,429$개의 안면 이미지 데이터베이스에 적용됐으며 각각은 19×19픽셀로 돼 있고 결과적으로 $2,429 \times 381$ 행렬

---

10 이미지를 제공해준 세바스찬 승에게 감사한다.

$\mathbf{X}$가 된다. 몽타주의 7×7 배열(각각 19×19 이미지)에서 본 바와 같이, 각 방법은 $r = 49$ 기저 이미지의 집합을 학습한다. 양수들은 검은 픽셀로 음수들은 빨간 픽셀로 그려져 있다. 위 오른쪽에서 보이는 안면의 특정 인스턴스는 기저 이미지의 선형 중첩을 통해 근사된다. 선형 중첩의 계수는 7×7 배열의 각 몽타주 옆에서 볼 수 있으며, 결과 중첩은 등호 기호의 오른쪽에서 볼 수 있다. 저자들은 VQ와 PCA와 다르게 NMF는 안면의 부분과 유사한 기저 이미지 집합으로 된 안면을 나타내기 위해 학습함을 보여준다.

도노호와 스토덴(Donoho and Stodden, 2004)은 비음수행렬 분해의 잠재적인 심각한 문제를 지적한다. 정확히 $\mathbf{X} = \mathbf{WH}$가 유지되는 상황이라 하더라도, 분해가 유일하지 않을 수 있다. 그림 14.34는 이 문제를 보여준다. 데이터 점들이 $p = 2$ 차원에 놓여 있으며, 데이터와 좌표축 사이에 "열린 공간"이 존재한다. 이 열린 공간 내 어디에서건 기저벡터를 선택할 수 있으며, 각 데이터 지점들을 바로 이들 벡터의 비음수 선형 조합을 통해 나타낼 수 있다. 이러한 비유일성은 앞의 알고리즘을 통해 찾은 해가 시작값에 의존하며, 이는 분해의 해석성을 해칠 수 있는 것으로 보인다. 이러한 해석적인 약점에도, 비음수행렬 분해 및 응용은 많은 관심을 이끌어왔다.

14.6.1 원형분석

커틀러와 브레이먼(Cutler and Breiman, 1994)에 의한 이 방법은 그 자체로 데이터 지점의 선형 조합인 프로토타입을 통해 데이터 지점을 근사한다. 이런 의미에서 이는 K-평균 군집화와 유사한 특색을 가진다. 그러나 원형분석은 근처의 단일 프로토타입을 통해 각 데이터 지점을 근사하는 대신, 각 데이터 지점을 프로토타입의 모음의 볼록 조합을 통해 근사한다. 볼록 조합을 사용하면 프로토타입이 데이터 클라우드의 볼록 껍질hull에 놓이도록 강제한다. 이런 의미에서 프로토타입은 "순수"하며, 다르게 말하면 "원형적archetypal"이다.

(14.72)에서와 같이, $N \times p$ 데이터 행렬 $\mathbf{X}$가 다음처럼 모델링된다.

$$\mathbf{X} \approx \mathbf{WH} \tag{14.75}$$

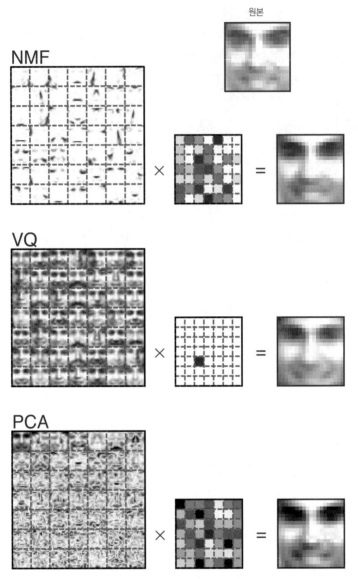

그림 14.33 비음수행렬 분해(NMF), 벡터 양자화(VQ, K-평균 군집화와 동등함) 그리고 주성분분석 (PCA)을 안면 이미지의 데이터베이스에 적용했다. 자세한 내용은 본문에 있다. NMF는 VQ와 PCA와 다르게 안면의 부분과 유사한 기저 이미지의 집합으로 안면을 나타내는 것을 학습한다.

이때 $\mathbf{W}$는 $N \times r$이며 $\mathbf{H}$는 $r \times p$이다. $w_{ik} \geq 0$ 그리고 $\sum_{k=1}^{r} w_{ik} = 1$ $\forall i$라 가정한다. 따라서 p-차원 공간의 N개 데이터 지점($\mathbf{X}$의 행)은 r개 원형($\mathbf{H}$의 행)의 볼록 조합에 의해 표현된다. 또한 다음을 가정한다.

$$\mathbf{H} = \mathbf{BX} \tag{14.76}$$

이때 $\mathbf{B}$는 $r \times N$로 $b_{ki} \geq 0$이며 $\sum_{i=1}^{N} b_{ki} = 1$ $\forall k$이다. 따라서 원형 그 자체는 데이터 지점의 볼록조합이다. (14.75)와 (14.76) 모두를 사용해 가중치 $\mathbf{W}$와 $\mathbf{B}$에 관해 최소화시킨다.

$$\begin{aligned} J(\mathbf{W}, \mathbf{B}) &= \|\mathbf{X} - \mathbf{WH}\|^2 \\ &= \|\mathbf{X} - \mathbf{WBX}\|^2 \end{aligned} \tag{14.77}$$

이 함수는 반복적인 방식으로 최소화되며, 각 개별 최소화는 볼록 최적화를 수반한다. 그러나 문제 전반적으로 볼록이 아니므로, 알고리즘은 기준의 국소 최솟값으로 수렴한다.

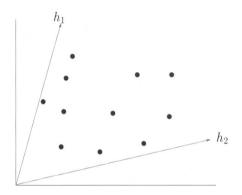

그림 14.34 비음수행렬 분해의 비유일성. 2차원에 11개 데이터 지점이 있다. 데이터와 좌표축 사이의 열린 공간 내에서 어떠한 기저벡터 h_1과 h_2를 선택하든지, 데이터의 정확한 재구축을 제공한다.

그림 14.35는 2차원에서의 시뮬레이션 데이터로 예제를 보여준다. 위쪽 패널은 원형분석의 결과를, 아래쪽 패널은 K-평균 군집화의 결과를 보여준다. 원형의 볼록convex 조합으로부터 최적으로 데이터를 재구축하기 위해서는 프로토타입을 데이터의 볼록 껍질 위에 배치하는 수고를 해야 한다. 이는 그림 14.35의 위쪽 패널에서 볼 수 있으며, 이 경우가 커틀러와 브레이먼(Cutler and Breiman, 1994)이 증명한 것과 같이 일반적이다. 아래쪽 패널에서 보이는 K-평균 군집화는 데이터 클라우드의 중간에서 프로토타입을 선택한다.

K-평균 군집화는 **W**의 각 행이 하나의 1을 가지고 나머지 항목은 영인 원형 모델의 특별한 경우로 생각할 수 있다.

원형모델 (14.75)은 비음수행렬 분해 모델 (14.72)와 같은 일반 형식을 가진다는 것을 주지하라. 그러나 이 두 모델은 서로 다른 설정에 적용되며, 다소 다른 목적을 가진다. 비음수행렬 분해는 데이터 행렬 **X**의 열을 근사하는 것을 목표로 하며, 관심사에 관한 주요 출력은 데이터 내 주요 비음수 성분을 나타내는 **W**의 열이다. 원형분석은 대신에 원형적인 데이터 지점을 나타내는 **H**의 열을 사용해 **X**의 행을 근사하는데 집중한다. 비음수행렬 분해는 또한 $r \leq p$라 가정한다. $r = p$이면, 단순히 **W**를 데이터 **X**가 되도록 선택하고, 열을 척도화해 합이 1이 되도록 해 정확하게 재구축시킬 수 있다. 반대로, 원형분석은 $r \leq N$을 필요로 하지만, $r > p$를 허용한다. 그림 14.35에서 예를 들면, $p = 2$, $N = 50$인 한편 $r = 2$, 4 아니면 8이다. 추가적인 제약조건 (14.76)은 원형적 근사가 심지어 $r > p$라 하더라도 완벽하지 않을 수 있음을 암시한다.

그림 14.36은 그림 14.22에서 볼 수 있는 3의 데이터베이스에 원형분석을 적용한 결과를 보여준다. 그림 14.36의 세 개의 행은 각각 2, 3, 4개의 원형을 지정해 세 번 실행한 원형의 결과다. 예상대로, 알고리즘이 크기와 모양 모두에서 극단적인extreme 3을 만들어냈다.

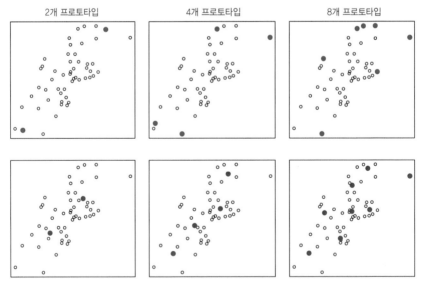

그림 14.35 이변량 가우스 분포로부터 뽑은 50개 데이터 지점에 적용한 원형분석(위쪽 패널)과 K-평균 군집화(아래쪽 패널). 색이 있는 점은 각 경우의 프로토타입의 위치를 나타낸다.

그림 14.36 디지털화된 3의 데이터베이스에 적용된 원형분석. 그림의 행은 각각 2, 3, 4개의 원형을 지정해 세 번 실행한 결과 원형을 보여준다.

14.7 독립성분분석과 탐색적 사영추적

다변량 데이터는 통상적으로 직접 측정할 수 없는 하부적인 출처로부터 나온, 복수의 비직접적 측정치로 자주 볼 수 있다. 예제는 다음과 같다.

- 교육적이고 심리적인 테스트는 대상의 잠재적인 지능 및 다른 정신적 능력을 측정하기 위해 설문지의 답변을 사용한다.
- EEG 뇌 스캔은 머리의 다양한 위치에 놓인 센서로 기록된 전자기적 신호를 통해 뇌의 다양한 부분의 신경 활동을 측정한다.
- 주식의 거래 가격은 시간에 따라 지속적으로 변하며, 시장의 신뢰, 외부적 영향력 및 식별하거나 측정하기 어려운 다른 원동력들을 반영한다.

인자분석factor analysis은 통계적 문헌에서 개발된 전통적인 기술로, 이들 하부적인 출처를 식별하고자 한다. 인자분석 모델은 통상적으로 가우스 분포와 결부돼 있으며, 이는 이들의 유용성을 어느 정도 저하시킨다. 더욱 최근에는 독립성분분석Independent Component Analysis이 인자분석의 강력한 경쟁자로 부각됐다. 이들은 다음에 보듯이 하부적 출처의 비가우스적 특성에 의존해 성공을 거둔다.

14.7.1 잠재변수와 인자분석

특이값분해 $\mathbf{X} = \mathbf{UDV}^T$ (14.54)는 잠재변수 표현을 가진다. $\mathbf{S} = \sqrt{N}\mathbf{U}$와 $\mathbf{A}^T = \mathbf{DV}^T/\sqrt{N}$이라 쓰면, $\mathbf{X} = \mathbf{SA}^T$을 가지게 되며 따라서 $\mathbf{X}$의 각 열은 $\mathbf{S}$의 열의 선형 조합이다. 이제 $\mathbf{U}$가 직교이고 이전과 같이 $\mathbf{X}$의 열(따라서 $\mathbf{U}$도) 각각은 평균이 영이라 가정하면 이는 평균을 영으로 가지는 $\mathbf{S}$의 열은 무상관이며 단위 분산을 가짐을 뜻한다. 확률변수 측면에서, SVD 혹은 이에 해당하는 주성분분석을 잠재변수 모델의 추정값 혹은 단순하게 $X = \mathbf{A}S$로 해석할 수 있다.

$$
\begin{aligned}
X_1 &= a_{11}S_1 + a_{12}S_2 + \cdots + a_{1p}S_p \\
X_2 &= a_{21}S_1 + a_{22}S_2 + \cdots + a_{2p}S_p \\
&\vdots \qquad\qquad \vdots \\
X_p &= a_{p1}S_1 + a_{p2}S_2 + \cdots + a_{pp}S_p
\end{aligned}
\tag{14.78}
$$

상관된 X_j는 각각 무상관인 단위분산 변수 S_ℓ에서의 선형 전개로 나타낼 수 있다. 그럼에도 이는 그렇게 만족스럽지 않은데, 이유는 임의의 직교 $p \times p$ 행렬 $\mathbf{R}$이 주어졌을 때,

$$
\begin{aligned}
X &= \mathbf{A}S \\
&= \mathbf{AR}^T\mathbf{R}S \\
&= \mathbf{A}^*S^*
\end{aligned}
\tag{14.79}
$$

이라 쓸 수 있으며 $\mathrm{Cov}(S^*) = \mathbf{R}\,\mathrm{Cov}(S)\,\mathbf{R}^T = \mathbf{I}$이기 때문이다. 따라서 너무 많은 분해가 존재하고, 그러므로 어떠한 특정 잠재변수를 고유한 하부 출처로 식별하는 것이 불가능하다. SVD 분해는 임의의 $q < p$인 랭크 절삭 분해가 최적의 방식으로 $\mathbf{X}$를 근사한다는 속성을 가진다.

처음에 심리측정학의 연구자들에 의해 개발된 전통적인 인자분석모델은, 이러한 문제를 어느 정도 완화시킨다. 예를 들면 마르디아 외(Mardia et al., (1979))를 보라. $q < p$이면, 인자분석 모델은 다음의

$$
\begin{aligned}
X_1 &= a_{11}S_1 + \cdots + a_{1q}S_q + \varepsilon_1 \\
X_2 &= a_{21}S_1 + \cdots + a_{2q}S_q + \varepsilon_2 \\
&\vdots \qquad\qquad \vdots \\
X_p &= a_{p1}S_1 + \cdots + a_{pq}S_q + \varepsilon_p
\end{aligned}
\tag{14.80}
$$

혹은 $X = \mathbf{A}S + \varepsilon$의 형식을 가진다. 여기서 S는 $q < p$인 하부 잠재변수 혹은 인자의 벡터이며, $\mathbf{A}$는 인자 로딩loadings의 $p \times q$ 행렬이고, ε_j는 무상관인 평균이 영인 교란disturbance이다. 이는 잠재변수 S_ℓ이 X_j 사이에서의 변화의 근원이며 이들의 상관성 구조를 반영하는 한편, 무상관인 ε_j은 각각의 X_j에 관해 유일하며 나머지 반영되지 않은 변화를 취한다는 개념이다. 통상적으로 S_ℓ과 ε_j는 가우스 확률변수로 모델링되며 모델은 최대가능도를 통해 적합된다. 매개변수들은 모두 공분산행렬에 속하며, 이때 $\mathbf{D}_\varepsilon = \mathrm{diag}[\mathrm{Var}(\varepsilon_1), ..., \mathrm{Var}(\varepsilon_p)]$이다.

$$\Sigma = \mathbf{A}\mathbf{A}^T + \mathbf{D}_\varepsilon \tag{14.81}$$

S_ℓ이 가우시안이고 무상관이 되면 이들은 통계적으로 독립적인 확률변수다. 그러므로 수많은 교육적 테스트 점수는 지능intelligence, 투지drive 등과 같은 독립적인 하부 인자에 의해 주도되는 것으로 생각할 수 있다. $\mathbf{A}$의 열은 인자 로딩factor loading이라고 부르며, 인자들의 이름을 정하고 해석하는 데 쓰인다.

안타깝게도 $\mathbf{A}$와 $\mathbf{A}\mathbf{R}^T$가 임의의 $q \times q$ 직교행렬 $\mathbf{R}$에 관해 (14.81)에서 동등하므로 식별성 문제 (14.79)가 남아 있다. 이는 인자분석을 사용하는데 특정한 주관성을 남기게 되는데, 사용자가 더욱 쉽게 해석할 수 있는 회전된 버전의 인자를 찾을 수 있기 때문이다. 이러한 면은 많은 분석가로 하여금 인자분석에 회의적이도록 만들었으며, 현대 통계학에서 인기가 없는 이유를 설명해주는 것일 수도 있다. 여기서 더 자세히 들어가지는 않겠지만, SVD는 (14.81)의 추정에 중요한 역할을 한다. 예를 들면 $\mathrm{Var}(\varepsilon_j)$가 모두 같은 것으로 가정하면, SVD의 주요한 q 성분은 $\mathbf{A}$에 의해 결정된 부분공간을 식별한다.

인자분석은 각 X_j에 관한 개별적인 교란 ε_j때문에 공분산 구조보다는 X_j의 상관성 구조를 모델링하는 것으로 볼 수 있다. 이는 (14.81)에서의 공분산 구조를 표준화하면 쉽게 보일 수 있다(연습 14.14). 이는 인자분석과 PCA를 구별하는 중요한 것이지만, 여기서의 논의에서 중심적인 것은 아니다. 연습 14.15는 인자분석과 PCA로부터의 해가 이러한 차이로 인해 극적으로 다를 수 있음에 관해 논의한다.

14.7.2 독립성분분석

독립성분분석ICA, Independent Component Analysis 모델은 S_ℓ이 무상관이라기보다는 통계적으로 독립statistically independent이라고 가정하는 것을 제외하고 (14.78)과 정확히 같은 형식을 가진다. 직관적으로 상관성의 부재는 다변량 분포의 이차 교차-모멘트 cross moment(공분산)를 결정하는 한편, 일반적으로 통계적 독립은 모든 교차-모멘트를 결정한다. 이러한 추가적인 모멘트 조건은 A의 요소를 고유하게 식별할 수 있게 해준다. 다변량 가우스 분포는 그것의 이차 모멘트로만 정해지므로 이는 예외이며, 어떠한 가우스 독립 성분이든지 이전과 같이 오직 회전까지만 정해질 수 있다. 따라서 (14.78)과 (14.80)에서의 식별성 문제는 S_ℓ이 독립이고 가우스가 아니라고non-Gaussian 가정하면 피할 수 있다.

여기서는 (14.78)에서와 같이 완전 p-요소 모델을 논의하며, 이때 S_ℓ은 단위 분산과 독립이다. 인자분석 모델(14.80)의 ICA 버전 또한 존재한다. 우리의 처치법은 히바리넨과 오자(Hyvärinen and Oja, 2000)에 의한 조사 논문에 근거한다.

이제 $X = \mathbf{A}S$ 내 혼합행렬 $\mathbf{A}$를 밝혀내고자 한다. 일반성을 잃지 않고, X가 $\text{Cov}(X) = \mathbf{I}$이 되도록 이미 백색화whiten됐다고 가정할 수 있다. 이는 통상적으로 앞서 설명한 SVD를 통해 달성할 수 있다. S 또한 공분산 $\mathbf{I}$를 가지므로, 이는 $\mathbf{A}$가 직교임을 암시한다. 따라서 ICA 문제를 푸는 것은 벡터 확률변수의 성분 $S = \mathbf{A}^T X$가 독립(그리고 비가우스)이 되도록 직교적인 $\mathbf{A}$를 찾는 것이 된다.

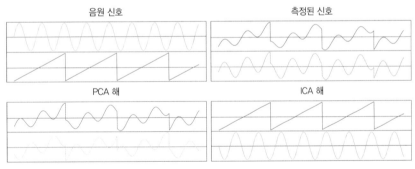

그림 14.37 인공적인 시계열 데이터에서의 ICA대 PCA 그림. 위 왼쪽 패널은 두 개의 음원 신호를 보여주며 1,000개의 균일하게 공간을 가지는 시점에 측정돼 있다. 위 오른쪽 패널은 관측된 혼합 신호를 보여준다. 아래쪽 두 패널은 주성분 및 독립성분의 해를 보여준다.

그림 14.37은 두 개의 혼합적인 신호를 분리하는 ICA의 힘을 보여준다. 이는 전통적인 칵테일 파티 문제cocktail party problem의 예제로, 서로 다른 마이크 X_j가 서로

다른 독립 출처 S_ℓ의 혼합을 취한다(음악, 서로 다른 화자의 음성 등). ICA는 원본 출처의 독립성과 비가우스성을 활용해 블라인드 음원 분리$^{\text{blind source separation}}$를 수행할 수 있다.

ICA의 많은 인기 있는 접근법은 엔트로피에 근거한다. 밀도 $g(y)$를 가지는 확률변수 Y의 미분 엔트로피는 다음과 같이 주어진다.

$$H(Y) = -\int g(y) \log g(y) dy \tag{14.82}$$

정보이론에서 잘 알려진 결과에 따르면 같은 분산을 가지는 모든 확률변수 중에서 가우스 변수가 최대 엔트로피를 가진다고 한다. 마지막으로 확률벡터 Y의 성분 사이의 상호정보$^{\text{mutual information}}$ $I(Y)$는 의존성에 관한 자연 측정치$^{\text{natural measure}}$이다.

$$I(Y) = \sum_{j=1}^{p} H(Y_j) - H(Y) \tag{14.83}$$

$I(Y)$의 양은 Y의 밀도 $g(y)$와 그것의 독립인 버전 $\prod_{j=1}^{p} g_j(y_j)$ 사이의 쿨백-라이블러 거리$^{\text{Kullback-Leibler distance}}$라고 부른다. 이때 $g_j(y_j)$는 Y_j의 주변밀도다. 이제 X가 공분산 $\mathbf{I}$를 가지며, $Y = \mathbf{A}^T X$이고 $\mathbf{A}$가 직교이면, 다음을 쉽게 보일 수 있다.

$$
\begin{aligned}
I(Y) &= \sum_{j=1}^{p} H(Y_j) - H(X) - \log|\det \mathbf{A}| & (14.84) \\
&= \sum_{j=1}^{p} H(Y_j) - H(X) & (14.85)
\end{aligned}
$$

$I(Y) = I(\mathbf{A}^T X)$를 최소화하는 $\mathbf{A}$를 찾는 것은 이것의 성분 사이로 가장 독립적이 되도록 하는 직교 변환을 찾는 것과 같다. (14.84) 측면에서 이는 Y의 분리된 성분의 엔트로피 합을 최소화하는 것과 동일하며, 이는 결국 이들의 가우스성으로부터 벗어난 정도를 최대화하는 것이 된다.

히바리넨과 오자(Hyvärinen and Oja, 2000)는 편의를 위해 $H(Y_j)$를 사용하는 대신 다음으로 정의되는 음엔트로피^{negentropy} 측정치를 사용한다.

$$J(Y_j) = H(Z_j) - H(Y_j) \tag{14.86}$$

이때 Z_j는 Y_j와 같은 분산을 가지는 가우스 확률변수다. 음엔트로피는 비음수이며, Y_j의 가우스성으로부터의 이탈 정도를 측정한다. 이들은 데이터에서 계산하고 최적화할 수 있는 음엔트로피의 단순한 근사를 제안한다. 그림 14.37~14.39의 ICA 해는 다음 근사를 사용하며, 이때 $1 \le a \le 2$에 관해 $G(u) = \frac{1}{a}\log\cosh(au)$ 이다.

$$J(Y_j) \approx [EG(Y_j) - EG(Z_j)]^2 \tag{14.87}$$

x_i의 표본에 적용했을 때 기댓값은 데이터 평균으로 교체된다. 이는 이들 저자가 제공하는 FastICA 소프트웨어의 옵션 중 하나다. 더욱 전통적인 (그리고 덜 로버스트한) 측정치는 네 번째 모멘트에 근거하며, 따라서 첨도를 통해 가우스와의 이탈 정도를 찾는다. 자세한 내용은 히바리넨과 오자(Hyvärinen and Oja, 2000)를 보라. 14.7.4절에서 최적 방향을 찾기 위한 이들의 근사적인 뉴턴 알고리즘을 설명한다.

요약하자면 다변량 데이터에 적용된 ICA는 사영된 데이터가 가우스로부터 가급적 멀어지게 보이도록 일련의 직교 사영을 찾는다. 사전에 백색화된 데이터로, 이는 가급적 독립적인 성분을 찾는 것이 된다.

ICA는 본래 인자분석의 해로부터 시작하며, 독립 성분을 야기하는 회전을 찾는다. ICA는 이러한 측면에서 심리측정학에서 쓰이는 전통적인 "바리맥스varimax" 그리고 "쿼티맥스quartimax"와 함께 또 다른 인자 회전 방법 중 하나일 뿐이다.

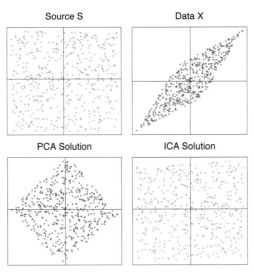

그림 14.38 독립균일확률변수의 혼합. 위 왼쪽 패널은 두 개의 독립적인 균일한 출처로부터 500개를 실현시킨 것을 보여주며, 위 오른쪽 패널은 이들의 혼합 버전이다. 아래 두 패널은 각각 PCA와 ICA의 해를 보여준다.

ICA 성분

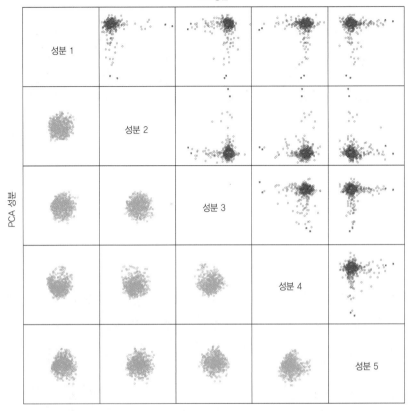

성분 1

성분 2

성분 3

성분 4

성분 5

PCA 성분

그림 14.39 FastICA를 사용해 계산한 첫 번째 5개 ICA 성분(대각 위쪽)을 PCA 성분의 첫 번째 5개(대각 아래쪽)와 비교한 것. 각 성분은 단위 분산을 가지도록 표준화돼 있다.

예제: 손글씨 숫자

14.5.1절에서 PCA로 분석했던 손글씨 3을 다시 보자. 그림 14.39는 첫 번째 5개 (표준화된) 주성분을 첫 번째 5개 ICA 성분과 비교한다. 보이는 것들 모두 같은 표준화된 단위를 가진다. 각 도표가 256차원 공간으로부터 2차원으로의 사영임을 주지하라. PCA 성분은 모두 결합 가우스 분포를 가지는 것으로 보이는 한편, ICA 성분은 긴 꼬리 분포를 가진다. PCA는 분산에 집중하는 한편 ICA는 특히 비가우스 분포를 찾으므로 이는 크게 놀라운 것은 아니다. 모든 성분은 표준화돼 있으므로 주성분에서 분산이 감소하는 것은 보지 못한다.

그림 14.40에서 각 ICA 성분에 관한 극단적인 숫자 두 개와 함께 중심이 되는 숫자 쌍을 강조하고 이들을 표시했다. 이는 각 성분의 성질을 보여준다. 예를 들

면 ICA 성분 5는 긴 만곡의 꼬리를 가지는 3을 취한다.

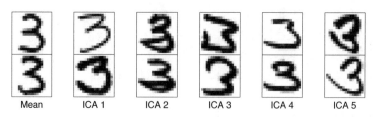

그림 14.40 그림 14.39에서 강조된 숫자. 평균 숫자와 비교하면, ICA 성분의 성질을 볼 수 있다.

예제: EEG 시간 코스

ICA는 뇌역학 연구에서 중요한 도구가 됐다. 여기서 제시하는 예제는 ICA를 사용해 다채널 뇌파EEG, electroencephalography 데이터 신호의 성분을 풀어낸다(Onton and Makeig, 2006).

대상자는 100개 EEG 전극 격자가 임베딩된 모자를 쓰며, 이는 두피의 서로 다른 위치에서의 뇌 활동을 기록한다. 그림 14.41[11] 위쪽 패널은 30분의 기간 동안 표준적인 "투백two-back" 학습 과제를 수행하는 대상자로부터 이들 9개 전극의 부분집합부터의 출력을 15초 동안 보여준다. 대상자에게는 문자(B, H, J, C, F 혹은 K)가 대략 1,500밀리초 간격으로 제시되며 제시된 문자가 두 단계 전에 제시된 문자와 같은지 다른지 가리키기 위해 두 개의 버튼을 눌러 반응한다. 응답에 따라 대상자는 점수를 얻거나 잃으며, 때때로 보너스를 얻거나 패널티 점수를 잃는다. 타임-코스time-course 데이터는 EEG 신호에서 공간적인 상관성을 보이는데, 근처 센서들의 신호가 매우 유사해 보인다.

여기서의 주요 가정은 각 두피 전극으로부터 기록된 신호가 서로 다른 피질 활동은 물론 피질이 아닌 아티팩트 도메인으로부터 나온 독립적인 전위potentials의 혼합이라는 것이다. 이 도메인에서의 ICA의 자세한 개요는 참조를 보라.

그림 14.41의 아랫부분은 ICA 성분의 선택을 보여준다. 색이 있는 이미지는 추정된 불혼합unmixing 계수 벡터 $\hat{a}_j$를 두피 그림에 겹쳐진, 활동의 위치를 가리키는 히트맵 이미지로 보여준다. 해당 시간-코스는 학습된 ICA 성분을 보여준다.

예를 들면 대상자는 각각의 성과 피드백 신호(색이 있는 수직선) 이후 깜빡거렸

---

11 이는 『Progress in Brain Research(뇌 연구 발전)』 159권 줄리 오톤과 스콧 마케이그(Julie Onton and Scott Makeig) "사건 기반 뇌역학 모델링에 기반한 정보" p106, 저작권(2006)으로부터 엘스비어의 허가로 전재됐다. 이미지의 전자 버전을 제공해준 줄리 오톤과 스콧 마케이그에게 감사한다.

으며, 이는 IC1과 IC3에서의 위치 및 아티팩트 신호에 해당한다. IC12는 심장 박동과 관련된 아티팩트다. IC4와 IC7은 전두 세타-밴드 활동에 해당하며, 올바른 성과가 이어진 후에 나타난다. 이 예제에 관한 더 자세한 논의 및 EEG 모델링에서의 ICA의 사용에 관해서는 온톤과 마케이그(Onton and Makeig, 2006)를 보라.

14.7.3 탐색적 사영추적

프리드먼과 투키(Friedman and Tukey, 1974)는 고차원 데이터 시각화를 위한 그래픽적 탐색 기술인 탐색적 사영추적exploratory projection pursuit을 제안했다. 고차원 데이터의 (1차나 2차원의) 가장 낮은 사영이 가우스처럼 보인다는 것이 이들의 시각이다. 군집이나 긴꼬리와 같은 흥미로운 구조는 비가우스 사영을 통해 드러날 것이다. 이들은 최적화를 위한 다수의 사영 인덱스projection indices를 제시했으며, 각각은 가우스성으로부터의 서로 다른 이탈에 집중한다. 이들의 초기 제안 이후로, 다양한 개선안이 제안돼왔으며(Huber, 1985; Friedman, 1987), 엔트로피를 포함해 다양한 인덱스가 상호적인 그래픽 패키지 Xgobi에 구현돼왔다(Swayne et al., 1991. 현재는 GGobi라 부른다). 이들 사영 인덱스는 앞에서의 $J(Y_j)$와 정확히 같은 형식을 가지며, 이때 $Y_j = a_j^T X$로, X의 성분의 정규화된 선형 조합이다. 사실 교차-엔트로피를 위한 몇몇 근사 및 대입은 사영추적을 위해 제안된 인덱스와 일치한다. 통상적으로 사영추적으로는, 방향 a_j가 직교하도록 제약되지는 않는다. 프리드먼(Friedman, 1987)은 선택한 사영 내에서 가우스를 찾기 위해 데이터를 변환하며, 그 뒤 이후의 방향을 검색한다. ICA와 탐색적 사영추적은 이들의 서로 다른 기원에도, 적어도 여기서 설명한 표현 측면에서는 꽤 유사하다.

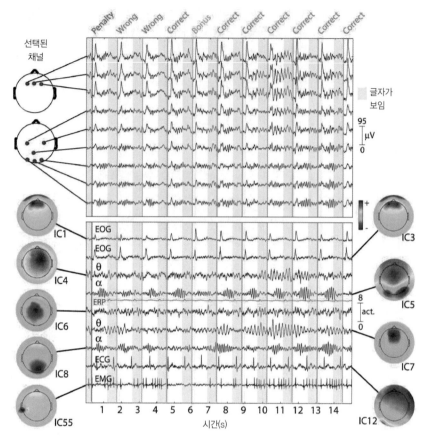

그림 14.41 （100개 중）9개 두피 채널(위쪽 패널)에서의 15초(1,917초 중) EEG 데이터 및 9개의 ICA 성분(아래쪽 패널). 근처 전극들은 거의 동일한 뇌 그리고 뇌가 아닌 활동의 혼합을 기록하는 한편, ICA 성분은 일시적으로 구별된다. 색이 있는 두피는 ICA 불혼합 계수 $\hat{a}_j$를 히트맵으로 나타내며, 출처의 뇌 혹은 두피 위치를 보여준다.

14.7.4 ICA의 직접적 접근법

독립 성분은 정의상 결합 곱 밀도$^{\text{joint product density}}$를 가지므로, 여기서 일반화 가법 모델(9.1절)을 사용해 이 밀도를 직접 추정하는 접근법을 보여준다.

$$f_S(s) = \prod_{j=1}^{p} f_j(s_j) \tag{14.88}$$

자세한 내용은 헤이스티와 팁시라니(Hastie and Tibshirani, 2003)에서 찾을 수 있으며, R 패키지 ProDenICA에 방법이 구현돼 있고, CRAN에서 얻을 수 있다.

가우스성으로부터의 이탈을 나타내는 의미에서, 각 f_j를

$$f_j(s_j) = \phi(s_j)e^{g_j(s_j)} \qquad (14.89)$$

과 같은 틸팅된tilted 가우스 밀도로 나타낸다.

여기서 ϕ는 표준 가우스 밀도이며 g_j는 밀도에 필요한 정규화 조건을 만족한다. X가 이전과 같이 사전에 백색화됐다고 가정하면 관측된 데이터 $X = \mathbf{A}S$를 위한 로그 가능도는 다음과 같다.

$$\ell(\mathbf{A}, \{g_j\}_1^p; \mathbf{X}) = \sum_{i=1}^{N} \sum_{j=1}^{p} \left[\log \phi_j(a_j^T x_i) + g_j(a_j^T x_i) \right] \qquad (14.90)$$

이는 $\mathbf{A}$가 직교이고 g_i가 (14.89)에서의 밀도가 된다는 제약조건을 따르도록 이를 최대화하고자 한다. g_j에 어떠한 추가적인 제약조건을 부과하지 않았음에도 모델 (14.90)은 과매개변수화돼 있으므로 대신 정칙화된 버전을 최대화한다.

$$\sum_{j=1}^{p} \left[\frac{1}{N} \sum_{i=1}^{N} \left[\log \phi(a_j^T x_i) + g_j(a_j^T x_i) \right] - \int \phi(t)e^{g_j(t)}dt - \lambda_j \int \{g_j'''(t)\}^2(t)dt \right]$$
$$(14.91)$$

우리는 실버맨(Silverman, 1986, 5.4.4절)에게 영감을 받아 (14.91)에서 (각 j에 관해) 두 개의 벌점항을 차감했다.

- 첫 번째는 밀도 제약조건 $\int \phi(t)e^{\hat{g}}(t)dt = 1$을 임의의 해 $\hat{g}_j$에 강제한다.
- 두 번째는 조도 벌점으로, 해 $\hat{g}_j$가 관측된 값 $s_{ij} = a_j^T x_i$에서 매듭을 가지는 사차-스플라인임을 보장한다.

추가로 해의 밀도 $\hat{f}_j = \phi e^{\hat{g}}$ 각각이 평균이 0이며 분산이 1을 가진다는 것을 보일 수 있다(연습 14.18). λ_j를 키움에 따라, 이들 해는 표준 가우스 ϕ에 접근한다.

1. **A**를 초기화한다(직교화가 뒤따르는 확률 가우스 행렬).
2. **A**가 수렴할 때까지 다음을 반복한다.
   (a) **A**가 주어졌을 때 g_j에 관해 (14.91)을 최적화한다(각 j에 대해 개별적으로).
   (b) g_j, $j = 1, ..., p$가 주어졌을 때, 최적의 **A**를 찾도록 부동점 알고리즘fixed point algorithm의 한 단계를 수행한다.

알고리즘 14.3에서 설명한 바와 같이, 반복적인 방식으로 (14.91)을 최적화함으로써 함수 g_j와 방향 a_j를 적합시킨다.

단계 2(a)는 준-모수적 밀도 추정에 해당하며, 이는 일반 가법 모델의 참신한 응용법을 사용해 풀 수 있다. 편의를 위해 p개의 개별 문제 중 하나를 추출한다.

$$\frac{1}{N} \sum_{i=1}^{N} [\log \phi(s_i) + g(s_i)] - \int \phi(t) e^{g(t)} dt - \lambda \int \{g'''(t)\}^2 (t) dt \quad (14.92)$$

(14.92)에서의 두 번째 적분은 평활 스플라인이 되지만 첫 번째 적분이 문제이며 이는 근사를 필요로 한다. 우리는 관측된 값 s_i를 커버하는, 증분이 Δ인 L개 값 s_ℓ^*의 섬세한 격자를 구축하고, 결과 봉투bin에서 s_i의 개수를 셈한다.

$$y_\ell^* = \frac{\# s_i \in (s_\ell^* - \Delta/2, s_\ell^* + \Delta/2)}{N} \quad (14.93)$$

통상적으로 L을 1,000개가 되도록 고르며 이는 충분한 것보다 더 많다. 그 뒤

$$\sum_{\ell=1}^{L} \left\{ y_i^* [\log(\phi(s_\ell^*)) + g(s_\ell^*)] - \Delta \phi(s_\ell^*) e^{g(s_\ell^*)} \right\} - \lambda \int g'''^2(s) ds \quad (14.94)$$

를 통해 (14.92)를 근사한다. 이 마지막 수식은 반응이 y_ℓ^*/Δ이고 벌점 매개변수가 λ/Δ 그리고 평균이 $\mu(s) = \phi(s) e^{g(s)}$인 벌점 포아송 로그 가능도에 비례하는 것으로 볼 수 있다. 이는 오프셋offset 항이 $\log \phi(s)$인 일반 가법 스플라인 모델generalized additive spline model(Hastie and Tibshirani, 1990; Efron and Tibshirani, 1996)이며, 뉴턴 알고리즘을 사용해 $O(L)$의 연산으로 적합시킬 수 있다. 사차 스플라인이 요구되지만, 실제로는 삼차 스플라인으로 충분함을 발견했다. 정해야 할 조

정 매개변수 λ_j는 p개가 있다. 실제로는 이들을 모두 같은 값으로 두며, 유효 자유도 df(λ)를 통해 평활화시킬 양을 지정한다. 우리의 소프트웨어는 5 자유도를 기본값으로 사용한다.

알고리즘 14.3의 단계 2(b)는 $\mathbf{A}$에 관해 $\hat{g}_j$를 고정시키고 (14.92)를 최적화하는 것이 필요하다. 합할 때 오직 첫 번째 항만이 $\mathbf{A}$를 포함하며, $\mathbf{A}$는 직교이므로 ϕ를 포함하는 항의 모음은 $\mathbf{A}$에 의존하지 않는다(연습 14.19). 따라서 다음을 최대화해야 한다.

$$
\begin{aligned}
C(\mathbf{A}) &= \frac{1}{N}\sum_{j=1}^{p}\sum_{i=1}^{N}\hat{g}_j(a_j^T x_i) \qquad (14.95)\\
&= \sum_{j=1}^{p}C_j(a_j)
\end{aligned}
$$

$C(\mathbf{A})$는 적합된 밀도와 가우스 사이의 로그 가능도 비율이며, (14.87)에서와 같이 각 $\hat{g}_j$를 대조함수contrast function로 가지는 음엔트로피(14.86)의 추정값으로 볼 수 있다. 단계 2(b)에서 부동점의 업데이트는 수정된 뉴턴 단계로 한다(연습 14.20).

1. 각 j에 관해 다음을 업데이트한다.

$$
a_j \leftarrow \mathrm{E}\left\{X\hat{g}_j'(a_j^T X) - \mathrm{E}[\hat{g}_j''(a_j^T X)]a_j\right\} \qquad (14.96)
$$

이때 E는 표본 x_i에 관한 기댓값을 나타낸다. $\hat{g}_j$가 적합된 사차 (혹은 삼차) 스플라인이므로 첫 번째와 두 번째 도함수는 용이하게 쓸 수 있다.
2. 대칭 제곱근 변환 $(\mathbf{A}\mathbf{A}^T)^{-\frac{1}{2}}\mathbf{A}$를 사용해 $\mathbf{A}$를 직교화한다. $\mathbf{A}=\mathbf{U}\mathbf{D}\mathbf{V}^T$이 $\mathbf{A}$의 SVD라면 이는 $\mathbf{A}\leftarrow\mathbf{U}\mathbf{V}^T$를 업데이트하는 것이 된다는 것을 쉽게 보일 수 있다.

우리 ProDenICA 알고리즘은 그림 14.37의 인공 시계열 데이터, 그림 14.38의 혼합 균일 데이터, 그림 14.39의 숫자 데이터에서 FastICA와 같이 동작한다.

예제: 시뮬레이션

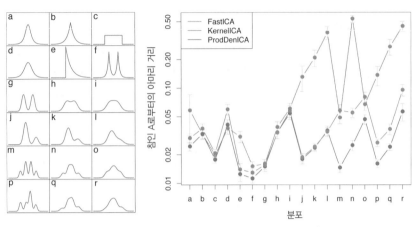

그림 14.42 왼쪽 패널은 비교를 위해 사용된 18개 분포를 보여준다. 이들은 "t", 균일, 지수, 지수 혼합, 대칭, 비대칭 가우스 혼합을 포함한다. 오른쪽 패널은 각 방법과 각 분포에 관한 평균 아마리 거리를 각 분포에 관한 $\mathbb{R}^2$에서의 30회 시뮬레이션에 근거해 (로그 척도로) 보여준다.

그림 14.42는 ProDenICA를 FastICA에 비교하는 그리고 다른 반모수적 방법인 KernelICA(Bach and Jordan, 2002)를 경쟁자로 시뮬레이션하는 결과를 보여준다. 왼쪽 패널은 비교를 위한 기본으로 사용된 18개 분포를 보여준다. 각 분포마다, 독립적인 성분($N = 1024$)의 쌍, 그리고 1과 2 사이의 조건 숫자로 $\mathbb{R}^2$에서 확률 혼합 행렬을 생성했다. 우리는 음엔트로피 기준 (14.87)을 사용하는 FastICA 및 ProDenICA의 R 구현을 사용했다. KernelICA을 위해서는 저자의 MATLAB 코드를 사용했다.[12] 탐색 기준이 비볼록이므로, 다섯 개의 무작위 시작점을 각 방법에 사용했다. 각 알고리즘은 직교 혼합 행렬 $\mathbf{A}$(데이터는 사전에 백색화돼 있었다pre-whitened)를 전달해줬으며, 이는 직교 혼합 행렬 $\mathbf{A}_0$를 생성하는 것과 비교하는 데 쓸 수 있다. 우리는 아마리Amari 거리(Bach and Jordan, 2002)를 두 프레임 간 근접도 측정치로 사용했다.

$$d(\mathbf{A}_0, \mathbf{A}) = \frac{1}{2p} \sum_{i=1}^{p} \left(\frac{\sum_{j=1}^{p} |r_{ij}|}{\max_j |r_{ij}|} - 1 \right) + \frac{1}{2p} \sum_{j=1}^{p} \left(\frac{\sum_{i=1}^{p} |r_{ij}|}{\max_i |r_{ij}|} - 1 \right) \quad (14.97)$$

이때 $r_{ij} = (\mathbf{A}_o \mathbf{A}^{-1})_{ij}$이다. 그림 14.42의 오른쪽 패널은 참된 그리고 추정된 혼합 행렬 간 아마리 거리의 평균을 (로그 척도로) 비교한다. ProDenICA가 모든 상황

---

12 프랜시스 바흐(Francis Bach)가 친절하게도 이 코드를 제공하고 시뮬레이션을 위한 준비를 도왔다.

에서 FastICA 및 KernelICA보다 경쟁력이 있으며, 대부분의 혼합 시뮬레이션에서 우위를 차지한다.

14.8 다차원 척도화

자기조직화 지도 및 주곡선과 주표면은 $\mathbb{R}^p$의 데이터 지점을 저차원 다양체로 매핑한다. 다차원 척도화MDS, Multidimensional scaling는 비슷한 목표를 갖지만 다소 다른 방식으로 문제에 접근한다.

관측치 x_1, x_2, ..., $x_N \in \mathbb{R}^p$로 시작하고, d_{ij}가 관측치 i와 j 사이의 거리라 하자. 유클리드 거리 $d_{ij} = \|x_i - x_j\|$를 자주 선택하지만, 다른 거리 또한 사용할 수도 있다. 게다가 몇몇 응용에서는 데이터 지점 x_i 없이 오직 비유사도dissimilarity 측정치 d_{ij}만 가지고 있을 수도 있다. 예를 들면 와인 테이스팅 실험에서 d_{ij}는 피험자가 심사한 와인 i와 j가 얼마나 차이 나는지에 관한 측정이고, 피험자는 와인 i와 j 쌍 모두에 관한 이러한 측정치를 제공할 수도 있다. MDS는 데이터 지점 x_i를 필요로 하는 SOM 및 주곡선과 주표면과 반대로 오직 비유사도 d_{ij}만을 필요로 한다.

다차원 척도화는 스트레스 함수stress function[13]라고 부르는

$$S_M(z_1, z_2, \ldots, z_N) = \sum_{i \neq i'} (d_{ii'} - \|z_i - z_{i'}\|)^2 \tag{14.98}$$

을 최소화하는 값 z_1, z_2, ..., $z_N \in \mathbb{R}^k$를 찾는다.

이는 최소제곱least squares 혹은 크루스칼-셰퍼드Kruskal-Shephard 척도화라 알려져 있다. 이 개념은 쌍별 거리를 가능한 한 유지하는 데이터의 저차원적 표현을 찾는 것이다. 근사가 제곱 거리(이는 약간 더 지저분한 대수학을 필요로 한다) 대신에 거리 측면으로 돼 있음을 주지하라. SM을 최소화하는데는 경사 하강 알고리즘을 사용한다.

최소제곱 척도화의 변형은 새먼 매핑Sammon mapping이라고 부르며 다음을 최소화한다.

---

13 몇몇 저자는 스트레스를 SM의 제곱근으로 정의한다. 이는 최적화에 영향을 미치지 않으므로, 다른 기준과의 비교를 단순화하기 위해 제곱으로 두도록 한다.

$$S_{Sm}(z_1, z_2, \ldots, z_N) = \sum_{i \neq i'} \frac{(d_{ii'} - \|z_i - z_{i'}\|)^2}{d_{ii'}} \qquad (14.99)$$

여기서 더 적은 쌍별 거리를 유지하는 데 더 강조를 한다.

전통적인 척도화classical scaling에서는 대신에 유사도 $s_{ii'}$로 시작하며 중심화 내적 $s_{ii'} = \langle x_i - \bar{x}, x_{i'} - \bar{x} \rangle$를 자주 사용한다. 그러면 문제는 $z_1, z_2, \ldots, z_N \in \mathbb{R}^k$에 관해 다음을 최소화하는 것이 된다.

$$S_C(z_1, z_2, \ldots, z_N) = \sum_{i, i'} (s_{ii'} - \langle z_i - \bar{z}, z_{i'} - \bar{z} \rangle)^2 \qquad (14.100)$$

이것이 매력적인 이유는 고유벡터 측면에서 명시적인 해가 존재하기 때문이다. 연습 14.11을 보라. 우리가 내적 대신 거리를 가지고 있다면, 거리가 유클리드인 경우 이들을 중심화 내적으로 변환할 수 있다.[14] 18장에 있는 (18.31)을 보라. 만일 유사도가 실제로 중심화 내적이라면, 전통적인 척도화는 내재적으로 선형 차원 축소 기술인 주성분과 정확히 동등하다. 전통적인 척도화는 적어도 최소제곱 척도화와 동일하지 않다. 손실함수가 다르며 매핑이 비선형일 수 있기 때문이다.

최소제곱과 전통적인 척도화는 실제의 비유사도 혹은 유사도가 근사된다는 측면에서 계량metric 척도화법이라 불린다. 셰퍼드-크루스칼 비계량 척도화Shephard-Kruskal nonmetric scaling는 실질적으로 랭크만을 사용한다. 비계량 척도화는 z_i 및 임의의 증가함수 θ에 관해 스트레스 함수를 최소화하려 한다.

$$S_{NM}(z_1, z_2, \ldots, z_N) = \frac{\sum_{i \neq i'} \left[\|z_i - z_{i'}\| - \theta(d_{ii'}) \right]^2}{\sum_{i \neq i'} \|z_i - z_{i'}\|^2} \qquad (14.101)$$

θ가 고정돼 있으면, 경사 하강을 통해 z_i에 관해 최소화한다. z_i가 고정돼 있으면, 등위isotonic회귀의 방법을 사용해 $\|z_i - z_{i'}\|$에 관한 최적의 단조 근사 $\theta(d_{ii'})$를 찾는다. 이들 단계는 해가 안정화될 때까지 반복된다.

다차원 척도화는 자기조직화 지도나 주표면과 같이, 고차원 데이터를 저차원 좌표계에 나타낸다. 주표면과 SOM은 한 단계 더 들어가서, 원본 데이터를 저차원 좌표 시스템에서 매개변수화된 저차원 다양체를 통해 근사한다. 주표면과 SOM에서 원본 특성 공간에서 서로 가까운 지점들은 다양체 위에서 서로 가깝게

---

14 만일 $N \times N$ 거래 행렬의 항목들이 어떠한 차원 공간에서 N개 지점 사이의 쌍별 유클리드 거리를 나타낸다면 이 행렬은 유클리드다.

매핑돼야 하지만 특성 공간에서 서로 멀리 떨어진 점들 또한 서로 가깝게 매핑될 수 있다. 이는 다차원 척도화에서는 덜 그러한데, 명시적으로 모든 쌍별 거리를 유지하려고 시도하기 때문이다.

그림 14.43은 첫 번째 반구 예제를 위한 전통적인 척도화로부터의 두 MDS 좌표를 보여준다. 군집 간에 분명하게 분리돼 있으며, 빨간 군집이 명백히 더 조밀하게 모여 있는 특성을 가진다.

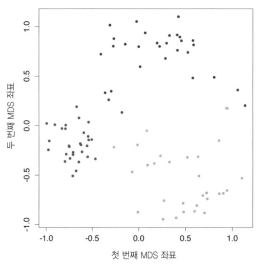

그림 14.43 반구 데이터를 위한 전통적인 다차원 척도화로부터 나온 첫 번째 두 좌표

14.9 비선형 차원 축소와 국소 다차원 척도화

비선형 차원 축소를 위한 주표면과 의도 측면에서 유사한 몇 가지 방법이 최근에 제안돼왔다. 이 개념은 데이터가 내재적으로 고차원 공간에 끼워 넣어진 저차원 비선형 다양체에 가깝게 놓여 있다는 것이다. 이들 방법은 다양체를 "평탄화"하는 것으로 생각할 수 있으며, 따라서 데이터를 다양체 내에서 이들의 상대 위치를 나타내는 저차원 좌표의 집합으로 축소시킨다. 이들은 신호-잡음 비율이 매우 높은 문제(예를 들어 물리적 시스템)에서 유용하며, 아마도 신호-잡음 비율이 낮은 관측치 데이터에서는 유용하지 않을 것이다.

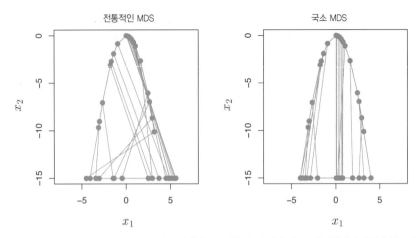

그림 14.44 주황색 점은 포물선에 놓이는 데이터를 보여주며, 파란색 점은 1차원에서의 다차원 척도화 표현을 보여준다. 전통적인 다차원 척도화(왼쪽 패널)은 곡선을 따라 점들의 순서를 유지하지 않는데, 이는 곡선의 반대편의 점을 서로 가까이 있는 것으로 판단하기 때문이다. 반면 국소 다차원 척도화(오른쪽 패널)는 곡선을 따라 점들의 순서를 잘 유지한다.

기본적인 목표는 그림 14.44의 왼쪽 패널에서 보여준다. 데이터가 상당한 곡률을 가지는 포물선 근처에 놓여 있다. 전통적인 MDS는 곡선을 따라 점들의 순서를 유지하지 않는다. 이는 곡선 반대편에 있는 점을 서로 가까운 것으로 판단하기 때문이다. 오른쪽 패널은 앞에서 논의한 비선형 다차원 척도화를 위한 세 가지 방법 중 하나인 국소 다차원 척도화의 결과를 보여준다. 이들 방법은 p 차원에서의 점들의 좌표만을 사용하며, 다양체에 관한 다른 정보를 가지지 않는다. 국소 MDS는 곡선을 따라 점들의 순서를 잘 유지한다.

이제 비선형 차원 축소와 다양체 매핑을 위한 세 가지 접근법을 간단히 설명하겠다.

등거리 특성 매핑ISOMAP, Isometric feature mapping(Tenenbaum et al., 2000)은 다양체를 따라 점들 사이의 측지적 거리geodesic distance를 근사하기 위해 그래프를 구축한다. 특히 각 데이터 지점에 관해 이들의 이웃을 찾는다. 이 이웃은 그 기점의 어떠한 작은 유클리드 거리 내 위치한다. 그래프는 임의의 두 이웃하는 점 사이의 간선으로 구축한다. 그 뒤 임의의 두 지점 간 측지적 거리는 그래프의 점 사이 가장 짧은 경로로 근사된다. 마지막으로, 전통적인 척도화를 그래프 거리에 적용해 저차원 매핑을 만들어낸다.

국소 선형 임베딩LLE, Local Linear Embedding(Roweis and Saul, 2000)은 고차원 데이터의 국소 아핀 구조를 유지시키려고 시도하는 매우 다른 접근법을 취한다. 각 데이터 지점은 이웃하는 점들의 선형 조합을 통해 근사된다. 그 뒤 이들 국소 근사를 가장 잘 유지하는 저차원 표현을 구축시킨다. 내용이 흥미로우므로 여기서 자세히 제시한다.

1. p차원 내 각 데이터 지점 x_i에 관해, K-최근접이웃 $\mathcal{N}(i)$을 유클리드 거리로 찾는다.

2. $w_{ik}=0$, $k \notin \mathcal{N}(i)$, $\sum_{k=1}^{N} w_{ik}=1$을 만족하는 가중치 w_{ik}에 관해, 각 지점의 이웃 내 점들의 아핀 혼합을 통해 이를 근사한다.

$$\min_{W_{ik}} ||x_i - \sum_{k \in \mathcal{N}(i)} w_{ik}x_k||^2 \qquad (14.102)$$

w_{ik}는 점 i의 재구축에 관한 점 k의 기여도이다. 고유한 해를 기대하므로, $K < p$여야 함을 주지하라.

3. 마지막으로 w_{ik}를 고정하고 다음을 최소화하도록 $d < p$ 차원의 공간 내에서 점 y_i를 찾는다.

$$\sum_{i=1}^{N} ||y_i - \sum_{k=1}^{N} w_{ik}y_k||^2 \qquad (14.103)$$

3단계에서

$$\text{tr}[(\mathbf{Y} - \mathbf{WY})^T(\mathbf{Y} - \mathbf{WY})] = \text{tr}[\mathbf{Y}^T(\mathbf{I} - \mathbf{W})^T(\mathbf{I} - \mathbf{W})\mathbf{Y}] \quad (14.104)$$

를 무의미한 해 $\mathbf{Y}=0$를 피하기 위해 $\mathbf{Y}'\mathbf{Y}=\mathbf{I}$를 따르도록 최소화한다. 이때 $\mathbf{W}$는 $N \times N$이며, $\mathbf{Y}$는 어떠한 작은 $d < p$에 관해 $N \times d$이다. 해 $\hat{\mathbf{Y}}$는 $\mathbf{M} = (\mathbf{I} - \mathbf{W})^T(\mathbf{I} - \mathbf{W})$의 트레일링trailing 고유벡터다. 1이 고윳값이 영인 의미 없는 고유벡터이므로, 이를 버리고 다음 d로 계속한다. 이는 $\mathbf{1}^T\mathbf{Y}=0$라는 부외 효과가 있으므로, 임베딩 좌표는 평균으로 중심화된다.

국소 MDS(Chen and Buja, 2008)는 가장 단순하며 틀림없이 가장 직접적인 접근법일 것이다. $\mathcal{N}$을 근처 점들의 쌍의 대칭적인 집합이 되도록 정의한다. 구체적으로는 점 i가 i'의 K-최근접이웃 중 하나라면 쌍 (i, i')은 $\mathcal{N}$ 안에 존재한다. 아니면 그 반대다. 그 뒤 스트레스함수를 구축한다.

$$S_L(z_1, z_2, \ldots, z_N) \;=\; \sum_{(i,i') \in \mathcal{N}} (d_{ii'} - ||z_i - z_{i'}||)^2$$
$$+ \sum_{(i,i') \notin \mathcal{N}} w \cdot (D - ||z_i - z_{i'}||)^2 \quad (14.105)$$

여기서 D는 어떠한 큰 상수이며 w는 가중치다. 이웃하지 않는 점들은 서로 매우 떨어져 있는 것으로 간주한다는 것이 개념이다. 이러한 쌍에는 작은 가중치 w를 주어 전체 스트레스함수를 지배하지 않는다. 식을 단순화하기 위해 $w \sim 1/D$를 취하고, $D \to \infty$라 하자. (14.105)를 전개하면 다음 식을 내준다. 이때 $\tau = 2wD$ 이다.

$$S_L(z_1, z_2, \ldots, z_N) = \sum_{(i,i') \in \mathcal{N}} (d_{ii'} - ||z_i - z_{i'}||)^2 - \tau \sum_{(i,i') \notin \mathcal{N}} ||z_i - z_{i'}||$$
$$(14.106)$$

(14.106)에서의 첫 번째 항은 데이터의 국소적인 구조를 유지하려 시도하며 두 번째 항은 이웃이 아닌 쌍 (i, i')을 위한 표현 z_i, $z_{i'}$이 더 멀어지도록 부추긴다. 국소 MDS는 z_i에 걸쳐, 이웃의 개수 K와 조정 매개변수 τ의 고정된 값에 관해 스트레스함수 (14.106)을 최소화한다. 그림 14.44의 오른쪽 패널은 $k = 2$ 이웃과 $\tau = 0.01$을 사용하는 국소 MDS의 결과를 보여준다. 복수의 시작값으로 좌표 하강을 사용해 (비볼록) 스트레스함수 (14.106)의 좋은 최솟값을 찾았다. 곡선을 따라 점들의 순서가 대체로 유지돼 있다.

그림 14.45는 이들 방법 중 하나$_{LLE}$[15]의 흥미로운 응용을 보여준다. 데이터는 1,965개의, 디지털화된 20×29 회색조 이미지 사진으로 구성돼 있다. LLE의 첫 번째 두 좌표의 결과를 볼 수 있으며, 포즈의 표현의 일부 변화를 드러내준다. 유사한 사진이 국소 MDS를 통해 만들어져 있다.

첸과 부자(Chen and Buja, 2008)에서 보고된 실험에서 국소 MDS는 ISOMAP 과 LLE와 비교해 월등한 성능을 보여준다. 이들은 또한 그래프 레이아웃에서 국소 MDS의 유용성에 관해서도 시연해준다. 또한 여기서 논의한 방법 즉, 스펙트럴 군집화(14.5.3절)와 커널 PCA(14.5.4절) 사이에는 가까운 관계가 있다.

---

15 샘 로위스(Sam Roweis)와 로렌스 사울(Lawrence Saul)이 친절하게 그림을 제공해줬다.

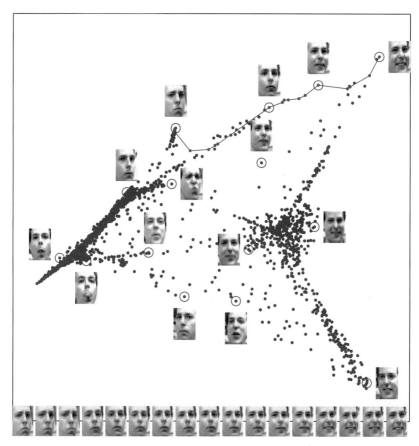

그림 14.45 LLE의 첫 두 좌표에 의해 묘사된 임베딩 공간에 매핑된 안면 이미지. 동그라미 점 옆에는 서로 다른 공간에 안면 표현을 보여준다. 도표의 맨 아래에 있는 이미지는 (실선으로 연결된) 위 오른쪽 경로를 따라 있는 점에 해당하며, 포즈와 표현의 변화에 관한 한 가지 특정 모드를 보여준다.

14.10 구글 페이지랭크 알고리즘

이 절에서는 비지도 학습법에 관한 흥미로운 최근 응용 중 하나인 구글 검색엔진에 사용된 페이지랭크^{PageRank} 알고리즘을 간단히 설명한다.

N개의 웹페이지가 있으며 중요성 측면에서 이들의 순위를 매기고자 한다고 해보자. 예를 들면, N개의 페이지 모두 "statistical learning"과 들어맞는 문자열을 포함하고 있으며, 웹서퍼^{websurfer}에 관한 그럴듯한 적절성에 따라 페이지의 순위

를 매기고자 한다.

페이지랭크 알고리즘은 한 웹페이지를 많은 웹페이지가 가리킨다면 이를 중요하다고 간주한다. 그러나 주어진 페이지를 가리키는 연결 웹페이지는 동일하게 다뤄지지 않는다. 알고리즘은 또한 연결 페이지의 중요도(페이지랭크)와 이들이 가진 유출outgoing 링크의 개수 모두를 감안한다. 높은 페이지랭크를 가지는 연결 페이지에는 더욱 높은 가중치가 주어지며, 더 많은 유출 링크를 가지는 페이지는 낮은 가중치가 주어진다. 이들 개념은 다음에서 자세히 설명하는 페이지랭크의 재귀적 정의가 된다.

만일 페이지 j가 페이지 i를 가리키면 $L_{ij} = 1$, 아니면 0이라고 해보자. $c_j = \sum_{i=1}^{N} L_{ij}$를 페이지 j가 가리키는 페이지의 개수와 같다고 해보자(아웃링크의 개수). 그러면 구글 페이지랭크 p_i는 재귀적 관계에 의해 정의되며, 이때 d는 양의 상수다(겉보기로는 0.85로 둔다).

$$p_i = (1 - d) + d \sum_{j=1}^{N} \left(\frac{L_{ij}}{c_j} \right) p_j \tag{14.107}$$

페이지 i의 중요도는 이 페이지를 가리키는 페이지들의 중요도의 합이라는 것이 개념이다. 합은 $1/c_j$로 가중되며, 즉 각 페이지가 다른 페이지에 전체 1표를 공헌한다. 상수 d는 각 페이지가 적어도 $1 - d$의 페이지랭크를 얻도록 보장한다. 행렬 표기법으로는 다음처럼 표기한다. 이때 $\mathbf{e}$는 N개의 1의 벡터이며 $\mathbf{D}_c = \mathrm{diag}(\mathbf{c})$는 대각 요소 c_j를 가지는 대각행렬이다.

$$\mathbf{p} = (1 - d)\mathbf{e} + d \cdot \mathbf{L}\mathbf{D}_c^{-1}\mathbf{p} \tag{14.108}$$

$\mathbf{e}^T\mathbf{p} = N$로 정규화를 적용하면(즉 평균 페이지랭크가 1이다), (14.108)을 다음과 같이 쓸 수 있으며, 이때 행렬 $\mathbf{A}$는 각괄호 안의 식이다.

$$\begin{aligned} \mathbf{p} &= \left[(1 - d)\mathbf{e}\mathbf{e}^T / N + d\mathbf{L}\mathbf{D}_c^{-1} \right] \mathbf{p} \\ &= \mathbf{A}\mathbf{p} \end{aligned} \tag{14.109}$$

마코프 연쇄(다음을 보라)와의 관계를 활용하면 행렬 $\mathbf{A}$가 1과 같은 실수 고윳값을 가짐을 보일 수 있으며, 1은 이것의 가장 큰 고윳값이다. 이는 $\hat{\mathbf{p}}$를 거듭제곱법을 통해 찾을 수 있다는 것을 뜻한다. 어떠한 $\mathbf{p} = \mathbf{p}_0$로 시작해 다음 식을 반복한다.

$$\mathbf{p}_k \leftarrow \mathbf{Ap}_{k-1}; \quad \mathbf{p}_k \leftarrow N \frac{\mathbf{p}_k}{\mathbf{e}^T \mathbf{p}_k} \tag{14.110}$$

고정된 점 $\hat{\mathbf{p}}$가 원하는 페이지랭크가 된다.

페이지 외(Page et al., 1998)의 원본 논문에서 저자들은 페이지랭크를 무작위의 웹서퍼가 링크를 무작위로, 내용을 고려하지 않고 클릭하는 사용자 행위의 모델로 간주했다. 서퍼는 웹을 가능한 유출 링크 사이에 하나를 무작위로 고르며 랜덤워크한다. 인자 $1 - d$는 링크를 클릭하지 않고, 대신에 다른 웹페이지로 넘어갈 확률이다.

페이지랭크의 몇몇 설명에서는 $(1 - d)/N$를 정의 (14.107) 내 첫 번째 항으로 두며, 이는 무작위 서퍼 해석과 더 잘 일치할 것이다. 그러면 (N으로 나눈) 페이지랭크 해는 N개 웹페이지에 관한 기약irreducible의, 비주기aperiodic 마코프 연쇄의 정상분포stationary distribution가 된다.

정의 (14.107)은 또한 $(1 - d)/N$ 버전의 것과 다른 전이확률을 가지는 기약 비주기 마코프 연쇄에 해당한다. 페이지랭크를 마코프 연쇄로 보는 것은 왜 행렬 $\mathbf{A}$가 극대 실수 고윳값으로 1을 가지는지 분명하게 해준다. $\mathbf{A}$가 각 열을 합하면 1이 되는 양의 성분을 가지므로, 마코프 연쇄 이론은 $\mathbf{A}$가 고윳값이 1인 유일한 고유벡터를 가지며, 이는 연쇄의 정상 분포에 해당한다는 것을 말해준다 (Bremaud, 1999).

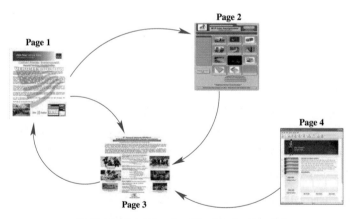

그림 14.46 페이지랭크 알고리즘: 작은 네트워크 예제

그림 14.46은 작은 네트워크 그림을 보여준다. 링크 행렬은 다음과 같으며 아웃링크의 개수는 $\mathbf{c} = (2, 1, 1, 1)$이다.

$$\mathbf{L} = \begin{pmatrix} 0 & 0 & 1 & 0 \\ 1 & 0 & 0 & 0 \\ 1 & 1 & 0 & 1 \\ 0 & 0 & 0 & 0 \end{pmatrix} \qquad (14.111)$$

페이지랭크 해는 $\hat{\mathbf{p}} = (1.49, 0.78, 1.58, 0.15)$이다. 페이지 4가 유입 링크를 가지지 않으므로, 가장 작은 0.15의 페이지랭크를 얻음을 주지하라.

참고문헌

군집화에는 하티건(Hartigan, 1975), 고든(Gordon, 1999) 그리고 카우프먼과 로씨우(Kaufman and Rousseeuw, 1990)를 포함해 많은 책이 있다. K-평균 군집화는 적어도 로이드(Lloyd, 1957), 포지(Forgy, 1965), 젠시(Jancey, 1966) 그리고 맥퀸(MacQueen, 1967)으로 거슬러 올라간다. 공학에서의 특히 벡터 양자화를 통한 이미지 압축에서의 응용은 거쇼와 그레이(Gersho and Gray, 1992)에서 찾을 수 있다. K-중위점 과정은 카우프먼과 로씨우(Kaufman and Rousseeuw, 1990)에 설명돼 있다. 연관성 규칙은 아그라왈 외(Agrawal et al., 1995)에 요약돼 있다. 자기 조직화 지도는 코호넨(Kohonen, 1989) 그리고 코호넨(Kohonen, 1990)에 제안됐다. 코호넨 외(Kohonen et al., 2000)에서는 더 최근의 설명을 제공한다. 주성분 분석과 다차원 척도화는 다변량 분석에 관한 표준적인 책, 예를 들면 마르디아 외(Mardia et al., 1979)에 설명돼 있다. 부자 외(Buja et al., 2008)는 Ggvis라 부르는 다차원 척도화를 위한 강력한 환경을 구현했으며, 사용자 설명서가 이 주제에 관한 명쾌한 개요를 포함하고 있다. 그림 14.17, 14.21(왼쪽 패널) 그리고 14.28(왼쪽 패널)은 같은 저자가 만든 다차원 데이터 시각화 패키지인 Xgobi에 의해 만들어졌다. GGobi는 더 최근에 구현됐다(Cook and Swayne, 2007). 굿달(Goodall, 1991)은 통계학에서의 프로크루스테스 방법에 관한 기술적인 개요를 제공하며, 램지와 실버맨(Ramsay and Silverman, 1997)은 형상 등록shape registration 문제에 관해 논의한다. 주곡선과 주표면은 헤이스티(Hastie, 1984) 그리고 헤이스티와 스튀츨(Hastie and Stuetzle, 1989)이 제안했다. 주지점principal points에 관한 개념은 플러리(Flury, 1990)에서 수립됐으며, 타르피와 플러리(Tarpey and Flury, 1996)가 자기 일관성에 관한 일반적인 개념 설명을 제공한다. 스펙트럼 군집화에 관한 훌륭한 튜토리얼은 본 룩스버그(von Luxburg, 2007)에서 찾을 수 있으며, 14.5.3절의 주요 출처였다. 본 룩스버그는 도너스와 호프먼(Donath and Hoffman, 1973) 그리고 피들러(Fiedler, 1973)의 이 주제에 관한 초기 작업에 공을 돌렸다. 스펙트럼 군집화의 역사는 스필먼과 텡(Spielman and Teng, 1996)에서 찾을 수 있다. 독립성분분석은 코먼(Comon, 1994)이 제안했으며, 후속적인 개발이 벨과 세즈노스키(Bell and Sejnowski, 1995)에 의해 이뤄졌다. 14.7절에서의 처지법은 히바리넨과 오자(Hyvärinen and Oja, 2000)에 근거한다. 사영추적은 프리드먼과 투키(Friedman and Tukey, 1974)가 제안했으며, 후버(Huber, 1985)에서 자세히 논의한다. 동적 사영추적 알고리즘은 GGobi에 구현돼 있다.

연습 문제

연습 14.1 군집화를 위한 가중치^{Weights for clustering}. 다음 가중 유클리드 거리가

$$d_e^{(w)}(x_i, x_{i'}) = \frac{\sum_{l=1}^p w_l(x_{il} - x_{i'l})^2}{\sum_{l=1}^p w_l}$$

다음을 만족하고,

$$d_e^{(w)}(x_i, x_{i'}) = d_e(z_i, z_{i'}) = \sum_{l=1}^p (z_{il} - z_{i'l})^2 \tag{14.112}$$

이때 다음과 같음을 보여라.

$$z_{il} = x_{il} \cdot \left(\frac{w_l}{\sum_{l=1}^p w_l} \right)^{1/2} \tag{14.113}$$

따라서 x에 근거한 가중 유클리드 거리는 z에 근거한 비가중 유클리드 거리와 동등하다.

연습 14.2 p차원 특성 공간에서의 혼합모델 밀도를 고려하자.

$$g(x) = \sum_{k=1}^{K} \pi_k g_k(x) \tag{14.114}$$

이때 $g_k = N(\mu_k, \mathbf{1} \cdot \sigma^2)$이며 $\pi_k \geq 0$ $\forall k$이고 $\sum_k \pi_k = 1$이라 하자. 여기서 $\{\mu_k, \pi_k\}$, $k = 1, \dots, K$ 그리고 σ^2는 알려지지 않은 매개변수다.

데이터 $x_1, x_2, \dots, x_N \sim g(x)$가 있으며 혼합모델을 적합시키고자 한다고 해보자.

(a) 데이터의 로그 가능도를 적어라.

(b) 최대가능도 추정값을 계산하는 EM 알고리즘을 유도하라(8.1절을 보라).

(c) 만일 σ가 혼합모델에서 알려진 값이고 $\sigma \to 0$를 취하면, 이 EM 알고리즘이 어떤 의미로는 K-평균 군집화와 일치함을 보여라.

연습 14.3 14.2.6절에서 일반화 연관성 규칙을 구축하기 위해 CART 혹은 PRIM을 사용하는 것에 관해 논의한다. 무작위 데이터를 곱-주변분포product-marginal distribution로부터 생성할 때, 즉 각 변수에 관해 무작위로 값을 치환해 생성할 때, 이들 방법 중 하나로부터 문제가 발생함을 보여라. 이 문제를 극복할 방법을 제시하라.

연습 14.4 표 14.1의 인구통계적 데이터를 분류 트리를 사용해 군집화하라. 특히 각 특성 내에서 값을 무작위로 치환해 훈련 집합과 같은 크기의 참조 표본을 생성하라. 훈련 표본(클래스 1)과 참조 표본(클래스 0)에 분류 트리를 구축하고, 가장 높은 클래스 1 확률 추정값을 가지는 종료 노드를 설명하라. 이 결과를 표 14.1의 PRIM 결과 및 또한 같은 데이터에 적용한 K-평균 군집화 결과와 비교하라.

연습 14.5 다음과 같은 각 세 개의 클래스에 30개의 데이터 지점을 갖는, 세 개의 특성으로 된 데이터를 생성하라.

$$
\begin{aligned}
\theta_1 &= U(-\pi/8, \pi/8) \\
\phi_1 &= U(0, 2\pi) \\
x_1 &= \sin(\theta_1)\cos(\phi_1) + W_{11} \\
y_1 &= \sin(\theta_1)\sin(\phi_1) + W_{12} \\
z_1 &= \cos(\theta_1) + W_{13}
\end{aligned}
$$

$$
\begin{aligned}
\theta_2 &= U(\pi/2 - \pi/4, \pi/2 + \pi/4) \\
\phi_2 &= U(-\pi/4, \pi/4) \\
x_2 &= \sin(\theta_2)\cos(\phi_2) + W_{21} \\
y_2 &= \sin(\theta_2)\sin(\phi_2) + W_{22} \\
z_2 &= \cos(\theta_2) + W_{23}
\end{aligned}
$$

$$\begin{aligned}
\theta_3 &= U(\pi/2 - \pi/4, \pi/2 + \pi/4) \\
\phi_3 &= U(\pi/2 - \pi/4, \pi/2 + \pi/4) \\
x_3 &= \sin(\theta_3)\cos(\phi_3) + W_{31} \\
y_3 &= \sin(\theta_3)\sin(\phi_3) + W_{32} \\
z_3 &= \cos(\theta_3) + W_{33}
\end{aligned}$$

여기서 $U(a, b)$는 범위 $[a, b]$의 균일 변량이며 W_{jk}는 표준 편차 0.6을 가지는 독립 정규 변량이다. 따라서 데이터는 하나의 구 표면 주변에, $(1, 0, 0)$, $(0, 1, 0)$ 및 $(0, 0, 1)$에서 중심을 가지는 세 개의 군집에 놓인다.

이들 데이터에 본문에서 주어지는 학습률을 사용해 SOM을 적합시키는 프로그램을 작성하라. 같은 데이터에 K-평균 군집화를 수행하고 본문에서의 결과와 비교하라.

연습 14.6 K-평균 군집화와 자기조직화 지도^{SOM}를 2차원 격자 위에 놓이는 프로토타입을 가지도록 구현하는 프로그램을 작성하라. 둘 다 $K = 2, 5, 10, 20$의 중심점을 사영해 이들을 인간 종양 미세 배열 데이터의 열에 적용하라. SOM 이웃의 크기를 적게 취하면 취할수록, SOM 해가 K-평균 해와 점점 비슷해짐을 시연하라.

연습 14.7 14.5.1절의 (14.51)과 (14.52)을 유도하라. $\hat{\mu}$가 고유하지 않으며, 동등한 해의 계열을 특징화함을 보여라.

연습 14.8 프로크루스테스 문제 (14.56)의 해 (14.57)을 유도하라. 또한 척도화를 가지는 프로크루스테스 문제 (14.58)의 해를 유도하라.

연습 14.9 다음을 푸는 알고리즘을 작성하라.

$$\min_{\{\beta_\ell, \mathbf{R}_\ell\}_1^L, \mathbf{M}} \sum_{\ell=1}^{L} ||\mathbf{X}_\ell \mathbf{R}_\ell - \mathbf{M}||_F^2 \tag{14.115}$$

이를 세 개의 S에 적용하고, 그림 14.26에서의 결과와 비교하라.

연습 14.10 아핀-불변 평균 문제 (14.60)의 해를 유도하라. 이를 세 개의 S에 적용하고, 연습 14.9에서 계산된 결과와 비교하라.

연습 14.11 **전통적인 다차원 척도화**^{Classical multidimensional scaling}. $\mathbf{S}$가 다음의 요소 $\langle x_i - \bar{x}, x_j - \bar{x} \rangle$를 가지는 중심화된 내적 행렬이라고 하자. $\lambda_1 > \lambda_2 > \cdots > \lambda_k$를 $\mathbf{S}$의 가장 큰 k개의 고윳값이라 하자. 이는 연관된 고유벡터 $\mathbf{E}_k = (\mathbf{e}_1, \mathbf{e}_2, ..., \mathbf{e}_k)$를 가진

다. $\mathbf{D}_k$를 대각 성분 $\sqrt{\lambda_1}$, $\sqrt{\lambda_2}$, ..., $\sqrt{\lambda_k}$을 가지는 대각행렬이라 하자. 전통적인 척도화 문제 (14.100)에 관한 해 z_i가 $\mathbf{E}_k\mathbf{D}_k$의 행임을 보여라.

연습 14.12 희박 PCA 기준 (14.71)를 고려해보자.

(a) $\mathbf{\Theta}$가 고정돼 있을 때, 이를 $\mathbf{V}$에 관해 푸는 것은 반응이 $\mathbf{\Theta}^T x_i$의 K개 요소인 K개의 분리된 엘라스틱넷 회귀 문제임을 보여라.

(b) $\mathbf{V}$가 고정돼 있으면, $\mathbf{\Theta}$에 관해 푸는 것은 프로크루스테스 문제의 축소된 랭크 버전이 됨을 보여라. 이는

$$\max_{\mathbf{\Theta}} \operatorname{trace}(\mathbf{\Theta}^T\mathbf{M}) \text{ subject to } \mathbf{\Theta}^T\mathbf{\Theta} = \mathbf{I}_K \qquad (14.116)$$

로 축소되며, 이때 $\mathbf{M}$과 $\mathbf{\Theta}$ 모두 $K \le p$인 $p \times K$이다. 만일 $\mathbf{M} = \mathbf{U}\mathbf{D}\mathbf{Q}^T$이 $\mathbf{M}$의 SVD라면, 최적 $\mathbf{\Theta}$가 $\mathbf{\Theta} = \mathbf{U}\mathbf{Q}^T$임을 보여라.

연습 14.13 세 개의 특성을 가지는 200개의 데이터 지점을 생성하라. 이들은 나선helix 근처에 놓인다. 자세히는, $X_1 = \cos(s) + 0.1 \cdot Z_1$, $X_2 = \sin(s) + 0.1 \cdot Z_2$, $X_3 = s + 0.1 \cdot Z_3$를 정의하라. 이때 s는 0와 2π 사이의 200개로 동일한 공간을 가지는 값을 취하며, Z_1, Z_2, Z_3는 독립이고 표준 가우스 분포를 가진다.

(a) 주곡선을 데이터에 적합시키고 추정된 좌표 함수를 그려라. 이를 하부 함수 $\cos(s)$, $\sin(s)$ 및 s와 비교하라.

(b) 자기조직화 지도를 같은 데이터에 적합시키고, 원본 지점 구름point cloud의 나선 형태를 발견해낼 수 있는지 보라.

연습 14.14 X_j의 역분산을 포함하는 대각행렬에 의한 사전 그리고 사후 곱 방정식 (14.81). 따라서 행렬 $\mathbf{A}$에 단순한 척도화를 적용한다는 측면에서 상관행렬을 위한 동등한 분해를 얻어내라.

연습 14.15 다음을 따르는 세 개의 변량 X_1, X_2, X_3에 관한 200개의 관측치를 생성하라.

$$\begin{aligned} X_1 &\sim Z_1 \\ X_2 &= X_1 + 0.001 \cdot Z_2 \\ X_3 &= 10 \cdot Z_3 \end{aligned} \qquad (14.117)$$

이때 Z_1, Z_2, Z_3는 독립 표준 정규 변량이다. 주요 주성분 및 인자분석의 주요한 방향을 계산하라. 따라서 주요 주성분 그 자체는 극대 분산 방향 X_3에 부합하는 한편, 주요 인자는 근본적으로 무상관 성분 X_3를 무시하고, 상관된 성분 $X_2 + X_1$

을 고른다는 것을 보여라(조프리 힌튼^{Geoffrey Hinton}, 개인적인 대화로부터).

연습 14.16 14.5.4절에서 개요를 설명한 커널 주성분 과정을 고려해보자. M개의 주성분이 $\mathbf{K}$의 랭크와 같으며, 이는 $\mathbf{D}$에서의 영이 아닌 요소의 개수임을 주장해보라. m번째 성분 z_m($\mathbf{Z}$의 m번째 열)을 $z_{im} = \sum_{j=1}^{N} \alpha_{jm} K(x_i, x_j)$로 쓸 수 있음(중심화와 무관하게)을 보여라. 이때 $\alpha_{jm} = u_{jm}/d_m$이다. 새로운 관측치 x_0를 m번째 성분에 매핑하는 것은 $z_{0m} = \sum_{j=1}^{N} \alpha_{jm} K(x_0, x_j)$로 주어짐을 보여라.

연습 14.17 $g_1(x) = \sum_{j=1}^{N} c_j K(x, x_j)$라면, (14.66)의 해가 $\hat{c}_j = u_{j1}/d_1$로 주어지며, 이때 $\mathbf{u}_1$은 (14.65)에서의 $\mathbf{U}$의 첫 번째 열이며, d_1은 $\mathbf{D}$의 첫 번째 대각 요소임을 보여라. 두 번째와 그 뒤의 주성분 함수가 비슷한 방식으로 정의됨을 보여라(힌트: 5.8.1절을 보라).

연습 14.18 ICA에서 나오는 밀도 추정 문제를 위한 정칙화된 로그 가능도를 고려해보자.

$$\frac{1}{N} \sum_{i=1}^{N} [\log \phi(s_i) + g(s_i)] - \int \phi(t) e^{g(t)} dt - \lambda \int \{g'''(t)\}^2(t) dt. \quad (14.118)$$

해 $\hat{g}$는 사차 평활 스플라인이며, $\hat{g}(s) = \hat{q}(s) + \hat{q}_\perp(s)$라 쓸 수 있다. 이때 q는 (벌점의 영 공간 내에 있는) 이차함수이다. $q(s) = \theta_0 + \theta_{1s} + \theta_2 s^2$라 하자. $\hat{\theta}_k$, $k = 1, 2, 3$에 관한 정상성^{stationarity} 조건을 조사해, $\hat{f} = \phi e^{\hat{g}}$가 밀도이며, 평균이 0이고 분산이 1임을 보여라. 만일 대신에 이차 도함수 벌점 $\int \{g''(t)\}^2(t) dt$를 사용한다면, 문제에 어떠한 간단한 수정을 적용해 3적률 조건^{three moment conditions}을 유지하도록 할 수 있겠는가?

연습 14.19 만일 $\mathbf{A}$가 $p \times p$ 직교라면, (14.91)에서의 첫 번째 항이 다음과 같음을 보여라.

$$\sum_{j=1}^{p} \sum_{i=1}^{N} \log \phi(a_j^T x_i)$$

a_j는 $\mathbf{A}$의 j번째 열이며, $\mathbf{A}$에 의존하지 않는다.

연습 14.20 ICA를 위한 고정 지점 알고리즘^{Fixed point algorithm for ICA}(Hyvärinen et al., 2001). a에 관해 $C(a) = E\{g(a^T X)\}$를 최대화하는 것을 고려해보자. $\|a\| = 1$이고 $\mathrm{Cov}(X) = I$이다. 라그랑주 승수를 사용해 노름 제약조건을 강제하고, 수정된 조

건의 첫 번째 두 개의 도함수를 적어라. 다음의 근사를 사용해 뉴턴 업데이트를 고정 지점 업데이트 (14.96)로 쓸 수 있음을 보여라.

$$E\{XX^T g''(a^T X)\} \approx E\{XX^T\}E\{g''(a^T X)\}$$

연습 14.21 비음수 간선 가중치 $w_{ii'}$와 그래프 라플라스 $\mathbf{L}$을 가지는 비방향 그래 프를 고려해보자. m개의 연결된 성분 A_1, A_2, ..., A_m이 그래프에 있다고 해보자. 고윳값 영에 해당하는 $\mathbf{L}$에 관한 m개의 고유벡터가 존재하며, 이들 성분의 지시 벡터 I_{A_1}, I_{A_2} , ..., I_{A_m}가 영 고유공간을 확장함을 보여라.

연습 14.22
  (a) 정의 (14.108)이 페이지랭크 p_i의 합이 웹페이지의 개수 N을 뜻함을 보 여라.
  (b) 공식 (14.107)을 사용해 거듭제곱법을 통해 페이지랭크 해를 계산하는 프 로그램을 작성하라. 이를 그림 14.47의 네트워크에 적용하라.

연습 14.23 비음수 행렬 분해를 위한 알고리즘Algorithm for non-negative matrix factorization(Wu and Lange, 2007). 만일 정의역에서 모든 x, y에 관해 다음과 같다면 함수 $g(x, y)$ 는 $f(x)$를 소수화minorize한다고 말한다.

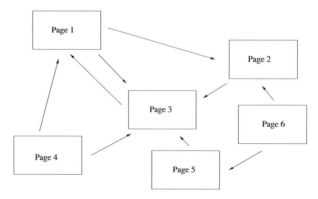

그림 14.47 작은 네트워크 예제

$$g(x, y) \le f(x), \quad g(x, x) = f(x) \tag{14.119}$$

이는 $f(x)$를 최대화할 때 유용하다. 업데이트할 때 $f(x)$가 비감소라는 것을 쉽게 보일 수 있기 때문이다.

$$x^{s+1} = \text{argmax}_x g(x, x^s) \tag{14.120}$$

이는 함수 $f(x)$를 최소화하기 위한 주요화^{majorization}의 정의와 유사하다. 결과 알고리즘은 "소수화–최대화$^{\text{minorize-maximize}}$" 아니면 "주요화–최소화$^{\text{majorize-minimize}}$"를 위한 MM 알고리즘이라 알려져 있다$_{\text{(Lange, 2004)}}$. 또한 EM 알고리즘 (8.5)가 MM 알고리즘의 예시라는 것을 보이는 것이 가능하다. 8.5.3절을 보고 자세한 내용은 연습 8.2를 보라.

(a) (14.73)에서의 함수 $L(\mathbf{W}, \mathbf{H})$의 최대화를 고려해보자. 여기서는 행렬 표기법 없이 쓰여 있다.

$$L(\mathbf{W}, \mathbf{H}) = \sum_{i=1}^{N} \sum_{j=1}^{p} \left[x_{ij} \log\left(\sum_{k=1}^{r} w_{ik} h_{kj} \right) - \sum_{k=1}^{r} w_{ik} h_{kj} \right]$$

$\log(x)$의 오목성을 사용해, 임의의 r개 값의 집합 $y_k \geq 0$와 $\sum_{k=1}^{r} c_k = 1$인 $0 \leq c_k \leq 1$에 관해 다음과 같음을 보여라.

$$\log\left(\sum_{k=1}^{r} y_k \right) \geq \sum_{k=1}^{r} c_k \log(y_k/c_k)$$

그러므로 다음과 같다.

$$\log\left(\sum_{k=1}^{r} w_{ik} h_{kj} \right) \geq \sum_{k=1}^{r} \frac{a_{ikj}^s}{b_{ij}^s} \log\left(\frac{b_{ij}^s}{a_{ikj}^s} w_{ik} h_{kj} \right)$$

이때,

$$a_{ikj}^s = w_{ik}^s h_{kj}^s \text{ and } b_{ij}^s = \sum_{k=1}^{r} w_{ik}^s h_{kj}^s$$

이며 s는 현재 횟수를 가리킨다.

(b) 따라서 상수를 무시하고 다음 함수가 $L(\mathbf{W}, \mathbf{H})$를 최소화시킴을 보여라.

$$g(\mathbf{W}, \mathbf{H} \mid \mathbf{W}^s, \mathbf{H}^s) = \sum_{i=1}^{N} \sum_{j=1}^{p} \sum_{k=1}^{r} x_{ij} \frac{a_{ikj}^s}{b_{ij}^s} \left(\log w_{ik} + \log h_{kj} \right)$$
$$- \sum_{i=1}^{N} \sum_{j=1}^{p} \sum_{k=1}^{r} w_{ik} h_{kj}$$

(c) $g(\mathbf{W}, \mathbf{H} \mid \mathbf{W}^s, \mathbf{H}^s)$의 편도함수를 영으로 두고 따라서 업데이팅 단계 (14.74)를 유도하라.

연습 14.24 랭크가 1인 경우($r = 1$)에서의 비음수 행렬 분해 (14.72)를 고려해 보자.

(a) 업데이트 (14.74)가 다음으로 축소됨을 보여라.

$$w_i \leftarrow w_i \frac{\sum_{j=1}^{p} x_{ij}}{\sum_{j=1}^{p} w_i h_j}$$
$$h_j \leftarrow h_j \frac{\sum_{i=1}^{N} x_{ij}}{\sum_{i=1}^{N} w_i h_j} \tag{14.121}$$

이때 $w_i = w_{i1}$, $h_j = h_{1j}$이다. 이는 반복적인 비례 척도화iterative proportional scaling 과정의 예시로, 이원 분할표를 위한 독립성 모델에 적용된다(예를 들면 피엔버그(Fienberg, 1977)).

(b) 마지막 반복에서 임의의 상수 $c > 0$에 관해 명시적 형식을 가짐을 보여라.

$$w_i = c \cdot \frac{\sum_{j=1}^{p} x_{ij}}{\sum_{i=1}^{N} \sum_{j=1}^{p} x_{ij}} \qquad h_k = \frac{1}{c} \cdot \frac{\sum_{i=1}^{N} x_{ik}}{\sum_{i=1}^{N} \sum_{j=1}^{p} x_{ij}} \tag{14.122}$$

이때 모든 x_{ij}의 합은 1이라 가정한다. 이들은 이원 독립성 모델을 위한 보통의 행과 열 추정값과 동등하다.

연습 14.25 비음수 행렬 분해 모델을 숫자 데이터베이스에서의 2의 모음에 적합시켜라. 25개 기저 요소를 사용하고, 이를 24-성분(그리고 평균을 추가해) PCA 모델과 비교하라. 두 경우 모두에서 그림 14.33과 같이 $\mathbf{W}$와 $\mathbf{H}$ 행렬을 보여라.

15
랜덤 포레스트

15.1 개요

배깅이나 부트스트랩 병합[bootstrap aggregation](8.7절)은 추정된 예측함수의 분산을 줄이는 기술이다. 배깅은 트리와 같은 고분산 저편향 과정에 특히 잘 동작하는 것으로 보인다. 회귀에서, 단순히 같은 회귀트리를 훈련 데이터의 부트스트랩 샘플링된 버전에 여러 번 적합시키고, 결과를 평균한다. 분류에서, 트리의 각 위원회[committee]가 예측된 클래스에 투표를 한다.

10장에서의 부스팅도 처음에는 위원회 방법으로 제안됐지만, 배깅과 다르게 시간이 지남에 따라 약학습기[weak learners]의 위원회가 생기며, 구성원들이 가중치가 있는 투표를 던진다. 부스팅은 대부분의 문제에서 배깅을 압도하는 것으로 보이며, 선호되는 선택이 됐다.

랜덤 포레스트[Random forests](Breiman, 2001)는 배깅을 상당히 수정한 것으로, 역상관된[de-correlated] 트리의 커다란 모음을 구축한 뒤 이들을 평균한다. 많은 문제에서 랜덤 포레스트의 성능은 부스팅과 매우 유사하며, 이들은 훈련시키고 조정하는 것이 더 단순하다. 그 결과 랜덤 포레스트는 인기가 있으며, 다양한 패키지에 구현돼 있다.

15.2 랜덤 포레스트의 정의

배깅의 근본적인 개념(8.7절)은 잡음이 있지만 근사적으로 비편향적인 많은 모델을 평균하고, 따라서 분산을 줄이는 것이다. 트리는 배깅을 위한 이상적인 후보인데, 이들은 데이터의 복잡한 상호작용 구조를 포착할 수 있으며 만일 트리가 충분히 깊게 자랐으면 상대적으로 낮은 편향을 갖기 때문이다. 트리는 잡음이 있기로 악명이 높으므로 이들은 평균화로부터 큰 이득을 얻을 수 있다. 게다가 배깅에서 생성된 각 트리는 동일하게 분포돼 있으므로i.d., identically distributed 이러한 트리들 B의 평균의 기댓값은 이들 중 어떠한 하나의 기댓값과도 같다. 이는 배깅된 트리의 편향이 개별 트리의 것과 같으며, 오직 분산 축소를 통해서만 개선을 기대할 수 있다는 것을 뜻한다. 이는 부스팅과 반대다. 부스팅은 편향을 줄이기 위해 트리가 적응적인 방식으로 자라며 따라서 i.d.가 아니다.

알고리즘 15.1 회귀나 분류를 위한 랜덤 포레스트

1. $b = 1$로부터 B까지:

    (a) 훈련 데이터로부터 크기 N의 부트스트랩 표본 $\mathbf{Z}^*$를 뽑는다.

    (b) 트리의 각 종료 노드에 관해 다음의 단계를 재귀적으로 반복해 랜덤 포레스트 트리 T_b를 부트스트랩된 데이터에 키운다. 이는 최소 노드 크기 n_{min}에 도달할 때까지 계속한다.

        i. p 변수로부터 m개 변수를 무작위로 선택한다.

        ii. m 사이에서 최적 변수/분리지점을 고른다.

        iii. 노드를 두 개의 딸daughter 노드로 분리한다.

2. 트리의 앙상블 $\{T_b\}_1^B$을 출력한다.

새로운 지점 x에서 예측을 하려면:

회귀: $\hat{f}_{rf}^B(x) = \frac{1}{B} \sum_{b=1}^B T_b(x)$

분류: $\hat{C}_b(x)$를 b번째 랜덤 포레스트 트리의 클래스 예측값이라 하자. 그러면 $\hat{C}_{rf}^B(x) = majority\ vote\ \{\hat{C}_b(x)\}_1^B$이다(majority vote, 다수결 표).

각각 분산이 σ^2이며 i.i.d.인 확률변수 B의 평균은 분산이 $\frac{1}{B}\sigma^2$다. 만일 변수가 단순히 i.d.(동등하게 분포된 그러나 반드시 독립은 아닌)이고 양의 쌍별 상관계수 ρ를 가진다면, 평균의 분산은 다음과 같다(연습 15.1).

$$\rho\sigma^2 + \frac{1-\rho}{B}\sigma^2 \qquad (15.1)$$

B가 커짐에 따라 두 번째 항은 사라지지만 첫 번째는 남아 있으므로 배깅된 트리의 쌍의 상관계수의 크기는 평균으로 인한 이득을 제한시킨다. 랜덤 포레스트(알고리즘 15.1)에서의 개념은 분산을 너무 많이 키우지 않으면서 트리 사이의 상관성을 줄임으로써 배깅의 분산 축소를 개선하는 것이다. 이는 입력변수의 무작위선택을 통해 트리를 키우는 과정에서 해낸다.

구체적으로는 부트스트랩된 데이터셋에 트리를 키울 때,

각 분할 전에 $m \leq p$의 입력 변수를 분할을 위한 후보로써 무작위로 뽑는다.

통상적으로 m의 값은 $\sqrt{p}$이며 1만큼 작을 수 있다.

이와 같은 B개의 트리 $\{T(x; \Theta_b)\}_1^B$가 자란 뒤, 랜덤 포레스트(회귀) 예측량 predictor은 다음과 같다.

$$\hat{f}_{rf}^B(x) = \frac{1}{B}\sum_{b=1}^{B} T(x; \Theta_b) \qquad (15.2)$$

10.9절에서와 같이 Θ_b는 분할 변수, 각 노드에서의 절단점 그리고 종료 노드 값측면에서 b번째 랜덤 포레스트 트리를 특징화한다. 직관적으로 보면 m을 줄이면앙상블에서의 임의의 트리의 쌍 사이의 상관성을 줄이므로 (15.1)을 통해 평균의 분산을 줄인다.

모든 추정량estimator을 이와 같이 데이터를 뒤섞음으로써 개선시킬 수 있는 건아니다. 트리와 같이 고도로 비선형인 추정량이 가장 크게 이득을 볼 수 있는 것으로 보인다. 부트스트랩된 트리에 관해 ρ는 통상적으로 작은(0.05 혹은 더 작은 것이 일반적이다. 그림 15.9를 보라) 한편 σ^2는 원본 트리에 관한 분산보다 그리 크진않다. 반면 배깅은 표본 평균처럼 선형linear 추정값을 (따라서 그것의 분산도) 변화시키지 않는다. 부트스트랩된 평균 사이의 쌍별 상관관계는 약 50%다(연습 15.4).

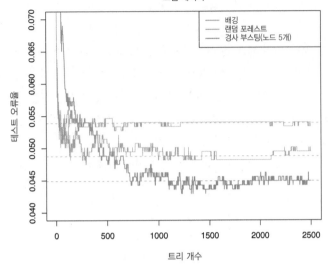

스팸 데이터

그림 15.1 스팸 데이터에 적용된 배깅, 랜덤 포레스트, 경사 부스팅. 부스팅에서는 5-노드 트리가 쓰였으며, 트리의 개수는 10겹 교차 검증(2,500개 트리)를 통해 선택했다. 그림에서의 각 "단계"는 (1,536개의 테스트 집합에서) 단일 오분류의 변화에 해당한다.

랜덤 포레스트는 인기 있다. 레오 브레이먼[Leo Breiman][1]의 협력자인 아델 커틀러[Adele Cutler]가 소프트웨어를 무료로 쓸 수 있는 관련 웹사이트[2]를 운영하고 있다. 이는 2002년까지 3,000번 이상 다운로드됐다. R에는 앤디 리우[Andy Liaw]가 운영하는 randomForest 패키지가 있으며, CRAN 웹사이트에서 얻을 수 있다.

저자는 랜덤 포레스트의 성공에 관해 "가장 정확한", "가장 해석적인" 같은 엄청난 주장을 한다. 경험에 의하면 랜덤 포레스트는 눈에 띄게 일을 잘하며, 조정이 거의 필요가 없다. 랜덤 포레스트 분류기는 spam 테스트 데이터에서 4.88%의 오분류율을 달성한다. 다른 방법과 잘 비교가 된다. 경사 부스팅의 4.5%보다 크게 나쁜 성적도 아니다. 배깅은 5.4%로 다른 것들보다 상당히 나쁘므로(연습 10.6에서 개요를 설명한 맥니머 테스트를 사용해), 이 예제에서 보면 추가적인 임의화[randomization]가 도움이 되는 것으로 보인다.

---

1 안타깝게도 레오 브레이먼은 2005년 7월 사망했다.

2 https://www.math.usu.edu/~adele/forests/

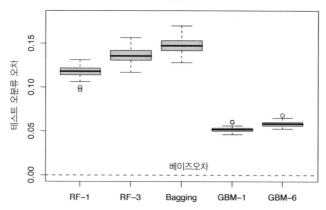

중첩된 구

그림 15.2 $\mathbb{R}^{10}$에서의 "중첩 구" 모델로부터의 50회 시뮬레이션의 결과. 베이즈 결정 경계가 구의 (가법적인) 표면(surface)이다. "RF-3"는 $m = 3$인 랜덤 포레스트를 뜻하며, "GBM-6"은 교호작용 순서가 6인 경사 부스팅을 뜻한다. "RF-1"과 "GBM-1"도 비슷하다. 훈련 집합의 크기는 2,000이었으며, 테스트 집합은 10,000이다.

그림 15.1은 세 가지 방법에 관한 2,500개 트리의 테스트-오차 진행을 보여준다. 이 경우 경사 부스팅이 과적합으로 시작한다는 일부 증거가 있음에도, 10겹 교차 검증이 모든 2,500개 트리를 선택했다. 그림 15.2는 중첩 구$^{nested\ spheres}$ 문제 [10장 방정식 (10.2)]에 랜덤 포레스트를 경사 부스팅에 비교한 시뮬레이션[3]의 결과를 보여준다. 부스팅이 쉽게 랜덤 포레스트의 성능을 앞선다. m이 작을수록 더 낫지만, 이는 부분적으로는 참인 결정 경계가 가법적이기 때문일 수 있음을 주지하라.

---

3 자세한 내용: 랜덤 포레스트는 R 패키지 randomForest 4.5-11를 사용해 500개 트리로 적합시켰다. 경사 부스팅 모델은 R 패키지 gbm 1.5를 사용해 적합시켰으며, 축소 매개변수는 0.05로 두고 트리는 2,000개였다.

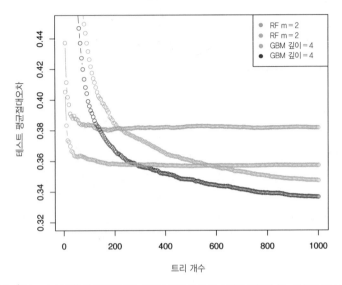

캘리포니아 주택 데이터

그림 15.3 캘리포니아 주택 데이터에 랜덤 포레스트를 경사 부스팅에 비교한 것. 곡선은 테스트 데이터에 관한 평균절대오차를 모델에서 트리의 개수의 함수로 보여준다. $m = 2$이고 $m = 6$인 두 개의 랜덤 포레스트를 볼 수 있다. 두 개의 경사 부스팅 모델이 (10.41)의 축소 매개변수로 $\nu = 0.05$를 사용하며, 상호작용 깊이가 각각 4와 6이다. 부스팅 모델이 랜덤 포레스트의 성능을 앞지른다.

그림 15.3은 캘리포니아 주택 데이터(10.14.1절)을 사용해 회귀 문제제에서 랜덤 포레스트를 (수축으로 된) 부스팅과 비교한다.

다음과 같이 두 개의 강한 특성이 부각된다.

- 랜덤 포레스트는 약 200개의 트리에서 안정화되는 한편 부스팅은 1,000개의 트리에서 계속 개선된다. 부스팅은 축소에 의해 둔화됨은 물론 트리가 훨씬 작아진다.
- 여기서는 부스팅이 랜덤 포레스트의 성능을 앞선다. 항이 1,000개일 때, 약한 부스팅 모델(GDM 깊이 4)이 강한 랜덤 포레스트(RF $m = 6$)보다 적은 오차를 가진다. 절대 오차에서의 평균 차이에 관한 윌콕슨 테스트는 p-값이 0.007이다. 큰 m에 관해 랜덤 포레스트의 성능은 더 나아지지 않는다.

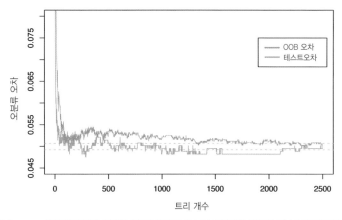

그림 15.4 spam 훈련 데이터에 계산한 OOB 오차를 테스트 집합에서 계산한 테스트오차와 비교한 것

15.3 랜덤 포레스트의 세부 사항

지금까지 분류를 위한 랜덤 포레스트 대 회귀를 위한 것 사이의 차이에 관해 얼 버무려왔다. 랜덤 포레스트는 분류를 위해 사용할 때, 각 트리로부터 클래스 투표를 얻은 뒤, 다수결을 사용해 분류한다(유사한 논의로는 9.8절의 배깅을 보라). 회귀를 위해 사용할 때 (15.2)에서와 같이 목표 지점 x에서의 각 트리로부터의 예측을 단순히 평균한다. 추가로 랜덤 포레스트 발명자들은 다음을 추천했다.

- 분류에 관해, m을 위한 기본값은 $\lfloor \sqrt{p} \rfloor$이며 최소 노드 크기는 1개다.
- 회귀에 관해, m을 위한 기본값은 $\lfloor p/3 \rfloor$이며 최소 노드 크기는 5개다.

실제로 이들 매개변수를 위한 최적의 값은 문제에 따라 다르며, 조정 매개변수로 다뤄야 한다. 그림 15.3에서 $m = 6$이 기본값인 $\lfloor 8/3 \rfloor = 2$보다 성능이 훨씬 더 나았다.

15.3.1 아웃오브백 표본

랜덤포레스트의 중요한 특성 중 하나는 아웃오브백$^{OOB, \text{ out-of-bag}}$ 표본을 사용한다는 것이다.

각 관측치 $z_i = (x_i, y_i)$에 관해, z_i가 나타나지 않는 부트스트랩 표본에 해당하는 트리만 평균함으로써 랜덤 포레스트 예측량를 구축한다.

OOB 오차 추정값은 N-겹 교차 검증을 통해 얻은 것과 거의 동일하다. 연습 15.2를 보라. 따라서 많은 다른 비선형 추정량과 다르게, 랜덤 포레스트는 하나의 시퀀스에서 적합시킬 수 있으며, 이를 따라 수행되는 교차 검증이 수행된다. OOB 오차가 안정화되면, 훈련이 종료된다.

그림 15.4는 spam 데이터에 관한 OOB 오분류 오차를 테스트오차와 비교해 보여준다. 여기서 2,500개 트리가 평균됐지만 그림에서 보면 약 200개면 충분한 것으로 보인다.

15.3.2 변수 중요도

랜덤 포레스트를 위한 변수 중요도 도표는 경사 부스팅 모델에서와 정확히 같은 방법으로 구축할 수 있다(10.13절). 각 트리의 각 분할에서, 분할-기준에서의 향상도가 분할 변수에 기여하는 중요도 측정치이며, 숲 안의 모든 트리에 걸쳐 각 변수에 관해 개별적으로 누적된다. 그림 15.5의 왼쪽 도표는 spam 데이터를 위해 이 방식으로 계산한 변수 중요도를 보여준다. 경사 부스팅을 위한 그림 10.6에 해당하는 것과 비교해보라. 부스팅은 몇몇 변수를 완벽하게 무시하는 한편 랜덤 포레스트는 그러지 않는다. 후보 분할-변수 선택은 임의의 단일 변수가 랜덤 포레스트에 포함될 가능성을 키우는 한편 부스팅에서는 그러한 선택이 일어나지 않는다.

랜덤 포레스트는 또한 명백히 각 변수의 예측력을 측정하고자 OOB 표본을 사용해 상이한 변수 중요도variable-importance 측정치를 구축한다. b번째 트리가 자라나면 OOB 표본이 트리를 따라 전해지고 예측 정확도가 기록된다. 그 뒤 j번째 변수를 위한 값이 OOB 표본에서 무작위로 치환되며 정확도가 다시 계산된다. 이러한 치환의 결과로 낮아진 정확도가 모든 트리에 관해 평균되고 랜덤 포레스트에서의 변수 j의 중요도의 측정치로 쓰인다. 이들은 그림 15.5의 오른쪽 도표에서 최댓값의 백분율로 표현돼 있다. 두 방법의 순위가 비슷하지만, 오른쪽 도표의 중요도가 변수에 관해 더욱 균일하다uniform. 임의화가 선형 모델에서 계수를 영으로 두는 것과 꽤 비슷하게, 변수의 영향을 효과적으로 무효화한다(연습 15.7). 이는 이 변수를 사용할 수 없었던 예측에 관한 효과는 측정하지 않는다. 만일 모델이 그 변수 없이 재적합됐다면, 다른 변수가 대리로 쓰였을 수도 있기 때문이다.

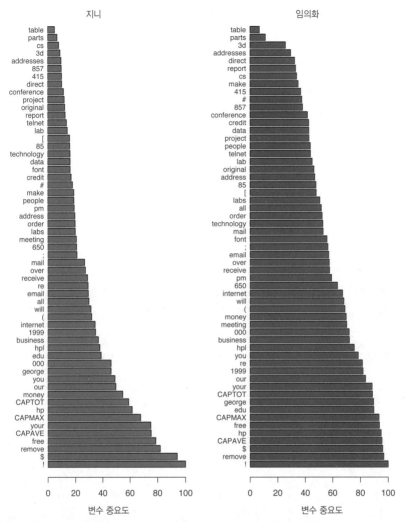

지니   임의화

변수 중요도   변수 중요도

그림 15.5 spam 데이터에서 자란 랜덤 포레스트 분류를 위한 변수 중요도 도표. 왼쪽 도표는 경사 부스팅에서와 같이 지니(Gini) 분할 인덱스에서의 중요도에 근거한다. 순위가 경사 부스팅에서 만들어진 순위와 잘 비교된다(그림 10.6). 오른쪽 도표는 OOB 임의화를 사용해 변수 중요도를 계산하며, 중요도가 더욱 균일하게 퍼져 있는 경향이 있다.

15.3.3 근접도 도표

랜덤 포레스트가 선전하는 결과 중 하나는 근접도 도표Proximity Plot다. 그림 15.6은 2장 2.3.3절에 정의된 혼합 데이터의 근접도 도표를 보여준다. 랜덤 포레스트를 키울 때 $N \times N$ 근접도 행렬이 훈련 데이터에 관해 누적된다. 각 트리에 관해 종료 노드를 공유하는 임의의 OOB 관측치 쌍에서 그들의 근접도가 1만큼 커진다. 이 근접도 행렬은 그 뒤 다차원 척도화(14.8절)를 사용해 2차원으로 표현된다. 이는 심지어 데이터가 혼합 변수를 수반하는 등의 고차원이라 하더라도, 근접도 도표가 랜덤 포레스트 분류기의 시선에서 어떤 관측치가 서로 실질적으로 가까운지에 관한 암시를 제공해준다는 개념이다.

랜덤 포레스트를 위한 근접도 도표는 데이터와 무관하게 매우 유사하게 보이는 경우가 자주 있는데, 이는 유용성에 의구심을 들게 만든다. 이들은 클래스당 팔이 하나인 별 모양을 가지는 경향이 있는데, 분류 성능이 더 나을수록 더욱 두드러진다.

혼합 데이터가 2차원이므로, 점들을 근접도 도표에서 원본 좌표로 매핑할 수 있으며, 이들이 나타내는 것을 더 잘 이해할 수 있다. 순수한 영역에서의 점들이 클래스마다 별의 극단에 매핑되는 한편, 결정 경계 근처의 점들은 중심 근처로 매핑되는 것으로 보인다. 이는 근접도 행렬의 구축을 고려해보면 놀랄 만한 것이 아니다. 순수한 영역에서의 이웃하는 점들은 결국 자주 버킷을 공유하게 되는데 이는 종료 노드가 순수할 때 더 이상 랜덤 포레스트 트리 성장 알고리즘에 의해 분할되지 않기 때문이다. 반면 서로 가까이 있지만 서로 다른 클래스에 속하는 점의 쌍은 때때로 종료 노드를 공유하겠지만, 항상 그러한 것은 아닐 것이다.

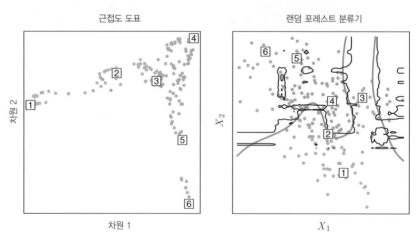

그림 15.6 왼쪽: 혼합 데이터에서 자란 랜덤 포레스트 분류기의 근접도 도표. 오른쪽: 혼합 데이터에서의 랜덤 포레스트를 위한 결정 경계와 훈련 데이터. 6개 지점이 각 도표에 식별돼 있다.

15.3.4 랜덤 포레스트와 과적합

변수의 개수가 많지만 유효한 변수의 부분은 적을 때, 랜덤 포레스트는 m이 작으면 성능이 나빠질 가능성이 있다. 각 분할에서 유효한 변수를 선택할 기회가 작을 수 있다. 그림 15.7은 이러한 주장을 지지하는 시뮬레이션 결과를 보여준다. 자세한 내용은 그림 설명과 연습 15.3에 주어져 있다. 각 쌍의 맨 위에서 랜덤 포레스트 트리에 의해 임의의 분할에서 유효한 변수가 선택될 초기하 확률hyper-geometric probability을 볼 수 있다(이 시뮬레이션에서 유효 변수는 모두 같은 영향력stature을 가진다). 이 확률이 작아질수록 부스팅과 랜덤 포레스트의 차이가 커진다. 유효 변수의 개수가 증가할 때, 랜덤 포레스트의 성능은 잡음 변수 개수의 증가에 관해 놀랄 만큼 로버스트해진다. 예를 들면 6개의 유효 변수 그리고 100개의 잡음 변수에서 임의의 분할에서 유효 변수가 선택될 확률은 $m = \sqrt{(6 + 100)} \approx 10$을 가정하면 0.46이다. 그림 15.7에 따르면 이는 부스팅과 비교할 때 랜덤 포레스트의 성능에 피해를 주지 않는다. 이러한 로버스트성은 대체로 각 트리에서의 확률 추정값에 관한 편향과 분산에 관한 오분류 비용의 상대적인 비민감성 때문이다. 회귀를 위한 랜덤 포레스트는 다음 절에서 고려한다.

또 다른 주장으로는 랜덤 포레스트가 데이터를 "과적합할 수 없다"는 것이 있다. B의 증가가 랜덤 포레스트의 시퀀스를 과적합하도록 만들지 않는다는 것은 분명히 참이다. 배깅처럼 랜덤 포레스트 추정값 (15.2)는 기댓값 (15.3)을 Θ에 관한 B개 실현값에 관한 평균으로 근사한다.

$$\hat{f}_{\mathrm{rf}}(x) = \mathrm{E}_\Theta T(x; \Theta) = \lim_{B \to \infty} \hat{f}(x)_{\mathrm{rf}}^B \tag{15.3}$$

여기서 Θ의 분포는 훈련 데이터에 조건부다. 그러나 이러한 제한은 데이터를 과적합할 수 있다this limit can overfit the data. 완전히 자란 트리의 평균은 너무 풍부한 모델을 결과로 내놓을 수 있으며, 불필요한 분산을 초래할 수 있다. 세갈(Segal, 2004)은 랜덤 포레스트에서 자란 개별 트리의 깊이를 통제함으로써 성능을 약간 개선할 수 있음을 보여줬다. 경험에 따르면 완전히 자란 트리를 사용하는 데 따라 비용이 많아지는 경우는 거의 없으며, 이는 조정 매개변수를 하나 덜 사용하게 한다.

그림 15.8은 단순한 회귀 예제에서 깊이 통제에 관한 보통의 효과를 보여준다. 분류기가 분산에 덜 민감하며 과적합의 이와 같은 효과는 랜덤 포레스트 분류에서 거의 볼 수 없다.

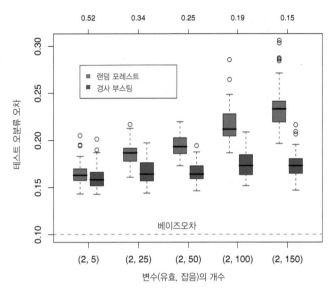

그림 15.7 잡음 변수 개수가 증가하는 문제에서의 랜덤 포레스트와 경사 부스팅의 비교. 각각의 경우에서 참인 결정 경계가 두 개의 변수에 의존하며, 개수가 증가하는 잡음 변수가 포함돼 있다. 랜덤 포레스트는 기본값 $m = \sqrt{p}$를 사용한다. 각 쌍의 맨 위는 임의의 분할에서 유효한 변수 중 하나가 선택될 확률이다. 결과는 각 쌍에 관한 50회 시뮬레이션에 근거하며, 훈련 표본은 300개, 테스트 표본은 500개. 연습 15.3을 보라.

15.4 랜덤 포레스트의 분석 🙀

이 절에서는 랜덤 포레스트가 가져오는 추가적인 임의화에 작용하는 메커니즘을 분석한다. 이 논의를 위해 회귀와 제곱오차 손실에 집중한다. 이것으로 요점을 얻을 수 있으며, 0-1 손실에서는 편향과 분산이 더욱 복잡하기 때문이다(7.3.1절을 보라). 게다가 분류 문제의 경우에서라도 랜덤 포레스트 평균을 클래스 사후 확률의 추정값으로 고려할 수 있으며, 이때 편향과 분산은 적절한 서술자^{descriptors}이다.

15.4.1 분산 및 역상관 효과

랜덤 포레스트 회귀 추정량의 극한 꼴$(B \to \infty)$은 다음과 같다.

$$\hat{f}_{\text{rf}}(x) = \mathrm{E}_{\Theta|\mathbf{Z}} T(x; \Theta(\mathbf{Z})) \tag{15.4}$$

이때 훈련 데이터 Z에 관한 명시적인 의존성을 만들었다. 여기서는 단일 목표 지점 x에서의 추정을 고려한다. (15.1)로부터 다음을 볼 수 있다.

$$\mathrm{Var}\hat{f}_{\mathrm{rf}}(x) = \rho(x)\sigma^2(x) \tag{15.5}$$

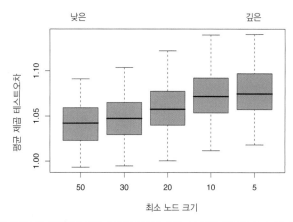

그림 15.8 랜덤 포레스트 회귀에서 오차에 대한 트리의 효과. 이 예제에서 참인 표면은 12개 변수 중 두 개가 가법적이고, 추가로 유닛-분산 가우스 잡음이 가법적이다. 여기서 트리 깊이는 최소 노드 크기에 따라 통제된다. 최소 노드 크기가 작을수록 트리가 더 깊어진다.

여기서

- $\rho(x)$는 평균에서 쓰인 임의의 트리의 쌍 사이의 표집^{sampling} 상관이다.

$$\rho(x) = \mathrm{corr}[T(x;\Theta_1(\mathbf{Z})), T(x;\Theta_2(\mathbf{Z}))] \tag{15.6}$$

이때 $\Theta_1(\mathbf{Z})$와 $\Theta_2(\mathbf{Z})$는 무작위로 추출된 표본 $\mathbf{Z}$에서 자란 랜덤 포레스트 트리에서 무작위로 뽑은 것이다.

- $\sigma^2(x)$는 임의의 무작위로 뽑은 트리의 표집 분산이다.

$$\sigma^2(x) = \mathrm{Var}\,T(x;\Theta(\mathbf{Z})) \tag{15.7}$$

$\rho(x)$를 주어진^{given} 랜덤 포레스트 앙상블에서 적합된 트리 사이의 평균 상관, 즉 적합된 트리를 N-벡터로 생각하고, 이들 벡터 사이의 쌍별 상관의 평균을 데이터에 조건부로 계산한 것과 혼동하기가 쉽지만, 이는 그러한 경우가 아니다^{not}. 이 조건부 상관은 평균 과정과 직접적인 관련이 없으며, $\sigma(x)$에서 x에 관해 의존하는 것을 보면 이러한 차이에 관해 주의해야 함을 알 수 있다. 차라리 $\rho(x)$는 x

에서 값매김된 랜덤 포레스트 트리 쌍 사이의 이론적인 상관이다. 이는 모집단에서 반복적으로 Z의 훈련 표본을 뽑은 뒤, 랜덤 포레스트 트리의 쌍을 뽑음으로써 유도된다. 통계적 은어로 이는 Z와 Θ의 표집 분포sampling distribution에 의해 유도된 상관이다.

더 정확하게는 (15.6)과 (15.7)에서의 계산에서 평균된 가변성variability은 둘 다,

- Z에 조건부다: 이는 각 분할에서의 부트스트랩 표집과 특성 표집으로 인해 그러하다.
- Z 자체의 표집 가변성의 결과다.

실제 x에서 트리 적합의 쌍의 조건부 공분산은 0이다. 부트스트랩과 특성 추출이 i.i.d이기 때문이다. 연습 15.5를 보라.

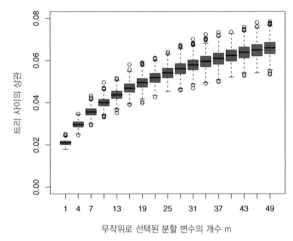

그림 15.9 랜덤 포레스트 회귀 알고리즘에 의해 뽑힌 트리의 쌍 사이의 상관계수를 m의 함수로 그린 것. 상자그림은 무작위로 선택된 예측 지점 x에서의 상관계수를 나타낸다.

다음 시연은 시뮬레이션 모델에 근거하며, 모든 X_j와 ε가 i.i.d한 가우스다.

$$Y = \frac{1}{\sqrt{50}} \sum_{j=1}^{50} X_j + \varepsilon \tag{15.8}$$

크기 100의 500개 훈련 집합, 그리고 크기 600의 단일 테스트 위치 집합을 사용한다. 회귀 트리가 Z에서 비선형이므로, 아래에서 볼 패턴은 모델의 구조에 따라 다소 다를 것이다.

그림 15.9는 m이 감소함에 따라 트리의 쌍 사이의 상관 (15.6)이 어떻게 감소하는지 보여준다. 서로 다른 훈련 집합 $\mathbf{Z}$에 관한 x에서의 트리 쌍의 예측은, 이들이 같은 분할 변수를 사용하지 않는다면 덜 비슷할 것이다.

그림 15.10의 왼쪽 패널에서 단일 트리 예측량의 분산 $\mathrm{Var}\,T(x;\,\Theta(\mathbf{Z}))$(우리의 시뮬레이션 모델로부터 무작위로 뽑은 600개의 예측 지점 x에 관해 평균한)를 고려한다. 이는 전체 분산이며, 표준 조건부 분산 논법을 사용해 두 부분으로 분해할 수 있다(연습 15.5를 보라).

$$
\mathrm{Var}_{\Theta,\mathbf{Z}}T(x;\Theta(\mathbf{Z})) = \mathrm{Var}_{\mathbf{Z}}\mathrm{E}_{\Theta|\mathbf{Z}}T(x;\Theta(\mathbf{Z})) + \mathrm{E}_{\mathbf{Z}}\mathrm{Var}_{\Theta|\mathbf{Z}}T(x;\Theta(\mathbf{Z}))
$$

$$
\text{전체 분산} = \mathrm{Var}_{\mathbf{Z}}\hat{f}_{\mathrm{rf}}(x) + \mathbf{Z}\text{-내 분산}
$$

$$
(15.9)
$$

두 번째 항은 $\mathbf{Z}$-내within-Z 분산이다. 이는 임의화의 결과로 m이 감소함에 따라 증가한다. 첫 번째 항은 실제로 (오른쪽 패널에 보이는) 랜덤 포레스트 앙상블의 표집 분산으로 m이 감소함에 따라 감소한다. 개별 트리의 분산은 m의 범위에 관해 그리 눈에 띄게 변화하지 않으므로 (15.5)의 측면에서 앙상블의 분산은 이러한 트리 분산보다 극적으로 낮다.

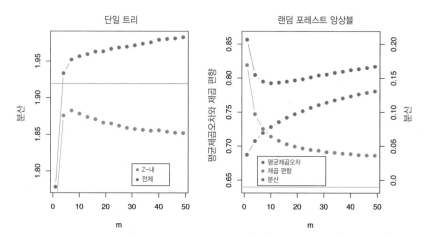

그림 15.10 시뮬레이션 결과. 왼쪽 패널은 단일 랜덤 포레스트 트리의 분산을 m의 함수로 보여준다. "Z 내"는 분산에 관한 평균 표본-내 공헌을 뜻하며, 이는 부트스트랩 표집과 분할-변수 표집 (15.9)의 결과다. "전체"는 Z의 표집 가변성을 포함한다. 수평선은 (부트스트랩 표집 없이) 완전히 자란 트리의 평균 분산이다. 오른쪽 패널은 앙상블의 평균제곱오차, 제곱 편향 그리고 앙상블의 분산을 m의 함수로 보여준다. 분산 축은 오른쪽에 있음을 주지하라(같은 척도, 다른 수준). 수평선은 완전히 자란 트리의 평균제곱 편향이다.

15.4.2 편향

배깅에서와 같이 랜덤 포레스트의 편향은 임의의 개별 표집된 트리 $T(x; \Theta(\mathbf{Z}))$ 의 편향과 같다.

$$
\begin{aligned}
\text{Bias}(x) &= \mu(x) - \text{E}_{\mathbf{Z}}\hat{f}_{\text{rf}}(x) \\
&= \mu(x) - \text{E}_{\mathbf{Z}}\text{E}_{\Theta|\mathbf{Z}}T(x; \Theta(\mathbf{Z}))
\end{aligned} \tag{15.10}
$$

이는 또한 통상적으로 $\mathbf{Z}$에서 자란 가지치기 안 된 트리의 편향보다 크며(절대 조건에서), 임의화와 축소된 표본 공간이 제약조건을 가하기 때문이다. 따라서 배깅이나 랜덤 포레스트로 얻은 예측의 개선은 순전히 분산 축소의 결과다solely a result of variance reduction.

편향에 관한 어떠한 논의든지 알려지지 않은 참 함수에 의존한다. 그림 15.10 (오른쪽 패널)은 (500번의 실현을 통해 추정된) 가법 모델 시뮬레이션의 제곱 편향을 보여준다. 서로 다른 모델에 관해 편향 곡선의 형태와 비율이 다르겠지만, m이 감소함에 따라 편향이 증가한다는 것이 일반적인 추세다. 그림에서 평균제곱오차 그리고 m의 선택에 따른 전통적인 편향-분산 상반관계를 볼 수 있다. 모든 m에 관해 랜덤 포레스트의 제곱 편향은 단일 트리의 것보다 크다(수평선).

이러한 패턴은 릿지회귀와의 유사성을 시사한다(3.4.1절). 릿지회귀는 비슷한 크기의 계수로 된 많은 수의 변수가 있을 때 유용하다(선형 모델에서). 릿지는 그들의 계수를 영으로 수축시키고, 강한 상관관계를 가지는 변수의 계수는 서로를 향해 수축시킨다. 훈련 표본의 크기가 모든 변수가 모델에 있도록 허용하지 않을 수도 있지만, 이러한 릿지를 통한 정칙화는 모델을 안정시키고 모든 변수가 그들의 말을 할 수 있도록 해준다(비록 약화되더라도). 작은 m으로 된 랜덤 포레스트는 비슷한 평균화를 수행한다. 각각의 유효한 변수가 주요한 분할이 되는 차례를 얻으며, 앙상블 평균화가 임의의 개별 변수의 공헌도를 줄인다. 이러한 시뮬레이션 예제 (15.8)는 모든 변수에서의 선형 모델에 근거하므로, 릿지회귀는 낮은 평균-제곱오차($\text{df}(\lambda_{\text{opt}}) \approx 29$일 때 약 0.45)를 달성한다.

15.4.3 적응적 최근접이웃

렌덤포레스트 분류기는 k-최근접이웃 분류기와 상당한 공통점을 가진다(13.3절). 실제로는 이들의 가중된 버전이다. 각 트리가 극대 크기로 자라므로, 특정한 Θ^*

에 관해, $T(x; \Theta^*(\mathbf{Z}))$는 훈련 표본[4] 중 하나를 위한 반응값이다. 트리-성장 알고리즘은 예측변수를 처리할 때 가장 정보적인 예측자를 선택하면서, 이 관측치로의 "최적" 경로를 찾는다. 평균화 과정은 가중치를 이들 훈련 반응에 할당하며, 이는 궁극적으로 예측을 위해 투표하는 것이다. 따라서 랜덤 포레스트 투표 메커니즘을 통해 목표 지점에 가까운close 이들 관측치는 분류 결정을 구성하기 위해 조합되는 할당된 가중치, 즉 등가 커널equivalent kernel을 얻는다.

그림 15.11은 혼합 데이터에서의 3-최근접이웃과 랜덤 포레스트의 결정 경계 사이의 유사도를 보여준다.

랜덤 포레스트 분류기   3-최근접이웃

그림 15.11 혼합 데이터에서의 랜덤 포레스트 대 3-최근접이웃. 랜덤 포레스트에서 개별 트리의 축-지향 성질이 축-지향 특색을 가지는 결정 영역을 야기시킨다.

참고문헌

여기서 설명한 랜덤 포레스트는 브레이먼(Breiman, 2001)이 소개했지만, 많은 개념이 논문에서 서로 다른 형태로 더 앞서서 발생됐다. 그중에서도 호(Ho, 1995)가 랜덤 포레스트라는 용어를 소개했으며, 특성의 무작위 부분공간에서 자란 트리의 컨센서스를 사용했다. 확률적 섭동과 평균화를 사용해 과적합을 피하는 개념은 클레인버그(Kleinberg, 1990)와 나중에 클레인버그(Kleinberg, 1996)에서 소개됐다. 아미트와 게먼(Amit and Geman, 1997)은 이미지 분류 문제를 위한 이미지 특

---

4 우리가 순수 노드는 더 이상 분할되지 않는다는 사실을 얼버무리고 있으므로, 종료 노드에 하나 이상의 관측치가 있을 수 있다.

성에서 자란 임의화된 트리를 사용했다. 브레이먼(1996a)은 그의 랜덤 포레스트 버전의 전신인 배깅을 소개했다. 디트리히(Dietterich, 2000b) 또한 추가적인 임의화를 사용해 배깅의 개선을 제안했다. 그의 접근법은 각 노드에서 분할되는 상위 20개 후보의 순위를 매기고, 리스트에서 무작위로 선택하는 것이다. 그는 시뮬레이션과 실제 예제를 통해 이러한 추가적인 임의화가 배깅의 성능을 개선시킴을 보였다. 프리드먼과 홀(Friedman and Hall, 2007)은 (교체 없는) 부표본 추출이 배깅의 효과적인 대안이라는 것을 보였다. 이들은 크기 $N/2$의 표본에서 트리를 키우고 평균화하는 것이 (편향/분산을 고려한 측면에서) 배깅과 근사적으로 동등하며, 한편 N의 더 작은 부분을 사용하면 분산을 심지어 추가로 줄인다는 것을 (역상관을 통해) 보였다.

랜덤 포레스트를 구현하는 무료 소프트웨어가 몇 가지 존재한다. 15장에서 우리는 R의 randomForest 패키지를 사용했으며, 이는 앤디 리우[Andy Liaw]가 운영하고 있고 CRAN 웹사이트에서 얻을 수 있다. 이는 분할 변수 선택은 물론 부표본 추출 둘 다 허용한다. 아델 커틀러[Adele Cutler]는 랜덤 포레스트 웹사이트(https://www.math.usu.edu/~adele/forests/)를 운영하고 있으며, 레오 브레이먼[Leo Breiman]과 아델 커틀러가 작성한 소프트웨어를 무료로 얻을 수 있다. 이들의 코드와 이름 "랜덤 포레스트"는 상용 배포를 위해 살포드 시스템[Salford Systems]에 독점적으로 라이선스돼 있다. 뉴질랜드 와이카토대학교의 Weka 머신러닝 저장소(http://www.cs.waikato.ac.nz/ml/weka/)가 랜덤 포레스트의 무료 자바 구현을 제공하고 있다.

연습 문제

연습 15.1 분산 공식 (15.1)을 유도하라. 이는 만일 ρ가 음수면 실패하는 것으로 보인다. 이 경우의 문제를 진단하라.

연습 15.2 부트스트랩 표본의 개수 B가 커짐에 따라, 랜덤 포레스트를 위한 OOB 오차 추정값이 N겹 교차 검증 오차 추정값으로 접근하고, 그 극한에서 항등성이 완전함[the identity is exact]을 보여라.

연습 15.3 그림 15.7에서 쓰인 시뮬레이션 모델(Mease and Wyner, 2008)을 고려해보자. 이항 관측치가 확률

$$\Pr(Y = 1|X) = q + (1 - 2q) \cdot I\left[\sum_{j=1}^{J} X_j > J/2\right] \tag{15.11}$$

로 생성되며, 이때 $X \sim U[0, 1]^p$, $0 \leq q \leq \frac{1}{2}$, $J \leq p$는 어떠한 사전에 정의된 (짝수) 숫자다. 이 확률 곡면을 묘사하고, 베이즈 오류율을 주어라.

연습 15.4 x_i, $i = 1, ..., N$가 iid인 (μ, σ^2)라 해보자. $\bar{x}_1^*$과 $\bar{x}_2^*$가 표본 평균에 관한 두 개의 부트스트랩 실현값이라고 해보자. 표집 상관이 $\text{corr}(\bar{x}_1^*, \bar{x}_2^*) = \frac{n}{2n-1}$ $\approx 50\%$임을 보여라. 계속해서 $\text{var}(\bar{x}_1^*)$와 배깅된 평균 $\bar{x}_{bag}$의 분산을 유도하라. 여기서 $\bar{x}$는 선형^{linear} 통계량이다. 배깅은 선형 통계량에서 분산을 줄이지 않는다.

연습 15.5 지점 x에서 랜덤 포레스트 트리 쌍 사이의 표집 상관계수가 다음처럼 주어진다는 것을 보여라.

$$\rho(x) = \frac{\text{Var}_{\mathbf{Z}}[\text{E}_{\Theta|\mathbf{Z}} T(x; \Theta(\mathbf{Z}))]}{\text{Var}_{\mathbf{Z}}[\text{E}_{\Theta|\mathbf{Z}} T(x; \Theta(\mathbf{Z}))] + \text{E}_{\mathbf{Z}} \text{Var}_{\Theta|\mathbf{Z}}[T(x; \Theta(\mathbf{Z})]} \tag{15.12}$$

분자에서의 항은 $\text{Var}Z[\hat{f}_{rf}(x)]$이며, 분모에서 두 번째 항은 랜덤 포레스트에서의 임의화로 인한 조건부 기대 분산이다.

연습 15.6 spam 데이터에 일련의 랜덤 포레스트 분류기를 적합시켜 매개변수 m에 관한 민감도를 탐색해보라. 적절하게 선택한 m 값의 범위에 관해 OOB 오차는 물론 테스트오차를 그려라.

연습 15.7 선형회귀모델을 반응이 y_i이고 예측변수가 $x_{i1}, ..., x_{ip}$인 N개 관측치에 모델링한다고 해보자. 모든 변수가 평균이 영이고 표준편차가 1로 표준화돼 있다고 가정하자. RSS가 훈련 데이터에 관한 평균제곱잔차이고, $\hat{\beta}$가 추정된 계수라고 하자. 훈련 데이터에 같은 $\hat{\beta}$를 사용하지만, 예측을 계산하기 전에 j번째 변수에 관해 N개 값이 무작위로 치환된 평균제곱잔차를 RSS^*라 표기하자. 다음을 보여라.

$$\text{E}_P[RSS_j^* - RSS] = 2\hat{\beta}_j^2 \tag{15.13}$$

이때 E_p는 치환분포에 관한 기댓값을 가리킨다. 독립적인 테스트 집합을 사용해 평가를 할 때 이것이 근사적으로 참임을 주장해보라.

16
앙상블 학습

16.1 개요

앙상블 학습의 개념은 단순한 기본 모델 모음의 힘을 조합해 예측 모델을 구축하는 것이다. 이미 이러한 범주에 속하는 몇 가지 예제를 봐 왔다.

8.7절의 배깅과 15장의 랜덤 포레스트가 분류를 위한 앙상블 방법이며, 이때 트리의 위원회committee가 각각 예측된 클래스을 위해 표를 던진다. 10장의 부스팅은 처음에 위원회 방법으로 제안됐지만, 랜덤 포레스트와 다르게 시간에 따라 약학습기weak learners의 위원회가 생기며, 구성원이 가중된 표를 던진다. 스태킹(8.8절)은 적합된 다수의 모델의 힘을 조합하는 참신한 방법이다. 실제 회귀 스플라인과 같은 어떠한 딕셔너리 방법이든지, 기저함수가 약학습기의 역할을 하는 앙상블 방법으로 특징화시킬 수 있다.

비모수적 회귀를 위한 베이즈 방법 또한 앙상블 방법으로 볼 수 있다. 다수의 후보 모델이 그들의 매개변수 설정의 사후분포 측면에서 평균화된다(예를 들어 닐과 장(2006)).

앙상블 학습은 두 개의 과제로 나눌 수 있다. 훈련 데이터로부터 기본 학습기의 모집단을 만들고, 그 뒤 이들을 조합해 합성 예측량을 구성한다. 16장에서는 한 단계 더욱 들어가는 부스팅 기술을 논의한다. 이는 약학습기의 고차원 공간에서 정칙화되고 지도적인 탐색을 수행함으로써 앙상블 모델을 구축한다.

학습 앙상블의 초기 예제는 오차-수정 출력 코드ECOC, error-correcting output codes (Dietterich and Bakiri, 1995, ECOC)를 사용하는 다클래스 분류를 위해 디자인된 방법이다. 10-클래스 숫자 분류 문제 및 표 16.1에 주어진 코딩 행렬 C를 고려해보자.

표 16.1 10-클래스 숫자 분류 문제를 위한 15-비트 오차-수정 코딩 행렬 C의 일부분. 각 열은 2-클래스 분류 문제를 정의한다.

숫자	C_1	C_2	C_3	C_4	C_5	C_6	...	C_{15}
0	1	1	0	0	0	0	...	1
1	0	0	1	1	1	1	...	0
2	1	2	2	1	0	0	...	1
⋮	⋮	⋮	⋮	⋮	⋮	⋮	...	⋮
8	1	1	0	1	0	1	...	1
9	0	1	1	1	0	0	...	0

코딩행렬 C_ℓ의 ℓ번째 열은 모든 원본 클래스를 두 그룹으로 병합하는 2 클래스 변수를 정의한다. 방법은 다음과 같이 동작한다.

1. 코딩 행렬의 열로 정의된 각각의 $L = 15$ 2 클래스 문제를 위해 개별적인 분류기를 학습시킨다.

2. 각 테스트 지점 x에서, $\hat{p}_\ell(x)$를 ℓ번째 반응을 위해 예측된 '1'의 확률이라고 하자.

3. k번째 클래스를 위한 판별함수 $\delta_k(x) = \sum_{\ell=1}^{L} |C_{k\ell} - \hat{p}_\ell(x)|$를 정의한다. 이때 $C_{k\ell}$은 표 16.1에서의 행 k와 열 l을 위한 항목이다.

C의 각 행은 그 클래스를 나타내는 이진 코드다. 행들은 필요한 것보다 더 많은 비트를 가지며, 불필요한 "오차-수정" 비트가 일부 부정확성을 허용하고, 성능을 개선시킬 수 있다는 것이 개념이다. 실제로 위의 완전 코딩 행렬 C는 임의의 행의 쌍 사이에서 7의 최소 해밍 거리Hamming distance[1]를 가진다. 심지어는 10개 클래스를 유일하게 표현하는 데 오직 $\lceil \log_2 10 = 4$비트만을 필요로 하므로, 지시자 반응

---

[1] 두 벡터 간 해밍 거리는 해당 항목 사이의 불일치된 개수다.

코딩(4.2절)조차 불필요하다는 것을 주지하라. 디트리히와 바키리(Dietterich and Bakiri, 1995)는 분류 트리를 기본 분류기로 사용했을 때, 다양한 다중클래스 문제에서 인상적인 성능 개선이 있었음을 보였다.

제임스와 헤이스티(James and Hastie, 1998)는 ECOC 접근법을 분석했으며, 임의적 코드 할당이 최적으로 구축된 오차-수정 코드만큼 잘 동작함을 보였다. 이들은 또한 (배깅과 랜덤 포레스트에서와 같이) 코딩의 주요한 이점이 분산 축소에 있음을 주장했다. 서로 다르게 코딩된 문제가 서로 다른 트리를 만들어냈고, 앞의 디코딩 단계 (3)이 평균화와 같은 유사한 효과를 갖기 때문이다.

16.2 부스팅과 정칙화 경로

이 책의 1판 10.12.2절에서 경사 부스팅 알고리즘에 의해 만들어진 모델의 열과 고차원 특성 공간에서 적합된 정칙화 모델 사이의 유사성에 관해 제안했었다. 이는 주로 선형회귀의 부스팅된 버전과 라쏘 사이의 긴밀한 연결을 관찰한 데 기인한다(3.4.2절). 이들 관계는 우리 및 다른 이들이 추적해왔으며, 여기서 이 영역에 관한 우리의 생각을 제시한다. 이제 앙상블 학습에 관한 16장에 자연스럽게 더 잘 맞는 본래의 동기로 시작한다.

16.2.1 벌점화 회귀

10장에 있는 경사 부스팅의 수축 전략(10.41)의 성공에 관한 직관은 벌점화 선형회귀와 큰 기저 전개 사이의 유사성을 그려 봄으로써 얻을 수 있다. J-종료 노드로 된 가능한 모든 회귀 트리의 $\mathcal{T} = \{T_k\}$의 딕셔너리를 고려해보자. 트리는 훈련 데이터에서 $\mathbb{R}^p$에서의 기저함수와 같이 실현될 수 있다. 선형 모델은 아래와 같으며 이때 $K = \text{card}(\mathcal{T})$이다.

$$f(x) = \sum_{k=1}^{K} \alpha_k T_k(x) \tag{16.1}$$

계수가 최소제곱으로 추정된다고 해보자. 이러한 트리의 개수는 심지어 가장 큰 훈련 테이터 집합보다 훨씬 더 많을 수 있으므로, 일부 정칙화 형식을 필요로 한다. $\hat{\alpha}(\lambda)$가 다음 식을 푸는 것이라고 해보자.

$$\min_{\alpha} \left\{ \sum_{i=1}^{N} \left(y_i - \sum_{k=1}^{K} \alpha_k T_k(x_i) \right)^2 + \lambda \cdot J(\alpha) \right\} \tag{16.2}$$

$J(\alpha)$는 계수의 함수로, 일반적으로 더 큰 값에 벌점을 준다. 예시는 다음과 같다.

$$J(\alpha) = \sum_{k=1}^{K} |\alpha_k|^2 \quad \text{릿지회귀} \tag{16.3}$$

$$J(\alpha) = \sum_{k=1}^{K} |\alpha_k| \quad \text{라쏘} \tag{16.4}$$

$$\tag{16.5}$$

둘 다 3.4절에서 다룬다. 논의했듯이 중간부터 큰 값의 λ를 가지는 라쏘 문제의 해는 희박한 경향이 있으며 많은 $\alpha_k(\lambda)$가 $\hat{\alpha}_k(\lambda) = 0$이다. 즉, 모든 쓸 수 있는 트리 중 작은 부분만이 모델 (16.1)에 들어간다.

알고리즘 16.1 전진 스테이지별 선형회귀

---

1. $\hat{\alpha}_k = 0$, $k = 1, ..., K$를 초기화한다. $\varepsilon > 0$를 어떠한 작은 상수로, M을 큰 수로 둔다.
2. $m = 1$에서 M까지
   (a) $(\beta^*, k^*) = \arg \min_{\beta,k} \sum_{i=1}^{N} \left(y_i - \sum_{l=1}^{K} \breve{\alpha}_l T_l(x_i) - \beta T_k(x_i) \right)^2$
   (b) $\breve{\alpha}_{k^*} \leftarrow \breve{\alpha}_{k^*} + \varepsilon \cdot \text{sign}(\beta^*)$
3. $f_M(x) = \sum_{k=1}^{K} \breve{\alpha}_k T_k(x)$를 출력한다.

이것이 이치에 맞아 보이는 이유는 모든 가능한 트리 중 오직 작은 부분만이 어떠한 목표함수를 근사하는 데 적합할 것이기 때문이다. 그러나 적절한 부분집합은 목표가 다르면 달라질 것이다. 0으로 되지 않는 이들 계수는 이들의 절댓값이 해당 최소제곱 값보다 작은 $|\hat{\alpha}_k(\lambda)| < |\alpha_k(0)|$와 같은 식으로 수축될 것이다.[2] λ가 커지면 계수가 모두 수축되고 각각은 궁극적으로 0이 된다.

---

2 $K > N$이면 일반적으로 유일한 "최소제곱 값"이 없다. 데이터에 완벽히 적합되는 무한히 많은 해가 존재할 것이기 때문이다. 이들 중에서 가장 작은 L_1-노름 해를 고를 수 있으며, 이것이 유일한 라쏘 해다.

매우 커다란 수의 기저함수 T_k에 의해, 라쏘 벌점 (16.4)로 이를 직접 푸는 것은 가능하지 않다. 그러나 라쏘의 효과를 근접하게 근사하는 사용 가능한 전진 스테이지별 전략이 존재하며, 이는 부스팅 및 전진 스테이지별 알고리즘 10.2와 매우 유사하다. 알고리즘 16.1은 이에 관한 자세한 내용을 제공한다. 이 알고리즘은 기저함수 T_k 측면에서 다시 표현됐지만, 어떠한 기저함수 집합으로든지 사용 가능하다. 처음에는 줄 1에서 모든 계수가 0이다. 이는 (16.2)에서 $\lambda = \infty$에 해당한다. 각 연속적인 단계에서마다 줄 2(a)에서의 현재 잔차를 가장 잘 적합시키는 트리 T_{k^*}가 선택된다. 그 뒤 이에 해당하는 계수 $\check{\alpha}_{k^*}$가 2(b)에서의 무한소^{infinitesimal} 양에 의해 증가되거나 감소되는 한편, $k \neq k^*$인 다른 모든 계수 $\check{\alpha}_k$는 바뀌지 않은 채로 남아 있다. 원칙적으로는 이러한 과정은 모든 잔차가 0이거나 $\beta^* = 0$일 때까지 반복된다. 후자의 경우는 $K < N$인 경우 발생할 수 있으며, 그 시점에서의 계수 값들은 최소제곱 해를 나타낸다. 이는 (16.2)의 $\lambda = 0$에 해당한다.

알고리즘 16.1을 $M < \infty$번 반복한 뒤 많은 계수, 말하자면 아직 증가돼야 하는 계수가 영이 될 것이다. 나머지는 해당 최소제곱 해의 값보다 작은 절댓값을 가지는, $|\check{\alpha}_k(M)| < |\check{\alpha}_k(0)|$가 되는 경향이 있다. 그러므로 이러한 M회 반복 해는 질적으로 라쏘를 닮게 되고, M은 λ와 역의 관계가 있다. 그림 16.1은 3장에서 학습한 전립선 데이터를 사용한 예제를 보여준다. 여기서는 트리 $T_k(X)$를 기저함수로 사용하는 대신 원본 변수 X_k 그 자체를 사용했다. 즉 이는 다중선형회귀모델이다. 왼쪽 패널은 라쏘로부터 추정된 계수의 프로파일을, 서로 다른 경계 매개변수 $t = \sum_k |\alpha_k|$에 관해 보여준다. 오른쪽 패널은 $M = 250$과 $\varepsilon = 0.01$로 스테이지별 알고리즘 16.1의 결과를 보여준다(그림 16.1의 왼쪽과 오른쪽 패널은 각각 그림 3.10과 그림 3.19의 왼쪽 패널과 같다). 두 그래프 사이의 유사성이 놀랍다.

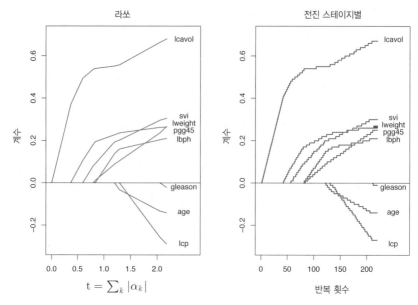

그림 16.1 3장에서 학습한 전립선 데이터에 관한, 선형회귀로부터 추정된 계수의 프로파일. 왼쪽 패널은 서로 다른 경계 매개변수 $t = \sum_k |\alpha_k|$에 관한 라쏘의 결과를 보여준다. 오른쪽 패널은 $M = 220$회 크기의 연속적인 단계와 $\varepsilon = .01$를 사용해 스테이지별 선형회귀 알고리즘 16.1의 결과를 보여준다.

몇몇 상황에서 이 유사성은 질적인 것 이상이다. 예를 들면 모든 기저함수 T_k가 상호 무상관이라면, $\varepsilon \downarrow 0$, $M \downarrow$가 됨에 따라 $M\epsilon \to t$이 되면, 알고리즘 16.1은 경계 매개변수 $t = \sum_k |\alpha_k|$에 관한 라쏘와 정확히 같은 해를 내놓는다(그리고 경로를 따라 모든 해에 관해 또한 마찬가지로). 물론 트리 기반 회귀는 무상관이 아니다. 그러나 계수 $\hat{\alpha}_k(\lambda)$가 모두 λ의 단조함수라면 해 집합 또한 동일하다. 이는 변수 사이의 상관계수가 낮을 때 자주 그러하다. $\hat{\alpha}_k(\lambda)$가 λ에서 단조가 아니면, 해 집합은 동일하지 않다. 알고리즘 16.1의 해 집합은 라쏘의 것보다 정칙화 매개변수의 값이 변함에 따라 덜 빠르게 변하는 경향이 있다.

에프론 외(Efron et al., 2004)는 ε를 제한하는 경우에서의 정확한 해 경로를 특징화함으로써 이 연결성을 더욱 정확하게 만들었다. 이들은 라쏘와 전진 스테이지별 모두 계수 경로가 조각별 선형함수임을 보여준다. 이는 전체 경로가 단일 선형제곱 적합과 같은 비용으로 계산될 수 있도록 해주는 효율적인 알고리즘을 가능하게 한다. 이러한 최소각회귀[least angle regression] 알고리즘은 3.8.1절에서 더욱 자세히 설명한다.

헤이스티 외(Hastie et al., 2007)는 이러한 무한소 전진 스테이지별 알고리즘이 라쏘의 단조 버전으로, 이는 각 단계마다 계수 경로의 호의 길이$^{arc\ length}$ 내에서 주어진 증가분에 관해 손실함수를 최적으로 줄인다는 것을 보여준다(16.2.3절과 3.8.1절을 보라). $\epsilon > 0$ 경우의 호의 길이는 $M\epsilon$이며 따라서 단계의 개수에 비례한다.

수축 (10.41)으로 된 트리 부스팅(10.3)은 알고리즘 16.1과 상당하게 닮아 있으며 이때 학습률 매개변수 ν가 ϵ에 해당한다. 제곱오차손실에서 유일한 차이점은 각 반복에서 선택되는 최적 트리 T_{k^*}가 표준적인 하향식 탐욕 트리-귀납 알고리즘에 의해 근사된다는 점이다. 로쎗 외(Rosset et al., 2004a)는 에이다부스트의 지수 손실과 이항 이탈도와 같은 다른 손실함수에 관해, 여기서 볼 수 있는 유사한 결과를 보여줬다. 그러므로 수축을 가지는 트리 부스팅을, 모든 가능한 (J-종료 노드) 트리에 관한 나쁜 포즈의$^{ill-posed}$, 라쏘 벌점 (16.4)를 정칙자로 가지는 단조 회귀의 꼴로 볼 수 있다. 이 주제에 관해서는 16.2.3절에서 다시 본다.

수축 없음(방정식 (10.41)에서 $\nu = 1$)을 선택하는 것은 전진-스텝별 회귀와 유사하며, 이것의 더욱 공격적인 사촌인, 영이 아닌 계수의 개수^{number} $J(\alpha) = \sum_k |\alpha_k|^0$를 벌점화하는 최적-부분집합 선택과 유사하다. 최적 부분집합 접근법은 지배적인 변수의 작은 부분으로 잘 동작하는 경우가 자주 있다. 그러나 부분집합 선택은 강한 변수의 적절한 부분으로는 지나치게 탐욕적일 수 있다는 것이 잘 알려져 있으며(Copas, 1983), 이는 라쏘나 릿지회귀와 같은 덜 공격적인 전략과 비교해 부진한 결과를 내놓는 경우가 자주 있다. 수축을 부스팅과 같이 쓸 때 극적인 개선을 자주 볼 수 있다는 점은 이러한 접근법을 확인시켜주는 또 다른 하나가 된다.

16.2.2 "희박성 베팅" 원칙

이전 절에서 봤듯이 부스팅의 수축으로 된 전진 스테이지별 전략은 동일한 손실함수를 라쏘 스타일의 L_1 벌점으로 근사적으로 최소화한다. 모델은 "모델 공간"을 탐색하고 중요한 예측변수로부터 유도된 수축된 기저함수를 추가하며 천천히 구축된다. 반대로 L_2 벌점은 12.3.7절에서 보인 바와 같이 연산적으로 다루기 훨씬 쉽다. 기저함수 및 특정 양의-정부호 커널에 부합하도록 선택된 L_2 벌점으로, 개별 기저함수를 명시적으로 검색하지 않고 해당 최적화 문제를 풀 수 있다.

그러나 때때로 부스팅이 서포트벡터머신과 같은 과정보다 더 우월한 성능을 보이는 경우가 있는데, 이는 대체로 L_2 벌점 대신 L_1을 암묵적으로 사용하는 데 따른 것일 수 있다. L_1 벌점으로부터의 수축 결과는, 영이 아닌 계수로 된 기저함수가 몇 안되게 존재하는 (가능한 모든 선택 중에서) 희박sparse한 상황에 더 잘 맞는다.

이 주장은 프리드먼 외(Friedman et al., 2004)에서 가져온 단순한 예제를 통해 보강시킬 수 있다. 10,000개 데이터 지점이 있으며, 우리의 모델이 수백만 개의 트리의 선형 조합이라 해보자. 만일 이들 트리의 참인 모계수population coefficients가 가우스 분포로부터 나온다면, 베이즈적 측면에서 최적 예측변수는 릿지회귀임을 알 수 있다(연습 3.6). 즉, 계수를 적합시킬 때 L_1 대신 L_2를 사용해야 한다. 반면 오직 작은 수(예를 들어 1000)의 계수가 0이 아니라면, 라쏘(L_1 벌점)가 더 잘 동작할 것이다. 우리는 이 경우를 희박sparse 시나리오로 생각하며, 반면 첫 번째 경우(가우스 계수)를 밀집dense 시나리오로 생각한다. 그러나 밀집 시나리오에서 L_2 벌점이 최선이지만 이러한 많은 수의 영이 아닌 계수를 추정하기에는 데이터가 너무 적기 때문에 두 방법 모두 아주 잘 동작하는 것은 아님을 주지하길 바란다. 이는 차원의 저주로 인해 치르는 대가다. 희박 설정에서 어쩌면 L_1 벌점으로 잘 할수도 있는데, 이는 영이 아닌 계수의 개수가 적기 때문이다. L_2 벌점은 또 다시 실패한다.

다른 말로 고차원 문제에 관해 L_1 벌점을 사용하는 것은, "희박성 베팅"이라 부르는 원칙을 따르는 것이 된다.

> 밀집 문제에서 잘 동작하는 과정이 없으므로 희박 문제에서 잘 동작하는 과정을 사용한다.

이러한 지적은 몇 가지 참작할 것이 있다.

- 주어진 어떠한 응용에서, 희박성/밀집성의 정도는 알려지지 않은 참인 목표함수 및 선택된 딕셔너리 T에 의존한다.
- 희박 대 밀집이라는 개념은 훈련 데이터셋의 크기 및/혹은 잡음-신호비 NSR, Noise-to-Signal Ratio에 상대적이다. 더 큰 훈련 집합은 더 적은 표준오차로 계수를 추정할 수 있게 해준다. 이와 같이 NSR이 작은 상황에서는 주어진 표본 데이터로 NSR이 큰 상황보다 더 많은 0이 아닌 계수를 식별할 수 있다.
- 딕셔너리의 크기 또한 중요한 역할을 한다. 딕셔너리의 크기를 키우는 것은 우리의 함수가 더 희박한 표현이 되도록 할 수도 있지만, 탐색 문제가 더욱 어려워져 분산이 높아질 수 있다.

그림 16.2는 시뮬레이션을 사용해 선형 모델 측면에서 이러한 점을 보여준다. 우리는 릿지회귀와 라쏘를 분류 및 회귀 문제 둘 다에 비교한다. 각 실행은 300개의 독립적인 가우스 예측변수로 된 50개 관측치를 가진다. 위쪽 행에서는 모든 300개 계수가 영이 아니며, 가우스 분포로부터 생성됐다. 중간 행에서는 오직 10개만이 영이 아니면서 가우스로부터 생성됐고, 마지막 행은 30개의 영이 아닌 가우스 계수를 가진다. 회귀에 관해서는, 표준 가우스 잡음을 선형 예측변수 $\eta(X) = X^T\beta$에 추가해 연속적인 반응을 만들었다. 분류에서는 선형 예측변수가 역-로짓 inverse-logit을 통해 확률로 변환되며, 이항 반응변수가 생성된다. 다섯 개의 서로 다른 잡음-신호비NSR가 제시돼 있으며, 이는 반응변수를 생성하기 전에 $\eta(X)$를 척도화함으로써 얻어낸다. 두 경우 모두 이는 NSR = $\mathrm{Var}(Y|\eta(X))/\mathrm{Var}(\eta(X))$이 되도록 정의된다. 릿지회귀와 라쏘 개수 경로 둘 다 자유도의 범위 1에서 50에 해당하는 일련의 50개의 값 λ를 사용해 적합시켰다. 모델은 커다란 테스트셋(가우스에 관해선 무한한, 이항에 관해선 5,000개)으로 평가됐으며, 각각의 경우에서 λ를 선택해 테스트셋 오차를 최소화했다. 우리는 회귀 문제를 위해 설명된 백분율 분산을, 분류 문제를 위해선 백분율 오분류 오차(0.5의 기준 오차에 비례해)를 기록한다. 각 시나리오에 관해 시뮬레이션을 20회 실행시켰다.

분류 문제에서, 제곱오차 손실을 사용해 이항 반응변수를 적합시켰음을 주지하라. 또한 λ를 선택하는 데 훈련 데이터를 사용하지 않고 서로 다른 시나리오에서 각 방법에 관한 가장 우수한 움직임을 기록하고 있음을 주지하라. L_2 벌점은 모든 곳에서 성능이 나쁘다. 라쏘는 잘 할 수 있는 오직 두 개의 상황(희박 계수)에서 성능이 적절하게 좋다. 예상대로 NSR이 높아짐에 따라(분류에서는 덜한) 그리고 모델이 더욱 밀집됨에 따라 성능이 나빠진다. 이 차이는 분류에서 회귀보다 덜 눈에 띈다.

이들 경험적인 결과는 희박한 설정에서 L_1 추정의 우월성을 지지하는 이론적 결과의 큰 부분을 지지한다((Donoho and Johnstone, 1994; Donoho and Elad, 2003; Donoho, 2006b; Candes and Tao, 2007).

회귀 분류

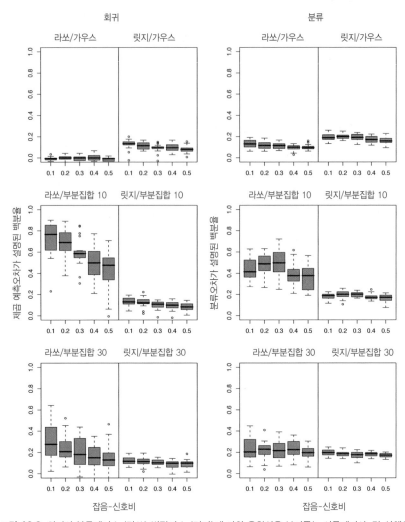

그림 16.2 회귀와 분류에서 L_1(라쏘) 벌점의 L_2(릿지)에 관한 우월성을 보여주는 시뮬레이션. 각 실행은 300개의 독립 가우스 예측변수로 된 50개 관측치를 가진다. 위쪽 행에서 모든 300개 계수가 0이 아니며, 가우스 분포로부터 생성됐다. 중간 행에서 오직 10개만이 0이 아니며, 마지막 행은 30개가 0이 아니다. 회귀 문제를 위해 가우스 오차가 선형 예측변수 $\eta(X)$에 추가됐으며, 분류 문제를 위해 이항 반응변수가 역-로짓 변환을 통해 생성됐다. $\eta(X)$를 척도화해 신호-잡음비가 보이도록 만들었다. 라쏘는 왼쪽의 하위-열에서, 릿지는 오른쪽에서 사용됐다. 우리는 테스트 데이터에서 설명된 오차의 최적 백분율을 기록했으며(상수 모델의 오차에 비례해), 각 조합에 관해 20번 실현한 상자그림으로 보여준다. 릿지가 라쏘를 이기는 유일한 상황에서는 릿지와 라쏘 둘 다 일을 잘하지 못한다.

16.2.3 정칙화 경로, 과적합 그리고 마진

부스팅이 "과적합을 하지 않는"다는, 아니면 더욱 엄밀하게는 "천천히 과적합하는" 것이 자주 관찰돼왔다. 앞서 랜덤 포레스트를 위해선 이 현상에 관해 오분류 오차가 평균제곱오차보다 분산에 덜 민감하며, 부스팅계에서의 주요 초점이 분류라고 일부 설명한 바 있다. 이 절에서는 부스팅된 모델의 정칙화 경로가 "잘 움직이며", 특정 손실함수에 관해 이들이 두드러지는 제한적인 형태를 가진다는 것을 보여준다.

그림 16.3은 시뮬레이션된 회귀 설정에서 라쏘와 무한소 전진 스테이지별[FS$_0$]에 관한 계수 경로를 보여준다. 데이터는 1,000개 가우스 변수의 딕셔너리로 돼 있으며, 20개 변수의 블록 내에서는 강하게 상관돼 있지만($\rho = 0.95$), 블록 사이에는 무상관이다. 생성 모델은 50개 변수에 관해 0이 아닌 계수를 가지며 변수는 각 블록에서 하나씩 뽑고 계수 값은 표준 가우스로부터 뽑는다. 마지막으로 가우스 잡음이 추가되며 잡음-신호비는 0.72다(연습 16.1). FS$_0$ 알고리즘은 알고리즘 16.1의 제한적인 형태로, 단계 크기 ε가 0으로 수축한다(3.8.1절). 변수의 그룹화는 근처 트리의 상관성을 흉내 내려는 의도로 하는 것이며, 전진-스테이지별 알고리즘에서 이 설정은 수축을 가지는 경사 부스팅의 이상적인 버전으로 의도됐다. 이들 알고리즘 둘 다 계수 경로를 정확하게 계산할 수 있다. 바로 조각별 선형이기 때문이다(3.8.1절의 LARS 알고리즘을 보라).

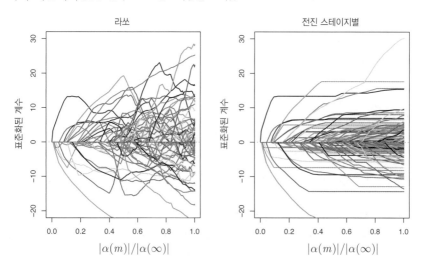

그림 16.3 시뮬레이션된 회귀 데이터에서의 라쏘 및 무한소 전진 스테이지별 경로의 비교. 표본의 개수는 60개며 변수의 개수는 1,000개다. 알고리즘의 마지막 단계에서 전진-스테이지별 경로는 라쏘보다 덜 변동한다.

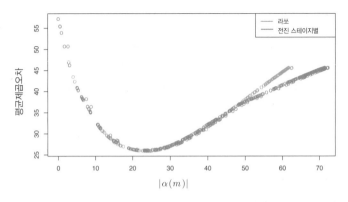

그림 16.4 시뮬레이션 데이터에서의 라쏘와 무한소 전진 단계별의 평균제곱오차. 계수 경로에서의 차이에도 두 모델이 정칙화 경로의 결정적인 부분에서 비슷한 성능을 보인다. 오른쪽 꼬리에서, 라쏘가 더욱 빠르게 과적합하는 것으로 보인다.

여기서 계수 프로파일은 경로의 초기 단계에서만 비슷하다. 나중 단계에서, 전진 스테이지별 경로는 단조적이도 평활한 경향이 있는 한편, 라쏘는 넓게 변동한다. 이는 변수의 부분집합 간 강한 상관성 때문이다. 라쏘는 다중공선성 문제를 다소 겪는다(연습 3.28).

두 모델의 성능은 다소 비슷하며(그림 16.4), 이들은 거의 같은 최솟값을 달성한다. 나중의 단계에서 전진 스테이지별은 과적합에 더 오래 걸리며, 이는 평활한 경로로 인한 결과로 보인다.

헤이스티 외(Hastie et al., 2007)는 FS_0가 제곱오차손실을 위한 라쏘 버전의 단조^{monotone} 버전을 푼다는 것을 보여준다. $T^a = T \cup \{-T\}$를 T 내의 모든 기저 요소에 관한 음수 사본을 포함시켜 얻은, 덧붙여진 딕셔너리라고 하자. 비음수 계수 $\alpha_k \geq 0$로 된 모델 $f(x) = \sum_{T_k \in T^a} \alpha_k T_k(x)$을 고려하자. 이 확장된 공간에서 라쏘 계수 경로는 양수이고, FS_0의 것은 단조 비감소다.

단조 라쏘 경로는 초기 조건이 $\alpha(0) = 0$인 미분 방정식으로 특징화된다.

$$\frac{\partial \alpha}{\partial \ell} = \rho^{ml}(\alpha(\ell)), \tag{16.6}$$

이때 ℓ은 경로 $\alpha(\ell)$의 L_1 호의 길이다(연습 16.2). 단조 라쏘 움직임 방향(속도 벡터) $\rho^{ml}(\alpha(\ell))$는, 손실을 경로의 L_1 호 길이에서의 유닛 증가 당 최적의 이차적인 비율로 감소시킨다. $\rho^{ml}(\alpha(\ell)) \geq 0$ $\forall k$이므로, 해의 경로 ℓ은 단조다.

라쏘는 움직임 방향이 손실을 경로의 L_1 노름에서의 유닛 증가당 최적으로 감소시킨다는 것을 제외하고 (16.16)에서와 비슷하게 미분 방정식에 관한 해로 특징화할 수 있다. 그 결과 이들은 꼭 양수는 아니며, 따라서 라쏘 경로는 단조일 필요가 없다.

이러한 덧붙여진 딕셔너리에서 계수를 양수가 되도록 제한하는 것이 자연스럽다. 명백한 모호성을 피하기 때문이다. 이는 또한 트리 부스팅과 자연스럽게 연결되는데, 언제나 현재 잔차와 양의 상관을 가지는 트리를 찾기 때문이다.

부스팅이 4.5.2절과 12장의 서포트벡터머신과 꽤 비슷한 극대-마진 속성을 보이기 때문에, 성능이 좋다는 (2 클래스 분류에서) 의견이 있어왔다. 샤파이어 외 (Schapire et al., 1998)는 적합된 모델 $f(x) = \sum_k \alpha_k T_k(x)$의 정규화된 L_1 마진을 다음과 같이 정의한다.

$$m(f) = \min_i \frac{y_i f(x_i)}{\sum_{k=1}^{K} |\alpha_k|} \tag{16.7}$$

여기서 최솟값은 훈련 표본에 걸쳐 취하게 되며, $y_i \in \{-1, +1\}$이다. 서포트벡터머신의 L_2 마진(4.40)과 다르게, L_1 마진 $m(f)$는 L_∞ 유닛들 내 가장 가까운 훈련 지점 까지의 거리(최대 좌표 거리)를 측정한다.

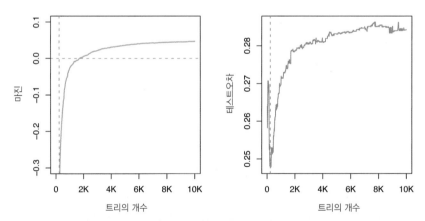

그림 16.5 왼쪽 패널은 혼합 데이터에서의 에이다부스트 분류기에 관한 L_1 마진 $m(f)$를 4노드 트리의 개수에 관한 함수로 보여준다. 모델은 R 패키지 gbm을 사용해 적합시켰으며, 수축 인자는 0.02다. 10,000개의 트리 이후, $m(f)$가 안정된다. 마진이 0을 넘어서면 훈련오차도 영이 됨을 주지하라. 오른쪽 패널은 테스트오차를 보여주며, 트리가 240개일 때 최솟값을 가진다. 이 경우 에이다부스트는 수렴에 다다르면 극적으로 과적합한다.

샤파이어 외(1998)는 에이다부스트가 분리 가능한 데이터로 각 반복마다 $m(f)$를 증가시키며, 마진-대칭 해margin-symmetric solution로 수렴함을 증명했다. 라치와 와무스(Rätsch and Warmuth, 2002)는 수축이 있는 에이다부스트의 L_1-마진-최대화L1-margin-maximizing 해로의 점근적 수렴을 증명한다. 로셋 외(Rosset et al., 2004a)는 일반 손실함수를 위한 (16.2) 형식의 정칙화된 모델을 고려한다. 이들은 $\lambda \downarrow 0$임에 따라, 특정 손실함수에 관해 해가 마진-최대화 설정margin-maximizing configuration으로 수렴함을 보여준다. 특히 이들은 에이다부스트의 지수 손실은 물론, 이항 이탈도의 경우에서 이를 보여준다.

이 절에서의 결과를 한데 모으면, 부스팅된 분류기에 관해 다음과 같이 요약할 수 있다.

> 부스팅된 분류기의 시퀀스는 L_1-정칙화된 단조 경로를 마진-최대화 해로 구성한다.

물론 그림 16.5의 예제와 같이 경로 마지막의 마진-최대화는 매우 나쁜 과적합 해가 될 수 있다. 조기 중단은 경로를 따라 지점을 선택하는 것에 해당하며, 검증 데이터셋의 지원을 받아 해야 할 것이다.

16.3 학습 앙상블

이전 절에서 배운 통찰들은 더욱 효과적이고 효율적인 앙상블 모델을 만드는 데 활용될 수 있다. 다음 형식의 함수를 다시 한 번 고려해보자.

$$f(x) = \alpha_0 + \sum_{T_k \in \mathcal{T}} \alpha_k T_k(x) \tag{16.8}$$

이때 $\mathcal{T}$는 기저함수의 딕셔너리이며, 통상적으로 트리다. 경사 부스팅과 랜덤 포레스트에 관해선 $|\mathcal{T}|$가 매우 크며 꽤 통상적으로 수천 개의 많은 트리가 개입된 이전 절에서 수축이 있는 경사 부스팅이 이러한 트리의 공간 내에서 L_1 정칙화된 단조 경로를 적합시킨다고 주장했다.

프리드먼과 포페스쿠(Friedman and Popescu, 2003)는 이 과정을 두 단계로 나누는 합성 접근법을 제안한다.

- 기저함수의 유한 딕셔너리 $\mathcal{T}_L = \{T_1(x),\ T_2(x),\ ...,\ T_M(x)\}$가 훈련 데이터로부터 유도된다.
- 이 딕셔너리에서 라쏘를 적합시킴으로써 함수족을 구축한다.

$$\alpha(\lambda) = \arg\min_{\alpha} \sum_{i=1}^{N} L[y_i, \alpha_0 + \sum_{m=1}^{M} \alpha_m T_m(x_i)] + \lambda \sum_{m=1}^{M} |\alpha_m| \quad (16.9)$$

이 모델은 $\mathcal{T}_L$을 경사 부스팅이나 랜덤 포레스트 알고리즘에 의해 만들어진 트리의 모음으로 취하는 후처리 부스팅 혹은 랜덤 포레스트의 한 가지 방법으로 볼 수 있다. 이들 트리에 라쏘 경로를 적합시킴으로써 통상적으로 더욱 축소된 집합을 사용할 수 있으며, 이는 저장소를 절약하고 미래 예측을 위해 저장할 수 있을 것이다. 다음 절에서 앙상블 TL에서의 상관성을 줄이고 라쏘 후처리기^{post processor}의 성능을 개선하는 이 방안의 수정본에 관해 설명한다.

초기 실례를 위해 이 과정을 스팸 데이터에서 키운 랜덤 포레스트 앙상블에 적용시킨다.

다음 장에 나올 그림 16.6은 라쏘 후처리가 랜덤 포레스트에 관해 적절한 개선을 제공하며, 숲을 원래의 1,000개에서 약 40개의 트리로 줄이는 것을 보여준다. 후처리된 성능은 경사 부스팅에 필적한다. 주황색 곡선은 랜덤 포레스트의 수정된 버전을 나타내며, 트리 간 상관성을 더욱 줄이도록 디자인됐다. 여기서 훈련 표본의 (교체 없는) 5%의 무작위 부표본이 각 트리를 키우는 데 사용됐으며, 트리들은 얇아지도록 제약됐다(약 6개의 종료 노드). 여기서 후처리는 더욱 극적인 개선을 제공하며, 훈련 비용이 약 100배 감소된다. 그러나 후처리된 모델의 성능은 파란 곡선보다 다소 낮아진다.

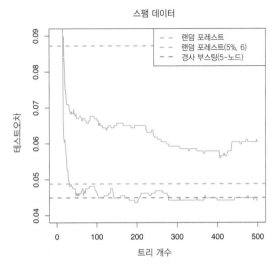

그림 16.6 스팸 데이터에 라쏘 후처리(16.9)의 적용. 수평 파란선은 스팸 데이터에 랜덤 포레스트의 테스트오차로, 최대 깊이로 자란 1,000개의 트리를 사용한다($m = 7$이다. 알고리즘 15.1을 보라). 구불구불한 파란 곡선은 먼저 라쏘를 사용해 500개 트리를 후처리한 후의 테스트오차로, 비음 계수를 가지는 트리의 개수에 관한 함수로 그렸다. 주황색 곡선/직선은 랜덤 포레스트의 수정된 꼴을 사용하며, 이때 데이터에서 무작위로 5%를 뽑아 트리를 키우는 데 사용됐으며, 트리는 강제로 얇아지도록 했다(통상적으로 6개 종료 노드). 여기서 후처리가 앙상블을 생성한 랜덤 포레스트에 상당한 개선을 제공한다.

16.3.1 좋은 앙상블 학습하기

모든 앙상블 $\mathcal{T}_L$가 후처리로 성능이 좋아지는 것은 아닐 것이다. 기저함수 측면에서 필요한 곳에 공간을 잘 커버하고 후처리가 효과적이도록 서로 충분히 다른 모음을 원한다.

프리드먼과 포페스쿠(2003)는 수치적 구적법과 중요도 표집으로부터 인사이트를 얻었다. 이들은 알려지지 않은 함수를 다음 적분으로 본다.

$$f(x) = \int \beta(\gamma)b(x;\gamma)d\gamma \qquad (16.10)$$

이때 $\gamma \in \Gamma$은 기저함수 $b(x;\gamma)$를 인덱싱한다. 그 예로 기저함수가 트리라면 γ는 분할 변수, 분리-지점과 종료 노드에서의 값을 인덱싱한다. 수치적 구적법은 x의 정의역에 관해 $f_M(x) = \alpha_0 + \sum_{m=1}^{M} \alpha_m b(x;\gamma_m)$가 $f(x)$를 잘 근사하도록, M개 값매김 지점 $\gamma_m \in \Gamma$의 집합 및 해당 가중치 α_m을 찾는 것이 된다. 중요도 표집은 γ를 무작위로 표집하는 것이지만, 공간 Γ의 더 적절한 영역에 더 큰 가중치를 준다 된다. 프리드먼과 포페스쿠(2003)는 손실함수 (16.9)를 사용하는, 훈련 데이터에서 값매김되는 (부재에 관한) 적절성 측정치를 제안한다.

$$Q(\gamma) = \min_{c_0, c_1} \sum_{i=1}^{N} L(y_i, c_0 + c_1 b(x_i; \gamma)) \qquad (16.11)$$

만일 단일 기저함수가 선택됐다면(예를 들어 트리 하나), 이는 전역 최소화자 $\gamma^* =$ arg $\min_{\gamma \in \Gamma} 0(\gamma)$일 것이다. γ를 선택하는 데 임의성을 도입하는 것은 필연적으로 $Q(\gamma) \geq Q(\gamma^*)$인 덜 최적화인 값을 만들어낼 것이다. 이들은 표집 체계 $\mathcal{S}$의 특징 너비^{width} σ의 자연 측정치를 제안한다.

$$\sigma = E_{\mathcal{S}}[Q(\gamma) - Q(\gamma^*)] \qquad (16.12)$$

- σ가 너무 좁다는 것은 너무 많은 $b(x; \gamma_m)$가 서로 닮아 보이며, $b(x; \gamma^*)$와 유사하다는 것을 시사한다.
- σ가 너무 넓다는 것은 $b(x; \gamma_m)$가 넓게 퍼져 있지만, 아마도 많은 부적절한 경우를 포함하는 것을 시사한다.

프리드먼과 포페스쿠(2003)는 임의성을 도입하는 매커니즘으로 부표집을 사용하며, 이는 그들의 앙상블-생성 알고리즘 16.2가 된다.

알고리즘 16.2 ISLE 앙상블 생성

1. $f_0(x) = $ arg $\min_c \sum_{i=1}^{N} L(y_i, c)$

2. $m = 1$에서 M까지

    (a) $\gamma_m = $ arg $\min_\gamma \sum_{i \in S_m(\eta)} L(y_i, f_{m-1}(x_i) + b(x_i; \gamma))$

    (b) $f_m(x) = f_{m-1}(x) + \nu b(x; \gamma_m)$

3. $\mathcal{T}_{ISLE} = \{b(x; \gamma_1), b(x; \gamma_2), ..., b(x; \gamma_M)\}$

$S_m(\eta)$은 훈련 관측치의 $N \cdot \eta(\eta \in (0, 1])$의 부표본을 뜻하며, 통상적으로 교체가 없다^{without}. 이들의 시뮬레이션은 $\eta \leq \frac{1}{2}$을, N이 크면 $\eta \sim 1/\sqrt{N}$을 고르는 것을 제안한다. η을 줄이면 임의성이 커지며, 따라서 σ도 그러하다. 매개변수 $\nu \in [0, 1]$는 임의화 과정에 메모리^{memory}를 도입하게 된다. ν가 커지면 과정이 더욱 이전에 찾은 것과 유사한 $b(x; \gamma)$를 피한다. 알고리즘 16.2의 특수한 경우로 다수의 익숙한 임의화 체계가 있다.

- 배깅은 $\eta = 1$이지만 교체가 있는 표본이며 $\nu = 0$이다. 프리드먼과 홀 (Friedman and Hall, 2007)은 $\eta = \frac{1}{2}$로 교체 없이 표집하는 것은 $\eta = 1$로 교체와 함께 표집하는 것과 동등하며, 전자가 더 효율적이라고 주장한다.
- 랜덤 포레스트 표집도 유사하며, 분할 변수의 선택을 통해 도입된 임의성을 가진다. 알고리즘 16.2에서 $\eta < \frac{1}{2}$을 줄이면 랜덤 포레스트에서 m을 줄이는 것과 유사한 효과를 가지지만, 15.4.2에서 논의한 잠재적인 편향에 시달리지 않는다.
- 수축이 있는 경사 부스팅(10.41)은 $\eta = 1$을 사용하지만, 통상적으로 충분한 너비 σ를 만들어내지 않는다.
- 확률적 경사 부스팅(Friedman, 1999)은 이 레시피를 정확히 따른다.

저자들은 $\nu = 0.1$와 $\eta \le \frac{1}{2}$를 값으로 추천하며, 그들의 조합 과정(앙상블 생성 및 후처리)을 중요도 표집 학습 앙상블$^{ISLE, \text{ Importance Sampled Learning Ensemble}}$이라고 부른다.

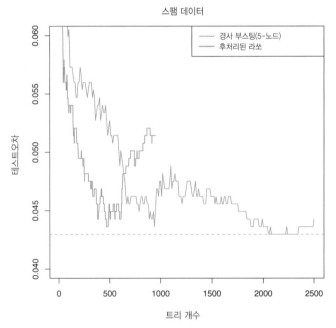

그림 16.7 스팸 데이터에 관한 중요도 표집 학습 앙상블(ISLE) 적합. 여기서 $\eta = \frac{1}{2}$, $\nu = 0.05$를 사용했으며, 트리는 5개의 종료 노드를 가진다. 이 경우 라쏘 후처리 앙상블이 예측오차를 개선하지는 않지만, 트리의 개수를 5배만큼 줄인다.

그림 16.7은 스팸 데이터에서의 ISLE의 성능을 보여준다. 이는 예측 성능을 개선하지는 않지만, 더욱 인상적인 모델을 만들어낼 수 있다. 실제로는 후처리가 (16.9)에서의 정칙화 매개변수 λ를 선택하는 것을 포함하며, 이는 교차 검증을 통해 선택할 수 있음을 주지하라. 여기서는 단순히 테스트 데이터에서의 전체 경로를 보여줌으로써 후처리의 효과를 시연하고 있다.

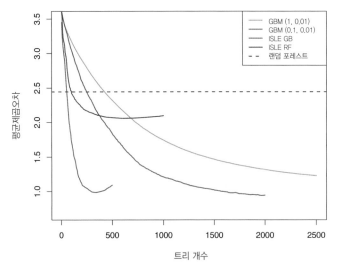

그림 16.8 회귀 시뮬레이션 예제에 관한 앙상블 방법 시연. GBM(0.1, 0.01) 표기는 매개변수가 (η, ν)인 경사 부스팅 모델을 뜻한다. 우리는 참(알려진) 함수로부터의 평균제곱오차를 기록했다. 부표본된 GBM 모델(초록색)이 완전 GBM 모델(주황색)의 성능을 앞선다는 것을 주지하라. 라쏘 후처리 버전은 비슷한 오차를 달성한다. 랜덤 포레스트는 그것의 후처리된 버전보다 성능이 낮지만, 이들 둘 다 다른 모델에 못 미친다.

그림 16.8은 회귀 예제에서의 다양한 ISLE를 보여준다. 생성 함수는 다음과 같다.

$$f(X) = 10 \cdot \prod_{j=1}^{5} e^{-2X_j^2} + \sum_{j=6}^{35} X_j \qquad (16.13)$$

이때 $X \sim U[0, 1]^{100}$이다(마지막 65개 요소는 잡음 변수다). 반응은 $Y = f(X) + \varepsilon$이며 $\varepsilon \sim N(0, \sigma^2)$이다. 신호-잡음비가 근사적으로 2가 되도록 $\sigma = 1.3$를 선택했다. 크기 1000의 훈련 표본을 선택했으며, 500개 표본의 테스트 집합에 평균을 통해 평균제곱오차 $E(\hat{f}(X) - f(X))^2$를 추정했다. 부표집된 GBM 곡선(옅은 파란색)은 10.12절에서 논의한 확률적 경사 부스팅stochastic gradient boosting(Friedman, 1999)의 인스턴스이며, 이 예제에서는 경사 부스팅의 성능을 능가한다.

16.3.2 규칙 앙상블

여기서 개별 규칙^{rule}에 집중하는 트리-앙상블 방법의 수정본을 설명한다(Friedman and Popescu, 2003). 9.3절에서 PRIM 방법을 논의할 때 규칙을 만난 적이 있다. 트리 모음 내 각 트리로부터 규칙의 집합을 구축함으로써 트리의 앙상블을 확장시킨다는 것이 개념이다.

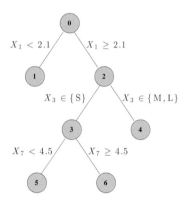

그림 16.9 앙상블에서의 전형적인 트리. 이로부터 규칙을 유도할 수 있다.

그림 16.9는 숫자가 매겨진 노드가 있는 작은 트리를 묘사하고 있다. 이 트리로부터 다음 규칙을 유도할 수 있다.

$$
\begin{aligned}
R_1(X) &= I(X_1 < 2.1) \\
R_2(X) &= I(X_1 \geq 2.1) \\
R_3(X) &= I(X_1 \geq 2.1) \cdot I(X_3 \in \{S\}) \\
R_4(X) &= I(X_1 \geq 2.1) \cdot I(X_3 \in \{M, L\}) \\
R_5(X) &= I(X_1 \geq 2.1) \cdot I(X_3 \in \{S\}) \cdot I(X_7 < 4.5) \\
R_6(X) &= I(X_1 \geq 2.1) \cdot I(X_3 \in \{S\}) \cdot I(X_7 \geq 4.5)
\end{aligned}
\tag{16.14}
$$

규칙 1, 4, 5, 그리고 6에서의 선형 전개는 트리 그 자체와 동일하다(연습 16.3). 따라서 (16.14)는 트리의 초과-완성^{over-complete}된 기저다.

앙상블 $\mathcal{T}$에서의 각 트리 T_m에 관해, 규칙 $\mathcal{T}_{RULE}^m$의 작은-앙상블을 구축하고, 그 뒤 이들 모두를 조합해 더 큰 앙상블을 구성할 수 있다.

$$
\mathcal{T}_{\text{RULE}} = \bigcup_{m=1}^{M} \mathcal{T}_{\text{RULE}}^m
\tag{16.15}
$$

그 뒤 이를 다른 앙상블처럼 다루면서, 라쏘 혹은 비슷한 정칙화 과정을 통해 후처리한다.

718

이러한 더욱 복잡한 트리로부터 규칙을 유도하는 접근법은 몇 가지 장점이 있다.

- 모델의 공간이 확장되며, 이는 개선된 성능을 야기할 수 있다.
- 규칙은 트리보다 이해하기 쉬우므로, 모델을 더 단순하게 만들 수 있는 잠재성이 있다.
- 각 변수 X_j 또한 개별적으로 포함시킴으로써 T_{RULE}에 덧붙이는 것이 자연스러운 경우가 자주 있다. 따라서 앙상블이 선형함수를 잘 모델링할 수 있게 해준다.

프리드먼과 포페스쿠(2008)는 이러한 과정의 힘을 시뮬레이션 예제 (16.13)을 포함해 다수의 도해적인 예제로 보여준다. 그림 16.10은 이 모델로부터 실현된 20개 모델의 참 모델로부터의 평균제곱오차의 상자그림을 보여준다. 모델은 모두 Rulefit 소프트웨어를 자동 모드로 사용해 적합시켰으며, ESL 홈페이지[3]에서 얻을 수 있다.

그림 16.8에서 사용된 같은 훈련 집합에서, 규칙 기반 모델은 1.06의 평균제곱오차를 달성했다. 이는 그 그림에서의 가장 우수한 것보다 살짝 나쁘지만, 최종 모델을 선택하는 데 교차 검증을 사용했으므로 여기서는 결과를 비교할 수 없다.

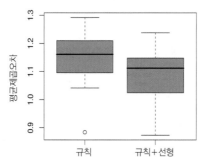

그림 16.10 규칙 앙상블의 평균제곱오차. 시뮬레이션 예제 (16.13)의 20개 실현을 사용했다.

참고문헌

개요에서 언급했듯이 머신러닝의 많은 새로운 방법을 "앙상블" 방법이라 불렀다.

---

3 www-stat.stanford.edu/ElemStatLearn

이들은 신경망 부스팅, 배깅과 랜덤 포레스트를 포함한다. 디에트리히(Dietterich, 2000a)는 트리 기반 앙상블 방법의 서베이를 제공한다. 신경망(11장)은 아마도 이름을 받을 만한 자격이 있을 것이다. 이들은 동시에 은닉층(기저함수)의 매개변수를 학습하면서 이들을 어떻게 조합하는지도 같이 학습하기 때문이다. 비숍(Bishop, 2006)은 신경망을 일부 자세하게 베이즈적 관점과 함께 논의한다 (MacKay, 1992; Neal, 1996). 서포트벡터머신(12장) 또한 앙상블 방법으로 간주할 수 있다. 이들은 고차원 특성 공간에서 L_2 정칙화된 모델 적합을 수행한다. 부스팅과 라쏘는 고차원성을 극복하기 위해 L_1 정칙화를 통해 희박성을 활용하는 한편, SVM은 L_2 정칙화의 "커널 기법" 특성에 의존한다.

C5.0(Quinlan, 2004)은 상용의 트리 및 규칙 생성 패키지로, Rulefit과 일부 공통적인 목표를 가진다.

주로 "분류기 결합"이라고 부르는 방대하고 다양한 문헌이 존재한다. 이들은 더 나은 성능을 달성하도록 하는 서로 다른 형태의 혼합 방법을 위한 많은 애드혹적ad-hoc 체계를 가진다. 원칙에 입각한 접근법은 키틀러 외(Kittler et al., 1998)를 보라.

연습 문제

연습 16.1 16.2.3절의 시뮬레이션에 쓰인 블록 상관된 데이터를 정확히 어떻게 생성하는지 설명해보라.

연습 16.2 $\alpha(t) \in \mathbb{R}^p$가 조각별 미분 가능이며 연속적인 계수 프로파일을 가지고, $\alpha(0) = 0$이라 해보자. 시간 0에서 t까지 α의 L_1 호의 길이는 다음과 같이 정의된다.

$$\Lambda(t) = \int_0^t |\dot{\alpha}(t)|_1 dt \tag{16.16}$$

$\Lambda(t) \geq |\alpha(t)|_1$이고, $\alpha(t)$가 오직 단조일 때만 상등함을 보여라.

연습 16.3 방정식 (16.14)에서 규칙 1, 4, 5, 6을 사용해 선형회귀모델을 적합시키면 이 트리에 해당하는 회귀 트리와 같은 적합을 내어준다는 것을 보여라. 만일 로지스틱회귀모델이 적합된다면, 분류에서도 이와 같음을 보여라.

연습 16.4 그림 16.2에서 설명한 시뮬레이션 연구를 프로그램하고 실행해보라.

17
무향 그래프 모델

17.1 개요

그래프는 정점(노드)의 집합과 함께 정점의 일부 쌍을 잇는 간선의 집합으로 돼 있다. 그래프 모델에서 각 정점은 확률변수를 나타내며 그래프는 확률변수의 전체 집합의 결합 분포를 이해하는 시각적 방법을 제공한다. 이들은 비지도 혹은 지도 학습 모두에 유용할 수 있다. 무향 그래프$^{undirected\ graph}$에서 간선은 방향 화살표가 없다. 우리의 논의는 또한 마코프 확률장$^{Markov\ random\ fields}$ 혹은 마코프 네트워크$^{Markov\ networks}$라고 알려진 무향 그래프 모델로 제한한다. 이 그래프에서 두 정점 사이에 간선이 없다는 것은 특별한 의미를 지닌다. 해당 확률변수는 다른 변수가 주어졌을 때, 조건부 독립이라는 것이다.

그림 17.1은 삭스 외(Sachs et al., 2005)에서 가져온, $N = 7,466$개 세포에서 측정된 $p = 11$개 단백질의 유세포$^{flow-cytometry}$ 데이터셋을 위한 그래프 모델의 예제를 보여준다. 그래프 내 각 정점은 단백질의 실수값으로 표현된 수준에 해당한다. 네트워크 구조는 17장 후반부에 논의하는 그래프 라쏘 과정을 사용해 다변량 가우스 분포를 가정해 추정됐다.

희박 그래프는 상대적으로 적은 숫자의 간선을 가지며, 해석이 용이하다. 이들은 유전체학과 단백질체학 등 다양한 도메인에서 유용하며, 세포의 경로에 관한 대략적인 모델을 제공한다. 그래프적 모델의 구조를 정의하고 이해하는 데 상당한 작업이 이뤄져왔다. 참고문헌을 보라.

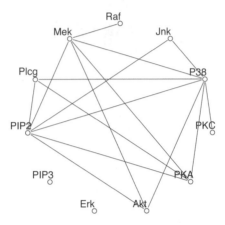

그림 17.1 $N = 7{,}466$개 세포에서 측정된 $p = 11$개 단백질의 유세포(flow-cytometry) 데이터셋으로부터 추정된 희박 그래프 모델의 예제. 네트워크 구조가 17장에서 논의하는 그래프 라쏘 과정을 사용해 추정됐다.

앞으로 보겠지만, 그래프의 간선은 해당 정점에서의 확률변수 사이의 조건부 의존성의 힘을 인코딩하는 값 혹은 포텐셜potentials로 매개변수화된다. 그래프 모델로 작업할 때 주요한 어려움으로는 모델의 선택(그래프의 구조를 선택하는 것), 데이터로부터 간선 매개변수의 추정과 주변 간선 확률 및 기댓값을 이들의 결합 분포로부터 계산하는 것이 있다. 마지막 두 과제는 때때로 컴퓨터과학 문헌에서 학습learning 및 추론inference이라 부른다.

우리는 이러한 흥미로운 분야에 관해 포괄적으로 다루려 하지는 않는다. 대신 몇몇 기본 개념을 소개하고, 그 뒤 무향 그래프 모델의 매개변수와 구조를 추정하기 위한 몇 가지 단순한 방법을 논의한다. 이 기술과 연관된 방법들은 이 책에서 이미 논의한 바 있다. 연속적인 값과 이산 값으로 된 정점을 위해 제시하는 추정 접근법이 서로 다르므로, 이들을 개별적으로 다룬다. 17.3.1절과 17.3.2절은 그래프 모델 추정을 위한 새로운 회귀 기반 과정을 설명하므로 특히 흥미로울 것이다.

유향 그래프 모델directed graphical models 혹은 베이즈 네트워크Bayesian networks에 관한 많은 활동적인 문헌이 존재한다. 이들은 간선이 방향 화살표(그러나 방향 있는 순환은 없는)인 그래프 모델이다. 유향 그래프 모델은 조건부 분포의 곱의 요인이 될 수 있는 확률 분포를 나타내며, 인과적 해석을 할 수 있는 잠재성을 가진다. 무향 및 유향 그래프 모두의 간단한 개요를 위해서 와서맨(Wasserman, 2004)을 참조하길 바란다. 다음 절은 와서맨의 논문의 18장을 따라간다. 17장 후반부의 참고문헌에 유용한 레퍼런스에 관한 더 긴 리스트가 있다.

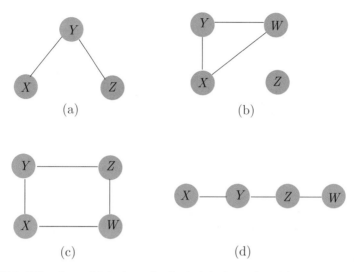

그림 17.2 무향 그래프 모델 혹은 마코프 네트워크의 예제. 각 노드 혹은 정점은 확률변수를 그리고 두 노드 간 간선이 없다는 것은 조건부 독립을 가리킨다. 예를 들면 그래프 (a)에서, X와 Z는 Y가 주어졌을 때 조건부 독립이다. 그래프 (b)에서 Z는 X, Y, W에 관해 독립이다.

17.2 마코프 그래프 및 이들의 속성

이 절에서 그래프의 기본 속성을 확률변수 집합의 결합 분포를 위한 모델로 논의한다. (a) 데이터로부터 간선 매개변수의 매개변수화 및 추정 및 (b) 그래프의 토폴로지의 추정에 관한 논의는 다른 절로 미룬다.

그림 17.2는 무향 그래프의 네 가지 예제를 보여준다. 그래프 G는 쌍 (V, E)로 돼 있으며, V는 정점의 집합이고 E는 (정점의 쌍으로 정의된) 간선의 집합이다. 두 정점 X와 Y는 이들을 잇는 간선이 존재하면 인접하다adjacent고 부른다. 이는 $X - Y$로 표기한다. 경로 $X_1, X_2, ..., X_n$는 이어진 정점의 집합으로, 즉 $X_{i-1} - X_i$, $i = 2, ..., n$이다. 완전 그래프complete graph는 정점의 모든 쌍이 간선으로 이어진 그래프다. 부분그래프subgraph $U \in V$는 정점과 함께 이들의 간선의 부분집합이다. 예

를 들면 그림 17.2(a)의 (X, Y, Z)는 경로를 구성하지만 완전 그래프는 아니다.

정점 집합 V가 결합분포 P를 가지는 확률변수의 집합을 나타내는 그래프 $\mathcal{G}$가 있다고 해보자. 마코프 그래프 $\mathcal{G}$에서, 간선의 부재는 다른 정점에서의 변수가 주어졌을 때 해당 확률변수가 조건부 독립임을 의미한다. 이는 다음 표기법으로 표현한다.

$$X와 \ Y를 \ 잇는 \ 간선이 \ 없음 \iff X \perp Y | \text{rest(나머지)} \qquad (17.1)$$

이때 "나머지rest"는 그래프 내 다른 모든 정점을 뜻한다. 예를 들어 그림 17.2(a)에서 $X \perp Z | Y$이다. 이는 $\mathcal{G}$에 관한 또한 쌍별 마코프 독립성pairwise Markov independencies 이라고 알려져 있다.

만일 A, B와 C가 부분그래프subgraph라고 할 때, A와 B 사이의 모든 경로가 C에서의 노드를 교차한다면 C는 A와 B를 분리한다separate고 말한다. 예를 들어 그림 17.2(a)와 (b)에서 Y가 X와 Z를 분리하며, (d)에서 Z가 Y와 W를 분리한다. 그림 17.2(b)에서 Z는 X, Y, W에 연결돼 있지 않으므로, 두 집합이 공집합에 의해 분리된다고 말한다. 그림 17.2(c)에서 $C = \{X, Z\}$가 Y와 W를 분리한다.

분리자separator는 그래프를 조건부 독립적인 조각으로 쪼개는 좋은 속성을 가진다. 특히 부분그래프 A, B와 C로 된 마코프 그래프 $\mathcal{G}$에서

$$만일 \ C가 \ A와 \ B를 \ 분리한다면 \ A \perp B | C이다. \qquad (17.2)$$

이들은 $\mathcal{G}$의 전역 마코프 속성global Markov properties이라 부른다. 알고 보면 그래프의 쌍별 그리고 전역 마코프 속성은 동등하다(양의 분포를 가지는 그래프에 관해). 즉 연관된 확률분포가 쌍별 마코프 독립성과 전역 마코프 가정을 만족시키는 그래프의 집합은 같다. 이 결과는 단순한 쌍별 속성으로부터 전역 독립성 관계를 추론하는 데 유용하다. 예를 들어 그림 17.2(d)에서 $X \perp Z | \{Y, W\}$인데, 이는 마코프 그래프이고 X와 Z를 잇는 연결이 없기 때문이다. 그러나 Y는 또한 Z와 W로부터 X를 분리하므로 전역 마코프 가정에 의해 $X \perp Z | Y$ 그리고 $X \perp W | Y$라고 결론 내릴 수 있다. 이와 비슷하게 $Y \perp W | Z$다.

전역 마코프 속성은 그래프를 더 작고 더 다루기 쉬운 조각으로 분해할 수 있게 해주므로 연산과 해석에서 필수적인 단순함이 된다. 이러한 목적으로 우리는 그래프를 클리크로 나눈다. 클리크cliques는 서로 모두 인접한 정점의 집합인, 완전한 부분그래프다. 만일 클리크이고 다른 정점을 추가할 수가 없으며 여전히 클리크를 내놓는다면 이는 극대maximal라 한다. 그림 17.2의 극대 클리크는

(a) {*X*, *Y*}, {*Y*, *Z*},

(b) {*X*, *Y*, *W*}, {*Z*},

(c) {*X*, *Y*}, {*Y*, *Z*}, {*Z*, *W*}, {*X*, *W*}

(d) {*X*, *Y*}, {*Y*, *Z*}, {*Z*, *W*}

이다.

다음이 연속적인 그리고 이산적인 분포 모두에 적용됨에도, 대부분의 전개는 후자를 위한 것이다. 마코프 그래프 $\mathcal{G}$에 관한 확률밀도함수 f는 다음으로 표현할 수 있다.

$$f(x) = \frac{1}{Z} \prod_{C \in \mathcal{C}} \psi_C(x_C) \tag{17.3}$$

이때 $\mathcal{C}$는 극대 클리크의 집합이며, 양의 함수 $\psi_C(\cdot)$는 클리크 포텐셜clique potentials이라고 부른다. 이들은 일반적으로 밀도함수[1]가 아니며, 오히려 특정 인스턴스 x_C를 다른 것보다 높게 점수화함으로써 X_C에서의 의존성을 포착하는 친밀성affinity이다. 양quantity은 정규화 상수이며, 또한 분할함수라 부른다.

$$Z = \sum_{x \in \mathcal{X}} \prod_{C \in \mathcal{C}} \psi_C(x_C) \tag{17.4}$$

그렇지 않으면 표현 (17.3)은 곱 내에서 클리크에 의해 정의된 독립성 속성으로 된 그래프를 뜻한다. 이 결과는 양의 분포를 가지는 마코프 네트워크 $\mathcal{G}$에서 유지되며, 또한 해머슬리-클리포드 정리Hammersley-Clifford theorem라 부른다(Hammersley and Clifford, 1971; Clifford, 1990).

그래프에서의 추정과 연산을 위한 많은 방법이 먼저 그래프를 극대 클리프로 분해한다. 연관된 양을 개별 클리프에서 계산하고, 그 뒤 전체 그래프에 관해 누적시킨다. 그래프의 결합 분포로부터 주변 확률 그리고 저차수 확률을 계산하기 위한 이음 트리join tree 혹은 접합 트리junction tree 알고리즘이 주목할 만한 예제다. 자세한 내용은 펄(Pearl, 1986), 로리첸과 스피겔하터(Lauritzen and Spiegelhalter, 1988), 펄(Pearl, 1988), 셰노이와 샤퍼(Shenoy and Shafer, 1988), 젠센 외(Jensen et al., 1990), 아니면 콜러와 프리드먼(Koller and Friedman, 2007)을 참고하라.

---

1 만일 클리크가 분리돼 있으면 포텐셜은 밀도가 될 수 있지만 이러한 경우가 일반적이진 않다.

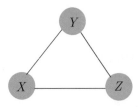

그림 17.3 완전 그래프는 변수의 결합분포 내 유일한 고차 의존성 구조를 고유하게 구체화시키지 않는다.

그래프 모델이 항상 결합확률분포의 고유한 고차 의존성 구조를 구체화시키는 것은 아니다. 그림 17.3에서의 완전한 노드 3개 그래프를 고려해보자. 이는 다음 분포 중 하나의 의존성 구조를 나타낼 수 있다.

$$
\begin{aligned}
f^{(2)}(x,y,z) &= \tfrac{1}{Z}\psi(x,y)\psi(x,z)\psi(y,z) \\
f^{(3)}(x,y,z) &= \tfrac{1}{Z}\psi(x,y,z)
\end{aligned}
\tag{17.5}
$$

첫 번째는 오직 이차 의존성만을 구체화시킨다(그리고 더 적은 매개변수로 나타낼 수 있다). 이산 데이터를 위한 그래프 모델은 다원분할표를 위한 로그선형 모델 loglinear models for multiway contingency tables의 특별한 경우다(예를 들면 비숍 외(1975)). 그러한 언어 내에서 $f^{(2)}$는 "이차 교호작용이 없는" 모델처럼 나타낸다.

17장의 나머지에서는 쌍별 마코프 그래프pairwise Markov graphs(Koller and Friedman, 2007)에 집중한다. 여기에는 각 간선(앞의 $f^{(2)}$에서와 같이 변수의 쌍)을 위한 포텐셜 함수가 있으며, 최대로 이차 교호작용을 표현시킨다. 이들은 매개변수 측면에서 더욱 인색하므로 작업하기가 더 쉬우며, 그래프 구조가 암시하듯 최소한의 복잡성을 제공한다. 연속형 및 이산 데이터 둘 다를 위한 모델은, 간선 집합에서 나타나는 변수의 쌍별 주변분포만의 함수다.

17.3 연속형 변수를 위한 무향 그래프 모델

여기서는 모든 변수가 연속형인 마코프 네트워크를 고려한다. 가우스 분포는 이러한 그래프 모델에서 거의 항상 쓰이는데, 분석적 속성이 편리하기 때문이다. 관측치가 평균이 μ이고 공분산행렬이 Σ인 다변량 가우스 분포를 가진다고 가정한다. 가우스 분포가 적어도 이차적 관계를 나타내므로, 쌍별 마코프 그래프를 자동적으로 인코딩한다. 그림 17.1의 그래프는 가우스 그래프 모델의 예제다.

가우스 분포는 모든 조건부 분포 또한 가우스라는 속성을 가진다. 공분산행렬의 역행렬 Σ^{-1}는 변수 사이의 부분 공분산partial covariances에 관한 정보를 포함한다. 즉 다른 모든 변수를 조건부로 하는, i와 j 쌍 사이의 공분산을 말한다. 특히 $\Theta = \Sigma^{-1}$의 ij번째 성분이 영이라면, 변수 i와 j는 다른 변수들이 주어졌을 때 조건부 독립이다(연습 17.3).

변수 하나의 다른 나머지에 관한 조건부 분포를 살펴보면 유익하며, 이때 Θ의 역할은 명시적이다. $X = (Z, Y)$를 분할한다고 하자. 이때 $Z = (X_1, ..., X_{p-1})$는 첫 번째 $p-1$개 변수 그리고 X_p가 그 나머지다. 그러면 Z가 주어졌을 때 Y의 조건부 분포는(예를 들면 마르디아 외(1979)) 다음과 같다.

$$Y|Z = z \sim N\left(\mu_Y + (z - \mu_Z)^T \Sigma_{ZZ}^{-1}\sigma_{ZY},\ \sigma_{YY} - \sigma_{ZY}^T \Sigma_{ZZ}^{-1}\sigma_{ZY}\right) \quad (17.6)$$

이때 분할된 Σ는 다음과 같다.

$$\Sigma = \begin{pmatrix} \Sigma_{ZZ} & \sigma_{ZY} \\ \sigma_{ZY}^T & \sigma_{YY} \end{pmatrix} \quad (17.7)$$

(17.6)에서의 조건부 평균은 회귀계수가 $\beta = \Sigma_{ZZ}^{-1}\sigma_{ZY}$인 Z에 관한 Y의 모 다중 선형회귀와 정확히 같은 꼴을 가진다[(2.16)을 보라]. Θ를 같은 방식으로 분할하면 $\Sigma\Theta = I$이므로 분할된 역행렬의 표준 공식은 다음을 내어준다.

$$\theta_{ZY} = -\theta_{YY} \cdot \Sigma_{ZZ}^{-1}\sigma_{ZY} \quad (17.8)$$

이때 $1/\theta_{YY} = \sigma_{YY} = \sigma_{ZY}^T \Sigma_{ZZ}^{-1}\sigma_{ZY} > 0$이다. 따라서 다음과 같다.

$$\begin{aligned} \beta &= \Sigma_{ZZ}^{-1}\sigma_{ZY} \\ &= -\theta_{ZY}/\theta_{YY} \end{aligned} \quad (17.9)$$

여기서 두 가지를 배울 수 있다.

- (17.6)에서 Z에 관한 Y의 의존성은 평균 항mean term 내에만 있다. 여기서 β 내에서 그러한 영인 요소를 명시적으로 볼 수 있으며, 따라서 θ_{ZY}는 Z의 해당 요소가 나머지가 주어졌을 때 Y의 조건부 독립임을 뜻한다.
- 다변량 선형회귀를 통해 이러한 의존성 구조에 관해 배울 수 있다.

그러므로 Θ는 나머지가 주어졌을 때 각 노드의 조건부 분포를 설명하는데 필요한 이차적 정보(구조적 및 계량적인 둘 다) 모두를 포착하며, 이는 가우스 그래프

모델의 "자연natural" 매개변수라고 부른다.[2]

또 하나 (다른) 종류의 그래프 모델은 공분산 그래프covariance graph 아니면 적절성 네트워크relevance network로, 여기서 정점은 해당 변수 사이의 공분산(부분 공분산이라기보다는)이 영이 아니라면 양방향 간선에 의해 연결된다. 이들은 유전체학에서 인기가 있다. 특히 부테 외(Butte et al., 2000)를 보라. 이들 모델로부터의 음의 로그 가능도는 볼록이 아니며, 연산을 더 어렵게 만든다(Chaudhuri et al., 2007).

17.3.1 그래프 구조가 알려져 있을 때 매개변수의 추정

X의 실현값이 일부 주어졌을 때, 이들의 결합 분포를 근사하는 무향 그래프의 매개변수를 추정하고자 한다. 먼저 그래프가 완전하다고 (즉 완전히 연결됐다고) 해보자. 모평균 μ와 공분산 Σ을 가지는 N개의 다변량 정규 실현값 x_i, $i = 1, ..., N$이 있다고 해보자. 다음 식이 표본 평균 벡터가 $\bar{x}$인 경험적empirical 공분산 행렬이라 하자.

$$\mathbf{S} = \frac{1}{N} \sum_{i=1}^{N} (x_i - \bar{x})(x_i - \bar{x})^T \tag{17.10}$$

상수를 무시하면 데이터의 로그 가능도는 다음처럼 쓸 수 있다.

$$\ell(\mathbf{\Theta}) = \log \det \mathbf{\Theta} - \text{trace}(\mathbf{S\Theta}) \tag{17.11}$$

(17.11)에서 평균 매개변수 μ에 관해 부분적으로 최대화를 시킨다. 양 $-\ell(\mathbf{\Theta})$는 $\mathbf{\Theta}$의 볼록함수다. Σ의 최대가능도 추정값이 단순히 $\mathbf{S}$라는 것은 쉽게 보일 수 있다.

이제 그래프를 더욱 유용하게 만들기 위해 (특히 고차원 설정에서) 일부 간선이 없다고 해보자. 예를 들어 그림 17.1에서 PIP3와 Erk 사이의 간선이 없어진 몇몇 간선 중 하나다. 앞서 보았듯이, 가우스 분포에 관해 이는 $\mathbf{\Theta} = \Sigma^{-1}$의 해당 항목이 영임을 뜻한다. 따라서 매개변수의 일부 사전 정의된 부분집합이 영이라는 제한하에서 (17.11)을 최대화하고자 한다. 이는 상등-제약된equality-constrained 볼록 최적화 문제이며, 이를 푸는데 특히 반복적 비례 적합 과정iterative proportional fitting

---

2 가우스 그래프 모델로부터 나오는 분포는 위샤트(Wishart) 분포다 이는 정준 매개변수 혹은 "자연" 매개변수 $\mathbf{\Theta} = \Sigma^{-1}$를 가지는 지수족에 속한다. 물론 부분 최대화 로그 가능도 (17.11)는 (상수에 무관하게) 위샤트 로그 가능도다.

^{procedure}(Speed and Kiiveri, 1986)과 같이 여러 방법들이 제안돼왔다. 이것 그리고 다른 방법들은 예를 들면 휘태커(1990)와 루리첸(1996)에 요약돼 있다. 이들 방법은 이전 절에서 설명한 바와 같이 그래프를 극대 클리크로 분해하는 것에서 나온 단순화를 활용한다. 여기서는 다른 방법으로 희박성을 활용하는 다른 단순한 접근법을 개략적으로 설명한다. 이 접근법의 알맹이는 그래프 구조의 추정 문제를 논의할 때 명백해질 것이다.

이 개념은 (17.6)과 (17.9)에서 영감을 받은 것과 같이 선형회귀에 근거한다. 특히 주어진 정점 i에 이어진 정점에 관해 간선 매개변수 θ_{ij}를 추정하고자 한다고 해보자. 이들 간선이 영으로 이어지지 않는다고 제약을 가한다. 그러면 이는 다른 적절한 정점에 관한 노드 i의 선형회귀가 적정한 추정값을 제공할 수도 있는 것으로 볼 수 있다. 그러나 이는 이러한 회귀 내 예측변수 사이의 의존성 구조를 무시한다. 만일 우리의 회귀를 수행할 때 예측변수의 교적행렬$^{cross-product\ matrix}$에 관한 현재 (모델 기반) 추정값을 대신 사용한다면 이는 올바른 해를 내주며 바로 제약된 최대-가능도 문제를 푼다는 것으로 드러난다. 이제 자세히 설명한다.

로그 가능도 (17.11)을 제약시키려면 모든 비어 있는 간선에 라그랑주 상수를 추가한다.

$$\ell_C(\boldsymbol{\Theta}) = \log \det \boldsymbol{\Theta} - \mathrm{trace}(\mathbf{S}\boldsymbol{\Theta}) - \sum_{(j,k)\notin E} \gamma_{jk}\theta_{jk} \tag{17.12}$$

(17.12)를 최대화하는 기울기 방정식은 로그 행렬식 $\boldsymbol{\Theta}$의 도함수가 $\boldsymbol{\Theta}^{-1}$와 같다는 사실을 사용해(Boyd and Vandenberghe, 2004) 다음과 같이 쓸 수 있다.

$$\boldsymbol{\Theta}^{-1} - \mathbf{S} - \boldsymbol{\Gamma} = \mathbf{0} \tag{17.13}$$

$\boldsymbol{\Gamma}$는 간선이 없는 모든 쌍을 위한 영이 아닌 값으로 된 라그랑주 매개변수의 행렬이다.

어떻게 회귀를 사용해 한 번에 한 행과 열씩 $\boldsymbol{\Theta}$ 및 역행렬 $\mathbf{W} = \boldsymbol{\Theta}^{-1}$를 푸는지 보여주겠다. 단순함을 위해 마지막 행과 열에만 집중하자. 그러면 방정식 (17.13)의 위 오른쪽 블록은 다음과 같이 쓸 수 있다.

$$w_{12} - s_{12} - \gamma_{12} = 0 \tag{17.14}$$

여기서 행렬을 (17.7)과 같이 두 부분으로 분할했다. 부분 1은 첫 번째 $p-1$ 행과 열이고, 부분 2는 p번째 행과 열이다. $\mathbf{W}$ 및 이것의 비슷한 방식으로 분할된 역행렬 Θ로, 다음의 식을 갖는다.

$$\begin{pmatrix} \mathbf{W}_{11} & w_{12} \\ w_{12}^T & w_{22} \end{pmatrix} \begin{pmatrix} \Theta_{11} & \theta_{12} \\ \theta_{12}^T & \theta_{22} \end{pmatrix} = \begin{pmatrix} \mathbf{I} & 0 \\ 0^T & 1 \end{pmatrix} \qquad (17.15)$$

이는 다음을 의미한다.

$$w_{12} = -\mathbf{W}_{11}\theta_{12}/\theta_{22} \qquad (17.16)$$
$$= \mathbf{W}_{11}\beta \qquad (17.17)$$

이때 (17.9)에서와 같이 $\beta = -\theta_{12}/\theta_{22}$이다. 이제 (17.17)을 (17.14)에 대입하면 (17.18)과 같이 나온다.

$$\mathbf{W}_{11}\beta - s_{12} - \gamma_{12} = 0 \qquad (17.18)$$

이들은 관측된 교적행렬 $\mathbf{S}_{11}$가 모델로부터 현재 추정된 공분산행렬 $\mathbf{W}_{11}$로 대체된 것을 제외하고, X_p의 다른 예측변수에 관한 제약된 회귀를 위한 $p-1$개 추정 방정식으로 해석할 수 있다.

이제 (17.18)을 단순한 부분집합 회귀를 통해 풀 수 있다. γ_{12} 내에 $p-q$개의 영이 아닌 요소가 있다고 해보자. 즉 영이 되도록 제약된 $p-q$개 간선이다. 이들 $p-q$행은 정보가 없으며 제거할 수 있다. 게다가 $p-q$개 0 요소를 제거함으로써 β를 $\hat{\beta}^*$로 줄일 수 있으며, 이는 해가 $\beta^* = \mathbf{W}_{11}^{*\,-1} s_{12}^*$인 축소된 $q \times q$ 방정식 시스템을 내준다.

$$\mathbf{W}_{11}^* \beta^* - s_{12}^* = 0 \qquad (17.19)$$

이는 $\hat{\beta}$을 내주도록 $p-q$개의 영으로 덧붙인다.

(17.16)으로부터 보면 척도 인자 $1/\theta_{22}$에 무관하게 오직 요소 θ_{12}만을 되찾을 수 있는 것으로 보임에도,

$$\frac{1}{\theta_{22}} = w_{22} - w_{12}^T \beta \qquad (17.20)$$

를 쉽게 보일 수 있다(분할된 역 공식을 사용해). 또한 (17.13)에서 $\mathbf{\Gamma}$의 대각요소가 영이므로, $w_{22} = s_{22}$이다.

이는 $\hat{\mathbf{W}}$ 및 이것의 역행렬 $\hat{\Theta}$을 간선이 결측됐다는 제약을 따르도록 추정하는 알고리즘 17.1에서 주어진 단순한 반복 과정이 된다.

이 알고리즘은 개념적인 의미를 만듦을 주지하라. 그래프 추정 문제는 p개의 분리된 회귀 문제라기보다는, p개의 결합된 문제다. 단계 (b)에서 관측된 교적행렬의 위치에 공통의 $\mathbf{W}$를 사용하는 것은, 문제를 적절한 방식으로 함께 결합시킨다. 놀랍게도 논문에서 이 과정을 찾을 수가 없었다. 그러나 이는 뎀스터 (Dempster, 1972)의 공분산 선택 과정과 연관돼 있으며, 차우두리 외(Chaudhuri et al., 2007)가 제안한 공분산 그래프를 위한 반복적인 조건부 적합과 매우 유사한 특색을 가진다.

알고리즘 17.1 알려진 구조를 가지는 무향 가우스 그래프 모델의 추정을 위한 수정된 회귀 알고리즘

1. $\mathbf{W} = \mathbf{S}$로 초기화시킨다.
2. 수렴할 때까지 $j = 1, 2, \ldots, p$로 반복시킨다.
   (a) 행렬 $\mathbf{W}$를 부분 1: j번째 행과 열을 제외한 모두, 부분 2: j번째 행과 열로 분할한다.
   (b) (17.19)에서와 같이 방정식의 축소된 시스템을 사용해 $\mathbf{W}_{11}^{*}\beta^{*} - s_{12}^{*} = 0$ 를 비제약 간선 매개변수 β^{*}에 관해 푼다. $\hat{\beta}$에 적절한 위치에 영을 붙여 $\hat{\beta}^{*}$를 얻는다.
   (c) $w_{12} = \mathbf{W}_{11}\hat{\beta}$를 업데이트한다
3. 마지막 주기에서 (각 j에 관해) $1/\hat{\theta}_{22} = s_{22} - w_{12}^{T}\hat{\beta}$로 $\hat{\theta}_{12} = -\hat{\beta} \cdot \hat{\theta}_{22}$를 푼다.

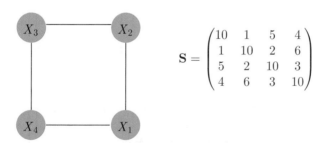

$$\mathbf{S} = \begin{pmatrix} 10 & 1 & 5 & 4 \\ 1 & 10 & 2 & 6 \\ 5 & 2 & 10 & 3 \\ 4 & 6 & 3 & 10 \end{pmatrix}$$

그림 17.4 보여주기를 위한 단순한 그래프로, 경험적 공분산 행렬이 함께 있다.

여기에 휘태커(1990)로부터 가져온 작은 예제가 있다. 우리의 모델이 그림 17.4 에 경험적 공분산 행렬 S와 함께 묘사돼 있다고 해보자. 알고리즘 (17.1)을 이 문제에 적용한다. 예를 들면 단계 (b)에서의 변수 1에 관한 수정된 회귀에서, 변수 3을 빼놓는다. 이 과정은 빠르게 해로 수렴한다.

$$\hat{\Sigma} = \begin{pmatrix} 10.00 & 1.00 & 1.31 & 4.00 \\ 1.00 & 10.00 & 2.00 & 0.87 \\ 1.31 & 2.00 & 10.00 & 3.00 \\ 4.00 & 0.87 & 3.00 & 10.00 \end{pmatrix} \quad \hat{\Sigma}^{-1} = \begin{pmatrix} 0.12 & -0.01 & 0.00 & -0.05 \\ -0.01 & 0.11 & -0.02 & 0.00 \\ 0.00 & -0.02 & 0.11 & -0.03 \\ -0.05 & 0.00 & -0.03 & 0.13 \end{pmatrix}$$

결측 간선 (1,3)과 (2,4)에 해당하는 $\hat{\Sigma}^{-1}$에서의 영들을 주지하라. 또한 $\hat{\Sigma}$에서의 해당 요소가 S와 다른 유일한 요소임을 주지하라. $\hat{\Sigma}$의 추정은 때때로 S의 양의 정부호 "완전^{completion}" 행렬이라 부르는 것의 예시다.

17.3.2 그래프 구조의 추정

대부분의 경우 그래프로부터 어떤 간선을 생략할지 모르며, 이를 데이터 그 자체로부터 발견해내고자 시도하려 한다. 최근 몇 년 동안 다수의 저자들이 이 목적으로 L_1(라쏘) 정칙화를 사용하는 것을 제안했다.

마인스하우젠과 뷜만(Meinshausen and Bühlmann, 2006)은 문제에 단순한 접근법을 취한다. 이들은 Σ 아니면 $\Theta = \Sigma^{-1}$를 완전하게 추정하려 하는 대신에, 오직 어떤 성분 θ_{ij}가 영이 아닌지 추정한다. 이를 위해 이들은 각 변수를 반응변수로, 그 나머지는 예측변수로 사용해 라쏘회귀를 적합시킨다. 그 뒤 성분 θ_{ij}는 변수 j에 관한 변수 i의 추정된 계수가 영이 아니거나, 아니면^{OR} 변수 i에 관한 변수 j의 추정된 계수가 영이 아니라면, 영이 아닌 것으로 추정된다(이들은 아니면 '그리고^{AND}' 규칙을 사용한다). 이들은 이 과정이 점근적으로 Θ의 영이 아닌 요소의 집합을 일관적으로 추정한다는 것을 보여준다.

이전 절에서 개발한 것을 따라 라쏘 벌점으로 더욱 체계적인 접근법을 취할 수 있다. 벌점 로그 가능도를 최대화하는 것을 고려해보자.

$$\log \det \Theta - \operatorname{trace}(\mathbf{S}\Theta) - \lambda\|\Theta\|_1 \tag{17.21}$$

이때 $\|\Theta\|_1$는 L_1 노름으로, Σ^{-1}의 요소의 절댓값을 합한 것이며, 상수는 무시했다. 이러한 벌점 가능도의 음^{negative}은 Θ의 볼록함수다.

알고 보면 라쏘를 적용해 벌점화된 로그 가능도의 정확한 최대화자를 내주는 것이 가능하다. 특히 단순히 알고리즘 17.1에서의 수정된 회귀 단계 (b)를 수정된 라쏘 단계로 바꾼다. 자세한 내용은 다음과 같다.

이제 기울기 방정식 (17.13)은 유사하게 다음이 된다.

$$\Theta^{-1} - \mathbf{S} - \lambda \cdot \mathrm{Sign}(\Theta) = 0 \qquad (17.22)$$

여기서는 부분-기울기$^{\text{sub-gradient}}$ 표기법을 사용하는데, 만일 $\theta_{jk} \neq 0$이라면 $\mathrm{Sign}(\theta_{jk}) = \mathrm{sign}(\theta_{jk})$이고, 그렇지 않고 $\theta_{jk} = 0$라면 $\mathrm{Sign}(\theta_{jk}) \in [-1, 1]$이 된다. 이전 절의 전개를 계속하면, (17.18)은 유사하게 다음과 같이 된다(β와 θ_{12}가 반대 부호를 가진다는 것을 상기하라).

$$\mathbf{W}_{11}\beta - s_{12} + \lambda \cdot \mathrm{Sign}(\beta) = 0 \qquad (17.23)$$

이제 이 시스템이 정확히 라쏘회귀를 위한 추정 방정식과 동등함을 볼 수 있을 것이다.

결과 변수 $\mathbf{y}$와 예측변수행렬 $\mathbf{Z}$로 된 통상의 회귀 설정을 고려해보자.

여기서 라쏘는

$$\tfrac{1}{2}(\mathbf{y} - \mathbf{Z}\beta)^T(\mathbf{y} - \mathbf{Z}\beta) + \lambda \cdot \|\beta\|_1 \qquad (17.24)$$

를 최소화시킨다[(3.52)를 보라. 편의를 위해 인자 $\tfrac{1}{2}$을 추가했다]. 이 식의 기울기는 다음과 같다.

$$\mathbf{Z}^T\mathbf{Z}\beta - \mathbf{Z}^T\mathbf{y} + \lambda \cdot \mathrm{Sign}(\beta) = 0 \qquad (17.25)$$

따라서 인자 $1/N$과 무관하게, $\mathbf{Z}^T\mathbf{y}$는 s_{12}와 유사하며, $\mathbf{Z}^T\mathbf{Z}$를 우리의 현재 모델로부터 추정한 교적행렬인 $\mathbf{W}_{11}$로 바꾼다.

결과 과정은 그래프 라쏘라 부르며 프리드먼 외(2008b)가 제안했다. 이는 바너지 외(Banerjee et al., 2008)의 작업을 기반으로 한다. 이는 알고리즘 17.2에 요약돼 있다.

알고리즘 17.2 그래프 라쏘

---

1. $\mathbf{W} = \mathbf{S} + \lambda\mathbf{I}$를 초기화한다. $\mathbf{W}$의 대각은 다음에 무엇이 오더라도 바뀌지 않는다.

2. 수렴할 때까지 $j = 1, 2, \dots p, 1, 2, \dots p, \dots$에 관해 반복한다.

   (a) $\mathbf{W}$ 행렬을 부분 1: j번째 행과 열을 제외한 나머지 그리고 부분 2: j번째 행과 열로 분할한다.

   (b) 수정된 라쏘를 위해 순환적인 좌표-경사 알고리즘 (17.26)을 사용해 추정 방정식 $\mathbf{W}_{11}\beta - s_{12} + \lambda \cdot \mathrm{Sign}(\beta) = 0$을 푼다.

(c) $w_{12} = \mathbf{W}_{11}\hat{\beta}$로 업데이트한다.

3. 마지막 주기에서 (각 j에 관해) $1/\hat{\theta}_{22} = w_{22} - w_{12}^T\hat{\beta}$를 가지고 $\hat{\theta}_{12} = -\hat{\beta} \cdot \hat{\theta}_{22}$를 푼다.

프리드먼 외(2008b)는 경로별 좌표 경사법(3.8.6절)을 사용해 각 단계에서마다 수정된 라쏘 문제를 푼다. 그래프 라쏘 알고리즘을 위한 경로별 좌표 경사법의 자세한 내용은 다음과 같다.

$\mathbf{V} = \mathbf{W}_{11}$라 두면, 업데이트는 $j = 1, 2, ..., p - 1, 1, 2, ..., p - 1, ...$에 관해 다음의

$$\hat{\beta}_j \leftarrow S\Big(s_{12j} - \sum_{k \neq j} V_{kj}\hat{\beta}_k, \lambda\Big)/V_{jj} \qquad (17.26)$$

형식을 가진다. 이때 S는 연-임계치 연산자soft-threshold operator이다.

$$S(x, t) = \text{sign}(x)(|x| - t)_+. \qquad (17.27)$$

과정은 수렴할 때까지 예측변수를 따라 반복된다.

해 행렬 $\mathbf{W}$의 대각 요소 w_{jj}가 단순히 $s_{jj} + \lambda$이며, 이들이 알고리즘 17.2[3]의 1단계에서 고정돼 있음을 쉽게 보일 수 있다.

그래프 라쏘 알고리즘은 엄청나게 빠르며, 1,000개의 노드로 된 적절한 희박 문제를 1분 안에 풀 수 있다. 알고리즘을 간선-특정 벌점 매개변수 λ_{jk}로 쉽게 수정할 수 있다. $\lambda_{jk} = \infty$이면 $\hat{\theta}_{jk}$가 영이 되도록 강제하므로, 이 알고리즘은 알고리즘 17.1을 포함한다. 희박 역-공분산 문제를 일련의 회귀로 캐스팅함으로써, 또한 해를 빠르게 계산하고 해 경로를 벌점 매개변수 λ의 함수로써 조사할 수 있다. 더 자세한 내용은 프리드먼 외(2008b)에서 찾을 수 있다.

---

3 문제 (17.21)의 다른 형식화 또한 취할 수 있다. 이때 Θ의 대각을 벌점화하지 않는다. 그러면 해 행렬의 대각 요소 w_{jj}는 s_{jj}이며, 알고리즘의 나머지는 변함이 없다.

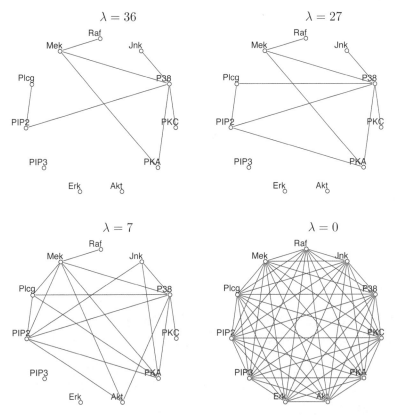

그림 17.5 유세포 데이터에 관한 네 개의 서로 다른 그래프 라쏘 해

그림 17.1은 그래프 라쏘를 유세포 데이터셋에 적용한 결과를 보여준다. 여기서 라쏘 벌점 매개변수 λ는 14로 설정했다. 실제로는 λ를 바꾸면서 얻은 그래프의 서로 다른 집합을 조사하는 것이 정보에 도움이 된다. 그림 17.5는 네 개의 서로 다른 해를 보여준다. 벌점 매개변수가 커짐에 따라 그래프가 더욱 희박해진다.

마지막으로 그래프 모델 내 일부 노드의 값들이 비관측일 수 있다는 것을 주지하라. 즉 결측이거나 숨겨진 것이다. 만일 노드에서 일부 값들만이 결측이라면, EM 알고리즘을 사용해 결측값을 대체시킬 수 있다(연습 17.9). 그러나 때때로 전체 노드가 숨겨져 있거나 잠재적인latent 경우가 있다. 선형성 덕분에 단순히 결측된 노드에 걸쳐 평균함으로써 관측된 노드에 걸쳐 다른 가우스 모델을 내줄 수 있다. 따라서 은닉 노드를 포함시키는 것은 관측된 노드를 위한 결과 모델의 질을 높이지 않는다. 사실 이는 공분산 행렬에 추가적인 구조를 가한다. 그러나 (다음에 설명하는) 이산 모델에서는 내재적인 비선형성이 은닉 유닛을 모델을 확장하는 강력한 방법으로 만들어준다.

17.4 이산변수를 위한 무향 그래프 모델

모든 변수가 이산형인 무향 마코프 네트워크는 인기가 있으며, 특히 이항변수로 된 쌍별 마코프 네트워크는 가장 일반적인 것이 되고 있다. 때때로 통계역학 논문에서 이징 모델Ising model 그리고 머신러닝 논문에서는 볼츠만 머신Boltzmann machines이라 부른다. 이때 정점은 "노드node" 혹은 "유닛unit"이라 부르며 이항 값이다.

추가로 각 노드에서의 값은 관측되거나("가시적인visible") 혹은 관측되지 않을 수 있다("은닉된hidden"). 노드는 자주 신경망과 유사하게 층으로 조직화된다. 볼츠만 머신은 비지도 및 지도 학습 모두에서 유용하며, 특히 이미지와 같은 구조화된 입력 데이터에서 그러하지만, 연산의 어려움이라는 방해를 받아 왔다. 그림 17.6은 제약 볼츠만 머신(나중에 논의한다)의 그림을 보여주며, 여기서에 몇몇 변수가 은닉돼 있으며, 노드의 일부 쌍은 연결돼 있다. 먼저 모든 p 노드가 가시적인, E에서 열거되는 간선의 쌍 (j, k)를 가지는 단순한 경우를 고려해본다.

노드 j에서의 이항값으로 된 변수를 X_j라 표기하면, 이들의 결합확률을 위한 이징 모델은

$$p(X, \Theta) = \exp\left[\sum_{(j,k) \in E} \theta_{jk} X_j X_k - \Phi(\Theta) \right] \text{ for } X \in \mathcal{X} \qquad (17.28)$$

으로 주어지며, $\mathcal{X} = \{0, 1\}^p$이다. 이전 절에서와 같이 가우스 모델로, 오직 쌍별 교호작용이 모델링된다. 이징 모델은 통계역학에서 개발됐으며 이제 쌍별 교호작용의 결합 효과를 모델링하는 데 더 일반적으로 사용되고 있다. $\Phi(\Theta)$는 분할함수의 로그이며, 다음으로 정의된다.

$$\Phi(\Theta) = \log \sum_{x \in \mathcal{X}} \left[\exp\left(\sum_{(j,k) \in E} \theta_{jk} x_j x_k \right) \right] \qquad (17.29)$$

분할함수는 표본공간에 관해 확률의 합이 1임을 보장한다. 항 $\theta_{jk} X_j X_k$는 (로그) 잠재함수 (17.5)의 특정 매개변수화를 나타내며, 기술적인 이유로 인해 다른 모든 노드와의 "간선edge"이 있는 상수constant 노드 $X_0 \equiv 1$를 포함하는 것을 필요로 한다

(연습 17.10). 통계학 논문에서 이 모델은 개수count의 다원표multiway tables를 위한 일차-교호작용 포아송 로그-선형 모델a first-order-interaction Poisson log-linear model와 동등하다(Bishop et al., 1975; McCullagh and Nelder, 1989; Agresti, 2002).

이징 모델은 각 노드를 위한 다른 노드에 조건부인 로지스틱 형식을 암시한다(연습 17.11).

$$\Pr(X_j = 1 | X_{-j} = x_{-j}) = \frac{1}{1 + \exp(-\theta_{j0} - \sum_{(j,k) \in E} \theta_{jk} x_k)} \qquad (17.30)$$

이때 X_{-j}는 j를 제외한 다른 모든 노드를 뜻한다. 따라서 매개변수 θ_{jk}는 다른 노드에 관해 조건부인 X_k에 관한 X_j의 의존성을 측정한다.

17.4.1 그래프 구조가 알려져 있을 때 매개변수의 추정

이 모델로부터 일부 데이터가 주어져 있을 때 매개변수를 어떻게 추정할 수 있을까? 관측치 $x_i = (x_{i1}, x_{i2}, ..., x_{ip}) \in \{0, 1\}^p$, $i = 1, ..., N$이 있다고 해보자. 로그 가능도는 다음과 같다.

$$\begin{aligned}
\ell(\Theta) &= \sum_{i=1}^{N} \log \Pr_{\Theta}(X_i = x_i) \\
&= \sum_{i=1}^{N} \left[\sum_{(j,k) \in E} \theta_{jk} x_{ij} x_{ik} - \Phi(\Theta) \right] \qquad (17.31)
\end{aligned}$$

로그 가능도의 기울기는 (17.32)와 같다.

$$\frac{\partial \ell(\Theta)}{\partial \theta_{jk}} = \sum_{i=1}^{N} x_{ij} x_{ik} - N \frac{\partial \Phi(\Theta)}{\partial \theta_{jk}} \qquad (17.32)$$

그리고 다음과도 같다.

$$\begin{aligned}
\frac{\partial \Phi(\Theta)}{\partial \theta_{jk}} &= \sum_{x \in \mathcal{X}} x_j x_k \cdot p(x, \Theta) \\
&= \mathrm{E}_{\Theta}(X_j X_k) \qquad (17.33)
\end{aligned}$$

기울기를 영으로 두면 다음과 같이 된다.

$$\hat{E}(X_j X_k) - E_{\Theta}(X_j X_k) = 0 \qquad (17.34)$$

이때 데이터의 경험적 분포에 관해 취한 기댓값 (17.35)를 정의한다.

$$\hat{E}(X_j X_k) = \frac{1}{N} \sum_{i=1}^{N} x_{ij} x_{ik} \qquad (17.35)$$

(17.34)를 보면 최대가능도 추정값이 단순히 노드 사이에서 추정된 내적을 이들의 관측된 내적과 매치시키는 것을 볼 수 있다. 이는 지수족 모델을 위한 점수 (경사) 방정식을 위한 표준 형식으로, 여기서 충분 통계량sufficient statistics은 모델하에서의 이들의 기댓값과 같게 설정된다.

최대가능도 추정값을 찾으려면 기울기 검색 혹은 뉴턴법을 사용할 수 있다. 그러나 $E_{\Theta}(X_j X_k)$의 계산은 X의 가능한 값 $|\mathcal{X}| = 2^p$의 2^{p-2}에 관한 $p(X, \Theta)$의 열거를 수반하며, 이는 일반적으로 p가 크면(예를 들어 30보다 크면) 불가능하다. p가 작으면 표준 통계적 접근법이 가능하다.

- **포아송 로그-선형 모델링**Poisson Log-Linear Modeling: 이때 문제를 큰 회귀 문제로 다룬다(연습 17.12). 반응 벡터 **y**는 데이터[4]의 다원 제표화tabulation에 관한 각 셀에서의 2^p개 개수에 관한 벡터다. 예측량 행렬 **Z**는 각 셀을 특징화하는 2^p개 행과 최대 $1 + p + p^2$개의 열을 갖지만 이 개수는 그래프의 희박성에 따라 다르다. 연산 비용은 근본적으로 이 크기의 회귀 문제의 것과 같은 $O(p^4 2^p)$이며 $p < 20$인 경우 다룰 만하다. 뉴턴 업데이트는 통상적으로 반복적으로 재가중된 최소제곱을 통해 계산하며, 단계의 개수는 주로 한 자리 수 이내다. 자세한 내용은 아그레스티(Agresti, 2002)와 맥쿨라흐와 넬더(McCullagh and Nelder, 1989)를 보라. (R 패키지 glm과 같은) 표준 소프트웨어를 사용해 이 모델을 적합시킬 수 있다.

- **경사 하강**Gradient Descent: 기울기를 계산하는 데 최대 $O(p^2 2^{p-2})$회의 연산을 필요로 하지만, 이차 뉴턴법보다 더 많은 기울기 단계를 필요로 할 수도 있다. 어쨌든 이는 $p \le 30$인 약간 더 큰 문제를 다룰 수 있다. 이들 연산은 접합-트리junction-tree 알고리즘을 사용해, 희박 그래프에서의 특별한 클리크 구조를 활용해 줄일 수 있다. 자세한 내용은 여기서 다루지 않는다.

---

4 각 셀의 개수는 독립 포아송 변수로 취급한다. 전체 개수 N에 조건부화 시킴으로써 (17.28)에 해당하는 다항 모델을 얻는다(이는 또한 이러한 체계하에서 포아송이다).

- **반복적 비율 적합**IPF, Iterative Proportional Fitting: 순환적 좌표 하강을 기울기 방정식 (17.34)에 수행한다. 각 단계에서 기울기 방정식이 정확히 영이 되도록 매개변수를 업데이트한다. 이는 모든 기울기가 영이 될 때까지 순환적인 방식으로 된다. 한 번의 완전한 주기는 하나의 기울기 방정식에서와 같은 비용이 들지만, 더 효율적일 수도 있다. 지뤼섹과 프뤼실(Jirousek and Preucil, 1995)이 접합-트리를 사용해 IPF의 효율적인 버전을 구현한다.

p가 클 때(>30) 다른 접근법을 사용해 기울기를 근사한다.

- 평균장 근사mean field approximation(Peterson and Anderson, 1987)는 $E_\Theta(X_j)$ $E_\Theta(X_j)$를 통해 $E_\Theta(X_j X_k)$를 추정하며, 입력 변수를 이들의 평균으로 바꿔 매개변수 θ_{jk}를 위한 비선형 방정식의 집합이 되도록 한다.
- 거의 정확한near-exact 해를 얻기 위해서는, 깁스 표집Gibbs Sampling(8.6절)을 사용해, 추정된 모델 확률 $\mathrm{Pr}_\Theta(X_j|X_{-j})$로부터 연속적으로 표집함으로써 $E_\Theta(X_j X_k)$를 근사한다(예를 들어 리플리(1996)를 보라).

우리는 최대가능도 추정값을 어떠한 반복도 필요 없이 닫힌 형태로 찾을 수 있는 분해 가능 모델decomposable models을 논의하지는 않았다. 이들 모델은 예를 들면 트리에서 비롯된다. 이는 트리 구조인 토폴로지로 된 특별한 그래프다. 연산 용이성이 걱정이라면, 트리가 모델의 유용한 종류를 나타내며 이들은 이 절에서 제기된 연산에 관한 우려를 회피한다. 자세한 내용은 휘태커(1990)의 12장을 보라.

17.4.2 은닉 노드

이산 마코프 네트워크의 복잡도는 잠재 혹은 은닉 노드를 추가함으로써 높일 수 있다. 변수 X_H의 부분집합이 관측되지 않거나 혹은 "은닉"돼 있고, 나머지 X_V는 관측돼 있거나 혹은 "가시적"이라 하자. 그러면 관측된 데이터의 로그 가능도는 다음과 같다.

$$\ell(\Theta) = \sum_{i=1}^N \log[\mathrm{Pr}_\Theta(X_V = x_{iV})]$$

$$= \sum_{i=1}^N \left[\log \sum_{x_H \in \mathcal{X}_H} \exp \sum_{(j,k)\in E} (\theta_{jk}x_{ij}x_{ik} - \Phi(\Theta))\right] \quad (17.36)$$

$x_{\mathcal{H}}$에 관한 합은 은닉 유닛에 관한 모든 가능한 {0, 1} 값들을 합한다는 것을 뜻한다. 기울기는 다음이 되도록 한다.

$$\frac{d\ell(\boldsymbol{\Theta})}{d\theta_{jk}} = \hat{\mathrm{E}}_{\mathcal{V}}\mathrm{E}_{\boldsymbol{\Theta}}(X_j X_k | X_{\mathcal{V}}) - \mathrm{E}_{\boldsymbol{\Theta}}(X_j X_k) \tag{17.37}$$

첫 번째 항은 $X_j X_k$ 둘 다 가시적이라면 이들의 경험적 평균이다. 만일 하나 혹은 둘 다 은닉돼 있다면, 이들은 먼저 주어진 가시적 데이터로 대체되고, 그 뒤 은닉 변수에 관해 평균시킨다. 두 번째 항은 $X_j X_k$의 비조건부 기댓값이다.

첫 번째 항에서의 내측 기댓값은 조건부 기댓값의 기본적 규칙 및 베르누이 확률변수의 속성을 사용해 값매김을 할 수 있다. 자세히는 관측치 i에 관해 다음과 같다.

$$\mathrm{E}_{\boldsymbol{\Theta}}(X_j X_k | X_{\mathcal{V}} = x_{i\mathcal{V}}) = \left\{ \begin{array}{ll} x_{ij} x_{ik} & \text{if } j, k \in \mathcal{V} \\ x_{ij}\mathrm{Pr}_{\boldsymbol{\Theta}}(X_k = 1 | X_{\mathcal{V}} = x_{i\mathcal{V}}) & \text{if } j \in \mathcal{V}, k \in \mathcal{H} \\ \mathrm{Pr}_{\boldsymbol{\Theta}}(X_j = 1, X_k = 1 | X_{\mathcal{V}} = x_{i\mathcal{V}}) & \text{if } j, k \in \mathcal{H} \end{array} \right.$$

$$\tag{17.38}$$

이제 두 개의 개별적인 깁스 표집을 실행하는 것이 필요하다. 첫 번째는 앞에서와 같은 모델로부터 표집함으로써 $\mathrm{E}_{\boldsymbol{\Theta}}(X_j X_k)$를 추정하기 위한 것이며, 두 번째는 $\mathrm{E}_{\boldsymbol{\Theta}}(X_j X_k | X_{\mathcal{V}} = x_{i\mathcal{V}})$를 추정하기 위한 것이다. 후자를 실행할 때 가시적인 유닛은 이들의 관측치 값에서 고정돼("죄어져clamp") 있으며 오직 은닉변수만이 표집된다. 깁스 표집은 기울기 검색의 각 단계에서마다 훈련 집합의 각 관측치에 관해 수행돼야 한다. 그 결과 이 과정은 심지어 적절한 크기의 모델에서라도 매우 느릴 수 있다. 17.4.4절에서 이러한 계산을 다루기 쉽게 만들도록 모델에 추가적인 제약을 고려한다.

17.4.3 그래프 구조의 추정

이항 쌍별 마코프 네트워크로 라쏘 벌점을 사용하는 것은 리 외(Lee et al., 2007)와 와인라이트 외(Wainwright et al., 2007)가 제안했다. 첫 번째 저자는 벌점화된 로그 가능도의 정확한 최대화를 위해 켤레 기울기 과정을 조사한다. 기울기에서 $\mathrm{E}_{\boldsymbol{\Theta}}(X_j X_k)$를 계산하는 것이 병목점이다. 접합 트리 알고리즘을 통한 정확한 계산은 희박 그래프에서는 할만 하지만 밀집 그래프에서는 다루기 어려워진다.

두 번째 저자는 근사 해를 제안한다. 이는 가우스 그래프 모델을 위한 마인스하우젠과 빌만(2006)의 접근법과 유사하다. 이들은 L_1-벌점 로그 회귀모델을 각 노드에 다른 노드의 함수로서 적합시키고, 그 뒤 간선 매개변수 추정값을 일부 방식으로 대칭화symmetrize시킨다. 만일 $\tilde{\theta}_{jk}$가 결과 노드 j를 위한 로지스틱 모델로부터의 j-k 간선 매개변수의 추정값이라면, "최소min" 대칭화가 $\hat{\theta}_{jk}$를 $\tilde{\theta}_{jk}$, 아니면 $\tilde{\theta}_{jk}$ 중 무엇이든 절댓값이 더 작은 것으로 세팅한다. 이들은 특정 조건하에서 두 가지 근사 모두 표본 크기가 무한이 됨에 따라 영이 아닌 간선을 올바르게 추정함을 보여준다. 회플링과 팁시라니(Hoefling and Tibshirani, 2008)는 그래프 라쏘를 이산 마코프 네트워크로 확장해 켤레 기울기보다 다소 빠른 과정을 얻어내지만 여전히 $E_\Theta(X_j X_k)$의 연산을 다뤄야만 한다. 이들은 또한 정확한 그리고 근사적인 해를 대규모의 시뮬레이션 연구에서 비교해, 영이 아닌 간선을 추정할 때 그리고 간선 매개변수의 실제 값을 추정할 때 "최소" 혹은 "최대" 근사가 정확한 과정보다 약간 덜 정확할 뿐이며, 훨씬 더 빠르다는 것을 발견한다. 게다가 이들은 더 밀집한 그래프를 다룰 수 있다. $E_\Theta(X_j X_k)$의 양을 계산할 필요가 절대로 없기 때문이다.

마지막으로 가우스와 이항 모델 사이의 주요한 차이를 지적하고자 한다. 가우스의 경우 Σ 및 역행렬 모두 관심의 대상이 될 것이며, 그래프 라쏘 과정은 이들 양 모두에 관한 추정값을 가져다준다. 그러나 가우스 그래프 모델을 위한 마인스하우젠과 빌만(2006)의 근사는 이항의 경우 와인라이트 외(2007)의 근사와 유사하며, 오직 Σ^{-1}의 추정만을 내놓는다. 반대로 이항 데이터를 위한 마코프 모델에서, Θ가 관심의 대상이며, 역행렬은 관심이 아니다. 와인라이트 외(2007)의 근사법은 Θ를 효율적으로 추정하므로 이항 문제를 위한 매력적인 해법이다.

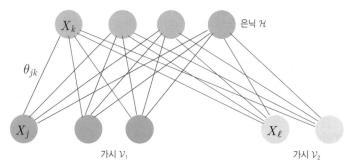

그림 17.6 같은 층 사이에서 연결이 없는 제약 볼츠만 머신(RBM). 가시 유닛은 RBM이 특성 $\mathcal{V}_1$와 이들의 라벨 $\mathcal{V}_2$의 결합밀도를 모델링할 수 있도록 세분화돼 있다.

17.4.4 제약된 볼츠만 머신

이 절에서는 신경망으로부터 영감을 받은 그래프 모델을 위한 특정 아키텍처를 고려하며, 이때 유닛은 층으로 조직화된다. 제약된 볼츠만 머신RBM, Restricted Boltzmann Machine은 가시 유닛의 한 층과 은닉 유닛의 한 층으로 돼 있으며, 각 층 사이에 연결이 없다. 만일 은닉 유닛 사이의 연결을 제거한다면[5] (17.37과 17.38에서와 같이) 조건부 기댓값을 계산하기가 훨씬 단순해진다. 그림 17.6은 이 예제를 보여준다. 가시층은 입력변수 V_1과 출력변수 V_2로 나뉘며, 은닉층 $\mathcal{H}$가 있다. 이러한 네트워크는 다음과 같이 표기한다.

$$V_1 \leftrightarrow \mathcal{H} \leftrightarrow V_2 \tag{17.39}$$

예를 들면 V_1은 손글씨 숫자 이미지의 이항 픽셀일 수 있으며, V_2는 10개의 유닛을 가질 수 있고, 각각 관측된 클래스 라벨 0-9 중 하나가 된다.

이 모델의 제약된 형식은 (17.37)에서 기댓값을 추정하기 위한 깁스 표집을 단순화한다. 각 층의 변수가 주어진 다른 층에서의 변수에 관해 서로간에 독립이기 때문이다. 따라서 이들은 (17.30)으로 주어진 조건부 확률을 사용해 다같이 표집될 수 있다.

결과 모델은 볼츠만 머신보다 덜 일반적이지만, 여전히 유용하다. 이는 이미지로부터 관심이 있는 특성을 추출하기 위해 학습할 수 있다.

그림 17.6에서 보여주는 RBM의 각 층에서의 변수를 번갈아 표집함으로써, 결합밀도 모델로부터 표본을 생성하는 것이 가능하다. 만일 반복적인 표집 동안 가시층의 일부인 V_1이 특정한 특성 벡터에서 고정돼 있다면clamped, V_1이 주어졌을 때 라벨에 걸쳐 분포로부터 표집을 하는 것이 가능하다. 아니면 테스트 항목의 분류 또한 각 라벨 범주의 비정규화된 결합밀도를 관측된 특성과 비교함으로써 달성할 수 있다. 분할함수는 이들 모든 조합에 관해 동일하므로 계산할 필요가 없다.

언급했듯이 제약 볼츠만 머신은 단일 은닉층 신경망(11.3절)과 같은 제네릭 형식을 가진다. 후자 모델에서의 간선은 방향이 있으며, 은닉층은 주로 실수값이고, 적합 기준이 다르다. 신경망은 목표변수, 그리고 입력 특성에 조건부인 이들 모델 예측 사이의 오차(교차-엔트로피)를 최소화한다. 반대로 제약 볼츠만 머신은 모든 가시 유닛, 즉 특성과 목표의 결합 분포에 관한 로그 가능도를 최대화한다. 이는

---

5 RBM 자료를 준비하는 데 지원을 해준 제프리 힌튼(Geoffrey Hinton)에게 감사한다.

라벨을 예측하는 데 유용한 입력 특성으로부터 유용한 정보를 추출할 수 있다. 하지만 지도 학습과 다르게, 이는 또한 은닉층의 일부를 사용해 라벨을 예측하는 데 직접적으로 유의미하지 않은 특성 벡터 내에서 구조를 모델링할 수도 있다. 이들 특성은 그러나 다른 은닉층으로부터 유도된 특성과 조합될 때 유용한 것으로 밝혀질 수도 있다.

안타깝게도 제약 볼츠만 머신에서의 깁스 표집은 정상성에 도달하는 데 오랜 시간이 걸릴 수 있으므로 매우 느릴 수 있다. 네트워크 가중치가 커짐에 따라 체인이 더욱 느리게 섞이며 무조건부 추정값을 얻는 데 더 많은 단계를 실행할 필요가 있다. 힌튼(Hinton, 2002)은 만일 데이터에서 마코프 연쇄를 시작하고 오직 몇 단계만을 실행함으로써 (수렴하는 대신에) (17.37)에서의 두 번째 기댓값을 추정한다면, 학습이 여전히 잘 동작함을 경험적으로 알아냈다. 힌튼은 이를 대조적 발산contrastive divergence이라 부르며, $\mathcal{V}_1$, $\mathcal{V}_2$가 주어졌을 때 $\mathcal{H}$를 표집하며, 그 뒤 $\mathcal{H}$가 주어졌을 때 $\mathcal{V}_1$, $\mathcal{V}_2$를 표집하고 마지막으로 $\mathcal{V}_1$, $\mathcal{V}_2$가 주어졌을 때 $\mathcal{H}$를 다시 표집한다. 이는 매개변수가 해에서 멀리 떨어져 있을 때, 깁스 표집을 정상성을 향해 반복시키는 것이 낭비적일 수 있다는 개념이다. 단지 한 번의 반복이 추정값을 옮기는 데 좋은 방향을 드러낼 것이기 때문이다.

이제 RBM을 사용하는 예제를 보여준다. 대조적 발산을 사용하면 RBM을 훈련시켜 MNIST 데이터셋으로부터 손글씨 숫자를 인식하는 것이 가능하다(Le Cun et al., 1998). 2,000개의 은닉 유닛, 이항 픽셀 채도를 나타내기 위한 784개의 가시 유닛 그리고 라벨을 나타내기 위한 하나의 10원[10-way] 다항 가시 유닛으로, RBM은 테스트 집합에서 1.9%의 오류율을 달성한다. 이는 서포트벡터머신이 달성한 1.4%보다 약간 높으며 역전파로 훈련된 신경망으로 달성한 오류율과 비교할 만하다. 그러나 RBM의 오류율은 784개 픽셀 채도를, 어떠한 라벨 정보도 이용하지 않고 이미지로부터 만들어낸 500개 특성으로 바꿈으로써 1.25%로 낮출 수 있다. 먼저 대조적 발산을 사용해 RBM을 784개 가시 유닛과 500개 은닉 유닛으로 훈련시켜 이미지 집합을 모델링한다. 그 뒤 500개 가시 유닛과 500개 은닉 유닛을 가지는 두 번째 RBM의 훈련을 위해 첫 번째 RBM의 은닉 상태를 데이터로 사용한다. 마지막으로 2,000개 은닉 유닛으로 된 RBM을 결합밀도 모델처럼 훈련시키는데 두 번째 RBM의 은닉 상태를 특성으로 사용한다. 이러한 탐욕의 층별layer-by-layer 방법에서의 학습 특성을 위한 자세한 내용 및 타당성은 힌튼 외(2006)에 설명돼 있다. 그림 17.7은 이러한 방식으로 학습한 복합 모델의 표현을 제공하며 또한 이 모델이 대처할 수 있는 왜곡의 형태에 관한 일부 예제를 보여준다.

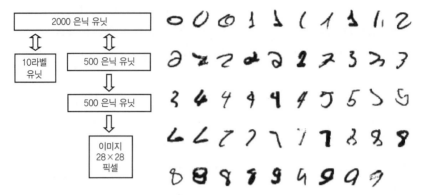

그림 17.7 손글씨 숫자 분류를 위한 제약된 볼츠만 머신의 예제. 네트워크가 왼쪽에 도식으로 묘사돼 있다. 오른쪽에는 모델의 올바르게 분류하는 몇 가지 어려운 테스트 이미지를 보여준다.

참고문헌

그래프 모델을 정의하고 구조를 이해하는 데 상당한 작업이 이뤄져왔다. 휘태커(Whittaker, 1990), 로리첸(Lauritzen, 1996), 콕스와 워머스(Cox and Wermuth, 1996), 에드워즈(Edwards, 2000), 펄(Pearl, 2000), 앤더슨(Anderson, 2003), 조던(Jordan, 2004), 콜러와 프리드먼(Koller and Friedman, 2007), 와서맨(Wasserman, 2004)이 그래프 모델을 포괄적으로 다루는 데 대한 간결한 소개를 제공하며, 비숍(Bishop, 2006)의 8장이 더욱 자세한 개요를 제공한다. 볼츠만 머신은 애클리 외(Ackley et al., 1985)에서 제안됐다. 리플리(Ripley, 1996)에는 머신러닝과 연관된 그래프 모델의 주제에 관해 자세히 설명하는 장이 있다. 우리는 이것이 볼츠만 머신을 논의하는 데 특히 유용함을 발견했다.

연습 문제

연습 17.1 그림 17.8의 마코프 그래프에서, 내재 조건부 독립 관계 모두를 나열하고 극대 클리크를 찾아라.

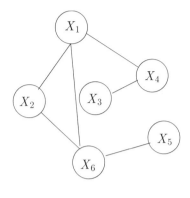

그림 17.8

연습 17.2 확률변수 X_1, X_2, X_3, X_4를 고려해보자. 다음의 각 경우에서 주어진 독립성 관계를 가지는 그래프를 그려라.

(a) $X_1 \perp X_3 | X_2$ 그리고 $X_2 \perp X_4 | X_3$

(b) $X_1 \perp X_4 | X_2, X_3$ 그리고 $X_2 \perp X_4 | X_1, X_3$

(c) $X_1 \perp X_4 | X_2, X_3$, $X_1 \perp X_3 | X_2, X_4$ 그리고 $X_3 \perp X_4 | X_1, X_2$

연습 17.3 Σ를 p개 변수 X의 집합의 공분산행렬이라 하자. 변수의 두 부분집합 사이의 공분산 행렬 $\Sigma a.b = \Sigma aa - \Sigma_{ab} \Sigma_{bb}^{-1} \Sigma_{ba}$를 고려해보자. 첫 번째는 변수 두 개로 구성된 $X_a = (X_1, X_2)$이고, X_b는 그 나머지로 돼 있다. 이는 이들 두 변수 사이의 공분산으로, 다른 나머지에 관해 선형 조정된 후의 것이다. 가우스 분포에서, 이는 $X_a | X_b$의 조건부분포의 공분산행렬이다. 나머지 X_b에 조건부인 쌍 X_a 사이의 부분 상관계수 $\rho_{jk|\text{rest}}$는, 이 부분 공분산으로부터 쉽게 계산된다. $\Theta = \Sigma^{-1}$를 정의하라.

(a) $\Sigma_{a.b} = \Theta_{aa}^{-1}$를 보여라.

(b) 만일 Θ의 어떠한 대각-외[off-diagonal] 요소가 영이라면, 해당 변수 사이의 부분 상관계수가 영임을 보여라.

(c) 만일 Θ를 공분산 행렬이었던 것처럼 다루고, 해당 "공분산" 행렬을 계산한다면, $r_{jk} = -\rho_{jk|\text{rest}}$임을 보여라.

$$\mathbf{R} = \text{diag}(\Theta)^{-1/2} \cdot \Theta \cdot \text{diag}(\Theta)^{-1/2} \tag{17.40}$$

연습 17.4 $X_2, ..., X_p$가 주어졌을 때 X_1의 조건부 밀도를 다음과 같이 표기한다.

$$f(X_1 | X_2, X_3, \ldots, X_p)$$

만일 아래와 같다면, $X_1 \perp X_2 | X_3, \ldots, X_p$임을 보여라.

$$f(X_1 | X_2, X_3, \ldots, X_p) = f(X_1 | X_3, \ldots, X_p)$$

연습 17.5 17.3.1절에서의 결측 간선이 없는 설정을 고려해보자.

$$\mathbf{S}_{11}\beta - s_{12} = 0$$

위 방정식이 마지막 변수의 나머지에 관한 다중회귀계수를 위한 추정 방정식임을 보여라.

연습 17.6 알고리즘 17.1로부터의 $\hat{\mathbf{\Theta}} = \hat{\mathbf{\Sigma}}^{-1}$의 복구recovery. 식 (17.16)을 사용해 표준 분할 역 표현standard partitioned inverse expressions을 유도하라.

$$\theta_{12} = -\mathbf{W}_{11}^{-1} w_{12} \theta_{22} \tag{17.41}$$

$$\theta_{22} = 1/(w_{22} - w_{12}^T \mathbf{W}_{11}^{-1} w_{12}) \tag{17.42}$$

$\hat{\beta} = \mathbf{W}_{11}^{-1} w_{12}$이므로, $\hat{\theta}_{22} = 1/(w_{22} - w_{12}^T \hat{\beta})$와 $\hat{\theta}_{12} = \hat{\beta}\hat{\theta}_{22}$를 보여라. 따라서 $\hat{\theta}_{12}$는 단순히 $\hat{\beta}$를 $-\hat{\theta}_{22}$만큼 재척도화한 것이다.

연습 17.7 결측된 간선이 사전에 정의된 가우스 그래프 모델을 적합시키기 위한 수정된 회귀 과정 (17.1)을 구현하는 프로그램을 작성하라. 이를 책 웹사이트의 유세포 데이터로 그림 17.1의 그래프를 사용해 테스트하라.

연습 17.8

(a) 좌표 하강 과정 (17.26)을 사용하는 라쏘를 적합시키는 프로그램을 작성하라. 이 결과를 lars 프로그램, 혹은 다른 볼록 최적화기의 결과와 비교해 잘 동작하는지 확인하라.

(b) (a)의 프로그램을 사용해, 그래프 라쏘 알고리즘 (17.2)를 구현하는 코드를 작성하라. 이를 책 웹사이트의 유세포 데이터에 적용하라. 정칙화 매개변수를 다르게 해 결과 네트워크를 조사해보라.

연습 17.9 일부 정점에서의 일부 혹은 모든 데이터가 결측돼 있는 가우스 그래프 모델이 있다고 해보자.

(a) 평균이 μ이고 공분산행렬을 Σ로 가지는 i.i.d.인 다변량 관측치 $x_i \in \mathbb{R}^p$의 N개 데이터셋을 위한 EM 알고리즘을 고려해보자. 각 표본 i에 관해, o_i과 m_i가 각각 관측된 그리고 결측된 예측변수를 인덱싱한다고 해보자. E 단

계에서 관측치가 μ과 Σ의 현재 상태로부터 대체됨을 보여라.

$$\hat{x}_{i,m_i} = \mathrm{E}(x_{i,m_i}|x_{i,o_i},\theta) = \hat{\mu}_{m_i} + \hat{\Sigma}_{m_i,o_i}\hat{\Sigma}_{o_i,o_i}^{-1}(x_{i,o_i} - \hat{\mu}_{o_i}) \qquad (17.43)$$

한편 M단계에서 μ과 Σ이 대체된 데이터의 경험적 평균과 (수정된) 공분산으로부터 재추정된다.

$$\hat{\mu}_j = \sum_{i=1}^{N} \hat{x}_{ij}/N$$

$$\hat{\Sigma}_{jj'} = \sum_{i=1}^{N}[(\hat{x}_{ij} - \hat{\mu}_j)(\hat{x}_{ij'} - \hat{\mu}_{j'}) + c_{i,jj'}]/N \qquad (17.44)$$

이때 j, $j' \in m_i$라면 $c_{i,jj'} = \hat{\Sigma}_{jj'}$이고, 그렇지 않다면 영이다. 수정 항 $c_{i,jj'}$의 이유를 설명하라(Little and Rubin, 2002).

(b) M단계를 위한 연습 17.7으로부터의 수정 회귀 과정을 사용해 가우스 그래프 모델을 위한 EM 알고리즘을 구현하라.

(c) 책 웹사이트의 유세포 데이터에서 첫 1,000개 관측치에서의 마지막 단백질 Jnk의 데이터가 결측된 것으로 설정하고, 그림 17.1의 모델을 적합시키고, 예측값을 Jnk의 실제 값과 비교하라. 오직 비결측 데이터만을 사용해, 그림 17.1에서 Jnk로의 간선을 가지는 다른 정점에 관한 Jnk의 회귀로부터 얻은 결과와 비교하라.

연습 17.10 오직 두 개의 변수만을 가지는 단순한 이항 그래프 모델을 사용해 왜 모델에 상수 노드 $X_0 \equiv 1$을 포함시키는 것이 필수인지 보여라.

연습 17.11 이산 그래프 모델에서의 결합 확률을 위한 이징 모델 (17.28)은 조건부 분포가 로지스틱 꼴 (17.30)을 가진다는 것을 뜻함을 보여라.

연습 17.12 p개 이항변수 $x_{ij}, j = 1, ..., p$ 그리고 반응변수 y_i로 된 포아송 회귀 문제를 고려해보자. 이는 예측변수 $x_i \in \{0, 1\}^p$로 된 다수의 관측치를 측정한다. 모든 $n = 2^p$의 가능한 조합이 측정되도록 디자인이 균형돼 있다. 17.4.1절에서와 같은 동일한 표기법을 사용해(상수변수 $x_{i0} = 1 \forall i$를 포함해), 각 셀에서 포아송 평균을 위한 로그-선형 모델을 다음과 같이 가정한다.

$$\log \mu(X) = \theta_{00} + \sum_{(j,k)\in E} x_{ij}x_{ik}\theta_{jk} \qquad (17.45)$$

반응변수는 다음과 같이 분포된다고 가정한다.

$$\Pr(Y = y | X = x) = \frac{e^{-\mu(x)}\mu(x)^y}{y!} \tag{17.46}$$

관측된 반응변수 y_i를 위한 조건부 로그 가능도를 쓰고, 기울기를 계산하라.

(a) θ_{00}를 위한 기울기 방정식이 분할함수 (17.29)를 계산함을 보여라.

(b) 매개변수의 나머지를 위한 기울기 방정식이 기울기 (17.34)와 동등함을
    보여라.

18

고차원 문제: $p \gg N$

18.1 p가 N보다 훨씬 클 때

18장에서는 $p \gg N$로 자주 쓰는 특성의 개수 p가 관측치의 개수 N보다 훨씬 큰 예측 문제를 논의한다. 이러한 문제는 점점 중요해지고 있으며, 특히 유전체학이나 계산 생물학의 다른 분야에서 그러하다. 고분산과 과적합이 이러한 설정에서 가장 주요한 걱정거리임을 볼 것이다. 그 결과 단순한, 고도로 정칙화된 접근법이 주로 선택된다. 18장의 첫 번째 부분은 분류 및 회귀 설정 모두에서의 예측에 집중하고, 두 번째 부분에서는 특성 선택과 평가의 더욱 기본적인 문제에 관해 논의한다.

시작으로 그림 18.1이 $p \gg N$일 때 적용되는 "덜 적합하는 것이 낫다less fitting is better"는 원칙을 보여주는 작은 시뮬레이션 연구를 요약하고 있다. 각 $N = 100$표본에 관해, p개 표본 가우스 특성 X를 쌍별 상관계수 0.2로 생성했다. 결과 Y는 다음의 선형 모델에 따라 생성했다.

$$Y = \sum_{j=1}^{p} X_j \beta_j + \sigma\varepsilon \tag{18.1}$$

이때 ε는 표준 가우스 분포로부터 생성했다. 각 데이터셋에 관해, 계수 β_j의 집합 또한 표준 가우스 분포로부터 생성했다. 우리는 세 가지 경우 $p = 20, 100, 1000$을 조사했다. 표준편차는 각 경우에서 신호-잡음비 $\mathrm{Var}[E(Y|X)]/\sigma^2$가 2가 되도록 선택했다. 그 결과 유의한 일변량 회귀계수[1]의 개수가 100회의 시뮬레이션 실행을 평균해 각각 9, 33, 331개였다. $p = 1000$의 경우는 고차원 유전체 혹은 단백질체 데이터셋에서 볼 수도 있는 데이터의 종류를 모방하기 위해 디자인했다.

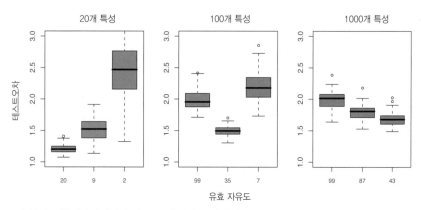

그림 18.1 시뮬레이션 실험의 테스트오차 결과. 특성의 개수인 세 개의 서로 다른 p값에 100회 시뮬레이션한 상대 테스트오차의 상자그림을 볼 수 있다. 상대 오차는 테스트오차를 베이즈오차 σ^2로 나눈 것이다. 왼쪽부터 오른쪽으로, 결과가 서로 다른 정칙화 매개변숫값 λ: 0.001, 100, 1000으로 된 릿지회귀를 보여준다. 이 적합에서 (평균) 유효 자유도는 각 그림 도표 아래쪽에 표시돼 있다.

우리는 릿지회귀를 데이터에 세 개의 서로 다른 정칙화 매개변숫값 λ: 0.001, 100, 1000으로 적합시킨다. $\lambda = 0.001$일 때, 이는 최소제곱회귀와 거의 같으며, $p > N$일 때 문제가 정칙non-singular임을 보장하도록 약간의 정칙화가 돼 있다. 그림 18.1은 각 시나리오에서 서로 다른 추정량으로 달성한 상대 테스트오차의 상자그림을 보여준다. ((3.50)을 사용해 계산한) 각 릿지회귀 적합에서 쓰인 해당 평균 자유도가 표시돼 있다.[2] 자유도는 λ보다 더욱 해석력이 있는 매개변수다. $\lambda = 0.001$(20 자유도)인 릿지회귀가 $p = 20$일 때 이기며, $\lambda = 100$(35 자유도)가 $p = 100$일 때 이기고 $\lambda = 1000$(43 자유도)가 $p = 1000$일 때 이기는 것을 볼 수 있다.

---

1 만일 $|\hat{\beta}/\widehat{se}| \geq 2$라면 회귀계수가 유의하다고 부른다. 이때 $\hat{\beta}$는 추정된 (일변량) 계수이며 $\widehat{se}$는 이것의 추정된 표준오차다.

2 정칙화 매개변수 λ의 고정된 값에 관해, 자유도는 각 시뮬레이션에서의 관측된 예측변숫값에 의존한다. 따라서 시뮬레이션에 관한 평균 자유도를 계산한다.

결과에 관한 설명은 다음과 같다. $p = 20$일 때는 적합을 완전히 해 유의한 계수를 낮은 편향으로 가능한 한 많이 식별할 수 있다. $p = 100$일 때 적당한 수축을 사용해 비영 계수를 일부 식별할 수 있다. 마지막으로 $p = 1000$일 때, 많은 비영 계수가 있다 하더라도 이들을 찾을 거라는 기대를 하지 않으며 이들을 완전히 수축시킬 필요가 있다. 이에 관한 증거로 $t_j = \hat{\beta}_j/\hat{se}_j$라 하자. 이때 $\hat{\beta}_j$는 릿지회귀 추정값이며 $\hat{se}_j$는 이것의 추정된 표준오차다. 그러면 각각의 세 가지 경우에서의 최적 릿지계수를 사용하면, $|t_j|$의 중앙값은 2.0, 0.6, 0.2였으며, 2를 넘는 $|t_j|$ 값의 평균 개수는 9.8, 1.2, 0.0과 같았다.

$\lambda = 0.001$인 릿지회귀는 $p < N$일 때 특성의 상관관계를 성공적으로 활용하지만, $p \gg N$에서는 그러지 못한다. 후자의 경우 상대적으로 적은 수의 표본에서 고차원 공분산행렬을 효율적으로 추정할 만한 충분한 정보가 존재하지 않는다. 이 경우 더 많은 정칙화가 우수한 예측 성능을 만들어낸다.

따라서 고차원 데이터의 분석이 $N > p$ 시나리오를 위해 디자인된 과정의 수정 혹은 완전히 새로운 과정을 필요로 하는 것은 놀라운 일이 아니다. 18장에서는 고차원 분류와 회귀를 위한 두 가지 접근법 모두를 위한 예제를 논의한다. 이들 방법은 정칙화를 위한 적절한 형식을 제안하기 위해 과학적인 맥락적 지식을 사용해 정칙화를 꽤 무겁게 하는 경향이 있다. 18장은 특성 선택과 다중 테스트를 논의하며 마친다.

18.2 대각 선형판별분석과 최근접 수축 중심점

유전자 표현 배열은 생물학에서 중요한 새로운 기술이며, 1장과 11장에서 논의돼 있다. 우리의 다음 예제에서의 데이터는 미세 배열 실험으로부터 가져온 2,308개 유전자(열)와 63개 표본(행)의 행렬을 구성한다. 각 표현값은 로그비 $\log(R/G)$이다. R은 목표 표본 내 유전자-특유 RNA의 양으로, 미세 배열 위 특정(유전자-특유) 위치로 혼합된다. G는 참조 표본으로부터의 RNA에 해당하는 양이다. 표본은 아동으로부터 찾은 작은, 둥근 청세포 종양SRBCT, small, round blue-cell tumor으로부터 나왔으며, 네 가지 주요 형태인 버킷 림프종BL, Burkitt lymphoma, 유잉 육종EWS, Ewing's sarcoma, 신경아세포종NB, neuroblastom, 횡문근육종RMS, rhabdomyosarcoma으로 분류된다. 20개 관측치로 된 테스트 데이터셋이 추가로 있다. 과학적 배경에 관해서는 더 이상 들어가지는 않는다.

$p \gg N$이므로, 데이터에 완전 선형판별분석LDA, Linear Discriminant Analysis를 적합시킬 수는 없으며, 무언가 정칙화가 필요하다. 여기서 설명하는 방법은 4.3.1절의 방법과 유사하지만, 특성 선택을 달성하는 중요한 수정점이 있다. 정칙화의 가장 단순한 형식은 특성이 각 클래스 내에서 독립, 즉 클래스 내 공분산행렬이 대각이라고 가정한다. 특성이 클래스 내에서 드물게 독립일 것이라는 사실에도, $p \gg N$일 때 이들의 의존성을 추정할 충분한 데이터가 없다. 독립성의 가정은 모델에서 매개변수의 개수를 크게 줄이며 효율적이고 해석력이 있는 분류기를 자주 결과로 내놓는다.

따라서 클래스 분류를 위해 대각-공분산diagonal-covariance LDA 규칙을 고려한다. 클래스 k를 위한 판별 점수discriminant score((4.12)를 보라)는 다음과 같다.

$$\delta_k(x^*) = -\sum_{j=1}^{p} \frac{(x_j^* - \bar{x}_{kj})^2}{s_j^2} + 2 \log \pi_k \qquad (18.2)$$

여기서 $x^* = (x_1^*, x_2^*, ..., x_p^*)^T$는 테스트 관측치를 위한 표현값의 벡터이며, s_j는 j번째 유전자의 합동 클래스-내 표준편차이고 $\bar{x}_{kj} = \sum_{i \in C_k} x_{ij}/N_k$는 k 클래스 내 인덱스 집합이 C_k인 유전자 j를 위한 N_k개 값의 평균이다. $\tilde{x}_k = (\bar{x}_{k1}, \bar{x}_{k2}, ..., \bar{x}_{kp})^T$를 클래스 k의 중심점centroid이라 부른다. (18.2)의 첫 번째 부분은 단순히 x^*의 k번째 중심점으로의 (음의) 표준화된 제곱 거리다. 두 번째 부분은 클래스 사전확률prior probability π_k에 근거한 수정 부분이며, 이때 $\sum_{k=1}^{K} \pi_k = 1$이다. 그러면 분류 규칙은 다음과 같다.

$$C(x^*) = \ell \text{ if } \delta_\ell(x^*) = \max_k \delta_k(x^*) \qquad (18.3)$$

대각 LDA 분류기가 적절한 표준화 후의 최근접 중심점 분류기와 동등하다는 것을 볼 수 있다. 이는 또한 단순-베이즈 분류기의 특별한 경우로, 6.6.3절에서 설명돼 있다. 이는 각 클래스 내 특성이 같은 분산으로 된 독립 가우스 분포를 가진다고 가정한다.

대각 LDA 분류기는 고차원 설정에서 효율적인 경우가 자주 있다. 이는 또한 비켈과 레비나(Bickel and Levina, 2004)에서 "독립성 규칙"이라고 부른다. 이들은 이것이 고차원 문제에서 표준 선형판별분석의 성능보다 자주 우수할 것이라는 점을 이론적으로 보여준다. 여기서 대각 LDA 분류기는 20개 테스트 표본에 관해 다섯 개의 오분류 오차를 내놓는다. 대각 LDA 분류기의 한 가지 약점은 모든 특성(유전자)을 사용한다는 점이며, 따라서 해석에 편리하지 않다. 우리는 추가적인 정칙화로, 테스트오차와 해석력 모두에서 더 잘할 수 있다.

우리는 클래스 예측변수에 공헌하지 않는 특성들을 자동적으로 버리는 방식으로 정칙화를 하고자 한다. 이는 각 특성에 개별적으로 클래스별 평균을 전체 평균을 향해 수축시킴으로써 할 수 있다. 결과는 최근접 중심점 분류기의 정칙화 버전, 혹은 동등하게 LDA의 대각-공분산 꼴의 정칙화 버전이다. 이 과정은 최근접 수축 중심점NSC, Nearest Shrunken Centroid이라 부른다.

수축 과정은 다음과 같이 정의된다.

$$d_{kj} = \frac{\bar{x}_{kj} - \bar{x}_j}{m_k(s_j + s_0)} \tag{18.4}$$

이때 $\bar{x}_j$는 유전자 j의 전체 평균이며, $m_k^2 = 1/N_k - 1/N$이고, s_0는 작은 양의 상수로 통상적으로 s_j값들의 중앙값으로 선택한다.

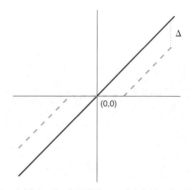

그림 18.2 연임계화 함수 sign$(x)(|x| - \Delta)_+$가 주황색으로 나타나 있으며, 45° 선이 빨간색으로 같이 있다.

이 상수는 거의 영인 표현값으로부터 나오는 큰 d_{kj}로부터 보호를 해준다. 클래스-내 상수 분산 σ^2로, 분자의 대비contrast $\bar{x}_{kj} - \bar{x}_j$의 분산은 $m_k^2\sigma^2$가 되며, 따라서 분모의 표준화가 그러한 형태가 된다. d_{kj}는 연임계화soft thresholding를 사용해 영을 향해 수축시킨다.

$$d'_{kj} = \text{sign}(d_{kj})(|d_{kj}| - \Delta)_+ \tag{18.5}$$

그림 18.2를 보라. 여기서 Δ는 결정해야 하는 매개변수다. 이 예제에서는 10겹 교차 검증을 사용했다(그림 18.4의 위쪽 패널을 보라). 각 d_{kj}는 절댓값으로 Δ의 양만

큰 줄어들며, 값이 영보다 작으면 0으로 둔다. 연임계화 함수는 그림 18.2에서 볼 수 있다. 같은 임계화가 5.9절의 웨이블릿 계수에 적용돼 있다. 아니면 경^{hard}임계화를 사용할 수도 있다.

$$d'_{kj} = d_{kj} \cdot I(|d_{kj}| \geq \Delta) \tag{18.6}$$

연임계화가 더 매끄러운 연산이며 통상적으로 더 잘 동작하므로 이를 선호한다. 그 뒤 $\bar{x}_{kj}$의 수축된 버전은 (18.4)에서의 변환의 역을 취함으로써 얻는다.

$$\bar{x}'_{kj} = \bar{x}_j + m_k(s_j + s_0)d'_{kj} \tag{18.7}$$

그 뒤 수축된 중심점 $\bar{x}'_{kj}$을 판별점수 (18.2) 내 본래 $\bar{x}_{kj}$의 자리에 사용한다. 추정량 (18.7)은 또한 클래스 평균의 라쏘-스타일 추정량으로 볼 수 있다(연습 18.2).

클래스 중 적어도 하나에서 영이 아닌 d'_{kj}를 가지는 유전자만이 분류기 규칙에서 역할을 하며, 따라서 대다수의 유전자가 버려질 수 있는 일이 자주 있다. 이 예제에서 43개를 제외한 모든 유전자가 버려졌으며, 각 클래스를 특징화하는 적은 수의 해석 가능한 유전자 집합만이 남았다. 그림 18.3은 유전자를 히트맵으로 보여준다.

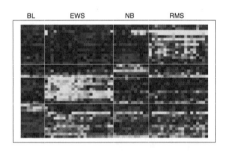

그림 18.3 선택한 43개 유전자의 히트맵. 각각의 수평 분할 내에서 유전자를 계층적 군집화를 통해 정렬했으며 유사하게 각각의 수평 분할 내 표본에 관해서도 정렬을 했다. 노란색은 과표현(over-expression)을, 파란색은 과소표현을 나타낸다.

그림 18.4(위쪽 패널)는 수축의 효율성을 보여준다. 수축이 없으면 테스트 데이터에서 5/20개 오차를, 그리고 훈련 및 CV 데이터에서 몇몇 오차를 만든다. 수축 중심점은 꽤 넓은 범위의 Δ값에서 영의 테스트오차를 달성한다. 그림 18.4의 아래쪽 패널은 SRBCT 데이터(회색)를 위한 네 개의 중심점을, 전체 중심점에 관해 상대적으로 보여준다. 파란색 막대는 이들 중심점의 수축된 버전으로 $\Delta = 4.3$을 사용해 회색 막대의 연임계화를 통해 얻어냈다. 판별 점수 (18.2)를 사용해 클래스 확률 추정값을 구축할 수 있다.

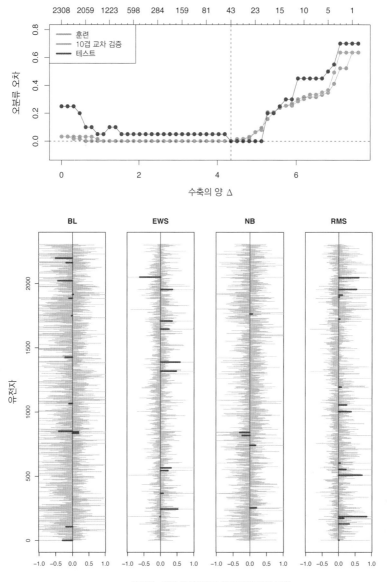

유전자의 개수

그림 18.4 위쪽: SRBCT 데이터의 오차 곡선. 훈련, 10겹 교차 검증, 테스트 오분류 오차가 임계 매개 변수 Δ가 변함에 따라 나와 있다. CV에 의해 값 Δ = 4.34를 선택했으며, 결과는 43개 유전자가 선택된 부분집합이다. 아래쪽: SRBCT 데이터(회색)에 관한 네 개의 중심점 프로파일 d_{kj}가 전체 중심점의 상대 값으로 나와 있다. 각 중심점은 2,308개 성분을 가지며, 상당한 잡음을 볼 수 있다. 파란색 막대는 이들 중심점의 수축된 버전 d'_{kj}로, 회색 막대에 Δ = 4.3을 사용해 연임계화를 통해 얻어냈다.

$$\hat{p}_k(x^*) = \frac{e^{\frac{1}{2}\delta_k(x^*)}}{\sum_{\ell=1}^{K} e^{\frac{1}{2}\delta_\ell(x^*)}} \qquad (18.8)$$

이들은 분류의 평가 혹은 특정 표본을 아에 분류하지 말지를 결정하는 데 사용할 수 있다.

이러한 설정 하에서 경임계화를 포함한 특성 선택의 다른 형태를 사용할 수 있음을 주지하라. 판과 판(Fan and Fan, 2008)은 고차원 문제에서 대각 선형판별분석으로 일부 종류의 특선 선택을 수행하는 것이 중요하다는 것을 이론적으로 보여준다.

18.3 이차 정칙화 선형 분류기

라마스와미 외(Ramaswamy et al., 2001)는 14개의 서로 다른 형태의 암을 가지는 144명 환자의 훈련 집합 및 54명의 테스트 집합을 포함하는 더욱 어려운 미세 배열 분류 문제를 제시한다. 유전자 표현 측정은 16,064개 유전자에 관해 가능했다.

표 18.1 14개 암 클래스로 된 미세 배열 데이터의 예측 결과. 방법 1은 18.2절에 설명돼 있다. 방법 2, 3, 6은 18.3절에 설명돼 있으며 4, 7, 8은 18.4절에서 논의한다. 방법 5는 13.3절에서 설명돼 있다. 엘라스틱넷 벌점화 다항법이 데스트 데이터에서 가장 우수하지만 각 테스트오차 추정값의 표준오차가 3보다 크므로 이러한 비교는 결정적이지 못하다.

방법	144개 중 CV 오차(SE)	54개 중 테스트오차	사용된 유전자 개수
1. 최근접 수축 중심점	35(5.0)	17	6,520
2. L_2-벌점 판별 분석	25(4.1)	12	16,063
3. 서포트벡터분류기	26(4.2)	14	16,063
4. 라쏘회귀(하나 vs 전체)	30.7(1.8)	12.5	1,429
5. k-최근접이웃	41(4.6)	26	16,063
6. L_2-벌점 다항	26(4.2)	15	16,063
7. L_1-벌점 다항	17(2.8)	13	269
8. 엘라스틱넷 벌점 다항	22(3.7)	11.8	384

표 18.1은 8개의 서로 다른 분류 방법의 예측 결과를 보여준다. 각 환자의 데이터는 먼저 평균이 0이고 분산이 1이 되도록 표준화했다. 이는 이 예제 전반적으로 예측 확률을 개선하는 것으로 보이며, 각 유전자-표현 프로파일의 "형태"가 절대 표현 수준보다 중요함을 시사한다. 각각의 경우 정칙화 매개변수는 교차 검

증 오차를 최소화하도록 선택했으며, 매개변수의 그 값에서의 테스트오차가 나와 있다. 하나 이상의 정칙화 매개변숫값이 최소 교차 검증 오차를 내놓을 때, 그 값에서의 평균 테스트오차가 기록돼 있다.

RDA(정칙판별분석), 정칙다항 로지스틱회귀, 그리고 서포트벡터머신은 데이터에서의 다변량 정보를 활용하려 시도하는 더욱 복잡한 방법이다. 이들 각각은 물론 L1 및 L2와 그 사이 몇몇 가지를 포함해 다양한 정칙화 방법을 차례대로 설명한다.

18.3.1 정칙판별분석

정칙판별분석RDA, Regularized Discriminant Analysis은 4.3.1절에 설명돼 있다. 선형판별분석은 $p \times p$의 공분산-내 행렬의 역inversion을 수반한다. $p \gg N$일 때 이 행렬은 매우 클 수 있으며, 랭크는 최대 $N < p$이고, 따라서 특이singular이다. RDA는 특이성 문제를 공분산-내 추정값 $\hat{\Sigma}$을 정칙화해 극복한다. 여기서 $\hat{\Sigma}$를 이것의 대각으로 수축시키는 버전의 RDA를 사용한다.

$$\hat{\Sigma}(\gamma) = \gamma\hat{\Sigma} + (1 - \gamma)\text{diag}(\hat{\Sigma}), \text{ with } \gamma \in [0, 1] \tag{18.9}$$

$\gamma = 0$는 대각 LDA에 해당하며, 이는 최근접 수축 중심점의 "수축이 없는" 버전임을 주지하라. (19.9)에서 수축의 형태는 특성의 전체 공분산행렬을 대각(스칼라) 행렬로 수축시키는 릿지회귀(3.4.1절)과 꽤 비슷하다. 실제 선형판별분석을 범주형 반응(12.6절의 (12.58)을 보라)의 최적 점수화로 된 선형회귀로 보면 동등성이 더욱 명확해진다.

이러한 큰 $p \times p$ 행렬을 반전시키는 계산적 부담은 18.3.5절에서 논의하는 방법을 사용해 극복한다. γ의 값은 표 18.1의 줄 2에서의 교차 검증으로 선택한다. $\gamma \in (0.002, 0.550)$의 모든 값이 같은 CV 및 테스트오차를 내주었다. 공분산행렬에 더해 중심점의 수축을 포함하는 RDA의 추가적인 전개는 구오 외(Guo et al., 2006)에서 찾을 수 있다.

18.3.2 이차 정칙화로 된 로지스틱회귀

로지스틱회귀(4.4절)를 비슷한 방식으로 수정하며 $p \gg N$ 경우를 다룰 수 있다. K개 클래스로, 멀티클래스 로지스틱 모델 (4.17)의 대칭 버전을 사용한다.

$$\Pr(G = k | X = x) = \frac{\exp(\beta_{k0} + x^T \beta_k)}{\sum_{\ell=1}^{K} \exp(\beta_{\ell0} + x^T \beta_\ell)} \tag{18.10}$$

이는 로그-오즈 매개변수 β_1, β_2, ..., β_K의 K개 계수 벡터를 가진다. 벌점 로그 가능도를 최대화함으로써 적합을 정칙화시킨다.

$$\max_{\{\beta_{0k}, \beta_k\}_1^K} \left[\sum_{i=1}^{N} \log \Pr(g_i | x_i) - \frac{\lambda}{2} \sum_{k=1}^{K} ||\beta_k||_2^2 \right] \tag{18.11}$$

이 정칙화는 자동적으로 매개변수화에서의 여분^{redundancy}을 해결하며, $\sum_{k=1}^{K} \hat{\beta}_{kj} = 0$, $j = 1$, ..., p를 강제한다(연습 18.3). 상수항 β_{k0}는 정칙화되지 않음을 주지하라 (따라서 영으로 둬야 한다). 결과 최적화 문제는 볼록이며, 뉴턴 알고리즘이나 다른 수치적 기술로 풀 수 있다. 자세한 내용은 주와 헤이스티(Zhu and Hastie, 2004)가 제공한다. 프리드먼 외(2010)는 2-클래스 및 멀티클래스 로지스틱회귀모델을 위한 정칙화 경로를 계산하는 소프트웨어를 제공한다. 표 18.1의 6번째 줄은 멀티클래스 로지스틱회귀모델의 결과를 제공하며, "다변량"이라 표시돼 있다. 분리 가능한 데이터에서 $\lambda \to 0$임에 따라 정칙화된 (2-클래스) 로지스틱회귀 추정(재정규화된)이 최대 마진 분류기로 수렴한다는 것을 보이는 것이 가능하다(12.2절). 이는 다음에 논의하는 서포트벡터머신의 매력적인 대안이 될 수 있다. 특히 멀티클래스의 경우 그러하다.

18.3.3 서포트벡터분류기

서포트벡터분류기는 12.2절에서 2-클래스에 관해 설명돼 있다. $p > N$일 때 이는 특히 매력적인데, 다른 클래스에서 동일한 특성 벡터가 존재하지 않는 이상 일반적으로 클래스는 초평면으로 완벽하게 분리하는 것이 가능하기 때문이다. 서포트벡터분류기는 어떠한 정칙화도 없이 가장 큰 마진으로 분리초평면을 찾아낸다. 즉 훈련 데이터 내 클래스 사이에 가장 큰 갭을 내놓는 초평면을 말한다. 다소 놀라운 점은, $p \gg N$일 때 비정칙화된 서포트벡터분류기는 가장 잘 정칙화된 버전과 거의 같게 잘 동작하는 경우가 자주 있다는 것이다. 과적합이 문제가 되는 경우는 잘 없어 보이는데, 이는 부분적으로는 오분류 오차의 비민감성 때문이다.

2-클래스 서포트벡터분류기를 $K > 2$ 클래스로 일반화하는 다른 많은 방법이 존재한다. "일 대 일$^{\text{ovo, one versus one}}$" 접근법에서는 모든 $\binom{K}{2}$ 쌍별 분류기를 계산한다. 각 테스트 지점에서, 예측된 클래스는 쌍별 경쟁에서 가장 많이 이기는 것이다. "일 대 전체$^{\text{one versus all, ova}}$" 접근법에서 각 클래스는 다른 모든 것들과 K개 2-클래스 비교를 통해 비교된다. 테스트 지점을 분류하려면, 각 K개 분류기에 관해 신뢰도(초평면으로부터의 부호 있는 거리)를 계산한다. 가장 높은 신뢰도를 가지는 클래스가 승자다. 마지막으로 밥닉(1998) 그리고 웨스턴과 왓킨스(Weston and Watkins, 1999)는 2-클래스 기준 (12.6)을 일반화하는 (다소 복잡한) 멀티클래스 기준을 제시했다.

팁시라니와 헤이스티(Tibshirani and Hastie, 2007)는 서포트벡터분류기가 이항 트리에서 쓰이는, CART에서와 같은 마진 트리$^{\text{margin tree}}$ 분류기를 제안한다. 클래스는 계층적 방식으로 조직화되며 이는 환자를 서로 다른 암 형태로 분류하는 데 유용할 수 있다.

표 18.1의 3번째 줄은 ova 방법을 사용하는 서포트벡터분류기의 경과를 보여준다. 라마스와미 외(2001)는 이 접근법이 이 문제에서 가장 잘 동작한다고 보고했다(그리고 우리가 확인했다). 이전 절에서의 마지막 언급에서 예상할 수 있듯이, 오차는 6번째 줄의 것과 매우 유사하다. 오류율은 $C > 0.001$라면 C((12.8)에서 정칙화 매개변수)의 선택에 민감하지 않다. $p > N$이므로 서포트벡터 초평면은 $C = \infty$로 둠으로써 훈련 데이터를 완벽하게 분리할 수 있다.

18.3.4 특성 선택

특성 선택은 p가 클 때 분류기에서 중요한 과학적 요구 사항이다. 판별분석, 로지스틱회귀뿐만 아니라 서포트벡터분류기도 특성 선택을 자동으로 수행하지 않는데, 그 이유는 이들이 모두 이차 정칙화를 사용하기 때문이다. 양쪽 모델에서 모든 특성이 영이 아닌 가중치를 가진다. 특성 선택을 위한 애드혹적 방법이 제안돼 왔는데, 예를 들면 작은 계수로 된 유전자를 제거하고 분류기를 재적합하는 것이 있다. 이는 가장 작은 가중치부터 시작해 더 큰 가중치로 이동하며 후진 스텝별 방식으로 이뤄진다. 이는 재귀적 특성 제거$^{\text{recursive feature elimination}}$라 알려져 있다(Guyon et al., 2002). 이는 이 예제에서는 성공적이지 못하다. 예를 들면 라마스와미 외(2001)는 유전자의 개수가 16,063개의 전체 집합으로부터 줄어듦에 따라 서포트벡터분류기의 정확도가 저하된다고 보고한다. 이는 다소 주목할 만한데, 훈련 표본의 개수가 오직 144개뿐이기 때문이다. 우리는 이러한 움직임을 위한 설명을 가지고 있지 못하다.

이 절에서 논의한 세 가지 방법(RDA, LR, SVM) 모두 커널을 사용해 비선형 결정 경계를 적합시키도록 수정할 수 있다. 주로 이러한 접근법을 위한 동기는 모델 복잡도를 높이기 위함이다. $p \gg N$이면 모델이 이미 충분히 복잡하며 과적합은 언제나 위험하다. 고차원성에도 방사커널(13.3.3)은 때때로 이러한 고차원 문제에서 탁월한 결과를 내놓는다. 방사커널은 서로 멀리 떨어진 점들 사이의 내적을 약화시키는 경향이 있으며, 따라서 특이값에 로버스트하게 만든다. 이는 고차원에서 자주 발생하며 어쩌면 긍정적인 결과를 설명할 수도 있다. 표 18.1에서 SVM으로 방사커널을 시도했지만, 이 경우 성능이 열등했다.

18.3.5 $p \gg N$일 때 연산적인 지름길

이 절에서 논의한 연산 기술은 이차 정칙화로 된 선형 모델을 계수에 적합시키는 어떠한 방법이든지 적용된다. 이는 이 절에서 논의한 모든 방법 및 더 많은 것들을 포함한다. $p > N$일 때, 연산은 14.5절에서 소개한 특이값분해를 통해 p 대신에 N-차원 공간에서 수행할 수 있다. 기하학적 직관은 다음과 같다. 3차원 공간 내 두 점이 언제나 선 위에 놓이는 것과 같이, p 차원 공간 내 N개 점은 $(N-1)$-차원 아핀 부분공간 내에 놓인다.

$N \times p$ 데이터 행렬 $\mathbf{X}$가 주어졌을 때, 다음이 $\mathbf{X}$의 특이값분해라 하자.

$$\mathbf{X} = \mathbf{U}\mathbf{D}\mathbf{V}^T \tag{18.12}$$

$$= \mathbf{R}\mathbf{V}^T \tag{18.13}$$

즉 $\mathbf{V}$는 직교 열을 가지는 $p \times N$ 행렬이고, $\mathbf{U}$는 $N \times N$ 직교행렬이며, $\mathbf{D}$는 요소가 $d_1 \ge d_2 \ge d_N \ge 0$인 대각행렬이다. 행렬 $\mathbf{R}$은 행이 r_i^T인 $N \times N$이다.

단순한 예제로 먼저 릿지회귀로부터의 예측값을 고려해보자.

$$\hat{\beta} = (\mathbf{X}^T\mathbf{X} + \lambda\mathbf{I})^{-1}\mathbf{X}^T\mathbf{y} \tag{18.14}$$

$\mathbf{X}$를 $\mathbf{R}\mathbf{V}^T$로 바꾸고 몇 가지 추가로 조작을 한 뒤, 이는 다음과 같음을 보일 수 있다(연습 18.4).

$$\hat{\beta} \;=\; \mathbf{V}(\mathbf{R}^T\mathbf{R} + \lambda\mathbf{I})^{-1}\mathbf{R}^T\mathbf{y} \tag{18.15}$$

따라서 $\hat{\beta} = \mathbf{V}\hat{\theta}$이고, 이때 $\hat{\theta}$는 N개 관측치 (r_i, y_i), $i = 1, 2, \dots, N$를 사용한 릿지 회귀 추정값이다. 다른 말로 단순히 데이터 행렬을 $\mathbf{X}$에서 $\mathbf{R}$로 줄이고, $\mathbf{R}$의 행으로 작업을 하는 것이 가능하다. 이 기법은 $p > N$일 때 연산 비용을 $O(p^3)$에서 $O(pN^2)$로 줄인다.

이 결과는 매개변수에서 선형이고 이차 벌점을 가지는 모든[all] 모델로 일반화할 수 있다. $Y|X$의 조건부 분포에서 매개변수를 모델링하는데 선형함수 $f(X) = \beta_0 + X^T\beta$를 사용하는 임의의 지도 학습 문제를 고려해보자. 어떠한 손실 함수 $\sum_{i=1}^{N} L(y_i, f(x_i))$를 데이터에 관해 β에 관한 이차 벌점으로 최소화시킴으로써 매개변수 β를 적합시킨다. 로지스틱회귀는 염두에 둘 유용한 예제다. 그러면 다음의 단순한 정리를 가지게 된다.

$f^*(r_i) = \theta_0 + r_i^T \theta$라 두고 (18.13)에서 정의한 r_i로 돼 있다. 이제 최적화 문제 쌍을 고려해보자.

$$(\hat{\beta}_0, \hat{\beta}) \;=\; \arg \min_{\beta_0, \beta \in \mathbb{R}^p} \sum_{i=1}^{N} L(y_i, \beta_0 + x_i^T\beta) + \lambda\beta^T\beta; \tag{18.16}$$

$$(\hat{\theta}_0, \hat{\theta}) \;=\; \arg \min_{\theta_0, \theta \in \mathbb{R}^N} \sum_{i=1}^{N} L(y_i, \theta_0 + r_i^T\theta) + \lambda\theta^T\theta. \tag{18.17}$$

그러면 $\hat{\beta}_0 = \hat{\theta}_0$ 그리고 $\hat{\beta} = \mathbf{V}\hat{\theta}$이다.

이 정리는 단순히 p 벡터 x_i를 N-벡터 r_i로 바꾸고, 훨씬 더 적은 예측변수로 이전과 같이 벌점 적합을 수행할 수 있음을 말해준다. 그 뒤 N 벡터 해 $\hat{\theta}$는 단순한 행렬 곱을 통해 p-벡터 해로 다시 변환시킨다. 이 결과는 통계학에서 전승되는 것의 일부로, 더욱 널리 퍼질 만한 가치가 있다. 더 자세한 내용은 헤이스티와 팁시라니(Hastie and Tibshirani, 2004)를 보라.

기하학적으로는, 특성을 첫 번째 N개 좌표를 제외하고 나머지가 영인 좌표 시스템으로 회전시키고 있다. 이차 벌점이 회전하에서 불변이고 선형 모델이 등변 equivariant이므로 이러한 회전이 허용된다.

이 결과는 18장에서 논의한 정칙화 (멀티클래스) 로지스틱회귀, 선형판별분석 (연습 18.6) 및 서포트벡터머신과 같은 많은 학습법에 적용할 수 있다. 이는 또한 이차 정칙화로 된 신경망에 적용할 수 있다(11.5.2절). 그러나 라쏘와 같이 이차가 아닌 (L_1) 벌점을 계수에 사용하는 방법에는 적용하지 않음을 주지하라.

통상적으로 교차 검증을 사용해 매개변수 λ를 선택한다. 이는 $\mathbf{R}$을 원본 데이터에서 한 번만 구축하고, 이를 각 CV 겹을 위한 데이터로 사용하는 것으로 볼 수 있다.

12.3.7의 서포트벡터 "커널 기법"은 18장에서 사용한 같은 축소를 약간 다른 측면에서 사용한다. 처리해야 할 $N \times N$ 그램 (내적) 행렬 $\mathbf{K} = \mathbf{XX}^T$가 있다고 해 보자. (18.12)부터 $\mathbf{K} = \mathbf{UD}^2\mathbf{U}^T$를 가지게 되며, 따라서 $\mathbf{K}$가 $\mathbf{R}$과 같은 정보를 포착한다. 연습 18.13은 어떻게 이 절에서의 개념을 활용해, $\mathbf{K}$의 SVD를 써서 릿지화된 로지스틱회귀를 적합시키는지 보여준다.

18.4 L_1 정칙화 선형 분류기

18.3절의 방법은 릿지회귀에서와 같이 L_2 벌점을 사용해 이들의 매개변수를 정칙화시킨다. 추정된 계수 모두는 영이 아니므로, 특성 선택을 수행하지 않는다. 이 절에서는 대신에 L_1 벌점을 사용하는, 즉 자동적인 특성 선택을 제공하는 방법을 논의한다.

3.4.2절의 라쏘를 다시 보자.

$$\min_{\beta} \frac{1}{2} \sum_{i=1}^{N} \Big(y_i - \beta_0 - \sum_{j=1}^{p} x_{ij}\beta_j \Big)^2 + \lambda \sum_{j=1}^{p} |\beta_j| \qquad (18.18)$$

이는 라그랑주 꼴 (3.52)로 쓴 것이다. (3.52)에서 논의했듯이 L_1 벌점을 사용하면 충분히 큰 조정 매개변숫값 λ에 관해 계수 해 $\hat{\beta}_j$의 부분집합이 정확히 영이 되도록 한다.

3.8.1절에서 LARS 알고리즘이 모든 λ에 관해 라쏘 해를 계산하는 효율적인 과정임을 논의했다. (18장에서와 같이) $p > N$일 때 λ가 영에 접근함에 따라, 라쏘 적합은 훈련 데이터를 정확하게 적합시킨다. 실제로 볼록 쌍대성^{convex duality}을 통해, $p > N$일 때 영이 아닌 계수의 개수가 λ의 모든 값에 관해 최대 N임을 보일 수 있

다(예를 들면 로셋과 주(Rosset and Zhu, 2007)). 그러므로 라쏘는 (심한) 형태의 특성 선택을 제공한다.

라쏘회귀는 결과를 ±1로 코딩하고, 예측에 중단점(주로 0)을 적용해 2-클래스 분류 문제에 적용할 수 있다. 클래스가 두 개보다 많으면, 18.3.3절에서 논의한 ova와 ovo 방법을 포함해 많은 가능한 접근법이 있다. 18.3절에서 암 데이터에 ova-접근법을 시도했다. 결과는 표 18.1의 줄 (4)에 있다. 이것의 성능이 최고 중 하나에 속한다.

분류 문제를 위한 더욱 자연스러운 접근법은 로지스틱회귀를 정칙화하는 데 라쏘 벌점을 사용하는 것이다. LARS와 유사한 경로 알고리즘(박과 헤이스티(Park and Hastie, 2007))을 포함해 몇몇 구현이 논문에서 제안돼왔다. 경로가 조각별 평활이지만 비선형이므로 정확한 방법은 LARS 알고리즘보다 느리며 p가 클 때 실행 가능성이 더 적다.

프리드먼 외(2010)는 L_1-벌점 로지스틱 및 다변량 회귀모델을 적합시키는 매우 빠른 알고리즘을 제공한다. 이들은 대칭 다항 로지스틱회귀모델을 18.3.2절의 (18.10)에서와 같이 사용하며, 벌점화 로그 가능도를 (18.11)과 비교하며 최대화한다.

$$\max_{\{\beta_{0k}, \beta_k \in \mathbb{R}^p\}_1^K} \left[\sum_{i=1}^N \log \Pr(g_i|x_i) - \lambda \sum_{k=1}^K \sum_{j=1}^p |\beta_{kj}| \right] \tag{18.19}$$

이들의 알고리즘은 순환적 좌표 하강(3.8.6절)을 통해 λ를 위해 사전에 선택한 값의 시퀀스에서 정확한 해를 계산한다. 그리고 $p \gg N$일 때 해가 희박하다는 사실은 물론 인접한 λ의 값에 관한 해가 매우 유사하다는 사실을 활용한다. 이 방법은 표 18.1의 줄 (7)에서 사용됐으며, 전반적인 조정 매개변수 λ는 교차 검증으로 선택했다. 여기에선 자동적인 특성 선택이 269개 유전자를 모두 함께 선택했다는 것을 제외하고, 성능은 가장 우수한 방법들의 것과 유사했다. 유사한 접근법이 젠킨 외(Genkin et al., 2007)에서 사용됐다. 그러나 이들은 이들의 모델을 베이지안 관점에서 제시하며 실제로 벌점화 최대-가능도 문제를 푸는 사후 최빈값을 계산한다.

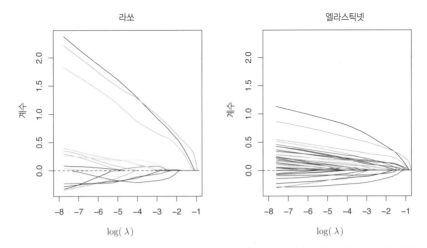

그림 18.5 백혈병 데이터를 위한 정칙화된 로지스틱회귀 경로. 왼쪽 패널은 라쏘 경로, 오른쪽 패널은 $\alpha = 0.8$인 엘라스틱넷 경로다. 경로의 끝에서(극좌), 라쏘에는 19개, 엘라스틱넷에는 39개의 영이 아닌 계수가 존재한다. 엘라스틱넷의 평균화 영향은 라쏘보다 영이 아닌 그러나 규모는 더 작은 더 많은 계수가 결과로 되게 한다.

유전체학에서 적용할 때, 변수 간에 강한 상관성이 존재하는 경우가 자주 있다. 유전자는 분자 경로에서 작용하는 경향이 있다. 라쏘 벌점은 강하지만 상관성이 있는 변수의 집합 중에서 무엇을 선택하는지에 다소 무감각하다(연습 3.28). 반면 릿지 벌점은 상관성이 있는 변수의 계수를 서로를 향해 수축시키는 경향이 있다(연습 3.29). 엘라스틱넷elastic net 벌점(Zou and Hastie, 2005)은 이에 관한 절충으로, 다음의 형식을 가진다.

$$\sum_{j=1}^{p} \left(\alpha|\beta_j| + (1 - \alpha)\beta_j^2 \right) \tag{18.20}$$

두 번째 항은 상관성이 높은 특성이 평균되도록 부추기는 한편, 첫 번째 항은 이들 평균된 특성의 계수 내에서 해가 희박하도록 부추긴다. 엘라스틱넷 벌점은 어떠한 선형 모델이든지, 특히 회귀나 분류에서 함께 사용할 수 있다.

따라서 앞의 엘라스틱 벌점이 있는 다항 문제는 (18.21)과 같이 된다.

$$\max_{\{\beta_{0k}, \beta_k \in \mathbb{R}^p\}_1^K} \left[\sum_{i=1}^{N} \log \Pr(g_i|x_i) - \lambda \sum_{k=1}^{K} \sum_{j=1}^{p} \left(\alpha|\beta_{kj}| + (1 - \alpha)\beta_{kj}^2 \right) \right]$$

$$\tag{18.21}$$

매개변수 α는 벌점의 조합을 결정하며 주로 질적인 근거에서 사전에 선택한다. 엘라스틱넷은 $p > N$일 때 N개보다 많은 영이 아닌 계수를 내놓을 수 있으며, 이는 라쏘보다 잠재적인 장점이 된다. 표 18.1의 줄 (8)은 이 모델을 사용하며, α와 λ는 교차 검증으로 선택했다. 우리는 0.05와 1.0 사이의 값 α를 20개 그리고 λ의 값은 전체 범위를 포함하는 로그 척도에서 균일하게 100개를 사용했다. 값이 $\alpha \in [0.75, 0.80]$이면 최소의 CV 오차를 내주었으며, 모든 비슷한 해에서 $\lambda < 0.001$이다. 이는 모든 방법 중에서 가장 낮은 테스트오차를 갖지만 마진이 작고 유의하지 못하다. 흥미롭게도 CV가 α의 각 값에 개별적으로 수행될 때 $\alpha = 0.10$에서 가장 작은 테스트오차 8.8을 달성하지만, 이는 이차원 CV에서 선택된 값이 아니다.

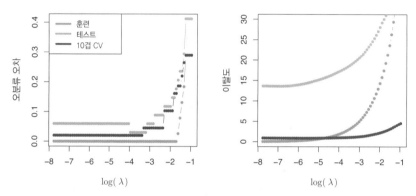

그림 18.6 백혈병 데이터에서의 라쏘 로지스틱회귀를 위한 훈련, 테스트, 10겹 교차 검증 곡선. 왼쪽 패널은 오분류 오차를, 오른쪽 패널은 이탈도를 보여준다.

그림 18.5는 2-클래스 백혈병 데이터에서의 라쏘와 엘라스틱넷 계수 경로를 보여준다(Golub et al., 1999). 38개 표본에 7129개의 유전자 표현 측정치가 있으며, 표본 중 27개는 클래스 ALL(급성 림프성 백혈병), 11개는 클래스 AML(급성 골수성 백혈병)이다. 또한 34개의 표본(20,14)으로 된 테스트 집합이 있다. 데이터가 선형 분리가 가능하므로, 해는 $\lambda = 0$에서 정의되지 않으며(연습 8.11), λ의 값이 매우 작으면 저하된다. 따라서 적합된 확률이 0에서 1로 접근함에 따라 경로가 절단된다. 왼쪽에는 영이 아닌 계수가 19개, 오른쪽에는 39개 있다. 그림 18.6(왼쪽 패널)은 테스트 및 훈련 데이터는 물론 훈련 데이터에서의 10겹 교차 검증에서의 라쏘 로지스틱회귀의 오분류 오차를 보여준다. 오른쪽 패널은 이항 이탈도를 측정 오차로 사용하며, 훨씬 부드럽다. 표본 크기가 작으면 이들 곡선에서 상당한 표집 분산을 야기하며, 심지어 개별 곡선이 상대적으로 평활함에도 그러하다(예를 들어

그림 7.1을 보라). 이들 도표 둘 다 $\lambda \downarrow 0$로 해를 제한하는 것으로 충분하며 테스트 집합에서 3/34의 오분류를 보인다. 엘라스틱넷을 위한 해당 그림은 질적으로 유사하므로 보여주지 않는다.

$p \gg N$일 때, 계수를 제한하는 것은 모든 정칙화된 로지스틱회귀모델에 관해 발산하므로, 실제 소프트웨어 구현에서는 $\lambda > 0$인 최솟값이 명시적 혹은 암묵적으로 설정된다. 그러나 재정규화된 버전의 계수는 수렴하며, 이들과 같이 해를 제한하는 것은 선형 최적 분리초평면^{SVM}의 흥미로운 대안으로 생각할 수 있다. $\alpha = 0$이면 해의 제한은 SVM과 일치하지만(18.3.2절의 끝을 보라), 모든 7,129개 유전자가 선택된다. $\alpha = 1$이면 해의 제한은 L_1 분리초평면(Rosset et al., 2004a)과 일치하며, 많아야 38개 유전자를 포함한다. α가 1에서부터 감소함에 따라, 엘라스틱넷 해는 분리초평면에서 더 많은 유전자를 포함한다.

18.4.1 단백질 질량 분광분석의 라쏘 적용

단백질 질량 분광분석$^{protein\ mass\ spectrometry}$은 혈액 내 단백질을 분석하는 인기 있는 기술이 돼 왔으며, 질병을 진단하거나 하부의 과정을 이해하는 데 사용할 수 있다.

각 혈청 표본 i에 관해, 많은 비행 시간$^{time\ of\ flight}$ 값 t_j에 관한 강도^{intensity} x_{ij}를 관측한다. 이 강도는 기계의 작동 사이클 동안 에미터^{emitter}로부터 검출기로 통과하는 데 대략 t_j 시간이 걸리는 것으로 관찰된 입자 수와 관련이 있다. 비행 시간은 혈액 내 구성 단백질의 질량 대 전하비(m/z)와 알려진 관계를 갖는다. 따라서 특성 t_k에서 스펙트럼 내 최고점이 식별되면, 해당 질링 및 전하로 된 단백질이 있음을 말해준다. 이 단백질의 식별은 다른 수단으로 결정할 수 있다.

그림 18.7은 애덤 외(Adam et al., 2003)로부터 가져온 예제를 보여준다. 이는 건강한 환자 및 전립선 암을 가진 환자의 평균 스펙트럼을 보여준다. 전체 16,898개의 m/z 사이트^{site}가 있으며, 값의 범위가 2,000에서 40,000이다. 전체 데이터셋은 157명의 건강한 환자와 167명의 암 환자로 돼 있으며, 목표는 두 그룹 사이를 판별하는 m/z 사이트를 찾는 것이다. 이는 함수적인 데이터 예제로, 예측변수를 m/z의 함수로 볼 수 있다. 지난 몇 년 동안 이러한 문제에 많은 관심이 있어 왔다. 한번 페트리코인 외(Petricoin et al., 2002)를 보라.

데이터는 먼저 표준화(기준값^{baseline} 차감과 정규화)하고, m/z값이 2,000과 40,000 사이인 것만으로 주의를 제약시켰다(이 범위를 벗어난 스펙트럼은 관심의 대상이 아니다). 그 뒤 최근접 수축 중심점과 라쏘회귀를 데이터에 적용했으며, 두 방법의 결과 모두 표 18.2에서 볼 수 있다.

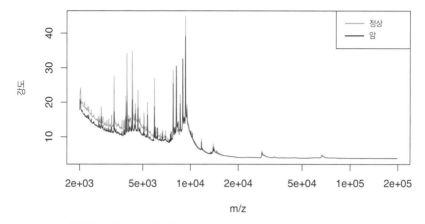

그림 18.7 단백질 질량 분광분석 데이터: 정상 및 전립선암 환자의 평균 프로파일

데이터에 더 강하게 적합시킬수록 라쏘는 상당히 낮은 테스트 오류율을 달성한다. 그러나 이는 과학적으로 유용한 해를 제공하지 많을 수도 있다. 이상적으로는 단백질 질량 분광분석은 생물학적 표본을 구성 단백질로 분해하고, 이들은 스펙트럼에서의 최고점으로 나타나야만 한다. 라쏘는 최고점을 어떠한 특별한 방법으로도 다루지 않으므로, 오직 일부 영이 아닌 라쏘 가중치만이 스펙트럼 내 최고점 근처에 위치해 있었다. 게다가 같은 단백질이 다른 스펙트럼 내 약간 다른 m/z값에서 최고점을 내놓을 수도 있다. 공통된 최고점을 식별하려면, 표본에서 표본으로 어떠한 종류의 m/z 휘어짐^{warping}이 필요하다.

이를 다루려면 각 스펙트럼에 표준의 최고점-추출 알고리즘을 적용하고, 이는 전체 217개 훈련 스펙트럼에서 5178개의 최고점을 내놓는다. 우리의 아이디어는 모든 환자로부터 최고점의 모임을 모으고, 따라서 공통 최고점의 집합을 구축하는 것이다. 이러한 목적으로 계층적 군집화를 로그 m/z축을 따라 이들 최고점의 위치에 적용시켰다. 결과 덴드로그램을 $\log(0.005)^3$의 높이에서 수평으로 자르고, 각 결과 군집에서 최고점 위치의 평균을 계산했다. 이 과정은 728개의 공통 군집 및 이들의 해당 최고점 중심을 내놓았다.

이들 728개 공통 최고점이 주어지면 이들 중 무엇이 각 개별 스펙트럼에서 존

---

3 값 0.005를 사용하는 것은 0.5% 이내로 위치해 있는 최고점은 같은 최고점으로 간주한다는 뜻으로, 꽤 일반적인 가정이다.

재하는지 알아내고, 만일 존재한다면 최고점의 높이를 알아냈다. 최고점을 찾지 못하면 최고점 높이를 영으로 할당했다. 이는 최고점 높이를 특성으로 하는 217×728 행렬을 만들어냈으며, 라쏘회귀에 쓰였다. 우리는 테스트 스펙트럼을 같은 728개 최고점에 관해 점수화했다.

표 18.2 전립선암 예제의 결과. 테스트오차의 표준편차는 약 4.5였다.

방법	테스트오차/108	위치의 개수
1. 최근접 수축 중심점	34	459
2. 라쏘	22	113
3. 최고점에서의 라쏘	28	35

라쏘를 최고점에 이와 같이 적용한 예측 결과는 표 18.2의 마지막 줄에서 볼 수 있다. 꽤나 괜찮지만 원본 스펙트럼에서의 라쏘만큼은 아니다. 그러나 적합된 모델은 35개의 최고점 위치를 내놓았으며 추후 연구에 쓸 수 있으므로 생물학자에게 더 유용할 수 있다. 한편 결과는 스펙트럼의 최고점 사이에 유용한 판별적 정보가 존재할 수도 있으며, 표 18.2의 줄 (2)의 라쏘 사이트의 위치가 추가적인 조사를 받을 만함을 시사한다.

18.4.2 함수형 데이터를 위한 퓨즈화 라쏘

이전 예제에서 특성은 자연 순서를 가졌으며, 질량 대 전하비mass-to-charge ratio m/z에 의해 정해졌다. 더 일반적으로는 어떠한 인덱스 변수 t에 따라 정렬되는 함수적 특성 $x_i(t)$을 가질 수도 있다. 이러한 구조를 활용한 몇 가지 접근점을 이미 논의한 바 있다.

우리는 $x_i(t)$를 스플라인, 웨이블릿 혹은 푸리에 기저와 같이 t 내 기저함수에서의 계수로 나타내고, 그 뒤 이들 계수를 예측변수로 사용해 회귀를 적용시킬 수 있다. 이와 동등하게, 원본 특성의 계수를 이들 기저 내에서 나타낼 수 있다. 이들 접근법은 5.3절에 설명돼 있다.

분류 설정에서, 벌점화 판별분석의 유사한 접근법을 12.6절에서 논의한다. 이는 계수 벡터의 결과 평활성을 명시적으로 통제하는 벌점을 사용한다.

앞의 방법은 계수를 균일하게 평활화시키는 성향이 있다. 여기선 특성의 순서를 감안하도록 라쏘 벌점을 수정하는 더욱 적응적인 전략을 보여준다. 퓨즈화 라쏘fused lasso(Tibshirani et al., 2005)는 다음을 푼다.

$$\min_{\beta \in \mathbb{R}^p} \left\{ \sum_{i=1}^{N} (y_i - \beta_0 - \sum_{j=1}^{p} x_{ij}\beta_j)^2 + \lambda_1 \sum_{j=1}^{p} |\beta_j| + \lambda_2 \sum_{j=1}^{p-1} |\beta_{j+1} - \beta_j| \right\} \quad (18.22)$$

이 기준은 β에서 엄격하게 볼록이므로, 유일한 해가 존재한다. 첫 번째 벌점은 해가 희박하도록 부추기며, 두 번째는 해 인덱스 j 내에서 평활하도록 부추긴다.

(18.22)에서의 차이 벌점은 인덱스 j가 균일하게 공간을 가진다고 가정한다. 대신에 하부 인덱스 변수 t가 균일하지 않은 값 t_j를 가지면, (18.22)의 자연 일반화는 나눠진 다음의 차이에 근거할 것이다.

$$\lambda_2 \sum_{j=1}^{p-1} \frac{|\beta_{j+1} - \beta_j|}{|t_{j+1} - t_j|} \quad (18.23)$$

이는 수열 내 각 항을 위해 벌점 변형자를 갖는 것이 된다.

특히 유용한 특별한 경우는 예측변수 형렬이 $\mathbf{X} = \mathbf{I}_N$, $N \times N$ 항등행렬일 때 나온다. 이는 퓨즈화 라쏘의 특별한 경우로, 시퀀스 $\{y_i\}_1^N$를 근사하는 데 쓰인다. 퓨즈화 라쏘 신호 근사자$^{\text{Fused Lasso Signal Approximator}}$는 (18.24)를 푼다.

$$\min_{\beta \in \mathbb{R}^N} \left\{ \sum_{i=1}^{N} (y_i - \beta_0 - \beta_i)^2 + \lambda_1 \sum_{i=1}^{N} |\beta_i| + \lambda_2 \sum_{i=1}^{N-1} |\beta_{i+1} - \beta_i| \right\} \quad (18.24)$$

그림 18.8은 팁시라니와 왕(Tibshirani and Wang, 2007)에서 가져온 예제를 보여준다. 패널 내 데이터는 비교 유전체 보합법$^{\text{CGH, Comparative Genomic Hybridization}}$ 배열로부터 가져오며, 종양 표본에서 각 유전자의 복사의 개수를 일반 표본과 비교한 로그(밑수 2) 근사 비율을 측정한다. 수평축은 각 유전자의 염색체적인 위치를 나타낸다. 이는 암 세포에서 유전자가 증폭(중복)되거나 삭제되는 경우가 자주 있으며, 이들 사건을 감지하는 것이 관심사라는 개념이다. 게다가 이들 사건은 인접한 영역에서 나타나는 경향이 있다. 퓨즈화 라쏘 신호 근사자로부터 나온 평활화된 신호 추정값은 검은 빨간색으로 나와 있다(적절하게 선택한 값 λ_1 및 λ_2와 함께). 유의하게 영이 아닌 영역은 종양에서 유전자의 증감이 나타난 위치를 발견하는 데 사용할 수 있다.

또한 퓨즈화 라쏘의 이차원 버전이 존재한다. 여기서는 매개변수가 픽셀의 격자에 놓이며, 목표 픽셀의 좌, 우, 상, 하에 있는 첫 번째 차이에 벌점이 적용된다. 이는 이미지의 잡음을 제거하거나 분류하는 데 유용할 수 있다. 프리드먼 외

(2007)는 일차 및 이차원 퓨즈화 라쏘를 위한 빠른 일반화 좌표 하강 알고리즘을 개발했다.

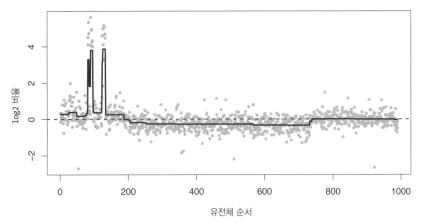

그림 18.8 CGH 데이터에 적용한 퓨즈화 라쏘. 각 점은 종양 표본 내 유전자의 복사-숫자(copynumber)를 대조군의 것과 비교해 나타낸다(로그 밑수 2 척도로).

18.5 특성을 쓸 수 없을 때의 분류

몇몇 응용에서 연구 대상이 성질상으로 더욱 추상적이며, 특성 벡터를 어떻게 정의하는지가 명백하지 않다. 우리의 데이터베이스에서 대상의 쌍 사이의 유사도에 관한 $N \times N$ 근접도proximity 행렬을 채울 수 있는 한, 유사도를 내적과 같이 해석함으로써 많은 분류기를 무기로 사용할 수 있다. 단백질 구조가 이 범주에 속하며, 18.5.1절 아래쪽에서 이 예제를 살펴본다.

문서 분류와 같은 다른 응용에서, 특성 벡터를 쓸 수 있지만 극단적으로 고차원일 수 있다. 여기서 이러한 고차원 데이터를 계산하고 싶지는 않을 것이며, 대신에 문서의 쌍 사이의 내적을 저장할 수도 있다. 이러한 내적은 표집 기술을 통해 근사할 수 있는 경우가 자주 있다.

쌍별 거리가 유사한 목적으로 쓰이는데, 이들을 중심화된 내적으로 바꿀 수 있기 때문이다. 유사도 행렬은 14장에서 더 자세히 논의한다.

18.5.1 예제: 문자열 커널과 단백질 분류

계산 생물학에서 중요한 문제는 단백질을 서열 유사도에 기반해 함수적이고 구조적인 클래스로 분류하는 것이다. 단백질 분자는 아미노산의 문자열로, 길이와 구성에서 다르다. 예제에서는 길이가 75~160 사이인 아미노산 분자를 고려하며, 각각은 문자를 사용해 라벨링된, 서로 다른 20개 형태 중 하나일 수 있다. 다음과 같이 두 개의 예제가 있으며, 각각 길이가 110, 153이다.

IPTSALVKETLALLSTHRTLLIANETLRIPVPVHKNHQLCTEEIFQGIGTLESQTVQGGTV
ERLFKNLSLIKKYIDGQKKKCGEERRRVNQFLDYLQEFLGVMNTEWI

PHRRDLCSRSIWLARKIRSDLTALTESYVKHQGLWSELTEAERLQENLQAYRTFHVLLA
RLLEDQQVHFTPTEGDFHQAIHTLLLQVAAFAYQIEELMILLEYKIPRNEADGMLFEKK
LWGLKVLQELSQWTVRSIHDLRFISSHQTGIP

단백질 분자 쌍 사이의 유사도를 측정하는데 많은 제안이 있어 왔다. 여기서는 앞의 **LQE**와 같이 매칭되는 부분 문자열의 개수를 세는 데 근거하는 측정법에 집중한다(Leslie et al., 2004).

특성을 구축하기 위해 길이 m의 주어진 서열이 문자열에서 몇 번 나타나는지 세고, 이 숫자를 모든 가능한 길이 m의 서열에 관해 계산한다. 형식적으로는 문자열 x에 관해 특성 맵을 정의한다.

$$\Phi_m(x) = \{\phi_a(x)\}_{a \in \mathcal{A}_m} \tag{18.25}$$

이때 $\mathcal{A}_m$은 길이 m의 부분 서열의 집합이며, $\phi_a(x)$는 문자열 x에서 "a"가 나타나는 횟수다. 이를 사용하며 내적을 정의하며, 이는 두 문자열 x_1과 x_2 사이의 유사도를 측정한다.

$$K_m(x_1, x_2) = \langle \Phi_m(x_1), \Phi_m(x_2) \rangle \tag{18.26}$$

이는 예를 들어 문자열을 서로 다른 단백질 클래스로 분류하기 위해 서포트벡터 분류기를 쓰는 데 사용할 수 있다.

이제 가능한 서열 a의 개수는 $|\mathcal{A}_m| = 20^m$으로, 이는 적절한 m에 관해 매우 클 수 있으며, 부분서열의 상당한 대다수가 훈련 집합 내 문자열에 매칭되지 않는다. 알고 보면 트리-구조를 사용해 $N \times N$ 내적 행렬 혹은 문자열 커널 $\mathbf{K}_m$ (18.26)을 효율적으로, 개별 벡터를 실제로 계산하지 않고 계산할 수 있다. 이 방법론과 뒤

따르는 데이터는 레슬리 외(Leslie et al., 2004)에서 가져온다.[4]

데이터는 1,708개 단백질이며 음(1663)과 양(45) 두 클래스로 돼 있다. "x_1"과 "x_2"라 부를 앞의 두 예시는 이 집합으로부터 나온다. 두 단백질에서 나타나는 부분 서열 LQE의 빈도를 표시했다. 203의 가능한 부분 서열이 있으므로, $\Phi_3(x)$는 길이 8,000의 벡터일 것이다. 이 예제에서 $\phi_{LQE}(x_1) = 1$이며 $\phi_{LQE}(x_2) = 2$이다.

레슬리 외(Leslie et al., 2004)의 소프트웨어를 사용해, $m = 4$를 위한 문자열 커널을 계산했다. 그 뒤 이를 사용해 $20^4 = 160{,}000$차원 특성 공간 내 극대 마진 해를 찾았다. 10겹 교차 검증을 사용해 모든 훈련 데이터에서 SVM 추정값을 계산했다. 그림 18.9의 주황색 곡선은 서포트벡터분류기를 위한 교차 검증된 ROC 곡선을 보여주며, 교차 검증된 서포트벡터분류기로부터 실수값 예측에서 절단점을 바꿔가며 계산했다. 곡선하 면적은 0.84이다. 레슬리 외는 문자열 커널법이 단백질 문자열 매칭을 위한 더욱 특수화된 방법과 비교해 경쟁력이 있지만, 아마도 그만큼 정확하지는 않음을 보여준다.

다른 많은 분류기를 오직 커널행렬 내 정보만을 사용해 계산할 수 있다. 더 자세한 내용은 다음 절에서 설명한다. 그림 18.9에서 최근접 중심점 분류기(초록색)와 거리-가중 1-유사이웃(파란색)의 결과를 볼 수 있다. 이들의 성능은 서포트벡터분류기와 유사하다.

---

4 크리스티나 레슬리에게 도움과 데이터를 제공해준 데 대해 감사한다. 데이터는 이 책의 웹사이트에서 얻을 수 있다.

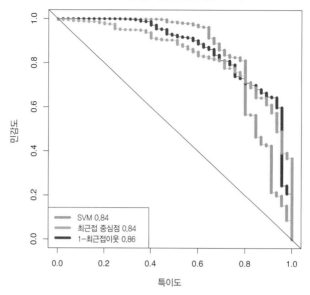

그림 18.9 문자열 커널을 사용한 단백질 예제의 교차 검증된 ROC 곡선. 범례에서 각 방법 옆의 숫자는 전반적인 정확도 측정치인 곡선하 면적을 보여준다. SVM은 더 나은 특이도를 달성하는 다른 둘보다 더 나은 민감도를 달성한다.

18.5.2 내적 커널과 쌍별 거리를 사용하는 분류 및 다른 모델

서포트벡터머신을 제외하고 내적 행렬만 사용해 구현할 수 있는 다수의 다른 분류기가 존재한다. 이는 또한 이들이 SVM과 같이 "커널화"될 수 있음을 뜻한다.

최근접-이웃 분류기가 명백한 예제다. 쌍별 내적을 쌍별 거리로 변환할 수 있기 때문이다.

$$||x_i - x_{i'}||^2 = \langle x_i, x_i \rangle + \langle x_{i'}, x_{i'} \rangle - 2\langle x_i, x_{i'} \rangle \tag{18.27}$$

1-NN의 변형이 그림 18.9에서 사용됐으며, 이는 ROC 곡선을 구축하는 데 필요한 연속적인 판별 점수를 만들어낸다. 이러한 거리-가중 1-NN은 테스트 지점에서 각 클래스의 가장 가까운 구성원으로의 거리를 활용한다. 연습 18.14를 보라.

최근접-중심점 분류 또한 이를 쉽게 따른다. 훈련 쌍 (x_i, g_i), $i = 1, ..., N$, 테스트 지점 x_0 그리고 테스트 중심점 $\bar{x}_k$, $k = 1, ..., K$에 관해 다음 식을 쓸 수 있다.

$$||x_0 - \bar{x}_k||^2 = \langle x_0, x_0 \rangle - \frac{2}{N_k} \sum_{g_i=k} \langle x_0, x_i \rangle + \frac{1}{N_k^2} \sum_{g_i=k} \sum_{g_{i'}=k} \langle x_i, x_{i'} \rangle \quad (18.28)$$

따라서 테스트 지점에서 각 중심점으로의 거리를 계산하고 최근접 중심점 분류를 수행할 수 있다. 이는 또한 데이터 지점의 내적만을 사용해 K-평균 군집과 같은 방법을 구현할 수 있음을 뜻한다.

로지스틱 및 이차 정칙화로 된 다항회귀 또한 내적 커널로 구현할 수 있다. 12.3.3절과 연습 18.13을 보라. 연습 12.10은 내적 커널을 사용해 선형판별분석을 유도한다.

주성분 또한 내적 커널을 사용해 계산할 수 있다. 이는 유용한 경우가 자주 있으므로, 자세히 설명하겠다. 먼저 중심화된 데이터 행렬 $\mathbf{X}$가 있으며, $\mathbf{X} = \mathbf{UDV}^T$가 이것의 SVD (18.12)라 하자. 그러면 $\mathbf{Z} = \mathbf{UD}$는 주성분 변수의 행렬이다(14.5.1절을 보라). 그러나 만일 $\mathbf{K} = \mathbf{XX}^T$라면, 이는 $\mathbf{K} = \mathbf{UD}^2\mathbf{U}^T$를 따르며, 따라서 $\mathbf{Z}$를 $\mathbf{K}$의 고윳값 분해로부터 계산할 수 있다. 만일 $\mathbf{X}$가 중심화돼 있지 않다면 ^{not}, $\tilde{\mathbf{X}} = (\mathbf{I} - \mathbf{M})\mathbf{X}$를 사용해 중심화할 수 있다. 이때 $\mathbf{M} = \frac{1}{N}\mathbf{11}^T$은 평균 연산자다. 그러므로 중심화되지 않은 내적 행렬로부터 주성분을 위한 이중 중심화 커널 ^{double centered kernel}의 고유벡터 $(\mathbf{I} - \mathbf{M})\mathbf{K}(\mathbf{I} - \mathbf{M})$을 계산한다. 연습 18.15는 이를 추가로 살펴보며, 14.5.4절은 일반적인 커널을 위한 SVM에서 쓰이는 방사커널과 같은 더 섬세한 커널 PCA를 논의한다.

만일 대신에 관측치 사이 쌍별(제곱) 유클리드 거리만을 쓸 수 있었다면

$$\Delta_{ii'}^2 = ||x_i - x_{i'}||^2 \quad (18.29)$$

이 또한 앞에서와 같은 모든 것을 할 수 있음이 드러난다. 이 기법은 쌍별 거리를 중심화된 내적으로 변환하고, 그 뒤 이전과 같이 처리한다.

다음이라 쓰자.

$$\Delta_{ii'}^2 = ||x_i - \bar{x}||^2 + ||x_{i'} - \bar{x}||^2 - 2\langle x_i - \bar{x}, x_{i'} - \bar{x} \rangle \quad (18.30)$$

$\mathbf{B} = \{-\Delta_{ii'}^2/2\}$라 정의하면, $\mathbf{B}$를 이중 중심화한다.

$$\tilde{\mathbf{K}} = (\mathbf{I} - \mathbf{M})\mathbf{B}(\mathbf{I} - \mathbf{M}) \quad (18.31)$$

중심화 내적 행렬 $\tilde{K}_{ii'} = \langle x_i - \bar{x}, x_{i'} - \bar{x} \rangle$은 쉽게 확인할 수 있다.

거리 및 내적은 또한 각 클래스 내 다른 관측치와 가장 적은 평균 거리를 가지는 관측치인 중앙점medoid를 계산할 수 있도록 해준다. 이는 분류(최근접 중앙점)는 물론, k-중앙점 군집화(14.3.10절)를 유도하는 데 사용할 수 있다. 단백질과 같은 추상적 데이터에서, 중앙점은 평균에 관해 실제적인 이점을 가진다. 중앙점은 훈련 예시 중 하나이며, 표시를 할 수 있다. 다음 절의 예제에서 최근접 중앙점을 시도했으며(표 18.3을 보라), 성능은 실망스러웠다.

내적 커널과 거리를 통해 할 수 없는 것이 무엇인지 고려해보면 유용하다.

- 변수를 표준화할 수 없다. 표준화는 다음 절 예제의 성능을 상당히 개선시킨다.
- 개별 변수의 공헌도를 직접 평가할 수 없다. 특히 개별 t-테스트를 수행하거나 최근접 수축 중심점 모델을 적합시킬 수 없으며, 라쏘 벌점을 사용하는 어떠한 모델도 적합시킬 수 없다.
- 좋은 변수를 잡음으로부터 분리할 수 없다. 말하자면 모든 변수는 평등하다. 만일 자주 있는 경우와 같이 유의한 변수 대 부적절한 변수의 비율이 적다면, 커널을 사용하는 방법은 특성 선택을 하는 방법만큼 잘 동작하지 않을 가능성이 있다.

18.5.3 예제: 초록 분류

이 다소 기발한 예제는 커널 접근법의 한계를 보여주기 위해 제공한다. 48개의 논문으로부터 초록을 수집하며, 16개를 각각 브래들리 에프론(BE) 트레버 헤이스티와 로버트 팁시라니(HT)(이들은 자주 공동 저자다), 제롬 프리드먼(JF)에서 가져온다. 우리는 이들 초록으로부터 모든 고유한 단어를 추출하고, 특성 x_{ij}를 단어 j가 초록 i에서 나타난 빈도가 되도록 정의했다. 이는 '백 오브 워즈bag of words' 표현이라 부른다. 인용, 괄호 및 특수문자는 먼저 초록에서 제거하고, 모든 단어는 소문자로 변환시켰다. 또한 불공정하게 HT 초록을 다른 것들로부터 판별시킬 수 있는 "we" 단어를 제거했다.

전체 4,492개의 단어가 있었으며, 이중 $p = 1310$개가 고유했다. 우리는 특성 x_{ij}에 근거해 문서를 BE, HT, 아니면 JF로 분류하고자 했다. 이 예제는 인공적이지만, 원본 특성에 특정적인 정보가 쓰이지 않는다면 성능에서의 가능할 수 있는 저하를 평가할 수 있도록 해준다.

먼저 최근접 수축 중심점 분류기를 10겹 교차 검증을 사용해 데이터에 적용했다. 이는 본래 수축 없음을 선택했으며, 따라서 모든 특성을 사용한다. 표 18.3의 첫 번째 줄을 보라. 오류율은 17%다. 특성의 개수는 정확도의 큰 손실 없이 약 500개로 줄일 수 있다.

최근접 수축 분류기는 특성을 개별적으로 표준화하기 위해 원본 특성 행렬이 필요함을 주지하라. 그림 18.10은 상위 20개 판별 단어를 보여준다. 양의 점수는 단어가 그 클래스에서 다른 클래스보다 더 많이 나타남을 뜻한다.

표 18.3 초록 예제의 교차 검증된 오류율. 최근접 수축 중심점은 수축을 사용하지 않지만, 단어별(word-by-word) 표준화를 사용하는 것으로 마무리된다(18.2절). 이 표준화는 다른 방법보다 뚜렷한 이점을 준다.

방법	CV 오차(SE)
1. 최근접 수축 중심점	0.17(0.05)
2. SVM	0.23(0.06)
3. 최근접 중앙점	0.65(0.07)
4. 1–NN	0.44(0.07)
5. 최근접 중심점	0.29(0.07)

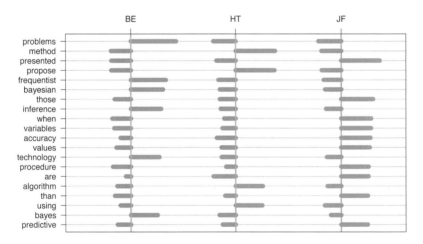

그림 18.10 초록 예제: 최근접 수축 중심점의 상위 20개 점수. 각 점수는 단어의 주어진 클래스(BE, HT, JF) 대비 다른 모든 클래스에 관한 표준화된 빈도 차이다. 따라서 양의 점수(수직의 회색 영-직선의 오른쪽)는 그 클래스에서 더 높은 빈도를 가리킨다. 음의 점수는 낮은 상대 빈도를 가리킨다.

이들 일부 용어는 이치에 맞는다. 예를 들어 "빈도주의자frequentist"와 "베이지안Bayesian"은 에프론이 통계적 추론을 크게 강조하는 것을 반영한다. 그러나 많은 다른 것들이 의외이며, 개인적인 글쓰기 스타일을 반영한다. 예를 들어 프리드먼이 사용하는 "제시된presented"이나 HT가 사용하는 "제안propose"이 있다.

우리는 그 뒤 서포트벡터분류기를 정칙화 없이 선형 커널로, 세 가지 클래스를 다루기 위해 "모든 쌍ovo" 방법을 사용해 적용시켰다(SVM의 표준화는 성능을 개선시키지 않았다). 결과는 표 18.3에서 볼 수 있다. 이는 최근접 수축 중심점 분류기보다 다소 나쁘다.

언급했듯이 표 18.3의 첫 번째 줄은 (수축 없는) 최근접 수축 중심점을 나타낸다. 특성 j의 합동 클래스내 표준편차를 s_j, 그리고 s_j 값들의 중앙값을 s_0라 표기하자. 그러면 줄 (1)은 또한 먼저 각 특성을 $s_j + s_0$로 표준화한 후의 최근접 중심점 분류에 해당한다((18.4)를 떠올려라).

줄 (3)은 최근접 중앙점의 성능이 매우 나쁜 것을 보여준다. 이는 우리를 놀라게 했다. 아마도 적은 표본 크기 및 높은 차원과 함께, 중앙점이 평균보다 훨씬 높은 분산을 갖기 때문일 것이다. 1-최근접이웃 분류기의 성능 또한 좋지 못했다.

최근접 중심점 분류기의 성능 또한 표 18.3의 줄 (5)에서 볼 수 있다. 이는 최근접 중앙점보다 낮지만 심지어 최근접 수축 중심점이 수축이 없다 하더라도 이보다 나쁘다. 이 차이는 최근접 수축 중심점에서 했던 각 특성의 표준화 때문으로 보인다. 이 표준화는 여기서 중요하며, 개별 특성 값에 관한 접근을 필요로 한다. 최근접 중심점은 구형spherical 지표를 사용하며, 특성이 유사한 유닛 내 있다는 사실에 의존한다. 서포트벡터머신은 특성의 선형 조합을 추정하며 비표준화된 특성에서 더 나은 거래가 될 수 있다.

18.6 고차원 회귀: 지도 주성분

이 절에선 특히 $p \gg N$일 때 유용한 회귀 및 일반화 회귀의 단순한 접근법을 설명한다. 우리는 또다른 미세 개별 데이터 예제에서 방법을 보여준다. 데이터는 로젠왈드 외(Rosenwald et al., 2002)에서 가져왔으며 미만성거대B세포림프종DLBCL, Diffuse Large B-Cell Lymphoma이 있는 환자로부터 나온 7,399개 유전자의 유전자 표현 측정치가 있는 240개 표본으로 돼 있다. 결과는 생존 시간으로, 관측되거나 observed 아니면 오른쪽 관측 중단된 것이 된다right censored. 우리는 림프종 표본을 무작위로 크기 160개의 훈련 집합과 크기 80의 테스트 집합으로 나눴다.

지도 주성분supervised principal component은 선형회귀에서 유용하지만, 아마도 가장 흥미로운 응용법은 생존 연구일 것이다. 이 예제에서는 여기에만 집중한다.

우리는 이 책에서 아직 중단된 생존 데이터censored survival data로 된 회귀에 관해 논의하지 않았다. 이는 결과 변수(생존 시간)가 일부 개인에 관해서만 부분적으로 관측되는 일반화된 형태의 회귀를 나타낸다. 예를 들어 365일 동안 계속되는 의학적 연구를 수행한다고 해보자. 그리고 단순함을 위해 모든 피험자가 1일차에 모집됐다고 해보자. 한 명이 연구 시작 후 200일에 사망하는 것을 관측할 수도 있다. 다른 사람은 연구가 끝날 때 365일 동안 여전히 생존할 수도 있다. 이 사람은 365일에서 "오른쪽 관측 중단"됐다고 말한다. 우리는 그 혹은 그녀가 적어도at least 365일 살았다는 것만 안다. 지난 365일 동안 사람이 실제로 얼마나 오래 살았는지 모른다 하더라도, 중단된 관측치는 여전히 정보가 있다. 이는 그림 18.11에 나타나 있다. 그림 18.12는 테스트 집합에서 80명 환자의 카플란-메이어Kaplan-Meier법으로 추정한 생존 곡선을 보여준다. 카플란-메이어법의 설명은 칼플레이히와 프렌티스(Kalbfleisch and Prentice, 1980)의 예제를 보라.

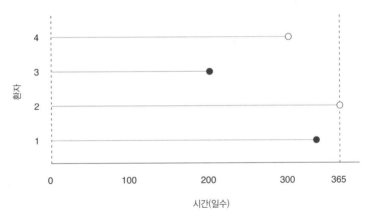

그림 18.11 중단된 생존 데이터. 4명의 환자로 보여주고 있다. 첫 번째와 세 번째 환자는 연구가 끝나기 전에 사망한다. 두 번째는 연구가 끝날 때까지 생존하며(365일), 네 번째는 연구 종료 전에 추적되지 못한다. 이 환자는 국가를 떠났을 수도 있다. 두 번째와 네 번째 환자의 생존 시간은 "중단됐다(censored)"고 말한다.

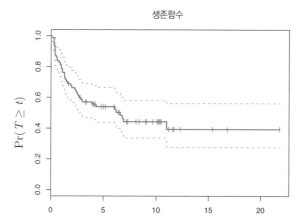

생존함수

그림 18.12 림프종 데이터. 테스트 집합 80명 환자의 생존함수를 위한 카플란-메이어 추정값이 1-표준 오차 곡선을 따라 있다. 곡선이 과거 t개월간 생존할 확률을 추정한다. 틱은 중단된 관측치를 표시한다.

그림 18.13 지도 주성분을 위한 하부 개념 모델. 두 개의 세포 형태가 있으며, 좋은 세포 형태를 가지는 환자는 평균적으로 더 오래 산다. 지도 주성분은 영향을 미치는 유전자 표현을 평균해 세포 형태를 추정한다.

이 예제에서 우리의 목표는 환자의 독립된 집합의 생존을 추정할 수 있는 특성 (유전자) 집합을 찾는 것이다. 이는 선택된 처치를 지원하기 위한 혹은 질병을 위한 생물학적 기저를 이해하는 데 도움이 되는 예후적 지시로 유용할 수 있다.

지도 주성분의 하부 개념 모델은 그림 18.13에서 볼 수 있다. 두 개의 세포 형태가 있으며, 좋은 세포 형태를 가지는 환자는 평균적으로 더 오래 산다고 상상한다. 그러나 생존 시간의 두 집합이 상당히 겹친다. 생존 시간을 세포 형태의 "잡음이 있는 대리변수noisy surrogate"로 생각할 수 있다. 완전히 지도적인supervised 접근법은 생존과 가장 강하게 연관이 있는 유전자에 가장 큰 가중치를 줄 것이다. 이들 유전자는 완벽하지는 않지만 부분적으로, 세포 형태와 관련이 있다. 경로에서 함께 활동하는 상당한 규모의 유전자의 서명에 의해 반영되는 세포 형태가 있다고 해보자. 만일 대신에 환자의 이러한 하부 세포 형태를 발견해낼 수 있다면 환자의 생존을 더 잘 예측할 수도 있을 것이다.

그림 18.13의 세포 형태가 이산적이라 하더라도, 이를 특성의 어떠한 선형 조합으로 정의되는 연속적인 세포 형태로 상상하면 도움이 된다. 우리는 세포 형태를 연속적인 양으로 추정하고, 그 뒤 보여주기와 해석을 위해 이를 이산화할 것이다.

중요한 하부 세포 형태를 정의하는 선형 조합은 어떻게 찾아낼 수 있을까? 주성분분석(14.5절)이 데이터셋에서 큰 변화를 나타내는 특성의 선형 조합을 찾아내는 데 효율적인 방법이다. 그러나 여기서 찾는 것은 고분산 및 결과와의 상당한 상관성 모두를 가지는 선형 조합이다. 그림 18.14의 아래쪽 패널은 이 예제에 표준 주성분을 적용한 결과를 보여준다. 주된 성분이 생존과 강한 상관성을 가지지 않는다(자세한 내용은 그림 범례에 있다).

따라서 주성분분석이 결과와 높은 상관성을 가지는 특성의 선형 조합을 찾도록 부추겨야 한다. 이를 위해 그 자체로 결과와 상당한 크기의 상관성을 가지는 특성으로 주의를 한정한다. 이는 지도 주성분 알고리즘 18.1에 요약돼 있으며, 그림 18.14에서 볼 수 있다.

알고리즘 18.1 지도 주성분

1. 결과를 위한 표준화된 일변량 회귀계수를 각 특성의 함수로 개별적으로 계산한다.
2. 리스트 $0 \leq \theta_1 < \theta_2 < \cdots < \theta_K$로부터의 나온 임계치 θ의 각 값에 관해,
    (a) 일변량 계수가 절댓값으로 θ를 넘어서는 특성에 관해서만 축소된 데이터 행렬을 구성하고, 이 행렬의 첫 m개 주성분을 계산한다.
    (b) 이들 주성분을 회귀모델에서 사용해 결과를 예측한다.
3. 교차 검증으로 θ(그리고 m)을 고른다.

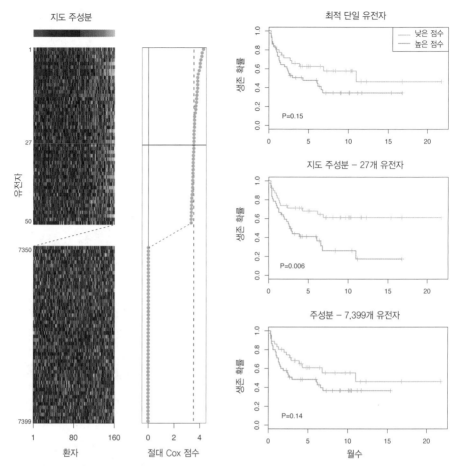

그림 18.14 림프종 데이터의 지도 주성분. 왼쪽 패널은 유전자-표현 훈련 데이터의 부분집합의 히트맵을 보여준다. 행들은 중간의 수직 열에서 볼 수 있는 일변량 콕스-점수의 크기로 정렬돼 있다. 상위 50개와 하위 50개 유전자가 나타나 있다. 지도 주성분은 (10겹 교차 검증으로 선택한) 상위 27개 유전자를 사용한다. 이는 히트맵의 위쪽의 막대로 나타나 있으며, 표현 행렬의 열을 정렬하는 데 쓰인다. 추가로 각 행은 콕스-점수의 부호로 곱해져 있다. 왼쪽의 중간 패널은 이러한 지도 주성분을 영에서(훈련 데이터 평균) 분할해 낮은 그룹과 높은 그룹을 만들 때 테스트 데이터에서의 생존 곡선을 보여준다. 곡선이 로그-랭크 테스트의 p값에서 나타난 것과 같이 잘 분리돼 있다. 위쪽 패널은 훈련 데이터에 최상위 점수 유전자를 사용해 같은 것을 한다. 곡선이 다소 분리돼 있지만 유의하지 않다. 아래쪽 패널은 모든 유전자에 첫 번째 주성분을 사용하며, 이 또한 나쁘게 분리한다. 각 최상위 유전자는 세포-형태 특징 하부에 잠재돼 있는 잡음 대리변수로 해석할 수 있으며, 지도 주성분이 이러한 잠재 인자를 추정하기 위해 이들 모두를 사용한다.

단계 (1)과 (2b)의 세부 사항은 결과 변수의 형태에 의존할 것이다. 표준 회귀 문제에서는 단계 (1)에서 일변량 선형 최소제곱 계수를, 단계 (2b)에서는 선형 최소제곱 모델을 사용한다. 생존 문제에서 콕스의 비례적 위험 회귀모델^{Cox's} proportional hazards regression model이 널리 쓰인다. 따라서 단계 (1)에서 이 모델로부터 점수 테스트를, 단계 (2b)에서 다변량 콕스 모델을 사용한다. 자세한 내용은 기본 방법을 이해하는 데 필수적인 것은 아니며, 이들은 베어 외(Bair et al., 2006)에서 찾을 수 있을 것이다.

그림 18.14는 이 예제에서의 지도 주성분의 결과를 보여준다. 콕스 점수 중단점으로 3.53을 사용했으며 이는 27개 유전자를 내놓았다. 이때 값 3.53은 10겹 교차 검증을 찾아냈다. 그 뒤 데이터의 단지 이 부분집합만을 사용해 첫 번째 주성분($m=1$)을 계산했으며, 이와 함께 각각의 테스트 관측치에 관해 그 값을 계산했다. 이는 콕스 회귀모델에서의 계량적 예측변수로 포함됐으며, 이것의 우도비 유의도는 $p=0.005$이었다. 분기될 때(훈련 데이터에 평균 점수를 임계치로 사용해), 이는 테스트 집합을 낮은 위험 그룹과 높은 위험 그룹으로 분명하게 분리시킨다 (그림 18.14의 중간 오른쪽 패널, $p=0.006$).

그림 18.14의 위 오른쪽 패널은 (분기된) 최상위 점수 유전자만을 생존의 예측 변수로 사용한다. 이는 테스트 집합에서 유의하지 않다. 이와 같이 아래 오른쪽 패널은 모든 훈련 데이터를 사용하는 분기된 주성분을 보여주며 이 또한 유의하지 않다.

이 과정에서는 단계 (2a)에서 $m>1$개 주성분을 허용한다. 그러나 단계 (1)에서 주성분이 결과에 정렬되도록 부추기는 식으로 감독하므로, 따라서 대부분의 경우 첫 번째 혹은 앞의 몇 개 성분만이 예측에 유용한 경향이 있다. 그 아래의 수학적 진행을 보면 오직 첫 번째 성분만을 고려했지만, 하나 이상의 성분으로 확장하는 것이 비슷한 방식으로 유도될 수 있다.

18.6.1 잠재변수 모델링과의 연결성

지도 주성분과 하부 세포 형태 모델(그림 18.13) 사이의 형식적인 연결성은 데이터를 위한 잠재변수 모델을 통해 볼 수 있다. 선형 모델을 통해 하부 잠재변수 U와 연관성을 가지는 반응 변수 Y가 있다고 해보자.

$$Y = \beta_0 + \beta_1 U + \varepsilon \tag{18.32}$$

추가로 $j \in \mathcal{P}$로 인덱싱된 특성의 집합에 관한 측정치가 있다(경로에 관해). 이때

$$X_j = \alpha_{0j} + \alpha_{1j}U + \epsilon_j, \quad j \in \mathcal{P} \qquad (18.33)$$

이다. 오차 ε 와 ϵ_j는 평균이 0이고 이들의 해당 모델 내에서 다른 모든 확률변수와 독립이라고 가정한다.

또한 많은 추가적인 변수 X_k, $k \notin \mathcal{P}$가 있으며, 이는 U에 독립이다. 우리는 $\mathcal{P}$를 식별하고, U를 추정하며, 따라서 예측 모델 (18.32)를 적합시키고자 한다. 이는 잠재-구조 모델, 아니면 단일-성분 인자-분석 모델(마르디아 외(Mardia et al., 1979), 또한 14.7절을 보라) 특별한 경우다. 잠재 인자 U는 그림 18.13에서 개념화된 세포 형태의 연속형 버전이다.

지도 주성분 알고리즘은 이 모델을 적합시키는 방법으로 볼 수 있다.

- 집합 $\mathcal{P}$를 추정하는 스크리닝 단계 (1)
- $\hat{\mathcal{P}}$가 주어졌을 때 단계 (2a)에서 가장 큰 주성분이 잠재인자 U를 추정한다.
- 마지막으로 단계 (2b)에서 회귀 적합이 모델 (18.32)에서의 계수를 추정한다.

평균적으로 α_{1j}가 영이 아닐때만 회귀계수가 영이 아니므로 단계 (1)은 자연스럽다. 따라서 이 단계는 $j \in \mathcal{P}$인 특성을 선택해야만 한다. 단계 (2a)는 만일 오차 ϵj가 같은 분산을 가지는 가우스 분포라 가정하면 자연스럽다. 이 경우 주성분은 단일 인자 모델의 최대가능도 추정값이다(Mardia et al., 1979). (2b)에서의 회귀는 명백히 마지막 단계다.

전체 p개 특성이 있으며, 적절한 집합 $\mathcal{P}$에 p_1개 특성이 있다고 해보자. 그러면 만일 p와 p_1이 커지지만 p_1이 p보다 상대적으로 작으면, 주된 지도 주성분이 하부 잠재 인자와 일관성을 가진다는 것을 보일 수 있다(이치에 맞는 조건하에서). 보통의 주된 주성분은 다수의 "잡음" 특성이 존재함으로 인해 오염될 수 있으므로 일관적이지 못할 수가 있다.

마지막으로 지도 주성분 과정의 단계 (1)에서 쓰인 임계치가 주성분의 계산을 위한 많은 수의 특성을 내놓을 수 있다고 가정하자. 그러면 해석적인 목적은 물론 실제적인 사용을 위해, 모델을 근사하는 특성의 축소된 집합을 찾는 방법을 찾고자 할 수 있다. 전제조건화(18.6.3절)가 이를 위한 한 가지 방법이다.

18.6.2 부분최소제곱과의 관계

지도 주성분은 부분최소제곱회귀와 긴밀한 관계가 있다(3.5.2절). 베어 외(2006)는 지도 주성분의 좋은 성능의 핵심은 단계 (2a)에서 잡음이 있는 특성을 필터링하는 것임을 밝혀냈다. 부분최소제곱(3.5.2절)은 잡음 특성의 가중치를 낮추지만, 이들을 버리진 않는다. 그 결과 많은 수의 잡음 특성이 예측을 오염시킬 수 있다. 그러나 지도 주성분과 유사한 특색을 가지는 수정된 부분최소제곱 과정이 제안됐다(예를 들면 브라운 외(Brown et al., 1991), 네들러와 코이프먼(Nadler and Coifman, 2005)). 우리는 특성을 단계 (1)과 (2a)에서의 지도 주성분과 같이 선택하지만, 그 뒤 이들 특성에 (주성분 대신) PLS를 적용한다. 우리의 현재 논의를 위해 이를 '임계화^{thresholded} PLS'라 부르자.

임계화 PLS는 지도 주성분의 잡음이 있는 버전으로 볼 수 있으며, 따라서 실제에서도 잘 동작한다고 예상하지 않을 수도 있다. 모든 변수가 표준화돼 있다고 해보자. 첫 번째 PLS 변량은 다음의 형식을 가진다.

$$\mathbf{z} = \sum_{j \in \mathcal{P}} \langle \mathbf{y}, \mathbf{x}_j \rangle \mathbf{x}_j \tag{18.34}$$

모델 (18.33) 내 잠재인자 U의 추정값이라고 생각할 수 있다. 반대로 지도 주성분 방향 $\hat{\mathbf{u}}$는 (18.33)을 만족하며 이때 d는 $\mathbf{X}_p$의 주된 특이값이다.

$$\hat{\mathbf{u}} = \frac{1}{d^2} \sum_{j \in \mathcal{P}} \langle \hat{\mathbf{u}}, \mathbf{x}_j \rangle \mathbf{x}_j \tag{18.35}$$

이는 주된 주성분의 정의를 따른다. 따라서 임계화 PLS는 $\mathbf{y}$와 각 특성의 내적을 가중치로 쓰는 한편, 지도 주성분은 "자기-일관적인" 추정값 $\hat{\mathbf{u}}$를 유도하기 위해 특성을 사용한다. $\hat{\mathbf{u}}$가 $\mathbf{z}$보다 잡음이 덜 있다고 예상할 수 있는데, 단지 단일 결과 $\mathbf{y}$ 대신에 많은 특성이 추정값 $\hat{\mathbf{u}}$에 공헌을 하기 때문이다. 실제 집합 $\mathcal{P}$ 내에서 p_1개 특성이 존재하고, N, p, p_1이 $p_1/N \to 0$가 되도록 무한으로 간다면, 베어 외(2006)의 기법을 사용해 다음을 보일 수 있다.

$$
\begin{aligned}
\mathbf{z} &= \mathbf{u} + O_p(1) \\
\hat{\mathbf{u}} &= \mathbf{u} + O_p(\sqrt{p_1/N})
\end{aligned}
\tag{18.36}
$$

이때 $\mathbf{u}$는 모델 (18.32), (18.33) 내 참인 (관측 불가능한) 잠재변수다.

이제 시뮬레이션 예제로 방법을 수치적으로 비교해보겠다. $N = 100$개 표본과 $p = 5000$개 유전자가 있다. 데이터를 다음과 같이 생성한다.

$$
\begin{aligned}
x_{ij} &= \begin{cases} 3 + \epsilon_{ij} & \text{if } i \leq 50 \\ 4 + \epsilon_{ij} & \text{if } i > 50 \end{cases} & j &= 1, \ldots, 50 \\
x_{ij} &= \begin{cases} 1.5 + \epsilon_{ij} & \text{if } 1 \leq i \leq 25 \text{ or } 51 \leq i \leq 75 \\ 5.5 + \epsilon_{ij} & \text{if } 26 \leq i \leq 50 \text{ or } 76 \leq i \leq 100 \end{cases} & j &= 51, \ldots, 250 \\
x_{ij} &= \epsilon_{ij} & j &= 251, \ldots, 5000 \\
y_i &= 2 \cdot \tfrac{1}{50} \sum_{j=1}^{50} x_{ij} + \varepsilon_i
\end{aligned}
$$

$$(18.37)$$

이때 ϵ_{ij}와 ε_i는 평균이 영이고 표준편차가 각각 1과 1.5인 독립 정규 확률변수다. 그러므로 첫 번째 50개 유전자에서 표본 1-50과 51-100 사이에 평균 차이가 1유닛만큼 있고, 이 차이는 결과 y와 상관성을 가진다. 다음 200개 유전자는 표본 (1 – 25, 51 – 75)와 (26 – 50, 76 – 100) 사이에 더 큰 차이인 4유닛을 갖지만, 이 차이는 결과와 상관성이 없다. 나머지 유전자는 잡음이다. 그림 18.15는 통상적으로 실현된 히트맵을 보여주며, 왼쪽에 결과가 있고 첫 번째 500개 유전자가 오른쪽에 있다.

그림 18.15 모델로부터 실현시킨 결과(왼쪽 열)와 첫 번째 500개 유전자의 히트맵. 유전자는 열에 있으며 표본은 행으로 돼 있다.

우리는 모델로부터 100개 시뮬레이션을 생성하고, 테스트오차 결과를 그림 18.16에 요약했다. 주성분과 부분최소제곱의 테스트오차는 도표 오른쪽에서 볼 수 있다. 둘 다 데이터에서 잡음 특성에 의해 심각하게 영향을 받았다. 지도 주성분과 임계화 PLS는 선택된 특성의 개수가 넓게 변함에 관해 최적으로 동작하며, 전자가 지속적으로 낮은 테스트오차를 보여준다.

이 예제는 지도 주성분을 위한 "맞춤으로tailor-made" 보이지만 이것의 좋은 성능은 다른 시뮬레이션 및 실제 데이터셋에서 유지되는 것으로 보인다(Bair et al., 2006).

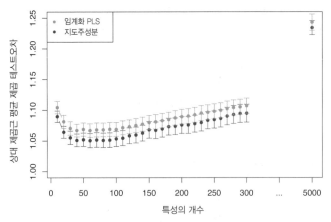

그림 18.16 모델 (18.37)로부터 100번 실현한 지도주성분과 임계화 PLS의 제곱근 평균 제곱 테스트 오차(±1 표준오차). 모든 방법은 하나의 성분을 사용하며, 오차는 잡음 표준편차에 상대적이다(베이즈오차는 1.0이다). 두 방법 모두에서 서로 다른 값의 필터링 임계치가 시도됐으며 남겨진 특성의 개수가 수평축에 나와 있다. 오른쪽의 극단점은 모든 유전자를 사용하는 보통의 주성분 및 부분최소제곱이다.

18.6.3 특성 선택을 위한 전제조건화

지도 주성분은 그림 18.16에서와 같이 경쟁 방법보다 낮은 테스트오차를 내놓을 수 있다. 그러나 이는 오직 적은 수의 특성(유전자)을 수반하는 희박 모델을 항상 만들어내는 것은 아니다. 알고리즘의 단계 (1)에서 임계화가 상대적으로 적은 수의 특성을 내놓는다 하더라도, 버려진 특성 중 일부가 지도 주성분과 상당한 크기의 내적을 가지고 있을 수도 있다(그리고 좋은 대리변수의 역할을 할 수도 있다). 추가로 높은 상관성을 가지는 특성은 같이 선택되는 경향이 있으며, 선택된 특성 집합 내에서 많은 크기의 중복이 있을 수도 있다.

반면 라쏘(18.4절과 3.4.2절)는 데이터로부터 희박 모델을 만들어낸다. 지난 번 절의 시뮬레이션 예제에서 두 방법을 비교한 테스트오차는 어떠할까? 그림 18.17은 라쏘, 지도 주성분 그리고 전제조건화 라쏘(아래에서 설명한다)의 모델로부터 한 번 실현한 테스트오차를 보여준다.

지도 주성분(주황색 곡선)이 약 50개의 특성이 모델에 포함될 때 가장 낮은 오차에 도달하는 것을 볼 수 있다. 이는 시뮬레이션을 위한 올바른 숫자다. 첫 번째 50개 특성 내 선형 모델이 최적임에도 라쏘(초록색)는 다수의 잡음 특성에 의해 역으로 영향을 받으며, 모델에 훨씬 적은 개수가 있을 때부터 과적합하기 시작한다.

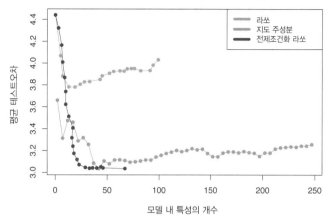

그림 18.17 모델 (18.37)로부터 한 번 실현한 라쏘, 지도 주성분, 전제조건화 라쏘의 테스트오차. 각 모델은 영이 아닌 특성의 개수로 인덱싱돼 있다. 지도 주성분 경로는 250에서 절단돼 있다. 라쏘는 표본 크기인 100개에서 스스로 절단된다(18.4절을 보라). 이 경우 전제조건화 라쏘는 25개 특성으로 가장 낮은 오차를 달성한다.

지도 주성분의 낮은 테스트오차를 라쏘의 희박성과 함께 얻을 수 있을까? 이것이 전제조건화pre-conditioning(Paul et al., 2008)의 목표다. 이 접근법에서는 먼저 훈련 집합 내 각 관측치에 관해 지도 주성분 예측변수 $\hat{y}_i$를 계산한다(교차 검증으로 선택한 임계치로). 그 뒤 라쏘를 일반적인 결과변수 y_i에 결과변수를 $\hat{y}_i$으로 두고 적용한다. 지도 주성분의 임계화 단계에서 남겨진 특성만이 아닌 모든 특성이 라쏘 적합에 사용된다. 이 개념은 먼저 결과변수의 잡음을 제거함으로써 라쏘가 다수의 잡음 특성에 불리하게 영향을 받지 않도록 하는 것이다. 그림 18.17은 전제조건화(보라색 곡선)가 여기서 성공적이었음으로 보여주며, 일반적인 라쏘보다 훨씬 낮으면서도 지도 주성분만큼 낮은(이 경우) 테스트오차를 내놓는다. 원본 결과에 적용된 일반적인 라쏘는 전제조건화된 버전보다 더 빠르게 과적합한다. 결과변수의 잡음이 제거돼 있으므로 과적합은 문제가 아니다. 우리는 주로 전제조건화된 라쏘를 위해 조정 매개변수를 선택할 때 더욱 주관적인 근거를 갖고 인색하게 선택한다.

전제조건화는 지도 주성분 외의 초기 추정값 및 라쏘 외의 후처리기를 사용해 다양한 설정에 적용할 수 있다. 더 자세한 내용은 폴 외(2008)에서 찾을 수 있다.

18.7 특성 평가와 다중검정 문제

18장의 첫 번째 부분에서 $p \gg N$ 설정에서의 모델 예측을 논의한다. 여기서는 각 p 특성의 유의도를 평가하는 더욱 기본적인 문제를 고려해본다. 18.4.1절의 단백질 질량 분광분석 예제를 고려해보자. 이 문제에서 과학자는 주어진 환자가 전립선암을 가지는지 예측하는 데는 관심이 없을 수도 있다. 대신 질병의 이해도를 높이고 약물 개발을 위한 목표를 제시하기 위해, 정상인 그리고 암인 표본 사이에서 차이가 풍부한 단백질을 식별하는 것이 목표일 수 있다. 그러므로 우리의 목표는 개별 특성의 유의도를 평가하는 것이다. 이 평가는 18장 앞부분에 있는 다변량 예측 모델을 사용하지 않고 한다. 특성 평가 문제는 우리를 예측에서 다중 가설 검증multiple hypothesis testing의 전통적인 통계적 주제에 집중하게 한다. 18장의 나머지에서는 특성의 개수를 표시하는데 p 대신 M을 쓴다. p값을 자주 언급할 것이기 때문이다.

표 18.4 방사선 민감도의 미세 배열 연구로부터 나온 12,625개 유전자의 부분집합. 정상 그룹에 전체 44개 표본 그리고 방사선 민감 그룹에 14개가 있다. 여기서는 각 그룹에서 오직 3개의 표본만을 보여준다.

	정상				방사선에 민감한			
유전자 1	7.85	29.74	29.50	⋯	17.20	−50.75	−18.89	⋯
유전자 2	15.44	2.70	19.37	⋯	6.57	−7.41	79.18	⋯
유전자 3	−1.79	15.52	−3.13	⋯	−8.32	12.64	4.75	⋯
유전자 4	−11.74	22.35	−36.11	⋯	−52.17	7.24	−2.32	⋯
⋮	⋮	⋮	⋮	⋮	⋮	⋮	⋮	⋮
유전자 12,625	−14.09	32.77	57.78	⋯	−32.84	24.09	−101.44	⋯

예를 들어 방사선 처치를 이온화하기 위한 암 환자의 민감도 연구에서 가져온 표 18.4의 미세 배열 데이터를 고려해보자(Rieger et al., 2004). 각 행은 58명 환자 표본의 유전자 표현으로 돼 있다. 44개 표본은 정상 반응을 가지는 환자로부터, 14개는 방사능에 심한 반응을 가지는 환자로부터 가져온 것이다. 측정은 올리고 핵산염 미세 배열에 이뤄졌다. 실험의 목표는 환자의 방사선 민감도 그룹 내에서 표현이 달랐던 유전자를 찾는 것이었다. 모두 $M = 12{,}625$개 유전자가 함께 있다. 표는 몇몇 유전자 및 표본의 데이터를 예시를 위해 보여준다.

정보가 있는 유전자를 식별하기 위해 각 유전자에 2-표본 t-통계량을 만든다.

$$t_j = \frac{\bar{x}_{2j} - \bar{x}_{1j}}{\text{se}_j} \tag{18.38}$$

이때 $\bar{x}_{kj} = \sum_{i \in C_\ell} x_{ij}/N_\ell$이다. 여기서 C_ℓ은 그룹 ℓ 내 N_ℓ 표본의 인덱스이며, 이때 $\ell = 1$은 정상 그룹 $\ell = 2$는 민감 그룹이다. 양 se_j는 유전자 j의 합동 그룹-내 표준오차pooled within-group standard error다.

$$se_j = \hat{\sigma}_j \sqrt{\tfrac{1}{N_1} + \tfrac{1}{N_2}}; \quad \hat{\sigma}_j^2 = \tfrac{1}{N_1 + N_2 - 2} \left(\sum_{i \in C_1} (x_{ij} - \bar{x}_{1j})^2 + \sum_{i \in C_2} (x_{ij} - \bar{x}_{2j})^2 \right)$$

(18.39)

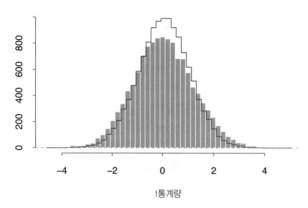

그림 18.18 방사선 민감도 미세 배열 예제. 방사선-민감 대 비민감 그룹을 비교하는 12,625개 t통계량의 히스토그램이다. 파란색으로 덧붙여진 선은 표본 라벨의 1,000개 순열에서 나온 t통계량의 히스토그램이다.

12,625개 t통계량의 히스토그램을 그림 18.18의 주황색에서 볼 수 있으며 값의 범위가 -4.7에서 5.0이다. 만일 t_j값이 정규분포돼 있다면 절댓값으로 2보다 큰 어떤 값이든지 유의하게 큰 것으로 고려할 수 있다. 이는 약 5%의 유의도 수준에 해당한다. 여기서 $|t_j| \geq 2$인 유전자가 1,189개 있다. 그러나 12,625 유전자에서 그룹화가 어떠한 유전자에도 연관돼 있지 않더라 하더라도 다수의 큰 수가 우연하게 나타날 것이라고 예상할 수 있다. 예를 들어 유전자가 독립이었다면(분명히 그렇지는 않을 것이지만), 틀리게 유의한 유전자의 개수는 평균이 12,625 · 0.05 = 631.3이고 표준편차가 24.5인 이항분포를 가질 것이다. 그러면 실제의 1,189개는 이 범위를 훨씬 벗어난다.

모든 12,625개 유전자의 결과를 어떻게 평가할까? 이는 다중 검정multiple testing 문제라 부른다. 앞에서와 같이 각 유전자의 p값을 계산해 시작한다. 이는 특성이 정규분포로 돼 있다고 가정하는 이론적 t분포 확률을 사용해 할 수 있다. 매력적인 다른 접근법은 순열분포permutation distribution를 사용하는 것으로, 이는 데이터의 분포에 관한 가정을 피한다. 우리는 표본 라벨의 모든 $K = \binom{58}{14}$개 순열을 계산하며 (원칙적으로는), 각 순열 k에 관해 t통계량 t_j^k를 계산한다. 그러면 유전자 j의 p값은

$$p_j = \frac{1}{K} \sum_{k=1}^{K} I(|t_j^k| > |t_j|) \tag{18.40}$$

이다. 물론 $\binom{58}{14}$는 큰 수이며(약 10^{13}) 모든 가능한 순열을 반복할 수는 없다. 대신에 가능한 순열의 확률표본을 취한다. 여기서 $K = 1000$개 순열의 확률표본을 취했다.

유전자가 유사하다는 (예를 들어 같은 척도에서 측정된) 사실을 활용하기 위해, p-값을 계산하는데 대신에 모든 유전자의 결과를 모을 수 있다.

$$p_j = \frac{1}{MK} \sum_{j'=1}^{M} \sum_{k=1}^{K} I(|t_{j'}^k| > |t_j|) \tag{18.41}$$

이는 또한 (18.40)보다 더욱 세분화된 p값을 제공한다. 개별 널 분포에서보다 합동 널 분포에 더 많은 값들이 존재하기 때문이다.

이 p값 집합을 사용해 모든 $j = 1, 2, ..., M$에 관해 다음 가설을 검정하고자 한다.

$$H_{0j} = \text{처치가 유전자 } j\text{에 영향이 없다.}$$
$$\text{대} \tag{18.42}$$
$$H_{1j} = \text{처치가 유전자 } j\text{에 영향이 있다.}$$

만일 $p_j < \alpha$라면 H_{0j}을 수준 α에서 기각한다. 이 테스트는 α와 같은 1종 오류를 가진다. 즉 H_{0j}를 틀리게 기각할 가능성이 α이다.

이제 고려할 테스트가 많으므로, 무엇을 오차의 전체적인 측정치로 사용해야 하는지 분명하지가 않다. A_j를 $\Pr(A_j) = \alpha$의 정의에 의해 H_{0j}가 틀리게 기각되는 사건이라 해보자. 족별 오류율FWER, Family-Wise Error Rate은 적어도 하나를 틀리게 기각할 확률이며, 오류의 전반적인 측정치로 주로 쓰인다. 만일 $A = \cup_{j=1}^{M} A_j$가 적어도 하나가 틀리게 기각될 사건이라면, FWER은 $\Pr(A)$다. 일반적으로 M이 크면 $\Pr(A) \gg \alpha$이며, 테스트 사이의 상관성에 따라 다르다. 만일 테스트가 각 1종 오류율 α에 독립이라면, 테스트 모음의 족별 오류율은 $(1 - (1 - \alpha)^M)$이다. 반면 테스트가 양의 의존도를 가진다면, 즉 $\Pr(A_j|A_k) > \Pr(A_j)$이라면, FWER은 $(1 - (1 - \alpha)^M)$보다 작을 것이다. 테스트 사이의 양의 의존도는 실제 자주 일어나며, 특히 유전체 연구에서 그러하다.

다중 테스팅의 가장 단순한 접근법 중 하나는 본페로니^{Bonferroni} 방법이다. 이는
FWER이 최대 α와 같도록 각 개별 테스트를 더욱 엄격하게 만든다. 만일 $p_j < \alpha/$
M라면 H_{0j}를 기각한다. 결과 FWER가 $\leq \alpha$라는 것을 쉽게 보일 수 있다(연습
18.16). 본페로니법은 M이 상대적으로 작다면 유용하지만, M이 크면 너무 보수
적일 수 있다. 즉 너무 적은 유전자를 유의하다고 부른다.

우리의 예제에서 만일 레벨 $\alpha = 0.05$를 테스트한다면, 임계치 $0.05/12,625 =$
3.9×10^{-6}를 반드시 사용해야 한다. 어떠한 12,625개 유전자도 이렇게 작은 p값
을 가지지 못했다.

이 접근법에는 개별 p값을 조정해 최대 α의 FWER를 달성하도록 하는 여러 변
형이 존재한다. 이중 몇몇 접근법은 독립성의 가정을 피하는데, 예를 들어 두도이
트 외(Dudoit et al., 2002b)를 보라.

18.7.1 오발견율

다중 검정의 다른 접근법은 FWER을 통제하려 하지 않지만, 대신 틀리게 유의한
유전자의 비율에 집중한다. 앞으로 보겠지만 이 접근법은 실제에서 강한 면을 보
인다.

표 18.5는 M개 가설 검정의 이론적 결과를 요약한다. 족별 오류율이 $\Pr(V \geq 1)$
임을 주지하라. 여기서는 오발견율^{FDR, False Discovery Rate}에 집중한다.

$$\text{FDR} = \text{E}(V/R) \tag{18.43}$$

표 18.5 *M*개 가설 검정으로부터의 가능한 결과. V는 거짓-양성 테스트의 개수임을 주지하라. 제1종 오
류율은 $\text{E}(V)/M_0$이다. 제2종 오류율은 $\text{E}(T)/M_1$이며, 검정력은 $1-\text{E}(T)/M_1$이다.

	유의하지 않다고 불림	유의하다고 불림	전체
H_0 참	U	V	M_0
H_0 거짓	T	S	M_1
전체	$M-R$	R	M

비세배열 설정에서, 이는 유의하다고 불린 R개 유전자 사이에서 틀리게 유의
하다고 불린 유전자의 기대 비율이다. 기댓값은 데이터가 생성된 모집단에서 가
져온다. 벤자미니와 호흐버그(Benjamini and Hochberg, 1995)가 먼저 오발견율의
개념을 제안했으며, FDR이 사용자 정의 수준 α에 제한돼 있는 테스트 과정(알고

리즘 18.2)을 내놓았다. 벤자민-호흐버그[BH] 과정은 p값에 근거한다. 이들은 테스트 통계량의 점근적 근사(예를 들면 가우스) 혹은 여기서 한 것과 같이 순열행렬로부터 얻을 수 있다.

벤자미니와 호흐버그(1995)는 만일 가설이 독립이라면 얼마나 많은 귀무가설이 참인지에 상관없이 그리고 귀무가설이 틀릴 때 p값의 분포에 상관없이 이 과정이 다음의 속성을 가짐을 보여준다.

$$\text{FDR} \leq \frac{M_0}{M}\alpha \leq \alpha \tag{18.45}$$

보여주기를 위해 $\alpha = 0.15$를 선택했다. 그림 18.19는 정렬된 p-값 $p(j)$ 그리고 기울기가 0.15/12625인 선을 보여준다.

알고리즘 18.2 벤자미니와 호흐버그(BH) 방법

1. 오발견율 α을 고정하고 정렬된 p값을 $p_{(1)} \leq p_{(2)} \leq \cdots \leq p(M)$으로 표기한다.
2. 다음을 정의한다.

$$L = \max\left\{ j : p_{(j)} < \alpha \cdot \frac{j}{M} \right\} \tag{18.44}$$

3. $p_j \leq p_{(L)}$인 모든 가설 H_{0j}를 기각한다. $p_{(L)}$은 BH 기각 임계치다.

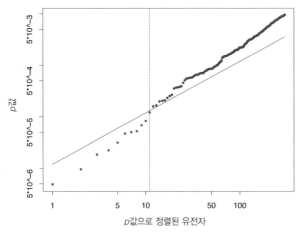

그림 18.19 계속되는 미세 배열 예제. 벤자미니-호흐버그법을 위한 순서 있는 p값 $p_{(j)}$ 및 직선 $0.15 \cdot (j/12, 625)$를 볼 수 있다. $p_{(j)}$가 선을 하회할 때 j의 가장 큰 값이 BH 임계치를 제공한다. 여기서 이는 $j = 11$에서 나타나며, 수직선으로 표시돼 있다. 따라서 BH법은 가장 작은 p값을 가지는 11개의 유전자를 유의하다고 부른다(빨간색).

1. 데이터의 K개 순열 $k = 1, 2, ..., K$를 만들고, 특성 $j = 1, 2, ..., M$ 및 순열 $k = 1, 2, ..., K$에 관해 t통계량 t_j^k를 만든다.

2. 절단점 C의 값의 범위에 관해,

$$R_{obs} = \sum_{j=1}^{M} I(|t_j| > C) \qquad \widehat{E(V)} = \frac{1}{K} \sum_{j=1}^{M} \sum_{k=1}^{K} I(|t_j^k| > C) \qquad (18.46)$$

이라 둔다.

3. $\widehat{FDR} = [\widehat{E([V)}/R_{obs}$로 FDR을 추정한다.

BH법은 왼쪽에서 시작해 오른쪽으로 이동하면서 p값이 마지막으로 선을 하회할 때를 찾는다. 이는 $j = 11$에서 나타나며, 따라서 가장 작은 p값을 가지는 11개 유전자를 기각한다. 절단점이 11번째 가장 작은 p값인 0.00012에서 나타나며, $|t_j|$의 11번째로 가장 큰 값은 4.101임을 주지하라. 따라서 $|t_j| \geq 4.101$로 11개 유전자를 기각한다.

간단한 설명에서는 어떻게 BH 과정이 동작하는지 분명하지 않다. 왜 해당 FDR이 기껏해야 a에서 쓰인 값인 0.15인 것일까? 물론 이 사실을 증명하는 것은 꽤 복잡하다(Benjamini and Hochberg, 1995).

더욱 직접적인 진행법은 삽입plug-in 접근법이다. α의 값에서 시작하는 대신, t 통계량을 위한 절단점을 말하자면 앞에서 나온 값 4.101로 고정시킨다. 관측된 값 $|t_j|$이 4.101과 같거나 큰 개수는 11개다. 순열값 $|t_j^k|$이 4.101과 같거나 큰 전체 순열값 개수는 1518로, 순열당 평균은 1518/1000 = 1.518이다. 그러므로 오발견율의 직접적인 추정값은 $\widehat{FDR} = 1.518/11 \approx 14\%$다. 14%는 앞에서 사용한 값 $\alpha = 0.15$과 근사적으로 같음을 주지하라(차이는 이산성 때문이다). 이 과정은 알고리즘 18.3에 요약돼 있다. 복기하자면,

> 알고리즘 18.3의 FDR의 삽입 추정값은 순열 p-값(18.40)을 사용하는 알고리즘 18.2의 BH 과정과 동일하다.

BH법과 삽입 추정 사이의 이러한 부합성은 우연이 아니다. 연습 18.17은 이들이 일반적으로 동등함을 보여준다. 이 과정은 p값에 관해 어떠한 참조도 하지 않지만, 대신에 테스트 통계량으로 직접적으로 동작함을 주지하라.

삽입 추정은 근사

$$E(V/R) \approx \frac{E(V)}{E(R)} \tag{18.47}$$

에 근거하며, 일반적으로 $\widehat{FDR}$은 FDR의 일치 추정값^{consistent estimate}이다(Storey, 2002; Storey et al., 2004). 분자 $\widehat{E([V])}$는 실제로는 $(M/M_0)E(V)$를 추정함을 주지하라. 순열분포가 M 대신에 M_0 귀무가설을 사용하기 때문이다. 따라서 M_0의 추정값이 사용 가능하다면, FDR의 더 나은 추정값은 $(\hat{M}_0/M) \cdot \widehat{FDR}$로부터 얻어낼 수 있다. 연습 18.19는 M_0를 추정하는 방법을 보여준다. FDR의 가장 보수적인 (상향으로 편향된) 추정값은 $M_0 = M$을 사용한다. 동등하게, 관계 (18.45)를 통해 M_0의 추정값을 사용해 BH법의 성능을 높일 수 있다.

독자라면 FDR 경계인 α를 위해 0.15만큼 큰 값을 선택했다는 사실에 놀랐을 수도 있다. FDR이 0.05를 관례적으로 선택하는 제1종 오류와 같지 않다는 것을 상기해야만 한다. 과학자에게 오발견율은 통계학자가 유의하다고 말해준 유전자의 리스트 중에서 틀리게 양성인 유전자의 기대 비율이다. 0.15만큼 높은 FDR로 된 미세 배열 실험은 여전히 유용할 수 있으며, 특히 본질적으로 탐색적인 실험일 경우 더욱 그러하다.

18.7.2 비대칭 절단점과 SAM 과정

앞에서 설명한 검정법에서 검정 통계량 t_j의 절댓값을 사용했으므로, 통계량의 양수 및 음수에 같은 절단점을 적용했다. 몇몇 실험에서는 다르게 표현된 유전자 변화가 대부분 혹은 전부 양의 방향으로 나타날 수도 있다(아니면 모두 음의 방향으로). 이러한 상황에서 두 경우에 관해 개별적인 절단점을 유도하면 도움이 된다.

미세 배열의 유의도 분석^{SAM, Significance Analysis of Microarrays} 접근법은 이를 할 수 있는 방법을 제공한다. SAM 방식의 기본은 그림 18.20에서 볼 수 있다. 수직축에 정렬된 검정 통계량 $t_{(1)} \leq t_{(2)} \leq \cdots \leq t_{(M)}$을 그렸으며, 수평축은 데이터의 순열로부터 나온 기대 순서 통계량^{Expected Order Statistics} $\tilde{t}_{(j)} = (1/K) \sum_{k=1}^{K} t_{(j)}^k$를 보여준다. 이때 $t_{(1}^k \leq t_{(2)}^k \leq \cdots \leq t_{(M)}^k$는 순열 k로부터 나온 정렬된 테스트 통계량이다.

두 개의 선이 45° 선과 평행하게 Δ 유닛만큼 떨어져 그려져 있다. 원점에서 시작해 오른쪽으로 이동하며, 유전자가 처음으로 밴드를 벗어나는 지점을 찾는다.

이는 위쪽 절단점 C_{hi}를 정의하며 이 지점을 벗어난 모든 유전자는 유의하다고 부른다(빨간색으로 표시된). 유사하게 아래 왼쪽 코너의 유전자를 위한 아래쪽 절단점 C_{low}를 찾는다. 따라서 각 조정 매개변수 Δ는 위쪽 및 아래쪽 절단점을 정의하며, 이들 각 절단점을 위한 삽입 추정값 $\widehat{FDR}$이 이전과 같이 추정된다. 통상적으로 Δ의 값의 범위 및 연관된 $\widehat{FDR}$ 값은, 주관적인 배경에서 특정 쌍으로 선택된다.

SAM 접근법의 장점은 절단점의 가능한 비대칭성에 기인한다. 그림 18.20의 예제에서, $\Delta = 0.71$로 11개의 유의한 유전자를 얻는다. 이들은 모두 위 오른쪽에 있다. 아래 왼쪽의 데이터 지점은 절대로 밴드를 벗어날 수 없으며, 따라서 $C_{low} = -\infty$다. 그러므로 이 Δ값에서는 왼쪽(음)에 있는 어떠한 유전자도 유의하다고 부르지 않는다. 우리는 18.7.1에서 한 것과 같이 절단점에 대칭성을 강제하지 않는다. 양 끝에서 같은 움직임을 가정할 이유가 없기 때문이다.

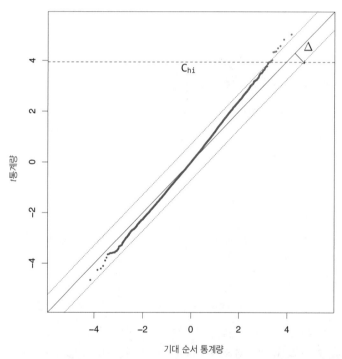

그림 18.20 방사성 민감도 미세 배열 데이터의 SAM 도표. 수직축에 정렬된 테스트 통계량을 그렸으며, 수평축은 데이터의 순열로부터 나온 테스트로 통계량의 기대 순서 통계량을 보여준다. 두 선이 45° 선에 평행하게 Δ 유닛만큼 떨어져 그려져 있다. 원점에서 시작해 오른쪽으로 이동하며, 유전자가 범위 밖으로 나가는 첫 번째 지점을 찾는다. 이는 위쪽 절단점 C_{hi}를 정의하며 이 점을 벗어난 모든 유전자는 유의하다고 부른다(빨간색으로 표시된). 유사하게 아래쪽 절단점 C_{low}를 정의한다. 그림의 특정한 $\Delta = 0.71$값에서, 어떠한 유전자도 아래 왼쪽에서 유의하다고 하지 않는다.

이 접근법과 어쩌면 가능도비로 된 대칭 테스트 사이에 일부 유사성이 존재한다. 효과가 없다는 귀무가설하에서의 로그 가능도 $\ell_0(t_j)$ 그리고 대립가설하에서의 로그 가능도 $\ell(t_j)$가 있다고 해보자. 그러면 가능도비 테스트는 어떠한 Δ값에 관해

$$\ell(t_j) - \ell_0(t_j) > \Delta \tag{18.48}$$

이라면 귀무가설을 기각하는 것이 된다. 가능도 그리고 특히 이들의 상대 값에 따라, 이는 t_j를 위한 $-t_j$와는 다른 임계치를 야기할 수 있다. SAM 과정은

$$|t_{(j)} - \tilde{t}_{(j)}| > \Delta \tag{18.49}$$

라면 귀무가설을 기각한다. 다시 말하지만, 각 $t_{(j)}$의 임계치는 널 값 $\tilde{t}_{(j)}$에 해당하는 값에 의존적이다.

18.7.3 FDR의 베이즈적 해석

FDR에 관한 흥미로운 베이즈적 시각이 존재한다. 이는 스토리(2002) 및 에프론과 팁시라니(2002)가 개발했다. 먼저 양의 오발견율pFDR, positive False Discovery Rate을 다음과 같이 정의해야 한다.

$$\mathrm{pFDR} = \mathrm{E}\left[\frac{V}{R} \,\middle|\, R > 0\right] \tag{18.50}$$

추가된 용어 양positive은 우리가 양의 값이 발견됐을 때의 오류율을 추정하는 데만 관심이 있다는 사실을 뜻한다. 이는 FDR의 약간 수정된 버전으로 분명한 베이즈적 해석을 가진다. 보통의 FDR 식 (18.43)은 $\Pr(R = 0) > 0$라면 정의되지 않음을 주지하라.

Γ를 단일 테스트의 기각 영역이라 하자. 앞의 예제에서는 $\Gamma = (-\infty, -4.10) \cup (4.10, \infty)$를 사용했다. M개의 동일한 단순 가설 검정이 i.i.d인 통계량 $t_1, \ldots, t_M$ 및 기각영역 Γ으로 수행됐다고 해보자. 만일 j번째 가설 검정이 참이라면 0이고 아니라면 1인 확률변수 Z_j를 정의한다. 각 쌍 (t_j, Z_j)이 어떠한 분포 F_0와 F_1에 관해 (18.51)과 같은 i.i.d한 확률변수라 가정하자.

$$t_j | Z_j \sim (1 - Z_j) \cdot F_0 + Z_j \cdot F_1 \tag{18.51}$$

이는 각 검정통계량 t_j가, 귀무가설이 참이라면 F_0이고 아니라면 F_1인 두 분포 중 하나로부터 나온다는 것을 말해준다. $\Pr(Z_j = 0) = \pi_0$라 두면, 주변적으로 marginally 다음을 얻는다.

$$t_j \sim \pi_0 \cdot F_0 + (1 - \pi_0) \cdot F_1 \tag{18.52}$$

그러면

$$\mathrm{pFDR}(\Gamma) = \Pr(Z_j = 0 | t_j \in \Gamma) \tag{18.53}$$

을 보일 수 있다(Efron et al., 2001; Storey, 2002).

따라서 혼합모델 (18.51)하에서, pFDR은 테스트 통계량이 테스트의 기각 영역에 속한다고 주어졌을 때, 귀무가설이 참일 사후확률이다(연습 18.20).

오발견율은 $|t_j| \geq 2$와 같은 전체 기각영역에 근거한 테스트의 정확도 측정치를 제공한다. 그러나 만일 이러한 테스트의 FDR이 10%라 한다면, 말하자면 $t_j = 5$인 유전자가 $t_j = 2$인 유전자보다 더욱 유의할 것이다. 그러므로 FDR의 국소(유전자 특성) 버전을 유도하는 것이 관심의 대상이 된다. 테스트 통계량 t_j의 q값 q-value(Storey, 2003)은 t_j를 기각하는 모든 기각 영역에 관한 가장 작은 FDR로 정의된다. 즉 대칭인 기각 영역에서, $t_j = 2$을 위한 q값은 기각 영역 $\Gamma = \{-(\infty, -2) \cup (2, \infty)\}$를 위한 FDR이 되도록 정의된다. 그러므로 $t_j = 5$의 q값은 $t_j = 2$의 것보다 작을 것이며, 이는 $t_j = 5$가 $t_j = 2$보다 더욱 유의하다는 사실을 반영한다. $t = t_0$에서의 국소 오발견율(Efron and Tibshirani, 2002)은 다음처럼 정의된다.

$$\Pr(Z_j = 0 | t_j = t_0) \tag{18.54}$$

이는 값 $t_j = t_0$를 감싸는 무한소 기각영역을 위한 (양의) FDR이다.

18.8 참고문헌

18장의 특정 부분에서 많은 참조 내용이 있었다. 여기서는 몇몇 추가적인 것들을 제공한다. 두도이트 외(Dudoit et al., 2002a)는 유전자 표현 데이터를 위한 판별분석의 개요 및 비교를 제공한다. 레비나(Levina, 2002)는 $p > N$이고 $p, N \to \infty$가 될 때 대각 LDA를 완전 LDA와 비교하는 수학적 분석을 한다. 레비나는 적절한 가정으로 대각 LDA가 완전 LDA보다 더 적은 점근적 오류율을 가짐을 보인다. 팁시라니 외(Tibshirani et al., 2001a) 및 팁시라니 외(Tibshirani et al., 2003)는 최근접 수축-중심점 분류기를 제시한다. 저우와 헤이스티(Zhu and Hastie, 2004)는 정칙 로지스틱회귀를 연구한다. 고차원 회귀와 라쏘는 연구에서 매우 활동적인 영역이며, 많은 참조가 3.8.5절에서 주어졌다. 퓨즈화 라쏘는 팁시라니 외(Tibshirani et al., 2005)가 제안했으며, 저우와 헤이스티(Zou and Hastie, 2005)는 엘라스틱넷을 소개했다. 지도 주성분은 베일과 팁시라니(Bair and Tibshirani, 2004) 그리고 베일 외(Bair et al., 2006)가 논의했다. 중단된 생존 데이터의 분석을 위한 소개는 칼브레이히와 프렌티스(Kalbfleisch and Prentice, 1980)를 보라.

미세 배열 기술은 통계적 연구에서 돌풍이 돼 왔다. 예제를 위한 책으로 스피드(Speed, 2003), 파르미지아니 외(Parmigiani et al., 2003), 시몬 외(Simon et al., 2004) 그리고 리(Lee, 2004)를 보라.

오발견율은 벤자미니과 호흐버그(Benjamini and Hochberg, 1995)가 제안했으며, 이들 저자 및 다른 많은 이들에 의해 후속 논문에서 연구되고 일반화돼왔다. FDR에 관한 논문의 부분적인 리스트는 요아브 벤자미니[Yoav Benjamini]의 홈페이지에서 찾을 수 있다. 몇몇 최근 논문은 에프론과 팁시라니(Efron and Tibshirani, 2002), 스토리(Storey, 2002), 제노베제와 와서맨(Genovese and Wasserman, 2004), 스토리와 팁시라니(Storey and Tibshirani, 2003) 그리고 벤자미니와 야쿠티엘리(Benjamini and Yekutieli, 2005)를 포함한다. 두도이트 외(2002b)는 미세 배열 연구에서 서로 다르게 표현된 유전자를 식별하는 기술을 리뷰한다.

연습 문제

연습 18.1 계수 추정값 $\hat{\beta}_j$에 관해, $\hat{\beta}_j/\|\hat{\beta}_j\|_2$가 정규화된 버전이라 해보자. $\lambda \to \infty$임에 따라 정규화된 릿지회귀 추정값이 정규화된 부분-최소-제곱 1-성분 추정값으로 수렴함을 보여라.

연습 18.2 최근접 수축 중심점과 라쏘[Nearest shrunken centroids and the lasso]. 특성 $j = 1, 2, ..., p$이 각 클래스 $k = 1, 2, ..., K$ 내에서 독립이라 가정하는 분류를 위한 (단순 베이즈) 가우스 모델을 고려해보자. 관측치 $i = 1, 2, ..., N$ 및 클래스 k 내 N_k 관측치의 인덱스의 집합과 같은 C_k가 있을 때, $\sum_{k=1}^{K} \mu_{jk} = 0$인 $i \in C_k$에 관해 $x_{ij} \sim$

$N(\mu_j + \mu_{jk}, \sigma_j^2)$를 관측한다. $\hat{\sigma}_j^2 = s_j^2$를 특성 j를 위한 합동 클래스-내 분산이라 두고, 라쏘 스타일의 최소화 문제

$$\min_{\{\mu_j, \mu_{jk}\}} \left\{ \frac{1}{2} \sum_{j=1}^{p} \sum_{k=1}^{K} \sum_{i \in C_k} \frac{(x_{ij} - \mu_j - \mu_{jk})^2}{s_j^2} + \lambda \sqrt{N_k} \sum_{j=1}^{p} \sum_{k=1}^{K} \frac{|\mu_{jk}|}{s_j} \right\}$$

(18.55)

를 고려해보자. s_0를 0이라 두고, M_k^2를 이전과 같이 $1/N_k - 1/N$ 대신에 $1/N_k$와 같다고 하면, 해가 최근접 수축 중심점 추정량 (18.7)과 동등하다는 것을 보여라.

연습 18.3 정칙화 멀티클래스 로지스틱회귀 문제 (18.10)의 적합된 계수가 $\sum_{k=1}^{K} \hat{\beta}_{kj} = 0$, $j = 1, \dots, p$를 만족함을 보여라. $\hat{\beta}_{k0}$는 어떤가? 이들 상수 매개변수에 관한 문제 및 이들을 어떻게 해결할 수 있는지를 논의해보라.

연습 18.4 릿지회귀를 위한 연산 공식 (18.15)를 유도하라(힌트: 벌점화 제곱합 기준의 일차 도함수를 사용해. 만일 $\lambda > 0$라면 어떠한 $s \in \mathbb{R}^N$에 관해 $\hat{\beta} = X^T s$임을 보여라).

연습 18.5 β 및 X의 행을 V의 열공간 및 $\mathbb{R}^p$ 내 여집합에 관한 이들의 사영으로 분해해, 정리 (18.16) – (18.17)를 증명하라.

연습 18.6 18.3.5절의 정리가 어떻게 정칙화 판별분석에 적용될 수 있는지 보여라[방정식 (4.14)와 (18.9)].

연습 18.7 $p \gg N$인 선형회귀 문제를 고려해보자. 그리고 X의 랭크가 N이라 가정하자. X의 SVD가 $X = UDV^T = RV^T$이고, 이때 R은 $N \times N$ 정칙행렬이며, V은 정규직교열로 된 $p \times N$ 행렬이라 하자.

(a) 영의 잔차를 가지는 최소제곱 해가 무한대로 있다는 것을 보여라.

(b) β의 릿지회귀 추정값을 다음과 같이 쓸 수 있음을 보여라.

$$\hat{\beta}_\lambda = V(R^T R + \lambda I)^{-1} R^T y$$

(18.56)

(c) $\lambda = 0$일 때, 해 $\hat{\beta}_0 = V D^{-1} U^T y$가 모두 영인 잔차를 가지며, 모든 잔차가 영인 해 중에서 가장 작은 유클리드 노름을 가지는 유일한 해임을 보여라.

연습 18.8 데이터 파일링Data Piling. 연습 4.2는 2-클래스 LDA 해를 -1들과 $+1$들로 된 이항 반응벡터 y의 선형회귀로 얻을 수 있음을 보여준다. 임의의 x의 예측 $\hat{\beta}^T x$은 (척도와 쉬프트에 무관하게) LDA 점수 $\delta(x)$이다. 이제 $p \gg N$라 해보자.

(a) 이항 반응 $Y \in \{-1, +1\}$에 관한 선형회귀모델 적합 $f(x) = \alpha + \beta^T x$를 고려해보자. 연습 18.7을 사용해 데이터가 정확하게 두exactly two 지점에 각각 한 클래스로 사영되는, $\mathbb{R}^p$ 내에서 $\hat{\beta}$에 의해 정의되는 무한대로 많은 방향이 있음을 보여라. 이들은 데이터 파일링 방향이라 부른다(Ahn and Marron, 2005).

(b) 사영 지점 사이의 거리가 $2/\|\hat{\beta}\|$이며, 따라서 이들 방향이 그러한 마진을 가지는 분리 초평면만을 정의한다는 것을 보여라.

(c) 이 거리가 가장 클때 단일 극대 데이터 파일링maximal data piling 방향이 존재하며, 이는 $\hat{\beta}_0 = \mathbf{V}\mathbf{D}^{-1}\mathbf{U}^T\mathbf{y} = \mathbf{X}^{-}\mathbf{y}$에 의해 정의되며 이때 $\mathbf{X} = \mathbf{U}\mathbf{D}\mathbf{V}^T$는 $\mathbf{X}$의 $\mathbf{U}\mathbf{D}\mathbf{V}^T$임을 보여라.

연습 18.9 연습 18.8의 데이터 파일링 방향을 최적 분리초평면(4.5.2절)의 방향과 질적으로 비교해보라. 어떠한 것이 가장 넓은 마진을 만들어내며, 왜 그러한가? 이 차이를 보여주도록 작은 시뮬레이션을 사용해보라.

연습 18.10 $p \gg N$일 때, 선형판별분석(4.3절을 보라)은 클래스-내 공분산행렬이 특이행렬이기 때문에 저하된다. 정칙화 판별분석의 한 가지 버전 (4.14)는 $\mathbf{W}$를 릿지화된 버전 $\mathbf{W} + \lambda\mathbf{I}$으로 바꾸며, 이는 정칙화된 판별함수 $\delta_\lambda(x) = x^T(\mathbf{W} + \lambda\mathbf{I})^{-1}$ $(\bar{x}_1 - \bar{x}_{-1})$를 만들어낸다. $\delta_0(x) = \lim_{\lambda \downarrow 0} \delta_\lambda(x)$가 연습 18.8에서 정의한 극대 데이터 파일링 방향에 해당한다는 것을 보여라.

연습 18.11 N개 쌍 (x_i, y_i)의 표본이 있으며, y_i가 이항이고 $x_i \in \mathbb{R}^1$이라 하자. 또한 두 클래스가 분리 가능하다고 해보자. 예를 들면 $y_i = 0$이고 $y_{i'} = 1$인 각 쌍 i, i'에 관해, 어떠한 $C > 0$에서 $x_{i'} - x_i \geq C$이다. 여러분은 최대-가능도를 통해 선형 로지스틱회귀모델 $\mathrm{logit} \Pr(Y = 1|X) = \alpha + \beta X$를 적합시키고자 한다. $\hat{\beta}$가 정의되지 않음을 보여라.

연습 18.12 $p \gg N$인 상황에서 10겹 교차 검증을 통해 (임의의 선형 모델에 관한) 릿지 매개변수 λ를 선택한다고 해보자. 18.3.5절에서 설명한 연산적인 지름길을 사용하고자 한다. $N \times p$ 행렬 $\mathbf{X}$을 $N \times N$ 행렬 $\mathbf{R}$로 한 번만 축소시키고, 이를 모든 교차 검증 실행에서 사용할 수 있음을 보여라.

연습 18.13 $p > N$ 예측변수가 $N \times N$ 내적행렬 $\mathbf{K} = \mathbf{X}\mathbf{X}^T$로 나타나며, 이차 정칙화로 된 원본 특성 내에서 선형 로지스틱회귀모델과 동등한 것을 적합시키고자 한다고 해보자. 우리의 예측 또한 내적을 사용해 만들어진다. 즉 새로운 x_0가

$k_0 = \mathbf{X}x_0$로 제시된다. $\mathbf{K} = \mathbf{U}\mathbf{D}^2\mathbf{U}^T$가 $\mathbf{K}$의 고윳값 분해라 해보자.

(a) $\hat{\alpha} = \mathbf{U}\mathbf{D}^{-1}\hat{\beta}$이고,

(b) $\hat{\beta}$가 입력 행렬이 $\mathbf{R} = \mathbf{U}\mathbf{D}$인 릿지화된 로지스틱회귀 추정값일 때

예측이 $\hat{f}_0 = k_0^T\,\hat{\alpha}$로 주어진다는 것을 보여라. 같은 접근법을 어떠한 적절한 커널 행렬 $\mathbf{K}$에 관해서든지 사용할 수 있음을 주장해보라.

연습 18.14 거리 가중 1-NN 분류Distance weighted 1-NN classification. 2 클래스 분류 문제에서 1-최근접이웃법(13.3절)을 고려해보자. $d_+(x_0)$가 클래스 +1 내 훈련 관측치와 가장 가까운 거리이며, 이와 같이 $d_-(x_0)$ 가 클래스 −1과 가장 가까운 거리라고 해보자. N_-을 클래스 −1 내 표본의 개수, N_+를 클래스 +1 내 개수 그리고 $N = N_- + N_+$라 해보자.

(a)

$$\delta(x_0) = \log \frac{d_-(x_0)}{d_+(x_0)} \tag{18.57}$$

을 1-NN 분류에 해당하는 비모수적 판별함수로 볼 수 있음을 보여라(힌트: $\hat{f}_1(x_0) = \frac{1}{N_+ d_+(x_0)}$를 x_0에서의 클래스 +1 내 밀도의 비모수적 추정값으로 볼 수 있음을 보여라).

(b) 어떻게 이 함수를 수정해 표본-사전확률 N_+/N 및 N_-/N와는 다른 클래스 사전확률 π_+ 그리고 π_-를 도입하겠는가?

(c) K-NN 분류를 위해 이 접근법을 어떻게 일반화하겠는가?

연습 18.15 커널 PCAKernel PCA. 18.5.2절에서 중심화되지 않은 내적행렬 $\mathbf{K}$로부터 어떻게 주성분을 계산할 수 있는지 보였다. 우리는 $\mathbf{M} = \mathbf{1}\mathbf{1}^T/N$로 고윳값 분해 $(\mathbf{I}-\mathbf{M})\mathbf{K}(\mathbf{I}-\mathbf{M}) = \mathbf{U}\mathbf{D}^2\mathbf{U}^T$를 계산하고, 그 뒤 $\mathbf{Z} = \mathbf{U}\mathbf{D}$를 계산한다. 새로운 지점 x_0와 훈련 집합 내 각 x_i 사이의 N개 내적을 포함하는 내적 벡터 $\mathbf{k}_0$가 있다고 해보자. x_0의 주성분 방향에 관한 (중심화된) 사영이 다음과 같이 주어진다는 것을 보여라.

$$\mathbf{z}_0 = \mathbf{D}^{-1}\mathbf{U}^T(\mathbf{I}-\mathbf{M})[\mathbf{k}_0 - \mathbf{K}\mathbf{1}/N] \tag{18.58}$$

연습 18.16 다중 비교를 위한 본페로니 방법Bonferroni method for multiple comparisons. 귀무가설 $H_{0j}, j = 1, 2, \ldots, M$과 이에 해당하는 p값 $p_j, i = 1, 2, \ldots, M$으로 된 다중-검정 시나리오가 있다고 해보자. A를 적어도 하나의 귀무가설이 틀리게 기각될 사건

이라 하고, A_j가 j번째 귀무가설이 틀리게 기각될 사건이라 해보자. 우리가 만일 $p_j < \alpha/M$이라면 j번째 귀무가설을 기각하는 본페로니법을 사용한다고 해보자.

(a) $\Pr(A) \leq \alpha$를 보여라(힌트: $\Pr(A_j \cup A_{j'}) = \Pr(A_j) + \Pr(A_{j'}) - \Pr(A_j \cap A_{j'})$).

(b) 가설 H_{0j}, $j = 1, 2, ..., M$이 독립이라면, $\Pr(A) = 1 - \Pr(A^C) = 1 - \prod_{j=1}^{M} \Pr(A_j^C) = 1 - (1 - \alpha/M)^M$ 이다. 이를 사용해 이 경우에서 $\Pr(A) \approx \alpha$임을 보여라.

연습 18.17 벤자비니-호흐버그와 삽입법 사이의 동등성 Equivalence between Benjamini-Hochberg and plug-in methods

(a) 알고리즘 18.2의 표기에서, 기각 임계치 $p_0 = p_{(L)}$에 관해, 순열된 값들 t_j^k이 최대 p_0일 비율이 $|T|_{(L)}$를 넘는다는 것을 보여라. 이때 $|T|_{(L)}$는 $|t_j|$ 중에서 L번째 큰 값이다. 따라서 삽입 FDR 추정값 $\widehat{\text{FDR}}$가 $p_0 \cdot M/L = \alpha$보다 작거나 같음을 보여라.

(b) 절단점 $|T|_{(L+1)}$이 α보다 큰 추정된 FDR로 된 테스트를 만든다는 것을 보여라.

연습 18.18 결과 (18.53)을 사용해 다음을 보여라(Storey, 2003).

$$\text{pFDR} = \frac{\pi_0 \cdot \{\text{Type I error of } \Gamma\}}{\pi_0 \cdot \{\text{Type I error of } \Gamma\} + \pi_1 \{\text{Power of } \Gamma\}} \tag{18.59}$$

연습 18.19 18.7절의 표 18.4 데이터를 고려해보자. 이는 책 웹사이트에서 얻을 수 있다.

(a) t통계량에 근거한 대칭 양측 기각 영역을 사용해, 다양한 절단점 값에 관한 FDR의 삽입 추정값을 계산하라.

(b) 다양한 FDR 수준 α으로 BH 과정을 수행하고, 결과가 (a) 부분의 것과 동등함을 보여라.

(c) $(q_{.25}, q_{.75})$를 순열된 데이터셋으로부터의 t통계량의 분위수라고 하자. $\hat{\pi}_0 = \{\# t_j \in (q_{.25}, q_{.75})\}/(.5M)$라 하고, $\hat{\pi}_0 = \min(\hat{\pi}_0, 1)$이라 두자. (a)로부터의 FDR 추정값을 $\hat{\pi}_0$로 곱하고 결과를 살펴보라.

(d) (c)부분에서의 추정값에 관한 동기가 무엇인지 제시하라(Storey, 2003).

연습 18.20 결과 (18.53)의 증명. 다음을 작성하라.

$$\text{pFDR} \;=\; \mathrm{E}\!\left(\frac{V}{R}\Big|R > 0\right) \tag{18.60}$$

$$=\; \sum_{k=1}^{M} \mathrm{E}\!\left[\frac{V}{R}\Big|R = k\right]\Pr(R = k|R > 0) \tag{18.61}$$

주어진 $R = k$하에서, V가 k번 시도를 가지며 성공 확률이 $\Pr(H = 0|T \in \Gamma)$인 이항 확률변수라는 사실을 사용해 증명을 완성하라.

참고문헌

Abu-Mostafa, Y. (1995). Hints, *Neural Computation* **7**: 639-671.

Ackley, D. H., Hinton, G. and Sejnowski, T. (1985). A learning algorithm for Boltzmann machines, *Trends in Cognitive Sciences* **9**: 147-169.

Adam, B.-L., Qu, Y., Davis, J. W., Ward, M. D., Clements, M. A., Cazares, L. H., Semmes, O. J., Schellhammer, P. F., Yasui, Y., Feng, Z. and Wright, G. (2003). Serum protein fingerprinting coupled with a pattern-matching algorithm distinguishes prostate cancer from benign prostate hyperplasia and healthy mean, *Cancer Research* **63**(10): 3609-3614.

Agrawal, R., Mannila, H., Srikant, R., Toivonen, H. and Verkamo, A. I. (1995). Fast discovery of association rules, *Advances in Knowledge Discovery and Data Mining*, AAAI/MIT Press, Cambridge, MA.

Agresti, A. (1996). *An Introduction to Categorical Data Analysis*, Wiley, New York.

Agresti, A. (2002). *Categorical Data Analysis (2nd Ed.)*, Wiley, New York.

Ahn, J. and Marron, J. (2005). The direction of maximal data piling in high dimensional space, *Technical report*, Statistics Department, University of North Carolina, Chapel Hill.

Akaike, H. (1973). Information theory and an extension of the maximum likelihood principle, *Second International Symposium on Information Theory*, pp. 267-281.

Allen, D. (1974). The relationship between variable selection and data augmentation and a method of prediction, *Technometrics* **16**: 125-7.

Ambroise, C. and McLachlan, G. (2002). Selection bias in gene extraction on the basis of microarray gene-expression data, *Proceedings of the National Academy of Sciences* **99**: 6562-6566.

Amit, Y. and Geman, D. (1997). Shape quantization and recognition with randomized trees, *Neural Computation* **9**: 1545-1588.

Anderson, J. and Rosenfeld, E. (eds) (1988). *Neurocomputing: Foundations of Research*, MIT Press, Cambridge, MA.

Anderson, T. (2003). *An Introduction to Multivariate Statistical Analysis*, *3rd ed.*, Wiley, New York.

Bach, F. and Jordan, M. (2002). Kernel independent component analysis, *Journal of Machine Learning Research* **3**: 1 – 48.

Bair, E. and Tibshirani, R. (2004). Semi-supervised methods to predict patient survival from gene expression data, *PLOS Biology* **2**: 511 – 522.

Bair, E., Hastie, T., Paul, D. and Tibshirani, R. (2006). Prediction by supervised principal components, *Journal of the American Statistical Association* **101**: 119 – 137.

Bakin, S. (1999). Adaptive regression and model selection in data mining problems, *Technical report*, PhD. thesis, Australian National University, Canberra.

Banerjee, O., Ghaoui, L. E. and d'Aspremont, A. (2008). Model selection through sparse maximum likelihood estimation for multivariate gaussian or binary data, *Journal of Machine Learning Research* **9**: 485 – 516.

Barron, A. (1993). Universal approximation bounds for superpositions of a sigmoid function, *IEEE Transactions on Information Theory* **39**: 930 – 945.

Bartlett, P. and Traskin, M. (2007). Adaboost is consistent, in B. Schölkopf, J. Platt and T. Hoffman (eds), *Advances in Neural Information Processing Systems 19*, MIT Press, Cambridge, MA, pp. 105 – 112.

Becker, R., Cleveland, W. and Shyu, M. (1996). The visual design and control of trellis display, *Journal of Computational and Graphical Statistics* **5**: 123 – 155.

Bell, A. and Sejnowski, T. (1995). An information-maximization approach to blind separation and blind deconvolution, *Neural Computation* **7**: 1129 – 1159.

Bellman, R. E. (1961). *Adaptive Control Processes*, Princeton University Press.

Benjamini, Y. and Hochberg, Y. (1995). Controlling the false discovery rate: a practical and powerful approach to multiple testing, *Journal of the Royal Statistical Society Series B.* **85**: 289 – 300.

Benjamini, Y. and Yekutieli, Y. (2005). False discovery rate controlling confidence intervals for selected parameters, *Journal of the American Statistical Association* **100**: 71 – 80.

Bickel, P. and Levina, E. (2004). Some theory for Fisher's linear discriminant function,"Naive Bayes", and some alternatives when there are many more variables than observations, *Bernoulli* **10**: 989 – 1010.

Bickel, P. J., Ritov, Y. and Tsybakov, A. (2008). Simultaneous analysis of lasso and Dantzig selector, *Annals of Statistics.* to appear.

Bishop, C. (1995). *Neural Networks for Pattern Recognition*, Clarendon Press, Oxford.

Bishop, C. (2006). *Pattern Recognition and Machine Learning*, Springer, New York.

Bishop, Y., Fienberg, S. and Holland, P. (1975). *Discrete Multivariate Analysis*, MIT Press, Cambridge, MA.

Boyd, S. and Vandenberghe, L. (2004). *Convex Optimization*, Cambridge University Press.

Breiman, L. (1992). The little bootstrap and other methods for dimensionality selection in regression: X-fixed prediction error, *Journal of the American Statistical Association* **87**: 738–754.

Breiman, L. (1996a). Bagging predictors, *Machine Learning* **26**: 123–140.

Breiman, L. (1996b). Stacked regressions, *Machine Learning* **24**: 51–64.

Breiman, L. (1998). Arcing classifiers (with discussion), *Annals of Statistics* **26**: 801–849.

Breiman, L. (1999). Prediction games and arcing algorithms, *Neural Computation* **11**(7): 1493–1517.

Breiman, L. (2001). Random forests, *Machine Learning* **45**: 5–32.

Breiman, L. and Friedman, J. (1997). Predicting multivariate responses in multiple linear regression (with discussion), *Journal of the Royal Statistical Society Series B.* **59**: 3–37.

Breiman, L. and Ihaka, R. (1984). Nonlinear discriminant analysis via scaling and ACE, *Technical report*, University of California, Berkeley.

Breiman, L. and Spector, P. (1992). Submodel selection and evaluation in regression: the X-random case, *International Statistical Review* **60**: 291–319.

Breiman, L., Friedman, J., Olshen, R. and Stone, C. (1984). *Classification and Regression Trees*, Wadsworth, New York.

Bremaud, P. (1999). *Markov Chains: Gibbs Fields, Monte Carlo Simulation, and Queues*, Springer, New York.

Brown, P., Spiegelman, C. and Denham, M. (1991). Chemometrics and spectral frequency selection, *Transactions of the Royal Society of London Series A.* **337**: 311–322.

Bruce, A. and Gao, H. (1996). *Applied Wavelet Analysis with S-PLUS*, Springer, New York.

Bühlmann, P. and Hothorn, T. (2007). Boosting algorithms: regularization, prediction and model fitting (with discussion), *Statistical Science* **22**(4): 477–505.

Buja, A., Hastie, T. and Tibshirani, R. (1989). Linear smoothers and additive models (with discussion), *Annals of Statistics* **17**: 453 – 555.

Buja, A., Swayne, D., Littman, M., Hofmann, H. and Chen, L. (2008). Data vizualization with multidimensional scaling, *Journal of Computational and Graphical Statistics*. to appear.

Bunea, F., Tsybakov, A. andWegkamp, M. (2007). Sparsity oracle inequalities for the lasso, *Electronic Journal of Statistics* **1**: 169 – 194.

Burges, C. (1998). A tutorial on support vector machines for pattern recognition, *Knowledge Discovery and Data Mining* **2**(2): 121 – 167.

Butte, A., Tamayo, P., Slonim, D., Golub, T. and Kohane, I. (2000). Discovering functional relationships between RNA expression and chemotherapeutic susceptibility using relevance networks, *Proceedings of the National Academy of Sciences* pp. 12182 – 12186.

Candes, E. (2006). Compressive sampling, *Proceedings of the International Congress of Mathematicians*, European Mathematical Society, Madrid, Spain.

Candes, E. and Tao, T. (2007). The Dantzig selector: Statistical estimation when p is much larger than n, *Annals of Statistics* **35**(6): 2313 – 2351.

Chambers, J. and Hastie, T. (1991). *Statistical Models in S*, Wadsworth/ Brooks Cole, Pacific Grove, CA.

Chaudhuri, S., Drton, M. and Richardson, T. S. (2007). Estimation of a covariance matrix with zeros, *Biometrika* **94**(1): 1 – 18.

Chen, L. and Buja, A. (2008). Local multidimensional scaling for nonlinear dimension reduction, graph drawing and proximity analysis, *Journal of the American Statistical Association*.

Chen, S. S., Donoho, D. and Saunders, M. (1998). Atomic decomposition by basis pursuit, *SIAM Journal on Scientific Computing* **20**(1): 33 – 61.

Cherkassky, V. and Ma, Y. (2003). Comparison of model selection for regression, *Neural computation* **15**(7): 1691 – 1714.

Cherkassky, V. and Mulier, F. (2007). *Learning from Data (2nd Edition)*, Wiley, New York.

Chui, C. (1992). *An Introduction to Wavelets*, Academic Press, London.

Clifford, P. (1990). Markov random fields in statistics, in G. R. Grimmett and D. J. A. Welsh (eds), *Disorder in Physical Systems. A Volume in Honour of John M. Hammersley*, Clarendon Press, Oxford, pp. 19 – 32.

Comon, P. (1994). Independent component analysis—a new concept?, *Signal Processing* **36**: 287 – 314.

Cook, D. and Swayne, D. (2007). *Interactive and Dynamic Graphics for Data Analysis; with R and GGobi*, Springer, New York. With contributions from A. Buja, D. Temple Lang, H. Hofmann, H. Wickham and M. Lawrence.

Cook, N. (2007). Use and misuse of the receiver operating characteristic curve in risk prediction, *Circulation* **116**(6): 928 – 35.

Copas, J. B. (1983). Regression, prediction and shrinkage (with discussion), *Journal of the Royal Statistical Society, Series B, Methodological* **45**: 311 – 354.

Cover, T. and Hart, P. (1967). Nearest neighbor pattern classification, *IEEE Transactions on Information Theory* **IT-11**: 21 – 27.

Cover, T. and Thomas, J. (1991). *Elements of Information Theory*, Wiley, New York.

Cox, D. and Hinkley, D. (1974). *Theoretical Statistics*, Chapman and Hall, London.

Cox, D. and Wermuth, N. (1996). *Multivariate Dependencies: Models, Analysis and Interpretation*, Chapman and Hall, London.

Cressie, N. (1993). *Statistics for Spatial Data (Revised Edition)*, Wiley-Interscience, New York.

Csiszar, I. and Tusn ′ ady, G. (1984). Information geometry and alternating minimization procedures, *Statistics & Decisions Supplement Issue* **1**: 205 – 237.

Cutler, A. and Breiman, L. (1994). Archetypal analysis, *Technometrics* **36**(4): 338 – 347.

Dasarathy, B. (1991). *Nearest Neighbor Pattern Classification Techniques*, IEEE Computer Society Press, Los Alamitos, CA.

Daubechies, I. (1992). *Ten Lectures on Wavelets*, Society for Industrial and Applied Mathematics, Philadelphia, PA.

Daubechies, I., Defrise, M. and De Mol, C. (2004). An iterative thresholding algorithm for linear inverse problems with a sparsity constraint, *Communications on Pure and Applied Mathematics* **57**: 1413 – 1457.

de Boor, C. (1978). *A Practical Guide to Splines*, Springer, New York.

Dempster, A. (1972). Covariance selection, *Biometrics* **28**: 157 – 175.

Dempster, A., Laird, N. and Rubin, D. (1977). Maximum likelihood from incomplete data via the EM algorithm (with discussion), *Journal of the Royal Statistical Society Series B* **39**: 1 – 38.

Devijver, P. and Kittler, J. (1982). *Pattern Recognition: A Statistical Approach*, Prentice-Hall, Englewood Cliffs, N.J.

Dietterich, T. (2000a). Ensemble methods in machine learning, *Lecture Notes in Computer Science* **1857**: 1–15.

Dietterich, T. (2000b). An experimental comparison of three methods for constructing ensembles of decision trees: bagging, boosting, and randomization, *Machine Learning* **40**(2): 139–157.

Dietterich, T. and Bakiri, G. (1995). Solving multiclass learning problems via error-correcting output codes, *Journal of Artificial Intelligence Research* **2**: 263–286.

Donath, W. E. and Hoffman, A. J. (1973). Lower bounds for the partitioning of graphs, *IBM Journal of Research and Development* pp. 420–425.

Donoho, D. (2006a). Compressed sensing, *IEEE Transactions on Information Theory* **52**(4): 1289–1306.

Donoho, D. (2006b). For most large underdetermined systems of equations, the minimal l1-norm solution is the sparsest solution, *Communications on Pure and Applied Mathematics* **59**: 797–829.

Donoho, D. and Elad, M. (2003). Optimally sparse representation from overcomplete dictionaries via ℓ^1-norm minimization, *Proceedings of the National Academy of Sciences* **100**: 2197–2202.

Donoho, D. and Johnstone, I. (1994). Ideal spatial adaptation by wavelet shrinkage, *Biometrika* **81**: 425–455.

Donoho, D. and Stodden, V. (2004). When does non-negative matrix factorization give a correct decomposition into parts?, in S. Thrun, L. Saul and B. Schölkopf (eds), *Advances in Neural Information Processing Systems 16*, MIT Press, Cambridge, MA.

Duan, N. and Li, K.-C. (1991). Slicing regression: a link-free regression method, *Annals of Statistics* **19**: 505–530.

Duchamp, T. and Stuetzle, W. (1996). Extremal properties of principal curves in the plane, *Annals of Statistics* **24**: 1511–1520.

Duda, R., Hart, P. and Stork, D. (2000). *Pattern Classification (2nd Edition)*, Wiley, New York.

Dudoit, S., Fridlyand, J. and Speed, T. (2002a). Comparison of discrimination methods for the classification of tumors using gene expression data, *Journal of the American Statistical Association* **97**(457): 77–87.

Dudoit, S., Yang, Y., Callow, M. and Speed, T. (2002b). Statistical methods for identifying differentially expressed genes in replicated cDNA microarray experiments, *Statistica Sinica* pp. 111–139.

Edwards, D. (2000). *Introduction to Graphical Modelling, 2nd Edition*, Springer, New York.

Efron, B. (1975). The efficiency of logistic regression compared to normal discriminant analysis, *Journal of the American Statistical Association* **70**: 892–898.

Efron, B. (1979). Bootstrap methods: another look at the jackknife, *Annals of Statistics* **7**: 1–26.

Efron, B. (1983). Estimating the error rate of a prediction rule: some improvements on cross-validation, *Journal of the American Statistical Association* **78**: 316–331.

Efron, B. (1986). How biased is the apparent error rate of a prediction rule?, *Journal of the American Statistical Association* **81**: 461–70.

Efron, B. and Tibshirani, R. (1991). Statistical analysis in the computer age, *Science* **253**: 390–395.

Efron, B. and Tibshirani, R. (1993). *An Introduction to the Bootstrap*, Chapman and Hall, London.

Efron, B. and Tibshirani, R. (1996). Using specially designed exponential families for density estimation, *Annals of Statistics* **24**(6): 2431–2461.

Efron, B. and Tibshirani, R. (1997). Improvements on cross-validation: the 632+ bootstrap: method, *Journal of the American Statistical Association* **92**: 548–560.

Efron, B. and Tibshirani, R. (2002). Microarrays, empirical Bayes methods, and false discovery rates, *Genetic Epidemiology* **1**: 70–86.

Efron, B., Hastie, T. and Tibshirani, R. (2007). Discussion of "Dantzig selector" by Candes and Tao, *Annals of Statistics* **35**(6): 2358–2364.

Efron, B., Hastie, T., Johnstone, I. and Tibshirani, R. (2004). Least angle regression (with discussion), *Annals of Statistics* **32**(2): 407–499.

Efron, B., Tibshirani, R., Storey, J. and Tusher, V. (2001). Empirical Bayes analysis of a microarray experiment, *Journal of the American Statistical Association* **96**: 1151–1160.

Evgeniou, T., Pontil, M. and Poggio, T. (2000). Regularization networks and support vector machines, *Advances in Computational Mathematics* **13**(1): 1–50.

Fan, J. and Fan, Y. (2008). High dimensional classification using features annealed independence rules, *Annals of Statistics*. to appear.

Fan, J. and Gijbels, I. (1996). *Local Polynomial Modelling and Its Applications*, Chapman and Hall, London.

Fan, J. and Li, R. (2005). Variable selection via nonconcave penalized likelihood and its oracle properties, *Journal of the American Statistical Association* **96**: 1348–1360.

Fiedler, M. (1973). Algebraic connectivity of graphs, *Czechoslovak Mathematics Journal* **23**(98): 298 – 305.

Fienberg, S. (1977). *The Analysis of Cross-Classified Categorical Data*, MIT Press, Cambridge.

Fisher, R. A. (1936). The use of multiple measurements in taxonomic problems, *Eugen.* **7**: 179 – 188.

Fisher, W. (1958). On grouping for maximum homogeniety, *Journal of the American Statistical Association* **53**(284): 789 – 798.

Fix, E. and Hodges, J. (1951). Discriminatory analysis—nonparametric discrimination: Consistency properties, *Technical Report 21-49-004,4*, U.S. Air Force, School of Aviation Medicine, Randolph Field, TX.

Flury, B. (1990). Principal points, *Biometrika* **77**: 33 – 41.

Forgy, E. (1965). Cluster analysis of multivariate data: efficiency vs. interpretability of classifications, *Biometrics* **21**: 768 – 769.

Frank, I. and Friedman, J. (1993). A statistical view of some chemometrics regression tools (with discussion), *Technometrics* **35**(2): 109 – 148.

Freund, Y. (1995). Boosting a weak learning algorithm by majority, *Information and Computation* **121**(2): 256 – 285.

Freund, Y. and Schapire, R. (1996a). Experiments with a new boosting algorithm, *Machine Learning: Proceedings of the Thirteenth International Conference*, Morgan Kauffman, San Francisco, pp. 148 – 156.

Freund, Y. and Schapire, R. (1996b). Game theory, on-line prediction and boosting, *Proceedings of the Ninth Annual Conference on Computational Learning Theory*, Desenzano del Garda, Italy, pp. 325 – 332.

Freund, Y. and Schapire, R. (1997). A decision-theoretic generalization of online learning and an application to boosting, *Journal of Computer and System Sciences* **55**: 119 – 139.

Friedman, J. (1987). Exploratory projection pursuit, *Journal of the American Statistical Association* **82**: 249 – 266.

Friedman, J. (1989). Regularized discriminant analysis, *Journal of the American Statistical Association* **84**: 165 – 175.

Friedman, J. (1991). Multivariate adaptive regression splines (with discussion), *Annals of Statistics* **19**(1): 1 – 141.

Friedman, J. (1994a). Flexible metric nearest-neighbor classification, *Technical report*, Stanford University.

Friedman, J. (1994b). An overview of predictive learning and function approximation, *in* V. Cherkassky, J. Friedman and H. Wechsler (eds), *From Statistics to Neural Networks, Vol. 136 of NATO ISI Series F*, Springer, New York.

Friedman, J. (1996). Another approach to polychotomous classification, *Technical report*, Stanford University.

Friedman, J. (1997). On bias, variance, 0-1 loss and the curse of dimensionality, *Journal of Data Mining and Knowledge Discovery* **1**: 55-77.

Friedman, J. (1999). Stochastic gradient boosting, *Technical report*, Stanford University.

Friedman, J. (2001). Greedy function approximation: A gradient boosting machine, *Annals of Statistics* **29**(5): 1189-1232.

Friedman, J. and Fisher, N. (1999). Bump hunting in high dimensional data, *Statistics and Computing* **9**: 123-143.

Friedman, J. and Hall, P. (2007). On bagging and nonlinear estimation, *Journal of Statistical Planning and Inference* **137**: 669-683.

Friedman, J. and Popescu, B. (2003). Importance sampled learning ensembles, *Technical report*, Stanford University, Department of Statistics.

Friedman, J. and Popescu, B. (2008). Predictive learning via rule ensembles, *Annals of Applied Statistics, to appear*.

Friedman, J. and Silverman, B. (1989). Flexible parsimonious smoothing and additive modelling (with discussion), *Technometrics* **31**: 3-39.

Friedman, J. and Stuetzle, W. (1981). Projection pursuit regression, *Journal of the American Statistical Association* **76**: 817-823.

Friedman, J. and Tukey, J. (1974). A projection pursuit algorithm for exploratory data analysis, *IEEE Transactions on Computers, Series C* **23**: 881-889.

Friedman, J., Baskett, F. and Shustek, L. (1975). An algorithm for finding nearest neighbors, *IEEE Transactions on Computers* **24**: 1000-1006.

Friedman, J., Bentley, J. and Finkel, R. (1977). An algorthm for finding best matches in logarithmic expected time, *ACM Transactions on Mathematical Software* **3**: 209-226.

Friedman, J., Hastie, T. and Tibshirani, R. (2000). Additive logistic regression: a statistical view of boosting (with discussion), *Annals of Statistics* **28**: 337-307.

Friedman, J., Hastie, T. and Tibshirani, R. (2008a). Response to "Mease and Wyner: Evidence contrary to the statistical view of boosting", *Journal of Machine Learning Research* **9**: 175-180.

Friedman, J., Hastie, T. and Tibshirani, R. (2008b). Sparse inverse covariance estimation with the graphical lasso, *Biostatistics* **9**: 432 – 441.

Friedman, J., Hastie, T. and Tibshirani, R. (2010). Regularization paths for generalized linear models via coordinate descent, *Journal of Statistical Software* **33**(1): 1 – 22.

Friedman, J., Hastie, T., Hoefling, H. and Tibshirani, R. (2007). Pathwise coordinate optimization, *Annals of Applied Statistics* **2**(1): 302 – 332.

Friedman, J., Hastie, T., Rosset, S., Tibshirani, R. and Zhu, J. (2004). Discussion of three boosting papers by Jiang, Lugosi and Vayatis, and Zhang, *Annals of Statistics* **32**: 102 – 107.

Friedman, J., Stuetzle, W. and Schroeder, A. (1984). Projection pursuit density estimation, *Journal of the American Statistical Association* **79**: 599 – 608.

Fu, W. (1998). Penalized regressions: the bridge vs. the lasso, *Journal of Computational and Graphical Statistics* **7**(3): 397 – 416.

Furnival, G. and Wilson, R. (1974). Regression by leaps and bounds, *Technometrics* **16**: 499 – 511.

Gelfand, A. and Smith, A. (1990). Sampling based approaches to calculating marginal densities, *Journal of the American Statistical Association* **85**: 398 – 409.

Gelman, A., Carlin, J., Stern, H. and Rubin, D. (1995). *Bayesian Data Analysis*, CRC Press, Boca Raton, FL.

Geman, S. and Geman, D. (1984). Stochastic relaxation, Gibbs distributions and the Bayesian restoration of images, *IEEE Transactions on Pattern Analysis and Machine Intelligence* **6**: 721 – 741.

Genkin, A., Lewis, D. and Madigan, D. (2007). Large-scale Bayesian logistic regression for text categorization, *Technometrics* **49**(3): 291 – 304.

Genovese, C. and Wasserman, L. (2004). A stochastic process approach to false discovery rates, *Annals of Statistics* **32**(3): 1035 – 1061.

Gersho, A. and Gray, R. (1992). *Vector Quantization and Signal Compression*, Kluwer Academic Publishers, Boston, MA.

Girosi, F., Jones, M. and Poggio, T. (1995). Regularization theory and neural network architectures, *Neural Computation* **7**: 219 – 269.

Golub, G. and Van Loan, C. (1983). *Matrix Computations*, Johns Hopkins University Press, Baltimore.

Golub, G., Heath, M. and Wahba, G. (1979). Generalized cross-validation as a method for choosing a good ridge parameter, *Technometrics* **21**: 215 – 224.

Golub, T., Slonim, D., Tamayo, P., Huard, C., Gaasenbeek, M., Mesirov, J., Coller, H., Loh, M., Downing, J., Caligiuri, M., Bloomfield, C. and Lander, E. (1999). Molecular classification of cancer: Class discovery and class prediction by gene expression monitoring, *Science* **286**: 531–536.

Goodall, C. (1991). Procrustes methods in the statistical analysis of shape, *Journal of the Royal Statistical Society, Series B* **53**: 285–321.

Gordon, A. (1999). *Classification (2nd edition)*, Chapman and Hall/CRC Press, London.

Green, P. and Silverman, B. (1994). *Nonparametric Regression and Generalized Linear Models: A Roughness Penalty Approach*, Chapman and Hall, London.

Greenacre, M. (1984). *Theory and Applications of Correspondence Analysis*, Academic Press, New York.

Greenshtein, E. and Ritov, Y. (2004). Persistence in high-dimensional linear predictor selection and the virtue of overparametrization, *Bernoulli* **10**: 971–988.

Guo, Y., Hastie, T. and Tibshirani, R. (2006). Regularized linear discriminant analysis and its application in microarrays, *Biostatistics* **8**: 86–100.

Guyon, I., Gunn, S., Nikravesh, M. and Zadeh, L. (eds) (2006). *Feature Extraction, Foundations and Applications*, Springer, New York.

Guyon, I.,Weston, J., Barnhill, S. and Vapnik, V. (2002). Gene selection for cancer classification using support vector machines, *Machine Learning* **46**: 389–422.

Hall, P. (1992). *The Bootstrap and Edgeworth Expansion*, Springer, New York.

Hammersley, J. M. and Clifford, P. (1971). Markov field on finite graphs and lattices, unpublished.

Hand, D. (1981). *Discrimination and Classification*, Wiley, Chichester.

Hanley, J. and McNeil, B. (1982). The meaning and use of the area under a receiver operating characteristic (roc) curve, *Radiology* **143**: 29–36.

Hart, P. (1968). The condensed nearest-neighbor rule, *IEEE Transactions on Information Theory* **14**: 515–516.

Hartigan, J. A. (1975). *Clustering Algorithms*, Wiley, New York.

Hartigan, J. A. and Wong, M. A. (1979). [(Algorithm AS 136] A k-means clustering algorithm (AS R39: 81v30 p355-356), *Applied Statistics* **28**: 100–108.

Hastie, T. (1984). *Principal Curves and Surfaces*, PhD thesis, Stanford University.

Hastie, T. and Herman, A. (1990). An analysis of gestational age, neonatal size and neonatal death using nonparametric logistic regression, *Journal of Clinical Epidemiology* **43**: 1179–90.

Hastie, T. and Simard, P. (1998). Models and metrics for handwritten digit recognition, *Statistical Science* **13**: 54–65.

Hastie, T. and Stuetzle, W. (1989). Principal curves, *Journal of the American Statistical Association* **84**(406): 502–516.

Hastie, T. and Tibshirani, R. (1987). Nonparametric logistic and proportional odds regression, *Applied Statistics* 36: 260–276.

Hastie, T. and Tibshirani, R. (1990). *Generalized Additive Models*, Chapman and Hall, London.

Hastie, T. and Tibshirani, R. (1996a). Discriminant adaptive nearestneighbor classification, *IEEE Pattern Recognition and Machine Intelligence* **18**: 607–616.

Hastie, T. and Tibshirani, R. (1996b). Discriminant analysis by Gaussian mixtures, *Journal of the Royal Statistical Society Series B.* **58**: 155–176.

Hastie, T. and Tibshirani, R. (1998). Classification by pairwise coupling, *Annals of Statistics* **26**(2): 451–471.

Hastie, T. and Tibshirani, R. (2003). Independent components analysis through product density estimation, in S. T. S. Becker and K. Obermayer(eds), *Advances in Neural Information Processing Systems 15*, MIT Press, Cambridge, MA, pp. 649–656.

Hastie, T. and Tibshirani, R. (2004). Efficient quadratic regularization for expression arrays, *Biostatistics* **5**(3): 329–340.

Hastie, T. and Zhu, J. (2006). Discussion of "Support vector machines with applications" by Javier Moguerza and Alberto Munoz, *Statistical Science* **21**(3): 352–357.

Hastie, T., Botha, J. and Schnitzler, C. (1989). Regression with an ordered categorical response, *Statistics in Medicine* **43**: 884–889.

Hastie, T., Buja, A. and Tibshirani, R. (1995). Penalized discriminant analysis, *Annals of Statistics* **23**: 73–102.

Hastie, T., Kishon, E., Clark, M. and Fan, J. (1992). A model for signature verification, *Technical report*, AT&T Bell Laboratories. http://www-stat.stanford.edu/~hastie/Papers/signature.pdf.

Hastie, T., Rosset, S., Tibshirani, R. and Zhu, J. (2004). The entire regularization path for the support vector machine, *Journal of Machine Learning Research* **5**: 1391–1415.

Hastie, T., Taylor, J., Tibshirani, R. and Walther, G. (2007). Forward stagewise regression and the monotone lasso, *Electronic Journal of Statistics* **1**: 1 – 29.

Hastie, T., Tibshirani, R. and Buja, A. (1994). Flexible discriminant analysis by optimal scoring, *Journal of the American Statistical Association* **89**: 1255 – 1270.

Hastie, T., Tibshirani, R. and Buja, A. (2000). Flexible discriminant and mixture models, in J. Kay and M. Titterington (eds), Statistics and Artificial Neural Networks, Oxford University Press.

Hastie, T., Tibshirani, R. and Friedman, J. (2003). A note on "Comparison of model selection for regression" by Cherkassky and Ma, *Neural computation* **15**(7): 1477 – 1480.

Hathaway, R. J. (1986). Another interpretation of the EM algorithm for mixture distributions, *Statistics & Probability Letters* **4**: 53 – 56.

Hebb, D. (1949). *The Organization of Behavior*, Wiley, New York.

Hertz, J., Krogh, A. and Palmer, R. (1991). *Introduction to the Theory of Neural Computation*, Addison Wesley, Redwood City, CA.

Hinton, G. (1989). Connectionist learning procedures, *Artificial Intelligence* **40**: 185 – 234.

Hinton, G. (2002). Training products of experts by minimizing contrastive divergence, *Neural Computation* **14**: 1771 – 1800.

Hinton, G., Osindero, S. and Teh, Y.-W. (2006). A fast learning algorithm for deep belief nets, *Neural Computation* **18**: 1527 – 1554.

Ho, T. K. (1995). Random decision forests, in M. Kavavaugh and P. Storms (eds), *Proc. Third International Conference on Document Analysis and Recognition*, Vol. 1, IEEE Computer Society Press, New York, pp. 278 – 282.

Hoefling, H. and Tibshirani, R. (2008). Estimation of sparse Markov networks using modified logistic regression and the lasso, submitted.

Hoerl, A. E. and Kennard, R. (1970). Ridge regression: biased estimation for nonorthogonal problems, *Technometrics* **12**: 55 – 67.

Hothorn, T. and B``uhlmann, P. (2006). Model-based boosting in high dimensions, *Bioinformatics* **22**(22): 2828 – 2829.

Huber, P. (1964). Robust estimation of a location parameter, *Annals of Mathematical Statistics* **53**: 73 – 101.

Huber, P. (1985). Projection pursuit, *Annals of Statistics* **13**: 435 – 475.

Hunter, D. and Lange, K. (2004). A tutorial on MM algorithms, *The American Statistician* **58**(1): 30 – 37.

Hyvärinen, A. and Oja, E. (2000). Independent component analysis:

algorithms and applications, *Neural Networks* **13**: 411 – 430.

Hyvärinen, A., Karhunen, J. and Oja, E. (2001). *Independent Component Analysis*, Wiley, New York.

Izenman, A. (1975). Reduced-rank regression for the multivariate linear model, *Journal of Multivariate Analysis* **5**: 248 – 264.

Jacobs, R., Jordan, M., Nowlan, S. and Hinton, G. (1991). Adaptive mixtures of local experts, *Neural computation* **3**: 79 – 87.

Jain, A. and Dubes, R. (1988). *Algorithms for Clustering Data*, Prentice-Hall, Englewood Cliffs, N.J.

James, G. and Hastie, T. (1998). The error coding method and PICTs, *Journal of Computational and Graphical Statistics* **7**(3): 377 – 387.

Jancey, R. (1966). Multidimensional group analysis, *Australian Journal of Botany* **14**: 127 – 130.

Jensen, F. V., Lauritzen, S. and Olesen, K. G. (1990). Bayesian updating in recursive graphical models by local computation, *Computational Statistics Quarterly* **4**: 269 – 282.

Jiang, W. (2004). Process consistency for Adaboost, *Annals of Statistics* **32**(1): 13 – 29.

Jiroušek, R. and Přeučil, S. (1995). On the effective implementation of the iterative proportional fitting procedure, *Computational Statistics and Data Analysis* **19**: 177 – 189.

Johnson, N. (2008). A study of the NIPS feature selection challenge, Submitted.

Joliffe, I. T., Trendafilov, N. T. and Uddin, M. (2003). A modified principal component technique based on the lasso, *Journal of Computational and Graphical Statistics* **12**: 531 – 547.

Jones, L. (1992). A simple lemma on greedy approximation in Hilbert space and convergence rates for projection pursuit regression and neural network training, *Annals of Statistics* **20**: 608 – 613.

Jordan, M. (2004). Graphical models, *Statistical Science (Special Issue on Bayesian Statistics)* **19**: 140 – 155.

Jordan, M. and Jacobs, R. (1994). Hierachical mixtures of experts and the EM algorithm, *Neural Computation* **6**: 181 – 214.

Kalbfleisch, J. and Prentice, R. (1980). *The Statistical Analysis of Failure Time Data*, Wiley, New York.

Kaufman, L. and Rousseeuw, P. (1990). *Finding Groups in Data: An Introduction to Cluster Analysis*, Wiley, New York.

Kearns, M. and Vazirani, U. (1994). *An Introduction to Computational Learning Theory*, MIT Press, Cambridge, MA.

Kittler, J., Hatef, M., Duin, R. and Matas, J. (1998). On combining classifiers, *IEEE Transaction on Pattern Analysis and Machine Intelligence* **20**(3): 226 – 239.

Kleinberg, E.M. (1990). Stochastic discrimination, *Annals of Mathematical Artificial Intelligence* **1**: 207 – 239.

Kleinberg, E. M. (1996). An overtraining-resistant stochastic modeling method for pattern recognition, *Annals of Statistics* **24**: 2319 – 2349.

Knight, K. and Fu, W. (2000). Asymptotics for lasso-type estimators, *Annals of Statistics* **28**(5): 1356 – 1378.

Koh, K., Kim, S.-J. and Boyd, S. (2007). An interior-point method for large-scale L1-regularized logistic regression, *Journal of Machine Learning Research* **8**: 1519 – 1555.

Kohavi, R. (1995). A study of cross-validation and bootstrap for accuracy estimation and model selection, *International Joint Conference on Artificial Intelligence (IJCAI)*, Morgan Kaufmann, pp. 1137 – 1143.

Kohonen, T. (1989). *Self-Organization and Associative Memory (3rd edition)*, Springer, Berlin.

Kohonen, T. (1990). The self-organizing map, *Proceedings of the IEEE* **78**: 1464 – 1479.

Kohonen, T., Kaski, S., Lagus, K., Salojärvi, J., Paatero, A. and Saarela, A. (2000). Self-organization of a massive document collection, *IEEE Transactions on Neural Networks* **11**(3): 574 – 585. Special Issue on Neural Networks for Data Mining and Knowledge Discovery.

Koller, D. and Friedman, N. (2007). *Structured Probabilistic Models*, Stanford Bookstore Custom Publishing. (Unpublished Draft).

Kressel, U. (1999). Pairwise classification and support vector machines, *in* B. Schölkopf, C. Burges and A. Smola (eds), *Advances in Kernel Methods - Support Vector Learning*, MIT Press, Cambridge, MA., pp. 255 – 268.

Lambert, D. (1992). Zero-inflated Poisson regression, with an application to defects in manufacturing, *Technometrics* **34**(1): 1 – 14.

Lange, K. (2004). *Optimization*, Springer, New York.

Lauritzen, S. (1996). *Graphical Models*, Oxford University Press.

Lauritzen, S. and Spiegelhalter, D. (1988). Local computations with probabilities on graphical structures and their application to expert systems, *J. Royal Statistical Society B.* **50**: 157 – 224.

Lawson, C. and Hansen, R. (1974). *Solving Least Squares Problems*, Prentice-Hall, Englewood Cliffs, NJ.

Le Cun, Y. (1989). Generalization and network design strategies, *Technical Report CRG-TR-89-4*, Department of Computer Science, Univ. of Toronto.

Le Cun, Y., Boser, B., Denker, J., Henderson, D., Howard, R., Hubbard, W. and Jackel, L. (1990). Handwritten digit recognition with a backpropogation network, *in* D. Touretzky (ed.), *Advances in Neural Information Processing Systems*, Vol. 2, Morgan Kaufman, Denver, CO, pp. 386–404.

Le Cun, Y., Bottou, L., Bengio, Y. and Haffner, P. (1998). Gradient-based learning applied to document recognition, *Proceedings of the IEEE* **86**(11): 2278–2324.

Leathwick, J., Elith, J., Francis, M., Hastie, T. and Taylor, P. (2006). Variation in demersal fish species richness in the oceans surrounding new zealand: an analysis using boosted regression trees, *Marine Ecology Progress Series* **77**: 802–813.

Leathwick, J., Rowe, D., Richardson, J., Elith, J. and Hastie, T. (2005). Using multivariate adaptive regression splines to predict the distributions of New Zealand's freshwater diadromous fish, *Freshwater Biology* **50**: 2034–2051.

Leblanc, M. and Tibshirani, R. (1996). Combining estimates in regression and classification, *Journal of the American Statistical Association* **91**: 1641–1650.

LeCun, Y., Bottou, L., Bengio, Y. and Haffner, P. (1998). Gradient-based learning applied to document recognition, *Proceedings of the IEEE* **86**(11): 2278–2324.

Lee, D. and Seung, H. (1999). Learning the parts of objects by non-negative matrix factorization, *Nature* **401**: 788.

Lee, D. and Seung, H. (2001). Algorithms for non-negative matrix factorization, *Advances in Neural Information Processing Systems, (NIPS 2001)*, Vol. 13, Morgan Kaufman, Denver., pp. 556–562.

Lee, M.-L. (2004). *Analysis of Microarray Gene Expression Data*, Kluwer Academic Publishers.

Lee, S.-I., Ganapathi, V. and Koller, D. (2007). Efficient structure learning of markov networks using l1-regularization, *in* B. Schölkopf, J. Platt and T. Hoffman (eds), *Advances in Neural Information Processing Systems 19*, MIT Press, Cambridge, MA, pp. 817–824.

Leslie, C., Eskin, E., Cohen, A., Weston, J. and Noble, W. S. (2004). Mismatch string kernels for discriminative protein classification, *Bioinformatics* **20**(4): 467–476.

Levina, E. (2002). *Statistical issues in texture analysis*, PhD thesis, Department.

of Statistics, University of California, Berkeley.

Lin, H., McCulloch, C., Turnbull, B., Slate, E. and Clark, L. (2000). A latent class mixed model for analyzing biomarker trajectories in longitudinal data with irregularly scheduled observations, *Statistics in Medicine* **19**: 1303 – 1318.

Lin, Y. and Zhang, H. (2006). Component selection and smoothing in smoothing spline analysis of variance models, *Annals of Statistics* **34**: 2272 – 2297.

Little, R. and Rubin, D. (2002). *Statistical Analysis with Missing Data (2nd Edition)*, Wiley, New York.

Lloyd, S. (1957). Least squares quantization in PCM., *Technical report*, Bell Laboratories. Published in 1982 in IEEE Transactions on Information Theory **28** 128-137.

Loader, C. (1999). *Local Regression and Likelihood*, Springer, New York.

Loh, W. and Vanichsetakul, N. (1988). Tree structured classification via generalized discriminant analysis, *Journal of the American Statistical Association* **83**: 715 – 728.

Lugosi, G. and Vayatis, N. (2004). On the bayes-risk consistency of regularized boosting methods, *Annals of Statistics* **32**(1): 30 – 55.

Macnaughton Smith, P., Williams, W., Dale, M. and Mockett, L. (1965). Dissimilarity analysis: a new technique of hierarchical subdivision, *Nature* **202**: 1034 – 1035.

MacKay, D. (1992). A practical Bayesian framework for backpropagation neural networks, *Neural Computation* **4**: 448 – 472.

MacQueen, J. (1967). Some methods for classification and analysis of multivariate observations, *Proceedings of the Fifth Berkeley Symposium on Mathematical Statistics and Probability, eds. L.M. LeCam and J. Neyman*, University of California Press, pp. 281 – 297.

Madigan, D. and Raftery, A. (1994). Model selection and accounting for model uncertainty using Occam's window, *Journal of the American Statistical Association* **89**: 1535 – 46.

Mardia, K., Kent, J. and Bibby, J. (1979). *Multivariate Analysis*, Academic Press.

Mason, L., Baxter, J., Bartlett, P. and Frean, M. (2000). Boosting algorithms as gradient descent, **12**: 512 – 518.

Massart, D., Plastria, F. and Kaufman, L. (1983). Non-hierarchical clustering with MASLOC, *The Journal of the Pattern Recognition Society* **16**: 507 – 516.

McCullagh, P. and Nelder, J. (1989). *Generalized Linear Models*, Chapman and Hall, London.

McCulloch, W. and Pitts, W. (1943). A logical calculus of the ideas imminent in nervous activity, *Bulletin of Mathematical Biophysics* **5**: 115–133. Reprinted in Anderson and Rosenfeld (1988), pp 96-104.

McLachlan, G. (1992). *Discriminant Analysis and Statistical Pattern Recognition*, Wiley, New York.

Mease, D. and Wyner, A. (2008). Evidence contrary to the statistical view of boosting (with discussion), *Journal of Machine Learning Research* **9**: 131–156.

Meinshausen, N. (2007). Relaxed lasso, *Computational Statistics and Data Analysis* **52**(1): 374–393.

Meinshausen, N. and Bühlmann, P. (2006). High-dimensional graphs and variable selection with the lasso, *Annals of Statistics* **34**: 1436–1462.

Meir, R. and Rätsch, G. (2003). An introduction to boosting and leveraging, in S. Mendelson and A. Smola (eds), *Lecture notes in Computer Science*, Advanced Lectures in Machine Learning, Springer, New York.

Michie, D., Spiegelhalter, D. and Taylor, C. (eds) (1994). *Machine Learning, Neural and Statistical Classification*, Ellis Horwood Series in Artificial Intelligence, Ellis Horwood.

Morgan, J. N. and Sonquist, J. A. (1963). Problems in the analysis of survey data, and a proposal, *Journal of the American Statistical Association* **58**: 415–434.

Murray, W., Gill, P. and Wright, M. (1981). *Practical Optimization*, Academic Press.

Myles, J. and Hand, D. (1990). The multiclass metric problem in nearest neighbor classification, *Pattern Recognition* **23**: 1291–1297.

Nadler, B. and Coifman, R. R. (2005). An exact asymptotic formula for the error in CLS and in PLS: The importance of dimensional reduction in multivariate calibration, *Journal of Chemometrics* **102**: 107–118.

Neal, R. (1996). *Bayesian Learning for Neural Networks*, Springer, New York.

Neal, R. and Hinton, G. (1998). *A view of the EM algorithm that justifies incremental, sparse, and other variants; in Learning in Graphical Models, M. Jordan (ed.)*, Dordrecht: Kluwer Academic Publishers, Boston, MA., pp. 355–368.

Neal, R. and Zhang, J. (2006). High dimensional classification with bayesian neural networks and dirichlet diffusion trees, *in* I. Guyon, S. Gunn, M. Nikravesh and L. Zadeh (eds), *Feature Extraction, Foundations and*

Applications, Springer, New York, pp. 265 – 296.

Onton, J. and Makeig, S. (2006). Information-based modeling of eventrelated brain dynamics, *in* Neuper and Klimesch (eds), *Progress in Brain Research*, Vol. 159, Elsevier, pp. 99 – 120.

Osborne, M., Presnell, B. and Turlach, B. (2000a). A new approach to variable selection in least squares problems, *IMA Journal of Numerical Analysis* **20**: 389 – 404.

Osborne, M., Presnell, B. and Turlach, B. (2000b). On the lasso and its dual, *Journal of Computational and Graphical Statistics* **9**: 319 – 337.

Pace, R. K. and Barry, R. (1997). Sparse spatial autoregressions, *Statistics and Probability Letters* **33**: 291 – 297.

Page, L., Brin, S., Motwani, R. and Winograd, T. (1998). The pagerank citation ranking: bringing order to the web, *Technical report*, Stanford Digital Library Technologies Project. http://citeseer.ist.psu.edu/page98pagerank.html.

Park, M. Y. and Hastie, T. (2007). l_1-regularization path algorithm for generalized linear models, *Journal of the Royal Statistical Society Series B* **69**: 659 – 677.

Parker, D. (1985). Learning logic, *Technical Report TR-87*, Cambridge MA: MIT Center for Research in Computational Economics and Management Science.

Parmigiani, G., Garett, E. S., Irizarry, R. A. and Zeger, S. L. (eds) (2003). *The Analysis of Gene Expression Data*, Springer, New York.

Paul, D., Bair, E., Hastie, T. and Tibshirani, R. (2008). "Pre-conditioning" for feature selection and regression in high-dimensional problems, *Annals of Statistics* **36**(4): 1595 – 1618.

Pearl, J. (1986). On evidential reasoning in a hierarchy of hypotheses, *Artificial Intelligence* **28**: 9 – 15.

Pearl, J. (1988). *Probabilistic reasoning in intelligent systems: networks of plausible inference*, Morgan Kaufmann, San Francisco, CA.

Pearl, J. (2000). *Causality: Models, Reasoning and Inference*, Cambridge University Press.

Peterson and Anderson, J. R. (1987). A mean field theory learning algorithm for neural networks, *Complex Systems* 1: 995 – 1019.

Petricoin, E. F., Ardekani, A. M., Hitt, B. A., Levine, P. J., Fusaro, V., Steinberg, S. M., Mills, G. B., Simone, C., Fishman, D. A., Kohn, E. and Liotta, L. A. (2002). Use of proteomic patterns in serum to identify ovarian cancer, *Lancet* **359**: 572 – 577.

Platt, J. (1999). *Fast Training of Support Vector Machines using Sequential*

Minimal Optimization; in Advances in Kernel Methods—Support Vector Learning, B. Sch¨olkopf and C. J. C. Burges and A. J. Smola(eds), MIT Press, Cambridge, MA., pp. 185–208.

Quinlan, R. (1993). *C4.5: Programs for Machine Learning*, Morgan Kaufmann, San Mateo.

Quinlan, R. (2004). C5.0, www.rulequest.com.

Ramaswamy, S., Tamayo, P., Rifkin, R., Mukherjee, S., Yeang, C., Angelo, M., Ladd, C., Reich, M., Latulippe, E., Mesirov, J., Poggio, T., Gerald, W., Loda, M., Lander, E. and Golub, T. (2001). Multiclass cancer diagnosis using tumor gene expression signature, *PNAS* **98**: 15149–15154.

Ramsay, J. and Silverman, B. (1997). *Functional Data Analysis*, Springer, New York.

Rao, C. R. (1973). *Linear Statistical Inference and Its Applications*, Wiley, New York.

Rätsch, G. and Warmuth, M. (2002). Maximizing the margin with boosting, *Proceedings of the 15th Annual Conference on Computational Learning Theory*, pp. 334–350.

Ravikumar, P., Liu, H., Lafferty, J. and Wasserman, L. (2008). Spam: Sparse additive models, in J. Platt, D. Koller, Y. Singer and S. Roweis(eds), *Advances in Neural Information Processing Systems 20*, MIT Press, Cambridge, MA, pp. 1201–1208.

Ridgeway, G. (1999). The state of boosting, *Computing Science and Statistics* **31**: 172–181.

Rieger, K., Hong, W., Tusher, V., Tang, J., Tibshirani, R. and Chu, G. (2004). Toxicity from radiation therapy associated with abnormal transcriptional responses to DNA damage, *Proceedings of the National Academy of Sciences* **101**: 6634–6640.

Ripley, B. D. (1996). *Pattern Recognition and Neural Networks*, Cambridge University Press.

Rissanen, J. (1983). A universal prior for integers and estimation by minimum description length, *Annals of Statistics* **11**: 416–431.

Robbins, H. and Monro, S. (1951). A stochastic approximation method, *Annals of Mathematical Statistics* **22**: 400–407.

Roosen, C. and Hastie, T. (1994). Automatic smoothing spline projection pursuit, *Journal of Computational and Graphical Statistics* **3**: 235–248.

Rosenblatt, F. (1958). The perceptron: a probabilistic model for information storage and organization in the brain, *Psychological Review* **65**: 386–408.

Rosenblatt, F. (1962). *Principles of Neurodynamics: Perceptrons and the Theory of Brain Mechanisms*, Spartan, Washington, D.C.

Rosenwald, A., Wright, G., Chan, W. C., Connors, J. M., Campo, E., Fisher, R. I., Gascoyne, R. D., Muller-Hermelink, H. K., Smeland, E. B. and Staudt, L. M. (2002). The use of molecular profiling to predict survival after chemotherapy for diffuse large b-cell lymphoma, *The New England Journal of Medicine* **346**: 1937–1947.

Rosset, S. and Zhu, J. (2007). Piecewise linear regularized solution paths, *Annals of Statistics* **35**(3): 1012–1030.

Rosset, S., Zhu, J. and Hastie, T. (2004a). Boosting as a regularized path to a maximum margin classifier, *Journal of Machine Learning Research* **5**: 941–973.

Rosset, S., Zhu, J. and Hastie, T. (2004b). Margin maximizing loss functions, *in* S. Thrun, L. Saul and B. Schölkopf (eds), *Advances in Neural Information Processing Systems 16*, MIT Press, Cambridge, MA.

Rousseauw, J., du Plessis, J., Benade, A., Jordaan, P., Kotze, J., Jooste, P. and Ferreira, J. (1983). Coronary risk factor screening in three rural communities, *South African Medical Journal* **64**: 430–436.

Roweis, S. T. and Saul, L. K. (2000). Locally linear embedding, *Science* **290**: 2323–2326.

Rumelhart, D., Hinton, G. and Williams, R. (1986). Learning internal representations by error propagation, in D. Rumelhart and J. McClelland(eds), *Parallel Distributed Processing: Explorations in the Microstructure of Cognition*, The MIT Press, Cambridge, MA., pp. 318–362.

Sachs, K., Perez, O., Pe'er, D., Lauffenburger, D. and Nolan, G. (2005). Causal protein-signaling networks derived from multiparameter singlecell data, *Science* **308**: 523–529.

Schapire, R. (1990). The strength of weak learnability, *Machine Learning* **5**(2): 197–227.

Schapire, R. (2002). The boosting approach to machine learning: an overview, *in* D. Denison, M. Hansen, C. Holmes, B. Mallick and B. Yu(eds), *MSRI workshop on Nonlinear Estimation and Classification*, Springer, New York.

Schapire, R. and Singer, Y. (1999). Improved boosting algorithms using confidence-rated predictions, *Machine Learning* **37**(3): 297–336.

Schapire, R., Freund, Y., Bartlett, P. and Lee, W. (1998). Boosting the margin: a new explanation for the effectiveness of voting methods, *Annals of Statistics* **26**(5): 1651–1686.

Schölkopf, B., Smola, A. and Müller, K.-R. (1999). Kernel principal component analysis, *in* B. Schölkopf, C. Burges and A. Smola (eds), *Advances in Kernel Methods—Support Vector Learning*, MIT Press, Cambridge, MA, USA, pp. 327–352.

Schwarz, G. (1978). Estimating the dimension of a model, *Annals of Statistics* **6**(2): 461–464.

Scott, D. (1992). Multivariate Density Estimation: *Theory, Practice, and Visualization*, Wiley, New York.

Seber, G. (1984). *Multivariate Observations*, Wiley, New York.

Segal, M. (2004). Machine learning benchmarks and random forest regression, *Technical report*, eScholarship Repository, University of California. http://repositories.edlib.org/cbmb/bench_rf_regn.

Shao, J. (1996). Bootstrap model selection, *Journal of the American Statistical Association* **91**: 655–665.

Shenoy, P. and Shafer, G. (1988). An axiomatic framework for Bayesian and belief-function propagation, *AAAI Workshop on Uncertainty in AI*, North-Holland, pp. 307–314.

Short, R. and Fukunaga, K. (1981). The optimal distance measure for nearest neighbor classification, *IEEE Transactions on Information Theory* **27**: 622–627.

Silverman, B. (1986). *Density Estimation for Statistics and Data Analysis*, Chapman and Hall, London.

Silvey, S. (1975). *Statistical Inference*, Chapman and Hall, London.

Simard, P., Cun, Y. L. and Denker, J. (1993). Efficient pattern recognition using a new transformation distance, *Advances in Neural Information Processing Systems*, Morgan Kaufman, San Mateo, CA, pp. 50–58.

Simon, R. M., Korn, E. L., McShane, L. M., Radmacher, M. D., Wright, G. and Zhao, Y. (2004). *Design and Analysis of DNA Microarray Investigations*, Springer, New York.

Sjöstrand, K., Rostrup, E., Ryberg, C., Larsen, R., Studholme, C., Baezner, H., Ferro, J., Fazekas, F., Pantoni, L., Inzitari, D. and Waldemar, G. (2007). Sparse decomposition and modeling of anatomical shape variation, *IEEE Transactions on Medical Imaging* **26**(12): 1625–1635.

Speed, T. and Kiiveri, H. T. (1986). Gaussian Markov distributions over finite graphs, *Annals of Statistics* **14**: 138–150.

Speed, T. (ed.) (2003). *Statistical Analysis of Gene Expression Microarray Data*, Chapman and Hall, London.

Spiegelhalter, D., Best, N., Gilks, W. and Inskip, H. (1996). Hepatitis B: a case study in MCMC methods, *in* W. Gilks, S. Richardson and D.

Spegelhalter (eds), *Markov Chain Monte Carlo in Practice*, Inter-disciplinary Statistics, Chapman and Hall, London, pp. 21 – 43.

Spielman, D. A. and Teng, S.-H. (1996). Spectral partitioning works: Planar graphs and finite element meshes, *IEEE Symposium on Foundations of Computer Science*, pp. 96 – 105.

Stamey, T., Kabalin, J., McNeal, J., Johnstone, I., Freiha, F., Redwine, E. and Yang, N. (1989). Prostate specific antigen in the diagnosis and treatment of adenocarcinoma of the prostate II radical prostatectomy treated patients, *Journal of Urology* **16**: 1076 – 1083.

Stone, C., Hansen, M., Kooperberg, C. and Truong, Y. (1997). Polynomial splines and their tensor products (with discussion), *Annals of Statistics* **25**(4): 1371 – 1470.

Stone, M. (1974). Cross-validatory choice and assessment of statistical predictions, *Journal of the Royal Statistical Society Series B* **36**: 111 – 147.

Stone, M. (1977). An asymptotic equivalence of choice of model by crossvalidation and Akaike's criterion, *Journal of the Royal Statistical Society Series B*. **39**: 44 – 7.

Stone, M. and Brooks, R. J. (1990). Continuum regression: cross-validated sequentially constructed prediction embracing ordinary least squares, partial least squares and principal components regression (Corr: V54 p906-907), *Journal of the Royal Statistical Society, Series B* **52**: 237 – 269.

Storey, J. (2002). A direct approach to false discovery rates, *Journal of the Royal Statistical Society B.* **64**(3): 479 – 498.

Storey, J. (2003). The positive false discovery rate: A Bayesian interpretation and the q-value, *Annals of Statistics* **31**: 2013 – 2025.

Storey, J. and Tibshirani, R. (2003). Statistical significance for genomewide studies, *Proceedings of the National Academy of Sciences* **100**-: 9440 – 9445.

Storey, J., Taylor, J. and Siegmund, D. (2004). Strong control, conservative point estimation, and simultaneous conservative consistency of false discovery rates: A unified approach., *Journal of the Royal Statistical Society, Series B* **66**: 187 – 205.

Surowiecki, J. (2004). *The Wisdom of Crowds: Why the Many are Smarter than the Few and How Collective Wisdom Shapes Business, Economics, Societies and Nations.*, Little, Brown.

Swayne, D., Cook, D. and Buja, A. (1991). Xgobi: Interactive dynamic graphics in the X window system with a link to S, *ASA Proceedings of Section on Statistical Graphics*, pp. 1 – 8.

Tanner, M. and Wong, W. (1987). The calculation of posterior distributions by data augmentation (with discussion), *Journal of the American Statistical Association* **82**: 528–550.

Tarpey, T. and Flury, B. (1996). Self-consistency: A fundamental concept in statistics, *Statistical Science* **11**: 229–243.

Tenenbaum, J. B., de Silva, V. and Langford, J. C. (2000). A global geometric framework for nonlinear dimensionality reduction, *Science* **290**: 2319–2323.

Tibshirani, R. (1996). Regression shrinkage and selection via the lasso, *Journal of the Royal Statistical Society, Series B* **58**: 267–288.

Tibshirani, R. and Hastie, T. (2007). Margin trees for high-dimensional classification, *Journal of Machine Learning Research* **8**: 637–652.

Tibshirani, R. and Knight, K. (1999). Model search and inference by bootstrap "bumping, *Journal of Computational and Graphical Statistics* **8**: 671–686.

Tibshirani, R. and Wang, P. (2007). Spatial smoothing and hot spot detection for CGH data using the fused lasso, *Biostatistics* **9**: 18–29.

Tibshirani, R., Hastie, T., Narasimhan, B. and Chu, G. (2001a). Diagnosis of multiple cancer types by shrunken centroids of gene expression, *Proceedings of the National Academy of Sciences* **99**: 6567–6572.

Tibshirani, R., Hastie, T., Narasimhan, B. and Chu, G. (2003). Class prediction by nearest shrunken centroids, with applications to DNA microarrays, *Statistical Science* **18**(1): 104–117.

Tibshirani, R., Saunders, M., Rosset, S., Zhu, J. and Knight, K. (2005). Sparsity and smoothness via the fused lasso, *Journal of the Royal Statistical Society, Series B* **67**: 91–108.

Tibshirani, R., Walther, G. and Hastie, T. (2001b). Estimating the number of clusters in a dataset via the gap statistic, *Journal of the Royal Statistical Society, Series B.* **32**(2): 411–423.

Tropp, J. (2004). Greed is good: algorithmic results for sparse approximation, *IEEE Transactions on Information Theory* **50**: 2231–2242.

Tropp, J. (2006). Just relax: convex programming methods for identifying sparse signals in noise, *IEEE Transactions on Information Theory* **52**: 1030–1051.

Valiant, L. G. (1984). A theory of the learnable, *Communications of the ACM* **27**: 1134–1142.

van der Merwe, A. and Zidek, J. (1980). Multivariate regression analysis and canonical variates, *The Canadian Journal of Statistics* **8**: 27–39.

모수적 부트스트랩 324
모음 인식 149
목표 42
몬테카를로 487
무정보 사전분포 331
무한소 전진 스테이지별 회귀 128
무향 그래프 721
미만성거대B세포림프종 777
미세 배열 35, 598, 788
미세 배열의 유의도 분석 794
밀도 추정 466

ㅂ

박판 스플라인 212
반복적 비례 적합 과정 728
반복적 재가중 최소제곱 165, 364
반응 41
밥닉-체브넨키스 차원 294
방사기저함수 71, 212, 265
방사기저함수 네트워크 467
방사함수 252
배깅 344, 476
배치 학습 472
배타적 논리합 355
벌점 다항식 회귀 219
벌점행렬 200
벌점화 판별분석 527
벌점화 회귀 701
범주형 변수 42
범주형 예측변수 376
범프 헌팅 384
범핑 354
베이즈 네트워크 722
베이즈 분류기 55
베이즈 신경망 485
베이즈율 55
베이즈 정보 기준 289
벡터 양자화 600
변수거리법 472
변수 중요도 686
변화계수 모델 256

보간법 57
보로노이 테셀레이션 48, 596
복잡도 제한 68
본페로니 방법 791
볼록 최적화 문제 177, 498
볼츠만 머신 736
부분 의존도 443
부분최소제곱 120
부분최소제곱회귀 784
부스팅 407
부스팅 트리 428
부트스트랩 322
부표집 439
분류 42
분류 트리 374
분리초평면 174, 496
분산분석 255, 436
분열 군집화 615
불변 계량 554
불편 60
붓꽃 42
블랙박스 424
블랙 오레오 도리 450
비교 유전체 보합법 769
비모수적 부트스트랩 324
비선형 차원 축소 663
비선형 프로그래밍 170
비유사도 588
비음수행렬 분해 642
비지도 학습 32, 567

ㅅ

사영추적 51
사영추적회귀 69, 463
사영행렬 83
산란구름 253
삼각부등식 88
삼차 스플라인 188, 322
삼차 평활 스플라인 69
서포트벡터 499
서포트벡터머신 217, 502

서포트벡터분류기 222, 496, 758
선험적 106
선형 기저전개 184
선형 모델 44
선형판별분석 150, 519
선형회귀 79
소프트맥스 468
손글씨 숫자 34
손실함수 51, 505
손실 행렬 376
수축 438
순열분포 789
슈바르츠 289
스태킹 351
스텀프 306
스팸 32
스팸 데이터 425
스팸 예제 380
스팸 이메일 365
스펙트럼 군집화 632
스플라인 185
슬리피지 363
시그모이드 477
시그모이드 변환 65
시장 바스켓 분석 569
신경망 64, 463
신자 조작 특성 383
신호 잡음비 277
심근경색 166
쌍대공간 130
쌍봉성 334
쏘볼레프 공간 197

ㅇ

아웃오브백 685
아카이케 정보 기준 286
아프리오리 518
아프리오리 알고리즘 572
아핀 집합 44
압축 센싱 126
앙상블 699

양반정치행렬 200
양정치커널 507
언덕을 깎고 계곡을 메우기 248
에이다부스트 408
엘라스틱넷 111, 764
역상관 690
역적합 363
역적합 알고리즘 255
역전파 470
역전파 방정식 471
연관성 규칙 569
연분할 400
연임계화 108, 135
예측변수 41
오발견율 791, 796
오분류율 375
오차-수정 출력 코드 700
오차제곱손실 51
와이어 프레임 253
완화된 라쏘 133
외삽 190
외삽법 57, 249
우편번호 데이터 479
원형분석 643
웨이블릿 225, 412
웨이블릿 변환 197
웨이블릿 평활화 223
위원회 방법 352
유세포 721
유연한 판별분석 521
유전체학 722
유향 그래프 모델 722
유효 매개변수 285
유효 자유도 103, 200
은닉 노드 739
은닉층 468
음소 인식 194
응집 군집화 610
이산 변수 42
이음 트리 725
이진 분리 377

이징 모델 736
이차 판별함수 153
이탈도 276, 417
이탈도 분석 168
이파네츠니코프 243
이항 음 로그 가능도 417
인구통계 데이터 455
인내심 규칙 유도법 384
인자분석 647
일반화 가법 모델 205, 209, 264, 359
일반화 교차 검증 302
일반화 선형 모델 169
일반화 연관성 규칙 581
일반화 오차 73, 274

ㅈ

자기 일관성 168
자기 조직화 맵 616
자기회귀적 시계열 모델 258
자연 삼차 스플라인 190
자유도 116
잔차제곱합 45, 81
잠재 클래스 모델 400
재생 커널 힐베르트 공간 215, 507
적응적 웨이블릿 필터링 228
적응적 최근접이웃법 557, 694
적절성 네트워크 728
전립선암 34, 86, 788
전문가 계층 혼합모델 378
전문가 네트워크 398
전방 전달 471
전진 스테이지별 가법 모델링 413
전진-스테이지별 회귀 98
전진-스텝별 선택 96
절편 44
접합 트리 725
정규성 66
정보행렬 326
정상 가우스 과정 217
정상성 조건 116
정준반응변량 124

정준변수 157
정준상관분석 124
정칙성 52
정칙자 173
정칙판별분석 155, 757
정칙화 69, 438, 709
제약된 볼츠만 머신 742
조각별 다항식 185
조건부 가능도 172
조도 벌점 69
조합적 알고리즘 592
족별 오류율 790
종속변수 41
좌표 하강법 171
주곡선 629
주성분 104, 622
주성분회귀 118
주표면 629
중심극한정리 169
중요도 표집 학습 앙상블 716
증가적 전진 스테이지별 회귀 127
지니 지수 375
지도 주성분 777
지도 학습 32, 41, 64
지수손실 414
지수족 표집 모델 361
지시자 반응 행렬 145
지지도 583
직교성 83
직교화 91
질적 변수 42

ㅊ

차원의 저주 56, 510
차원 축소 562
책임도 335
초록 분류 775
초입방체 56
촐레스키 분해 135
최근접 수축 중심점 751
최근접이웃 47

최급하강 432
최대가능도 66, 325
최대화-최대화 과정 339
최량 부분집합 95
최소각회귀 112, 704
최소 설명 길이 292
최소제곱 44, 80
최적 분리초평면 177
최적 점수화 396
추정오차 279
축소된 랭크 선형판별분석 157
축소된 랭크 회귀 125
출력 41
출력층 467

ㅋ

카루넨-뢰브 105
카루쉬-쿤-터커 499
카이제곱분포 86
카플란-메이어법 778
캘리포니아 주택 446
커널 241
커널 밀도 추정 261
커널 방법 51
커널법 70
커널의 너비 250
커널 주성분 636
커널 함수 70
켤레 기울기 472
크리깅 추정값 219
클래스 42
클리크 724
클리크 포텐셜 725

ㅌ

탄젠트 거리 554
탄젠트 거리 접근법 484
탐색적 사영추적 655
탐욕 알고리즘 97
테스트오차 73, 274
테일러 근사 183

텐서곱 기저 210
토폴로지 372
통계적 결정 이론 51
통계적 모델 62
트리 370, 412
특성 41
특이값분해 103

ㅍ

파첸 추정값 261
판별변수 157
판별함수 144
퍼셉트론 174
퍼셉트론 학습 알고리즘 175
페이스팅 384
페이지랭크 667
편향 44, 694
편향-분산 분해 58, 278
편향-분산 상반관계 72, 73, 205, 281
평균절대오차 446
평균제곱오차 58, 73
평활 스플라인 197, 240, 289, 330
평활자 행렬 199
평활화 매개변수 69, 197
포아송 가산 데이터 361
푸리에 역변환 215
퓨즈화 라쏘 768
프로빗 연결함수 361
프로크루스테스 변환 627
프로토타입법 542
피셔 정보 326
피어슨 카이스퀘어 169

ㅎ

학습률 471
학습 벡터 양자화 544
학습 앙상블 712
학습율 176
함수 근사 64
함수적 모델링 194
함수 추정 507

합성곱 262
해머슬리-클리포드 정리 725
해밀턴 역학 487
해밍 거리 700
핵자기공명 224
허프만 코딩 293
헤세행렬 164, 289
형광 투시법 35
혼합판별분석 530
확률적 경사 부스팅 439
확률적 경사 하강 176
활성함수 72, 467
회귀 42
회귀 스플라인 189
회귀 트리 345, 372
후방 전달 471
후버손실 기준 421
후버화 제곱 힌지 손실 420, 506
후진 스텝별 192
후진-스텝별 선택 98
훈련 데이터 43
훈련오차 74, 275
희박 그래프 722
희박성 베팅 705
희박 주성분 639
힌튼 다이어그램 474

A

AAE 446
activation 72
AdaBoost 407
additive 53, 360
affine set 44
AIC 286
AIC 기준 98
AIC 통계량 192
Akaike information criterion 286
analysis of deviance 168
ANOVA, analysis-of-variance 255
apriori 106, 518
ARD 487

AUC 453
Autoregressive time series models 258

B

backfitting 255, 363
back-propagation 470
back-propagation equations 471
backward pass 471
backward stepwise 192
bagging 476
base error rate 88
basis expansion 51
basis pursuit 107
batch learning 472
Bayes classifier 55
Bayesian networks 722
Bayes rate 55
bias 44
bias-variance decomposition 58
bias-variance tradeoff 73
BIC, Bayesian Information Criterion 289
bi-modality 334
binomial negative log-likelihood 417
black box 424
Black Oreo Dory 450
BMD, Bone Mineral Density 198
Boltzmann machines 736
Bonferroni 791
BRUTO 370, 511
bump hunting 384
B-스플라인 237

C

C4.5 378
C5.0 378
canonical response variates 124
canonical variable 157
CART 378
categorical 42
CCA, canonical correlation analysis 124
CGH, Comparative Genomic Hybridization 769

classification 42

Classification And Regression Tree 378

clique potentials 725

cliques 724

committee methods 352

complexity 68

compressed sensing 126

conditional likelihood 172

contrast functional 196

convolution 262

coordinate descen 134

Coordinate descent methods 171

CORIS, Coronary Risk-Factor Study 166

COSSO 370

cost-complexity pruning 373

covariance graph 728

covariate 258

cross-entropy 417

c-statistic 383

cubic smoothing spline 69

cubic spline 188

curse of dimensionality 56

CV 곡선 302

c-통계량 383

D

Daubechies symmlet-8 227

decision boundary 46, 143

delta rule 472

Demmler-Reinsch 203

dendrogram 608

dependent 41

deviance 276, 417

dictionary 72

directed graphical models 722

discrete 42

discriminant functions 144

discriminant variable 157

distance 51

DLBCL, Diffuse Large B-Cell Lymphoma 777

DS 131

dual space 130

dummy variables 43

E

ECOC, error-correcting output codes 700

effective degrees of freedom 103, 200

eigen decomposition 105

elastic-net 111, 764

EM 알고리즘 333

Epanechnikov 243

EPE 52

equivalent kernels 203

estimation bias 279

expected (squared) prediction error 51

extrapolate 57

extrapolation 190, 249

F

factor analysis 647

FastICA 660

FDA 520

FDR 791

features 41

FFT, Fast Fourier Transform 230

Fisher information 326

flow-cytometry 721

forward pass 471

forward-stepwise selection 96

functional 194

FWER, Family-Wise Error Rate 790

F 통계량 85

G

GAM 453

gating networks 397

Gaussian mixture model 545

Gaussian product kernel 262

Gauss-Seidel 364

GBM 435, 451, 489

GEM 339

generalization error 73, 274

generalized additive model 205, 209, 264

Generalized Cross-Validation 302

Generalized EM 339

GLM 169

glmnet 166

gradient descent 470

Gram-Schmidt 93

greedy algorithm 97

H

Hamiltonian dynamics 487

Hammersley-Clifford theorem 725

Hamming distance 700

hard split 398

hard-thresholding 108

Hessian matrix 164

hidden layer back-propagation network 466

hidden units 468

Hinton diagram 474

HME, Hierarchical Mixtures of Experts 378

homotopy 115

Huberized 420

Huffman 293

hypercube 56

I

ICA, Independent Component Analysis 650

independent variable 41

indicator response matrix 145

infinitesimal forward stagewise regression 128

information matrix 326

intercept 44

interpolate 57

IRLS 165, 364

irreducible 73

Ising model 736

ISLE, Importance Sampled Learning Ensemble 716

ISOMAP, Isometric feature mapping 664

iteratively reweighted least squares 165

iterative proportional fitting procedure 728

J

join tree 725

junction tree 725

K

Kaplan-Meier 778

Karhunen-Loeve 105

kernel function 70

Kernel methods 51

kernel principal components 636

KKT 513

kriging 219

K-겹 교차 검증 299

K-중위점 602

k-최근접이웃 50

K-평균 594

K-평균 군집화 542

L

L1 710

L1 라쏘 벌점 107

L1 벌점 169, 762

L2 릿지 벌점 107

L2 벌점 762

LANDSAT 552

LAR, Least Angle Regression 112

latent class model 400

LDA 151

leaps and bounds procedure 95

learning rate 471

least angle regression 704

least squares 80

leave-one-out 313

lift 574

likelihood function 325

linear basis expansion 184

linear basis expansions 65

LLE, Local Linear Embedding 664

Local regression 51

loss function 51

LVQ 544

M

Mann-Whitney U statistics 383

market basket 569

MARS 369, 388, 511

MART 439

MCMC, Markov chain Monte Carlo 341, 487

MDA 520, 532

MDS 661

mean squared error 73

memory-based 269

Metropolis-Hastings 344

MI, Myocardial Infarction 166

minorization procedure 339

mixture of Gaussians 47

model bias 279

MSE 58

multinomial deviance 421

multiple hypothesis testing 788

multiple linear regression model 89

multiresolution analysis 227

Multivariate Adaptive Regression Splines 388, 511

N

Nadaraya-Watson 70

Nadaraya-Watson kernel-weighted average 243

network diagram 466

NIPS 485

NMR 224

nnet 489

noninformative prior 331

nonparametric bootstrap 324

normality 66

NSR 706

Nuclear Magnetic Resonance 224

O

OOB, out-of-bag 685

optimal scoring 396

optimal separating hyperplane 177

overfitting rate 311

P

parametric bootstrap 324

Parzen 261

pasting 384

PCR 119

PDA 527

penalty matrix 200

perceptron learning algorithm 175

perceptrons 174

permutation distribution 789

pFDR, positive False Discovery Rate 796

PLS, partial least squares 120

Poisson count data 361

PolyMARS 396

population joint distribution 418, 436

PPR 464

predictors 41

PRIM, Patient Rule Induction Method 384

principal component 104

probit 361

Procrustes 627

ProDenICA 657

projection pursuit 51

projection pursuit regression 69

Proximity Plot 688

pruning 346

Q

QDA, Quadratic Discriminant Functions 153

QR 분해 97, 135

qualitative 42

quantitative 42

R

radial basis function network 467

radial basis functions 71, 212

radial function 252

Random forests 489, 679, 682

Rayleigh quotient 160

RBM 742
RDA 155
Reduced-rank regression 125
regression 42
regression spline 189
regression tree 345
regularization 69
regularizer 173
relaxed lasso 133
relevance network 728
residual sum of squares 45
response 41
responsibility 335
ridge function 464
RKHS 218
ROC, receiver operating characteristic 383, 453
RSS 67

S

SAM, Significance Analysis of Microarrays 794
scatter-cloud 253
self-consistency 168
shrinkage 228
signal-to-noise ratio 277
single-hidden-layer 412
single index model 465
single layer perceptron 466
slippage 363
smoother matrix 199
smoothing 69
smoothing parameters 197
Sobolev space 197
softmax 468
soft splits 400
soft thresholding 108, 135
SOM 616
SpAM 370
spectral clustering 632
spherical kernel 255

S-PLUS 39
squared error loss 51
SRM, Structural Risk Minimization 296
stationarity 116
stationary Gaussian process 217
StatLib 446
STATLOG 552
step 98
step function 469
stochastic gradient boosting 439
stochastic gradient descent 176
sum-of-squared-norm 147
supervised learning 32, 41
SURE 수축 228
surrogate splits 401
surrogate variable 377
SVD, singular value decomposition 103, 125
SVM 502
svmpath 514
SVM/poly 10 511

T

targets 42
tensor product basis 210
test error 73, 274
thin-plate spline 212
training data 43
training error 74, 275
triangle inequality 88
trimming the hills and filling the valleys 248

U

unbiased 60
undirected graph 721
unsupervised learning 32

V

vanishing moment 228
variable-importance 686
variable metric 472
varying coeffcient model 256

VC 이론 458
VGAM 365
Voronoi tessellation 48, 596
vowel recognition 149

 W

weight decay 102, 473
weights 469
Weka 696
wire-frame 253

 X

Xgobi 655
XOR, exclusive or 355

통계학으로 배우는 머신러닝 2/e

스탠퍼드대학교 통계학과 교수에게 배우는 머신러닝의 원리

발 행 | 2021년 1월 4일

지은이 | 트레버 헤이스티 · 로버트 팁시라니 · 제롬 프리드먼
옮긴이 | 이 판 호

펴낸이 | 권 성 준
편집장 | 황 영 주
편 집 | 이 지 은
디자인 | 송 서 연

에이콘출판주식회사
서울특별시 양천구 국회대로 287 (목동)
전화 02-2653-7600, 팩스 02-2653-0433
www.acornpub.co.kr / editor@acornpub.co.kr

한국어판 © 에이콘출판주식회사, 2021, Printed in Korea.
ISBN 979-11-6175-472-7
http://www.acornpub.co.kr/book/elements-statistical

이 도서의 국립중앙도서관 출판시도서목록(CIP)은 서지정보유통지원시스템 홈페이지(http://seoji.nl.go.kr)와
국가자료공동목록시스템(http://www.nl.go.kr/kolisnet)에서 이용하실 수 있습니다.(CIP제어번호: CIP2020048590)

책값은 뒤표지에 있습니다.